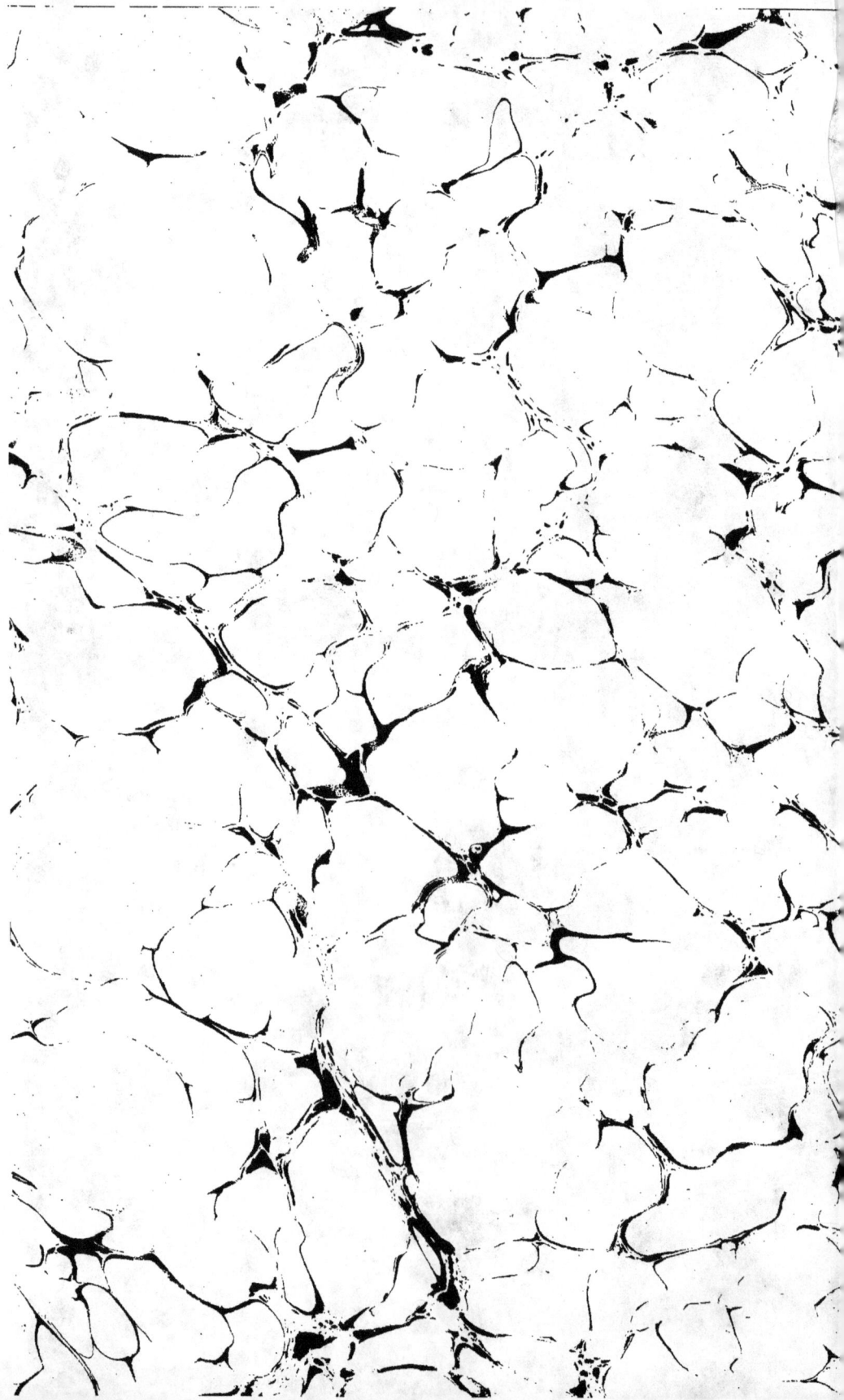

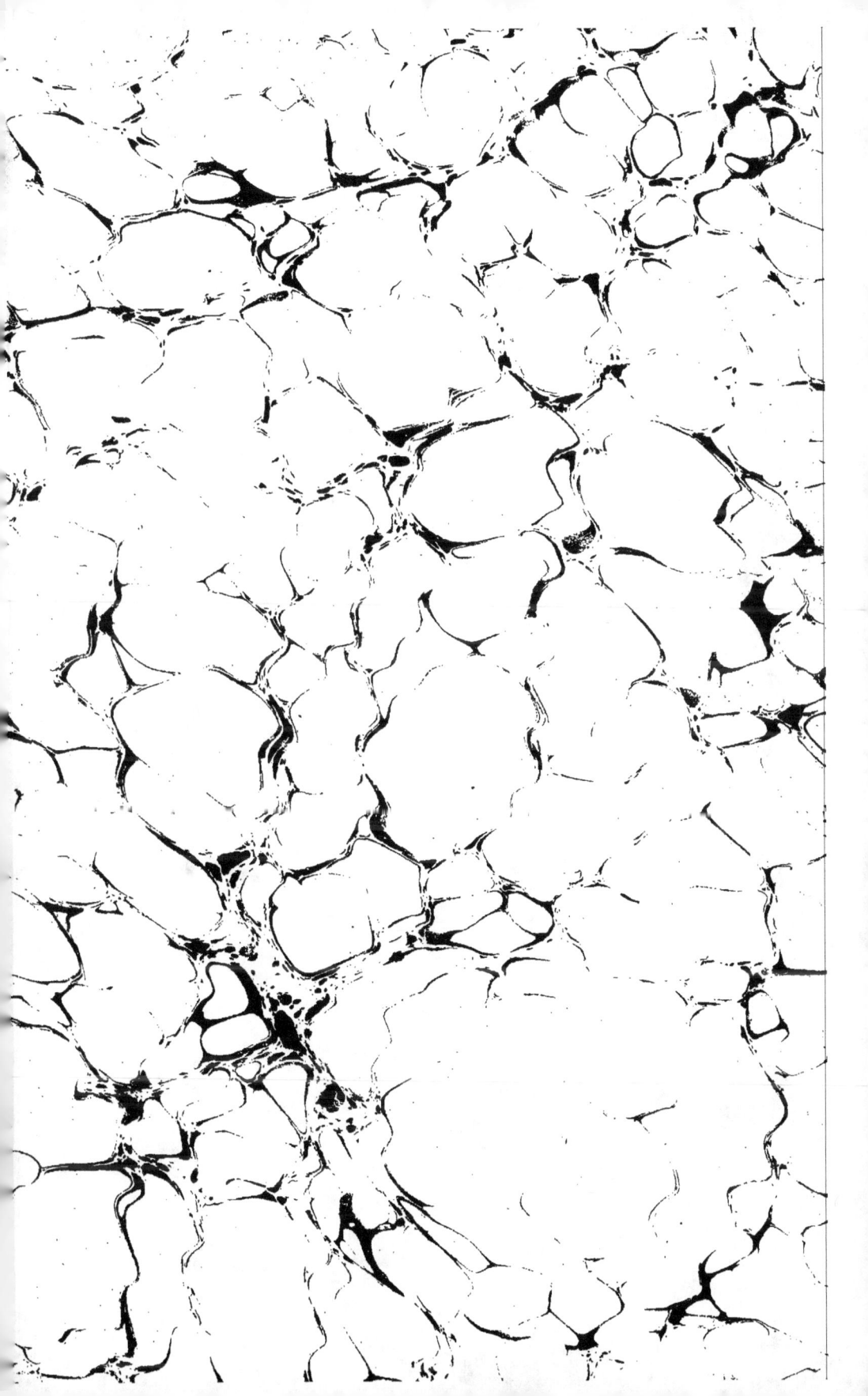

D. PASQUET

Ancien Élève de l'École Normale Supérieure
Agrégé de l'Université, Docteur ès Lettres,
Professeur au Lycée Condorcet.

LONDRES

ET LES

OUVRIERS DE LONDRES

Avec une Planche hors texte
et Cartes et Graphiques dans le texte

LIBRAIRIE ARMAND COLIN
103, Boulevard Saint-Michel, PARIS

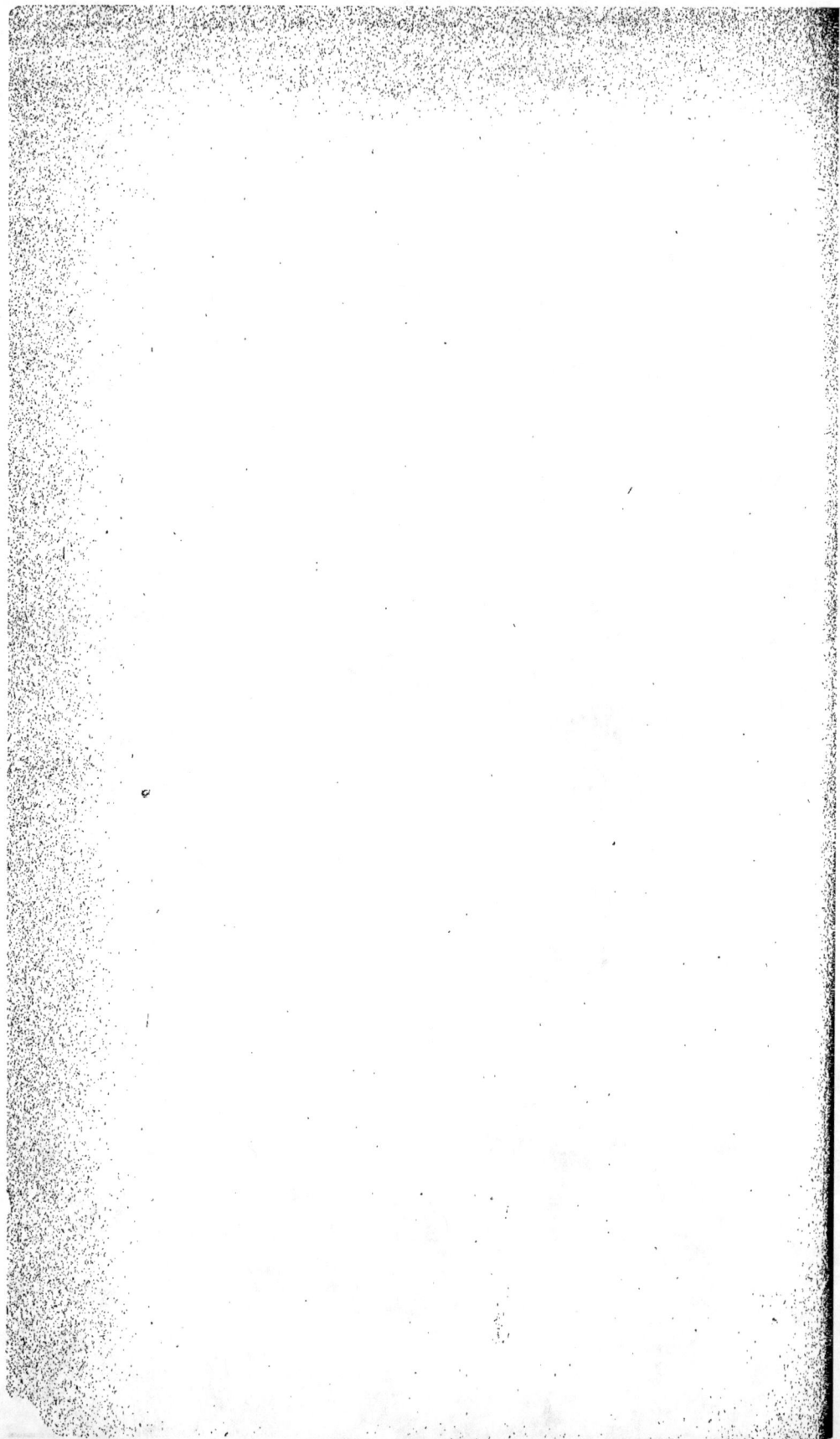

D. PASQUET

Ancien Élève de l'École Normale Supérieure,
Agrégé de l'Université, Docteur ès Lettres,
Professeur au Lycée Condorcet.

LONDRES

ET LES

OUVRIERS DE LONDRES

Avec une Planche hors texte
23 Cartes et Graphiques dans le texte

LIBRAIRIE ARMAND COLIN

103, BOULEVARD SAINT-MICHEL, PARIS

1914

A Monsieur VIDAL DE LA BLACHE

Hommage de reconnaissance et de profond respect

INTRODUCTION

LA FORMATION DE LONDRES

Il semble que la destinée de Londres soit inscrite sur le sol même de l'Angleterre et que la nature ait préparé d'avance, au bord de la Tamise, le berceau de la cité géante. De toutes parts, les plaines ondulées du bassin de Londres s'inclinent doucement vers le fleuve ; les routes qui viennent de l'Est Anglie, du Yorkshire, des Midlands, du Wessex et du Pas-de-Calais, paraissent converger naturellement vers un point central qui ne pouvait manquer de devenir le lieu d'échange pour les produits de toute la contrée et le site de la « métropole ». Le pays d'alentour est resté jusqu'au XIXᵉ siècle le pays le plus riche et même le seul pays riche de l'Angleterre. Le climat y est doux : les étés y sont plus chauds et moins humides que dans l'Ouest ; la composition du sol y est très variée. Sans s'éloigner sensiblement de Londres, on trouve en abondance tout ce qui est nécessaire à la vie des hommes.

L'étendue des terres arables est exceptionnelle. Beaucoup de ces terres ont été depuis cent cinquante ans converties en prairies ; mais il ne faut pas oublier qu'aux époques anciennes la région londonienne était par excellence le pays du blé, et l'on imagine aisément quelle richesse représentait un pareil monopole en des temps où l'Angleterre devait pourvoir seule à sa subsistance et où le rôle des céréales dans l'alimentation humaine était plus considérable encore qu'aujourd'hui. Bien que les bonnes terres fussent autrefois réservées à la culture, l'élevage pouvait se faire dans les parties trop sèches ou trop humides. Les croupes crayeuses des Downs conviennent à merveille au mouton, et dans le voisinage des grandes forêts de chênes qui s'étendaient au Nord et au Sud de Londres, les troupeaux de porcs devaient aller à la glandée bien avant le *Domesday Book*, qui constate officiellement leur existence. L'élevage du cheval est également très ancien, et pour défendre la Bretagne contre les Romains, la cavalerie de la

reine Boadicée recrutait sans doute ses chevaux dans les plaines du
Norfolk et du Suffolk, comme plus tard les compagnons de Cromwell. Le bœuf paissait dans les marais de la petite « Hollande » qui
entoure le Wash, et dans les prairies des bords de la Tamise Dès le
xiie siècle, mention est faite du grand marché de Smithfield qui
s'est tenu jusqu'au milieu du xixe siècle sur les limites de la Cité de
Londres et où se vendaient les animaux domestiques et les instruments aratoires ; ce marché répond si bien aux conditions naturelles qu'il est difficile de résister à la tentation de lui attribuer une
antiquité fort reculée et presque impossible de ne pas y voir une
des raisons d'être de la ville elle-même [1].

Le bois qui n'apparaît plus guère aujourd hui que sous la forme
de petits bouquets d'arbres, était jadis très abondant autour de
Londres. L'immense forêt du Weald arrivait jusqu'aux hauteurs
du Palais de Cristal, et, de l'autre côté de la Tamise, une forêt presque aussi vaste — *ingens foresta*, dit un document du Moyen Age —
commençait sur les collines de Hampstead et d'Enfield et s'étendait
très loin vers le Nord ; il n'en reste que la forêt d'Epping. Le fer ne
manquait pas non plus : les gisements du Sussex furent sans doute
exploités de très bonne heure [2] ; au temps de César cependant ce
métal était encore assez rare, puisque les petites barres de fer circulaient comme une sorte de monnaie parmi les tribus.

Cet angle Sud-Est de la Grande-Bretagne fut dès l'origine la région
la plus peuplée et la plus civilisée du pays : le fait est attesté par
César, et, ne le fût-il point, nous pourrions presque le déduire des
conditions géographiques. C'est ici, en effet, qu'est la partie la
moins insulaire de l'île. Par ce côté, l'Angleterre a participé, à travers le Pas-de-Calais et les « mers étroites », à la vie du continent,
à la civilisation continentale, aux révolutions européennes. C'est
par là que sont entrées les races primitives et plus tard les colons
gaulois qui, pour s'emparer des bonnes terres agricoles, refoulèrent

---

1. Cf. Sir W. Besant, *Early London* (1908), p. 46 et suiv. — Entraîné par
son imagination de romancier, Sir W. Besant explique en détail comment
l'origine de Londres a été une foire annuelle qui se tenait sur le bord de la
Tamise en juillet et août, et comment les commerçants indigènes venus par
les routes de terre y échangeaient les produits du pays contre les produits
étrangers, apportés par mer. Ainsi la ville n'aurait été qu'une agglomération
temporaire, ce qui expliquerait que César n'en ait pas parlé.

2. Strabon (*Geogr.*, IV, 5, 2-3) cite le fer parmi les articles exportés par la
Bretagne. Les autres articles d'exportation sont les esclaves, e blé, les bestiaux, l'or et l'argent.

vers l'intérieur les autochtones, mangeurs de viande et buveurs
de lait [1]. Romains, Saxons, Danois, Normands sont venus les uns
après les autres s'établir sur ce coin de terre privilégié et contribuer
chacun pour sa part à la formation de la nation nouvelle. Ainsi
s'est constituée petit à petit, de mille traits épars, l'originalité anglaise ; hier encore l'immigration huguenote, aujourd'hui l'invasion
juive, ont ajouté des caractères nouveaux au type fondamental que
le mélange des races et des civilisations a créé sur les bords de la
Tamise. Et aujourd'hui comme autrefois c'est à Londres que se fait
l'amalgame.

Il est impossible d'exagérer le rôle de Londres dans la vie de l'Angleterre au temps passé. Paris n'était point seul en France ; plus
près de l'embouchure de la Seine, Rouen faisait quelque figure ;
Bordeaux et Toulouse furent longtemps des capitales, et Lyon n'ou-
bliait pas qu'il avait autrefois été pour les provinces gauloises une
sorte de chef-lieu. En Angleterre, jusqu'au XVIIIe siècle, Londres
est resté la *Ville*, centre unique de la vie politique et de la vie commerciale du pays, séjour des princes et « marché des peuples ». Les
pauvres « villes de comté », peuplées de quelques milliers d'habitants et que l'arrivée des paysans pour le marché tirait seule de leur
torpeur une fois par semaine avaient bien chétive apparence auprès
de la cité souveraine, dont le maire faisait porter devant lui la masse
et l'épée et qui, en plus d'une occasion, fit entendre sa voix dans
l'élection des rois. On a rapproché, non sans raison, le rôle de Londres dans l'Angleterre du Moyen Age de celui de Buenos Aires dans
l'Argentine contemporaine ou de Melbourne dans la colonie de Victoria. Comme Buenos Aires et Melbourne, Londres renfermait probablement dans ses murs une partie notable de la population totale ; comme eux, il était le point de contact entre l'Angleterre et
l'étranger et le lieu presque unique du commerce international. Un
fleuve admirable dont la profondeur, le long des quais de la ville,
atteint presque 9 mètres à marée haute et ne descend pas au-dessous de 3 mètres à marée basse, permettait aux vaisseaux de haute
mer de pénétrer jusqu'au cœur de l'Angleterre et d'y apporter les
marchandises que les négociants de Londres dispersaient ensuite
dans toutes les directions, par la Tamise supérieure et par les routes.

Et cependant, bien que le site de Londres nous paraisse désigné

1. Sur les progrès de l'agriculture et de l'élevage à l'époque du bronze,
voir T. R. Holmes, *Ancient Britain*, p. 150 et suiv. Les races d'animaux domestiques, qui étaient très petites, se transforment complètement, sans doute
par le croisement avec les races continentales.

d'avance par le destin, il est probable que les Romains, lorsqu'ils
ont commencé la conquête de la Bretagne, n'y ont même pas trouvé
l'équivalent du chétif établissement des *Parisii* dans la petite île
de la Seine. Rien n'est moins certain que l'existence d'un Londres
breton. On avait cru pouvoir attribuer à l'époque préromaine certaines constructions sur pilotis qui ont été découvertes sur les bords
du Walbrook et de la Fleet, deux ruisseaux qui descendaient autrefois des collines du Nord, mais les recherches les plus récentes
semblent bien avoir prouvé que rien ne nous autorise à regarder
ces constructions comme antérieures à l'arrivée des Romains. Les
objets d'origine bretonne que l'on a retrouvés dans le sol de Londres
se réduisent à quelques débris de poterie fort insignifiants, souvent
douteux, et trop peu nombreux en tout cas pour que l'on puisse
conclure à l'existence d'une ville, même de faible importance [1].
Peut-être fera-t on de nouvelles trouvailles, si l'on parvient un jour
à persuader aux propriétaires et aux entrepreneurs que les archéologues sont ordinairement gens honnêtes et qu'on peut les admettre
sans danger sur les chantiers de construction. Actuellement, ce
qu'il y a de plus celtique à Londres, c'est encore le nom de la ville.
Londinium.

La conquête romaine, en supprimant les guerres de tribu à tribu
et en imposant à la Bretagne une vie et une civilisation communes,
devait favoriser l'établissement d'un centre commercial commun.
Les Romains créèrent ce centre commercial à Londres en choisissant ce point de la Tamise pour en faire le centre du réseau de route
qu'ils allaient créer en Angleterre.

Ce réseau comportait deux voies principales. Les Romains étaient
en relation avec la Gaule par les ports de Douvres (Dubris) et de
Richborough (Rutupiæ) ; de là une première route devait se diriger
droit au Nord, vers Lincoln et York ; une seconde, qui avait probablement existé sous une forme rudimentaire dès l'époque bretonne,
gagnait par la trouée des Midlands les mines de sel du Cheshire et
la mer d'Irlande : à l'extrémité de cette route les Romains fondèrent la place militaire de Chester (Deva).

Pour aller par la voie la plus directe soit à Lincoln, soit à Ches-

1. Voir les articles de Reader dans *Archaeological Journal*, 1903, t. LX
(*Pile structures in the Walbrook*, p. 181 ; *Remarks on the primitive site of London*,
p. 213). La question est résumée dans T. R. Holmes, *Ancient Britain and
the invasions of Julius Caesar* (1907), p. 703 et suiv. La conclusion de M. Holmes est qu'il existait une bourgade appelée Londinium, mais qu'elle avait peu
d'importance.

ter. les ingénieurs romains devaient traverser la Tamise aussi près que possible de l'embouchure ; de Douvres à la Tamise une seule route suffisait donc [1]. Mais en quel endroit traverser la Tamise ? Le fleuve devient dans sa partie inférieure une sorte de bras de mer, difficilement franchissable à marée haute. Des digues le contiennent aujourd'hui et l'empêchent d'envahir les terres basses qui le bordent depuis Londres jusqu'à la mer ; mais à l'époque de la conquête romaine il s'étalait sur chaque rive en marécages immenses près de Londres même, les marais de la Lea et ceux de la Tamise se confondaient à l'endroit où maintenant, dans la plaine sordide de West Ham et de Barking,

> Le faubourg élastique, au terne coloris,
> Etend au loin ses bras inégaux de pieuvre.

On sait avec quel soin, lors de l'établissement de leurs routes, les Romains évitaient les terrains mouvants, comme ceux qui avoisinaient alors la Tamise inférieure. Ils se tinrent donc sur les terres sèches du Kent, à égale distance de la mer et de la forêt du Weald, de manière à gagner par Crayford, Dartford et Deptford, où l'on franchissait à gué de petites rivières, un point où la Tamise elle-même fût facile à traverser.

Il semble bien que l'on ait cru d'abord trouver le point favorable un peu en amont du site futur de Londres, à Westminster, où la Tamise était large, mais peu profonde et guéable, sans doute, à marée basse. Peut-être le nom de *Stane Street* (route empierrée) conserve-t-il le souvenir de la chaussée romaine qui débouchait à Lambeth sur la Tamise. De l'autre côté, la route devait suivre approximativement le bord oriental de Hyde Park ; elle se continuait par Edgware Road qui est sans contestation possible un fragment de la route de Douvres à Chester. Le tracé que l'on obtient ainsi est aussi rectiligne que possible et tout à fait conforme aux habitudes des ingénieurs romains.

Mais ce tracé avait un grave inconvénient. Dans les bas-fonds qui s'étendent entre le fleuve et les collines du Surrey et où s'est construite la plus grande partie de Londres-Sud, le passage devait être parfois difficile au moment des crues ; de l'autre côté de la Tamise, Westminster fut encore fréquemment inondé pendant le Moyen Age et formait, à l'époque ancienne dont nous parlons, le delta maréca-

1. La route de Douvres et celle de Richborough se rejoignaient à Cantorbéry (Durovernum).

geux du Tyburn, qui venait du Nord rejoindre la Tamise. Aussi les ingénieurs romains ne tardèrent-ils pas à abandonner l'ancien tracé ; faisant faire à la route de Douvres, un peu après Deptford, un coude brusque vers le Nord, ils l'amenèrent à l'endroit où devait s'élever le pont de Londres. Là s'étendait sur la rive gauche un terrain solide, — un plateau d'argile recouvert de gravier qui descendait en pente assez rapide des collines de Hampstead et dans lequel quelques petites rivières, perpendiculaires au fleuve, avaient creusé des vallées étroites et profondes. La Tamise se trouvait à cet endroit plus resserrée que partout ailleurs dans la partie maritime. Une fois qu'on l'avait franchie, on se trouvait immédiatement en terrain sec. La route d'York pouvait se glisser entre les forêts d'Enfield et les marécages de la Lea ; celle de Chester, la *Watling Street* des Anglo-Saxons [1], regagna au Nord de Hyde Park le tracé primitif qui passait par Westminster. Le point de passage du fleuve paraît avoir été un peu à l'est du pont de Londres actuel ; on en a retrouvé la trace, marquée au fond du fleuve par de nombreuses monnaies romaines. Peut-être n'y eut-il d'abord qu'un simple bac, qui, lorsque le trafic eut augmenté, fut remplacé par un pont de bois. Le premier pont de pierre ne fut construit que beaucoup plus tard, au XIIIe siècle.

Il faut avouer que l'existence de ce pont romain est une hypothèse ; hypothèse également l'idée, toute naturelle d'ailleurs, que la ville a dû se développer d'abord au débouché du pont et au point de bifurcation des deux routes. On serait tenté de supposer que la « pierre de Londres », sorte de fétiche qui se trouve à présent enchâssé dans la muraille de l'église Saint-Swithin, marquait primitivement cette bifurcation. Malheureusement, la pierre de Londres est bien à l'Ouest du pont de Londres, et le site primitif de la ville paraît également avoir été plus à l'ouest, sur les bords du Walbrook, où l'on a retrouvé les restes de nombreuses constructions sur pilotis. De nouvelles découvertes archéologiques permettront seules de résoudre le problème.

Quoi qu'il en soit, un fait est du moins certain : le développement très rapide de Londres pendant les premières années de la domination romaine. La nouvelle ville se trouvait située au point de jonction des routes les plus importantes de la Bretagne, et à l'endroit où se rencontraient la navigation maritime et la navigation fluviale de la Tamise ; aux routes qui menaient vers Chester, vers Lincoln

1. Une petite rue de la Cité a conservé le nom de Watling Street.

et vers Douvres, s'ajoutèrent bientôt à l'Ouest la route de Winchester (Venta Belgarum), par Staines (« les Pierres »), et à l'Est celle de
Colchester (Camulodunum), par Chelmesford [1]. Ainsi placé, Londres ne pouvait manquer de devenir un des principaux centres commerciaux du pays. Les conditions locales étaient également favorables. Le terrain était sec et bien drainé ; on trouvait de l'eau à une
faible profondeur, au contact du gravier superficiel et de la couche
d'argile, et l'on a même remarqué que la distribution des points
d'eau a exercé longtemps une influence décisive sur l'expansion de
la ville [2]. La pierre fait défaut, il est vrai : les carrières les plus pro-
ches sont celles de Reigate, à 40 kilomètres au Sud de la Tamise.
Londres était condamné d'avance à ne pas avoir l'aspect monumen-
tal de Paris, à n'être qu'une ville de bois et de brique ; mais le sol
même sur lequel s'élevait la ville était en grande partie de la terre
à briques [3], et le bois n'était pas loin, puisque la forêt commençait
à Hampstead. Londres se bâtit donc rapidement. La conquête romaine avait commencé sous Claude en 43 ; or, Tacite, dans le récit
qu'il nous fait de la révolte de Boadicée en l'an 61, nous apprend
que Suetonius Paullinus fut obligé de renoncer à défendre Londres
et d'abandonner à la fureur des Bretons cette ville « qui, dit-il, n'a
point, à vrai dire, le nom de colonie, mais est très animée par
l'affluence des marchands et l'importance du trafic » [4]. Le témoignage est d'autant plus précieux que Tacite, gendre d'Agricola, l'un
des conquérants de la Bretagne, avait été mieux placé que personne
pour se renseigner sur l'histoire et la géographie de l'île. Même si
l'on juge que la description qu'il fait de Londres se rapporte plutôt
à l'époque où il écrivait les *Annales*, c'est-à-dire aux premières an-

1. A l'époque où fut rédigé l'*Itinéraire d'Antonin* (vers 300), Londres était
incontestablement devenu le centre des communications ; les principales routes qui en partaient étaient : la route de Douvres et de Richborough, par Cantorbéry ; celle de Chester, par Wroxeter (Uriconium), qui se prolongeait sur
York ; celle d'York, par Lincoln, prolongée jusqu'à la grande muraille ; celle
de Lymne (Portus Lemanis), par Cantorbéry ; celle de Chichester (Regnum),
par Winchester, qui desservait le port de Clausentum (près Southampton) ;
celle de Venta Icenorum (Norwich ?), par Colchester.

2. Ce fait a été bien mis en lumière par Prestwich, dans *Quarterly Journal
of the Geological Society*, t. XXVIII (1872), p. LIII et LIV.

3. L'étude de Bonney sur le sol de Londres (dans Sir Walter Besant, *Survey
of London, Early London*, 1908, p. 3-16) renferme une carte qui montre clairement la grande étendue de la terre à brique au Sud de la Tamise (Lambeth)
et surtout au Nord.

4. Cognomento quidem coloniæ non insigne sed copia negotiatorum et
commeatuum maxime celebre (*Ann.*, XIV, 33).

nées du second siècle, qu'à l'an 61, on se trouve obligé de conclure qu'il avait suffi d'une soixantaine d'années pour donner toute sa valeur à ce lieu prédestiné.

A une époque qu'il est difficile de fixer avec précision — dès le commencement du III⁰ siècle peut-être [1] — Londres fut entouré d'une muraille et devint une place de guerre. C'est grâce au mur élevé par les Romains que « le vieil oppidum de Londres » [2] put traverser sans disparaître l'effroyable période des invasions anglo-saxonnes et résister plus tard à l' « Armée » danoise. Le savant secrétaire général du *County Council*, M. G. L. Gomme, a même consacré tout un volume [3] à démontrer que Londres était resté une cité romaine au milieu des peuplades barbares. Il est peut-être téméraire d'aller jusque-là, mais il l'est davantage encore de supposer, comme l'ont fait d'autres historiens, que Londres fut totalement détruit, abandonné par ses habitants, puis reconstruit, sans que l'on sache ni quand, ni pourquoi, ni comment. Lorsque Londres reparaît dans les pages de Bède le Vénérable, ce n'est point comme une bourgade nouvelle et sans importance. Le bon moine rapporte, sous la date de 604, les efforts de l'évêque Mellitus pour évangéliser les Saxons orientaux, efforts qui aboutirent, grâce à l'intervention du roi de Kent, à la fondation de l'église Saint-Paul. Leur métropole, dit-il en parlant des gens de l'Essex, « est la cité de Londres, située sur les bords du fleuve précité (la Tamise), et cette même ville est le marché d'un grand nombre de peuples qui s'y rendent par terre et par mer » [4]. A l'époque où Bède compose son *Histoire ecclésiastique*, c'est-à-dire au commencement du VIII⁰ siècle, Londres était donc redevenu, s'il avait jamais cessé de l'être, la grande place de commerce qu'il avait été dès l'époque romaine. Suivant le hasard des guerres et des conquêtes, il fit partie tantôt de l'un, tantôt de l'autre des royaumes anglo-saxons, et il paraît bien qu'à l'abri de ses bonnes murailles il sut conserver à l'égard des rois une indépendance beaucoup plus grande que celle des autres villes anglaises.

Après Hastings, le premier soin du Conquérant fut de mettre la main sur Londres. Il lui garantit par une charte les privilèges dont

1. Cf. *Archaeological Journal*, t. LX (1903), p. 203.
2. Ammien Marcellin, XXV, 8.
3. *The governance of London*, 1907. Les conclusions de M. Gomme ont été critiquées par Sir W. Besant dans son *Survey of London* (*Early London*, p. 139-149) où il soutient la thèse de l'abandon complet de Londres.
4. Et ipsa multorum emporium populorum terra marique venientium (*Hist. eccles.*, II, 3, 95).

ses habitants avaient joui à l'époque du roi Edouard, et en même
temps se préoccupa de le protéger et de le surveiller à la fois en
construisant la Tour. Mais il n'habita jamais Londres. A l'exemple
d'Edouard le Confesseur, il établit sa résidence ordinaire au palais
de Westminster, qui s'élevait à trois kilomètres de la ville, près du
« monastère de l'Ouest ». Ses successeurs l'imitèrent, et il se forma
peu à peu autour du palais royal une agglomération que reliaient à
Londres le « chemin silencieux » de la Tamise, et, sur le bord du
fleuve, la route du *Strand*, où s'élevèrent bientôt les palais des grands
personnages de la cour. Un troisième centre existait, depuis longtemps déjà probablement, à l'extrémité méridionale du pont de
Londres : le faubourg de Southwark. Le nom de Saint-Olave qui est
celui d'une des églises de l'endroit, semblerait prouver que des
Danois se sont établis de ce côté; mais Southwark, entouré de
plaines marécageuses et exposé à toutes les attaques, ne fut pendant
très longtemps qu'un humble quartier d'auberges, point de départ
ou d'arrivée pour les voyageurs de Douvres ou les pèlerins de
Cantorbéry.

Le centre de la vie de Londres au Moyen Age était cette sorte de
« bazar oriental » que l'on appelait le Marché (*Cheap*) et qui occupait un très grand espace. Il se divisait en deux parties : *East Cheap*
et *West Cheap* ; cette seconde partie qui s'étendait à l'Est de la cathédrale de Saint-Paul et dont la rue de *Cheapside* formait probablement la limite du côté du Nord était la plus importante Les marchandises arrivaient par terre, par la haute Tamise ou par la Lea,
mais surtout par mer et par la basse Tamise ; on les déchargeait
aux abords de London Bridge, et chaque marchandise allait ensuite
prendre place dans la rue qui lui était réservée. Les marchands et
les artisans qui vivaient, avec leurs apprentis, dans les petites rues
de la Cité formaient une population très active, mais passablement
turbulente, toujours prête à se réunir en « guildes » interdites par
la loi. En 1191, profitant de l'absence de Richard Cœur de Lion qui
était à la croisade, les Londoniens firent une « conjuration », et
« ce que le roi Richard et son père le roi Henri n'eussent pas permis pour mille milliers de marcs d'argent » [1], ils proclamèrent la
Commune. La constitution nouvelle fut imitée des Etablissements
de Rouen : le nom même du premier magistrat de la ville, le maire [2],
est d'origine française. Les *sheriffs* qui représentaient le pouvoir

1. Richard de Devizes, *Gesta Ricardi* (éd. Howlett, Rolls S.), p. 416.
2. On lui donna plus tard le titre de Lord Maire.

royal furent maintenus, mais à un rang subalterne, et l'on fit place
également, un peu plus tard, aux *aldermen* qui paraissent avoir été
primitivement les **chefs des** différents quartiers (*wards*) de la ville[1].
Il est **probable** qu'il faut considérer la révolution de 1191 comme
une victoire de l'élément commerçant non seulement sur le roi,
mais encore sur l'aristocratie londonienne. Ce fut en tous cas la
bourgeoisie qui profita de la victoire ; après quelques essais de résistance du petit peuple, le pouvoir passa définitivement aux « compagnies à livrée », sortes de corporations qui représentaient la
bourgeoisie moyenne et la haute bourgeoisie. Quant à la noblesse,
elle se trouva dans la pratique exclue comme le peuple des charges
municipales ; bien que les grands seigneurs anglais aient continué
longtemps d'habiter, au moins une partie de l'année, leurs hôtels
de la Cité, la liste des Lords Maires ne contient pas un seul nom
qui appartienne à l'aristocratie.

Les Londoniens avaient le sentiment très net de leur importance.
« Les habitants des autres villes, dit un chapelain de Thomas
Becket, s'appellent citoyens ; ceux de Londres, barons. » Il affirme
que sous le règne d'Etienne, c'est-à-dire vers le milieu du XIIe siècle,
Londres pouvait mettre en ligne vingt mille cavaliers et soixante
mille fantassins[2]. L'exagération est manifeste ; mais la puissance
militaire de Londres n'était pas à dédaigner, et ses milices jouèrent
plus d'une fois un rôle décisif dans les guerres civiles. Londres
avait d'ailleurs une autre puissance qui pouvait lui être plus difficilement contestée que celle des armes : la puissance de l'argent.
Les grands négociants de Londres furent les banquiers de ces princes conquérants et glorieux, mais toujours endettés, qui s'appellent,
Edouard Ier, Edouard III, Henri V. L'histoire de Whittington, le
célèbre Lord Maire, recevant à dîner après Azincourt le roi Henri V
et la reine Catherine, et brûlant sous leurs yeux les quinze cent
mille francs de reconnaissances que lui avait signés le roi, conserve,
à défaut d'authenticité, la valeur d'un symbole. Encore au XVIIe siècle, l'appui de la Cité fut une des causes essentielles de la victoire
du Parlement dans la lutte contre Charles Ier[3].

1. L'histoire des origines de la constitution de Londres a été entièrement
renouvelée par les études de J. H. Round. — Voir *The Commune of London
and other studies* (1899), surtout p. 235-243.

2. Vita S. Thomæ, auctore Wilhelmo filio Stephani, p. 4 (*Materials for the
history of Thomas Becket*, Rolls series, t. III).

3. Le rôle de Londres dans la vie générale de l'Angleterre est exposé dans
les trois volumes de R. Sharpe, *London and the Kingdom*, 1894-1895.

Le développement territorial de la ville fut assez lent : l'enceinte romaine, repoussée au Moyen Age un peu plus loin du côté de l'Ouest, suffit longtemps à contenir la majeure partie des habitants ; à la fin du xvie siècle, il y avait encore des jardins dans les parties septentrionales de la ville, à l'intérieur des murs. L'espace compris entre la Cité et Westminster avait cependant commencé à se remplir dès une époque lointaine ; le palais royal attirait de ce côté tous ceux qui cherchaient à la cour honneur ou profit. Le retour des Stuarts en 1660 et l'incendie de 1666 furent le signal d'un exode général de la noblesse ; les vieux hôtels furent vendus ; tout le monde émigra vers les quartiers à la mode : Soho, Pall Mall, Piccadilly. Tandis que la Cité restait le centre du commerce, la société élégante s'établissait dans ce que l'on nomma plus tard le *West End*. De l'autre côté de la ville, au delà de la Tour et à proximité du port, se formait un faubourg de matelots et d'ouvriers, germe du futur *East End* ; c'est là que vinrent se fixer les Juifs, au temps de Cromwell, puis les ouvriers huguenots qui importèrent à Spitalfields l'industrie de la soie. On voit donc apparaître déjà quelques uns des traits caractéristiques de la physionomie de Londres ; mais l'étendue occupée par la ville est encore très restreinte à la fin du xviie siècle. Guillaume III choisit comme résidence le palais de Kensington pour être loin des brouillards et de la fumée de la capitale ; cinquante ans plus tard, l'historien de Londres, Maitland, parle de Hackney comme du « village » le plus riche de l'Angleterre, tant y est considérable le nombre des négociants de la Cité « et autres personnes de distinction »[1]. Londres Sud se réduisait à une bordure de maisons le long de la Tamise.

C'est au xviiie siècle que commença la grande expansion de Londres, dont la date concorde par conséquent avec celle de l'expansion maritime et coloniale de l'Angleterre. L'emploi de la pompe à feu, puis de la machine à vapeur, permit d'élever l'eau à une hauteur plus grande et de desservir des quartiers inabordables jusque-là ; la ville put quitter les bords immédiats de la Tamise et s'étendre vers le Nord et surtout vers l'Ouest, en dehors des plaques de gravier dans lesquelles on trouvait l'eau à une faible profondeur. On vit alors pour la première fois des domaines immenses se couvrir presque d'un seul coup de ces constructions toutes semblables les unes aux autres qui donnent à la plupart des quartiers de Londres,

1. *History of London*, p. 766 de l'éd. de 1739. Voir la carte de Rocque (1763) reproduite dans Loftie, *Hist. of London*, t. II, et la carte schématique que nous avons dressée pour les *Annales de géographie*, t. VII, p. 343.

aux riches aussi bien qu'aux pauvres, un aspect si monotone. Les campagnes qui entouraient Londres se composaient en effet presque uniquement de grands domaines, anciens manoirs du chapitre de Saint-Paul ou de l'abbaye de Westminster, qui avaient été, pour la plupart, « sécularisés » à des époques diverses et qui appartenaient soit à la Couronne, soit à des représentants de la haute noblesse anglaise. L'existence de propriétés de la Couronne dans la banlieue de Londres a été pour la ville un bienfait inestimable ; le terrain n'a pas été bâti, et les beaux parcs du West End, qui sont la gloire et la parure de Londres, le parc de Saint-James, Hyde Park, Kensington Gardens, Regent's Park, sont un résultat indirect des confiscations d'Henri VIII. Mais presque partout la féodalité ecclésiastique fut simplement remplacée par la féodalité laïque : les ducs de Westminster ont succédé aux abbés ; les Bedford, les Northampton, les Portland, les Somers, les Camden ont pris la place des chanoines de Saint Paul. Le sol sur lequel s'est bâti le Grand Londres se trouve par suite dans un très petit nombre de mains [1], et les propriétaires ont pu faire leurs conditions. Ils se sont généralement refusés à aliéner la propriété du terrain ; souvent même ils n'auraient pu le faire, s'ils l'avaient voulu, leur domaine étant soumis au régime des substitutions. Une grande partie du nouveau Londres a donc été construite sur des terrains qui avaient été non pas vendus, mais loués pour 99 ans, — fait fondamental qui a eu les conséquences les plus variées et les plus lointaines. Les constructions ne se sont pas faites petit à petit, au fur et à mesure des besoins, comme dans les autres villes. Subitement, par l'effet de la décision d'un grand propriétaire, une vaste étendue de terrain devient disponible ; le propriétaire, ses hommes d'affaires, ses architectes tracent un plan général auquel tout le monde devra se conformer. D'ordinaire, on fait largement les choses ; les rues sont moins étroites que dans la vieille ville ; de place en place, on ménage des squares qui d'ailleurs ne sont pas destinés au public, mais seulement aux habitants des maisons qui les entourent. On détermine parfois d'avance la nature du quartier projeté ; on y permet ou on y interdit les magasins, on décide qu'il se composera de résidences aristocratiques, de maisons ouvrières ou d'habitations bourgeoises. Il n'est pas rare que le modèle même de la maison à construire soit imposé par l'architecte du propriétaire qui fixe aussi le nombre des étages : de là

---

1. Actuellement plus des trois quarts de la ville (238 kilomètres carrés) appartiennent à 5.712 propriétaires seulement. Voir plus loin notre chapitre sur l'habitation.

ces types répétés à satiété dans certains quartiers, par exemple celui de la maison à l'italienne, avec portique, dans la région de Belgravia. Le locataire du terrain, de son côté, n'a pas intérêt à construire une maison très solide, comportant un grand nombre d'étages, puisque constructions et terrains doivent revenir au propriétaire à la fin du bail de 99 ans. La maison londonienne, médiocre assemblage de brique et de stuc, ne dépassera donc guère deux étages, ce qui est du reste en conformité avec l'idéal anglais suivant lequel chaque maison doit être le *home* d'une seule famille. Le nombre des habitants par maison sera beaucoup plus faible que dans les autres grandes capitales — 8 environ, tandis que Paris en a 34 — et par contre la ville s'étendra démesurément, engloutissant les villages et ne laissant subsister de la campagne que les anciens « communaux » transformés en parcs.

Mais nous anticipons ici sur les événements. On était loin de prévoir au XVIIIe siècle l'extension prodigieuse de Londres au XIXe. Bien que de nouveaux quartiers se fussent créés dans le West End (Grosvenor Estate ou Belgravia autour de Belgrave Square, Portman Estate autour de Portman Square, Bedford Estate autour de Russell Square, etc.), Londres restait encore en 1801 une ville très compacte et ramassée sur elle-même. La masse de la population était concentrée dans un petit espace, autour de la Cité, dans Londres-Nord : là, sur une étendue de 3 000 hectares [1], vivaient à peu près 600.000 personnes, c'est-à-dire presque les deux tiers de la population (958.000 habitants) recensée dans les limites du comté de Londres, qui a plus de 30.000 hectares de superficie. Londres-Sud commençait à peine à se développer ; sa population ne dépassait pas 212.000 habitants, tandis que Londres-Nord en avait 746.000, et cette population se trouvait presque tout entière au débouché du pont de Londres, en face de la Cité [2]. La Cité, qui avait vu sans grande sympathie tous les faubourgs se développer autour d'elle, était toujours le cœur de Londres ; au dire de ses habitants, elle était même Londres tout entier, puisque ce nom n'appartenait légalement qu'à cette petite parcelle de la grande ville, aux 271 hectares sur lesquels s'étendait depuis le XIVe siècle la juridiction du Lord Maire. La population

1. Cité et anciens districts sanitaires de Limehouse, St-Georges de l'Est, Whitechapel, Shoreditch, St-Luke, Clerkenwell, Holborn, St-Giles, St-James, Strand, St-Martin, Marylebone, Westminster, St-Georges Hanover Square. La superficie est exactement de 3.046 hectares.
2. Southwark et St-Olave (Bermondsey) renfermaient plus de la moitié des habitants de Londres-Sud (108.000 sur 212.000).

avait cessé de s'y accroître ; elle avait même diminué légèrement depuis le xviie siècle [1] (130.000 habitants en 1631, 127.000 en 1801) ; mais la densité restait très forte, et la plupart des commerçants continuaient d'habiter un appartement au-dessus de leur boutique, comme au Moyen Age. Seuls les riches négociants qui avaient chevaux et voiture pouvaient s'installer dans les villages de la banlieue, pour y jouer au *squire* campagnard.

La croissance de Londres était, en effet, subordonnée au développement des moyens de communication entre la banlieue et le centre de la ville. Londres n'avait point à se préoccuper, comme Paris, des nécessités de la défense ; les vieilles murailles de la Cité, qui d'ailleurs ne servaient plus à rien depuis longtemps, disparurent dès 1666, et la ville s'étendit librement dans la campagne. Mais les dimensions de Londres, comme celles de toutes les villes avant le xixe siècle, étaient limitées à une étendue qui permît aux habitants des quartiers extrêmes de se rendre à pied dans le quartier central sans une perte de temps excessive et sans trop de fatigue. On ne pouvait donc guère se loger à plus de 4 ou 5 kilomètres de Saint-Paul, au maximum, et, en fait, toute la partie peuplée de Londres en 1801 se trouve dans le rayon de 4 kilomètres. Le long de la Tamise, les communications étaient plus faciles ; la Tamise avait ses bateliers, célèbres, comme les gondoliers vénitiens, par leur impudence ; à partir de 1837, on eut même de petits navires à vapeur sur lesquels on payait 4 pence (40 centimes) de la Cité à Westminster, 6 pence (60 centimes) de la Cité à Greenwich, et 1 shilling (1 fr. 25) de la Cité à Woolwich [2]. On remarquera que ces prix sont fort élevés et n'étaient point à la portée des petites bourses. Ailleurs, le seul moyen de locomotion disponible au commencement du xixe siècle était la voiture de louage, inconfortable et chère. C'est seulement en 1829 que Shillibeer introduisit à Londres les omnibus qui existaient à Paris depuis dix ans. Ils eurent immédiatement un grand succès ; quelques années plus tard 850 omnibus circulaient dans Londres ou entre Londres et la banlieue. Le tarif était au début de 6 pence pour les petits parcours, et de 1 shilling ou plus pour les grands ; mais certains omnibus étaient presque luxueux et renfermaient une petite bibliothèque. On ne tarda pas à supprimer la bibliothèque et à diminuer les prix : vers 1860, les longs parcours

1. Voir pour le recensement de 1631, *The economic writings of Sir William Petty*, éd. Hull, t. II, p. 405-406.
2. Gomme, *London in the reign of Victoria*, 1898, p. 11.

étaient à 6 pence et les petits à 3 pence. Outre les omnibus, des voitures publiques(*stage coaches*) desservaient les environs de Londres ; au commencement du règne de Victoria, on en comptait 600 qui faisaient le service entre Londres et la grande banlieue, jusqu'à une distance d'une trentaine de kilomètres ; les contemporains s'émerveillaient déjà de la foule qui arrivait tous les matins dans la Cité pour s'en retourner chaque soir [1].

Les chemins de fer apparurent presque en même temps que les omnibus. En 1833, une Compagnie se fonda pour relier par une voie ferrée le pont de Londres à Greenwich, qui était encore une petite ville indépendante. Trois ans plus tard, la ligne était en exploitation jusqu'à Deptford et tout Londres s'écrasait aux jours de fête pour prendre place dans les voitures. La ligne de Londres à Greenwich ressemblait plutôt à une « attraction » qu'à une ligne sérieuse ; mais dans les années qui suivirent, des Compagnies plus ambitieuses se constituèrent : en 1834, la Compagnie de Londres à Southampton, germe du *London and South Western* ; en 1835, la Compagnie *Great Western* et la Compagnie de Londres à Croydon, qui prolongea sa ligne jusqu'à Brighton et devint la *London, Brighton and South Coast* ; en 1836, la compagnie de Londres à Douvres (*South Eastern*) et la Compagnie de Londres à Colchester, origine du futur *Great Eastern*. Puis vint le tour du *Midland* (1844), du *London and North Western* (1846), du *Great Northern* (1846).En 1850, presque toutes les grandes Compagnies qui ont leur terminus à Londres étaient fondées. Ces Compagnies ne se préoccupaient, il est vrai, que dans une faible mesure du trafic de banlieue ; mais des Compagnies locales se fondèrent : la Compagnie de Londres à Blackwall (1836) pour desservir les faubourgs de l'Est, la Compagnie du Nord de Londres (1846) et enfin la Compagnie du chemin de fer métropolitain (1853) dont la ligne, complétée plus tard (1864) par celle du « district métropolitain », finit par former une boucle complète, desservant le West End et la Cité.En 1865, la Compagnie *East London* commença la construction d'une ligne qui allait de la Cité à New Cross au Sud de la Tamise [2].

Un Américain, Francis Train, venait alors d'introduire en Angleterre un nouveau mode de transport, le tramway. Celui-ci eut beaucoup de peine à s'acclimater à Londres : en 1871, dix ans après

1. Cf. Sinzheimer, *Der Londoner Grafschaftsrat*, p. 330-331 ; Gomme, *London in the reign of Victoria*, p. 18-19, 32-34.
2. Gomme, *op. cit.*, p. 35-36, 144-145.

l'établissement de la première ligne, il n'y avait encore à Londres
que 20 kilomètres à peine de lignes de tramways. Le vote de la loi
de 1870 qui donna aux Compagnies de tramways un statut légal fut
le signal d'une progression rapide : la longueur des lignes dans le
comté de Londres atteignit en 1876 environ 100 kilomètres, et en
1891 plus de 200[1].

Des changements plus extraordinaires encore se sont produits de
notre temps. Actuellement (1911) la zone que l'on appelle le Plus
Grand Londres, et qui comprend Londres et la banlieue[2], renferme,
dans un rayon de 25 kilomètres autour de Charing Cross et sur une
superficie de 1.794 kilomètres carrés, environ 1.060 kilomètres de
lignes de chemin de fer, affectées au service des voyageurs ; le
nombre des gares est de 609[3]. Une partie de ces lignes sont des
lignes électriques ; la Compagnie du Métropolitain et la Compagnie
du District métropolitain ont adopté ce mode de traction et
multiplié les trains (30 à 36 trains par heure)[4]. D'autres lignes
électriques d'un type différent, les lignes à grande profondeur ou
« tubes » ont pris dans ces dernières années un développement
considérable, surtout dans le centre et dans l'Ouest où les chemins
de fer ordinaires et les tramways sont peu pratiques. Une première
ligne de ce genre (*City and South London*) avait commencé à fonctionner partiellement en 1890, mais c'est surtout après cette date
que, sous l'impulsion d'un syndicat de financiers américains, les
tubes se sont multipliés dans le sous-sol de Londres : ils atteignent
aujourd'hui environ 63 kilomètres de longueur[5]. Les tubes et les
chemins de fer ordinaires ont organisé, comme nous le verrons
dans un autre chapitre, des trains ouvriers à prix très réduit qui
facilitent les communications entre la ville et la banlieue.

La transformation des tramways à chevaux en tramways électriques et la création de lignes nombreuses dans la banlieue sont
aussi des événements de la plus haute importance et de date toute
récente. La longueur des lignes de tramways dans le Plus Grand

1. Cf. Sinzheimer, *op. cit.*, p. 332 et suiv.
2. Londres proprement dit forme le comté de Londres, dont la superficie
est de 302 kmq. 69 ; le Plus Grand Londres (*Greater London*) est le territoire
desservi par la police londonienne.
3. *London Statistics*, t. XXI (1910-1911), p. 420.
4. *Report of the London Traffic Branch of the Board of Trade*, 1909, p. 35-36.
On veut actuellement porter ce nombre à 50.
5. *London Statistics*, t. XXI, p. 420 ; *Report of the London Traffic Branch of
the B. of T.*, 1908, p. 46-47.

Londres était en 1910 d'environ 640 kilomètres, dont 235 pour le comté de Londres, et le nombre des voyageurs transportés de 763 millions ; en 1891, on ne comptait encore que 198 millions de voyageurs [1].

La transformation des omnibus en autobus a contribué aussi pour sa part à augmenter la mobilité des habitants de Londres et de la banlieue londonienne. Le résultat de cette évolution apparaît clairement dans le tableau suivant que nous empruntons aux statistiques officielles. Il n'est point absolument complet, puisque faute de pouvoir séparer le trafic de banlieue du trafic général sur les grandes lignes de chemin de fer, on est obligé de ne tenir compte que des petites Compagnies locales ; tel qu'il est cependant, il nous paraît suffisamment démonstratif [2].

Années	NOMBRE DE VOYAGEURS DANS LE PLUS GRAND LONDRES				Population du Plus Grand Londres	Nombre de voyages par habitant dans le Plus Grand Londres.
	Ch. de fer (Compagnies locales)	Tramways	Omnibus (principales Compagnies)	Total		
1871	72.636.311	»	43.556.545	116.192.858	3.885.641	29,9
1881	139.233.690	72.038.962	58.389.997	269.662.649	4 766.661	56,6
1891	180 026.117	198.569.584	158.926 550	537.521.951	5.633.806	95,4
1901	236.506.162	340.772.414	269.933.759	847.212.335	6.581.372	128,7
1910	425.271.861	763.797.856	377.207.555	1.566.277.272	7.182 843	218,5

La multiplication des moyens de transports à bas prix et l'augmentation de la rapidité des communications ont fait de Londres, suivant l'expression consacrée, une « province couverte de maisons » ; il est presque impossible de dire où commence et où finit Londres, et l'on est tenté de considérer comme des annexes de la capitale non seulement des villes comme Croydon qui sont maintenant reliées à Londres par une ligne à peu près ininterrompue de maisons, mais des centres beaucoup plus éloignés, tels que Southend-sur-Mer et même Brighton où nombre de Londoniens ont

---

1. *London Statistics*, t. XXI, p. 433 ; Des cartes très utiles des chemins de fer électriques et des tramways électriques ou à chevaux du Plus Grand Londres ont paru dans *Report of the London Traffic Branch*, 1908, p. 34, et 1911, pl. VII. La pl. VIII de 1911 donne une carte des lignes d'autobus.

2. *London Statistics*, ibid. ; *Journal of the Royal Statistical Society*, t. LXVII (1904) p. 177-219 (E. J. Harper, *Statistics of London Traffic*) ; *Report of London Traffic Branch*, 1911, p. 1.

leur domicile principal pendant la belle saison. Par un phénomène inverse, tandis que Londres s'enflait démesurément, jusqu'à comprendre, au dire d'un géographe anglais [1], tout le Sud-Est de la Grande-Bretagne, le centre de la ville — l'ancienne Cité et les quartiers voisins — se dépeuplait progressivement ; les maisons d'habitation y étaient remplacées par des magasins, des bureaux, des entrepôts, où les trains, les tramways et les omnibus amenaient chaque matin les commerçants et leurs employés. On voit entre chaque recensement cette zone vide s'étendre, faire tache d'huile, et en 1911 on s'est aperçu, non sans étonnement, qu'elle avait gagné presque tout le comté de Londres. Ces deux phénomènes complémentaires — l'évidement du centre, le peuplement de la banlieue — ne sont point particuliers à Londres : on les rencontre dans la plupart des grandes villes [2]. Mais ils se présentent à Londres avec une ampleur qu'ils n'ont nulle part ailleurs, et Londres réalise mieux que toute autre ce type nouveau de ville dont les habitants résident dans la banlieue et viennent tous les jours travailler dans la « Cité ».

La grande expansion de Londres [3] a commencé avec l'ère des chemins de fer, c'est-à-dire vers le milieu du xixᵉ siècle. Pendant la période précédente, que l'on pourrait appeler la période des omnibus, l'étendue de la zone de peuplement demeure assez restreinte. Elle ne dépasse guère les limites du futur comté de Londres. De 1801 à 1851, la région que les statisticiens appellent « Londres extérieur » (*Outer London*), c'est-à-dire la partie du Plus Grand Londres qui est en dehors du comté (voir fig. 3), gagne, il est vrai, 162.000 habitants ; mais ce chiffre paraît bien minime si on le compare à l'augmentation du comté : 1 million 403.000 habitants. La plupart des villes qui vont se développer dans le Plus Grand Londres pendant la période suivante ne sont encore que de gros villages : East Ham a 1.700 habitants en 1851, Walthamstow 4.700, Leyton 4.300, Tottenham 7.100, Willesden 2.900. Il n'y a guère d'exception que pour des villes comme Brentford (8.800 hab.), Kingston (6.200 hab.), ou Croydon (10.200 hab.) qui sont des agglomérations anciennes, situées à une distance suffisante de la

1. H. J. Mackinder, *Britain and the British seas* (1902), p. 258.

2. La question est traitée dans une étude un peu sommaire de A. Schmidt, *Citybildung und Bevölkerungsverteilung in Grossstädten*, 1909.

3. Les données statistiques des divers recensements de Londres, de 1801 à 1881 inclusivement, se trouvent réunies dans un article de R. Price-Williams, *The Population of London* (*Journal of Statist. Soc.*, t. 48, année 1885, p. 349 et suiv.).

capitale pour n'avoir pas été entraînées dans son orbite avant l'avènement de la locomotive.

Dans le « territoire métropolitain » lui-même, tel que va le définir la loi de 1855 sur l'administration de Londres, et tel qu'il est
demeuré jusqu'à maintenant [1], la comparaison des recensements de
1801 et de 1851 nous montre que le peuplement est loin de se faire
sur tous les points avec la même intensité. La plus grande partie
de Londres-Sud échappe encore aux entreprises du *speculative builder*. Entre 1801 et 1851, les quartiers du Sud ont gagné 397.000 habitants seulement, tandis que les quartiers du Nord, dont la superficie est moindre, en gagnaient à peu près un million. La population de Londres-Sud s'est surtout accrue au bord de la Tamise, à
Lambeth, à Southwark, à Saint-Olave (Bermondsey) et dans les centres anciens de Greenwich et de Woolwich. L'extrême Sud reste
encore en grande partie rural : les immenses quartiers de Wandsworth, Camberwell et Lewisham, sur une superficie (10.740 hectares) bien supérieure à celle de Paris, ne renferment que 126.000
habitants.

Au Nord de la Tamise, le *West End* (districts d'enregistrement de
Marylebone, Saint-George Hanover Square, Kensington, Chelsea,
Fulham) a gagné 313.000 habitants, passant de 160.000 en 1801 à
473.000 en 1851. L'*East End* (districts d'enregistrement de Stepney,
Mile End, Bethnal Green, Shoreditch, Poplar) a gagné 256.000 habitants, passant de 100.000 à 356.000. L'extrême Ouest (Fulham) et
l'extrême Est (Poplar) n'ont encore qu'une population relativement
faible, de même qu'au Nord Hampstead et Hackney ; mais Islington et Saint-Pancras se couvrent de maisons dans leur partie méridionale : le nombre des habitants qui était de 42.000 en 1801 atteint
262.000 en 1851.

Comme en 1801, la région de forte densité est en 1851 la partie centrale de la ville, la Cité et les quartiers voisins. Les petits districts
d'enregistrement de la Cité, du Strand, de Holborn, de Saint-Giles,
de Westminster (Saint-James) [2], de Whitechapel de Saint-George de
l'Est, auxquels on peut ajouter ceux de Saint-Saviour (Southwark) et

---

1. Il y a eu des modifications de détail qui rendent à peu près impossible
une comparaison mathématiquement exacte entre les divers recensements ;
mais ces modifications ne portent que sur des chiffres peu importants et n'affectent pas les résultats d'ensemble.

2. Ce district, très mal nommé, ne comprend pas l'abbaye de Westminster
et se trouve au Nord-Est du Westminster véritable. Il se compose des paroisses de Saint-James et de Sainte-Anne (Soho).

de Saint Olave (Bermondsey) au Sud de la Tamise, renfermaient, en
1801, 534.000 habitants sur un total de 958.000 ; ils en renferment
820.000 sur 2.362.000 en 1851. Leur importance relative a donc diminué, mais le tiers de la population de Londres vit néanmoins
dans la Cité et dans le voisinage immédiat de la Cité. La Cité elle-
même se retrouve en 1851 avec la même population que cinquante
ans plus tôt ; le Strand et Westminster (Saint-James) sont à peu près
dans le même cas ; les autres districts du centre ont continué de
s'accroître, et leur augmentation totale dépasse 280.000 habitants.

C'est alors que commence à se produire le phénomène inverse
dont nous avons parlé plus haut, c'est-à-dire le dépeuplement progressif des quartiers centraux. A partir du recensement de 1851, l'influence des chemins de fer, à laquelle s'ajoute un peu plus tard celle
des tramways, se fait très nettement sentir. Des gares situées au
cœur de la ville, comme celles de London Bridge, de Liverpool
Street, de Broad Street, de Cannon Street, de Holborn, de Charing
Cross, et toutes les gares du chemin de fer métropolitain, ne pouvaient manquer d'exercer sur la population qui habitait aux alentours une attraction qui ne s'est produite que beaucoup plus faible-
ment à Paris, où les gares sont presque toutes reléguées dans des
quartiers excentriques [1]. La bourgeoisie, retenue jusque-là dans la
Cité par ses occupations, suivit donc l'exemple qui lui avait été donné
par la noblesse autrefois, et plus récemment par le haut commerce :
elle émigra vers les faubourgs. Au Nord, au Sud et à l'Ouest, le « territoire métropolitain » se couvrit de « villas » grandes et petites, en
brique jaune ou rouge, avec les mêmes *bow windows* et le petit jardin réglementaire. Toute la société « respectable » s'en allait, et comme
on avoue difficilement en Angleterre que l'on n'appartient pas à la
société « respectable », le mouvement ne tarda pas à gagner la bourgeoisie moyenne et la petite bourgeoisie. Employés de bureau, chefs
de rayon, contremaîtres, tous voulurent imiter leurs patrons et avoir
eux aussi leur petite maison enguirlandée de vigne vierge et leur
home familial, loin du tumulte des affaires et du tracas de la Cité.
Dans la classe ouvrière elle-même, cette aristocratie qui comprend
les ouvriers bien payés et régulièrement employés partit aussi dès
qu'elle le put — un peu plus tard cependant que les autres classes,
parce qu'il lui fallut attendre le moment où les chemins de fer eu-

---

1. H. Schmidt (*Citybildung*, p. 24) fait bien remarquer que le mouvement
centrifuge a été plus intense dans le voisinage des gares que dans le reste de
la Cité.

rent suffisamment abaissé leurs tarifs. En 1881, la Cité n'avait plus
que 51.000 habitants au lieu des 129.000 qu'elle avait en 1851 ; autour
de la Cité, à Holborn, à Saint-Giles, dans le Strand, à Saint-James
Westminster, à Whitechapel, à Saint George de l'Est, la population
avait également diminué. Au total, dans l'espace de trente ans, cette
partie centrale de la ville avait perdu 136 000 habitants. Partout les
maisons d'habitation, dont la valeur locative augmentait sans cesse,
se transformaient en magasins et en bureaux où il ne restait que le
personnel strictement nécessaire à la garde des marchandises et des
valeurs Le départ des classes aisées produisait dans la population une
sorte de sélection à rebours ; il ne demeurait dans la région centrale
que les pauvres et les irréguliers de l'armée du travail, auxquels leur
pauvreté même ou la nature de leur profession interdisait d'aller
chercher au loin un logement plus confortable et moins coûteux.
Ils s'entassaient tant bien que mal aux abords de la Cité, quatre ou
cinq familles pauvres occupant une des maisons où précédemment
vivait une seule famille de la bourgeoisie. Le *West End*, qui n'avait
pas été délaissé par la haute société anglaise, leur était en grande
partie fermé ; ils avaient fondé cependant à Soho une petite colonie
qui s'est largement développée à la fin du xixe siècle, et ils se sont
glissés plus loin encore, jusqu'à Lisson Grove. Au Sud, du côté de
Southwark et de Bermondsey, ils prenaient la place de la bourgeoisie qui s'enfuyait vers Clapham, vers le Palais de Cristal et vers
Bromley. Mais leur véritable terrain de colonisation fut l'*East End*.
Whitechapel et St-George de l'Est avaient toujours été des quartiers pauvres ; néanmoins, si Hackney n'était plus, au milieu du
xixe siècle, comme il l'avait été au milieu du xviiie, le « plus riche
village du royaume », il restait encore à l'Est de Londres beaucoup
d'espace libre, des prairies, des parcs, des demeures quasi seigneuriales. De proche en proche la misère gagna, recouvrit Shoreditch,
Stepney, Mile End, Poplar, franchit la Lea et s'étendit dans la plaine
de West Ham. Dès 1881, l'*East End* était devenu par excellence la
cité des pauvres.

Le mouvement centrifuge qui vidait l'intérieur de la ville eut sa
contrepartie dans le peuplement des quartiers excentriques de
Londres et des parties du Plus Grand Londres qui sont les plus
rapprochées des limites du comté. De 1851 à 1881 le comté gagna
1 million 454.000 habitants et « Londres extérieur » 618.000. A
l'intérieur du comté, Londres-Sud passa de 609.000 à 1 million
266.000 ; la population de certains quartiers, comme Wandsworth,
s'éleva du simple au quadruple (50.000 habitants en 1851, 210.000 en

1881). L'augmentation fut relativement beaucoup moins grande au

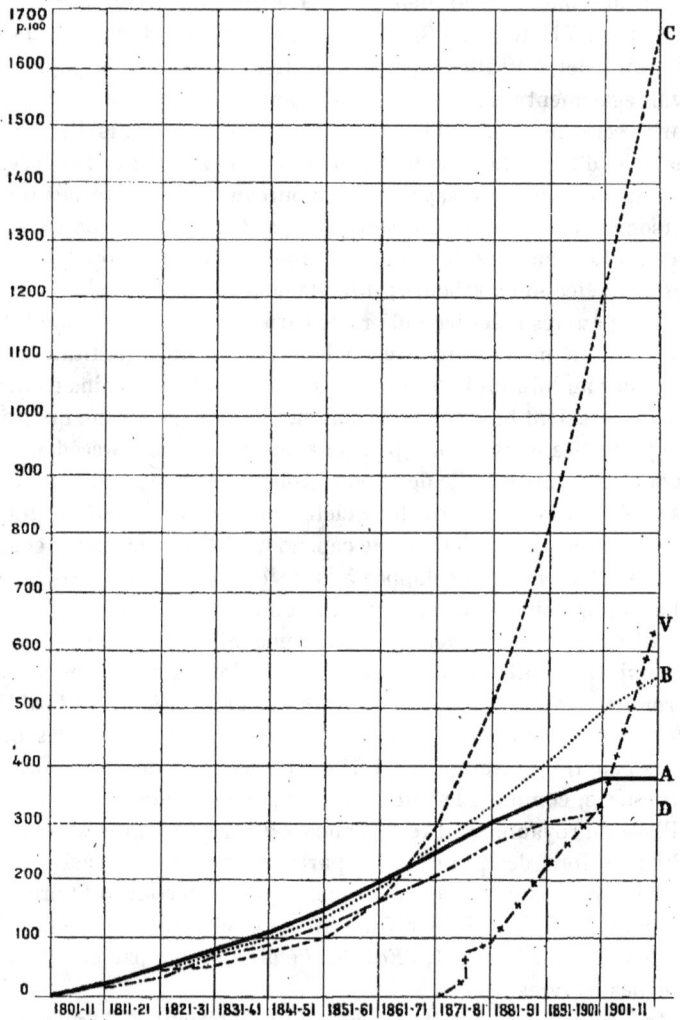

Fig. 1. — Accroissement de la population, du nombre des maisons habitées et du nombre des voyages dans l'agglomération londonienne, 1801-1911.

A. Population du comté de Londres.
B. Population du Plus Grand Londres.
C. Population du Plus Grand Londres en dehors du comté (*Outer London*).
D. Maisons habitées dans le comté de Londres.
V. Augmentation des voyages par habitant dans le Plus Grand Londres.

Nord qu'au Sud ; cependant Fulham, à l'extrême Ouest, passa de

29.000 à 114.000 ; Poplar, à l'extrême Est, de 47.000 à 156.000 ; Hackney, au Nord-Est, de 58.000 à 186.000, et Hampstead, au Nord, de
45.000 à 119 000. Dans Londres extérieur, la population se massa
le long des lignes de chemin de fer, à portée des gares ; l'afflux
se fit particulièrement sentir là où les Compagnies avaient établi
un bon service de banlieue et offraient des facilités spéciales[1] ;
les centres anciens servirent de points de cristallisation. West Ham
avait 18.000 habitants en 1851 et 129.000 en 1881 ; East Ham 1.700 habitants en 1851 et 27.000 en 1881 ; Leyton 4.300 habitants en 1851 et
27.000 en 1881. Au Nord, la population de Tottenham s'est élevée de
7.000 à 36.000. Celle de Willesden, à l'Ouest, a passé de 2.900 à
27.000, et celle de Croydon, au Sud, de 10.200 à 101.000. C'est à partir de 1861 surtout que Londres avait commencé de déborder au-
delà des limites du territoire métropolitain ; le taux d'accroissement
du « Londres extérieur » fut désormais beaucoup plus rapide que
celui du « Londres intérieur » (comparer les lignes A et C, fig. 1).

Dans la période de vingt ans qui suit le recensement de 1881, le
dépeuplement du centre s'accentue. La région centrale perd 76.000
habitants ; la population de la Cité tombe de 51.000 à 27.000. De nouveaux quartiers comme Saint-George Hanover Square et Marylebone
à l'Ouest, Saint-Pancras au Nord, Shoreditch et Stepney à l'Est, Saint-
Olave (Bermondsey) au Sud commencent à diminuer. On constate
d'autre part qu'un assez grand nombre de quartiers dans lesquels le
chiffre de 1901 est supérieur à celui de 1881 ont en réalité perdu des
habitants : la différence entre le nombre des naissances et le nombre des décès de la période 1881-1901 donne en effet un chiffre plus
élevé que celui de l'augmentation constatée au recensement de 1901.
Islington, par exemple, a gagné 52.373 habitants de 1881 à 1901 ;
mais le chiffre des naissances a dépassé celui des décès de 80.225 unités, ce qui revient à dire que le quartier d'Islington a perdu, par
émigration, 27.852 habitants pendant cette période[2] (voir fig. 2).
Il y a plus : si les quartiers excentriques, surtout au Sud de la
Tamise, s'accroissent encore, le comté de Londres dans son ensemble perd par émigration une partie de sa population naturelle. De
1881 à 1901, l'excédent des naissances sur les décès a été de 1 million
5.000, et l'augmentation constatée en 1901 n'est que de 705.000

---

1. Sur l'influence des billets à prix réduits, voir plus loin notre chapitre sur
les communications. Bien que l'organisation générale des trains ouvriers ne
date que de 1883, des trains de ce genre existaient depuis longtemps sur certaines lignes, celles du Great Eastern par exemple.

2. Cf. *Census of London,* 1901. *Report by the Statistical Officer* (L.C.C.627), p.8-9.

par rapport à 1881 [1]; Londres a donc perdu dans l'intervalle de ces
deux recensements 300.000 citoyens [2].

A vrai dire, ces trois cent mille citoyens ne sont pas allés bien
loin. La plupart d'entre eux ont sans doute franchi simplement la
limite du comté pour aller s'installer dans les villes du Plus Grand
Londres. Tandis que Londres même ne gagnait que sept cent mille
habitants de 1881 à 1901, Londres extérieur en gagnait onze cent

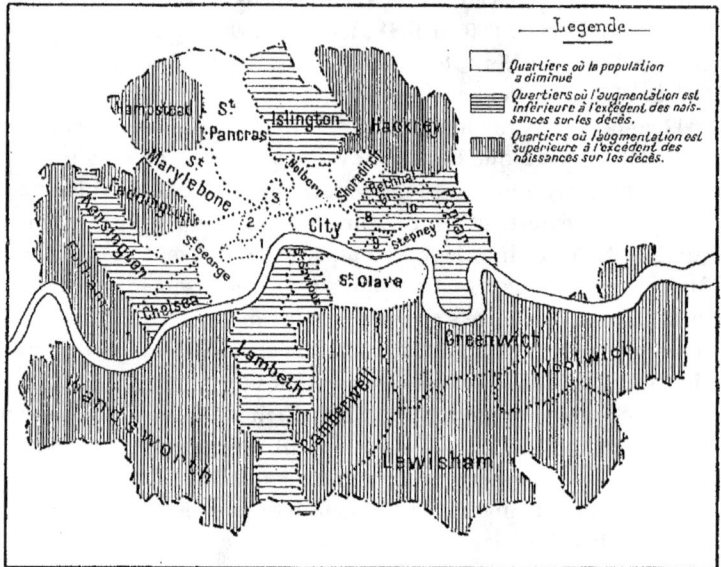

Fig. 2. — Mouvement de la population à Londres de 1881 à 1901 (par districts
d'enregistrement).
(Pour l'explication des numéros, se reporter à la fig. 5.)

mille. Ce sont les villes ouvrières de l'Est et du Nord qui ont le plus
augmenté : West Ham passe de 129.000 à 267.000 ; East Ham de
10.000 à 96.000 ; Leyton de 27.000 à 99.000 ; Walthamstow de 21.000
à 95.000 ; Tottenham de 36.000 à 102.000 ; Edmonton de 36 000 à
à 61.000. A l'Ouest et au Sud, les progrès sont plus lents ; néanmoins Willesden a 87.000 habitants de plus en 1901 qu'en 1881 et
Croydon 63.000.

1. 3 millions 830.000 habitants en 1881 et 4 millions 535.000 en 1901 dans
les limites du comté tel qu'il était avant la réorganisation de 1899.
2. Dans la période 1871-1881, Londres avait encore gagné par immigration
plus de 100.000 habitants. Voir Booth, *Life and Labour of the people in London*, 1re série, t. III, p. 62.

Le recensement de 1911 a montré que le comté de Londres commençait à décroître, non plus seulement d'une façon relative, mais absolument : la population du comté qui était en 1901 de 4.536.267 habitants n'était plus en 1911 que de 4.522.961. Seules les parties du comté les plus voisines de la limite — Fulham et Hammersmith à l'Ouest, Hampstead et Hackney au Nord, Wandsworth au Sud-Ouest, Camberwell, Lewisham, Greenwich et Woolwich au Sud-Est — ont continué d'augmenter pendant cette période, beaucoup moins vite d'ailleurs que par le passé. Tout le reste du comté de Londres est en diminution. La Cité n'a plus que 19.657 habitants ; le centre [1] a 56.000 habitants de moins qu'en 1901, 268.000 de moins qu'en 1851.

L'augmentation de Londres extérieur s'est ralentie. Londres extérieur a cependant passé de 2.045.000 habitants à 2.730.000, gagnant ainsi en dix ans 685.000 habitants. La population du Plus Grand Londres (comté de Londres et Londres extérieur) est maintenant (1911) de 7.252.963 habitants ; elle n'était en 1851 que de 2.680.935. Les villes de Londres extérieur qui sont situées à peu de distance des limites du comté n'augmentent plus aussi rapidement qu'autrefois : ainsi West Ham a gagné 21.000 habitants de 1901 à 1911 au lieu de 62.000 de 1891 à 1901, East Ham 37.000 au lieu de 63.000, Walthamstow 29.000 au lieu de 48.000 ; mais une seconde zone un peu plus éloignée du centre, et qui était restée jusqu'ici presque entièrement rurale, commence à se couvrir de maisons et attire de nombreux habitants. Ce fait est particulièrement visible au Nord-Ouest et à l'Ouest de Londres, comme le montre clairement la figure 3.

En résumé, tout le centre de Londres devient de plus en plus une annexe de la Cité. Dans la Cité même, tandis que la population sédentaire diminue à chaque recensement, la population qui vient occuper pendant le jour les innombrables bureaux, les entrepôts et les magasins n'a cessé d'augmenter depuis trente ans. Elle était en 1881 de 261.061 personnes, en 1891 de 301.384, en 1911 de 362.742 [2]. Les autres quartiers du centre reçoivent également chaque matin une proportion, malheureusement impossible à déterminer, de travailleurs intellectuels ou manuels, appartenant à toutes les professions et à toutes les classes sociales, depuis le banquier jusqu'au

---

1. Cité et districts d'enregistrement du N. énumérés plus haut, p. 19.

2. *Census of London, 1901. Report by the Statistical Officer* (L.C. C.), p. 24 ; *London Statistics*, t. XXI (1910-1911), p. 19. Ce recensement est fait par les soins des autorités de la Cité ; il n'a pas eu lieu en 1901.

garçon de bureau, depuis le grand entrepreneur jusqu'à l'aide-maçon, depuis le négociant en gros jusqu'à l'employé livreur et au charretier. De huit heures à neuf heures, un torrent irrésistible d'hommes pressés, leur valise à la main, roule du Sud au Nord à

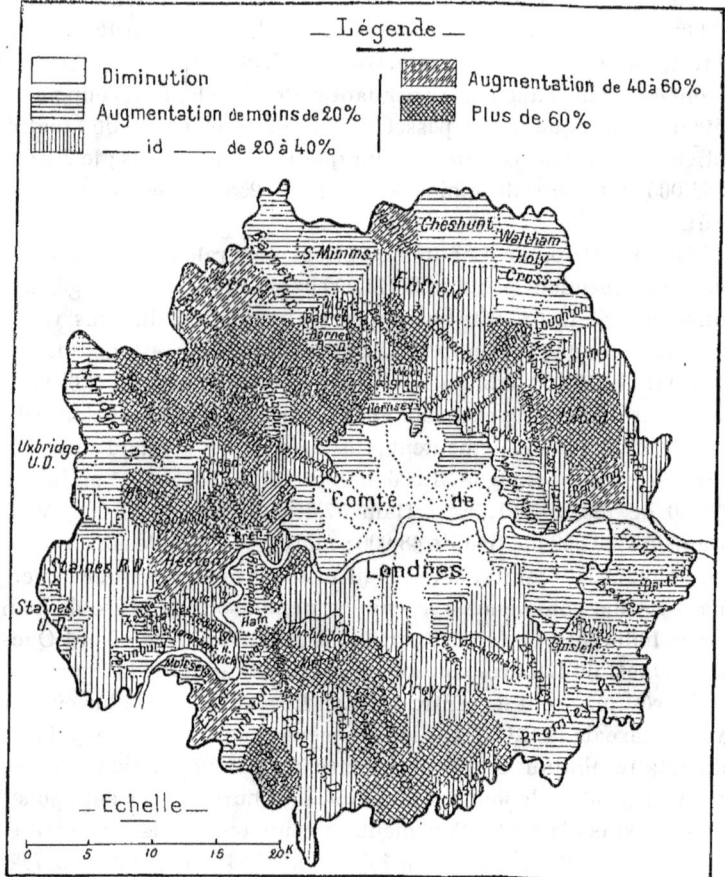

FIG. 3. — Mouvement de la population dans le Plus Grand Londres, de 1901 à 1911.

U. D. *Urban District.*
R. D. *Rural District.*

travers London Bridge. De minute en minute, chaque gare vomit un nouveau flot : dans la journée du 25 avril 1911, 342.451 personnes sont arrivées par le chemin de fer dans les seules gares de la Cité [1]. Vers six heures du soir, c'est l'exode : les mêmes hommes et

1. *Report of London Traffic Branch of the B. of T.*, 1911, p. 13.

les mêmes valises se précipitent de tous côtés, vers les villas et les cottages de la banlieue où les attendent les joies de la famille et le gigot bouilli, relevé d'une sauce à la menthe.

Le bureau du *Board of Trade*, qui s'occupe spécialement du trafic de Londres, a fait il y a quelques années une tentative intéressante pour établir, en séparant le trafic de grandes lignes du trafic de banlieue, le nombre de ceux qui usent à peu près régulièrement du chemin de fer pour descendre chaque jour de la banlieue dans la ville [1]. La statistique a porté sur le mois d'octobre 1907 et a compris tous les voyageurs se rendant à Londres et provenant d'une gare située à moins de 30 milles (48 km.) de Charing Cross. Le total a été, pour le mois, de 9.743.669 personnes, dont 2.138.954 avaient des billets d'ouvriers. Si l'on compte 27 jours ordinaires dans le mois, les chemins de fer transporteraient journellement de la banlieue à Londres environ 360.000 voyageurs, dont 79.000 ouvriers. L'échange entre Londres et la banlieue est en réalité beaucoup plus actif, car les tramways et les autobus ont leur part dans cet échange et enlèvent aux chemins de fer une proportion croissante du trafic de petite banlieue.

Parmi les 9 millions 743.000 voyageurs dont il vient d'être question, le plus grand nombre — 83 p. 100 — provient de gares situées à moins de 10 milles (16 km.) de Charing Cross, considéré comme le centre de Londres. Le nombre de ceux qui viennent de gares distantes de 12 à 30 milles (19 à 48 km.) n'est pour le mois que de 828.000, soit environ 30.000 par jour. Mais il ne manque pas de Londoniens qui consentent à faire chaque matin et chaque soir plus de 50 kilomètres : à la fin de 1907, il y avait 4.000 abonnés entre Southend-sur-Mer (58 km.) et Londres. Par des tarifs très bas et très habilement combinés, la Compagnie *London, Tilbury and Southend* a beaucoup augmenté ce genre de trafic dans ces dernières années [2], et d'autres Compagnies, notamment le *London and South Western* ont suivi son exemple. Les Compagnies de chemin de fer s'efforcent ainsi de regagner sur le trafic de la grande banlieue ce que les tramways électriques leur ont fait perdre dans la petite [3].

Dans son rapport de 1908, le bureau du trafic de Londres a utilisé

1. Voir *Report of the London Traffic Branch*, 1908, p. 50 et suiv., et 87-88.
2. Southend a passé de 13.000 hab. en 1891 à 28 000 en 1901 et à 62.000 en 1911. — Cf. *Report of the L. Traffic Branch*, 1911, p. 4. La ville est desservie aussi par le *Great Eastern*, en moins d'une heure.
3. Cf. *Report of the London Traffic Branch*, 1908, p. 50-51 ; 1909 (1910), p. 40 et 130 ; 1910 (1911), p. 72, 81. — Voir aussi plus loin le chapitre relatif aux communications.

les statistiques d'octobre 1907 pour dresser une carte dont la planche que nous avons insérée hors texte reproduit les données essentielles Cette carte fait apparaître aux yeux de la façon la plus expressive les relations qui se sont établies entre la région centrale de Londres et les diverses parties de la banlieue. C'est à l Est et au Nord-Est de Londres-Nord que l'afflux est le plus marqué. Les trois Compagnies qui desservent cette partie de la banlieue, celles du *Great Eastern*, du *London, Tilbury and Southend* et du *Great Northern* ont transporté à elles seules pendant le mois en question près de la moitié des voyageurs venus de la banlieue à Londres (4.435.000 sur 9.743.000). De ce côté, relativement peu de voyageurs viennent d'une gare située à plus de 8 milles (12 km. 9) de Charing Cross : 32 p. 100 seulement sont dans ce cas. Le trafic est donc principalement un trafic de petite banlieue ; il est alimenté par les ouvriers et les petits employés qui se sont fixés dans les villes nouvelles du Nord et de l'Est, Hornsey, Tottenham, Walthamstow, Leyton, Ilford, Barking, East Ham et West Ham. Les billets d'ouvriers constituent 27 p. 100 du total.

Il en est tout autrement au Nord-Ouest et à l'Ouest, où le nombre de billets d'ouvriers est si peu considérable qu'il ne nous a généralement pas été possible de les faire figurer sur notre carte [1]. Dans le domaine du *Midland*, du *London and North Western*, du *Great Western*, du *Metropolitan* et du *Metropolitan District*, l'ensemble du trafic de banlieue est beaucoup moins considérable qu'à l'Est (1.297.000 voyageurs seulement), mais les voyageurs sont pour la plupart des voyageurs à plein tarif ou des abonnés et 45 p. 100 d'entre eux (au lieu de 32 p. 100 à l'Est) viennent d'une distance supérieure à 8 milles. La classe sociale que nous rencontrons ici est évidemment assez différente de celle qui a peuplé la banlieue de l'Est ; la banlieue de l'Ouest est, dans une certaine mesure, un prolongement du West End, comme celle de l'Est est un prolongement de l'East End.

La banlieue de Londres-Sud appartient à trois Compagnies : *London and South Western, London Brighton and South Coast, South Eastern, Chatham and Dover*. Le trafic fut en octobre 1907 de 4.011.000 voyageurs, dont 710 000 (17 p.100) étaient porteurs de billets d'ouvriers Ce trafic est assez équitablement réparti entre les trois Compagnies et entre les diverses parties de la banlieue Sud. La clientèle des Compagnies est à peu près semblable à celle des Com-

---

1. Les billets d'ouvriers ne forment que 17 p. 100 du total et la plupart de ces billets proviennent des lignes du *Metropolitan* et du *Metropolitan District*.

pagnies de l'Ouest ; les distances parcourues sont même en moyenne plus longues qu'ailleurs : plus de la moitié (53 p. 100) des voyageurs ont pris le train à des gares distantes de plus de 8 milles du centre. Les ouvriers proviennent surtout de Wimbledon, de Croydon et de Woolwich : beaucoup d'entre eux (38 p. 100) ont plus de 8 milles à faire pour gagner le centre de la ville.

Le bureau du trafic de Londres conclut son étude en disant [1] que « le nombre des personnes qui vivent à la campagne et viennent tous les jours à Londres pour leurs affaires va sans cesse en augmentant ; ces personnes, ajoute l'auteur du rapport, mesurent la distance par le temps employé à le parcourir plutôt qu'en milles, et plus loin le chemin de fer pourra les transporter dans l'espace d'une heure, plus loin elles s'en iront ». Cette formule s'applique exactement à la bourgeoisie ; elle s'applique aussi à la classe ouvrière avec cette restriction cependant qu'une heure de voyage par le chemin de fer représente une dépense beaucoup trop élevée pour ceux qui appartiennent à cette classe : les ouvriers sont donc obligés, sauf exception, d'habiter à une distance moins considérable des quartiers centraux.

L'étude que nous venons de faire nous conduit, en définitive, à voir dans l'agglomération londonienne actuelle une série de zones à peu près concentriques, ayant chacune son caractère particulier. Au centre s'étend une région presque vide, qui s'élargit sans cesse : c'est le quartier des affaires où viennent chaque matin les *business men* et leurs employés, le quartier que, sans vouloir lui donner des limites précises, on appelle dans le langage courant « la Cité ». Tout autour de la « Cité », la carte de la densité de Londres nous montre une zone généralement très peuplée et même par endroits surpeuplée ; bien que la densité soit beaucoup moins considérable que dans la plupart des grandes capitales, la maison londonienne est en général si petite que la population vit fort à l'étroit dans cette partie de Londres. Cette population est surtout ouvrière ; elle travaille à des métiers qui demandent peu d'espace et qui se rattachent directement au commerce de la zone centrale : l'industrie de l'habillement et celle de l'ameublement en sont les types principaux. A l'Est, de chaque côté de la Tamise, vivent des ouvriers des docks. D'une manière générale cette zone renferme beaucoup d'ouvriers qui sont employés d'une façon souvent assez irrégulière à la manipulation de toutes les marchandises qui font l'objet du commerce mondial de la Cité. Les parasites industriels, hommes-sandwichs,

1. *Report of the London Traffic Branch*, 1908, p. 50.

figurants de théâtre, ouvreurs de portières, n'y sont pas rares dans
le voisinage du West End. C'est là que se trouvaient autrefois. avant
les grands travaux entrepris par la municipalité, les quartiers les
plus insalubres et les plus mal famés de Londres.

La troisième zone qui, dans Londres-Nord, s'étend presque jusqu'aux limites du comté, mais s'arrête beaucoup plus tôt dans Londres-Sud. est une zone de densité moyenne. comptant ordinairement
de 200 à 300 habitants à l'hectare. Cette zone comprend, à l'Est, la
plus grande partie de l'*East End*, région exclusivement ouvrière
qui se continue à l'Est presque sans interruption, dans West Ham,
East Ham et les localités adjacentes ; au Sud, de l'autre côté de la
Tamise, dans Greenwich et autour du grand arsenal de Woolwich.
A l'Ouest de la Cité, au contraire, le *West End*, nom sous lequel on
désigne la plus grande partie de la cité de Westminster et du bourg
de Kensington, est le quartier le plus riche et le plus aristocratique
de Londres : toute la haute société s'y retrouve de mars à juillet,
pendant la *season* londonienne ; la grande allée de Hyde Park, Rotten
Row, voit alors évoluer les plus élégants cavaliers et les plus sveltes
amazones de l'Angleterre. Plus à l'Ouest, dans Chelsea, Fulham, et
Hammersmith, la population n'est plus la même : la moyenne et la
petite bourgeoisie dominent. Hampstead, au Nord-Ouest, se rattache
au West End, avec un caractère moins aristocratique et plus bourgeois ; Hackney au Nord-Est est une dépendance de l'East End,
mais plus « respectable » et où la population ouvrière est fortement
mêlée d'employés de commerce et de petite bourgeoisie. Au Sud de
la Tamise, le bourg de Battersea, le Nord et le Centre de Lambeth et
de Camberwell, la totalité de Deptford, une grande partie de Greenwich et de Woolwich rentrent dans cette troisième zone ; la population se compose en majorité d'ouvriers qui appartiennent aux professions les plus diverses et dont beaucoup travaillent dans des
fabriques ou des chantiers de Londres-Nord.

Par delà cette zone commence la région des villas. Dans Londres-
Sud, la zone des villas suburbaines empiète sur le comté : Wandsworth, le Sud de Camberwell et Lewisham en font déjà partie. Dans
Londres-Nord, elle n'apparaît guère que vers la limite du Londres
proprement dit. Il est difficile d'en définir exactement les bornes,
d'autant plus que la physionomie de tout un quartier peut être
transformée avec une incroyable rapidité par la création d'un tramway électrique ou d'une ligne de chemin de fer. Tout ce Londres
extérieur, comme on l'appelle, renferme encore de vastes étendues
de campagne : la densité moyenne des districts d'enregistrement
qui servent de base au recensement dépasse rarement 25 à l'hectare

et très souvent n'atteint pas 10. La population s'agglomère autour des centres déjà formés, et les gares déterminent la formation de centres nouveaux, tous semblables, dont les rues sont bordées de villas séparées les unes des autres ou adossées deux à deux. Dans les villes-satellites qui font cercle autour de la métropole, on trouve des exemples de tous les stades d'évolution d'une ville, depuis l'agglomération récente qui ne se compose encore que d'une gare et d'une seule rue en pleine campagne, depuis le petit village endormi autour de sa vieille église couverte de lierre, jusqu'au grand centre urbain complètement développé, tel qu'Edmonton ou Croydon. Les grands centres, surtout ceux de l'Est et du Nord-Est, ont une forte proportion d'ouvriers ; ailleurs, la bourgeoisie domine, ici la haute bourgeoisie et la bourgeoisie moyenne, ailleurs, la bourgeoisie moyenne et la petite bourgeoisie : il n'est pas rare de rencontrer de petites villes dont la population appartient presque tout entière, à part les domestiques, à la même classe sociale. Le commerce est réduit au minimum ; les magasins sont peu nombreux et de chétive apparence : les habitants s'approvisionnent à Londres.

Cette zone tend actuellement à dépasser les limites du Plus Grand Londres ; nous avons vu que Southend est entré maintenant dans la banlieue londonienne ; il en est de même de Reading (58 km. de Londres) et il en sera bientôt de même d'Oxford (90 km.).

Si l'on s'éloigne encore, les villes deviennent de plus en plus rares et de moins en moins importantes. Il faut aller au Sud jusqu'à Portsmouth et Brighton, au Nord-Est jusqu'à Norwich, au Nord-Ouest jusqu'à Northampton et même Birmingham, à l'Ouest jusqu'à Bristol pour trouver de grandes villes qui mènent une vie indépendante ou presque indépendante de la vie de la capitale. Cette zone intermédiaire, sans villes importantes, et où la campagne même se dépeuple, comprend à peu près tout le Sud de l'Angleterre. Les villes qui sont situées à la limite exercent sur la population du voisinage une certaine attraction ; mais cette influence, sauf dans le cas de Birmingham, ne se fait sentir que dans un faible rayon, et c'est vers Londres que sont attirés, depuis l'extrémité du Norfolk et du fond du Devonshire, les campagnards qui veulent gagner des salaires plus élevés qu'en province et constater par eux-mêmes si, comme le prétend le proverbe, les rues de Londres sont pavées d'or.

De ce que le comté de Londres a cessé d'augmenter et a même commencé, ainsi que nous venons de le voir, à diminuer, il ne faudrait pas conclure en effet que Londres a cessé de recevoir des im-

migrants venus de la province ou de l'étranger. Entre Londres et
la banlieue, entre Londres et la province, les échanges sont continuels ; un courant ininterrompu s'écoule de Londres vers le Plus
Grand Londres et la province, un autre vient en sens opposé de la
province vers le Plus Grand Londres et vers le comté de Londres.
Les places quittées par les Londoniens sont en partie prises par les
provinciaux — en partie seulement, puisque le résultat final est une
perte d'habitants pour le comté ; et la plupart des quartiers de Londres, même ceux où la diminution est la plus forte, se trouvent être
à la fois des centres d'immigration et des foyers d'émigration. De
tous ces mouvements contradictoires, les statistiques ne nous font
guère connaître que les conséquences.

Au recensement de 1901, 66,8 p. 100 des habitants de Londres
étaient portés comme nés à Londres. Cette proportion est très forte
pour une grande capitale (à Paris elle n'est que de 50 p. 100). Par
rapport à 1851, l'augmentation est sensible puisque la proportion
des Londoniens nés à Londres n'était alors que de 61,7. En revanche, la proportion des Londoniens nés en Angleterre et dans le pays
de Galles a décru : 26 p. 100 en 1901 au lieu de 30, 6 p. 100 en 1851.
La part de l'Irlande a diminué plus encore : 1,4 p.100 en 1901 au lieu
de 4,6 p.100 en 1851. Celle de l'Ecosse a peu varié : 1,2 p.100 en 1851,
1,3 p. 100 en 1901. Les Anglais nés dans les colonies anglaises ou à
l'étranger formaient 0,8 p. 100 de la population de Londres en 1851
et 1,5 p.100 en 1901,augmentation qui montre le développement des
instincts migrateurs de la race. Les étrangers, au nombre de 135.000,
représentaient, en 1901, 3 p.100 de la population : ces chiffres paraissent faibles si on les compare à ceux de la Seine (196.000 étrangers,
5,3 p. 100 de la population en 1901) ; néanmoins l'augmentation de
la population étrangère est un des faits essentiels de l'histoire contemporaine de Londres ; en vingt ans, de 1881 à 1901, le nombre
des étrangers domiciliés dans le comté de Londres a plus que doublé, et leur part dans le total de la population du comté a monté de
1, 6 à 3 p. 100 [1].

On peut dire, en résumé, que de trois Londoniens deux sont nés
à Londres, et le troisième en province, dans les colonies ou à l'é-
tranger. Les provinciaux sont beaucoup plus nombreux que les
personnes originaires de l'étranger ou des colonies anglaises : on
comptait à Londres, en 1901, 1.202.000 personnes nées dans l'Angleterre proprement dite ou dans le pays de Galles, 56.000 Ecossais

1. Voir *Census of London, 1901. Report by the Statistical Officer*, p. 17-19.

et 60.000 Irlandais. Un des tableaux du recensement [1] nous fait connaître, pour l'Angleterre et le pays de Galles, le comté d'origine des immigrants ; nous pouvons donc, après avoir calculé combien

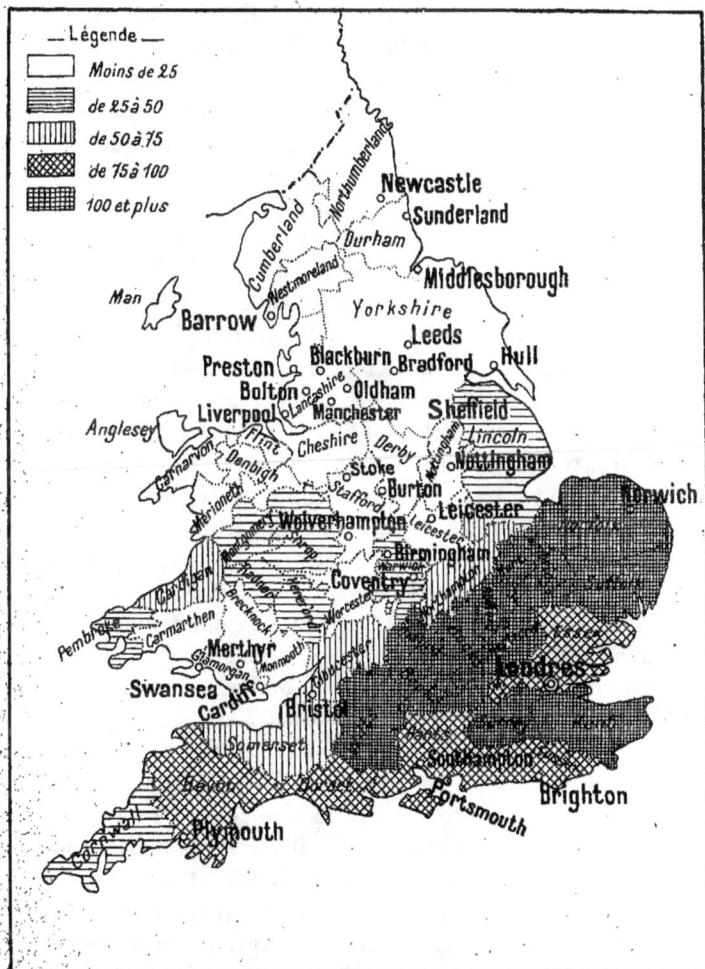

FIG. 4. — L'immigration provinciale à Londres.
(Proportion de provinciaux habitant Londres en 1901
par 1.000 habitants du comté natal).

d'immigrants par 1.000 habitants chaque comté envoie à la capitale, dresser une carte qui nous montre, en quelque sorte, l'intensité de l'émigration vers Londres pour chaque partie de l'Angleterre (fig. 4).

1. *Census of England and Wales. County of London, 1901*, table 36.
Pasquet   3

Au seul aspect de cette carte, on voit que les immigrants proviennent presque uniquement du Sud et du Sud-Est, c'est-à-dire de la
partie agricole de l'Angleterre, et que la proportion fournie par les
régions industrielles, — Galles du Sud, Midlands, Lancashire,
Yorkshire, Durham — est particulièrement faible. Non seulement
les centres industriels fournissent peu d'émigrants à Londres, mais
leur force attractive s'oppose en beaucoup d'endroits à la sienne et
la neutralise : c'est ainsi, par exemple, que les comtés de Northampton, de Warwick et de Worcester, qui sont très rapprochés de
Londres, mais plus rapprochés encore des villes industrielles des
Midlands (Birmingham, Wolverhampton, Nottingham, etc.) envoient relativement beaucoup moins de monde à Londres que le
Devonshire, dont l'éloignement est beaucoup plus grand. Par une
exception apparente, certains comtés, comme celui de Cardigan,
dont la population semblerait devoir s'écouler vers le pays de Galles
du Sud, ont une émigration assez considérable vers Londres : c'est
que ces comtés renferment une nombreuse population maritime,
qui se trouve attirée par le plus grand port de l'Angleterre. D'autre
part, des comtés immédiatement contigus à celui de Londres, tels
que le Middlesex et l'Essex, ont une proportion d'émigrants moins
élevée qu'on ne s'y attendrait. Cette anomalie s'explique aisément :
le Middlesex est en réalité *dans Londres*, auquel le rattachent les
chemins de fer et les tramways ; quant aux habitants de l'Essex, ils
émigrent vers West Ham et les villes voisines qui sont officiellement dans le comté d'Essex, mais font réellement partie de la
capitale.

On voudrait savoir où vont ces immigrants qui arrivent de province, vers quelles parties de Londres ils se dirigent et quel rôle ils
jouent dans l'ensemble de la vie londonienne. Le recensement ne
donne malheureusement aucun détail sur la distribution des provinciaux dans les divers quartiers du comté, et nous n'avons pour
nous renseigner sur ce point qu'une étude qui a paru dans le grand
ouvrage de M. Booth sur « la vie et le travail à Londres » et qui a été
faite d'après les feuilles originales du recensement de 1881 [1]. La
carte qui fait connaître le résultat de cette étude, et que nous repro-
duisons ici sous une forme très simplifiée (fig. 5), montre que les provinciaux [2] étaient surtout nombreux dans le West End (50 p. 100 de

---

1. *Life and Labour of the people in London*, 1re série, t. III (1892), p. 58 et
suiv. Cette étude excellente de M. L. Smith n'a que le tort d'être trop ancienne.
2. Le terme provinciaux comprend ici les Écossais et les Irlandais.

la population à Kensington, 47 p. 100 à Paddington et à Saint-George
Hanover Square, 42 p. 100 à Chelsea, 40 p. 100 à Marylebone, 44 p. 100 à
Hampstead) et dans les districts de l'extrême Sud (39 p. 100 à Wandsworth, 41 p. 100 à Woolwich 42 p. 100 à Lewisham). Tous ces quartiers
où la proportion de provinciaux est très supérieure à la moyenne
(34,1 p. 100 en 1881) sont, à part Woolwich, des quartiers riches. Dans
les quartiers pauvres, au contraire, la proportion de provinciaux s'a-

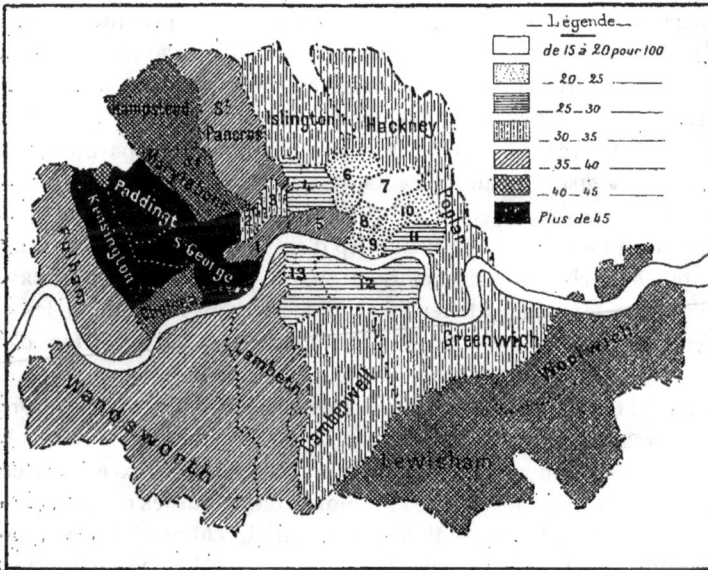

FIG. 5. — Distribution des provinciaux à Londres en 1881.

1. Strand.
2. Saint-James.
3. Saint-Giles.
4. Holborn.
5. Cité.

6. Shoreditch.
7. Bethnal Green.
8. Whitechapel.
9. St-George de l'Est.
10. Mile End.

11. Stepney (Lime-
    house).
12. Saint-Olave.
13. Saint-Saviour.

baisse considérablement : 26 p. 100 à Holborn, 21 p. 100 à Whitechapel, 24 p. 100 à Shoreditch, 22 p. 100 à Mile End, 26 p. 100 à
Stepney, 20 p. 100 à Saint-George de l'Est, 15 p. 100 à Bethnal
Green ; Saint-Saviour (Southwark) et Saint-Olave (Bermondsey)
sont également au-dessous de la moyenne de Londres. La région
qui entoure la Cité au Nord, à l'Est et au Sud, région qui est, comme
nous le verrons plus tard, celle du *sweating system* et du travail intermittent, était donc en 1881 celle où l'immigration provinciale
était la plus faible. Il est probable que la situation n'a pas, à cet

égard, beaucoup changé ; la seule différence est que les *cockneys* [1]
de race pure ont été remplacés en partie dans ces quartiers par des
Juifs polonais et russes.

La présence des provinciaux dans les quartiers riches du West
End peut s'expliquer dans une certaine mesure par les migrations
périodiques de l'aristocratie qui passe plus de la moitié de l'année
hors de Londres, dans ses châteaux de province ou à l'étranger, et
qui revient à l'époque de la « saison », ramenant avec elle une do-
mesticité nombreuse qui se recrute surtout en province. Mais ce
fait ne suffit pas à faire comprendre que l'on trouve les provinciaux
dans les quartiers riches et prospères de Londres et qu'on ne les
trouve pas dans ceux où les conditions industrielles ne sont pas
bonnes. En réalité, quoiqu'il puisse se rencontrer parmi eux des
brebis galeuses, les immigrants provinciaux qui arrivent à Londres
sont incontestablement une élite, au point de vue physique et même
au point de vue moral. Beaucoup d'entre eux viennent dans la capitale appelés par un camarade ou un parent ; beaucoup savent
d'avance dans quel atelier ils vont trouver du travail. On les préfère aux Londoniens d'origine parce qu'ils ont la réputation d'être
plus forts, plus sobres, moins exigeants, et aussi parce que la division du travail n'étant point poussée aussi loin à la campagne qu'à
Londres, ils sont capables de surveiller la fabrication d'un objet
depuis le commencement jusqu'à la fin. Ils font d'excellents contremaîtres, et on les trouve en nombre dans tous les métiers qui demandent de la force, un travail soutenu, du calme et de la responsabilité [2]. Ils sont le sang nouveau qui régénère la race appauvrie par
la vie urbaine. « Londres, écrivait M. Llevellyn Smith dans l'étude
que nous venons de citer, Londres se nourrit littéralement de la
chair et du sang que lui envoie la campagne ; il se nourrit en absorbant chaque année une multitude d'hommes, d'une force corpo-
relle plus grande, qui sont comme le levain de la masse entière,
dirigent les diverses industries, élèvent le niveau moyen du confort et de l'hygiène, conservent le taux d'accroissement de la grande
cité, pour faire place à leur tour à de nouvelles recrues quand,
après une ou deux générations, la vie de Londres les aura fait descendre au rang de ceux parmi lesquels ils ont vécu [3] ! » Ces réflexions

1. L'appellation de *cockney* est réservée aux Londoniens originaires de Londres et qui ont l'accent londonien.

2. Cette question sera traitée plus en détail dans notre chapitre sur le commerce et l'industrie à Londres.

3. Ch. Booth, *Life and Labour*, 1re série, t. III, p. 65-66.

qui datent maintenant d'une vingtaine d'années sont restées aussi vraies aujourd'hui qu'elles l'étaient en 1892.

Il est donc tout à fait injuste d'accuser, comme on l'a fait quelquefois, l'immigrant provincial de venir faire à l'ouvrier londonien une concurrence déloyale et d'abaisser à Londres le « niveau de la vie ». Les provinciaux sont pour le moins aussi capables que les indigènes de défendre leurs droits, et l'on a même remarqué que les chefs des trade-unions londoniennes sont le plus souvent des immigrés.

Il n'en est pas de même, malheureusement, des immigrants étrangers. L'immigration étrangère, qui est devenue très importante à la fin du xixe siècle et au commencement du xxe, introduit dans la vie londonienne des éléments de valeur très inégale et qui parfois s'amalgament difficilement avec les éléments indigènes. La colonie française qui, en 1901, comprenait environ 11.000 personnes, s'accroît très lentement, et sa présence ne donne lieu à aucune difficulté particulière. Cuisiniers et domestiques, couturières et modistes, les Français et les Françaises habitent presque tous au Nord de la Tamise, dans les quartiers qui avoisinent la Cité du côté du Nord et de l'Ouest. Leicester Square fut longtemps le noyau d'une « petite France », et les Français sont encore aujourd'hui particulièrement nombreux dans cette région. La population italienne est à peu près égale à la population française [1], mais plus agglomérée. Les domestiques et cuisiniers italiens sont nombreux dans les restaurants, les hôtels et les maisons particulières du West End ; un autre groupe, celui des marchands des quatre saisons, bimbelotiers, vendeurs de glaces, joueurs d'orgues de Barbarie, a son quartier général au Nord-Ouest de la Cité, dans Holborn [2] ; mais les arrêtés pris par le Conseil de Comté et la démolition des maisons insalubres ont porté dans ces dernières années un certain désarroi dans cette petite colonie où les principes de l'hygiène étaient souvent compris à la façon napolitaine. Les Allemands, dont le nombre dépassait 27.000 en 1901, sont pour les ouvriers anglais des rivaux plus sérieux que les Français et les Italiens ; une partie d'entre eux habitent le bourg de Stepney qui est le centre par excellence de l'industrie de la confection et du système d'exploitation économique que l'on appelle le *sweating system* [3]. Mais ce sont les immigrants originaires de la

1. 11.264 personnes nées en France en 1901, et 10.889 nées en Italie.
2. Cf. Gomme, *London in the reign of Victoria*, p. 130 et suiv.
3. 3.576 Allemands à Stepney en 1901, et 1.711 Allemands exerçant la profession de tailleurs, sur un total de 27.427 Allemands à Londres.

Russie qui constituent le véritable problème. Ils étaient 8.709 en
1881 et 53.357 en 1901 ; ce dernier chiffre, déjà fort élevé par lui-
même, ne représente en réalité qu'une faible partie de la population
russe et polonaise établie dans le comté de Londres, car les enfants
nés en Angleterre de parents étrangers sont comptés au recensement parmi les Anglais. Les Juifs russes et polonais forment dans
le bourg de Stepney et aux alentours une agglomération compacte
qui ne doit pas renfermer beaucoup moins de 120.000 individus,
véritable ville étrangère par la langue, les mœurs et la religion au
milieu de la ville indigène. Les ouvriers anglais de l'East End n'ont
pas vu sans déplaisir s'installer parmi eux cette population nouvelle qui venait leur faire concurrence en acceptant, disaient-ils,
les salaires les plus infimes et les conditions sanitaires les plus
déplorables. La politique s'en est mêlée, et après de nombreuses
enquêtes, une loi votée en 1905 a interdit l'entrée de l'Angleterre à
certaines classes d'immigrants « non désirables ». Nous verrons
plus loin que cette loi ne semble pas avoir eu d'importantes conséquences ; d'ailleurs, au cas même où elle eût pleinement réussi dans
son objet, il resterait encore à angliciser la ville étrangère qui s'est
formée depuis trente ans autour de Whitechapel, œuvre difficile et
qui demandera sans doute de longues années.

*
* *

De l'exposé que nous venons de faire se dégagent un certain
nombre de conclusions qui ne sont pas sans portée pour l'étude
que nous allons entreprendre sur la vie ouvrière à Londres.

Nous constatons tout d'abord que l'existence même d'une immense agglomération urbaine dans le bassin de la Tamise, s'explique surtout par des raisons historiques. Londres s'est développé
dans ce qui était autrefois la région la plus importante et la plus
peuplée de l'Angleterre. Aujourd'hui, le centre de gravité du pays
s'est déplacé vers les régions minières ; mais Londres existait déjà,
Londres était le siège du gouvernement et la grande place de commerce, et la ville a continué de s'étendre, bien que les conditions
où elle se trouvait ne fussent plus aussi favorables que dans le
passé. Elle a continué de drainer la population rurale du pays qui
l'entoure, bien qu'une partie des Londoniens aille de son côté s'établir en dehors de Londres.

La situation de Londres au milieu de la plaine agricole de l'Angleterre doit nous préparer à ne pas trouver dans la capitale une

ville de grande industrie, comme Sheffield, Bradford ou Merthyr Tydfil. Il n'est pas impossible que l'infériorité de Londres à cet égard disparaisse dans un avenir prochain, lorsque le bassin houiller qui s'étend entre Douvres et Cantorbéry sera mis en exploitation[1], et que le charbon du Kent aura fait renaître l'industrie du fer dans le Sussex ; mais à l'heure présente, si Londres possède les industries les plus variées et d'innombrables artisans, il faut bien convenir que la majorité de ces artisans est surtout occupée à fournir ou à réparer les objets nécessaires, soit à la vie quotidienne, soit au luxe de la ville immense[2]. Londres distribue les marchandises fabriquées ailleurs, mais la fabrication proprement dite y est, comme nous le verrons, très restreinte. Nous verrons aussi que les industries londoniennes par excellence, — la confection, la cordonnerie, l'ameublement — n'ont pas à Londres le caractère de grandes industries qu'elles ont souvent dans les villes de province. Le système de la manufacture n'a pas, pour des raisons diverses, prévalu dans la capitale, et le petit atelier ou le travail à domicile sont restés la règle, tout comme au Moyen Age. Ces conditions se sont trouvées particulièrement favorables au développement de la concurrence entre les patrons et entre les ouvriers, et à l'établissement du *sweating system*.

Londres, disions-nous, ne fabrique pas les marchandises, mais les distribue ; c'est là ce qui donne au port le premier rang dans l'activité générale de la ville. Le centre du mouvement de distribution est la célèbre « Cité » qui ne renferme plus guère que des entrepôts, des bureaux et des banques, et vers laquelle se hâtent chaque matin, par centaines de mille, les hommes d'affaires, les employés et les ouvriers. Le port est en quelque sorte l'annexe de la Cité. La manipulation et le transport de toutes ces marchandises qui vont et viennent entre le port, les entrepôts et les gares, demandent une multitude prodigieuse d'ouvriers, et comme ce travail est loin d'avoir la régularité du travail d'usine, un des traits caractéristiques de la vie ouvrière à Londres est la prédominance du travail intermittent. L'existence d'une « saison » très nettement marquée, pendant laquelle il est de bon ton, parmi les classes supérieures, de venir habiter le West End, amène une perturbation du même

---

1. Un autre gisement a été récemment découvert au Nord-Est de Londres, près d'Aylesbury.

2. Cf. Mackinder, *Britain and the British seas*, p. 257. — Voir plus loin notre chapitre sur l'industrie et le commerce à Londres.

genre dans tout le groupe de métiers qui se rattache à l'habillement et à la mode. Le sweating system et l'intermittence sont parmi les causes les plus puissantes du paupérisme londonien.

Les conditions dans lesquelles s'est fait le développement territorial de la ville ont également une influence encore tout actuelle sur la vie des habitants. Nous savons que le terrain qui entourait l'antique Cité appartenait soit à la Couronne, soit à de grands seigneurs laïques ou ecclésiastiques. Ce fait seul aurait été suffisant pour empêcher l'administration de la Cité d'annexer à mesure qu'ils se peuplaient les quartiers suburbains, au cas où elle aurait eu quelque désir de le faire. A vrai dire, la Cité n'a point manifesté cette envie, et les nouveaux quartiers qui se sont bâtis depuis l'époque d'Elisabeth n'ont eu, jusqu'à des temps très voisins de nous, qu'une administration extrêmement confuse et trop souvent fort corrompue. Des services publics d'une importance extrême furent abandonnés sans aucun contrôle à l'avidité des spéculateurs. Chaque quartier formant comme une ville séparée et devant pourvoir à ses besoins, il s'ensuivit nécessairement que les quartiers pauvres, dont les besoins étaient à peu près les mêmes que ceux des quartiers riches, se trouvèrent écrasés d'impôts ; nous verrons qu'actuellement, malgré quatre ou cinq lois d' « égalisation », les contributions communales sont encore beaucoup plus élevées dans les quartiers ouvriers de l'East End que dans les quartiers riches du West End. La nécessité où sont les quartiers pauvres de faire des économies est une des raisons pour lesquelles ils traitent souvent avec une rigueur extrême ceux qui ont le malheur de tomber à la charge de l'Assistance publique.

L'existence des grands domaines seigneuriaux autour de la Cité a eu d'autres conséquences, bonnes et mauvaises. Chaque propriétaire a construit à sa guise, sans tenir compte du voisin, et Londres s'est bâti sans aucun plan. Le système des baux emphytéotiques, très avantageux pour les propriétaires du sol, l'est beaucoup moins pour les locataires ; ceux-ci se plaignent vivement que le « monopole » du terrain soit dans un trop petit nombre de mains, et que le propriétaire foncier, qui recueille tous les bénéfices des améliorations faites par le locataire ou par la ville, ne contribue pas dans une mesure équitable aux dépenses communes. La faible hauteur de la maison londonienne est encore, en partie, un résultat du bail de 99 ans, et, à son tour, cette faible hauteur a forcé la ville à s'étendre sur un très grand espace, de sorte que la faible densité de Londres à l'hectare, qui est une des causes de la salubrité de la ville, dérive en dernière analyse du régime de la grande propriété.

La densité est malheureusement très supérieure à la moyenne dans certains quartiers. Nous avons vu que la partie centrale de Londres s'est vidée peu à peu depuis le milieu du xixe siècle et que la bourgeoisie s'est installée dans les faubourgs du Nord, de l'Ouest et du Sud. Une partie de la population ouvrière a suivi ce mouvement ; de grandes villes ouvrières qui font en réalité partie de la capitale se sont fondées au Nord-Est et à l'Est : Enfield, Tottenham, Hornsey, Leyton, Leytonstone, West Ham, East Ham, Barking. Mais beaucoup d'ouvriers sont restés à l'intérieur de Londres et spécialement dans les quartiers immédiatement contigus à la Cité ; ç'a été surtout le cas des ouvriers qui travaillent d'une façon plus ou moins régulière au déchargement des marchandises dans le port et au transport de ces mêmes marchandises. Une terrible crise des petits logements s'est déclarée dans ces quartiers à la fin du xixe siècle ; les autorités municipales ont dû intervenir pour démolir les habitations insalubres et pour construire des cités ouvrières, dans Londres même et en dehors de Londres. Il a fallu se préoccuper également, pour décongestionner le centre, d'établir des relations rapides et peu coûteuses entre la ville et sa banlieue : le problème des communications est devenu une des questions essentielles de la vie ouvrière à Londres. Une des solutions adoptées par le Conseil de Comté, où a dominé longtemps le parti du « socialisme municipal », a consisté dans le rachat des lignes de tramways et dans l'exploitation directe du réseau par la municipalité.

Le mouvement centrifuge qui vide peu à peu la Cité et la région voisine produit, ainsi que nous l'avons constaté, une sorte de sélection dans la population. Les éléments sociaux sont, pour ainsi dire, projetés à des distances variables et dans des directions différentes. Chaque quartier prend ainsi une physionomie particulière. Il est rare de rencontrer à Londres ce mélange des classes sociales qui existe, par exemple, dans la plupart des arrondissements parisiens et qui est très apparent dans ceux du centre. Quelques-uns des grands *boroughs* de Londres-Sud ont bien une population en partie ouvrière et en partie bourgeoise ; mais les deux populations ne se mêlent point. Elles restent séparées l'une de l'autre, comme deux liquides de densité différente : les ouvriers habitent la partie du bourg qui est la plus rapprochée du centre de la ville, la bourgeoisie s'installe dans les petites villas que l'on bâtit des deux côtés de la limite du comté.

C'est ainsi qu'il s'est formé à l'Est de Londres une vraie ville ouvrière, l'East End, qui se prolonge de l'autre côté des ponts de la
Lea dans West Ham et les agglomérations voisines, et qui fait en
quelque sorte contrepoids au West End aristocratique dont il est
séparé par la Cité. L'East End n'est assurément pas la seule région
de Londres où les ouvriers dominent ; ils sont en majorité dans
toute la zone pauvre et surpeuplée qui entoure la Cité et dont il a été
question précédemment. On les trouve dans les bourgs de Finsbury
et de Holborn, dans le Sud d'Islington et de Saint-Pancras, à Southwark, à Bermondsey, à Battersea, dans le Nord de Lambeth et de Camberwell, à Deptford, à Greenwich et à Woolwich. Mais nulle part
ils ne se présentent en masses aussi compactes que dans l'East End ;
nulle part la population bourgeoise n'a été aussi complètement éliminée ; nulle part les industries ne sont aussi variées et ne résu-
ment aussi bien la vie industrielle de Londres. L'East End est le
centre principal de l'ameublement et de la confection ; il est un des
centres les plus importants de la métallurgie ; à cause de la proximité des docks, les ouvriers du port y sont plus nombreux que partout ailleurs ; et toutes les petites industries qui s'épanouissent d'ordinaire dans les endroits où domine le travail intermittent —
fabrication des allumettes, fabrication des boîtes en carton, fabrication de la lingerie commune, etc., — trouvent dans l'East End un
admirable terrain. La misère y est grande sans cependant atteindre,
dans l'ensemble, les chiffres extrêmes que l'on a relevés dans d'autres parties de la ville. C'est dans l'East End également que s'est
fondée cette ville étrangère dont nous parlions tout à l'heure ; c'est
là que le problème de l'émigration avec toutes ses conséquences
économiques et sociales se pose sous la forme la plus nette et la plus
pressante. A tous égards, l'East End est donc « représentatif » ; c'est
pour cette raison que nous l'avons choisi pour en faire le cadre du
tableau que nous voulons tracer de l'ouvrier londonien dans sa vie
quotidienne, tableau qui précédera l'étude analytique des conditions
économiques, intellectuelles et sociales du monde ouvrier à Londres.
Ce tableau comportera nécessairement deux parties : puisqu'il existe
maintenant deux East End : l'East End anglais, et l'East End juif de
Whitechapel.

LIVRE PREMIER

LES CONDITIONS GÉNÉRALES DE LA VIE OUVRIÈRE A LONDRES

CHAPITRE PREMIER

L'EAST END.

L'East End de Londres est en général peu fréquenté par les touristes : les guides en parlent à peine. Des ouvrages, d'ailleurs excellents dans leur genre, et qui ne laissent rien ignorer des curiosités de la capitale, pas même la hauteur de la colonne de Trafalgar square ou le poids de l' « aiguille de Cléopâtre », ne consacrent à la moitié orientale de la ville que quelques lignes brèves et dédaigneuses. Et de fait, il n'y a « rien à voir » dans l'East End, ni monuments publics, ni palais particuliers ; rien, si ce n'est deux cent mille ouvriers avec leurs femmes et leur progéniture, en tout neuf cent mille âmes. Ce n'est point pour contempler de pareils spectacles que l'on traverse le détroit.

L'opinion publique anglaise n'est pas beaucoup plus exactement informée sur ce point que celle des autres pays. Pour un Anglais de la classe moyenne, l'East End est une région mystérieuse et vague, située de l'autre côté de la Cité, et d'où sortent de temps en temps des bandes de grévistes qui viennent, bannières déployées, manifester à Hyde Park ; une région dont les habitants ne prennent pas de tub et ne se débarbouillent guère que le dimanche ; une vaste étendue de *slums* sordides. peuplés d'ivrognes. de pick-pockets et de mendiants, que l'Armée du Salut elle-même désespère de ramener au bercail. Les descriptions des journalistes et des romanciers qui ont trouvé dans les « bas-fonds » de Londres une excellente matière à copie contribuent à entretenir dans le public ces idées de mélodrame. Non pas que ces auteurs manquent de talent ni que ces descriptions soient nécessairement inexactes ; ce qui est inexact, c'est l'application que l'on en fait, presque inconsciemment, à l'East End tout entier. A Londres, comme ailleurs, ce sont surtout les exceptions, les monstruosités sociales que les écrivains réalistes se sont attachés à dépeindre. Toutes les rues de l'East End ne sont pas composées de bouges infects, et la majorité des habitants ne ressemblent pas plus aux personnages de *L'Enfant du Iago* [1], que les ouvriers parisiens à ceux de *L'Assommoir*.

A première vue, l'East End est même loin de faire l'impression de misère et d'abandon à laquelle on pourrait s'attendre ; mais le contraste entre l' « Est » et l' « Ouest » est saisissant. Rien de plus singulier que la sensation que l'on éprouve à passer rapidement de l'un à l'autre de ces extrêmes, en suivant une de ces longues lignes d'omnibus qui traversent presque entièrement la capitale : d'abord les rues silencieuses, bordées de palais, de Belgravia ; puis le tumulte de Piccadilly et du Strand, les cabs, les taxis, les autobus, toute la vie fiévreuse des clubs et des théâtres ; la Cité, si active le jour, si déserte le soir ; enfin, au-delà d'Aldgate, l'East End. Ici les omnibus et les tramways tiennent le haut du pavé ; les autres véhicules sont de grosses voitures de marchandises. Les abords des trottoirs sont envahis par les charrettes des marchands des quatre saisons. Plus de cabs ni de taxis : il n'y a pas de riches dans l'East End ; ceux qui tirent leurs revenus de Whitechapel vont les dépenser à Mayfair. On se sent transporté dans un monde nouveau ; et, vraiment, l'East End est une autre ville, la ville des pauvres, séparée de la ville des riches par toute l'épaisseur de la Cité. La langue elle-même diffère. Les habitants ont leur dialecte particulier, dérivé, semble-t-il, de l'ancien patois de l'Essex et sur lequel un néophilologue allemand n'a pas dédaigné d'écrire une consciencieuse thèse de doctorat [2].

Si notre promenade à travers l'East End a lieu le soir, et surtout si elle a lieu le samedi soir, les ivrognes ne manqueront sans doute pas, et l'on verra plus d'une famille, y compris le dernier né que la mère abrite sous son châle, entrer à la *public house* du coin pour y dépenser en gin une bonne partie du salaire de la semaine ; mais c'est là un spectacle qui n'est point particulier à l'East End, ni

1. Roman réaliste de Morrison dont le sujet est situé dans l'East End.
2. G. Höfer, *Die Londoner Vulgärsprache*, 1896.

même à Londres. A tout autre moment de la journée, ce qui frappe davantage, c'est l'extraordinaire monotonie de cette immense agglomération. Toutes les maisons se ressemblent, toutes les rues se ressemblent. La rue se compose de « deux murs de brique, parallèles et percés de trous » (Morrison). La maison est un petit cottage en brique, de vingt pieds de haut, contenant généralement six pièces et renfermant le plus souvent deux familles. Il semble que toutes ces maisons aient été construites sur les plans du même architecte et que cet architecte ait été singulièrement dépourvu d'imagination. « Suivant toute apparence, elles sont toutes meublées de la même manière ; à toutes les fenêtres du rez-de-chaussée, on aperçoit les rideaux rouges et les stores blancs qui sont le signe de la *respectability*, ainsi que la petite table sur laquelle repose soit un petit panier de fleurs artificielles, soit une grosse Bible, soit un vase, soit un oiseau empaillé, d'origine exotique... [1] » Quelques-unes possèdent encore en arrière un petit espace carré où l'on pratique quelquefois l'élevage des lapins et où, dans les familles les plus aisées, le père s'efforce vainement, à ses moments de loisir, de faire pousser quelques fleurs rabougries et maladives. C'est le « jardin » ; c'est là que, dans la belle saison, la journée de travail finie, le père et les grands garçons vont fumer leur pipe et boire leur verre de bière en devisant avec les camarades.

Monotone également, sauf parmi les irréguliers de l'armée industrielle, est la vie que mènent les habitants de ces rues monotones. « A cinq heures et demie du matin, la rue résonne tout entière de coups de marteau formidables, répétés à chaque maison et auxquels répond de l'intérieur un cri étouffé. Ces coups de marteau sont l'œuvre du veilleur de nuit ou du policeman de service, et ils servent à réveiller les dormeurs qui doivent partir pour les docks, les usines à gaz et les chantiers de construction de vaisseaux. On paie 4 pence par semaine pour être réveillé de cette façon, et ces 4 pence sont l'objet d'une concurrence effrénée entre le veilleur de nuit, personnage en décadence et le policeman. Le veilleur est le véritable artiste, le réveille-matin professionnel ; mais il est vaincu dans cette lutte parce qu'il lui faut pour vivre, à 4 pence par porte, un grand nombre de personnes à réveiller ; or, il n'est pas facile de frapper à cinq heures et demie précises à deux portes situées à trois quarts de mille de distance l'une de l'autre...

« Les coups de marteau cessent de résonner, les cris cessent de se

1. Sir W. Besant, *All sorts and conditions of men.*, ch. XVII.

faire entendre, les portes s'ouvrent et se referment, et les hommes s'en vont en toute hâte du côté des docks, des usines à gaz ou des chantiers de construction. Un peu plus tard, les portes s'ouvrent et se referment de nouveau ; de pauvres petits pieds trottent tristement à travers les rues sombres jusqu'à la sombre école communale. Silence, interrompu seulement çà et là par des femmes qui frottent et par des enfants qui toussent. Puis les petits pieds trottent jusqu'aux docks, à l'usine à gaz ou aux chantiers de construction, avec le dîner du père dans une gamelle, enveloppée d'un mouchoir rouge. Puis l'école communale. On recommence à frotter et à tousser, et à deux ou trois endroits peut-être, on essaye d'égayer la monotonie des murs en versant de l'eau dans un pot de fleurs malpropres. Les enfants reviennent, puis les ouvriers, noircis par le travail du jour. Une odeur de hareng d'un bout de la rue à l'autre. La nuit tombe ; des enfants se battent dans la rue, et peut-être aussi des hommes, là-bas au coin près du cabaret. Tout dort. Et voilà le résumé d'un jour, de n'importe quel jour, de tous les jours [1]. »

Sous cette apparente uniformité on arrive, par une étude plus approfondie, à découvrir des différences. Tout d'abord, l'observateur le plus distrait ne saurait manquer d'apercevoir l'importance du *Regent's Canal* comme ligne de démarcation entre deux populations différentes. Ce canal qui traverse presque entièrement Londres-Nord, de l'Est à l'Ouest, et dont le rôle, dans la partie occidentale de la ville, ne consiste plus guère qu'à servir d'ornement à Regent's Park, est, au contraire, constamment utilisé dans l'East End pour le transport des marchandises, notamment des charbons et des bois qui s'élèvent en piles énormes sur ses deux rives. Au Nord de ce fossé noirâtre et boueux dans les eaux duquel les enfants du voisinage prennent leurs ébats pendant l'été, la population appartient en majorité à la classe moyenne et à la partie la plus aisée de la classe ouvrière. Les rues sont assez larges, les jardins n'ont qu'exceptionnellement été remplacés par des constructions ; les squares et les parcs occupent une étendue considérable (18,7 p. 100 de la superficie de Hackney, 13,1 p. 100 de celle de Bethnal Green). Là se trouvent quelques-uns des parcs les plus vastes et les plus pittoresques de Londres : Hackney Downs, London Fields et surtout Victoria Park, le Hyde Park de l'East End. De Beauvoir Town, Kingsland, Dalston, Stoke Newington, Hackney, la moitié orientale de Bethnal Green et de Mile End, et, à un moindre degré, Bow et Bromley, ont donc en

---

1. A. Morrison, *A street* (*Macmillan's Magazine*, octobre 1891).

général un air de prospérité relative qui les distingue très nettement des quartiers intérieurs. Le bourg de Hackney qui s'étend sur la plus grande partie de cette région n'avait en 1889, d'après les recherches de M. Booth, que 23 p. 100 de pauvres, tandis que la moyenne du reste de l'East End s'élevait à 38 p. 100 [1]. En 1901, Hackney avait en moyenne 17, 9 domestiques pour 100 familles, la proportion dans le reste de l East End étant de 7,5 p. 100 [2].

Au Sud du canal, à Shoreditch, à Whitechapel, à Saint-George de l'Est, à Limehouse, dans la partie la plus ancienne de Mile End et de Bethnal Green, l'espace est parcimonieusement mesuré. Les rues sont étroites ; les parcs se réduisent à quelques cimetières hors d'usage, transformés, par les soins du Conseil de Comté, en jardins d'agrément : ils n'occupent pas beaucoup plus de 2 p. 100 de la superficie totale [3]. Les jardins des maisons ont souvent disparu ; la rue est le seul endroit où les enfants puissent aller jouer au retour de l'école et où les parents puissent prendre le frais dans la soirée. On vit dans la rue ; c'est là qu'est le marché, c'est là qu'est le principal centre de la vie sociale. La population est très instable ; les habitants voyagent incessamment d'un point à l'autre « comme des poissons dans l'eau » (Booth). Ces pérégrinations sont le plus souvent involontaires et dues à l'impossibilité de payer le loyer ; mais certains semblent trouver un plaisir particulier à déménager et à emménager sans cesse [4]. La misère est intense ; en 1889, au moment de l'enquête de M. Charles Booth, Saint-George de l'Est partageait avec Holbörn l'honneur peu enviable de venir en tête des districts de Londres par ordre de pauvreté [5].

Saint-George de l'Est avait 48, 9 p. 100 de pauvres.
Bethnal Green — 44, 6 p. 100 —
Shoreditch — 40, 2 p. 100 —
Whitechapel — 39, 2 p. 100 —
Limehouse — 38 p. 100 —

Plus à l'Est, Poplar n'était pas sensiblement plus prospère (36,5 p. 100 de pauvres) ; bien qu'il soit de l'autre côté du canal, on peut le

---

1. Booth, *Life and Labour*, 1re série, I, p. 88 et suivantes.
2. *Census of 1901. County of London*, p. 154.
3. Moyenne de Londres : 8, 2 p. 100.
4. Cf. Williams and Jones, *Report on the effect of outdoor relief on wages* (Poor Law Commission, 1909), p. 5.
5. *Life and Labour*, 1re série II, App. tableau III. cf. I, p. 36. M. Booth appelle pauvres tous ceux dont le revenu moyen ne dépasse pas 21 shillings (26 fr. 25) par semaine. Pour plus de détails, voir le chapitre sur la pauvreté.

rattacher à la zone intérieure de l'East End. Les constructions y
sont cependant plus clairsemées, car une notable partie de l'île aux
Chiens est occupée par des docks et des terrains vagues, mais le sol
est marécageux et l'air, chargé des émanations de toute la ville, est
particulièrement impur.

L'ensemble de la population de l'East End se compose, avons-nous
dit, de travailleurs, travailleurs manuels surtout. La classe oisive
n'y est, pour ainsi dire, pas représentée : les quelques oisifs qui s'y
trouvent sont non point en haut, mais tout à fait au bas de l'échelle
sociale. A l'époque où M. Booth faisait son enquête (1887-1889), les
manœuvres (*labourers*), les artisans de toute sorte (maçons, menuisiers, ouvriers en métaux, cordonniers, tailleurs, etc.), formaient
avec leurs familles plus de la moitié de la population (22,3 p. 100 de
manœuvres, 32 p. 100 d'artisans). Le reste consistait surtout en petits
industriels et petits commerçants (10,7 p. 100), et en employés de tout
genre (9 p. 100)[1].Cent dix mille personnes sur 900 000 furent classées
comme « très pauvres » (12,4 p. 100 de la population) et deux cent
mille comme « pauvres » (22,8 p. 100 de la population). Il n'y a pas de
raison de supposer que ces proportions aient beaucoup changé. Le
tiers des habitants, en chiffres ronds, se trouvent probablement,
sinon dans la misère, du moins dans un état qui ne leur permet
que les dépenses strictement nécessaires à la vie.

Chaque quartier de l'East End a sa physionomie spéciale. Nous
consacrerons une étude détaillée à Whitechapel qui est devenu un
véritable ghetto et où les petits commerçants, les tailleurs et les
cordonniers,presque tous juifs,forment,avec leurs familles,au moins
la moitié de la population. Un autre quartier du bourg de Stepney,
Limehouse, renferme surtout des manœuvres qui trouvent sur les
bords du fleuve et dans les docks un emploi souvent mal rétribué
et toujours irrégulier. Entre Whitechapel et Stepney, Saint-George
de l'Est, le district le plus désolé de l'East End, est une sorte de
résumé des occupations et des misères des régions voisines : Juifs et
dockers s'en disputent la possession. Au Nord, Shoreditch et Bethnal Green ont une très forte proportion d'artisans et sont les centres de l'industrie de l'ameublement. Mile End est un quartier mixte,
dont les moyennes diffèrent assez peu des moyennes générales de
l'East End et dont la prospérité relative fait deviner le voisinage de
la population respectable de Hackney. Poplar a des manœuvres qui
travaillent dans ses docks, des artisans — surtout des ouvriers en

1. *Life and Labour*, 1ʳ s., t. I, p. 64 et 92-93.

métaux — et de nombreux employés [1]. Formant une sorte de lien
entre tous ces pays divers, les marchands des quatre saisons, dont
Shoreditch et Whitechapel sont les deux points de ralliement, promènent, de rue en rue, qui des fruits, qui du charbon, qui de la
vieille ferraille ou de vieux habits. *Cockneys* pour la plupart [2], ils
appartiennent, s'il faut en croire Mrs. Bosanquet, à une race particulière, caractérisée par le développement anormal des mâchoires
et l'effacement du crâne. Leur petite stature, leurs cheveux coupés
courts, sauf une mèche graisseuse qu'ils laissent pendre sur le front,
le mouchoir de poche qu'ils portent roulé autour du cou, leur voix
puissante, leur humeur tapageuse. tout contribue à faire d'eux des
types singuliers et pittoresques. Quelques-uns d'entre eux, — les
capitalistes du métier — ont un âne qui traîne leur charrette et qui
peut prendre part à un concours annuel où les propriétaires des
baudets les plus beaux reçoivent une récompense ; mais beaucoup
ne possèdent pas même la charrette sur laquelle est étalé leur assortiment et empruntent la somme nécessaire à leurs achats à raison
de 5 0/0 *par semaine* (1 sh. pour 20 sh.). Les marchands des quatre
saisons jouent un rôle important dans cette partie de Londres, car
leurs étalages tiennent lieu, comme nous le verrons, des marchés
de détail.

Telle est la population de l'East End, population dans laquelle il
existe, malgré la pauvreté générale, une véritable hiérarchie sociale. La famille du mécanicien regarde d'un peu haut celle du
cordonnier, et le cordonnier, à son tour, ne se résignera qu'avec
peine à donner sa fille en mariage au soldat qui lui fait la cour ; de
semblables mésalliances font mauvais effet parmi les parents et les
voisins. On se marie dès la première jeunesse [3], après avoir « tenu
compagnie » (*to keep company*) pendant quelques mois. Cette dernière formalité est indispensable ; les deux jeunes gens qui ont un
faible l'un pour l'autre doivent aller se promener ensemble à travers les rues et dans les parcs, échanger leurs impressions et voir
si décidément ils se conviennent. Constatent-ils une incompatibilité
d'humeur ? Ils se séparent. Croient-ils, au contraire, que leur union

1. Les proportions sont données *par familles* dans Booth (*Life and Labour*,
1ᵉ s., I, p. 64) et *par individus* dans le recensement de 1901.
2. Booth (2ᵉ s., III, p. 259) donne la proportion de marchands des quatre
saisons nés à Londres comme étant de 66 p. 100.
3. Voir plus loin, notre chapitre sur la pauvreté. Cf. M. E. Loane, *The
next street but one* (1907), p. 107 et suiv. ; Th. Holmes, *London's Underworld*
(1912), p. 135 et suiv.

Pasque   4

ne peut être qu'heureuse ? Le prétendant achète un anneau qu'il
offre à la jeune fille : la période des fiançailles commence. Après un
nouvel intervalle, le jour du mariage arrive et revêtus de leurs plus
beaux atours, le fiancé et la fiancée se rendent avec les parents et
les amis non point à leur église paroissiale, mais à l'église la plus
vaste et la plus imposante qu'ils aient pu trouver dans le voisinage.
On choisit d'ordinaire pour la cérémonie un jour de chômage, un
bank holiday, de sorte qu'on peut consacrer le reste de la journée
à manger et surtout à boire aux frais des nouveaux mariés ; il n'est
pas rare de voir ceux-ci dépenser ainsi le plus clair de leur avoir.
Si l'on veut faire grandement les choses, on loue moyennant 5 shillings une voiture dont le cocher s'engage à transporter un nombre
illimité de personnes. Toute la noce prend place dans la voiture, à
l'aller et au retour. La cérémonie est vite expédiée, car les jours
de *bank holiday*, on marie les couples par douzaines à la fois ;
aussitôt que l'on est sorti de l'église, la joie, contenue avec peine
pendant un quart d'heure, éclate bruyamment. Les hommes ôtant
leur veston neuf qui les gêne, se mettent à l'aise, et l'on commence
une promenade interminable, de *public house* en *public house*, qui
se prolongera jusqu'à l'heure de la fermeture des cabarets [1].

Les unions libres sont relativement rares, si l'on en juge par la
proportion infime des naissances illégitimes ; on sait d'ailleurs avec
quelle sévérité les cas de *breach of promise* sont traités par les juges
et les jurys anglais. Quant à l'immoralité, bien qu'on ne puisse en
nier l'existence, elle est loin de s'étaler au grand jour comme dans
le West End, et c'est en vain que l'on chercherait dans l'Est l'équivalent de Leicester Square et de Piccadilly Circus. On n'a pas le
temps de s'amuser dans l'East End.

La lune de miel dure peu, tout au plus jusqu'à la naissance du
premier bébé. Jusque-là, le salaire du mari permettait quelque
confort, une cuisine un peu délicate, des robes voyantes et des
chapeaux à plumes, comme les aime la classe populaire, une promenade jusqu'à Margate de temps en temps ; mais le premier enfant
est bientôt suivi d'un second, puis d'un troisième, puis d'un quatre
trième. Les théories de Malthus trouvent peu d'adeptes dans la
région qui nous occupe ; tout le monde met en pratique le conseil
de l'Écriture : « Croissez et multipliez », sans d'ailleurs se préoccuper
de savoir ce que pourra devenir cette progéniture. Les enfants pul-

---

1. Une amusante description d'un mariage populaire (à Clerkenwell) est
donnée dans W. Pett Ridge, *Mrs Galer's business*, ch. VIII. Voir aussi Dendy,
Marriage in East London (*Contemporary Review*, mars 1894).

lulent, « comme des rats » (Morrison). Tous les districts de l'East
End ont une natalité supérieure à la moyenne de Londres, et cette
natalité atteint son maximum dans les districts les plus pauvres et
les plus surpeuplés, c'est-à-dire dans ceux qui sont situés entre le
Regent's Canal et la Tamise [1]. Cependant, si la famille s'accroît,
les revenus ne s'accroissent guère. Bien souvent, le père se désintéresse de plus en plus de la maison, où ne l'attendent que les criailleries de ses enfants et les lamentations de leur mère. Il élève la
fréquentation du cabaret à la hauteur d'une philosophie. « La théorie de l'ouvrier britannique, a dit l'historien J.-R. Green [2], est que
sa maison, sa famille, la religion et l'éducation de ses enfants ne le
regardent personnellement en aucune manière. » Heureux encore
lorsqu'il apporte chaque samedi la totalité de son salaire de la semaine ! Beaucoup gardent par devers eux, pour leurs menus plai-
sirs, une somme plus ou moins considérable. C'est à la femme à
se tirer d'affaire avec le reste : toute discussion sur ce point serait
considérée aussi bien par les femmes que par les hommes, comme
attentatoire aux droits du mari.

C'est donc sur la mère que repose ordinairement tout le souci de
la famille, et faire vivre cinq ou six personnes avec une vingtaine
de shillings est une tâche qui semble presque au-dessus des forces
humaines. Dans la lutte quotidienne pour l'existence, toute pensée,
toute vie intellectuelle et morale disparaît devant la crainte de
mourir de faim. Souvent la femme se met à boire (il s'est fondé en
1901 une ligue des maris contre l'ivrognerie des femmes) ou devient
une véritable bête de somme ; son regard prend cet air de patience
résignée qui, selon Mrs Bosanquet, est le trait le plus frappant de la
physionomie des femmes de l'East End [3]. Lors même que le mari
est laborieux et qu'il est assez heureux pour ne point manquer de
travail, le soin des enfants, les lessivages continuels laissent peu de
repos à la mère. Mais si le chef de la famille est un paresseux ou un
ivrogne, s'il tombe malade, s'il n'a pas d'ouvrage, si son salaire

1. Dans la période de 1904-1908, la natalité a été, dans le bourg de Stepney,
de 34,5 p. 1000 habitants, dans celui de Bethnal Green de 33,7 p. 1000, dans
celui de Shoreditch de 33 p. 1000. Ces trois bourgs sont les premiers de Londres par ordre de natalité. Poplar vient un peu plus loin avec 32 p 1000. La
moyenne de Hackney (24.8 p. 1000) est beaucoup plus faible et inférieure
même à la moyenne de Londres (26,4). Voir plus loin, dans le chapitre sur la
pauvreté, le tableau de la natalité à Londres.

2. *Stray Essays*, p. 316.

3. Voir dans *Rich and poor* le chapitre intitulé : Les femmes de l'Est.

est insuffisant ou irrégulier, la femme doit s'ingénier à trouver, en dehors de son ménage, une occupation quelconque qui permette de joindre les deux bouts et, avant toutes choses, de payer le loyer. Il lui faut aller faire des ménages, ou bien elle tâche de se procurer une lessiveuse et met une affiche à sa fenêtre pour indiquer qu'« on repasse ici » (*mangling done here*) ; mais la concurrence est grande : dans plus d'une rue cette inscription frappe si souvent les yeux que l'on se demande où l'on peut bien prendre tant de linge à laver. La fabrication des boîtes d'allumettes, à raison de 25 centimes la grosse (douze douzaines d'extérieurs et douze douzaines d'intérieurs), est une autre ressource ; avec l'aide des enfants qui préparent le travail et mettent la colle sur les boîtes, une mère de famille industrieuse peut arriver en travaillant assez longtemps à gagner 1 shilling à 1 shilling 6 pence par jour. A défaut de boîtes d'allumettes, on peut se rabattre sur la fabrication des paniers en jonc, coudre des sacs à 1 shilling 7 pence le cent, ou recouvrir de toile des baleines de corset (7 à 8 pence par jour). Aucune de ces occupations ne demande d'apprentissage préalable ; c'est pour cette raison qu'on les préfère souvent à la confection des chemises et des pantalons, autre industrie domestique fort répandue dans l'East End et dont il sera question plus amplement dans un chapitre spécial.

On devine ce que peut devenir la famille dans des conditions semblables [1]. Le père prend trop aisément l'habitude de compter sur sa femme, passe ses journées au cabaret ou dans la rue, sous prétexte de chercher de l'ouvrage, et devient un « sans-travail » professionnel. La mère n'a pas le temps de s'occuper des enfants, dont l'arrivée en ce monde « n'a pas plus d'importance que l'achat d'un nouveau meuble » (Mrs. Bosanquet). Elle leur donne, lorsqu'ils se plaignent d'avoir faim, une tartine de pain couvert de graisse (*butty*) qu'elle saupoudre de sucre pour les tout petits, et se rejette sans plus tarder à son travail. Celles qui vont faire des ménages laissent leurs enfants seuls. enfermés dans leur chambre, pendant des journées entières. Contre les indigestions et les embarras gastriques qu'amène ce régime, le principal remède est le thé qui mijote presque tout le jour auprès du feu ou sur un coin du fourneau. Il n'y a pas lieu. comme on le voit, de s'étonner outre mesure que la mortalité infantile soit si élevée dans les districts de l'East End [2] ; le plus

1. Cf. M. E. Loane. *The next street but one*, p. 17 et suiv.
2. Le bourg de Shoreditch a la plus forte mortalité infantile de Londres (161 décès au-dessous d'un an pour 1.000 naissances, pendant la période 1904-1908). Bethnal Green (145 p. 1000), Poplar (140 p. 1000) et Stepney (136 p.

extraordinaire n'est pas qu'il y meure autant d'enfants en bas âge,
c'est plutôt qu'il en survive un si grand nombre. Plus tard, quand
les enfants ont grandi, on les envoie plus ou moins régulièrement
à l'école primaire ; mais l'école leur donne surtout l'instruction,
et quant à l'éducation, celle qu'ils reçoivent à la maison est le plus
souvent déplorable, marquée par des alternatives capricieuses de
colère et de faiblesse. La mère n'a aucune autorité sur ses fils qui,
à l'exemple de leur père, essaient de bonne heure de lui montrer la
supériorité du sexe fort ; quant aux filles, qui restent justiciables
de la mère, elles partagent avec elle le soin de la maison et se préparent de leur mieux au rôle de souffre douleur qui les attend.

Tout ce monde habite un logement aussi restreint que possible,
et, pour diminuer encore le prix du loyer, des familles qui sont déjà
fort à l'étroit chez elles prennent souvent comme locataire (*lodger*)
ce que les affiches appellent un « célibataire respectable » (*a respectable single man*). On lui fournit un lit et il prend parfois une partie
de ses repas à la maison. Malheureusement, il n'est pas toujours
aussi « respectable » que le demandent les affiches, et les abus auxquels peut donner lieu la présence d'un jeune « locataire » étranger
à la famille ne sont que trop faciles à comprendre. Le « locataire »
a troublé la paix de plus d'un ménage et désolé plus d'une famille [1].

La nécessité de faire vivre une famille sur un revenu insuffisant
ou tout juste suffisant exigerait, de la part de la femme surtout, la
plus stricte économie et une entente parfaite des devoirs qui incombent à la maîtresse de maison. Ces qualités sont bien rarement l'a-
panage de la femme dans la classe ouvrière anglaise. Dans combien
de familles la femme ne dépense-t-elle pas le samedi, en achats
inconsidérés, les trois quarts du salaire de la semaine ? Sur combien
de tables le menu du dimanche ne comporte-t-il pas une entrée, un
rôti, un légume et un dessert, tandis que pendant les derniers jours
de la semaine il faut se contenter d'un hareng, d'un *haddock* ou
même de pain sec ? Nulle part cette extravagance n'est plus commune qu'à Londres et dans l'East End, où tant de femmes sont jeunes et sans expérience. Le principe général sur lequel repose l'économie domestique consiste à ne jamais faire de provisions d'aucune
sorte, à tout acheter au dernier moment, par les plus petites quan-

1000) sont également fort au-dessus de la moyenne de Londres (127 p. 1000).
Hackney est un peu au-dessous, avec 125 p. 1000 (*London Statistics*, t. XXI,
p. 38-39).

1. Voir dans *Tales of mean streets*, de Morrison, la nouvelle intitulée *A poor
stick*.

tités possibles et au plus bas prix possible, sans faire entrer la qualité en ligne de compte. Le thé. par exemple, s'achète souvent à la « pincée », au commencement de chaque repas. On n'aime pas à payer comptant ce que l'on peut obtenir à crédit ; c'est pour cette raison que les sociétés coopératives, qui semblaient devoir rendre de grands services dans la région que nous étudions, n'y ont remporté qu'un succès médiocre [1]. L'art culinaire, déjà très rudimentaire dans la classe moyenne, se réduit à presque rien ; les ménagères ignorent la préparation des plats les plus simples, et les menus sont d'une monotonie désespérante ; la simplicité des ustensiles en usage et l'absence de fourneau permettraient du reste difficilement une cuisine un peu délicate, et l'on peut se demander aussi si les mets plus compliqués de la cuisine française, les « French quelque choses », comme les appellent les partisans de la cuisine nationale, seraient au goût du mari [2]. On recourt dans les grandes occasions aux bons offices du boulanger, qui fait cuire au four le roastbeef traditionnel, avec sa couronne de pommes de terre. Les jours ordinaires, on court à la boutique voisine chercher des tripes ou des saucisses sur purée de pommes ; « mais les boutiques les plus achalandées sont celles où les indigènes font queue le soir pour acheter des morceaux de poisson frit. Les personnes qui n'ont point l'habitude trouvent l'odeur de l'huile où l'on frit le poisson si épouvantable qu'elles se demandent comment on peut arriver à l'aimer ; il paraît cependant qu'une fois que le palais y est accoutumé il n'y a pas de régal plus fin pour les gourmets. Pendant le jour, la vente est faible : un peu de matelote d'anguille et quelques morceaux réchauffés ; c'est dans la soirée, entre 8 heures et 11 heures, que les clients arrivent. Leur nombre est si grand, que les cuisiniers de l'établissement, en tablier blanc et toque blanche, peuvent à peine réussir à retirer assez vite de l'huile bouillante les morceaux d'un sou et de deux sous qu'on leur réclame de tous côtés. On peut manger sur place et le poivre est fourni gratuitement ; mais presque tous les acheteurs enveloppent rapidement leur morceau dans un bout de journal, font ajouter pour un sou de pommes frites, et se préci-

1. Cf. Sir W. Besant, *East London*. p.34-35. — Dans les quartiers ouvriers de Londres, il n'y a guère de coopératives florissantes qu'à Woolwich où l'arsenal procure aux ouvriers un travail relativement régulier. La coopérative de l'arsenal compte plus de vingt-cinq mille sociétaires.

2. Cf. Ch. Morley, *Studies in Board Schools*, p.121. — Voir aussi M.E. Loane, *The Queen's poor*, p. 139, et *The next street but one*, p.26 et suiv.

pitent à toutes jambes vers leur demeure, pour ne pas laisser au parfum le temps de s'évaporer [1]. »

La plupart des boutiquiers de l'East End vendent un peu de tout ; on trouve chez eux des épices, du savon, des harengs, de la chandelle, du lait, des œufs, des lacets de souliers, du sucre d'orge et des lampes à deux sous, — sans garantie contre l'explosion. Mais leur assortiment est en général médiocre, comme quantité et comme qualité ; on n'a recours à eux que lorsque le temps presse ou quand on achète à crédit, car les prix sont plus faibles et l'on a plus de choix sur le « marché ». Ces marchés ne ressemblent point à ceux que nous connaissons à Paris. Une philanthrope bien connue, la baronne Burdett-Coutts, essaya, en 1866, d'acclimater dans l'East End les habitudes du continent et fit construire, en plein Bethnal Green, l'élégant Columbia Market. Cette innovation n'eut aucun succès. Ni les clients, ni les commerçants n'en sentaient le besoin ; les marchands des quatre saisons préférèrent le grand air et la liberté de la rue ; une tentative pour établir un marché au poisson échoua devant l'opposition des trafiquants de Billingsgate ; aujourd'hui, cette magnifique construction, admirablement agencée, pourvue de caves splendides, a dû être presque entièrement abandonnée. On n'y vend plus que quelques pommes de terre.

A leur point de vue, les marchands des quatre saisons n'avaient pas complètement tort : au Columbia Market, les places coûtaient peu de chose ; dans la rue, elles ne coûtent rien. Tous les soirs, avec la permission tacite de la police, certaines rues se transforment en champ de foire, et la circulation y devient impossible, sauf pour les piétons. Le marché le plus important est celui du samedi soir ; le samedi est en effet le jour de paye ; de plus, un grand nombre d'ateliers et de maisons de commerce ferment à une heure ou deux du soir, l'après-midi étant ce qu'on appelle un « demi-chômage » (half holiday). Ce soir là et le dimanche matin, des rues comme la fameuse « rue du Cotillon » (Petticoat Lane) à Whitechapel, aujourd'hui rebaptisée rue de Middlesex, sont une des curiosités de Londres [2]. Les boutiquiers agrandissent leur étalage, envahissent le trottoir, débordent sur la chaussée ; les marchands des quatre saisons s'installent en pleine rue, assujettissant leurs charrettes avec des caisses vides, montant parfois sur les brancards pour proclamer au loin, d'une voix tonitruante, les mérites de leurs oran-

---

1. Mrs. Bosanquet, *Rich and poor*, p. 68.
2. Le marché de Petticoat Lane est très étendu et déborde dans les rues adjacentes.

ges, de leurs prunes, de leurs glaces ou de leurs noix du Brésil, suivant la saison ou les hasards du commerce. N'était le type fortement sémitique de plus d'un acheteur et de bon nombre de vendeurs, on se croirait transporté dans le Londres du Moyen Age, dans le grand marché de *Cheap*, avec ses joyeux apprentis, qui poursuivaient le passant de leurs offres et de leurs plaisanteries. Les bouchers se font remarquer entre tous par une éloquence qui n'est point absolument désintéressée ; car il est trop évident que les côtelettes et les beefsteaks qui sont là, tout découpés pour attirer l'œil du chaland, attendront difficilement vingt-quatre heures de plus. Il faut à tout prix s'en débarrasser ; aussi l'auteur du présent ouvrage a-t-il pu voir un morceau de bœuf « excellent, délicat et juteux » vendu pour la somme vraiment modique de dix centimes la livre.

Le désordre dans lequel le marché se présente ne manque pas de pittoresque. A côté d'un boucher, un marchand de vieilles chaussures et de vieille ferraille s'est installé et compte sur le mérite intrinsèque et sur le bas prix de sa marchandise pour attirer les regards des passants ; un chapelier voisine avec un marchand de coquillages qui a jugé bon d'ouvrir ses huîtres et de les saupoudrer de poivre de Cayenne : les amateurs pourront les déguster à l'étalage même. Un philanthrope qui consacre sa vie au soulagement de ses semblables vend un remède de sa composition, souverain contre la coqueluche. Plus loin, c'est un marchand de meubles ou de vieux habits ; ou bien encore des fleurs et des légumes. Il n'est rien qu'on ne puisse trouver dans Petticoat Lane ; on y vend même des « tuyaux » pour les courses.

Les acheteurs circulent au milieu de la rue, sous la lumière crue des innombrables becs de gaz qui flambent en plein air. Les hommes, la pipe à la bouche, écoutent d'un air placide et indifférent les boniments et les cris effroyables des marchands. Les femmes, leur panier au bras, jacassent entre elles sans interruption, et scrutent tous les recoins du marché, à la recherche d'une « occasion ». Tous les objets sont offerts à des prix fabuleux de bon marché, mais la qualité est souvent médiocre ; un *East Ender* se résoudrait du reste difficilement à acheter des œufs, des légumes ou des fruits qui ne seraient pas un peu passés : ce ne serait plus une occasion [1].

On ne trouve pas seulement au marché tout ce qui est nécessaire à la cuisine peu compliquée que savent faire les femmes de l'East

---

1. Le romancier I. Zangwill a donné dans *Children of the Ghetto*, ch. XXII, une description très vivante du marché de Petticoat Lane au moment de la Pâque juive.

End ; on peut s'y habiller depuis les pieds jusqu'à la tête, et à bon compte. Tous les articles défraîchis et passés de mode, tous les laissés pour compte du West End viennent échouer à Whitechapel et à Stepney ; c'est ce qui donne aux rues de ces quartiers un aspect parfois si singulier : l' « artiste » qui peint des marines sur le trottoir et qui attend sa récompense de la charité des passants a l'air d'un membre de la Chambre des Lords tombé en déconfiture ; tandis qu'avec sa redingote longue et son chapeau à larges bords, l'individu qui vous arrête pour vous vendre le jouet du jour ou vous donner un prospectus ressemble assez à un *clergyman* que des circonstances fâcheuses auraient réduit à la mendicité. Dans les magasins de Whitechapel Road ou de High Street (Shoreditch) où vont s'approvisionner les élégants et les élégantes de l'endroit, on ne vend guère que des vêtements tout confectionnés, fabriqués par les Juifs et les femmes de l'East End, suivant les principes du *sweating system*. Ce qu'on demande surtout à ces habits, c'est d'avoir du cachet et de ne pas coûter cher ; la solidité importe peu. Les modèles du West End sont assez habilement imités pour faire illusion au premier abord ; on s'aperçoit, il est vrai, au bout de quelques jours, que les souliers ne sont que du carton, que les gants tombent en miettes, et que les habits, à peine cousus, ne tiennent ensemble qu'à grand renfort de colle ; mais l'effet est produit, les amis sont éblouis et les amies jalouses, et cela suffit à satisfaire la vanité des jeunes beautés de l'East End. Si les hommes se montrent, en général, fort indifférents sur le chapitre de la toilette, il n'en est pas de même, en effet, des jeunes filles dont les instincts esthétiques s'éveillent, à l'époque où l'on « tient compagnie ». C'est alors qu'on les voit arborer, dans les grandes occasions, ces chapeaux de peluche, bleus ou verts, ornés d'une plume d'autruche rouge, qui passent pour le nec plus ultra de l'élégance. Comme le prix de ces plumes est relativement élevé, il se forme des associations, des « clubs de plumes » *(feather clubs)*, qui ont pour objet de vendre ou de prêter aux associées, moyennant une légère souscription, ces ornements indispensables. Cette période de toilettes tapageuses et de folles dépenses, est, du reste, assez courte ; elle finit avec le mariage et les soucis de la maternité.

Le budget total d'une famille varie beaucoup, suivant la classe à laquelle elle appartient. Chez les plus pauvres dont tous les revenus sont absorbés par les dépenses strictement nécessaires à la vie, on compte, pour se procurer des habits, sur le hasard ou sur la charité. L'article « habits » figure à peine dans l'énumération des dépenses de cette classe : « Les habits vous arrivent toujours, d'une manière ou d'une autre, dit un personnage d'un roman de M. Whiteing [1], *Coats come somehow*, je n'en ai jamais manqué et jamais de la vie je ne me suis demandé où j'allais en trouver. » En revanche, les frais de chauffage sont plus considérables, à proportion, que dans les classes plus fortunées. sans doute parce que la chaleur doit suppléer autant que possible à la nourriture qui est souvent insuffisante. Quant au loyer qui, en 1889, s'élevait dans les budgets de familles ouvrières, réunis par M. Booth, à peu près au cinquième de la dépense totale, il a incontestablement beaucoup augmenté et absorbe maintenant une proportion plus considérable du revenu. Dans deux budgets publiés par le *Times* en 1912, la part du propriétaire dépasse, dans un cas, le tiers de la dépense totale et, dans l'autre, s'élève à la moitié de cette même dépense.

Le loyer est une dépense difficile à réduire ; la somme affectée à la nourriture varie bien davantage, et l'on se tromperait rarement en jugeant de la situation sociale d'une famille d'après l'abondance et la variété des articles d'alimentation. Tout à fait au bas de l'échelle, chez les ouvriers « intermittents » (*casuals*), la viande n'apparaît guère sur la table que le dimanche, — le plus souvent sous la forme d'un morceau de bœuf salé ; elle est remplacée d'ordinaire par le poisson, qui est à Londres « la nourriture de ceux qui n'ont pas le moyen d'acheter de viande » (Booth), et elle ne figure pas dans le budget hebdomadaire pour plus de 0 fr. 90 en moyenne, par adulte. Un contremaître ou un bon artisan mange chaque semaine trois ou quatre fois plus de viande qu'un ouvrier des docks. Le pain, les pommes de terre, le beurre ou ce que les épiciers vendent comme tel, tiennent lieu, dans une certaine mesure, d'aliments plus nutritifs. A mesure que l on s'élève, la quantité et la qualité des aliments augmentent, en même temps que la nourriture devient plus variée. Le fromage, les œufs, les légumes verts, les fruits prennent une place de plus en plus importante dans le menu quotidien. On achète les objets par quantités plus grandes, et, bien qu'ils soient de qualité supérieure, les prix ne sont pas sensiblement plus élevés. Le tableau suivant résume les données statistiques recueillies par M. Booth sur le budget des différentes classes ouvrières de l'East End en 1889.

1. No 5, *John Street*, p. 19 (éd. Tauchnitz).

Dépenses hebdomadaires par adulte [1].

	Très pauvres (classe B) fr.	Pauvres (classes C et D) fr.	Salaire régulier et moyen (E) fr.	Salaire élevé (F) fr.
Nourriture	4.40	5.15	6 70	10.80
Loyer, chauffage, etc. . .	2.85	3 55	4.60	6 95
Habillement, médecin, etc.	0.10	0.40	1 35	2 60
Total	7.35	9.10	12 65	20.35
Recettes par adulte. . . .	6.35	9.40	12 60	19.30
Articles d'alimentation . .	19	23	27	28

Voici maintenant deux budgets qui ont paru dans le *Times* en 1912 [2] et qui se rapportent à des familles dont la première peut être rangée dans la classe D (salaire faible et régulier) de M. Booth, et la seconde dans la classe B (salaire faible et irrégulier). La première famille se compose du père, de la mère et de trois enfants. Son budget est établi pour deux semaines, et les dépenses sont exactement égales au revenu.

Loyer.	17 fr. 50	Viande.	4 fr. 50
Assurance, vêtements. .	3 » 50	Pommes de terre, légumes	1 » 90
Chauffage, gaz	6 » 35	Beurre, graisse, confitures	2 » 40
Articles de ménage. . .	1 » 10	Thé, cacao, sucre, lait . .	3 » 75
Pain et farine	7 » 60	Total.	48 fr. 60

soit par semaine, 24 fr. 30.

La seconde famille comprend le père, la mère et cinq enfants. Son budget lui laisse chaque semaine un excédent d'environ 75 centimes. Le reste du revenu est dépensé comme il suit :

Loyer	11 fr. 25	Viande.	2 fr. 10
Assurance.	0 » 70	Margarine.	0 » 75
Chauffage, gaz	1 » 25	Pommes de terre. . . .	0 » 60
Articles de ménage. . .	0 » 30	Autres légumes	0 » 20
Pain.	2 » 85	Thé, lait, sucre.	1 » 60

soit 21 fr. 60 par semaine.

Nous pouvons compléter ces chiffres en empruntant à l'ouvrage de M. Booth la description de la vie d'une famille qui est assurément plus pauvre que la moyenne, mais qui offre dans son genre de vie. et poussés à l'extrême, la plupart des traits que l'on retrouve plus ou moins chez tous les ouvriers de l'East End dont les revenus

---

1. *Life and Labour*, 1re série, I, p. 133 et 138. M Booth a pris comme unité « l'adulte du sexe masculin » qui compte pour 1, la femme comptant pour 3/4, les enfants pour 1/2 ou moins, suivant leur âge.

2. *Times* (weekly ed.), 29 novembre 1912.

ne sont pas absolument réguliers. Bien que cette description remonte à une vingtaine d'années déjà, il ne semble pas que les conditions d'existence de la classe à laquelle elle s'applique se soient suffisamment modifiées pour la rendre inexacte.

Le père, M. R., est vieux et aveugle. Il reçoit chaque semaine une pension de 5 shillings 6 pence (6 fr. 85) ; la femme ne gagne d'argent qu'à la cueillette du houblon ou à celle des fruits ; elle s'occupe à tenir la maison propre. Elle et son mari ont la réputation d'être très sobres. Ils ont cinq filles, dont une est mariée et a quitté la maison. L'aînée de celles qui restent, fille assez mal dégrossie, qui s'est ruiné la santé dans une fabrique de céruse, fait des sacs et lave des bouteilles ; mais, au mois de mars, elle n'avait encore gagné depuis Noël que 2 shillings. La seconde est dans une graineterie et donne à sa mère 6 shillings (7 fr. 50) par semaine. La troisième, employée au même endroit, donne de 5 shillings à 6 shillings 6 pence (6 fr. 25 à 8 fr. 10). La quatrième n'a pas encore quitté l'école. Le revenu de la famille s'élève donc à 17 shillings 6 pence environ (21 fr. 85) par semaine.

Les R. vivent entièrement au jour le jour. Ils achètent presque tout à crédit dans la même boutique. De plus, si la période pendant laquelle on a étudié leur genre de vie ressemble au reste de l'année, ils font deux voyages chaque semaine chez le prêteur sur gages pour porter et rapporter les mêmes habits. Chaque semaine le prêteur avance 16 shillings et retient 4 pence, soit 17 shillings 4 pence d'intérêt par an sur 16 shillings. D'un autre côté, ils n'achètent rien, même à crédit, qu'au moment où ils en ont besoin. Ils vont à leur boutique comme une ménagère ordinaire à son buffet. Deux fois par jour ils achètent du thé ; trois fois s'ils en font trois fois. En 35 jours, ils ont acheté 72 fois du thé et 77 fois du sucre.

La dépense totale, par « adulte », est de 5 sh. 2 pence et quart (6 fr. 50) par semaine. Le chauffage et l'éclairage ont coûté 14 sh. 8 pence (18 fr. 35) en cinq semaines ; cette somme relativement considérable s'explique en partie par l'âge et les infirmités du mari, mais il est probable que le gaspillage y est aussi pour quelque chose. Les R. paient 10 pence par semaine pour frais d'assurance, chacun des membres de la famille faisant partie d'un « club d'inhumation » (*burial club*). Si l'on regarde cette famille comme équivalente à 5 adultes, on trouve que le dîner du dimanche revient à 30 centimes par personne, le dîner des autres jours à 20 centimes et les autres repas à 15 centimes[1].

1. D'après Booth, *Life and Labour*, 1re série, I, p. 141-142.

De l'étude qu'a faite M. Booth sur les budgets des familles ouvrières, il est un fait qui ressort avec une très grande netteté :
l'imprévoyance absolue, l'absence complète d'économie chez les
membres de cette classe. Presque tous ces budgets sont en déficit,
bien que l'époque choisie (le mois de mars) ne fût pas particulièrement défavorable. L'insouciance du lendemain est d'ailleurs un
vice national en Angleterre, un vice que certains sont bien près de
considérer comme une vertu. « N'est-ce pas en effet, disent-ils,cette
insouciance qui est une des causes principales de la grandeur du
peuple anglais ? N'est-elle pas la source de l'esprit d'entreprise qui
le distingue ? N'est-ce pas elle qui fait les nombreuses familles, qui
peuple les colonies,qui pousse les hommes à de nouveaux efforts,qui
les empêche de se contenter de la médiocrité ? Dieu nous préserv e
d'une population de paysans-propriétaires comme celle de la France ! »
Quelle que soit la valeur de ces raisons. si l'on ne songe qu'à la classe
supérieure et à la classe moyenne de la société anglaise, elles font
sourire lorsqu'on essaie de les appliquer à l'East End ; car les habitants de cette région ne songent guère à s'élever au-dessus de leur
condition, et ne contribuent que médiocrement au peuplement des
colonies. Leur insouciance les conduit le plus souvent. non pas au
Canada ou en Nouvelle-Zélande, où ils seraient du reste aussi mal
en point qu'à Londres [1], mais chez le prêteur sur gages, à la *pawnshop*,qui en Angleterre tient lieu de mont-de-piété officiel.L'« oncle »
qui joue de l'autre côté de la Manche le même rôle que notre
« tante », est indispensable à la vie de l'East End, et les trois boules
dorées dont il orne sa devanture exercent sur les habitants et sur
leur mobilier une irrésistible attraction. Dès le moment du mariage
la *pawnshop* entre dans les calculs d'avenir des conjoints ; il leur
arrive souvent d'acheter des objets qui semblent d'une utilité médiocre dans un ménage pauvre, mais qui ont l'avantage de pouvoir
être facilement transportés à la *pawnshop* et transformés en espèces
sonnantes. Les pendules conviennent tout particulièrement à cet
usage ; M. Charles Morley raconte, à ce sujet, une anecdote bien
significative. Une institutrice demandait en sa présence aux élèves
de sa classe à quoi servaient les pendules. « A mettre en gage,
Mademoiselle », répondit promptement une petite fille [2].

---

1. Il existe cependant une société appelée *East End Emigration Fund*, qui
a assisté, en 1910-1911, 1.350 émigrants, dont 454 en collaboration avec la
Charity Organisation Society (*Annual Charities Register*, 1912, p. 460).
2. Ch.Morley, *Studies in Board Shools*,p. 184. — Cf. Dearle, *Problems of Unem-*

On calculait il y a une vingtaine d'années que les 650 *pawnshops* de Londres faisaient, tous les ans, plus de 240 millions d'affaires ; une part considérable des 39 millions déposés revient sans doute à l'East End et aux autres centres ouvriers. Le taux de l'intérêt est très élevé : il descend rarement au-dessous de 24 ou 25 0/0, mais il peut, paraît-il, lorsque les conditions sont très mauvaises et les emprunts fréquemment renouvelés, atteindre des chiffres incroyables [1].

Ce n'est pourtant point faute d'encouragements de toute sorte que l'esprit d'économie ne peut arriver à s'acclimater dans l'East End : on sait combien sont nombreuses et variées les « sociétés amicales » (*friendly societies*) qui, moyennant un versement assez faible, garantissent à l'ouvrier un secours pécuniaire et des soins médicaux en cas de maladie, à la famille entière une certaine somme au moment de la mort du mari ou du décès de la femme. Mais la régularité des versements est une condition *sine qua non* pour continuer à faire partie de la société, et nombre d'ouvriers se plaignent que les prétendus avantages soient ainsi rendus illusoires, une seule période de chômage suffisant parfois pour faire perdre le fruit de toute une vie d'épargne. Aussi les « sociétés amicales » ne comptaient-elles dans l'East End, en 1889, qu'environ 50.000 membres, c'est-à-dire une personne sur 18. Les deux principales étaient l'*Ancient Order of Foresters* et la société *Loyal United Friends*, avec 17.000 sociétaires chacune [2].

Plus populaires, semble-t-il, que les « sociétés amicales » qui exigent un effort trop soutenu et une prévoyance trop lointaine, sont des associations plus simples où les engagements ne sont pris que pour un an et dans lesquelles, à la fin de chaque année, la somme qui reste en caisse après que l'on a soldé toutes les dépenses, est partagée entre les associés. Ce sont les « sociétés de partage » (*dividing societies*), plus connues sous le nom de « clubs à l'ardoise » (*slate clubs*), par allusion à l'ardoise sur laquelle sont inscrits périodiquement les comptes de la communauté.

Dans le même ordre d'idées on peut citer encore les « sociétés de prêt » (*drawing-out clubs, loan societies*) dont les membres constituent, par leurs versements hebdomadaires ou mensuels, un capital

ployment in the London building trades (1908), p. 140 ; Williams and Jones, *Report on the effect of out-door relief* (Poor Law Commission, 1909), p. 8, note).

1. Sinzheimer, *Der Londoner Grafschaftsrat* (1900), I, p. 397 et suiv. ; Mrs. Bosanquet, *Rich and poor*, p. 98-99. Les lois votées pour réglementer le prêt sur gages semblent avoir eu peu d'effet.

2. Booth, *Life and Labour*, 1re série, I, p. 106 et suiv,

qui permet de prêter aux sociétaires, à un taux d'intérêt raisonnable, les sommes dont ils peuvent avoir besoin. Quelques-unes de ces associations sont placées sous le patronage de l'une ou de l'autre des nombreuses communions religieuses que l'on rencontre dans la capitale ; pour la plupart, il n'en est malheureusement pas ainsi. Le siège social est un des cabarets du voisinage ; le *publican* est généralement le secrétaire ou le trésorier de la société ; c'est chez lui que se font les réunions, chez lui que se font les partages ; et il est bien entendu que ces réunions et ces partages ne peuvent guère aller sans quelques libations. C'est une façon de remercier le cabaretier de ses services et de l'hospitalité qu'il accorde à l'association.

L'économie est donc trop rarement pratiquée dans l'East End et sous une forme trop rudimentaire pour que le chômage, les maladies et, dans un grand nombre de métiers, la morte-saison, ne causent pas presque immédiatement la misère dans la plupart des familles qui se trouvent atteintes. L'hiver est une mauvaise saison pour les maçons, l'été pour les gaziers et les déchargeurs de charbon ; pendant cette période, ils vivent à crédit, et remboursent péniblement, lorsque de meilleurs jours sont revenus, les avances que leur ont faites l'épicier et le boulanger. La loi de 1911 qui a établi l'assurance obligatoire contre la maladie rendra de grands services dans l'East End. Il existe dans cette même loi une disposition qui établit également une assurance contre le chômage ; mais, comme nous le verrons plus loin, les auteurs de la loi n'ont pas cru possible d'admettre pour le moment au bénéfice de cette disposition d'autres ouvriers que ceux du bâtiment et de la métallurgie. La masse des ouvriers intermittents, c'est-à-dire un grand nombre, — peut-être même le plus grand nombre, — des ouvriers de l'East End reste donc en dehors de la loi sur l'assistance contre le chômage. A défaut de l'Assistance publique qui se montre, ainsi que nous aurons l'occasion de le constater, fort avare de ses bienfaits, et cela surtout dans les quartiers pauvres, les œuvres philanthropiques ne manquent pas, il est vrai. Malheureusement, on peut se demander si le remède n'est pas pire que le mal. Beaucoup de ces œuvres sont d'origine religieuse, car les différentes sectes qui se disputent les âmes pensent encore, comme au temps où l'historien Green les voyait à l'œuvre dans l'East End, que « le meilleur chemin pour arriver au cœur des pauvres est de passer par l'estomac ». La surenchère des sectes les unes sur les autres ne se fait plus peut-être aussi brutalement qu'autrefois, mais elle prend des formes plus insidieuses. Il n'est, pour ainsi dire, pas de « mission », pas de « réunion de mères de famille », pas d' « école du dimanche » qui ne soit par quelque côté un centre de distribution d'aumônes. Si l'on n'y donne plus d'argent, on y offre le thé ; on y distribue des bons de pain en toute saison et des plum puddings à Noël ; on y vend la toile au prix coûtant et au-dessous du prix coûtant. Aussi l'idée de religion et celle d'aumône sont-elles indissolublement liées dans l'esprit des gens de l'East End. La charité ainsi comprise ne peut avoir pour résultat que d'augmenter le nombre des pauvres, en persuadant à ceux qui sont en passe de le devenir que tout effort est inutile et qu'ils peuvent s'en remettre au hasard, représenté par les sociétés philanthropiques, du soin de pourvoir à leurs besoins et à ceux de leur famille. Ajoutons l'influence déplorable des gigantesques ripailles que de riches brasseurs ou des épiciers millionnaires organisent de temps en temps, à l'occasion de quelque fête patriotique. Les comptes rendus des journaux, où l'on énumère les milliers de kilogrammes de roastbeef et les tonnes de plum pudding qui ont été dévorés sont, pour la maison qui a donné le repas, une excellente réclame ; l'épicier ou le brasseur est nommé baronet et reçu dans les salons du West End ; mais à tout autre point de vue, le résultat obtenu n'est point proportionnel à la dépense ; ce ne sont pas les plus pauvres, ce sont, comme toujours, les plus hardis et les plus effrontés qui profitent de l'aubaine, et ces aumônes providentielles ne peuvent que les confirmer dans leurs habitudes de paresse et d'insouciance.

La maladie prend généralement au dépourvu les habitants de l'East End : elle n'entre point dans leurs calculs. Et pourquoi s'en préoccuperaient-ils ? N'ont-ils pas l'infirmerie de l'asile municipal (*workhouse*). où l'on peut se faire admettre en cas de nécessité ? Les médecins sont d'ailleurs à bon marché ; le prix de la visite, qui ne descend guère au-dessous d'une demi-guinée (13 fr. 10) dans les quartiers riches, n'y dépasse presque jamais deux shillings (2 fr. 50). Le prix le plus ordinaire est 1 shilling 6 pence (1 fr. 85), et les « docteurs à six pence » (*sixpenny doctors*) ne manquent pas. On en trouve même qui se contentent de 4 pence (0 fr. 40), mais leurs diplômes ne sont pas toujours parfaitement en règle. Il y a mieux encore : pour soixante centimes, tout compris, on peut avoir dans certains établissements une consultation et une bouteille de médicaments. — non pas un flacon minuscule rempli d'un liquide incolore, mais une pleine bouteille d'un médicament rouge ou orange, que sa couleur et son goût prononcé contribuent à rendre plus efficace. Ces « dispensaires » ont beaucoup de succès dans les parties les plus pauvres de l'East End.

De la maladie à la mort et à l'inhumation la transition est naturelle. Chez les *East Enders*, comme dans toutes les civilisations primitives, l'importance des funérailles est capitale. Les parents sacrifieront toutes leurs économies et porteront leurs meubles au prêteur sur gages plutôt que de se déshonorer aux yeux des voisins par une cérémonie mesquine. Des veuves qui font à leur mari un enterrement de première classe, avec corbillard à quatre chevaux et voitures pour la famille, vont quelques jours plus tard demander une place à la *workhouse* municipale. Les touffes de plumes qui ornaient autrefois les quatre coins des corbillards ont disparu de toute l'Angleterre ; mais pour un marchand des quatre saisons, pour un ramoneur de l'East End, un corbillard sans plumes, n'est pas un corbillard. Certaines institutions, comme l'Armée du Salut, doivent, paraît-il, une partie de leur succès, au caractère imposant et à demi-militaire des funérailles qu'elles font à leurs « capitaines » et à leurs « colonels ». Nombre d'ouvriers et d'ouvrières n'ont, en fait d'économie, qu'une seule idée : amasser de quoi se faire faire de belles funérailles. Un beau cercueil excite leur admiration et leur envie. Et ces sentiments ne sont point propres à la vieillesse. Miss Tabor raconte [1] qu'au cours d'une de ses visites dans les écoles de Bethnal Green, elle interrogeait les élèves sur la destination qu'ils comptaient donner aux économies placées par eux à la caisse d'épargne. Un petit gamin, pâle et maladif, lui répondit qu'il économisait « pour s'acheter un cercueil à sa mort ». C'est à peine si l'on peut regarder comme légèrement exagéré le récit dans lequel M. Morrison nous montre une mère refusant d'acheter du porto à son fils malade et préférant mettre de côté pour l'enterrement l'aumône que lui a faite le médecin [2]. Lorsque le défunt ne laisse aucune fortune, la coutume veut que ses amis et connaissances s'entendent pour organiser une petite fête, avec intermèdes comiques et chansons sentimentales, chez un cabaretier du voisinage. Chacun paie son écot, et les bénéfices servent à payer l'entrepreneur des pompes funèbres. Parfois aussi la veuve donne une sorte de repas funéraire, après lequel les invités glissent dans une assiette, recouverte d'une feuille de papier, la petite offrande dont ils peuvent disposer.

1. Booth, *Life and Labour*, 1re série, III, p. 324.
2. Voir dans *Tales of mean streets* la nouvelle intitulée : *On the stairs.*.

Les enterrements sont une des principales distractions de la population. Ce sont des représentations obligées, des spectacles gratuits qui interrompent la monotonie de la vie quotidienne. Les *East-Enders* saisissent, avec une avidité qui se comprend, toutes les occasions qui leur sont offertes d'apporter ainsi quelque variété dans leur existence ordinaire. Un Italien, avec son orgue de Barbarie, n'a pas plus tôt fait son apparition dans une des rues populeuses, qu'il est entouré d'une ronde de jeunes gens et de jeunes filles ; la chaussée se transforme en une salle de bal où, à défaut d'une stricte étiquette, règnent l'entrain et la belle humeur. On ne peut vivre bien longtemps à Londres sans rencontrer, au cours de ses promenades, une de ces sauteries improvisées qui font songer à la « joyeuse Angleterre » du temps passé. Dans certains quartiers fleurissent les bals à un shilling, très convenables en général et bien différents de ceux des faubourgs parisiens ; partout et à propos de tout, des réunions amicales *(friendly lead)* dans lesquelles professionnels et amateurs viennent chanter ou débiter des monologues, s'organisent dans le « salon » des cabarets. Plus le quartier est pauvre, et plus, semble-t-il, les sentiments de solidarité des habitants sont développés ; un accident, un malheur qui frappe une famille, la condamnation du père pour tapage nocturne, la naissance d'un nouvel enfant dans une famille déjà nombreuse, tout est prétexte à réunions amicales, à chansons et à musique.

Ces petites fêtes fraternelles, « sans gêne » *(free and easy)*, où l'on peut fumer et boire, où les hommes viennent en manches de chemises et où les femmes peuvent apporter leur dernier-né, sont également une des raisons du succès de la plupart des clubs de l'East End. Parmi les 115 clubs que M. Booth [1] trouvait en 1889 dans la région que nous étudions, un assez grand nombre (32), et non des moindres, s'intitulaient clubs politiques. Mais la politique ne suffirait pas à les faire vivre ; les discussions sur l'utilité de la Chambre des Lords et sur les privilèges de l'Eglise anglicane finissent à la longue, malgré l'éloquence enflammée des orateurs, par perdre de leur nouveauté ; il faut autre chose. Il faut d'abord ce que M. Booth appelle « l'élément primordial de la vie sociale anglaise », la chope de bière ; peu de clubs parviennent à prospérer sans la vente de la bière, ce qui attire sur ces institutions les anathèmes des *teetotalers* fanatiques. Il faut ensuite une salle de jeu, autant que possible avec billard. La principale pièce de l'établissement renferme d'ordinaire

---

1. *Life and Labour*, 1ʳᵉ série, I, p. 94 et suiv.

un petit théâtre qui sert aux divertissements du samedi soir et du dimanche. « A ces divertissements les dames sont admises et viennent en nombre considérable ; quelquefois, il y a bal. On joue parfois une pièce de théâtre, mais plus généralement le programme de la soirée consiste en une série de chansons sentimentales ou comiques, ces dernières dites avec un costume approprié. On cherche à se rapprocher autant que possible de l'idéal fourni par les *music halls*... Le président, chargé de maintenir l'ordre, est assis à une table, le dos tourné au théâtre, entouré de ses intimes et d'un certain nombre de pots de bière que l'on se passe de main en main. Seul, parmi tous les spectateurs, il reste tête nue, et il doit toujours être habillé avec la correction la plus parfaite. A sa droite est un marteau, symbole de son autorité, et quelquefois aussi une sorte de disque en bois sur lequel il frappe à coups redoublés pour demander le silence ou pour souligner le refrain... Avant chaque chanson il présente le chanteur au public en employant la formule consacrée : « Notre ami Un Tel va maintenant avoir l'amabilité... » (*Our friend so and so will now oblige*). Ces chanteurs sont quelquefois des professionnels, mais le plus souvent des demi-professionnels qui se font sans doute un assez beau revenu de cette façon, mais ont d'autres occupations. D'autres sont de simples amateurs, membres du club ou amis d'un membre du club... En règle générale, plus le chanteur est « amateur », plus la chanson est sentimentale [1]. »

Ce goût pour la musique et le théâtre explique le succès des théâtres et des *music halls* de l'East End. Les théâtres, comme les théâtres populaires de toutes les nations, jouent de gros mélodrames où la vertu est toujours récompensée et le vice uniformément puni. A la porte d'horribles gravures en couleurs, de taille gigantesque, représentent les scènes les plus dramatiques et forcent l'attention des passants. Les *music halls* imitent de leur mieux les modèles du West End. Mais, malgré le prix modéré des places dans les établissements de ce genre, il n'est pas possible d'y passer toutes ses soirées ; le club aussi, bien que la contribution mensuelle dépasse rarement six pence, finit par coûter cher, à cause des tournées qu'il faut payer de temps en temps aux camarades ; le *home* est, nous l'avons vu, peu attrayant. Aussi l'ouvrier londonien doit-il être souvent embarrassé pour occuper les heures de loisir que lui laisse, de plus en plus nombreuses, l'exercice de sa profession. Le dimanche, surtout, est bien vide : que faire, dans la solitude d'un diman-

1. Booth, *Life and Labour*, 1re série, I, p. 101-102.

che pluvieux, à moins que de s'étendre sur son lit pour lire le dernier numéro de *Til Bits* ? Le cabaret lui-même ferme pendant une grande partie du jour. Pendant la belle saison, on a du moins Victoria Park ; tandis que la mère, pour laquelle le dimanche n'est guère un jour de repos, demeure à la maison, le père peut aller écouter, en fumant sa pipe. les élucubrations politiques ou religieuses des orateurs du parc, et les enfants font des pâtés avec le sable marin que le Conseil de Comté met paternellement à leur disposition. Peut-être, si le temps est tout à fait beau, poussera-t-on jusqu'à la forêt d'Epping, seul reste de l'antique forêt qui couvrait au Nord les abords de Londres. Combien ne sont jamais allés plus loin ! Voir la campagne, passer « un jour à la campagne », tel est le rêve de tous les enfants et de bien des grandes personnes, rêve qui se réalise de temps en temps pour certains, un jour de *bank holiday*. Ce jour-là, grâce à un journal populaire qui a lancé l'idée et réuni les fonds [1], des milliers d'enfants envahissent les trains, sous la conduite de jeunes clergymen enthousiastes ou de laïques charitables. membres des divers *settlements* de l'East End. Toute la journée se passe à courir sur les bords de la Lea ou de la haute Tamise, à travers les plaines de l'Essex ou par les chemins ombreux du Sussex. Et le soir, après avoir pris un bain dans la rivière, tout ce petit monde revient dans la grande ville, harassé de fatigue, mais avec une provision de sensations et de souvenirs qui durera jusqu'à la prochaine escapade. Ou bien encore, si le père travaille régulièrement, s'il a quelques économies, il conduira toute la famille à la foire de Wanstead Flats, près d'Epping, ou leur montrera les splendeurs de Hampstead Heath un jour de fête. La classe la plus inférieure de la société londonienne fait, elle aussi, sa cure de grand air et de verdure chaque année : au moment de la cueillette du houblon, l'East End déborde sur le comté de Kent. Les enfants désertent l'école et la maison paternelle ; les routes sont couvertes d'ouvriers qui se rendent à pied sur le lieu du travail ; les compagnies de chemins de fer organisent des trains spéciaux. Certaines personnes ne consentent à travailler qu'à cette époque ; elles quittent l'asile municipal pour les champs de houblon, dépensent leur argent aussi vite qu'elles le gagnent, et, la saison finie, reviennent à la *workhouse*.

Il est des façons moins innocentes de passer le temps et de se distraire. Les jeunes gens de certaines rues, excités par la lecture

---

1. Il existe même une société permanente appelée *Children's Country Holiday Fund*.

des romans à deux sous (*penny dreadfuls*) et brûlant de s'illustrer par quelque action d'éclat, forment une association dirigée par un « capitaine » et prennent le titre glorieux de « Sauvages de Hoxton » ou de « Pirates de Bethnal Green ». Ce sont des sociétés de ce genre qui ont acquis dans ces dernières années une renommée fâcheuse, sous le nom de *Hooligans* [1]. Tout d'abord, les Hooligans se bornaient à se battre entre eux : les « Sauvages » marchaient contre les « Pirates », armés de bâtons, de barres de fer, de frondes, de ceintures en cuir garnies de lourdes boucles ; au besoin, on faisait usage du couteau et du revolver. La rencontre avait lieu sur la chaussée ; le combat était acharné, et, à l'arrivée de la police, les blessés jonchaient le champ de bataille. De là à attaquer dans la rue les passants inoffensifs, il n'y avait qu'un pas, et ce pas fut bientôt franchi. L'année 1900 fut marquée, à la fois dans l'East End et dans Londres-Sud, par une véritable épidémie de « hooliganisme » — le mot a été forgé pour la circonstance, — à laquelle contribuaient sans doute les nouvelles du siège de Ladysmith et des victoires de Lord Roberts. Les magistrats durent prendre le parti de punir ces équipées beaucoup plus sévèrement qu'ils ne l'avaient fait tout d'abord, afin de conserver aux rues de Londres leur réputation de sécurité parfaite, et de persuader à cette jeunesse turbulente que Whitechapel Road n'est pas dans l'Afrique australe.

Le « hooliganisme » n'a été, en somme, qu'un accident passager ; mais l'habitant de l'East End a d'autres défauts, plus graves, parce qu'ils sont permanents. Nous voulons parler de la passion du jeu et de l'ivrognerie. Dès l'école, l'enfant commence à jouer, à pile ou face, le sou que sa mère lui a donné pour acheter des bonbons. Sir W. Besant le représente ensuite assis dans la rue avec ses camarades autour d'un veston qui représente la table de jeu et qui offre sur une table l'avantage de pouvoir être dissimulé facilement lorsqu'il s'agit d'échapper aux policemen. Celui qui tient la banque donne une carte à tous les joueurs et en prend une pour lui ; puis chacun fait une mise sur sa carte, sans la retourner. Lorsque toutes les mises sont faites, on retourne les cartes ; ceux dont la carte est supérieure à celle du banquier reçoivent de lui l'équivalent de leur mise, tandis que ceux dont la carte est inférieure perdent leur enjeu. Si la rue ne paraît pas offrir assez de sécurité contre les entreprises de la police, rien de plus facile que d'installer une salle de jeu dans

1. Ce nom viendrait, dit-on, d'un certain Pat Hooligan, d'origine irlandaise sans doute, qui aurait vécu du côté de Bermondsey.

une des barques qui servent à décharger les steamers et qui, le dimanche, restent inoccupées sur la Tamise [1]. Plus tard, à la passion des cartes s'ajoute la passion des courses. Après le Derby ou le St-Leger, à voir l'enthousiasme de la foule qui s'arrache les numéros des journaux du soir, on croirait que l'East End est peuplé de sportsmen. « J'ai connu, écrit le Rév. Osborne Jay, un homme qui passait toute sa journée dans la rue, par un vent glacial, à vendre des garnitures de chemises ; il se faisait ainsi 1 sh. 6 pence (1 fr. 85) par jour ; quand il revenait le soir prendre sa place devant le feu de sa *lodging-house*, il lui fallait payer 4 pence (0 fr. 40) pour la nuit ; il mettait 1 shilling (1 fr. 25) sur un cheval dont il ne connaissait que le nom ; il lui restait donc 2 pence (0 fr. 20) pour ses repas. Je l'ai vu faire cela cinq ou six jours de suite [2]. » Un assez grand nombre de clubs de l'East End ne sont que des tripots, soigneusement fermés à tout étranger et où la police fait de fréquentes descentes.

L'ivrognerie est l'autre vice de l'East End. Ce n'est pas que cette région ait beaucoup plus que sa proportion normale de cabarets [3] ; on en trouve bien davantage dans certains quartiers du centre ; tandis que l'East End (moins Hackney) a un cabaret pour 491 habitants, le bourg de Holborn en a un pour 338, celui de Finsbury un pour 404, et la cité de Westminster un pour 356 [4]. Mais la distribution est défectueuse. Whitechapel n'a qu'un nombre restreint de cabarets et, en dépit de la réputation qu'on lui a faite, très peu d'ivrognes invétérés ; près de la Tamise, au contraire, au milieu de la population d'ouvriers intermittents qui travaillent dans le port, certaines rues, comme Saint-George Street — l'ancienne Ratcliff Highway, de sinistre mémoire — se composent presque uniquement d'établissements de ce genre.

Il est bon cependant de ne rien exagérer. Les partisans du « veto local », c'est-à-dire du droit pour les municipalités d'interdire la vente des boissons alcooliques, ont fait dans ces dernières années contre les cabarets une campagne qui n'est certes pas injustifiée dans son principe, mais qui a peut-être quelque peu dépassé les bornes.

1. *The Century*, octobre 1900, p. 910.
2. *Life in darkest London*, p. 43. — Voir aussi Booth, *Life and Labour*, 3ᵉ série, Final vol., p. 56 et suiv.
3. En 1891, l'East End, moins Hackney, renfermait 16 p. 100 de la population de Londres et 18 p. 100 des cabarets ; en 1911, 15 p. 100 de la population et 20 p. 100 des cabarets.
4. *London Statistics*, t. XXI (1910-1911), p. 248.

Il n'est pas vrai que l'ivrognerie soit la cause principale de la pauvreté dans l'East End ; fussent-ils tous enrôlés dans l'armée du ruban bleu et n'eussent-ils plus à boire que de la bière au gingembre, les dockers et les charretiers de l'East End n'en seraient pas beaucoup moins pauvres le samedi soir. La vieillesse, la maladie et, pour l'armée de réserve industrielle, l'irrégularité du travail, sont, nous le verrons, des causes de misère autrement puissantes ; la dernière explique même en partie la tendance à l'ivrognerie que l'on rencontre chez certaines classes d'ouvriers, comme les déchargeurs de charbon ou les arrimeurs du port qui gagnent souvent en peu de temps, au prix d'un travail physique épuisant, une somme considérable, et se hâtent de le dépenser, en boissons réconfortantes, chez le premier cabaretier du voisinage.

Le tableau que nous avons tracé jusqu'ici de l'East End peut paraître terne et gris, auprès des descriptions colorées de la misère londonienne qui se sont glissées quelquefois dans nos revues et nos journaux. Mais aujourd'hui, comme il y a quarante ans, le mot d'Edward Denison reste vrai : ce n'est pas la misère de l'East End qui frappe le plus l'observateur ; « ce qui est mauvais, c'est la condition habituelle de cette masse d'hommes, le niveau uniformément médiocre de cette ville ouvrière où la seule influence civilisatrice, capable d'élever les idées au-dessus du pain de chaque jour et de la bière quotidienne, est celle de l'orgue de Barbarie [1]. » « L'East End, écrivait plus récemment Sir W. Besant, est en majeure partie *respectable*, triste et morne. Les habitants vivent dans la médiocrité et sont satisfaits de leur état [2]. »

Il est cependant une partie de la population de l'East End qui échappe aux influences toutes puissantes de la *respectability* et qui se montre rebelle aux conventions sociales : nous voulons parler de la population des *slums* et des habitués des *lodging-houses*.

La *lodging-house* est le domicile des gens qui n'ont point de domicile fixe. C'est là que viennent échouer toutes les épaves de la société : anciens soldats, employés sans place, ouvriers sans travail, spéculateurs sans argent. Au nombre des clients assidus de ces établissements, il faut compter d'abord les deux ou trois mille hommes-sandwichs qui, moyennant 1 fr. 25 ou 1 fr. 50 par jour, promènent à travers Londres les annonces qui leur sont confiées par les agences. Il faut compter également ces balayeurs (*crossing-*

---

1. Cité par J. R. Green, *Stray Essays*, p. 19.
2. *All sorts and conditions of men*, ch. XVIII.

sweepers) qui, embusqués au coin des rues, nettoient le passage qui va d'un trottoir à l'autre et attendent de la générosité des passants la rémunération de leur labeur. Là aussi se réfugient les copistes de documents légaux qui travaillent pour les avocats et les *solicitors* du Temple ; ils y viennent passer la nuit toutes les fois que l'abondance du travail ne les oblige pas à continuer leur besogne jusqu'au matin. Les dockers et les figurants de théâtre s'y rencontrent avec les mendiants professionnels, les marchands d'allumettes, les ouvreurs de portières et les simples voleurs. Beaucoup de ces pauvres diables ont vu de meilleurs jours : on comptait il y a quelques années, parmi les hommes-sandwichs, un ancien banquier, un inspecteur de police et deux clergymen. Les copistes ont reçu, pour la plupart, une éducation assez soignée ; quelques-uns d'entre eux se sont préparés autrefois à la profession de *solicitor* ou d'*attorney* ; d'autres sont d'anciens employés de bureau que l'esprit d'indépendance, l'horreur de la régularité, ou la passion de l'alcool ont peu à peu jetés dans la bohême et de là sur le pavé. A l'heure actuelle, bien qu'ils continuent à traiter quelque peu dédaigneusement leurs camarades de *lodging-house* qui reconnaissent d'ailleurs leur supériorité intellectuelle, ils ont souvent peine, lorsque les tribunaux sont en vacances, à réunir les quelques sous (3 à 6 pence en général) sans lesquels le gérant (*deputy*) leur refusera probablement le ticket qui donne droit à un lit. Ils tombent alors dans la masse des « sans-travail » intellectuels, dont une des occupations principales consiste à écrire des adresses à 3 shillings le mille. Copistes et hommes-sandwichs se plaignent amèrement du *sweating system* qui sévit dans leur profession, les hommes-sandwichs ont leurs intermédiaires qui font, en gros, des entreprises de publicité et prélèvent une commission de 2 à 3 pence par personne ; quant aux copistes, ils sont, disent-ils, les victimes des entrepreneurs (*office-keepers*) qui leur apportent le travail et qui, moyennant 2 pence par shilling gagné, leur fournissent, dans un « bureau » primitivement meublé, une place pour écrire, le feu et la lumière.

On trouve parmi les habitués des *lodging-houses* bon nombre de véritables ouvriers qui, soit par nécessité, soit même par goût, y font leur résidence ordinaire ; il est à craindre toutefois que l'on y rencontre un nombre plus considérable encore de ces personnages que la loi anglaise désigne sous le nom de « vagabonds solides » et de « vigoureux mendiants » (*valiant vagabonds, sturdy beggars*). « Travailler pour gagner mon déjeûner ! disait à M. Booth un de ces paresseux incorrigibles. Non, merci ! Je puis déjeûner sans ça. »

Et, de fait, tant d'occasions, tant de moyens honnêtes ou malhonnêtes, s'offrent dans la grande ville à l'homme ingénieux qui veut
se procurer son déjeûner sans rien faire, que l'on peut se demander comment tant de personnes réussissent à ne pas déjeûner.

La *lodging-house* est, on le devine, un excellent terrain de recrutement pour la « maison de travail » municipale et aussi, à un
moindre degré, pour la prison. D'après les recherches faites par
M. Booth en 1890 dans une des « unions » d'assistance publique de
l'East End, 1.073 personnes, sur un total de 2.654 entrées, étaient
passées en quatre mois de la *lodging-house* dans la *workhouse* [1].
Cette relation entre les *lodging-houses* et les établissements d'assistance publique a paru tellement évidente aux économistes chargés
par la grande commission de la loi des pauvres (1905-1908) de faire
une enquête sur les conditions industrielles, qu'ils la considèrent
comme « un truisme » [2]. Entre la *lodging-house* et la prison, le rapport n'est pas aussi facile à démontrer par la statistique ; mais il
n'est pas douteux que les *lodging-houses* abritent plus d'une personne qui a eu maille à partir avec les juges de Sa Majesté ; on en
trouve une preuve dans le soin que certains apportent à dissimuler
leur nom véritable, remplacé par un surnom plus ou moins fantai-
siste. Une autre preuve, tout à fait directe, est fournie par le nombre des vols qui ont lieu dans les maisons même les mieux tenues :
il est arrivé que des hommes ont eu tous leurs habits volés pendant leur sommeil.

L'organisation phalanstérienne de la *lodging-house* rend ces vols
particulièrement faciles. Ces établissements se composent de deux
parties essentielles : la cuisine, qui joue en même temps le rôle de
salon, et le dortoir. La cuisine est d'ordinaire une pièce assez vaste,
meublée d'une table et de bancs de bois ; au fond se trouve une
cheminée où brille un feu vif qui sert non seulement à chauffer l'appartement, mais encore à préparer les repas. La maison fournit les grils et les poêles, les clients apportent leur hareng ou leur
tranche de *bacon* qu'ils font cuire eux-mêmes, à tour de rôle. Les
couteaux, les cuillers et les fourchettes sont rares, et ceux qui en
possèdent veillent sur leur bien avec une extrême sollicitude. Le propriétaire met parfois des théières à la disposition de ses hôtes ; mais
le fait est peu commun, et, en prévision de tout événement, l'habi-

1. *Life and Labour*, 1re série, I, p. 212.
2. Steel-Maitland and Squire, *Report on the relation of industrial and sanitary conditions to pauperism in London*, p. 68-69.

tué de *lodging-house*, le véritable *dosser* [1], ne voyage jamais sans son « tambour » (*drum*), vieille boîte à conserves dans laquelle il fait son thé en versant de l'eau chaude sur des feuilles qui ont déjà servi. Le dîner fini, les causeries commencent ; on s'installe autour de la table ou près du feu. Des paquets de cartes crasseuses sortent des poches, des bouteilles de gin font leur apparition. Dans la chaleur tiède de la cuisine, le jeu, les conversations, les discussions politiques, le récit des hauts faits de chacun, se prolongent fort avant dans la nuit. Puis, petit à petit, la cuisine se vide et tout le monde gagne le dortoir, situé généralement à l'étage supérieur. Les lits, désignés par un numéro d'ordre, sont rangés les uns à côté des autres comme dans un hôpital ; ce sont de petits lits de fer, peints en brun, et garnis d'un matelas et d'une couverture, quelquefois d'une paire de draps. Le paiement d'une somme qui varie entre 3 pence (0 fr. 30) et 6 pence (0 fr. 60) et qui est ordinairement de 4 pence (0 fr. 40) donne droit à un lit et à une place dans la salle commune. Dans certaines *lodging-houses* il faut en outre une sorte d'initiation préalable, les habitués rendant la vie impossible à tout nouvel arrivant dont la physionomie ne leur revient pas.

Les *lodging-houses* sont loin d'être toutes semblables les unes aux autres et au type que nous avons décrit. Le Conseil de Comté en possède trois dans le centre de la ville qui peuvent passer pour des modèles ; dans la plus luxueuse des trois, le prix n'est que de 7 pence par nuit. Le confort que l'on trouve dans les établissements du Conseil de Comté est encore dépassé peut-être dans les « hôtels des pauvres » établis par Lord Rowton, qui ont à l'extérieur l'aspect de véritables palais et dont l'intérieur est en rapport avec l'extérieur : salle à manger, salle de lecture, fumoir, salle de bains, rien n'y manque. Tout ce luxe ne coûte que six pence, et pour ce prix on vous donne une vraie chambre à coucher. Pour un penny de plus, on peut avoir une serviette, du savon, et un bain chaud ou froid, à volonté. Les *Rowton Houses* de Londres renfermaient, en 1912, 5.139 lits.

Dans les *Victoria Homes* de l'East End, les prix sont également très modérés ; un pudding au beefsteak coûte 20 centimes, une assiette de viande rôtie, chaude ou froide, 20 centimes, un morceau de pain avec beurre, 10 centimes. Il y a des portions de légumes à

1. *Doss* est un terme d'argot qui désigne la lodging-house ; de là *dosser*. Le mot *doss* viendrait de *to doss*, mot d'argot aujourd'hui tombé en désuétude et qui signifiait payer comptant. Suivant d'autres, *doss* aurait désigné primitivement le sac de paille qui servait de lit aux habitués.

5 et à 10 centimes, et pour 10 centimes on peut avoir une théière
pleine de thé. Le logement coûte de 4 à 6 pence, suivant le confort
demandé.

Les *Rowton Houses* et les *Victoria Homes* sont fréquentées par
l'aristocratie des « sans-foyer » et même par beaucoup de personnes qu'on ne s'attendrait pas à y rencontrer — *clerks*, employés, ouvriers de tout genre — qui trouvent cette façon de vivre agréable et
économique. A l'autre extrémité de l'échelle, les « abris » (*shelters*)
fondés par diverses sociétés religieuses, et en particulier par l'Armée
du Salut, fournissent le vivre et le couvert à une population qui
n'est pas fort différente de celle des refuges municipaux (*casual
wards*) où se retirent chaque soir ceux qui n'ont même pas de quoi
payer la *lodging-house*. Ces « abris », que l'on trouve en grand nombre à Whitechapel, laissent généralement fort à désirer au point de
vue de l'hygiène. « Leurs habitués, dit le chanoine Barnett, qui
connaît si bien la population de l'East End, couchent dans leur or-
dure et quelquefois dans celle de leurs prédécesseurs [1]. » Le Conseil
de Comté a pensé que cette malpropreté n'était point suffisamment
compensée par les « sermons évangéliques » auxquels sont soumis
chaque soir les locataires de la nuit, et, après un long procès contre
l'Armée du Salut, il a fini par soumettre les « abris » à la surveillance de ses inspecteurs sanitaires.

Plus bas encore, les maisons qui servent à loger les gens mariés
— ou, pour employer le terme consacré, à la fois plus exact et plus
expressif, les « *doubles* » — ont la plus mauvaise réputation de
tous les établissements de cette espèce [2]. Les crimes n'y sont pas
rares. Au mois de mai 1901, une femme était assassinée pendant la
nuit au numéro 37 de Dorset Street, une des plus mauvaises rues
de Spitalfields, dans une *lodging-house* pour « doubles ». Jusque-là,
rien d'extraordinaire. Mais, bien que les lits ne fussent séparés les
uns des autres que par une mince cloison de bois, et bien qu'il y eût
assez d'espace entre le bas des cloisons et le plancher pour permettre de passer d'un lit à l'autre, personne n'avait rien vu, ni rien
entendu. A la longue cependant, quelques-uns de ceux qui occupaient les lits voisins avouèrent qu'ils avaient entendu les cris de
la femme, mais ils n'y avaient pas attaché autrement d'importance.

1. *Les demeures des sans-foyer* (*Cornhill Magazine*, juillet 1899).
2. Grâce à l'attitude énergique prise par le Conseil de Comté, ce genre
d'établissements est en train de disparaître. On ne comptait plus en 1909
que 245 places dans la totalité des « lodging-houses pour couples » de Londres (*London Statistics*, t. XXI, p. 240-241).

Le meurtrier avait pu sortir en toute tranquillité au moment de l'ouverture des portes, à 5 heures du matin [1].

Il y a cependant un progrès incontestable. On ne rencontre plus aujourd'hui de *lodging-houses* semblables à la « cuisine de Fagin » que Dickens a rendue célèbre dans *Oliver Twist* ; les autorités sanitaires y ont mis bon ordre. Elles ont fait aux petits établissements, difficiles à surveilller et installés dans de mauvaises conditions d'hygiène, une guerre acharnée qui a donné les meilleurs résultats. En 1889, les *lodging-houses*, alors placées sous la direction de la police, étaient au nombre de 995 et pouvaient loger 31.651 personnes. En 1909, sous la direction du Conseil de Comté, leur nombre se trouvait réduit à 464, logeant 30.279 personnes [2]. Elles sont fréquemment visitées par les inspecteurs sanitaires qui veillent à la propreté du linge et des matelas et à l'observation des lois relatives au surpeuplement. L'opinion générale est que, à l'heure actuelle, la plupart des *lodging houses* sont très supérieures aux appartements meublés, dont les locataires lavent leur linge eux-mêmes, et, comme on doit s'y attendre, le lavent aussi rarement que possible [3].

On trouve des *lodging-houses* dans tous les quartiers de Londres, du moins dans tous ceux de la « zone intérieure » ; mais l'East End en a plus que sa proportion normale. Whitechapel est par excellence le quartier des *lodging-houses* ; le bourg de Stepney, dont fait partie Whitechapel, renferme 115 *lodging-houses*, avec 7.434 lits, chiffre qui n'est égalé nulle part ailleurs, et l'ensemble des districts de l'East End (Hackney excepté) renferme plus du tiers des lits fournis par les *lodging-houses* de la capitale (10.455 lits sur 30.279) [4].

L'East End renferme également, ou, du moins, renfermait avant les grandes démolitions de ces dernières années, le plus grand nombre de ces quartiers malsains et mal famés que l'on appelle des *slums* ; on lui donnait alors le surnom de Slumopolis. C'est dans l'East End, à la limite de Shoreditch et de Bethnal Green, qu'était situé le *slum* fameux, maintenant détruit, qu'a décrit M. Morrison

1. Une maison de ce genre, située dans le Sud de l'East End, a été décrite en détail dans S. Hallifax, *Annals of a doss house* (1901).

2. *London Statistics*, t. XXI, p. 140-141. La diminution du nombre des établissements a rendu l'inspection plus facile, et les grands établissements sont beaucoup mieux tenus que les petits.

3. Sur les chambres meublées qui deviennent de plus en plus communes à Londres, voir Steel-Maitland and Squire, *Report on the relation of industrial and sanitary conditions to pauperism in London*, p. 69-70 ; et Th. Holmes, *London's Underworld*, p. 81 et suiv.

4. *London Statistics*, t. XXI, p. 140-141.

dans *Un Enfant du Iago*. Ce roman nous présente la peinture la plus détaillée et la plus vivante que nous possédions de la vie du *slum* et des mœurs des habitants ; l'exactitude des descriptions ne peut guère être mise en doute ; car, en outre de ses observations personnelles, l'auteur pouvait faire son profit de celles de l'apôtre du Iago, le Father Sturt du livre, de son vrai nom le Révérend A. O. Jay, qui connaissait personnellement la plupart des « Iagos », et qui avait su non seulement leur imposer le respect, mais même, dans certains cas, conquérir leur affection [1].

C'est par une nuit d'été que nous pénétrons à la suite de M. Morrison dans le dédale de ruelles sordides et de cours obscures qui forme le Iago. Un incendie flambe au loin, éclairant le ciel d'une lueur livide. La chaleur est étouffante. Une partie des habitants sont descendus dans Iago Court et dorment, ou essaient de dormir, sur le pavé ; ils espèrent échapper ainsi à la vermine qui, pire que les dix plaies d'Egypte, ronge et dévore pendant la nuit. Vain espoir ! Ils se tournent et se retournent sur les pavés pointus, tandis que, de temps en temps, des ombres furtives. rasant les murs, se glissent dans les trous béants où furent jadis les portes des maisons. Ce sont des hommes qui reviennent d'une expédition nocturne, qui rentrent d'une visite prolongée au cabaret des « Plumes » ou à celui du « Paquet de Clous ». Une femme arrive, traînant à sa suite un ouvrier qui titube. Le mari, ou celui qui remplit ce rôle, attend dans les ténèbres de l'escalier. Il dissimule dans sa manche la courte barre de fer, le *cosh*, qui lui servira à assommer sa victime. Un coup sec, bien appliqué derrière le crâne, et l'homme tombe comme une masse. On peut alors explorer ses poches tout à loisir, et, l'examen terminé, on jette, sans plus de façons, l'objet dans le ruisseau.

La population vit du vol et s'en fait gloire. Dès l'âge de huit ans, le héros du roman, le jeune Dicky. est arrivé, à la suite des conversations qu'il a entendues et de ses réflexions personnelles, à reconnaître qu'honnêteté est bien près d'être synonyme de sottise ; il fait gravement part à sa mère de son opinion sur ce sujet. Quelques jours plus tard, pour son coup d'essai, il va « faire » la montre d'un évêque, qui est venu dans ces régions reculées présider l'ouverture d'une dépendance de la « Mission pour le relèvement de l'East End ». Plus tard, il est vrai, sous l'influence du Père Sturt, il essaiera très sincèrement de commencer une vie nouvelle ; mais la tentative

1. Nous ne voulons pas dire par là que le roman de M. Morrison soit, comme l'ont prétendu certains critiques, un plagiat des livres du Rév. Jay : *Life in darkest London* et *A Story of Shoreditch*.

échoue, grâce aux machinations de ses ennemis, et il demeure persuadé qu'il n'y a que deux moyens d'échapper au Iago : la potence, qui est le sort commun des audacieux, et la « haute pègre » (*high mob*), dont l'entrée est réservée aux favorisés du sort, à l'élite intellectuelle du Iago.

Le voisinage est rempli d'honorables commerçants qui, sous des apparences diverses, exercent tous la même profession, celle de receleurs et de marchands d'objets volés. Il y a surtout un certain M. Aaron Weech, personnage dévot et paterne, qui murmure avec onction des strophes de cantiques, ce qui ne l'empêche point d'aiguillonner à l'occasion le zèle de ses jeunes clients, de les exciter à « trouver » les articles qui font l'objet principal de son commerce. Écoutons-le converser avec Dicky :

« Eh ? — s'écria M. Weech, qui subitement n'eut plus l'air de comprendre, — de quoi ? chiper ? qu'est ce que tu veux dire par là ? barbotter ? qu'est-ce que c'est que çà ? Je n'entends rien à ce langage, et je ne tiens pas à le comprendre. Mon idée est qu'il y a quelque chose de mal là dedans, mais je n'en sais rien et je ne veux pas le savoir. Entends-tu, hein ?... Si tu *trouves* quelque chose, à la bonne heure. Apporte-le moi, et je te donnerai quelque chose, si c'en vaut la peine. Quant à l'endroit où tu l'as trouvé, cela ne regarde personne et je n'ai pas besoin de le connaître. Mais chiper et barbotter, c'est du grec pour moi... Comprends-tu ça ? Joli langage à tenir à des gens respectables, que tes chiper et tes barbotter [1] ! ».

C'est seulement dans les occasions solennelles, lorsqu'un meurtre a été commis, ou que les déprédations coutumières ont passé la mesure, que la police, en cohortes importantes, force l'entrée du Iago. D'ordinaire, une fois franchie l'enceinte de ce lieu d'asile, le voleur est à l'abri de toute poursuite. Il y a tant de détours dans les rues, tant de maisons à double issue, et tant de chances pour que le policeman reçoive sur la tête un pot de fleurs ou une grille de cheminée ! Par contre, le moindre danger que puisse courir un étranger qui s'engage imprudemment dans les rues du Iago est celui d'y perdre sa montre et son porte-monnaie. Les charretiers qui transportent des marchandises du côté de la Cité évitent soigneusement la région ; mais il arrive parfois qu'un novice y pénètre. Le plus difficile est d'en sortir.

« On entendit rouler une voiture sur les pavés de Luck Row, et bientôt une charrette légère déboucha bruyamment dans Old Iago

1. *A child of the Iago*, p. 56-57 (éd. Tauchnitz).

Street ; le cheval galopait, l'homme frappait à tour de bras en criant : « Au voleur ! Arrêtez-le ! »

Le spectacle était si extraordinaire que pendant un moment la bande resta stupéfaite n'en croyant pas ses yeux. Il fallait vraiment que ce conducteur fût bien naïf et connût bien peu le pays, pour risquer un chargement dans Luck Row. Et du tabac, encore ! Il était pâle et agité, et cria d'un air égaré en regardant de côté et d'autre : « On m'a pris quelque chose dans ma voiture. Qu'est devenu le voleur ? »

« Inutile, patron, répondit un des assistants. Rien ne va plus, vous avez perdu le fil. »

« Bon Dieu ! dit l'homme, tout en sueur, je suis fichu ! Il y a pour quarante shillings de tabac, et je n'ai la place que depuis lundi : voilà neuf mois que je suis sur le pavé. »

« Etait-ce un paquet comme celui-là ? demanda en ricanant un des Iagos, qui venait d'enlever un autre paquet de tabac par-dessus le derrière de la voiture. »

« Oui, remettez-le !... Bon Dieu, qu'est-ce que vous faites ? A moi ! Au secours, au secours ! »

La bande avait envahi la charrette et, au milieu d'un rire général, commençait à la décharger. Le conducteur hurlait, et frappait avec son fouet en désespéré ; mais son acharnement lui coûta cher. On le jeta en bas de la charrette, on vida ses poches et on lui arracha ses souliers ; ceux qui avaient reçu les coups de fouet le gratifiaient pendant ce temps de coups de pied à la tête, si bien qu'à la fin il cessa de remuer et demeura étendu dans la boue. On ne savait que faire de la charrette et du cheval ; essayer de les vendre était une grosse affaire, et un peu risquée. Alors, comme la nuit tombait, on mit le conducteur au fond de la voiture, on releva le derrière ; un homme de bonne volonté prit le cheval par la bride, le conduisit dans une des grandes rues et perdit l'équipage au milieu du trafic [1]. »

La vie ainsi comprise ne manque point de variété. Elle est une succession presque ininterrompue de scènes dramatiques, — interrompue seulement lorsque le hasard, la mauvaise fortune et l'intervention de la police obligent l'un des acteurs à aller faire un tour « à la campagne », c'est-à-dire de séjourner pendant un temps plus ou moins long dans un des établissements pénitentiaires de l'Etat. A défaut d'attaques nocturnes et de vols avec effraction, les Iagos ont

1. *A child of the Iago*, p. 137-138.

toujours la ressource, lorsque l'intérêt du spectacle vient à faiblir, d'organiser à frais communs une expédition contre les habitants d'une rue voisine, ou même, au besoin, de se battre entre eux. Il faut lire dans *Un Enfant du Iago* le récit des combats épiques que se livraient les partisans de la « Famille royale » et ceux du « Prétendant », les braves de Dove Lane et les héros du Iago [1]. Il passe comme un souffle homérique à travers ces pages ; mais au lieu de l'arc et de l'épée bien ciselée, nos combattants s'arment de tisonniers et de morceaux de caisse garnis de clous ; au lieu d'escalader les murs de la divine Ilion, ils escaladent le comptoir de la mère Gapp, et célèbrent leur triomphe avec force bière et mainte bouteille de gin.

Tel était le Iago. Malheureusement pour les amateurs de pittoresque, ces mœurs tendent à disparaître ; les écoles primaires, les *settlements* universitaires, et les postes de police se sont multipliés ; le Conseil de Comté et les autorités sanitaires ne cessent de pourchasser les habitants des slums et de démolir leurs habitations. Déjà il faut aller de l'autre côté de la Tamise, à Southwark, pour retrouver, à peu près pures de tout mélange, les conditions de vie à demi-sauvages qui étaient autrefois communes à travers l'East End. Encore quelques années et, comme les brigands qui arrêtaient autrefois les voyageurs aux portes de Londres, les habitants des slums entreront dans le domaine de la légende et ne seront plus qu'un souvenir du passé.

---

1. M. Morrison a pris sans doute cette idée dans A. O. Jay, *A story of Shoreditch*, p. 47 et suiv.

CHAPITRE II

Par son étendue, sa population. l'importance des problèmes économiques et sociaux que soulève son existence, le quartier juif de
l'East End mérite une étude particulière. Ce quartier dont Whitechapel forme le centre n'est point à proprement parler une partie
de l'East End, mais plutôt une ville séparée que la religion, les
mœurs et la langue isolent presque aussi complètement que les
murailles des anciens ghettos. En réalité, c'est un ghetto, un ghetto
volontaire dont on s'évade quelquefois, mais dont la population,
loin de diminuer, s'augmente sans cesse des nouvelles recrues qui
lui arrivent de l'Europe orientale.

La « juiverie » primitive de Londres n'était point à Whitechapel ; elle se trouvait dans la Cité, dans le quartier désigné maintenant encore sous le nom de *Jewry* ; c'est là qu'habitèrent les enfants
d'Israël jusqu'au moment où Edouard Ier les expulsa en masse de
la capitale et de l'Angleterre (1290). Pendant plus de trois siècles
l'Angleterre demeura pour les Hébreux une terre interdite ; peu à
peu cependant, à la faveur des troubles qui agitaient le pays dans
la première moitié du xviie siècle, ils se glissaient dans la capitale ;
mais c'est seulement en 1657 que, sur les instances d'un médecin
d'Amsterdam, Manasseh ben Israel, Cromwell consentit à permettre, officieusement, la construction d'une synagogue dans Duke's
Place, près d'Aldgate, et l'établissement d'une colonie juive dans le
voisinage. Ainsi se trouva fondé ce que les habitants actuels appellent le « village » (*dorf*) de Whitechapel ; Houndsditch, Petticoat
Lane, la rue des Minories restèrent longtemps les trois principaux
centres de la vie juive et du commerce des vieux habits, tandis que
l'aristocratie allait se fixer autour de la place de Goodman's Fields
qui servait alors de champ de manœuvres.

Les premiers immigrants étaient pour la plupart des Juifs espagnols ou portugais dont les ancêtres s'étaient autrefois réfugiés en
Hollande ; ils appartenaient à la secte des Sephardim, que certaines
particularités liturgiques distinguent de la masse des Israélites.

Les Sephardim avaient des capitaux qu'ils surent faire fructifier ; la communauté devint très prospère, et bientôt, l'opinion publique étant devenue plus accueillante, les plus riches quittèrent Whitechapel pour le West End. Leur place fut prise par des Ashkenazim, venus d'Allemagne (Ashkenaz '), de Hollande et de Pologne ; les nouveaux venus, pauvres en biens terrestres, mais riches en espérances et profondément attachés à ce qu'ils regardaient comme la seule prononciation légitime de l'hébreu, ne se mélangèrent point avec les anciens habitants. Ceux-ci, d'ailleurs, les tenaient à distance, se bornant à leur transmettre un peu dédaigneusement leurs aumônes. Sephardim et Ashkenazim formèrent deux congrégations séparées, chacune ayant son grand rabbin et sa Beth Din (litt. maison de jugement) qui statuait sur les questions religieuses et aussi sur la plupart des différends civils, puisque la Tora, pas plus que le Coran, ne distingue le domaine des prescriptions religieuses du domaine de la loi civile.

En 1760, époque où les Juifs anglais, alors privés des droits politiques, se donnèrent une organisation nationale par la création du « Comité de Londres » (*London Committee of deputies of British Jews*), on évaluait leur nombre à 8.000 environ, la majorité habitant sans doute la capitale. Cent ans plus tard, en 1858, un des principaux journaux israélites de Londres, la *Jewish Chronicle*, estimait à 27.000 le nombre des Juifs londoniens. En 1869, d'après les calculs de M. L. Smith, fondés sur la mortalité en cette année, la population juive de Londres atteignait environ 35.000 âmes ². En suivant la même méthode, on obtient pour l'année 1881 le chiffre de 45.000 personnes.

Jusque-là, l'accroissement de la communauté israélite, bien que plus rapide que celui de l'ensemble de la capitale, avait été relativement modéré. Mais en 1881, se produisit un événement qui devait avoir les plus graves conséquences. Le gouvernement russe promulgua les fameuses lois de mai et inaugura par une série de mesures violentes la politique antisémite dont il ne s'est guère départi depuis. Ce n'est point ici le lieu de rechercher en détail les raisons de l'impopularité des Juifs en Russie et les causes de la persécution dont ils ont été l'objet ³. Le boutiquier juif du village russe ou po-

---

1. Ashkenaz est un des fils de Gomer, fils de Japhet dans la table généalogique de la Genèse (*Gen.*, X, 3).

2. Booth, *Life and Labour of the people in London*, 1ʳᵉ série, III, p. 104.

3. Voir sur l'exode des Juifs russes, *Royal Commission on immigration*, 1903, *Minutes of evidence*, Q. 13.349 (rapport d'un des membres de la Commission).

lonais se double généralement d'un usurier ; le paysan russe — le
moins économe des hommes — arrive difficilement à se passer de
ce personnage qui se fait payer ses services trop cher pour s'attirer
la reconnaissance de son client. L'isolement religieux et social des
Juifs, leur résistance à l'assimilation, la haine dont les poursuit le
parti dévot qui a dominé longtemps dans les conseils du gouvernement, contribuent aussi, autant et plus peut-être que la rapacité
proverbiale de l'usurier polonais, à expliquer la situation peu enviable qui leur a été faite. Quoi qu'il en soit, le gouvernement
russe a cru devoir renouveler à leur égard les règlements et les
coutumes du Moyen Age. Il les a parqués dans quinze provinces de
l'Ouest et du Sud-Ouest, en dehors desquelles ils ne peuvent ni vivre,
ni trafiquer, à moins que la police ne consente, moyennant finance,
à fermer les yeux. La plus grande partie des professions leur a
été fermée ; dans certaines provinces, il leur est interdit de posséder
des terres ; dans d'autres, ils ne peuvent même pas en prendre à
bail. Les Juifs se plaignent également que le service militaire soit
devenu pour eux l'occasion de vexations sans nombre. Nul cas de
réforme n'est jugé suffisant s'il s'agit d'un conscrit juif ; à la ca-
serne, ils sont livrés sans défense à la brutalité des caporaux et des
sergents, et la nourriture, préparée sans tenir compte des prescriptions mosaïques, est pour l'israélite orthodoxe une abomination.

A la suite des lois de 1881, des émeutes populaires que les Juifs
attribuèrent à la police russe, hâtèrent l'exode des enfants d'Israël.
Bon nombre d'entre eux franchirent la frontière autrichienne, pour
reconnaître bientôt que l'Autriche n'était pas non plus la terre promise ; la plupart des émigrants gagnèrent un des grands ports allemands pour se diriger ensuite sur l'Angleterre ou les Etats-Unis.
La Pologne prussienne fournit également son contingent après 1884,
lorsque Bismarck se mit en tête de germaniser les Polonais ; plus
tard vint le tour de l'Autriche et de la Roumanie. Par Hull, Newcastle, Grimsby, Liverpool, par Londres surtout, un flot d'étrangers
hagards et faméliques se déversa sur la Grande-Bretagne. De 1881
à 1891, le nombre des personnes originaires de la Russie ou de la
Pologne russe et domiciliées en Angleterre augmenta de plus de
212 p. 100, tandis que l'ensemble du Royaume-Uni n'augmentait
que de 8,2 p. 100. Cette population étrangère qui se composait à peu
près uniquement de Juifs se porta principalement vers les quartiers
pauvres de Manchester, vers le « Lollard » de Leeds et vers le
ghetto de Londres : les trois villes que nous venons de nommer
renfermaient, en 1891, les huit dixièmes des Russes et Polonais

russes de l'Angleterre. La population russe et russo-polonaise de Londres, qui était en 1881 de 8.709 personnes, était en 1891 de 26.742, — soit une augmentation de 205 p. 100 ; dans le même intervalle, le comté de Londres n'avait augmenté que de 10 p. 100. En 1901, le nombre des personnes originaires de la Russie et de la Pologne russe s'élevait à 53 357 — en augmentation de près de 100 p. 100 (augmentation du comté de Londres : 7,3 p. 100) [1].

Les ouvriers de l'East End ne virent pas d'un bon œil l'arrivée de cette cohue. « Vous êtes nos frères, leur disait Ben Tillett, et nous ferons notre devoir envers vous, mais nous aimerions mieux que vous fussiez restés dans votre pays. » On les accusait de faire baisser les prix et de désorganiser le marché du travail ; on leur reprochait leur malpropreté qui faisait d'eux un danger public. Une société se fonda « pour empêcher l'immigration des étrangers sans ressources » (*Association for preventing the immigration of destitute aliens*) et réclama contre eux des mesures législatives. Le Parlement fut saisi de la question ; un comité de la Chambre des Communes fit une enquête sur l'immigration (1888) ; un comité de la Chambre des Lords étudia le *sweating system*, dont on faisait retomber la responsabilité sur les immigrants (1888-1890). Et cependant les immigrants arrivaient toujours.

La communauté juive, de son côté, était dans le plus grand embarras ; elle ne voulait ni abandonner ses coréligionnaires ni s'exposer au reproche de provoquer elle-même, par ses aumônes, l'invasion de ces étrangers déguenillés qui pouvaient causer un accès d'antisémitisme en Angleterre. Elle essaya de rendre l'immigration plus régulière, de détourner vers New-York une partie du courant, et de prendre des mesures pour transformer les immigrants en bons citoyens anglais. Le « Bureau juif des Gardiens des pauvres » (*Jewish Board of Guardians*) resta chargé de la direction générale des opérations, mais comme il n'accordait généralement pas de secours avant six mois de résidence, un « Comité russo-juif » (*Russo-Jewish Committee*) se fonda pour soulager les infortunes les plus criantes. Tous ceux qui avaient été chassés de leur pays par les « persécutions » des autorités russes furent renvoyés au Comité russo-juif qui leur donnait des secours et cherchait à leur procurer du travail. Pour offrir asile aux plus misérables, un autre comité créa (1886) dans Leman Street l' « Abri temporaire des pauvres juifs » (*Poor Jews' Temporary Shelter*) où trente immigrants peuvent trouver un refuge, le temps

1. *Census of London, 1901. Report by the Statistical Officer*, p. 18. (L.C.C.)

de séjour étant limité à un mois. Lorsque le nombre des immigrants sans ressources dépasse le chiffre de 30, l'administration de l'« Abri » se charge de les loger ailleurs, à ses frais. Grâce à l' « Association des dames juives », les femmes seules eurent également leur *Home*, dans Tenter Street North.

Les autorités israélistes s'occupaient en même temps d'organiser l'émigration. Le « Bureau des Gardiens » et le « Comité russo-juif » s'unirent dans cette tâche et formèrent un comité mixte (*Conjoint Committee of the Jewish Board of Guardians and the Russo Jewish Committee*) dont le rôle principal devait être de diriger vers l'Amérique, vers le Cap, vers l'Australie, ou de renvoyer dans leur pays d'origine, autant d'immigrants qu'il se pourrait. D'après M. L. Smith[1], le Comité mixte et le Bureau des Gardiens firent émigrer de 1881 à 1886 environ 12.000 personnes, c'est-à-dire à peu près la moitié des Juifs russes et polonais qui étaient parvenus en Angleterre. De 1882 à 1900, inclusivement, le nombre des émigrants ainsi assistés fut, d'après les statistiques officielles, de 37.720[2].

Malgré les efforts du *Board of Guardians* et du *Conjoint Committee*, la population juive de l'East End augmentait avec rapidité. L'immigration qui avait amené à Londres cinq ou six mille personnes par an dans les années qui suivirent la promulgation des lois de mai, avait un peu diminué d'intensité plus tard, mais en 1886, il y eut une recrudescence. En 1888, M. L. Smith évaluait entre 60 et 70.000 la population israélite de Londres, dont 60 000 environ pour l'East End. De ces 60.000, 30.000 au moins étaient nés à l'étranger[3]. L'année 1891 fut marquée par une aggravation des lois antisémites en Russie ; au même moment les Etats-Unis fermaient leurs portes aux immigrants sans ressources ; l'Angleterre restait ouverte, et Londres, avec sa réputation de fabuleuse richesse, devint plus que jamais le rendez-vous de ces malheureux. Au dire de M. Wilkins, secrétaire de la Société contre l'immigration, il en arrivait 500 par semaine, presque tous sans aucun avoir[4]. C'est maintenant, s'écriait-il, que se vérifie la vision prophétique dans laquelle le graveur Cruishank montrait autrefois la carte d'Angleterre avec un poteau

1. Booth, *Life and Labour*, 1ʳᵉ série, III, p. 107.
2. D'après la publication annuelle *Statistical Tables relating to emigration and immigration*. Actuellement, l'immigration ayant diminué, l'émigration est moins importante : en 1910, le *Jewish Board of Guardians* a aidé à émigrer 372 « cas », et la *Jews' Emigration Society* 181 personnes.
3. Booth, *Life and Labour*, 1ʳᵃ série, III, p. 106-107.
4. *The alien invasion*, p. 25-26.

au milieu et cette inscription sur une pancarte : « On peut jeter les
ordures ici ! » M. Wilkins affirmait que l'Angleterre recevait ainsi
chaque année de 40.000 à 50.000 étrangers, la « lie des nations. »

L'exagération du chiffre est évidente, mais il est impossible d'é-
tablir avec exactitude le nombre des immigrants, et surtout le nombre des immigrants juifs. On ne peut avoir qu'une confiance limitée dans les statistiques officielles qui ne tiennent d'ailleurs aucun
compte de la religion Ces statistiques donnent le nombre des immigrants de chaque nationalité qui sont arrivés dans les différents
ports du Royaume-Uni, ainsi que le nombre de ceux qui ont déclaré
être en route pour l'Amérique ou pour toute autre destination. Elles
montrent que le port de Londres est le lieu de débarquement préféré
de Russes et Polonais russes ; mais rien ne prouve que tous les
immigrants qui ne partent point pour l'Amérique s'établissent à
Londres ou même en Angleterre. En fait, il est même certain que
la proportion de ceux qui restent est relativement minime. Les
recensements, d'autre part, ne nous font connaître que le nombre
des personnes d'origine russe ou russo-polonaise habitant Londres
à une certaine date ; les enfants nés en Angleterre, — très nombreux
sans doute, car la natalité des quartiers juifs est fort élevée — sont
nécessairement laissés de côté. En se fondant sur la statistique des
mariages et des décès dans la population juive, et sur le nombre
des enfants juifs qui fréquentent les écoles de Londres, on arrivait
en 1900 à un total de 100.000 à 110.000 Israélites d'origine étrangère [1]. Si l'on tient compte de l'accroissement naturel de cette
population, et aussi d'un certain ralentissement dans l'immigration,
consécutif au vote de l'*Aliens Act* de 1905, on ne se trompera sans
doute pas beaucoup en évaluant le total actuel à 150.000 environ,
dont les quatre cinquièmes au moins pour l'East End.

Ces 120.000 Juifs de l'East End ne sont point répandus au milieu
de la population indigène et confondus avec elle ; il existe quelques
petites colonies isolées, mais la ma eure partie forme une masse
compacte, dont Whitechapel est le noyau et qui s'étend chaque année plus avant dans l'intérieur de Saint-George, de Mile End et de
Bethnal Green. Enfermés autrefois dans le voisinage immédiat de
Petticoat Lane et de Goodman's Fields, ils se sont glissés peu à peu
le long des grandes artères et des rues commerçantes, le long de
Whitechapel Road et de son prolongement, Mile End Road, le long
de Commercial Street et de Cambridge Road. Ils envahissent aujour-

1. Cf. **Russell and Lewis**, *The Jew in London* (1900), p. 147 et suiv.

d'hui les rues secondaires ; quand un pâté de maisons est mis en
vente et change de propriétaire, quand un *slum* est démoli et reconstruit, les Juifs arrivent et ont bientôt fait d'expulser l'ancienne population de l'endroit. Dans son commentaire sur l'excellente carte
qu'il a dressée pour l'ouvrage de MM. Russell et Lewis (*The Jew in
London*, 1900), M. Arkell donne de nombreux exemples de ces métamorphoses qui s'accomplissent, pour ainsi dire, sous les yeux de
l'observateur. L'expansion juive est limitée à l'Ouest par les bureaux
et les entrepôts de la Cité, au Sud par la résistance acharnée des
ouvriers des docks, — Irlandais en majorité, — qui ne craignent
point d'user de violence pour forcer les Israélites à rester de l'autre
côté de Saint-George Street ; mais au Nord et surtout à l'Est, nul
obstacle ne s'oppose à leur marche victorieuse, et les quelques îlots
de population anglaise qui ont subsisté au milieu du ghetto ne
pourront échapper tôt ou tard à la judaïsation.

Dans cette ville de plus de cent mille âmes qui s'étend des deux
côtés de Whitechapel Road, « on se croirait à l'étranger » (Wilkins). A toutes les fenêtres, les trois lettres hébraïques qui indiquent
que les objets mis en vente sont *kacher*. Tout est *kacher*, non seulement la viande qui a été préparée suivant les rites par un boucher
juif et qui porte, en garantie d'authenticité, le cachet du vérificateur
juif, mais encore les souliers et les pantalons. Le lait, provenant
d'une laiterie de Whitechapel[1] et tiré par un juif, est *kacher* ; *kacher*
également les fromages polonais que le marchand prépare dans sa
cour en chauffant des jarres de lait autour d'un grand feu. L'Israélite originaire de la Pologne russe ou prussienne retrouve là toutes
les *delicatessen* de son pays natal, les saucisses de Varsovie, le bœuf
fumé, le saumon fumé, le hareng salé venu de Hollande, et, — régal
suprême — le *wally-wally* de concombres salés. La pâtisserie appartient au genre orthodoxe et indigeste : pudding aux amandes,
cakes au fromage, cakes au beurre, « singes farcis », et surtout la
bola nationale que remplacent les *palavas* sans levain à l'époque de
la Pâque. Les cabaretiers eux-mêmes affirment que leur rhum et
leur anisette sont *kacher* au dernier point, et ils ont soin, lors des
réjouissances de Pourim ou après le jeûne du Yom Kippour de
suspendre à leur porte ou dans leur boutique le drap blanc qui est
le symbole de leur orthodoxie. Plus d'une enseigne est en hébreu
ou tout au moins en yiddish et en lettres hébraïques ; des affiches

---

1. Il n'y a plus d'étables que dans ce quartier de Londres, et pour cette
raison.

hébraïques s'étalent sur les murs, annonçant le prochain meeting ou proclamant les mérites du dernier savon ; au moment des élections, les candidats rédigent une partie de leurs affiches en yiddish et les font imprimer en hébreu carré ; les autorités elles-mêmes sont obligées d'en venir là pour se faire comprendre de leurs administrés, et la municipalité de Whitechapel a dû se servir des caractères hébraïques et de la langue yiddish pour expliquer à ses clients possibles les avantages de l'éclairage électrique qu'elle a inauguré il y a quelques années.

Presque toutes les nations de l'Europe contribuent au peuplement du ghetto. La Pologne russe et la Russie proprement dite sont à la tête de l'immigration [1] ; l'Autriche et l'Allemagne fournissent un contingent notable ; les Juifs hollandais, venus depuis plus longtemps, habitent à Spitalfields un quartier spécial qui est un des centres de la préparation du tabac. Il n'y a, suivant M. Zangwill [2], que les Juifs français qui manquent : « Ici on ne parle pas français », telle est la seule proposition que l'on puisse formuler avec certitude quand il s'agit des langues du ghetto. Les relations qui s'établissent entre les diverses « nations » de cette juiverie ne sont pas toujours exemptes d'un certain sentiment d'hostilité patriotique. « Les Juifs espagnols, arrivés les premiers par la Hollande après la Restauration, forment une classe à part, et regardent de haut les Ashkenazim, d'importation plus récente, enveloppant dans un mépris impartial Polonais et Hollandais. Ceci n'empêche point les Polonais et les Hollandais de se mépriser les uns les autres. Pour un Juif hollandais ou russe, le « Pullack » ou Juif polonais est un pauvre hère ; et rien ne peut égaler le sentiment de supériorité avec lequel le Pullack considère le « Litvok » ou Lithuanien, l'être dégradé qui prononce *sibboleth* au lieu de *shibboleth* et qui dit *i* quand les personnes normalement constituées disent *ou*... » [3]. Ces petites rivalités sont parfois assez vives, au point de rendre difficile le mariage entre personnes appartenant à deux groupes opposés ; mais ce serait se tromper que de les croire très profondes : elles n'obscurcissent point

1. Au recensement de 1901, le nombre des personnes originaires de la Pologne russe était de 15.420, et celui des personnes originaires de la Russie proprement dite, de 38 117.

2. M. Israel Zangwill, qui est devenu un des chefs du mouvement sioniste, a écrit d'intéressantes études sur la vie juive de l'East End. La principale est le roman intitulé *Children of the Ghetto*.

3. Zangwill, *Children of the Ghetto*, p. 16-17. — Voir aussi l'article de J. Smith, *The Jewish immigrant*, dans la *Contemporary Review* de septembre 1899.

chez le Juif la conscience très nette de la fraternité des enfants d'Israël et de leur solidarité dans la lutte contre les Gentils.

C'est ce sentiment de solidarité, né de la communauté des croyances et fortifié par des siècles de persécution commune, qui a poussé les Juifs à reconstituer à Whitechapel les ghettos de Vilna et de Varsovie. Les idées qu'ils apportent avec eux sont les idées du ghetto, les habitudes sont les habitudes du ghetto. « Des hommes qui ont vécu dans un ghetto pendant deux siècles ne sont point capables d'en sortir aussitôt que les portes en sont tombées, ni d'effacer, en mettant de côté la rouelle jaune, la marque imprimée sur leur âme. L'isolement qui leur a été imposé du dehors a fini par leur paraître la loi même de leur existence [1]. » A Whitechapel comme à Varsovie, l'Israélite se sent en exil au milieu des nations ; de même qu'autrefois à Babylone, il doit se préserver de toute souillure au contact de l'étranger, en attendant le jour où l'Eternel enverra le Rédempteur qui délivrera son peuple de la captivité et qui rebâtira les murs de Sion.

La défiance qu'éprouvent les immigrants à l'égard des Gentils et même à l'égard des Juifs anglicisés n'est pas la seule raison qui explique l'agglomération de Whitechapel. Les immigrants ignorent l'anglais : leur langue maternelle est ordinairement cet étrange yiddish où s'est cristallisé le souvenir des pérégrinations de la race errante à travers les peuples de tous les temps et de tous les pays. Le *Jüdisch-deutscher Jargon*, comme l'appellent souvent ceux qui le parlent, a pour fond un allemand très simplifié, auquel se combinent, dans des proportions diverses, l'hébreu du Pentateuque, le chaldéen du Talmud, le russe et le polonais des oppresseurs, l'anglais et l'américain des *slums* de Londres et de New-York. Ce langage cosmopolite que l'on imprime souvent en caractères hébraïques n'est point un simple patois ; il possède une littérature dont M. L. Wiener a écrit l'histoire [2], et que les *Chants du Ghetto* de l'ouvrier tailleur Morris Rosenfeld ont révélée au grand public européen. Les immigrants le retrouvent à Whitechapel ; ceux même, parmi leurs compatriotes, qui affectent l'usage de l'anglais, entendent le parler national ; il y a des journaux en yiddish, des clubs et des tripots où l'on ne parle que le yiddish, des théâtres où l'on joue des pièces en yiddish ; avec le « jargon » et une douzaine de mots anglais un Juif polonais ou russe peut vivre au cœur de Londres sans se donner la peine d'apprendre la langue de l'étranger.

1. *Children of the Ghetto*, p. 1.
2. Leo Wiener, *The history of yiddish Literature in the XIXth century*, 1899.

Whitechapel est aussi la région des synagogues ; il en existe une trentaine, grandes ou petites, dans un espace très limité. Les fidèles ne courent donc pas le risque de manquer l'office du sabbat, et les fanatiques de la dévotion peuvent passer à peu près toute leur journée en prière, en se rendant d'une synagogue à l'autre. La viande et les autres comestibles sont, nous l'avons vu, rigoureusement *kacher* ; du moins on le croyait, et c'est il y a peu de temps seulement que quelques représentants de l'orthodoxie polonaise ont constaté que la surveillance ne s'exerçait point avec toute la sévérité désirable. Le grand marché juif de Petticoat Lane — la « Rue » par excellence — et de Wentworth Street fournit à bon compte tout ce qui est nécessaire à la vie. Les enfants peuvent recevoir à l'école gratuite de Bell Lane, l'éducation juive ; les *chedarim* où l'on enseigne l'hébreu et les éléments de la loi religieuse se rencontrent à chaque pas. Les sociétés charitables, organisées par l'aristocratie juive, sont innombrables, si bien qu'on les a parfois accusées de paupériser la population israélite et d'attirer à Londres les immigrants sans ressources. Enfin, — et cette dernière considération est loin d'être sans importance, — Whitechapel, situé à proximité des maisons de gros de la Cité, est devenu le quartier général des tailleurs et des cordonniers ; or, pour des raisons diverses, sur lesquelles nous reviendrons [1], presque tous les immigrants se tournent, aussitôt débarqués, vers la cordonnerie et la confection.

Tout s'accorde donc à pousser les Juifs vers le nouveau ghetto et à les y maintenir. Vainement le Comité russo-juif, préoccupé d'angliciser aussi rapidement que possible la masse des Polonais et des Russes, s'ingénie à leur trouver des occupations en dehors de Whitechapel et fait tout pour les décider à quitter le « village », au moins momentanément. Ces tentatives n'ont qu'un succès médiocre ; le seul centre juif de quelque importance qui se soit fondé en dehors de l'East End est celui de Soho, où les conditions sont aussi mauvaises, plus mauvaises même, peut-être, qu'à Whitechapel. Le Comité attribue lui-même son insuccès aux quatre causes suivantes :

1° Les préjugés des Juifs contre les étrangers.

2° Les préjugés des Anglais contre les Juifs.

3° L'obstination avec laquelle les Juifs refusent d'apprendre l'anglais.

4° Le désir qu'ils ont d'élever leurs enfants et de les faire instruire dans un milieu juif [2].

1. Voir plus loin le chapitre sur le sweating system.
2. *Report on the volume and effect of immigration from Eastern Europe*, 1894, p. 39.

La population de Whitechapel augmente beaucoup plus vite que le nombre des logements disponibles, et les conséquences d'un pareil état de choses se devinent aisément. Le renchérissement des loyers, dont il sera question plus loin [1], a pris à Whitechapel et aux environs les proportions d'une calamité publique. Il faut aux immigrants des logements à tout prix ; aussi se livrent-ils aux dépens des chrétiens et aux dépens les uns des autres à de véritables enchères. Des petits capitalistes, juifs également, ont profité de l'occasion, acheté, souvent à crédit, des lots d'immeubles et organisé l'exploitation scientifique de leurs compatriotes. En dépit des efforts de Lord Rothschild, de Sir Samuel Montague et des organisateurs de la ligue « contre la cherté des loyers », cette industrie est plus que jamais florissante [2]. La cherté des loyers a, comme nous le verrons, le surpeuplement [3] pour résultat. Whitechapel (43,5 p. 100 de surpeuplés) et Saint-George de l'Est (39,8 p. 100) ne le cédaient en 1891 qu'à Saint-Luke (44,2), et le bourg de Stepney, qui a pris la place de ces anciennes divisions, est le seul où le surpeuplement ait augmenté dans la période 1891-1901. Vers 1889, les métiers particulièrement juifs, confection et cordonnerie, comptaient dans l'East End, l'un 52 p. 100, l'autre 56 p. 100 de surpeuplés [4]. M. Arkell a dressé pour l'ouvrage de M. Booth un tableau curieux qui donne, pour 1891, la proportion des tailleurs et des cordonniers habitant plus de trois par pièce dans chacun des districts de Whitechapel, Saint-George, Bethnal Green et Shoreditch ; on y voit que les deux premiers districts, où les familles juives dominent, avaient alors une proportion très supérieure de tailleurs et de cordonniers vivant dans des conditions d'extrême surpeuplement. Tandis que 56 p. 100 des cordonniers de Saint-George et 31 p. 100 de ceux de Whitechapel méritaient d'être classés parmi les « très surpeuplés », le chiffre tombait à 25 p. 100 à Shoreditch, et à 24 p. 100 à Bethnal Green. De même pour les tailleurs : 33 p. 100 à Saint-George et 40 p. 100 à Whitechapel étaient « très surpeuplés », tandis qu'à Bethnal Green et à Shoreditch

1. Voir le chapitre sur l'habitation ouvrière.
2. L'enquête faite par la commission royale de l'immigration en 1903 a montré que les loyers avaient plus augmenté qu'ailleurs là où propriétaires et locataires sont israélites.
3. Le recensement considère comme surpeuplés tous ceux qui habitent à raison de plus de deux par pièce. M. Booth classe aussi dans cette catégorie ceux qui habitent deux par pièce, et appelle « très surpeuplés » ceux qui sont trois et plus par pièce.
4. Booth, *Life and Labour*, 2ᵉ série, III, p. 16 et 23.

17 p. 100 et 14 p. 100 seulement rentraient dans cette catégorie [1]. Le surpeuplement, la malpropreté, la sobriété et l'amour du travail, tels sont, suivant M. Russell, les traits les plus caractéristiques du quartier juif de Londres. Les Juifs s'accommodent facilement de ce genre de vie, qui n'est sans doute pas très différent de celui qu'ils suivaient en Pologne, et le surpeuplement leur permet de payer des loyers devant lesquels reculent les familles chrétiennes. Par là s'expliquent les progrès incessants de la population juive dans l'East End et l'impopularité croissante des Juifs étrangers, même parmi leurs coréligionnaires anglais.

Cette impopularité a d'autres causes, les unes d'ordre social, les autres d'ordre économique que nous comprendrons mieux en suivant la carrière d'un de ces « novices » (greeners) que les paquebots allemands débarquent de temps en temps aux docks de Tilbury. Le greener en question, attiré par la réclame d'une Compagnie de navigation, par la réputation de richesse de Londres. par la nouvelle du succès inouï d'un compatriote, a consacré une partie de ses économies à se procurer le passeport qui lui permettra de quitter l'empire des tsars. Avec le reste, il gagne péniblement Libau, Brême ou Hambourg, vendant sur son passage ou engageant pièce à pièce, chez les usuriers, les quelques objets qu'il comptait emporter avec lui. Par bonheur, la traversée ne coûte pas cher : pour 15 à 20 marks, on obtient un billet d'émigrant sur un des vaisseaux qui partent de Hambourg, et les enfants ne paient que demi-place. Voilà notre greener embarqué ; le voyage se fait trop souvent dans des conditions de malpropreté et d'entassement inimaginables, mais ceci n'est point pour effrayer un Juif polonais. Cinquante ou soixante heures plus tard, il aperçoit à travers la brume les énormes entrepôts des docks et, par delà les docks, à perte de vue, l'immense étendue des maisons de brique, interrompue çà et là par un clocher d'église : c'est Londres, c'est la terre promise, la cité de l'or, la ville des Rothschild et des Montefiore ! Et l'immigrant bénit en son cœur le Dieu d'Abraham, d'Isaac et de Jacob, qui conduit comme par la main les enfants de son peuple Israël. Les premières relations avec les habitants de la terre promise, représentés par les bateliers du débarcadère, sont peu encourageantes ; mais l'Israélite ne comprend pas leurs injures, et les comprît-il qu'il ne s'arrêterait point à y répondre : il n'a guère que ses phylactères et son châle de prière pour tout bagage, mais il sait que sa patience triomphera de la

1. Booth, *Life and Labour*, 2ª série, III, p. 24.

force de Moab, et qu'un jour à venir, il possédera les richesses
d'Amalec.

Le débarquement des *greeners* était autrefois l'occasion de scènes
scandaleuses qui ont été décrites par Mrs. Webb et M. Wilkins[1]. Un
certain nombre de Juifs, dont l'unique moyen d'existence consistait
à exploiter la crédulité de leurs coréligionnaires, épiaient au débarcadère l'arrivée des immigrants, se précipitaient sur eux, s'empa-
raient, presque de force, de leurs bagages, et les entraînaient dans
une maison meublée des environs, tout en leur expliquant en yiddish que tous les Israélites sont frères et qu'il est doux de porter
secours à son prochain. Un examen rapide des bagages et quelques
questions habiles servaient ensuite à distinguer ceux qui possédaient un petit pécule de ceux qui n'avaient rien. Ces derniers
étaient expulsés au plus vite ; quant aux autres, le logeur leur
conseillait de rester quelques jours, « pour regarder autour d'eux ».
Tous les matins, après déjeûner, il les confiait aux soins d'un compère qui, moyennant 5 shillings par jour, promenait son *greener* à
travers Londres sous prétexte de chercher du travail avec lui. Au
bout d'une semaine ou deux, l'immigrant se trouvait sans argent ;
le logeur consentait alors à lui prêter quelques petites sommes sur
ses bagages, et, ces avances épuisées, lui exprimait un beau jour
le regret d'avoir à le mettre à la porte.

Aujourd'hui, bien que ce petit commerce n'ait point entièrement
disparu, les sociétés de charité juives se sont appliquées à le rendre
aussi difficile que possible. Les immigrants sont prévenus d'avance
et ne peuvent s'en prendre qu'à eux-mêmes s'ils écoutent les falla-
cieuses promesses des logeurs, ou s'ils achètent en débarquant de
faux billets d'émigration pour l'Amérique. Dès Gravesend un médecin monte à bord, en même temps que l'employé des douanes,
et note soigneusement les noms, non seulement de ceux qui lui
paraissent malpropres et qu'il faudra surveiller pendant quelque
temps, mais encore de ceux qui, ne connaissant personne dans
l'East End, sont exposés aux dangers dont nous venons de parler.
Ces derniers sont mis à leur arrivée en relation avec les agents de
l' « Abri temporaire » de Leman Street. L'Abri temporaire a hébergé
ainsi en 1910, 3.328 personnes et donné plus de 68.000 repas[2]. Un
assez grand nombre de ces étrangers sans ressources ne séjournent

---

1. Par Mrs. Webb dans Booth, *Life and Labour*, 1re série, III, p. 182 et suiv. ;
par M. Wilkins, dans *The Alien Invasion*, p. 42 et suiv.
2. *Annual Charities Register*, 1912, p. 313.

que peu de temps à Londres ; ils s'en retournent dans leur pays
natal ou partent pour l'Amérique ou les colonies.

Le *greener* qui vient d'arriver à Londres et que nous supposerons
installé provisoirement soit à l' « Abri temporaire », soit dans une
pension de l'East End, ne connaît probablement aucun métier ; s'il
en exerçait un dans la ville dont il est originaire, la différence des
méthodes rend ses connaissances à peu près inutiles en Angleterre.
Le nombre des professions entre lesquelles il peut faire son choix
est considérablement restreint par le fait que sa religion lui interdit de travailler le samedi ; il lui est presque impossible d'entrer
dans une manufacture ordinaire ; les quelques industriels qui consentent à employer des ouvriers juifs sont obligés de les embriga-
der en équipes spéciales, ou même d'organiser des ateliers séparés
qui restent fermés le samedi. Dans la confection même, qui est le
refuge des immigrants, l'observation rigoureuse de la loi mosaïque
n'est pas sans causer aux Juifs beaucoup de tracas, car c'est le samedi
que les maisons de la Cité reçoivent le travail de la semaine, et
c'est le samedi qu'elles font leurs paiements. Or tout travail profane
et toute transaction profane sont expressément défendus le jour du
sabbat.

Les immigrants se trouvent donc poussés, par la force des choses, vers les petits ateliers juifs qui produisent les habits, les souliers, et les meubles à bon marché, c'est-à-dire vers les industries
du sweating system. La seule alternative qui leur soit offerte est le
colportage, le commerce des vieux habits, et le « trafic » en général, l'achat et la vente de toute espèce d'objets, vieux ou neufs,
depuis les diamants, jusqu'à la ferraille. Mais pour s'établir « trafiquant » (*general dealer*), il faut des talents naturels, un certain
apprentissage, et des capitaux que le *greener* ne possède pas ; il en
est de même pour le commerce des vieux habits, qui d'ailleurs
nourrit difficilement son homme depuis que la confection neuve
est tombée à si bas prix ; quant au colportage, c'est une ressource
désespérée, tant la profession est encombrée et la vente faible.
Restent donc les métiers dont nous avons parlé tout d'abord, la
confection, la cordonnerie, l'ébénisterie, dont le premier surtout est,
comme nous le verrons plus loin, le métier juif par excellence.

Le *greener* qui se destine à l'une ou à l'autre de ces professions
doit d'abord apprendre son métier ; c'est pendant cette période qu'il
est vraiment à plaindre et qu'il mérite les larmes que l'on a répandues dans le West End sur les malheureuses victimes des *sweaters*.
Heureux ceux qui peuvent retrouver à Londres un compatriote dont

l'adresse, griffonnée sur un papier crasseux, leur a servi de talisman pendant le voyage ! Il leur donnera quelque menue monnaie, en souvenir de la Pologne et du temps passé, et, surtout, il les fera profiter des conseils de son expérience. Si, comme il est probable, il est parvenu lui-même, après de dures années d'apprentissage, à la dignité de sweater, peut-être consentira-t-il à prendre quelques-uns d'entre eux dans son atelier, à des conditions privilégiées, ou à les recommander à un confrère. Ceux qui n'ont point cette chance doivent chercher eux-mêmes du travail, s'adresser à des agences ou aller offrir leurs services sur le « marché » de Goulston Street. Dans la période où se produisit le grand afflux des immigrants, c'est-à-dire dans les dernières années du XIXe siècle et les premières années du XXe, il y avait en effet dans une rue de Whitechapel un véritable marché où les industriels désireux d'embaucher des *greeners* pouvaient faire leur choix. « Presque tous les dimanches matin, pendant le printemps, l'été et l'automne, écrivait en 1892 M. Wilkins, on peut voir au coin de Goulston Street, à Whitechapel, un certain nombre d'hommes rangés en ligne droite le long du mur. En face d'eux se tient un homme qui les loue — je ne dirai pas, qui les vend — au sweater ; celui-ci fait signer à ses victimes un papier qui les oblige à travailler dans sa tanière pendant tant de temps pour tant d'argent. C'est un spectacle navrant. La plupart de ces hommes sont de pauvres étrangers qui viennent d'arriver à Londres, des Juifs polonais principalement. Le bateau de Hambourg arrive aux docks tous les samedis ; l'agent qui va les chercher les mène à quelque « refuge » juif où ils demeurent jusqu'au dimanche matin. Il les conduit alors à cet endroit. Le plus grand nombre de ceux qui se tiennent là portent les grandes bottes et le bonnet de fourrure qui distinguent le paysan russe. Sur leurs traits émaciés se lit clairement la trace des privations et du travail ininterrompu, et aussi une certaine persévérance, patiente et déterminée. Le sweater ne leur donne souvent au début que la nourriture et le logement, ou ce qu'il appelle de ce nom. Le salaire qu'ils reçoivent varie entre deux et trois shillings par semaine ; leur nourriture est épouvantable, leur logement également. Ils travaillent 14, 16, 18 heures par jour, et dorment dans la tanière qui leur a servi d'atelier [1]. » Le marché aux *greeners* existait encore à l'époque où la commission royale de 1903 faisait son enquête sur l'immigration, et il lui arri-

1. *The alien invasion*, p. 44. — Ne pas oublier que M. Wilkins remplissait les fonctions de secrétaire de la ligue contre l'immigration.

vait même parfois de rendre la circulation difficile dans les parages où il se tenait [1]. A l'heure actuelle, il a beaucoup diminué d'importance.

Le *greener* accepte tout. Cela ne veut pas dire, comme on l'a cru parfois, que le pain rassis trempé dans l'huile, et les débris de poisson lui paraissent une nourriture saine et réconfortante. Mais il a depuis longtemps perdu l'habitude des gestes inutiles ; il sait la vanité des imprécations contre la destinée ; il sait aussi que le seul moyen qu'il ait de gagner sa vie et d'apprendre un métier est de se soumettre provisoirement aux exigences du sweater. Il se soumet donc. Que cette soumission lui coûte moins qu'à l'ouvrier anglais, parce qu'il n'a point le même sentiment de l'honneur professionnel et que, suivant l'expression d'un ancien *greener* [2], son idéal de confort est « d'une extrême flexibilité », le fait est indubitable ; mais cet état n'est, dans l'esprit de l'immigrant juif, que transitoire ; vienne une occasion, et il s'empressera de la saisir pour améliorer son sort et monter d'un degré dans l'échelle sociale. La plupart du temps, l'occasion ne tarde pas à se présenter ; au bout de six mois, l'apprenti tailleur a appris à se servir de la machine à coudre ; il possède au moins les rudiments de son métier ; il n'est plus un *greener*, mais un ouvrier. Si, dans un moment de presse, le sweater voisin lui offre de meilleures conditions, il accepte sans hésiter ; le lendemain, son patron constate avec désespoir qu'il n'est plus là : « il est parti sans prévenir, silencieusement, de même qu'il a travaillé sans salaire » (Mrs. Webb). Au besoin, — et il montre en cela une faculté d'adaptation qui n'est peut-être égalée chez aucune race — il sait varier ses occupations suivant l'époque de l'année, fabriquant des pantoufles pendant l'hiver et des souliers pendant l'été, quittant, pendant la morte-saison d'automne, son métier de tailleur pour s'établir colporteur, avec le petit capital que lui a fourni le « Bureau israélite des Gardiens des pauvres » [3].

Il est un point sur lequel l'ouvrier juif diffère essentiellement de l'ouvrier anglais ; l'ouvrier juif n'est jamais content de son sort. Il l'accepte, mais il n'en est pas content. Il n'a point de repos qu'il n'ait cessé d'être un simple ouvrier et qu'il ne soit devenu, comme son patron, un sweater. C'est là, pour lui, une transformation toute naturelle : il exploitera les autres comme il a été exploité lui-même ; l'idée ne lui est point venue dans le premier cas de se poser en vic-

1. *Royal Commission on immigration*, 1903. *Minutes of evidence*, Q. 19.705.
2. J. A. Dyche, dans *Contemporary Review*, mars 1899, p. 385.
3. Cf. *Report on immigration from Eastern Europe*, 1894, p. 42.

time, et, dans le second cas, l'idée ne lui viendra point que l'on
puisse le considérer autrement que comme un bon citoyen, respectueux des lois et des coutumes. Rien ne sera changé chez lui ; sa
femme aura quelques bijoux de plus ; lui même portera le chapeau
haute forme de la *respectability* et louera une place à la synagogue ;
mais il travaillera comme autrefois, plus qu'autrefois même, de
manière à donner l'exemple à ses *greeners*. Il se produit quelquefois
une troisième métamorphose, — rare, il est vrai, et réservée d'ordinaire à la seconde ou à la troisième génération : c'est lorsque le
sweater, après fortune faite, quitte l'East End pour le West End.
Il change alors son nom d'Abraham en celui de Graham, ou son
nom de Samuel en celui de Saville ; il est reçu dans la meilleure
société, marie ses filles dans le *peerage* et le *baronetage* et réclame
énergiquement des mesures prohibitives contre l'immigration des
étrangers sans ressources.

Quand l'immigrant juif est parvenu à une position stable, soit
comme ouvrier, soit comme patron, soit comme commerçant, il
s'empresse de faire venir sa femme de Pologne ou, s'il n'est point
marié, commence à songer à s'établir et à fonder une famille. Le
mariage est un devoir à ses yeux, et il se dérobe rarement à cette
obligation ; comme les patriarches d'autrefois, et bien que la doctrine de l'immortalité de l'âme ait depuis longtemps pénétré dans
la religion juive, il espère avant tout revivre dans sa postérité. Le
plus grand malheur qui puisse arriver à un homme est de ne pas
avoir d'enfants, car son nom périra en Israël et personne, après sa
mort, ne dira la prière en souvenir de lui. La stérilité est une malédiction divine ; celui que Dieu protège voit ses fils et les fils de ses
fils jusqu'à la quatrième génération. La coutume juive encourage
donc le mariage, et même le mariage précoce. Aussitôt qu'un jeune
homme est arrivé à l'âge fixé par les rabbins (18 ans), les parents
peuvent s'adresser à l'entremetteur professionnel, le *chadchan*, qui
se charge, moyennant un honnête courtage, de lui trouver une fiancée (*calloh*) dont les goûts et la dot soient en rapport avec son caractère et sa fortune. La profession de *chadchan* est tenue en haute
estime, et il est certain qu'il faut souvent à celui qui l'exerce une
large mesure d'habileté diplomatique pour aplanir toutes les difficultés et arriver sans encombre à la signature du contrat de fiançailles. Il a fallu régler auparavant, d'accord avec les deux familles, toutes les questions d'affaires, et fixer la valeur de l'indemnité
que devra payer celle des parties contractantes qui, au dernier
moment, refuserait d'aller sous le dais matrimonial.

Après la cérémonie nuptiale, l'usage veut que la nouvelle épousée fasse à son mari le sacrifice de sa chevelure et remplace ses tresses naturelles par une perruque, montrant ainsi que toute pensée de coquetterie sera désormais bannie de son esprit. Elle fait quelques rares apparitions à la synagogue, aux grandes fêtes de l'année, mais la synagogue existe avant tout pour les hommes. La femme est, d'après les idées courantes, un être quelque peu inférieur, dont la prière n'a qu'une efficacité médiocre. Le rôle de la femme est de s'occuper de l'économie domestique et de l'éducation des enfants. C'est à elle de veiller à ce qu'aucun objet impur ne vienne souiller la nourriture de la famille, et si l'on considère la façon dont les prescriptions de la loi mosaïque ont été, au cours des âges, compliquées par l'ingéniosité des rabbins, cette occupation ne doit pas être une sinécure. C'est elle qui prépare les plats du pays, la soupe à la betterave (*borsch*), le *tzimmus*, mélange de carottes, de pommes de terre et de pudding, et le poisson frit dans l'huile et servi froid qui est le triomphe de la cuisinière juive. La loi mosaïque ne lui interdit malheureusement pas la malpropreté et, plus encore peut-être que sa voisine chrétienne, la femme juive est portée à abuser de la liberté qui lui est laissée sur ce point.

Le sentiment de la famille est très vif chez les Juifs de l'East End, et la femme jouit parmi eux, malgré les apparences, d'une autorité bien supérieure à celle que possède la femme de l'ouvrier anglais. Comme le remarque M. Dyche dans un article de la *Contemporary Review*[1] sur l'immigrant juif, l'idéal de la femme anglaise, dans la classe populaire, est d'avoir un « bon maître » pour mari. La femme juive est beaucoup plus indépendante ; il est rare que son mari l'envoie, après son mariage, travailler chez des étrangers ; il met d'ordinaire un point d'honneur à subvenir seul aux besoins de la famille. Il va très rarement au cabaret et passe auprès de sa femme et de ses enfants les quelques heures de liberté que lui laisse son travail. Il donne à sa femme à peu près tout l'argent qu'il gagne ; c'est elle qui fixe le budget et qui procède aux achats ; en fait, elle est souveraine à la maison, et elle abuse même parfois de sa souveraineté. La femme juive a en effet le grave défaut d'être portée à l'ostentation, défaut qui est du reste commun aux deux sexes ; elle a la passion des bijoux et des parures voyantes ; elle pousse à l'extrême le goût des femmes de l'East End pour les chapeaux empanachés et les « jardins suspendus » ; elle ne déteste point la bonne

1. Mars 1899, p. 380-381.

chère. et un bon dîner *kacher*, sans graisse de porc, sans margarine, sans bœuf américain, sans mouton australien, est nécessairement assez coûteux. Aussi le budget n'est-il pas toujours en parfait équilibre, et c'est peut-être là qu'il faut chercher la cause d'un phénomène que l'attachement du Juif à sa famille rend en apparence inexplicable : la facilité avec laquelle le mari juif abandonne sa femme et ses enfants. A côté de cette explication générale, il existe, il est vrai, dans un grand nombre de cas, des raisons particulières ; le mari peut avoir été obligé. pour trouver du travail ou pour exercer son commerce, de quitter sa femme et d'aller s'établir dans une ville éloignée ; l'abandon n'est que momentané. Il peut arriver aussi que mari et femme se soient entendus pour tromper le « Bureau des Gardiens », et obtenir des secours, en simulant un abandon. Enfin, l'atavisme est peut-être pour quelque chose dans ce penchant singulier, car dès le Moyen Age les autorités juives étaient obligées de prendre des mesures sévères contre les trop nombreux Israélites qui disparaissaient en oubliant leurs épouses légitimes [1].

L'éducation et l'instruction des enfants sont l'objet, dans les familles juives, d'attentions que l'on chercherait vainement chez les familles anglaises de la même classe. La soumission des enfants aux parents est un des articles principaux de la Loi : le fils ne s'assied point à la place de son père ; il doit s'incliner devant son opinion et ne pas contredire ses paroles [2] ; il doit assister ses parents dans leur vieillesse. Ces commandements sont très religieusement observés par la masse des enfants juifs, bien que l'on se plaigne parfois que les mœurs de l'East End soient pour les *englische Kinder* (enfants nés en Angleterre) un exemple détestable. Les parents ont en revanche une très vive affection pour leurs enfants ; ils sont constamment préoccupés de leur donner les moyens d'améliorer leur condition ; ils s'intéressent à leurs travaux et à leurs succès scolaires, encouragent et stimulent au besoin leurs efforts. On a souvent remarqué, dans les écoles fréquentées à la fois par des chrétiens et des juifs, que ces derniers sont beaucoup plus assidus que leurs condisciples et beaucoup plus avides de s'instruire. Leurs parents excitent leur ambition en leur faisant entrevoir la possibilité de gagner une des bourses (*scholarships*) du Conseil de Comté, ce qui leur permettrait d'achever leur éducation et de sortir du rang.

1. Voir les remarques de Lewis dans *The Jew in London*, p. 188-190.
2. Dans *Children of the Ghetto* le vieux Moses Ansell parle à sa mère avec le respect le plus cérémonieux (Cf. surtout p. 60).

Les enfants juifs ont d'ordinaire une intelligence vive et précoce qui leur donne, au moins dans la première jeunesse, un avantage très marqué sur leurs condisciples anglais. De plus, ainsi que l'a remarqué très justement M. Russell [1], l'étude de l'hébreu joue dans l'éducation des jeunes Israélites le même rôle que le grec et et le latin dans l'éducation classique. Dès cinq ou six ans, l'enfant commence l étude de la Bible ; il apprend à lire l'hébreu, soit dans sa famille, soit à l'école, soit, plus ordinairement, au *cheder*. Le *cheder* est une petite école dirigée souvent par un immigrant qui a fait une étude spéciale de la langue sacrée et qui se charge d'en inculquer les éléments à la jeunesse, moyennant deux shillings environ par élève et par semaine. Pour cette faible somme, le maître, tailleur ou savetier pendant la journée, se transforme le soir en hébraïsant et en éducateur. Il enseigne la lecture aux plus jeunes, fait traduire le Pentateuque à leurs aînés ou explique quelques passages du commentaire du rabbin Rashi. L'enseignement se donne communément en yiddish qui est la langue du maître, celle des parents et celle que les enfants parlent à la maison ; il existe cependant des *chedarim* et non des moindres, où la classe se fait en anglais, comme à l'école ; mais les dévots sont enclins à regarder comme hétérodoxe l'emploi de cette langue à laquelle ils ne sont point accoutumés.

Les Juifs du West End ont protesté à différentes reprises contre l'institution des *chedarim* : suivant eux, les élèves resteraient entassés durant de longues heures dans des chambres étroites, quelquefois même dans des sous-sols, à respirer une atmosphère malsaine et à déchiffrer sans grand profit intellectuel des commentaires et des sous-commentaires. Il semble qu'il y ait dans ces reproches une forte part d'exagération ; en tout cas, les Juifs étrangers ont fort mal pris l'intervention de Lord Rothschild et des Juifs anglais dont l'orthodoxie leur paraît plus que suspecte. Ils leur ont montré que s'ils consentaient à accepter leurs aumônes, ils se passaient très bien de leurs conseils. Pour répondre aux attaques dont les petits *chedarim* étaient l'objet, les Juifs de l'East End ont fondé, de leurs propres deniers, de grandes écoles religieuses appelées *Talmud Tora* (étude de la loi), dont l'une peut contenir 600 élèves et l'autre 1.000 ; l'enseignement est donné en anglais dans la première, en yiddish dans la seconde ; les cours ont lieu tous les soirs et durent deux heures.

1. *The Jew in London*, p. 30.

L'étude de l'hébreu, telle qu'on la comprend dans les *chedarim* et les établissements similaires, n'est point une étude désintéressée : elle a pour but de mettre l'enfant à même de suivre les offices, de lire et de comprendre les passages de la Loi que l'on récite chaque semaine à la synagogue. L'enseignement a donc un caractère essentiellement pratique ; on se propose non pas de cultiver l'esprit de l'enfant, mais de lui permettre de traduire rapidement, et d'une manière plus ou moins exacte, certains textes hébraïques. A treize ans, l'enfant est *barmitzvah* ; il est responsable de ses actions, son éducation religieuse est considérée comme finie, et il s'empresse ordinairement de remplacer la lecture du commentaire de Rashi par celle du *Star* et du *Sporting News*. L'étude du langage de ses ancêtres a néanmoins sur son développement intellectuel une influence qui n'est point aussi fugitive qu'on pourrait le supposer : la traduction en anglais ou en yiddish d'une langue d'un type tout différent, comme l'hébreu, paraît être un excellent exercice qui développe l'agilité mentale de l'élève ; celui-ci se trouve en outre mis en contact dès son jeune âge avec toute une littérature, dont le caractère grandiose et l'originalité puissante ne sauraient être méconnus : l'impression qu'il reçoit est ineffaçable.

Aussi doit-on s'attendre à trouver chez le Juif de l'East End, et surtout peut-être chez l'immigrant russe ou polonais, une tout autre activité intellectuelle que chez leurs confrères les tailleurs et les cordonniers indigènes. Quelle que soit leur misère, si grandes que soient les difficultés matérielles au milieu desquelles ils se débattent, leur horizon n'est jamais entièrement borné par le souci du moment présent, leur esprit n'est jamais complètement absorbé par les calculs de leur commerce ou les fatigues de leur métier. L'idéalisme inné, qui se mélange si singulièrement au sein de la race juive avec le matérialisme le plus sceptique, se fait jour, malgré tout, à travers les mesquineries de la vie journalière. On voit ces hommes qui, au dire de quelques uns, « vivent comme des bêtes », se réunir dans leur *chevras*, aux époques de chômage, pour discuter ensemble un point obscur de la Bible, un passage du Talmud ou un problème de casuistique laissé sans réponse dans les « Questions et réponses » des rabbins. Ce travail intellectuel n'est pas, dira-t on, d'ordre très élevé ; il faut convenir que le temps de ces honnêtes *greeners* pourrait être plus utilement employé qu'à rechercher, par exemple, si une poule dans le gésier de laquelle on a trouvé une épingle, est « pure » ou « impure » ; la culture d'un homme pour lequel le Talmud est l'encyclopédie des connaissances

humaines mérite à peine le nom de culture intellectuelle. Et cependant cette activité désordonnée de l'esprit, cette caricature de la
science, sont encore préférables sans doute à la stagnation mentale
dans laquelle se complaisent trop souvent les ouvriers anglais
de la même classe. La pensée du Juif est faussée et tordue par la
longue pratique des discussions talmudiques, mais le Juif pense ; il
est peu d'immigrants qui ne puissent retrouver au fond de leur
mémoire quelques fragments des chefs-d'œuvre de la littérature
nationale ; ils respectent la science, telle qu'ils la comprennent : le
savant, le *lamdon*, talmudiste expert et grand abstracteur de quin-
tessence, est sûr d'un bon accueil auprès d'eux et on lui fait fête
dans les *chevras*.

Vie intellectuelle et vie religieuse se confondent presque pour le
Juif de l'East End. Il pratique peu les lectures profanes, à l'exception des recueils de contes qui renferment le folk-lore de la race.
Toute sa pensée est concentrée sur l'histoire de son peuple et sur la
mission divine d'Israël. Il fréquente peu les grandes synagogues de
l'East End, qu'il trouve trop solennelles ; il n'y fait que de rares apparitions au moment des fêtes, particulièrement à l'occasion de la
fête des Expiations. A la synagogue, il préfère la *chevra*, institution
fort originale qui est à la fois une maison de prière, une association
de secours mutuel et une sorte de club. Mrs. Webb comptait, en
1889 de 30 à 40 *chevras* dans l'East End ; il est difficile d'en tenir une
statistique rigoureuse, car ces associations se font et se défont, se
réunissent et se scindent avec une extrême rapidité. Elles portent
généralement le nom d'une ville ou d'un district de Russie ou de
Pologne.

« C'est là que de bonne heure dans la matinée, ou très tard dans
la soirée, se réunissent les dévots pour réciter les prières du matin
et du soir ou déchiffrer les livres sacrés du Talmud. Si nous entrons
dans une de ces chevras, le matin du sabbat, un curieux et touchant
spectacle s'offre à nos yeux. La chevra que nous avons choisie est
probablement située dans une petite rue ou dans une impasse
étroite, à moins qu'elle ne se trouve dans une cour, en arrière des
maisons. Avant d'arriver à la porte, on trébuche au milieu des pavés
brisés et des tas d'ordures ménagères ; quelquefois il faut passer sur
un pont branlant qui fait communiquer la pièce avec les cottages
du devant. A l'extérieur, la chevra se présente comme un long bâtiment de bois, surmonté d'un châssis vitré, et ressemble de tout
point à un atelier de sweater. Nous entrons : la chaleur et l'odeur
nous prouvent immédiatement que le châssis ne sert pas à aérer

l'appartement. Debout derrière la grille de la galerie des dames, nous apercevons à l'autre extrémité de la pièce l'Arche d'alliance où sont déposés, entourés d'étoffes somptueuses, les rouleaux sacrés de la Loi. Au milieu de la congrégation, sur une plate-forme plus élevée, se tient le lecteur ou ministre, entouré des sept personnes, prises dans la congrégation, qui ont été appelées à la lecture de la Loi. Des écharpes de cachemire ou de soie blanche, garnies d'une bordure et d'une frange, et jetées sur les épaules des hommes, tranchent sur la couleur poudreuse de leurs habits et en dissimulent la coupe occidentale. Un murmure monotone et musical de prières hébraïques s'élève de la congrégation, chacun priant de son côté le Dieu de ses pères, tandis que le lecteur entonne, d'une voix plus forte, la partie fixée du Pentateuque. Ajoutons à cette cadence rythmique des voix, le balancement du corps des fidèles, et nous pouvons nous croire bien loin de Londres, au fond de l'Orient. Mais notre rêve dure peu de temps. Nos yeux s'écartent un instant des hommes qui forment la congrégation et tombent sur les femmes qui regardent la cérémonie à travers la grille. Cette fois, il n'y a plus de doute, c'est bien le monde occidental, avec ses plumes d'autruche aux couleurs éclatantes et ses jaquettes étroites de velours de coton ou de satinette brochée. Nous sortons enfin, à demi-étouffés par la chaleur, et éblouis par le contraste étrange d'une religion majestueuse, aux antiques souvenirs, avec la vulgarité et la malpropreté, d'un slum de l'East End [1]. »

Le *greener* aime sa *chevra* ; il peut y prier à son aise et se frapper la poitrine, à coups redoublés, sans provoquer de la part de ses voisins des remarques désobligeantes ; le soir, après avoir passé la journée à faire des boutonnières de vestons ou à préparer des semelles de souliers, il y rencontre ses amis et parfois aussi quelque immigrant qui apporte les nouvelles de Pologne. Le jour du sabbat, il écoute respectueusement les sermons du prédicateur ; mais malheur à celui-ci si sa doctrine n'est pas rigoureusement orthodoxe, si elle sent la « réforme » ; il n'est pas de presbytérien écossais qui ait pour découvrir l'hérésie un flair aussi subtil que celui du Juif polonais. Aux yeux de l'immigrant, le Juif du West End, qui a pris les habitudes anglaises et ne sait même pas prononcer l'hébreu, est un simple païen ; dans l'East End même, le Juif anglicisé a perdu le sentiment de la *yiddishkeit* (« judaïté »).

1. Mrs. Webb, dans Booth, *Life and Labour*, 1ʳᵉ série, III, p. 169 et suiv. — Voir également dans Zangwill, *Children of the Ghetto*, ch. XII, la description de la chevra des « Fils de l'Alliance ».

C'est pour la maintenir envers et contre tous qu'un certain nombre
de rabbins et de pieux laïques ont résolu de rompre avec le judaïsme officiel et ont fondé la synagogue libre des « Soutiens de la Loi »
(*Mahazike Haddath*), qui est une protestation contre la politique
des « angliciseurs »[1]. Les instigateurs de ce mouvement ont avec
eux tous les intransigeants, tous les *froom* (all. *fromm*, pieux),
comme ce Karlkammer dont M. Zangwill a tracé dans les *Enfants
du Ghetto* le portrait humoristique :

« Karlkammer était une des curiosités du ghetto. Dans une
contrée de gens *froom*, il était le plus *froom*. Il avait le génie même
du fanatisme. Le jour du sabbat, il ne parlait qu'hébreu, bien que
cette coutume fût très incommode et donnât lieu à de nombreux
malentendus ; si par hasard il faisait une visite, il ne voulait pas
accomplir le « travail » de lever le marteau de la porte. Il passait à
travers les rues pour se rendre à la synagogue, avec son châle de
prière et ses phylactères sur les épaules, et en arrivant il frappait
trois fois à la porte de la maison de Dieu. Le jour des Expiations,
il sortait, n'ayant aux pieds que ses chaussettes, par les plus mauvais temps, revêtu du costume qu'il devait porter dans sa tombe.
Ce jour-là il restait debout à la synagogue, de 6 heures du matin à
7 heures du soir, le corps plié à un angle de quatre-vingt-dix degrés...
A la fête des Tabernacles, il portait à la synagogue la plus grande branche de palmier qu'il pût se procurer, et se disputait avec un rival pour
obtenir la dernière place à la procession, comme étant l'homme le
plus humble et le plus doux d'Israël... Presque tous les deux jours,
Karlkammer jeûnait ; il avait une multitude de dévotions supplémentaires inconnues au vulgaire... C'était un homme d'une activité
mentale prodigieuse, mais mal dirigée. Il avait dévoré, au hasard,
toutes sortes de fragments de l'immense littérature hébraïque, faisait autorité sur la « cabale », connaissait admirablement les questions financières et raisonnait avec méthode sur tous les sujets, à
l'exception de la religion...[2] »

Moralité et religion ne sont pas toujours synonymes, et cette
vérité n'est nulle part plus évidente que dans le judaïsme où la
tendance au pharisaïsme, qui subordonne l'esprit à la lettre, a toujours été assez développée. Les crimes sont rares parmi les Juifs de
l'East End ; l'assassinat et le vol sont presque inconnus : on a souvent remarqué la transformation extraordinaire qu'ont subie, à cet

1. Voir *The Jew in London*, p. 211 et suiv.
2. *Children of the Ghetto*, p. 114-115.

égard, certaines rues de Whitechapel ou de Bethnal Green où une
population de *roughs* anglais a été déplacée par l'immigration juive [1].
L'ivrognerie est infiniment moins commune que dans les quartiers
anglais, bien que le Juif ne s'interdise presque jamais l'usage modéré du vin, de la bière et des liqueurs fortes. Mais à côté de ces
qualités, subsiste ce que M. Lewis appelle « la souillure du ghetto »
(*the ghetto taint*). La pratique des mœurs administratives russes et
la persécution à laquelle les Juifs ont été soumis en Russie leur ont
donné des habitudes déplorables de ruse et de dissimulation : ils
respectent la loi, mais pour mieux la tourner. Le parjure leur semble chose toute naturelle, et dans un procès entre Juifs, le juge a
souvent grand'peine à se reconnaître au milieu du dédale des serments contradictoires. Leur moralité commerciale est douteuse :
ils s'accommodent facilement de la banqueroute, et les noms juifs
apparaissent en nombre exagéré dans les listes de condamnations
pour faux poids et fausses mesures [2]. Dans l'industrie, l'ouvrier juif
a la réputation, qui est loin d'être imméritée, de ne songer qu'à son
avantage personnel et immédiat, et de ne se préoccuper en aucune
manière du sort de ses camarades ou des intérêts généraux de sa
corporation : de là la presque impossibilité d'amener une entente
quelconque entre les tailleurs et les cordonniers qui sont victimes
du sweating system. Ajoutons à ces défauts la passion du jeu, une
passion portée à un degré tel que celle des ouvriers anglais paraît
en comparaison un divertissement innocent. Il n'est pas rare de
voir des ouvriers juifs dépenser en billets de loterie une centaine de
francs par an ou perdre régulièrement à la table de jeu, dans la
nuit du samedi au dimanche, la plus grande partie de leur salaire
de la semaine. L'instinct du jeu se fait jour dans les entreprises
commerciales elles-mêmes : les Juifs affectionnent celles où les
risques sont considérables et les profits très élevés [3].

Cette passion est une des principales causes de la pauvreté parmi
les Juifs ; la maladie, les chômages fréquents, la faiblesse des salaires contribuent également dans une large mesure à entretenir le

---

1. *The Jew in London*, p. 15-16 (Russell) et 175 et suiv. (Lewis). — Voir
aussi *Royal Commission on immigration*, 1903, Q. 10.992 et suiv. ; 11.146-
11.147 et 17.897 et suiv.

2. M. Lewis, israélite lui-même, n'est pas loin de penser sur ce point comme
les plus violents adversaires de l'immigration juive. — Cf. *The Jew in London*,
p. 172-173.

3. *The Jew in London*, p. 177-178 ; J. Smith, *The Jewish immigrant* (*Contemporary R.*, septembre 1899) ; Booth, *Life and Labour*, 3ᵉ série, final vol., p. 57.

paupérisme ; mais le paresseux endurci, le *loafer*, qui flâne sans but dans la rue et tourne autour des cabarets, est presque inconnu. Si pauvre qu'il soit, le Juif de l'East End a rarement recours à l'assistance publique officielle ; c'est que l'assistance à domicile a été presque entièrement supprimée par les autorités de Whitechapel, et que la nourriture n'est pas *kacher* à la workhouse [1]. L'assistance est entre les mains d'une société privée, le *Jewish Board of Guardians*, institution fort complexe qui, malgré la similitude des noms, est tout autre chose que les « Bureaux des Gardiens » du paupérisme officiel. Il s'occupe, en effet, non seulement de distribuer des aumônes aux Juifs nécessiteux, mais encore de mettre les jeunes gens en apprentissage, de veiller à la salubrité des maisons et des ateliers juifs, et même d'avancer de l'argent à ceux qui en ont besoin pour s'établir dans le commerce. Pendant l'année 1910, le *Jewish Board of Guardians* a encaissé 45,185 livres sterling (1.029.625 fr.) ; sur ce total, 17.920 livres (348.000 fr.) représentent le remboursement de sommes qui avaient été prêtées pour être utilisées dans les affaires [2]. La méthode suivie consiste bien plutôt à essayer d'améliorer d'une manière permanente la condition de ceux auxquels on accorde des secours qu'à leur permettre, par des aumônes insignifiantes, d'échapper momentanément à la misère. On a souvent remarqué d'ailleurs que les aumônes sont loin de démoraliser l'ouvrier juif au même degré que le chrétien ; le *schnorrer* (mendiant) de l'East End reste toujours persuadé de l'importance et de la grandeur de son rôle. N'est-il pas l'instrument de la Providence, puisqu'il permet aux riches d'exercer leurs instincts charitables, et de gagner, à peu de frais en somme, la récompense éternelle ?

Il nous reste à traiter une dernière question qui n'est pas la moins délicate de celles que nous avons examinées au cours de ce chapitre. Les Juifs continueront-ils à former ainsi une ville étrangère au milieu d'une ville anglaise ? Deviendront-ils, autrement que de nom, citoyens anglais, et se laisseront-ils assimiler, comme le furent autrefois les Normands et les Huguenots [3] ? Ce problème n'a pas

---

1. En 1893, sur 5.240 personnes admises à la workhouse de Whitechapel, il n'y avait que 40 Russes ou Polonais. — Cf. *Report on immigration from Eastern Europe*, 1894, p. 45.

2. *Annual Charities Register*, 1912, p. 336.

3. La même question se pose pour Paris, où les ouvriers casquettiers du quartier St-Gervais, venus de la Pologne russe, forment aussi un ghetto ; mais leur nombre est beaucoup moindre, et ils semblent se laisser assimiler sans grande peine. — Cf. un article de Lauzel, dans la *Revue de Paris* du 15 février 1912 (p. 777 et suiv.).

seulement une importance théorique, il est indéniable qu'un commencement d'antisémitisme a fait dans ces dernières années son
apparition en Angleterre. Ce mouvement, qui a surtout une cause
économique — la concurrence faite par l'ouvrier juif à l'ouvrier anglais — s'est traduit, comme nous le verrons en étudiant le sweating system, par le vote d'une loi qui a pour but d'interdire l'accès
de l'Angleterre aux étrangers sans ressources. Il ne semble pas que
cette loi ait eu d'importantes conséquences, et le problème reste
entier. Les différents côtés de la question ont été très nettement présentés dans deux études que les *trustees* de la fondation Toynbee ont
publiées en 1900 et auxquelles nous avons déjà fait quelques emprunts. L'un des auteurs, M. Russell, pense que la fusion des deux
races s'accomplira. Grâce à l'éducation qui leur est donnée dans les
écoles, les enfants juifs, nés de parents polonais et russes, deviennent rapidement anglais. Plus ils sont anglais, moins ils sont juifs :
la vie anglaise les « déjudaïse ». C'est la religion qui s'oppose plus
que toute autre chose à l'assimilation des immigrants ; or la religion
s'en va, comme le voient très nettement les orthodoxes qui protestent contre les envahissements du « paganisme ». Le judaïsme
cédera d'autant plus facilement qu'il a cessé d'être persécuté.

Bien différentes sont les conclusions de M. Lewis, qui appartient
lui-même à la religion israélite et qui connaît intimement Whitechapel. Il ne conteste pas l'ensemble des faits sur lesquels s'appuie
M. Russell ; il est d'accord avec lui pour constater la transformation
que subissent les enfants des immigrants et il est loin d'être opposé
à la politique de l'anglicisation. Ce qu'il nie, c'est que, par le fait
qu'il devient anglais, le Juif cesse d'être juif. Bien que, pour des
raisons diverses, le Juif anglicisé ne pratique pas toujours avec
beaucoup de ferveur, il reste néanmoins attaché à sa religion et à
sa race, et il le prouve à l'occasion.

Examinons à notre tour les arguments sur lesquels chacun des
deux auteurs prétend appuyer sa thèse.

Tous les deux s'accordent à laisser en dehors du débat les différentes sociétés qui se proposent de convertir les Juifs au christianisme, et dont la principale est la « Société pour propager le christianisme parmi les Juifs » (*Society for promoting christianity among
the Jews*). A en juger par les passages que Mrs. Webb et M. Russell
ont tirés des rapports de cette société, les procédés employés font
peu d'honneur au christianisme de ses membres. La société spécule,
en somme, sur la misère du *greener* pour essayer de l'attirer dans
le giron de l'Eglise anglicane. Une des plus curieuses inventions

dans ce genre est celle des « missions médicales ». La société institue des consultations gratuites pour les Juifs pauvres, et lorsque
ceux-ci sont réunis, un missionnaire leur fait, en attendant l'arrivée
du médecin, un petit sermon en yiddish. La consultation commencée, le missionnaire cause en particulier avec chacun de ceux qui
se trouvent là ; et lorsque le patient sort du cabinet du docteur, il
tombe entre les mains d'un autre missionnaire qui le prend à part,
lui fait donner son nom et son adresse et a, dit un rapport officiel,
« une occasion splendide de lui inculquer les principes de l'Evangile » [1] Ceux qui sont touchés par la grâce peuvent être reçus et
nourris à l' « Institution des ouvriers juifs convertis » (Operative
Jewish Converts' Institution), où ils ne doivent pas tarder à se rendre compte « du contraste qui existe entre leur ancien état et leur
vie actuelle ; ils étaient autrefois sans amis ; maintenant ils ont une
demeure confortable, une nourriture saine, des habits convenables,
ils apprennent un métier et reçoivent la récompense de leur travail » [2]. Le plus étrange en cette affaire est que, malgré l'emploi de
ces méthodes, malgré la distribution d'innombrables opuscules
rédigés en yiddish et en hébreu, la société arrive, en dépensant un
million par an, à convertir dans les bonnes années une douzaine de
Juifs ! Encore ces conversions sont-elles fort sujettes à caution : tel
qui paraît aux yeux des agents de la société rempli d'une ardeur de
néophyte, suit en cachette les offices de la synagogue et continue
de réciter, en se couvrant la tête et en se tournant vers Jérusalem,
les prières de sa jeunesse. L'hypocrisie est à peu près le seul résultat du prosélytisme de la société : aussi les Juifs de l'East-End
ont-ils pour l'apostat, le meshumad, un mépris que l'on ne peut
s'empêcher de trouver assez justifié.

Les autorités juives qui se proposent d'angliciser la masse des
immigrants emploient, il n'est pas besoin de le dire, de tout autres
moyens et avec un succès tout différent. Le Comité russo-juif a
fondé des écoles du soir pour les adultes, et ces écoles sont fréquentées par un grand nombre d'élèves.

Au bout de quelques années, l'immigrant s'enorgueillit volontiers
de sa qualité d'Anglais : « Nous autres Anglais », dit-il en donnant
aux greeners des conseils sur la façon dont ils doivent se conduire
dans leur nouvelle patrie. Mais c'est par l'école que l'on peut espérer transformer peu à peu la population étrangère de l'East End.

1. The Jew in London, p. 131.
2. Rapport cité dans Booth, Life and Labour, 1re série, III, p. 177.

Les résultats sont incontestables ; des enfants qui au début ignoraient totalement la langue anglaise et ne savaient même pas répondre à l'appel de leur nom, arrivent à dépasser leurs camarades anglais. Ils apprennent l'histoire d'Angleterre et, suivant le mot de M. Zangwill, sont aussi fiers de Nelson et de Wellington que de Judas Macchabée. Ils méprisent le *yiddish* qu'ils sont forcés de parler à la maison ; grâce à eux le « jargon » ne tarderait pas à disparaître, si le nombre de ceux qui le parlent ne s'augmentait sans cesse de tous les immigrants adultes. Entrés Russes ou Polonais à l'école, ils en sortent Anglais.

La métamorphose est même plus complète que ne le désireraient le *Board of Guardians* et les millionnaires du West End. La jeunesse juive ne se contente pas en effet d'apprendre la langue anglaise ; elle adopte avec un enthousiasme regrettable les défauts de la jeunesse anglaise. « Si jurer, parier et se passionner pour les courses sont les signes distinctifs de notre nationalité, il faut avouer que le jeune Juif de Whitechapel est anglais jusqu'au cœur »[1]. Les piliers de la synagogue voient avec désespoir disparaître les vieilles coutumes ; les femmes refusent de porter perruque après leur mariage ; on les voit mélanger, au mépris des prescriptions rituelles, les assiettes à beurre avec les assiettes à viande, ou même, chose plus grave encore, faire frire leur beefsteak dans le beurre. Voilà, disent les orthodoxes, les résultats de l'anglicisation ! Le salut est dans l'établissement de synagogues d'une orthodoxie rigoureuse, et dans le mouvement sioniste, qui a pris en Angleterre le caractère d'un mouvement nationaliste juif. Parler d'un Juif anglais est un contresens ; « il n'y a pas plus de Juifs anglais qu'il n'y a de Chinois allemands »[2].

Il s'en faut de beaucoup, selon nous, que le danger d'absorption soit aussi pressant que le craint le parti extrême, et que l'espère M. Russell. Ce dernier reconnaît lui-même que le judaïsme ne consiste pas uniquement dans un ensemble indissoluble de minutieuses pratiques ; il reconnaît qu'aux croyances religieuses survit généralement une sorte d' « instinct de tribu, plus ou moins inconscient », qui continue de former une barrière entre l'Israélite et les Gentils. Ce sentiment finira-t-il par disparaître dans l'East End ? Il est certain, en tout cas, que la transformation demandera beaucoup de temps. Car, lors même qu'il a perdu toute croyance, lors

1. Russell, *The Jew in London*, p. 26.
2. Phrase empruntée au *Jewish World*, citée par Russell, *The Jew in London*, p. 111.

même qu'il a commis le crime qui, aux yeux des simples, résume tous les crimes commis contre la Loi, — qu'il a mangé du porc le jour des Expiations, — le Juif de Whitechapel, échappé depuis hier aux ghettos polonais, n'en a pas moins conservé tous les obscurs atavismes du ghetto. Jamais non plus il n'oublie qu'il appartient à la race élue entre toutes les races. Isolé volontaire au milieu des Gentils, il écoute avec une tolérance amusée les éloges qu'ils se décernent à eux-mêmes, car il sait la supériorité de son peuple. Cette attitude n'est pas sans grandeur, mais il y entre une part de mépris tranquille et hautain qui n'est pas fait pour concilier aux nouveaux arrivés la bienveillance de la population chrétienne. De part et d'autre, on s'observe et on ne s'aime guère. Dans ces conditions, et en dépit des efforts les mieux intentionnés, il est fort probable que la colonie juive de Whitechapel continuera longtemps encore à former un peuple à part au milieu de l'East End.

CHAPITRE III

L'HABITATION ET LA CRISE DES LOGEMENTS OUVRIERS.

Parmi les conditions générales de la vie ouvrière à Londres, il en est une dont nous n'avons parlé qu'incidemment jusqu'ici et qui tient pourtant la première place dans les préoccupations de l'ouvrier londonien et de ses représentants au Conseil de Comté : c'est la question du logement, à laquelle se rattache, ainsi que nous le verrons, le problème des communications à bas prix entre Londres et la banlieue.

La question des logements ouvriers, commune à presque toutes les grandes villes, s'est posée à Londres, sous une forme particulière à cause de l'exiguïté de la maison londonienne. La maison ouvrière typique est en effet de dimensions très restreintes : une façade de 4 mètres à 4 m. 50, dont 90 centimètres environ sont occupés par le vestibule et l'escalier, une pièce principale, avec deux fenêtres, sur le devant, une ou deux petites pièces sur la cour, et un premier étage semblable au rez-de-chaussée. Les grandes chambres ont au maximum 3 m. 60 sur 4 m. 20 ; les petites n'ont souvent pas plus de 2 m. 40 sur 2 m. 40. Quelques-unes ne sont pas beaucoup plus grandes qu'un grand placard. Lorsque la maison a plus d'un étage, elle est généralement occupée par plusieurs familles, et c'est parfois le cas aussi, même lorsqu'elle n'en a qu'un seul [1].

L'existence de ce type de maison, qui tient en partie aux mœurs anglaises et plus encore sans doute au régime des baux emphytéotiques, a pour résultat d'obliger la population ouvrière à se répandre sur un espace très considérable et à vivre de plus en plus loin de l'endroit où elle travaille. Dès lors, la question de l'habitation ouvrière se confond presque avec la question des communications rapides et à bon marché dans la région londonienne. Si pour deux ou trois pence par jour et sans une trop grande perte de temps, le typographe ou le mécanicien peuvent venir de chez eux, l'un jusqu'à

1. Cf. Booth, *Life and Labour*, 2e série, V, p. 3 ; Steel-Maitland and Squire, *Report on relation of industrial and sanitary conditions to pauperism in London*, (P. L. C., 1909), p. 64 et suiv.

son usine de Poplar, l'autre jusqu'à son imprimerie de Fleet Street,
ils n'hésiteront pas à suivre l'exemple qui leur a été donné par leurs
patrons et leurs contremaîtres et abandonneront le centre de la ville
pour la banlieue. Mais supposons une époque où la population ouvrière augmente et où, par suite de la transformation des maisons
en magasins et en bureaux, le nombre des habitations disponibles
diminue dans la zone centrale ; supposons, d'autre part, que les
moyens de communication entre la banlieue et le centre soient trop
rares, trop imparfaits ou trop coûteux pour que les ouvriers ordinaires puissent songer à s'établir en dehors de la ville ; nous aurons
une période de crise qui durera jusqu'au moment où le progrès des
communications ou la diminution de la population ouvrière auront
rétabli l'équilibre. Une crise de ce genre s'est produite à la fin du
xixᵉ siècle et dans les premières années du xxᵉ. Comme les autorités municipales se trouvaient, à la même époque, dans la nécessité
de démolir, pour cause d'insalubrité, une partie des constructions
existantes, il ne paraîtra pas exagéré de dire que jusqu'à ces derniers
temps le principal souci des autorités londoniennes a été de chercher
le moyen de loger les habitants de Londres.

Londres renfermait, en 1801, 136.388 maisons habitées et
958.788 habitants ; en 1901, 573.447 maisons habitées et 4.543.436 habitants [1]. L'accroissement de la population a été de 373 p. 100, tandis
que les habitations n'augmentaient que de 320 p. 100. Le graphique
donné plus haut (fig. 1, p. 22) permet de comparer, pour chaque
recensement, l'accroissement simultané du nombre des habitations
et du nombre des habitants ; on y voit les deux courbes s'écarter
l'une de l'autre d'une façon très régulière de 1801 à 1901. Or — il
nous faut insister sur ce point — la diminution relative du nombre
des maisons a pour conséquence à Londres de forcer les habitants
à se serrer ou à s'en aller, car cette diminution n'est compensée que
dans une faible mesure par la construction de nouveaux étages sur
les maisons préexistantes.

Jusqu'en 1891, cependant, on pouvait croire que les efforts des
particuliers et des compagnies arriveraient comme ailleurs à résoudre le problème ; depuis 1851, on constatait que le taux d'accroissement des maisons suivait assez fidèlement le taux d'accroissement
de la population ; il l'avait même dépassé dans la période 1881-1891.
Mais le recensement intercalaire de 1896 et le recensement de 1901 ré-

---

1. Ces chiffres se rapportent au comté de Londres tel qu'il était constitué
avant les remaniements de 1899.

vélèrent une situation très critique. De 1891 à 1901, tandis que la population augmentait de 7,3 p.100, le nombre des habitations n'augmentait que de 4,8 p. 100. La partie centrale de la ville (districts de
Saint-George Hanover Square, Westminster, Marylebone, Saint-
Pancras, Saint-Giles, Strand, Holborn, Cité, Shoreditch, Bethnal
Green, Whitechapel, Saint-George de l'Est, Stepney, Mile End Old
Town, Southwark, Saint-Olave) a perdu dans l'intervalle des deux
recensements 2,9 p. 100 de ses habitants ; le nombre des maisons
habitées y a diminué de 11,8 p. 100. Les districts ne sont pas rares
où la population s'est accrue, tandis que diminuait le nombre des
maisons disponibles : à Whitechapel, la population a augmenté de
4.000 habitants, tandis que le nombre des maisons habitées diminuait de 21 p. 100. Même en admettant que ce dernier chiffre soit
exagéré et que des erreurs se soient produites dans le recensement
de 1891 [1], il est impossible de ne pas être convaincu que, dans le
centre de la ville tout au moins, les bureaux et les entrepôts remplacent de plus en plus les maisons d'habitation et que le problème du
logement y devient de plus en plus difficile à résoudre. Il est même
douteux qu'une diminution légère de la population de Londres,
comme celle que vient de constater le recensement de 1911, puisse
contribuer dans une mesure appréciable à faire disparaître le surpeuplement.

En 1899, M. G. Haw publia sur ce sujet une brochure à sensation
qui n'est point exempte de rhétorique, mais qui renferme néanmoins bon nombre de faits et d'exemples significatifs [2]. Il ressort
très nettement de la lecture de cet ouvrage que le mal n'était point
particulier à certains quartiers et aux classes inférieures de la société. De bons ouvriers, gagnant 25 shillings par semaine, erraient
mélancoliquement par les rues en cherchant un logis et étaient
obligés, de guerre lasse, de se contenter pour eux-mêmes d'un asile
de nuit, et pour leur femme et leurs enfants, de la workhouse municipale. M. Haw raconte l'expérience suivante à laquelle il se livra
en compagnie de deux amis : trouver une maison à louer dans une
certaine partie de l'East End renfermant 200.000 habitants. Il leur
fallut une semaine pour y arriver, et l'homme d'affaires chargé de

1. Il semble qu'il y ait eu parfois confusion entre les mots « maison »
(*house*) et « logement » (*tenement*).
2. *No room to live : the plaint of overcrowded London*. La brochure se compose d'articles parus dans le *Daily News*, ce qui explique dans une certaine
mesure le ton déclamatoire.

Pasquet   8

la location leur avoua que les surenchères successives des locataires avaient fait doubler le prix du loyer. Il est arrivé vers la même époque à une agence de Cambervell de recevoir avant midi, 77 demandes de location pour une maison, qu'elle avait affichée le matin [1].

L'augmentation continue du taux des loyers prouve, comme nous le verrons, que la crise ne s'est pas beaucoup atténuée depuis dix ans.

La question des logements est particulièrement grave dans la partie ancienne de la ville, occupée autrefois par la bourgeoisie et maintenant par une population surtout ouvrière. Lorsqu'un quartier est abandonné par la classe supérieure et la classe moyenne, les maisons sont généralement trop vastes pour convenir, sans changement aucun, à des familles d'ouvriers. Les propriétaires les divisent alors en appartements et louent séparément les différents étages ; de sorte qu'une maison construite à l'origine pour une seule famille en abrite désormais trois ou quatre. Le fait est particulièrement fréquent dans les districts qui entourent la Cité et qui étaient, à la fin du xviiie siècle ou dans les premières années du xixe, le lieu de résidence de l'aristocratie commerciale. A Wapping, à Deptford, à Shoreditch, à Soho, la transformation est déjà complète ; dans le Nord de Kensington, à Clerkenwell, à Islington, à Saint-Pancras, elle est en train de se faire [2]. Mrs Bosanquet décrit ainsi ce qui s'est passé à Shoreditch [3] : « Au commencement du xixe siècle, c'était un quartier à la mode, sinon aristocratique. Un grand nombre de rues portent le nom des chevaliers ou des personnes de distinction qui habitaient là, au milieu de leur domaine. Une bonne vieille du voisinage se souvient d'être allée à l'église dans sa jeunesse à travers la campagne, une autre parle des cerfs qui peuplaient le parc d'un gentleman, à l'endroit où s'élève maintenant un des *slums* les plus misérables.…» Vinrent ensuite les riches marchands de la Cité, puis la classe moyenne, moins riche, mais très à l'aise. C'est alors que furent construites la plupart des maisons, « les interminables rangées de maisons mornes et cossues, bâties pour

1. Discours de Lord Portsmouth à la Chambre des Lords, 8 mars 1901.
2. Booth, *Life and Labour*, 1re série, I, p. 71 ; III, p. 3 ; Mrs Bosanquet, *Rich and poor*, p. 18 ; Sherwell, *Life in West London*, p. 20, 21 ; *Report on the sanitary condition of Saint Pancras* (L. C. C. 397), p. 7 ; *Municipal Journal*, 19 janvier 1900 ; Steel Maitland and Squire, *Report on London*, p. 67.
3. *Rich and poor*, p. 16-18. — Le nom de la paroisse décrite n'est pas donné ; mais la description se rapporte sans aucun doute à Shoreditch.

abriter d'interminables familles de bourgeois mornes et cossus ».
Les enfants avaient à leur disposition de vastes jardins, derrière la
maison paternelle. « Mais les enfants sont partis pour les faubourgs
du Nord, et ont fait place à la horde bigarrée qui a fait irruption
dans la paroisse. Les maisons ne représentent plus chacune leur
famille, elles sont louées par appartements séparés ; chaque maison
contient ses 2, 3, 4 familles, sans compter la vieille fille ou la
veuve qui demeure dans la mansarde, et qui peut difficilement
passer pour une famille. Les jardins ont été métamorphosés en ateliers, en entrepôts, en terrains vagues où l'on jette les décombres,
et, à l'heure du jeu, au lieu d'y envoyer les enfants, on leur ouvre
toute grande la porte de la rue. »

C'est avec de très légères variantes, l'histoire de toute la « zone intérieure » (inner belt) de Londres. A Soho, la moyenne de chaque
maison dépasse 3 familles, et le nombre des habitants varie entre
11 et 19 (moyenne de Londres 7, 92), tandis qu'à côté à Saint-George
Hanover Square, il n'est que de 5 à 7 [1]. Il n'est pas très rare, dans
la région de Soho, de voir aux fenêtres un écriteau sur lequel on lit :
Partie de chambre à louer (part of a room to let). Dans ce cas, on
divise la chambre en deux au moyen d'une toile d'emballage, de façon à laisser à chacun des locataires l'illusion du home. Les boulan-
gers dorment parfois pendant le jour dans une chambre où une
autre famille dormira pendant la nuit ; on va même plus loin, paraît-il, à Shoreditch et à Camberwell : des équipes de dormeurs se
relaient régulièrement toutes les huit heures [2]. Il est à peine inutile d'ajouter que, dans ces conditions, les cuisines souterraines des
anciennes demeures seigneuriales du West End forment tout à fait
ce que les agences de location appellent « une résidence désirable ».
Elles se louent à la semaine, et fort cher, en dépit des rats, en dépit
des ordonnances de police. Elles sont très nombreuses à Soho, très
nombreuses à Whitechapel, à Mile End, à Saint-Pancras ; dans ce
dernier district, sur 200 boulangeries, on n'en comptait il y a quelques années que 25 qui ne fussent pas dans un sous-sol [3].

---

1. Sherwell, *Life in West London*, p. 15-16. — Voir pour Saint-Pancras, R.
M. Beachcroft, *Overcrowded London*, p. 12.

2. Sherwell, *Life in West London*, p. 35. Haw, *No room to live*, p. 11. Discours de Lord Portsmouth à la Chambre des Lords, 8 mars 1901. *Inter-departmental Committe on physical deterioration*, 1904. Q. 403.

3. Sherwell, *op. cit.*, p. 37-40. *Report on the sanitary condition of St-Pan-
cras*, p. 7-9. Le rapport de la grande commission de 1885 insiste sur cette
question (*Report*, p. 12).

Tout l'espace disponible est donc utilisé dans les demeures déjà construites, depuis les combles jusqu'à la cave. On arrive ainsi à faire tenir jusqu'à 40 personnes dans une maison qui devait primitivement en renfermer 7 ou 8. Cela ne va pas sans quelques inconvénients : il faut faire la cuisine dans des chambres à coucher ; il n'y a pas d'eau à tous les étages ; l'escalier qui n'appartient à personne, est encore plus rarement nettoyé que le reste de l'immeuble. Dans une maison de ce genre, achetée autrefois par Miss Octavia Hill, il fallut prendre la pelle pour enlever la boue de l'escalier [1].

Mais ce n'est pas tout. Peu à peu les espaces vides qui entouraient les constructions primitives se remplissent de constructions nouvelles : « maisons de trois pièces, maisons de deux pièces, maisons d'une pièce, maisons adossées à un mur ou l'une à l'autre, donnant sur un étroit couloir au milieu duquel coule le ruisseau » (Booth). On utilise les dernières parcelles de terrain pour de petites impasses où l'on accède par un passage voûté. Cet ensemble de bâtisses a souvent conservé le nom de « jardin » — Oxford Gardens, Campbell Gardens — qui rappelle encore le souvenir du passé. Parfois, au lieu de maisons d'habitation, ce sont des ateliers qui viennent combler les vides. Le résultat est à peu près le même ; l'atelier dépend, il est vrai, de la maison voisine, et n'introduit pas de nouveaux habitants dans le quartier, mais il intercepte l'air et la lumière ; et le jardin, précieux pour les nombreuses familles des ouvriers londoniens, disparaît à tout jamais [2]. Enfin le dernier stade est franchi lorsque les propriétaires se bornent à adosser les maisons l'une à l'autre, sans intervalle ; l'ensemble devient alors « un pâté compact de brique et de mortier », et les locataires se chargent d'ouvrir entre les maisons des deux rues parallèles des portes qui permettent d'échapper en cas de besoin à la poursuite des policemen [3].

Quand toutes ces conditions favorables, si l'on peut s'exprimer ainsi, se trouvent réunies, quand l'humidité naturelle du climat et la malpropreté naturelle des locataires ont accompli leur œuvre

1. Miss Octavia Hill, *Homes of the London poor*, p. 40. — Cf. Steel Maitland and Squire, *Report on London*, p. 67-68. Depuis 1908, les autorités sanitaires peuvent exiger que l'eau soit mise à tous les étages dans les maisons de ce genre et que chaque logement ait un fourneau de cuisine.

2. Cf. *Royal Commission on immigration*, 1903. *Minutes of evidence*, Q. 11533 ; Williams and Jones, *Report on the effect of outdoor relief on wages* (P. L. C, 1909), p. 15.

3. La construction de ce genre de maisons est maintenant interdite par la loi (*Housing and town planning Act*, 1909).

destructive, on obtient le *slum*. Les plans qui ont été publiés à la
suite de la démolition du quartier de Boundary Street, à Bethnal
Green.[1], offrent un exemple, plus frappant que toutes les descriptions, de l'évolution que nous venons d'indiquer. On y saisit sur le
vif toutes les transformations qui ont converti en un labyrinthe
inextricable d'impasses, de ruelles et de passages remplis d'une population grouillante et maladive, ce qui était il y a cent ans un district de petits cottages et de petits jardins, semblables à ceux qui
couvrent actuellement toute la banlieue de Londres (fig. 6. Remarquer les cottages qui ont subsisté dans Mead Street).

Fig. 6. — Le slum de Boundary Street avant sa démolition.

Le slum se reconnaît tout d'abord à l'aspect de délabrement et de
décrépitude extrêmes que présentent les maisons qui le composent ;
ce fait ne prouve point nécessairement que les constructions soient
anciennes ; telles rues de Plumstead, de Bow ou de Fulham, quinze

1. *London County Council. Housing of the working classes. Opening ceremony
by H. R. H. The Prince of Wales of the Boundary Street area, Bethnal Green,*
1900.

ans après leur construction. présentaient déjà tous les symptômes de la décadence [1]. Lorsque le slum a conservé une cour ou un « jardin ». les ménagères y font sécher leur linge sur des cordeaux tendus d'une maison à l'autre ; ailleurs, on peut voir par les fenêtres ouvertes le linge sécher dans les habitations elles-mêmes. Les fenêtres ont généralement perdu quelques-unes de leurs vitres, remplacées tant bien que mal par du papier ou des chiffons. La porte est presque toujours ouverte, les femmes y font de longues stations dans l'après-midi, lorsque ce n'est pas jour de lessive, et y échangent leurs impressions sur les affaires courantes ; les briques qui entourent la porte ont même fini par acquérir, au contact de nombreuses générations de locataires, un poli tout particulier. Il y a probablement une ou deux misérables petites boutiques où les sucreries les plus indigestes forment l'article principal du commerce. Les enfants auxquels sont destinées ces douceurs jouent dans la cour ou dans la rue, au milieu des débris de légumes et des morceaux de pain dont le sol est jonché. Pour les grandes personnes, le « palais du gin » est là, tout près. un peu en dehors du slum, sur le bord d'une grande rue : le soir venu, il va s'illuminer, et ses fenêtres brillamment éclairées ne manqueront pas d'attirer une notable partie de la population masculine, peut-être même de la population féminine.

Jetons maintenant un coup d œil à l'intérieur des maisons : il est facile de le faire, même si les fenêtres sont fermées, car les rideaux manquent ou sont de dimensions insuffisantes. L'inventaire du mobilier n'est point une opération de longue haleine. L'appartement se compose souvent d'une seule pièce ; quand il y en a deux, on loue la seconde « non meublée ». Il peut arriver à un locataire qui a connu des temps plus heureux d'être obligé d'entasser ses meubles, les uns sur les autres, pour les faire tenir dans les dix mètres carrés qui lui servent de domicile, mais le cas contraire est le plus fréquent. Un lit, une table, quelques chaises, les ustensiles de cuisine les plus simples, un bouq et de fleurs artificielles. voilà tout le luxe des maisons les mieux tenues. Tout à fait au bas de l'échelle. le mobilier disparaît absolument. On trouve des logements où il se compose d'un panier qui sert de table, et d'un paquet de chiffons qui sert de lit. Dans de semblables conditions, le propriétaire doit s'estimer heureux si ses locataires n'utilisent point,

---

1. Haw, *No room to live.* p. 91-92. *Plumstead Reidhaven Road district ; report by the medical officer of health* (L . C. C , 375).

pour se chauffer pendant l'hiver, les boiseries intérieures et la
rampe de l'escalier [1].

La description que l'on vient de lire s'applique au slum en général ; mais il y a slum et slum. Les uns s'efforcent péniblement sans
succès d'ailleurs, d'atteindre le niveau de la *respectability*. Les autres
y ont renoncé depuis longtemps, et c'est parmi leur population que
se recrutent les habitués du tribunal de police et des assises. Tous
les vicieux et tous les criminels s'y donnent rendez-vous ; quelquefois les appartements ne se louent plus à la semaine, mais à la nuit ;
les asiles de nuit (*lodging-houses*) pour hommes, pour femmes, ou
pour les deux sexes, se rencontrent à chaque pas. « Shelton Street,
dit M. Booth en parlant d'un slum des environs de Drury Lane dont
les autorités municipales ont exigé la démolition, Shelton Street
était juste assez large pour livrer passage à deux voitures venant
en sens opposé, et à un piéton sur chaque trottoir ; mais on y voyait
rarement une voiture, et les piétons préféraient marcher au milieu
de la chaussée, de peur de déchirer leurs habits aux clous dont les
murs étaient hérissés. Les maisons, au nombre d'environ quarante,
comprenaient une cave, un rez-de-chaussée et trois étages ; chaque
étage se composait généralement de deux pièces, mais chacune des
familles qui formaient la population de la rue se contentait le plus
souvent d'une seule pièce ; dans un espace de dix mètres carrés
vivaient pêle-mêle père, mère et enfants.. Les habitants étaient
presque tous des Irlandais, portefaix de Covent Garden et marchands des quatre saisons dont les moyens d'existence étaient parfois assez mystérieux. Partout l'ivrognerie, la malpropreté, le langage le plus grossier ; les actes de violence étaient fréquents et les
meurtres n'étaient pas rares. Quinze chambres sur vingt étaient
dans un état de malpropreté révoltante ; dans aucune, le mobilier
ne valait 20 shillings, dans beaucoup pas même 5 shillings. Pas une
chambre qui ne fût infestée de vermine ; la nuit l'existence devenait
insupportable. Pendant l'été plusieurs locataires renonçaient à se
coucher, et demeuraient assis tout habillés dans la partie la moins

1. Booth, *Life and Labour*, 1re série, II, p. 56, 70, 83-86, 102, 108, 146 ;
Sherwell, *Life in West London*, p. 9-11 ; Octavia Hill, *Homes of the London
poor*, p. 25-26 ; Morrison, *Tales of mean streets* et *A child of the Iago*, passim.
Dans un article du *Journal of the Royal Institute of British architects* (avril
1900), un architecte, M. Spalding, déclare qu'il est obligé de conseiller aux
sociétés qui font des constructions pour la classe inférieure de remplacer
autant que possible le bois par le ciment et les conduites en plomb par des
conduites en fer.

éprouvée de la pièce... Les portes restaient ouvertes jour et nuit ;
les corridors et les escaliers servaient de gîte aux plus misérables
des habitants... On puisait l'eau dans des réservoirs où séjournaient
toutes sortes d'immondices et où l'on découvrait, de temps à autre,
le cadavre d'un chat... Les maisons semblaient prêtes à s'effondrer
tant elles s'écartaient de la verticale. Le jeu était la grande distrac-
tion de la rue. On posait des sentinelles, et si la police faisait son
apparition, les coupables se cachaient dans les maisons pour laisser
passer le danger. La soirée du dimanche était le moment le plus
animé de la semaine. Le pas des portes était couvert de gens, les
uns debout, les autres assis, fumant leur pipe, buvant leur pot de
bière ; les jeunes gens flânaient parmi les groupes ; et les enfants,
barbouillés de crasse, pataugeaient pieds nus dans la boue du ruisseau [1]. »

Les slums de Londres acquirent dans les dernières années du
XIXᵉ siècle une notoriété singulière. Ils furent en premier lieu classés et catalogués, pour la plupart, soit par M. Charles Booth, soit par
les inspecteurs sanitaires [2]. Puis vinrent les romanciers qui servirent aux abonnés des « bibliothèques circulantes », des tranches
de la vie populaire, plus ou moins accommodées au goût anglais ;
la mode s'en est mêlée, et, à une certaine époque, il était devenu de
bon ton dans la haute société de « faire un slum » (*to go slumming*)
de temps en temps. La curiosité, les idées romanesques, le désir de
voir de ses yeux ces cas d'effroyable misère dont il est question dans
les faits divers, et aussi, — il serait injuste d'en douter — le désir
très sincère de les soulager, tout contribuait à chasser de leurs palais les habitants du West End, à les pousser vers Seven Dials, vers
Clerkenwell et vers Saint-George de l'Est. On avait la conviction que
l'on accomplissait un devoir social ; on avait la sensation de « faire
quelque chose pour les classes laborieuses ». A cela s'ajoutait, au
moins chez les dames, le sentiment vague du danger couru dans
ces régions inexplorées où les policemen ne s'aventurent que deux à
deux. Une agence se fonda même pour organiser des excursions
dans l'East End, à une guinée par personne. Le chapeau haute
forme était interdit et les dames ne pouvaient prendre part aux promenades nocturnes. Les découvertes succédèrent aux découvertes ;
on reconnut que tous les pauvres ne vivaient pas dans l'Est et tous
les riches dans l'Ouest, comme on avait coutume de le dire ; on

---

1. Booth, *Life and Labour*, 1ʳᵉ série, II, p. 46-48.
2. Une enquête faite par le Conseil de Comté en 1889 signalait l'existence
d'environ 200 slums, d'étendue variable.

s'aperçut qu'il suffisait de s'écarter à droite ou à gauche des magasins d'Oxford Street ou de Holborn pour tomber dans des quartiers
comme Lisson Grove, Soho, Red Lion Square, Clare Market où la
proportion des pauvres dépassait 50 p. 100 de la population et où la
proportion des criminels était relativement énorme ; on constatait
que de vastes régions situées autour du palais du Parlement, autour
des *Law Courts*, autour du marché d'Islington, aux abords de Goswell Road et de City Road, à Southwark et dans le voisinage des
docks, étaient colorées presque uniformément en noir et en bleu,
signes de misère extrême, sur la carte sociale dressée par M. Booth [1].
Jusque dans l'aristocratique Kensington, un article du *Daily News*
signalait en 1893 l'existence d'un « Averne du West End » [2].

C'étaient là des cas extrêmes, mais les révélations des philanthropes et de la presse émurent l'opinion publique. Dès 1884, époque
où se réunit la Commission royale chargée d'étudier la question des
logements ouvriers, tout le monde convenait que la situation ne
pouvait durer. Les logements étaient déplorables et les prix exorbitants : l'ouvrier londonien payait couramment en loyer le quart de
son salaire, et plus le quartier devenait pauvre, plus les prix semblaient augmenter. Un inspecteur des écoles, M. Williams, qui vint
déposer devant la Commission déclara que 88 p.100 de la population
pauvre de Londres dépensait pour se loger plus du cinquième de son
revenu, et 46 p. 100 plus du quart [3]. Le prix moyen de deux chambres était de 6 shillings par semaine ; le prix d'une seule chambre
montait parfois jusqu'à 6 shillings [4]. Aujourd'hui, c'est dans certains cas près du tiers de son salaire que doit sacrifier l'ouvrier ;
or, il faut songer à ce que représente un tiers du salaire pour un
père de famille qui gagne — ce qui est le cas de 300.000 pères de
famille — une vingtaine de shillings par semaine ; vienne un chômage, une maladie, et il faut se résoudre à faire appel à la charité
publique.

Dans certaines parties de Londres le prix des loyers a presque

1. Voir plus loin le chapitre sur la pauvreté à Londres.
2. *Daily News*, 24 janvier 1893. Le sujet a été étudié en 1899 dans un rapport du Dr Hamer au Conseil de Comté (*Sanitary condition of Kensington*, L. C.
C., 454). L'existence de ce slum avait été signalée dès 1856, mais on l'avait
oublié (Cf. Jephson, *Sanitary evolution of London*, p. 121).
3. *Royal Commission on the housing of the working classes*, 1885. *Minutes of
evidence*, Q. 5807 et suiv.
4. *Royal Commission on housing*, 1885. *Report*, p. 17. — Cf. Bowmaker, *The
housing of the working classes*, p. 25.

doublé depuis une vingtaine d'années ; partout, il a augmenté pro-
digieusement. Le *Board of Trade* a fait paraître en 1905 un rapport [1] dans lequel il donne le résultat d'une enquête qui a porté
sur 20.000 maisons ouvrières : il a trouvé, pour la période 1880-1900,
une augmentation moyenne de 11,7 p.100 dans les quartiers du Nord,
de 11,4 p. 100 dans les quartiers de l'Ouest, de 10,4 p. 100 dans ceux
du Sud, et 25,3 p.100 dans ceux de l'Est. A Bethnal Green, l'augmentation a été, en chiffres ronds, de 27 p 100 ; à Stepney. elle dépasse
33 p. 100. En 1905, dans la partie centrale de la ville, le loyer d'un
appartement composé d'une, de deux ou de trois pièces était par semaine de 4 sh. 6 pence (5 fr. 60),7 shillings (8 fr.75) et 8 sh. 9 pence
(10 fr. 95) en moyenne [2]. Dans la zone plus éloignée du centre, que
les statisticiens du *Board of Trade* appellent la zone moyenne. les
prix sont 3 sh.9 pence (4 fr.70) pour une pièce,6 shillings (7 fr 50) pour
deux.7 sh. 6 pence (9 fr.35) pour trois. Dans la zone extérieure,il y a
relativement peu de logements de moins de trois pièces ; un logement de trois pièces ne coûte plus que 6 sh. 6 pence (8 fr. 10) et un
logement de quatre pièces. seulement 7 sh. 9 pence (9 fr. 70), c'est-
à-dire 95 centimes de plus par semaine qu'un logement de deux pièces dans la zone intérieure. La carte (fig. 7) que nous avons dressée au moyen des tarifs de loyers réunis par le Board of Trade [3]
montre nettement la diminution des loyers à mesure que l'on s'éloigne du centre pour aller vers la périphérie ; elle fait voir également
que le taux des loyers est, en ce qui concerne les petits logements,
plus élevé à l'Ouest qu'à l'Est. et plus élevé au Nord de la Tamise,
dans la partie la plus commerçante de Londres, qu'il ne l'est au Sud
du fleuve.

L'accroissement de la population et la concurrence qui en résulte
n'expliquent pas suffisamment cet état de choses. Il est dû en partie
à l'ingéniosité d'une certaine classe de commerçants,les marchands
de maisons (*house jobbers. house knackers, property sweaters*). qui
font en gros le trafic des immeubles. C'est à ces personnages que

1. *British and foreign trade and industry. Second series of memoranda, statistical tables and charts*, 1905. — Voir surtout p. 38 le graphique de l'augmentation
des loyers.

2. Cf. Steel-Maitland and Squire, *Report on the relation of industrial and sanitary conditions to pauperism in London*. App., p. 173 et suiv. (loyers à Finsbury) Le loyer d'un logement d'une pièce varie entre 3 sh. et 7 sh. Il est
communément de 4 sh. 6 pence (1905).

3. *Cost of living of the working classes. Towns of the United Kingdom. Report
of an enquiry by the Board of Trade*, 1908, p. 6-7 et 12-13.

l'on a donné le nom pittoresque de « seigneurs des slums » (*lords of the slums*). Ce sont eux qui, profitant de l'avidité des grands propriétaires fonciers et de leur indifférence au bien public, achètent en bloc, à des prix fabuleux, toutes les rues de l'East End qui arrivent sur le marché, pour les sous-louer par parcelles ou les exploiter directement. Les chrétiens avaient porté ce genre de commerce à un assez haut point de perfection, mais les spéculateurs juifs, venus de Varsovie à Whitechapel, ont introduit des méthodes plus scien-

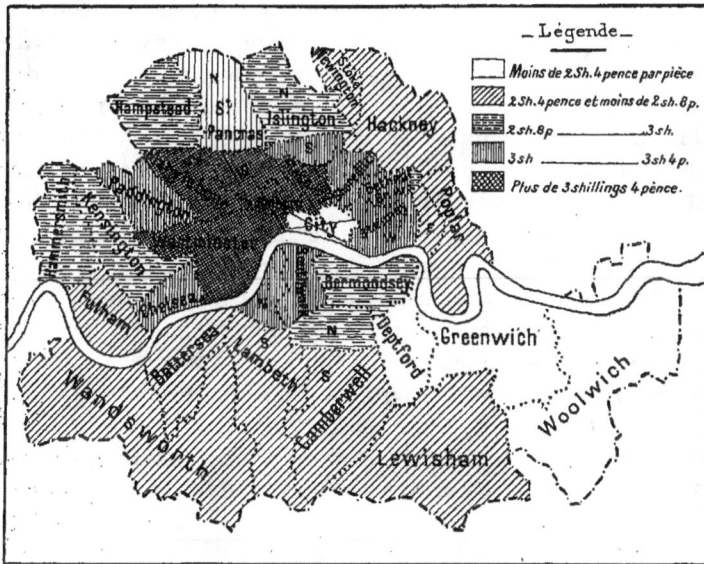

Fig. 7. — Taux des loyers à Londres en 1905. (Logements d'une, deux ou trois pièces)

tifiques. Lorsqu'on achète 4.000 livres sterling, une propriété qui en vaut 2.000, et qu'on emprunte à gros intérêts la somme nécessaire au paiement, il faut bien faire rendre aux locataires tout ce qu'ils peuvent donner, et l'on ne peut guère se laisser attendrir par des questions de sentiment. D'autre part, les immigrants juifs, qui ne sont gênés par aucun préjugé d'hygiène, consentent fréquemment à payer des loyers devant lesquels reculent les chrétiens. Les *house jobbers* ont su mettre à profit cette situation. Dans le ghetto de Whitechapel, un misérable taudis qui se louait, vers 1888, 9 shillings (11 fr. 25) par semaine, atteignait le double dix ans plus tard. A Spitalfields, au mois de juillet 1898, le loyer de certaines petites maisons composées de deux pièces, était de 4 sh. 6 pence (5 fr. 60) par semaine; en août, la propriété ayant été vendue, le prix monta à 7 sh. 6 pence (9 fr 35) ; en octobre, après une nouvelle vente, il atteignait 8 shillings (10 fr.) [1].

La Commission royale de 1903 qui étudiait la question de l'immigration, a réuni sur ce point les documents les plus probants. Le chef du service de la statistique au Conseil de Comté, M. Harper, vint présenter à la Commission une série de tableaux montrant l'augmentation des loyers depuis 1890 dans la partie de l'East End qui a été occupée par les Juifs [2]. A Spitalfields, Mile End Old Town et Whitechapel, sur 186 maisons visitées, 121 avaient été augmentées depuis 1890 : dans l'espace de quatre ou cinq ans certaines d'entre elles avaient été augmentées de près de 40 p.100. A Mile End Old Town, 107 maisons sur 145 ont été augmentées ; pour un groupe de 42 maisons, l'augmentation est de 79 p. 100 et dans une rue (Clark Street), elle atteint 163 p.100 A Saint-George de l'Est l'augmentation est générale (207 cas sur 210 maisons visitées) et plus considérable que dans n'importe quel quartier de Londres ; dans une rue l augmentation moyenne, par semaine et par pièce, a été de 2 sh. 4 pence 1/4 (2 fr. 93). A Stepney l'augmentation est également presque générale, surtout, semble-t-il, lorsque la maison appartient à un étranger ou est occupée par des immigrants étrangers. Ajoutons qu'à Whitechapel et aux environs l'usage s'est établi de faire verser au locataire, au moment où il prend possession de la maison, un « droit de clef » (key money) qui peut aller de quelques shillings jusqu'à 20 livres sterling et plus. Cet usage tend à devenir général à Londres [3].

La population ouvrière de Southwark, de Bermondsey et du West End n'est pas beaucoup mieux partagée que celle de l'East End. A Soho, suivant M. Sherwell, le prix moyen d'une chambre était en 1897 de 6 shillings (7 fr. 50) par semaine, prix très supérieur à ceux de Bethnal Green ou de Stepney. Un appartement de trois pièces coûtait de 14 à 25 shillings (17 fr. 50 à 31 fr. 25). Deux mansardes se payaient 8 shillings (10 fr.) ; deux caves, de 4 sh. 6 pence

1. Haw, *No room to live*, p. 65 et suiv. *Daily Chronicle*, 23 novembre et 1er décembre 1898.

2. *Royal Commission on the immigration of destitute aliens*, 1903. *Minutes of evidence.* Q. 10988-91, 11502-11517, 11523-11525 et *Appendix*, p. 44-51.

3. M. Harper (*R. Commission on immigration*, Q. 11537 et suiv.), remarque que dans l'East End le droit de clef est plus souvent payé au locataire qui abandonne la place à un autre qu'au propriétaire. Ce sont surtout les étrangers qui consentent à verser cette somme, et l'extension de plus en plus grande de cette pratique montre que les locataires anglais sont remplacés par des locataires étrangers.

(5 fr. 60) à 6 shillings (7 fr. 50) [1]. Au moment de l'enquête sur l'immigration, en 1903, un inspecteur du travail parlait dans sa déposition, de chambres louées à Soho à raison de 10 sh. 6 pence (13 fr. 10), 13 shillings (16 fr. 25) et même, dans le cas d'une pièce plus grande. 17 sh. 6 pence (21 fr. 25) par semaine. Un appartement comprenant trois pièces, dont une était trop petite pour qu'une personne pût s'y tenir, était loué 22 shillings (27 fr. 50) [2].

Dans les slums proprement dits, les prix sont tout aussi considérables, et ce n'est pas toujours, comme on pourrait le croire. la nécessité d'économiser, coûte que coûte, qui force les habitants d'y résider. Les uns y demeurent par choix, parce qu'ils y trouvent une population dont le caractère et les habitudes concordent avec les leurs ; d'autres y restent parce qu'ils ne peuvent plus s'en aller « J'ai maintes fois entendu parler, dit le Dr Hamer dans son rapport sur Kensington, de la difficulté qu'éprouvent à trouver un logement hors de leur quartier les personnes qui ont habité certaines parties de Kensington... Les victimes elles-mêmes reconnaissent leur impuissance, et leurs voisins, un peu plus fortunés, les regardent avec une commisération qui ne va point sans un secret orgueil. Je demandais un jour le prix de certains appartements, et je dois avoir laissé voir mon étonnement de les trouver si bon marché, car le locataire ajouta : « Ce n'est pas un Averne ici ». Une femme qui payait 5 sh. 3 pence pour une seule chambre meublée où s'entassait toute sa famille, m'assura qu'elle n'aurait pas eu de peine à trouver beaucoup mieux, à un prix beaucoup plus raisonnable, mais que toujours, lorsqu'on avait appris d'où elle venait, on lui avait répondu par un refus catégorique [3]. » Si ces remarques sont vraies pour la région de Notting Dale, qui n'est point à proprement parler un slum, combien ne le sont-elles pas encore davantage lorsqu'il s'agit d un de ces « petits enfers » comme il en subsiste encore quelques-uns à Londres ?

Le métier de marchand de maisons a ses inconvénients, les locataires des slums n'étant pas toujours de bonne composition ; mais il a de notables avantages. Il est peu d'entreprises aussi rémunératrices que l'achat des vieilles maisons de Soho ou de Whitechapel. Devant la Commission de 1884, plusieurs témoins affirmaient que

1. *Life in West London*, p. 37-38.
2. *Royal Commission on immigration*, 1903. *Minutes of evidence*, Q. 11914.
3. *Sanitary condition of Kensington*, p. 13. — Voir aussi Steel-Maitland and Squire, *Report on London*, p. 66-67.

les bénéfices allaient jusqu'à 150 p 100 [1].Tandis qu'à Hampstead une « villa », contenant 8 pièces, ne se louait guère plus de 50 livres sterling, une maison de 6 pièces à Bermondsey ou à Bethnal Green rapportait fréquemment près du double. Il en était de même à Soho. A Kensington, d'après l'officier de santé du district, certaines maisons meublées de l' « Averne » rapportaient au propriétaire de l'immeuble un revenu net de 9 p.100 et rapportaient en outre au propriétaire de l'indescriptible mobilier qui s'y trouvait au moins 26 livres (650 fr) par an [2]. « A Whitechapel dit le proverbe, il n'est pas de brique si vieille qu'elle ne vaille son pesant d'or. » La conséquence est que les propriétaires de slums n'éprouvent en général aucun besoin de les démolir pour les remplacer par des constructions plus saines, et qu'ils se contentent des réparations strictement exigées par la loi. Les locataires n'ont garde de se plaindre, toute réparation ayant pour résultat immédiat une augmentation dans le prix du loyer. Même au plus fort de la crise des logements, dans les dernières années du xixᵉ siècle, ils se contentaient généralement d'organiser des « meetings d'indignation » où l'on disait leur fait aux propriétaires, en *cockney* et en *yiddish*. Quelquefois cependant les locataires évincés ne se montraient pas d'aussi bonne composition et se vengeaient sur les immeubles. Un journaliste qui parcourait l'East End en novembre 1898 après une bagarre particulièrement violente, trouvait des rues entières qui semblaient avoir été mises à sac : non seulement les vitres, mais les fenêtres elles-mêmes avaient disparu.

La cherté des loyers a eu pour conséquence fatale le « surpeuplement » (*overcrowding*). Dans une maison où habitait autrefois une seule famille en habitent maintenant trois ou quatre ; dans un appartement qui devait primitivement renfermer deux ou trois personnes vit maintenant une famille qui en compte dix. Le « surpeuplement », à son tour, tend à faire monter le prix du loyer. Quatre familles habitant une même maison paieront chacune 5 shillings par semaine, total 20 shillings. Si la maison n'était occupée que par une seule famille, le loyer n'atteindrait peut-être pas la moitié de cette somme. Aussi a-t-on pu prétendre quelquefois, sans être accusé de paradoxe, que ce n'est pas la cherté des loyers qui est la cause du surpeuplement, mais bien le surpeuplement qui est la cause de la cherté des loyers. En réalité, les deux phénomènes réa-

1. *Royal Commission on housing*, 1885. *Minutes of evidence*, Q. 655, 896-898.
2. *Sanitary condition of Kensington*, p. 12. — Cf. Steel Maitland and Squire, *Report on London*, p. 69-70.

gissent l'un sur l'autre, et la classe ouvrière se trouve enfermée dans une sorte de cercle vicieux, obligée de se serrer davantage pour payer moins, obligée de payer de plus en plus cher à mesure qu'elle se serre. De temps en temps, les rapports des inspecteurs sanitaires ou les enquêtes des *coroners* sur les décès font connaître des cas extraordinaires. La brochure de M. Haw et le livre de M. Sherwell sur la vie dans l'Ouest de Londres sont remplis de faits qui montrent quelle intensité avait atteint la « disette de logements » à la fin du siècle passé. Tantôt, à Kensington, c'est un homme, quatre femmes et deux enfants qu'un inspecteur découvre dans une chambre meublée ; tantôt, à St-James, c'est une famille de 11 personnes qui n'a pour se loger qu'une pièce unique. A Mile End, une petite maison comprenant 4 pièces et 2 cuisines renferme 27 locataires. A Whitechapel, un appartement de deux pièces est occupé par le père, la mère, un fils de 18 ans, 3 enfants plus jeunes et 4 pensionnaires. C'est peut-être encore au Sud de la Tamise que le surpeuplement arrivait au maximum ; à Camberwell, on découvrait jusqu'à 17 personnes dans une seule chambre ; à Camberwell également, l'inspecteur stupéfait constatait la présence, dans un « appartement » d'une seule pièce, d'une femme et de 4 enfants, vivant en bonne intelligence avec un âne et deux chèvres [1]. Il est hors de doute que ces cas extrêmes sont devenus plus rares ; cependant, tout récemment encore, le *Times* signalait une maison de 9 pièces où habitaient 47 personnes, et dont un jugement a ordonné la fermeture comme étant « impropre à servir d'habitation à des hommes » [2].

En 1891, le gouvernement anglais, ému sans doute par les révélations faites devant la Commission de 1884, et par la publication des premiers volumes de l'ouvrage de M. Booth sur la vie et le travail à Londres, décida de mesurer exactement l'étendue du mal et de soumettre à l'épreuve d'une statistique rigoureuse les déclarations pessimistes des philanthropes. On introduisit donc dans les feuilles du recensement une subdivision nouvelle : tous les chefs de famille qui habitaient des appartements de moins de cinq pièces durent inscrire à côté de leur nom, de leur âge et de leur profession, le nombre des pièces de leur appartement. Ceux qui vivaient à raison de plus de deux par pièce dans des appartements de moins de cinq pièces furent considérés comme *surpeuplés*.

1. Haw, *No room to live*, p. 11, 12, 13 ; Sherwell, *Life in West London*, p. 36, 38 ; *Daily Chronicle*, 23 novembre et 8 décembre 1898.
2 *Times* (weekly ed.), 28 juin 1912.

Le nombre des personnes qui habitaient dans des logements de moins de cinq pièces fut de 2.390 236 (56, 7 p. 100 de la population de Londres). Sur ce total, 846,619 (20,1 p. 100 de la population de Londres) étaient surpeuplées ; 185.403 individus vivaient dans des conditions de surpeuplement extrême, c'est-à-dire à raison de plus de quatre par pièce, dans des logements de une ou deux pièces.

La proportion de surpeuplés était très différente suivant les quartiers ; elle variait entre 3, 5 p. 100 de la population dans le district sanitaire de Lewisham, et 44,2 p. 100 dans celui de Saint-Luke.

Dans l'ensemble, comme le montre notre carte (fig. 8), le surpeu-

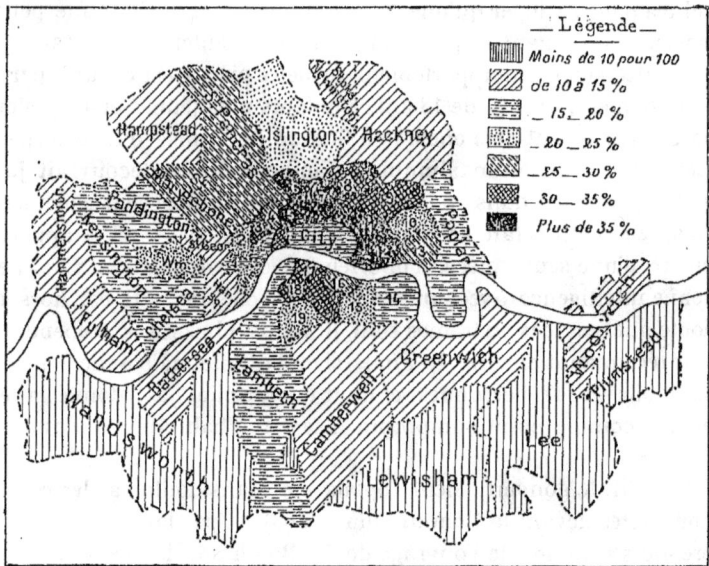

Fig. 8. — Le surpeuplement à Londres en 1891 (par districts sanitaires)

1. Saint-Martin des Champs.
2. Saint-James, Westminster.
3. Strand
4. Saint-Giles.
5. Holborn.
6. Clerkenwell.
7. Saint-Luke.
8. Shoreditch.
9. Bethnal Green.
10. Mile End.
11. Whitechapel.
12. Saint-George de l'Est.
13. Limehouse.
14. Rotherhithe.
15. Bermondsey.
16. Saint-Olave.
17. Saint-Saviour.
18. Saint-George, Southwark.
19. Newington.

plement atteignait son maximum dans la partie centrale de la ville et surtout dans les quartiers qui avoisinent immédiatement la Cité du côté du Nord ; les districts sanitaires de Holborn, Clerkenwell, Saint-Luke, Whitechapel et Saint-George de l'Est avaient tous plus de 38 p. 100 de surpeuplés. Le minimum se rencontrait à l'extrémité méridionale de la ville, à Wandsworth, Lewisham, Lee et Plumstead (de 6, 4 à 3,5 p. 100 de surpeuplés).

On a dressé de même, au recensement de 1901, la statistique du surpeuplement : la proportion de surpeuplés a varié entre 2,6 p.100 à Lewisham et 35,2 p. 100 à Finsbury, et, comme en 1891, le maximum se trouve dans les bourgs qui entourent la Cité au Nord et à l'Est (fig.9). Il est malheureusement impossible d'établir une compa-

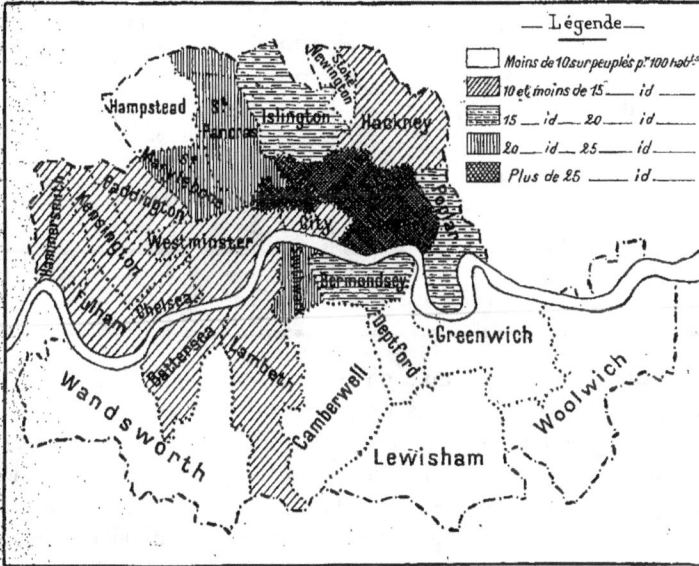

FIG. 9. — Le surpeuplement à Londres en 1901 (par bourgs)

raison détaillée, par quartier, entre les deux recensements, les circonscriptions ayant été considérablement transformées dans l'intervalle par la loi de 1899 [1] ; nous devons nous contenter d'une comparaison générale.

En 1901, 2.450.089 personnes, représentant 54 p. 100 de la population totale, habitaient des appartements de moins de cinq pièces. Les surpeuplés étaient au nombre de 726 096 (16 p.100 de la population) au lieu de 846.619 (20,1 p. 100) dix ans plus tôt. Le surpeuplement extrême (plus de quatre par pièce dans des appartements d'une ou deux pièces) était tombé de 185.403 à 46.380. Le tableau ci-dessous permet de pousser un peu plus loin le parallèle.

1. La loi de 1899 a remplacé les 43 paroisses et districts sanitaires par 29 bourgs (boroughs).

Le surpeuplement en 1891 et en 1901.

ANNÉES	Population habitant des logements de 1 pièce	Sur-peuplés	Proportion p. 100 de sur-peuplés	Population habitant des logements de 2 pièces	Sur-peuplés	Proportion p. 100 de sur-peuplés	Population habitant des logements de 3 pièces	Sur-peuplés	Proportion p. 100 de sur-peuplés
1891	388 817	217.527	55,9	701.849	335.874	47,8	679.627	196 963	28,9
1901	304.874	147.771	48,4	701.203	296.659	42,3	752.221	187 619	24,9

ANNÉES	Population habitant des logements de 4 pièces	Sur-peuplés	Proportion p. 100 de sur-peuplés	Population habitant des logements de moins de 5 pièces	Sur-peuplés	Proportion p. 100 de sur-peuplés	Population totale	Sur-peuplés	Proportion p. 100 de surpeuplés
1891	619 943	96.255	15,5	2 390 236	846.619	35,4	4 218.317	846 619	20,1
1901	691.791	94.047	13,6	2.450.080	726.096	29,6	4 536 541	726.096	16,0

La situation s'est, comme on le voit, sensiblement améliorée de 1891 à 1901. Le nombre des personnes qui habitent des logements composés d'une seule pièce a diminué, et le nombre de celles qui habitent des logements de trois ou quatre pièces a augmenté dans des proportions notables. Le surpeuplement est en décroissance sur toute la ligne. Il ne faudrait cependant pas pousser l'optimisme jusqu'à croire le problème résolu : dans une ville où, en 1901, 11.610 personnes vivaient encore, à raison de 6 ou plus par pièce, dans des logements d'une seule pièce, et où, dans une partie de Spitalfields, on trouvait encore 85,5 p. 100 de surpeuplés, il n'est pas à craindre que les inspecteurs des autorités sanitaires soient dès maintenant réduits au chômage.

Il est difficile d'exagérer l'importance de la question du surpeuplement dans la vie des grandes villes modernes. Dans ces demeures étroites où s'entassent les familles de la classe ouvrière, et qui servent à la fois de cuisine, de salle à manger, de chambre à coucher, de buanderie et souvent d'atelier, l'atmosphère n'est pure ni au point de vue physique, ni au point de vue moral. L'air est chargé d'acide carbonique et rempli de vapeur d'eau ; il y flotte un relent indéfinissable de literie, de colle et de hareng fumé ; l'odeur

1. Cf. *Royal Commission on immigration*, 1903, *Minutes of evidence*, Q. 11562-11567.

y est d'autant plus suffocante en hiver que les habitants ferment hermétiquement leurs fenêtres à guillotine pour empêcher l'entrée de l'air extérieur et pour économiser le charbon. La vie de famille disparaît ; le *home* a, dans ces conditions, peu d'attraits pour le père qui, sa journée de travail finie, préfère le cabaret ; les enfants passent dans la rue le temps qu'ils ne passent point à l'école ; et lorsque la mère prend, elle aussi, le chemin du cabaret, tout est fini. Ajoutez la promiscuité de la chambre à coucher, le mélange des sexes, et souvent la présence de pensionnaires (*lodgers*) étrangers à la famille. « Les résultats physiques et moraux, disait Lord Shaftesbury devant la Commission royale de 1885, défient toute description[1]. »

Une des conséquences les plus frappantes du surpeuplement est la misère physiologique des surpeuplés. Nous savons avec quelle rapidité s'anémient dans l'air de Londres les descendants des rudes paysans du Devonshire ou du Norfolk ; au milieu de cette population mal nourrie et qui vit sans tenir compte des règles les plus élémentaires de l'hygiène, les maladies, et surtout les maladies contagieuses, trouvent un terrain tout préparé. Surpeuplement et forte mortalité sont à peu près synonymes. On a remarqué qu'à Paris, les arrondissements qui comptent le plus grand nombre de petits logements sont aussi ceux où la mortalité est le plus considérable, et l'on a fait pour Berlin une constatation analogue. A Londres, les recensements de 1891 et de 1901 permettent de vérifier d'une manière précise l'influence néfaste du surpeuplement. Le directeur du service sanitaire du comté de Londres (*Medical officer of health*), dans son rapport pour 1892, divisait les différents districts de son ressort en six classes et calculait pour chacune de ces classes la mortalité de la période 1885-1892. Il arrivait au résultat suivant[1] :

	Mortalité
1re classe. Moins de 15 p. 100 de surpeuplé . . .	17.5 p. 1000
2e classe. 15 à 20 p. 100.	19.5 p. 1000
3e classe. 20 à 25 p. 100.	20.2 p. 1000
4e classe. 25 à 30 p. 100.	21.7 p. 1000
5e classe. 30 à 35 p. 100.	23 9 p. 1000
6e classe. 35 à 40 p. 100.	25.0 p. 1000

L'étude du recensement de 1901 conduit au même résultat[2] : il y a

---

1. *R. Commission on housing*, Q. 19.
2. Les calculs faits par le directeur du service sanitaire montrent qu'en

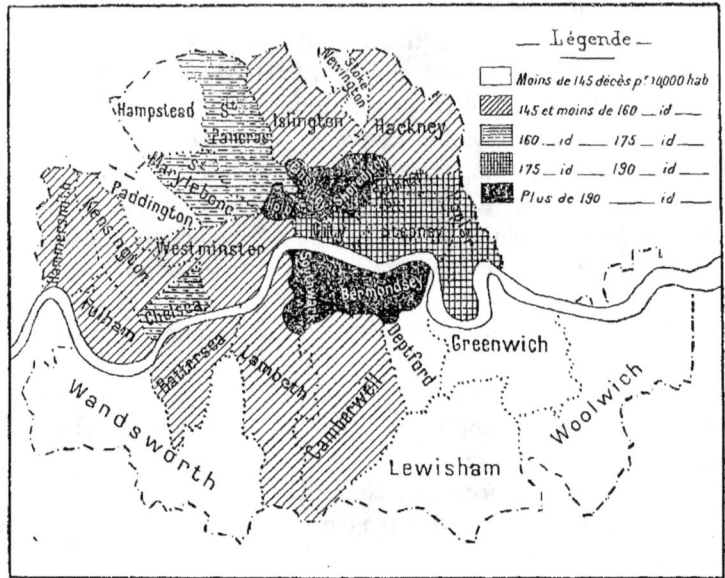

Fig. 10. — La mortalité à Londres, 1903-1907 (par 10.000 habitants)

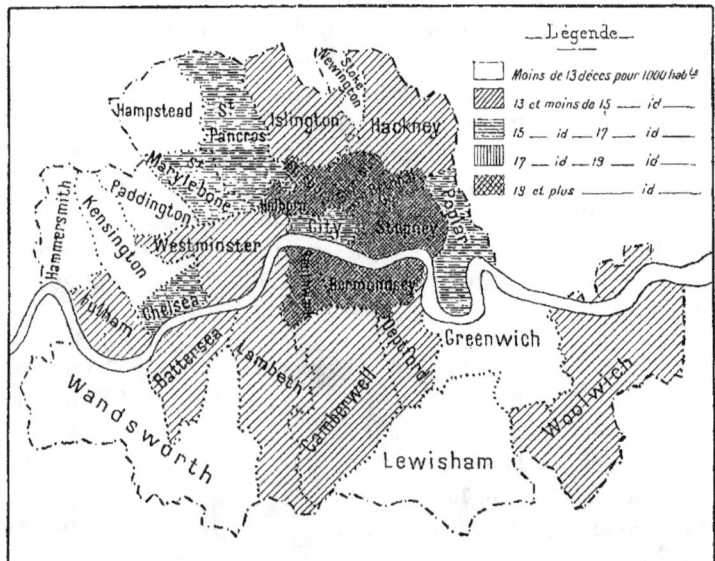

Fig. 11. — La tuberculose à Londres, 1903-1907 (mortalité par 10.000 habitants).

1901 la mortalité n'était que de 13.22 p. 1000 dans les quartiers qui avaient moins du 7 1/2 p. 100 de surpeuplés et atteignait 20,95 p. 1000 dans ceux qui avaient 25 p. 100 de surpeuplés ou plus. Cf. *Inter-departmental Committee on physical deterioration*, III, (App.) p. 52 (1904).

généralement correspondance entre la proportion de surpeuplés et de personnes qui vivent dans de petits logements, d'une part, et la mortalité d'autre part. Cette correspondance est particulièrement frappante en ce qui concerne la mortalité par tuberculose, comme le prouvent la comparaison entre les cartes de la mortalité (fig.10 et 11) et celle du surpeuplement (fig. 9) et l'examen du tableau ci-dessous.

Le surpeuplement et la mortalité à Londres.

BOURGS	Surpeuplement en 1901 par 100 habitants	Personnes vivant dans des logements de moins de 4 pièces par 100 hab.	Mortalité 1903-1907 par 1000 habitants	Décès dus à la tuberculose 1903-1907 par 1000 habitants
Finsbury............	35.2	66.2	20.7	2.26
Stepney............	33.2	54.1	18.5	1.94
Shoreditch.........	29.9	58.2	20.9	2.20
Bethnal Green......	29.6	56.7	18.7	2.28
Holborn	25.0	53.9	19.4	2.43
Saint Pancras......	23.9	54.7	16.8	1.68
Southwark.........	22.3	53.6	19.4	2 20
Marylebone........	21.1	47.7	16.6	1.50
Bermondsey	19.6	45.1	19.5	2.01
Islington...........	17.0	44.6	15.3	1 34
Poplar.............	16.4	38.9	18.4	1.66
Kensington	14.8	33.5	15.0	1.20
Chelsea............	14.4	41 0	16.0	1.51
Paddington........	13.5	39 4	14.1	1.05
Westminster.......	13.0	37.9	14.9	1.34
Lambeth	12 2	35.3	15.6	1.42
Hammersmith......	11.7	34.2	15.2	1.28
Cité	10.8	31.6	18.2	1.52
Fulham	10.8	36.5	14 9	1.31
Battersea	10.8	33.2	15.0	1 35
Hackney	10.1	31.0	14.5	1.30
Camberwell........	9.6	28.2	14.7	1.31
Deptford..........	9.0	26.4	15 9	1.36
Greenwich.........	8.3	22.6	13.8	1.25
Woolwich	6.5	23.7	14.2	1.47
Hampstead	6.3	21.8	10.8	0.74
Stoke Newington...	5.5	24.5	12.9	1.22
Wandsworth........	4.4	17.3	13 4	1.02
Lewisham.	2.6	11.5	12.2	0.89

Dans les slums, où le surpeuplement est intense, la mortalité dépasse souvent 40 p.1000, c'est-à-dire qu'elle est plus que double de la mortalité moyenne de Londres (16 p.1000 dans la période 1903-1907). Nous sommes renseignés sur ce point par les études que l'on a faites sur certains petits quartiers avant d'en entreprendre la démolition et la reconstruction. Nous savons par exemple que dans le célèbre slum de Boundary Street à Bethnal Green, la mortalité générale était de 40 p. 1000 et atteignait dans certaines rues les chiffres incroya-

bles de 130 et même 166 p. 1000. La proportion de décès causés par
la tuberculose était supérieure de plus de moitié à la moyenne de
Bethnal Green qui est elle-même fort élevée [1]. Dans l'Averne de Kensington, la mortalité était de 55 p 1000 en 1897 et de 45 p 1000 en
1898 ; la mortalité infantile (nombre de décès au-dessous d'un an
pour 1 000 naissances), était de 431 p. 1000 dans la première année, et de 419 dans la seconde (moyenne de Londres en 1897 : 181
p. 1000 ; en 1898 : 166 p. 1000) [2]. Dans un slum de Holborn (Aylesbury Place) la mortalité, avant la démolition du quartier, était de 48
p. 1000. A Finsbury, dans trois pâtés de maisons renfermant chacun 2.000 habitants environ, et dont le surpeuplement était en 1901
de 68 p. 100, 63 p. 100 et 59 p. 100, la mortalité annuelle par tuberculose, pneumonie et autres maladies des voies respiratoires, pendant la période 1901-1905 a été pour le premier groupe de 7,9 p. 1000
pour le second de 8,9 p. 1000, et pour le troisième de 9,8 p. 1000
(moyenne de Londres, 4,6 p. 1000) [3]. Dans un slum de Southwark
dont le Conseil de Comté vient d'entreprendre la démolition, la mortalité avait été, pendant la période 1904-1908, de 36,8 p. 1000 (Londres, 14,9) [4]. On comprend le mot d'un propriétaire de slum à Miss
Octavia Hill. Cet homme, qui était en même temps entrepreneur de
pompes funèbres, se plaignait d'être mal payé par ses locataires, et il
ajoutait naïvement : « Les maisons ne rapportent pas grand'chose,
mais j'en tire pas mal d'enterrements [5]. »

On pourrait multiplier ces exemples presque indéfiniment, la
démonstration n'y gagnerait rien. Remarquons cependant qu'il serait inexact d'attribuer au seul surpeuplement la forte mortalité des
districts centraux de la capitale. L'ensemble des conditions au milieu desquelles vivent les surpeuplés, la mauvaise construction des
maisons, souvent humides et mal aérées, la pauvreté, la mauvaise
nourriture, l'alcoolisme contribuent pour leur part à produire ce
résultat. Mais les autorités londoniennes ont eu le mérite de comprendre qu'avant de prêcher la tempérance et le respect de l'hygiène,
il faut commencer par rendre possible l'hygiène et la tempérance.
Conseiller la propreté à des gens qui vivent à trois ou quatre dans

1. *Annual Report of the proceedings of the London County Council*, fév. 1890-
1891, p. 38 ; *Municipal Journal*, 1900, p. 156.
2. *Sanitary condition of Kensington*, p. 9.
3. Steel-Maitland and Squire, *Report on London*, App., p. 193 et suiv. (P.
L. C., 1909).
4. *Housing of the working classes in London*, 1855-1912 (L. CC. 1555), p. 57.
5. Octavia Hill, *Homes of the London poor*, p. 20.

une chambre de dix mètres carrés a l'air d'une ironie amère ; et
quant à l'alcoolisme, un haut dignitaire de l'Eglise anglicane n'a-t-il
pas déclaré que, s'il était obligé de vivre dans un slum, il se livre-
rait sans doute, comme tout le monde, à la boisson ? « C'est le pourceau qui fait la porcherie », lisait-on dans une brochure fameuse
qui parut en 1885. Assurément ! Mais — pour continuer la comparaison brutale dont se servait l'auteur, — est-il vrai que la porcherie ne contribue pas à faire le pourceau ?

*
* *

Empêcher la formation de « porcheries » nouvelles, assainir et
purifier celles qui existent, les démolir au besoin, fournir à la population ouvrière des logements plus nombreux, moins malsains
et moins coûteux, tel est le problème qui s'impose à l'attention des
philanthropes et des politiques. Un premier moyen de le résoudre,
au moins partiellement, consisterait, semble-t-il, à transporter en
dehors de Londres, dans les faubourgs ou en pleine campagne, toutes
les industries dont l'existence n'est point liée à l'existence de la
ville : les imprimeries, les établissements métallurgiques, les tanne-
ries, etc. Quelques tentatives heureuses ont été faites dans cette direction ; mais le plus souvent, et spécialement dans l'industrie du
fer, la masse des ouvriers a refusé de suivre la manufacture. Il fallait, en effet, se résoudre à quitter Londres, et la vie à la campagne
ou dans une petite ville de province paraît bien monotone auprès
de l'agitation constante et des spectacles sans cesse renouvelés de
la capitale. Il fallait, de plus, se résigner à une réduction de salaire.
A cette réduction, l'ouvrier londonien oppose une résistance invincible, et la misère la plus profonde est seule capable de triompher
de son obstination. Vainement on lui représente que la réduction
est largement compensée par la diminution du prix de la vie ; de
telles considérations n'ont point de prise sur son esprit. Ainsi la
manufacture s'en va, mais l'ouvrier reste, cherche une nouvelle
place et recommence à nouveaux frais la lutte pour la vie.

Il ne faut donc compter que dans une faible mesure sur l'émigration des industries pour résoudre la question du surpeuplement.
Est-il possible de la résoudre par les seuls efforts de la philanthropie privée, par la transformation des slums, par la création de cités
ouvrières et la construction d'appartements à bon marché ?

Il serait trop long de rappeler les noms de tous ceux qui, à la suite
de Lord Shaftesbury, se sont consacrés à cette tâche ; mais parmi les

personnes qui ont donné libéralement leur temps et leur argent pour
essayer d'améliorer les conditions dans lesquelles vivent les classes
inférieures de Londres, on doit citer en première ligne Miss Octavia
Hill [1]. Depuis 1864, elle n'a cessé de conduire une véritable croisade
pour l'air et la lumière, pour la transformation matérielle et morale
des demeures des pauvres, agrandissant peu à peu son champ d'action, recrutant tous les enthousiasmes, utilisant toutes les bonnes
volontés. Les principes qui l'ont guidée et la méthode qu'elle a suivie se trouvent exposés dans un petit livre intitulé *Homes of the
London poor*, qu'elle fit paraître en 1875 [2]. On y voit à quel point
l'œuvre d'Octavia Hill diffère de celle du philanthrope ordinaire qui
se contente de donner à pleines mains sans se préoccuper outre
mesure de savoir quel sera le résultat de ses aumônes. Cette œuvre
repose tout entière sur une seule idée : il ne suffit pas d'améliorer
les logements des pauvres, il ne suffit pas, suivant le mot d'un ouvrier, de « mettre un water-closet dans un appartement pour en
faire un *home* », il faut encore enseigner la valeur et l'utilité des
améliorations, il faut montrer l'importance de la propreté, de l'hygiène et de l'économie, il faut, en un mot, entreprendre l'éducation
des masses populaires. Depuis ses premiers essais, qui furent rendus possibles par la générosité de Ruskin, les procédés employés
par Miss Octavia Hill n'ont pas varié. Acheter un slum, s'établir au
milieu de ses locataires, se mettre en relation directe avec eux en
allant, suivant la coutume, chercher à leur domicile, tous les samedis ou tous les lundis, le loyer de la semaine écoulée, telles sont les
opérations préliminaires. Il faut ensuite, et c'est là le point délicat,
gagner la confiance des habitants qui n'ont pour les *landlords* et les
landladies qu'une sympathie médiocre et qui parfois, aux premières
visites, se contentent de jeter leur argent, avec un juron en guise
de salut, par la porte entrebaillée. Il faut leur laisser deviner, sans
froisser leur amour-propre, que l'on s'intéresse à leur bien-être, ne
pas essayer de s'imposer, surtout ne pas donner d'aumônes : ce serait détruire ce qui leur reste d'indépendance et d'initiative ; tout au
plus, de temps en temps, un secours occasionnel, et à titre de prêt
amical plutôt que de don gratuit. L'indifférence de la population
des slums à toutes les questions d'hygiène est prodigieuse ; on peut
même dire que la plupart des « surpeuplés » regardent la propreté

---

1. Miss Octavia Hill a fait partie, avec Mrs. Sidney Webb et Mrs.Bosanquet,
de la grande commission instituée en 1905 pour étudier le fonctionnement de
la « loi des pauvres » et la condition des classes ouvrières.
2. Nouvelle édition en 1883. Les citations sont empruntées à cette édition.

comme un luxe et la pureté de l'air comme un superflu. « Avec le prix d'une seconde chambre, je puis acheter pour mes enfants des choses qui leur seront plus utiles qu'un grand appartement », répondait à Miss O. Hill une mère de famille qu'elle exhortait à louer une autre pièce. Il n'est pas toujours aussi facile qu'on pourrait le croire de décider les habitants des caves et des cuisines souterraines à quitter, pour des régions plus aérées, la tiédeur humide et la demi-obscurité de leur sous-sol. Ils s'y trouvent fort bien et regardent comme atteints de la « folie sanitaire » tous les donneurs de conseils. Il faut vaincre cette indifférence, triompher de cette obstination : un mot dit à propos produira souvent plus d'effet que de longues homélies, et décidera le père ou la mère à sacrifier six pence de plus par semaine pour un peu d'air et de soleil. Que la propriétaire fasse nettoyer les cours, qu'elle tienne les escaliers dans un état de propreté minutieuse, et bientôt la contagion de l'exemple gagnera les habitants eux-mêmes ; on verra des ménagères, qui semblaient avoir désappris l'usage du plumeau et du balai, saisies d'une ardeur nouvelle, entreprendre courageusement de faire disparaître la boue et la poussière qu'ont accumulées les années. Peu à peu, il deviendra possible de faire les réparations nécessaires, d'introduire quelques améliorations, sans risquer de les voir détériorer par l'ignorance ou la méchanceté des locataires. Peu à peu, les relations entre la *landlady* et son petit monde deviennent plus cordiales ; les portes qui tout d'abord se fermaient brutalement devant elles, s'ouvrent maintenant avec une invitation gracieuse. Elle organise des séances de couture, persuade aux parents d'envoyer leurs enfants à l'école, et arrive souvent, — chose extraordinaire à Londres — à leur faire faire pendant la bonne saison quelques économies pour la mauvaise [1].

Telle est l'œuvre à laquelle Miss Octavia Hill a consacré sa vie, œuvre qui ne manque assurément ni d'utilité ni de grandeur, mais qui ne saurait avoir la prétention de résoudre, à elle seule, la question qui nous occupe. Miss Octavia Hill, ses amis et ses disciples, n'augmentent point sensiblement le nombre des logements ouvriers, ce qui est, somme toute, le point important du problème. Différentes sociétés, les unes philanthropiques, les autres philanthropiques et commerciales, se sont fondées pour combler cette grave lacune. Parmi les *trusts* philanthropiques, il faut citer surtout le *Peabody*

[1]. *Homes of the London poor*, passim, surtout p. 25-29. Miss A. Lewis a donné, dans *Economic Review* (avril 1900), une description intéressante de la transformation d'un slum suivant les procédés de Miss O. Hill.

Trust et le *Guinness Trust.* fondés, le premier en 1862, avec un capital de 500.000 livres sterling (15.200.000 fr.) donné par M. Peabody ; le second en 1889, avec un capital de 200.000 livres (5 000 000 fr.), donné par Sir Edward Cecil Guinness.

Les principales sociétés semi-philanthropiques et semi-commerciales sont les suivantes :

The Metropolitan Association for improving the Dwellings of the Industrious Classes ;

The Improved Industrial Dwellings Company ;

The Four per cent Industrial Dwellings Company ;

The Victoria Dwellings Company ;

The National Dwellings Company ;

The East End Dwellings Company ;

The Artizans' Labourers' and General Dwellings Company ;

The South London Dwellings Company.

Ces sociétés distribuent à leurs actionnaires des dividendes variant entre 4 et 5 0/0, tandis que les deux trusts consacrent tous leurs bénéfices à l'achat de nouveaux terrains et à la construction de maisons nouvelles.

L'une des sociétés dont nous venons de parler, l'*Artizans' Labourers' and General Dwellings Co*, a surtout construit des cottages, renfermant de 4 à 8 pièces. Le nombre de ces cottages est actuellement de 6.650 environ, et s'élèvera, lorsque toutes les constructions seront terminées,à près de 8.000. Quatre grands domaines contenant ensemble 115 hectares, sont la propriété de la Compagnie : Shaftesbury Park à Battersea (1.198 maisons) ; Queen's Park, Harrow Road W. (2.296 maisons) ; Noel Park, Wood Green (2 150 maisons déjà construites) ; Leigham Court Estate, Streatham (environ 1.000 maisons construites). Le loyer de ces cottages varie entre 6 sh. 6 pence et 14 sh. par semaine ; c'est dire qu'il n'est point à la portée d'un simple manœuvre, surtout si l'on tient compte de la distance qui sépare Queen's Park ou Noel Park du centre de la ville. Aussi les cottages de l'*Artizans' dwellings Co.* ont-ils profité principalement à l'aristocratie de la classe ouvrière. Shaftesbury Park est devenu une véritable colonie d'artisans, intelligents et instruits, et qui s'intéressent vivement à toutes les questions politiques et sociales. C'est parmi cette population que se recrutent les électeurs de John Burns, l'ancien ouvrier briqueteur que son éloquence populaire et ses talents incontestables ont fini par conduire au ministère. Les habitants de Shaftesbury Park forment, suivant M. Ch. Booth, la fine fleur de la démocratie londonienne.

Les autres sociétés ont d'ordinaire laissé à la spéculation privée
le soin de couvrir de petits cottages les terrains encore inoccupés
qui s'étendent tout autour de la ville ; il faut avouer que la spéculation privée s'est en général assez mal acquittée de cette tâche. Le
nom de *speculative builder* est devenu un terme injurieux, synonyme
de travail hâtif et malhonnête. La plupart de ces entrepreneurs n'ont
pas de capitaux ; ils achètent à crédit le bois et les briques, souvent
du bois vert et des briques qui proviennent de démolitions. Le sol
est aplani tant bien que mal ; dans les parties basses et marécageuses, on l'exhausse avec ce qui se trouve sous la main, sable, débris
de toute espèce, ordures ménagères, etc. La construction s'élève ;
l'unique préoccupation de l'entrepreneur est qu'elle ait bon air, il ne
vise qu'à l'effet ; de là, du côté de la rue, un extérieur attrayant et
coquet, véritable placage, qui dissimule fréquemment les plus graves défauts. Le pauvre diable, *clerk* de la Cité, employé de magasin,
ou mécanicien d'usine, qui consacre ses économies à l'achat d'une
semblable bicoque ou qui, profitant de la loi qu'a fait voter, en 1899,
M. Chamberlain [1], emprunte aux autorités municipales la somme
dont il a besoin, s'aperçoit au bout de quelques mois que le plâtre
des murs et des plafonds commence à se détacher et que la pluie
passe à travers le toit. Le directeur du service de santé de West Ham
déclarait, il y a quelques années, qu'il faudrait, dans l'intérêt de la
salubrité publique, démolir la moitié des maisons de la ville, et il
en est de même dans beaucoup de nouveaux faubourgs [2]. Il n'est
pas rare de voir des personnes qui ont quitté Whitechapel ou Shoreditch pour un des faubourgs de l'Est, revenir au bout de quelque
temps, complètement désabusées, dans leur ancien quartier.

Les cottages ont un autre défaut qui, aux yeux des ouvriers, est
plus grave encore. On n'en construit plus ou presque plus dans la
partie centrale de la ville ; le terrain y est trop précieux, et l'on ne
peut regarder les quelques maisons de ce genre que l'on élève encore,
que comme de rares et coûteuses fantaisies. L'ouvrier qui veut habiter un cottage doit donc s'attendre à faire tous les matins, pour se
rendre à son travail, en tramway, en omnibus ou en chemin de fer,
un trajet assez considérable ; d'où perte de temps et perte d'argent.
Ce n'est pas tout : dans un assez grand nombre de métiers, l'ouvrier

1. *Small houses (acquisition of ownership) Act.* Cette loi n'a eu d'ailleurs que
peu de succès à Londres.

2. Dans les faubourgs les constructions nouvelles ne sont pas toujours sur-
veillées avec le même soin qu'à Londres Les règlements sont moins stricts
dans la banlieue. Cf. *Housing of the working classes, 1855-1912*, p. 116-117.

est presque forcé de vivre à peu de distance de l'endroit où il travaille. C'est le cas des ouvriers des docks qui peuvent difficilement savoir d'avance à quel moment du jour ou de la nuit on réclamera leurs services ; c'est le cas des tailleurs et des chemisières de Whitechapel ou de Soho qui, presque chaque matin, doivent aller faire le tour des magasins pour voir s'il y a du travail pour eux ; c'est, d'une manière générale, le cas de tous les ouvriers londoniens qui sont soumis au *sweating system* et à l'intermittence.

Le problème a été résolu, — dans une certaine mesure, — par la construction de ces énormes maisons ouvrières (*block buildings, model dwellings*) à six ou sept étages, qui, dans l'intérieur de Londres, prennent maintenant la place des petites habitations séparées. Un assez grand nombre de « blocs » appartiennent à des particuliers, mais les plus vastes et les meilleurs ont été construits par les diverses sociétés dont il a été question plus haut. Il est impossible de dire quel est, à l'heure actuelle, le nombre total de ces édifices. En 1891, M. Ch. Booth en comptait 475, renfermant 35.780 appartements, et 189.000 habitants. En 1899, M. Haw évaluait le nombre des blocs à 600 et le nombre des habitants à 200.000 ; mais ces chiffres sont probablement au-dessous de la vérité. D'après un rapport présenté au Conseil de Comté en janvier 1897, les *block dwellings* de Londres renfermaient plus de 250.000 personnes [1].

Les blocs sont très inégalement répartis sur la surface du sol londonien ; ils sont surtout nombreux, comme on doit s'y attendre, dans les quartiers centraux de la capitale, à Westminster, à Southwark, à Whitechapel ; ils paraissent avoir en général plus de succès dans le West End que dans la partie orientale de la ville.

Les sociétés philanthropiques possèdent une grande partie de ces constructions. Les blocs du *Peabody Trust* renferment près de 6.000 appartements, avec une population d'environ 20.000 personnes ; ceux du *Guinness Trust*, 2.574 appartements avec 9.450 habitants.

Voici, d'après l'*Annual Charities Register* de 1909 l'état approximatif des autres sociétés :

Metropolitan Association, 15 blocs, 1.444 appartements, 5.300 habitants.

Artizans' Dwellings Co., 11 blocs, 1.468 appartements.

---

1. Booth, *Life and Labour*, 1re série, III, p 9 et suiv. ; Haw, *No room to live*, p. 40. *Workmen's trains* ; *report by the Statistical Officer*, 1897 (L. C. C., 366), p. 6, note *a*.

Improved Industrial Dwellings Co., 44 blocs, 5.600 appartements et environ 30.000 habitants.

East End Dwellings Co., 27 blocs, 8.000 habitants environ.

Four per cent Industrial Dwellings Co., 1.594 appartements, 6.500 habitants.

Victoria Dwellings Co, 901 appartements, 3.310 habitants.

National Dwellings Society, 574 appartements.

Le reste appartient soit à des sociétés secondaires, soit à des particuliers. C'est dans cette catégorie que se placent la plupart des constructions défectueuses qui ont valu aux *model dwellings* une assez mauvaise réputation. Beaucoup de ces modèles n'ont en effet de modèles que le nom ; les propriétaires se sont proposé de construire le plus d'appartements possible dans un espace donné, et toute autre considération a été subordonnée à celle-là. Aussi les appartements, surtout ceux des premiers étages, sont-ils souvent mal éclairés et mal aérés, si bien que quelques-uns de ces prétendus « modèles » ont dû être fermés, pour cause d'insalubrité, par ordre des autorités publiques. Vers 1889, M. Arkell trouvait, en faisant pour M. Booth l'enquête dont les résultats sont donnés au tome III de *Life and Labour of the people*, une affiche par laquelle un propriétaire prévenait ses locataires qu'il n'entendait point garantir l'état sanitaire de sa maison, et qu'ils devaient renoncer d'avance à toute poursuite possible contre lui [1]. Cette déclaration peu encourageante avait du moins le mérite de la franchise. De pareils immeubles deviennent aisément des foyers d'épidémie : on a constaté, à Whitechapel et ailleurs, la facilité avec laquelle s'y propagent la fièvre scarlatine, la diphtérie et les autres maladies contagieuses [2]. Il se produit bientôt parmi les habitants une sorte de sélection : les bons locataires s'en vont, les mauvais restent ; le désordre et la malpropreté s'introduisent partout ; le « modèle » devient « un pandemonium. Les tuyaux et les conduites se trouvent bouchés..., les enfants prennent leur bain dans les réservoirs d'eau potable ; les buanderies situées près de l'escalier et l'escalier lui-même deviennent des lieux de rendez-vous nocturnes.., l'écho des corridors répète au loin les hurlements des ivrognes, les marches de l'escalier sont encombrées d'enfants malpropres »; et l'ouvrier honnête et travailleur est obligé de quitter la place [3].

---

1. Booth, *Life and Labour*, 1re série, III, p. 27.
2. Haw, *No room to live*, p. 102, citant l'officier de santé de Whitechapel. Steel-Maitland and Squire, *Report on London* (P. L. C. 1909), p. 67-68.
3. Miss O. Hill, dans Booth, *Life and Labour*, 1re série, III, p. 32.

Grâce à des règlements sévères et à une surveillance de tous les instants, les « modèles » des Compagnies sont maintenus en meilleur état. Voici, pour donner un exemple, quelques articles du règlement des Peabody Buildings, que nous résumons :

ART. I. — Les locataires et leur famille doivent être vaccinés.

ART. III. — On ne tolérera aucun retard dans le paiement des loyers.

ART. IV. — Les pièces communes devront être nettoyées le samedi par les locataires, à tour de rôle.

ART. VIII. — Les enfants ne pourront jouer dans les escaliers, les corridors et les buanderies.

ART. X. — Les locataires doivent blanchir et peindre à détrempe, au moins une fois par an, les pièces de leur appartement.

ART. XI — Il est défendu de prendre des sous-locataires.

ART. XIII. — L'inconduite et l'ivrognerie sont des motifs de renvoi immédiat.

Il est hors de doute que les « modèles » ainsi dirigés sont très supérieurs, comme hygiène et comme confort, à la plupart des anciens cottages. Et cependant on préfère les cottages ! « On peut faire ce qu'on veut dans un cottage, on a une cour à soi ; ce n'est pas comme dans les blocs », disait à M. Arkell une brave femme qui partageait une petite maison de 7 pièces avec 21 autres personnes. L'absence de règlements est pour quelque chose dans ces préférences, et aussi le désir d'avoir « une maison à soi », *a little home*. Il a fallu se préoccuper de rendre les « modèles » plus attrayants, à l'extérieur et à l'intérieur, qu'ils ne l'étaient à l'origine ; les nouvelles constructions ressemblent moins à des casernes ; les escaliers et les corridors, sacrifiés autrefois, sont mieux éclairés ; les appartements sont, autant que possible, séparés complètement les uns des autres. Primitivement, la buanderie se trouvait au rez-de-chaussée ; elle était commune à tous les locataires. Mais il existe, parmi les habitants des « modèles », comme partout ailleurs, des classes sociales assez tranchées ; la femme d'un mécanicien n'aimait pas à se trouver à côté de celle d'un manœuvre ; aussi met-on maintenant généralement une buanderie par étage. Dans certains blocs, les buanderies peuvent se transformer en salles de bains ; dans d'autres, il existe un établissement de bains particulier, où l'on peut avoir un bain chaud pour un penny et un bain froid pour un demipenny. Ailleurs on trouve une bibliothèque, une salle de jeu, parfois avec billard, et une salle de lecture qui peut se transformer en salle de concert. Dans les *Guinness Buildings* des concerts organisés par les locataires eux-mêmes ont lieu de temps en temps.

On a souvent reproché aux *model dwellings* de remplacer le sur-

peuplement par un surpeuplement d'une autre espèce. Les gérants
des Compagnies refusent de louer des appartements trop petits à des
familles trop nombreuses, mais,en revanche, la population à l'hectare est beaucoup plus considérable dans les blocs que dans le
reste de la ville. Sur le domaine de la *Metropolitan Association*, par
exemple, la population atteint presque 3.000 par hectare (moyenne
de Londres en 1901, 150). Il ne semble pas cependant que la santé
des locataires s'en ressente : dans presque tous les blocs qui appartiennent soit aux trusts, soit aux Compagnies, on constate une
natalité supérieure et une mortalité inférieure à la moyenne [1].

Le véritable reproche à faire aux « modèles » serait bien plutôt le
prix relativement élevé de leurs appartements. La plupart des Compagnies ont des chambres *à partir* de 2 shillings (2 fr. 50) par semaine ; mais la moyenne paraît être sensiblement supérieure. La
société *Improved Industrial Dwellings* donne une moyenne de 2 sh.
4 pence 1,2 (2 fr. 95) par pièce ; la société *Artizans' Dwellings*, une
moyenne de 3 sh. (3 fr. 75) dans ses *blocks*, et de 2 sh. à 2 sh. 3 pence
(2 fr. 50 à 2 fr. 80) dans ses cottages de la banlieue. La *South London* demande de 2 à 4 shillings (2 fr. 50 à 5 fr.) pour une chambre ;
les prix de la Fondation Peabody sont de 2 sh. 3 pence à 3 sh. 2 pence
(2 fr. 80 à 3 fr. 95) pour une chambre, et de 3 sh. 9 pence à 6 sh.
1 penny (4 fr. 70 à 7 fr. 50) pour un logement de deux pièces [2].

Ces prix peuvent ne point sembler exagérés si on les compare à
ceux qu'exigent les propriétaires de slums ; mais tandis que dans
un slum une famille de 10 personnes pourra se contenter de louer
un appartement de deux pièces, il lui faudra dans un « modèle »
prendre trois ou même quatre pièces, parce que la Compagnie tient
à être en règle avec la loi qui interdit le surpeuplement. Les « modèles » que l'on a construits à la place des slums n'ont donc pas
servi d'asile à l'ancienne population de l'endroit. Il n'y a guère que
le *Guinness Trust* [3] et *l'East End Dwellings Company* qui se soient
proposé de loger la partie la plus pauvre des classes laborieuses, les
ouvriers des docks, les simples manœuvres. Le salaire hebdomadaire des habitants des *Guinness blocks* n'atteint pas 20 sh. (25 fr.)
en moyenne. Dans les *Peabody blocks*, au contraire, le salaire

---

1. Voir en particulier l'étude du Dr Newsholme, *The vital statistics of Peabody
buildings and other... block dwellings* (*Journal of the Royal Statistical Society*,
mars 1891). Il en est de même dans les maisons du Conseil de Comté.

2. *Annual Charities Register*, éd. 1909, p. 418.

3. Moyenne par pièce : 2 sh. 1 penny 3/4 (2 fr. 77), d'après *Annual Charities
Register*, éd. 1909.

moyen dépasse 23 sh., et, pour cette raison, on a souvent accusé les
administrateurs de la Fondation Peabody d'avoir mal compris et
mal exécuté les intentions du fondateur : ces blocs, destinés aux
pauvres, profitent surtout à ceux qui, dans la classe ouvrière, ont
un emploi régulier et sont à l'abri du besoin. Le trust peut difficilement alléguer la nécessité de faire des économies : il s'est enrichi
dans des proportions colossales. En 33 ans, il a plus que doublé son
capital ; il possédait à l'origine 500.000 livres (12.500.000 fr.) ; en
1897, ses propriétés étaient évaluées à 1.220 000 livres (30.500.000 fr.),
et son revenu net dépasse actuellement 1 million de francs. Les
bénéfices ont été, il est vrai, consacrés entièrement à la construction
de nouveaux « modèles » ; mais est-il raisonnable, disent les adversaires du trust, d'établir un tarif de loyers inabordables à la classe
pauvre, pour construire ensuite, avec l'excédent du revenu, des
maisons aussi parfaitement inutiles que les premières à la classe
qu'elles ont, soi-disant, pour mission de soulager [1] ?

La construction des *block buildings* n'a donc diminué le surpeuplement que dans une faible proportion ; à certains égards, elle l'a
même augmenté. Ce n'est pas. nous l'avons dit, l'ancienne population du slum qui vient habiter les nouveaux bâtiments ; elle va s'entasser dans des slums du voisinage ou transformer en slums les
quartiers d'alentour. L'activité des Compagnies et des trusts, loin de
s'accroître, est allée en diminuant ; la main-d'œuvre, les matériaux
de construction ont augmenté de prix, et ce fait explique, dans
une certaine mesure, l'inaction des sociétés philanthropiques. De
plus, — et c'est là sans doute la raison principale, — le théâtre des
opérations des constructeurs de blocs est la partie centrale de la
ville, c'est-à-dire la région où, actuellement, les entrepôts et les
magasins prennent la place des maisons d'habitation. Le prix du terrain y est très élevé ; toute construction, pour être rémunératrice,
doit y être louée aussi cher que possible. Il est bien évident que,
dans cette sorte de duel, le magasin qui donne un revenu supérieur, doit nécessairement l'emporter.

* *

Le paragraphe précédent aurait pu être intitulé : la faillite de l'ini-

1. Booth, *Life and Labour*, III, p. 28-29. Haw, *No room to live*, p. 46 et
suiv. Dans sa déposition devant la Commission royale de 1885, M. Williams
disait que les trustees de la fondation Peabody choisissent leurs localaires et
que 15 0/0 de la population sont nécessairement exclus, pour une raison ou
une autre (*Royal Commission on housing*, 1885, *Minutes of evidence*, Q. 5821 et
suiv.).

tiative privée ; cette faillite, Miss Octavia Hill la constatait dès 1874 ; et depuis, malgré les efforts des sociétés philanthropiques qui, en 1884, avaient déjà dépensé plus de 300 millions, elle n'a fait que s'accentuer. L'initiative privée s'est montrée tout à fait incapable, non seulement de rétablir l'équilibre entre la population et le logement, mais même de faire disparaître les slums et de les remplacer par des habitations plus saines. Dès le milieu du siècle, les pouvoirs publics durent intervenir ; Lord Shaftesbury fit donner en 1851 aux autorités locales le droit de construire des habitations ouvrières, et en 1855 fut votée la première « loi sanitaire » dirigée contre le surpeuplement et l'insalubrité des logements. Ces deux lois furent suivies d'un grand nombre de mesures du même genre qui finirent par former une législation très volumineuse et très confuse [1]. Les indemnités que la loi accordait aux propriétaires dépossédés étaient ruineuses ; on pouvait en appeler presque indéfiniment d'une juridiction à une autre, ce qui rendait les procès interminables. Ajoutons que les conseils paroissiaux (vestries) auxquels était confiée, pour

[1] Voir l'exposé de cette législation dans Sinzheimer, *Der Londoner Grafschaftsrat* (1900), p. 55 et suiv., dans Bowmaker, *The housing of the working classes* (1895), p. 28 et suiv. et dans la publication du Conseil de Comté *Housing of the working classes in London, 1855-1912*, p. 7 et suiv. — Cf. également : H. Jephson, *The Sanitary Evolution of London* (1907) ; Sir John Simon, *English Sanitary Institutions* (éd. 1897), p. 178 et suiv. ; Redlich, *Le gouvernement local en Angleterre*, t. I, p. 174 et suiv. de la traduction française. Voici la liste chronologique des principales lois, dont la plupart ont un caractère général :

1848. Public Health Act (voté comme suite au rapport de la Commission royale de 1845).

1851. Common lodging houses Act (Droit de surveillance sur ces maisons, droit accordé aux municipalités d'en construire de nouvelles).

1851. Labouring classes houses Act (Donne aux *vestries* le droit de faire des emprunts pour la construction ou l'achat de maisons destinées à la classe ouvrière).

1855. Nuisances removal Act (Loi de 1846 refondue et complétée ; dirigée contre l'insalubrité et le surpeuplement ; création des « officiers de santé » et des inspecteurs sanitaires).

1858. Local Government Act (Détermine les pouvoirs des municipalités en matière d'hygiène).

1868. Artizans' and labourers' dwellings Act (Connu sous le nom de *Torrens Act*. Complété en 1878 et en 1882. Le propriétaire est responsable de l'état de sa maison. L'autorité sanitaire peut l'obliger à faire des réparations, faire fermer la maison, la démolir, la reconstruire).

1875. Artizans'and labourers' improvement Act (Connu sous le nom de *Cross Act*. Complété en 1879 et en 1882. Démolition des slums et reconstruction, par les soins des municipalités. L'exécution de cette loi fut

une large part, l'exécution des lois sanitaires, étaient animés du plus déplorable esprit ; composés en majorité de petits boutiquiers, d'entrepreneurs, de propriétaires et d'agents des propriétaires, leur unique souci était d'éluder l'application des lois et des circulaires ministérielles, et de maintenir le *statu quo*. A Clerkenwell sur 72 conseillers, dont 25 ou 30 prenaient part aux séances, on comptait 13 ou 14 propriétaires de slums, et 10 cabaretiers qui, presque tous, soutenaient le parti des propriétaires. Une majorité formée d'éléments semblables n'était pas rare dans les *vestries* de Londres [1]. L'officier de santé et les inspecteurs sanitaires, à qui incombait le soin de signaler les abus, étaient à la merci d'un vote de la majorité et fermaient systématiquement les yeux. L'autorité centrale, — le *Metropolitan Board of Works*, – était, à peu près, dans les mêmes sentiments que les *vestries* dont elle était l'émanation. Le Bureau des travaux jugea inutile de nommer un officier de santé ; il ne fit pas une seule enquête ; pas une seule fois il ne se servit du droit qu'il avait de se substituer, en cas de négligence, aux conseils paroissiaux. Profitant de l'enchevêtrement des lois, le Bureau et les *vestries* se rejetaient mutuellement les responsabilités et ajournaient indéfiniment des réformes urgentes ; aussi les « lois Torrens » et les « lois Cross », dont on avait beaucoup espéré tout d'abord, demeurèrent-elles sans grand résultat. Le Bureau des travaux, en vertu des pouvoirs que lui conféraient les lois Cross, démolit cependant un certain nombre de *slums* (7.403 appartements en tout), mais malgré l'exemple de Glasgow et de plusieurs autres villes, il n'entreprit aucune reconstruction. Les terrains déblayés restèrent parfois inoccupés pendant de longues années, attendant un acheteur qui consentît à faire une distribution judicieuse de pots-de-vin [2].

Les choses en étaient là, le surpeuplement et l'insalubrité ne ces-

confiée à Londres au Bureau métropolitain des travaux).
1875. Public health Act.
1890. Housing of the working classes Act (Complété en 1900 et 1903).
1891. Public health (London) Act.
1894. London building Act (Complété en 1898 et en 1905).
1909. Housing and town planning Act.
Ces dernières lois seront étudiées dans le corps du chapitre.

1. *Report of the R. Commission on the housing of the working classes*, 1885, p. 22-23.

2. Cf. Sinzheimer, *Der Londoner Grafschaftsrat*, p. 75 et suiv., 129 et suiv., 142 et suiv. Les tripotages dont s'étaient rendus coupables certains membres du Bureau et certains employés furent mis au jour en 1888 par une enquête officielle. — Voir plus loin notre chapitre sur l'administration.

saient de s'accroître, sous l'œil bienveillant des *vestrymen*, lorsqu'en 1883, la *Pall Mall Gazette*, alors dirigée par W. T. Stead, commença une vigoureuse campagne contre les slums et les propriétaires de slums. Les révélations de la *Pall Mall Gazette* [1] émurent l'opinion publique ; à la Chambre des Lords. Lord Salisbury demanda la nomination d'une commission royale chargée d'étudier la question des logements ouvriers. Cette commission fut effectivement nommée en 1884 par M. Gladstone, alors premier ministre. Elle avait pour président Sir Charles Dilke. et comptait parmi ses membres le futur Edouard VII, alors prince de Galles, Lord Salisbury et le cardinal Manning. Ses travaux durèrent deux ans (1884-1885) ; elle fit comparaître devant elle, sans distinction de parti, toutes les personnes qu'elle crut capables d'apporter quelque éclaircissement à cet obscur problème, et elle réunit, tant sur la capitale que sur l'Angleterre entière, une masse considérable de faits et de documents. Dans son rapport qui parut en 1885, la Commission royale n'essaya pas d'atténuer la gravité de la situation : elle reconnut, avec Lord Shaftesbury, que si la condition des classes ouvrières s'était, à d'autres égards, améliorée dans le courant du xixᵉ siècle, la crise des petits logements était au contraire devenue plus aiguë que jamais. Parmi les causes du surpeuplement croissant, la Commission citait la multiplication des intermédiaires, dont les profits étaient scandaleux, l'immigration des Juifs dans l'East End, et la construction d'édifices publics, de chemins de fer et de gares. Comme remèdes, elle préconisait l'établissement d'un meilleur service de trains d'ouvriers, la mise en vigueur des « lois sanitaires », le vote d'une loi plus sévère sur les constructions nouvelles, la déclaration et l'inspection des maisons louées en garni ou habitées par des personnes appartenant à plus d'une famille.

Les travaux de la Commission royale ont été le point de départ d'une série de lois qui furent votées par les Chambres de 1890 à 1894. Ce sont : la loi sur les logements des classes ouvrières (*Housing of the working classes Act*, 1890) ; la loi sur l'hygiène publique à Londres (*Public Health London Act*, 1891) ; la loi sur les constructions à Londres (*London building Act*, 1894). Ces lois fondamentales ont été complétées depuis par des mesures secondaires dont l'effet général a été d'augmenter les pouvoirs des autorités (lois sur les logements, de 1900 et de 1903) et de rendre plus stricte encore la surveillance qu'elles exercent sur les constructions neuves (lois sur les

---

1. Publiées sous le titre de *The bitter cry of outcast London*.

constructions de 1898 et de 1905). Une autre loi, votée en 1909 (*Housing and town planning Act*) donne au Conseil de Comté le droit d'intervenir, dans des conditions qui ne sont peut-être pas très nettement déterminées, pour obliger les propriétaires de terrains à tenir compte dans leurs plans des règles de l'hygiène, de la commodité du public et même des lois de l'esthétique.

Cette législation n'a rien de systématique. La loi sur l'hygiène et les lois sur les logements empiètent les unes sur les autres en un grand nombre de points, de sorte que les autorités sanitaires qui ont pour mission de les appliquer ont, en beaucoup de cas, le droit de choisir entre ces lois, celle qui leur paraît la plus avantageuse. On peut dire cependant, d'une manière générale, que les lois de 1891 et de 1894 ont pour but d'empêcher la formation des *slums*, tandis que la loi de 1890 a pour objet de faire disparaître les *slums* existants et d'augmenter le nombre des logements disponibles. Les principaux articles de ces différentes lois peuvent se ranger sous quatre chefs, que nous examinerons successivement[1] :

1° Règlements relatifs à la construction des maisons nouvelles (*Building Acts*).

2° Hygiène publique ; assainissement, démolition, reconstruction des maisons insalubres (*Public Health Act, Housing of the working classes Act,* 2° partie).

3° Démolition et reconstruction des quartiers insalubres (*Housing of the working classes Act,* 1ʳᵉ partie).

4° Construction de cités ouvrières par les autorités municipales (*Housing of the working classes Act,* 3ᵉ partie, et loi de 1900).

1° Règlements relatifs à la construction des maisons nouvelles.

Les *building acts* fixent la hauteur des maisons ; cette hauteur ne doit pas être supérieure à la distance qui sépare l'immeuble en

---

1. Le texte des lois sanitaires et des lois sur les habitations ouvrières, avec des annotations, se trouve, en ce qui concerne les premières, dans les éditions de Lumley, *The public health Art* (éd. revue par Macmorran et Lushington) et de Glen, *The law relating to public health* ; pour Londres spécialement, dans l'édition de la loi de 1891 publiée par Macmorran et Naldrett (2ᵉ éd. 1910). Bernard et Brown, Allan et d'autres ont publié des éditions annotées des lois sur les habitations ouvrières. — Voir également, *The housing question in London,* 1855-1900, rédigé sous la direction de C. J. Stewart et publié par le Conseil de Comté (L. C. C., 503) où les lois antérieures à 1900 sont résumées ; *Housing of the working classes, 1855-1912* (1913) qui complète cette publication, et B. Fletcher, *The London Building Acts* (1907).

construction de l'immeuble qui lui fait face. En aucun cas, la hauteur ne peut dépasser 80 pieds (24 mètres).

Derrière toute maison doit se trouver une cour qui s'étendra sur toute la longueur du bâtiment et sera large d'au moins 10 pieds (3 mètres). La superficie de cette cour devra être de 150 pieds carrés (13 mq. 86) au minimum.

Grâce à ces mesures, dont l'application est confiée aux *district surveyors* du Conseil de Comté, il est devenu à peu près impossible de construire maintenant des slums analogues à ceux qui ont été décrits plus haut, c'est-à-dire d'intercaler entre les constructions anciennes des bâtiments de toute espèce qui s'opposent à la libre circulation de l'air et de la lumière.

2° *Hygiène publique ; assainissement, démolition, reconstruction des maisons insalubres.*

Le soin de veiller à la salubrité des habitations et d'empêcher le surpeuplement considéré par la loi comme un danger pour la santé publique, appartenait autrefois aux conseils paroissiaux et a été transféré en 1900 aux conseils municipaux (*borough councils*) qui les ont remplacés. A la tête du service sanitaire se trouve, dans chaque bourg, un docteur en médecine qui porte le titre d' « officier de santé » (*Medical officer of health*), et qui a sous ses ordres un certain nombre d' « inspecteurs sanitaires » ; le nombre de ces inspecteurs doit être en rapport avec l'étendue et la population du bourg. L'officier de santé et ses inspecteurs ont pour mission de faire des enquêtes sur les plaintes qui leur sont transmises et doivent, en outre, procéder à des inspections périodiques, de manière à ne laisser échapper aucun cas d'insalubrité ou de surpeuplement. Ils ont, pendant le jour ou durant les heures de travail, le droit de pénétrer dans tout immeuble, de quelque nature qu'il soit.

La loi sanitaire de 1891 enjoint aux conseils municipaux de prendre des arrêtés (*bye laws*) définissant, avec précision et dans le détail, les cas d'insalubrité et de surpeuplement qu'il était impossible d'énumérer dans un acte législatif. Ces arrêtés sont surtout importants en ce qui concerne le surpeuplement que la loi défend sans le définir. Où commence le surpeuplement ? On ne pouvait se contenter de la mesure grossière qui fut employée au recensement de 1891 (plus de deux personnes par pièce) ; il a fallu établir exactement le cube d'air au-dessous duquel il y a surpeuplement légal. Le minimum a été fixé à 400 pieds cubes (10 m. c. 8) par adulte, et à 200 pieds cubes (5 m. c. 4) par enfant de moins de 12 ans ; dans toute pièce qui n'est utilisée que comme chambre à coucher, 300 pieds cubes (8 m. c.) par adulte et 150 pieds cubes (4 m. c. 05) par enfant sont considérés comme pouvant suffire. Tout logement qui ne remplit pas ces conditions est « surpeuplé » ; le propriétaire peut être traduit devant les tribunaux et condamné à une amende, les habitants peuvent être expulsés ; si deux condamnations pour surpeuplement ont lieu dans la même maison dans l'espace de trois mois, le conseil municipal a le droit de faire fermer la maison. La loi autorise également le conseil municipal à soumettre à la formalité de la déclaration, toute maison louée en garni ou habitée par plus d'une famille. De temps en temps, les inspecteurs sanitaires font dans les garnis des descentes nocturnes, de façon à empêcher les tenanciers de ces établissements de mettre le plus de personnes possible dans le moins d'espace possible.

Tels sont les pouvoirs qui ont été conférés par la loi aux conseils municipaux pour supprimer le surpeuplement. L'insalubrité des logements est combattue de la même manière. Tout d'abord, le locataire qui prouve que son logement n'était pas, au commencement de la location, « propre à tous égards à servir d'habitation » (*in all respects reasonably fit for human habitation*) et qu'il s'en est suivi telle ou telle maladie, tel ou tel accident, a recours contre son propriétaire devant les tribunaux compétents. Mais les autorités publiques ont, elles aussi, le droit d'intervenir. Sur une plainte signée par quatre chefs de famille (*householders*) du voisinage, ou même d'après la loi de 1891, sur la plainte d'une personne quelconque, le conseil municipal peut, après rapport de l'officier de santé, obliger le propriétaire à toutes réparations utiles. Il peut, en cas de besoin, faire faire ces réparations d'urgence et réclamer une indemnité. Lorsque le cas est particulièrement grave, il traduit le propriétaire devant les tribunaux qui prononcent, s'il y a lieu, la fermeture de l'immeuble et infligent au propriétaire une amende qui peut s'élever à 20 shillings par jour, pendant toute la durée du temps que la maison ne sera point en état d'être habitée [1]. Les locataires expulsés dans ces conditions ont droit à une indemnité qui leur est payée par le propriétaire. Si les réparations ne se font point, le conseil municipal peut décider, sauf appel devant les tribunaux, la démolition de l'immeuble ; si, trois mois après l'arrêté du conseil, l'im-

1. La loi de 1909 donne même aux conseils municipaux, et à leur défaut au conseil de comté le droit de prononcer d'urgence la fermeture de l'immeuble, sauf recours du propriétaire devant les tribunaux compétents.

meuble n'a pas été démoli par le propriétaire, le conseil peut le faire démolir lui-même, aux frais du propriétaire.

Les conseils municipaux sont en outre autorisés à acheter, soit à l'amiable, soit par voie d'expropriation, et à faire disparaître tout bâtiment qui, sans être malsain par lui-même, intercepte la lumière, nuit à l'aération et rend malsains les édifices du voisinage. Lorsque tout un pâté de maisons est devenu insalubre par suite du mauvais arrangement des rues et des cours ou pour toute autre cause, le conseil municipal a pour devoir de faire une enquête, et, si une transformation complète est reconnue nécessaire, de faire préparer par son architecte un plan de reconstruction. Une fois ce plan approuvé par le ministère de l'administration locale le conseil achète, de gré à gré ou par expropriation, les maisons et le terrain, et met à exécution le plan d'assainissement qu'il a adopté.

3° *Démolition et reconstruction des quartiers insalubres.*

Ce que nous venons de dire des pouvoirs des conseils municipaux en matière d'assainissement nous amène à parler des pouvoirs du Conseil de Comté de Londres sur le même point. Quand on se trouve en présence d'un slum trop étendu pour que le conseil municipal sur le territoire duquel il est situé puisse, sans grever trop lourdement son budget, venir à bout de l'entreprise, c'est le Conseil de Comté qui se charge de l'assainissement. Il n'est pas obligé d'attendre une demande faite par un conseil municipal ; il a son officier de santé et ses inspecteurs ; il peut agir d'une manière indépendante, et il suffit, pour qu'il institue une enquête sur un quartier donné, que ce quartier lui ait été signalé par une plainte signée de 12 contribuables. Si le rapport de l'officier de santé du comté conclut à la démolition du slum, le Conseil de Comté fait préparer un plan d'assainissement qui est porté à la connaissance des intéressés et du public, et lorsque rien ne s'y oppose, régulièrement transformé en loi par le Parlement. Si le *County Council* montrait quelque négligence — ce qui n'a point été le cas d'ailleurs, — les 12 signataires de la pétition peuvent en appeler au ministre de l'administration locale.

La question de l'indemnité à payer aux propriétaires est particulièrement délicate. La loi de 1890 stipule que cette indemnité sera fixée d'après la valeur marchande (*fair market value*) du sol et des édifices. L'expropriation ne donne droit à aucune indemnité supplémentaire. On doit tenir compte, en faisant cette évaluation, du mauvais état de la propriété, de la durée probable des bâtiments,

et du fait que la valeur peut s'en trouver illégalement augmentée
par suite du surpeuplement des habitants.

Nous verrons dans un instant le parti que le *County Council* a su
tirer de cette législation.

4° *Construction de cités ouvrières par les autorités municipales.*

La troisième partie du Housing Act de 1890 donne au Conseil de
Comté le droit, en dehors de toute question d'assainissement, d'acheter des terrains à bâtir et d'y construire ou faire construire des maisons d'habitation pour ouvriers. Ces maisons pourront être pour-
vues d'un petit jardin. Le Conseil de Comté est également autorisé à
acheter dans le même but des maisons déjà construites. Depuis
1900, les nouveaux « conseils de bourg » constitués à Londres ont,
en cette matière, les mêmes pouvoirs que le Conseil de Comté. Un
amendement voté en 1900 permet d'acheter ou de prendre à bail
emphytéotique des terrains situés même en dehors des limites du
comté de Londres et destinés à la construction d'habitations ouvrières qui serviront à loger le trop-plein de la grande ville.

Il suffit, pour constater que cette législation n'a point produit tous
les résultats espérés, de lire les discours et les brochures que la
question des logements ne cesse d'inspirer aux philanthropes et aux
hommes politiques de tous les partis. Les arrêtés contre le surpeuplement se sont trouvés à peu près inapplicables. On ne peut pas
jeter sur le pavé les sept cent mille « surpeuplés » de la capitale. Les
expulsions réitérées n'ont aucun résultat ; une famille « surpeuplée »,
découverte et dûment expulsée par les autorités sanitaires d'un
quartier, passe dans le quartier voisin et s'y cache de son mieux en
attendant une nouvelle expulsion ; cette chasse à courre organisée
par les autorités contre quelques malheureuses familles présente
peu d'utilité, et elle a, aux yeux du public, quelque chose de puéril
et de révoltant. La loi paraît supposer que le surpeuplement est
toujours volontaire : or, il n'en est rien. Bien qu'un grand nombre
d'ouvriers londoniens professent, en matière de logement, des idées
contraires à tous les principes d'hygiène, il est trop évident que la
véritable cause du phénomène est ce qu'une brochure de la Société
Fabienne appelle énergiquement la « disette de maisons » (*the
house famine*).

Il faut dire cependant que les anciens conseils paroissiaux auxquels était confiée l'exécution d'une partie considérable des lois
sanitaires, se sont rarement montrés à la hauteur de leur tâche : la

complication de la procédure à suivre, les frais qu'entraînent les perpétuels appels devant les tribunaux, leurs fournissaient d'excellentes raisons pour ne rien faire, sous prétexte d'économie. D'aucuns se prétendaient arrêtés par la difficulté qu'ils éprouvaient à découvrir les propriétaires de leurs slums, — difficulté souvent réelle, car les susdits propriétaires, qui sont parfois de grands personnages, ne tiennent point à être mis en évidence et ne se font connaître que par l'intermédiaire de leurs hommes d'affaires. Un très grand nombre de Londoniens ignorent jusqu'au nom du propriétaire de leur maison ; tous les samedis, ils reçoivent la visite de son représentant qui se contente de prendre l'argent et de signer d'une initiale le carnet de loyer.

Mais les excuses qui ont été mises en avant par les conseils paroissiaux ont eu souvent pour but de dissimuler la véritable cause de leur apathie, c'est-à-dire leur mauvais vouloir. Certains de ces conseils qui comptaient des « marchands de maisons » parmi les plus influents de leurs membres, sont entrés en lutte ouverte avec leur officier de santé dont les rapports jetaient un jour fâcheux sur l'état sanitaire du quartier. On a vu l'autorité supérieure, — le Conseil de Comté, — obligée de menacer certaines *vestries* d'une action en justice pour les obliger à nommer un nombre suffisant d'inspecteurs sanitaires [1] et à se préoccuper d'empêcher la formation des slums. C'est également pour stimuler le zèle des conseils paroissiaux, et des autorités publiques en général, que s'est fondé le *Mansion House Council on the dwellings of the poor*, dont le président est le Lord Maire de la Cité de Londres. Le *Mansion House Council*, fondé en 1883, est une association privée, soutenue par des dons volontaires, mais il compte parmi ses membres la plupart de ceux qui s'intéressent à l'amélioration du sort des classes laborieuses. Les locataires qui craignent de se compromettre en portant plainte contre leur propriétaire peuvent s'adresser au *Mansion House Council* qui a ses inspecteurs spéciaux et fait toutes les démarches né-

---

1. Actuellement encore le nombre d'inspecteurs sanitaires est loin d'être le même partout : tandis que le bourg de Finsbury a un inspecteur pour 8.700 habitants, celui de Camberwell n'a qu'un inspecteur pour 23.000. Voir *London Statistics*, t. XX, p. 106. — Avant la transformation des *vestries* en *borough councils* (1899), la situation était beaucoup plus mauvaise ; il n'y avait qu'un inspecteur pour 37.000 habitants à Mile End Old Town, et certaines *vestries*, celle de Bethnal Green par exemple, refusaient systématiquement d'appliquer leurs propres arrêtés (Cf. *Annual Report of the proceedings of the London County Council, for 1899-1900*, p. XIV-XV et 179).

cessaires. Il réussit souvent là où de simples particuliers échoue-
raient, et plusieurs des grandes éclaircies qui ont été pratiquées à
travers « les ténèbres de Londres » sont dues à son initiative. Le
Lord Maire déclarait en 1901 que depuis sa fondation le Conseil
avait fait plus de cent mille enquêtes. Malheureusement la générosité du public semble s'être lassée, et les dons volontaires qui peuvent seuls permettre à l'association de continuer son œuvre, vont
sans cesse en diminuant. Le Conseil considère d'ailleurs que la
situation a maintenant perdu beaucoup de sa gravité [1].

Après ce que nous avons dit de l'esprit qui animait les anciens
conseils paroissiaux, on ne s'étonnera point d'apprendre qu'ils
aient peu profité des pouvoirs que leur donnait la loi pour la reconstruction des maisons isolées et des slums de faible étendue. Les
conseils municipaux par lesquels la loi de 1899 a remplacé les *vestries* ont montré plus d'activité : près de 3 hectares de slums ont été
déblayés par leurs soins dans les différentes parties de Londres, et
certains d'entre eux, ceux de Camberwell et de Battersea notamment, se sont lancés dans la construction de véritables cités ouvrières.

Mais ces efforts paraissent bien insignifiants lorsqu'on les compare à l'œuvre du Conseil de Comté qui, s'appuyant sur la première
partie de la loi de 1890, a complètement transformé l'aspect de certains quartiers de la capitale. Déjà, de 1855 à 1889, le *Metropolitan
Board of Works* avait dépensé plus de 37 millions en travaux de
démolition ; mais les terrains ainsi déblayés furent vendus ou
loués à des entrepreneurs de construction, et les résultats ne se
firent pas attendre : de nouveaux slums s'élevèrent parfois comme
par enchantement sur l'emplacement des anciens. Le Conseil de
Comté n'a eu garde de suivre les mêmes errements ; à l'exemple des
municipalités de Glasgow et de Birmingham, il a décidé de reconstruire sur les plans de ses architectes les quartiers dont la démolition avait été jugée nécessaire par l'officier de santé du comté de
Londres. Dans les dix premières années de son existence (1889-
1900) le Conseil a dépensé, rien que pour acheter les slums et les
démolir, plus de 28 millions de francs ; la superficie des terrains
actuellement déblayés dépasse 16 hectares, et dans les bâtiments

---

1. Des rapports annuels, publiés sous le titre de *The dwellings of the poor*,
ont paru de 1886 à 1899. Une brochure publiée en 1908 (*The present position
of the housing problem in and around London*) montre une assez vive hostilité
contre les entreprises municipales.

élevés sur ces terrains le Conseil compte plus de 11.000 locataires [1].

La plus importante des « éclaircies » (*clearances*) pratiquées par le Conseil de Comté a été celle de Boundary Street, à Bethnal Green. Il existait dans l'East End de Londres, tout près de Shoreditch, mais sur le territoire de Bethnal Green, une région très mal famée appelée dans le voisinage le *Nichol*, parce que trois ou quatre rues y portaient ce nom [2]. Le *Nichol* avait été, à l'époque de sa construction, c'est-à-dire à la fin du xviiie et au commencement du xixe siècle, occupé par des ouvriers en soieries, comme en témoignaient les larges fenêtres du premier étage, nécessaires pour éclairer le métier. Les rues étaient étroites, mais les maisons n'étaient pas hautes, et chacune d'elles avait par derrière son petit jardin. Cet état de choses ne dura pas ; l'industrie du tissage de la soie périclita, les tisserands disparurent ; une nouvelle population, composée surtout de journaliers, plus ou moins réguliers dans leur travail, et de repris de justice, prit la place de l'ancienne ; en même temps les jardins étaient remplacés par des ateliers et des maisons d'habitation. Dès 1848, le quartier avait presque entièrement changé de caractère [3] ; en 1890, c'était le slum le plus fameux de Londres, un dédale de rues étroites et d'impasses obscures où personne, sauf les habitants ordinaires, n'était en sécurité. Jamais les maisons n'avaient été réparées ; les portes d'entrée avait disparu ; les planchers étaient pourris et remplis de trous, les toits laissaient passer la pluie ; presque toutes les maisons avaient lentement descendu dans le sol, et leur rez-de-chaussée se trouvait maintenant au-dessous du niveau de la rue ; suivant l'officier de santé de Bethnal Green, la moitié n'était bonne qu'à démolir. La mortalité était énorme [4].

Tel était le quartier qu'en 1890 le Conseil de Comté entreprit de transformer et dont il voulut faire une propriété modèle, une sorte d'îlot d'habitations saines et gaies au milieu des rues monotones et désolées de l'East End. Le slum s'étendait sur 6 hectares de terrain et renfermait 5.700 habitants environ. Le Conseil résolut de ne rien épargner, sauf une église et deux écoles, et de tout reconstruire

1. *London Statistics*, t. XX, p. 131 et suiv., 137-138.
2. C'est le slum décrit sous le nom de Iago dans le roman de Morrison, *A child of the Iago*.
3. Voir la description du Dr Gavin, citée dans *Municipal Journal*, 1900, p. 167-168, et le plan donné plus haut dans ce chapitre (fig. 6, p. 117).
4. D'après le Dr Bate, officier de santé du bourg de Bethnal Green, cité dans *Municipal Journal*, 1900, p. 155-156.

sur un nouveau plan : au centre, un jardin circulaire ; tout autour, sept larges avenues, plantées d'arbres, qui se détachent de ce point comme les rayons d'un cercle. Les constructions sont en brique rouge et à cinq étages, dont un étage mansardé ; elles se composent de 23 pâtés de maisons, renfermant 1.044 appartements, la plupart de deux ou de trois pièces, et pouvant loger 5.380 personnes. Le prix du terrain, les indemnités à verser aux propriétaires des maisons et aux commerçants, les frais de démolition arrivèrent à un total de 9 millions de francs, en chiffres ronds ; les constructions sont revenues à 6.900.000 francs environ [1].

Le Conseil a continué dans ces dernières années la destruction des slums et la construction de cités ouvrières composées, suivant la localité, de vastes maisons de rapport ou de petits cottages. Il n'est pas douteux cependant que le *County Council* ne soit devenu, avec l'âge, beaucoup moins audacieux qu'au début de son existence. Ce n'est pas le caractère semi-socialiste de ces entreprises qui effraie le Conseil, car, même dans le parti « modéré », bon nombre de conseillers en sont venus à croire que hors de l'initiative municipale il n'y a point de salut. Tout le monde convient que c'est faire œuvre nécessaire que de détruire les slums ; tout le monde s'accorde à proclamer l'excellence des bâtiments élevés par le Conseil ; mais tout le monde est également d'accord pour dire que ces travaux ont le grand défaut de coûter très cher. L'achat d'un slum est pour les finances de la ville une opération fort onéreuse, surtout dans les quartiers du centre ; dès que le bruit s'est répandu que telle ou telle rue va être achetée par le *County Council*, le prix des maisons et du terrain augmente dans des proportions fabuleuses. A Boundary Street, l'achat et le déblaiement du slum sont revenus à près de 1.200 francs par habitant. Un des membres du Conseil calcula qu'il aurait été plus économique de donner un cottage dans la banlieue à chacune des familles, et à chaque père de famille une carte de circulation depuis sa maison jusqu'à la Cité. A Holborn les mêmes frais se sont élevés à plus de 2.700 francs par tête ; et le Conseil

1. Des renseignements très complets sur la transformation de Boundary Street se trouvent dans la brochure officielle publiée par le Conseil de Comté (n° 476) à l'occasion de l'inauguration : *Opening ceremony by His Royal Highness the Prince of Wales of the Boundary Street area*, 1900 ; dans un numéro spécial du *Municipal Journal* (2 mars 1900) ; et dans le chapitre consacré à Boundary Street par les auteurs de *The housing question in London*, 1855-1900 (publication du L. C. C.). Pour l'état actuel (dépenses, revenus, etc.), consulter *London Statistics* (t. XX, p. 132 et suiv.).

évalue à 4.500 francs par habitant le prix qu'il lui a fallu payer pour supprimer un des slums de Southwark. Au total, la démolition des slums de Londres pour l'ancien « Bureau des travaux », par le Conseil de Comté et par les conseils municipaux se traduit pour les contribuables par une perte nette de près de 62 millions[1]. Et — il faut insister sur ce point — ces dépenses n'ont pour résultat que de débarrasser le terrain des déplorables bâtisses qui l'encombrent ; après cela, il faut construire. Le Conseil emploie les meilleurs matériaux et se conforme à toutes les prescriptions sanitaires ; mais ses constructions lui reviennent à 2.100 francs par pièce environ, tandis que les grandes Compagnies construisent à 1.900 francs par pièce, et les entrepreneurs, à des prix moins élevés encore. Le Conseil emprunte à un taux très faible (de 2 1/2 à 3 1/2 0/0) les sommes dont il a besoin, mais il est obligé d'amortir en 80 ans le capital consacré à l'achat du terrain et en 60 ans le capital employé aux constructions. Il lui faut donc, pour ne pas être en déficit, louer ses appartements à des prix qui écartent la population pauvre : le tarif moyen par pièce est de 3 sh. 1 penny 1/2 (3 fr. 90) par semaine dans le centre de Londres et de 2 sh. 8 pence (3 fr. 33) dans le reste de la ville, ce qui est très supérieur au taux ordinaire des Compagnies. A Boundary Street, la moyenne a passé de 2 sh. 7 pence (3 fr. 25) avant la démolition du slum à 3 sh. 1 penny 1/4 (3 fr. 87) dans les bâtiments du Conseil[2] ; aussi a-t-on remarqué qu'il n'est pas revenu plus de 5 p. 100 des anciens habitants de l'endroit ; les autres sont allés surpeupler davantage les maisons déjà surpeuplées de Shoreditch et de Bethnal Green. Dans certains quartiers, les bâtiments du Conseil sont restés au début presque vides, faute de locataires ; dans d'autres, les locataires ont tenu des « meetings d'indignation » contre le Conseil Il y a là un dilemme dont il est difficile de sortir : si l'on veut que l'entreprise soit rémunératrice, le loyer sera trop élevé pour ceux qui souffrent de la crise des logements ; si l'on diminue le loyer, l'entreprise cessera d'être rémunératrice et la « Ligue pour la défense de la liberté et de la propriété » criera au scandale.

Pour échapper à cette difficulté, le Conseil, maintenant qu'il a fait disparaître les slums les plus notoires, a tourné tous ses efforts vers l'application de la troisième partie de la loi de 1890 qui lui permet d'acheter des terrains disponibles et de construire des habitations ouvrières, soit dans l'intérieur de la ville, soit même, depuis l'amen-

1. *London Statistics*, t. XX, p. 134-135.
2. *London Statistics*, t. XX, p. 132, 138-139.

dement de 1900 — en dehors du comté. C'est ainsi qu'il a fait l'acquisition d'un terrain de 15 hectares à Tooting, dans l'extrême Sud de Londres, et d'un terrain de 18 hectares dans l'extrême Ouest, à Hammersmith ; hors de la ville, il s'est rendu acquéreur, dans de bonnes conditions, d'un domaine de 91 hectares à Tottenham, et d'une propriété de 11 hectares à Croydon. Il a profité en outre des nouvelles percées qu'il a faites sur certains points de Londres pour acheter des terrains et créer des quartiers modèles, comme le *Bourne Estate*, à Clerkenwell. Il est actuellement l'un des plus grands propriétaires fonciers de la capitale. Dans les « blocs » qu'il a fait élever sur l'emplacement des slums démolis et dans les cottages qu'il fait construire sur ses terrains de la banlieue vivait, au 31 mars 1912, une population de 32.710 habitants. Cette population s'accroît de jour en jour, à mesure que de nouvelles constructions s'élèvent ; on compte sur un total de près de 50 000 chambres lorsque tous les bâtiments projetés seront terminés : la population pourrait alors atteindre le chiffre de 64.000 personnes environ [1].

C'est évidemment dans la voie nouvelle où s'est engagé le *County Council* qu'il faut chercher la solution du problème du surpeuplement [2]. Comme l'a fait remarquer, dans son rapport de 1905, la commission chargée d'étudier le trafic à Londres [3], il est en somme assez déraisonnable de construire à grands frais, au centre de la ville, dans des quartiers où l'on a besoin de toutes les maisons disponibles pour en faire des magasins et des bureaux, des habitations ouvrières qui seraient beaucoup mieux placées et beaucoup plus économiquement construites dans la banlieue. C'est aller contre la nature et contre la tendance générale qui prévaut à Londres, où l'évidement progressif du centre et le reflux progressif de la population vers les faubourgs sont des phénomènes déjà fort anciens. L'essentiel est que les ouvriers soient logés quelque part, qu'ils soient

1. *London Statistics*, t. XX, p. 135 et suiv., et XXI, p. 171-173.
2. Cette solution avait déjà été préconisée par M. Booth (*Improved means of locomotion as a first step towards the cure of the housing difficulties in London*, 1904).
3. *Report of Royal Commission appointed to inquire and report upon the means of locomotion and transport in London*, 1905, § 13 et 17. — Voir aussi *Report of the London Traffic Branch of the Board of Trade*, 1909, p. 6 (analyse d'un rapport fait au Conseil de Comté par le chef du service de la statistique). D'après les chiffres fournis à la commission de 1905 (*Report*, § 13) les opérations du Conseil dans le centre avaient coûté aux contribuables plus de 10 millions entièrement perdus, pour loger 7.586 personnes, tandis que les constructions faites en banlieue avaient un budget en équilibre.

logés à bon marché et qu'ils puissent se rendre très rapidement, et pour un prix très faible, sur le lieu de leur travail. Le problème de l'habitation ouvrière devient ainsi un problème de communications ; c'est ce qui a conduit dans ces dernières années le Conseil de Comté et le gouvernement anglais à se préoccuper vivement, bien qu'un peu tard peut-être, de la question des transports à l'intérieur du comté et à l'intérieur du Plus Grand Londres.

CHAPITRE IV

« La masse des Londoniens, écrivait il y a quelques années l'auteur d'une étude sur le surpeuplement de la classe pauvre, doit habiter dans les faubourgs ou en dehors du comté de Londres [1]. » La transformation des maisons du centre en magasins et en bureaux, le taux élevé des loyers qui en est la conséquence, et, d'autre part, le besoin de plus d'air et de plus d'espace que l'on n'en peut trouver dans les quartiers centraux de la capitale, poussent en effet la population de Londres tout entière vers les faubourgs et la banlieue. Les classes supérieures sont parties les premières ; les ouvriers ne demanderaient pas mieux que de les suivre. Si les plus pauvres d'entre eux, les intermittents surtout, sont presque obligés de vivre dans la région centrale pour être plus à même de saisir les occasions fugitives, la majorité, qui est régulièrement employée et qui travaille à des heures régulières, pourrait en général prendre ses dispositions pour venir chaque matin et s'en retourner chaque soir [2]. Mais pour qu'un ouvrier puisse ainsi s'établir loin de son travail, il est indispensable, en premier lieu, que les communications entre l'endroit où il fixe sa résidence et le centre de la ville soient rapides et fréquentes, le matin principalement ; et en second lieu, que le loyer du *cottage*, augmenté des frais de voyage, ne dépasse pas le prix d'un loyer dans la région centrale. Jusqu'à ces dernières années, les billets ouvriers des Compagnies de chemin de fer permettaient seuls de réaliser ces conditions.

Ces billets sont émis en vertu de la « loi sur les trains à bon marché » (*Cheap Trains Act*) votée en 1883. Avant cette date, quelques-unes des grandes Compagnies qui ont leur terminus à Londres

---

1. Mrs Phillimore, dans *Monthly Review*, mars 1901 (*The overcrowding of the poor*, p. 55).

2. Voir sur ce point, *Royal Commission on locomotion and transport*, 1905, *Report*, I, § 13, et *Report of the London Traffic Branch of the B. of T.*, 1909 (1910), p. 5.

avaient, soit volontairement, soit en échange de concessions nouvelles que leur consentait l'Etat, établi pour certains trains du matin
des tarifs exceptionnellement réduits dans la banlieue de Londres ;
la plus importante de ces Compagnies était le *Great Eastern*, qui
dessert les faubourgs de l'Est et du Nord-Est. Dans son rapport de
1882, la commission parlementaire des logements ouvriers conseilla
de généraliser cette mesure afin de favoriser l'émigration des ouvriers vers la banlieue et de diminuer l'encombrement de la zone
centrale [1] ; de ce conseil sortit la loi de 1883, qui régit encore la
matière. L'Etat s'engageait à ne réclamer aux Compagnies aucun
impôt sur les billets dont le taux ne dépassait pas 1 penny par mille
anglais, et il leur consentait une réduction sur les impôts dont les
autres billets restaient frappés ; les Compagnies, de leur côté, prenaient l'engagement d'établir sur leurs lignes, entre 6 heures du soir
et 8 heures du matin, le nombre de trains ouvriers que le ministère
du commerce (*Board of Trade*) jugerait raisonnable, le tarif des billets émis pour ces trains ne devant, dans aucun cas, dépasser 1 penny
par mille. Au cas où une Compagnie refuserait d'obéir aux injonc-
tions du *Board of Trade*, celui-ci pourrait exiger d'elle le montant
total des impôts sans remise aucune.

  Telles sont les conditions stipulées par la loi. Dans la pratique,
le *Board of Trade* n'a joué qu'un rôle insignifiant, et, malgré les demandes réitérées du Conseil de Comté, malgré même les protestations des commissions royales [2], n'a presque jamais fait usage de
ses pouvoirs : les Compagnies sont restées entièrement libres. Certaines d'entre elles, parmi lesquelles le *Midland* et le *Great Western*
sont les plus notoires, ont longtemps profité de cette liberté pour
ne point établir de trains ouvriers ou pour n'en établir que le nombre strictement nécessaire à l'exemption d'impôt. Le *Great Western*
n'avait point encore de trains ouvriers en 1890; il en avait un seul
en 1894 et 3 en 1902 ; ce n'est qu'à une époque toute récente qu'il
s'est décidé à faire quelques concessions à l'opinion publique
(16 trains, parcourant 187 milles, en 1909). Le *Midland* est resté

1. *Report of Select Committee of the H. of C. on Artizans' dwellings*, 1882,
p. IX.
2. Voir les rapports faits au conseil sur les trains ouvriers, spécialement
*Report by the Statistical officer on the need of a general extension of Workmen's
trains to 8 A. M.*, 1897 (n° 366), *The Housing Question in London* (n° 503),
p. 108-110 et *Housing of the working classes, 1855-1912* (n° 1555), p. 106-109.
— Voir également *Report of the Royal Commission on the housing of the working classes*, 1885, p. 49 et suiv.

Pasquet   11

longtemps, lui aussi, avec un seul train ouvrier qui partait de Tottenham à 4 h. 55 du matin et arrivait dans la Cité à 5 h. 33 ; il en avait 5 en 1902 et, en 1909, en possédait 13, dont le parcours total est de 143 milles anglais. La banlieue desservie par ces deux Compagnies a donc été, jusqu'à ces derniers temps, presque totalement inaccessible à la classe ouvrière. Ailleurs, tout en établissant quelques trains, on sembla d'abord s'être proposé de les rendre inutilisables pour le public en les plaçant à des heures très incommodes ou en signalant leur existence par des affiches incompréhensibles [1].

Mais ce sont là, somme toute, des exceptions. La plupart des Compagnies ont fait, sinon plus qu'elles ne devaient faire dans l'intérêt du public, du moins plus que la loi n'exigeait d'elles, et plus que ne leur demandait le ministère du commerce. En 1890, elles avaient établi, spontanément presque toujours, 257 trains ouvriers, parcourant 1.806 milles ; en 1899, le nombre des trains était de 608 et le parcours de 4.360 milles ; en 1909, nous trouvons 1.535 trains parcourant 10.985 milles, sans compter 189 trains à prix réduit (cheap trains) qui circulent journellement, comme les trains ouvriers, entre la banlieue et Londres [2] ; en 1911, 1.731 trains parcourant 12.150 milles. Nulle part le prix des billets n'approche du maximum autorisé par la loi : 1 penny par mille. Si l'on met à part la petite ligne électrique de Waterloo à la Cité, où le tarif est beaucoup plus élevé que partout ailleurs, le prix en fractions de penny, oscille entre 0, 31 par mille (environ 2 centimes par kilomètre) sur le *London and North Western*, et 0,10 (environ 1 centime le kilomètre) sur le tube *Central London*. Le *Great Eastern* qui a la clientèle ouvrière la plus considérable, fait payer, suivant les lignes, de 0 penny 17 à 0,24 [3].

Nous avons pu dresser, à l'aide des documents officiels, un tableau qui permet d'apprécier l'activité déployée par les Compagnies depuis 1883 et de porter un jugement sur la situation présente. On y voit que l'activité est loin d'avoir été la même partout, que les prix sont très différents et que les facilités accordées à la classe

1. Sinzheimer, *Der Londoner Grafschaftsrat*, p. 394-395, donne des exemples extraordinaires de l'indifférence ou du mauvais vouloir des Compagnies. L'histoire de l'établissement des trains ouvriers est étudiée en détail dans cet ouvrage (p. 372-397) et dans la publication officielle du Conseil de Comté : *The Housing Question in London* (p. 93-111).

2. Ces trains à prix réduit circulent sur le Great Eastern, le Great Northern et le Metropolitan District ; ils partent un peu plus tard que les trains ouvriers et les prix sont un peu supérieurs.

3. *London Statistics*, t. XX (1909-1910), p. 388.

Les trains ouvriers à Londres et dans la banlieue.

(d'après Report of the Traffic Branch of the B. of T., 1909 (1910), p. 132, et London Statistics, t. XX, p. 387-388).

COMPAGNIES	1883 Nombre de trains	1883 Parcours en milles anglais	1890 Nombre de trains	1890 Parcours en milles anglais	1899 Nombre de trains	1899 Parcours en milles anglais	1909 Nombre de trains	1909 Parcours en milles anglais	Voyageurs porteurs de billets d'ouvriers en octobre 1907	Prix par mille en fractions de penny (1909)
Baker Street and Waterloo (E)							99	421,12		0,24
Central London (E)							58	361,34		0,16
Charing Cross and Hampstead (E)					54	170,40	147	744,85		0,20
City and South London (E)							81	593,32		0,23
Great Central							16	200,08	6.540	0,22
Great Eastern	23	116,50	52	271,50	95	512,91	108	552,91	630.364	0,17 à 0,24
Great Northern	3	32,72	6	66,64	9	88,00	16	153,27	129.970	0,25 à 0,27
Gt Northern and City (E)							38	133,95		0,29
Gt Northern, Piccadilly, Brompton (E)							137	689,29		0,23
Gt Western					3	38,15	16	187,54	7.378	0,24
London and North Western	12	125,75	7	31,54	11	119,50	22	265,86	27.314	0,31
London and South Western	32	217,75	36	313,25	60	505,41	97	999,99	217.602	0,30
London, Brighton and South Coast	3	22,84	36	278,62	60	451,29	84	725,90	211.233	0,24 à 0,25
London, Tilbury, Southend			4	28,22	10	71,02	14	456,21	439.237	0,22
Metropolitan (E)	13	98,42	58	432,78	148	1.176,55	164	1.276,95	70.202	0,22 à 0,24
Metropolitan District (E)							204	1.705,73	79.637	0,24 à 0,26
Midland			1	7,90	5	54,92	43	443,60	37.708	
North London	5	10,00	34	196,00	37	213,00	45	296,16		0,17
South Eastern and Chatham	15	111,41	23	180,08	116	962,96	153	1.341,46	281.869	0,23 à 0,28
Waterloo and City (E)							23	36,22		0,67
TOTAL	106	734,79	257	1.806,53	608	4.360,81	1.535	10.985,57	2.138.954	

(E) Lignes électriques souterraines ou en partie souterraines.

ouvrière varient énormément suivant les Compagnies ; laissant de
côté le Métropolitain et les tubes dont le réseau atteint à peine la
banlieue, nous constatons que le *Metropolitan District* a 204 trains
ouvriers, parcourant 1.705 milles, et le *South Eastern and Chatham*
153 trains parcourant 1.341 milles, tandis que le *Great Western* et
le *Midland* viennent au bas de la liste, l'un avec 16 trains et
187 milles, l'autre avec 13 trains et 143 milles. Pour l'importance
du trafic, le premier rang appartient sans conteste au *Great Eastern* ; pendant le mois d'octobre 1907, dont nous possédons la statistique complète, le *Great Eastern* a transporté 630.000 personnes
voyageant avec des billets d'ouvriers, sur un total de 2.138.000 personnes transportées dans ces conditions par les douze Compagnies
qui desservent la banlieue de Londres. Ensemble, le *Great Eastern*
et le *London Tilbury and Southend*, qui dessert Barking, East Ham
et West Ham, font à peu près la moitié du trafic total. Dans
Londres-Sud, le trafic est assez bien partagé entre les trois
Compagnies qui desservent cette région : *South Eastern and Chatham* (281.000), *London Brighton and South Coast* (211.000), *London and South Western* (217.000). Les deux faits qui se dégagent de
l'examen du tableau et de l'étude de la carte que nous donnons hors
texte, sont l'absence presque absolue de trafic ouvrier dans les
banlieues du Nord et de l'Ouest et l'importance extrême de ce trafic dans celle de l'Est.

Ces phénomènes ne sont pas dus uniquement, comme on pourrait le croire, à l'existence d'une cité manufacturière dans l'East
End de Londres et d'une ville de luxe dans le West End ; ils sont
aussi, dans une large mesure, le résultat de la politique plus ou
moins libérale des Compagnies de chemins de fer. Ainsi que nous
l'avons fait remarquer plus haut, le *Great Western* et le *Midland*
ont, pratiquement, fermé leur banlieue à la classe ouvrière ; il en a
été de même, à un moindre degré cependant, du *London and North
Western*. Les ouvriers ont naturellement reflué vers les endroits où
les Compagnies leur offraient les facilités les plus grandes pour
leurs déplacements et où les tarifs étaient les moins élevés. Rien de
plus significatif, à cet égard, que ce qui s'est passé sur la ligne du
Great Eastern. Cette compagnie fut une des premières à mettre des
trains ouvriers en circulation ; elle en eut dès 1861 ; au moment
du vote de la loi de 1883, elle en avait 23, avec un parcours de
116 milles. Sur 7.987.000 billets ouvriers délivrés par les Compagnies en 1882, elle en délivrait à elle seule 2.549.000 [1]. Elle établit

1. *The Housing Question*, p. 107.

de bonne heure un tarif très bas qui ne dépassait pas 2 pence
pour un parcours d'une dizaine de milles (0 fr. 20 pour 16 kilomètres environ). Toutes les localités qui étaient situées dans la zone
des billets d'aller et retour à 2 pence se trouvèrent privilégiées. Des
petites villes comme Leyton, qui avait 5.300 habitants en 1861,
Walthamstow qui en avait 6.800, Tottenham qui en avait 10.400, aug-
mentèrent avec une rapidité sans égale. Leyton compta 27.000 habitants, en 1881 et 98.000, en 1901 ; Walthamstow passa de 6.800 à
21.000 dans la première période, et de 21.000 à 95.000 dans la
seconde ; Tottenham avait déjà 36.000 habitants en 1881, il en eut
102.000 en 1901. Edmonton prit également, à partir de l'établissement des trains ouvriers du *Great Eastern* un développement prodigieux (10.900 habitants en 1861 ; 23.400 en 1881, 61.800 en 1901)[1].

Un des effets les plus importants des différences apportées par
chaque Compagnie dans l'application de la loi a été la formation
sur les lignes les plus favorisées de véritables cités ouvrières, habitées à peu près uniquement par des gens sans fortune, très imposées par suite de la nécessité de subvenir à toutes les dépenses d'une
ville ordinaire, souvent mal construites et médiocrement salubres :
telles sont Edmonton et Tottenham, et presque toutes les villes qui
se sont créées à l'Est et au Nord-Est du comté de Londres[2]. Mais
en supposant que toutes les Compagnies eussent fait preuve du
même bon vouloir et que les ouvriers de Londres eussent eu le pouvoir de choisir, en toute liberté, le lieu de leur domicile dans la
banlieue tout entière, il est certain que les chemins de fer et leurs
trains ouvriers n'auraient pu suffire à faire disparaître le surpeuplement de la région centrale et à résoudre le problème de l'habitation ouvrière. La zone d'action d'une ligne de banlieue ne s'étend
en effet qu'à une assez faible distance de chaque côté de la voie. Il
est indispensable que l'ouvrier puisse se rendre à la gare à pied en
un temps très court, d'autant plus que les trains partent souvent à
une heure très matinale : sur la plupart des Compagnies, les trains
ouvriers arrivent à Londres avant 8 heures et sur certaines avant
7 heures ; les directeurs, qui se plaignent constamment que ces
trains ne fassent pas leurs frais les relèguent au moment de la journée où ils gênent le moins le trafic général du réseau. De chaque
côté des lignes desservies par des trains ouvriers, et jusqu'à une
certaine distance de leur terminus — distance qui dépasse rarement

1. *Report of the London Traffic Branch*, 1909, p. 5 et 142.
2. Cf. *Report of Royal Commission on locomotion and transport*, I, § 14. —
Donald, *Housing the poor* (*Contemporary Review*, mars 1900, p. 332-333).

12 à 15 kilomètres — s'installe donc une bordure de population ouvrière plus ou moins dense qui finit quelquefois par constituer une sorte de ville continue dont le chemin de fer est pour ainsi dire la rue principale ; entre ces tentacules que le monstre urbain projette de divers côtés et, en apparence, au hasard, de grands espaces restent souvent complètement vides.

Pour mettre ces espaces à la disposition de la population ouvrière de Londres, de nouveaux moyens de communication seraient nécessaires. Il peut arriver qu'une Compagnie soit amenée à construire une ligne de ce genre dans l'intention de relier deux lignes de son réseau ou d'éviter le doublement, toujours très coûteux, d'une ligne ancienne ; mais en général les Compagnies se refusent naturellement à faire des lignes dans des endroits où tout le trafic est à l'état d'espérance lointaine, et, naturellement aussi, les ouvriers ne peuvent songer à s'établir dans une localité qui n'est desservie par aucune voie de communication. Il est difficile de sortir de ce cercle vicieux. Le Conseil de Comté a laissé entendre à diverses reprises que le gouvernement devrait obliger les Compagnies à construire les lignes indispensables ; mais il ne semble pas que les lois en vigueur donnent à l'État le droit d'intervenir et, en tout cas, les commissaires des chemins de fer (*Railway Commissioners*) et le *Board of Trade* ont fait la sourde oreille [1]. La commission royale chargée, en 1905, d'étudier le trafic de Londres, s'est bornée à conseiller aux municipalités et aux propriétaires intéressés de s'entendre à l'amiable avec les Compagnies et de leur faire au besoin des concessions. La participation pécuniaire des corporations municipales et des conseils de comté du Plus Grand Londres à l'établissement d'une nouvelle ligne lui paraîtrait encore une solution meilleure que de construire à grands frais des habitations ouvrières dans des quartiers surpeuplés ou dans cette zone centrale de Londres qui devient de plus en plus une dépendance de la Cité [2].

La Commission royale ne prévoyait guère comme moyen de communication entre la ville et sa banlieue que les lignes de chemin de fer. Bien que son rapport n'ait été déposé qu'en 1905, les données du problème se sont, depuis cette date récente, modifiées considérablement, grâce surtout aux progrès de la traction automobile et de la traction électrique.

1. *Report of Royal Commission on locomotion and transport*, 1905, I, § 14, 158. — Cf. *Annual Report of the London County Council, 1899-1900*, p. IX ; *Report of the London Traffic Branch, 1909* (1910), p. 5.
2. *Report of the Royal Commission on locomotion*, I, § 150.

Nous avons vu, dans un chapitre précédent, comment Londres
qui, au commencement du xxᵉ siècle, n'était pas en avance au point
de vue des communications sur la plupart des grandes capitales, a
été doté en quelques années, par l'initiative de la finance américaine,
d'un réseau, passablement incohérent, mais fort étendu, de « tubes »
électriques : de 1903 à 1907, plus de 42 kilomètres de tubes furent
ouverts à la circulation. Les lignes du Métropolitain et du District
métropolitain adoptèrent la traction électrique. Le Conseil de Comté
de Londres s'employa avec une hâte presque fébrile à remplacer sur
les réseaux de tramways dont il se rendait acquéreur la traction
animale par l'électricité. Des lignes de tramways électriques et
même des chemins de fer électriques s'établirent un peu partout
dans le Plus Grand Londres. A l'intérieur de la ville, d'innombrables lignes d'autobus surgissaient dans toutes les directions ; les
spéculateurs au petit pied qui ne pouvaient point, comme M. Yer-
kes, lancer un nouveau « tube » sur le marché, se contentaient mo-
destement de lancer un nouvel autobus. La concurrence devint si
vive et amena une telle baisse de prix qu'il fallut s'entendre, amal-
gamer les Compagnies, relever les tarifs ; malgré tout, la place de
Londres ne s'est pas encore complètement remise de cette orgie d'é-
lectricité et a conservé, à l'endroit des entreprises de cette nature, un
certain scepticisme : un assez grand nombre de projets qui avaient
obtenu l'approbation du Parlement sont restés en souffrance, faute
d'argent [1].

Parmi ces nouveaux moyens de locomotion, les autobus n'ont
encore qu'une importance secondaire au point de vue qui nous occupe. En général, les lignes ne pénètrent pas assez avant dans la
banlieue, et, dans l'état actuel des choses, il n'en saurait être autrement, car il paraît difficile qu'une ligne d'omnibus automobiles
puisse réaliser des bénéfices, si elle n'opère pas dans une région de
trafic très actif. Il serait dangereux cependant de prédire que la
sphère d'action de l'autobus ne dépassera pas les limites du comté
de Londres ; à l'heure actuelle, la Compagnie des omnibus s'efforce
très nettement d'augmenter son service de banlieue, et si, comme
on le laisse entendre, cette Compagnie opère sa fusion avec la Compagnie des « tubes », il est fort possible que son rôle de pourvoyeuse
des chemins de fer électriques lui donne dans le Plus Grand Londres une importance croissante [2].

1. *Report of the London Traffic Branch, 1908*, p. 22-23, 42-43, 45-47, 56-60.
2. Voir *Report of the L. T. B., 1911*, p. 35 et la carte.— Des services régu-

Les tubes électriques, auxquels les autobus font concurrence, se trouvent dans des conditions analogues : les frais de construction très élevés (parfois plus de 15 millions par kilomètre) ont obligé, pour que l'on puisse donner un dividende quelconque, à réserver ces entreprises aux parties de la ville où la circulation est intense et continue. Ils délivrent cependant des billets ouvriers, et ne sont point sans utilité puisqu'ils prolongent jusqu'au cœur de la ville et dans toutes les directions les grandes lignes de chemins de fer et de tramways qui desservent la banlieue. Le rôle complémentaire des tubes est très nettement mis en évidence dans une entreprise récente de la Compagnie *London and North Western*. Cette Compagnie, qui a son terminus à Euston, est en train de construire une ligne électrique qui reliera ce terminus à Watford, petite ville située à 24 kilomètres à vol d'oiseau de Charing Cross et desservira la banlieue du Nord-Ouest. La ligne sera à ciel ouvert dans la campagne et souterraine dans Londres ; elle se terminera en boucle sous la gare d'Euston et communiquera par des passages souterrains avec différents tubes — le *Charing Cross, Hampstead* et le *City and South London*, notamment, — qui distribueront les voyageurs dans les diverses parties de la ville. Conformément à la même idée, la compagnie du District métropolitain a poussé ses lignes électriques à l'Ouest de Londres d'un côté jusqu'à Uxbridge, et de l'autre jusqu'à Hounslow.

Mais on aurait tort d'espérer que les tubes électriques de Londres vont à bref délai se prolonger de tous côtés dans la campagne sous la forme de chemins de fer électriques à ciel ouvert : la construction de ces lignes serait trop coûteuse pour le trafic actuel. Dans les régions de population faible, le meilleur instrument de pénétration paraît être actuellement le tramway électrique. Le tramway utilise les routes existantes ; les frais d'établissement sont relativement peu élevés ; le matériel coûte beaucoup moins cher que celui d'un chemin de fer ; enfin l'on peut multiplier à peu de frais les départs, ce qui est un avantage inestimable dans le cas qui nous occupe. Un des meilleurs exemples de la manière dont on peut utiliser ainsi le tramway électrique pour rendre accessible un quartier où l'on veut bâtir des cottages ouvriers est celui du domaine de Tooting, créé par le Conseil de Comté dans le Sud-Ouest de Londres et relié à la Tamise par une des lignes qui appartiennent au Conseil : la ligne de

liers desservent Hendon au N., Willesden à l'W., Bromley et Dulwich au S., etc. Les prix sont supérieurs aux tarifs ouvriers des chemins de fer et des tramways.

Tooting transportait en 1902-1903 (avant l'introduction de la traction électrique) 581.000 personnes munies de billets ouvriers, et en
1909-1910, 4 millions 15.000[1].

L'établissement des lignes de tramways rencontre à Londres et
dans la banlieue certaines difficultés particulières. Dans Londres
en général, et spécialement dans la partie centrale de la ville, les
rues sont presque toutes très étroites[2] et le trafic intense : le Conseil
de Comté a même pris le parti de faire passer en tunnel, sous la rue
nouvelle de Kingsway, la ligne Nord-Sud qui fait communiquer
Holborn et l'Embankment. En banlieue, les routes sont souvent
étranglées dans la traversée des anciens villages qui entouraient
Londres, et, d'autre part, les administrations municipales ont souvent aussi laissé construire les quartiers neufs sans se préoccuper
d'autre chose que des nécessités locales et sans obliger les propriétaires à donner aux rues une largeur suffisante pour la circulation
des tramways[3]. Enfin il faut compter avec l'esprit parfois très
étroit des autorités qui se partagent l'administration du Plus Grand
Londres : conseils de comté, municipalités urbaines, municipalités rurales, — en tout 142 autorités différentes. Ces 142 autorités
ont presque toutes un droit de veto sur les nouvelles lignes ; elles
peuvent s'opposer à l'établissement d'une ligne qui passe sur leur
territoire, et il suffit de l'opposition d'une seule municipalité pour
faire échec à un plan longuement mûri et approuvé par tous les
conseils de comté et toutes les municipalités intéressées, sauf une
seule. C'est ainsi que le Conseil de Comté de Londres a dû renoncer plus d une fois à construire des lignes réclamées par la population londonienne parce que la nouvelle ligne ne convenait point à
l'un des bourgs de Londres qu'elle devait traverser. Les abus de ce
droit de veto ont été tels que la Commission royale de 1905 s'est
nettement prononcée pour son abolition[4].

En dépit de tous les obstacles, le développement des lignes de
tramways dans Londres et sa banlieue et les progrès de la circulation ont été dans ces dernières années véritablement prodigieux.

1. *Report of the London Traffic Branch, 1910* (1911), p. 51.
2. Tandis que Paris a 164 kilomètres de boulevards et d'avenues de 30 mètres
de large ou plus, Londres n'en avait en 1909 que 13 kilomètres et demi (*Report of the L. T. B.*, *1909* (1910), p. 8.
3. *Report of Royal Commission on locomotion*, 1905, I, § 80, 85-89 ; *Report of
the London Traffic Branch*, *1908* (1908), p. 15-17, 19.
4 *Report of Royal Commission on locomotion*, I, § 113-115. — Cf. *Annual
Report of proceedings of the London County Council*, 1899-1900, p. X.

Le réseau de tramways du Plus Grand Londres, qui avait une longueur de 302 kilomètres en 1903, atteignait 500 kilomètres en 1908, et 545 en 1910. Cette augmentation si rapide est inférieure pourtant à l'accroissement de la circulation qui a été de 82 p. 100 en cinq ans (1903-1908). La substitution des tramways électriques aux tramways à chevaux sur la plupart des lignes du *County Council* a contribué pour sa part à cet accroissement qui a porté le chiffre des voyageurs de 349 millions en 1903 à 638 millions en 1908, mais l'augmentation a été beaucoup plus accentuée dans la banlieue (*Outer London*) que dans l'intérieur du Comté (95 millions de voyageurs dans la banlieue en 1903, 225 millions en 1908). En 1910, le nombre des voyageurs transportés par les tramways du Plus Grand Londres a été de 763 millions 797.000, dont 259 millions pour la banlieue [1].

Les progrès des tramways sont dus en partie à l'augmentation générale de la circulation. Le service de statistique du Conseil de Comté a calculé en effet que, dans l'ensemble du Plus Grand Londres, le nombre de voyages par habitant qui était de 142 en 1903 était de 179 en 1908, ce qui représente une augmentation de 26 p. 100 [2]. Nous sommes loin néanmoins des 82 p. 100 que nous avons constatés plus haut pour les tramways seuls, et, en réalité, comme en témoignent les chiffres fournis à la fin de chaque exercice par les Compagnies de chemins de fer, c'est surtout aux dépens de ces Compagnies que les tramways ont gagné du terrain. Chacun des rapports du bureau spécial (*London Traffic Branch*) qui est chargé au ministère du commerce de surveiller les conditions du trafic de Londres est rempli des lamentations des Compagnies [3]. Toutes se plaignent que leur trafic suburbain diminue chaque année, et elles sont unanimes à attribuer cette diminution à la concurrence des tramways. Certaines songent à fermer une partie de leurs gares de banlieue ; quelques-unes ont même commencé à le faire ; d'autres ont commencé, parfois sans grande conviction, à établir sur leurs lignes la traction électrique. Ce sont naturellement les Compagnies qui ont fait les plus grands sacrifices pour les voyageurs de banlieue qui souffrent le plus de la concurrence. Le *Great Eastern* qui a, comme nous l'avons dit, une part très considérable du trafic suburbain, est parvenu, en abaissant

1. *Report of the London Traffic Branch, 1909* (1910), p. 21 ; *ibid.*, 1911, p. 37.
2. *London Statistics*, t. **XX**, p. 386.
3. Voir en particulier *Report of the L. T. B., 1908* (1908), p. 55 ; *1909* (1910), p. 38-39, 41, 131 ; *1910* (1911), p. 71 et suiv. ; *1911* (1911), p. 66 et suiv.

encore ses tarifs, à enrayer momentanément la décadence [1] ; mais il est probable que c'est dans le développement du service de la grande banlieue que les chemins de fer devront chercher une compensation Jusqu'à une distance de 12 à 15 kilomètres de Charing Cross, le tramway a conquis la place et sa supériorité s'affirmera sans doute de plus en plus. Le tramway va chercher le voyageur jusque chez lui et le ramène à sa porte ; les départs sont continuels, les prix sont généralement inférieurs à ceux des chemins de fer ; toutes ces conditions réunies en font le mode de locomotion préféré du petit employé et de l'ouvrier de la banlieue.

Le système de tramways du Plus Grand Londres est malheureusement loin de répondre aux besoins d'une circulation toujours croissante. Comme toutes les institutions anglaises, il a été créé sans aucun plan d'ensemble et manque totalement d'unité. Au lieu d'un réseau de tramways, il en existe 19, appartenant les uns à des conseils de comté, les autres à des municipalités, les autres à des compagnies privées. Ces réseaux communiquent parfois difficilement les uns avec les autres, et souvent il n'y a pas entre eux de billets directs, ce qui a presque toujours pour résultat d'augmenter le prix du trajet.

Considérons, par exemple, le réseau du Conseil de Comté de Londres qui comprend à peu près la totalité des lignes du comté et qui est de beaucoup le plus important de toute la région londonienne (223 kilomètres sur 545 kilomètres de tramways dans le Plus Grand Londres en 1910) [2]. Ce réseau, sur lequel on achève d'installer l'électricité, est exploité directement par le Conseil et fort bien exploité, les adversaires du *County Council* en conviennent eux-mêmes. Les tarifs sont peu élevés et descendent pour les petites distances jusqu'à un demi-penny (0 fr. 05). Des billets d'ouvriers sont délivrés à des prix très réduits : pour un maximum de 2 pence (0 fr. 20) aller et retour, on peut se rendre à peu près à n'importe quel point de Londres-Sud au pont de Westminster ou à celui de Blackfriars. Neuf millions 898.000 personnes en 1904-1905, et 36 millions 354.000 en 1909-1910 ont profité du tarif ouvrier; plus de 100 millions ont voyagé avec des billets d'un demi-penny en 1908-1909, sur un total de 412 millions de voyageurs [3].

Malgré tout, le réseau du Conseil de Comté n'est pas parfait. Pour

1. *Report of the L.T.B., 1910* (1911), p. 73.
2. *Report of the L. T. B., 1911*, p. 37.
3. *Report of the London Traffic Branch, 1910* (1911), p. 51 ; *London Statistics*, t. XX, p. 385.

des raisons dont il serait injuste de rendre le Conseil seul responsable, la partie Nord et la partie Sud du réseau sont restées jusqu'en 1908 sans communication à travers la Tamise. Actuellement encore, cette communication n'existe réellement que sur deux points, au pont de Westminster et au pont de Blackfriars ; une troisième ligne venant du Sud traverse le pont de Vauxhall, mais se termine en impasse à la gare de Victoria. D'autre part, si le réseau du Nord communique aisément avec les tramways de la banlieue à l'Est et au Nord-Est de la ville, il n'est point relié à ceux qui desservent la banlieue de l'Ouest et du Nord-Ouest. Tout l'Ouest du comté de Londres, sur une étendue à peu près égale à la moitié de la superficie de Paris, est en effet dépourvu de tramways ; les seuls moyens de communication sont les autobus et les tubes souterrains, et les personnes qui se rendent de l'Est de la ville dans la banlieue Ouest sont obligées d'employer successivement deux ou trois modes de locomotion. Enfin le Conseil ne permet point aux réseaux de la banlieue d'utiliser ses lignes, et ces réseaux lui rendent, bien entendu, la pareille. Il faut donc, soit que l'on entre à Londres, soit que l'on en sorte, changer de voiture à la limite du comté, et parfois même faire à pied un trajet plus ou moins long. Sauf avec les tramways de la municipalité de Croydon, le Conseil ne délivre pas et n'accepte pas de billets directs. L'entente entre les divers réseaux de la banlieue n'est pas beaucoup plus marquée que l'entente entre ces réseaux, d'une part, et le Conseil de Comté, de l'autre. Cet état d'anarchie, qui ne facilite point les communications entre la ville et sa banlieue, a des conséquences d'autant plus graves qu'au Nord de la Tamise, tout au moins, les terrains à bâtir sont devenus excessivement rares et que l'on ne peut plus compter, pour l'expansion nécessaire de la ville, que sur la banlieue.

En résumé, s'il est assurément exagéré d'appeler Londres, comme le fait M. André Lefèvre dans la préface de l'ouvrage de M. Cadoux sur les grandes capitales [1], « une ville mal desservie », il n'en est pas moins vrai que, comme il le remarque très justement, la « belle libre concurrence » n'a pas présenté tous les avantages que l'on espérait. L'absence d'un plan directeur se fait fâcheusement sentir dans l'organisation des transports à Londres et autour de Londres. A parler franchement, c'est le chaos. Certaines lignes sont tellement desservies que les concurrents se ruinent les uns les autres ; sur d'autres points, les communications manquent presque totalement. C'est la raison qui a poussé la Commission mixte des Lords et des

---

1. G. Cadoux, *La vie des grandes capitales* (1908), p. X-XI.

Communes en 1901 et la Commission royale des transports à Londres en 1905 à réclamer la création d'une administration indépendante, supérieure à toutes les autorités locales et chargée d'élaborer
pour le Plus Grand Londres un plan général de transports en commun [1]. Le gouvernement a chargé de ce soin, en 1907, le ministère du
commerce qui a institué ce Bureau spécial du trafic de Londres dont
il a été plusieurs fois question au cours de cette étude. Après de
longues et consciencieuses enquêtes, ce Bureau a proposé, pour le
début, la construction dans Londres et la banlieue, de 160 kilomètres de grandes avenues et l'élargissement de 31 kilomètres de rues
anciennes.

L'ouvrier qui désire habiter la banlieue de Londres n'a donc pas
toujours à sa disposition des moyens de locomotion aussi parfaits
et aussi peu coûteux qu'il serait en droit de l'espérer. Néanmoins,
même dans l'état actuel des choses, il a presque dans tous les cas
un intérêt non seulement hygiénique, mais pécuniaire, à préférer la
banlieue. M. Harper, chef du service de la statistique du Conseil de
Comté, a fait sur ce point une série de comparaisons fort intéressantes qui ont été reproduites dans le rapport du Bureau spécial du
ministère du commerce pour l'année 1909 [2]. Il montre qu'à Stepney,
pour un logement de trois pièces, le loyer est de 9 sh. 8 pence
3 farthings (12 fr. 15) par semaine ; à Tottenham, dans la banlieue
Nord, l'appartement correspondant ne coûte que 7 sh. 3 pence
3 farthings (9 fr. 15) ; si l'on ajoute à ce loyer 1 shilling, montant
des frais de voyage entre Tottenham et la Cité, il reste, chaque semaine, un bénéfice de 1 sh. 5 pence (1 fr. 75). A Marylebone, l'appartement de 3 pièces coûte 10 sh. 5 pence (13 fr.) ; à Willesden,
dans la banlieue Ouest, il coûte 8 sh. 4 pence (10 fr. 40), auxquels il
faut ajouter également 1 shilling pour frais de voyage : le bénéfice
net est de 1 sh. 1 penny (1 fr. 35). A Croydon. dans la banlieue Sud,
le loyer (9 fr. 15) est sensiblement inférieur à ce qu'il est à Westminster (11 fr. 35) ; mais les frais de transport sont relativement
élevés (3 fr. 10), ce qui a pour résultat de faire perdre 90 centimes par
semaine à l'ouvrier qui préfère Croydon à Westminster. Il s'agit
dans ces trois cas de transport par chemins de fer. M. Harper donne
également des exemples dans lesquels l'ouvrier, sans sortir des limites du comté de Londres, abandonne la région centrale pour un
des quartiers extérieurs, et se rend tous les matins à son travail par

1. *Report of the joint Committee on london underground railways*,1901, p. IX.
Report of Royal Commission on locomotion, 1905, I, § 196 et suiv.
2. *Report of the London Traffic Branch*, 1909 (1910), p. 5 et 141. Voir aussi
Housing of the working classes, 1855-1912, p. 113.

le tramway. S'il quitte Southwark pour le domaine du Conseil de Comté, à Tooting, il ne paiera plus que 7 sh. 9 pence et demi (9 fr. 70) de loyer au lieu de 9 sh. 2 pence (11 fr. 45) ; le tramway lui coûtera 1 shilling par semaine, le bénéfice net sera de 45 centimes. Entre Hackney et Holborn, la différence au profit de Hackney est, dans les mêmes conditions, d'environ 15 centimes.

Ces différences, si minimes qu'elles soient, s'ajoutent à toutes les autres causes qui poussent la population ouvrière à déserter les quartiers du centre pour la zone extérieure et la banlieue. De leur côté, les spéculateurs, les sociétés et les autorités municipales ont tout intérêt à acheter des terrains en banlieue, dans les parties où ils sont encore à bas prix, et à les mettre en réserve pour leurs constructions futures. Nous avons vu que le Conseil de Comté de Londres, las de dépenser l'argent des contribuables à construire des maisons ouvrières dans des quartiers d'où les ouvriers sont appelés à disparaître, s'est prononcé nettement, dans ces dernières années, pour cette nouvelle politique et a fait dans la banlieue des achats de terrain considérables. Depuis 1903, le ministère de l'administration locale peut autoriser une municipalité à ne pas reconstruire des logements ouvriers à l'endroit même où des logements de ce genre ont disparu, soit à cause du percement d'une rue, soit par suite de la démolition d'un *slum*. Le Conseil de Comté se fait maintenant, dans la plupart des cas, donner cette autorisation et considère que « les obligations morales du Conseil sont pleinement remplies si le Conseil rétablit l'équilibre dans le nombre des logements ouvriers en construisant des logements pour un nombre de personnes au moins égal à celui des personnes expulsées de leur domicile, mais non pas nécessairement dans le voisinage immédiat de l'endroit où s'est produite l'expulsion [1] ». L'autorité principale de Londres en arrive donc à croire, elle aussi, avec l'auteur que nous citions en commençant, que « la masse de la population londonienne doit vivre dans les faubourgs ou en dehors des limites du comté ». Etant donné l'activité dont a fait preuve en toutes circonstances le Conseil de Comté, on peut être certain qu'il ne laissera pas le gouvernement oublier que la commission de 1905 a signalé l'organisation des transports comme la solution véritable de la crise des logements ouvriers et qu'il saura stimuler au besoin le zèle du département ministériel auquel appartient le soin d'assurer le développement des communications dans le Plus Grand Londres.

1. Rapport de la commission des logements ouvriers, cité dans *Report of the London Traffic Branch, 1909* (1910), p. 7.

LIVRE II

LES CONDITIONS DU TRAVAIL A LONDRES

CHAPITRE PREMIER

LE COMMERCE ET L'INDUSTRIE A LONDRES.

Londres est avant toutes choses un grand port de commerce. Tel est le fait essentiel qu'il ne faut point oublier si l'on veut comprendre clairement les conditions dans lesquelles se présente la vie économique de la métropole anglaise. Il est à remarquer que dans le premier texte historique où il est fait mention de Londres, celui des *Annales* de Tacite, cette ville nous est déjà présentée comme « animée par l'affluence des marchands et l'importance du trafic » ; après les invasions anglo-saxonnes, le Vénérable Bède s'exprime en termes analogues ; nous avons vu qu'il emploie pour désigner Londres le le mot significatif d'*emporium* : Londres est l'entrepôt et le marché « des peuples nombreux qui s'y rendent par terre et par mer ». Pendant tout le Moyen Age, il continua d'en être ainsi [1]. L'activité de Londres se trouvait concentrée sur les bords de la Tamise, à l'embouchure de la Fleet, sur les quais des petits ports de Queenhithe et de Dowgate, en amont du pont de Londres, et sur ceux de Billingsgate en aval [2]. Là, était véritablement le cœur de Londres.

1. Sir Walter Besant (*Survey of London, Mediœval London*, I, p. 202) remarque très justement que Londres au Moyen Age ne produisait pas d'objets manufacturés destinés à l'exportation, ce qui montre, dit-il, que la Cité a été regardée de très bonne heure comme un centre de distribution.

2. Les petits vaisseaux remontaient la Fleet jusqu'à l'endroit où se trouve maintenant Ludgate Circus. Le port de Dowgate cessa le premier d'être fréquenté. A la fin du xvi° siècle, Queenhithe avait également perdu beaucoup de son importance (Cf. Stow, *Survey of London*, éd. Morley, p. 70-72, 329).

C'est là que la population était le plus nombreuse, comme en témoignent le peu d'étendue des quartiers ou *wards* dans cette partie de la Cité, et l'extrême petitesse des paroisses dont l'une n'a plus actuellement que 16 habitants [1]. Le Lord Maire qui, si l'on en croit la tradition, répondait au roi Jacques Ier : « Sire, vous pouvez nous enlever votre cour, mais grâce à Dieu, vous ne pouvez nous enlever la Tamise » [2], ne faisait qu'exprimer d'une manière frappante la relation fondamentale qui a de tout temps existé entre le port de Londres et la vie même de la ville ; et bien que la vie de Londres soit devenue plus complexe à l'heure présente, un membre du Conseil de Comté, discutant il y a quelques années les projets de loi sur l'amélioration du port, pouvait dire encore, sans soulever d'étonnement, que la Tamise est pour Londres ce que le Nil est pour l'Egypte.

Le port de Londres était, dès le XIIe siècle, un des ports importants de l'Europe du Nord. Le bon Fitzstephen, chapelain de Thomas Becket, nous fait connaître, en des vers inspirés de Virgile, les principaux objets du trafic :

> Aurum mittit Arabs, species et thura Sabœus,
> Arma Scythes, oleum palmarum divite sylva
> Pingue solum Babylon, Nilus lapides pretiosos,
> Seres purpureas vestes, Galli sua vina,
> Norwegi, Russi varium, grysium, sabelinas [3].

Londres était donc, dès cette époque lointaine, le grand marché de fourrures qu'il est resté depuis, avec cette différence qu'aujourd'hui le marché de Londres est surtout approvisionné par le Canada. Les relations politiques qui s'établirent à partir des Plantagenets entre l'Angleterre et l'Aquitaine développèrent le commerce du vin ; le *clairet* de Bordeaux n'était pas cher, et les Londoniens le préféraient à leur bière qui était plate et se conservait mal [4]. Chaque année, à époque fixe, la « flotte lorraine » venait approvisionner de vins du Rhin la métropole anglaise, et l'on appréciait les vins sucrés

---

1. Les 5 *wards* riverains de Queenhithe, Vintry, Dowgate, Bridge Within et Billingsgate, n'ont qu'une moyenne de 169 maisons par *ward*, tandis que la moyenne pour la Cité est de 359.

2. Th. Fuller, *History of the Worthies of England*, t. II, p. 49 (éd. 1811).

3. *Materials for the history of Thomas Becket* (éd. Robertson, Rolls S.), III, p. 7.

4. Comme le remarque M. Jullian (*Histoire de Bordeaux*, p. 132), les communications étaient beaucoup plus faciles entre Bordeaux et Londres qu'entre Bordeaux et Paris.

qui arrivaient d'Espagne ou d'Italie. Le quartier de Vintry, un peu
en amont de London Bridge, était le quartier des marchands de vin.
Comme le vin, le pastel de Toulouse, fort employé par les teinturiers, venait dans les navires des gens de Bordeaux. De temps en
temps, une galère gênoise ou vénitienne apportait une cargaison
d'articles de luxe : figues, dattes, raisins secs, sucre, épices « sabéen-
nes » et soies de l'Extrême-Orient ; en échange de ces « babioles »,
elle emportait l'étain de l'Angleterre, ses cuirs et surtout sa laine,
sa « très précieuse laine », au grand désespoir des bons citoyens
qui prédisaient les pires catastrophes [1]. La laine, dont les ballots
s'amoncelaient sur le parvis de Saint-Mary Woolchurch, était en
effet la principale richesse et le principal article d'exportation de
l'Angleterre ; on sait qu'à ses débuts, le Parlement accorda parfois
au roi, à titre d'aide librement consentie, un certain nombre de
sacs de laine. Le commerce de la laine était le commerce par excellence (*the staple trade*), soigneusement réglementé par les lois et les
ordonnances royales.

Les marchands anglais gardèrent en grande partie entre leurs
mains le commerce de la laine, « l'Etaple », comme on l'appelait, et
les négociants de l'Etaple sont les ancêtres de ces « Marchands
Aventuriers » qui fondèrent au xvᵉ siècle la puissance maritime
de Londres et de l'Angleterre [2]. Le commerce d'importation était,
au contraire, presque entièrement abandonné aux étrangers ;
c'est ce que laisse entendre un autre chroniqueur du xiiᵉ siècle,
Guillaume de Malmesbury, lorsqu'il dit que Londres « est rempli
de marchandises apportées par les marchands de tous les pays,
mais principalement par ceux d'Allemagne » [3]. Par les marchands
d'Allemagne, il faut entendre surtout ceux de la Hanse. Les « hommes de l'Empereur » fréquentaient Billingsgate dès le temps d'E-
thelred, cent ans avant la conquête normande [4]. En 1220, le roi
Henri III leur accordait la permission d'avoir une « salle de guilde »
(*guildhall*). Ils finirent par fonder à l'embouchure du Walbrook, à
côté du petit hâvre de Dowgate [5], une sorte de grande factorerie, le

1. Cf. W. Cunningham, *The growth of English industry and commerce in
the Middle Ages*, p. 382 et suiv. — Voir aussi les introductions de Riley à son
édition du *Liber Albus* (p. XCIII et suiv.) et du *Liber Custumarum* (p. XXIV et
suiv.) dans la collection du Maître des Rôles.
2. Voir sur l'Etaple, Cunningham, *op. cit.*, p. 287 et suiv.
3. *Gesta Pontificum Anglorum* (éd. Hamilton, Rolls S.), p. 140.
4. F. Liebermann, *Die Gesetze der Angelsachsen*, I, p. 233.
5. Près de l'emplacement de la gare actuelle de Cannon Street.

Steelyard, et, malgré l'opposition des marchands londoniens qui lancèrent parfois les apprentis à l'assaut de leur forteresse, ils conservèrent jusqu'au milieu du xviᵉ siècle de très importants privilèges. Les principales marchandises importées par les « Hansards » étaient « le blé, le seigle et autres céréales, les câbles, les cordes, les mâts de navires, la poix, le goudron, le lin, le chanvre, les toiles de lin, les madriers, la cire et l'acier » [1]. L'importation du blé donna même lieu à des plaintes de la part des cultivateurs indigènes, si bien que l'on prit à diverses reprises des mesures protectionnistes. Le commerce fait par la Hanse avait une telle importance que c'est peut être le nom des *easterlings* qui a fini par désigner dans la langue courante la monnaie de bon aloi.

Les « Hansards » ne sont que les plus célèbres parmi les négociants étrangers qui fréquentaient le port de Londres et qui souvent finissaient par se fixer en Angleterre. A la fin du xᵉ siècle, une loi d'Ethelred mentionne les hommes de Rouen qui apportent du vin et de gros poissons, ceux de Flandre, de Ponthieu, de Normandie et de France, ainsi que les marchands de Huy, de Liège et de Nivelles [2]. La conquête normande ne fit qu'augmenter la proportion de l'élément français dans le commerce londonien ; un chroniqueur constate qu'un grand nombre de marchands de Caen et de Rouen suivirent le Conquérant et s'établirent à Londres [3]. Une charte de 1150 ou 1151 confirme aux bourgeois de Rouen la jouissance du port de Dowgate, jouissance dont ce document fait même remonter l'origine au temps d'Edouard le Confesseur. A l'époque des Plantagenets, les familles influentes de la Cité portent souvent des noms français, comme ceux de Becket, de Viel, de Lafaite, de Huitdeniers, etc , et il nous est quelquefois possible de déterminer avec précision l'origine exacte de ces familles : celle de Thomas Becket, qu'il a été longtemps de mode en Angleterre de considérer comme le type de la vieille famille anglo-saxonne, était originaire de Rouen [4].

---

1. Stow, *Survey of London* (éd. Morley), p. 233-234.
2. F. Liebermann, *Gesetze der Angelsachsen*, I, p. 232. La loi est des dernières années du xᵉ siècle ou des premières années du xiᵉ.
3. *Vita S. Thomae* (anonyme) dans *Materials for the history of Thomas Becket* (éd. Robertson, Rolls S.), t. IV, p. 81.
4. Voir sur ces questions W. Cunningham, *Alien immigrants in England* (1897) ; H. Round, *The Commune of London*, p. 107-108, 112-114, 246-247 ; Miss Kate Norgate, *England under the angevin Kings*, t. I, p. 48 et suiv. Stubbs (*Constitutional History*, I, p. 675) remarque que presque tous les noms de bourgeois éminents sont, au xiiᵉ siècle, d'origine étrangère. — Riley (*Memorials of London and London Life*, p. 28) va jusqu'à dire que la po-

Aux Français et aux Allemands de la « Hanse d'Almaine », il faut ajouter encore les Flamands de la « Hanse de Londres » qui importaient les tissus rayés des Flandres [1], et les Italiens qui. à l'exemple des Français et contrairement à la coutume allemande, finissent assez souvent par devenir des bourgeois de Londres et ont donné à la Cité quelques-unes de ses grandes familles : les Buchuinte, par exemple, ou les Bukerels, dont le nom s'est conservé jusqu'à nos jours dans celui de la rue de Bucklersbury. L'expulsion des Juifs, sous Edouard Ier, augmenta l'importance de la colonie italienne, en mettant le commerce de l'argent presque tout entier entre les mains des « Lombards », comme on disait alors. Les rois eux-mêmes furent les clients des grandes maisons vénitiennes ou florentines — clients qu'il était parfois difficile de soumettre à la loi commune et qui oubliaient à l'occasion de rembourser l'argent prêté ; et *Lombard Street* devint ce qu'elle est encore aujourd'hui, la rue des banquiers par excellence.

C'est ainsi que se formait peu à peu cette bourgeoisie mercantile de la Cité, cette race de « boutiquiers » qui devait plus tard s'emparer du commerce universel. Il ne faudrait pas se méprendre, cependant, sur le caractère international du commerce de Londres au Moyen Age. L'Angleterre était alors un pays agricole, dont la richesse consistait surtout dans la laine de ses moutons ; elle ne pouvait rivaliser, au point de vue industriel, avec les ateliers des Flandres. Quant aux grandes cités commerçantes du monde occidental, elles se trouvaient sur les bords de la Méditerranée ; comparé à Gênes ou à Venise, Londres n'était qu'un marché local dont la zone d'attraction ne s'étendait guère au delà des mers anglaises.

La découverte de l'Amérique et de la route des Indes par le Cap, qui déplaça le centre commercial du monde, n'eut point d'abord pour effet de tirer l'Angleterre et Londres de leur isolement relatif : ce furent Lisbonne et Anvers, puis Amsterdam qui remplacèrent Venise et Gênes. Mais dès la fin du xve siècle, la Compagnie des *Merchant Adventurers* avait entamé la lutte contre le monopole de la Hanse : le Steelyard disparut sous Elisabeth. Les grandes sociétés de commerce se multiplièrent. Dès 1554 se fonda la Compagnie de Moscovie qui se proposait d'utiliser le passage du Nord-Est pour faire le commerce avec la Chine. Ce programme ne put être exécuté ; mais l'expédition de Chancellor à Arkangel établit des relations

pulation indigène avait été submergée par les immigrants étrangers, ce qu'il attribue à la facilité avec laquelle on obtenait le droit de cité

1. Cf. Pirenne, *La Hanse flamande de Londres*, 1899.

directes et régulières entre la Russie et Londres et, quelques années plus tard, un des agents de la Compagnie,Jenkinson, imagina d'aller en Perse, à travers la Russie, chercher la soie grège qui manquait à l'Angleterre. La Compagnie du Levant, fondée en 1581, fit le commerce avec la Turquie et ses dépendances ; les intermédiaires vénitiens durent renoncer à la lutte et cessèrent d'envoyer leurs navires à Londres. La Compagnie des Indes orientales, établie en 1600, sur le modèle de la Compagnie hollandaise, était devenue vingt ans plus tard une puissance ; elle employait 2.500 matelots et 500 charpentiers de navire et sa flotte jaugeait plus de 10.000 tonneaux [1].

La fondation de ces sociétés qui marque l'éveil de l'Angleterre à la vie commerciale,fut l'œuvre des négociants de la Cité ; c'est avec des capitaux londoniens que furent armés les vaisseaux qui allèrent dans la mer des Indes faire concurrence aux marchands de Lisbonne et d'Amsterdam : la Compagnie des Indes s'appelait la « Compagnie des marchands de Londres trafiquant aux Indes orientales ». Londres s'intéressa moins à l'Amérique qu'à l'Orient et à l'Extrême Orient ; mais ce furent cependant des « aventuriers » de Londres qui formèrent en 1606 la Compagnie de la Virginie du Sud et fondèrent le premier établissement anglais, Jamestown, sur la côte des Etats-Unis. Plus tard, après la création de la Compagnie de la baie d'Hudson (1670), Londres devint le principal marché pour les fourrures du Canada. Le commerce de l'argent s'était développé à l'époque du Protectorat : beaucoup d'orfèvres s'étaient transformés en banquiers. Sous le règne de Guillaume d'Orange (1694) s'élevèrent à côté de la Bourse, dont la construction remontait au temps d'Elisabeth, les bâtiments de la Banque d'Angleterre ; la suprématie financière passa d'Amsterdam à la Cité qui fut désormais le premier marché des capitaux du monde [2]. Au commencement du xviiie siècle, Amsterdam perdit également le monopole du commerce des diamants, dont Londres devint le principal centre [3].

Il n'entre point dans notre dessein de montrer en détail l'évolution du commerce de Londres, entreprise qui nous entraînerait trop loin et qui ne saurait être conduite à bien sans de longues et patientes recherches. Il nous suffira de rappeler qu'un des faits qui frappèrent le plus Voltaire pendant son séjour à Londres, fut le

1. Munn, dans Ch. Capper, *The port and trade of London* (1862), p. 81-82.
2. Voir surtout W. R Bisschop, *Rise of the London money market*, 1640-1826 (1910), et A. Andréadès, *Histoire de la Banque d'Angleterre* (1904).
3. Hatton Gardens est resté le centre le plus important du monde pour ce commerce.

développement extraordinaire du commerce et l'honneur dans
lequel on le tenait alors en Angleterre. « C'est uniquement, dit-il,
parce que les Anglais sont devenus négociants que Londres l'emporte sur Paris par l'étendue de la ville et le nombre des citoyens ;
qu'ils peuvent mettre en mer deux cents vaisseaux de guerre et
soudoyer des rois alliés..... Tout cela donne un juste orgueil à un
marchand anglais, et fait qu'il ose se comparer, non sans quelque
raison, à un citoyen romain. Aussi le cadet d'un pair du royaume
ne dédaigne point le négoce. Milord Townshend, ministre d'Etat, a
un frère qui se contente d'être marchand dans la Cité [1]. »

Voltaire écrivait cette « lettre philosophique » soit à la fin de 1732,
soit au commencement de l'année suivante. Le commerce de Londres s'était considérablement accru depuis le commencement du
siècle ; nous savons que le nombre des vaisseaux appartenant au
port qui était en 1701 de 560, jaugeant 84.000 tonneaux, était en 1732,
de 1.417, jaugeant 178.000 tonneaux. En 1728, 2.052 navires de haute
mer (dont 1.839 navires anglais), et 6.837 caboteurs, étaient entrés
dans le port de Londres [2]. Londres exportait des draps et des lainages de toute sorte, du calicot, du cuir, du tabac, de l'étain, du plomb
et du cuivre ; les principaux articles d'importation étaient le vin,
l'eau-de-vie et le rhum, le sucre des colonies, le riz des Carolines,
l'indigo, le café de Turquie et d'Arabie, la soie d'Italie, les toiles
d'Irlande, de Hollande et de Hambourg [3].

Le XVIIIe siècle fit de l'Angleterre la première puissance maritime
et coloniale et de Londres le premier port du monde. L'acquisition
du Canada délivra de ses concurrents la Compagnie de la baie
d'Hudson ; Clive et Warren Hastings conquirent un empire à la
Compagnie des Indes. Stimulée par le développement du commerce,
l'industrie se développa à son tour [4]. La révolution industrielle
transforma l'Angleterre et le machinisme décupla la production ;
un réseau de canaux s'étendit sur tout le pays, unissant la Tamise
à la Severn et à la Trent ; pendant les vingt dernières années du
XVIIIe siècle, le commerce extérieur de l'Angleterre monta de 25 à
73 millions de livres sterling [5].

1. *Lettres philosophiques*, X (sur le commerce).
2. Maitland, *History of London* (éd. 1739), p. 621.
3. Capper, *The port and trade of London*, p. 115.
4. L'influence du développement commercial sur la révolution industrielle
est bien mise en lumière dans P. Mantoux, *La révolution industrielle au* XVIIIe
siècle, p. 74 et suiv.
5. Cf. Mantoux, *op. cit.*, p. 86 (graphique montrant le développement du
commerce anglais au XVIIIe siècle).

De cette prospérité, Londres prenait la meilleure part ; ni en Angleterre, ni sur le continent, il n'avait de rivaux, car Anvers avait été ruiné par le barrage de l'Escaut, et l'occupation de la Hollande par les troupes françaises ne fit que précipiter la décadence d'Amsterdam : de 1790 à 1796, en pleine période de guerre, le trafic du port de Londres augmenta de moitié.

Les progrès furent même si rapides que le port ne tarda pas à devenir trop petit pour les 14.000 navires qui entraient annuellement dans la Tamise[1]. A l'époque où arrivaient les grandes flottes des Antilles et des Indes, l'encombrement était extrême dans le voisinage de London Bridge. « Il n'est pas rare, lisons-nous dans un rapport présenté à la Corporation de la Cité dès 1773, de voir des rangées entières de bateaux briser leurs amarres et se jeter les uns sur les autres ; presque à chaque marée, des navires en endommagent d'autres ; en se frayant un passage pour remonter ou pour descendre le fleuve, ils arrachent et brisent tout devant eux ; tous les hivers, depuis un certain nombre d'années, nous pouvons assister au spectacle navrant de vaisseaux naufragés et perdus au beau milieu de notre port[2]. » L'insuffisance des quais augmentait la confusion ; c'est en vain que l'administration des douanes avait permis d'établir quelques wharfs « de tolérance » à côté des « quais légaux » où l'on pouvait débarquer les marchandises soumises aux droits ; le développement total de tous les quais ne dépassait guère 1.200 mètres, et l'on calculait que ces quais et leurs entrepôts auraient à peine été suffisants pour un seul article, le sucre. Dans les moments de presse, les vaisseaux attendaient interminablement leur tour. On déchargeait les marchandises sur des chalands, on les entassait sur les berges dans un pêle-mêle inextricable. Les « pirates de la Tamise », organisés en bandes, faisaient au milieu de ce désordre les opérations les plus fructueuses[3].

Depuis longtemps déjà on songeait à creuser sur les bords du fleuve des bassins à écluses ou *docks* où l'on maintiendrait un niveau d'eau constant, et le long desquels on pourrait construire les vastes magasins que rendait nécessaire le développement du commerce anglais. De plus en plus, en effet, à mesure que disparais-

---

1. En 1728, le nombre des navires entrés dans le port de Londres était de 8.889 ; en 1798, le nombre s'élevait à 13.553 (dont 10.133 caboteurs).— Cf. Capper, *Port and trade of London*, p. 115.

2. Cité dans *Royal Commission on the Port of London*, 1902, *Minutes of evidence*, Q. 3171 (déposition Gomme).

3. Capper, *op. cit.*, p. 145-146.

saient les marines étrangères, Londres devenait l'entrepôt du globe, la gigantesque *warehouse* où venaient s'accumuler tous les produits exotiques, l'unique marché des denrées coloniales. Les marchandises étaient ensuite distribuées dans les ports de l'Europe, pour le plus grand profit des négociants de la Cité ; malheureusement, comme la plupart d'entre elles étaient soumises à des droits de douane à leur entrée en Angleterre, l'obligation d'acquitter ces droits rendait difficile le commerce de réexportation. Dès 1714, l'administration des douanes avait, il est vrai, permis d'entreposer le tabac moyennant le paiement d'un droit très faible, qu'elle remboursait d'ailleurs en cas d'exportation ; le rhum, le riz et le café des colonies furent soumis plus tard au même règlement [1]. Mais ces mesures paraissaient insuffisantes. Outre les bassins à écluses, le commerce londonien réclamait donc l'établissement de magasins placés sous la surveillance de la douane, de *bonded warehouses*, où l'on pût entreposer les marchandises sans être tenu de payer les droits d'entrée. C'est à ce double besoin que répondit la création du système des docks.

Après de longs débats et d'interminables enquêtes [2], une société privée parvint, en 1799, à faire voter une loi qui l'autorisait à établir des docks dans la boucle de la Tamise connue sous le nom d'« Ile aux Chiens », et l'année suivante William Pitt inaugura solennellement les travaux en donnant lui-même le premier coup de pioche. De nouveaux bassins furent creusés successivement au cours du xixe siècle. On utilisa les boucles de la Tamise au-dessous de London Bridge pour donner, autant que possible, deux entrées à chacun de ces bassins [3]. Dans la première boucle et au Nord sont les docks de Sainte-Catherine et les docks dits « docks de Londres » ; dans la seconde sont les seuls bassins qui se trouvent sur la rive méridionale, les « docks commerciaux du Surrey » [4]; la troisième boucle (Ile aux Chiens) renferme les docks des Indes orientales, ceux des Indes occidentales et les docks de Millwall ; la qua-

1. *Inquiry into the customs and excise*, 1818, cité dans Capper, p. 143.
2. *Report from the Committee on the best mode of providing sufficient accommodation for the increased trade and shipping of the port of London*, 1796 ; *Second report*, 1799 ; *Third report*, 1800. Il parut également (1800) un volume de plans. — On trouve dans les *Voyages en Grande-Bretagne* (1826) du Baron Ch. Dupin une minutieuse description du port et des docks (VI. *Force commerciale Côtes et ports*, p. 18-58).
3. Le seul qui ne soit pas dans ce cas est celui des East India Docks.
4. Le comté de Surrey s'étendait autrefois jusqu'à la Tamise et comprenait tout le territoire de Londres-Sud, sauf Southwark.

trième, les docks Victoria et Albert. Enfin, à plus de quarante
kilomètres en aval du pont de Londres se trouvent les docks de
Tilbury. La superficie des docks, qui était en 1831 de 90 hectares,
s'élevait en 1861 à 158, et en 1891 à 255[1] ; elle n'a pas changé depuis
cette époque, mais, comme nous le verrons, de grands travaux sont
actuellement en projet.

La création des docks acheva la fortune de Londres. Les circonstances étaient favorables ; l'Angleterre sortait triomphante de la
lutte contre la France et sa victoire était vraiment la victoire de la
Cité. L'empire espagnol s'effondrait. Le monde entier s'ouvrait désormais au commerce britannique ; maîtresse des Indes, maîtresse
de la route des Indes, l'Angleterre recueillait l'héritage du Portugal
et de la Hollande ; le globe se couvrait de ses établissements et de
ses lignes de navigation comme d'une immense toile d'araignée dont
le centre était Londres. Entre 1819 et 1859, le commerce extérieur
du port augmenta de 192 p. 100. Dans un ouvrage qui parut en
1862, un directeur des docks Victoria, M. Capper, montrait élo-
quemment le rôle mondial du grand port anglais. Londres avait
presque le monopole des produits de l'Extrême-Orient : soie, épices,
indigo, thé de Chine, café de l'Inde et de Ceylan ; l'ivoire de l'Afrique
tropicale, la laine du Cap et de l'Australie, le sucre et le rhum des
Antilles y trouvaient également leur principal et presque leur
unique débouché.

De là, comme autrefois de Lisbonne ou d'Amsterdam, ces marchandises se répandaient à travers l'Europe sur les vaisseaux anglais ; les ports continentaux, Hambourg en particulier, n'étaient
guère que des succursales de Londres. « C'est ainsi, concluait l'auteur, que Londres dirige le commerce du monde, comme étant à la
fois le marchand, l'armateur et le banquier universels[2]. »

Il n'en est plus tout à fait ainsi. Diverses circonstances ont contribué durant ces dernières années à faire perdre à Londres la
situation privilégiée qu'il occupait dans le commerce européen[3].
Jusqu'en 1908, le port de Londres a vécu dans une anarchie complète, car on ne peut appeler administration les 54 autorités différentes qui étaient chargées de veiller sur lui. Une commission

1. *Royal Commission on the Port of London*, 1902, Q. 3186.
2. *The port and trade of London*, p. 3.
3. La situation actuelle est résumée dans Levainville, *Les transformations
du port de Londres* (*Bulletin de la Soc. de Géogr. commerciale*, avril 1911). —
On nous permettra également de renvoyer à notre étude de la *Revue de Paris*
(*La décadence du port de Londres*, 1er et 15 septembre 1907).

royale a réuni sur ce point, en 1901 et 1902, des documents significatifs[1]. Les « Conservateurs de la Tamise » qui avaient pour mission
de tenir le fleuve en état et d'y faire des dragages, s'étaient laissés
surprendre par l'augmentation rapide du tonnage des navires : les
navires de tonnage moyen ne pouvaient plus remonter jusqu'à
Londres à marée basse. Les Compagnies des docks manquaient à
la fois d'initiative et d'argent ; après une période de concurrence
insensée qui s'était prolongée jusqu'en 1888, elles avaient adopté
un *modus vivendi* qui leur a permis de végéter péniblement vingt ans
encore, mais qui ne satisfaisait ni leurs actionnaires, ni surtout
leurs clients. A l'exception de Tilbury, qui est bien loin de la Cité,
les docks étaient devenus trop petits, trop peu profonds, les écluses
trop courtes ; le matériel vieilli, les cabestans à bras, les remorqueurs
« contemporains de l'arche de Noé » — suivant le mot d'un armateur — faisaient des docks les plus rapprochés de London Bridge
de véritables musées d'antiquités. Le déchargement s'effectuait
avec une lenteur extrême, ce qui se traduisait pour les armateurs
par des pertes considérables. Le port était mal relié aux voies fer-
rées ; les privilèges de la « Compagnie des bateliers » (*Watermen's
Company*) gênaient le transport par eau : les règlements de cette
Compagnie n'avaient pas changé depuis le Moyen Age, et ignoraient
l'existence de la navigation à vapeur. « L'état présent du port de
Londres, concluait le président de la Compagnie Péninsulaire et
Orientale, est la honte du xixe siècle »[2], et d'autres armateurs
avouaient que la plupart des Compagnies faisaient leur possible
pour éviter Londres[3].

La loi de 1908, qui a racheté les docks et créé pour le port de
Londres une administration centrale, remédiera sans doute à ces
imperfections. Des travaux importants sont à l'étude ou en cours
d'exécution. On est en train d'approfondir le lit de la Tamise ; on
a augmenté la profondeur des docks Victoria et Albert ; on va
creuser, auprès du dock Albert, deux nouveaux docks très spacieux
dont les écluses auront plus de 300 mètres de long et 15 mètres d'eau
sur le seuil, et l'on parle de faire à Tilbury un autre dock de près

---

1. Sur l'état de la Tamise, voir *Royal Commission on the Port of London*,
1902, *Report*, p. 37-46 ; *Minutes of Evidence*, surtout Q. 212 et suiv., 1992,
3443, 4378. Sur l'état des docks, *Report*, p. 85-88. Sur l'état général du port,
Wiedenfeld, *Die nordwesteuropäischen Welthafen* (1903), p. 164.

2. *Royal Commission on the port of London. Minutes of Evidence*, Q. 1988.

3. *Ibid.*, surtout Q. 2094, 4881, 4918, 5141, 5161.

de 17 mètres de profondeur [1]. Est-ce à dire que, cette œuvre accomplie, le port de Londres retrouvera la suprématie incontestée qu'il possédait il y a quarante ans? Il serait bien hasardeux de le prétendre. Le percement du canal de Suez lui a fait perdre le monopole du commerce de l'Extrême-Orient, et d'autres événements, plus graves encore peut-être, se sont produits à la fin du XIXe siècle. Le rôle du port de Londres était essentiellement un rôle distributeur ; il était l'intermédiaire presque indispensable entre l'Europe et la moitié du monde ; comme le disait un économiste anglais qui déposait devant la Commission royale de 1902 [2], « les cargaisons venaient à Londres, les ports étrangers n'avaient besoin que de colis ». Mais les temps sont changés ; des centres d'activité industrielle intense ont apparu dans le Nord de la France, en Belgique, en Westphalie, en Saxe, en Silésie, en Bohême ; dans toutes ces régions se fait une consommation prodigieuse de matières premières et d'articles d'alimentation. Les ports étrangers, — Hambourg, Rotterdam, Anvers, Dunkerque — en sont venus à réclamer, eux aussi, des cargaisons et à faire l'économie de l'intermédiaire. Le commerce de réexportation, qui fit la fortune du port de Londres, paraît, sur bien des points, en voie de diminution [3]. « Londres, nous dit-on, a, dans une certaine mesure, cessé d'être l'entrepôt du globe » [4] ; — « il a perdu sa suprématie et la perdra de plus en plus [5] ».

Il ne faut cependant rien exagérer, et le jour est encore loin sans doute où le Néo-Zélandais prédit par Macaulay viendra s'asseoir sur les ruines de London Bridge pour prendre un croquis des ruines de Saint-Paul. Admettons, puisque les statisticiens nous l'assurent [6], que Londres ne soit plus le premier port du monde, qu'il

1. *First annual report of the Port of London authority*, 1910. — *Times* (weekly ed.), 15 février 1911.

2. *Minutes of evidence*, Q. 5161.

3. *Royal Commission on the port of London*, 1902. *Report*, p. 21-23 ; *Minutes of evidence*, surtout Q. 1962, 5158, 8882 (laine), 9601 (coton), 9531 (cuirs et peaux), 9888 (fruits secs), 9378 (jute), 8895 (riz). — Cf. *ibid.*, app., p 670. — Wiedenfeld (*op. cit.*, p. 369) donne un tableau qui montre bien à quel point les ports du continent se sont libérés de l'intermédiaire anglais depuis 1870.

4. Paroles du vice-président de la Chambre de commerce devant la Commission de 1902, *Minutes of evidence*, Q. 1179.

5. *Ibid.*, Q. 5163.

6. Le tonnage total des navires qui sont entrés dans un port et qui en sont sortis pendant l'année ne fournit en réalité qu'une mesure très imparfaite de l'activité commerciale d'un port. Certains ports de passage qui sont touchés par de nombreuses lignes peuvent avoir un tonnage énorme et un

ait été dépassé par Anvers, par Hambourg, par New-York et qu'il soit serré de près par Rotterdam ; il n'en est pas moins vrai que, de l'aveu d'un économiste allemand — juge peu suspect en la matière — Londres restait encore en ces dernières années « sinon le centre du *trafic* mondial, du moins celui du *commerce* universel » [1]. Par suite de l'énorme puissance financière de la Cité, Londres est le plus grand marché des capitaux du globe, et les opérations de son *clearing house* ne cesssent de s'accroître (189 milliards de francs en 1895, 328 milliards en 1909) [2] ; c'est aussi, comme le reconnaît M. Wiedenfeld, le seul endroit où l'on puisse envoyer en consignation, avec certitude de vente, n'importe quelle quantité de n'importe quelle marchandise. De pareils avantages ne sont point à dédaigner. Enfin Londres dispose d'un marché local tel que nulle autre place de commerce ne peut en avoir de semblable : il faut nourrir 7 millions d'hommes, les habiller, pourvoir à tous leurs besoins, même à tous leurs caprices ; et par delà les limites de la banlieue, un bon tiers de l'Angleterre est, pour la vie quotidienne, dans la dépendance de Londres.Billingsgate, approvisionné par les flottilles de Grimsby, de Hull, de Great Yarmouth et par maint autre port d'Angleterre, d'Ecosse ou même d'Irlande, reçoit par jour près de 500.000 kilogrammes de poisson [3] et réexpédie du saumon jusqu'à Nice. Les Etats-Unis et le Canada envoient chaque année 150.000 bœufs en moyenne au marché de Deptford [4] (*Foreign Cattle Market*) ; le marché « métropolitain » (*Metropolitan Cattle Market*), réservé au bétail anglais, fournit 57.000 bœufs et 387.000 moutons [5]. Ceci n'est d'ailleurs qu'une faible partie de la viande vendue à Londres ; l'usage s'établit de plus en plus d'abattre les animaux sur place et d'expédier la viande, fraîche ou congelée, au « marché central » de Smithfield,qui communique directement avec les principales lignes

commerce médiocre. De plus les statistiques sont faites d'une façon très différente suivant les pays.

1. Noch heute als Mittelpunkt des Welthandels, wenngleich nicht mehr des Weltverkehrs, ausgesprochen werden muss (Wiedenfeld, p. 282).

2. *Statistical abstract of the United Kingdom in each of the last fifteen years from 1895 to 1909* (1910), p. 329.

3. En 1907, la vente a été de 176.947 tonnes métriques.

4. 197.000 en 1905, mais 121.000 seulement en 1909 (*Annual statement of trade for* 1909, II, p. 65).

5. Chiffres de 1907. La production anglaise est en diminution (la moyenne de la période 1891-1895 était encore de 104.000 bœufs et 744.000 moutons). Mais la diminution est plus apparente que réelle à cause du changement dans les méthodes commerciales mentionné dans le texte et qui est peut-être dû en partie au fait que Londres n'a pas d'abattoirs publics.

et où viennent s'approvisionner non seulement les bouchers de
Londres, mais aussi un bon nombre de bouchers de province : les
transactions y ont porté en 1909 sur 426 millions de kilogrammes [1]..
Le marché aux légumes de Covent Garden n'est pas non plus un
simple marché local ; comme à Smithfield la vente s'y fait presque
uniquement en gros : c'est là que les villes des Midlands achètent
les primeurs et les fleurs [2].

A la vérité, ce commerce ne tarderait pas à dépérir si l'importance nationale et internationale du port de Londres venait à disparaître. Quel que soit le rôle du trafic fluvial dans la vie de notre
capitale, il n'en est point l'élément essentiel : on peut imaginer
Paris sans le port Saint-Nicolas ; mais, à Londres, où le port est
vraiment le point vital et la raison d'être de cette immense agglomération d'hommes, la ruine du port serait la ruine de la cité.
Londres se transformerait en une nouvelle Venise, beaucoup moins
pittoresque que l'autre. Heureusement pour l'Angleterre, la situation n'est pas aussi grave ; car, si, suivant l'expression d'un publi-
ciste anglais, Londres « n'a plus toutes les cartes en main », il lui
reste dans son jeu de notables atouts, et la partie n'est point aussi
complètement perdue que l'ont affirmé parfois des observateurs
superficiels ou peu désintéressés.

De ses monopoles d'autrefois Londres a conservé celui du thé qui
venait primitivement de la Chine et vient maintenant de l'Inde et
de Ceylan [3], mais continue de venir à Londres : sur 154.957.000 kilogrammes importés dans le Royaume-Uni en 1909, Londres en a
reçu 151.017 000 kilogrammes, dont 18 849.000 ont été réexportés. Le
commerce de la laine a souffert davantage. On a pris l'habitude

---

1. L'importation à Londres de viande fraîche ou congelée (bœuf et mouton)
était en 1905 de 200.578.000 kilogrammes, et en 1909 de 267.555.000 kilogrammes (*Annual statement of trade for* 1909). Dans l'ensemble des Iles Britanniques l'importation s'est élevée en 1909 à 553.839.000 kilogrammes. Une
grande partie de la viande congelée est vendue directement, sans passer par
Smithfield.

2. Sur les marchés de Londres, consulter G.-L. Gomme, *London in the
reign of Victoria*, p. 93 et suiv., et le volume annuel de *London Statistics*, publié
par le Conseil de Comté. — Cf. également *Quarterly Review*, octobre 1899 et
janvier 1900 (*The food of London*).

3. D'après *Annual statement of trade of the U. K., 1909* (1910), les quantités
importées dans le Royaume-Uni étaient en 1909 : thé des Indes, 183.390.000 livres anglaises ; thé de Ceylan, 117.283.000 livres ; thé de Chine, 17.286.000 livres ; thé de Java, 19.334.000 livres, le tout sur une importation totale de
341.658.000 livres.

d'acheter dans le pays même, et une proportion croissante des laines australiennes est vendue de cette façon. Bradford achète en Australie et fait expédier à Liverpool ; les acheteurs continentaux imitent les industriels de Bradford. Pour les laines de l'Argentine, Dunkerque, Anvers et Brême font à Londres une certaine concurrence [1]. Tous ces phénomènes expliquent les oscillations très sensibles qui se sont produites depuis trente ans dans le chiffre des réexportations (68.863.000 kilogrammes en 1880, 54.574.000 en 1900, 108.915 000 en 1909). Néanmoins, le *Wool Exchange* de Londres est toujours le premier du monde et les ventes périodiques qui s'y font règlent le cours de la laine dans le monde entier. L'importation s'est élevée en 1909 à 246.803.000 kilogrammes ; elle est égale aux deux tiers de l'importation totale du Royaume-Uni (364.392 000 kilogrammes).

Le *Baltic* est pour les grains ce que le *Wool Exchange* est pour la laine ; la majeure partie des grains d'Amérique gagne Liverpool, mais Londres reçoit ceux de Russie et des Indes (en 1909, 977.000 tonnes de blé et 554.000 tonnes d'avoine sur 4 970.000 tonnes de blé et 906.000 tonnes d'avoine importées dans les Iles Britanniques). Londres est également un des grands marchés du riz (importation en 1909, 138.700 tonnes sur 252.500 importées dans le Royaume-Uni) et, bien que Southampton lui ait pris à l'importation une partie de son trafic, il reste le principal marché du cacao (16.480.000 kilogrammes sur 34.930 000 à l'importation en 1909, et 5.845 000 kilogrammes sur 6.590 000 à l'exportation). Le commerce du café, très inférieur à celui de Hambourg et du Havre, est loin cependant d'être négligeable ; par un phénomène singulier, et qui montre bien son rôle centralisateur, Londres exporte même dans certaines années plus de café qu'il n'en a reçu (importation en 1899, 30.600 tonnes, exportation 34.100 tonnes ; en 1909, importation 22.000 tonnes, exportation 26.400 tonnes). L'importation du sucre colonial se fait principalement à Londres (370.800 tonnes de sucre brut, en 1909, sur 828.100 tonnes importées dans les Iles Britanniques) ; il en est de même de celle du bois et surtout du bois d'ébénisterie (115.900 tonnes de bois d'ébénisterie en 1909 sur 272 900). Les peaux en provenance de l'Argentine ont pris le chemin d'An-

1. Dans le chiffre de 803 millions de livres anglaises, montant de l'importation de la laine en 1900 dans le Royaume-Uni, l'Argentine n'intervient que pour 42 millions de livres. Cf. *Annual statement of trade*, 1909 (1910), I, p. 199. — D'après Chisholm, *Handbook of Commercial Geography*, p 99, la proportion des laines coloniales venant à Londres aurait été de 94 p. 100 en 1888 et de 50 p. 100 seulement en 1902.

vers [1], mais Londres reste malgré tout un des centres les plus importants de l'Europe pour ce genre d'affaires [2] (en 1909 l'importation de Londres a été de 18.640 tonnes sur 61.290 tonnes importées dans le Royaume-Uni, et l'exportation de 11.800 tonnes sur 21.600). Enfin, si le monopole de l'ivoire a disparu, Anvers ayant conquis la première place, Londres a conservé celui de l'étain (importation en 1909 : 41.180 tonnes métriques sur 42.350 importées par le Royaume-Uni ; exportation 28.560 tonnes sur 29.590 [3]).

Dans son ensemble le commerce de Londres nous offre, comme on le voit, un des exemples les plus remarquables de la stabilité des courants commerciaux. La laine et l'étain sont toujours au premier rang, comme à l'époque où Londres exportait l'étain de la Cornouaille et la laine des moutons des Downs. Londres importe du grain et du chanvre comme au temps de la Hanse. De ses relations avec la Compagnie des Indes, il lui reste le commerce de l'Inde presque tout entier et une part très large encore du commerce de l'Extrême-Orient et de l'Amérique tropicale : le thé, le riz, les épices, le café, le sucre colonial, l'indigo, l'ivoire, le diamant, les bois précieux [4]. Sans augmenter aussi rapidement que celles de Hambourg, de Rotterdam et d'Anvers, qui desservent un arrière-pays beaucoup plus étendu, les importations se maintiennent, s'accroissent même : le tonnage à l'entrée, qui était en 1899 de 9.244.000 tonneaux (commerce extérieur, vaisseaux sur lest exclus), atteignait en 1909 le chiffre de 10.894.000 tonneaux [5]. Le véritable point noir est l'expor-

---

1. En 1909, le Royaume-Uni n'a importé que 2.407 tonnes de peaux provenant de l'Argentine.

2. Des ventes périodiques ont lieu à Mincing Lane et portent chaque année sur des millions de peaux. Il existe un marché pour les peaux et cuirs à Bermondsey, qui est le centre de la tannerie.

3. *Annual statement of trade of the U. K.*, art. Londres. — Cf. Wiedenfeld, *op. cit.*, p. 294 et suiv. ; *Royal Commission on the Port of London*, 1902, *App.*, p. 784 et suiv.

4. Pour beaucoup d'articles importés dans ce qu'on a appelé les ports « ancillaires » (Douvres, Southampton, etc.), Londres reste le lieu de destination définitive et le principal marché.

5. *Annual statement of navigation and shipping, 1909* (1910), p. XVI. Le mouvement total du port, vaisseaux chargés et sur lest, cabotage compris, s'est élevé en 1909 à 38.510.989 tonneaux dans lesquels le cabotage compte pour 14.923.785 tonneaux. Il n'est pas inutile de faire remarquer que, par suite d'une modification dans la manière d'établir les statistiques officielles des tonnages dans les ports anglais, les chiffres de 1907 et des années suivantes ne sont pas exactement comparables avec ceux des années antérieures. On compte comme vaisseaux sur lest des navires qui étaient auparavant classés parmi les navires

tation. Le tonnage à la sortie n'est que de 7.773.000 tonneaux, et
Londres qui fait à peu près le tiers du commerce du Royaume-Uni
à l'importation n'en fait que le quart à l'exportation ; dans le tonnage
total des navires venant de l'étranger la part de Londres était en
1909 de 23 p. 100, et dans le tonnage des navires allant à l'étranger
de 12 p. 100 seulement. La conclusion qui s'impose est que Londres
manque de fret de retour. Un grand nombre de navires doivent partir sur lest et aller chercher ailleurs une cargaison [1]. Cette situation
qui n'est pas nouvelle mais qui tend plutôt à s'aggraver [2] et qui
finira certainement par porter préjudice au port de Londres, vient
de ce que Londres, très différent en cela de la plupart des grands
ports, est presque uniquement une place de commerce, animée,
comme autrefois, « par l'affluence des marchands et l'importance
du trafic », mais presque complètement dépourvue de toutes les
grandes industries modernes.

*
* *

L'insignifiance relative de l'industrie est une des premières choses qui frappent l'étranger à son arrivée à Londres. Point n'est
besoin, pour avoir cette impression, de parcourir la ville ni de se
plonger dans la lecture des *blue books* ; il suffit d'ouvrir les yeux et
de regarder par la portière du wagon tandis que le train, venant de
Newhaven, de Douvres ou de Folkestone, traverse, une demi-heure
durant, les immenses étendues de Londres-Sud. C'est à peine si l'on
aperçoit de loin en loin une haute cheminée qui pourrait être celle
d'une usine et qui est le plus souvent celle d'une brasserie ou d'une
fabrique de confitures.

Rien de semblable à l'entrée dans Paris par la gare du Nord, où
l'on a le sentiment si net de l'importance industrielle de l'agglomération parisienne ; au lieu de chantiers et d'usines, un océan sans
limite de petites maisons en brique jaune, généralement à un seul

---

chargés. Si l'on avait continué de suivre l'ancienne méthode, les chiffres de
1909 pour les navires portant des cargaisons seraient sensiblement plus élevés.

1. Voir sur ce point *Royal Commission on the Port of London*, 1902. *Minutes of
evidence*, Q. 3209-3210, 3212, 3216-3223 (déposition Gomme).

2. Le tonnage à la sortie (commerce étranger, vaisseaux chargés) était en
1799 égal à 77 p. 100 du tonnage à l'entrée ; en 1849 à 72 p. 100 ; en 1899, à
65 p. 100 (*Royal Commission on the Port of London*, 1902. *App.*, p. 232 et suiv.).
En 1909 la proportion était remontée à 71 p. 100 (*Annual statement of navigation for 1909*, p. XVI).

étage, derrière lesquelles des enfilades de jardins minuscules, plan-
tés parfois d'un arbre étique, rappellent que les Anglais de toute
classe ont le goût de la campagne et la passion du *home*. A l'Ouest
et au Nord, même aspect ; à l'Est seulement, lorsque l'on pénètre
dans Londres soit par la Tamise, soit par les lignes de Margate ou
de Tilbury, on aperçoit aux abords de la grande ville quelque chose
qui peut à la rigueur passer pour un paysage industriel : fabriques
de caoutchouc et de produits chimiques de Silvertown, arsenal de
Woolwich, chantiers de construction de navires de Poplar, fabriques d'allumettes de Bow, industries métallurgiques un peu partout,
sur les bords de la Tamise. Mais tout cela paraît, en somme, bien
mesquin, quand on se souvient de la descente de la Clyde, depuis
Glasgow jusqu'à Greenock, des chantiers immenses qui bordent les
deux rives du fleuve, des squelettes de navires entrevus dans la
brume et du tapage infernal des marteaux qui frappent incessamment sur les rivets. Même dans ses banlieues orientales, Londres
n'apparaît point comme une ville de grande industrie.

Si l'on consulte les ouvrages des économistes et si l'on jette les
yeux sur les statistiques, l'impression première se confirme et se
précise. A Londres, dans une ville qui est le centre mondial du
commerce de la laine, le nombre des ouvriers et ouvrières employés
par l'industrie de la filature et du tissage de la laine et par la préparation des lainages [1] était en 1901 de 812 : dans la métropole commerciale de la laine, l'industrie des lainages n'existe pas. Londres
n'a jamais été un grand centre cotonnier ; il recevait cependant, il
y a trente ans, une quantité appréciable de coton des Indes, quantité
qui est allée d'ailleurs en diminuant depuis cette époque (32.000 tonnes en 1880, 11.000 tonnes en 1900, 29.000 en 1909). Mais ce coton
est en grande partie réexporté et n'est en tous cas ni filé ni tissé à
Londres : l'industrie du coton et celle du lin réunies occupaient
158 personnes seulement en 1901. Nous avons vu que Londres
importe une grande quantité de blé, et, bien qu'une proportion
croissante de cette importation se fasse sous forme de farine, on
pourrait s'attendre à un développement considérable de la minoterie. Il y avait autrefois des moulins sur les bords de la Tamise et
même sur le vieux pont de Londres ; mais ils ont disparu depuis
longtemps. Depuis le milieu du XIXe siècle, la minoterie paraît avoir
constamment décru [2] ; elle ne comprenait plus que 1.609 personnes
en 1901.

1. Sans compter les teinturiers.
2. Des comparaisons exactes entre les différents recensements sont rendues

Même décadence dans la raffinerie où, malgré l'importance du commerce du sucre, le total a passé de 1.549 au recensement de 1861 à 486 en 1901. La construction des navires devrait être, semble-t-il, une industrie particulièrement active dans un port comme celui de Londres ; de fait, elle paraît avoir eu jusque dans la première moitié du xix⁰ siècle un développement considérable. Dans un *Directory* de 1837, dont l'analyse a été publiée par M. Gomme [1], nous trouvons l'adresse de 28 maisons différentes et Capper nous parle, en 1862, du « grand nombre de chantiers de construction qui sont sur le bord de la Tamise et où l'on construit des vaisseaux de premier ordre » [2]. C'est à peine s'il reste aujourd'hui, comme vestige de cette prospérité passée, quelques établissements, dont le principal est celui de la *Thames Ironworks Company* [3], et qui n'emploient que quelques centaines d'ouvriers. En 1861, il y avait à Londres 8.300 charpentiers de navires occupés principalement à la construction des bateaux en bois qui étaient encore les plus nombreux ; en 1891, la même subdivision du recensement ne comprend plus que 2.260 personnes, auxquelles il faut, pour obtenir le personnel total de cette industrie, ajouter les 2.306 ouvriers qui se sont inscrits comme travaillant à la construction des navires en fer, ce qui donne en tout 4.566 personnes. Autant qu'on en peut juger à travers les remaniements que l'on a fait subir en 1901 aux cadres du recensement, le total était descendu à cette époque au chiffre de 3.744 ; même en tenant compte des ouvriers qui ont dû s'inscrire dans quelque autre section de la métallurgie — dans la chaudronnerie par exemple — il faut avouer que c'est bien peu de chose par rapport aux formidables armées industrielles de Newcastle et de Glasgow. Pendant les trois années 1907, 1908 et 1909, les chantiers de Londres ont construit 258 navires, jaugeant en tout 15.285 tonneaux : la majorité de ces navires avait moins de 100 tonnes de jauge. Durant la même période, les ports de la Tyne ont lancé 329 vaisseaux jaugeant 388.218 tonneaux, tandis que Glasgow et ses annexes (Greenock et

presque impossibles par les changements dans la méthode de classification. Voir sur la minoterie et la raffinerie Booth, *Life and Labour*, 2⁰ série, III, p. 95 et suiv. La minoterie, la raffinerie et quelques métiers accessoires comprenaient en tout 4.900 personnes en 1871 et 2.300 en 1891. Ces chiffres sont probablement un peu au-dessous de la réalité, parce que bon nombre d'ouvriers doivent s'être rangés parmi les simples manœuvres.

1. *London in the reign of Victoria*, p. 220 et suiv.
2. *The port and trade of London*, p. 182.
3. Cette entreprise a été déclarée en faillite en 1911 et essaie péniblement de se reconstituer.

Pasquet   13

Port Glasgow) en lançaient 1.043 jaugeant ensemble 781.079 tonneaux[1].

La décadence des chantiers de Londres a commencé avec la substitution du navire en fer au navire en bois, c'est-à-dire avec la transformation qui a fait entrer la construction des navires dans le système de la grande industrie moderne. Cette coïncidence n'est point l'effet du hasard et peut nous mettre sur la voie d'une explication générale. Londres paraît bien n'avoir jamais été, à proprement parler, un grand centre industriel : les noms même des plus anciennes et des plus importantes « Compagnies à livrées » de la Cité — les merciers, les épiciers, les drapiers, les marchands de poisson, les marchands tailleurs, les quincailliers, les marchands de vins, etc. — montrent bien que le négoce, et non les « arts », tenait la première place dans la ville ; les principales exceptions sont les orfèvres et les pelletiers, deux métiers très anciens qui demeurent encore aujourd'hui parmi les plus notables de la capitale anglaise. Dans le *Survey* de Stow qui nous fait connaître avec un si grand détail le Londres d'Elisabeth, les mentions relatives aux industries sont tellement rares que l'auteur regarde évidemment comme tout à fait secondaire cet aspect particulier de la vie londonienne. La révocation de l'édit de Nantes eut, il est vrai, pour conséquence de faire naître dans le faubourg qui s'étendait à l'Est de la Cité l'industrie de la soie, qui a eu pendant deux siècles quelque vitalité ; mais après une longue période de déclin, elle a fini de disparaître dans le dernier quart du XIXe siècle.

Néanmoins, s'il n'y a rien dans l'histoire économique de Londres qui rappelle le rôle prépondérant d'une industrie comme celle de la laine à Norwich, il ne faudrait pas en conclure que la production de Londres avant le XIXe siècle, ait été sans importance. Londres se trouvait au milieu de la région qui était alors la plus riche et la plus peuplée de l'Angleterre[2] ; elle était à proximité des hauts fourneaux et des forges du Sussex ; elle recevait des bois du Nord et construisait des navires. Attirés par le taux plus élevé des salaires, les ouvriers les plus habiles de la province y affluaient comme aujourd'hui et contribuaient à augmenter la population de cette

---

1. D'après *Annual Statement of navigation and shipping, 1909* (1910), p. XIV. Sur la décadence des chantiers de construction de Poplar, cf. Jackson and Pringle, *Report on the effects of employment given to the unemployed* (P. L. C., 1909), app. p. 60.

2 Voir les cartes de la densité de la population en 1700, 1750, et 1801 dans Mantoux, *La révolution industrielle*, p. 360 et suiv.

énorme capitale que Jacques Iᵉʳ comparait déjà à un enfant hydro-
céphale. Dès le milieu du xviiᵉ siècle, la population était évaluée à
460.000 habitants (1661), et un peu plus tard (1682) à 670.000 [1] ou
même davantage, tandis que les villes qui venaient immédiatement après Londres — Dublin et Bristol — n'auraient eu la première que 69.000 habitants et la seconde que 48.000 [2]. Ces chiffres
sont probablement exagérés; tout porte à croire que la population de Londres, à l'époque de la Restauration, ne dépassait guère
500 000 personnes, mais Bristol, qui était la seconde ville de la
Grande-Bretagne, n'atteignait sans doute pas 30.000 habitants, et
Norwich n'en avait que 28.000 environ [3]. La disproportion entre
Londres et les plus grandes villes provinciales était donc très considérable; Londres était la seule grande ville du royaume; il était la
seule qui renfermât à peu près toutes les industries nécessaires à
la vie d'une grande cité. La réputation de l'article de Londres était
excellente; elle s'est maintenue, dans beaucoup de cas, jusqu'à nos
jours. Londres, à ce qu'il semble, travaillait peu pour l'exportation;
mais la consommation locale offrait un débouché régulier, et pour
les objets de luxe principalement, la clientèle s'adressait de préférence aux fabricants de la capitale.

Ce bel équilibre fut détruit par la révolution industrielle du
xviiiᵉ siècle. Le voisinage d'une mine de houille devint un des facteurs essentiels dans le choix des localités où s'établissaient les
mines nouvelles. Or, Londres est loin des grands bassins houillers;
malgré la modicité des tarifs de transport, le prix du charbon rendu
à Londres est sensiblement supérieur au prix du charbon sur le
carreau de la mine [4]. Londres n'est pas non plus à portée des gisements de fer, car la métallurgie a depuis longtemps abandonné le
Sussex. Il est possible — nous l'avons dit plus haut — que ces conditions défavorables se modifient lorsque le bassin houiller du Kent

1. *The economic writings of Sir W. Petty* (éd. Hull), t. II, p. 331, 401
(*Graunt's Observations upon the bills of mortality*), et p. 459 (*Another Essay in
political arithmetick concerning the growth of the City of London*).
2. *Ibid.*, t. II, p. 539 (*Five Essays in political arithmetick*, 1687).
3. Cf. Macaulay, *History of England* (éd. Tauchnitz), I, p. 331, 332.
4. Voir dans *Annual abstract of labour statistics* (publié par le *Board of
Trade*) le prix de la tonne de charbon à la mine et dans *Registrar General's
Report* le prix de la tonne de charbon à Londres. En 1895, les prix sur le carreau de la mine étaient 5 s. 1 d. (Durham), 9 s. 6 d. (Galles du Sud), et le prix
moyen à Londres 14 s. 7 d. ; en 1900 les prix étaient 10 s. 3 d. (Northumberland et Durham), 15 s. 2 d. (Galles du Sud) et le prix moyen à Londres
22 s. 10 d.

sera mis en exploitation ; mais à l'heure actuelle, quoique l'on compte dans la capitale près de cent mille ouvriers appartenant aux différentes sections de l'industrie métallurgique, la production d'articles neufs est, comme nous le verrons, extrêmement restreinte ; Londres n'est plus guère, à cet égard, qu'un « atelier de réparations » [1].

La grande valeur du terrain et le taux élevé des loyers contribuent également à exclure de Londres les industries qui ont besoin de beaucoup d'espace ; c'est pour cette raison sans doute qu'une des vieilles industries londoniennes que nous avons mentionnées précédemment, — la tannerie — quitte de plus en plus le quartier de Bermondsey pour la province. Bermondsey, qui formait encore au commencement du xixᵉ siècle un des faubourgs de Londres, se trouve maintenant presque au centre de la ville ; le sol y est trop précieux pour que les propriétaires ne songent pas à l'utiliser de la façon la plus productive ; les fosses à tan cèdent peu à peu la place à des maisons d'habitation, à des entrepôts, à des fabriques de confitures [2]. Pour la même raison les fabricants de produits chimiques ont de préférence installé leurs usines en dehors du comté de Londres, de l'autre côté de la Lea [3] où les terrains sont beaucoup moins chers que dans la capitale et les impôts généralement moins élevés. La même cause explique la décadence de la minoterie et, dans une certaine mesure tout au moins, celle de la raffinerie ; car, s'il est incontestable que les primes d'exportation accordées pendant longtemps aux producteurs de sucre par les puissances continentales ont dû avoir pour résultat d'accélérer cette décadence, il n'en est pas moins vrai que Londres a continué d'importer, même pendant la période des primes, une assez grande quantité de sucre brut [4], et que ce sucre a cessé peu à peu, pour des raisons qui n'ont évidemment rien à voir avec le système des primes, d'être raffiné à Londres même. Ce n'est que dans des conditions toutes spéciales qu'une industrie de ce genre peut se maintenir dans la capitale ; il faut qu'elle

1. Cf. Booth, *Life and Labour*, 2ᵉ série, t. I, p. 296.

2. Booth *Life and Labour*, 2ᵉ série, t. II, p. 126 ; Steel-Maitland and Squire, *Report on London* (P. L. C., 1909), p. 26-27 ; Williams and Jones, *Report on the effect of outdoor relief on wages* (P. L. C., 1909), p. 15.

3. La proportion des hommes employés dans ces industries qui était de 4,1, p. 1000 habitants à Londres en 1901, était de 11,2 à West Ham (*Census of London, 1901. L. C. C. Report*, p. XVI et XXXII).

4. En 1900, en pleine période de primes, Londres importait encore 294.000 tonnes de sucre non raffiné (*Annual statement of trade*) contre 330.000 en 1880. La principale raffinerie était à Silvertown.

soit protégée par un monopole de fait ou que l'importance des bénéfices rende les directeurs et les actionnaires indifférents à la question du loyer : tel a été, jusqu'à ces derniers temps, le cas de la
brasserie qui a conservé des établissements jusque dans la partie
centrale de la ville, trouvant sans doute que la différence du loyer
était largement compensée par l'économie dans le transport de ses
produits.

En laissant de côté ces exceptions qui sont peu nombreuses, on
peut dire que l'entrée du machinisme dans une industrie et la substitution de l'usine au petit atelier donnent ordinairement, en ce qui
concerne Londres, le signal de la décadence. Ce n'est pas seulement
la concurrence lyonnaise, encouragée par l'abaissement des tarifs
douaniers, qui a ruiné le tissage au petit métier dans l'industrie de
la soie ; c'est la terrible concurrence de l'usine qui produit des articles inférieurs à vrai dire, mais suffisants pour le public, et qui a
fini par abaisser au niveau d'un métier purement mécanique l'art
et le salaire du tisserand de Spitalfields. Dans l'habillement, qui est
pourtant, par excellence, une industrie londonienne, l'invention de
machines nouvelles a transporté à Denton, en Lancashire, et à Stock-
port, dans le comté de Chester, la fabrication du chapeau de feutre [1] ;
la fabrication des casquettes de drap qui se faisait dans l'East End,
passe aux manufactures de Manchester ; le petit atelier de confection
et l'ouvrière qui travaille chez elle avec sa machine à coudre se
défendent péniblement, en acceptant des prix de famine, contre la
factory provinciale équipée scientifiquement pour la lutte et qui dispose de la vapeur ou de la force électrique. La cordonnerie surtout
a beaucoup souffert de la concurrence des grands établissements
de Leicester et de Northampton [2] : entre le recensement de 1891 et
celui de 1901, le nombre des ouvriers et ouvrières de la cordonnerie
a diminué de plus de 12 p. 100 (38.989 en 1891, 34.156 en 1901). L'emploi des machines dans la fabrication de la brosse commune [3] a fait
également diminuer le nombre des ouvriers de la brosserie (4.638
au lieu de 4.854). Les roues de voiture pour la carrosserie, industrie
qui n'est point sans importance à Londres, sont souvent fabriquées
dans des usines américaines ; et les maisons de carrosserie de province menacent de plus en plus celles de Londres. Les baguettes
d'encadrement viennent maintenant du continent ; l'importation

1. Booth, *Life and Labour*, 2ᵉ série, t. III, p. 32.
2. Booth, 2ᵉ série, t. III, p. 19.
3. Booth, 2ᵉ série, t. II, p. 173-174.

des lattes faites à la machine en Suède a fait disparaître les ouvriers qui fendaient le bois à la main. La décadence de la tonnellerie (3.079 ouvriers en 1901, au lieu de 3.595 en 1891 et de 5.400 en 1861) [1] est due à des causes analogues ; la menuiserie elle-même subit la concurrence des machines suédoises qui préparent le bois, soit à des dimensions régulières, soit sur plans particuliers [2].

A la difficulté d'établir à Londres des usines capables de lutter avec celles de la province et de l'étranger, s'est ajouté parfois l'esprit conservateur des ouvriers et des patrons londoniens. Londres a probablement, dans la plupart des professions qui s'y trouvent représentées, les meilleurs ouvriers de l'Angleterre. Ces ouvriers, dont beaucoup sont originaires de la province et ont fait en province leur apprentissage, connaissent admirablement leur métier, possèdent une habileté technique consommée, savent exiger un salaire correspondant à leur capacité, et ont naturellement une propension à mépriser le travail à la machine qui n'aboutit le plus souvent qu'à une contrefaçon plus ou moins acceptable du travail à la main. On a vu, par exemple, la petite corporation des ouvriers qui font les bois de selles pour les selliers se refuser obstinément à employer le bois scié et préparé à la machine au lieu du bois éclaté et travaillé à la main. Ils ont prétendu, probablement avec raison, que l'ancienne méthode donnait un article beaucoup plus solide que la nouvelle ; mais, probablement aussi, le résultat de leur obstination sera d'amener les selliers à se fournir de plus en plus en province [3]. Les deux exemples classiques de l'intransigeance conservatrice des ouvriers londoniens sont celui des charpentiers de navire de la Tamise et celui des horlogers de Clerkenwell. Nous avons fait précédemment allusion au premier. Les charpentiers de navire formaient, au milieu du xixᵉ siècle, une corporation très nombreuse (plus de 8.000 en 1861) et la construction des navires en bois était encore très active dans les chantiers de la Tamise. Malheureusement, les charpentiers refusèrent de croire à l'avenir du navire en fer et laissèrent passer à d'autres corporations — à celle des chaudronniers notamment — la plus grande partie du travail ; il fut même difficile, à une certaine époque, de faire exécuter une commande à Londres dans des limites de temps raisonnables. Les charpentiers contribuèrent ainsi pour leur part à la décadence de leur propre industrie, décadence qui fut accélérée par d'autres causes

1. Ces chiffres comprennent les fabricants de cercles et de lattes.
2. Booth, *Life and Labour*, 2ᵉ série, t. I, p. 241, 251, 259, 261.
3. Cf. Booth, 2ᵉ série, t. II, p. 157.

telles que les frais de transport de la houille et du fer, la valeur du
terrain sur le bord du fleuve, et le taux des salaires, sensiblement
plus élevé qu'en province [1]. L'histoire de l'horlogerie ou, pour parler plus exactement, de la fabrication des montres, est plus significative encore. La montre de Clerkenwell est faite par le système de
la division du travail, comme l'a été, jusqu'à ces dernières années
du moins, la montre du Jura. Chaque ouvrier sait faire une pièce
et ordinairement ne sait faire que cette pièce. Les ouvriers travaillent chez eux ; les pièces sont centralisées et montées dans les maisons de gros. Cette industrie fut très prospère jusque vers 1870 ; les
montres de Clerkenwell faisaient prime sur tous les marchés : on les
exportait aux colonies et en Amérique, et la demande était telle que
la fabrication finit par devenir trop hâtive et trop peu soignée, ce qui
fit perdre à l'article de Londres un peu de sa réputation. La situation n'était cependant pas irrémédiable, mais c'est alors que les
nouvelles inventions se heurtèrent à l'esprit conservateur des ouvriers et des patrons. « L'ancienne montre de fabrication londonienne était épaisse, à cause de l'échappement à verge qui est verti-
cal et donnait à l' « oignon » de nos pères sa forme particulière, il
s'agissait de trouver une montre moins épaisse à l'usage des dames.
Les Suisses découvrirent l'échappement horizontal ; mais les fabricants de Londres refusèrent de changer de système, et plus tard
s'opposèrent également à l'emploi de l'échappement à levier inventé
par le Lancashire. Ils ne voulurent pas non plus entendre parler
de travail à la machine. Une Compagnie s'étant fondée pour fabriquer à la machine les pièces de montre, les horlogers de Clerkenwell l'empêchèrent d'obtenir la charte qui était alors indispensable
et l'obligèrent à se transporter aux Etats-Unis, où elle introduisit
le système moderne de la manufacture. La brèche étant ouverte,
d'autres pays et d'autres villes vinrent faire concurrence à Londres,
qui perdit ainsi la première place et ne la retrouvera probablement
jamais [2]. » Quelques manufactures se sont créées à Londres ; mais
il leur est difficile de lutter avec avantage contre les manufactures
provinciales et surtout contre celles de Suisse et d'Amérique. Le
nombre des ouvriers horlogers diminue rapidement : en 1861 ils
étaient 5.700 ; 4.281 en 1891 ; 3.582 en 1901. La diminution porte en
grande partie sur les ouvriers en montres ; les ouvriers en pendules, qui sont confondus avec eux dans le recensement, forment en

1. Booth, 2e série, t. I, p. 270.
2. Booth, *Life and Labour*, 2e série, t. II, p. 26-27.

réalité une corporation entièrement distincte et qui paraît assez prospère.

Une des raisons qui ont poussé les ouvriers de Londres à s'opposer, parfois avec un succès qui n'a été que trop complet, à l'introduction des machines et à la formation des grands établissements industriels est la crainte, assez fondée d'ailleurs, que le travail à la machine aboutisse à une dépréciation générale des salaires. La machine permet en effet, dans beaucoup de cas, de remplacer l'ouvrier qualifié par un manœuvre et tend à faire baisser les prix. Or l'ouvrier londonien se résigne très difficilement à une diminution quelconque, et ses prétentions à cet égard, justifiées ou non, ont certainement eu pour résultat d'empêcher l'établissement d'industries nouvelles et de faire émigrer en province des industries qui étaient anciennement établies dans la capitale. Le taux des salaires s'ajoute aux autres difficultés dont doit triompher l'industriel assez hardi pour s'installer à Londres.

Dans toutes les industries qui ne sont point soumises au *sweating system* ou qui n'utilisent point du travail sans valeur, les salaires de Londres sont en effet supérieurs, et souvent très supérieurs, aux salaires des villes de province. Il en est ainsi, tout d'abord, du salaire théorique, nous entendons par là le salaire officiellement reconnu par la trade-union comme un minimum. L'*Abstract of labour statistics* qui est publié chaque année par le *Board of Trade* nous permet de faire sur ce point des comparaisons intéressantes, limitées malheureusement à un trop petit nombre de professions [1]. Nous constatons, par exemple, que les ouvriers métallurgistes de Londres qui appartiennent à la grande union des *Amalgamated Engineers* doivent exiger un salaire qui dépasse de beaucoup, pour une semaine de même longueur (53 à 54 heures de travail), le salaire de leurs confrères et concurrents de province. Voici, pour quelques grands centres métallurgiques, la liste officielle des salaires, établie en francs (année 1909) :

Salaires acceptés par les trade-unions en 1901 dans la métallurgie.

	Londres	Barrow	Glasgow	Middlesborough	Newcastle	Wolverhampton
Tourneurs . .	50	46,25	43.60	45	43.75	42.50
Ajusteurs. . .	50	45	43.60	45	43.75	42.50
Forgerons . .	50	45	45	45	43.75	43.75

(1) Cf. *Thirteenth abstract of labour statistics, 1907-1908* (1910), p. 44 et suiv. — Cf. *Standard time rates of wages in the U. K. at 1st october 1909* (1909), p 34 et suiv., 86, 94, 96.

La différence est plus grande encore dans l'industrie de la construction des navires et nous aide à nous expliquer la décadence de cette industrie à Londres.

Salaires acceptés par les trade-unions en 1909
dans la construction de navires.

	Londres	Glasgow	Newcastle
Tôliers	56.25	47.50	43.75
Riveurs.	47.50	45	41.25
Charpentiers, travail neuf	52.50	45	47.80
Charpentiers, réparations.	52.50	46.85	50.60

Dans l'imprimerie, le minimum de salaire accepté par les trade-unions pour les compositeurs est à Londres de 39 shillings (48 fr. 75), à Edimbourg, de 32 à 36 shillings (40 fr. à 45 fr.), à Aberdeen, de 30 shillings (37 fr. 50). La semaine écossaise est, il est vrai, un peu plus courte que la semaine anglaise (50 heures au lieu de 52 h. et demie). Le salaire des ouvriers relieurs est fixé à Londres à 35 shillings (44 fr. 75) pour une semaine de 48 heures ; il est de 32 shillings (40 fr.) à Edimbourg et de 30 shillings (37 fr. 50) à Aberdeen et Dundee pour une semaine de 50 heures ; à Oxford, il est également de 30 shillings pour une semaine de 54 heures. Les ébénistes qui, à Londres, doivent exiger 10 pence ou même, suivant l'union dont ils font partie, 10 pence et demi de l'heure, peuvent se contenter à Birmingham de 8 pence et demi, à Hull et à Bristol de 7 et 8 pence, à Leeds de 8 pence et demi et 9 pence, à Nottingham de 8 et 9 pence ; de sorte qu'un ouvrier de l'East End de Londres, payé à raison de 10 pence et travaillant 9 heures, coûtera 9 fr. 35 par jour à son patron, tandis que l'ouvrier de Nottingham, payé à raison de 8 pence et travaillant également 9 heures, ne coûtera que 7 fr. 50.

Il ne faut pas oublier que les trade-unions se proposent en général, lorsqu'elles établissent leurs prix de base, d'éviter de trop grands écarts de prix entre les différentes parties du Royaume-Uni parce que ces écarts favoriseraient une concurrence qui serait désastreuse pour les ouvriers des grandes villes. On doit s'attendre, par conséquent, à trouver entre les salaires *réellement* payés dans la capitale et les salaires payés dans les villes de province des différences plus sensibles encore que celles que nous venons de constater.

Un livre bleu publié en 1887 nous fait connaître le taux des salaires dans quelques industries et à certaines époques pour la période qui précède l'année 1886. Il nous permet d'établir, pour l'année 1880, une comparaison entre les salaires payés à Londres, à Bristol et à Glasgow dans la raffinerie[1].

Salaires payés en 1880 dans la raffinerie.

	Londres	Bristol	Glasgow
Raffineurs	53.75	56.25	50
Ouvriers du sucre	37.50	23.75	27.50
Ouvriers du noir animal.	30	24.35	28.45
Mécaniciens	45	26.85	34.70
Chauffeurs.	37.50	27.50	31.25

On voit que, sauf dans un seul cas, les prix de Londres sont très supérieurs aux prix de province, circonstance qui a contribué parmi d'autres causes à la ruine de la raffinerie londonienne. Dans la corderie, qui fut autrefois une industrie assez florissante à Londres, les salaires sont également supérieurs à ceux de Liverpool et de Dundee en cette même année 1880[2] :

Salaires payés en 1880 dans la corderie.

	Londres	Liverpool	Dundee
Cardeurs	33.75	31.25	25
Fileurs de fil de caret	38.75	32.50	27.50
Fileurs de ficelle	42.50 (aux pièces)	32.50	27.50
Cordiers	38.75	32.50	27.50

Même écart dans l'imprimerie :

Salaires payés en 1880 dans l'imprimerie[3].

	Londres	Edimbourg
Compositeurs.	44.35 (à la tâche)	37.50 à 40.60 (à l'heure)
Correcteurs	53.10	43.75 à 50
Pressiers.	45.60	39.05
Ouvriers des machines	53.10	40.60

Dans la fabrication du savon, Londres lutte difficilement contre Liverpool[4].

1. *Returns of wages published between 1830 and 1886* (1887), p. 282-284. Les chiffres proviennent en général de renseignements fournis par les chambres de commerce des différentes villes.
2. *Returns of wages*, p. 261 et suiv.
3. *Returns of wages*, p. 307, 310.
4. *Returns of wages*, p. 272 et suiv.

Salaires payés en 1880 dans la savonnerie :

	Londres	Liverpool
Savonniers	56.25 à 75	46.85
Manœuvres	27.50	25
Soudiers	30 à 37.50	28.10
Coupeurs	28.10	26.85
Emballeurs	30 à 37.50	26.85

Ces statistiques anciennes sont assez fragmentaires ; mais au mois d'octobre 1886, le *Board of Trade* fit faire dans tout le Royaume-Uni une sorte de recensement des salaires dont les résultats furent publiés dans divers livres bleus et particulièrement dans un *Rapport sur les salaires des travailleurs manuels* qui parut en 1893[1]. On y voit que dans l'imprimerie la différence de prix entre Londres et l'Ecosse ne s'était pas sensiblement atténuée depuis 1880[2] :

Salaires payés en 1886 dans l'imprimerie.

	Londres	Ecosse
Compositeurs (à l'heure)	45.30	38.65
» (à la tâche)	41.95	36.55
Correcteurs	50.75	48.25
Pressiers	45.60	37.90
Ouvriers des machines	50.10	39.90

Dans la métallurgie, l'écart entre les prix de Londres et ceux des principaux centres de fabrication du fer nous aide à comprendre pourquoi l'industrie métallurgique déserte les bords de la Tamise et pourquoi les Compagnies de chemins de fer transportent en province leurs ateliers de construction et de réparation[3] :

Salaires payés en 1886 dans la métallurgie.

	Londres	Galles du Sud	Sheffield	Northumberland Durham et Cleveland	Glasgow
Tourneurs	47.60	32.90	40.50	36.85	35.60
Ajusteurs	46.85	35.30	39.70	36.25	34.35
Perceurs et fileteurs . .	32.80	25.20	28.25	28.35	25 et 25.40
Forgerons	48.25	35.40	39.80	35.40	35.95
Aides forgerons	31.85	20.75	26.75	24.80	23.10
Riveurs	45.30	32.80	»	39.80	35

1. *Report by the Board of Trade on the wages of the manual labour classes in the U.K.* 1893. Ce rapport est analysé dans *Seventh annual abstract of labour statistics, 1899-1900* (1901), p. 134 et suiv.
2. *Report on the wages of the manual labour classes*, p. 118.
3. *Wages of manual labour classes*, p. 30, 53, 61. *Annual abstract of labour*

Il en est de même dans l'industrie du bronze[1] :

Salaires payés en 1886 dans le travail du bronze.

	Londres	Midlands	Lancashire et Yorkshire	Ecosse
Mouleurs	45.85	39.70	38.65	38
Finisseurs	46.55	34.25	36.85	36.35

Dans la construction des navires en fer, la comparaison est rendue difficile par le fait que l'usage est tantôt de faire travailler aux pièces, tantôt de faire travailler à l'heure. Le tableau ci-dessous ne comprend, sauf une exception, que les prix payés pour le travail à l'heure[2] :

Salaires payés en 1886 dans la construction des navires en fer.

	Londres	Northumberland et Durham	Lancashire	La Clyde
Tôliers	55.95	aux pièces 76.85	41.85	35.95
Riveurs	46.15	37.50	37.80	30.30
Ajusteurs	47.50	36.65	37.90	34.05
Charpentiers	52.50	41.35	41.10	36.25
Manœuvres	29.75	23.85	22.35	20

Le recensement industriel de 1906, actuellement en cours de publication, paraît devoir donner des résultats analogues à ceux du recensement de 1886.

Les considérations qui précèdent nous font comprendre pourquoi la grande industrie n'a pu se développer à Londres, et pourquoi les industries vraiment productrices jouent dans la vie économique de la ville un rôle de si peu d'importance. On serait plutôt tenté de s'étonner qu'il y ait à Londres des industries quelconques, et l'existence même de cette immense agglomération d'hommes au milieu des plaines agricoles ou pastorales de la Tamise, dans une région qui n'a ni fer ni houille, finit par apparaître comme un des anachronismes les plus singuliers du monde moderne, — anachronisme que l'histoire seule est capable d'expliquer. Un économiste anglais n'est-il pas allé jusqu'à dire que « si Londres avait à recommencer la vie, les obstacles qui s'opposeraient à son développement seraient insurmontables[3] » ?

statistics, 1899-1900, p. 138-139. — Sur le transfert en province des ateliers des chemins de fer, cf. *Report of London Traffic Branch of the B. of T., 1911*, p. 7 et 9.

1. *Annual abstract of labour statistics, 1899-1900*, p. 150.
2. *Annual abstract of labour statistics, 1899-1900*, p. 136.
3. M. Aves dans Booth, *Life and Labour*, 2ᵉ série, t. V, p. 90.

Et pourtant, la population de Londres a augmenté pendant le cours du XIXᵉ siècle (1801-1901) de 373 p. 100 ! Voilà un fait incontestable qu'il est, semble-t-il, difficile de concilier avec cet autre fait non moins incontestable : l'infériorité manifeste de Londres, comme centre industriel, par rapport aux autres grandes villes de l'Angleterre. Pour résoudre cette antinomie, il est indispensable d'analyser avec quelque détail les documents que nous fournit le recensement professionnel de Londres, de manière à savoir quels sont au juste les éléments sur lesquels a porté l'augmentation qui nous étonne.

De 1861 à 1891 inclusivement, les recensements furent établis sur les mêmes bases et les chiffres sont, par conséquent, comparables entre eux ; le recensement de 1901, beaucoup mieux conçu et beaucoup plus détaillé que les précédents, offre malheureusement un inconvénient qui est la contre-partie du progrès accompli : les remaniements que l'on a fait subir aux cadres du recensement sont si considérables que, sauf pour un certain nombre de cas particuliers, ce serait une entreprise vaine et trompeuse que de vouloir comparer les chiffres de 1901 avec ceux des recensements antérieurs[1]. Mais la période de trente ans qui s'est écoulée entre 1861 et 1891 est suffisante pour nous permettre d'affirmer que l'accroissement de Londres est dû à l'importance croissante de son rôle commercial beaucoup plus qu'à son développement comme centre industriel.

De 1861 à 1891, la population de Londres a augmenté de 50 p. 100. Comme on le voit, en consultant le tableau ci-dessous, le nombre des marchands et employés de bureau a augmenté de 128 p. 100, le nombre des personnes employées aux transports de 83 p. 100 et le nombre des manœuvres de 76 p. 100. Ces trois subdivisions comprenaient ensemble, en 1861, 262.100 personnes et en 1891, 507.000, soit une augmentation de 93 p. 100 , supérieure presque de moitié à l'augmentation moyenne de la ville. Or le plus grand nombre de ceux qui sont inscrits dans ces trois sections se rattachent soit directement, soit indirectement au commerce, — directement dans le cas des marchands et employés de bureau indirectement dans celui des employés de chemins de fer, des charretiers ou des ouvriers des docks.

1. La façon de plus en plus précise dont sont rédigées les feuilles de recensement contribue aussi à rendre les comparaisons difficiles (Cf. *Census of 1901. County of London*, p. XII-XIII).

**Augmentation des diverses professions à Londres
de 1861 à 1891.**

PROFESSIONS	1861	1871	1881	1891	Augmentation 0/0 depuis 1861
Marchands et employés de bureau	74.900	127.300	144.800	171.300	128,7
Imprimerie et papeterie....	39.000	50.200	65.800	87.300	123,8
Transports................	75.000	93.000	113.700	138.400	83,0
Manœuvres...............	111.600	150.600	171.400	197.300	76,7
Construction...............	87.300	108.500	133.500	129.500	48,3
Industries diverses (cuirs, savons, produits chimiques)	26.100	28.500	34.600	38.100	45,9
Métallurgie...............	45.600	50.200	54.100	65.200	42,9
Services publics et professions libérales..........	116.500	129.700	143.200	166.200	42,6
Domestiques...............	284.900	331.100	368.400	399.200	40,1
Métaux précieux, horlogerie.	23.100	24.300	26.100	31.600	36,7
Alimentation	101.500	108.400	117.700	138.400	36,3
Habillement	210.900	218.600	229.000	260.000	23,2
Bois et ameublement	67.000	71.600	65.700	68.100	1,6
Tissage..................	24.700	21.000	16.600	15.900	— 35,6
Population de Londres.....	*2.808.000*	*3.261.000*	*3.830.000*	*4.228.000*	*50,5*

En nous reportant à notre tableau, ou en jetant les yeux sur le graphique (fig. 12), qui rend le fait plus sensible encore, nous constatons que, contrairement à ce qui s'est produit pour le commerce, aucune des industries de Londres, à l'exception de l'imprimerie, n'a augmenté aussi rapidement que la population totale. Dans le cas de l'ameublement, l'augmentation est presque nulle (1, 6 p. 100); dans le cas de l'habillement qui est l'industrie fondamentale de Londres, elle n'est que de 23 p. 100. Si, après avoir mis à part la construction et l'alimentation, industries locales par excellence, nous faisons le total des ouvriers des autres industries londoniennes — imprimerie, métallurgie, métaux précieux et horlogerie, habillement, ameublement, industries diverses — nous obtenons pour 1861 le chiffre de 411.700 et pour 1891 le chiffre de 550.000. L'augmentation n'est que de 33 p. 100.

Il est impossible, avons nous dit, de poursuivre cet examen après 1891; nous pouvons cependant, pour certaines professions, établir sans grandes chances d'erreur une comparaison entre le recensement de 1891 et celui de 1901[1]. Pendant cette période, l'augmentation de la population a été de 7, 3 p. 100. Comme le montre le tableau ci-après, le pourcentage de l'augmentation est ordinaire-

---

1. Cf. *Census of 1901. County of London*, p. XIII. — *Report by the Statistical Officer... on the census of 1901* (L. C. C.), p. XXVII-XXIX.

ment beaucoup plus élevé dans les professions commerciales que

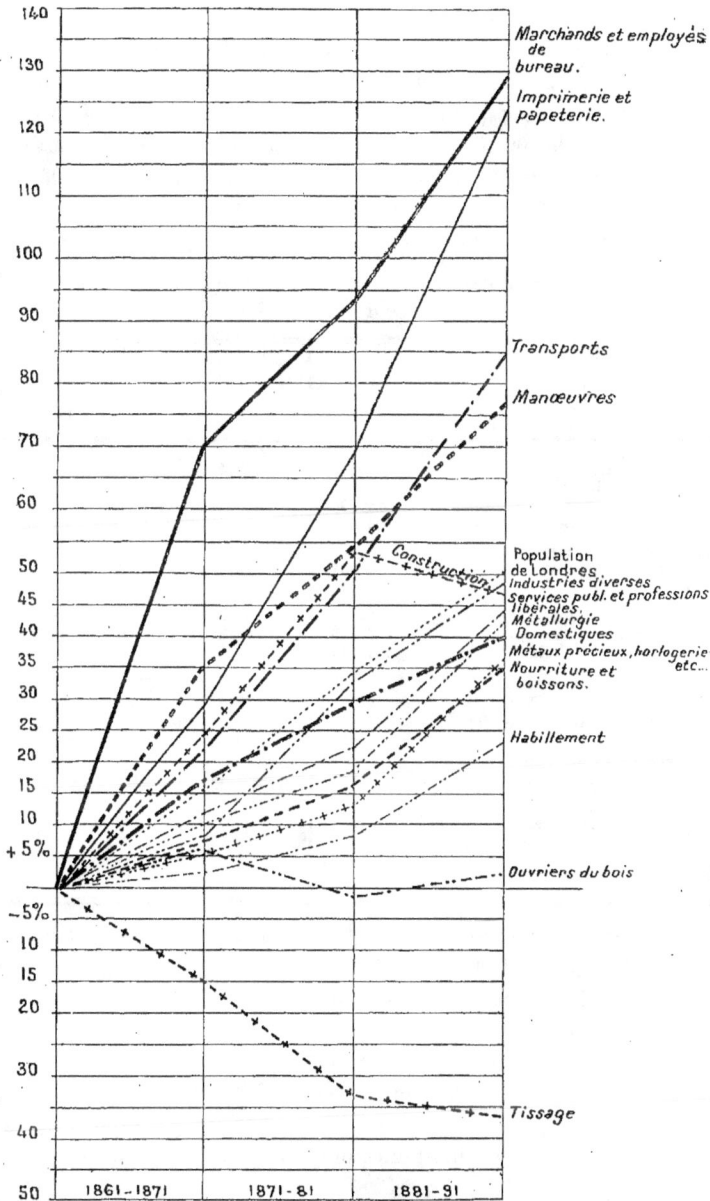

Fig. 12. — Augmentation comparée de la population et des principales professions
à Londres (1861-1891).

dans les professions industrielles. Ainsi tandis que les drapiers

et les merciers ont augmenté de 27 p. 100, les employés de bureau
de 32 p. 100 — passant de 78.000 à 103.000 — les employés de banque et d'assurances de 46 p. 100, les charretiers de 30 p. 100 et les
dockers de 35 p. 100, les métiers de l'habillement n'ont augmenté
dans leur ensemble que d'un peu plus de 3 p. 100 (268.000 personnes [1] au lieu de 260.000) ; cette augmentation est uniquement due à
celle des tailleurs (23 p. 100) et surtout des tailleuses (37 p. 100) ; les
cordonniers ont diminué de 12 p. 100 sur 1891, les couturières, modistes et lingères, de 2 p. 100.

**Tableau de l'augmentation de certaines professions
à Londres de 1891 à 1901.**

PROFESSIONS	1891	1901	Augmenta-tion p. 100	Augmenta-tion p. 100 des femmes
Employés de bureau..........	78.180	103.414	+ 32,2	+ 181,1
Employés de banque, assu-rance, etc.................	11.896	17.384	+ 46,1	
Drapiers, merciers..........	24.659	31.416	+ 27,4	+ 36,7
Charretiers (hommes)........	43.667	60.665	+ 30,2	
Dockers (hommes)...........	14.562	19.710	+ 85,3	
Ebénistes, tapissiers........	31.867	35.324	+ 10,8	
Cordonniers................	38.989	34.156	— 12,3	— 9,9
Tailleurs...................	52.346	67.980	+ 29,8	+ 37
Couturières, modistes, lingères	111.044	108.614	— 2,1	
Typographes	35.009	37.249	+ 6,4	+ 73,6
Relieurs...................	15.852	16.545	+ 4,3	+ 10,2
Fabrication des voitures (hom-mes)	6.076	5.610	— 7,6	
Cycles et automobiles (hom-mes).....................	916	2.447	+166	
Forgerons, métallurgistes (hommes).................	53.425	69.692	+ 30,4	
Electriciens (hommes).......	4.801	12.788	+166,4	
Londres...................	*4.228.317*	*4.536.541*	+ 7,3	

Dans les autres métiers londoniens, le pourcentage de l'accroissement est en général faible, parfois inférieur à celui de la population : 6 p. 100 chez les typographes, 4 p. 100 chez les relieurs,
10 p. 100 chez les ébénistes.

L'industrie de l'automobile s'est créée, mais celle de la voiture a
diminué. Les industries électriques ont fait un bond prodigieux ;
mais il ne faut pas oublier que ces industries sont à Londres presque exclusivement locales ; elles ont pour objet la pose et l'entre-

1. Ce chiffre n'est pas le même que celui qui est donné plus loin dans le
tableau des professions en 1901 (224.200) ; on est obligé en effet, pour pouvoir
comparer avec 1891, d'introduire certaines professions qui ne sont pas inscrites parmi les industries de l'habillement en 1901.

tien des appareils : la fabrication proprement dite est peu importante [1]. En définitive, le seul groupe où l'on constate une progression
naturelle, indépendante de toute cause étrangère, est celui de la
métallurgie où l'augmentation a dépassé 30 p. 100 ; encore est-il
bon de faire observer qu'une cause locale — l'emploi de plus en
plus fréquent du fer et de l'acier dans la construction — n'est probablement pas étrangère à ce développement.

Voyons maintenant quelle était en 1901 la situation respective
du commerce et de l'industrie à Londres ; nous avons essayé de
l'établir dans un tableau que nous avons fait, à dessein, aussi
simple que possible. Etant donné l'enchevêtrement des statistiques
officielles qui rangent dans la même section l'ouvrier d'ameublement et le marchand de meubles, l'industriel qui fabrique des produits chimiques, le manœuvre qui travaille dans son usine et le
pharmacien ou le droguiste qui vend ses produits, nous ne saurions
affirmer qu'aucune erreur ne s'est glissée dans cet essai de classification ; mais l'erreur, si elle existe, ne porte que sur des chiffres
minimes et ne peut avoir aucune influence sensible sur les conclusions générales.

L'industrie comprenait, en 1901, 793.000 personnes (37, 4 p. 100
de la population occupée) et le commerce 424.900 (20 p. 100). L'importance numérique des professions industrielles semble donc très
supérieure à celle des professions commerciales ; en réalité, la
différence est beaucoup moins grande qu'elle ne le paraît au premier abord. Il faut en effet, pour avoir l'effectif des industries productives de Londres distraire du total les ouvriers qui travaillent
dans des industries locales, c'est-à-dire dans des industries qui ne
peuvent s'exercer que sur place et qui tiennent à l'existence même
de la ville, les ouvriers du bâtiment et de l'alimentation, soit
188.100 personnes. Restent pour les industries productives 504.900 individus (23, 8 p. 100 de la population occupée). D'autre part, l'immense trafic de Londres qui emploie 247.800 personnes est alimenté
principalement par le commerce, et ne s'explique que par le rôle
distributeur du port et des marchés ; les « auxiliaires » c'est-à-dire
les manœuvres (*labourers*), sont eux-mêmes, à part quelques milliers
de « manœuvres de fabriques » (*factory labourers*), plus souvent
employés à manipuler et à transporter des marchandises qu'à un
travail industriel proprement dit. L'ensemble du groupe que nous
pouvons appeler « commercial » se trouverait ainsi renfermer envi-

1. Il y a cependant une usine pour la fabrication des câbles sous-marins à
Woolwich et une autre, en dehors des limites du comté, à Silvertown.

ron 730.000 personnes, tandis que le groupe industriel en renferme
793.000 et les industries productives 504.900 seulement.

Professions à Londres en 1901.

PROFESSIONS	Nombre de personnes	Total général	Proportion de la population occupée
Commerce		*424.900*	20,0
Négociants, employés.	154.600		
Papeterie, librairie.	15.900		
Tissus et habillement.	44.400		
Alimentation.	81.500		
Hôtels, débits. spiritueux, tabac.	66.400		
Petits commerçants	24.300		
Pharmacie, droguerie.	10.400		
Métaux, charbons, bois, divers	27.400		
Transports		*247.800*	11,7
Par voie ferrée.	37.500		
Par route	107.200		
Par eau et dans les docks.	35.600		
Services postaux, porteurs, etc.	67.500		
Auxiliaires.		*69.400*	3,3
Industrie.		*793.000*	37,4
Construction.	150.000		
Habillement	224.200		
Alimentation	38.100		
Métallurgie	94.300		
Ameublement, etc.	62.400		
Imprimerie, papeterie	81.000		
Tissus.	15.700		
Peaux et cuirs.	27.000		
Industries chimiques.	14.100		
Orfèvrerie, horlogerie, etc.	39.700		
Industries diverses.	46.400		
Agriculture, pêche		*9.500*	0,4
Professions libérales		*118.400*	5,6
Services publics		*14.800*	3,6
Domestiques		*381.000*	18,0
Total de la population occupée.		*2.119.300*	100,0

Nous verrons plus loin quelles conséquences économiques et sociales a la prépondérance du groupe commercial sur le groupe industriel ; mais avant de passer à l'étude de cette question, il nous
faut tout d'abord expliquer avec quelque détail ce que sont les industries londoniennes et dans quelles conditions se fait à Londres le
travail industriel. Ces conditions en effet sont telles qu'elles ne
font que concourir au résultat général que nous aurons à exposer.

Parmi les industries productives de Londres, l'industrie de l'habillement a sans conteste la première place. Sur un total de 504.900 individus, elle en occupe 224.200, auxquels on peut ajouter les 7.300 ouvriers et ouvrières qui travaillent dans la fourrure et dans les plumes, ce qui porte à 231.500 l'effectif des ouvriers de l'habillement, effectif presque égal, comme on le voit, à la moitié du total que nous avons trouvé pour les industries productives. Londres travaille non seulement pour l'Angleterre, mais aussi pour les colonies ; il a exporté dans ces dernières années pour 50 à 60 millions de vêtements par an [1].

Les industries de l'habillement sont en général nettement localisées : les magasins de vente se placent à portée de la clientèle à laquelle ils s'adressent, et les ouvriers s'établissent à portée des magasins pour lesquels ils travaillent. Il faut distinguer deux centres principaux, situés l'un à l'Est, l'autre à l'Ouest de la Cité et que l'on a coutume de nommer l'un, l'East End, l'autre le West End, dénominations fort inexactes du reste, puisque le West End des tailleurs se trouve presque au milieu géométrique de Londres et que leur East End est assez éloigné des limites orientales du comté. L'East End fait l'article bon marché, le West End l'article cher ; mais si l'ouvrier du West End ne travaille pas pour le magasin populaire de l'East End, il est de moins en moins rare que l'ouvrier de l'East End travaille pour les magasins d'Oxford Street et de Regent Street, où les dames élégantes et désœuvrées viennent faire leur *shopping* en attendant l'heure du thé. Le quartier des tailleurs du West End est la région comprise entre Regent's Park et la Tamise. Les bourgs de Holborn, de Marylebone et de Westminster renfermaient, en 1901, 4.767 tailleurs et 4.395 tailleuses. Le groupe de l'East End est plus important : le bourg de Stepney comptait à lui seul 12.033 tailleurs et 9.311 tailleuses sur un total de 31.839 tailleurs et 33.114 tailleuses qui figuraient au recensement. Chez les couturières, le groupe de l'East End se réduit à presque rien, ce qui ne surprendra point ceux qui savent de quelle façon primitive s'habillent à Londres les femmes du peuple ; le Nord-Ouest de la ville, quartier de la clientèle élégante, renferme près de la moitié des couturières de Londres [2].

---

1. 56.058.000 francs en 1905, 57.930.000 francs en 1909 (*Annual statement of trade for 1909*, art. Londres).

2. 27.989 couturières (sur 61.796) dans les bourgs de Islington, Saint-Pancras, Marylebone, Paddington, Westminster, Chelsea, Fulham, Hammersmith. Ce groupe qui n'a que 29 p. 100 de la population de Londres a 45 p. 100 des couturières.

Par contre, la cordonnerie de l'East End, faite en grande partie à la machine, a supplanté celle du West End, cousue à la main; à Bethnal Green et autour de Bethnal Green, à Stepney, Hackney et Shoreditch, on trouvait, en 1901, 14.616 cordonniers sur 30.673 inscrits à Londres. Par une bizarrerie que l'on serait tenté d'attribuer tout d'abord à leur esprit d'indépendance — fou comme un chapelier, dit le proverbe anglais — les chapeliers sont allés s'installer de l'autre côté de la Tamise, à Southwark ; mais en y réfléchissant on se rend compte que le voisinage de Bermondsey, grand centre de commerce pour les peaux et les cuirs, a été dans le principe la cause de cette localisation qui nous rappelle le temps où nos ancêtres portaient des « castors » et des « demi-castors » [1].

Les industries de l'habillement sont, dans l'East End, entre les mains des Juifs polonais et russes qui se sont fixés dans cette partie de la ville ; l'industrie de l'ameublement, dont le centre principal est aussi dans l'East End, est au contraire une industrie anglaise. Comme dans les industries de l'habillement, le petit atelier est la règle ; un assez grand nombre d'ébénistes (1.449 en 1901) travaillent même à leur compte, sans employer personne. Mais tandis que dans l'habillement on ne travaille guère que sur commande, il est d'usage courant dans l'ameublement de devancer la commande, c'est-à-dire de fabriquer d'abord et d'essayer ensuite de vendre ; la coutume de transporter par les rues, de magasin en magasin, les tables et les fauteuils qu'ils viennent de terminer — la *trolle* du faubourg Saint-Antoine — est encore pratiquée par beaucoup de petits patrons ébénistes [2]. Les magasins de Curtain Road, à Shoreditch, centralisent la production de l'East End, qui est la plus considérable : les quatre bourgs de Shoreditch, Bethnal Green, Stepney et Hackney renfermaient à eux seuls, en 1901, 13.884 ébénistes sur 32.604. Dans le West End, petits patrons et ouvriers sont surtout nombreux aux environs de la maison Maple et des autres maisons d'ameublement de Tottenham Court Road [3] ; le travail est un peu plus soigné que dans les ateliers de l'East End et porte sur des articles moins communs ; mais comme dans l'habillement, l'East End travaille de plus en plus pour les maisons du West End.

1. L'établissement d'ouvriers chapeliers flamands à Bermondsey au temps d'Elisabeth contribua à fixer cette industrie dans ce quartier. Voir Sir W. Besant, *London in the time of the Tudors* (1904), p. 297-298.

2. Une description très vivante de cette pratique du *buzzing*, identique à la trolle, nous est donnée dans l'autobiographie de G. Acorn, *One of the multitude* (1912), p. 222 et suiv.

3. Islington et Saint-Pancras avaient, en 1901, 4.095 ébénistes.

Les industries de l'ameublement emploient à Londres 62.400 personnes. L'imprimerie et la reliure ont une importance presque égale : on comptait, en 1901, 40.900 typographes ou lithographes et 16.500 relieurs. Les ateliers d'imprimerie sont particulièrement nombreux dans la partie centrale de la ville, aux alentours de Fleet Street, qui est la rue des grands journaux, et de Paternoster Row, dont les libraires ont fait si longtemps leur quartier général. Les relieurs se sont établis tout près de là, vers le viaduc de Holborn. Mais tandis que les ouvriers de l'habillement et de l'ameublement résident d'ordinaire dans le voisinage de leur atelier — parfois même dans leur atelier — les ouvriers imprimeurs et relieurs, les premiers surtout, habitent souvent à une grande distance et viennent chaque matin à leur travail [1].

Avec la métallurgie, nous terminons la liste des grandes industries londoniennes. Elle occupait, en 1901, 94.300 personnes, dont 53.700 mécaniciens constructeurs (*engineers*). Woolwich doit à son arsenal d'avoir la plus forte proportion de ces ouvriers mécaniciens ; Après lui viennent les autres bourgs de l'Est : au sud de la Tamise, Greenwich et Deptford ; au nord, Poplar ; ces quatre bourgs renferment 17.451 mécaniciens. L'industrie métallurgique se prolonge le long de la Tamise, sur la rive méridionale, dans Bermondsey, Southwark, Lambeth et Battersea ; elle ne s'écarte guère des bords du fleuve, qui lui apporte le fer et le charbon. Au nord de Londres, mais en dehors des limites du comté, la manufacture d'armes d'Enfield attire un certain nombre d'ouvriers.

Les industries secondaires sont innombrables. Nous avons déjà mentionné l'horlogerie, établie depuis longtemps au Nord-Ouest de la Cité, à Clerkenwell. Clerkenwell et la région voisine sont également le quartier de l'orfèvrerie et de la joaillerie ; le marché des pierres précieuses est là, tout contre Holborn, dans Hatton Gardens. Nous avons également constaté la survivance de la tannerie et des industries qui s'y rattachent dans les bas-fonds, autrefois marécageux, de Bermondsey. Southwark a des ateliers de brosserie et des fabricants de paniers comme au temps où l'on pouvait trouver dans les marais environnants les osiers indispensables pour la vannerie, et les brins de saule ou de bouleau qui servaient à faire des balais. Les scieries sont installées aux abords des docks du Surrey, où

1. Les bourgs centraux de Finsburg et de Holborn avaient en 1901 une forte proportion d'ouvriers imprimeurs ; ils sont nombreux également de l'autre côté de la Tamise, à Southwark, Camberwell et Lambeth. Cf. *Report by the Statistical Officer on the census of London, 1901* (L. C. C.), p. XXI et carte.

viennent de préférence les navires chargés de bois, et sur les berges
du canal du Surrey qui prolonge les docks vers le Sud. C'est dans le
même quartier, et sur le bord du fleuve, que se trouvent la plupart
des fabriques de savon ou de bougie. Les usines de produits chimiques suivent également la Tamise, à l'exception toutefois des fabriques d'allumettes situées pour la plupart auprès des terrains vagues
qui bordent la Lea, dans le nord du bourg de Poplar. Les verriers
de Bethnal Green font avec des débris de verre des petites bouteilles
pour les pharmaciens et les droguistes, et à côté d'eux travaillent les
quelques ouvriers qui représentent l'ancienne industrie du tissage
de la soie. De l'autre côté de la Cité, entre la nouvelle avenue de
Kingsway et Regent Street, dans le quartier qui est celui des tailleurs
du West End, les selliers voisinent dans Long Acre et les rues
d'alentour avec les fabricants et les marchands de voitures [1].

Toutes ces industries, et beaucoup d'autres qu'il serait trop long
d'énumérer, occupent au total près de 143.000 ouvriers et ouvrières ;
aucune d'elles, prise isolément, n'a une grande importance numérique. C'est l'existence de ces innombrables spécialités qui a fait
appeler Londres la ville des petites industries.

Mais Londres est une ville de petites industries dans un autre
sens encore. Voici quelle était, en 1891 et en 1901, l'effectif moyen
des ateliers dans quelques-unes des principales industries de la
ville [2] :

PROFESSIONS	Moyenne de l'atelier en 1891	Moyenne de l'atelier en 1901	Nombre des patrons en 1901	Nombre des ouvriers travaillant à leur compte en 1901
Imprimeurs...................	35	42	»	»
Relieurs...................	51	68	»	»
Mécaniciens.................	27	39	»	»
Ebénistes...................	10	10	1.267	1.452
Tailleurs...................	12	15	3.668	3.673
Couturières et modistes.....	11	19	2.709	17.882
Cordonniers.................	10	13	1.702	4.848
Selliers....................	7	11	301	318
Horlogers...................	4	6	377	925

1. Sur la localisation des industries londoniennes, voir *Report by the Statistical Officer on the census of London, 1901* (L. C. C.), app. 1 (distribution des
différentes professions par bourgs, avec cartes) ; Booth, *Life and Labour*, 2ᵉ série (Industrie), *passim*, et particulièrement V, p. 96 et suiv. ; *Cost of living of
the working classes. Report of an enquiry by the Board of Trade* (1908), p. 22 et
suiv.

2. Chiffres de 1891 d'après Booth, *Life and Labour*, 2ᵉ série, t. V, p. 56 ;

La moyenne de 1901 est, comme on le voit, légèrement supérieure en général à celle de 1891, ce qui prouve que la tendance générale à remplacer les petits établissements industriels par de grandes entreprises se fait sentir à Londres comme ailleurs. On ne peut manquer cependant d'être frappé de la faiblesse des effectifs, surtout lorsque l'on songe que la plupart de ces industries — les premières surtout — comprennent des établissements très considérables, employant des centaines et même des milliers d'ouvriers. On remarquera, d'autre part, le nombre fort élevé d'ouvriers et d'ouvrières qui, dans l'industrie de l'habillement, dans l'ébénisterie, dans la sellerie, dans l'horlogerie, travaillent à leur compte sans employer personne et constituent ainsi, à eux seuls, un atelier ; ils sont dans ces différentes industries plus nombreux que les patrons proprement dits. Il ne faut donc pas oublier qu'à côté de l'atelier normal comprenant, suivant les cas, de 6 à 19 personnes, il existe dans l'habillement, l'ébénisterie, la sellerie et l'horlogerie, d'innombrables ateliers minuscules dont le patron est en même temps l'ouvrier, et ceci accentue encore un des caractères essentiels de l'industrie londonienne : la prédominance du petit atelier sur l'usine. Pour des raisons diverses, dont nous avons énuméré précédemment, les principales, la grande industrie ne trouve point à Londres des conditions favorables ; le développement des usines y est entravé, en particulier, par le prix excessif du terrain et par l'esprit conservateur des patrons et des ouvriers. Mais la survivance du petit atelier a d'autres causes encore : nous verrons que dans un grand nombre de cas la nature du travail à faire (arrangements et réparations) rend l'usine presque impossible ; dans d'autres cas, le petit atelier, tel qu'on peut l'organiser à Londres, produit à aussi bon compte que l'usine et a sur celle-ci l'avantage de pouvoir se plier plus aisément aux conditions variables de la production. Tout contribue donc, suivant le mot de M. Booth, à faire du petit atelier « la forteresse économique de Londres ».

C'est que les industries de Londres ne sont point, en général, des industries de fabrication. Un premier groupe d'industries, dont la métallurgie est le type, a pour fonction principale non point de construire des appareils, mais de *réparer* les innombrables machines de toute sorte qui se trouvent chaque jour hors de service dans la ville et dans le port. La machine de fabrication londonienne est

chiffres de 1901 d'après le recensement (nombre d'employés divisé par le nombre d'employeurs).

presque un mythe, à moins que l'on appelle fabrication ce qui se
fait, par exemple, pour les bicyclettes dont les différentes pièces
viennent de Coventry et d'ailleurs et sont seulement montées par le
petit « fabricant » de la capitale. « Dans la métallurgie, écrivait
M. Booth en 1895, Londres tend à se confiner de plus en plus, depuis quelques années, dans son rôle d'atelier de réparations [1]. »
Comme les prix y sont plus élevés qu'en province, on a tout intérêt
à n'y faire exécuter que le travail strictement indispensable : la réparation de la machine à coudre du tailleur, ou la mise en état du
navire qui attend dans les docks. Ce genre de travail suffit à occuper, plus ou moins régulièrement, les 94.000 ouvriers métallurgistes
de Londres ; mais la fabrication proprement dite a presque entièrement émigré en province [2].

A une industrie métallurgique ainsi comprise, la grande industrie
ne convient guère [3] ; il en est de même dans une seconde catégorie
d'industries, celles qui ont pour objet de faire subir à des articles
fabriqués en province les opérations dernières qui permettront de
les mettre en vente sur le marché de Londres. Parmi ces industries,
qui prennent à Londres une importance toute spéciale, on peut
citer d'abord la chapellerie. Exception faite pour les chapeaux de
soie dont le centre principal est encore à Southwark, la fabrication
des chapeaux pour hommes et pour dames est une industrie provinciale ; nous avons vu que des chapeaux de feutre viennent du
Lancashire et du Cheshire ; le chapeau de paille se fait à Luton et à
Saint-Albans. Mais les manufactures de Luton et de Saint-Albans,
celles du Lancashire et du Cheshire travaillent pour les maisons de
Londres ; les formes sont envoyées à l'état brut et un nombre relativement considérable d'ouvriers et d'ouvrières y sont employés
uniquement au « finissage ». Dans la savonnerie, Londres produit
surtout le savon de toilette ; l'industriel londonien prend de plus
en plus l'habitude d'acheter en province du savon ordinaire, au lieu
de le fabriquer lui-même, et se borne à transformer le savon ordinaire en savon fin. Même phénomène dans l'industrie des lainages,
où Londres se contente de décatir avant de les mettre en vente les
draps fabriqués ailleurs, et dans les industries du papier qui occu-

1. Booth, *Life and Labour*, 2ᵉ série, t. I, p. 294.
2. Cf. Booth, 2ᵉ série, t. I, p. 297.
3. D'après le recensement des ouvriers d'usine et d'atelier fait en 1907, il y
avait à Londres 2.106 usines (*factories*) métallurgiques, occupant 79.579 personnes, soit une moyenne de 38 personnes par usine (*London Statistics*, t. XXI,
p. 66).

paient, en 1901, 23.500 personnes, dont 1.746 seulement étaient employées à la fabrication du papier [1]. Une tendance analogue se remarque, à un moindre degré, dans la carrosserie et dans bien d'autres industries encore.

Reste un troisième groupe d'industries, dans lesquelles il y a réellement fabrication, et qui ne se bornent pas à préparer pour la vente, ou à réparer les objets fabriqués dans les provinces. Ce sont : l'imprimerie et la reliure, les industries de l'habillement, les industries de l'ameublement, la carrosserie, la tannerie et la sellerie, la bijouterie et l'horlogerie, l'industrie des instruments de précision et des instruments de musique, l'industrie des produits chimiques. Au point de vue du nombre des ouvriers, les industries de l'habillement sont, ainsi que nous l'avons vu, plus importantes à elles seules que tout le reste ensemble.

Lorsque l'on examine dans le détail ces diverses industries, on ne tarde pas à reconnaître un fait singulier : la coexistence à Londres de deux sortes d'industries servies par deux sortes d'ouvriers, les premières produisant des articles très parfaits dus à des ouvriers très habiles, les secondes utilisant du travail de valeur médiocre pour produire des articles de valeur médiocre et souvent de la camelote pure et simple. Parfois même, dans l'habillement par exemple, on trouve dans la même industrie les deux groupes d'ouvriers et la double production d'articles de luxe et d'articles à très bon marché ; inutile d'ajouter que le premier groupe est sensiblement moins nombreux que le second.

Nous avons dit plus haut que Londres possède l'élite des ouvriers anglais. Le taux des salaires, presque toujours beaucoup plus élevé qu'en province, a pour conséquence une sorte de sélection naturelle : les ouvriers les plus entreprenants de la province sont attirés à Londres, et seuls peuvent s'y maintenir au premier rang et gagner les prix de Londres, ceux qui ont une connaissance approfondie de leur métier. Le même principe de sélection agit également sur les Londoniens d'origine ; les incompétents et les médiocres sont relégués au second rang, dans les besognes faciles, ou disparaissent dans la foule des ouvriers intermittents, qui ne trouvent de travail qu'aux époques de presse. Les ouvriers imprimeurs de Londres, surtout ceux qui sont occupés à l'impression des grands journaux du matin, sont les meilleurs de l'Angleterre ; il en est de même

1. La fabrication des boîtes en carton, celle des sacs en papier et celle des enveloppes sont les plus importantes de ces industries.

des bijoutiers et des orfèvres, des horlogers, des fabricants de pianos et d'orgues, des fabricants d'instruments de précision et d'instruments de chirurgie, des carrossiers, des selliers, des tailleurs et des cordonniers du West End. Certaines maisons du West End produisent également des meubles qui sont, au point de vue technique, à peu près sans défauts. Dans ces différentes industries, une grande partie du travail — parfois même la totalité — est faite à la main, suivant les anciens principes, et par des ouvriers qui n'ont pas seulement une grande dextérité professionnelle, mais peuvent encore, le cas échéant, faire preuve d'une initiative intelligente. Soit qu'il s'agisse d'une industrie, comme la sellerie, où chaque objet est l'œuvre à peu près exclusive d'un seul ouvrier, ou d'une industrie telle que la bijouterie, où chaque ouvrier a sa spécialité, toutes les fois que l'on exige la perfection du travail et que le prix de revient n'a qu'une importance secondaire, Londres conserve sur toutes les villes de province une supériorité incontestée.

Mais, à côté de ces ouvriers d'élite, dont le travail a fait la réputation de l'article de Londres, il existe dans la capitale une masse énorme d'ouvriers qui n'ont de leur métier qu'une connaissance insuffisante, ou qui ne connaissent qu'une des subdivisions les plus infimes d'un métier : nous verrons plus loin le cas de l'homme qui sait emballer des boîtes de thé, mais qu'on ne peut charger d'emballer des pots de confitures. Quant à l'ouvrier qui n'a pas de métier du tout et qui n'a pour toute ressource qu'une force musculaire plus ou moins développée, il pullule. Le rôle prépondérant du commerce à Londres, l'importance du service des transports qui occupe, nous l'avons vu, 247.000 hommes, sans compter les manœuvres proprement dits, la facilité avec laquelle on entre dans des professions comme celles de docker ou de charretier, la multitude d'occupations bien payées, mais sans issue, qui s'offrent à l'enfant lorsqu'il vient de quitter l'école, tout contribue à diriger vers des métiers sans connaissances techniques (*unskilled*) un nombre exagéré de Londoniens et même de provinciaux qui viennent échouer à Londres. L'immigration étrangère, par laquelle nous entendons surtout celle des Juifs de Pologne et de Russie, a de son côté jeté depuis trente ans sur le marché du travail une masse prodigieuse d'hommes prêts à se contenter de n'importe quel salaire et de n'importe quelles conditions d'hygiène. C'est dans ce milieu d'ouvriers sans spécialité ou insuffisamment instruits de leur profession que se développent les industries de la seconde catégorie, celles qui utilisent le travail à bon marché pour la pro-

duction des articles à bon marché. C'est là que, par exemple, les
fabriques de produits chimiques vont chercher leurs manœuvres ;
encore est-il bon de dire que, dans les fabriques d'allumettes, partout où le travail peut être fait par une femme, le manœuvre est
remplacé par une jeune fille qui coûte beaucoup moins cher. Dans
l'habillement, un système très parfait de subdivision du travail
permet d'utiliser les services de toute personne qui sait tenir une
aiguille ou conduire une machine à coudre ; l'apprentissage dure
trois semaines, moins longtemps même ; quatre ou cinq ouvriers
qualifiés suffisent dans un atelier de 25 personnes à faire le travail
qui exige des connaissances précises et de l'expérience ; le patron
est parfois le seul qui mérite véritablement le nom de tailleur. La
cordonnerie a subi la même transformation. Dans l'ameublement,
chaque petit patron tend à se spécialiser dans la production d'un
article, un genre de chaise, par exemple ; la division du travail est
poussée aussi loin que possible, de manière à produire vite et à bon
marché ; mais il est rare, nous dit-on, de trouver un jeune ouvrier
qui sache travailler dans toutes les branches de l'ébénisterie [1].
D'autres industries, comme la chemiserie et le cartonnage, qui
utilisent le travail des femmes, ont pour cause principale l'irrégularité du travail des hommes dans les métiers qui se rattachent au
transport des marchandises ; tandis que le mari travaille irrégulièrement comme charretier, comme manœuvre ou dans les docks,
la femme travaille irrégulièrement, pendant les périodes de chômage, comme cartonnière ou comme « finisseuse » de chemises.
Des industries entières vivent donc, si l'on peut ainsi parler, de la
désorganisation industrielle qui est la conséquence du rôle com -
mercial de Londres : c'est dans ces industries que s'est surtout
développé le *sweating system*.

Absence d'industrie dominante, coexistence d'industries de luxe,
demandant un travail parfait, et d'industries de camelote, utilisant
du travail qui n'a que peu de valeur, extrême division du travail
dans la plupart des professions où cette division du travail est possible, et enfin subordination de l'industrie au commerce, symboli-
sée en quelque sorte par la prépondérance de la « Cité » dans la vie
générale, tel est en résumé le bilan de la situation industrielle de
Londres. Une première conséquence de cette situation est la disparition presque complète de l'apprentissage dans la plupart des pro-

---

1. *Report of the section of the Education Committee appointed to consider the question of apprenticeships*, 1906, p. 4 (L. C. C. 925).

fessions manuelles. Dans les industries de luxe, le temps des ouvriers est en effet trop précieux et les matériaux dont ils se servent ont souvent trop de prix pour que le patron consente aisément à se charger de l'instruction professionnelle d'un apprenti. Comme ces industries ont fréquemment une certaine peine à se maintenir, à cause de la concurrence qui leur est faite par l'article bon marché, les ouvriers sont le plus souvent d'accord avec les patrons à cet égard, et la plupart des trade-unions songent plutôt à restreindre le nombre des apprentis qu'à l'augmenter. Certaines d'entre elles ont sur ce point des règles draconiennes [1], qui sont assez rarement observées d'ailleurs : dans des industries en décadence, comme celle des tonneliers, on va même jusqu'à interdire l'apprentissage à tout jeune homme qui n'est pas le fils d'un ouvrier tonnelier. Mais l'apprentissage disparaît tout seul et naturellement, beaucoup plus que par l'application des règlements syndicaux ; il est presque tombé en désuétude à Londres dans des industries comme la bijouterie, l'orfèvrerie, la fabrication des instruments de musique ; les selliers et les carrossiers se recrutent souvent en province où l'apprentissage s'est conservé [2].

Les industries qui font l'article à bon marché et qui sont soumises au *sweating system* sont, d'autre part, la plus mauvaise école industrielle que l'on puisse imaginer. On ne peut guère parler d'apprentissage chez les tailleurs ou les cordonniers de l'East End, et c'est même par un abus de langage que l'on conserve encore les termes de cordonniers et de tailleurs ; il faudrait dire mécaniciens, presseurs, rabatteurs, finisseurs, etc. On peut se mettre très rapidement au courant d'une de ces innombrables spécialités et c'est ce que font les *greeners* juifs qui arrivent de Pologne ; mais on n'est point pour cela tailleur ou cordonnier, et le nombre de ceux qui connaissent l'ensemble du métier — qui sont capables de diriger un atelier, par exemple — est extrêmement restreint. Dans l'ébénisterie, l'apprentissage est presque impossible chez les petits patrons de l'East End, où le travail est trop uniforme, et dans les grandes maisons du West End qui ne veulent dans leurs ateliers que des

1. Ainsi les plombiers acceptent un apprenti pour deux compagnons, les chaudronniers un apprenti pour cinq compagnons, les mécaniciens constructeurs un apprenti pour quatre compagnons, les imprimeurs un pour trois ouvriers. On a même prétendu que les tailleurs en restreignant l'apprentissage avaient favorisé l'invasion juive qui a fourni la main-d'œuvre indispensable (*Royal Commission on Immigration*, 1903, Q. 11.924).

2. Booth, *Life and Labour*, 2e série, t. I, p. 240-241 ; t. II, p. 13, 59, 155, 255.

ouvriers déjà formés ; il n'existe guère que dans les petits ateliers du West End qui travaillent pour les grandes maisons d'ameublement [1].

La même difficulté se rencontre dans des industries qui ne sont point soumises au *sweating system*, mais où la division du travail est poussée très loin, comme la métallurgie et le bâtiment. Dans la métallurgie, l'apprentissage régulier est l'exception à Londres ; mais on y trouve, surtout dans les petits établissements, une sorte de système d'apprentissage irrégulier dans lequel l'enfant est employé d'abord à des besognes très simples et apprend ce qu'il peut en regardant travailler autour de lui ; les patrons, dont plusieurs se plaignent de manquer de bons ouvriers, paraissent aussi encourager de leur mieux l'instruction technique [2]. Le problème est plus grave dans le bâtiment où le recrutement de la profession semble laissé complètement au hasard. A la suite d'une enquête faite en 1895 par une commission du Conseil de Comté, on découvrit que pour 12.000 ouvriers appartenant aux divers métiers du bâtiment, il y avait en tout 80 apprentis. Dans les grandes entreprises de menuiserie et de charpente, les patrons ne veulent pas d'apprentis, parce que les apprentis gâchent la besogne, font perdre leur temps aux ouvriers et tiennent une place inutile dans une organisation où tout est calculé pour obtenir le maximum de rendement. L'emploi des machines pour les opérations les plus simples, qui étaient faites autrefois par les débutants, contribue aussi à la suppression de l'apprentissage. Ailleurs, la spécialisation excessive des ouvriers qui travaillent dans les chantiers de Londres rend l'apprentissage difficile ou même impossible. Aussi, parmi les tailleurs de pierre, les poseurs de briques, les charpentiers et les menuisiers, la majorité des ouvriers vient-elle de province ; c'est en province également que se sont formés les meilleurs ouvriers et les contremaîtres [3].

La seule des grandes industries londoniennes qui ait conservé l'apprentissage est l'imprimerie : il faut être apprenti pendant sept ans pour devenir compositeur, lithographe ou machiniste, et la proportion des apprentis par rapport aux ouvriers ne doit pas dé-

1. Booth, 2ᵉ série, t. I, p. 185.
2. Booth, 2ᵉ série, t. I, p. 299 ; Jackson, *Report on boy labour*, app., p. 76 (P. L. C., 1909. Appendix vol. XX).
3. Booth, 2ᵉ série, t. I, p. 41, 69, 71, 100-105. *Report of the special subcommittee of the Technical Education Board on the building trades* (L. C. C.), 1899. *Report of the section of the Education Committee appointed to consider the question of apprenticeships* (L. C. C.), 1906.

passer 1 pour 3. Comme les trade-unions d'ouvriers imprimeurs
sont très puissantes à Londres, elles ont pu y faire observer à la
lettre leurs décisions, du moins par les maisons les plus importantes ; mais la précaution prise contre la multiplication des
apprentis paraît, en ce qui concerne Londres, tout à fait inutile. Dans
aucun quartier de la ville, la proportion n'atteint un apprenti pour
trois ouvriers ; dans le West End, elle descend même à 12 p. 100.
Comme dans le bâtiment et la métallurgie, les grands établissements
se refusent à prendre des apprentis : le travail y est trop spécialisé.
D'une enquête faite à Londres en 1904 par le ministère de l'intérieur
et portant sur 119 établissements d'imprimerie, il ressort que
79 grandes maisons, occupant 18.054 ouvriers, avaient une proportion d'apprentis de 15 p. 100 et les 40 autres maisons occupant 1.159
ouvriers, une proportion de 32 p. 100 [1]. Les mesures prises par les
syndicats d'ouvriers typographes ont surtout pour résultat d'entraver
à Londres le recrutement normal de la profession, de rejeter vers
des maisons secondaires et souvent médiocres les jeunes gens qui
veulent entrer dans l'imprimerie [2], et de favoriser indûment, aux
dépens des Londoniens, les petites villes de province où les règlements du syndicat ne sont pas observés. Les ouvriers formés dans
ces petites villes viendront plus tard prendre à Londres des places
qui auraient dû, dans l'ordre naturel des choses, être tenues par des
Londoniens.

Les conditions générales de la vie industrielle de Londres ont
donc pour résultat de rendre particulièrement difficile au jeune Londonien l'entrée des métiers qui demandent un apprentissage, et par
là le problème de l'apprentissage devient un problème social d'une
extrême gravité. Dans la lutte pour la vie, l'indigène de Londres, le
cockney, est presque nécessairement battu par le provincial qui a
pour lui non seulement sa supériorité physique, ses nerfs plus
calmes, son sentiment plus vif de sa responsabilité, mais encore une
instruction technique solide et complète dans le métier qu'il a
choisi. D'un autre côté, tandis que tout s'accorde à détourner le
jeune Londonien des métiers qualifiés, tout s'accorde également à
l'attirer dans ces professions très nombreuses à Londres, où l'on
« gagne de suite », mais qui laissent leur homme à dix-huit ans sur
le pavé de la ville, sans autre instruction technique qu'une connaissance approfondie des rues de la capitale ou l'art de coller des éti-

1. Jackson, *Report on boy labour*, app., p. 71-72.
2. Cf. B. and S. Webb, *Industrial Democracy*, p. 467.

quettes sur des bouteilles. Ce sont des métiers, tels que ceux de livreurs et de commissionnaires, qui se rattachent pour la plupart au rôle distributeur de Londres et dans lesquels, comme nous le verrons plus loin [1], une énorme proportion d'enfants s'engage inconsidérément au sortir de l'école. L'attraction qu'exercent sur les jeunes Londoniens ces métiers sans avenir et la difficulté d'accès des métiers qualifiés dans une industrie organisée comme celle de Londres agissent dans le même sens, pour réserver aux Londoniens la part la plus mauvaise dans les ressources qu'offre la ville à l'activité des travailleurs manuels. Rien de plus significatif, à ce point de vue, que les résultats de l'étude entreprise par M. Booth sur les feuilles de recensement de 1891. Il a pu établir, pour chacune des professions, la proportion de ceux qui sont originaires de province ou de l'étranger [2]. Or, il se trouve que les Londoniens sont en proportion inférieure à la normale (50 p. 100) dans la plupart des professions qui exigent soit des connaissances techniques, soit de l'initiative, soit une conduite très régulière : dans le bâtiment (41 à 49 p. 100) [3], dans la métallurgie (47 à 49 p. 100), dans la sellerie (42 p. 100), dans la carrosserie (44 p. 100), dans la police (17 p. 100). Ils sont au contraire en majorité dans les métiers du *sweating system* (cordonnerie, 52 p. 100 ; chemiserie, 56 p. 100 ; ameublement, 68 p. 100 ; etc.), sauf cependant chez les tailleurs, qui se recrutent surtout à l'étranger ; ils sont également en majorité dans tous les métiers qui ne demandent point d'apprentissage et où le travail est ordinairement fort irrégulier, comme ceux de manœuvre (52 p. 100), de docker (66 p. 100), de charretier (57 p. 100), de marchand des quatre saisons (66 p. 100), d'ouvrier dans les usines de produits chimiques, de savon ou de caoutchouc (60 à 63 p. 100). On remarque même que tandis que 57 p. 100 des charretiers sont nés à Londres, il n'y a que 42 p. 100 de Londoniens parmi les cochers de cab et les employés d'omnibus qui forment par rapport aux charretiers une sorte d'aristocratie. De toutes les grandes industries de Londres

1. Voir le chapitre suivant.
2. Voir en particulier *Life and Labour*, 2e série, t. V, p. 29.
3. Trois des métiers du bâtiment, celui de plombier, celui de plâtrier et celui de peintre ont une forte proportion d'ouvriers nés à Londres, 62 p. 100 dans le premier cas, 65 p. 100 dans le second et le troisième ; mais si le métier de plombier demande un apprentissage assez long, ceux de plâtrier et de peintre s'apprennent facilement et ces deux professions sont remplies d'ouvriers médiocres ; beaucoup de peintres sont de véritables ouvriers intermittents.

pour lesquelles un apprentissage est indispensable, seules l'imprimerie et la reliure ont une proportion d'ouvriers indigènes supérieure à la moyenne. Londres est pour ses enfants une véritable marâtre, et ce n'est point sans raison que les malheureux *cockneys* se comparent aux rats de la Nouvelle-Zélande, complètement exterminés par les rats étrangers qui sont venus d'Europe dans la cale des navires. Ils forment la grande majorité des « inemployés »; beaucoup d'entre eux après une lutte plus ou moins longue, finissent par tomber dans la catégorie des ouvriers « intermittents » ou par s'enrôler dans l'armée. Presque tous les pauvres de Londres sont nés à Londres ; presque tous les criminels de Londres sont nés à Londres [1].

Nous aurons l'occasion de revenir dans un autre chapitre de cet ouvrage sur les efforts que l'on a faits pour remédier à la disparition de l'apprentissage en développant l'instruction technique. Bornons-nous à mentionner ici l'existence d'un certain nombre de sociétés qui se sont donné pour mission d'encourager les jeunes gens à se faire apprentis au sortir de l'école, plutôt que commissionnaires ou garçons de bureau. Une de ces sociétés a pris l'East End tout entier comme champ d'opérations (*East London apprenticing Fund*); une autre s'intéresse spécialement aux arts de l'ameublement (*Thrift and skilled employment Committee, Shoreditch and Bethnal Green*); une troisième s'est réservé Whitechapel (*Whitechapel skilled employment Committee*); une quatrième est annexée au *settlement* universitaire féminin de Southwark. Ces sociétés s'offrent d'ordinaire à verser pour le compte des enfants la prime d'apprentissage réclamée par la plupart des patrons dans la plupart des métiers, et qui peut dans certains cas dépasser cinq cents francs. La tentative n'est pas sans mérite, bien qu'elle ait été l'objet de critiques extrêmement vives [2]; mais le nombre des personnes auxquelles peuvent s'intéresser ces sociétés est nécessairement très restreint et il faudrait quelque naïveté pour croire que leur initiative, si bien intentionnée soit-elle, saura triompher aisément des conditions adverses qui paraissent condamner une partie notable des enfants de Londres à devenir charretiers, manœuvres et dockers.

Ces conditions sont dues principalement, ainsi que nous avons essayé de le montrer, à l'organisation industrielle de Londres, et

---

1. Sur les conditions d'infériorité dans lesquelles se trouvent les enfants de Londres, voir la déposition de Sidney Webb devant la commission de la loi des pauvres (1909). *App. vol. IX*, Q. 93.031 (p. 183) et 93.179.

2. Voir Jackson, *Report on boy labour*, app., p. 92-93.

cette organisation industrielle a encore des conséquences d'une autre nature qui ont une répercussion sociale presque aussi lointaine. La multitude des industries et, à l'intérieur de chaque industrie, la faiblesse numérique des ateliers, la présence, dans bon nombre d'industries, de l'ouvrier-patron, travaillant à son compte, sans employer personne, souvent à son domicile même [1], l'existence à côté des ouvriers régulièrement employés d'une immense armée de réserve, dont les membres n'ont que deux ou trois jours de travail par semaine, et, le reste du temps, attendent une « occasion », tout l'ensemble enfin d'une civilisation très complexe, hésitant parfois entre les anciennes formes industrielles et les formes les plus modernes, entre le travail à la main et le travail à la machine, entre le petit atelier du Moyen Age et la manufacture, ont pour résultat d'émietter la masse ouvrière en fragments innombrables et sans cohésion et de rendre particulièrement difficile, parmi les ouvriers de Londres, la formation de trade-unions puissantes, comme il en existe dans les villes de province. En 1895, à l'époque où M. Booth faisait son enquête sur ce sujet [2], les seuls métiers qui fussent solidement organisés à Londres, à part quelques petites industries en décadence, comme la chapellerie, étaient :

1° L'imprimerie et la reliure (67 et 60 p. 100 de syndiqués).

2° Les métiers du bâtiment (53 p. 100 chez les tailleurs de pierre ; 40 p. 100 chez les poseurs de briques ; 37 p. 100 chez les charpentiers ; 31 p. 100 chez les couvreurs ; 56 p. 100 chez les plâtriers ; 27 p. 100 chez les plombiers).

3° La métallurgie (39 p. 100 de syndiqués).

Les métiers soumis au *sweating system*, à l'exception toutefois de la cordonnerie (35 p. 100 de syndiqués), se faisaient naturellement remarquer par la faiblesse de l'organisation syndicale : 21 p. 100 chez les ébénistes, 19 p. 100 chez les tailleurs. Encore ne doit-on pas oublier que ces pourcentages ne portent que sur les hommes ; si l'on faisait entrer les femmes en ligne de compte, les 35 p. 100 des cordonniers et les 19 p. 100 des tailleurs se trouveraient singulièrement diminués, puisque les femmes sont restées presque entièrement en dehors du mouvement syndical. Dans certains groupes

---

1. Le recensement de 1901 donne pour chaque industrie le nombre d'ouvriers travaillant à domicile ; mais les chiffres ne sont pas exacts et ne peuvent que servir d'indication.

2. Voir *Life and Labour*, 2° série, t. V, p. 144-145.

ouvriers on constatait même une absence complète d'organisation,
soit à cause de la prospérité de la corporation, soit le plus souvent
pour une raison tout opposée. Au total, M. Booth évaluait à 3 1/2
p. 100 de la population la proportion des syndiqués dans le comté
de Londres[2].

L'exposé que nous venons de faire des conditions générales dans
lesquelles se présentent à Londres le commerce et l'industrie nous
permet dès maintenant de nous représenter dans quelle situation
précaire doit y vivre une partie considérable de la classe laborieuse.
Il n'y a pas d'industrie dominante capable de fournir, comme à
Sheffield ou à Manchester, une occupation régulière à la masse des
ouvriers. Le commerce qui, dans la vie de Londres, est au premier
plan, nécessite la présence d'un groupe très nombreux d'hommes
occupés à décharger les navires et les wagons, à transporter les
marchandises des navires et des wagons aux entrepôts et des entrepôts aux navires et aux wagons, occupations très peu régulières
parce que le volume du trafic varie sans cesse, et dans l'ensemble
et pour chaque employeur particulier. Comme le travail est relativement facile, le nombre des concurrents est presque illimité, ce
qui permet à l'employeur d'avoir toujours à sa disposition le nombre d'hommes dont il a besoin, mais réduit à une durée insuffisante
la période de travail de chaque employé. Parmi les industries londoniennes, un certain nombre sont en décadence : le tissage de la
soie, la chapellerie, la tonnellerie, la construction des navires, etc. ;
les ouvriers de ces industries, malgré leur science technique, ont
la plus grande peine à trouver du travail. Les autres industries sont
presque toutes soumises à des fluctuations plus ou moins périodiques. Nous verrons que le bâtiment, irrégulier partout, est plus
irrégulier à Londres qu'ailleurs. Il en est de même de l'imprimerie,
depuis que l'impression du livre, qui donne le travail le plus régulier, a quitté Londres pour l'Ecosse. Les industries dont nous avons
parlé plus haut, qui « finissent » les objets fabriqués ailleurs et
destinés à la vente sur le marché de Londres, sont dans la dépendance absolue du commerce ; leur activité varie suivant la saison
Dans la métallurgie, le peu d'importance de la fabrication proprement dite enlève à cette industrie la stabilité, d'ailleurs toute rela-

1. Cf. Booth, *Life and Labour*, 2ᵉ série, t, V, p. 176.
2. *Ibid.*, p. 146. — S. et B. Webb, *Histoire du Trade-Unionisme*, p. 553-
554 de la trad. Métin, donnent pour Londres et la banlieue un pourcentage de
3,52, la moyenne de l'Angleterre étant de 4,55. Les régions industrielles ont
un pourcentage très supérieur, allant jusqu'à 11,53 dans le Northumberland.

tive, qu'elle peut avoir dans d'autres endroits: les ouvriers qui réparent les navires dans le port de Londres ont plus de travail en hiver qu'en été, mais il leur est impossible de savoir d'avance quelle semaine ou quel jour ils n'en auront point. Dans les industries de l'habillement, l'irrégularité naturelle est augmentée par l'existence de la *season* londonienne qui, au printemps, impose aux ouvriers et aux ouvrières du West End un travail surhumain pour les laisser ensuite sans occupation pendant des mois entiers.

L'irrégularité du travail industriel, l'irrégularité du travail dans le service des transports, la décadence de l'apprentissage, l'attraction produite par la multitude des métiers sans connaissances techniques, l'absence de cohésion dans le monde ouvrier ont eu pour effet de déterminer la formation d'une masse inorganique d'ouvriers et d'ouvrières qui se font les uns aux autres une concurrence impitoyable. Cette concurrence est plus acharnée chez les femmes que chez les hommes, parce qu'il arrive souvent que les femmes ne travaillent que lorsque leurs maris sont réduits au chômage et travaillent alors à n'importe quel prix. C'est dans ces conditions que se développe le *sweating system*, dont le principe essentiel consiste à faire travailler le plus longtemps possible pour le salaire le plus faible possible. On a pu appliquer ce système, avec un succès plus ou moins complet, à un grand nombre de professions, mais surtout à celles qui se rattachent aux industries de l'habillement. *Sweating system* et irrégularité du travail dérivent l'un comme l'autre des conditions générales dans lesquelles se présentent à Londres le commerce et l'industrie, et y constituent les deux problèmes essentiels de la vie ouvrière.

CHAPITRE II

Le chômage est un phénomène normal de la vie économique de Londres. Chaque hiver depuis quelques années, l'Assistance publique, les municipalités et l'administration spéciale que l'on a créée pour porter secours aux chômeurs ont rivalisé d'activité, distribué des secours, ouvert des chantiers, le tout sans grand résultat ; si l'on ne fermait les chantiers que lorsqu'il n'y a plus de demandes, on pourrait aisément les laisser ouverts tout l'été. Le chômage existe dans tous les pays, dans tous les grands centres urbains et parfois même dans les campagnes ; mais ce qui fait l'originalité de Londres à cet égard, c'est l'ampleur extraordinaire du phénomène, ampleur qui n'est pas due seulement au chiffre énorme des habitants, mais encore à la proportion très forte de chômeurs parmi la population industrielle. On peuplerait une grande ville rien qu'avec les chômeurs de Londres, leurs femmes et leurs enfants. En 1905-1906, 39.000 ouvriers sont venus demander du travail, comme chômeurs, au Comité central du chômage (*Central Unemployed Body*) ; en 1906-1907, 28.000 ; en 1907-1908, 32.000 ; en 1908-1909, 49.000 ; en 1909-1910, 44.000. Et, s'il se glisse parmi les chômeurs du Comité central quelques professionnels du chômage, combien n'y a-t-il pas d'ouvriers, surtout parmi les artisans, qui refusent de se faire inscrire, achetant à crédit lorsqu'ils le peuvent ou portant pièce à pièce leur mobilier chez le prêteur sur gages ?

Londres a, disions-nous, plus que sa part de chômeurs. De 1905 à 1908, le tiers de ceux qui se sont fait inscrire comme chômeurs en Angleterre (Ecosse et Irlande exceptées) s'est fait inscrire à Londres, et les dépenses du comité de Londres ont atteint 60 p. 100 des dépenses totales de l'Angleterre [1]. La proportion de chômeurs par rapport au reste du pays est donc exagérée. Quant au nombre même, non pas de ceux qui se font inscrire, mais de ceux qui sont

1. Beveridge, *Unemployment* (1909), p. 27 et 166-167.

réellement sans travail ou qui n'ont qu'un nombre insuffisant de jours de travail pendant l'année, il est à peu près impossible de l'évaluer [1]. On n'a pas essayé de faire un recensement général des chômeurs. Eût-on fait ce recensement, les résultats en seraient de bien médiocre valeur. Comme le remarque excellemment M. W. H. Beveridge dans son livre sur le chômage, il n'est pas possible d'additionner ensemble des unités disparates, et c'est ce qui arriverait si l'on classait les uns avec les autres, sous la rubrique *chômeurs*, « l'ouvrier cordonnier qui travaille à la main et qui a été remplacé d'une façon définitive par une machine nouvelle..., le compositeur d'imprimerie qui n'a rien à faire pendant les vacances d'août, mais qui aura certainement du travail lorsque viendra la saison de novembre, et le manœuvre intermittent qui est dans un de ses jours de chômage, mais qui a des chances d'avoir du travail le surlendemain [2] ».

On peut considérer comme candidats perpétuels au chômage tous ceux que, dans sa grande enquête sur la vie et le travail à Londres, M. Ch. Booth a rangés dans les classes B (salaire faible et irrégulier) et C (salaire irrégulier), ainsi qu'une certaine proportion de la classe D (salaire faible et régulier) et même de la classe E (salaire normal et régulier) [3]. Nous voyons en effet, en consultant les statistiques, que le *Board of Trade* publie chaque mois dans la *Labour Gazette* et, sous une forme résumée, dans l'*Annual abstract of labour statistics* que, même dans les trade-unions les plus prospères et les mieux organisées, même dans les meilleures années et à plus forte raison dans les mauvaises, il reste toujours un certain pourcentage d'ouvriers sans travail.

La classe B renfermait en 1889, d'après les calculs de M. Booth, 316.284 personnes, y compris les femmes et les enfants — trois cent seize mille personnes qui vivent au jour le jour, au hasard des circonstances, sans avoir sur leur avenir d'autre certitude que celle de savoir que le chef de famille n'aura pas, en moyenne, beaucoup plus d'un jour de travail sur deux dans le courant de l'année. Dans cette classe qui se recrute surtout parmi les manœuvres sans spécialité (*unskilled labourers*), le chômage est pour ainsi dire à l'état permanent. Ainsi que nous le verrons, ce sont surtout les ouvriers

---

1. Voir sur ce point Beveridge, *Unemployment*, p. 16 et suiv. — *Poor Law Commission*, 1909 ; *Minority Report*, p. 1131, note ; *Evidence*, vol. IX, app. XXI (*Memoranda by the Board of Trade*).

2. Beveridge, *Unemployment*, p. 27.

3. Voir plus loin le chapitre sur la pauvreté.

de cette classe qui se sont fait inscrire sur les livres du Comité central du chômage et des comités de quartier.

Les classes C et D, que M. Booth n'a pu distinguer l'une de l'autre que pour certaines parties de Londres, renfermaient 938.293 personnes. Dans l'East End, la classe C comprenait 74.247 personnes et la classe D 128.887 ; dans Londres central (Soho, Saint-Giles, Strand) les chiffres étaient : C 7.074, D 5.468 ; à Battersea, C 22.856, D 19.783 ; soit en tout 104.177 personnes pour la classe C et 154.138 pour la classe D [1]. Si l'on admet que la proportion de chaque classe par rapport à l'autre reste la même pour l'ensemble de la ville, la classe C comprendrait à Londres environ 378.000 personnes et la classe D environ 560.000. Le total des classes B et C, c'est-à-dire des familles dont les chefs ne travaillent point régulièrement, serait donc en chiffres ronds de près de 700.000 personnes, total supérieur à la population de Lyon et de Lille réunis.

Tel est le milieu où se recrute la majorité des chômeurs. Tout ce monde ne chôme pas en même temps, heureusement, et le recensement des chômeurs, si l'on se décide à le faire, donnera nécessairement un chiffre beaucoup plus faible ; mais il ne paraît pas exagéré de dire qu'il n'y a presque pas une seule famille de ce groupe qui ne se trouve, à un moment ou à l'autre de l'année, dans une situation précaire, par suite du chômage de son chef ; les crises commerciales et industrielles, la rigueur de l'hiver, ne font qu'aggraver ce qui est un état pathologique continu. C'est ce que les économistes anglais expriment en disant que les membres de ce groupe ne sont pas à proprement parler des « inemployés » (*unemployed*), mais des ouvriers « insuffisamment employés » (*underemployed*).

Il faut ajouter à cette classe inférieure chez qui le chômage est pour ainsi dire à l'état endémique, tous les ouvriers de la classe supérieure que les fluctuations économiques, les progrès du machinisme, le déplacement des industries, les intempéries des saisons et mille autres circonstances privent de leurs occupations ordinaires, soit pour un temps, soit pour toujours. Combien sont-ils ? On ne saurait le dire, même d'une manière approximative [2]. Un certain nombre de trade-unions, comprenant environ 650.000 ouvriers pour toute l'Angleterre, ont une assurance contre le chômage et

1. Booth, *Life and Labour*, 1re série, I, p. 93, 248-9, 284-5 ; II, p. 21.
2. L'application de la loi d'assurance nationale contre le chômage et la maladie, votée en 1911, permettra d'avoir des renseignements précis, mais pour certaines professions seulement.

communiquent chaque mois au *Board of Trade* le nombre de ceux
qui en ont bénéficié. Nous savons ainsi que, dans ce groupe d'industries et dans ce milieu de trade-unionistes, le pourcentage annuel
de chômeurs a depuis 20 ans oscillé entre 2 en 1899 et 7,8 en 1908.
Nous voyons qu'en l'année 1908, le pourcentage qui était de 5,8 en
janvier a atteint 9,5 en octobre. Nous constatons que dans cette
même année, qui fut d'ailleurs mauvaise, des trade-unions composées d'artisans qualifiés, comme celle des charpentiers et des
plombiers, ont eu en moyenne 11,5 p. 100 de chômeurs, avec un
minimum de 9,7 p. 100 en juin et un maximum de 14,9 p. 100 en
décembre ; et nous remarquons en outre que dans ces trade-unions
le pourcentage a augmenté d'une façon presque régulière depuis
1899 [1]. Mais ces chiffres ne peuvent que nous renseigner d'une manière très générale sur l'état plus ou moins prospère de l'industrie
et du commerce ; les appliquer soit à l'ensemble des ouvriers d'une
ville, soit à un groupe particulier d'ouvriers serait s'exposer aux
plus graves erreurs.

Les pourcentages du ministère du commerce se rapportent en
effet, comme nous l'avons dit, à 650.000 trade-unionistes. Or le
total des trade-unionistes est d'environ 2 millions et le total des
travailleurs manuels de l'Angleterre dépasse 12 millions [2]. Généraliser dans ces conditions serait hasardeux ; il serait d'autant plus
dangereux de le faire que les trade-unions en question se composent en majeure partie d'artisans qui, comme les métallurgistes, les
charpentiers, les plombiers et les typographes, sont particulièrement sujets au chômage et, pour cette raison même, s'imposent
chaque semaine un prélèvement régulier sur leur salaire en vue
d'une assurance mutuelle. Ces trade-unions ne représentent à aucun degré la masse des travailleurs anglais ; elles ne comprennent
ni les professions les plus stables, ni les métiers les plus irréguliers.
La seule conclusion que l'on puisse tirer de ces pourcentages est
que, même dans les métiers qui demandent une grande habileté
technique, on trouve à toutes les époques de l'année un nombre
plus ou moins élevé d'ouvriers qui n'ont pas de travail. D'après les
études que l'on a faites sur certaines grandes trade-unions, la proportion de ceux qui, dans les bonnes années, demandent à toucher
l'allocation de chômage est d'environ 20 p. 100 et dans les mauvaises années de 40 p. 100. Dans la société des compositeurs d'impri-

1. *13th Abstract of labour statistics, 1907-1908,* p. 6-7.
2. Beveridge, *Unemployment,* p. 18 ; *Poor Law Commission,* 1909. *Minority,
Report,* p. 1131 ; *Majority Report,* p. 332.

merie de Londres, la moyenne des dix dernières années a été de 20, 9 p. 100 ; la proportion est descendue à 18, 3 p. 100 dans la meilleure année et est montée à 26, 3 p. 100, dans la plus mauvaise[1]. Ainsi dans une année moyenne, 20 p. 100 des ouvriers compositeurs de Londres passent par une période plus ou moins longue de chômage.

Tous ces chiffres, quelque fragmentaire et incomplète que soit l'idée qu'ils nous donnent de l'étendue du chômage à Londres, prouvent du moins qu'il est impossible d'expliquer le chômage, comme on a longtemps essayé de le faire, par la paresse, l'imprévoyance ou l'ivrognerie de ceux qui en sont les victimes.

Il est certain qu'il existe à Londres toute une classe d'hommes que leurs tares physiques ou leurs défauts moraux rendent à peu près incapables de tout travail suivi : ce sont ces « inutilisables » (*unemployable*) auxquels la commission de 1905-1909 pour la réforme de la loi des pauvres a consacré un des chapitres de son rapport[2]. Les « inutilisables » ne sont point en général des hommes âgés. On a tellement parlé de l'usure rapide des hommes par les méthodes industrielles modernes, des ouvriers « trop vieux à quarante ans », des résultats néfastes de la loi sur les accidents qui pousserait les patrons à se débarrasser de leurs ouvriers au premier signe de la vieillesse, que l'on s'attendrait à trouver dans les établissements de l'Assistance publique et sur les registres ouverts par les comités de chômage, un nombre considérable de ces hommes vieillis avant l'âge, capables encore de travailler, désireux de travailler, mais dont personne ne veut plus. Il n'en est rien. Sur 100 personnes qui viennent demander du travail aux comités, il n'y en a pas trois qui aient plus de 60 ans et il n'y en a que 17 qui aient plus de 50 ans[3]. C'est — à Londres tout au moins — entre 35 et 44 ans que la proportion des demandes atteint son maximum[4]. Qu'il y ait quelques vieux ouvriers parmi les inutilisables, le fait n'est point douteux ; mais ce n'est point ainsi que se recrute la majorité de la classe. Elle se compose d'hommes généralement jeunes, « mais auxquels personne ne songerait à donner régulièrement du travail. Ils sont dénués d'énergie et d'ambition ; ils se contentent de vivre au jour le jour, travaillant un peu de temps

1. Beveridge, *Unemployment*, p. 71 ; *P. L. C.*, 1909 ; *Minority Report*, p. 1131.
2. *Minority Report*, p. 1160 et suiv. Voir également Beveridge, *Unemployment*, p. 137 et suiv. et E. Kelly, *Unemployables*, 1907.
3. *P. L. C.*, 1909. *Minority Report*, p. 1170.
4. Voir le tableau donné dans Beveridge, p. 11.

en temps, couchant dans les « abris » à bon marché ou gratuits, vivant de repas à bon marché ou gratuits. Je crois, ajoute l'inspecteur du *Local Government Board* auquel nous empruntons cette description, que cette classe existe dans toutes les grandes villes ; mais nulle part elle ne peut s'épanouir comme à Londres, car nulle part, au même degré, elle ne trouve pour la choyer et l'encourager autant d'associations religieuses et de charitables personnes [1] ». Beaucoup de ces hommes sont des célibataires. Parmi ceux qui sont mariés, beaucoup vivent du travail de leur femme. Ils ont commencé peut-être par être des ouvriers intermittents, employés irrégulièrement. Pendant une période de chômage un peu plus dure que de coutume, la femme s'est mise à faire des ménages ; elle a trouvé quelques travaux de couture, ou bien elle a repris le chemin de la fabrique d'allumettes où elle travaillait avant son mariage. Le mari s'est laissé faire. Il a continué de chercher du travail, mais — inconsciemment peut-être — avec une ardeur un peu ralentie et il est tout doucement devenu incapable de tout effort, « inutilisable ». Les hommes qui se sont présentés devant les comités de chômage de Londres ignoraient souvent le montant de leur loyer et ce qu'ils devaient à leur propriétaire. L'un d'eux ne savait même pas le nom de ses enfants [2]. Londres avec sa vie pleine de surprises et de variété, Londres où l'on a tant d'occasions de gagner six pence sans rien faire, exerce sur les gens de cette trempe une invincible attraction. Il en vient de tous les côtés. « Le polisson de village, le voyou provincial, perdu de réputation dans son village ou dans sa ville natale, tourne ses pas vers Londres [3]. » Et à ces peu désirables immigrants, il faut ajouter tous ceux que Londres lui-même, par des procédés sur lesquels nous aurons à revenir, se charge de « fabriquer » [4], comme s'ils étaient le déchet normal de sa vie industrielle. Ils sont de beaucoup les plus nombreux.

Quoi qu'il en soit, les « inutilisables » ne forment, malgré les apparences, qu'un faible contingent de l'armée des sans-travail. Pour le gros de cette armée, le chômage est dû non pas à des causes morales comme l'ivrognerie ou la paresse, mais à des causes éco-

---

1. M. Lockwood, dans *35th Annual Report of Local Government Board*, *1905-1906*, p. 444.

2. Steel-Maitland and Squire, *Report on London*, p. 44-45 (*P. L. C.*, 1909).

3. *Report of Stepney Guardians, 1905-1906*, cité dans *P. L. C.*, 1909, *Minority Report*, p. 1100. — Cf. *ibid.*, p. 1160.

4. *The daily manufacture of unemployable* (*P. L. C.*, 1909, *Minority Report*, p. 1162 et suiv.).

nomiques qui sont à peu près indépendantes de la volonté du patron comme de celle de l'ouvrier. Ce n'est pas à dire que les causes morales n'aient aucune influence sur la régularité du travail et le succès dans la vie ; il est trop évident qu'un ouvrier sobre a plus de chances d'être employé régulièrement qu'un ivrogne. Mais les raisons de ce genre interviennent surtout pour déterminer quel sera celui qui conservera son travail et quel sera celui qui sera mis à pied. Lorsqu'un maître de forges réduit son personnel, parce que les affaires ne vont pas et qu'il n'a pas de commandes, il renverra Pierre qui est un ivrogne de préférence à Paul qui est un bon ouvrier ; mais à supposer que Pierre et Paul eussent l'un et l'autre des qualités égales, l'un d'entre eux n'en serait pas moins congédié. Quand la « saison » est finie et que les couturières du West End donnent congé à la moitié de leurs ouvrières, elles conservent naturellement les meilleures ; mais les autres seraient toutes excellentes qu'on leur donnerait néanmoins congé. L'entrepreneur qui a fini de décharger un bateau ne gardera pas ses dockers une heure de plus, même s'il a pour eux la plus haute estime. La possession de toutes les qualités physiques et morales n'est pas une garantie contre le chômage.

Les causes économiques du chômage peuvent se ramener à trois principales :

1° Les fluctuations périodiques du commerce et de l'industrie ;

2° L'existence d'industries de saison ;

3° L'existence dans une industrie donnée d'une réserve de travailleurs qui ne sont employés qu'occasionnellement et d'une manière intermittente.

La première cause est d'ordre tout à fait général. On a depuis longtemps constaté qu'à une période d'activité fiévreuse succède généralement dans l'industrie et dans le commerce une période de dépression et vice versa. Trois ans de dépression avec baisse des prix, diminution du taux de l'intérêt et chômage, trois ans d'amélioration et d'affaires prospères, quatre ans de spéculation qui se terminent par une catastrophe ; telle est la description que donnait Stuart Mill du phénomène. Le rythme n'est pas en réalité aussi régulier et la période n'est pas nécessairement de dix ans ; mais l'alternance des années de misère et des années d'abondance est cependant frappante [1] et la régularité est assez grande pour que de

1. Cf. *P. L. C.*, 1909. *Majority Report*, p. 328 et suiv. (Analyse des fluctuations périodiques en Angleterre depuis 1815). Dans *Charts illustrating the statistics of trade employment and the conditions of labour in the United Kingdom* (1906), le *Board of Trade* a fait paraître un graphique fondé sur les chiffres fournis

économistes ingénieux aient eu l'idée d'aller chercher l'explication de ce phénomène périodique dans la périodicité des mouvements des taches du soleil. Le rythme de la vie économique paraît être en effet, comme l'a montré M. Beveridge [1], un rythme universel, indépendant des frontières, indépendant de la forme du gouvernement des Etats, indépendant même du régime douanier, protecteur ou libre-échangiste. Les fluctuations se produisent à peu près en même temps dans les principaux Etats, et souvent sans raison apparente. Il est probable qu'il faut en chercher la cause principale dans la surproduction, conséquence naturelle du régime de production anarchique et de concurrence illimitée qui est celui de l'univers entier. La solidarité économique des diverses parties du globe et des différentes industries, dans le monde moderne, explique aisément la rapidité avec laquelle les mouvements se transmettent de pays à pays et de continent à continent. Un centre distributeur comme Londres est particulièrement sensible à des impulsions de cette nature ; elles ont pour résultat d'aggraver le chômage ordinaire, d'attirer l'attention publique, de provoquer des manifestations, des enquêtes et des distributions de secours ; mais ces fluctuations passagères sont peut-être moins graves, au fond, que l'existence d'une armée régulière et permanente de chômeurs. On ne voit pas bien d'ailleurs quel remède on pourrait apporter à des troubles de ce genre, à moins de régler la production, ce qui entraînerait une transformation radicale de la société.

Les industries de saison sont à Londres une cause particulièrement importante de désorganisation économique et de chômage. L'industrie du bâtiment est, comme nous allons le voir, plus irrégulière encore à Londres qu'ailleurs, et les industries londoniennes par excellence, comme l'imprimerie et la reliure, la confection, les modes, la cordonnerie, sont à des degrés divers des métiers de saison. La *season*, qui attire au printemps pour quelques mois toute une population riche et élégante, est pour la plupart de ces industries une cause de fièvre passagère et de perturbation profonde.

Les industries du bâtiment occupaient à Londres, en 1901, 142.947

par les trade-unions depuis 1860 et montrant les fluctuations périodiques (graphique III). Voir aussi Jackson and Pringle, *Report on the effect of employment or assistance given to the unemployed since 1886* (P. L. C., 1909, Appendix vol. XIX), p. 1-3 et app. B. p. 26 (graphiques tracés par M. Beveridge et montrant les fluctuations périodiques à Londres).

1. Beveridge, *Unemployment*, surtout p. 54 et suiv.

personnes. On sait à quel point ces industries dépendent de l'état de l'atmosphère ; la pluie et la gelée arrêtent le travail ; les mois de décembre, de janvier et de février sont une époque de chômage plus ou moins complet. D'après les chiffres qui ont été communiqués à M. Booth par quelques entrepreneurs de Londres, le nombre des ouvriers qu'ils emploient dans la semaine la plus active serait à peu près double du nombre de ceux qu'ils emploient au milieu de la morte-saison [1].

Mais le cas de Londres est tout spécial ; ce n'est pas une morte-saison, mais deux, que l'on y rencontre : une première morte-saison durant les mois d'hiver, et une seconde moins marquée en juin et juillet. M. Dearle [2] a calculé, pour Londres et pour l'ensemble de l'Angleterre, le pourcentage moyen de chômeurs dans le bâtiment pendant la période 1894-1906, et nous voyons dans le graphique ci-contre (fig. 13) le résultat de ce calcul. Tandis que la ligne Angleterre suit une allure régulière, descendant graduellement jusqu'en août pour remonter ensuite, la ligne Londres nous montre au milieu de l'année un ressaut extraordinaire : le pourcentage qui était descendu à 3,7 en avril remonte à 4,4 en juin et à 4,1 en juillet pour redescendre brusquement à 2,6 en août. Le graphique qui exprime, d'après les données fournies par l'enquête du ministère du commerce en 1906 [3], les variations dans le travail du bâtiment pendant cette même année présente, en sens inverse, les mêmes particularités.

Cette anomalie singulière s'explique par l'existence de la *season* : en mars et avril, on fait à la hâte, en vue de l'arrivée des étrangers et de la société élégante, le « nettoyage du printemps » (*spring cleaning*) ; certains corps de métiers, les peintres décorateurs en particulier, sont parfois alors très surmenés. En mai, le travail commence à décroître ; en juin et juillet, on ne fait plus que des constructions nouvelles ; puis vient une seconde période d'activité en août, après le départ de la « société ». Le compte de salaires d'un

1. Booth, *Life and Labour*, 2ᵉ série, I, p. 119-120 (1.353 ouvriers et 660).
2. Dearle, *Problems of Unemployment in the London building trades* (1908), p. 69, 75. Les chiffres se rapportent surtout aux charpentiers et aux plombiers et doivent être considérés, non comme exprimant l'étendue réelle du chômage dans le bâtiment, mais comme indiquant le sens et l'importance des fluctuations.
3. *Earnings and hours inquiry. III, Building and woodworking trades in 1906* (1910), p. 14-15.

entrepreneur, dont M. Booth a eu communication [1], nous montre un autre aspect du même phénomène :

	Livres sterling
Salaires payés en février	90
— mars	96
— avril	128
— mai	142
— juin	107
— juillet	120
— août	173
— septembre.	98

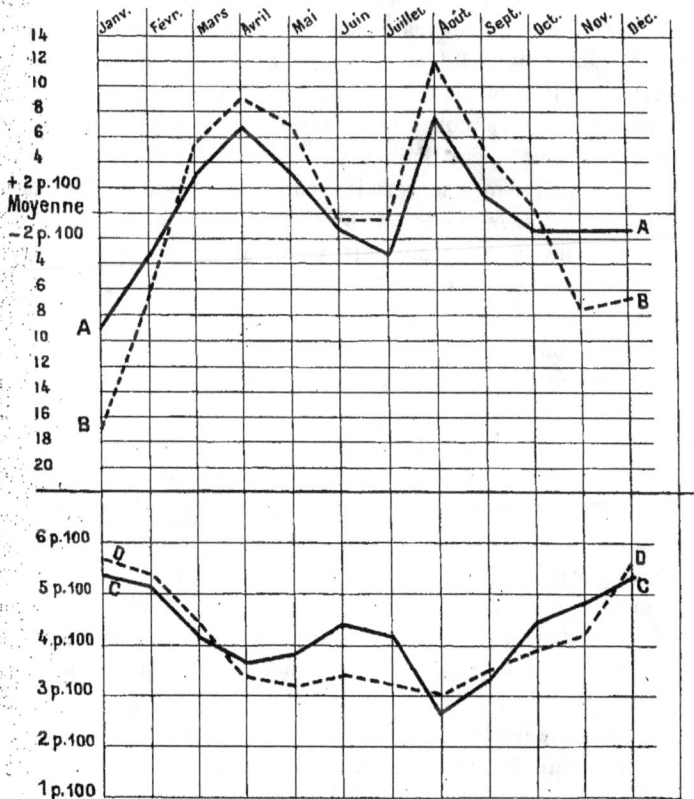

Fig. 13. — Variations du travail dans l'industrie du bâtiment.
A. Variations dans le nombre des ouvriers en 1906 (Londres).
B. Variations dans le salaire des ouvriers en 1906 (Londres).
C. Pourcentage de chômeurs, 1894-1906 (Londres).
D. Pourcentage de chômeurs, 1894-1906 (Angleterre).

Comme le prouve la comparaison entre les lignes A et B du gra-

1. Booth, *Life and Labour*, 2e série, 1, p. 117.

phique, les variations dans le salaire en 1906 ont même été beaucoup plus accentuées que les variations dans le nombre des ouvriers.

Ces fluctuations sont rendues plus pénibles par l'absence dans les métiers du bâtiment de tout ce qui peut ressembler à un bureau de placement. A part quelques très grandes entreprises, les patrons n'ont généralement à leur service, d'une façon permanente, que leurs contremaîtres et un très petit nombre d'ouvriers ; les autres sont embauchés à l'heure, suivant la coutume de la corporation, et changent presque régulièrement à chaque construction nouvelle ; on nous cite le cas d'un charpentier [1], excellent ouvrier, qui a changé soixante-dix-neuf fois de patron en trente-deux ans, restant ainsi environ quatre mois et demi, en moyenne, dans chaque chantier. Les contremaîtres ont parfois des listes d'ouvriers qu'ils tiennent au courant de leurs mouvements et auxquels ils donnent la préférence ; le procédé peut d'ailleurs donner lieu à des abus, et les ouvriers se plaignent que certains contremaîtres ne soient pas incorruptibles. La méthode la plus habituelle consiste simplement à attendre que les ouvriers viennent d'eux-mêmes au nouveau chantier ; ils ne tardent guère. Dans les premiers jours, on prend ceux qui se présentent, quitte à renvoyer au bout de quelques heures, pour les remplacer par de nouveaux arrivants, ceux qui ne paraissent pas valoir leurs 10 pence de l'heure. Quant à la méthode qu'emploient les ouvriers pour trouver du travail — si l'on peut parler de méthode — elle a consisté, du moins jusqu'à l'établissement des « bourses du travail » officielles, à « regarder autour de soi » (*looking round, calling round*), à s'informer aux bureaux de la trade-union et dans les cabarets, à consulter les camarades, à suivre au besoin jusqu'au chantier une charrette d'entrepreneur [2]. Il est impossible d'évaluer le temps perdu ainsi dans le courant d'une année ; mais ce temps ne peut manquer d'être très considérable dans une ville comme Londres qui mesure vingt-cinq kilomètres de l'Est à l'Ouest et dix-sept du Nord au Sud, sans parler de son immense banlieue. On ne peut donc s'empêcher de regretter que les trade-unions soient si faibles à Londres dans la plupart des métiers du bâtiment et qu'elles n'aient pu réussir à mieux organiser le marché du travail [3].

Les salaires sont, il est vrai, assez élevés, et semblent compenser

1. Booth, *Life and Labour*, 2ᵉ série, I, p. 112.
2. Voir Dearle, *Problems of Unemployment*, p. 85 et suiv. ; Booth, *Life and Labour*, 2ᵉ série, I, p. 113. et suiv.
3. Cf. Dearle, *op. cit.*, p. 158.

dans une certaine mesure le chômage périodique des deux mortes-saisons et le chômage occasionnel. Les maçons, briqueteurs et charpentiers ont 10 pence 1/2 de l'heure (1 fr. 09) ; les plombiers et les plâtriers 11 pence (1 fr. 14) ; les peintres de 8 à 9 pence (0 fr. 82 à 0 fr. 93) ; les manœuvres eux-mêmes touchent 7 pence (0 fr. 71) [1]. Il ne serait donc pas impossible de mettre de côté pendant la belle saison quelque chose pour les mauvais jours ; malheureusement, cela n'est guère dans les habitudes de l'ouvrier anglais, et la faiblesse des trade-unions ne permettait guère, avant le vote de la loi de 1911, l'établissement d'une assurance syndicale contre le chômage. Cette assurance n'existait que dans une section des peintres et chez les charpentiers, qui sont de beaucoup les mieux organisés. L'*Amalgamated Society* qui est la principale trade-union de charpentiers donne à ses chômeurs 10 shillings (12 fr. 50) par semaine pendant 12 semaines et 6 shillings (7 fr. 50) pendant 12 autres semaines, et les deux autres sociétés qui existent à Londres ont aussi une assurance [2].

Il n'y avait rien de tel chez les maçons et les briqueteurs, qui se bornaient à donner à ceux de leurs membres qui couraient le pays à la recherche du travail une allocation de 1 shilling par jour ; ni surtout chez les manœuvres qui sont fort nombreux dans le bâtiment et qui auraient encore plus besoin d'une assurance que les ouvriers qualifiés. Quelques ouvriers consacrent leurs économies à la location d'une petite boutique qui est tenue par leur femme. Un placement plus singulier, mais, paraît-il, assez commun, est celui dans lequel les économies sont employées à l'achat d'un mobilier solide et relativement luxueux, dont les différentes pièces peuvent être mises en gage quand les temps sont durs, et rachetées au printemps [3]. Tout cela n'empêche pas la misère d'être très grande pendant le chômage hivernal, surtout parmi les manœuvres : sur 100 personnes qui ont demandé du travail aux comités de chômage en

---

1. *13 th Abstract of Labour statistics, 1907-1908* (1910), p. 44. Ces prix sont supérieurs à ceux du reste de l'Angleterre.

2. Dearle, *op. cit.*, p. 162, 163. L'*Amalgamated Society*, malgré sa puissance (62.000 membres), a de plus en plus de mal à payer l'allocation de chômage. La somme payée par chaque membre en 1908 a atteint 1 s. 10 d. 1/2 (2 fr. 30) par semaine, au lieu de la prime habituelle de 1 shilling. Le nombre des membres a diminué très rapidement pendant cette année. — Cf. *P. L. C.*, 1909, *Minority Report*, p. 1142.

3. Dearle, *Problems of Unemployment*, p. 140.

1907-1908, la proportion d'ouvriers appartenant au bâtiment était, en Angleterre, de 19,4, et à Londres de 26,5 [1].

Les industries de l'habillement, qui sont par le nombre le groupe le plus important des industries londoniennes (231.000 personnes en 1901), sont également, surtout dans le West End, des industries de saison, dont les périodes d'activité et de chômage sont déterminées en partie par les exigences de la *season* de Londres. Chez les tailleurs du West End qui travaillent sur mesure pour une clientèle riche et difficile et qui sont bien payés, l'irrégularité est encore plus grande que chez les tailleurs de l'East End qui font le complet sur mesure pour les maisons de la Cité ou la confection pour les maisons de gros. Il y a deux saisons dans le West End ; la première va du mois de mars au mois d'août, la seconde d'octobre à décembre ; au cœur de l'hiver, des centaines d'ouvriers sont sur le pavé pendant des semaines [2].

Les saisons sont plus marquées encore chez les couturières et les modistes, et là aussi, comme le montre notre graphique (fig. 14), les fluctuations sont plus considérables dans les ateliers où l'on fait l'article de luxe que dans ceux où l'on fait le travail commun [3]. Les couturières ont, comme les tailleurs, deux saisons : la première de mars à juin, la seconde en octobre. On entasse alors les ouvrières dans les ateliers et on les fait travailler jusqu'aux dernières limites de l'endurance ; on utilise les heures supplémentaires permises par la loi et, trop souvent, on dépasse le nombre d'heures autorisé. La saison finie, on renvoie la moitié des ouvrières. Dans l'enquête qu'il fit en 1886, le *Board of Trade* trouva, pour 12 ateliers, 504 ouvrières dans la semaine la plus active, et 236 dans une semaine de la morte-saison ; les chiffres correspondants donnés par M. Booth, pour 3 ateliers, sont 351 et 200 [4].

1. Beveridge, *Unemployment*, p. 168. Il faut dire que beaucoup de manœuvres qui travaillent à l'occasion pour le bâtiment s'inscrivent comme manœuvres du bâtiment.

2. Booth, 1re série, IV, p. 53, 143 ; Sherwell, *Life in West London*, p. 66 ; *Select Committee on Home Work* (1907-1908), I, Q. 3408, 3469, 3871 ; II, Q. 1279 ; Webb and Freeman, *Seasonal trades* (1912), p. 84-87.

3. Pour cette même raison, les variations de saison sont moins considérables chez les chemisières, le plus mal payé de tous les métiers de l'habillement.

4. Booth, 2e série, III, p. 55. -- Voir également III, p. 48-49 ; Sherwell, *Life in West London*, p. 83-84 ; Beveridge, *Unemployment*, p. 31.

En 1906, une nouvelle enquête officielle a donné un maximum de 11.159 ouvrières en mai, et un minimum de 6.804 en août[1].

Le salaire des ouvrières que l'on conserve est notablement dimi-

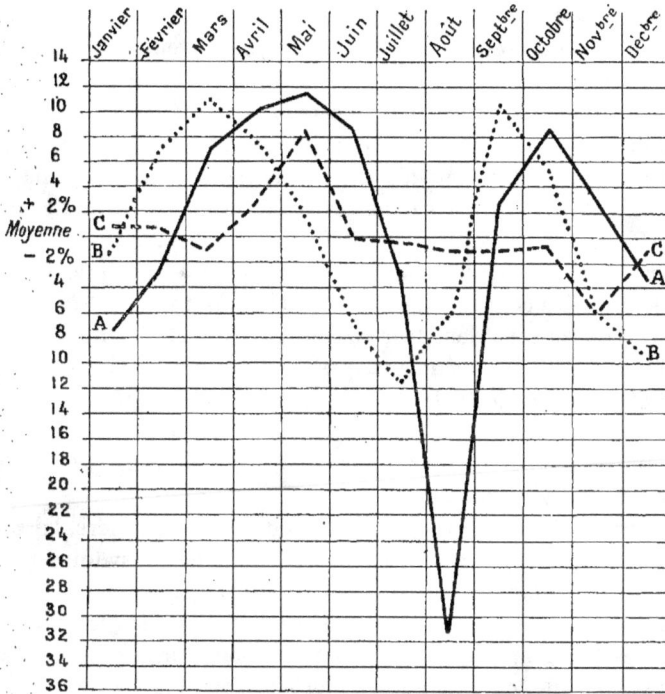

Fig. 14. — Variations du travail dans l'industrie de l'habillement à Londres en 1906.
A. Couturières et modistes travaillant en atelier.
B. Couturières et modistes travaillant dans des manufactures.
C. Tailleurs travaillant pour la confection.

nué. Quant aux ouvrières qui travaillent en chambre et qui font l'article courant pour les maisons de gros, on les emploie surtout dans les saisons de presse, et leur salaire est soumis à de grandes oscillations[2].

La cordonnerie est un peu moins sujette à l'influence des saisons, bien qu'il y ait souvent, en décembre et janvier, et parfois en août et septembre, une période difficile où beaucoup d'ouvriers n'ont pas plus de deux jours de travail par semaine[3]; mais les chapeliers

1. *Earnings and hours inquiry. II, Clothing trades in 1906* (1910), p. 14, 16-17.
2. *Home industries of women in London*, p. 46-61.
3. Cf. Booth, 1re série, IV, p. 94, 96. *Select Committee of the H. of L. on the sweating system*, 1890. *Evidence*, Q. 632, 636, 3464. — Cf. *Earnings and hours in-*

ne travaillent guère que pendant huit mois de l'année[1]. Parmi les autres corps de métiers, les gaziers ont leur morte-saison en été[2]. L'imprimerie et la reliure, qui sont parmi les industries les plus importantes de Londres (53.694 personnes en 1901), sont soumises à des fluctuations considérables. Le mois de novembre est un mois de surmenage, à cause des publications nouvelles de la Noël ; l'hiver, le printemps et le commencement de l'été sont assez actifs, avec des maxima en mars (avant Pâques) et en juillet ; août et septembre sont les mauvais mois. En 1907 (année moyenne), le pourcentage de chômeurs dans les trade-unions de l'Angleterre a varié entre 3, 3 en novembre et 5, 9 en septembre[3].

Certaines industries, comme la fabrication des eaux gazeuses et la fabrication des confitures, nous offrent des exemples extrêmes d'industries de saison ; leur période de grande activité ne dure que quelques mois, parfois même quelques semaines. Les femmes se battent alors à la porte des fabriques de confitures comme font les hommes à la porte des docks. Une grande maison d'eaux gazeuses de Camberwell occupait, en juillet 1907, 1.316 ouvriers et ouvrières, et en janvier, 512 seulement[4].

Contre le chômage de saison, la majorité des ouvriers, laissée à elle-même, est à peu près sans défense. L'assurance syndicale n'est possible que dans les métiers qui sont bien payés et qui ont des trade-unions bien organisées ; elle n'existe que chez les charpentiers, les typographes et les relieurs. Une autre méthode consiste à changer de métier pendant la morte-saison ; mais cette méthode est, dans la pratique, d'une application très limitée. Le chapelier qui chôme en novembre ne saurait se transformer en typographe. Le métier supplémentaire doit être très voisin, au point de vue technique, du métier principal ; c'est ainsi que l'on voit des ouvriers hor-

quiry. II *Clothing trades in 1906*, p. 122, et Webb and Freeman, *Seasonal trades*, p. 291, 292, 295.

1. Booth, *Life and Labour*, 2ᵉ série, III, p. 38.
2. Booth (2ᵉ série, III, p. 456) estimait en 1892 à 10.131 en hiver et à 6.863 en été le nombre des employés du gaz. La South Metropolitan Cᵒ a maintenant presque supprimé cette fluctuation en ce qui la concerne, mais elle reste importante dans la Gas Light and Coke Company. — Cf. Steel-Maitland and Squire, *Report on London* (P. L. C., 1909), p. 57-58.
3. *13ᵗʰ Abstract of labour statistics*, p. 8. — Cf. Booth, 2ᵉ série, II, p. 201, 239.
4. Steel-Maitland and Squire, *R. on London*, p. 27-28, 41-42 ; Booth, 1ʳᵉ série, IV, p. 288 ; 2ᵉ série, III, p. 135,162. Dans certaines fabriques de confitures, on prend les ouvrières pour une journée et même une demi-journée (Williams and Jones, *Report on the effect of outdoor relief on wages*, p. 10).

logers se mettre à faire des compteurs à gaz ou des machines auto-
matiques. Ce sont surtout les femmes qui réalisent en ce genre des
miracles d'ingéniosité. « On verra là même personne, à des époques
différentes de l'année, faire des boîtes à allumettes, cueillir le houblon, nettoyer les perrons, et vendre dans la rue. Nous avons
trouvé une tailleuse occupée à faire le pliage pour la reliure, et une
machiniste qui donnait des leçons de piano à 1 shilling l'heure [1]. »
Les hommes sont moins habiles et ne voudraient point du reste
accepter les salaires de famine que l'on donne aux femmes pour
éplucher des fruits, trier des graines, ou faire des boîtes en carton ;
la plupart du temps la seule carrière qui leur soit ouverte est celle
de manœuvre [2] : les docks sont le suprême espoir du chômeur londonien. Or les docks sont déjà fort encombrés, et la présence de
gens qui viennent y travailler occasionnellement, pour un jour ou
deux, ne peut manquer d'aggraver encore l'état de chômage permanent du docker ordinaire.

Ceci nous amène à parler de la troisième cause du chômage, qui
est à Londres la plus importante de toutes, parce qu'elle agit sur
un nombre considérable d'hommes et d'une façon continue : le travail intermittent (*casual labour*). Est dit « ouvrier intermittent »
l'ouvrier pour lequel de courtes périodes de chômage alternent avec
de courtes périodes de travail, qui travaille un jour et chôme le
lendemain, qui est occupé pendant les trois premiers jours d'une
semaine et sans travail pendant les trois derniers, ou occupé pendant une semaine et inoccupé la semaine suivante. L'ouvrier intermittent n'est pas à proprement parler un chômeur, mais un ouvrier
insuffisamment employé ; et cette insuffisance est due à l'existence,
dans la profession, d'une « armée de réserve » excessive qui permet
à l'employeur de faire faire en un jour par six cents ouvriers le travail qui pourrait être fait en une semaine par cent ouvriers.

On trouve des ouvriers intermittents dans tous les métiers ; ils
représentent le jeu nécessaire sans lequel le mécanisme industriel
pourrait difficilement fonctionner ; et souvent sans doute ce sont
eux qui se sont désignés eux-mêmes pour ce rôle par leur manque
d'exactitude ou d'habileté technique. Il existe cependant toute une

---

1. Williams and Jones, *Report on the effect of outdoor relief on wages*, p. 10.
— Cf. *P. L. C.*, 1909. *Minority Report*, p. 1158.

2. On voit cependant des ouvriers régulièrement inoccupés en été, comme
les gaziers, aller travailler régulièrement à la même ferme, et des ouvriers du
bâtiment se faire gaziers en hiver. — Cf. Beveridge, *Unemployment*, p. 34-35.

catégorie de métiers qui ont demandé un long apprentissage et dans lesquels les ouvriers, bien à contre-cœur, sont réduits au travail intermittent : ce sont les industries en décadence, industries relativement nombreuses à Londres. Que la décadence soit due à une transformation technique et au progrès du machinisme, comme c'est le cas pour le tissage de la soie à Spitalfieds, l'horlogerie de Clerkenwell et la tonnellerie ; ou à l'émigration d'une industrie qui a quitté Londres, comme c'est le cas pour la construction des navires, et à un degré beaucoup plus faible pour l'imprimerie, le résultat est à peu près le même. Les ouvriers qui appartiennent aux métiers condamnés et ceux qui représentent des industries émigrées ne peuvent trouver un travail suffisant pour occuper toutes leurs journées, même lorsqu'ils consentent à une forte réduction sur leur salaire. C'est peut-être à une décadence de ce genre, due à l'emploi de plus en plus fréquent du ciment armé dans les constructions, qu'il faut attribuer le marasme dans lequel se trouvent à Londres, depuis d'assez longues années, les métiers du bâtiment, et particulièrement la menuiserie et la charpente [1].

La décadence de quelques industries ne suffirait cependant pas à expliquer l'existence de cette multitude d'ouvriers intermittents (classe B) que M. Booth évaluait en 1889, avec leurs femmes et leurs enfants, à 316.000 personnes, dont 100.000 pour l'East End seulement. La situation de Londres à cet égard est probablement unique. M. Steel-Maitland et Miss Squire l'ont bien remarqué dans le rapport qu'ils ont rédigé pour la Commission de 1909 : « Dans un village, cette classe existe à peine ; dans une ville de fabriques elle est peu nombreuse ; dans une métropole, elle est considérable [2]. » Ce n'est point, comme ils paraissent le croire, qu'il soit plus facile de mener une vie paresseuse et irrégulière dans une grande ville que dans une petite. Beaucoup d'ouvriers intermittents sont sans doute irréguliers par goût autant que par nécessité ; mais ils seraient tous ardemment désireux de travailler tous les jours de la semaine et toutes les semaines de l'année, que les choses resteraient à peu près dans le même état. La vie économique de Londres, telle qu'elle est organisée, postule l'existence d'une classe d'ouvriers intermittents.

Dans une ville de grande industrie, le travail est relativement

1. Cf. P. L. C., 1909, *Minority Report*, p. 1148 et graphique. Le volume des constructions a peu diminué à Londres, tandis que le chômage a augmenté régulièrement depuis 1899.

2. Steel-Maitland and Squire, *Final Report*, p. 125.

stable, parce que la production doit être, autant que possible, continue : on ne peut pas ouvrir une filature un jour sur deux, ni fermer une semaine sur deux un chantier de construction de navires ; les fluctuations, lorsqu'elles se produisent, sont dues à des causes lointaines et s'espacent sur un temps considérable : le mineur, l'ouvrier des filatures ou des tissages, le métallurgiste peuvent avoir de longues périodes de chômage, mais ne peuvent devenir que dans des cas exceptionnels des ouvriers intermittents.

Mais Londres n'est pas une ville de grande industrie. Londres est avant tout, ainsi que nous l'avons dit, un centre commercial, un centre distributeur. Il l'a toujours été, et depuis une centaine d'années, il se renferme de plus en plus dans sa fonction spéciale ; il devient de plus en plus, suivant une comparaison souvent employée, la gigantesque pompe aspirante et foulante qui attire de tous les points de l'Angleterre et du monde les matières brutes et les produits manufacturés, pour les diriger ensuite sur tous les points de l'Angleterre et du monde. N'oublions pas que les marchandises importées dans le port de Londres représentent, comme valeur, le tiers des marchandises importées dans le Royaume-Uni, et les marchandises exportées plus du quart.

La manipulation de ces marchandises demande un nombre considérable d'hommes. Il faut charger et décharger les navires, transporter les marchandises aux gares, aux entrepôts, aux marchés, charger et décharger les trains ; non seulement les marchandises venant de l'étranger ou destinées à l'étranger, mais une partie notable des marchandises qui viennent de la province et qui sont destinées à la province est centralisée à Londres. La section du recensement qui est intitulée : *Transport, locomotion and general labour*, comprend à Londres 355.270 ouvriers, ce qui représente, avec les femmes et les enfants, une population supérieure à celle de Marseille et de Lyon réunis.

Les études de M. Steel-Maitland et de Miss Squire sur les causes du paupérisme à Londres, ont montré que c'est à ce groupe qu'appartient la majorité de ceux qui tombent à la charge de l'Assistance publique [1], et que, d'autre part, une des causes principales du paupérisme est le travail intermittent. Et il se trouve en effet que le « transport » sous presque toutes ses formes, en y comprenant les manœuvres qui ne sont le plus souvent que des auxiliaires du « transport », est par excellence le domaine du travail intermittent.

1. Steel-Maitland and Squire, *Report on London*, p. 22-23 (*P. L. C.*, 1909).

Cette intermittence ne dépend pas de la volonté des ouvriers. « Ils n'ont pas, comme le disait un personnage peu suspect de partialité en leur faveur — un secrétaire de la *Charity Organisation Society* — ils n'ont pas une dose du péché originel plus forte que les autres hommes ; la classe d'ouvriers intermittents est exactement ce que deviendrait toute autre classe de la société, si on la soumettait pendant quelque temps au même régime de travail... Le monde, tel que le conçoit l'ouvrier intermittent, est gouverné par le hasard, car les bons ouvriers ne réussissent pas mieux à trouver du travail que les mauvais. Aucune classe de la société ne pourrait résister à l'influence démoralisante d'une telle conception de la vie et d'un pareil système[1]. »

L'intermittence est imposée à un nombre considérable d'ouvriers du groupe des transports — manœuvres, dockers, déchargeurs des gares, porteurs des marchés, etc. — par les conditions économiques dans lesquelles ils travaillent. Tout d'abord, le travail est facile ; il ne demande qu'une certaine force, un peu d'adresse, et peut se faire sans apprentissage. Le champ de la concurrence est donc presque illimité, et le nombre des ouvriers a par suite une tendance naturelle à être excessif. Ceci ne suffirait cependant pas à créer l'intermittence, au cas où l'on ne prendrait que le même nombre d'ouvriers tous les jours et les mêmes ouvriers, comme on le fait, par exemple, dans les filatures : les ouvriers en excès seraient obligés de se retirer et de chercher du travail d'un autre côté. Mais ici intervient une autre cause : la quantité de travail à faire est une quantité essentiellement variable. Elle est variable pour l'ensemble de la ville ; et même si les ouvriers du groupe des transports étaient embrigadés et avaient une organisation centrale qui les distribuerait chaque jour à ceux qui ont besoin de leur travail, il faudrait toujours compter avec un certain aléa. Mais en fait le problème se pose tout autrement.

Il n'existe pas, bien entendu, d'organisation centrale qui connaisse les besoin de chaque patron particulier et qui lui distribue chaque jour des ouvriers suivant ses besoins ; ce sont les ouvriers eux-mêmes qui doivent trouver chaque matin, dans Londres, le patron qui a besoin d'eux. Or, s'il y a des fluctuations dans le volume total du trafic de la ville, il y en a de bien plus considérables dans le trafic de chaque patron particulier ; tel commerçant, telle compagnie qui a besoin de 100 ouvriers aujourd'hui pour décharger un

1. *P. L. C.*, 1909.Q.82.147. Cité dans *Minority Report*, p. 1164.

bateau, transporter des marchandises, ou les emmagasiner, n'aura plus besoin demain que de 20 personnes, mais en prendra par contre 150 après-demain. C'est entre un certain nombre d'employeurs de ce genre que peut s'exercer le choix de l'ouvrier. Ces employeurs n'ont pas intérêt à organiser leur travail de manière à employer d'une façon continue un nombre fixe d'ouvriers ; dans l'exemple cité plus haut, 60 ouvriers, employés régulièrement, feraient sans perte de temps le travail qui est fait par 100 + 20 + 150 hommes, mais ils y mettraient 4 jours et demi au lieu de trois, ce qui est pour l'employeur un inconvénient. L'intérêt de l'employeur est d'avoir continuellement à sa disposition un nombre d'hommes à peu près égal au nombre maximum d'ouvriers dont il peut avoir besoin en un jour donné : soit, dans l'exemple choisi, 150 personnes. Comme le travail ne demande pas d'aptitudes spéciales, et comme, d'autre part, tout homme qui se présente a une chance d'être choisi, même si le nombre des ouvriers employés ce jour-là est inférieur au maximum, il tend à se former autour de chaque employeur une agglomération d'ouvriers à peu près égale à son maximum. Beaucoup d'employeurs, soit par eux-mêmes, soit par leurs contremaîtres, assurent l'organisation de cette réserve en établissant des listes d'ouvriers auxquels ils donnent la préférence et qui sont par suite intéressés à se tenir à leur disposition, ou en choisissant de préférence ceux qu'ils connaissent et qui sont assidus. Ces mesures partent d'un bon naturel et peuvent à première vue sembler inattaquables ; mais il faudrait, pour qu'elles ne fussent pas nuisibles aux intérêts des ouvriers, que la liste ne comprît pas un nombre d'ouvriers supérieur au *minimum* employé par le patron. Dans l'exemple précité, la liste ne devrait donc comprendre que 20 noms ; dans la pratique elle en comprendra au moins une centaine. Le résultat sera le suivant : 20 ouvriers préférés (sur 100) seront occupés pendant 3 jours et 80 pendant 2 jours sur 3 ; 50 ouvriers ordinaires seront employés pendant 1 jour sur 3.

Tel est le système du travail intermittent ; nous allons le voir fonctionner sous nos yeux en étudiant dans le détail la situation des ouvriers des docks dans le port de Londres.

C'est en effet l'ouvrier des docks que l'on cite d'ordinaire comme le type le plus achevé de l'ouvrier intermittent. L'irrégularité du travail ne semble cependant pas avoir été, même sous le régime des Compagnies, aussi grande dans les docks de Londres que dans ceux de Manchester ou de Liverpool [1], il est certain que la nouvelle

1. Il est difficile de comprendre l'éloge que fait M. Festy du port de Liver-

administration, créée par la loi de 1908, fera tous ses efforts pour la diminuer encore. Mais malgré tout le docker londonien reste et restera probablement longtemps un intermittent, un *casual*.

Le nombre des dockers employés sur la Tamise a toujours été très variable, — variable d'une saison à l'autre, d'une semaine à l'autre, d'un jour à l'autre, d'une heure à l'autre. En 1887, les docks des Indes occidentales et orientales employaient, abstraction faite des équipes permanentes (247 personnes),un nombre d'ouvriers qui variait entre 600 et 2.355 ; aux docks de Londres et de Sainte-Catherine, le maximum était de 3.700 et le minimum de 1.100 [1]. Le chiffre maximum était, dans le premier cas, près de quatre fois plus élevé que le chiffre minimum et, dans le second, plus de trois fois.

En 1891, après la réforme qui, comme nous le verrons, atténua, dans certains docks au moins, l'irrégularité du travail, on trouvait encore, pour l'ensemble du port de Londres [2], un maximum de 17.994 et un minimum de 11.967, c'est à-dire une différence de plus de 6.000 ouvriers entre le jour le plus chargé et la journée la plus faible.

Il ne semble pas que la situation se soit sensiblement modifiée depuis cette époque. En 1900, la semaine la plus active donnait une moyenne de 19.116 ouvriers par jour, et la semaine la moins active une moyenne de 13.270 [3]. En 1907, 15.684 ouvriers ont été employés dans la journée la plus active et 10.961 dans la journée la moins active [4].

Il y a chaque année une morte-saison plus ou moins longue qui commence généralement en mars pour se terminer vers juillet ; les mois de septembre, d'octobre et de novembre sont en revanche une période d'activité fiévreuse. En 1900 la moyenne de mai a été de 13.943 ouvriers, celle de novembre de 18.411 [5] ; en 1907, la moyenne d'août a été de 13.179 et celle de décembre de 15.366 [6].

pool (dans P. de Rousiers, *Le trade-unionisme en Angleterre*, p. 136), qu'il appelle « le port le mieux organisé de l'Angleterre ». L'organisation du travail y est à peu près nulle. — Cf. *Poor Law Commission*, 1909, *Majority Report*, p. 357-358, et *Minority Report*, p. 1152.

1. Booth, *Life and Labour*, 1re série, IV, p. 19.
2. Moins le dock de Tilbury. — Cf. Booth, 2e série, III, p. 410.
3. Y compris Tilbury, *Seventh annual abstract of labour statistics, 1899-1900*, p. 80.
4. Non compris Tilbury. Walsh, *Report on dock labour in relation to pauperism*, 1908, p. 13.
5. *Seventh annual abstract of labour statistics*, p. 80. Y compris Tilbury.
6. Y compris Tilbury. Walsh, *ibid.*, p. 13.

Une différence d'au moins 2.000 ouvriers entre le mois le plus faible et le mois le plus actif, une différence de 5 à 6.000 entre le maximum et le minimum extrêmes, suffiraient à expliquer l'état précaire dans lequel vivent un grand nombre de dockers. Mais il ne faut pas croire que le nombre des dockers employés le jour du maximum soit égal au nombre de ceux qui comptent sur les docks de Londres pour y trouver leur pain quotidien. Au recensement de 1901, 19.710 ouvriers se sont inscrits comme dockers, à Londres seulement ; ce chiffre est déjà supérieur au nombre maximum des ouvriers employés dans les docks (Tilbury exclu) en 1901, qui a été de 18.643 ; mais il faut ajouter aux dockers recensés à Londres ceux de West Ham (docks Victoria et Albert), ce qui porte à 25.291 le total des dockers du groupe de Londres, le maximum des ouvriers employés restant toujours de 18.643[1]. On peut dire, il est vrai, pour expliquer cette énorme différence que la statistique du travail dans les docks et les wharfs est loin d'être complète ; mais il ne faut pas oublier non plus que beaucoup de ceux qui cherchent et trouvent à l'occasion du travail dans le port s'inscrivent simplement comme « manœuvres » (*general labourers*) ; car le titre de docker n'attire point sur celui qui le possède une considération suffisante pour qu'on soit tenté de le revendiquer. Beaucoup aussi ont, ou ont eu un métier, et c'est naturellement cette profession qu'ils feront figurer sur leur feuille de recensement. Le peintre sans travail, le maçon que l'hiver oblige à déroger, l'ébéniste dont les affaires ne vont pas, s'inscrivent comme peintre, comme maçon, comme ébéniste, et non pas comme docker.

Laissons de côté les évaluations fantaisistes qui ont porté à 45.000, à 100.000, à 120.000 même, le nombre de ceux qui se pressent chaque matin aux portes des docks. En 1892, M. Booth arrivait au chiffre de 22.000[2], et en 1909 les membres de la Commission royale sur la loi des pauvres, qui ont signé le rapport de la minorité, ont adopté le chiffre de 24.000[3], soit 7.000 pour les docks des Indes et de Millwall, 2.000 pour les docks du Surrey, 5.000 pour les armateurs qui font décharger eux-mêmes leurs navires, et 1.000 pour les wharfs. Si l'on accepte ce chiffre de 24.000, qui est probablement au-dessous de la vérité[4], on peut résumer ainsi la situation :

1. Cf. Beveridge, *Unemployment*, p. 293.
2. Booth, *Life and Labour*, 2ᵉ série, t. III, p. 411.
3. *Poor Law Commission*, 1909, *Minority Report*, p. 1153.
4. En 1906 un représentant des docks évaluait à 30.000 le nombre des dockers, le maximum des ouvriers employés à 13.000, et le minimum à 9.500. Ces chiffres ne comprennent pas les arrimeurs, qui sont un élément relative-

24.000 dockers pour le port de Londres.

15.600 dockers employés au maximum (1907).

12.900 dockers employés en moyenne (1907).

10.900 au minimum (1907).

Si le travail était également réparti entre tous les dockers, chacun ne devrait donc avoir qu'un jour de travail sur deux ; mais dans la pratique il n'en est pas ainsi. Certains ouvriers sont employés à la semaine, d'une façon régulière, et toute l'année ; d'autres d'une façon presque régulière ; d'autres deux ou trois jours par semaine ; d'autres enfin un jour ou deux de temps en temps, aux époques de presse. Il y a dans l'irrégularité des degrés de toute sorte. De l'ouvrier « permanent », qui touche chaque samedi ses 24 shillings ou davantage, on descend, par des transitions insensibles, à celui qui ne travaille que par accident, lorsque l'on a besoin de tous les bras disponibles pour rentrer au plus vite une cargaison de thé ou pour mettre une cargaison de laine en état d'être vendue le lendemain au *Wool Exchange*. Et parmi ceux qui sont employés irrégulièrement, il y a l'homme qui voudrait sincèrement un travail régulier et dont le désir est d'être admis au nombre des « permanents », — l'ouvrier qui aime à donner un coup de collier de temps en temps, à travailler vingt-quatre heures à la file et à se reposer pendant deux jours, — et enfin le paresseux pur et simple qui demande ses 7 pence au bout de la première heure et va rejoindre ses amis au cabaret. Celui-ci on le paie toujours trop cher. On cite le cas de deux équipes égales, composées l'une d'ouvriers permanents, l'autre de tous les laissés pour compte, raccolés au dernier moment à la porte des docks ; pendant que la première équipe déchargeait 260 tonnes de marchandises, la seconde en déchargea péniblement 60 [1].

Le nombre excessif des dockers, la concurrence excessive qu'ils se font les uns aux autres et qui a pour conséquence une excessive irrégularité, s'expliquent en partie par la nature même du travail que l'on fait dans les docks et qui, en général, demande peu d'apprentissage. Pour charger convenablement une cargaison dans les soutes d'un navire, il faut, il est vrai, quelque expérience : les arrimeurs doivent savoir utiliser au mieux l'espace disponible, et cinq

ment stable.— Cf. Steel-Maitland and Squire, *Report on London* (P. L. C., 1909), p. 46 et 47. — Dans sa déposition devant le *Select Committee of the H. of L. and the H. of C. on the Port of London Bill*, 1908 (Q. 9347 et suiv.), Ben Tillett, secrétaire de la trade-union, parle de vingt-cinq à trente mille dockers.

1. Booth, *Life and Labour*, 1re série, IV, 30.

ou six ans sont, dit-on, nécessaires pour faire un bon ouvrier. Aussi les arrimeurs (*stevedores*) forment-ils, parmi les ouvriers des docks de Londres, une sorte d'aristocratie, mieux organisée et mieux payée que le reste. Dès 1870 ils avaient leur trade-union (*Amalgamated Stevedores*) qui compte actuellement 4.000 membres environ sur un total approximatif de 6.000 arrimeurs [1].

La trade-union a obtenu un salaire de 6 shillings par jour de 9 heures, ou de 8 pence par heure, et 1 shilling pour les heures supplémentaires. La nuit de 11 heures est payée 14 shillings. Malgré tout, et bien que l'Union ait pris la précaution d'interdire à tous ses membres de travailler plus de 24 heures de suite, de manière à répartir plus équitablement la besogne, les arrimeurs se plaignent, comme les autres dockers, de l'irrégularité du travail [2].

Pour décharger certaines marchandises, telles que le bois et le blé, il faut également, sinon un apprentissage, du moins une certaine habitude. On n'apprend qu'à l'usage à tenir en équilibre sur son épaule une lourde pièce de bois, et, pour la porter aisément, il faut, paraît-il, avoir sur le cou une sorte de proéminence calleuse qui ne s'acquiert qu'à la longue. De la force et une certaine adresse sont nécessaires aussi pour le maniement des gros sacs de blé, et là encore il se produit une sélection, à tel point que l'on a pu qualifier de « caste fermée » la trade-union des porteurs de grains [3]. Mais l'importation du bois et du blé ne se fait guère que dans deux docks, les docks de Millwall au Nord et ceux du Surrey au Sud ; elle n'intéresse point la majorité des dockers.

Partout ailleurs, il n'est besoin ni d'intelligence, ni d'aptitudes particulières. Un homme en vaut un autre, ou à peu près, pourvu qu'il ait des muscles et de la résistance. Toute personne bien douée physiquement peut, sans apprentissage préalable, transporter des

---

1. *Joint Select Committee of the H. of L. and the H. of C. on the Port of London Bill*, 1908. Q. 9390-9391.

2. Voir plus loin le graphique, fig. 15.

3. Walsh, *Dock labour in relation to Poor Law relief*, p. 10. — Il faut payer une livre (25 francs) comme droit d'entrée. La trade-union se recrute surtout parmi les fils des membres. Le travail est irrégulier, mais les salaires sont élevés. D'après la déposition du secrétaire des Surrey Docks, devant la *Labour Commission* de 1892, un déchargeur de bois gagnait alors de 10 d. à 1 shilling par heure ; les porteurs de blé 30 à 36 shillings pour la semaine de 4 jours, pendant la saison active, suivant le travail, et 22 shillings pour une semaine de 3 jours dans la morte saison (*Evidence before, groupe B*, déposition Griffin, I, 23-24). Ces prix paraissent être à peu près les prix actuels (Cf. Walsh, p. 6-8).

colis de la cale du bateau jusqu'au quai ou du quai jusqu'à l'entrepôt, ce qui constitue les deux opérations essentielles du déchargement. On peut même, sans apprentissage, introduire dans les caisses vides qui attendent, la quantité convenable de thé, en le foulant vigoureusement avec ses pieds, suivant la coutume établie. On est en quelques heures au courant de la manipulation du sucre ou de la laine. Le premier venu peut se faire docker.

Et c'est là, précisément, ce qui fait la difficulté du problème. Tout le monde peut travailler dans les docks, tout le monde peut espérer trouver du travail dans les docks. Le docker professionnel, qui n'a point appris autre chose que l'art de transporter des colis, est naturellement à son poste tous les matins ; mais il ne s'y trouve pas seul. Il y avait dans la capitale, en 1901, 69.000 manœuvres, et parmi ces 69.000 hommes, il en est peu sans doute qui ne soient forcés, un jour ou l'autre, de se présenter à la porte des docks. C'est à la porte des docks que viennent, à bout de ressources, les artisans sans ouvrage ; c'est aux docks que s'adressent le gazier pendant l'été et le maçon pendant l'hiver ; c'est là que viennent échouer le commerçant failli, l'intellectuel dévoyé et le pick-pocket qui rentre « de la campagne », — pour employer l'euphémisme habituel. On y a vu des ecclésiastiques déchus et un lord authentique. A l'entrée des docks, on ne demande ni nom, ni certificat ; tout le monde peut courir la chance ; le contremaître qui ne vous a point remarqué aujourd'hui vous fera signe demain ; qui n'est point appelé le matin peut être appelé le soir. Et l'on reste, et le temps s'écoule, et l'on revient le lendemain. Le métier a tout l'attrait séduisant et perfide de ces jeux de hasard qui passionnent les gens de l'East End. Ajoutons à cela la possibilité de venir quand on veut et de s'en aller quand on veut, et concluons que la profession de docker est bien la plus commode et la plus ouverte que l'on puisse imaginer. Elle est aussi l'une des plus encombrées.

Les conditions dans lesquelles se fait le travail des docks sont, comme la nature même du travail et le nombre exagéré des dockers qui en est la conséquence, une cause d'irrégularité. Il en est, parmi ces conditions, qu'il paraît difficile de modifier : on ne peut pas grand'chose contre la pluie qui ralentit souvent le travail, et on ne peut rien contre la brume épaisse du *fog* londonien qui le suspend parfois tout à fait [1]. D'autres conditions, au contraire, sont en partie

1. Booth donne une moyenne de 89 jours de pluie et de 25 jours de brouillard. Un jour de pluie enlève leur travail à un nombre d'ouvriers variant entre 500 et 2.500 (2ᵉ série, III, p. 421). Booth (*ibid.*) pense que l'on pourrait, avec

artificielles et tiennent à l'organisation du commerce et de l'industrie à Londres et dans le monde.

Les périodes d'activité et les périodes de calme étaient autrefois extrêmement tranchées dans le port de Londres. La saison du thé commençait vers la fin de l'été, c'est-à-dire aussitôt que la flotte des *clippers* était rentrée ; suivant que la récolte avait été plus ou moins forte en Chine, la saison était plus ou moins longue et plus ou moins active. Il y avait également une saison pour la laine, une saison pour le bois, une saison pour le blé. La saison du blé et la saison du thé tombaient presque en même temps. Les changements de vent augmentaient l'irrégularité. Lorsque le vent empêchait les voiliers d'entrer dans la Tamise, l'activité du port s'arrêtait ; puis les navires arrivaient tous ensemble, tous voulaient décharger leur cargaison et l'encombrement était extrême. Vers le milieu du XIXᵉ siècle, le nombre des dockers employés par les trois grandes Compagnies variait entre 8.725 et 3.004. Le 26 mai 1849, la Compagnie des docks de Londres employait 3.012 dockers ; quatre jours plus tard, le nombre n'était que de 1.189 [1].

Avec la navigation à vapeur, les conditions se sont, à certains égards, améliorées. Les navires entrent et sortent à leur heure, sans tenir compte du vent. L'extension des cultures et le caractère mondial du commerce contemporain contribuent aussi à répartir plus également les importations entre les divers mois de l'année. Le thé de Chine, qui apparaît en juillet, n'a plus maintenant l'importance qu'il avait il y a cinquante ans sur le marché de Londres, et une mauvaise récolte en Chine n'est plus une cause de chômage pour les dockers ; le thé des Indes, qui arrive en septembre et dont la consommation est à présent beaucoup plus considérable que celle du thé de Chine, prolonge de plusieurs mois la saison du thé. Il en est de même, à des degrés divers, pour la laine, le bois et le blé qui sont envoyés à Londres en quantités croissantes par des pays de plus en plus nombreux et soumis aux conditions climatériques les plus diverses. C'est ainsi que le marché de la laine est alimenté par l'Australie, l'Afrique du Sud, l'Argentine, le Pérou, l'Espagne, la Perse, les Indes et même la Chine [2].

Il y a cependant toujours une saison du thé, qui va de juillet à

des abris plus nombreux et mieux disposés, diminuer les inconvénients de la pluie.

1. Mayhew, *London Labour and the London Poor* (1861-1862), III, p. 303, 310, 311-312.

2. La majeure partie de la laine vient d'Australie.

janvier ; il y a au moment des cinq grandes ventes annuelles, et particulièrement à l'automne et au mois de mai, des saisons de la laine ; il y a même une saison du bois de mai à octobre ; la rapidité des communications a fait apparaître, depuis une vingtaine d'années, une saison des fruits ; quant au blé, les arrivages se font très irrégulièrement. A l'époque des ventes de laine, il faut un millier d'hommes là où trois ou quatre cents suffisent amplement en temps ordinaire. Et malheureusement les saisons ne se compensent pas l'une l'autre : le gros des arrivages se produit dans la plupart des cas vers la fin de l'année, dans les quatre ou cinq derniers mois ; c'est alors que les contremaîtres « nettoient les portes » (*clear the gates*) de tous les dockers qui s'y tiennent, et que le nombre des travailleurs atteint son maximum. Le printemps est, pour la plupart des marchandises, une morte-saison[1].

La vapeur n'a donc fait qu'atténuer les irrégularités anciennes ; elle a, en revanche, créé une irrégularité d'un nouveau genre. Pour un voilier, le temps ne comptait guère : le *clipper*, qui avait mis trois ou quatre mois à revenir de Chine avec sa cargaison de thé, pouvait attendre quelques jours ou même quelques semaines, son tour d'être déchargé. Il n'en est plus de même avec les monstres marins qui sillonnent aujourd'hui les océans. Il faut compter, dit-on, 40 centimes par tonneau et par jour pour l'intérêt du capital et les frais généraux : un jour perdu représente, pour un paquebot de tonnage moyen, deux ou trois mille francs à passer par profits et pertes. Il est donc indispensable de se mettre immédiatement à l'œuvre : l'intérêt de l'administration des docks qui a besoin de place, l'intérêt des négociants qui veulent prendre livraison le plus tôt possible, sont d'accord avec les intérêts de l'armateur. Dès que le navire est amarré et la communication établie, les équipes de dockers qui attendaient sur le quai se précipitent dans la cale et ressortent chargées de caisses et de ballots que d'autres équipes entassent sous les halles ou transportent jusqu'aux entrepôts. Jour et nuit, sans relâche, c'est le même va-et-vient incessant, le même grouillement de fourmilière sous l'œil placide des *clerks* qui vérifient et enregistrent. Aussitôt le déchargement fini, le navire est livré aux arrimeurs qui s'empressent d'y entasser la cargaison nouvelle. Cette activité continue, méthodique, où Taine trouvait un nouveau sujet d'admirer la race anglo-saxonne, n'est pas sans

1. Voir Steel-Maitland and Squire, *Report on London*, p. 49-50 ; Walsh, *Dock Labour*, p. 6-8.

inconvénients au point de vue du docker : une partie de ceux qui
viennent de travailler ainsi pendant 15 ou 20 heures à la file — car
on n'aime pas changer d'équipe en cours de déchargement — devront peut-être attendre trois ou quatre jours avant de retrouver
une occasion semblable. Rien de plus mauvais, pour la santé physique et morale, que ces alternatives de travail épuisant et de repos
forcé, trop propice aux stations dans les cabarets du voisinage. Et
pourtant les armateurs se plaignent — non sans raison, semble-t-il,
— que le déchargement se fasse plus lentement à Londres qu'ailleurs, ce qui les pousse à préférer Liverpool et certains ports du
continent [1].

Si les dockers pouvaient se transporter rapidement d'un dock à
l'autre et offrir leurs services à l'endroit où l'on a besoin d'hommes,
leur nombre pourrait être aisément diminué, et l'irrégularité des
arrivages n'aurait pas pour conséquence une pareille irrégularité
dans le travail. Par malheur, si les docks des Indes, de Londres et
de Sainte-Catherine ne sont pas très éloignés les uns des autres, il
faut traverser la Tamise pour aller aux docks de Surrey ; les grands
docks Victoria et Albert sont tout à fait en dehors de la ville ; le
dock de Tilbury est à 40 kilomètres. De là une tendance naturelle
à la formation, pour chaque groupe de docks, d'une « armée de
réserve » de dockers qui n'ont, en moyenne, que deux ou trois jours
de travail par semaine. Cette tendance n'a été que trop favorisée
par la singulière organisation qui a été jusqu'en 1909 celle du port
de Londres.

Jusqu'en 1909, aucune partie du port de Londres n'appartenait à
la ville ou à l'Etat ; quelque étrange que le fait puisse nous paraître, le plus grand port du monde était un ensemble de propriétés
privées. La Tamise, il est vrai, n'était pas tout à fait une propriété
privée, bien que des murs cyclopéens et des inscriptions menaçan-
tes en défendent souvent les abords dans la partie réservée au commerce. Mais il n'existait pas de quais publics ; les appontements
(wharfs) qui permettent aux navires de faible tonnage de décharger
leurs marchandises dans le fleuve même et les bassins ou docks où
vont les grands paquebots, appartenaient tous, soit à des particuliers, soit à des sociétés ; il en est encore ainsi des wharfs, mais la
loi de 1908 a créé pour les docks une administration publique.

Les wharfs sont au nombre de plus de 300 et, s'il faut en croire

1. *Royal Commission on the port of London*, 1902, *Report*, p. 85 et suiv. ; *Minutes of evidence*, surtout Q. 2093, 2208, 4829-4830, 4836, 4879-4880, 5239,
10574.

les statistiques réunies par la Commission royale chargée d'étudier les besoins du port, le tonnage total des navires qui les fréquentent serait légèrement supérieur à celui des docks [1]. Un grand nombre de wharfs se sont, pour ainsi dire, spécialisés ; il en est qui ne reçoivent guère que de la laine, d'autres seulement du coton, d'autres du riz ou des fruits secs ; ces marchandises sont emmagasinées dans les entrepôts du wharf en attendant l'acheteur.

On conçoit à quel point l'existence de 300 établissements différents, chacun avec sa réserve d'hommes, est préjudiciable à une organisation rationnelle du travail dans le port. Les ouvriers peuvent à vrai dire passer d'un wharf à l'autre ; mais la chose est plus facile en théorie qu'en pratique, parce qu'il est utile de connaître les contremaîtres, et parce que les wharfs ne sont pas toujours situés dans le voisinage les uns des autres. L'irrégularité est cependant moindre aux wharfs que dans les docks, le commerce de cabotage étant beaucoup plus régulier que le commerce extérieur ; en 1900, 6.869 ouvriers étaient employés dans la semaine la plus active (4e de novembre) et 5.085 dans la semaine la moins active (4e de juin) ; tandis que dans les docks le maximum était de 12.365 (1re semaine de novembre) et le minimum de 7.016 (2e de février) [2].

Les conditions du travail dans les établissements des Compagnies des docks s'étaient pourtant considérablement améliorées, surtout depuis la grève de 1889. La fusion d'un certain nombre de Compagnies rivales eut, au point de vue qui nous occupe, des conséquences assez heureuses ; pour se rendre un compte exact des progrès accomplis, il est bon de remonter jusqu'aux origines mêmes de ces Compagnies, qui, depuis le commencement du xixe siècle, ont tenu entre leurs mains les destinées du plus grand port du monde.

Nous avons vu que — le port étant devenu notoirement insuffisant — le Parlement autorisa en 1799 une Compagnie privée à creuser dans l'île aux Chiens un bassin à niveau constant ou *dock* dont les magasins devaient servir d'entrepôts pour les marchandises soumises à la douane, mais destinées à la réexportation : ce furent les « docks des Indes occidentales » (*West India Docks*). L'année suivante une autre Compagnie entreprit, tout près de la Cité, la construction des « docks de Londres » (*London Docks*) ; en 1803 furent commencés dans l'île aux Chiens « les docks des Indes orien-

1. *Report of Royal Commission on Port of London*, 1902, p. 39 : 7.315.000 tonneaux à l'entrée pour les docks et 7.543.000 pour le fleuve. Les navires qui mouillent dans le fleuve sont surtout des navires de cabotage.
2. *Seventh annual abstract of labour statistics, 1899-1900*, p.80-81.

tales » (*East India Docks*). Ces trois Compagnies, qui s'étaient fait concéder par le Parlement le monopole de l'importation de certaines marchandises et le monopole de l'exportation pour certains pays, firent d'excellentes affaires tant que dura la période des monopoles, c'est-à-dire jusque vers 1825 [*]. Mais après l'abolition des privilèges et la fondation d'une quatrième Compagnie, celle des docks de Sainte-Catherine, les droits durent être diminués et les dividendes baissèrent rapidement. D'autres Compagnies encore vinrent prendre leur part du trafic. Dès 1820, deux compagnies, celle du dock du Commerce et celle des docks du Surrey, avaient commencé des travaux sur la rive droite de la Tamise ; une septième Compagnie établit en 1850, en aval de la ville, les docks Victoria ; une huitième fonda dans l'île aux Chiens les docks de Millwall.

La concurrence entre les Compagnies avait, au point de vue de l'organisation du travail et du taux des salaires les plus déplorables résultats. S'il faut en croire un livre bleu de 1887 [1], la semaine qui était payée 21 shillings (26 fr. 25), en 1815 par la Compagnie des docks de Londres n'était plus payée que 18 shillings (22 fr 50) en 1883 ; aux docks des Indes occidentales, le salaire était tombé dans le même espace de temps, de 20 à 15 shillings (25 fr. à 18 fr. 75). Dans un appendice au rapport de la grande Commission de 1834 sur le régime de la « loi des pauvres », les dockers de Londres sont présentés comme des candidats permanents à la charité publique. « Sans doute, y est-il dit, beaucoup de familles reçoivent des secours parce que leur salaire est ordinairement insuffisant pour leur permettre d'élever leurs enfants. *C'est généralement le cas dans les docks* où le salaire payé, même à des ouvriers permanents, est très faible et insuffisant pour subvenir aux besoins d'une nombreuse famille ; mais quand on considère que des centaines et des centaines de personnes assiègent chaque jour les portes de ces établissements sans y trouver de travail, ou peut-être pour en trouver pendant un jour ou deux sur six, il devient évident que le salaire d'un

1. Les *West India Docks* donnaient le dividende maximum autorisé par la loi, 10 p. 100, et tournaient même la loi pour donner davantage, car le dividende de 10 p. 100 était réparti net d'*income tax*. Le dividende des *East India Docks* varia entre 5 et 10 p. 100. Quant aux *London Docks*, comme l'achat des terrains avait été fort onéreux, leur dividende ne dépassa jamais 6 p. 100 et descendit parfois à 3 p. 100. — Cf. *Royal Commission on the port of London*, 1902. *Appendix*, p. 424, 427.

2. *Returns of wages published*, 1830-1886, p. 39. — Il s'agit pour les *London Docks* d'ouvriers occupés d'une façon permanente et formant l'élite des dockers ; c'est probablement le cas aussi pour l'autre Compagnie.

jour ou deux ne peut pas nourrir leur famille pendant une semaine [1]. »

Ce ne fut pas néanmoins, comme bien l'on pense, l'intérêt de leurs ouvriers qui poussa les Compagnies à se réconcilier entre elles et à chercher un terrain d'entente ; la crainte salutaire de la faillite fit plus que les sentiments humanitaires pour amener des accords devenus indispensables. Dès 1838, la West India Co. absorba l'East India Co. ; en 1864, la Compagnie du Surrey et la Compagnie du dock du Commerce fusionnèrent ; la même année, la Compagnie des docks de Sainte-Catherine s'entendit avec la Compagnie des London Docks et la société nouvelle fit l'acquisition des docks Victoria. Le nombre des Compagnies se trouvait réduit à quatre : celle des docks des Indes, celle des docks de Londres et de Sainte-Catherine, celle du Surrey et celle de Millwall.

Les deux premières Compagnies, qui étaient les plus importantes, ne vécurent pas longtemps en bonne intelligence. En 1875, la Compagnie des docks de Sainte-Catherine commença, en aval des docks des Indes, la construction d'un dock plus profond et plus vaste, le dock Albert ; sept ans plus tard, la Compagnie des docks des Indes essayait d'étrangler sa rivale en entreprenant, à 40 kilomètres au-dessous de Londres, la construction du grand dock de Tilbury. Directeurs et actionnaires paraissaient atteints d'une sorte de vertige : la construction du dock Albert avait été passablement coûteuse, celle du dock de Tilbury fut une folie. Puis les deux Compagnies diminuèrent à l'envi les droits d'entrée et les tarifs d'abonnement : en trois ans, de 1885 à 1888, les droits diminuèrent de 50 p. 100. On se disputait la clientèle des armateurs, et la renommée prétend même que les représentants des deux Compagnies abordaient les bâtiments dans la Tamise et allaient jusqu'à payer pour les empêcher d'entrer chez le voisin. Le résultat de ces extravagances fut de faire tomber à 1 1/4 p. 100 le dividende de la Compagnie des docks de Sainte-Catherine ; quant à la Compagnie des Indes, elle cessa totalement d'en distribuer pendant onze ans. Millwall, dont les finances n'avaient jamais été bien prospères, se trouvait entraîné dans la débâcle générale.

Telle était la situation des Compagnies vers 1888. L'état de leurs finances avait eu naturellement sa répercussion sur la condition de leurs ouvriers, condition qui, depuis le milieu du XIX° siècle, n'a-

1. *Report of Royal Commission for inquiring into the administration of the Poor Laws*, App. B (2), p. 108.

vait cessé de devenir, malgré l'apparente augmentation des salaires, de plus en plus précaire et incertaine.

Ce furent sans doute les nécessités de la concurrence et le désir de supprimer tous les frais inutiles qui poussèrent les Compagnies à introduire dans les docks le système d'engagement et de paiement à l'heure qui est de règle dans le bâtiment. Les ouvriers eux-mêmes les aidèrent, d'ailleurs, à généraliser ce système, sans prévoir toutes les conséquences de la transformation, qui devait aboutir finalement à augmenter encore l'irrégularité du travail.

Vers le milieu du XIXᵉ siècle, il n'y avait dans les docks qu'un très petit nombre d'ouvriers permanents. A côté des ouvriers permanents, il se forma peu à peu une classe de dockers professionnels, connus des contremaîtres et que ceux-ci choisissaient de préférence aux autres; on les désignait sous divers noms : *royals, preference men-ticket men*. On leur donnait parfois un petit bulletin (*ticket*) portant leur numéro d'ordre. Cette classe n'était pas non plus très nombreuse à l'origine, et les trois quarts au moins des ouvriers employés dans les docks étaient pris parmi ceux qui se présentaient aux portes le matin, sans autre recommandation que leur aspect physique. On les prenait pour une journée, et la règle était de payer la journée entière lorsque l'équipe avait terminé son travail avant la fin du jour et qu'il ne restait plus de travail à lui donner. Les salaires étaient faibles, à cause de l'abondance de la main-d'œuvre : 2 sh. 6 pence en été (3 fr. 10), 2 sh. 4 pence (2 fr. 90) en hiver, paraissent avoir été le taux ordinaire. Lorsque les Compagnies commencèrent à prendre des ouvriers à l'heure, elles leur donnaient 4 pence par heure. Au tarif ordinaire de la journée, un ouvrier permanent gagnait environ 16 sh. 6 pence (20 fr. 60) par semaine, un *royal*, 15 shillings (18 fr. 75) au plus, un docker ordinaire de 5 à 13 shillings (6 fr. 25 à 16 fr. 25) [1].

En 1872, les dockers se mirent en grève. Ils formèrent une trade-union de combat, la *General Labour Protection League*, qui disparut du reste après la grève, les ouvriers ne voyant plus la nécessité de payer leur cotisation [2]. Pour le moment, la trade-union obtint ce que demandaient les dockers. Au lieu de 2 sh. 6 pence par jour, ceux-ci devaient désormais recevoir 5 pence par heure de jour et 6 pence par heure supplémentaire, ce qui donnait 3 sh. 4 pence

[1]. Cf. Sinzheimer, *Der Londoner Grafschaftsrat*, p. 325-326.
[2]. Deux sociétés s'en détachèrent et survécurent, la société des arrimeurs, et, dans Londres-Sud, la société des porteurs de blé. Ces sociétés jouèrent un rôle important en 1889 ; elles servirent de centre de ralliement.

(4 fr. 15) par jour complet de 8 heures en été, et de 2 sh. 11 pence
(3 fr 65) par jour complet de 7 heures en hiver. Le temps des repas
— une demi-heure environ — continuerait d'être payé, comme il
l'était sous le régime ancien.

La victoire des dockers acheva de désorganiser le travail dans
les docks. Les représentants des Compagnies étaient des hommes
d'affaires trop avisés pour ne pas voir tout le parti qu'ils pouvaient
tirer du nouveau régime. Les dockers voulaient être payés 5 pence
de l'heure : on les paierait 5 pence de l'heure. Mais on ne les prendrait qu'au moment précis où ils pourraient commencer le travail
et on les renverrait aussitôt le travail fini — au bout de deux heures,
au bout d'une heure, au bout d'une demi-heure même, — quitte à
les reprendre un peu plus tard, s'il se présentait du travail sur
lequel on n'avait pas compté. Quant au paiement des heures des
repas, la solution très simple à laquelle on s'arrêta fut de renvoyer
les équipes immédiatement avant l'heure du repas, pour les reprendre immédiatement après. On érigea l'irrégularité en système, et
comme un nouvel appel pouvait se faire à tout moment de la journée, les malheureux dockers ne purent plus s'éloigner un instant
de la porte des docks.

L'ingéniosité des directeurs ne s'arrêta pas là. Il était à craindre
que les ouvriers, payés à l'heure et soumis au régime que nous venons de décrire, fussent tentés de ne pas travailler avec toute l'énergie désirable et de ne pas gagner honnêtement leurs 5 pence. Contre
ce danger qui n'était pas imaginaire, les Compagnies se prémuni-
rent de deux façons différentes : au moyen du système de l'entreprise (*contract system*) et au moyen du système du boni (*plus
system*).

Le système de l'entreprise consistait à charger, à forfait, un entrepreneur du déchargement d'un navire ou de tout autre travail.
L'entrepreneur se procurait lui même ses hommes qui n'avaient
plus rien de commun avec la Compagnie. Dans le système du boni,
il n'y avait pas d'intermédiaire. La Compagnie formait ses équipes,
comme d'ordinaire, et les plaçait sous la direction de chefs d'équipe
chargés de les entraîner. Mais pour obtenir un meilleur rendement,
elle s'engageait à leur donner un boni si le nombre de tonnes dé-
chargées pendant un temps fixé dépassait un certain chiffre.

Ces procédés avaient l'un et l'autre de graves inconvénients au
point de vue des dockers. Les inconvénients du premier sont ma-
nifestes. La Compagnie fixait naturellement au chiffre le plus faible
qu'elle pouvait, la somme qu'elle devait verser à l'entrepreneur pour

un travail donné. Pour retirer un bénéfice de l'opération, l'entrepreneur devait donc faire faire à ses hommes le plus de travail possible dans le moins de temps possible. et les payer le moins cher possible. Comme le nombre de ceux qui demandaient du travail était toujours trop grand pour le travail à faire, il arrivait facilement à obtenir de ceux qu'il choisissait un rabais sur le prix ordinaire de l'heure ; même après que les Compagnies eurent obligé les entrepreneurs à payer l'heure au même taux qu'elles, les ouvriers durent, s'ils voulaient avoir quelques chances d'être employés de nouveau, rendre aux intermédiaires, soit directement, soit sous forme de consommations prises dans leurs cabarets, une partie du salaire qu'ils avaient reçu. Une loi votée par le Parlement interdit bien de payer les salaires dans les cabarets ; mais on ne pouvait empêcher les dockers de s'y rendre après le paiement, et ils n'y manquaient pas, car ceux qui auraient agi autrement auraient été boycottés par les entrepreneurs. Le travail, surveillé de très près par des intermédiaires qui ne travaillaient pas eux-mêmes, était épuisant ; toute velléité de paresse était punie de l'exclusion immédiate. C'était, disaient les ouvriers, un véritable *sweating*, et les inconvénients du système étaient encore plus sensibles lorsque, au lieu d'un seul intermédiaire, il y en avait plusieurs qui comptaient tous sur un bénéfice ; on citait des cas où l'on avait constaté l'existence de sept intermédiaires successifs interposés entre la Compagnie et les ouvriers.

Sans avoir des défauts aussi graves, la méthode des bonis provoquait également les plaintes des dockers. On disait que les Compagnies donnaient une gratification aux chefs d'équipe pour que ceux-ci eussent intérêt à stimuler leurs hommes, mais que les hommes eux-mêmes ne touchaient pour ainsi dire jamais le fameux boni qu'on leur promettait. Les ouvriers n'avaient aucun moyen de vérifier si le boni leur était dû réellement ; la Compagnie affichait : NIL, et les ouvriers s'en consolaient par un calembour : « C'est la vieille Nell qui a tout pris ! » (*Old Nell got it all*)[1].

En résumé, la situation en 1887 était, d'après M. Booth, « presque désespérée », d'autant plus désespérée que les Compagnies elles-mêmes semblaient sur le point de faire banqueroute et qu'on pouvait difficilement, dans ces conditions, leur demander des sacrifices. Cependant les dockers recommençaient à s'agiter : il y avait eu des

1. Booth, 2ᵉ série, III, p. 406. Nell est l'abréviation familière d'Eléonore. — Sur le contract system et le plus system, cf. Booth, 2ᵉ série, III, p. 406 et suiv. et Sinzheimer, *Der Londoner Grafschaftsrat*, p. 321 et suiv.

grèves partielles en 1880 et en 1885. En 1887, un docker, Ben Tillett, fonda un syndicat qui se composait surtout de manœuvres et d'ouvriers des docks, la *Tea Operatives and General Labourers'Union.* Il publiait en même temps une brochure, — *La plainte amère d'un docker* [1] — dans laquelle il essayait d'émouvoir l'opinion. Un article de Miss Beatrice Potter (Mrs. Sidney Webb) dans la *Nineteenth Century* de septembre 1887 [2], fit connaître aux classes dirigeantes l'organisation du travail dans les docks et la misère des dockers, en qui le West End voyait surtout des chômeurs professionnels et des révolutionnaires possibles. Le gouvernement lui-même qui jusque-là, s'était beaucoup moins occupé du port de Londres que du port de Hong-Kong, parut s'intéresser à la question : la commission de la Chambre des Lords, qui faisait une enquête sur le *sweating system,* entendit quelques dockers. Enfin l'année 1889 vit naître le Conseil de Comté ; pour la première fois la capitale avait une vraie municipalité, un conseil central sorti d'un suffrage presque universel qui allait défendre les intérêts publics, sacrifiés souvent autrefois aux intérêts privés ; une assemblée dont la jeunesse agressive allait faire contraste avec la somnolence de la vieille « Corporation » de la Cité. Déjà dans son article de 1887, Miss B. Potter réclamait, pour une meilleure organisation du travail et dans l'intérêt des ouvriers, la municipalisation du port de Londres ; le « parti du progrès » qui dominait au *County Council* ne devait pas tarder à reprendre cette idée pour son compte.

En 1888, une nouvelle grève avait éclaté au dock de Tilbury où le tarif de l'heure n'était encore que de 4 pence. Elle finit par s'éteindre d'elle-même ; mais ces grèves continuelles firent réfléchir les Compagnies. Il leur devenait impossible, d'autre part, de continuer une lutte dont leurs actionnaires étaient les victimes et qui ne pouvait les mener qu'à la faillite. En cette même année 1888, la Compagnie des docks de Londres et de Sainte-Catherine et la Compagnie des docks des Indes s'entendirent pour instituer un « comité mixte » (*'oint committee*) chargé d'administrer les finances communes. La fusion devint tout à fait complète en 1901. A l'exception de Millwall, tous les docks de la rive Nord étaient désormais la propriété d'une seule Compagnie. Millwall entra lui-même dans la sphère d'influence de la « Compagnie des docks de Londres et des Indes », et il ne resta en dehors de l'association que les docks du Surrey.

1. *A docker's bitter cry,* by a docker.
2. Réimprimé dans Booth, *Life and Labour,* 1ʳᵉ série, IV, p. 12 et suiv.

Le comité mixte était à peine constitué lorsque se produisit la grève de 1889 qui est restée par excellence la « grève des dockers » [1]. La lutte fut surtout dirigée sur la rive Nord par les arrimeurs, sur la rive Sud par les porteurs de blé qui avaient conservé leurs trade-unions de 1872. Deux grandes associations se formèrent : l' « Union des manœuvres et des ouvriers des docks, des wharfs et des bords du fleuve » (*Dock, Wharf, Riverside and General Labourers'Union*) ; et la « Ligue de la rive Sud pour la protection du travail » (*South Side Labour Protection League*). Elles comptèrent un moment plus de 20.000 adhérents [2].

Les dockers demandaient 6 pence de l'heure, avec un minimum de 2 shillings, et ils demandaient l'abolition du système de l'entreprise (*contract system*). Après une bataille acharnée dans laquelle ils furent soutenus par l'opinion publique, et moyennant une concession — l'abolition du paiement du temps des repas — ils obtinrent ce qu'ils avaient demandé. Ils obtinrent même davantage, car la grève de 1889 fut le point de départ d'une importante réforme dans l'organisation du travail.

Le comité mixte, qui voyait les choses de plus haut que les Compagnies autonomes qui l'avaient précédé, ne pouvait manquer de s'apercevoir du tort énorme que faisaient au port de Londres les grèves continuelles des dockers. Londres n'avait plus en Europe sa prééminence d'autrefois ; la concurrence des ports étrangers, comme Hambourg et Anvers, la concurrence même de certains ports anglais, comme Southampton, se faisait de plus en plus sentir. On commençait à se plaindre de ne pas trouver dans le port de Londres les facilités d'accès et l'outillage perfectionné qui existaient ailleurs ; que serait-ce si, à toutes les raisons qu'avait le commerce de déserter Londres, s'ajoutait la crainte d'interminables grèves pendant lesquelles les paquebots s'éternisaient au bord des quais ? Et puis, l'irrégularité du travail, dont on avait bénéficié jusque-là, était-elle si indispensable qu'il fût nécessaire de la conserver ? Ne valait-il pas mieux, dans l'intérêt même de la Compagnie, répartir le travail entre un nombre plus petit d'ouvriers permanents

1. Le meilleur récit de cette grève historique est celui de H. L. Smith et V. Nash, *The story of the dockers' strike*, 1890. Gillès de Pélichy (*Le régime du travail dans les principaux ports de l'Europe*, Louvain, 1899) donne également (p. 26-48) un récit et (p. 26) une bibliographie.

2. Diminution à 10.000 en 1892, et 7.500 en 1895. En 1908, Ben Tillett évaluait à 5.000 le nombre des membres de la Labourers'Union (*Joint Select Committee on the Port of London Bill*, 1908, Q. 9337).

ou quasi-permanents, triés avec soin, mieux disciplinés, plus expérimentés que la masse confuse qui se bousculait chaque matin aux portes des docks ? L'opinion de M. Ch. Booth qui partageait ces idées dut être d'un grand poids auprès des membres du comité mixte. L'organisation du travail était d'ailleurs beaucoup plus facile, maintenant que le comité avait sous sa direction la majorité des docks.

Voici en quoi consista l'organisation nouvelle [1]. Le comité divisa ses dockers en 4 classes :

1° Ouvriers « permanents ».

2° Ouvriers « inscrits » (liste A).

3° Ouvriers « préférés » (liste B).

4° Irréguliers (liste C). Cette quatrième classe disparut ensuite.

Les ouvriers permanents travaillaient à la semaine. Ils recevaient 24 shillings (30 fr.) par semaine de 6 jours, la journée allant de 6 heures à 6 heures et comprenant huit heures de travail effectif. Les heures supplémentaires étaient payées à part. Les ouvriers avaient droit à une retraite à l'âge de soixante-cinq ans ou après quinze ans de service, s'ils n'étaient plus capables de travailler, par suite de circonstances indépendantes de leur volonté.

Il fallait, pour devenir ouvrier permanent, avoir passé au moins une année dans la liste A. Ceux qui figuraient sur cette liste recevaient 24 shillings (30 fr.) par semaine de quarante-huit heures en été et 21 shillings (26 fr. 25) par semaine de 42 heures en hiver. Ils n'avaient pas droit à la retraite ; mais lorsqu'ils entraient dans la classe des permanents, la moitié du temps passé par eux dans la classe A comptait pour la retraite.

La plus grande partie du travail de la Compagnie — 72 p. 100, suivant le chiffre fourni pour 1906 par les autorités des docks [2] — était faite par les « permanents » et les « inscrits ». D'après la même source, ces ouvriers gagnaient, avec les heures supplémentaires, et le boni sur le travail à forfait, 29 shillings (36 fr. 25) à 32 shillings (40 fr.) toute l'année. Ils étaient, bien entendu, transférés d'un dock à l'autre suivant les besoins.

On n'avait recours à la liste B que lorsque le travail était trop abondant pour pouvoir être fait dans les délais voulus par les deux premières classes. Les ouvriers de cette liste avaient chacun leur

1. Cette organisation est exposée dans Booth, 2ᵉ série, III, p. 413 et suiv. — Cf. *Poor Law Commission*, 1909, *Majority Report*, p. 355 et suiv.

2. *P. L. C.*, 1909. *Majority Report*, p. 355. La proportion avait même atteint 82 p. 100 en 1903 (Cf. Beveridge, *Unemployment*, p. 89).

numéro et pouvaient, s'ils montraient des qualités de travail et d'assiduité, s'élever de plus en plus haut sur la liste qui était révisée
tous les trois mois. Chaque soir, on affichait à la porte des docks
le nombre d'hommes dont on aurait besoin le lendemain, de manière à éviter une course inutile à ceux dont le numéro ne leur donnait aucune chance d'être employés dans la journée.

La liste B comprenait, en 1904, 2.100 noms. Les ouvriers qui figuraient sur la liste B n'avaient pas en général, ont dit les directeurs,
plus de trois jours de travail par semaine ; mais, conformément au
principe adopté qui consistait à employer moins d'ouvriers et à les
employer d'une façon plus continue, on prenait de préférence ceux
qui venaient en tête de la liste, dont la situation tendait à se rapprocher de celle des ouvriers « inscrits ».

Avec une semblable organisation, il était assez rare que l'on eût
besoin de recourir à la réserve fournie par les « irréguliers », sauf au
moment des grandes ventes de laines [1].

Le régime établi dans les « docks de Londres et des Indes » représentait donc un progrès sur le passé. Au lieu d'encourager l'irrégularité et d'aider à la formation d'une classe énorme d'ouvriers
intermittents, comme le faisait l'ancien régime, le système des listes
a fait d'un nombre considérable d'ouvriers intermittents, et parfois
un peu malgré eux [2], des ouvriers employés régulièrement à la semaine. Ce dernier point n'est pas sans importance ; car, ainsi que
l'ont fait remarquer plusieurs des personnes qui ont déposé devant
la Commission du travail de 1892, le mode de paiement a une influence directe sur la régularité des habitudes et sur la prospérité
du *home*.

L'administration autonome que la loi de 1908 a substituée aux
Compagnies des docks a jusqu'ici conservé, à titre provisoire, l'organisation du travail instituée à la suite de la grève de 1889 ; mais
elle se propose de la modifier plus tard, comme la loi de 1908 lui en
a donné le mandat. On ne saurait en effet considérer comme entièrement satisfaisante une organisation dans laquelle un tiers des

1. La proportion de travail fait par des ouvriers employés irrégulièrement
(en dehors de la liste B) est descendue à 1,5 p. 100 en 1903, et à 1,9 p. 100 en
1904 (Beveridge, *Unemployment*, p. 89).

2. On eut beaucoup de peine au début à donner aux ouvriers des habitudes
régulières. — Cf. *P. L. C.*, 1909, *Majority Report*, p. 355. La trade-union était
hostile, de peur que les dockers devinssent les domestiques (*servants*) de la
Compagnie. M. Festy (P. de Rousiers, *Trade-Unionisme*, p. 152), peut-être
influencé par ces idées, est très dur pour les *list men*.

ouvriers sont régulièrement et par principe employés d'une manière intermittente. Que deviennent, pendant les trois autres jours, ces 2.100 ouvriers de la liste B qui ont, nous dit-on, trois jours de travail en moyenne par semaine ? Ont-ils même trois jours de travail ? Il est permis d'en douter, lorsque l'on voit que pendant l'année 1905, pour laquelle nous possédons une statistique détaillée [1], le nombre moyen des ouvriers de la liste B employés par la Compagnie dans ses différents docks, était de 535, sur une liste de 2.077 noms ; si le travail avait été également distribué, ce qui d'ailleurs n'est point le cas, chaque ouvrier n'aurait pas eu beaucoup plus d'une journée de travail sur quatre. D'après une autre statistique qui va du 1er juillet 1905 au 30 juin 1906, le nombre des hommes de la classe B qui *n'ont pas été employés* par la Compagnie a été supérieur à 1.600 (sur 2.100 inscrits environ) dans 124 jours, et n'est descendu au-dessous de 1.000 que 45 fois dans l'année [2].

Il faut remarquer aussi que les dockers qui étaient au service de la Compagnie, et qui sont maintenant au service de l'administration du port, ne forment qu'une proportion assez faible des dockers employés dans le port de Londres. Le nombre moyen des hommes qui travaillaient pour le compte de la Compagnie dans les dernières années de son existence ne paraît pas avoir dépassé 2.600, ce qui n'est guère que le cinquième de la moyenne totale (12.900) [3]. Ce nombre a diminué constamment depuis 1894, époque où les ouvriers employés à la semaine arrivaient à eux seuls au chiffre de 5.000 [4]. La Compagnie avait renoncé à entreprendre le chargement des navires ; elle refusait même, dans certains de ses docks, de s'occuper du déchargement et se confinait de plus en plus dans les opérations d'entreposage. Or, tout le travail qui était utilisé, en dehors d'elle, dans ses propres docks, était du travail intermittent.

Voyons, par exemple, ce qui se passait durant ces dernières années aux docks Victoria et Albert, qui reçoivent à eux seuls près du tiers du tonnage des docks de Londres. La Compagnie ne s'y chargeait plus que de l'entreposage et n'y avait, au 1er janvier 1906, que 444 ouvriers à son service d'une façon continue et 347 noms sur la liste B, tandis que le nombre moyen des dockers et arrimeurs, qui

1. Walsh, *Report on dock labour in relation to Poor Law relief*, p. 5.
2. Steel-Maitland and Squire, *Report on London* (*P. L. C.*, 1909), p. 47, 48, et graphique 8. Le graphique a été fourni par la Compagnie.
3. Voir le graphique précité et Beveridge, *Unemployment*, p. 82, 91.
4. *P. L. C.*, 1909, *Maiority Report*, p. 357. Le chiffre était de 3.000 en 1904.

travaillent dans les docks Victoria et Albert, dépasse 4.000 [1]. La création de l'administration nouvelle n'a point modifié jusqu'à présent cet état de choses, et la description s'applique par conséquent à l'époque actuelle. Ce sont les Compagnies de navigation qui s'occupent elles-mêmes de charger et de décharger leurs navires, soit en recrutant directement leurs hommes, soit en s'adressant à des « maîtres porteurs » et à des « maîtres arrimeurs ». Entrepreneurs et Compagnies de navigation n'ont, en fait d'employés permanents, que le strict nécessaire ; quelques *clerks* pour les écritures, quelques surveillants, des contremaîtres. Certaines Compagnies ont une liste d'ouvriers « préférés » ; d'autres s'en rapportent à leurs contremaîtres qui connaissent un certain nombre de dockers et sont connus d'eux : cette question est « une telle bagatelle » dans une grande entreprise de navigation ! disait le directeur d'une Compagnie aux deux économistes qui faisaient une enquête sur l'état social de West Ham [2]. A plusieurs reprises dans la journée, — généralement à 6 h. 45, 7 h. 45, 8 h. 45, midi 45, 5 h. 45, et 10 h. 45 — les contremaîtres qui ont besoin de dockers vont les chercher aux endroits où ceux-ci ont coutume de s'assembler. Il y a douze marchés de ce genre aux docks Victoria et Albert, huit pour les dockers proprement dits, quatre pour les arrimeurs. Les procédés employés pour recruter les hommes ne semblent pas bien différents de ce qu'ils étaient avant la grève de 1889. Les contremaîtres prennent d'abord ceux qu'ils connaissent, puis distribuent parmi les autres, à peu près au hasard, les jetons de cuivre qui leur donneront entrée sur le bateau. « Quelquefois, disent M. Howarth et Miss Wilson, les contremaîtres ne choisissent pas tous ceux dont ils ont besoin ; quand ils ont distribué un certain nombre de jetons, ils présentent les autres à bout de bras et se les laissent arracher par ceux qui peuvent les attraper. Nous avons été témoins d'une bataille de ce genre, et l'on nous a dit que ce n'était aucunement un cas isolé... Il arrive parfois des accidents dans ces bagarres [3]. »

Les ouvriers sont bien payés ; les heures des repas sont payées comme le reste. Les entrepreneurs donnaient autrefois 7 pence de l'heure au lieu de 6 pence qui était le tarif de la Compagnie des docks et donnent maintenant 8 pence, tandis que l'administration n'en donne que 7. Mais cet avantage est largement compensé par l'irrégularité du travail : le 30 mai 1902 (année moyenne sui-

1. E. G. Howarth and Miss M. Wilson, *West Ham* (1907), p. 192 et 224.
2. Howarth and Wilson, *West Ham*, p. 214.
3. Howarth and Wilson, *West Ham*, p. 200.

vant M. Howarth et Miss Wilson),1.443 dockers et arrimeurs étaient
employés dans les docks Victoria et Albert ; le 16 juillet, ils étaient
5.428 [1]. Le graphique ci-dessous (fig. 15) montre la variation dans le

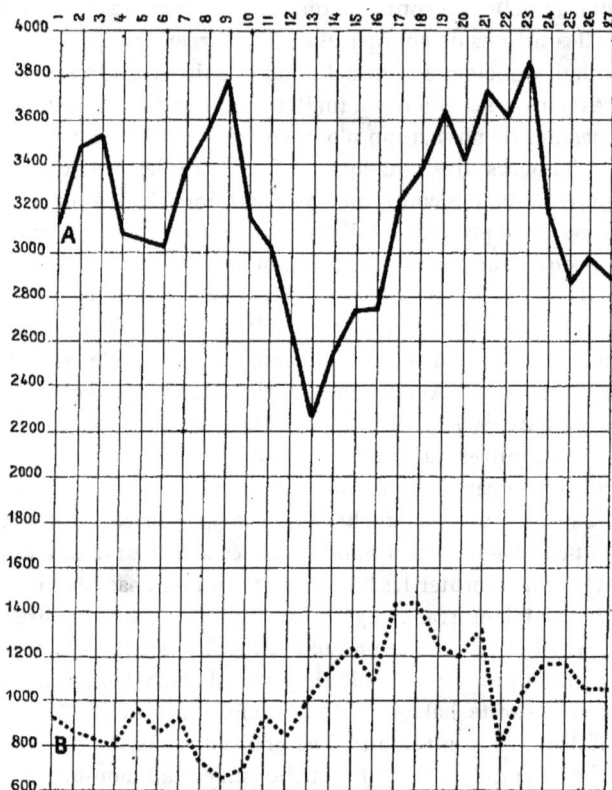

Fig. 15. — Variation dans le nombre des dockers et des arrimeurs aux docks Victoria
et Albert en octobre 1902.

A. Dockers proprement dits.
B. Arrimeurs.

nombre des dockers et des arrimeurs pendant le mois d'octobre de
la même année ; on y voit les dockers passer en cinq jours du chiffre de 3.792 à celui de 2.291, et les arrimeurs tomber, dans le même
laps de temps, de 1.449 à 816 [2].

Voici maintenant, à titre d'exemple, le salaire réel d'un docker
ordinaire pendant trois mois qui ont été choisis dans l'année 1906

1. *Ibid*, p. 243. — L'année 1902 a été choisie, de préférence à une année
plus récente, parce que les variations y ont eu un caractère plus normal.
2. Howarth and Wilson, *West Ham*, p. 243.

comme représentant un bon mois, un assez bon mois et un mois
passable [1]. Cet ouvrier verrier sans travail, paraît avoir été supérieur à la moyenne des dockers ; les quelques sommes que son
métier lui a permis de gagner occasionnellement sont entre paren-
thèses.

Bon mois, juin 1906.

Du 26 mai au 2 juin . . . .   16 fr. 50
Du 2 juin au 9 . . . .   34 » 20
Du 9 — au 16 . . . .   38 » 75
Du 16 — au 23 . . . .   45 » 40
Du 23 — au 30 . . . .   7 » 25

Moyenne 28 fr. 50.

Assez bon mois, avril 1906.

Du 31 mars au 7 avril . . . .   30 fr. 90
Du 7 avril au 14 . . . .   22 » 50
Du 14 — au 21 . . . .   24 » 65
Du 21 — au 28 . . . .   10 » 60

Moyenne 22 fr. 15.

Mois passable, octobre 1906.

Du 29 septembre au 6 octobre . . . .   30 fr. 60 (6 fr. 25)
Du 6 octobre au 13 . . . .   24 » 65
Du 13 —   au 20 . . . .   19 » 45
Du 20 —   au 27 . . . .   (5 fr.)

Moyenne : 18 fr. 65 (21 fr. 50 avec les extras).

Cette vie pleine de hasards dans laquelle on gagne 45 francs une
semaine et 7 fr. 25 la semaine suivante, n'est point particulière au
docker ordinaire, au simple *casual* ; si nous en croyons les tableaux
de salaires qui ont été publiés par M. Howarth et Miss Wilson,
pour deux ouvriers préférés, deux « royaux », inscrits l'un sur
la liste d'un entrepreneur, l'autre sur la liste d'une Compagnie de
navigation, la situation de ces ouvriers n'est pas sensiblement meilleure : le salaire hebdomadaire varie entre 40 francs et 3 fr. 10 [2]. Et
il s'agit de privilégiés !

On est donc obligé de conclure, comme tous ceux qui ont étudié
la question sans parti pris [3], que malgré la tentative intéressante
faite par la Compagnie des docks des Indes, l'administration nouvelle
a trouvé l'organisation du travail dans le port de Londres à peu près

1. D'après Howarth and Wilson, *West Ham*, p. 248-249.
2. Howarth and Wilson, *West Ham*, p. 198.
3. *Poor Law Commission*, 1909, *Majority Report*, p. 357 ; *Minority Report*,
p. 1153 ; Beveridge, *Unemployment*, p. 91, 92 ; Howarth and Wilson, *West
Ham*, p. 214 et suiv. ; Steel-Maitland and Squire, *Report on London*, p. 48-49.

au point où elle était avant la grève de 1889. Elle a si peu réussi jusqu'à présent à résoudre le problème que deux grèves, presque aussi
violentes que celle de 1889, ont éclaté dans le port en 1911 et en
1912. On a même vu, lors de la dernière grève, dont l'issue fut désastreuse pour les ouvriers, le *leader* de la trade-union, Ben Tillett,
appeler solennellement sur la tête de Lord Devonport, qui est le président du comité administratif, la malédiction divine. Les dockers se
plaignent que rien n'ait été changé, ou presque rien. Comme autrefois, chacun des grands docks, chacun des 320 wharfs forme presque un marché séparé pour le travail. L'ouvrier qui risque le voyage
de Tilbury ou même celui du dock Albert risque en même temps sa
journée. L'ouvrier qui s'attend à être pris au dock des Indes et qui
n'est pas choisi dès le matin ne peut guère courir de l'autre côté de la
Tamise, aux docks du Surrey, où il a de fortes chances d'arriver trop
tard ; il préfère attendre. Il est impossible de visiter successivement
les 165 wharfs de la rive Nord et les 155 wharfs de la rive Sud pour
voir où l'on a besoin d'hommes. Il faut choisir ; et comment choisir ?
Le choix est déterminé par toutes sortes de raisons : un arrivage
important est signalé à tel dock ou à tel wharf, — l'ouvrier connaît
un contremaître à Sainte-Catherine, un entrepreneur à Millwall, —
il est inscrit sur la liste d'une Compagnie au dock Albert ; le malheur
est que beaucoup d'autres — un trop grand nombre — sont dans
le même cas. Le moyen le plus simple est peut-être encore de jouer
à pile ou face, comme le faisait Will Crooks, à l'époque où il n'était
pas encore député.

Ce n'est pas tout. Chaque dock ne forme point un marché unique
où tous les travailleurs seraient embauchés par le même patron et
où il n'existerait qu'une seule liste d'ouvriers « préférés » ; il y a
autant de petits marchés et autant de listes qu'il y a de Compagnies
de navigation, qu'il y a d'entrepreneurs. Vingt-sept Compagnies de
navigation ont leur tête de ligne à l'Albert Dock ; quelques-unes
s'adressent à des entrepreneurs ; mais la plupart ont leur liste particulière : or, *il est à peu près impossible à un docker de figurer sur deux
listes.* Il peut arriver que les dockers ordinaires d'une Compagnie ou
d'un entrepreneur, inoccupés momentanément, soient autorisés à
travailler pour le compte d'un étranger ; mais le cas est, paraît-il,
assez rare, parce que les contremaîtres sont très jaloux les uns des
autres et craignent de perdre leurs meilleurs ouvriers, s'ils les laissent trop souvent travailler chez le voisin [1]. Des faits de ce genre

1. Howarth and Wilson, *West Ham*, p. 198, 215.

n'apparaissent point dans les statistiques ; de ce qu'un nombre à
peu près constant de dockers est employé dans un dock pendant la
durée de la semaine, on ne peut conclure que les conditions du travail y sont particulièrement stables ; car rien ne prouve que ce
soient *les mêmes dockers.*

Nous pouvons comprendre maintenant la condition des ouvriers
qui travaillent dans le port de Londres, le rôle énorme que joue le
hasard dans leur existence, et comment il se fait que le nombre des
dockers soit à peu près double du nombre moyen des ouvriers qui
sont employés dans les docks. Le port ne peut évidemment fonctionner sans une certaine réserve d'hommes ; mais chaque dock a
sa réserve, chaque entrepreneur a sa réserve, chaque contremaître
a sa réserve ; et le total de toutes ces réserves est infiniment supé -
rieur à la réserve dont le port de Londres aurait normalement besoin. Ce sont, suivant l'expression de la Commission de 1909, autant
de « mares stagnantes », immobiles, presque sans communication
entre elles, presque sans communication avec l'extérieur. C'est ainsi
que l'on arrive à trouver vingt-quatre ou vingt-cinq mille dockers
dans le port de Londres, lorsque le maximum des ouvriers employés
ne dépasse pas quinze à seize mille, et c'est ainsi que chaque ouvrier des docks chôme, en moyenne, une journée sur deux.

Nous avons longuement étudié la situation des dockers, parce
que c'est chez les ouvriers du port que l'on peut analyser avec le
plus de précision les conditions du travail intermittent ; mais il ne
faudrait pas croire que les dockers nous offrent à Londres le seul
exemple de ce genre de travail. Les porteurs du marché aux légumes de Covent Garden [1], qui peuvent gagner jusqu'à 2 et 3 livres
(50 et 75 fr.) dans une semaine en été, et qui, en hiver, ne trouvent
souvent rien à faire, sont peut-être encore plus mal en point que
les dockers et paraissent se recruter dans une classe encore inférieure : les *lodging-houses* municipales et privées du centre de Londres sont le domicile ordinaire d'un grand nombre d'entre eux [2].

Les toucheurs de bestiaux du marché d'Islington chôment souvent aussi, depuis que la concurrence du marché de Deptford a
diminué l'importance du leur [3]. Au terminus d'une des grandes
lignes de chemin de fer, les manœuvres qui ne font point partie des

1. Booth, *Life and Labour*, 1re série, I, p. 200 et suiv.
2. Le directeur de Bruce House, qui appartient au Conseil de Comté, a dû
prendre des arrangements spéciaux pour contenter cette partie de sa clientèle
qui part quelquefois pour le marché dès une heure du matin.
3. Booth, *Life and Labour*, 2e série, III, p. 191.

équipes régulières de la Compagnie n'ont pas en moyenne plus de 28 heures de travail par semaine [1]. Les déchargeurs de charbon, surtout ceux qui travaillent dans le port, à bord des navires, ont constamment des périodes de travail excessif suivies de chômage complet. Le nombre des charretiers, même aux époques les plus actives de l'année, à Noël par exemple, est bien supérieur à la demande. Quant aux ouvriers qui se désignent sur la feuille de recensement sous le nom de « manœuvres » (general labourers), ce sont eux qui, avec les ouvriers du bâtiment, forment la majorité de ceux qui s'adressent chaque hiver aux comités de chômage pour leur demander du travail [2].

Le travail intermittent est, à n'en pas douter, la cause principale du chômage. D'après le directeur des travaux du Comité central du chômage à Londres, un tiers des manœuvres chôme en moyenne chaque année pendant une durée équivalant à quatre mois [3]. Ce sont les ouvriers intermittents qui viennent réclamer du travail chaque fois qu'une autorité quelconque décide d'ouvrir un chantier : en 1907-1908, 42,9 p. 100 des demandes faites à Londres aux comités de chômage provenaient de manœuvres, et 26,5 p. 100 d'ouvriers du bâtiment — terme qui, très fréquemment, s'applique aux simples manœuvres employés dans les constructions aussi bien qu'aux véritables artisans [4]. A West Ham, 50 p. 100 de ceux qui ont fait une demande en 1906-1907 avaient eu, en moyenne, moins de deux jours de travail par semaine pendant l'année précédente [5]. Avec le revenu très irrégulier et dans l'ensemble assez faible dont dispose un ouvrier intermittent, il est presque impossible, non seulement de faire une réserve pour les mauvais jours, mais d'établir une forme quelconque d'économie domestique. La femme ne sait jamais ce que son mari lui apportera le soir ; elle ne peut rien prévoir et s'habitue à compter sur le hasard. La vie de l'ouvrier intermittent est trop souvent une succession de rares orgies coupées de jeûnes beaucoup plus prolongés, pendant lesquels le pain et la margarine jouent un rôle capital dans l'alimentation. La femme est d'autant plus portée à négliger ses devoirs domestiques et à s'en remettre du soin de pré-

1. *Poor Law Commission*, 1909, *Minority Report*, p. 1146.
2. Booth, 2ᵉ série, III, p. 328, 443, 470.
3. *P. L. C.*, 1909. *Minority Report*, p. 1149, note.
4. Beveridge, *Unemployment*, p. 168. — Voir pour les années suivantes, *London Statistics*, t. XXI, p. 126-127.
5. *Poor Law Commission*, 1909. *Majority Report*, p. 361.

parer les repas au marchand de saucisses ou de poisson frit, que le travail intermittent de son mari l'oblige, dans la plupart des cas, à entreprendre de son côté un travail plus ou moins intermittent. Il faut bien équilibrer le budget, tant bien que mal, payer le loyer, arriver à vivre : « La femme va faire quelques ménages, éplucher des fruits [à la fabrique de confitures], ou faire une des mille et une choses qu'une femme peut faire à Londres [1]. » On constate que « là où un grand nombre d'hommes sont employés d'une manière intermittente, on trouve aussi un grand nombre de femmes employées d'une manière intermittente » [2]. C'est le cas dans les quartiers riverains du port de Londres. Les unes vont travailler dans les fabriques : « C'est le chômage des hommes qui fait marcher notre manufacture », dit un fabricant de faux-cols [3]. Les autres, et c'est le plus grand nombre, travaillent à domicile à quelqu'un de ces métiers mal payés et irréguliers qui ont rendu l'expression « travail à domicile » synonyme d'exploitation industrielle ; 80 p. 100 des femmes mariées de Poplar, qui prennent ainsi du travail à faire chez elles, sont des femmes de dockers ou de manœuvres [4] ; à West Ham, la proportion est de 53 p. 100 [5]. Le travail intermittent des hommes nous apparaît donc comme une des causes les plus puissantes du *sweating system* [6]. « La femme a besoin de trouver du travail immédiatement pour se procurer les choses indispensables, et elle prend ce qu'elle trouve à n'importe quel prix [7]. »

Le travail de la femme réagit à son tour sur le travail du mari et, s'il n'est pas particulièrement énergique, contribue à le transformer de chômeur en « inutilisable ». Déjà le chômage, par lui-même, a une influence déprimante sur l'individu. Il faut être solidement trempé, au physique et au moral, pour résister longtemps à des journées comme celle que décrit Will Crooks, d'après son expérience personnelle (il était alors ouvrier tonnelier) :

1. Williams and Jones, *Report on the effect of outdoor relief on wages*, p. 8. — Cf. *Select Committee on Home-Work*, 1907, Q 389-392.

2. Jones, *Final Report on the effect of outdoor relief on wages*, p. 329.

3. Williams and Jones, *Report on outdoor relief*, p. 9.

4. E. A. Horne, dans Williams and Jones, *Report on outdoor relief*, App. IX, p. 392.

5. Howarth and Wilson, *West Ham*, p. 268. — Voir également, p. 255, 260, 269.

6. Cf. Jones, *Final Report*, p. 263. *Poor Law Commission*, 1909. *Minority Report*, p. 1159 ; Booth, *Life and Labour*, 2ᵉ série, V, p. 94-95.

7. Miss Squire, dans *Select Committee on Home Work*, 1907, Q. 389. — Cf. *ibid.*, 1908, Q. 1831.

Je descendis d'abord jusqu'à la Tamise, à Shadwell. Pas de travail. Je me rendis à un autre endroit, à Limehouse : on n'avait besoin de personne. J'allai donner un coup d'œil à la maison, je pris deux morceaux de pain dans du papier et je fis à pied mes 8 milles (12 kil. 800) jusqu'à un chantier qui était à Tottenham. Rien. Je me traînai à Clerkenwell. Toujours pas de chance. Désespéré, je repris le chemin de la maison. En arrivant à Stepney, j'étais mort de fatigue et je dus entrer chez un ami dans Commercial Road, pour me reposer. Ils me donnèrent un peu de ragoût et 2 pence pour prendre l'omnibus. Mais je réussis à rentrer à pied et j'apportai les 2 pence à ma femme. Elle en avait bien besoin [1] ... »

Au bout d'un certain temps de ce régime, la fatigue physique et la dépression mentale ont raison des plus résistants. « J'ai connu, dit un des témoins qui ont déposé devant la Commission de 1909, un grand nombre d'hommes qui, après avoir été de bons et honnêtes ouvriers, sont devenus peu à peu des fainéants attitrés, par suite de longues et fréquentes périodes de chômage [2]. »

Lorsque la femme se met au travail et gagne le pain de la famille, cette transformation s'effectue plus rapidement encore : « Le travail des femmes et le travail des jeunes filles détruisent chez l'homme le sentiment de la responsabilité jusqu'à ce qu'elle devienne égale à zéro. » — « Les femmes travaillent et les hommes polissent les tables des cabarets. [3] »

Nous venons de voir que l'organisation de l'industrie et du commerce à Londres postule l'existence d'une armée de travailleurs intermittents. Mais comment se recrute cette armée ? Comment se fait-il que des ouvriers soient amenés à accepter les conditions dans lesquelles vivent et travaillent les dockers et les manœuvres ? D'où provient cette réserve, qui paraît inépuisable, de travail à bon marché ?

Un certain nombre d'ouvriers intermittents sont des artisans déchus. L'enquête que la Commission royale de l'Assistance publique a faite sur le sort des personnes qui ont passé par la colonie agricole de Hollesley Bay nous montre un exemple de cette dégénérescence. Sur 908 ouvriers que l'on a pu retrouver, 107 qui étaient des artisans avant leur entrée à la colonie avaient, quelques mois plus tard, au moment de l'enquête, renoncé provisoirement à leur

---

1. G. Haw, *From Workhouse to Westminster* ; *the life story of Will Crooks, M. P.*, p. 51.

2. Cité dans *Poor Law Commission*, 1909, *Minority Report*, p. 1175, note.

3. Steel-Maitland and Squire, *Report on London*, p. 44-45. — Cf. *Select Committee on Home Work*, 1907. Q. 803-805, 1022-1026.

métier pour se faire manœuvres [1]. Or l'expérience nous prouve qu'il est difficile de remonter le courant, et qu'un artisan tombé au rang de manœuvre a beaucoup de peine à redevenir un artisan. Dans le bâtiment et chez les terrassiers, où les chômages sont fréquents et presque inévitables, la chute est particulièrement facile.

D'autres, sans être à proprement parler des artisans, ont eu à une certaine époque de leur vie, et peut-être pendant une longue période, un emploi fixe et régulier. Le comité de chômage de Stepney, dans le district duquel les ouvriers intermittents sont très nombreux, a établi des statistiques qui démontrent qu'un bon tiers des dockers qui se sont présentés devant le comité ont été, à un certain moment, employés à la semaine et dans une situation tout à fait stable [2]. Peut-être en sont-ils sortis par leur faute; peut-être est-ce par la faute du hasard : la mort du patron, un changement de direction dans la maison, une de ces banqueroutes si communes à Londres, et voilà notre homme sur le pavé. Si le chômage se prolonge, s'il se renouvelle, l'ouvrier démoralisé glisse peu à peu jusqu'au travail intermittent.

Il en est aussi qui sont arrivés là tout naturellement, par incapacité, par paresse, ou simplement parce que leur père était un *casual*, ce qui a déterminé leur idéal ; il en est qui éprouvent un besoin irrésistible de changer de vie lorsqu'ils ont travaillé pendant trois jours ; il en est pour lesquels une journée de travail est le maximum d'application continue qu'ils puissent donner. Mais un très grand nombre — le plus grand nombre peut-être — des ouvriers intermittents ont été préparés et façonnés pour ce genre d'existence par les emplois qu'ils ont remplis durant leur jeunesse [3]. Arrivés à l'âge d'homme, ils se sont aperçus brusquement que ces emplois leur étaient désormais fermés, qu'ils n'avaient pas de métier, qu'ils avaient perdu leur jeunesse et qu'il ne leur restait plus, suivant le mot d'un porteur de dépêches, qu'à « s'enrôler parmi les ouvriers intermittents ou dans cette abominable institution, l'armée [4] ».

Nous avons vu qu'il est de plus en plus difficile de trouver à Londres des patrons qui consentent à prendre des apprentis. Dans bon

1. *Poor Law Commission*, 1909. *Minority Report*, p. 1122.
2. *Report of Stepney Distress Committee*, 1909, cité dans *P. L. C.*, 1909, *Minority Report*, p. 1136, note.
3. Cf. Steel-Maitland and Squire, *Final Report on the relation of industrial and sanitary conditions to pauperism*, p. 125.
4. Jackson, *Report on boy labour*, App., p. 15 (*P. L. C.*, 1909).

nombre de métiers le nombre des apprentis est presque nul, soit que les patrons jugent le travail trop délicat et le temps trop précieux, soit que les ouvriers eux-mêmes, par le moyen de leur trade-union, limitent artificiellement le nombre des enfants, de manière à éviter l'encombrement de la profession, et la dépréciation du travail. D'un autre côté, les parents de l'apprenti sont souvent obligés de payer une prime d'apprentissage et doivent s'attendre en tout cas à ce que l'enfant ne reçoive pendant les premières années, qu'un salaire insignifiant, trois à cinq shillings par semaine.

Il existe par contre, dans un centre commercial comme Londres, une multitude prodigieuse d'occupations qui conviennent spécialement à des enfants. « On demande un jeune garçon sortant de l'école » est une inscription que l'on voit à chaque pas dans certains quartiers. Les fabriques de confiserie réclament des enfants, il faut des enfants pour porter et présenter les rivets dans la métallurgie ; il en faut pour faire la navette entre l'atelier des souffleurs et le four à recuire dans la verrerie ; il en faut surtout, et en nombre presque illimité, pour tenir les emplois secondaires dans le commerce et la distribution des marchandises. On demande des enfants pour porter les dépêches, pour faire les courses, pour accompagner les voitures de livraison, pour faire les livraisons, pour surveiller les boutiques, pour recopier les factures, pour recevoir les visiteurs dans les bureaux de la Cité, et pour mille autres choses du même genre. Ces emplois sont bien payés : un enfant sortant de l'école à quatorze ans gagnera dès le début 7 à 8 shillings (8 fr. 75 à 10 fr.) et 10 à 12 shillings un peu plus tard (12 fr. 50 à 15 fr.). Sept à huit shillings, plus le lunch, apparaissent à l'enfant et à ses parents comme un salaire princier. Peu importe que la carrière choisie n'aboutisse pas. On verra plus tard. Ce qui importe, c'est le présent. Le père qui devrait représenter le bon sens et l'expérience, s'intéresse médiocrement en général à l'avenir de ses enfants. Il est exceptionnel, nous dit-on, que « le père de famille appartenant à la classe ouvrière prenne une part active au choix de la carrière de son fils »[1]. Quant à la mère, elle est trop heureuse d'avoir quelques shillings de plus pour établir son budget hebdomadaire, et, du reste, ses enfants ne lui font pas toujours l'honneur de la consulter. C'est l'enfant qui trouve lui-même son emploi en se promenant dans les rues et en consultant les affiches : le rôle des parents se réduit trop souvent à ratifier le fait accompli[2].

1. Miss Durham, dans Jackson, *Report on boy labour*, App., p. 96, note.
2. Cf. *Poor Law Commission*, 1909, *Majority Report*, p. 235.

La Chambre des Communes fit faire en 1899 un relevé des profes-sions prises par les enfants sortant des écoles primaires [1]. A Lon-dres, sur 24.145 garçons, 10.283 — soit 40 p. 100 — étaient employés à faire des courses et à accompagner les voitures de livraison ; dans les quartiers du Nord, la proportion atteignait 47 p. 100 ; 3.584 (14 p.100) étaient employés dans des magasins, et 2.060 (8 p.100) dans des bureaux ; enfin 964 (4 p.100) vendaient dans la rue des journaux et des objets divers. Ainsi 66 p. 100 des enfants de Londres étaient entrés dans des occupations qui se rattachent au rôle distributeur de la ville et qui n'ont pour la plupart aucune valeur éducative ; par contre,18 p.100 seulement avaient choisi des métiers qui demandent des connaissances techniques [2]. Dans aucune ville d'Angleterre, sauf à Sheffield, on ne trouvait une pareille proportion de petits commissionnaires : au lieu des 40 p. 100 de Londres, Birmingham n'en avait que 28 p. 100, Manchester 27 p. 100, Leeds 20 p. 100, Bradford 6 p. 100 ; c'est dans les ports seulement, à Bristol (35 p.100), à Newcastle (35 p. 100), à Liverpool (30 p. 100), que la proportion tendait à se rapprocher de celle de Londres parce que les conditions du travail y sont à peu près les mêmes.

Une enquête faite par le Conseil de Comté de Londres en 1907 [3], et qui a porté sur la moitié des écoles primaires de Londres, a donné des résultats analogues : 57 p. 100 des enfants dans des métiers qui ne demandent pas d'apprentissage technique, 10 p. 100 dans ces mêmes métiers, mais avec l'intention d'en changer, 28 p. 100 dans les métiers techniques. Un grand nombre prennent du reste, avant même de sortir de l'école, les habitudes les plus fâcheuses pour leur avenir : ne trouvait-on pas, en juillet 1909, plus de 10.000 enfants occupés à vendre des journaux et des objets divers dans les rues de la capitale [4] ?

Les professions que nous avons énumérées plus haut, et dans les-

1. *Elementary Schools* (*Children working for wages*, H. of C., n° 23 de 1899. — Ce relevé est analysé dans 7th *Annual abstract of labour statistics, 1899-1900*, p. 210-213, et plus en détail dans Jackson, *Report on boy Labour*, App., p. 146.

2. L'imprimerie et métiers connexes, qui comptent pour 4 p. 100 dans ce total, renvoient un jour ou l'autre une grande partie des enfants qui n'entrent dans la profession que pour y faire un travail purement mécanique.

3. Jackson, *Report on boy labour*, App., p. 146 et suiv. — Les chiffres ne sont pas absolument sûrs, parce que certains directeurs d'école ont classé comme métiers qualifiés des professions que d'autres classaient comme métiers non qualifiés.

4. *London Statistics*, t. XX, p. 195 ; il s'agit d'enfants de moins de 14 ans.

quelles se jettent aveuglément la plupart des enfants de Londres, ont, comme nous l'avons dit, le grave inconvénient de ne conduire nulle part : ce sont des impasses. A 18 ans, l'enfant qui a fait des courses ou accompagné des livreurs depuis sa sortie de l'école est devenu un jeune homme et voudrait le salaire d'un jeune homme ; ce salaire, il ne l'obtiendra pas, car son patron a tout intérêt à le congédier pour le remplacer par un autre gamin sortant de l'école. Dans certaines grandes entreprises où le nombre des employés est considérable, il y a quelques chances de passer au nombre des employés permanents de la maison, pourvu toutefois que le nombre des employés enfants ne soit pas trop grand par rapport au nombre des employés adultes. Mais quel peut être l'avenir d'un enfant qui reste jusqu'à 17 ou 18 ans dans une fabrique de confiserie dont le directeur avoue qu'il ne conserve pas plus d'un enfant sur 20 [1] Ou l'avenir d'un enfant dont le patron n'a qu'un ou deux employés ?

L'Etat lui-même donne l'exemple de cette exploitation de l'enfance. Pour réserver des places de facteurs à un certain nombre de soldats qui ont terminé leur période d'engagement dans l'armée, on remercie à seize ans, et même à dix-huit, une proportion considérable de petits télégraphistes. Du mois de juin 1907 au mois de mars 1908, en 9 mois par conséquent, et dans la seule ville de Londres, 627 jeunes gens ont été remerciés de la sorte, dont 44 seulement comme ne donnant pas satisfaction [2]. Le chiffre est un chiffre officiel qui n'a certainement pas été augmenté par l'Administration des Postes. Ainsi, pour empêcher un certain nombre de soldats, sans profession définie, de tomber dans la classe des manœuvres à travail intermittent, on condamne à cette destinée un même nombre d'enfants qui sont en général l'élite des écoles primaires et dont la seule faute a été de croire naïvement que l'Etat, en les prenant à son service, leur garantissait leur avenir.

C'est en effet le travail intermittent qui guette le petit télégraphiste, le petit livreur et le petit commissionnaire. Le travail qu'ils ont fait ne leur a rien appris ; ils sont exactement dans la situation où ils étaient en sortant de l'école. Ou, pour mieux dire, ils sont dans une situation beaucoup plus mauvaise, parce qu'ils ont trois ou quatre ans de plus, qu'il est bien tard pour commencer un apprentissage et que leurs occupations les ont très mal préparés à la discipline d'un apprentissage industriel. L'exemple suivant que

1. Jackson, *Report on boy labour*, App., p. 78.
2. Jackson, *Report on boy labour* : *Memorandum from G. P. O.*, p. 15. — Cf. p. 8.

nous empruntons au rapport de M. Jackson sur le travail des enfants [1] est tout à fait typique :

« En quittant l'école, T. H. est entré chez un épicier pour faire les courses ; il y est resté deux ans et demi, et est arrivé à gagner 9 shillings (11 fr. 25) par semaine. Il a quitté la maison, espérant se faire une meilleure situation, et s'est placé dans une maison de comestibles en gros où il est resté un an à marquer des caisses à raison de 8 shillings (10 fr.) par semaine ; comme il trouvait qu'il n'avait aucun avenir, il est entré chez un fabricant de produits pour désinfecter où il met des étiquettes sur des paquets ; au bout d'un an, il gagne 12 shillings (15 francs). Il a maintenant 18 ans. »

Il est facile de prédire le sort de ce jeune homme : il a sa place marquée d'avance dans les rangs des ouvriers intermittents, tout comme cet autre jeune homme dont il est question dans le même rapport [2], qui ne sait qu'emballer des boîtes de conserves et que personne ne veut charger d'emballer des pots de confitures ou des articles d'épicerie.

M. Jackson a étudié [3], pour la Commission royale de 1909, la carrière d'un certain nombre de jeunes gens qui ont commencé la vie comme livreurs (van boys) ou garçons de courses (errand and shop boys). A 22 ans, 36 p. 100 des petits livreurs étaient devenus charretiers, profession qui, nous l'avons vu, est une de celles où sévit le plus le travail intermittent ; les autres sont presque tous manœuvres, à moins qu'ils soient entrés dans l'armée ; ceux qui sont entrés dans les métiers techniques forment une proportion presque négligeable. Les commissionnaires sont un peu moins mal partagés ; un petit nombre sont devenus employés de bureau (clerks) ; 20 p. 100 sont entrés dans les métiers techniques ; mais le reste, — près de 80 p. 100, — est à peu près dans la même situation que ceux qui ont débuté comme livreurs. Or, il ne faut pas oublier que plus de la moitié des enfants de Londres débutent soit comme livreurs, soit comme petits commissionnaires ou petits employés de magasin. On voit que si le groupe étudié par M. Jackson représente bien l'ensemble des petits livreurs et des petits commissionnaires, il n'est pas à craindre que les armateurs et les commerçants de Londres viennent à manquer d'hommes pour décharger les navires et transporter les colis.

1. Report on boy labour, p 15 (P. L. C., 1909).
2. Jackson, Report on boy labour, App., p. 95.
3. Voir principalement, Report on boy labour, p. 44 et 45 (Statistiques et graphiques).

On voit aussi à quel point il est erroné de croire que les enfants, après avoir débuté dans un métier sans issue, peuvent facilement, au bout d'un an ou deux, changer de profession et débuter dans une profession nouvelle qui sera leur carrière définitive. Dans la pratique, les choses ne se passent pas ainsi ; les enfants et les parents ne se résignent pas aisément à échanger les 8 ou 10 shillings qu'ils reçoivent par semaine contre les 2 ou 3 shillings auxquels peut prétendre un apprenti. En fait, l'enfant qui débute ainsi est voué presque fatalement au travail intermittent. En analysant un certain nombre de demandes de travail qui lui avaient été faites, le comité de chômage de Stepney a constaté que 90 p. 100 des auteurs de ces demandes étaient entrés au sortir de l'école dans ces métiers sans connaissances techniques, dont les métiers de livreurs et de commissionnaires sont les deux types les plus habituels [1].

Il existe, il est vrai, un moyen d'échapper — provisoirement — au travail intermittent : c'est de s'engager dans l'armée. On le conseille aux télégraphistes renvoyés, et c'est le parti que prennent un grand nombre de ceux qui se trouvent sans travail et sans avenir à 18 ans ; 53 p. 100 des recrues qui proviennent de Londres sont d'anciens livreurs ou commissionnaires. « Les mots : *Sans travail, me suis engagé*, reviennent avec une insistance sinistre sur les notices individuelles et montrent que la faim est le meilleur sergent recruteur du pays [2]. »

Mais l'expédient n'est que temporaire et le remède est pire que le mal. En sortant de l'armée, on se retrouve comme devant sur le pavé, — avec quelques années de plus. Tandis que le pourcentage d'anciens soldats n'est que de 3 p. 100 de la population de Londres, 11 p. 100 des demandes faites aux comités de chômage émanent d'anciens soldats, et sur 100 personnes qui sont admises dans les maisons de travail de l'Armée de l'Eglise, 16 sont d'anciens soldats [3]. On a fondé des sociétés qui se chargent de placer les soldats, on a parlé d'établir un système d'instruction technique dans l'armée elle-même ; mais jusqu'ici les vers de Kipling restent tristement vrais :

A man o' four an' twenty that 'asn't learnt of a trade,
Beside Reserve agin him — 'e 'd better never be made [4]

1. Voir Jackson, *Report on boy labour*, App., p. 108 b.
2. Jackson, *Report on boy labour*, App., p. 108 b.
3. Jackson, *Report on boy labour*, App., p. 108 d. ; *Poor Law Commission*, 1909, *Minority Report*, p. 1136, note.
4. *The Seven Seas*, p. 188 (éd. Tauchnitz) — « Un homme de vingt-quatre

En résumé, la moitié au moins des enfants de Londres choisissent au sortir de l'école des professions qui ne sont que des professions d'enfant et qui ne pourront leur fournir du travail lorsqu'ils seront devenus hommes. A 18 ans, la seule carrière qui leur soit largement ouverte est celle de manœuvre, dans laquelle le nombre excessif des individus et le nombre excessif des marchés du travail ont pour conséquence nécessaire le travail intermittent. Le travail intermittent a pour conséquence le travail des femmes, travail intermittent lui aussi. Des industries entières sont organisées de manière à profiter du travail intermittent des hommes et du travail intermittent des femmes ; les individus s'adaptent aux conditions industrielles et les industries s'adaptent aux conditions du travail. Les enfants élevés dans un milieu où la moindre pièce d'argent acquiert une valeur inappréciable sacrifient leur avenir aux besoins du présent ; ils deviennent des ouvriers intermittents et feront souche de nouveaux ouvriers intermittents. La complication des actions et des réactions est telle qu'il est souvent difficile de dire, pour une industrie donnée, si ce sont les conditions industrielles qui ont créé l'intermittence, ou l'intermittence qui a déterminé les conditions industrielles. Est-ce les docks qui font les dockers ? Oui, évidemment. Et cependant, s'il n'existait pas une armée de réserve, toujours prête à répondre à l'appel des contremaîtres, — une armée de réserve dont les petits commissionnaires et les petits livreurs sont les enfants de troupe, — les conditions du travail dans les docks ne seraient-elles pas nécessairement assez différentes de ce qu'elles sont en réalité ?

*
* *

Si l'Angleterre n'a pas encore trouvé la solution du problème du chômage, ce n'est certes pas faute de l'avoir cherchée. Tous les médecins du corps politique, et peut-être même quelques charlatans, se sont présentés avec leur orviétan. Application stricte du système de la workhouse et distribution libérale de secours à domicile, action de la charité individuelle et intervention législative de l'Etat, retour à la terre et émigration dans les colonies, tous ces remèdes et bien d'autres encore ont été préconisés, essayés, abandonnés, — pour être repris un peu plus tard, après qu'on avait oublié leurs inconvénients. On peut ranger sous trois chefs principaux les divers

ans qui n'a pas appris de métier et qui a de plus contre lui d'être réserviste, il vaudrait mieux qu'il ne fût jamais né ».

moyens qui ont été employés, parfois simultanément, pour combattre le chômage :

1° L'Assistance publique.

2° La charité privée.

3° L'assistance publique par le travail.

1° *L'Assistance publique.*

L'organisation de l'Assistance publique ou, pour employer l'expression anglaise, de la « loi des pauvres », remonte, comme nous le verrons, à 1834. C'est alors qu'a été établi dans ses grandes lignes le « système de la *workhouse* ». La commission royale qui a préparé par un rapport célèbre la loi de 1834 n'avait, il ne faut pas l'oublier, aucune idée du problème du chômage tel qu'il se présente à l'heure actuelle à Londres et dans les grandes villes. La question qu'elle avait à résoudre était celle du paupérisme rural qui avait augmenté dans des proportions extraordinaires depuis la fin du xviii° siècle, et qui était devenu un véritable péril national.

On avait pris l'habitude dans les districts ruraux, et parfois aussi dans quelques centres industriels, de ne donner aux ouvriers qu'un salaire insuffisant pour vivre et de suppléer à ce qui leur manquait par des « allocations » (*allowances*) que leur accordait la paroisse. La fameuse « loi » de Speenhamland, promulguée en 1795 par les juges du comté de Berks, avait donné à cette habitude une forme systématique en établissant une sorte d'échelle mobile d'après laquelle le montant de l'allocation variait avec le prix du pain. Le résultat du système était de fournir aux fermiers du travail à très bon compte, de tenir les ouvriers agricoles dans leur dépendance, de ruiner une partie des contribuables et de démoraliser complètement la masse des ouvriers des campagnes.

Pour contraindre patrons et ouvriers à abandonner ces pratiques, la Commission eut recours à un moyen radical ; elle résolut d'interdire de donner des secours à domicile à tout homme adulte et valide (*able-bodied*). Tout homme adulte et valide qui demandait un secours devait être interné dans une « maison de travail » (*workhouse*) et traité de telle façon que sa situation fût inférieure à celle du plus pauvre des ouvriers indépendants. Tout secours en supplément de salaire (*in aid of wages*) devait disparaître. L'assistance à domicile, au lieu d'être la règle, devenait l'exception.

Le système de la workhouse, appliqué rigoureusement sous l'œil vigilant des inspecteurs de la *Poor Law*, eut vite raison du paupérisme rural que l'on voulait détruire. En 1844, après une période de transition de dix ans, les districts ruraux purent être soumis à l' « ordonnance pour la prohibition des secours à domicile » (*Outdoor Relief Prohibitory Order*). Mais lorsque l'on voulut étendre aux districts urbains une loi qui avait été faite expressément pour les campagnes, on rencontra des difficultés queles membres de la Commission royale ne semblaient pas avoir prévues. Le rapport de la Commission fait à peine mention du chômage industriel ; on avait alors une telle confiance dans la théorie du laisser-faire, dans l'avenir de l'industrie, dans la capacité d'absorption des manufactures nouvelles qui naissaient à chaque instant, que l'on ne pouvait guère concevoir l'existence de chômeurs qui ne fussent pas en même temps des paresseux et,comme tels, bons pour la workhouse. Le chômage industriel existait pourtant dès 1834, surtout dans les métiers qui se trouvaient en concurrence avec les nouvelles machines, comme ceux de tisserand et de fabricant de bonneterie au petit métier [1], et l'on ne tarda pas,dans les années qui suivirent,à s'apercevoir que des crises plus ou moins périodiques amenaient un ralentissement de la consommation et de la production. Des usines se fermaient, des commerçants faisaient faillite, d'autres réduisaient leur personnel, et des milliers de travailleurs se trouvaient jetés sur le pavé de Londres et des grandes villes. On ne pouvait songer à consoler ces ouvriers sans travail uniquement en leur parlant de la loi de l'offre et de la demande et des implacables nécessités économiques ; il fallait leur venir en aide sous peine de les voir se joindre aux chartistes et autres révolutionnaires dont les meetings terrifiaient les bourgeois de Londres. Il fallut donc transiger avec les principes de la loi de 1834 : l'ordonnance pour la prohibition des secours à domicile fut remplacée dans les grands centres urbains, et à Londres en particulier, par l' « ordonnance pour la réglementation des secours à domicile » (*Outdoor Relief Regulation Order*, 1852) qui permettait aux « unions » urbaines de distribuer des secours aux adultes valides, à condition de leur imposer un certain travail dans un « chantier de travail » aménagé à cet effet. C'est ce règlement qui est encore appliqué [2]. Les autorités peuvent en outre donner un secours à domicile dans le cas d' « ur-

1. Cf. *Poor Law Commission*, 1909, *Minority Report*, p. 1036 et note.
2. Un règlement nouveau, conçu d'après les principes du règlement de 1852, a été fait en 1911 pour mettre un peu d'unité dans les pratiques administratives. Cf. Jenner-Fust, *The Relief Regulation Order, 1911... with other orders* (1912).

gente nécessité » ; s'ils veulent le faire pour une période un peu plus longue, ils doivent faire un rapport au ministre compétent, le président du *Local Government Board*.

Les « Gardiens des pauvres » des unions de Londres disposent donc de trois moyens pour venir en aide aux ouvriers chômeurs. Ils peuvent :

1° Leur donner un secours momentané, soit pour cause d'urgente nécessité, soit en faisant un rapport au ministère de l'administration locale ;

2° Ouvrir un « chantier de travail » et donner un secours à ceux qui viennent y travailler ;

3° Leur offrir de les loger et de les nourrir ainsi que leurs familles dans la workhouse de l'union.

Ces différentes méthodes d'assistance ne se proposent nullement, comme on le voit, de guérir la cause même du chômage ; dans l'ouvrier sans travail la « loi des pauvres » ne voit que le « pauvre légal » (*pauper*) tombé, par suite de circonstances dont elle n'a point à s'inquiéter, à la charge de ses concitoyens. Qu'il soit ivrogne ou sobre, paresseux ou énergique, habile ou maladroit, il n'est pour elle qu'un *pauper*.

L'application des méthodes d'assistance a varié suivant les époques ; tantôt les secours à domicile ont été à la mode, tantôt au contraire la workhouse. Elles varient suivant les villes, suivant les quartiers de la même grande ville. Des trente et une « unions » qui se partagent la capitale, il n'y en a pour ainsi dire pas deux où les principes soient exactement les mêmes. La plupart sont cependant peu favorables à l'usage des secours à domicile et penchent plutôt vers le « système de la workhouse ».

Il peut sembler étrange, au premier abord, d'enfermer entre quatre murs, avec sa famille, l'ouvrier qui cherche de l'ouvrage et qui n'en trouve point ; mais lorsque nous aurons vu tous les défauts de l'assistance à domicile, telle qu'on la pratique à Londres, nous comprendrons que, pour beaucoup de bons esprits, et même de philanthropes, il n'y ait pas de salut hors de la workhouse.

Les secours momentanés que les « Gardiens » accordent soit dans le cas d' « urgente nécessité », soit à titre d'exception dont ils rendent compte au ministère, ne doivent évidemment être considérés que comme des palliatifs. Ce ne sont pas quelques pièces d'argent ou quelques bons d'épicerie qui peuvent permettre à des ouvriers chômeurs, surtout s'ils appartiennent à la classe des travailleurs intermittents, de reconquérir leur indépendance. Généraliser une telle méthode d'assistance serait s'exposer à faire renaître dans les villes le paupérisme et la démoralisation qui existaient dans les campagnes avant la réforme de 1834. On a remarqué cependant que ce genre de secours avait une tendance à devenir de plus en plus fréquent à Londres dans ces dernières années. A Poplar, le Bureau des Gardiens prit même,en 1904,l'habitude de renouveler les secours momentanés, de façon à les transformer, en pratique, en assistance continue. Le nombre des personnes secourues de cette manière a parfois dépassé 500 par semaine[1].

C'est que la méthode préconisée par l'ordonnance pour la réglementation des secours à domicile — la méthode du « chantier de travail » — donne des résultats si médiocres que l'on est en droit de se demander s'il n'est pas plus simple de remettre aux postulants, sans rien exiger d'eux en échange, l'aumône que le Bureau croit devoir leur accorder. Le chantier de travail est, comme la workhouse, une singulière institution. Figurons-nous une grande cour, entourée de hangars, et où des centaines — parfois des milliers — d'hommes s'emploient, avec la plus mauvaise volonté du monde, à faire un travail dont la caractéristique est sa complète inutilité. Ce travail n'est pas le même partout ni pour tout le monde. D'ordinaire, les plus forts cassent des pierres ; ceux de force moyenne fendent du bois ; les plus faibles font de l'étoupe avec des vieux câbles ; on emploie parfois un certain nombre d'hommes à moudre du blé. L'essentiel est que le travail ne serve à rien, ou à peu près, et qu'il n'entre pas en concurrence avec l'industrie privée, ce qui aurait pour résultat probable d'augmenter encore le nombre des chômeurs. Il n'est pas facile de trouver une occupation qui satisfasse pleinement à cette condition. Ainsi, l'union de Paddington occupait quelques hommes à fendre du bois. qu'elle vendait ensuite à perte. Or, on s'aperçut que ces ouvriers étaient ceux d'un marchand de bois qui avait dû fermer son chantier par suite de la concurrence désastreuse que lui faisaient les établissements de bienfaisance[2]. Les Gardiens des pauvres, en venant à leur tour faire concurrence à une industrie déjà si éprouvée, ne pouvaient que provoquer de nouvelles faillites et mettre sur le pavé de nouveaux chômeurs.

C'est sans doute pour cette raison que, dans la plupart des unions de Londres, casser des pierres et éplucher des vieux câbles sont devenus les deux occupations fondamentales du *labour yard*. Le tra-

1. *Poor Law Commission*, 1909. *Majority Report*, p. 209. — Cf. Beveridge, *Unemployment*, p. 153.
2. *Poor Law Commission*, 1909. *Majority Report*, p. 206.

vail est simple, la surveillance facile ; et, d'ailleurs, la surveillance ne sert à rien, n'ayant aucune sanction. On a bien fait des règlements pour prescrire la quantité de pierre que l'assisté doit casser, la quantité d'étoupe qu'il doit fournir. Paddington réclame 508 kilogrammes de pierre cassée ; Lewisham et Wandsworth, 406 ; Hackney, 254. La quantité d'étoupe à présenter varie dans les mêmes proportions suivant les quartiers. Cette diversité ne manquerait pas de nous étonner si nous ne savions d'autre part que les règlements n'ont pas la moindre importance, attendu que la quantité de travail fournie n'approche pas, même de loin, du minimum exigé. Les 508 kilos de Wandsworth se réduisent dans la pratique à 100 ou 150 kilos ; à Poplar, la moyenne dépasse à peine 100 kilos [1]. Casser des pierres n'est point une besogne aussi facile qu'on pourrait le croire ; c'est un métier qui exige, comme tout autre, une préparation. Un menuisier ou un employé de bureau que l'on met, un marteau à la main, en face d'un tas de moëllons, se blesse les mains et ne fait rien de bon, tandis que le chômeur professionnel, le chemineau qui a longtemps pratiqué les asiles et les workhouses, exécute sans fatigue la quantité de travail qu'il juge suffisante pour ne pas trop mécontenter le surveillant. Au reste, pourquoi travailler ? Ni le travail n'est récompensé, ni la paresse punie. Que l'on casse 100 kilos de pierre ou que l'on en casse 200, la rémunération sera la même. Les autorités ont, il est vrai, le droit de traduire devant les tribunaux ceux qui s'obstineraient à ne rien faire ; mais les tribunaux ne condamnent pas, à moins de refus d'obéissance ; et les habitués des « chantiers » sont beaucoup trop madrés pour opposer au surveillant un refus de ce genre. Refuser de travailler ! ils n'y songent pas ; rien n'est plus loin de leur pensée. Ils se contentent de lever leur marteau avec une sage lenteur, lorsqu'ils rencontrent les yeux du surveillant, et de répéter ce geste le moins souvent possible. Le chantier de travail confirme ainsi le paresseux dans sa paresse et il est, pour l'ouvrier honnête, le plus démoralisant des spectacles.

Tandis que dans l'industrie privée le minimum de la journée de travail est de 8 heures et la moyenne sensiblement plus élevée, la durée du travail n'est généralement que de 5 ou 6 heures dans les chantiers des unions de Londres. Beaucoup de chantiers n'ouvrent qu'à dix heures du matin, soi-disant pour permettre aux ouvriers de chercher du travail avant de venir au chantier. Les ouvriers

1. Cf. *Poor Law Commission*, 1909. *Minority Report*, p. 1048-1049.

viennent pour deux jours, pour un jour, pour une demi-journée, trouvent du travail, le quittent, reviennent au chantier, ce qui développe chez les uns et augmente chez les autres des habitudes de travail intermittent. Ils s'habituent à considérer le Bureau des Gardiens comme un patron ordinaire ; chaque hiver, dès qu'on ouvre le chantier, les mêmes chômeurs professionnels se présentent ; ils font, pour ainsi dire, partie de l'équipe permanente du chantier ; ils y donnent le ton et instruisent les novices. Le père enseigne à son fils, voire même à son petit-fils, le chemin du *labour yard* ; si le *labour yard* était ouvert toute l'année, le chômeur professionnel travaillerait toute l'année pour cet excellent patron.

Pourtant si ce patron paie régulièrement, il paie bien mal. Là encore, il n'y a pas de règle commune ; tout dépend de la richesse de l'union, de la fantaisie ou des « principes » des « Gardiens ». En 1880, à Saint-Pancras, on donnait 7 pence (0 fr. 70) par jour aux célibataires ; en 1895, à Poplar, le célibataire employé sur le chantier recevait 2 shillings 9 pence (3 fr. 40) dont 1 shilling 3 pence (1 fr. 55) en nature. La plupart des unions donnent un secours qui augmente avec le nombre des enfants ; mais le montant de ce secours est loin d'être le même partout. Une famille composée du père, de la mère et de trois ou quatre enfants avait, en 1886, 9 shillings (11 fr. 25) par semaine à Saint-Pancras, dont la moitié sous forme de pain, et en 1895, à Poplar, 21 shillings (26 fr. 25) dont la moitié en nature [1]. Ajoutons que bien qu'il paraisse indispensable de donner au père de famille un secours supérieur à celui que l'on donne au célibataire, le célibataire honnête et consciencieux ne voit pas sans amertume son voisin de chantier qui ne fait rien, mais qui a trois enfants, recevoir un salaire sensiblement supérieur au sien. Le père de famille lui-même, s'il n'a ni beaucoup d'initiative, ni beaucoup d'ardeur au travail, ne se sentira que trop disposé à rester dans un chantier où, à l'encontre de ce qui arrive dans la vie ordinaire, on ne tient pas compte de sa valeur professionnelle, mais seulement du nombre de ses enfants, pour établir le montant de son salaire.

On s'est plaint fréquemment de la médiocrité de ce salaire, qui est en réalité une aumône, et il paraît difficile en effet qu'un homme puisse vivre à Londres avec 70 centimes par jour. Mais les Gardiens sont, il faut le dire, dans un étrange embarras : s'ils donnent trop peu on les accuse d'affamer le peuple ; s'ils donnent davantage, ils sont débordés par les demandes, les impôts augmentent et les contribua-

1. *Poor Law Commission*, 1909. *Minority Report*, p. 1030 et notes.

bles protestent. C'est ce qui est arrivé en 1895 à Saint-Olave (Bermondsey), une des unions les plus généreuses de Londres. En présence de la misère universelle causée par la rigueur de l'hiver, le Bureau décida de donner du travail, à 6 pence l'heure, à tous ceux qui se présenteraient et qui auraient leur domicile dans l'union. Six pence par heure est le taux payé dans les docks, et les simples manœuvres sont trop heureux en hiver de trouver du travail à ce prix. Une nuée de gens, de toute sorte et de toute provenance, s'abattit sur Saint Olave ; au bout d'un mois, les Gardiens avaient 2.548 personnes occupées à casser des pierres dans leurs chantiers de travail ; au bout de deux mois, ils en avaient 3.703. La surveillance était à peu près impossible, le travail nul. La tonne de pierre cassée revint à 175 francs, au lieu de 6 fr. 25, prix ordinaire dans le commerce [1] ; quant au mal que cette expérience a dû faire aux ouvriers qui en ont été les victimes, on ne saurait l'évaluer.

Une tentative plus intéressante est celle qu'a faite l'union de Poplar qui a essayé de remplacer le *labour yard* ordinaire et ses ineptes occupations par le travail agricole ; malheureusement, il ne semble pas que la « colonie » de Laindon (comté d'Essex) ait été un grand succès. Les membres de la Commission pour la réforme de la loi des pauvres qui l'ont visitée en 1907 n'en sont point revenus enthousiasmés. Le travail, disent-ils, y est très nonchalant et la surveillance insuffisante (il n'y a qu'un contremaître pour 30 ouvriers). La journée de 8 heures laisse aux hommes des loisirs qu'ils occupent au cabaret. Enfin « le sous-directeur s'attend à avoir les mêmes personnes. d'une façon plus ou moins continue, pendant le reste de leur vie. On lui envoie des jeunes gens de dix-huit à dix-neuf ans qui contractent tous les vices des hommes plus âgés et qui seront à perpétuité à la charge de l'Assistance publique [2] ».

Les membres de la Commission soulignent le contraste qui existe entre Laindon et la colonie de l'Armée du Salut à Hadleigh, où la surveillance est plus stricte et le travail plus actif. Certaines unions de Londres, Stepney entre autres, ont tenté d'envoyer à Hadleigh quelques-uns de leurs pauvres « valides ». Le résultat n'a pas répondu à leurs espérances : la plupart se sont échappés ou se sont

---

1. *25 th Annual Report of Local Government Board, 1894-1895*, p. 162-165 (Rapport Lockwood). *P. L. C.* 1909, *Majority Report*, p. 205 ; *Minority Report*, p. 1054.

2. *Poor Law Commission*, 1909, *Majority Report*, p. 208-209. Cf. App., vol. IX, *Minutes of evidence (Unemployement)*, Q. 95.324-95.744, et p. 575 ; App., vol. XXV, *Statistics relating to England and Wales*, p. 788 et suiv.

fait renvoyer à Londres et n'ont pas tardé à se présenter de nouveau devant les fonctionnaires de la *Poor Law*[1].

Absurdité de la tâche imposée, inutilité de l'effort, développement contagieux des habitudes de nonchalance, développement des
habitudes de travail intermittent, tout concourt donc à faire des
« chantiers de travail » un des plus mauvais remèdes que l'on
puisse imaginer pour lutter contre le chômage. Le chantier de travail reste cependant, aux époques de grande misère, la principale
ressource des Gardiens de la capitale. On en a la preuve dans l'augmentation formidable, pendant la période qui va de 1895-1896 à
1905-1906, du nombre des pauvres « valides » et en bonne santé
qui ont reçu des secours à domicile dans les unions de Londres.
Cette augmentation a été, en dix ans, de 137,9 p. 100[2].

La seule autre ressource dont dispose en effet l'Assistance publique est d'offrir la workhouse et d'y enfermer les postulants et leur
famille[3]. Or, même en faisant abstraction de toute considération
humanitaire et sentimentale, la workhouse est un moyen d'assistance terriblement coûteux et qu'il est difficile d'appliquer à de
grandes masses d'hommes, surtout à Londres où les frais sont plus
élevés qu'ailleurs. Le prix de revient par pauvre « interné » (*indoor
pauper*), qui n'était encore que de 27 livres 11 pence (676 fr. 10) par
an en 1873-1874, s'est élevé à 39 livres 12 shillings 4 pence et demi
(990 fr. 45) en 1903-1904.[4]. Grave sujet de méditations pour les
Gardiens qui ont le souci de leur réélection et veulent ménager les
contribuables !

Il est vrai que, comme nous le verrons ailleurs, il existe toute une
école aux yeux de laquelle la question de dépense apparaît comme
secondaire en comparaison du but qui est d'obliger les paresseux à
travailler et les indolents à faire acte d'énergie. La workhouse doit
avoir un caractère pénal ; la répugnance qu'ont les pauvres à s'y
laisser interner est un sentiment excellent, qu'il est bon d'encourager ; quant à ceux qui en franchissent les portes, il faut que leur

1. *P. L. C.*, 1909, *Majority Report*, p. 209.
2. *P. L. C.*, 1909, *Majority Report*, p. 43. L'augmentation pour l'ensemble
de l'Angleterre et du pays de Galles n'est que de 49,9 p. 100.
  3. On peut il est vrai, en demandant une autorisation spéciale, enfermer le
père seulement et donner un secours à la famille. C'est ce que l'on appelle le
modified workhouse test ; mais il ne semble pas que l'on ait fait grand usage
de ce droit, au moins à Londres.
4. *Poor Law Commission*, 1909, *Majority Report*, p. 136.

Pasquet   19

vie soit organisée de telle façon que leur plus vif désir soit d'y rester le moins longtemps possible.

Si la workhouse avait cette fonction moralisatrice, il y aurait
peut-être quelque chose à dire pour sa défense, en tant qu'asile des
chômeurs. Ceux ci, nourris et logés, ainsi que leur famille, mais
astreints à un travail suffisamment pénible, n'auraient aucune raison de séjourner dans la workhouse et demanderaient leur exeat
au premier réveil des affaires. Par malheur, la workhouse n'effraie
guère que les ouvriers « respectables » et elle le fait de moins en
moins ; les irréguliers dans l'intervalle de leurs périodes de travail, les paresseux et les « inutilisables » en tout temps, y trouvent
bon souper, bon gîte et agréable compagnie. La workhouse est pour
eux une sorte de *lodging-house* qui a l'avantage d'être gratuite et où
l'on est certainement beaucoup mieux traité que dans les « abris »
de l'Armée du Salut. Ils y viennent pour se reposer, après une saison de fatigue ou de débauche, comme l'aristocratie du West End
part après la *season* pour ses châteaux d'Angleterre ou ses chasses
d'Ecosse. La promiscuité, le désœuvrement, le s longues flâneries
dans les corridors et les salles commun es — toutes choses qu'un
ouvrier respectable regarde avec appréhension — sont pour eux
autant d'attraits. Suivant la définition donnée par le directeur
(*master*) de la workhouse de Marylebone, la workhouse devient
« une espèce de club où il faut bien supporter quelques petits ennuis, mais où l'on passe de charmantes soirées »[1].

Il est presque impossible qu'il en soit autrement. La workhouse
« à population mélangée » (*general mixed workhouse*) qui existe à
peu près partout[2] renferme des hommes valides et bien portants,
des hommes valides et maladifs, des malades, des vieillards, et dans
un quartier spécial, des femmes et des enfants ; la classification
prescrite par les ordonnances ministérielles n'y est jamais poussée
très loin, et l'on est bien obligé, pour éviter des complications de
toutes sortes, d'établir un règlement qui s'applique, autant que possible, à tous les habitants de la workhouse. Ce règlement doit tenir
compte, avant tout, de la présence des vieillards, des femmes, des
malades et ne doit point par conséquent pécher par excès de dureté.
En fait, comme le remarquait devant la Commission de 1909 un inspecteur de la *Poor Law*, « il est impossible d'empêcher les hommes

1. *Poor Law Commission*, 1900, *Majority Report*, p. 211.
2. La Commission de 1834 avait prévu l'établissement de workhouses séparées pour les adultes valides, les vieillards, les femmes, etc., mais on y a
renoncé à cause des frais. — Voir *P. L. C.*, 1909, *Minority Report*, p. 1038.

valides d'avoir leur part du confort et, si l'on peut ainsi dire, du luxe que l'on accorde aux vieillards[1] ». C'est ainsi que par suite de la nécessité de mettre les repas à la même heure, des hommes parfaitement sains et aptes au travail ont dix ou onze heures pour dormir et que la durée des heures de travail ne dépasse guère quarante-sept à cinquante par semaine[2]. C'est ainsi que quelques membres de la Commission de 1909 visitant une des workhouses de la capitale dans l'après-midi trouvaient « une centaine d'hommes dans deux salles appelées l'une la salle de lecture et l'autre le fumoir. Une partie de ces hommes dormaient, d'autres lisaient, d'autres fumaient en jouant aux dominos ou à la « bagatelle », d'autres ne faisaient rien.... [3] ». L'occupation ordinaire pendant les heures de travail est la même que dans les *labour yards* ; elle consiste à casser des pierres ou à faire de l'étoupe. Le dimanche on ne fait absolument rien.

On voit ce que peut être dans ces conditions le rôle moralisateur de la workhouse. La « maison de travail » devient une école de paresse. Elle est, dans une grande ville comme Londres, un centre d'attraction pour les paresseux. Tout caractère pénal a disparu. Les « valides » deviennent de plus en plus nombreux : de 1895-1896 à 1905-1906, le nombre des « valides » en bonne santé internés dans les workhouses a augmenté à Londres de 38,4 p. 100[4]. Le péril est si évident qu'à deux reprises et en deux endroits, à Poplar et à Kensington, on a créé des « workhouses d'épreuve pour valides » (*ablebodied test workhouses*) où le régime était beaucoup plus sévère que dans les établissements ordinaires. Malgré les éloges et les encouragements des inspecteurs du *Local Government Board*, ces tentatives n'ont eu qu'un médiocre succès, pour des raisons diverses. Comme instruments destinés à séparer automatiquement le bon grain de l'ivraie, les workhouses de Poplar et de Kensington n'ont pas réussi[5]. Les pensionnaires habituels de l'Assistance publique n'y séjournaient guère, à vrai dire ; mais les ouvriers sans travail et les pauvres ordinaires n'osaient s'y présenter, terrifiés par la sévérité de la discipline et l'insuffisance de la nourriture. C'était

1. Déposition Lockwood, dans *P. L. C.*, 1909, *Minority Report*, p. 1057.
2. *Poor Law Commission*, 1909, *Minority Report*, p. 1057.
3. *P. L. C.*, 1909, *Majority Report*, p. 133. Une visite que nous avons faite en 1910 à l'une des workhouses de Londres nous a prouvé que les choses n'ont point changé depuis 1907.
4. *P. L. C.*, 1909, *Majority Report*, p. 43. L'augmentation pour l'ensemble de l'Angleterre et du pays de Galles a été de 21,2 p. 100.
5. Celle de Poplar a été transformée en workhouse ordinaire en 1881 et celle de Kensington en 1905.

l'extinction du paupérisme par la terreur ; il n'y restait que quelques pauvres diables qui ne savaient absolument pas où aller ni comment vivre, ce qui ne prouvait pas qu'ils fussent indignes de toute sympathie. Les statistiques étaient très satisfaisantes ; malheureusement l'homme ne vit pas seulement de statistiques [1].

Les inconvénients de la workhouse pour hommes valides se retrouvent, à un degré moindre, dans la workhouse ordinaire, avec cette différence que, si elle effraie les travailleurs honnêtes et respectables, la workhouse ordinaire attire les paresseux, qui y forment probablement la majorité. Le chômeur que la misère oblige à s'y réfugier s'y trouve dans un milieu déplorable, qui le démoralise presque à coup sûr. C'est l'opinion du directeur de la workhouse de Marylebone, peu suspect d'indulgence pour ses administrés : « Tout fonctionnaire de workhouse, s'il est d'un tempérament pratique et observateur, et beaucoup de Gardiens aussi sans doute, savent que lorsqu'un homme entre dans la workhouse, quelle que soit la situation qu'il a occupée auparavant, quelles que soient la cause ou les circonstances qui l'ont forcé à en venir là, il paraît perdre dans beaucoup de cas, et même, on peut le craindre, dans la majorité des cas, toute confiance en lui-même et tout respect de soi et, par-dessus tout, cet esprit d'indépendance virile sans lequel il ne fera que se traîner péniblement dans la vie [2]. »

Le chapelain de la workhouse de Holborn s'exprime en termes analogues : « Il faut admettre que la capacité intellectuelle de la plupart de ceux qui glissent jusqu'à la workhouse n'est pas d'un niveau très élevé ; néanmoins, j'ai pu constater chez eux dans des cas innombrables, une dégénérescence graduelle de l'intelligence, due à l'absence de tout stimulant qui les pousse à faire usage de leur cerveau. Partout ils trouvent toutes préparées, presque sans effort et sans pensée de leur part, les choses nécessaires à la vie et souvent même beaucoup plus que l'indispensable ; dans la majorité des cas, la seule idée qui remplisse leur esprit est de manger le plus possible, de dormir le plus possible et d'échapper le plus possible à tout travail, si léger soit-il... J'ai vu souvent des jeunes gens des deux sexes qui, la première fois qu'ils sont entrés dans une workhouse, ont souffert vivement de la situation et du milieu dans lequel ils se trouvaient, et qui, après un temps très court, ont trouvé cette vie si agréable, si libre de toute responsabilité, si dénuée

1. Voir sur ce sujet, *P. L. C.*, 1909, *Minority Report*, p. 1059-1069.
2. Cité dans *P. L. C.*, 1909, *Majority Report*, p. 213-214.

d'effort, qu'ils n'ont plus essayé de la quitter et qu'ils y reviennent le plus souvent possible... Les sentiments qui deviennent courants, dans les classes pauvres, me paraissent se résumer dans ce que me disait un homme la semaine dernière : Tant que j'aurai seize onces de pâté pour mon dîner, qu'on s'occupera de l'entretien de mes enfants et qu'on ne me demandera que de frotter la rampe de l'escalier, je ne travaillerai certainement pas [1]. »

Les remèdes dont dispose l'Assistance publique contre le chômage et qui consistent soit à réunir les ouvriers chômeurs dans un chantier pour leur faire casser des pierres ou éplucher de l'étoupe, soit à leur faire casser des pierres ou éplucher de l'étoupe dans une workhouse où ils sont enfermés avec leur famille, ne peuvent donc qu'aboutir et aboutissent effectivement à une démoralisation générale. Rien de tel que les « chantiers de travail » et les « maisons de travail » pour faire perdre l'habitude et le goût du véritable travail ; rien de tel pour transformer, suivant la formule anglaise, les *unemployed* en *unemployables*. Les pratiques de l'Assistance publique ont même un résultat assez inattendu : elle encourage positivement le travail intermittent, elle produit des travailleurs intermittents. Pourquoi l'employeur essaierait-il d'organiser son industrie, de façon à ne pas occuper un jour 300 ouvriers, 25 le lendemain et 150 le jour suivant, puisque le chantier de travail et la workhouse sont là, comme une réserve où il peut puiser au besoin quitte à y renvoyer plus tard ceux qui ne lui sont plus utiles ? Comment le *casual* ne s'habituerait-il pas au travail intermittent, lorsque l'Assistance publique se charge de remplir les vides qui se produisent entre ses petites périodes de travail, de lui donner du travail intermittent pour qu'il puisse demeurer à tout jamais un ouvrier intermittent ?

2° La charité.

Nous étudierons ailleurs l'organisation — ou plutôt l'absence d'organisation — de la charité à Londres ; nous n'avons à nous occuper ici que des tentatives qu'elle a faites pour venir en aide au chômage, soit par des souscriptions temporaires, soit au moyen d'établissements permanents.

Lorsque l'on se trouve en présence d'un ouvrier sans travail et, par suite, sans ressources, l'idée qui vient naturellement à l'esprit, si l'on n'a pas le cœur aussi sec que le Gradgrind de Dickens [2], est

1. Déposition James dans *P. L. C.*, 1909, *Majority Report*, p. 134.
2. Personnage de *Hard Times*.

de lui donner quelque argent pour lui permettre d'attendre une
meilleure saison. C'est à cette idée que répondent les souscriptions
que le Lord Maire de la Cité, les autorités ecclésiastiques et les
journaux ouvrent en temps de crise économique. On déclare que
l'Assistance publique est débordée, que la crise est sans précédent;
les journaux publient des articles à sensation, dont on pourrait
conclure que la plupart des habitants de Londres passent la nuit
sur l'Embankment et meurent littéralement de faim. On stimule,
par d'horribles peintures, la conscience des gens du West End; on
leur fait peur aussi, probablement, et l'on recueille ainsi de grosses
sommes que l'on distribue un peu partout en shillings et en pence.

Tout cela part d'un bon naturel, mais hélas ! le résultat ne répond
nullement aux intentions des généreux donateurs. Parmi toutes les
souscriptions que l'on a organisées dans ces conditions depuis le
milieu du xixᵉ siècle, il n'en est pas une seule dont on puisse dire
qu'elle ait adouci d'une manière quelconque la misère qu'elle prétendait secourir, il n'en est peut-être pas une seule qui n'ait été plus
nuisible qu'utile.

Grâce à un document officiel [1], nous sommes fort bien renseignés
sur la crise de 1860-1861 et sur l'organisation des secours. Par suite
de la gelée qui se prolongea pendant cinq semaines, le travail du
port s'arrêta ; une multitude de dockers et d'ouvriers du port furent
réduits au chômage. On ouvrit des souscriptions ; le public se montra très généreux. Comme il est contraire aux usages anglais de
charger les fonctionnaires de l'Assistance publique qui ont la réputation, méritée ou non, d'être insensibles à la misère humaine, de la
distribution des secours fournis par la charité, les sommes recueillies furent versées aux magistrats des tribunaux de police et aux
ecclésiastiques de l'East End. Ceux-ci jetèrent l'argent de tous côtés,
à pleines mains, sans la moindre enquête. La populace assiégeait
les tribunaux où les magistrats ahuris reconnaissaient, dit-on, la
misère des gens à la malpropreté de leurs mains. Les Gardiens de
leur côté ne savaient auquel entendre et ignoraient complètement
les noms de ceux qui recevaient des secours par ailleurs : excellente
occasion pour toucher des deux mains ! On essaya de donner du
pain au lieu d'argent ; mais les *East Enders* s'empressaient de le
porter au cabaret où on l'échangeait contre de la bière ; le cabaretier le revendait ensuite à vil prix. Les distributions profitèrent à
la minorité relativement petite des gens qui, à Londres, n'ont

1. *Report of Select Committee on Poor Relief*, 1864.

guère d'autres moyens d'existence que des appels incessants à la charité publique ou privée.

En 1867, 43.000 personnes furent secourues de la même façon à Limehouse et à Poplar ; la moyenne par personne fut de 7 pence (0 fr. 70) ; à Bethnal Green, la moyenne fut de 2 pence et quart (22 centimes) [1].

Sans donner lieu à des scandales aussi notoires, le *Mansion House Fund* de 1886 aboutit au même résultat. Deux millions de francs, distribués au hasard, disparurent comme dans un gouffre. La « Société pour l'organisation de la charité », dont l'importance est grande à Londres et dans les provinces, condamna vigoureusement ces aumônes qui ne pouvaient que démoraliser les classes pauvres [2], et le mécontentement public fut tel que l'on n'a plus guère osé depuis lors, à Londres tout au moins [3], recommencer ces débauches de charité. Chaque fois que le Lord Maire a ouvert une souscription, les sommes recueillies ont été généralement employées à fournir du travail à ceux qui sont venus en demander : ç'a été le cas en 1887, en 1893, en 1894, en 1903-1904. Pendant l'hiver de 1905-1906, un grand quotidien qui avait ouvert aussi une souscription parmi ses lecteurs en a également consacré le produit à donner du travail pendant deux ou trois jours à quelques centaines de chômeurs [4]. Ces tentatives ont sans doute contribué à pousser les municipalités d'abord, et le gouvernement plus tard, à prendre des mesures pour organiser en temps de crises quelque chose qui ressemble de bien près à des ateliers nationaux. Nous verrons, après avoir étudié les chantiers municipaux, quelles sont les critiques que l'on peut faire à ce qu'un économiste appelle « une tentative pour guérir par l'homéopathie, la maladie du travail intermittent ».

Les établissements [5] qui peuvent venir en aide aux chômeurs d'un bout de l'année à l'autre et non pas seulement à une époque de

---

1; Voir sur cette souscription et les suivantes, *P. L. C.*, 1909, *Majority Report*, p. 372 et suiv., et Beveridge, *Unemployment*, p. 157 et suiv.

2. *Of the best means of dealing with exceptional distress. The Report of a special Committee of the Charity Organisation Society*, 1886.

3. Des distributions de ce genre ont encore eu lieu à West Ham, à côté de la capitale, en 1903-1904, et l'on pourrait aisément citer d'autres exemples.

4. Voir Jackson and Pringle, *Report on the effects of employment or assistance given to the unemployed*, p. 108-109 (*P. L. C.*, 1909).

5. Voir le chapitre consacré à la charité. — La biographie du fondateur de l'Armée de l'Eglise, Wilson Carlile, par E. Rowan (1905) donne (surtout p. 255-288) d'intéressants détails sur le travail dans les *labour homes* et des photographies très caractéristiques.

crise économique sont les « abris » (*shelters*), les « élévateurs » (*elevators*) de l'Armée du Salut, et les « maisons de travail » (*labour homes*) de l'Armée de l'Eglise. On peut y ajouter Medland Hall, à Stepney, institution fondée par une secte dissidente, l'Union congrégationaliste. L'Armée du Salut a en outre sa colonie rurale de Hadleigh, près de Southend ; l'Armée de l'Eglise possède une grande ferme à Hempstead (comté d'Essex) ; l'Union sociale chrétienne a également établi une colonie rurale à Lingfield (comté de Surrey).

Nous aurons, en étudiant la charité à Londres, l'occasion de revenir sur ces établissements et d'apprécier leur influence. Depuis 1887, année où le général Booth créa le premier de ses « abris » et de ses « dépôts de vivres », et depuis la fondation, en 1889, du premier *labour home* de l'Armée de l'Eglise, abris et maisons de travail ont, dans l'ensemble, rendu d'incontestables services. Dans une ville où l'on trouve généralement par une nuit d'hiver plus de 2.000 personnes [1] couchant à la belle étoile, il n'est pas inutile qu'il existe quelques « hôtels du pauvre » où les « sans foyer » puissent trouver pour trois ou quatre pence, ou même gratis, un logement plus confortable que les arches des ponts de chemin de fer.

Il n'est pas inutile non plus qu'il existe des œuvres pour « maladies morales », des institutions comme les élévateurs et les *labour homes* où les déclassés et les dévoyés puissent être soumis à un traitement convenable, régénérés par le travail et métamorphosés en citoyens utiles : c'est là justement la spécialité de l'Armée de l'Eglise et de l'Armée du Salut. Mais tout ceci ne touche que très indirectement le problème du chômage [2] et les organisateurs eux-mêmes ne font pas difficulté d'en convenir [3]. Loin de diminuer l'étendue du chômage, ces établissements philanthropiques contribuent peut-être même à l'augmenter, en attirant à Londres des recrues d'une valeur douteuse pour l'armée industrielle : les Gardiens de Stepney se plaignent amèrement de Medland Hall qui est devenu, disent-ils, « le rendez-vous des vauriens et des inutilisables..., gens toujours prêts à tout, sauf à travailler [4] ». Le travail

---

1. 1.998 hommes, 402 femmes, 4 enfants en 1907. Cf. *Report by the medical Officer submitting the result of a census of homeless persons* (L. C. C. 1055). Dans une nuit de février 1910, 2.747 personnes ; mais en 1911, 1.785 seulement (*Times*, weekly edition, 24 mars 1911).

2. Cf. *P. L. C.*, 1909, *Minority Report*, p. 1118, note 3 ; et Jackson and Pringle, *Report on the effects of employment or assistance given to the Unemployed*, p. 99 et suiv.

3. *P. L. C.*, 1909, *Majority Report*, p. 375-376 (lettre de l'Armée du Salut).

4. *Report of the Guardians, Stepney Union, for 1906-1907*, p. 29. Cité dans

que l'on donne à faire dans les *elevators* et les *labour homes* et qui consiste surtout à fendre du bois a certainement eu pour conséquence de faire fermer un certain nombre de chantiers et de réduire des ouvriers au chômage [1]. Enfin, l'une des dernières idées des chefs de l'Armée du Salut, celle de fabriquer dans les « élévateurs » des articles d'ébénisterie, est naturellement vue d'un très mauvais œil par les trade-unions qui ne craignent pas de flétrir du nom de *sweating* ce qu'ils considèrent comme une concurrence déloyale.

3° *L'assistance publique par le travail.*

Le véritable créateur de cette nouvelle méthode d'assistance par laquelle on a dans ces dernières années essayé de combiner les avantages de l'assistance privée et de l'assistance publique, tout en évitant les inconvénients de chacune d'elles, est M. Chamberlain, dont le nom se retrouve souvent à l'origine des réformes sociales qui ont été faites dans l'Angleterre contemporaine. Nul n'ignore que M. Chamberlain est par excellence l'homme de Birmingham ; c'est là qu'il a débuté dans la vie publique, comme conseiller municipal et comme maire, pour aller ensuite représenter une des circonscriptions de la ville à la Chambre des Communes. Or, vers 1885, la bijouterie qui est une des industries principales de Birmingham était dans le marasme et de nombreux ouvriers se trouvaient depuis très longtemps réduits au chômage ; c'est la vue de cette misère qui poussa M. Chamberlain, devenu en 1886 président du *Local Government Board*, à lancer sa fameuse circulaire du 15 mars 1886 qui autorisait les municipalités à ouvrir des chantiers pour donner du travail aux chômeurs sans leur faire perdre leurs droits électoraux [2].

La circulaire partait d'un principe indiscutable, à savoir qu' « il n'est pas à désirer que les classes ouvrières soient familiarisées avec l'Assistance publique » dont les secours sont donnés dans des conditions démoralisantes. Les municipalités doivent donc s'enten-

---

P. L. C., 1909, *Minority Report*, p. 1099, note 1. Stepney appartient, il est bon de le dire, à l'école stricte en matière d'assistance publique.

1. Jackson and Pringle, *Report on the effects of employment given to the unemployed*, p. 67-68. Cf. *P. L. C.*, 1909, App., vol. IX, *Minutes of evidence*, Q. 91.804 et suiv.

2. Le texte de cette circulaire se trouve dans *16th Annual Report of the Local Government Board for 1886-1887*, App. A, p 5-7. Elle n'a fait du reste que généraliser ce qui s'était fait occasionnellement auparavant. Cf. *P. L. C.*, 1909, *Minority Report*, p. 1103, note 5.

dre avec les Bureaux de Gardiens pour prendre momentanément à
leur service ceux que l'on ne juge pas convenable d'abandonner à la
Poor Law. On pourra les occuper à nettoyer ou à construire des
routes, à niveler le terrain pour faire des squares et des cimetières,
à travailler dans les champs d'épandage et à établir des canalisations pour le service des eaux. Le salaire payé « doit être légèrement
inférieur à celui que l'on donne d ordinaire pour un travail semblable, de manière à prévenir toute imposture et à donner à tous
ceux qui profiteront de l'occasion qu'on leur offre le désir le plus vif
de retourner, aussitôt que possible, à leur profession antérieure ».

Tel est le document célèbre qui a donné naissance d'abord aux
« chantiers municipaux d'assistance » (*municipal relief works*) et
plus tard à la loi de 1905 sur le chômage. Le gouvernement anglais
en a plusieurs fois rappelé le texte aux autorités municipales dans
les dernières années du xixᵉ siècle, et, comme nous le verrons, la
loi de 1905 elle-même, qui a créé toute une organisation nouvelle,
n'a point amené cependant la fermeture des chantiers municipaux.

Un grand nombre d'autorités municipales de Londres ont, soit
avant la réforme administrative de 1899, soit depuis, mis en pratique les prescriptions de la circulaire et ouvert des chantiers en
temps de crise. Nous ne possédons malheureusement pas de statistiques précises sur ce sujet et il est impossible de savoir combien
d'hommes ont été secourus de la sorte, ni pendant combien de temps,
ni à quel prix [1]. Tout ce que l'on peut dire, c'est que le nombre a
dû être fort considérable, si l'on en juge par l'exemple du bourg de
Poplar qui, en 1903-1904, employa 3.300 hommes pendant trois jours,
1.323 pendant six jours et 296 pendant une plus longue période,
en tout 4.919 personnes [2]. En six mois, du 1ᵉʳ octobre 1904 au 31 mars
1905, les autorités municipales de Londres dépensèrent, en salaires
seulement, environ 2.600.000 francs pour donner du travail aux
chômeurs ; le nombre des personnes secourues dépassa 13.000 en
un mois [3].

1. Cf. *P. L. C.*, 1909, *Majority Report*, p. 379 ; *Minority Report*, p. 1103. —
Jackson and Pringle, *Report on the effects of employement or assistance given to
the Unemployed since 1886*, app., p. 128-187. — *Board of Trade Report on agencies and methods of dealing with the Unemployed*, 1893 (H. L. Smith). Le rapport Jackson donne, pour chaque quartier, le détail des travaux.
2. *Poor Law Commission*, 1909, *Minority Report*, p. 1107.
3. *P. L. C.*, 1909, *Majority Report*, p. 379. *Unemployed Relief, London, House
of Commons Return*, n° 193, 1905. Beveridge, *Unemployment*, p. 155-156. Le
chiffre de 2.600.000 francs ne comprend pas les 1.250.000 francs qui furent
souscrits par le public et dépensés par le « Comité exécutif du fonds central
pour le chômage à Londres ».

On cessa de bonne heure de s'adresser aux Gardiens des pauvres pour leur demander d'établir la liste des personnes qui leur paraissaient susceptibles d'être employées par la municipalité : c'était mettre les ouvriers en contact avec l'Assistance publique, ce que la circulaire Chamberlain voulait justement éviter. On prit l'habitude d'ouvrir chez l'inspecteur (*surveyor*) des ponts et chaussées un registre où les chômeurs pouvaient s'inscrire dans chaque paroisse (plus tard dans chaque *borough*) de Londres ; il fallait, pour être admis, avoir résidé dans le quartier pendant une période dont la longueur variait suivant les endroits : ici six mois, là un an, trois ans même à Stepney. L'inspecteur n'avait naturellement aucun moyen d'établir parmi les postulants une classification quelconque ; il n'avait ni le temps ni la possibilité de faire une enquête sur leur vie passée, et de voir s'ils méritaient vraiment d'être secourus par la municipalité ou si l'on ne devait pas plutôt les renvoyer à l'Assistance publique. Celui de Chelsea vint avouer devant une commission de la Chambre des Lords en 1888 que ceux qu'il avait employés ne paraissaient pas avoir jamais eu de travail régulier ou, du moins, n'en avaient plus actuellement, et que la police lui avait dit qu'il y avait parmi eux un grand nombre de voleurs [1].

On cessa bientôt également de payer un salaire inférieur au salaire courant. Déjà certains districts de Londres avaient commencé à payer le prix fixé par les trade-unions, 4 shillings 3 pence par jour (5 fr. 30), tandis que d'autres ne donnaient que 2 shillings 8 pence (3 fr. 30). En 1895, le conseil municipal de Southwark décida de payer aux chômeurs qui travaillaient pour lui le salaire qu'il donnait à ses ouvriers ordinaires [2] et la même année, le ministère, en reproduisant la circulaire Chamberlain, laissa de côté le passage où il était prescrit de donner un salaire inférieur.

Les demandes affluèrent aux bureaux des inspecteurs. Comme il était impossible, à moins d'énormes dépenses, de donner satisfaction à tout le monde, on pouvait choisir entre deux méthodes : employer pendant une assez longue période un petit nombre d'hommes choisis, ou employer le plus grand nombre d'hommes possible, chacun pendant une période très courte. Les membres des conseils municipaux n'hésitèrent pas : leurs sentiments humanitaires étaient d'accord avec leurs intérêts électoraux (car un nombre considérable des postulants étaient électeurs) pour leur imposer la seconde so-

1. *Select Committee of H. of L. on Poor Law Relief*, 1888, Q. 3178-3297.
2. *Poor Law Commission*, 1909, *Minority Report*, p. 1105.

lution : on réduisit la durée du travail pour augmenter le nombre
des travailleurs. Ceci était d'ailleurs en harmonie parfaite avec les
désirs des chômeurs eux-mêmes, dont les délégations réclamaient
un partage équitable, sans favoritisme. Aussi voyons-nous Saint-
Pancras, Poplar, Bermondsey, embaucher leurs chômeurs pour
3 jours et Bethnal Green pour 1 jour ; à Southwark, on donne 1, 2
ou 3 jours de travail par semaine, suivant le nombre d'enfants ; à
Paddington, on établit un roulement, chaque groupe d'ouvriers travaillant pendant une semaine et se reposant la semaine suivante,
à tour de rôle [1]. On a prétendu en agissant ainsi « répartir le plus
largement possible les bienfaits de l'assistance » et permettre aux
ouvriers de chercher du travail pendant le temps où ils n'étaient
point au service de la municipalité. En réalité, une période de travail aussi courte ne peut être, pour un ouvrier régulier, mais momentanément sans ouvrage, que d'une utilité fort douteuse ; quant
aux irréguliers, qui sont de beaucoup des plus nombreux, le remède
qu'on leur offre consiste à créer artificiellement pour des ouvriers
intermittents une nouvelle espèce de travail intermittent. Comme
le « chantier de travail » de l'Assistance publique, auquel il ressemble étonnamment, le chantier municipal ne peut que les enra-
ciner dans leurs habitudes et augmenter encore la désorganisation
de l'industrie.

Les chômeurs appartenant à toutes les professions, les municipalités ont été obligées de donner à ces équipes hétérogènes un
travail très simple et grossier ; le balai et la pelle, tels sont les instruments de travail que l on a mis entre les mains des chômeurs.
Avec le système des petites périodes de travail, les chômeurs ont
« tout juste appris à se servir de leurs outils lorsqu'on les renvoie
pour les remplacer par d'autres [2] ». Dans certains quartiers de
Londres, à Poplar en particulier, on a donné la préférence à ceux
que les fonctionnaires de l'Assistance publique considéraient comme
les plus misérables, qualité qui était loin d'être une preuve de force,
d'adresse ou d'ardeur au travail. On aboutit presque nécessairement
à « la sélection des moins aptes ». Les chômeurs — tout le monde
est unanime à le déclarer — travaillent peu et mal dans les chantiers municipaux. Ils ne se donnent pas beaucoup de peine ; s'ils
s'en donnaient, ils n'arriveraient probablement pas à des résultats
beaucoup plus satisfaisants : comment espérer faire en vingt-quatre

1. *Poor Law Commission*, 1909, *Minority Report*, p. 1106, 1110.
2. L'inspecteur des ponts et chaussées de Bermondsey, dans *P. L. C.*, 1909,
Minority Report, p. 1107.

heures d'excellents terrassiers d'un menuisier, d'un tailleur et d'un cordonnier ? Ce qui s'est passé à Paddington en 1893 montre bien que la paresse et la mauvaise volonté ne sont pas seules en cause. La municipalité avait imaginé d'établir le travail à la tâche et comme ce mode de paiement est à peu près impossible dans les occupations de terrassement que l'on donne d'ordinaire aux chômeurs, elle les avait mis à casser des pierres, tout comme au chantier de travail de l'Assistance publique. Les chômeurs payés à tant la tonne, n'avaient aucune raison de ne rien faire ; cependant les autorités constatèrent que, tandis que deux des ouvriers employés, qui étaient des « casseurs de pierre accomplis » se faisaient 4 à 5 shillings, les chômeurs ordinaires gagnaient tout juste de 10 pence (1 fr.) à un shilling (1 fr. 25) pour une journée de 7 heures [1].

D'après ce qui précède, il faut s'attendre à ce que les chantiers municipaux aient été particulièrement coûteux ; ils l'ont été en effet. Ils l'ont été lorsque les mêmes équipes de chômeurs ont été employées pendant un temps assez long ; ils l'ont été bien plus lorsque les périodes de travail ont été très courtes. L'inspecteur des ponts et chaussées de Poplar estime que, dans le premier cas, le travail a coûté 15 p. 100 de plus qu'il n'aurait dû et 100 p. 100 de plus dans le second. Dans l'ensemble, la perte a été à Poplar de 52 p. 100 en 1903-1904 et cette perte s'est chiffrée par une somme de 30.000 francs [2]. A Stepney, le travail des chômeurs a coûté 33 p. 100 de plus que le travail ordinaire. A Saint-Pancras, où l'on a employé les chômeurs à peindre les colonnes à lampes électriques, la dépense pour chaque colonne a été de 8 shillings 6 pence (10 fr. 60) au lieu de 6 shillings (7 fr. 50) par adjudication [3]. Il faut ajouter aux dépenses directes, c'est-à-dire au salaire des ouvriers, les dépenses indirectes pour l'achat des matériaux et des outils, pour la location de chevaux et de camions, dépenses qui ont été souvent — et de beaucoup — supérieures aux premières [4]. C'est ce qui faisait dire à la commission financière du conseil municipal de Paddington « qu'il serait en réalité plus économique, étant donné que les con-

---

1. *Poor Law Commission*, 1909, *Minority Report*, p. 1104, note.
2. *P. L. C.*, 1909, *Minority Report*, p. 1107.
3. Jackson and Pringle, *Report on the affects of employment or assistance given to the unemployed*, p. 125.
4. Nous voyons par exemple Islington dépenser pour un travail de pavage 11.389 livres dont 2.479 seulement en salaires. *P. L. C.*, 1909, *Minority Report*, p. 1108.

tribuables doivent fournir l'argent de toute façon, de le distribuer directement en secours aux chômeurs »[1].

Les chantiers municipaux ont encore un inconvénient qui n'existe pas ou qui n'existe guère dans les chantiers de l'Assistance publique. Le travail que l'on y fait — construction et pavage de rues principalement — n'est point comme l'épluchage des vieux câbles un travail inutile : les chômeurs se trouvent donc en concurrence avec les ouvriers dont le métier est la construction et le pavage des rues, c'est-à-dire avec les ouvriers ordinaires des municipalités et les équipes des entrepreneurs ; le travail qu'ils font est du travail enlevé à d'autres. « Ceci veut dire que des ouvriers d'une classe supérieure se trouvent réduits au chômage simplement parce que le travail a été fait à une époque antérieure par les chômeurs, moins bien fait, et fait à un prix beaucoup plus élevé[2]. »

Les chantiers municipaux auraient quelque utilité si l'on pouvait faire un tri parmi ceux qui se présentent et choisir pour leur donner du travail les ouvriers qui ont été régulièrement employés jusque-là et qui ont des chances sérieuses de l'être de nouveau dès que la crise industrielle sera passée. C'est à ces chômeurs accidentels — aux bijoutiers de Birmingham — que pensait M. Chamberlain ; c'est pour eux, comme nous allons le voir, que l'on a fait la loi de 1905 ; mais ce ne sont point eux qui forment la majorité des travailleurs dans les chantiers municipaux. La majorité est formée d'hommes qui n'ont pas et qui n'ont probablement jamais eu de travail régulier et pour lesquels le chantier municipal est une variété nouvelle du chantier de l'Assistance publique. Si les municipalités s'y prêtent, cette classe s'installe dans le chantier et ne le quitte plus ; il n'y a plus de raison de le fermer ; d'un bout de l'année à l'autre, les ouvriers intermittents viendront lui demander de temps en temps quelques jours de travail, et il finit même par se former un type nouveau, l'ouvrier pour chantier municipal, qui est tout juste supérieur à l'habitué de la workhouse[3]. M. Cyril Jackson et le Rev. J. C. Pringle, qui avaient été chargés par la Commission de 1909 de faire une enquête sur ce sujet, concluent à l'insuccès complet des chantiers municipaux.

1. *Report of Finance Committee to the Paddington Borough Council* (juillet 1905), cité dans *P. L. C.*, 1909, *Minority Report*, p. 1108.

2. *Bethnal Green Distress Committee*, cité dans *P. L. C.*, 1909, *Majority Report*, p. 383.

3. Cf. Déposition de l'évêque de Stepney, dans *P. L. C.*, 1909, *Majority Report*, p. 381.

C'est cet insuccès qui amena dès 1903 un Comité présidé par le
Lord Maire à ouvrir une souscription publique pour essayer de mettre en pratique une autre méthode d'assistance. On réunit 100.000 fr.
qui furent employés à secourir un nombre relativement petit de
pères de famille — 467 — pendant une partie de l'hiver 1903-1904.
Au lieu de laisser ces chômeurs à Londres et de les y employer à un
travail plus ou moins utile, on les sépara de leur famille et on les
envoya à la campagne, à la colonie de l'Armée du Salut à Hadleigh,
ou à Osea Island [1]. Ils ne recevaient aucun salaire, mais on donnait
à la famille un secours hebdomadaire de 10 à 20 shillings (12 fr. 50
à 25 fr.) calculé d'après le nombre des enfants. Enfin — et pour la
première fois, semble-t-il — on fit un timide essai de classification ;
on demanda des références de manière à écarter les professionnels
du chômage, et, si l'on admit néanmoins une majorité de manœuvres, un grand nombre d'autres professions (67) furent représentées.
Le résultat parut, en somme, satisfaisant [2].

Les années 1903 et 1904 furent des années de dépression économique, la seconde surtout. A Londres et dans les grandes villes, la
foule assiégeait les bureaux des fonctionnaires de la loi des pauvres.
Le président du *Local Government Board*, M. Walter Long, frappé
des avantages de tout genre qu'offrait la méthode préconisée par le
Comité du Lord Maire, décida en 1904 d'établir dans chaque bourg
de Londres un « Comité mixte » (*joint committee, distress committee*)
composé de membres du Bureau des Gardiens, de conseillers municipaux et de représentants de la charité privée. Ces Comités locaux
devaient recevoir les demandes de secours et faire les enquêtes. Au-
dessus d'eux, un Comité central (*Central Body*) comprenant des représentants des comités locaux, des délégués du Conseil de Comté
et des personnes nommées par le gouvernement, avait pour mission
de réunir les fonds nécessaires et de les employer au mieux, suivant
les principes qui avaient été l'hiver précédent ceux du Comité du
Lord Maire.

La tentative était intéressante et assez nouvelle en Angleterre, où
contrairement à l'usage français, la charité privée et l'assistance
légale travaillent chacune de son côté. La souscription ouverte par

1. Près Maldon, comté d'Essex.
2. Voir W. H. Beveridge et H. R. Maynard, *The Unemployed : lessons from
the Mansion House Fund* (*Contemporary Review*, nov. 1904, p. 639 et suiv.) et
Beveridge, *Unemployment*, p. 159-160. Quatre mois après la fin des travaux,
26 p. 100 des ouvriers secourus avaient trouvé du travail assez régulier, et
36 p. 100 du travail régulier. Le reste (38 p. 100) continuait de chômer.

le Comité central eut un succès inattendu : elle produisit 1.300.000 fr. en 1904-1905. Encouragé par cet exemple, M. Gerald Balfour, qui avait remplacé M. Long au ministère, fit voter en 1905 la « loi sur les ouvriers chômeurs » (*Unemployed Workmen Act*),par laquelle les autorités spéciales établies officieusement à Londres prenaient un caractère officiel et étaient investies de pouvoirs déterminés, en même temps que des autorités analogues étaient créées dans toutes les grandes villes d'Angleterre.Les sommes nécessaires devaient être fournies autant que possible par des dons volontaires et pour le surplus par les municipalités et par l'Etat[1] . La même année un règlement d'administration émanant du ministère de l'administration locale compléta et précisa certains points de la loi votée par le Parlement.

Les auteurs de la loi de 1905 se sont proposés de soulager le chômage de trois façons différentes :

1° En faisant connaître aux ouvriers chômeurs les endroits où ils peuvent trouver du travail au moyen de bureaux de placement ou bourses de travail (*labour bureaux, labour exchanges*) qui devaient être établis dans tout le pays et former un réseau complet ;

2° En donnant aux chômeurs des facilités pour passer d'une localité à une autre des Iles Britanniques ou pour émigrer dans les colonies ;

3° En leur donnant temporairement du travail.

Les bureaux de placement furent, sauf peut-être à Londres, d'une utilité médiocre[2]. Loin de former un réseau complet, les bourses du travail ne furent établies, sauf de rares exceptions, que dans les endroits où il existait un « comité pour le soulagement de la misère » (*distress committee*), c'est-à-dire où il y avait des chômeurs et où les chances de trouver du travail étaient par conséquent assez faibles. A Londres cependant, des bureaux de placement furent organisés dans tous les quartiers ; on eut soin de les tenir séparés des bureaux du comité local « pour le soulagement de la misère », de manière à ne pas créer contre eux un préjugé de la part des

---

1. La loi permettait d'établir une contribution locale (*rate*) allant jusqu'à un demi-penny par livre sterling (ou un penny avec la permission du *Local Government Board*), pour subvenir aux frais de premier établissement, aux dépenses causées par l'émigration et le déplacement (*migration*) des ouvriers, à l'achat des terrains. Tout le reste devait provenir de dons volontaires, mais l'Etat fut obligé d'intervenir dès 1906 et d'accorder des subventions.

2. Cf. *P. L. C.*, 1909, *Majority Report*, p. 339 et suiv. *Minority Report*, p. 1123-1124.

patrons et aussi de la part des trade-unionistes, qui tiennent très vivement à ne pas être confondus avec la tourbe des chômeurs. En 1908, les bourses de travail de Londres reçurent 29.000 demandes d'emploi et procurèrent des emplois permanents à 20.000 personnes environ[1].

Faute d'un réseau de bureaux de placement permettant de savoir où il existait des places disponibles, les dispositions de la loi qui concernent les facilités à accorder aux chômeurs pour qu'ils puissent changer de résidence restèrent à peu près lettre morte. L'émigration a été, par contre, encouragée, à Londres tout au moins ; nous verrons que le Comité central s'est même proposé de former dans ses colonies rurales des sujets pour l'émigration. Dans les deux premières années de son existence, il a fait émigrer, au Canada principalement, environ 8.000 personnes[2] ; mais son activité s'est considérablement ralentie depuis cette époque[3].

C'est le troisième mode d'assistance, celui qui consiste à donner du travail aux chômeurs, qui a été naturellement le plus employé. Pour obtenir cette assistance, il faut, d'après la loi et le règlement qui la complète, que l'ouvrier ait résidé dans le district pendant au moins un an, qu'il soit sans travail par suite de circonstances indépendantes de sa volonté, que sa réputation soit bonne, qu'il n'ait pas par ailleurs de ressources suffisantes, que son cas ne soit pas de ceux qui relèvent plutôt de l'Assistance publique. L'auteur même de la loi, M. G. Balfour, a expliqué que la loi était faite « pour des ouvriers capables, *qui pouvaient espérer obtenir de nouveau un travail régulier après une période temporaire de misère*[4] » ; elle ne s'appliquait aucunement aux ouvriers intermittents, pour lesquels elle était de toute évidence parfaitement inutile. C'est pour cette raison que le ministère crut bon de prescrire aux comités de donner la préférence à ceux qui avaient été dans le passé régulièrement employés et qui n'étaient réduits au chômage que par accident ; la loi visait le chômage temporaire, elle laissait de côté le

1. *P. L. C.*, 1909, *Minority Report*, p. 1125. Une loi spéciale (*Labour Bureaux London Act*) avait autorisé dès 1902 les bourgs de Londres à établir des bourses du travail. Mais comme cette loi n'était pas obligatoire et ne s'appliquait qu'à Londres, elle avait eu peu de résultats.

2. *P. L. C.*, 1909, *Minority Report*, p. 1126. *Central Unemployed Body*, *Preliminary Report*, p. 34-39 ; *Second Report*, p. 44-55, 127 et suiv., 145-149.

3. D'après *London Statistics*, t. XXI (1910-1911), p. 133, le nombre total des émigrants assistés par le Comité central était, au 31 mars 1910, de 9.025.

4. *P. L. C.*, 1909, *Majority Report*, p. 386.

Pasquet   20

chômage habituel, persistant, qui est celui des dockers et des manœuvres. Loin de faciliter aux ouvriers intermittents l'accès des nouveaux chantiers, le *Local Government Board* décida que le travail donné devrait être aussi continu que possible et que les absences ne seraient tolérées que dans la mesure où elles paraîtraient nécessaires, pour permettre aux ouvriers de chercher du travail [1].

La distinction est si difficile à faire dans la pratique qu'on y a généralement renoncé partout ailleurs qu'à Londres et les chantiers établis en vertu de la loi de 1905 sont devenus une variante du chantier municipal. En outre, les chantiers municipaux et les nouveaux chantiers ont continué, en beaucoup d'endroits, de fonctionner l'un à côté de l'autre et se sont fait littéralement concurrence. Quand le travail devenait trop dur, les chômeurs changeaient de chantier [2].

A Londres aussi les chantiers municipaux ont fait concurrence aux autres. Mais on y a fait un effort louable, sinon toujours heureux, pour établir un classement parmi ceux qui se présentaient et pour réserver les secours à ceux qui paraissaient capables d'en profiter. On a définitivement renoncé à donner du travail pour deux ou trois jours ; les chômeurs qui ont été acceptés ont eu du travail pendant plusieurs mois : en 1906-1907, le Comité central a employé 2.510 hommes pendant une moyenne de 7 semaines chacun. Pour permettre aux ouvriers de chercher de l'ouvrage, on a préféré, au lieu de leur laisser des journées libres, établir la « semaine courte » de 43 heures, payées à raison de 6 pence l'heure [3]. Enfin le comité de Londres paraît être le seul qui, à l'exemple du comité du Lord Maire en 1903-1904, ait fait un emploi constant et systématique des colonies rurales.

Le procédé a consisté, comme en 1903-1904, à envoyer dans des endroits convenablement choisis les ouvriers qui semblaient capables d'un effort physique continu. On leur donnait, bien entendu, leur billet d'aller et, au moment où ils demandaient à revenir à Londres, leur billet de retour. A intervalles réguliers, on leur accordait quelques jours de vacances pour aller voir leur famille et chercher du travail. On ne les payait pas, car on ne peut appeler un salaire les 6 pence par semaine que l'on donnait comme argent de poche à la ferme de Hollesley Bay (Suffolk) ; mais leur famille recevait un secours dont le montant correspondait au nombre des enfants et

1. *Statutory Rules and Orders*, 1905, n° 1071.
2. Voir *P. L. C.*, 1909, *Minority Report*, p. 1114 et suiv.
3. *Poor Law Commission*, *Minority Report*, p. 1116.

dont la moyenne a été de 14 sh. 6 pence (18 fr. 10) par semaine. Si les hommes se sont plaints quelquefois de travailler pour deux sous par jour, les femmes, peu habituées probablement à un revenu régulier, se sont généralement montrées satisfaites de cet arrangement.

Le travail n'a pas été le même partout. A Fambridge (Essex), on a essayé de reconstruire une digue pour regagner sur la mer du terrain perdu par suite d'une inondation ; à Letchworth (Hertfordshire), le Comité central a entrepris des terrassements pour le compte de la Société des cités-jardins ; à Osea Island (Essex), il fallait réparer les digues, faire des tranchées, construire des routes. L'essai le plus curieux peut-être est celui que l'on a fait à la ferme de Hollesley Bay. Cette ferme, dont le propriétaire voulait faire une école d'agriculture, fut achetée dans de très bonnes conditions par le Comité central de Londres. On commença en 1905 à y envoyer des chômeurs, de préférence ceux qui manifestaient quelque aptitude pour les travaux de la campagne ou qui avaient l'intention d'émigrer. En même temps que l'on soulageait le chômage, on se proposait donc de former des jardiniers, des ouvriers agricoles, des futurs petits propriétaires ruraux, des émigrants pour le Canada et la Nouvelle-Zélande. Dans l'espace de quatre ans, 3.000 ouvriers environ sont passés par Hollesley Bay [1].

Comme les chantiers municipaux, les chantiers du Comité central et ses colonies agricoles ont été extrêmement coûteux. Les 2.510 chômeurs que le Comité a employés à des travaux divers pendant l'année 1906-1907 lui sont revenus à 19.224 livres (480.600 fr.) et la valeur du travail a été estimée à 3.271 livres (81 175 fr.), ce qui laisserait un déficit de près de 400.000 francs [2]. Dans les colonies rurales, la dépense par ouvrier, y compris l'allocation à la famille, a été d'environ 25 shillings (31 fr.25) chaque semaine, et la valeur du travail infiniment moindre. A Fambridge, la construction de la digue fut une opération désastreuse au point de vue financier, parce qu'un retour offensif de la mer démolit tous les travaux. A Osea Island, où les conditions étaient meilleures pourtant, le travail fait en 9 semaines par 134 hommes fut estimé à 13.250 francs, soit 10 francs par homme et par semaine, et cette somme a été plus qu'absorbée par les frais généraux ; il aurait donc été économique de donner 25 shillings par semaine à chaque ou-

1. Voir *Poor Law Commission*, 1909, *Minority Report*, p. 1119 et suiv., et les rapports annuels du *Central Unemployed Body*.
2. *2nd Report of the Central Unemployed Body*, 1908, p. 30 et 111.

vrier et de le laisser à Londres à ne rien faire. Dans d'autres endroits, les résultats financiers ont été un peu plus satisfaisants:
par exemple à Letchworth, où les ouvriers ont gagné environ
9 francs sur les 31 fr.25 dépensés. A Hollesley Bay, où les frais ont
été considérables, il est difficile de faire la part exacte des profits
et des pertes, parce qu'en regard des dépenses, il faudrait inscrire
la valeur des améliorations apportées au domaine, valeur que le
temps seul peut permettre d'apprécier [1].

D'ailleurs, il est bon de ne pas oublier que le côté financier de la
question n'est pas le seul. Si, même au prix de dépenses considérables, on empêchait des ouvriers réguliers et respectables de faire
connaissance avec la loi des pauvres ; si, en les soutenant pendant
la période difficile, on leur permettait de reprendre, la tourmente
passée, leur place naturelle dans les rangs des travailleurs ; si on
leur facilitait le passage d'une profession très encombrée à une
profession meilleure et plus stable, on pourrait dire que les chantiers et les colonies agricoles du Comité central de Londres ont
apporté une solution au moins partielle du problème du chômage
urbain. Il n'en est malheureusement pas ainsi.

Les auteurs de la loi sur le chômage et les membres du Comité
central se sont proposés, avons-nous dit, de venir en aide à des
« ouvriers capables » momentanément sans ouvrage, mais qui
« peuvent espérer obtenir de nouveau un travail régulier » après une
période transitoire plus ou moins longue. Or les personnes qui se
sont présentées devant les *distress committees* et les personnes qui
ont obtenu du travail ont été pour la plupart, le fait n'est pas douteux, des ouvriers intermittents, des *casuals*. Un des principaux témoins qui ont déposé devant la Commission de 1909 pour la réforme
de la loi des pauvres, M. Beveridge, auteur d'un remarquable ouvrage sur le chômage, a déclaré qu'à Londres la plus grande partie
des demandes ont été faites par « des hommes qui, à l'état normal,
sont dans la misère ou sur le point d'y tomber ; par des hommes
qui gagnent peut-être un salaire assez élevé par jour, mais qui n'ont
qu'un jour ou deux de travail par semaine ou une semaine ou deux
par mois ». A Bethnal Green, ceux qui sont venus s'inscrire ont été
les mêmes qui venaient auparavant travailler au chantier de l'union
ou au chantier municipal ; plus de la moitié de ceux qui se sont fait
inscrire en 1906-1907 avaient déjà figuré dans les années précédentes

---

1. *P. L. C.*, 1909, *Minority Report*, p. 1117 et suiv. Compte détaillé des
résultats financiers des colonies dans les rapports du *Central Unemployed Body*.

sur le registre des chômeurs [1]. A Camberwell, sur 1.165 chômeurs qui se sont fait inscrire en 1906-1907, 592 (50 p. 100) avaient été inscrits dans l'une ou l'autre des trois années précédentes [2]. Dans l'ensemble de Londres, 42 p. 100 de ceux qui avaient été assistés en 1905-1906, se sont présentés de nouveau devant le même comité local en 1906-1907 [3]; en 1909-1910, sur 42.000 postulants, 20.000 avaient déjà été secourus dans les années précédentes [4]. Quant aux ouvriers réguliers, pour qui la loi est faite, ils ne se présentent pas, parce qu'ils ne veulent pas être confondus avec les chômeurs ordinaires. On avoue franchement à Stepney que « dans l'ensemble, les meilleurs ouvriers, les ouvriers qui ont eu récemment un travail régulier, qui ont essayé jusque-là de réaliser leur idéal d'indépendance, ne se sont pas présentés ». Le comité de Stepney s'est tiré d'affaire en les remplaçant par des ouvriers intermittents [5].

Il en a été de même sans doute dans la plupart des quartiers de Londres. Suivant l'ancien secrétaire du Comité central, M. Maynard, les comités locaux fixaient généralement leur choix sur ceux dont la misère était la plus grande plutôt que sur ceux qui se trouvaient dans les conditions de travail régulier visées par la loi. Cette déviation qui était, il faut l'avouer, presque inévitable, a eu pour conséquence de remplir d'ouvriers intermittents chantiers et colonies : un très grand nombre de ceux qui ont été envoyés à la colonie de Fambridge étaient, au témoignage du directeur, des « chômeurs chroniques [6] ». Le peu de bénéfice qu'ils ont retiré de leur passage dans les colonies agricoles prouve que les autres étaient à peu près dans le même cas. Nous venons de voir que ce sont toujours les mêmes qui se présentent chaque hiver ; pourrait-il en être ainsi si nous avions affaire à ces ouvriers réguliers, réduits momentanément au chômage, dont parlait M. Gerald Balfour ?

On a pu suivre ou retrouver un certain nombre de ceux qui avaient été assistés par le Comité central ; le résultat n'est pas très encourageant. Nous constatons par exemple qu'à Stepney, au mois de juillet 1906, 31 p. 100 seulement des chômeurs auxquels on avait donné du travail l'hiver précédent avaient trouvé des emplois « re

---

1. *Poor Law Commission,* 1909, *Majority Report,* p. 387-390.
2. *Report of Camberwell Distress Committee,* 1906-1907, dans *Minority Report,* p. 1156, note.
3. *Central Unemployed Body, Second Report,* p. 18 et 90.
4. *London Statistics,* t. XXI, p. 127.
5. *P. L. C. Minority Report,* p. 1135, note.
6. *P. L. C.,* 1909, *Majority Report,* p. 389.

lativement stables » (*fairly permanent*) ; 45 p. 100 se firent inscrire
de nouveau pendant l'hiver de 1906-1907 [1]. Au printemps de 1908,
on fit une enquête sur les 1.583 chômeurs qui avaient à cette date
passé quelque temps à la colonie de Hollesley Bay ; on en retrouva
1.089. Sur ce nombre, 174 avaient émigré et se déclaraient satisfaits ;
40 ou 50 avaient trouvé des situations à la campagne ; la grande
majorité était retournée à Londres, et la suite de l'enquête montra
qu'ils n'étaient pas beaucoup plus avancés qu'auparavant : 46 p. 100
s'étaient adressés de nouveau aux comités pour le soulagement de
la misère et 11 p. 100 à l'Assistance publique. La proportion de ceux
qui avaient trouvé des emplois stables ne dépassait guère 10 p. 100 [2].
Il semble par conséquent que si Hollesley Bay a eu quelque succès
comme école d'agriculture, ni cette colonie agricole, ni les autres
colonies du Comité central ne peuvent avoir la moindre prétention
de résoudre le problème du chômage à Londres. Il est douteux
qu'avec des fonds plus abondants on parvienne à de meilleurs
résultats [3] ; à quoi bon dépenser davantage si l'on n'aboutit qu'à secourir des ouvriers intermittents qui retombent presque nécessairement dans la situation d'où on les tire ? Cette idée s'impose avec
une telle force que la majorité de la Commission pour la réforme
de la loi des pauvres conclut sans hésiter, dans son rapport de 1909,
à l'inutilité complète de la loi de 1905 qui était, suivant elle, foncè-
rement mauvaise et devait être abrogée. Le rapport de la minorité,
plus favorable, ne l'était cependant qu'à demi. On avouait que la
loi avait été mal appliquée, qu'elle avait soulevé de très vives critiques ; mais on la défendait en disant qu'il fallait la considérer
comme une expérience et que l'exemple du Comité central de Londres montrait qu'elle « contenait des germes remplis de promesses
pour l'avenir ».

L'éloge est, comme on le voit, médiocrement enthousiaste. En
fait, on parlait couramment en 1909 dans les milieux politiques de

1. Beveridge, dans *Majority Report*, p. 390.
2. *P. L. C.*, 1909, *Minority Report*, p. 1121-1123.
3. Les dons volontaires du public sont allés sans cesse en diminuant, comme
on devait s'y attendre, étant donné que ces dons sont complétés par l'Etat et
les communes. Le montant des dons volontaires qui avait été de 2.625.000 fr.
la première année de la loi était tombé dès la troisième année à 195.000 francs.
Les Comités durent refuser beaucoup de gens par suite du manque d'argent
(Cf. *P. L. C.*, 1909, *Majority Report*, p. 393 ; *Minority Report*, p. 1127). En
1909-1910, le montant des dons volontaires est descendu au chiffre dérisoire
de 500 francs ; la Ville a dû verser plus d'un million et l'Etat plus de deux
(*London Statistics*, t. XXI, p. 130).

ne pas renouveler la loi, qui n'avait été votée primitivement que pour trois ans, à titre d'expérience. On l'a renouvelée cependant chaque année, mais sans conviction et faute de mieux. On se rend parfaitement compte que les chantiers du Comité central, comme ceux des municipalités, ne peuvent avoir d'utilité que pour les chômeurs occcasionnels, et qu'ils sont au contraire envahis par les chômeurs chroniques auxquels ils ne peuvent être d'aucun secours. Pas plus que les aumônes des personnes charitables, pas plus que la *workhouse* et le *labour yard*, les chantiers du Comité central n'ont apporté la solution du problème du chômage.

C'est qu'au fond tous ces remèdes ne sont que des palliatifs ; leur objet n'est pas de guérir le chômage, mais d'apporter quelque soulagement à la misère dont le chômage est la cause. La charité traite cette misère par les distributions d'argent ou de bons d'épicerie ; l'Assistance publique offre ses workhouses et ses chantiers de travail ; les municipalités et le Comité central offrent leurs chantiers de travail ou leurs colonies agricoles. Ces différentes méthodes pourraient être de quelque secours si le chômage était un phénomène accidentel et passager, une sorte de maladie du corps social, après laquelle tout rentrerait dans l'ordre accoutumé. Or on sait que ce n'est pas le cas. Le chômage accidentel existe et s'aggrave aux époques de crise industrielle ; mais pour un très grand nombre d'ouvriers et d'ouvrières, le chômage n'est ni accidentel ni passager. Ces ouvriers et ces ouvrières travaillent irrégulièrement, non point par suite d'une désorganisation momentanée de l'industrie, mais en vertu de l'organisation même de la vie économique, et c'est ce qui rend le problème du chômage si difficile à résoudre. Dans une ville comme Londres, qui est avant tout un grand port, une place de commerce et un centre distributeur, on peut dire que l'industrie fondamentale est organisée *en vue du travail intermittent.* D'autres industries secondaires profitent, comme nous l'avons vu, de l'intermittence du travail masculin pour organiser l'intermittence du travail féminin. Une masse énorme de travailleurs sont « régulièrement irréguliers ». Dans des conditions semblables, que peuvent les bons d'épicerie, et les workhouses, et les chantiers de travail ? Que peuvent les ouvriers eux-mêmes ? Bien peu de chose. Les syndicats à demi-révolutionnaires qui sont affiliés à la Fédération des transports ont obtenu dans ces dernières années, par des grèves répétées, une augmentation sensible du prix de l'heure de travail. C'est assurément un résultat et c'est d'ailleurs le seul qui paraisse intéresser les ouvriers ; mais est-il nécessaire de démontrer que le penny ou les deux pence de plus qu'il peut gagner par heure ne suffiront pas à transformer le sort du docker et de sa famille, s'il continue de travailler dans les conditions que nous avons exposées plus haut ?

Comme l'a très bien vu M. Beveridge, la véritable solution consisterait à supprimer ou du moins à diminuer autant que possible l'intermittence, et pour arriver à cette solution, M. Beveridge a préconisé l'établissement de « bourses du travail » destinées à enregistrer les offres et les demandes, et à distribuer le travail suivant les besoins de chaque patron. « La méthode à suivre, écrivait-il en 1909[1], est simplement ceci : il faudrait que les hommes irrégulièrement employés par chaque groupe d'employeurs similaires fussent pris à un centre commun ou bourse du travail, et que cette bourse répartît autant que possible le travail total de chaque groupe entre le plus petit nombre d'hommes qui puisse suffire à faire ce travail ; que les travaux successifs faits pour le compte de différents patrons fussent autant que possible donnés successivement au même individu, au lieu d'être répartis entre plusieurs ouvriers dont chacun n'a rien à faire pendant la moitié de son temps ou même plus de la moitié. C'est dans cette méthode que se trouve le remède et le seul remède que l'on puisse appliquer à la partie la plus urgente du problème du chômage : la pauvreté chronique de l'ouvrier intermittent. » Dans sa déposition devant la Commission de la loi des pauvres, M. Sidney Webb exprimait des idées analogues et insistait sur la nécessité d'étendre à l'Angleterre tout entière le système des bourses du travail[2].

Une loi votée en 1909 (*Labour Exchanges Act*) a réalisé le désir exprimé par M. Sidney Webb, M. Beveridge et d'autres économistes, en organisant un système national de bureaux de placement. Ces bureaux relèvent du *Board of Trade* où existe un office central (*Labour Exchange Department*) et n'ont plus aucun rapport avec les comités institués par la loi de 1905. Ainsi débarrassées de toute attache avec le paupérisme, les bourses du travail anglaises qui n'ont, comme on le voit, que le nom de commun avec les nôtres, ont vu leurs opérations s'étendre de plus en plus. Ouvriers et patrons prennent l'habitude de s'adresser à elles : tandis qu'en 1907-1908 le nombre des places données par les bourses de Londres

1. *Unemployment*, p. 201.
2. *Poor Law Commission*, 1909, App., vol. IX, p. 186.

n'était que de 20.000, en 1910, pendant onze mois du nouveau régime, ce nombre s'éleva à 84.000 et il a dépassé 130.000 en 1911 [1].

Le succès des bourses de travail n'est donc pas douteux ; reste à se demander quelle est leur influence sur le problème du chômage. L'analyse des professions qui a été publiée pour l'année 1910 dans le tome XXI de la « Statistique de Londres » nous permet dans une certaine mesure de répondre à cette question. Sur 44.000 hommes adultes auxquels les 22 bureaux de la division de Londres ont procuré des situations, 10.000 en chiffres ronds sont des ouvriers du bâtiment, 6.000 appartiennent à l'industrie métallurgique et 5.600 se rattachent aux transports : ces trois professions fournissent donc à elles seules près de la moitié du total. Nous connaissons la situation des ouvriers du bâtiment à Londres, le caractère saisonnier de leur industrie et l'absence de méthode dans l'embauchage ; il n'est pas étonnant que les bureaux de placement aient été pour eux un très grand bienfait. Dans la métallurgie, où le travail des réparations est plus important que le travail neuf, les bourses du travail permettent aux ouvriers de passer plus facilement d'un patron à l'autre, lorsque le travail pour lequel ils s'étaient embauchés se trouve terminé. Quant aux ouvriers des transports, qui constituent la grande masse des intermittents proprement dits, on ne peut manquer d'être frappé de leur petit nombre : le chiffre de 5.600 pour onze mois est insignifiant ; même si l'on ajoute aux 5.600 ouvriers des transports les 2.300 manœuvres auxquels les bureaux de placement ont, dans la même espace de temps, procuré des emplois, le total de 7.900 personnes que l'on obtient ainsi n'est aucunement en rapport avec les chiffres de 248.000 ouvriers des transports et de 69.000 manœuvres que donne pour ces deux professions le recensement de 1901. Il est évident que la plupart des intermittents ne s'adressent point aux bourses de travail ; celles-ci rendent à d'autres catégories de chômeurs des services signalés, mais, sous leur forme actuelle, ne paraissent pas devoir être d'une grande utilité pour résoudre le problème de l'intermittence.

Il en est de même de la « loi d'assurance nationale » contre le chômage et la maladie que M. Lloyd George a fait voter en 1911. On sait que le mécanisme de cette loi offre la plus grande ressemblance avec celui de notre loi des retraites ouvrières ; comme dans le système français, on prévoit une contribution de l'ouvrier, une

1. Beveridge, *Unemployment*, p. 184 ; *London Statistics*, t. XXI, p. 133 et suiv. ; *Times* (weekly ed.), 2 février 1912.

contribution du patron et une contribution de l'Etat ; comme la loi
française, et pour les mêmes raisons, la loi anglaise n'a pas été sans
causer dans le monde ouvrier un assez vif mécontentement. Ce mécontentement ira sans doute en s'atténuant lorsque les avantages
de la loi apparaîtront par ses effets. L'assurance contre la maladie
qui garantit à l'ouvrier malade le traitement médical, plus 18 shillings (12 fr. 50) [1] par semaine pendant trois mois et 5 shillings
(6 fr. 25) ensuite jusqu'à la guérison complète, ne pourra manquer
d'être appréciée plus tard comme elle le mérite par ceux qui seront
appelés à en profiter.

Mais si cette partie de la loi s'applique à la totalité de la classe
ouvrière et même aux domestiques, il en est tout autrement des articles qui concernent l'assurance contre le chômage. Le chancelier
de l'Echiquier, en dépit de la hardiesse dont il a fait preuve en maintes circonstances, n'a pas cru pouvoir établir d'un seul coup une
assurance universelle. Deux groupes de professions seulement, le
bâtiment et la métallurgie, ont été choisis comme terrain d'expérience, et, tandis que les personnes assurées contre la maladie at-
teindront probablement le chiffre de 15 millions, le nombre des ouvriers assurés contre le chômage ne sera que de 2.400.000 environ.
La très grande majorité des intermittents restera donc, du moins
pour le moment, en dehors de la loi.

Faut il l'avouer ? On ne voit pas bien comment M. Lloyd George,
malgré son ingéniosité bien connue, parviendra plus tard à faire entrer dans son système les manœuvres et les dockers du port de Londres. On peut prendre des mesures pour préserver contre les effets
du chômage des ouvriers qui chôment à peu près à la même époque de chaque année, comme ceux du bâtiment, ou dont le travail
se ralentit parfois, par suite du ralentissement général de l'industrie, comme les métallurgistes ; nous avons vu précédemment que
certaines trade-unions avaient depuis longtemps pris des mesures à
cet effet. Mais quel mode d'assurance est-il possible d'appliquer à
des hommes qui chôment régulièrement pendant une partie de la semaine ou pendant une partie du mois, qui ne peuvent savoir d'avance s'ils auront du travail la semaine suivante ou même le lendemain?
Que l'on veuille bien se reporter au graphique que nous avons donné plus haut (fig. 15, p. 268) pour montrer les variations du travail
dans les docks pendant un mois, et l'on sentira jusqu'à quel point
l'entreprise est difficile, pour ne pas dire désespérée. Elle est d'autant

1. Ce chiffre est réduit à 7 sh. 6 pence (9 fr. 35) pour les femmes.

plus difficile que, dans le cas des ouvriers intermittents, on ne dispose d'aucun moyen pratique pour distinguer entre les paresseux
et les chômeurs involontaires ; or il est certain que si l'on admet
indistinctement au bénéfice de l'assurance tous les habitants de
l'East End qui viendront déclarer le matin qu'ils n'ont pas de travail, le budget de l'Angleterre n'y suffira pas. L'assurance contre le
chômage, appliquée aux ouvriers intermittents, ne serait d'ailleurs
qu'un palliatif comme les autres ; elle ne tarderait pas à prendre le
même caractère que les distributions d'aumônes faites aux époques
de misère ou les distributions d'argent qui étaient d'usage dans l'Assistance publique avant la réforme de 1834.

Le remède et le seul remède consiste bien, comme le disait M. Beveridge, dans une meilleure organisation du travail. En théorie,
cette organisation est assez facile à concevoir. Le volume total du
travail exécuté par les ouvriers intermittents dans l'ensemble de
Londres ne subit pas d'un jour à l'autre de très grandes variations,
mais le volume de travail exécuté pour chaque patron est au contraire très variable. Les conditions d'une meilleure organisation du
travail seraient donc au nombre de deux. Il faudrait :

1° Que le nombre total des ouvriers fût réduit au nombre nécessaire et suffisant pour exécuter le travail total dans une journée
moyenne ;

2° Que ces ouvriers fussent répartis chaque jour entre les patrons,
dans la proportion des besoins, par un office central.

Pour réaliser ces conditions, des bourses de travail comme celles
qu'a instituées la loi de 1909 ne suffisent pas. Il leur manque un
caractère essentiel, celui d'être *obligatoires*. Tant que les patrons
seront assurés de trouver à leur porte un nombre d'ouvriers intermittents supérieur à leurs besoins, ils n'iront pas les chercher au
bureau de placement ; tant que les ouvriers auront plus de chance
d'être embauchés en se présentant à la porte d'un patron qu'en allant au bureau de placement, ils n'iront pas au bureau de placement, et le marché du travail intermittent continuera d'être désorganisé comme il l'est à présent.

L'existence d'un office central où tous les patrons seraient tenus
de prendre leurs ouvriers et où tous les ouvriers seraient tenus de
s'inscrire aurait à la longue pour effet de faire tomber à un chiffre
raisonnable l'excédent des ouvriers intermittents ; comme le nombre des ouvriers pris chaque jour par l'office central ne varierait
que dans des proportions assez faibles, il se produirait ce qui se
passe dans toute industrie régulière, c'est-à-dire que les ouvriers en

surnombre seraient éliminés peu à peu. Mais cet office central obligatoire est-il possible? Peut-on forcer les patrons à ne se fournir
d'ouvriers intermittents qu'à l'office central et les ouvriers à ne pas
traiter directement avec les patrons? Et, si l'on tente un essai dans
ce sens, faut-il le faire par voie législative et ne vaudrait-il pas
mieux que l'obligation fût imposée aux ouvriers et aux patrons par
les trade-unions intéressées? Toutes ces questions sont assurément
fort difficiles à résoudre, mais, tant qu'on ne les aura pas résolues,
on n'aura rien fait, croyons-nous, pour améliorer la condition des
ouvriers intermittents à Londres.

CHAPITRE III

LE SWEATING SYSTEM.

L'ensemble de conditions industrielles et sociales que l'on désigne sous le nom pittoresque de *sweating system* (système de la suée) a été depuis vingt ans l'objet de trois enquêtes parlementaires et d'une enquête extra-parlementaire. En 1888 une commisssion de la Chambre des Lords commença l'étude de la question ; elle entendit de nombreux témoins, pris dans les différentes classes de la société et ne termina ses travaux qu'en 1890. Une commission de la Chambre des Communes s'occupait à la même époque (1888) de l'immigration étrangère en Angleterre, problème qui était le même que le précédent, sous une autre forme. Les travaux de ces deux commissions n'eurent pas de conclusion pratique. En 1902, le gouvernement conservateur fit nommer une commission royale extra-parlementaire chargée d'étudier les causes et les conséquences de l'immigration : la Commission conclut (1903) à la nécessité de restreindre l'immigration et la partie essentielle de ses conclusions est devenue l'*Aliens Act* de 1905. Cette loi faite en apparence contre les émigrants « non désirables » de tous les pays était en réalité dirigée contre les immigrants juifs que l'on accusait, à tort ou à raison, d'amener l'avilissement des salaires. Enfin en 1907 et 1908 une commission de la Chambre des Communes fit une enquête sur le travail à domicile qui est une des formes les plus communes du *sweating system* ; de ses travaux est sortie la loi de 1909 (*Trades Boards Act*) qui a fait entrer dans la législation anglaise le principe du salaire minimum.

Malgré tous ces travaux, il est plus difficile que jamais de définir ce que l'on entend au juste par le « système de la suée ». L'expression est d'origine populaire et ne prétend point à la rigueur scientifique. Le peuple même emploie le mot *sweater* dans deux sens tout à fait opposés : pour les cordonniers, le *sweater* est celui qui sue, l'ouvrier qui est opprimé ; pour les tailleurs au contraire, le *sweater* est celui qui fait suer les ouvriers, le patron qui s'engraisse de la sueur du peuple.

M. Charles Booth, dans la déposition qu'il fit devant la Commis-

sion de la Chambre des Lords, disait que le *sweating system* consiste
à abuser, par le marchandage, du travail d'ouvriers sans aptitudes
spéciales et sans organisation syndicale. Cette définition qui a le
mérite de la précision et de la clarté est malheureusement, comme
M. Booth l'a reconnu lui-même [1], trop étroite pour convenir à tout
le défini : le marchandage (*contract system*) n'existe pas dans toutes
les professions soumises au *sweating system*, et le *sweating system*
peut exister dans des métiers où les ouvriers sont parfaitement qualifiés.

D'autres définitions ont été essayées, soit en Angleterre, soit en
Amérique [2] ; aucune n'est satisfaisante, probablement parce qu'il
est difficile de définir un système qui, en réalité, n'existe pas. L'expression de *sweating system*, en tant qu'elle laisse supposer l'existence d'un système unique au moyen duquel on ferait « suer » aux
ouvriers le plus de travail possible pour le moins d'argent possible,
est en effet très inexacte. Dans les industries que le peuple qualifie
de *sweated*, l'insuffisance des salaires, les longues heures de travail,
les mauvaises conditions hygiéniques sont des phénomènes à peu
près généraux ; mais les causes n'en sont pas toujours les mêmes. Il
y a peu de chose de commun, par exemple, entre ce que l'on nomme
le *sweating system* dans la lingerie, et ce que l'on appelle du même
nom dans l'ébénisterie. Attribuer, comme on l'a fait souvent, ce
malaise industriel à la présence d'un intermédiaire, le *sweater*, qui
s'interposerait entre les ouvriers et leurs employeurs, c'est transformer en une explication générale un fait particulier qui ne se
produit que dans un petit nombre d'industries. Dans la plupart des
métiers soumis au *sweating system*, il n'y a pas d'intermédiaires.

Il paraît impossible de définir le prétendu *sweating system* autrement que par ses résultats. C'est ainsi que la Commission de la
Chambre des Lords l'a défini comme un état de l'industrie dans
lequel le salaire est très faible, la durée du travail très longue et les
conditions sanitaires mauvaises [3]. Cette définition, pourtant assez
vague, pèche cependant peut-être encore par excès de précision.
D'après l'idée populaire, il peut y avoir *sweating* sans que les conditions hygiéniques soient particulièrement mauvaises, sans que
la durée *moyenne* du travail soit très longue, et même sans que le
salaire soit une rémunération insuffisante du travail accompli ; car

1. Cf. *Life and Labour*, 1er série, IV, p. 332.
2. Cf. Cotelle, *Le sweating system*, p. 6 et suiv.
3. *Report of the Select Committee of the H. of L. on the sweating system*,
1890, § 15.

ce travail n'a souvent en lui-même qu'une valeur médiocre. Si l'on se reporte aux dépositions des témoins ouvriers devant les différentes commissions, on verra que leurs plaintes ont pour fondement un sentiment d'un ordre un peu différent, le sentiment obscur que certains métiers, ou certaines parties de métier, sont organisés de manière à ne point ménager suffisamment la machine humaine et à tirer des ouvriers — le plus souvent contre une rétribution minime — non seulement tout ce qu'ils peuvent donner, mais plus qu'ils ne peuvent réellement donner pour rester des membres utiles de la communauté sociale. C'est dans ce sens que l'on peut, à notre avis, continuer à parler d'un « système de la suée ».

Londres est par excellence la ville du sweating. Nulle part, pas même à Paris ou à New-York, les métiers classiques du sweating system ne trouvent un terrain aussi favorable qu'à Londres. C'est dans l'East End de Londres qu'ont afflué les immigrants juifs, et c'est sur Londres qu'a porté tout l'effort des enquêteurs parlementaires. Nous y étudierons d'abord les faits, c'est-à-dire le développement du sweating dans les différents métiers. Nous essaierons ensuite d'analyser les causes qui amènent ce développement, et nous verrons, à ce propos, comment il se fait que ces causes agissent à Londres avec une force et une ampleur particulières. Enfin, nous montrerons par quels remèdes — lois sur les fabriques, loi contre l'immigration, loi sur les conseils de métiers — le Parlement anglais s'est efforcé de combattre ce malaise économique.

Un des exemples les plus simples du sweating dans les métiers londoniens nous est fourni par l'industrie du cartonnage.

La fabrication des boîtes en carton n'est pas une industrie sans importance dans un centre commercial tel que Londres où les magasins utilisent chaque jour d'innombrables boîtes de toutes sortes. Au recensement de 1901, 10.959 personnes, dont 9.603 femmes, se sont inscrites comme employées à la fabrication des boîtes en carton et des sacs en papier. Finsbury, Bethnal Green et Shoreditch sont les principaux centres de cette industrie [1].

Le chiffre de 10.959 ouvriers et ouvrières est certainement très inférieur à la réalité, parce que ceux qui font de la fabrication des

1. Cf. *Report by the Statistical Officer on the census of 1901* (L. C. C.), p. XXI. Il n'est pas possible de déterminer la proportion d'ouvriers et d'ouvrières employés dans chacune de ces deux professions. La fabrication des sacs, dont nous ne parlons pas, se fait dans des conditions encore plus mauvaises que la fabrication des boîtes (Voir *Home industries of women in London*, p. 164 et suiv.).

boîtes un métier continu ont été les seuls à s'inscrire dans la profession. Il y a plus de 300 fabriques de cartonnage à Londres, la
plupart dans l'East End ; dans certaines fabriques, les ouvrières se
comptent par centaines ; et il semble que partout le nombre des
ouvrières employées à domicile soit plus considérable que celui
des ouvrières employées à la fabrique [1]. Or, sur 9.603 ouvrières,
1.218 seulement se sont inscrites comme travaillant à domicile. La
proportion est manifestement insuffisante, et il est probable que le
nombre des femmes qui, à un moment ou à l'autre de l'année, se
transforment pour un certain temps en cartonnières est plus près
de vingt mille que de dix.

Dans la plupart des maisons de cartonnage, surtout dans les
plus importantes, une partie de la fabrication est faite à la fabrique
même par des ouvrières régulières, payées à la pièce ou plutôt à la
grosse. Le carton est découpé par une machine — la guillotine —
qui est manœuvrée par des hommes. Sauf ce travail préliminaire,
tout se fait à la main, ou plutôt s'est fait à la main jusqu'à ces dernières années. On commence en effet à employer des machines pour
l'article commun ; mais leur usage s'est peu répandu à Londres où
la main-d'œuvre n'est pas chère, et il ne paraît pas d'ailleurs que
la concurrence des machines ait eu la moindre influence sur les
salaires des cartonnières qui étaient tombés trop bas pour pouvoir
diminuer encore [2].

Les ouvrières qui travaillent à la fabrique sont les aristocrates
du cartonnage. On les emploie, autant que possible, régulièrement,
tandis que celles qui travaillent à domicile n'ont pas beaucoup plus
de six mois de travail [3]. C'est à celles-là qu'on réserve, comme il
est naturel, le travail le plus délicat, que l'on n'oserait point envoyer à domicile et qui est aussi le mieux payé. Elles n'ont à fournir ni la colle, ni la ficelle nécessaire à l'empaquetage, fournitures
qui représentent pour une ouvrière en chambre une perte de plus
de 8 p. 100 (1 penny par shilling environ) [4]. On cite le cas d'une
ouvrière qui gagnait 18 shillings par semaine (22 fr. 50) à la fabrique et qui, obligée par une infirmité de rester chez elle, ne gagne

1. *Select Committee of the H. of. C. on Home Work*, II, Q. 107, 111-112, 2364.
2. *Select Committee on Home Work*, II, Q. 2303, 2305, 2870. Un fabricant
prétend cependant (II, Q. 272) que la concurrence des machines est pour quelque chose dans la modicité des salaires.
3. *Select Committee on Home Work*, II, Q. 190.
4. *Select Committee on Home Work*, II, Q. 93.

plus que 13 shillings (16 fr. 25) tout en travaillant plus longtemps qu'auparavant [1].

Il est assez difficile d'établir avec précision le salaire moyen des cartonnières de fabrique. Un fabricant qui est en même temps un philanthrope, M. Douglas, a dit devant le *Home Work Committee* que, pour une boîte de fabrication assez courante, il payait ses ouvrières à raison de 3 shillings (3 fr. 75) la grosse et qu'elles pouvaient en faire une grosse par jour. Ses ouvrières de fabrique gagneraient, suivant lui, de 3 à 4 shillings (3 fr. 75 à 5 fr.) [2].

Un autre témoin, M. Holmes, le « missionnaire des tribunaux » bien connu, est venu déclarer, il est vrai, qu'il n'avait jamais entendu parler de boîtes à 3 shillings la grosse [3] ; et sans mettre en doute la parole de M. Douglas, il est permis de croire que ses ouvrières sont particulièrement favorisées. En 1888, Miss Collet évaluait à 12 ou 13 shillings (15 fr. à 16 fr. 25) le salaire moyen des ouvrières de fabrique dans l'East End [4]. Dans sa déposition devant le *Home Work Committee*, Miss Black parle de 14 à 16 shillings (17 fr. 50 à 20 fr.) pour l'année 1890, mais affirme que les salaires ont beaucoup diminué depuis cette époque, les patrons ayant pris l'habitude de remplacer pour les opérations les plus simples les ouvrières par des apprenties qui se contentent d'une rémunération insignifiante [5].

N'oublions pas qu'il s'agit ici d'ouvrières qui ont des capacités techniques très appréciables et qui sont capables, jusqu'à un certain point, de défendre leurs intérêts. Il n'en est pas de même des cartonnières qui travaillent chez elles.

Pour celles-ci, le carton est, comme dans le premier cas. coupé à la guillotine à la fabrique. Les ouvrières viennent l'y chercher et doivent y rapporter les boîtes lorsqu'elles les ont faites. Ce second voyage est souvent fort pénible, quand les boîtes sont volumineuses ; les ouvrières perdent beaucoup de temps et dépensent en tramways et en omnibus une partie de leur maigre salaire. Nous avons vu précédemment que ce sont elles qui fournissent la colle, qu'elles préparent en la faisant chauffer dans la cheminée. Comme l'espace disponible est très restreint, elles entassent les boîtes un peu partout

---

1. *Home industries of women in London, Report of an inquiry by the investigation Committee of the Women's Industrial Council* (1908) p. 128, 149.
2. *Select Committee on Home Work*, II, Q. 9, 66-67.
3. *Select Committee on Home Work*, II, Q. 357.
4. Dans Booth, *Life and Labour*, 1re série, IV, p. 279.
5. *Select Committee on Home Work*, II, Q. 2866-2867.

pour les faire sécher : sur la table, sur les lits, sur le parquet ; il faut
être bien habile pour que la colle ne touche aucune partie du mobilier [1].

Mais ce sont là, disent les patrons, de petites misères, en regard
desquelles il faut mettre d'importants avantages. Les cartonnières
en chambre, qui sont assez souvent d'anciennes ouvrières de fabrique mariées, peuvent par ce moyen obtenir du travail quand elles
le désirent et en avoir autant qu'elles le désirent. La femme dont le
mari se trouve sans ouvrage et qui a pris la précaution de se
faire inscrire sur la liste des ouvrières dans une fabrique de cartonnage peut venir y chercher du carton et travailler pendant la période de chômage, de manière à éviter la workhouse [2].

Le patron de son côté n'agit point ainsi par simple philanthropie.
L'organisation du travail à domicile lui permet de réduire son installation, d'avoir un local plus petit — chose très importante à Londres — et de répartir sur les ouvrières en chambre l'excédent de
travail qui se présente à certaines époques de l'année — à la Noël,
par exemple — ou les commandes pressées auxquelles son personnel ordinaire ne suffirait pas [3].

Tout serait donc pour le mieux, s'il n'y avait pas des réserves à
faire au sujet des salaires. Un fabricant a fait connaître aux membres de la Commission de la Chambre des Communes le montant
du salaire de quatre de ses ouvrières pendant quatre semaines consécutives. La première a gagné de 14 sh. 8 pence (18 fr. 30) à 19 sh.
11 pence (24 fr. 90) ; la seconde qui n'a pas travaillé tout le temps
a gagné de 5 sh. 8 pence (7 fr. 05) à 12 sh. 3 pence (15 fr. 30) ; la semaine de la troisième qui s'est fait aider par un de ses enfants a
varié entre 20 sh. (25 fr) et 25 sh. 5 pence (31 fr. 75) ; celle de la
quatrième entre 8 sh. 11 pence (11 fr. 15) et 12 sh. 8 pence et demi
(15 fr. 85) [4]. Au prix où l'on estime d'ordinaire le travail féminin, ces
salaires peuvent paraître presque suffisants ; mais pour porter un
jugement sur ce point, il serait indispensable de savoir combien
d'heures de travail représente ce salaire, ce que nous ignorons complètement.

Avant le vote de la loi de 1909 sur les conseils de métiers, le

1. La ligue contre le sweating (*Anti-Sweating League*) a réuni une collection
de photographies qui illustrent d'une manière frappante les conditions dans
lesquelles travaillent les ouvrières du cartonnage et des autres métiers *sweated*.
2. Voir *Select Committee on Home Work*, II, Q. 2276 et suiv.
3. *Ibid.*, II, Q. 4. 189, 2296.
4. *Select Committee on Home Work*, II, Q. 2291.

salaire habituel ne dépassait pas 1 shilling (1 fr. 25) par jour ou
1 sh. 6 pence au plus (1 fr. 85) [1]. Suivant la déposition d'une inspectrice du travail, Miss Squire [2], le prix le plus ordinaire des boîtes
données à domicile va de 9 pence (0 fr. 93) à 1 sh. 5 pence (1 fr. 75)
la grosse. Le prix de 1 shilling (1 fr. 25) est très commun, et, si l'on
en croit le témoignage de Miss Squire, peu rémunérateur. Deux
sœurs qu'elle connaît font ensemble deux grosses de boîtes à 1 shilling dans la journée. Elles gagnent donc ensemble 2 shillings,
dont il faut déduire 2 pence pour les fournitures. Le salaire jour-
nalier des deux ouvrières se réduit donc à 2 fr. 50, moins 20 centimes soit 2 fr. 30 ; il leur serait impossible de vivre si l'une n'était
pas mariée et n'avait pas un mari qui travaille, et si l'autre ne recevait pas un petit secours de l'Assistance publique [3]. Dans l'un et
l'autre cas, la situation de l'ouvrière n'est pas normale ; le salaire
qu'elle reçoit est complété d'autre part, ce qui lui permet de s'en
contenter et ce qui permet au fabricant de diminuer ses prix presque indéfiniment. Il en est très souvent ainsi dans les métiers qui
s'exercent à domicile et qui sont soumis au sweating system.

Les boîtes les plus mal payées sont les plus usuelles, celles qui
servent simplement à empaqueter des objets. Les magasins qui
achètent ces boîtes se plaignent toujours de les payer trop cher,
puisqu'ils doivent les donner aux clients. Certains fabricants ont
même renoncé à faire ce genre de boîtes (les boîtes pour les souliers, par exemple) ; d'autres ne parviennent à les faire qu'en diminuant au delà de toute mesure le prix payé aux ouvrières [4].

Les boîtes à allumettes sont l'exemple le plus célèbre de l'avilissement des prix. Avant 1910, le prix usuel était 2 pence et demi
(0 fr. 25) la grosse et l'on entend par une grosse 12 douzaines d'intérieurs et 12 douzaines d'extérieurs, en tout 288 pièces. Ces 288 pièces étaient payées en réalité à raison de 22 centimes et demi, car il
faut déduire des 25 centimes deux centimes et demi par grosse environ, pour les fournitures [5]. On parle, il est vrai, d'ouvrières exceptionnelles qui auraient fait jusqu'à 12 grosses dans une journée, ce
qui représenterait un salaire de 2 shillings net (2 fr. 50) ; mais ces
ouvrières sont bien rares, si elles existent. Le plus que puisse faire

1. *Home industries of women in London*, p. 128 et suiv. Sur 81 cartonnières,
11 seulement gagnent 10 shillings et plus par semaine.
2. *Select Committee on Home Work*, I, Q. 589.
3. *Ibid.*, I, Q. 592-596, 599.
4. *Select Committee on Home Work*, I, Q. 2882, II, Q. 2315, 2352, 2408, 2412.
5. *Ibid*, I, Q. 600.

une très bonne ouvrière, travaillant de 5 heures du matin à 9 heures du soir, est 8 grosses qui, à 2 pence et quart, rapporteraient 1 sh. 6 pence (1 fr. 85). On peut considérer ce salaire comme un maximum [1].

La fabrication à la main des boîtes à allumettes est en décadence. Soit à cause des campagnes de presse qui ont été faites à plusieurs reprises, soit pour d'autres raisons, la plupart des fabriques d'allumettes se sont mises à faire elles-mêmes leurs boîtes à la machine. On aurait vu sans regret disparaître cette industrie ; mais les cartonnières continuaient de fabriquer des petites boîtes du même genre, pour mettre les plumes, par exemple ; et comme il n'y a pas dans ces boîtes de frotte-allumettes, on ne les payait que 2 pence (0 fr. 20) la grosse au lieu de 2 pence et demi, soit 1 penny trois quarts (0 fr. 175) déduction faite des fournitures [3]. Suivant la remarque du président de la Commission de la Chambre des Communes [4], cette somme de 17 centimes 1/2 paraît tout juste suffisante pour payer l'empaquetage et le transport des boîtes.

L'industrie du cartonnage présente un cas simple de sweating : peu ou point de machinisme, pas de division du travail, pas d'intermédiaires interposés entre le patron et les ouvriers. Les autres industries offrent en général une plus grande complication.

Celle de la lingerie est déjà plus complexe. Il faut une machine à coudre : l'ouvrière qui ne possède pas ou qui ne peut acheter à crédit cet indispensable instrument de travail est obligée de travailler en sous-ordre. La division du travail apparaît avec les « piqueuses » et les « finisseuses », et, avec la division du travail, la possibilité de la sous-entreprise et de l'exploitation qui en est la conséquence.

La lingerie atteint à Londres les proportions d'une grande industrie. En 1901, 32.577 personnes, dont 30.648 femmes, étaient comprises sous la dénomination de « chemisières et lingères [5] » ; 9.758 femmes se sont inscrites comme travaillant à domicile. Les chemisières et lingères sont surtout nombreuses dans les quartiers pauvres du Centre et de l'Est [6].

1. *Select Committee on Home Work*, I, Q. 2900.
2. *Ibid.*, I, Q. 2900.
3. *Ibid.*, I, Q. 604. On trouve même des boîtes à allumettes faites à ce prix (*Home industries of women in London*, p. 154).
4. *Select Committee on Home Work*, I, Q. 604 *bis*.
5. L'article du recensement dit *shirtmakers and seamstresses*. Ce dernier mot que nous traduisons par « lingères » est plus vague que le mot français.
6. Bermondsey, Camberwell, Southwark, Finsbury, Shoreditch, Bethnal

L'histoire d'une chemise, depuis le moment où le tissu taillé quitte la maison de gros jusqu'à celui où il y rentre sous la forme d'une chemise terminée, est souvent loin d'être simple.

La maison de gros a généralement son siège dans la Cité. Pour les qualités supérieures, elle a sa succursale d'Irlande [1] ; pour les qualités inférieures, elle fait travailler dans l'East End. Tantôt elle distribue le travail directement aux ouvrières, tantôt elle le donne par grosses quantités à des intermédiaires. Les grandes maisons ont parfois dans l'East End un atelier dans lequel elles font piquer leurs chemises à la machine et où les ouvrières sont employées régulièrement toute l'année. Il est rare que la chemise soit complètement terminée à l'atelier ; les coutures faites, la chemise est livrée à la « finisseuse » qui l'achève chez elle.

Ordinairement l'atelier de l'East End sert à deux fins : il est non seulement un atelier, mais un centre de distribution. On y pique à la machine une partie des chemises ; le reste est distribué au dehors, par paquets contenant le tissu tout taillé pour une douzaine de chemises. Les maisons moins importantes qui n'ont point d'atelier ont souvent une annexe, d'où le travail est distribué de la même façon.

Les ballots de chemises peuvent être donnés directement à des piqueuses qui prennent les chemises à tant la douzaine, font les coutures, et passent les chemises aux finisseuses qui travaillent en sous-ordre et sont payées par les piqueuses. Dans d'autres cas, le travail est donné par la maison de gros à un homme ou à une femme qui ont un atelier où ils emploient des piqueuses payées à la pièce. Les chemises sont ensuite « finies » par des ouvrières travaillant chez elles. Si le temps presse, il peut arriver que le petit patron redistribue à des piqueuses étrangères à sa maison une partie du travail qu'il doit livrer ; ces piqueuses emploient à leur tour leurs finisseuses, selon l'usage.

On voit à quel point est compliquée la généalogie d'une chemise qui part de la maison de la Cité pour aller à l'annexe de l'East End, et de là chez un petit patron, puis chez une piqueuse et enfin chez une finisseuse. La maison de la Cité essaie naturellement de payer

Green, Hackney, Poplar. — Cf. *Report by the Statistical Officer on the census 1901 of* (L. C. C.), p. XVIII. Les couturières se rencontrent dans de tout autres quartiers.

[1]. Les femmes et les filles des fermiers irlandais sont encore plus mal payées que les chemisières de Londres ; mais il n'y a pas concurrence, à cause de la différence de qualité.

le moins cher possible. Le petit patron qui a pris la commande et qui, peut-être, a dû pour l'obtenir acheter les bonnes grâces du contremaître, cherche à donner le moins possible à ses piqueuses et à ses finisseuses. S'il redistribue une partie du travail, il le fait à 1 penny ou 1/2 penny de moins par douzaine, qu'il ne reçoit lui-même. La piqueuse à laquelle il le donne ou qui va le chercher dans la Cité, s'efforce de gagner sur la finisseuse.

Celle-ci est la plus mal en point et se trouve à peu près sans défense. La finisseuse est souvent une femme qui n'a pas été accoutumée à travailler de ses mains, qui a vécu dans un confort relatif et qui, dans des circonstances difficiles, après la mort du mari, par exemple, prend le seul travail qu'elle soit capable de faire et le prend à n'importe quel prix. Comme le remarque Miss Collet dans le compte rendu de l'enquête qu'elle fit en 1888 pour M. Booth [1], le prix en somme importe peu, attendu qu'il est impossible à la plupart des finisseuses de vivre de leur salaire et que ce salaire doit nécessairement être complété par un secours de l'Assistance publique, par des aumônes ou par d'autres ressources. Il n'est pas rare non plus de voir des femmes de la classe moyenne travailler au finissage pour se procurer de l'argent de poche ; cette forme spéciale de concurrence ne peut que favoriser la diminution des salaires [2].

Ici comme chez les cartonnières, les ouvrières employées dans les manufactures sont mieux traitées que le reste. Elles sont payées à la pièce, comme celles qui travaillent chez elles ; mais il semble bien que, dans certaines manufactures tout au moins, les prix payés aux ouvrières en chambre soient inférieurs à ceux qui sont payés dans la manufacture même [3]. On réserve en tout cas aux ouvrières de l'atelier les articles les plus avantageux ; on n'y fait guère que les qualités payées 1 sh. 6 pence (1 fr. 85) la douzaine ou davantage ; les qualités inférieures sont données à faire à domicile [4].

---

1. *Life and Labour*, 1re série, IV, p. 260. Les pages 259 et 260 renferment un exposé très clair de la question des chemisières, telle qu'elle se présentait alors.

2 Il est à remarquer que Stoke Newington, qui est un quartier habité par la classe moyenne, renferme une forte proportion de chemisières et lingères. — Cf. *Report by the Statistical Officer on the census of 1901* (L. C. C.), p. XVIII. — Voir aussi Booth, 1re série, IV, p. 264.

3. Une ouvrière qui a travaillé dans une manufacture dit dans sa déposition devant le *Home Work Committee* que la qualité payée 9 pence 1/4 (0 fr. 96) la douzaine aux ouvrières en chambre est payée 1 shilling 1 penny 3/4 (1 fr. 42) à la manufacture (*Select Committee on Home Work*, II, Q. 2069).

4. *Select Committee on Home Work*, I, Q. 537,540. *Home industries of women in London*, p. 117, 125.

Ce sont enfin les ouvrières de l'atelier qui sont servies les premières pendant la morte-saison, dont elles souffrent beaucoup moins que les autres. En 1888, Miss Collet évaluait leur salaire à 12 shillings et plus : « Ce sont, disait-elle, de jeunes dames qui n'aiment pas à parler de leur travail. » Elles peuvent, semble-t-il, gagner aujourd'hui de 15 à 20 shillings (18 fr. 75 à 25 fr.) par semaine [1]. Devant le *Home Work Committee*, une ouvrière a déclaré qu'elle gagnait précédemment 15 à 16 shillings (18 fr. 75 à 20 fr.) à l'atelier, et que, maintenant qu'elle travaille chez elle, son salaire est tombé, malgré des journées de 15 heures, à 9 ou 10 shillings (11 fr. 25 à 12 fr. 50) [2].

Les prix payés aux ouvrières en chambre pour faire une douzaine de chemises sont très variables. Il y a des chemises à partir de 6 pence (0 fr. 60) la douzaine, piquage et finissage compris. Le prix maximum pour les qualités faites à Londres ne paraît pas dé- passer 4 shillings (5 fr.) la douzaine. L'ouvrière fournit la machine à coudre : ces machines sont généralement achetées à crédit, et payées à raison de 1 shilling ou 1 sh. 6 pence chaque semaine. C'est également, sauf de rares exceptions, l'ouvrière qui fournit le fil ; il faut déduire de ce chef 1 à 2 pence, suivant les cas, par douzaine de chemises [3].

Soixante centimes, moins les fournitures, pour une douzaine de chemises, n'est assurément pas un prix exagéré ; mais ce n'est pas toujours le travail très commun qui rapporte le moins, car une chemise à 4 shillings la douzaine demande infiniment plus de temps et de peine qu'une de ces chemises « à la va vite » (*run up*) que l'on paie 2 sous pièce [4]. La chemise à six pence se fait beaucoup à Woolwich. On dit qu'on peut en faire jusqu'à trois douzaines par jour, mais qu'on ne pourrait continuer longtemps à cette allure. Trois douzaines à 6 pence font 1 sh. 6 pence, dont il faut déduire 4 pence pour les fournitures ; reste 1 sh. 2 pence ou 1 fr. 45 [5]. L'ouvrière ne gagne même pas 10 centimes par heure de travail.

1. *Home industries of women in London*, p. 115.

2. *Select Committee on Home Work*, II, Q. 2050, 2058.

3. Le fabricant fournit généralement le fil gratuitement aux ouvrières d'atelier, ce qui est encore un avantage sensible en leur faveur. Il y a cependant des manufactures où l'on fait payer aux ouvrières le fil et les aiguilles. Cf. *Select Committee on Home Work*, II, Q. 1976-1979, 1982.

4. *Select Committee on Home Work*, I, Q. 673-674. Les boutonnières des chemises à bon marché sont souvent faites à la manufacture et non par l'ouvrier. *Ibid.*, I, Q. 2358.

5. *Select Committee on Home Work*, I, Q. 501 et 504 et suiv., 514.

Les ouvrières qui travaillent sur des qualités un peu meilleures ne sont pas beaucoup mieux partagées. Le gouvernement anglais fait faire dans l'East End et à Woolwich des chemises pour lesquelles il donne de 8 à 9 pence et demi (80 à 95 centimes) par douzaine, et dont chacune demande plus d'une heure de travail [1]. Des ouvrières visitées par les représentants du Conseil industriel féminin et qui font des chemises à 7, 8 et 9 pence n'arrivent pas non plus à gagner 1 penny de l'heure [2]. On rencontre des cas analogues parmi les ouvrières qui font la belle qualité : une ouvrière qui travaille à des chemises à 4 sh. 6 pence la douzaine met de 3 heures et demie à 4 heures et demie pour faire une chemise bien qu'elle soit « assez vive » ; c'est dire qu'elle ne gagne pas beaucoup plus de 1 penny par heure [3].

Le Conseil industriel féminin a trouvé par contre une ouvrière qui fait dans sa journée une douzaine de chemises à 3 sh. 4 pence (4 fr. 15) et une autre ouvrière qui, sur des chemises à 1 sh. 6 pence (1 fr. 85) la douzaine, prétend gagner 3 pence (0 fr. 30) de l'heure « en travaillant vite » [4]. Mais 3 pence de l'heure est un prix très élevé pour une chemisière ; 1 penny est probablement au-dessous de la moyenne ; 2 pence paraît commun. Le salaire hebdomadaire est de 11 à 12 shillings environ (13 fr. 75 à 15 fr.) [5]. Ce salaire varie naturellement suivant les capacités plus ou moins grandes de l'ouvrière et suivant que le prix de base est plus ou moins avantageux. Il est difficile de dire d'après quel principe ce prix est établi : les différences de prix ne correspondent que très grossièrement à la différence de travail. La même chemise qui était payée à raison de 1 sh. 6 pence (1 fr. 85) la douzaine sera payée 1 sh. 2 pence (1 fr 45) la semaine suivante, parce que le fabricant, pour une raison quelconque, a décidé d'abaisser son prix de vente, sans diminuer son bénéfice [6]. C'est le prix de vente qui gouverne tout ; le salaire de l'ouvrière est presque indéfiniment compressible.

Le *Home Work Committee*, [7] a reçu la déposition d'une chemisière

1. *Select Committee on Home Work*, I, Q. 4416.
2. *Home industries of women in London*, p. 114-115, 118-119.
3. *Ibid.*, p. 116-117.
4. *Ibid.* p. 118, 122-123.
5. Dans sa déposition devant le *Home Work Committee* (I, Q. 681), Miss Collet donne pour les chemisières travaillant toute la journée une moyenne de 13 shillings 7 pence (17 fr.) ; mais toute cette déposition est empreinte d'un grand optimisme.
6. *Select Committee on Home Work*, I, Q. 2346, 2365.
7. *Ibid.*, II, Q. 2039 et suiv.

qui est — il faut l'espérer du moins — plus misérable que la moyenne, mais dont le cas doit être celui d'un grand nombre de femmes
de la classe pauvre à Londres. Elle a six enfants. Son mari, manœuvre sans spécialité, paraît devoir être compté au nombre de ces
chômeurs presque permanents qui pullulent dans la capitale ; bien
qu'il jouisse d'une excellente santé, il est resté trois ans sans trouver de travail qui lui convînt. Pendant ce temps, il faisait le ménage, tandis que sa femme travaillait 15 à 16 heures par jour.
Le salaire de cette malheureuse femme ne dépasse pas 9 à 10 shillings (11 fr. 25 à 12 fr 50), dont il faut déduire un shilling pour
fournitures et frais divers. « Mais comment faites-vous pour vivre ? »
demandait un des membres de la Commission. « Nous ne vivons
pas », répondit-elle.

Parmi les ouvrières de la chemise les plus mal payées sont probablement celles qui font les boutonnières et cousent les boutons.
Elles sont ordinairement spécialisées ; elles n'ont appris qu'à faire
des boutonnières. Pour comble de malheur elles se trouvent en concurrence avec des machines qui font trois boutonnières à la minute,
tandis que le maximum qu'une ouvrière puisse faire à la main est
2 douzaines à l'heure. Une ouvrière qui a déposé devant le *Home
Work Committee* est payée 5 pence (0 fr. 50) pour une douzaine de
chemises, renfermant 84 boutonnières. Elle travaille de six heures
du matin à minuit pour gagner 5 shillings à 5 sh. 6 pence (6 fr. 25 à
6 fr. 85) par semaine [1]. Elle aussi meurt de faim, comme la précédente. Une autre femme fait une douzaine de chemises à 60 boutonnières
pour 4 pence (0 fr. 40) et une douzaine à 72 pour 5 pence (0 fr 50) [2].

Sauf pour les boutonnières et le « finissage » en général, le travail
à la main a presque disparu de la chemiserie. Il n'en est pas de
même dans la lingerie pour dames et enfants où l'on rencontre encore l'article de luxe fait entièrement ou presque entièrement à la
main. Là aussi, d'ailleurs, la machine à coudre est en train de remplacer l'aiguille de l'ouvrière.

Les conditions générales rappellent celles qui existent dans la
chemiserie. A la tête de l'industrie sont un certain nombre de maisons de gros de la Cité ou du West End (celles-ci pour les articles
fins), qui distribuent le travail aux ouvrières, aux petits patrons et
aux intermédiaires. Une grande partie du travail est faite dans les
petits ateliers, organisés le plus souvent par une femme, et où travaillent cinq ou six femmes et jeunes filles qui sauvegardent leur

1. *Select Committee on Home Work*, I, Q. 2084 et suiv.
2. *Home industries of women in London*, p. 126-127.

dignité en face d'elles-mêmes et de leurs connaissances en prétendant travailler « pour une amie ». La directrice de l'atelier sait
mettre à profit la vanité de ses « amies » pour les payer le moins
cher possible [1]. Le reste est fait à domicile et distribué, soit directement par la maison de gros, soit par des intermédiaires. Comme
dans la chemiserie, le temps perdu est si considérable, lorsque les
ouvrières veulent aller elles-mêmes chercher l'ouvrage et le rapporter, qu'il est parfois plus avantageux pour elles de le prendre, à
un prix inférieur, chez un intermédiaire du quartier.

Le travail à la main, qui demande généralement une grande ha-
bilité chez l'ouvrière, n'est pas sensiblement mieux payé que le travail à la machine ; dans certains cas, le salaire est même inférieur.
Deux ouvrières de premier ordre, qui travaillent pour une des meilleures maisons du West End et ont fait de la lingerie destinée à
la famille royale, gagnent chacune environ 2 pence (0 fr. 20) de
l'heure. Elles ont dit aux représentants du Conseil industriel féminin qu'elles avaient été quelquefois obligées, sous peine de se brouil-
ler avec la maison, d'accepter du travail qui ne rapportait pas plus
de 1 penny de l'heure [2]. Une autre femme qui fait à la main des
chemisettes à 2 sh. 6 pence (3 fr. 10) et à 3 sh. pièce (3 fr 75) donne
deux jours comme le temps nécessaire à une ouvrière vive pour
faire une de ces chemisettes. Cette ouvrière gagnera donc 1 sh. 3 pence
ou 1 sh. 6 pence (1 fr. 55 ou 1 fr. 85) dans sa journée, tandis qu'une
ouvrière qui fait des chemisettes à la machine, à raison de 1 sh.
2 pence (1 fr. 45) et 3 sh. 6 pence (4 fr 35) la douzaine peut faire
en un jour deux douzaines des moins chères et une douzaine des
plus chères, gagnant ainsi 2 sh. 4 pence (2 fr. 90) dans le premier
cas et 3 sh. 6 pence (4 fr. 35) dans le second [3].

Dans l'ensemble, les salaires paraissent un peu supérieurs à ceux
de la chemiserie. Une des ouvrières visitées par le Conseil industriel avoue même un salaire de 30 shillings (37 fr. 50) par semaine,
avec 8 heures de travail par jour ; mais elle travaille dans la belle
qualité et — chose beaucoup plus importante encore — pour une
« bonne maison » [4]. La moyenne des lingères ne gagne ni 30 shillings ni même la moitié. D'après Miss Collet, la moyenne à Londres, en 1907, pour des ouvrières travaillant toute la journée, était

1. Miss Collet, dans Booth, *Life and Labour*, 1re s., IV, p. 296-297. Cf. *Home
Industries of women in London*, p. 126-127.
2. *Home Industries of women in London*, p. 64-65.
3. *Ibid.*, p. 66-67 et 70.
4. *Ibid.*, p. 62-63.

de 14 sh. 1 penny (17 fr. 60) [1] ; cette évaluation paraît plutôt pécher par excès qu'autrement.

Dans la lingerie, la section la plus mal payée, bien que l'on y trouve, comme ailleurs, des différences de prix très importantes et difficilement explicables, est la lingerie pour enfants. Les fabricants s'y font une concurrence insensée, qui a eu pour résultat une diminution générale des salaires.

Un fabricant, dont il a beaucoup été question devant le *Home Work Committee*, s'est mis à vendre directement au public au moyen d'un procédé fort ingénieux. Il fait insérer dans les journaux des annonces qui offrent, de la part d'une prétendue nourrice, un équipement complet pour enfant, équipement, dit l'annonce, « fait à la maison ». Pour 25 francs on donne 70 articles différents. Le fabricant économise ainsi tous les frais d'intermédiaires ; il économise, d'autre part, sur le salaire des femmes qui travaillent pour lui [2].

La Commission a reçu les dépositions de deux ouvrières qui travaillent pour cette maison, les ouvrières B et C (on les a désignées ainsi pour les soustraire à une vengeance possible). L'ouvrière B [3] travaille avec sa sœur. Les deux jeunes filles appartiennent à une famille qui n'est pas sans ressources, puisque leur père gagne 50 à 60 shillings (62 fr. 50 à 75 fr.) par semaine ; mais elles veulent être indépendantes. Elles ont travaillé d'abord pour une maison qui leur faisait faire des robes de soie pour enfants ; elles gagnaient alors (en 1904) 35 shillings (43 fr. 75) chacune dans une semaine de 48 heures. Mais la maison réduisit tout à coup le tarif, probablement parce que l'on s'aperçut en haut lieu qu'elles gagnaient une somme très supérieure à ce que l'on considère comme le salaire normal d'une femme [4] ; elles refusèrent d'accepter la diminution et quittèrent la maison.

A l'époque de la déposition (1908), elles travaillaient pour deux fabricants. Le premier leur donne à faire des robes d'enfants à 3 pence et demi (0 fr. 35) ; on peut en faire 6 en 10 heures. L'autre donne des robes d'enfants à 5 pence et demi (0 fr. 55) ; on peut en faire 6 en 13 heures. Dans une journée de 10 heures, chacune des deux sœurs gagne donc 1 sh. 9 pence (2 fr. 20) dans le premier cas, et 2 sh. 1 penny et demi (2 fr. 65) dans le second, fournitures non

1. *Select Committee on Home Work*, I, Q. 681.
2. *Select Committee on Home Work*, II, Q. 2231.
3. *Ibid.*, II, Q. 1842 et suiv.
4. *Ibid.*, II, Q. 2222, 2240-2241.

déduites. L'ouvrière B estime à 10 shillings (12 fr. 50) son salaire moyen par semaine pendant 10 mois ; il y a deux mois de morte-saison.

Celle des deux sœurs qui a déposé devant la Commission de la Chambre des Communes est fort intelligente ; elle et sa sœur sont évidemment très expertes dans leur profession. L'ouvrière C', dont les capacités paraissent beaucoup plus ordinaires, travaille dans des conditions plus mauvaises encore. Bien qu'elle n'ait pas à s'occuper du ménage, elle ne parvient pas à gagner plus de 7 à 8 shillings (8 fr. 75 à 10 fr.) par semaine, en travaillant de 9 heures du matin à 7 h. 1/2 ou 8 heures du soir. Il lui serait impossible de vivre et de nourrir son vieux père, qui ne travaille plus, si elle n'avait pas de temps en temps quelques commandes particulières qui lui rapportent un peu d'argent.

Comme la Commission put s'en convaincre par la déposition d'une ouvrière de manufacture et par l'examen des modèles présentés par les trois ouvrières, cette manufacture, située en province, paie des prix très supérieurs à ceux que reçoivent à Londres les ouvrières en chambre. Un article payé 2 shillings (2 fr. 50) la douzaine à Londres est tarifé 4 sh. 3 pence (5 fr. 30) à la manufacture ; un autre, payé 3 sh. 6 pence (4 fr. 35) la douzaine à Londres est tarifé 5 shillings (6 fr. 25) [2].

C'est donc en acceptant des salaires de famine que le travail à domicile londonien parvient à lutter, et à lutter avec succès, contre les manufactures provinciales, avec leurs machines perfectionnées, mues à la vapeur ou à l'électricité. C'est en acceptant des salaires de famine que lingères et chemisières luttent les unes contre les autres. Toutes s'accordent à dire que les prix baissent d'une façon presque ininterrompue et que les « bonnes maisons » deviennent de plus en plus rares.

Un autre sujet de plaintes est l'insuffisance de la quantité de travail donnée à chaque ouvrière, insuffisance qui fait d'un trop grand nombre de chemisières et de lingères des ouvrières intermittentes. Une femme qui fait des boutonnières a gagné, dit-elle, 1 shilling (1 fr. 25) par semaine depuis six mois, tandis qu'elle pourrait gagner 5 shillings (6 fr. 25), si elle avait assez de travail [3]. Des cas de ce genre ne sont pas rares parmi les ouvrières visitées par le Conseil industriel féminin. L'irrégularité du travail est favorisée par le fait

---

1. *Select Committee on Home Work*, II, Q. 1906 et suiv.
2. *Ibid.*, II, Q. 1989, 1993, 2229.
3. *Home industries of women in London*, p. 126-127.

qu'une partie des ouvrières ne travaillent que lorsque la nécessité les y contraint, lorsque, par exemple, le mari n'a pas d'ouvrage. Mais les patrons, de leur côté, ont intérêt à répartir le travail sur un nombre d'ouvrières beaucoup plus considérable que celui dont ils ont besoin en temps normal, de manière à les avoir à leur disposition aux époques de presse. C'est ainsi que naissent chez les chemisières et les lingères des conditions industrielles qui ne sont pas sans analogie avec celles que nous avons rencontrées chez les dockers.

La section « manteaux et costumes » est organisée d'une façon toute particulière. Cette industrie, qui ne date guère que d'une trentaine d'années, a été introduite en Angleterre par les Juifs, et ce que l'on appelle le « système juif » de la division du travail y existe comme il existe dans la confection pour hommes. Le personnage principal est le « fabricant » (*manufacturer*) qui se procure un certain nombre de modèles et les fait reproduire. Il ne travaille pas directement pour les magasins de nouveautés ; entre le magasin de détail et le fabricant s'interpose la maison de gros, intermédiaire indispensable parce qu'elle centralise la production et peut offrir aux détaillants un choix de modèles très complet, tandis que chaque fabricant ne fait qu'un nombre restreint de modèles [1].

Pour faire exécuter son travail, le fabricant a le choix entre trois méthodes qui peuvent d'ailleurs se combiner ensemble.

1° Il peut avoir un atelier dans l'East End. Certains de ces ateliers sont considérables : un fabricant qui a déposé devant la Commission de la Chambre des Communes en 1908 occupe 160 personnes. La division du travail est poussée assez loin, surtout dans la fabrication de l'article commun. Le cas le plus ordinaire est celui où le travail est réparti entre trois personnes : le *baster* ou tailleur proprement dit, qui taille et bâtit ; c'est ordinairement un homme ; la piqueuse à la machine (*machinist*), et enfin l'ouvrière qui rabat les coutures (*feller*). Dans un bon atelier, le tailleur gagne 7 shillings (8 fr. 75) par jour, la piqueuse 5 shillings (5 fr. 25) et la rabatteuse 2 shillings ou 2 shillings 6 pence (2 fr. 50 ou 3 fr. 10) [2].

2° Le fabricant peut donner le travail à faire à des petits patrons qui ont un atelier où ils emploient quelques ouvriers et ouvrières. Ces petits patrons ressemblent tout à fait aux sweaters que nous trouverons chez les tailleurs ; neuf fois sur dix ils travaillent eux-

1. *Select Committee on Home Work*, II, Q. 1383, 1508.
2. *Ibid.*, II, Q. 1392-1395.

mêmes avec leur personnel, et sont eux-mêmes leurs propres *bas-ters*. Ceux des fabricants qui ont des ateliers utilisent leurs services en temps de presse [1].

3° Le fabricant peut distribuer son travail, soit directement, soit par des intermédiaires, à des ouvrières en chambre. Ces ouvrières sont des Anglaises, tandis que les ateliers, grands ou petits, comptent sans doute une majorité d'ouvriers juifs. D'après un fabricant [2], ce sont les articles les plus communs qui sont faits à domicile. Les ateliers ne descendent guère au-dessous de l'article payé 3 shillings 6 pence (4 fr. 35), mais les femmes anglaises font de la camelote à des prix dérisoires. Le fabricant juif en question, qui ne leur ménage pas son mépris, assure qu'elles se contentent de 5 à 6 shillings (6 fr. 25 à 7 fr. 50) par semaine.

C'est en effet dans ce milieu que le *sweating* atteint son maximum, bien qu'il n'y ait pas, à proprement parler, de *sweater*. Nous venons de voir que les conditions sont satisfaisantes dans les grands ateliers ; elles ne sont pas mauvaises dans les petits, sauf en ce qui concerne les débutants et les ouvriers médiocres ; mais le travail est plus irrégulier, et le salaire théorique se trouve de ce fait notablement diminué. Quant aux ouvrières à domicile, elles ne sont pas toujours mal payées. L'enquête du Conseil industriel féminin nous montre une femme qui fait en trois quarts d'heure [3] une jaquette à 1 shilling et gagne 25 shillings (31 fr. 25) par semaine, sauf dans la morte-saison. Une autre gagne 20 et quelquefois 30 shillings (25 fr. et 37 fr. 50) sur des manteaux payés de 6 pence (0 fr. 60) à 1 sh. 3 pence (1 fr. 55) [4]. Mais la moyenne est très inférieure : Miss Collet l'évaluait en 1907 à 14 sh. 7 pence (18 fr. 25), ce qui est peut-être encore beaucoup [5]. Dans l'enquête du Conseil industriel féminin, une ouvrière qui fait des jaquettes courtes payées 5 pence (0 fr. 50) et des jaquettes longues payées de 6 à 8 pence (0 fr. 60 à 0 fr. 80) ne peut gagner plus de 12 shillings brut (15 fr.) et 10 shillings net (12 fr.) par semaine, et il s'agit d'une ouvrière exceptionnellement

1. *Select Committee on Home Work*, II, Q. 1401, 1428, 1431.

2. *Ibid.*, II, Q. 1404, 1446-1451, 1490.

3. Il est souvent difficile de dire ce qu'il faut entendre par « faire » un manteau. Il s'agit tantôt du travail complet (piquer et finir), tantôt de la première partie seulement, le finissage étant fait soit par une autre ouvrière, soit à l'atelier du fabricant.

4. *Home industries of women in London*, p. 48-51. La morte-saison va de novembre à février.

5. *Select Committee on Home Work*, I, Q. 684.

vive [1]. Une finisseuse déclare que son travail lui rapporte 1 penny et demi (15 centimes) de l'heure [2]. A l'exposition des industries *sweated*, organisée en 1906 par le *Daily News*, figurait un costume de dame, corsage et jupe, payé, disait l'étiquette, 1 sh. 3 pence (1 fr. 55) à l'ouvrière. Un fabricant protesta devant le *Home Work Committee* contre cette assertion ; mais une ouvrière vint affirmer qu'elle faisait des costumes à ce prix et qu'elle fournissait le fil [3]. Avec deux autres ouvrières, la mère et la fille, qui font un costume complet, composé d'une jaquette et d'une jupe, pour 1 sh. 1 penny (1 fr. 35), nous atteignons, il faut l'espérer, le salaire le plus bas qui ait été payé à Londres dans cette industrie. Les ouvrières ont, bien entendu, leur machine à coudre et fournissent le fil. En deux interminables journées qui commencent à 9 heures et se terminent souvent après minuit, elles réussissent à faire 7 costumes et gagnent par conséquent ensemble 4 fr. 75 par jour, dont il faut déduire les fournitures [4].

Dans l'ensemble, la classe inférieure parmi les couturières est constituée par les ouvrières en blouses.

Le prix payé pour les blouses varie à peu près entre 1 shilling (1 fr. 25) la douzaine et 5 shillings (6 fr. 25) la pièce. « Les ouvrières, dit le Conseil industriel féminin [5], sont d'avis que la qualité supérieure rapporte encore moins que la qualité inférieure, tant elle demande de travail. Sur de « bonnes » blouses, à 14 shillings la douzaine, deux ouvrières travaillant ensemble arrivent rarement à gagner 30 shillings (37 fr. 50) par semaine à elles deux, bien qu'elles travaillent plus longtemps que dans une manufacture. » Il est très rare de trouver une ouvrière qui gagne 20 shillings (25 francs) par semaine ; de pareils salaires ne se rencontrent que dans les belles qualités, qui demandent un travail très fini et qu'une couturière travaillant à son compte ferait payer 10 shillings (12 fr. 50) au lieu de 3 à 5 shillings (3 fr. 75 à 6 fr. 25) que donne le fabricant [6]. Ces ouvrières sont des exceptions. On peut au contraire regarder comme un cas

1. *Home industries of women in London*, p. 50-51.
2. *Ibid.*, p. 50-51.
3. *Select Committee on Home Work*, II, Q. 3592 et suiv. Cette singulière camelote n'est pas aussi mal rétribuée qu'on pourrait le croire ; l'ouvrière dit qu'on peut faire un costume en 3 heures ou 3 h. 1/2, lorsque l'on est bien au courant.
4. *Ibid.*, II, Q. 282-286.
5. *Home industries of women in London*, p. 56.
6. *Ibid.*, p. 56.

type le cas d'une ouvrière qui a été visitée par le *Women's Council* et qui fait des blouses à 6 pence (0 fr. 60) chacune. Ces blouses doivent être ajustées sur un mannequin et chaque blouse demande à peu près 3 heures de travail. L'ouvrière gagne donc 2 pence (0 fr. 20) de l'heure. Elle estime à 9 shillings environ (11 fr. 25) son salaire de la semaine [1]. Ce salaire est peut-être un peu inférieur à la moyenne [2], mais il n'est pas rare chez les ouvrières en corsages. Dans sa déposition devant le Comité du travail à domicile [3], une femme qui fait des corsages à des prix variant entre 1 sh. 6 pence (1 fr. 85) et 4 shillings (5 fr.) la douzaine, déclare gagner 9 à 10 shillings (11 fr. 25 à 12 fr. 50) par semaine ; elle évalue ses dépenses pour le fil, les courses en tramway, etc., à 2 sh. 6 pence (3 fr. 10). Il lui resterait donc, pour 8 à 9 heures de travail par jour [4], un salaire net de 6 sh. 6 pence à 7 sh. 6 pence (8 fr. 10 à 9 fr. 35), salaire qui, dans l'hypothèse la plus favorable, n'atteindrait pas tout à fait 2 pence (0 fr. 20) de l'heure. Encore ajoute-t-elle qu'elle ne tient pas compte dans son calcul de la morte-saison.

Comme chez les chemisières et les lingères, les prix semblent avoir une tendance continue à diminuer, tandis que le travail demandé sur un article donné augmente, dit-on, constamment. Cette diminution des prix payés par le fabricant et par l'intermédiaire est facilitée par la concurrence acharnée que se font les femmes les unes aux autres ; plus d'une femme s'improvise couturière pendant une période de chômage du mari ; il faut nourrir la famille et la mère accepte n'importe quel travail à n'importe quel prix. Les autres ouvrières en souffrent ; mais le sentiment de la solidarité industrielle, qui n'est jamais très développé chez les femmes, disparaît complètement devant les nécessités du moment.

Nous n'avons guère jusqu'ici rencontré que des femmes dans les métiers soumis au *sweating system* que nous avons étudiés. Chez les tailleurs, auxquels nous arrivons maintenant, la proportion d'hommes est beaucoup plus considérable ; cependant, au recensement de 1901, le nombre des tailleuses a pour la première fois dépassé celui des tailleurs. On comptait 31.389 tailleurs et 33.114 tailleuses ; 7.415 tailleurs et 8.163 tailleuses se sont inscrits comme

1. *Home industries of women in London*, p. 60-61.
2. Miss Collet (*Select Committee on Home Work*, I, Q. 681) donne une moyenne de 14 sh. 4 pence (17 fr. 90) qui semble bien élevée.
3. *Ibid.*, II, Q. 1788 et suiv.
4. 12 heures, moins le temps des repas.

travaillant à domicile. L'accroissement énorme du nombre des tailleuses dans les trente dernières années du xixᵉ siècle est un des faits les plus significatifs de la vie industrielle de Londres ; sans l'immigration juive, les tailleurs seraient à l'heure actuelle moitié moins nombreux que les tailleuses. A lui seul, ce fait suffirait presque à nous indiquer l'extension qu'a prise le sweating system dans cette profession.

Il y a — nous devrions dire : il y avait, car une évolution est en train de se produire — deux méthodes de travail très différentes parmi les tailleurs de Londres : le système du West End et le système de l'East End. Dans le système du West End, l'ouvrier tailleur qui fait le costume le fait, ou est censé le faire, entièrement lui-même ; s'il se fait aider, c'est seulement pour les parties les plus faciles et à ses risques et périls. Dans le système de l'East End, le travail est divisé entre un nombre plus ou moins grand d'ouvriers et d'ouvrières — tailleur proprement dit, piqueur à la machine, repasseur, rabatteuse, etc. — dont chacun est spécialisé. Le système de l'East End est surtout employé pour la confection en gros, mais il peut s'appliquer, et, en fait, s'applique de plus en plus au vêtement sur mesure. Le vêtement est alors moins élégant sans doute que le costume fait par un bon ouvrier du West End. Mrs. Webb l'a comparé, avec un peu d'exagération peut-être, à un ballon, parce que la doublure et l'étoffe, préparées chacune à part, ne vont jamais très bien ensemble et ne sont point solidement raccordées[1]. Mais elle avoue que le ballon est souvent très honnètement fait et qu'il satisfait le sentiment esthétique de la classe moyenne ; il a sur l'autre vêtement l'avantage de coûter, à étoffe égale, beaucoup moins cher.

Dans le West End — et par le West End il faut entendre spécialement Soho, qui est le quartier des tailleurs — il existe encore quelques maisons de premier ordre qui font faire dans leur atelier tous les costumes qui leur sont commandés et chaque costume par un ouvrier. Les ouvriers travaillaient autrefois par équipes de deux, l'un faisant le côté droit de la jaquette ou du pardessus, l'autre le côté gauche ; ce dernier avait la direction du travail ; cette dualité a disparu depuis 1891. C'est également en 1891, à la suite d'une grève, que patrons et ouvriers s'entendirent pour établir le tarif (log) qui détermine dans le plus grand détail le temps moyen nécessaire pour faire un certain travail. Les ouvriers sont donc payés,

1. Booth, *Life and Labour*, 1ʳᵉ série, IV, p. 38-40.

non d'après le temps qu'ils ont réellement passé, mais d'après le temps fixé par le tarif ; et comme le temps moyen a été calculé très largement, les salaires sont très élevés. Un comité mixte est chargé de surveiller l'application du tarif.

Les maisons qui font faire le travail dans leur atelier et qui se conforment aux stipulations du tarif de 1891 sont peu nombreuses et le deviennent de moins en moins. Les ouvriers syndiqués d'origine anglaise ne sont qu'une poignée [1] au milieu de la multitude des ouvriers juifs et des tailleuses, qui n'appartiennent pour la plupart à aucune association ; il leur devient de plus en plus difficile de faire respecter le tarif.

On peut considérer les maisons qui continuent de travailler à l'ancienne mode comme une quantité presque négligeable. La plupart des maîtres tailleurs font aujourd'hui couper le vêtement chez eux et le donnent ainsi à un ouvrier qui l'emporte et le rapporte lorsqu'il est terminé, sans que le patron ait à s'occuper des conditions dans lesquelles se fait le travail. Cette pratique n'est pas nouvelle dans le West End ; dès le milieu du xixᵉ siècle, elle était assez commune et l'on s'en plaignait déjà [2] ; depuis 1891, elle est devenue presque générale. Il est probable que le succès de la grève et l'établissement du *log* ne sont pas étrangers à cette transformation qui permet au patron de réduire plus facilement les prix, en même temps qu'il fait l'économie d'un gros loyer, supprime les frais d'éclairage, et se débarrasse des inspecteurs du travail.

Les ouvriers travaillent soit chez eux, soit dans un atelier où ils louent un « siège » (*sitting*) qu'ils paient 4 shillings environ (5 francs) par semaine [3]. Il est rare qu'ils fassent eux-mêmes le costume tout entier ; ils emploient généralement une femme ou deux qui travaillent sous leur direction et font les pantalons et les gilets. L'ou-

1. D'après la déposition de son secrétaire (*Select Committee on Home Work*, I, Q. 3519), l'*Amalgamated Society of Tailors* ne comprenait en 1908 que 16.000 membres dans tout le Royaume-Uni. En 1897, d'après A. Sherwell, *Life in West London*, p. 87, sur 52.346 tailleurs et tailleuses de Londres, 3.551 seulement faisaient partie d'une trade-union.

2. Voir A. E. Sayous, *Les travailleurs de l'aiguille de l'East End vers le milieu du xixᵉ siècle* (*Revue d'économie politique*, 1899, p. 861 et suiv.). D'après Sayous, « en 1844, 72 marchands tailleurs et magasins du West End faisaient travailler partie sous leur surveillance et partie à domicile, et 112 ne faisaient travailler qu'à domicile. Vers 1849 le premier chiffre était réduit à 60, tandis que le dernier se trouvait doublé » (p. 864).

3. *Royal Commission on the immigration of destitute aliens*, Q. 11888 et suiv. ; *Select Committee on Home Work*, I, Q. 3129-3133.

vrier donne de 20 à 35 shillings par semaine (25 fr. à 43 fr. 75) à
sa tailleuse [1] ; quand il travaille chez lui, il économise ordinairement cette somme, les parties faciles étant faites par sa femme et
ses enfants. Dans les bonnes maisons, les ouvriers sont bien payés :
on donne jusqu'à 25 shillings (31 fr. 25) pour faire une redingote.
Un bon tailleur peut gagner de 2 à 4 livres (50 à 100 francs) dans
une semaine, tous frais payés, pendant la saison ; mais il n'y a pas
beaucoup plus de 7 mois de travail et les périodes de fièvre et de
surmenage alternent avec les périodes de chômage absolu [2].

Un des collaborateurs de M. Booth [3] qui décrivait en 1888 cette
organisation l'appelait « une espèce de sweating system honorable ».
C'est en effet par là que le sweating s'est introduit peu à peu parmi
les tailleurs du West End. Mauvaises conditions sanitaires, longues
heures de travail, salaires insuffisants, — tout ce que l'on reproche
à l'East End existe maintenant à Soho comme à Whitechapel.

Les conditions sanitaires sont, d'après un inspecteur du travail,
pires que dans l'East End. Le sweater de l'East End a le plus souvent un atelier séparé des pièces d'habitation ; ce qui domine au
contraire dans le West End, c'est l' « atelier domestique », l'unique
pièce d'habitation, transformée en atelier, où la famille fait la cuisine, prend ses repas, et travaille pendant le jour, où elle dort pendant la nuit. Dans ces grandes maisons de Soho qui ont été construites autrefois pour une seule famille, on trouve aujourd'hui 10 ou
12 familles et 10 ou 12 ateliers domestiques. L'encombrement est
extrême. Les loyers, toujours très élevés à cause de la situation centrale, ont atteint dans ces dernières années des chiffres incroyables.
« Dans une maison, disait en 1903 l'inspecteur du travail Evans [1],
j'ai trouvé 4 chambres utilisées comme ateliers. Dans l'une d'elles,
j'ai trouvé deux personnes au travail. Le locataire paie 10 sh 6 pence
(13 fr 10) par semaine pour cette pièce unique. Dans la seconde
chambre, 6 personnes travaillaient, ce qui représente, je pense, la
capacité totale de la pièce qui ne peut contenir que six personnes.
Le locataire paie 17 sh. 6 pence (21 fr. 85) par semaine pour cette

1. Select Committee on Home Work, I, Q. 3445, 3733. Le salaire est très diminué pendant la morte saison (7 à 10 shillings souvent, et même moins).
2. Ibid., I, Q. 3144-3148, 3252, 3871. La mortesaison va de juillet à décembre (Ibid., I, Q. 3253).
3. Macdonald, dans Life and Labour, 1re s., IV, p. 147. Cf. IV, p. 42.
4. Royal Commission on immigration, Q. 11914. — Voir également Q.
11868 et suiv. (sur les ateliers domestiques) et la déposition Evans devant le
Select Committee on Home Work, principalement I, Q. 3452 et 3599.

chambre. Pour la pièce voisine, où travaillaient deux personnes, le loyer est de 13 shillings (16 fr. 25) par semaine. Enfin une petite chambre de derrière, où étaient deux personnes, est louée 7 sh. 6 pence (9 fr. 35). »

Le surpeuplement est tel, actuellement, que M. Evans n'a pas craint d'émettre devant le *Home Work Committee* l'idée d'interdire l'ouverture de nouveaux ateliers de tailleurs dans la région de Soho[1]. C'est l'immigration juive qui a porté cet encombrement à son comble. Les ouvriers juifs viennent de Whitechapel ; ils s'établissent à Soho lorsqu'ils savent assez l'anglais pour pouvoir travailler pour des maisons anglaises[2], et ils apportent avec eux la méthode de la division du travail et les procédés scientifiques du sweating system. Ils n'ont pas créé le sweating dans le West End, mais ils achèvent de l'organiser.

Dès l'époque de l'enquête de la Chambre des Lords sur le sweating system, une des personnes appelées à déposer faisait remarquer l'envahissement progressif du West End par les méthodes de l'East End[3] : les maisons de Regent Street prenaient de plus en plus l'habitude de faire faire une partie du travail par des sweaters. Un inspecteur du travail, M. Lakeman, affirmait que les pantalons commandés aux maîtres tailleurs du West End étaient souvent faits par des Allemands dans l'East End[4]. Quelques années plus tard, dans son livre sur la « vie dans l'Ouest de Londres » (1897)[5], M. A. Sherwell traçait de Soho un tableau qui aurait pu convenir tout aussi bien à Whitechapel : même irrégularité, même division du travail, même mépris de l'hygiène et des prescriptions de la loi sur les fabriques, même exploitation éhontée des femmes. Une ouvrière qui travaille chez elle à coudre des boutons et à faire des boutonnières de vestons reçoit 9 pence pour une douzaine de vestons ; elle fait sa douzaine dans la journée. Elle fournit le fil et son tramway, aller et retour lui coûte, 2 pence (20 centimes)[6].

L'inspecteur Evans prédisait en 1903 aux membres de la Commis-

1. *Select Committee on Home Work*, I, Q. 3639 et suiv.
2. *Ibid.*, I, Q. 3476-34773796, 3798, 3806-3808. Le nombre des originaires de Russie et de Pologne dans la cité de Westminster était en 1881 de 852, en 1891 de 821 et en 1901 de 1.918 ; mais comme il s'agit de Juifs anglicisés, il est facile de dissimuler, et il est probable que ces chiffres sont trop faibles.
3. *Select Committee of the H. of L. on the sweating system*, 1890, *Minutes of evidence*, I, p. 391 et suiv. (déposition Wilchinski). — Voir aussi Q. 17298.
4. *Select Committee on the sweating system*, Q. 16817.
5. *Life in West London*, ch. VIII (*The Tailoring trade*), p. 86 et suiv.
6. *Ibid.*, p. 102-103, note.

sion de l'immigration que la situation de Soho ne ferait qu'empirer,
et que les ouvriers anglais, s'ils voulaient résister à la concurrence
juive, seraient obligés de se plier aux conditions nouvelles et d'a-
dopter les mêmes procédés [1]. Si l'on s'en rapporte aux descriptions
qu'il a données dans sa déposition devant le *Home Work Committee*
en 1907, la prédiction s'est réalisée, et Soho n'est plus guère aujour-
d'hui qu'une annexe de Whitechapel, pour les qualités supérieures.
Juifs et chrétiens y travaillent sept jours par semaine pendant la
saison ; dans les moments de presse, le travail ne s'arrête littéralement plus, même la nuit. « Quand je fais ma visite à minuit, je les
trouve en train de travailler, et de même au petit matin, et de même
le dimanche. » Au commencement de juillet 1907, M. Evans visita
vingt ateliers le dimanche matin avant 11 heures ; partout on était
en plein travail [2]. Tout appartement est en même temps un atelier.
« La chambre est la salle de jeu des enfants et leur *nursery*. Lors
de mes visites matinales, il m'est arrivé de trouver les enfants endormis devant leur déjeûner. J'ai trouvé les hommes endormis sur
la table au milieu de leur travail ; évidemment, ils étaient tombés
d'épuisement. Ils étaient en costume de travail ; ils s'étaient couchés
sur la table et endormis. C'est lorsque j'arrive vers six ou sept heures du matin que je les trouve dans cet état. Tout dans la chambre
— l'air irrespirable, les étoffes et le reste — prouve que le travail
est continué régulièrement toute la nuit. Il n'y a pas de repos pour
les femmes, et il n'y en a certainement pas pour les hommes [3]. »

Une véritable révolution s'est donc produite dans les conditions
et les méthodes du travail, et cette révolution a eu pour conséquence
une diminution générale des salaires. Dans les maisons qui reconnaissent le tarif de 1891, les salaires sont restés les mêmes ; mais
« parmi les meilleures maisons de Londres, il y en a très peu qui
n'aient pas commencé, depuis un an ou deux, à employer la main-
d'œuvre juive et les ouvriers en chambre, d'après un système tout
différent de celui qui prévaut là où le tarif est appliqué » [4]. L'inspecteur Evans constate une grande différence entre les prix qui étaient
payés à l'époque où il a débuté dans le West End — en 1893 — et
les prix payés en 1907. On donnait alors couramment 10 shillings
(12 fr. 50) à un ouvrier pour faire un pantalon, qu'il faisait d'ailleurs
faire par sa tailleuse ; on fait maintenant des pantalons sur mesure

1. *Royal Commission on immigration*, Q. 11.705, 11.733.
2. *Select Committee on Home Work*, I, Q. 3585, 3588-3591.
3. *Ibid.*, I, Q. 3603.
4. *Ibid.*, I, Q. 3928.

pour 2 sh. 3 pence (2 fr. 80). Une grande maison, dans les livres de laquelle M. Evans n'a trouvé aucun costume vendu moins de 5 guinées (131 fr. 25), donne 6 shillings (7 fr. 50) pour faire une jaquette ou une redingote ; en 1905, le prix était encore 11 sh. 6 pence (14 fr 35) [1]. Les maisons du West End qui font ces réductions n'ont même pas l'excuse d'une concurrence excessive qui les forcerait à diminuer leurs prix de vente ; le prix payé par le client reste le même, et la somme gagnée sur le travail va grossir le bénéfice de la maison, bénéfice que M. Evans ne craint pas d'évaluer à 125 p. 100 [2]. Les prix ont surtout baissé, lorsqu'un intermédiaire s'est interposé entre la maison de vente et les ouvriers ou les ouvrières. Dès 1897, M. Sherwell citait le cas d'un sweater qui avait organisé son atelier à la façon de l'East End. Il employait 2 hommes et 8 femmes. La maison lui donnait 3 sh. 6 pence (4 fr. 35) par pantalon et lui-même payait :

à la tailleuse, 1 sh. 3 pence (1 fr. 55) ;

au piqueur, 3 pence (0 fr. 30) ;

au repasseur, 6 pence (0 fr. 60) ;

soit au total 2 shillings (2 fr. 50), ce qui lui laissait un bénéfice de 1 sh. 6 pence (1 fr. 85) ; comme l'atelier faisait 16 pantalons dans la journée, le bénéfice du sweater s'élevait à 1 livre 4 shillings (30 fr.) par jour [3].

Enfin, une dernière conséquence de la transformation des méthodes a été l'accroissement de l'irrégularité. Le métier a toujours été plus encore dans le West End que dans l'East End, un métier de saison ; mais l'employeur, lorsqu'il avait un atelier, était obligé d'essayer de distribuer son travail, de manière à occuper ses ouvriers le plus régulièrement possible. Avec le système du travail à domicile, cette préoccupation disparaît ; le marchand tailleur n'a plus aucun intérêt qui le pousse à régulariser la production, et celle-ci est abandonnée complètement au hasard.

Les ouvriers tailleurs du West End ont, comme nous l'avons dit, leur quartier général à Soho ; mais ils ne forment pas une agglomération aussi compacte et aussi dense que leurs confrères de l'East End. Il s'est créé, dans le bourg de Stepney, une vraie ville de tailleurs : ils y étaient en 1901 au nombre de 21.344, 12.033 hommes et 9 311 femmes. Dans le bourg voisin, à Bethnal Green, ils sont 3.206 (931 hommes et 2.275 femmes). Ils sont 1790 à Shoreditch

1. *Select Committee on Home Work*, I, Q. 3604-3610, 3615.
2. *Ibid.*, I, Q. 3617-3624, 3679.
3. Sherwell, *Life in West London*, p. 105.

(662 hommes et 1.128 femmes) et 2.851 à Poplar (366 hommes et 2.485 femmes). Dans ces quatre bourgs on compte en tout 29.291 tailleurs (13.992 hommes et 15.299 femmes) sur les 64.000 de Londres.

Les tailleuses sont en grande majorité des femmes anglaises [1] et leur nombre s'explique par l'irrégularité du travail des hommes dans toute cette partie de l'East End. Quant aux tailleurs, ils sont presque tous juifs. C'est en effet vers Stepney et très secondairement vers Bethnal Green que s'est dirigé depuis vingt ans le courant de l'immigration russe et polonaise. Sur 53.537 personnes, originaires de la Russie ou de la Pologne russe, Stepney en renfermait, en 1901, 42.032 et Bethnal Green 3.438. Le métier de tailleur est, on le sait, un des plus en faveur parmi les immigrants avec celui de cordonnier : au recensement de 1901 on comptait à Londres sur 28.674 hommes originaires de Russie, 10.070 tailleurs.

C'est dans ce milieu, formé des tailleurs juifs et des tailleuses anglaises de l'East End, que s'est développé sous sa forme la plus classique le sweating system ; c'est aux tailleurs de Stepney que l'on songe tout d'abord lorsque l'on parle de sweating.

L'East End est le centre de la production du vêtement à bon marché, vêtement sur mesure et surtout vêtement tout fait, pour les grands magasins et l'exportation. Trois méthodes sont employées pour produire le vêtement à bon marché : le système des manufactures, le système des petits ateliers et le système du travail à domicile.

Les manufactures (*factories*) sont de vraies usines où le machinisme est très développé. On produit par énormes quantités. On découpe l'étoffe avec la scie à ruban ; les machines à coudre ou à faire les boutonnières sont actionnées par la vapeur ou par l'électricité. On emploie surtout la main-d'œuvre féminine, les équipes d'ouvrières ayant chacune sa spécialité. Grâce à la division du travail et à l'emploi de machines perfectionnées, on peut arriver à produire à bon compte, tout en donnant des salaires raisonnables. Il est naturellement impossible aux manufactures de faire le vêtement sur mesure ; elles ne font guère non plus les qualités très inférieures, parce que ces qualités sont faites à des prix défiant toute concurrence, par les ouvrières en chambre. Ce qu'elles font, c'est le vêtement à bon marché, sans prétentions à l'élégance, mais relativement solide, qui est celui d'un grand nombre d'ouvriers anglais et que

1. En 1901, le nombre des femmes inscrites comme tailleuses parmi les femmes originaires de Russie et de Pologne n'était que de 2.603.

l'on exporte par bateaux complets dans les colonies, en Australie principalement.

Le petit atelier travaille pour les marchands tailleurs de la Cité — parfois même pour ceux du West End — pour les grands magasins et pour l'exportation. On y fait toutes les qualités, sauf la plus belle, celle qui est destinée au *gentleman* « qui sait s'habiller ». On y fait le costume sur mesure destiné à la classe moyenne, on y fait la confection de bonne qualité et on y fait aussi, à 50 centimes pièce, des pantalons qui seront mis dans le commerce à 2 sh. 6 pence (3 fr. 10) et même à un prix inférieur.

Le nombre des ouvriers est très variable. Quarante paraît être le maximum et, au bas de l'échelle, on trouve l'atelier domestique, dans lequel l'ouvrier-patron travaille avec sa famille, et quelquefois une ou deux autres personnes, dans une des pièces de son logement. On estime généralement à une vingtaine, au plus, le nombre moyen des ouvriers dans les ateliers de l'East End [1]. La proportion de femmes varie en raison inverse de la qualité du travail ; les maisons qui font le travail inférieur, les pantalons à bon marché par exemple, emploient presque uniquement des femmes.

Dans les ateliers de l'East End, tout ce qui peut se faire à la machine est fait à la machine et le travail à la main est réduit au strict nécessaire ; mais l'originalité de ces ateliers et la raison principale de leur succès est l'idée qu'ont eue les Juifs d'appliquer systématiquement à l'industrie de la confection le principe de la division du travail, et de fabriquer des vestons de la même manière qu'on fabrique des épingles. On peut compter, dit-on, jusqu'à vingt-cinq subdivisions possibles [2] ; la division du travail est, en règle générale, d'autant plus grande que la maison compte plus d'ouvriers ; mais tout atelier de quelque importance emploie les ouvriers et ouvrières suivants : un ou plusieurs ouvriers qui bâtissent (*basters*), un ou plusieurs ouvriers qui piquent à la machine (*machinists*), un ou plusieurs presseurs (*pressers*), des rabatteuses (*fellers*), des ouvrières qui font les boutonnières (*buttonhole makers*) et un ou plusieurs tailleurs proprement dits qui font le travail général (*general tailors*). Telle est l'organisation qui a fait la force des Juifs et contre laquelle

1. *Select Committee of the H. of L. on the sweating system*, Q. 1779, 8645 ; *Royal Commission on immigration*. Q. 11689. — En 1888, sur 901 sweaters de l'East End, 15 (1, 6 p. 100) employaient plus de 25 ouvriers, 201 (22, 3 p. 100) de 10 à 25, et 685 (76, 1 p. 100) moins de 10 (Booth, 1re série, IV, p. 47).

2. *Select Committee of the H. of L. on the sweating system*, Q. 1772.

l'ouvrier anglais, tant qu'il est resté fidèle aux anciennes méthodes, n'a pas été capable de lutter. La division du travail permet d'utiliser au mieux la capacité spéciale de chacun et de travailler avec une rapidité que l'ancien tailleur ne soupçonnait pas. « Le tailleur anglais, dit le directeur d'une des grandes maisons de nouveautés de Londres, met une heure pour faire une poche de veston, tandis que le tailleur juif, avec la division du travail, en fait 4 en 20 minutes ou même en un quart d'heure » [1].

Le patron de ces petits ateliers, qui travaille généralement lui-même avec les ouvriers, est ce que l'on appelle dans l'East End le *sweater*. Le mot est devenu d'un emploi tellement usuel que son sens péjoratif a presque disparu dans le langage courant. Le sweater fait surtout du travail de qualité moyenne. Entre le veston ou la jaquette de qualité supérieure, payés 12 shillings (15 fr.) à l'ouvrier anglais, et le veston ou la jaquette de qualité inférieure, faits par une femme pour 2 sh. 6 pence (3 fr. 10), qui existaient seuls avant l'arrivée des Juifs, ceux-ci ont créé un genre intermédiaire, la jaquette ou le veston à 4 shillings (5 fr.) [2]. Après comme avant l'invasion juive, la qualité inférieure continue d'être faite par les femmes anglaises [3].

Parmi ces femmes, un grand nombre travaillent chez elles. Le travail à domicile se combine souvent dans l'East End avec le système des petits ateliers, et même avec le système des manufactures. Manufacturier et petit patron utilisent la main-d'œuvre féminine pour faire faire le travail pressé dont leurs ouvriers ordinaires ne pourraient venir à bout. Parfois aussi, les maisons de gros distribuent directement le travail. Les femmes ont presque le monopole des vêtements d'enfant, des pantalons et des gilets, elles font aussi des vestons à très bon marché. Pour le reste, le petit atelier juif a fait aux femmes une concurrence victorieuse ; les qualités faites par les Juifs ont presque cessé d'être faites à domicile par les femmes [4]. Dans son ensemble, le travail à domicile, par suite des conditions dans lesquelles interviennent les sweaters et les manufacturiers, est plus irrégulier encore que ne l'est en général l'industrie de la confection.

Le premier mode de production — la manufacture — s'est développé dans les villes de province, à Leicester et à Leeds particuliè-

1. *Royal Commission on immigration*, Q. 19722.
2. *Ibid.*, Q. 19755, 19679, 19681.
3. *Ibid.*, Q. 14236.
4. *Ibid.*, Q. 11803-11805.

rement ; il n'a pas une grande importance à Londres. Au moment
où la Commission de la Chambre des Lords faisait son enquête sur
le sweating system, Londres n'avait pour ainsi dire pas de manufactures : les quelques essais qui avaient été faits dans ce sens
avaient presque tous échoué [1]. Depuis cette époque, il s'en est fondé
quelques-unes, surtout pour la fabrication des effets militaires ;
mais elles restent l'exception. Le prix élevé du terrain et le taux
élevé des loyers qui forcent presque toutes les usines à s'établir hors
de Londres expliquent dans une certaine mesure que le plus grand
centre de confection du monde n'ait pas de manufactures de confection. Une autre raison est la facilité avec laquelle on peut faire faire
tout le travail dont on a besoin par les petits ateliers et les ouvriers
à domicile ; on peut faire faire quand on veut la quantité de travail
qu'on veut. et cela sans se donner l'embarras et les ennuis d'une
grande *factory* [2]. La législation sur les fabriques, les règlements très
stricts qui ont été faits par le Conseil de Comté de Londres, contribuent au même résultat : on échappe aux règlements et à la loi en
donnant le travail aux ouvriers à domicile et aux petits patrons. La
législation sur les fabriques a même eu jusqu'à ces derniers temps
pour conséquence d'aggraver le sort des ouvriers à domicile, les
seuls qui ne fussent pas protégés et les plus malheureux de tous [3]

Le petit atelier est la forme caractéristique de l'industrie de la
confection à Londres. « La tendance générale, disait M. Booth dans
un mémoire présenté à la Commission des Lords sur le sweating
system, est à Londres nettement opposée aux grandes manufactures
et favorable au travail à domicile et aux petits ateliers... Ce mode
de production qui paraît être le plus conforme aux habitudes et au
caractère des habitants — j'entends des habitants de Londres — se
présente comme la forteresse économique de l'industrie londonienne, et est désigné dans le langage populaire sous le nom de
sweating system [4]. »

C'est surtout sur le petit atelier — la « tanière du sweater », comme
on disait alors — que portèrent les enquêtes de 1888-1890 et de 1902-
1903. L'opinion publique attribuait au sweater et à ses Juifs tous

---

1. *Select Committee on the sweating system*, Q. 1485, 1495-1496, 8784.
2. On voit même (Cf. *Select Committee on Home Work*, II, Q. 2533, 2559)
des industriels qui ont une *factory* mettre en concurrence leurs propres ouvriers, payés à la pièce, avec les ouvriers du dehors — ouvriers à domicile et
sweaters — et les obliger ainsi à accepter des prix plus faibles.
3. *Select Committee on Home Work*, I, Q. 1175-1716.
4. *Select Committee on the sweating system*, Q. 307.

les méfaits imaginables. Les immigrants russes et polonais appor-
taient, disait-on, les habitudes et les mœurs d'une race inférieure.
Complètement étrangers à l'idée de solidarité, ils ne songeaient qu'à
s'exploiter les uns les autres et n'hésitaient pas à supplanter un
camarade, anglais ou juif, en acceptant de travailler au rabais. La
misère dans laquelle ils avaient vécu les rendait peu exigeants sur
le chapitre des salaires. Ils se contentaient de peu, vivaient misérablement, et s'entassaient dans des bouges infects, pour lesquels ils
consentaient à payer des loyers exorbitants. Ils remplaçaient par la
camelote à bon marché l'article honnête et solide fait d'après les
anciens principes par le tailleur anglais. Ils triomphaient de l'ouvrier anglais par leur infériorité même, comme le Chinois triomphe
de l'Américain à San Francisco, et la conséquence de cette victoire
ne pouvait être qu'un abaissement général du « niveau de la vie »
dans les classes ouvrières Ils formaient au milieu de Londres une
colonie étrangère, parlant une langue étrangère, conservant des
coutumes étrangères, et absolument impénétrable à toute influence
anglaise. Leur malpropreté faisait d'eux un danger public, car les
vêtements faits chez les sweaters, dans des conditions sanitaires
déplorables, pouvaient transporter chez les clients les germes de
toutes les maladies infectieuses. On insinuait enfin qu'il y avait
dans cette horde d'immigrants bon nombre de personnes peu recommandables, et on laissait entendre que l'Angleterre avait été
trop longtemps considérée par les nations européennes comme un
terrain vague dans lequel on pouvait jeter tous les rebuts [1].

L'enquête de 1888-1890 réunit sur les petits ateliers dans la confection et la cordonnerie et sur le sweating system en général une
masse considérable de documents. La bonne foi et l'impartialité des
enquêteurs ne font point de doute ; mais le rapport final fut tout à
fait insuffisant ; les documents n'ont été ni classés ni soumis à une
critique sérieuse, et il est certain que les dépositions renferment un
grand nombre d'inexactitudes et d'erreurs qui ne sont pas toutes
involontaires. Quant à l'enquête de 1902-1903, qui a porté spécialement sur l'immigration, il serait peut être téméraire de dire que la
majorité des membres de la Commission avait son siège fait avant
l'enquête ; mais on ne peut se défendre d'avoir l'impression que la
politique était en jeu, et que l'enquête n'était pas dirigée dans un
esprit exclusivement scientifique. Il y a donc des réserves à faire.
Cependant, malgré ces imperfections, il n'est pas impossible,

1. Voir, pour un résumé de ces accusations, *Report of the Royal Commission
on the immigration of destitute aliens*, § 38, p. 5-6.

croyons-nous, de se faire d'après ces enquêtes une idée nette et suffisamment exacte du sweater londonien et de son atelier, tels qu'ils
étaient à la fin du xixᵉ siècle et au commencement du xxᵉ.

Pas plus dans l'East End que dans le West End, ce n'est le sweater juif qui a créé le sweating system. Le sweating existait longtemps
avant l'arrivée des Juifs. M. Arnold White, qui n'avait aucune tendresse à leur endroit, avoua dans sa déposition devant la Commission de 1888-1890 que les pratiques attribuées aux exploiteurs juifs
n'étaient pas inconnues quarante ans auparavant ; le *vicar* d'Old
Ford, le Rév. Adamson, exprima une opinion semblable [1] ; et, de
fait, Kingsley décrivait dès 1850, dans un chapitre d'*Alton Locke*, la
« tanière du sweater [2] ». Mais les Juifs ont su, beaucoup mieux que
les Anglais, utiliser la machine à coudre et appliquer avec méthode
le principe de la division du travail [3]. Tandis qu'avant eux le travail
des ouvriers et des ouvrières inexpérimentés produisait des articles
bon marché, mais très médiocres, ils ont organisé leur atelier de
manière à se servir de ce travail dans les opérations les plus simples
de la fabrication et dans les parties les moins apparentes du vêtement. L'emploi d'ouvriers peu instruits et mal payés, simultanément avec un petit nombre d'ouvriers habiles et bien payés, est un
des traits caractéristiques du système juif. C'est grâce à ce système
que le sweater a pu se tailler un domaine presque entièrement nouveau dans l'industrie de la confection, qu'il a créé le vêtement sur
mesure à bon marché, pour hommes ou pour dames, et développé
dans des proportions inouïes la fabrication des habits pour l'exportation [4].

Les enquêtes de 1888-1890 et 1902-1903 ont prouvé surabondam-
ment que le sweater, tel qu'on le représentait dans les caricatures
de *Punch* et dans les harangues des orateurs de Hyde Park, n'existe
point. Le sweater n'est pas l'intermédiaire inutile et parasite, en-
graissé de la sueur du peuple, qui est né dans l'imagination des
journalistes. L'intermédiaire, marchand de travail, agent de distribution ou simple spéculateur, qui existe dans un certain nombre
d'industries, a disparu de la confection, ou plutôt ne s'y est conservé
que dans un seul cas, — le cas d'une adjudication de vêtements à

1. *Select Commitee on the sweating system*, Q. 2259-2261, 2568, 2612.
2. Chapitre XXI, *The sweater's den*. Les sweaters avaient coutume alors, selon
Kingsley, d'avancer de l'argent à leurs ouvriers et de les obliger à mettre
leurs habits en gage, et qui leur rendait impossible de quitter la maison du
patron où ils vivaient et travaillaient.
3. *Select Committee on the sweating system*, Q. 8650, 8960.
4. Cf. *Royal Commission on immigration*, Q. 20271.

fournir à l'Etat, — les quantités étant trop considérables alors pour qu'un maître tailleur puisse prendre la commande et l'exécuter à lui seul [1]. Neuf fois sur dix, le sweater est lui-même un ouvrier, souvent le meilleur ouvrier de son atelier, et quelquefois le seul qui connaisse à fond le métier de tailleur. Il travaille avec ceux qu'il emploie, les dirige, les excite, les admoneste, s'interrompant parfois, quand rien ne presse, pour discuter la question du jour [2]. Il a commencé par être un *greener* ignorant et famélique, comme ceux qui sont autour de lui ; lui aussi s'est contenté de pain sec à ses débuts, avec un morceau de poisson frit les jours de gala ; mais il était économe et avait l'esprit d'entreprise. Il a successivement appris à rabattre les coutures. à piquer à la machine et à bâtir un costume. Puis un beau jour, il est allé trouver le chef de rayon de la maison de gros qui fournissait du travail à son patron ; il s'est offert à faire les vestons pour 3 pence de moins ; il a enlevé la commande, il a prospéré, et le voilà maintenant sweater en titre, ainsi que le prouve la grosse chaîne d'or qui retient sa montre et qui est comme l'insigne de sa dignité.

Rien de plus facile, en effet, que de s'établir sweater. Le capital nécessaire est des plus modestes : 5 livres sterling (125 francs) au maximum ; avec une livre ou deux, on peut marcher, sans courir d'autre risque que celui d'une banqueroute [3]. Et l'on a par contre une chance de s'enrichir, de devenir le chef d'une grande maison et un personnage considéré sur la place de Londres, comme Moses, de Commercial Street, ou Levy, de Whitechapel Road, qui sont venus de Varsovie il y a vingt-cinq ou trente ans sans autre bagage qu'un esprit agile et tenace, un vif désir de faire fortune et une imperturbable confiance en soi. Le rêve de tout ouvrier juif de l'East End est de cesser d'être salarié, de s'établir à son compte, de devenir sweater [4] ; et comme ce rêve n'est pas difficile à réaliser,

1. Booth. *Life and Labour*, 1re série, IV, p. 56-57.

2. Voir la description d'un atelier d'hommes dans Zangwill, *Children of the Ghetto*, et d'un atelier de femmes dans B. and S. Webb, *Problems of modern industry*, chap. Ier (*Diary of an investigator*).

3. *Select Committee on the sweating system*, Q. 2623, 16807. Booth, 1re série, IV, p. 60-61.

4. Un immigré, M. Dyche, dans un article intéressant, mais très optimiste, de la *Contemporary Review* (*The Jewish immigrant*, mars 1899), attribue ce désir « non pas à un instinct de race, mais à la répugnance qu'a le Juif pour les manufactures avec la discipline qu'il faut y observer et l'abdication de toute liberté personnelle que l'on doit y faire ». Ce sentiment existe, mais n'est

les sweaters pullulent. En 1903, on comptait dans le borough de Stepney 794 sweaters ayant un atelier, sans parler des ouvriers qui travaillaient à domicile en employant uniquement des membres de leur famille[1].

La multiplication des sweaters a eu les plus graves conséquences. Ces petits patrons, sans aucun capital, sont encore plus incapables de se défendre contre les maisons de gros et les grands magasins que leurs ouvriers contre eux. Le *sweater* est le premier *sweated*. « Je suis convaincu, disait devant la Chambre des Lords l'inspecteur Lakeman[2], qu'il y a deux sweaters par atelier. Le premier est cet employé de la maison à laquelle appartient l'étoffe que l'on appelle le « receveur » (*taker-in*). C'est lui qui donne l'étoffe à ces petits patrons qui l'emportent à leur atelier. C'est lui qui règle jour par jour le prix payé par la maison. Aujourd hui il donnera une certaine somme pour faire un costume ; demain il demandera le même travail pour une somme inférieure... Un homme prend aujourd'hui un ballot d'étoffe qui lui durera une semaine ; il rapporte les vêtements confectionnés, reçoit son argent et dit : « J'en prendrais bien encore autant », même coupe, même étoffe, tout exactement semblable. Il n'obtiendra pas le même prix pour le second lot que pour le premier. Pourquoi ? parce que l'employé ne veut pas. Le petit patron peut dire : « Pourquoi me diminuez-vous ? J'ai eu 2 shillings 4 pence pour faire ces vestons ; pourquoi me rabattez-vous à 2 shillings 2 pence ? ». « Allez-vous en et revenez plus tard. » L'autre est forcé d'obéir ; il s'en va et revient plus tard. Dans l'intervalle l'employé a vu d'autres petits patrons qui consentent à faire le travail pour 2 pence de moins. Notre homme revient et l'employé lui dit « S'il ne vous plaît pas de faire ces vestons pour 2 shillings 2 pence, il y en a d'autres qui les feront. »

Un petit sweater affirma devant la Commission de la Chambre des Lords que le coupeur de la grande maison de nouveautés pour laquelle il travaillait lui avait réduit à 3 shillings et même à 2 sh. 6 pence, pendant la morte saison, des pardessus qu'il lui payait d'ordinaire 5 shillings. Il refusa de les prendre à ce prix et cessa de travailler pour la maison[3]. Les cas de ce genre sont innombra-

---

pas le seul en cause. — Cf. *Reports on the volume and effects of recent immigration from Eastern Europe*, 1894, p. 42-43, et Booth, 1re série, IV, p 60-61.

1. *Royal Commission on immigration*. Q. 14098. En 1888, M. Booth trouvait dans l'East End 1272 ateliers (*Life and Labour*, 1re série, IV, p. 67).

2. *Select Committe on the sweating system*, Q 16624.

3. *Select Committee on the sweating system*, Q. 9316-9322. Voir toute cette

bles. Une autre personne prétendit même que certaines maisons de gros ne faisaient pas connaître d'avance au sweater le prix qu'elles donneraient et payaient ce qu'elles voulaient une fois le travail fini. Les intéressés protestèrent, mais il semble bien que le fait soit exact, au moins pour quelques maisons [1]. Les directeurs de ces magasins ne faisaient d'ailleurs qu'imiter les sweaters eux-mêmes qui, en donnant du travail à domicile, oubliaient fréquemment d'inscrire le prix, jusqu'au moment où la loi de 1901 a déclaré cette pratique illégale [2].

À la concurrence entre sweaters, dont les grands magasins font leur profit, il faut ajouter la concurrence entre le sweater londonien et la manufacture provinciale, avec ses machines, son organisation scientifique et sa main-d'œuvre presque exclusivement féminine. La manufacture a l'avantage d'être installée dans un endroit où le p rix de la vie est ordinairement beaucoup moins élevé qu'à Londres et où, par conséquent, un salaire qui paraîtrait à Londres le comble du sweating peut être considéré comme très suffisant. Dans le travail sur mesure, la concurrence entre la province et Londres est à peu près impossible [3] ; mais dans l'article tout fait, le sweater londonien lutte péniblement depuis vingt ans, et c'est le sweating seul qui lui permet de lutter [4].

Toutes ces conditions se réunissent pour imposer au sweater des prix de plus en plus faibles qui ont naturellement leur répercussion sur les salaires, tout au moins sur ceux des ouvriers médiocres et des femmes qui travaillent à domicile. M. Daly, secrétaire de la trade-union des tailleurs et des tailleuses, qui n'est point l'ami des sweaters, a raconté aux membres du *Home Work Committee* une anecdote caractéristique. « J'eus l'occasion, il y a quelque temps, d'intervenir dans un différend. Un patron de l'East End réduisit de 1 farthing (2 centimes et demi) le prix qu'il payait par pantalon.

déposition, I, p. 883-884. Autre cas, Q. 17229. — Cf. également Booth, 1re s., IV, p. 60. Pour l'époque récente, *Select Committee on Home Work*, I, Q. 3334, 3337, 3340 ; II, Q. 2506-2507, 2518.

1. *Select Committee on the sweating system*, Q. 8781. Cf. Q. 9374.

2. La clause de la loi de 1901 sur des fabriques qui est connue sous le nom de « clause des détails » (*particulars clause*) oblige la personne qui donne du travail à domicile à faire connaître par écrit à l'ouvrier le détail du travail et le prix. Cette clause n'a pas toujours été rigoureusement observée.

3. Il faut cependant compter avec une concurrence possible entre le sweater londonien et le sweater de province, de Leeds. par exemple.

4. *Select Committee on the sweating system*, Q. 307 (mémoire de M. Booth), 1844, 1847-1850, 3299, 8999 ; *Select Committee on Home Work*, II, Q. 960 et suiv.

Cela parait peu de chose, mais les ouvriers étaient tellement convaincus que le salaire qu'ils recevaient était exceptionnellement faible qu'ils croyaient nécessaire de résister à toute diminution nouvelle. J'allai d'abord voir le patron, je lui représentai combien sa conduite était déraisonnable ; je lui fis voir qu'il était absolument impossible dès maintenant aux ouvriers de gagner assez pour vivre, et que, s'il diminuait encore le prix, même d'un farthing, leur situation deviendrait encore plus mauvaise. Il me dit alors : « Que voulez-vous que j'y fasse ? Cette maison me donnait 2 pence 1/4 par pantalon, mais dernièrement un autre maître tailleur a commencé à travailler pour elle, et il les fait pour 2 pence. Le résultat est que le fabricant m'a fait appeler et m'a dit que, si je voulais continuer à travailler pour lui, je devrais les faire au même prix que l'autre. Je n'avais pas le choix et j'ai dû accepter. » Je me fis donner le nom du fabricant, et j'allai voir le chef de la maison. Je lui demandai si le fait était exact. « Parfaitement exact, répondit-il ; j'ai pris un autre maître tailleur et je constate que les pantalons qu'il fait pour 2 pence sont tout aussi bien faits que ceux que je payais 2 pence 1/4 auparavant ; je me permets de vous dire que, si vous étiez un fabricant, dans la même situation que moi, et si l'on vous offrait pour 2 pence un article tout aussi bon que celui que vous avez payé jusque-là 2 pence 1/4, vous seriez obligé de l'accepter [1]. »

L'acharnement de la concurrence entre les sweaters et l'espèce de sweating auquel les soumettent les maisons de gros et les grands magasins ont même commencé d'amener une réaction. Dans la fabrication des manteaux, les patrons, qui sont relativement peu nombreux, ont formé en 1905 un syndicat (*Master Mantle Makers' Organisation*) dont le but est d'empêcher l'avilissement des prix [2]. Il existe une association semblable (*Master Tailors' Improvement Association*) parmi les maîtres tailleurs ; mais il est bien difficile de tenir groupés un si grand nombre de petits patrons et le président de l'Association avouait en 1908 devant le *Home Work Committee* que le succès n'avait pas entièrement répondu aux espérances. Jusqu'au vote de la loi de 1909 sur les « conseils de métiers », il était d'ailleurs impossible d'empêcher les maisons de gros de faire faire le travail à un prix inférieur, en s'adressant directement à des tailleurs ou à des tailleuses en chambre [3].

1. *Select Committee on Home Work*, I, Q. 3348. Les 2 pence ou 2 pence 1/4 ne comprenaient évidemment pas la fabrication complète, mais on ne dit pas de quelle partie de la fabrication il s'agit.

2. *Select Committee on Home Work*, I, Q. 3340.

3. *Ibid.*, II, Q. 1318-1326.

Devant la Commission de 1888-1890, l'inspecteur Lakeman divisait les sweaters en 3 catégories : une première classe qui faisait le vêtement sur mesure de qualité moyenne et le vêtement tout fait de bonne qualité ; une seconde classe qui faisait le vêtement de qualité moyenne pour l'exportation ; une troisième classe qui travaillait à la fois pour l'Angleterre et pour l'exportation et faisait la qualité inférieure. Les premiers avaient des ateliers vastes et bien aérés, construits en dehors de la maison d'habitation du sweater, et les lois sur les fabriques y étaient en général observées ; mais il en réduisait le nombre à une douzaine. On n'avait pas non plus à se plaindre sérieusement des sweaters de second ordre ; mais il n'en était pas de même de ceux de la troisième classe qui étaient de beaucoup les plus nombreux [1]. Chez ces derniers, les ateliers étaient souvent construits dans les cours intérieures, trop petits, mal aérés, surchauffés par la flamme du gaz ; assez souvent même, l'atelier était simplement une des pièces de l'habitation du sweater et se transformait la nuit en chambre à coucher [2]. Il semble, d'après la déposition de l'inspecteur Evans devant la Commission de l'immigration, qu'il y ait eu, à cet égard, un progrès notable entre 1889 et 1903 [3] ; mais la situation ne s'est pas améliorée à tous les points de vue. On se plaignait en 1889 que les prescriptions légales relatives aux repas et à la limitation des heures de travail des mineurs ou des femmes ne fussent appliquées que dans les meilleures maisons ; ailleurs, quand l'inspecteur frappait à la porte, le sweater mettait prudemment le nez à la fenêtre, la refermait, et n'ouvrait la porte que lorsque tout était en ordre [4]. En 1903 on constatait de même que « l'emploi des femmes et des mineurs après les heures permises par la loi était pour ainsi dire systématique [5] ».

Partout, même dans les meilleures maisons, la journée de travail était et est encore terriblement longue. Un des principaux sweaters de l'East End donnait, en 1889, la journée de travail comme étant dans son atelier de 13 à 14 heures. Mais M. Burnett, le délégué du *Board of Trade*, trouvait ces chiffres bien peu élevés ; la moyenne lui paraissait voisine de 15 heures. En interrogeant les ouvriers en l'absence des patrons, il avait appris qu'ils travaillaient ordinairement de 8 heures du matin à 10 ou 11 heures du soir, et souvent

1. *Select Committee on the sweating system*, Q. 16734-16736.
2. *Ibid.*, Q. 16734-16736.
3. *Royal Commission on immigration*, Q. 11689, 11733.
4. *Select Committee on the sweating system*, Q. 16746.
5. *Royal Commission on immigration*, Q. 11657.
Pasquet

plus tard [1]. D'autres citaient des cas dans lesquels les ouvriers avaient travaillé 22 heures de suite; on affirmait même qu'en deux occasions des ouvriers avaient travaillé de 8 heures du matin le jeudi, à 6 heures du soir le vendredi, avec un intervalle de 1 heure pour dîner et 2 heures de sommeil sur la table à repasser [2]. Les repas se prenaient quand on pouvait, à des heures très irrégulières; lorsque le sweater donnait du café ou du thé à ses ouvriers, il avait soin pour éviter toute perte de temps, de le servir froid. Dans les moments de presse, les ouvriers mangeaient le pain qui constituait leur dîner tout en continuant leur travail [3].

Pendant cette même année 1889 — la grande année des grèves — les ouvriers tailleurs de l'East End se mirent en grève comme les dockers. « Nous travaillions 16,17 et 18 heures par jour, dit M. Lyons, qui fut un des organisateurs du mouvement, et le jeudi matin nous arrivions à 6 heures pour travailler jusqu'au vendredi minuit; quelquefois même nous allions jusqu'au samedi matin » [4]. Les tailleurs demandaient la réduction à 12 des heures de travail, avec une heure pour dîner et une demi-heure pour le thé. Ils réclamaient également l'interdiction de donner du travail à domicile après les heures de travail régulier. La grève dura six semaines. Au bout de ce temps, les patrons capitulèrent; ils accordaient aux ouvriers tout ce que ceux-ci demandaient. Mais, comme il arrive généralement dans l'East End, les ouvriers, une fois la bataille gagnée, se désintéressèrent des affaires communes, et six mois plus tard tout était à recommencer [5].

En 1906, le syndicat des tailleurs (*Amalgamated Union*), qui se compose surtout de tailleurs anglais du West End, prit en main la cause des ouvriers de l'East End et fit réduire à 12 heures (8 heures du matin à 8 heures du soir) la journée de travail, avec une heure pour le dîner et une demi-heure pour le thé. Il y eut à ce moment 10.000 trade-unionistes dans l'East End; mais cette fois encore, les ouvriers jugèrent bientôt inutile de continuer à payer leur cotisation et quittèrent le syndicat. Aussi la journée de travail était-elle

1. *Select Committee on the sweating system*, Q. 17242, 17258, 17261. Tableau des heures de travail : *ibid.*, *Index*, part I, p. 449. — Mrs Webb (dans Booth, 1re série, IV, p. 51) donne la durée de la journée normale comme étant de 13 à 14 heures ; lorsque la journée est prolongée au delà de cette limite, les ouvriers qualifiés reçoivent une compensation, les autres non.
2. *Select Committee on the sweating system*, Q. 2625 et suiv., 3555-3556.
3. *Select Committee on the sweating system*, Q. 2838, 17242.
4. *Royal Commission on immigration*, Q. 14119.
5. *Royal Commission on immigration*, Q. 14126.

remontée de nouveau à 13 heures en 1908, sauf dans quelques maisons qui, ne pouvant faire travailler les femmes plus de 12 heures, préfèrent licencier tout leur personnel en même temps[1].

Comme le faisait remarquer aux membres de la Commission de l'immigration l'inspecteur Evans, « longues heures et salaire faible ne sont pas synonymes à Stepney[2] » au moins en ce qui concerne les ouvriers capables. M. Burnett évaluait en 1889 le salaire moyen d'un presseur à 6 shillings par jour (7 fr. 50), celui d'un piqueur à la machine à peu près au même chiffre, celui du tailleur qui bâtit les vêtements à 5 sh. 4 pence (6 fr. 65), celui d'un rabatteur (feller) à 4 sh. 6 pence (5 fr. 60). Une mécanicienne gagnait en moyenne 4 shillings (5 francs), une tailleuse chargée de bâtir, 3 sh. 6 pence (4 fr. 35), une rabatteuse, 2 sh. 7 pence 1/2 (3 fr. 30), une ouvrière en boutonnières, dans un bon atelier, 3 sh. 6 pence (4 fr. 35). On peut, il est vrai, faire observer que ce sont là des moyennes et qu'il y a un écart considérable entre le salaire minimum et le salaire maximum ; le salaire d'un piqueur à la machine varie ainsi entre 2 sh. 6 pence (3 fr. 10) et 10 shillings (12 fr. 50) et les salaires des autres ouvriers énumérés plus haut varient à peu près dans les mêmes proportions[3]. Mais, malgré tout, ces salaires ne répondent point à l'idée que l'on se fait ordinairement du sweating system et l'on comprend les réflexions de l'inspecteur Lakeman[4] sur l'impossibilité où est le sweater de diminuer le salaire de ses ouvriers qualifiés. « Ces ouvriers piqueurs, tailleurs chargés de bâtir, et ainsi de suite, savent demander leur prix et l'obtenir. »

C'est en termes analogues que s'exprimait devant la Commission de 1903 l'inspecteur Evans. Il mettait ses auditeurs en garde contre les idées courantes que l'on ne devait accepter qu'avec prudence. « Il y a, disait-il, peu d'artisans mieux payés que les tailleurs de Stepney. Un bon ouvrier peut gagner 70 et même 80 shillings (87 fr. 50 et 100 fr.) dans une semaine[5]. »

Nous voilà loin des salaires de famine. Le chiffre d'ailleurs est probablement exagéré ; il a été contesté par d'autres personnes.

1. Select Committee on Home Work, I, 3471 ; II, 1189-1190.
2. Royal Commission on immigration, Q. 11726.
3. Select Committee on the sweating system, Q. 17242. Dans le tome II, p. 584-589, M. Burnett donne avec détails le taux des salaires. Cf. Index, part I, p. 479-480, où les chiffres donnés sont différents. Autre liste dans Booth, 1ᵉ série, IV, p. 50, pour les différentes classes de sweaters.
4. Select Committee on the sweating system, Q. 16624.
5. Royal Commission on immigration, Q. 11726.

Un piqueur à la machine, bon ouvrier, a déclaré que le plus haut salaire qu'il eût jamais reçu pour une semaine de 5 jours [1] était 50 shillings (62 fr. 50) [2] ; mais ce salaire même est fort acceptable, ou plutôt le serait, si la morte-saison ne venait pas le diminuer dans de notables proportions.

Pour prouver que même dans des maisons qui font de la confection à très bon marché, l'ouvrier juif est aussi bien et mieux payé que le tailleur anglais, M. Levi, président de l'Association des maîtres tailleurs, a fait connaître au *Home Work Committee* les prix payés par une maison qui fait des vestons à 11 pence (1 fr. 10) et des pardessus à 1 sh. 4 pence (1 fr. 65), c'est à-dire un genre tout à fait inférieur. Le premier piqueur à la machine qui travaille à la pièce gagne 7 sh. 6 pence ou 8 shillings par jour (9 fr. 35 à 10 fr.) ; les trois autres piqueurs qui sont payés à la journée gagnent respectivement 6 sh. 6 pence (8 fr. 10), 5 sh. 6 pence (6 fr. 85) et 4 sh. 6 pence (5 fr. 60). Le premier presseur gagne de 7 shillings à 7 sh. 6 pence (8 fr. 75 à 9 fr. 35) et le second presseur 5 shillings (6 fr. 25). Le premier tailleur a 6 shillings ou 6 sh. 6 pence (7 fr. 50 à 8 fr. 10) et le second tailleur 4 shillings ou 4 sh. 6 pence (5 fr. à 5 fr. 60). Les femmes gagnent de 2 sh. 3 pence à 3 sh. 3 pence (2 fr. 80 à 4 fr. 05) La journée des hommes va de 8 heures à 9 heures et la journée des femmes de 8 heures à 8 heures, avec une heure de repos pour dîner et un petit intervalle pour le thé [3]. Dans les maisons où l'on fait des qualités supérieures, on trouve des salaires encore plus élevés [4].

D'autres personnes qui ont déposé devant la même Commission ont, il est vrai, parlé de salaires sensiblement moindres : 20 à 25 shillings par semaine pour les hommes (25 à 31 fr. 25), 10 à 15 shillings pour les femmes (12 fr. 50 à 18 fr. 75) [5]. Il n'est pas impossible, comme nous le verrons plus loin, de concilier ces chiffres avec les précédents.

La classe qui a véritablement souffert du sweating est celle des *greeners*, c'est-à-dire des Juifs qui arrivaient de Russie sans con-

1. La semaine juive régulière ne comprend que 5 jours, le travail s'arrêtant le samedi et le dimanche. Quand le travail presse, on travaille le dimanche, au moins pendant ce que l'on appelle une demi-journée. La demi-journée va de 8 heures du matin à 4 heures du soir.

2. *Royal Commission on immigration*, Q. 14111.

3. *Select Committee on Home Work*, II, Q. 1178-1193.

4. *Select Committee on Home Work*, II, Q. 1204, 1221-1224.

5. *Select Committee on Home Work*, I, Q. 3223, 3321, 3331, 3540.

naître personne et sans avoir de métier. Grâce au système de la division du travail, on pouvait utiliser leurs services presque immédiatement, tout en ne leur donnant qu'un salaire dérisoire ou même,
au début, pas de salaire du tout. Un de ces *greeners*, nommé Cohen,
a raconté ses aventures aux membres de la Commission de 1888-
1890. Il était arrivé à Londres sans argent :

« Je n'avais pas d'argent, mais j'avais un complet très propre. Je
le mis en gage et j'obtins un « demi-souverain » (12 fr. 50), que je
donnai au sweater pour apprendre à piquer à la machine. J'ai eu
peu de chose à manger pendant ce temps d'apprentissage, un pain
de deux livres et un hareng pour mes repas.

Question. — Combien de temps dura cet apprentissage ?

Réponse. — Je fis quatre semaines pour rien, outre le demi-souverain. Après il me donna 6 shillings (7 fr. 20) par semaine.

Q. — Et combien gagnez-vous maintenant ?

R. — 7 shillings (8 fr. 75) par jour, mais je ne fais jamais un jour.
Je travaille trois quarts de jour, un quart de jour, un demi-jour...
Nous sommes très occupés pendant 6 ou 7 semaines. A ce moment,
je puis faire chaque semaine 4 jours de travail à 7 shillings par jour.
Le reste de l'année, je puis dans une semaine faire une fois trois
quarts de jour, un autre jour un demi-jour et un quart de jour de
temps en temps.

Q. — Qu'entendez-vous par un jour de travail ?

R. — J'arrive à 6 heures et je travaille jusqu'à 9 heures du soir ;
c'est ce qu'on appelle une journée.

Q. — Et qu'est-ce qu'une demi-journée ?

R. — Une demi-journée va de 6 heures à 1 heure ; trois quarts de
jour, de 6 heures à 5 h. 1/2. On me donne du café, mais il faut boire
ce café sans interrompre le travail. Le café est froid ; ils ne l'apportent pas chaud, mais froid, pour qu'on ne perde pas trop de temps à
le boire [1]. »

Nous reviendrons sur une des questions qui sont soulevées par
cette déposition, la question de l'irrégularité du travail. Il nous
suffit maintenant d'appeler l'attention sur les faits essentiels : l'arrivée à Londres sans argent, la prime payée pour apprendre un
métier ou plutôt une partie spéciale d'un métier, le temps donné
pour rien et ensuite pour presque rien, — jusqu'au moment où le
greener, devenu ouvrier, peut enfin réclamer le salaire de sa profes-

1. *Select Committee on the sweating system*, Q. 2832-2838. On peut voir également, Q. 678 et suiv., le cas tout semblable d'un immigrant qui est devenu
ouvrier cordonnier.

sion. Si le nombre des *greeners* avait été très petit ou s'ils étaient
tous arrivés ensemble, le marché du travail se serait vite remis
d'une perturbation passagère ; mais les immigrants arrivaient par
milliers, et un courant régulier s'était établi de Russie en Angleterre. Les *greeners* qui demandaient des places encombraient parfois les rues de Whitechapel au point de forcer la police à intervenir.
Le marché de Londres se trouvait donc approvisionné régulièrement de travail qui coûtait peu de chose ; avant même qu'un groupe
de *greeners* fût parvenu à s'instruire et à prendre rang parmi les ouvriers qualifiés, d'autres Juifs polonais et russes étaient arrivés pour
prendre sa place. C'est ce que la Commission de 1903 exprimait en
ces termes dans son rapport : « Il est hors de doute qu'une grande
partie des étrangers qui arrivent dans ce pays n'ont ni un métier
qualifié, ni des moyens d'existence suffisants. Le résultat, à Londres
tout au moins, est qu'ils sont forcés d'accepter des conditions de
travail qui doivent contribuer à faire baisser les prix. Sans doute,
beaucoup d'entre eux deviennent avec le temps des ouvriers qualifiés dans la spécialité particulière de la cordonnerie ou de tout
autre métier qu'ils ont choisi ; mais le courant ininterrompu d'arrivées nouvelles produit un encombrement dans le marché du travail non qualifié et une concurrence terrible parmi les étrangers
eux-mêmes. Il est d'ailleurs évident que l'effet de ces arrivées nouvelles sur le marché du travail se fait particulièrement sentir à
Londres où les ouvriers étrangers paraissent peu capables de s'organiser solidement et d'une façon durable pour se défendre. En
province, où l'immigration des *greeners* ignorants se fait plus lentement et par quantités moindres, les ouvriers étrangers semblent
suffisamment organisés pour obtenir des patrons des conditions
meilleures que celles qui existent dans la capitale [1]. »

Le salaire quotidien d'un *greener* qui était depuis quelques semaines en Angleterre variait entre 1 et 2 shillings (1 fr. 25 à 2 fr. 50) [1].
C'est avec cela qu'il lui fallait se nourrir, se loger et s'habiller. Un
de ces *greeners* nous raconte qu'il ne vivait que de pain, de thé et
de café, sans toucher jamais ni viande ni poisson, et qu'il payait
2 shillings par semaine pour avoir le droit de coucher dans une
chambre où couchaient aussi quatre autres personnes [3] ; on parle

1. *Report of the Royal Commission on the immigration of destitute aliens*, 1903,
p. 19.
2. *Select Committee on the sweating system*, Q. 17242 ; *Royal Commission on
immigration*, Q. 19730.
3. *Select Committee on the sweating system*, Q. 700.

même de chambres qui auraient servi de domicile à 7 *greeners*, chacun payant 1 shilling par semaine [1]. A l'atelier, il fallait essayer de s'initier le plus vite possible à une spécialité, apprendre à rabattre les coutures, à piquer à la machine ou à repasser. C'était le seul moyen d'arriver à gagner rapidement un peu d'argent ; mais la spécialisation a ses dangers, et l'ouvrier spécialisé qui ne trouve pas de travail dans sa spécialité ou qui n'en trouve pas suffisamment est souvent dans une situation presque aussi pénible, malgré la différence apparente des salaires, que l'ouvrier non qualifié.

Nous avons vu précédemment que l'ouvrier spécialisé et parfaitement au courant de sa spécialité gagne dans l'industrie de la confection de très beaux salaires, 4 à 6 shillings par jour pour le moins ; malheureusement, il ne les gagne que pendant une partie de l'année. Le même ouvrier dont nous avons parlé plus haut et qui dit avoir gagné 50 shillings (62 fr. 50) dans une semaine ajoute que son salaire est quelquefois tombé dans la morte-saison à 5 shillings (6 fr. 25) et cela pendant trois ou quatre semaines. Pour gagner ces 5 shillings il lui fallait être, à cause du système de la division du travail, constamment présent à l'atelier, attendant que chacun des autres ouvriers eût terminé sa part de la besogne [2]. Or la morte-saison, au témoignage d'un patron, dure environ 6 mois [3], et la période de grande activité ne s'étend pas sur beaucoup plus de trois mois ; les mois de janvier et de février sont une époque d'arrêt complet [4]. On a dit parfois [5] que les ouvriers gagnaient assez pendant la saison pour économiser en vue des mauvais jours ; mais il est bien douteux qu'il en soit ainsi, car l'irrégularité n'est pas seulement une irrégularité de saison. La quantité de travail varie chaque jour, et un ouvrier dont le salaire quotidien est très élevé peut ne recevoir à la fin de la semaine qu'une somme assez médiocre ; tel ce piqueur à la machine dont nous avons parlé plus haut, qui gagne 8 fr. 75 par jour, mais qui ne fait, dit-il, jamais un jour entier.

La facilité avec laquelle on peut faire faire par les petits sweaters n'importe quelle quantité de travail au moment même où l'on en a

1. *Select Committee on the sweating system*, Q. 3315.
2. *Royal Commission on immigation*, Q. 14111, 14113.
3. *Select Committee on Home Work*, II, Q. 1279 (déposition Levi).
4. *Select Committee on the sweating system*, particulièrement Q. 188-192, 8794, 17242, 17243.
5. Voir en particulier, *Select Committee on Home Work*, II; Q. 1280. — Cf. *Select Committee on the sweating system*, Q. 4038-4039.

besoin a eu pour résultat d'établir, non seulement dans le vêtement
sur mesure, mais dans la confection en gros, une extrême irrégularité. Comme le disait devant la Commission de 1888-1890 un inspecteur du travail, lorsqu'un négociant de Melbourne a besoin d'une
certaine quantité de complets, il télégraphie simplement à Londres
qu'il lui faut tant de costumes pour tel jour. Celui qui a reçu la commande peut penser que le délai est bien court, mais il se dit que,
s'il ne fait pas le travail, un autre le fera. Il accepte donc, et ses ouvriers sont sur les dents pendant quelques jours, peut-être pour se
reposer complètement la semaine suivante [1]. D'une manière générale, il y a peu de travail au commencement de chaque semaine : on
prépare alors l'étoffe dans les maisons de gros et tout le travail se
trouve accumulé dans les derniers jours. Dans le vêtement sur mesure, on donne souvent le travail à faire le jeudi pour le lundi suivant, ce qui oblige presque nécessairement les ouvriers à travailler
le dimanche ; il est même arrivé, dit-on, que l'on ait donné du travail à faire après la date marquée sur l'étiquette pour le rendre [2].
Les personnes qui ont déposé devant la Commission du sweating
system estiment que les ouvriers ne travaillent pas, en moyenne,
plus de 3 ou 4 jours par semaine [3]. Les gros salaires de 6 et 7 shillings par jour se trouvent donc, dans la pratique, considérablement réduits ; en prenant trois jours et demi comme la durée ordinaire du travail, notre ouvrier piqueur, avec ses 8 fr. 75 par jour, ne
gagnera que 30 fr. 60 par semaine, au lieu d'un salaire possible de
43 fr. 75 en cinq jours et 52 fr. 50 en six.

L'irrégularité du travail dans la confection a été rendue possible
par l'abondance de la main-d'œuvre ; c'est également l'abondance
de la main-d'œuvre à bon marché qui, bien plus encore que l'avidité des sweaters, a fait baisser les prix payés par le négociant au
petit patron et par le petit patron à ses ouvriers. Mais l'immigration
des *greeners* n'eût pas été suffisante à elle seule pour amener cette
baisse. Il faut, pour l'expliquer, faire intervenir une autre cause : la
concurrence acharnée que font au petit atelier juif l'ouvrier et surtout l'ouvrière isolés, travaillant à domicile. Ce que le sweater re-

1. *Select Committee on the sweating system*, Q. 16615.
2. *Select Committee on the sweating system*, Q. 8677.
3. *Ibid.*, Q. 211, 218-220, 3285-3286. Mrs. Webb (dans Booth, *Life and
Labour*, 1re s., IV, p. 54) donne comme moyenne : 4 jours et demi dans une
maison importante et pour un bon ouvrier ; 3 jours dans les maisons d'importance moyenne et pour un ouvrier de capacité ordinaire ; 2 jours et demi et
moins pour la majorité des ouvriers médiocres et non qualifiés.

fuse de faire, parce qu'il juge le prix trop insuffisant, l'ouvrière en chambre l'accepte et le sweater est obligé tôt ou tard de l'accepter à son tour [1].

M. A.-E. Sayous a démontré que le système du travail à domicile existait à Londres dès 1849, avec la plupart des traits caractéristiques du sweating [2], et il est probable qu'il faudrait remonter beaucoup plus haut pour en découvrir les origines ; mais il s'est grandement développé depuis que le machinisme et la division du travail ont permis d'utiliser une main-d'œuvre qui n'a en soi que très peu de valeur, — celle d'ouvrières qui se sont improvisées tailleuses après un apprentissage de quelques mois ou même de quelques semaines. Dans les procès-verbaux de l'enquête sur le sweating system, on trouve déjà des plaintes nombreuses contre les ouvriers et les ouvrières qui travaillent chez eux à des prix inférieurs au prix normal. L'inspecteur Lakeman fait remarquer que ce système de travail s'étend de plus en plus à Londres. On a sans cesse besoin de bureaux et d'entrepôts. « Des locaux qui servaient d'ateliers ont été transformés en entrepôts et le travail est fait, autant que possible, dans les maisons des ouvriers ; par ce moyen, le patron échappe à la nécessité de surveiller, de fournir le gaz, etc. Il donne le travail à faire et on le lui rapporte. Il préfère ce système de travail domestique [3]. » Le travail à domicile est devenu si commun depuis et a donné lieu à de si graves abus qu'une Commission de la Chambre des Communes s'en est occupée exclusivement pendant la session de 1907 et celle de 1908 et qu'il a fallu, pour le réglementer, emprunter à l'Australie une législation nouvelle, d'un caractère presque socialiste.

Dans la confection, le travail à domicile comprend deux subdivisions : le piquage à la machine et le finissage. Le repassage est quelquefois compris dans le finissage ; plus ordinairement, il est fait à l'entrepôt de la maison qui donne le travail à faire. Le cas le plus fréquent à Londres est celui où la même ouvrière pique à la machine et finit le vêtement [4].

Les seules ouvrières qui paraissent raisonnablement payées sont les giletières. Une inspectrice du travail, Miss Squire, dit que le

---

1. Cf. *Select Committee on Home Work.* II, Q. 1245, 1249-1250.
2. Voir l'article déjà cité sur les travailleurs de l'aiguille dans l'East End (*Revue d'économie politique*, 1899) et un article sur l'immigration en Angleterre des Juifs russes et polonais dans la *Grande Revue* du 1er janvier 1900.
3. *Select Committee on the sweating system*, Q. 16696.
4. *Select Committee on Home Work*, I, Q. 456-460.

prix par gilet, pour la qualité très ordinaire évidemment, varie entre 3 pence et demi (0 fr. 35) et 8 pence et demi (0 fr. 85)[1]. Dans
l'enquête faite par le Conseil industriel des femmes[2], on ne voit
aucun prix inférieur à 6 pence (0 fr. 60) et le prix maximum atteint
6 shillings (7 fr. 50). Le salaire hebdomadaire est presque toujours
supérieur à 1 livre sterling (25 fr.) et souvent à 30 shillings (37 fr. 50).
Une ouvrière qui fait des gilets pour officiers gagne 8 shillings
3 pence (10 fr. 30) par jour. Parmi toutes les ouvrières appartenant
aux professions les plus diverses qui ont été visitées par les représentants du *Women's Council*, celle-ci est la seule qui fasse partie
d'une trade-union.

On est tenté de croire que les ouvrières visitées se sont trouvées,
dans ce cas, appartenir à une classe un peu supérieure à la moyenne
de la profession : pour plusieurs d'entre elles, on mentionne un
apprentissage régulier de deux, trois et même quatre ans, chose
assurément exceptionnelle chez les ouvrières à domicile de la confection. Ailleurs, les prix sont beaucoup plus faibles. On a parlé
devant la Commission du travail à domicile de vestons d'hommes
piqués et finis complètement pour 4 à 9 pence (0 fr. 40 à 0 fr. 90)[3].
On a cité le cas d'une ouvrière qui a dû payer 8 shillings (10 fr.)
pour un veston qu'on lui avait donné à faire moyennant 4 pence et
qui avait été endommagé[4] ; le fait, s'il est exact, prouverait que le
bénéfice du négociant est suffisant pour lui permettre d'augmenter
un peu ses prix. D'après l'enquête du Conseil industriel féminin[5],
il est courant de donner 5 à 8 pence (0 fr. 50 à 0 fr. 80) pour un veston qui demande de deux à trois heures de travail. Les femmes qui
ne font que le finissage sont encore plus mal payées ; l'une d'elles a
8 pence et demi (0 fr. 85) par douzaine de vestons et chaque veston
lui prend une heure. Une autre a 6 pence (0 fr. 60) par douzaine ;
elle en fait deux douzaines par jour, quelquefois un peu plus. C'est,
dit le rapport, « une bonne ouvrière, mais peut-être lente. Elle travaille pour un intermédiaire. »

Dans les pantalons, le salaire devient dérisoire. Pour piquer à la
machine on donne 2 pence et quart à 3 pence (0 fr. 22 à 0 fr. 30), et
chaque pantalon prend au minimum une heure[6]. Le finissage est

---

1. *Select Committee on Home Work*, I, Q. 460.
2. *Home industries of women in London*, p. 108 et suiv.
3. *Select Committee on Home Work*, I, Q. 460.
4. *Ibid.*, I, Q. 463-467 (Miss Squire).
5. *Home industries of women in London*, surtout p. 106-107.
6. *Home industries of women in London*, p. 96 et 102.

payé généralement 2 pence et demi à 3 pence (0 fr. 25 à 0 fr. 30) ; il
faut deux heures pour finir un pantalon à 2 pence et demi, et trois
heures pour finir un pantalon à 3 pence [1]. Quand le repassage est
fait dans l'atelier du négociant, le prix est souvent réduit à 1 penny
3 quarts, 1 penny et demi et même 1 penny et quart (17 centimes et
demi, 15 centimes, 12 centimes et demi) [2] et malgré la modicité de
ces prix, les salaires sont encore plus faibles à Leeds. Pour voir ce
que représentent de pareils salaires, il est bon de prendre des exemples concrets. Une finisseuse, visitée par le *Women's Council* et qui
reçoit son travail d'un intermédiaire, gagne 1 penny et demi par
pantalon ; elle peut faire une douzaine par jour ; son salaire jour-
nalier est donc 1 sh. 6 pence (1 fr. 85). Une autre ouvrière qui travaille au même prix que la précédente déclare que la journée
varie entre 1 sh. 3 pence et 1 sh. 6 pence (1 fr. 55 et 1 fr. 85). Une
troisième gagne 2 sh. 7 pence et demi (3 fr. 30), mais elle est payée
1 penny trois quarts et travaille de 5 heures du matin à 9 heures
du soir [3]. Toutes ces ouvrières fournissent le fil.

Les ouvrières qui travaillent dans ces conditions se comptent
par milliers, car, sauf de rares exceptions, les pantalons sont à
Londres presque uniquement faits par les femmes. La concurrence
est extrême, surtout entre les finisseuses, dont beaucoup appartiennent à une classe très pauvre. Certaines refusent d'accepter du
travail à moins de 3 ou 4 pence (0 fr. 30 à 0 fr. 40), mais d'autres
qui meurent de faim sont trop heureuses de le prendre à n'importe
quel prix [4]. Les petits ateliers juifs ne peuvent lutter dans cette catégorie de travail contre les femmes anglaises qui sont toujours
prêtes à accepter une diminution d'un demi penny ou d'un farthing
sur le prix le plus faible [5].

Aussi les prix baissent-ils continuellement dans la confection
faite à domicile par les femmes. Plusieurs des ouvrières visitées
par le Conseil industriel féminin se sont plaintes d'une baisse de
prix récente [6]. Dans leur livre sur West Ham, M. Howarth et Miss
Wilson signalent le cas d'une ouvrière qui faisait des pyjamas à
11 sh. 3 pence (14 fr. 05) la douzaine et à laquelle une autre a enlevé la clientèle de cette maison en acceptant de les faire pour

1. *Select Committee on Home Work*, I, Q. 1134.
2. *Ibid.*, I, Q. 475.
3. *Home industries of women in London*, p. 104-105.
4. *Cf. Select Committee on Home Work*, I, Q. 1140.
5. *Select Committee on Home Work*, I, Q. 3305.
6. *Home industries of women in London*, p. 102 et 106.

6 sh. 3 pence (7 fr. 80)[1]. Pour montrer la baisse régulière des prix, nous pouvons emprunter au même ouvrage un exemple éloquent. Il s'agit d'une ouvrière qui travaille dans la confection depuis 40 ans. Au moment de l'enquête (1906), elle piquait des vestons à raison de 2 sh. 6 pence (3 fr. 10) la douzaine ; dix ans plus tôt, elle recevait d'un intermédiaire 5 shillings (6 fr. 25) pour le même travail ; dix-huit ans plus tôt, elle travaillait directement pour une maison de gros qui la payait 1 shilling (1 fr. 25), 1 sh. 6 pence (1 fr. 85) et même 2 shillings (2 fr. 50) par veston, suivant les cas. Enfin, au temps de sa jeunesse, elle piquait les vestons à la main et gagnait 5 shillings (6 fr. 25) par veston[2].

Il est bon d'ajouter que, dans la confection comme dans la plupart des autres industries à domicile, la clause de la loi de 1901 qui oblige l'employeur à remettre à l'ouvrier ou à l'ouvrière, en même temps que l'étoffe, une fiche spécifiant la nature et le prix du travail, a été le plus souvent violée impunément ; les négociants se sont rendu compte de bonne heure qu'à moins d'occuper des milliers d'inspecteurs à faire des visites domiciliaires, il était impossible de surveiller l'application de la loi, et ils ont cessé de s'en préoccuper[3]. Ils se sont donc trouvés libres de fixer comme ils l'entendaient le prix du travail, non seulement avant l'exécution de ce travail, mais après, ce qui est un peu inquiétant, si l'on songe à la rigueur des règlements dans certaines maisons. Nous voyons, par exemple, une maison de gros inviter ses ouvrières à vérifier avant leur départ tout ce qui leur est confié et les avertir que, s'il y a une erreur, s'il y a des défauts dans l'étoffe, elles ne doivent point faire le travail ; si elles le font quand même, la valeur des objets leur sera retenue sur leur salaire[4].

Les conditions dans lesquelles travaillent les ouvriers cordonniers de Londres ressemblent par certains côtés à celles qui existent dans l'industrie de la confection ; mais il y a cependant de notables différences, car l'introduction des machines a produit dans la cordonnerie une révolution beaucoup plus complète que dans la confection.

On peut distinguer dans la fabrication d'une chaussure six opéra-

1. Howarth and Wilson, *West Ham*, p. 270.
2. *Ibid.*, p. 274.
3. Cf. *Select Committee on Home Work*, I, Q. 134-135, 2345 ; II, Q. 440, 3651, 3692-3693.
4. Howarth and Wilson, *West Ham*, p. 287.

tions principales. Il faut : 1° découper les morceaux de cuir nécessaires pour l'empeigne ; 2° découper les morceaux de cuir nécessaires
pour la semelle et le talon ; 3° coudre ensemble les morceaux qui
doivent former l'empeigne ; 4° mettre la chaussure en forme ;
5° coudre ensemble l'empeigne et la semelle ; 6° finir la chaussure,
en coupant le cuir qui dépasse et en ajoutant les accessoires.

Le même ouvrier faisait autrefois toutes ces opérations, et les fait
encore aujourd'hui dans les campagnes. Mais des transformations
importantes se produisirent dans la seconde moitié du XIXe siècle :
la fabrication des empeignes devint une branche spéciale de la cordonnerie et se fit dans des conditions nouvelles. Des manufactures
se créèrent, où quelques ouvriers expérimentés coupaient, sur des
modèles choisis, les morceaux de cuir nécessaires ; ces morceaux
étaient ensuite cousus à la machine dans des ateliers où travaillaient surtout des femmes. Les fabricants de chaussures, à part les
maisons très importantes, prirent l'habitude de se fournir d'empeignes dans ces manufactures. On inventa d'autre part (en 1860) une
machine qui servait à coudre ensemble la semelle et l'empeigne ;
on trouva même une méthode plus simple pour faire tenir ensemble les deux parties de la chaussure : ce fut de les réunir au moyen
de rivets.

Parallèlement à ces progrès, et en partie à cause du progrès
même, il se produisit un autre changement. L'ancien cordonnier
disparut. Il fut remplacé par des ouvriers spécialisés qui ne savaient
faire qu'une des opérations de la fabrication, mais qui la faisaient
plus vite et mieux : coupeurs, metteurs en forme, finisseurs, etc. A
Londres, sauf dans quelques grandes manufactures, la plupart de
ces ouvriers ne travaillaient pas à l'atelier du patron. Celui-ci ne
faisait faire chez lui que les opérations indispensables ; il y faisait
couper le cuir, lorsqu'il n'achetait pas les empeignes toutes préparées, et comme le prix de la machine qui sert à coudre les semelles
était très élevé, c'est également chez lui que se faisait ordinairement
cette partie du travail. Quant à la mise en forme et au finissage,
on préférait en général les donner à faire au dehors à des ouvriers
qui travaillaient à domicile ou dans de petits ateliers. Ces ouvriers
allaient chercher les pièces nécessaires à la maison centrale et les
y reportaient dans leur brouette, après mise en forme ou finissage,
suivant les cas.

Telle était l'organisation de l'industrie de la cordonnerie à Londres à l'époque où la Commission de la Chambre des Lords faisait
son enquête sur le sweating ; c'est cette organisation qui a été dé-

crite en détail par les collaborateurs de M. Booth dans le tome IV (1re série) de *Life and Labour* [1]. Elle se prêtait admirablement à l'application des principes du sweating system. A côté de l'atelier domestique, où l'ouvrier travaillait avec sa femme et ses enfants, il se fonda de nombreux ateliers de mise en forme ou de finissage dans lesquels on appliqua, comme chez les tailleurs, la méthode de la division du travail. L'opération de la mise en forme, par exemple, peut être subdivisée en un certain nombre d'opérations dont les premières seulement demandent certaines connaissances techniques ; il en est de même du finissage. Avec un ou deux ouvriers qualifiés, une demi-douzaine d'ouvriers sans connaissances techniques et quelques femmes, il devenait possible d'ouvrir un atelier de finissage ou de mise en forme. Les ouvriers travaillaient par équipes (*team system*), sous la direction des ouvriers qualifiés, dont le principal était le plus souvent le patron ; dans chacune des équipes, chaque ouvrier avait sa besogne déterminée, toujours la même [2].

Comme la confection, la cordonnerie fut envahie par les immigrants juifs [3]. Ce ne sont pas les Juifs qui ont introduit dans la cordonnerie le système de la division du travail, mais ils le perfectionnèrent et arrivèrent ainsi à utiliser au mieux le travail des *greeners* qui arrivaient de Russie et qui se contentaient de salaires infimes. Comme dans la confection, les maisons de gros se livrèrent aux dépens des petits patrons à un véritable sweating qui eut pour résultat une diminution considérable des profits du sweater, et par contre-coup du salaire de ses ouvriers. Le travail devint de plus en plus irrégulier, et, la morte-saison aidant, la moyenne annuelle, même pour les ouvriers qualifiés, tomba très bas.

Encouragés par le succès des dockers, les ouvriers cordonniers de Londres se mirent en grève en 1890. Ils demandaient que les fabricants eussent des ateliers et fissent faire le travail chez eux ; ils demandaient également qu'une liste de prix aux pièces (*statement*) fût établie pour les qualités inférieures, dites de 3e classe, qui sont de beaucoup les plus communes dans l'East End de Londres. Ils triomphèrent sur toute la ligne ; la liste fut dressée, un conseil d'arbitrage fut organisé, les fabricants ouvrirent des ateliers, les

1. P. 69 et suiv.
2. Booth, 1re série, IV, p. 97-99 ; *Royal Commission on immigration*, 1903, Q. 12207, 22668 et suiv.
3. 2.890 hommes et 120 femmes originaires de la Russie ou de la Pologne russe en 1901.

prix se relevèrent, le travail à domicile et l'atelier du petit sweater parurent condamnés [1].

Mais alors survinrent de nouveaux changements. On inventa des machines à mettre en forme et des machines à finir, de sorte que la fabrication de la chaussure devint, du commencement jusqu'à la fin, presque automatique. Cette transformation fut très bien accueillie par les grands manufacturiers de Leicester et de Northampton, mais il n'en fut pas de même à Londres où les grandes manufactures ont, nous l'avons vu, tant de peine à s'établir. Pour lutter contre le machinisme des usines provinciales, la cordonnerie londonienne retomba dans le sweating system. Les petits ateliers de mise en forme et de finissage, avec leurs *greeners* juifs, se rouvrirent peu à peu. Un grand nombre de petits sweaters qui auparavant ne faisaient qu'une seule opération — finissage ou mise en forme — s'établirent fabricants et se mirent à faire deux ou trois articles à bas prix, de qualité souvent plus que médiocre. Comme dans la confection, le petit atelier de Londres, avec son système de subdivision à outrance et son travail à bas prix, essayait de tenir tête à la manufacture [2].

Il n'a pas encore cédé devant elle ; mais les conditions sont beaucoup moins favorables pour le petit atelier dans la cordonnerie que dans la confection, parce que le machinisme a pris une importance beaucoup plus grande dans la fabrication de la chaussure que dans celle du vêtement. Sauf pour les qualités supérieures, et peut-être aussi pour des qualités si inférieures qu'elles ne craignent pas la concurrence provinciale, la situation de la cordonnerie à Londres est presque désespérée. La plupart des personnes qui ont déposé devant la Commission royale de 1903 (*Immigration Commission*) ont fait remarquer que le sweating était, malgré l'opinion courante, beaucoup plus développé chez les cordonniers que chez les tailleurs [3]. Il n'en peut guère être autrement. Le petit patron qui entreprend de mettre en forme ou de finir des chaussures au même prix que l'industriel dont la manufacture est pourvue de machines à finir et de machines à mettre en forme arrive difficilement à joindre les deux bouts à la fin de l'année. En fait, il n'y arrive pas, comme en témoignent les banqueroutes multipliées. Quant au petit fabricant qui fait du commencement à la fin deux ou trois variétés de chaussures, sa position n'est pas plus brillante. En règle générale, il n'a pas de capi-

1. Cf. *Royal Commission on immigration*, 1903, Q. 3616-3665, 12209.
2. *Royal Commission on immigration*, 1903, Q. 12209, 22665, 22668-22680.
3. *Ibid.*, Q. 1855-1862, 2493, 11685-11687, 11698.

tal et il est obligé de se faire payer comptant. Les grands industriels qui ont couvert Londres et la province de leurs maisons de détail lui achètent à vil prix sa production, à moins qu'il ne la vende à un de ces négociants en gros ou *facteurs* qui ne fabriquent pas eux-mêmes, mais fournissent parfois le cuir aux petits fabricants. L'industrie de l'East End se spécialise de plus en plus dans la camelote ; on y faisait en 1903 des souliers de soirée qui se vendaient en gros 11 pence — un peu plus de 1 fr. 10 — la paire, et un ouvrier cordonnier vint affirmer devant la Commission royale que parmi les nombreuses chaussures à la fabrication desquelles il avait collaboré, il n'y en avait pas une seule qui fût entièrement en cuir. Le talon, en particulier, est généralement en carton, à moins qu'il ne soit en « composition »[1].

Il est impossible de se faire une idée des salaires payés aux ouvriers. Dans cette industrie en décadence, où le travail est très irrégulier et les chômages interminables, le salaire hedomadaire est une quantité théorique. Aux termes d'une convention acceptée en 1909 par les ouvriers et les patrons, le salaire d'un ouvrier qualifié, à partir de 21 ans, est fixé à 30 shillings (37 fr. 50) par semaine ; mais on a calculé que la moyenne, pour les quatre premiers mois de 1911 a été seulement de 22 sh. 7 pence (28 fr. 20) ; dans la plus mauvaise semaine, le salaire est tombé à 19 sh. 2 pence (23 fr. 95). Il semble bien que la baisse ait été très sensible depuis quelques années[2].

Parmi les métiers du sweating system, on range aussi quelquefois l'ébénisterie, où l'influence de l'immigration juive s'est fait sentir, comme dans la cordonnerie et la confection, bien qu'à un degré beaucoup moindre. L'ébénisterie ressemble en effet à ces deux industries, en ce qu'elle produit en quantité croissante des articles de camelote à très bon marché. La spécialisation y a fait aussi des progrès très considérables. Mais à d'autres égards, les différences sont frappantes. Dans l'ameublement, le patron donne généralement à ses ouvriers un salaire raisonnable, et la durée des heures de travail n'est pas exagérée. Le sweating, si sweating il y a, s'exerce aux dépens du petit patron ; il n'atteint les ouvriers que, pour ainsi dire, par ricochet. Dans l'ébénisterie londonienne, en effet, le petit patron travaille quelquefois sur commande, pour une maison de vente, mais le plus souvent essaie de créer un modèle et de le faire accep-

1. *Royal Commission on immigration*, 1903, Q. 12206, 12209.
2. Webb and Freeman, *Seasonal Trades*, p. 291-292, 295.

ter par le chef de rayon de la maison de gros. Il n'y réussit pas toujours sans difficulté, même lorsque son modèle est excellent. Il lui
faut parfois se contenter d'un bénéfice dérisoire, parfois même, lorsque le samedi est arrivé et qu'il faut payer les ouvriers, vendre au
prix coûtant. Parfois aussi le chef de rayon ne consent à prendre le
modèle que sous conditions, c'est-à-dire qu'il le rendra s'il ne l'a pas
vendu dans un certain délai. Parfois encore, il faut transporter le
samedi de magasin en magasin le travail de la semaine pour essayer
de le vendre. Cette situation n'est évidemment pas favorable à la
régularité du travail et des salaires ; mais ses inconvénients tiennent plutôt aux risques ordinaires du commerce qu'à une exploitation quelconque de l'ouvrier par le patron ; aussi nous semble-t-il
que c'est abuser du mot que de parler, comme on le fait souvent, du
sweating system dans l'ébénisterie londonienne.

*
* *

Après cette longue analyse des conditions industrielles dans lesquelles se présente le sweating system, il nous est possible de
découvrir, entre les métiers où il sévit, certains caractères communs. L'ouvrier ne travaille jamais directement pour le consommateur. Entre le consommateur et lui s'interpose au moins un
intermédiaire, qui est ordinairement à Londres une maison de gros,
vendant aux maisons de détail, mais parfois aussi un grand magasin vendant directement au public [1], ou, dans le travail sur mesure, un petit magasin qui reçoit les commandes des particuliers.
Entre la maison de gros et le grand ou le petit magasin, d'un côté,
et l'ouvrier, de l'autre, il peut exister un ou plusieurs intermédiaires
qui prennent le travail à un certain prix et tâchent de le faire exécuter à un prix inférieur : ce sont ces intermédiaires ou petits entrepreneurs que l'on désigne sous le nom de sweaters.

La maison de gros, le grand magasin et le petit magasin ont
assez souvent un atelier, annexé à l'établissement, où se fait le travail courant et où l'on exécute les commandes qui réclament un
soin particulier ; mais l'usage prévaut de plus en plus de « donner
au dehors » (to give out) une grande partie du travail, qui est fait
par les ouvriers et les ouvrières, soit à domicile, soit dans de petits

1. Les grands magasins du type Louvre ou Bon Marché qui jouent un si
grand rôle dans la vie parisienne n'existent pas à Londres. A part une ou
deux exceptions, d'ailleurs très différentes des grands magasins parisiens, le
magasin londonien est beaucoup plus spécialisé.

ateliers où l'on pratique le système de la division du travail. Cette organisation que les marchands drapiers du xviiie siècle avaient appliquée déjà à la filature et au tissage [1] et avec des résultats analogues à ceux du sweating system, est ce que Le Play appelait la *fabrique collective*.

Les maisons de gros et les magasins trouvent dans l'organisation de la fabrique collective les plus grands avantages. Plus de local à fournir pour de nombreux ouvriers, plus d'inspecteurs du travail à redouter, plus de responsabilité, plus de surveillance. Quand vient l'époque des grosses commandes, on répartit le surplus de travail entre les ouvriers « extérieurs » (*outdoor*) ou entre les sweaters qui ont coutume de travailler pour la maison ; pendant la morte-saison, on n'a pas à renvoyer d'ouvriers : on cesse de distribuer du travail au dehors, ou mieux encore, on diminue la part de chacun de ceux que l'on emploie, de manière à les tenir en haleine et à leur faire prendre patience jusqu'à la reprise des affaires. Les avantages pour les ouvriers et les ouvrières, moins évidents peut-être que pour les patrons, sont néanmoins réels. Beaucoup préfèrent travailler chez eux ou dans un petit atelier plutôt que dans une grande manufacture où ils ne sont plus que des numéros et où les relations d'homme à homme, entre patrons et employés, disparaissent complètement ; beaucoup préfèrent travailler à leurs heures et refusent de se soumettre à la discipline inflexible des règlements. Pour les femmes, le travail à domicile est souvent une nécessité ; elles ne peuvent quitter leurs enfants ; et, à moins de les nourrir aux frais de l'Etat, on ne voit pas bien qu'il soit possible dans leur cas d'arriver, comme on a proposé de le faire, à la suppression totale de ce genre de travail.

Le travail à domicile, sans être condamnable en soi, se fait malheureusement dans des conditions hygiéniques souvent déplorables ; car le logement de deux ou trois petites pièces qui est celui de la majorité des ouvriers londoniens ne comporte guère l'existence d'un atelier. On est venu déclarer devant le *Home Work Committee* de 1907-1908 qu'une amélioration sensible s'était produite depuis la publication du rapport de la Commission de 1888-1889, et que les logements des femmes qui travaillent chez elles étaient même mieux tenus que la moyenne [2] ; ce n'est peut-être pas beaucoup dire, et il est certain, d'après d'autres témoignages que la propreté laisse en

1. Cf. Mantoux *La révolution industrielle au xviiie siècle*, p. 40.
2. *Select Committee on Home Work*, I, Q. 370-371, 880, 3007-3014, 3016, 3094-3097 ; II, 2717.

core parfois à désirer [1]. On a parlé de maladies contagieuses propagées par des vêtements qui avaient été confectionnés dans des maisons contaminées : argument caractéristique en faveur de la suppression du travail à domicile, et bien fait pour réveiller la conscience de la classe moyenne. Le cas est évidemment assez rare ; mais ce qui ne l'est pas, c'est que les ouvriers, les ouvrières et leur famille voient leur santé lentement, mais sûrement compromise, à force de vivre dans un local trop exigu et où l'air ne se renouvelle jamais qu'imparfaitement. On se calfeutre en hiver pour avoir plus chaud et, pendant l'été même, la fenêtre à guillotine rend impossible une aération complète. Tous ces inconvénients se retrouvent, presque au même degré, dans les ateliers des sweaters inférieurs, qui sont souvent une des pièces du logement patronal.

La longueur exagérée de la journée de travail, au moins à certaines époques de l'année, est également un phénomène à peu près général dans les métiers du sweating system. Nous avons vu les longues heures que travaillent les tailleurs dans les moments de presse et pendant les derniers jours de la semaine. Dans le cartonnage, la chemiserie, la lingerie et les autres industries où le travail féminin domine, il est très difficile de se faire une idée précise de la durée de la journée de travail, parce que la plupart des femmes travaillent chez elles et s'interrompent de temps en temps pour vaquer aux soins du ménage ou s'occuper de leurs enfants. D'après les inspectrices, la journée longue est l'exception ; mais le travail arrive très irrégulièrement, et, comme le délai fixé par la maison de gros est souvent très court, il faut travailler jour et nuit pour terminer à temps. Nous rencontrons alors des cas de 15 et 16 heures de travail, ou même davantage, tout comme dans l'industrie de la confection [2]. Même lorsque la maison distributrice a moins d'exigences, les ouvrières ont intérêt à finir vite pour reporter leur travail, se faire payer, et obtenir, si elles le peuvent, un autre ballot de chemises ou de pantalons. Le mode de paiement lui-même tend donc à augmenter l'irrégularité du travail. Dans le cartonnage, où le travail est un peu plus régulier, les salaires sont si faibles qu'à moins d'être exceptionnellement habile, il faut faire une longue journée pour arriver à gagner quelque chose.

Aux journées irrégulières, qui sont la règle dans ces industries, correspond un salaire irrégulier et presque toujours une moyenne

1. *Select Committee on Home Work*, I, 377-379, 1145-1146, 2355.
2. *Ibid.*, I, Q. 440, 1162.

de salaire très faible. L'impression générale que l'on retire de la lecture des *blue books* et autres documents du même genre est que la moyenne des salaires féminins dans les métiers *sweated* ne dépasse pas 2 pence (0 fr. 20) de l'heure et est probablement inférieure à ce chiffre. Comme nous l'avons vu, il ne semble pas que les différences d'habileté aient pour conséquence une augmentation ou une diminution notables du salaire, qui tend à rester fixé aux environs de 2 pence, tantôt un peu au-dessus, tantôt un peu au-dessous. On a évalué à 4 sh. 6 pence « au plus » (5 fr. 60) le salaire hebdomadaire moyen de la femme qui travaille à domicile [1]. Le salaire de l'homme est évidemment supérieur ; mais nous avons constaté qu'il est très irrégulier, même lorsqu'il s'agit d'ouvriers possédant une habileté technique considérable, comme les piqueurs à la machine ou les presseurs de la confection ; les débutants et les ouvriers médiocres sont très mal payés. Il est impossible d'établir des moyennes ; y réussirait-on que l'on ne serait pas beaucoup plus avancé, car autre chose est de gagner 20 shillings par semaine pendant l'année, autre chose de gagner 30 shillings pendant un semestre et 10 shillings pendant le second. Malgré l'apparente égalité, les résultats — on le comprendra sans qu'il soit nécessaire d'y insister — sont absolument différents.

Quelles sont les causes pour lesquelles un nombre considérable d'ouvriers londoniens et un nombre d'ouvrières plus considérable encore se trouvent amenés à travailler dans ces conditions, c'est-à-dire à accepter un salaire généralement très faible et la plupart du temps irrégulier, en échange d'un travail qui n'a souvent, il faut l'avouer, qu'une valeur médiocre, mais qui, par un singulier phénomène, est quelquefois aussi mal rémunéré lorsqu'il a de la valeur que lorsqu'il n'en a point ?

Nous avons vu précédemment qu'il faut tout d'abord mettre hors de cause l'infortuné sweater, véritable bouc émissaire que l'opinion publique a longtemps chargé des crimes de tous. La croyance populaire au sujet du sweater était assez naturelle, car, dans la confection, c'est avec lui qu'ouvriers et ouvrières se trouvent en contact, c'est lui qui les fait travailler pendant des heures interminables, c'est lui qui diminue les salaires. Il est naturel que ceux qu'il emploie attribuent à son insatiable rapacité la situation misérable

1. *Select Committee on Home Work*, I, Q. 2753. Pour 43 femmes de Poplar on a trouvé une moyenne de 4 sh. 10 pence ou 6 francs par semaine (Williams and Jones, *Report on the effect of outdoor relief on wages*, App. IX, p. 391).

dans laquelle ils se trouvent, comme il est naturel aussi qu'ils lui
supposent des bénéfices beaucoup plus élevés que ceux qui figurent réellement à son bilan. Mais si les sweaters de premier ordre,
ceux qui emploient 25 ou 30 ouvriers et chez lesquels les conditions
sanitaires sont les meilleures et le travail le plus régulier, font, suivant toute apparence, d'assez beaux bénéfices, il semble bien qu'il
n'en soit pas toujours de même des petits sweaters qui n'ont pas de
capitaux et vivent au jour le jour, serviteurs très humbles des chefs
de rayon des grands magasins et des contremaîtres des maisons
de gros. Nous avons constaté déjà que ces prétendus tyrans sont
souvent des victimes ; nous les avons vus accepter, le couteau sur
la gorge, des prix qui les forcent à diminuer le salaire de leurs ouvriers tout en ne leur laissant qu'un très maigre profit ; nous les
voyons même quelquefois consulter leurs ouvriers et leur demander s'ils consentent à faire le travail aux conditions imposées par
la maison de gros. « Le patron va d'abord trouver l'ouvrier qui pique
à la machine et lui dit : « Voilà un costume, voilà un article à tel prix,
combien demandez-vous pour le piquer ? » Le piqueur répond :
« Je ne puis pas le faire à moins de tant. » Le patron dit : « Ne
pouvez-vous vraiment pas le faire pour moins ? Vous voyez, votre
prix ne me laisse pas une marge suffisante. » Après un bout de
conversation peut-être, l'ouvrier retire un demi-penny et cède sur
ce point. Le patron consulte alors le presseur, lui donne les mêmes
explications, lui dit que c'est la faute du fabricant [1], dont le prix est
trop faible, et le presseur cède probablement, et la chose fait ainsi
le tour de l'équipe d'ouvriers. Le résultat est que le patron retourne
chez le fabricant et dit : « Eh bien, j'accepte, je le prends à ce
prix [2]. »

Voilà comment un homme que l'on ne peut soupçonner de partialité en faveur des sweaters, le secrétaire du syndicat ouvrier des
tailleurs et tailleuses, exposait la situation devant le *Home Work
Committee* de 1907. Grâce aux réductions de prix continuelles que
les sweaters sont obligés de consentir, il est probable que leurs bénéfices sont beaucoup moins importants qu'on ne le croit, lorsqu'on
en a déduit le loyer, le chauffage, l'éclairage et les frais d'entretien
des machines ; ce qui tendrait à le prouver, ce sont les faillites fréquentes qui se produisent dans cette catégorie d'industriels et que
l'on ne peut pas toutes attribuer, quoi qu'on en dise, au désir exa-

1. *Manufacturer.* Le manufacturier en question vend en gros et *fait fabriquer* par les sweaters.
2. *Select Committee on Home Work,* I, Q. 3337.

géré qu'auraient les Juifs polonais de faire fortune dans le plus bref
délai possible et par tous les moyens.

On a remarqué d'ailleurs qu'il ne suffit pas d'éliminer le sweater,
dans les métiers où il existe, pour relever du même coup le salaire
et la condition générale de l'ouvrier. Un clergyman de Bethnal
Green, le Rév. J. Munro, faisait observer dès 1888 que le sweater
était en train de disparaître graduellement parce que les maisons
qui faisaient faire la confection de qualité inférieure prenaient l'habitude de distribuer le travail directement et par petites quantités
aux ouvriers afin d'économiser le profit du sweater. « Les ouvriers,
ajoutait-il, ne s'en trouvent pas mieux, mais les maisons de gros y
gagnent [1]. » Quelque paradoxal que cela puisse paraître, on pourrait même soutenir que l'existence du sweater contribue à préserver
la confection d'un avilissement des salaires égal à celui qui s'est
produit dans d'autres industries, comme la chemiserie et le cartonnage où le sweater, chef d'atelier, existe peu ou point. Les
sweaters de quelque importance peuvent en effet, jusqu'à un certain point, se défendre contre les maisons de gros et défendre
par le fait même leurs ouvriers ; ils peuvent refuser et refusent
effectivement de prendre du travail qui ne leur paraît pas suffisamment payé ; ils peuvent résister aux tentatives de chantage
des contremaîtres ; leurs ouvriers ont un travail relativement régulier, autant qu'on peut parler de régularité dans ces industries, et
reçoivent, à l'exception des *greeners*, un salaire convenable. Le petit
sweater est beaucoup plus mal placé pour lutter contre les forces
qui tendent à faire baisser les prix ; mais si petit que soit son capital
et si peu solide que soit son crédit, il offre néanmoins plus de résistance que l'ouvrier et l'ouvrière isolés qui vont prendre une douzaine de chemises ou quelques pantalons sur le comptoir d'une
maison de la Cité et qui, comme nous l'avons dit plus haut, font
au sweater et à ceux qu'il emploie une concurrence désastreuse.

Nous renonçons à pousser plus loin la réhabilitation du sweater
qui, convenons-en, a ses défauts. L'organisation industrielle qu'il
représente est loin d'être à l'abri de tout reproche ; mais il est si
peu la cause principale du sweating que des professions entières,
comme la fabrication des boîtes en carton, présentent tous les faits
caractéristiques du sweating system sans avoir de sweaters, et que
dans certains autres métiers où l'on rencontre à la fois des ouvriers
employés par des sweaters et des ouvriers travaillant librement, ce

1. *Select Committee of the H. of L. on the sweating system*, Q. 1387-1388.

ne sont pas toujours les premiers qui souffrent de la longueur des heures de travail, de la faiblesse des salaires et des mauvaises conditions d'hygiène. Si l'on tenait absolument à trouver, pour l'ensemble des métiers *sweated*, un sweater responsable, c'est le directeur de la maison de gros ou du grand magasin qui serait ce personnage ; mais lui-même alléguerait les nécessités de la concurrence et même si l'on pensait que cet argument n'a pas toute la valeur qu'il lui prête, il serait difficile de passer condamnation. On ne saurait en effet oublier que le sweating n'est pas une conséquence nécessaire de l'existence de la maison de gros, attendu qu'il y a des maisons de gros dans nombre d'industries d'où le sweating est complètement absent.

Dans un pénétrant essai sur le sweating system, M. Cotelle a donné du phénomène une explication toute différente. C'est, selon lui, le public qui, en dernière analyse, est, au moins pour une part, responsable du sweating. Une des causes du mal, « en apparence insignifiante, mais d'un effet désastreux », est « le besoin croissant des consommateurs pour les objets de camelote » et le luxe d'imitation des grands magasins. « Il fallait, dit M. Cotelle [1], trouver le moyen de donner à tous des vêtements de même apparence, afin qu'on ne distinguât plus le commis épicier endimanché du plus grand propriétaire, ou la femme d'un modeste employé de la marquise la plus authentique et la mieux rentée. Pour vendre, le magasin doit réduire les bénéfices du petit patron qui travaillait pour lui, et les réduire sans cesse. Tous les objets de basse qualité, en ébénisterie, en lingerie ou en vêtements, ont été et demeurent avant tout le domaine du sweating system. Si le public n'avait pas, du haut en bas de l'échelle sociale, ce goût déplorable pour les caricatures de la magnificence, nous n'aurions pas à faire l'étude que nous avons entreprise ! »

Le goût du public pour l'article voyant et bon marché est incontestable ; il est peut-être particulièrement développé en Angleterre où le sentiment esthétique n'est pas très délicat dans les classes populaires, mais il existe ailleurs que de l'autre côté de la Manche. Lorsque l'on a vu des dames du meilleur monde s'écraser dans les grands magasins les jours d'exposition pour profiter des « occasions », on ne peut s'empêcher de trouver naturel que ceux qui n'ont que le nécessaire cherchent à payer le moins cher possible. Malheureusement l'article à bon marché est souvent fabriqué dans de mau-

1. *Le sweating system*, p. 31-32.

vaises conditions : c'est ce qui a fait dire que les ouvriers soumis au sweating system étaient eux-mêmes les meilleurs clients pour les articles *sweated*, et contribuaient comme consommateurs à perpétuer le système dont ils souffraient comme producteurs [1]. C'est pour eux que l'on fabrique ces souliers sans cuir et ces vestons presque sans fil qui ne sont point, hélas ! des « caricatures de la magnificence ».

Il est hors de doute que si le public ne s'obstinait pas à acheter cette camelote, on cesserait de la fabriquer ; mais il paraît bien impossible dans les conditions actuelles de persuader au public de ne pas courir au meilleur marché. On sait le succès médiocre qu'ont eu dans la bourgeoisie même, où l'on est moins tenu à l'économie que dans les milieux ouvriers, les tentatives de ce genre ; à Londres comme à Paris, on a essayé dans ces derniers temps de faire des « listes blanches » de magasins où l'on fait travailler dans de bonnes conditions, et cet essai n'a pas eu plus de succès en Angleterre qu'en France. D'autre part, la suppression de la camelote, à supposer que l'on pût amener le public à une appréciation plus juste de ses intérêts et de ses devoirs sociaux, aurait-elle pour conséquence de faire disparaître le sweating system ? Cela est plus que douteux. La fabrication de la camelote ne comporte point nécessairement le sweating et la bonne qualité peut être faite dans de déplorables conditions, ou bien encore la camelote et la bonne qualité peuvent être faites dans des conditions aussi mauvaises l'une que l'autre. Il suffit en effet de rappeler les conditions qui existent dans la lingerie fine pour montrer que le fait qu'un article est cher et de belle qualité ne veut pas dire que l'ouvrier ou l'ouvrière aient été largement payés de leur travail. Inversement, nous trouvons [2] des ouvriers tailleurs qui gagnent de 6 à 7 shillings par jour (7 fr. 50 à 8 fr. 75) à faire des pardessus dont la façon est payée 1 sh. 4 pence (1 fr. 65), ce qui nous renseigne suffisamment sur la qualité du vêtement ; et nous avons eu l'occasion de faire remarquer à plusieurs reprises que les femmes employées dans les manufactures de confection de la province gagnent en général des salaires convenables, bien que la qualité produite soit souvent très ordinaire. Il serait facile de multiplier les exemples. M. Cotelle avoue du reste, dans un autre passage [3], que « ce n'est pas absolument à cause de la basse qualité que certaines industries sont atteintes de sweating system ».

Il faut donc chercher ailleurs. D'autres économistes, parmi les-

1. Voir en particulier *Select Committee on Home Work*, I, Q. 1010-1011.
2. Voir plus haut, p. 356, la déposition de M. Levi.
3 *Le sweating system*, p. 33.

quels M. A.-E. Sayous, font du sweating system un épisode de la
concurrence entre la grande industrie et la petite, entre le travail à
la main et le travail à la machine, entre le petit métier et la grande
usine. Ouvriers et petits patrons se trouveraient dans une situation
analogue à celle des fileuses au rouet et des tisserands de village
lorsque les inventions successives de Hargreaves, d'Arkwright, de
Crompton et de Cartwright eurent bouleversé les procédés de la
filature et du tissage; pour pouvoir lutter contre les grandes manufactures, ils seraient obligés, comme autrefois la fileuse et le tisserand, d'accepter n'importe quel salaire.

Cette explication est valable pour quelques métiers, ou parties de
métier. Londres nous fournit même un cas célèbre de concurrence
entre l'ancien système industriel et le nouveau, celui des tisserands
en soie de Spitalfields, dont quelques survivants travaillent encore
chez eux sur le métier Jacquard; malgré leurs capacités techniques,
ils n'ont pas été plus capables de lutter contre la grande industrie
que les tisserands en fil de lin du temps passé; ils végètent misérablement, recevant pour de très beau travail un salaire dérisoire
et dans quelques années la race en aura complètement disparu. On
pourrait citer encore comme exemple de l'avilissement des prix dû
à l'emploi des machines le cas des ouvrières en boutonnières, dans
la chemiserie et la lingerie principalement[1]; et il est certain aussi
que le sweater qui fait la confection de qualité moyenne souffre
parfois vivement de la concurrence de la manufacture provinciale.

Mais on aurait tort, à notre avis, de donner à ces faits particuliers une importance générale qu'ils n'ont pas. Dans un grand
nombre de métiers soumis au sweating, et même dans la plupart
de ces métiers, la concurrence entre le petit atelier et la manufacture n'existe pas ou n'a qu'une importance négligeable. La concurrence est insignifiante dans le cartonnage : elle est à peu près nulle
dans la chemiserie, dans la lingerie, dans la confection pour dames.
Dans le vêtement pour hommes, elle n'existe pas dans l'article sur
mesure; or l'article sur mesure est fait chez le sweater dans les
mêmes conditions que l'article de confection. L'analogie que l'on
est tenté d'établir entre ce qui s'est passé dans la métallurgie ou
dans le tissage, où l'usine a supplanté le petit atelier, et ce qui se
passe actuellement dans l'industrie du vêtement, est tout à fait
trompeuse; car il n'y a point entre l'atelier du sweater et la manu-

1. Il faut remarquer cependant qu'une partie de la clientèle exige des boutonnières faites à la main, ce qui limite la concurrence entre l'ouvrière et la
machine. — Cf. *Select Committee on Home Work*, II, Q. 2237.

facture de vêtements la même différence qu'entre un atelier de forgeron et l'usine Armstrong, ou qu'entre une boutique de tisserand et un grand tissage mécanique. On se sert dans l'atelier de l'East End des mêmes machines que dans la manufacture provinciale ; la division du travail est poussée aussi loin dans un établissement que dans l'autre. La principale différence est dans la nature de la force motrice qui est ici la force humaine et là l'électricité ou la vapeur ; mais est-il besoin de dire que la différence est loin d'avoir dans le cas qui nous occupe la même importance que dans la métallurgie, la filature ou le tissage ? Dans ces industries, la question de la force motrice est capitale ; dans l'industrie du vêtement, jusqu'au jour où l'on aura découvert une machine d'où la pièce d'étoffe sortira sous forme de vestons, elle restera toujours secondaire.

Les causes du sweating system peuvent, selon nous, se ramener à trois principales : le nombre excessif des ouvriers, l'isolement de ces ouvriers et enfin l'emploi systématique de la main-d'œuvre féminine dans des conditions qui doivent avoir pour résultat de faire tomber les salaires au minimum.

M. Cotelle a bien vu que « le nombre excessif des ouvriers venant offrir leurs bras dans les industries soumises au sweating system » était une des causes du mal ; il attribue cet excès à « la surabondante fécondité des pauvres » qui « fait la joie des capitalistes, en leur permettant d'avoir des travailleurs à bas prix, mais cause la misère de bien des petits ménages ». — « Celui qui ne possède rien, dit-il encore, procrée sans prévoyance... La fécondité des classes pauvres est telle qu'il en résulte une véritable surpopulation » L'engorgement chronique de certaines professions tiendrait donc à une cause physique, en quelque sorte : l'excès de la natalité ; et bien que M. Cotelle ne le dise pas, les seuls remèdes seraient évidemment ou une diminution de la natalité ou une augmentation de la mortalité parmi les classes laborieuses, — remèdes dont l'application nous ramènerait à l'époque des lois de Lycurgue.

La situation serait donc à peu près désespérée si l'encombrement des métiers *sweated* tenait vraiment à la cause qu'indique M. Cotelle ; heureusement il n'en est pas ainsi. L'encombrement tient avant tout, ainsi que nous allons le voir, à l'irrégularité du travail qui donne à un nombre exagéré d'ouvriers la possibilité de travailler et de gagner à peu près leur vie pendant quelques mois dans l'année, ou quelques semaines dans le mois, ou quelques jours dans la semaine.

1. *Le sweating system*, p. 37-39.

Dans tous les métiers du sweating system, les commandes sont plus ou moins irrégulières. L'irrégularité atteint son maximum dans le vêtement sur mesure, pour hommes ou pour dames ; le minimum — dans le cartonnage ou la lingerie par exemple — est encore très considérable. Nous avons mentionné à plusieurs reprises l'insuffisance du travail comme un des sujets de plaintes les plus fréquents des ouvriers et des ouvrières [1] ; il n'y a que les ouvriers de premier ordre et dont on ne peut se passer qui aient du travail presque régulièrement. Les maisons de gros et les magasins reçoivent et font irrégulièrement leurs commandes, suivant les saisons, suivant les fluctuations du marché. On a perdu l'habitude de faire de gros approvisionnements qui peuvent rester pour compte ; à l'exemple des particuliers qui donnent quarante-huit heures à leur tailleur ou à leur couturière, négociants et chefs de rayon commandent à la dernière minute, quelquefois par télégramme. L'intérêt des maisons de gros qui prennent les commandes et les font exécuter est d'avoir constamment à leur disposition un nombre de sweaters et d'ouvriers à peu près égal au maximum dont elles peuvent avoir besoin au moment le plus actif de l'année ; c'est pour cette raison qu'en temps ordinaire elles répartissent le travail sur le plus grand nombre d'ouvriers possible, chacun ne recevant qu'une part variable et insuffisante pour vivre. Suivant l'expression d'un économiste anglais [2], ces maisons travaillent non seulement avec une réserve de capital, mais avec une réserve de travail.

La conduite des directeurs est logique et, au point de vue commercial, toute naturelle. Ce qui l'est moins, c'est qu'ils puissent effectivement trouver des ouvriers qui consentent à travailler dans ces conditions, soit à domicile, soit dans l'atelier d'un petit entrepreneur ; c'est qu'il soit possible à une maison qui, normalement, devrait employer 300 ouvriers pendant un an, d'en employer à peu près régulièrement 50 ou 60, et très irrégulièrement un millier.

Le phénomène n'est pas unique ; les docks nous fournissent un autre exemple d'une irrégularité semblable et d'un pareil excès dans le nombre des ouvriers. Nous avons vu que l'une des causes du nombre excessif des ouvriers des docks est la facilité du travail qui n'exige pas d'apprentissage et qui fait du port de Londres le refuge suprême de ceux qui ont échoué dans toutes les professions ; malgré les apparences, il en est à peu près de même dans les métiers soumis au sweating system.

---

1. Cf. *Select Committee on Home Work*, I, Q. 906-908.
2. Beveridge, *Unemployment*, p. 61.

Dans certains de ces métiers, l'apprentissage est très court et souvent presque nul : c'est le cas du cartonnage, où seules les qualités supérieures demandent de l'habitude, de l'adresse et une grande légèreté de main. La fabrication des boîtes à allumettes est à la portée du premier venu. Les autres métiers paraissent exiger des connaissances techniques plus sérieuses ; mais en réalité le système de la division du travail a réduit ces connaissances à presque rien, a supprimé l'apprentissage et a permis à des milliers d'ouvriers et d'ouvrières de venir faire concurrence aux ouvriers qualifiés. Assurément on ne peut s'improviser tailleur ni même chemisière ou lingère. Mais le tailleur n'existe plus [1] : il n'y a plus que le piqueur à la machine, le presseur, la rabatteuse, la finisseuse. A la place de la chemisière ou de la lingère, il n'y a plus que la mécanicienne et la finisseuse. Or, s'il est difficile de devenir tailleur, il est on ne peut plus facile d'apprendre à finir des pantalons ; toute femme qui sait un peu coudre est capable de rabattre des coutures, et les spécialités de presseur et de mécanicien, un peu moins accessibles, ne demandent cependant qu'un assez court apprentissage. Quant à la chemiserie et à la lingerie, il n'y a pas une femme qui ne puisse, après une semaine ou deux de tâtonnements, finir convenablement une chemise à 6 pence la douzaine ou un corsage à bon marché. Ceci donne la mesure de la concurrence possible : toutes les femmes de Londres qui n'ont rien à faire ou qui ont besoin de gagner de l'argent peuvent se mettre, pendant une période plus ou moins longue, à finir des chemises, de la lingerie, des pantalons, exactement de la même façon que les chômeurs vont aux docks essayer de trouver du travail et tenter la chance. Le champ de la concurrence est plus limité parmi les hommes parce que l'on ne voit guère un briqueteur, un manœuvre, un menuisier essayer de prendre l'aiguille ou de faire aller la machine à coudre ; mais jusqu'à ces dernières années l'immigration juive a fourni un énorme contingent d'hommes qui arrivaient à Londres sans métier et qui allaient immédiatement encombrer l'une des spécialités de l'industrie du vêtement. Le système de la division du travail leur permettait de gagner presque immédiatement un salaire, d'abord très faible, mais qui allait assez vite en augmentant jusqu'au jour où ils se trouvaient en droit de réclamer le salaire normal de leur spécialité. Pendant toute cette période préparatoire, ils faisaient aux ouvriers qualifiés

1. Voir sur la disparition du tailleur anglais et de l'apprentissage dans le West End, *Royal Commission on immigration*, Q. 11924, 11930, 11934.

la même concurrence que celle qui est faite aux ouvriers de certaines professions par des apprentis trop nombreux ; lorsqu'ils pouvaient se dire presseurs ou mécaniciens, ils gagnaient 7 shillings par jour ; mais la concurrence était telle que nous avons vu l'un d'eux avouer qu'il ne faisait pour ainsi dire jamais une journée entière.

La facilité du travail a donc pour résultat, dans les métiers *sweated* comme dans les docks, de mettre en concurrence les uns avec les autres un nombre beaucoup trop considérable d'ouvriers et d'ouvrières ; qu'il y ait excès de main-d'œuvre, on n'en saurait douter puisque, dans un certain nombre de ces métiers, il suffit de 5 à 6 mois pour faire le travail de toute l'année. Comme dans les docks, les variations continuelles dans le volume du travail contribuent à augmenter au-delà de la mesure normale le nombre des concurrents. Dans la métallurgie où le tissage, où les variations se répartissent sur une longue période, il peut y avoir des chômeurs, mais on n'y rencontre guère, comme on le fait dans les docks de même que dans la plupart des métiers du sweating system, ces ouvriers intermittents qui n'ont du travail qu'un jour sur deux ou qu'une semaine sur deux. L'organisation de la manufacture de tissus ou du chantier de construction de navires ne comporte pas l'existence de ces ouvriers dont on n'a que faire ; on sait qu'il n'y a de travail, en moyenne, que pour un certain nombre d'ouvriers, et personne n'aurait l'idée d'aller faire queue à la porte de l'usine ou de la manufacture dans l'espoir d'y trouver, un jour ou l'autre, une journée ou une semaine de travail. Dans le cartonnage, la chemiserie, la lingerie, la confection même, la quantité de travail varie au contraire constamment ; tout homme, toute femme qui sait coudre ou conduire une machine peut espérer trouver du travail le jour même, le lendemain ou le surlendemain. Pour un groupe très nombreux d'ouvrières, l'intermittence est non seulement consentie, mais voulue ; nous parlons de celles qui ne demandent de travail aux maisons de gros et aux sweaters que pendant le chômage de leur mari. Elles acceptent alors toutes les conditions, quitte à faire baisser encore les prix ; leur présence ou leur absence est une nouvelle cause de variations dans le volume du travail ; l'intermittence voulue de l'ouvrière occasionnelle enlève à l'ouvrière ordinaire ses dernières chances d'obtenir un travail mal payé peut-être, mais relativement régulier ; et cette dislocation générale de l'industrie a pour conséquence d'amener un nombre exagéré d'individus — de femmes surtout — à essayer de gagner quelque argent en faisant des chemises, de la lingerie ou des boîtes à allumettes.

On ne peut guère compter obtenir de ceux qui font les commandes qu'ils aient égard à autre chose qu'à leur intérêt particulier ou même à leur caprice du moment. Essayer de persuader à une dame de commander ses robes un mois d'avance serait faire preuve d'une naïveté presque incroyable, et l'on serait probablement mal accueilli si l'on venait déranger un négociant pour lui expliquer que sa commande de 500 complets à exécuter en 8 jours aura toutes sortes de mauvais résultats pour l'industrie du vêtement en général. La dame et le négociant peuvent être, dans le privé, des philanthropes, s'intéresser au sort des classes ouvrières, donner généreusement aux œuvres de prévoyance sociale ; dans le cas qui nous occupe, il est bien à craindre que leur philanthropie n'ait pas la moindre influence sur leur manière d'agir. Le seul moyen de faire disparaître, ou tout au moins d'atténuer l'irrégularité dans les métiers que nous étudions en ce moment, serait la formation de syndicats ouvriers puissants qui obligeraient les maisons de gros et les grands ou les petits magasins à mettre un peu d'ordre dans leurs commandes en refusant d'exécuter celles qui ne seraient pas faites suffisamment à l'avance ; les petits patrons n'auraient qu'à gagner à cette nouvelle organisation de l'industrie.

Malheureusement, l'union syndicale est ce qui manque le plus dans les métiers du sweating system et l'une des causes de ce malaise économique est justement, nous l'avons dit plus haut, l'isolement des ouvriers.

Un très grand nombre d'ouvriers et d'ouvrières — la majorité peut-être de ceux qui nous occupent — se trouvent isolés par le fait même qu'ils travaillent à domicile[1]. Ils ne se connaissent pas entre eux, ne se rencontrent pas, n'ont aucune occasion de se concerter et de discuter ensemble les conditions de leur travail. Le terrain est aussi défavorable que possible à l'établissement de trade-unions solides. Parmi les ouvriers des petits ateliers, dont la situation paraîtrait à cet égard, un peu meilleure, il n'a pas été possible non plus de fonder une association durable. Nous avons vu les essais qui ont été tentés en 1889 et en 1906 et le médiocre succès de ces tentatives. Les ouvriers se syndiquent, font grève ; mais une fois la grève terminée et les améliorations obtenues, tout le monde quitte

1. Il est à peu près impossible actuellement de connaître le nombre des ouvriers et ouvrières travaillant à domicile. D'après les listes fournies par les patrons, le *Home Office* évaluait ce nombre en 1908 à 33.287, dont 28.394 pour l'industrie de l'habillement. Cf. *London Statistics*, t. XX, p. 69. Ces chiffres sont très approximatifs.

le syndicat, il devient impossible de faire rentrer les cotisations. Ce
phénomène ne tient pas, comme on le laisse parfois entendre, aux
lacunes particulières de l'esprit juif : il est très difficile également
d'organiser les dockers, les manœuvres, les ouvriers agricoles. Le
sentiment de la solidarité n'est pas très fort, l'éducation syndicale
manque, et le souci du pain quotidien absorbe toutes les énergies.
Les 2 pence qu'il faut distraire pour le syndicat du médiocre salaire
de la semaine apparaissent comme une dépense de luxe, et, tran-
chons le mot, comme de l'argent perdu ; perdu pour perdu, l'ouvrier
préférera le transformer en bière.

L'ouvrier du petit sweater continue donc à faire concurrence à
l'ouvrier du grand atelier, et l'ouvrier qui travaille à domicile leur
fait concurrence à tous les deux [1]. Dans les deux dernières classes
— dans la dernière surtout — les ouvriers se font concurrence les
uns aux autres ; chacun ignore la plupart du temps ce que gagne
le voisin, ce qui donne aux contremaîtres des maisons de gros et
des grands magasins la possibilité d'établir entre les ouvriers une
sorte d'enchère à rebours et de faire presque indéfiniment baisser
les prix [2]. Quant aux ouvrières, toutes les tentatives que l'on a faites
jusqu'ici pour développer parmi elles l'esprit d'association ont la-
mentablement échoué [3] ; nous n'aurons pas de peine à comprendre
les raisons de cet échec quand nous aurons étudié les conditions
dans lesquelles les métiers du sweating system emploient la main-
d'œuvre féminine.

L'emploi de cette main-d'œuvre est une des causes les plus importantes du sweating, et, à notre avis, une cause à laquelle on a
prêté trop peu d'attention. Remarquons d'abord que les métiers
sweated sont par excellence des métiers de femmes. Dans le cartonnage, la chemiserie, la lingerie, la couture, il n'y a pour ainsi
dire que des femmes, et nous avons vu que le nombre des tailleuses
a dépassé celui des tailleurs. Dans la cordonnerie où les hommes
dominent, on comptait cependant, en 1901, 6.080 femmes [4]. C'est
dans l'ébénisterie seulement que la proportion de femmes devient
insignifiante ; mais nous avons vu précédemment que le sweating

1. Voir particulièrement *Select Committee on Home Work*, II, Q. 2533, 2559.
2. On cite même le cas de deux salles de travail du même atelier, où les
ouvrières, pour un travail identique, n'étaient pas payées au même tarif. *Ibid.*,
I, Q. 2856.
3. *Select Committee on Home Work*, I, Q. 2333, 2693-2695.
4. Et 24.593 hommes.

system a dans l'ébénisterie des caractères tout différents de ceux qu'il a dans les autres professions.

Il est facile de comprendre pourquoi l'emploi de la main-d'œuvre féminine a pour conséquence l'avilissement des salaires. A travail égal et quel que soit le métier, le salaire de la femme est inférieur à celui de l'homme. Ce fait n'est pas toujours apparent, parce qu'il est assez rare que l'homme et la femme se trouvent en concurrence directe ; mais il est incontestable, et c'est lui qui explique cette substitution de la main-d'œuvre féminine à la main-d'œuvre masculine que nous voyons se produire sous nos yeux dans un grand nombre d'industries. A quelle cause faut-il attribuer cette dépréciation du travail féminin ? Est-ce à ce vieux principe d'après lequel on suppose que « la femme n'a pas besoin de travailler pour vivre », qu'elle fait « partie d'un petit groupement social et que son salaire n'est qu'un appoint [1] » ? Peut-être. Toujours est-il que le salaire de la femme est établi sans tenir compte de la valeur réelle de son travail et qu'il est souvent insuffisant pour la faire vivre. Les différents Etats donnent l'exemple de cette pratique dans les traitements qu'ils allouent à leurs fonctionnaires femmes ; et, dans l'industrie, l'exploitation de l'homme, rendue plus difficile par l'existence des syndicats, a fait place, toutes les fois qu'il a été possible, à l'exploitation de la femme. L'entrée de la femme dans la vie industrielle sera probablement regardée par les historiens de l'avenir comme un des phénomènes importants de la vie économique et sociale, à la fin du xixe siècle et au commencement du xxe.

Lorsque l'homme et la femme se trouvent en concurrence directe dans des conditions normales ; quand par exemple, il existe dans un atelier de confection une salle d'ouvriers et d'ouvrières, le salaire des ouvrières pour le même travail est souvent très inférieur à celui des ouvriers et celui-ci, de son côté, a généralement une tendance à descendre ou du moins à ne pas monter. Si les hommes se mettent en grève, les femmes ne les suivent pas. Bien plus, on les a vues, avec le manque de solidarité qui les caractérise, accepter de faire chez elles le travail des hommes et les obliger ainsi à rentrer à l'atelier sans avoir rien obtenu [3]. Entre elles, elles agissent de la même façon ; lorsqu'un certain nombre d'ouvrières s'entendent

1. Cotelle, *Le sweating system*, p. 181.
2. Voir sur ce point *Select Committee on Home Work*, I, Q. 2701 ; II, Q. 281.
3. *Royal Commission on immigration*, Q. 20.271 ; *Select Committee on Home Work*, II, Q. 2525-2531. C'est également ce qui s'est produit lors de la grève des tailleurs en 1912.

pour demander une augmentation, il s'en trouve toujours quelques-unes qui font échouer la combinaison en consentant à travailler au rabais [1].

Nous n'avons parlé jusqu'à présent que des ouvrières qui travaillent dans des conditions normales, c'est-à-dire qui sont des professionnelles, travaillent à l'atelier, et sont libres de porter leur travail à l'endroit où ce travail est le mieux rémunéré ; mais un très grand nombre d'ouvrières ne sont pas dans ce cas. En premier lieu, si la mobilité du travail masculin laisse souvent à désirer, la mobilité du travail féminin est encore beaucoup plus faible ; si l'ouvrier ne peut que difficilement s'éloigner de sa ville et parfois même de son quartier, la femme, lorsqu'elle a des enfants, ne peut guère quitter sa maison, à moins de trouver une voisine qui consente à les garder, moyennant la rétribution ordinaire : 1 shilling ou 1 shilling 6 pence (1 fr. 25 ou 1 fr. 85) par semaine et par enfant. La mère de famille, la femme âgée se trouvent donc dans les plus mauvaises conditions possibles pour réclamer un salaire en rapport avec leur travail ; elles sont obligées de travailler à domicile et, sous peine de perdre en voyages beaucoup de temps et d'argent, de prendre du travail dans leur quartier. De plus, parmi les femmes qui travaillent à domicile ou en atelier, il en est un certain nombre qui *peuvent* se contenter de salaires inférieurs au salaire normal : ce sont les ouvrières qui ne travaillent pas pour gagner leur vie au sens strict du mot, mais pour augmenter un peu le bien-être du *home*, pour faire des économies, ou même pour se procurer de l'argent de poche. Le mari est employé dans la Cité ; la famille habite une petite villa « respectable » dans les faubourgs du Nord, et l'inspectrice du travail qui a trouvé le nom sur là liste communiquée par une maison de gros est introduite par une petite bonne dans un salon tout battant neuf. On a dit, il est vrai, que ces ouvrières ne font pas baisser les prix, parce que leur situation leur permet de ne pas accepter de travail mal payé. Il est certain qu'elles ne font guère la camelote sans valeur, les chemises à 6 pence la douzaine et les pantalons à 6 pence la pièce : ce n'est pas là du travail de « dame ». Mais l'article supérieur de couture ou de lingerie, auquel on peut travailler sans déroger, est, nous l'avons vu, presque aussi mal payé que la camelote, parce qu'il demande beaucoup plus de temps ; et le fait qu'un grand nombre de dames recherchent ce travail sans en avoir absolument besoin ne peut avoir qu'une influence dépri-

---

1. *Select Committee on Home Work*, I, Q. 4370.

mante sur les salaires. Miss Collet constatait en 1888 que les jeunes filles et les femmes de la classe moyenne étaient plus mal payées que n'importe quelle ouvrière de fabrique [1] ; il est plus que probable que cette affirmation est aussi vraie à l'heure actuelle qu'il y a vingt ans.

Plus encore que les femmes qui *peuvent* accepter du travail à bas prix, celles qui *doivent* travailler à n'importe quel prix parce que la nécessité les y force, contribuent à faire baisser le taux des salaires. Tel est, par exemple, le cas de la veuve que la mort de son mari a laissée sans ressources et qui doit se mettre en toute hâte à « finir » des chemises ou des pantalons ; tel est encore le cas de la femme dont le mari est, volontairement ou non, au nombre des chômeurs et qui est obligée de nourrir la famille.

Le chômage du mari est probablement une des causes les plus importantes du travail des femmes, et, par suite, de l'exploitation de la femme dans les métiers du sweating system. On a souvent remarqué la relation très étroite qui existe entre le travail intermittent des hommes et le travail à domicile des femmes qui est aussi, la plupart du temps, du travail intermittent. « Là où il y a beaucoup d'hommes employés d'une manière intermittente (*casually employed*), on trouve aussi beaucoup de femmes mariées employées d'une manière intermittente. C'est particulièrement le cas dans des districts comme Bermondsey et Poplar... » [2]. « Il est incontestable, dit-on à West Ham, que dans la grande majorité des cas, la cause qui pousse la femme à prendre du travail chez elle est que son mari n'est pas employé régulièrement ou qu'il est mal payé, ou qu'il exerce une profession, comme celle de charretier, par exemple, dans laquelle la durée de la journée de travail est souvent réduite » [3]. Nous avons vu plus haut que l'on évalue à 53 p. 100 à West Ham, et à 80 p. 100 à Poplar, la proportion de femmes mariées travaillant à domicile qui ont pour mari un docker, un manœuvre, ou un ouvrier du bâtiment [4]. Le travail intermittent de la femme sert ainsi à combler les vides du travail intermittent du mari.

Il est naturellement impossible à la femme qui se trouve dans cette situation de discuter ses prix et de résister à la pression d'en haut qui tend à les faire diminuer. Plus elle a besoin de travail et plus il est facile de réduire son salaire. C'est à peu près la situation

1. Booth, *Life and Labour*, IV, p. 319 et suiv.
2. Williams and Jones, *Report on the effect of outdoor relief on wages*, p. 329.
3. Howarth and Wilson, *West Ham*, p. 269.
4. Voir page 273.

du *greener* juif lorsqu'il débarque à Londres ; mais avec cette différence que le nombre des *greeners* n'est pas illimité, tandis qu'il semble que l'on puisse toujours trouver autant d'ouvrières qu'on le désire pour finir des chemises ou faire des boîtes en carton. C'est du
moins ce qui a été constaté par les personnes qui ont fait des enquêtes sur ce sujet pour le compte de la *Poor Law Commission* de 1909.
« Chaque fois que nous posions la question : manque t-on de femmes et de jeunes filles dans la profession que vous exercez ? — question que nous avons posée fréquemment — la réponse était invariablement la même, dans le cas de métiers qui ne demandent que de
faibles capacités techniques (*low-skilled employments*). La question
paraissait presque absurde à notre interlocuteur. A Hackney, un
patron qui donnait du travail à domicile voulut absolument nous
montrer jusqu'où allait notre simplicité en collant à la fenêtre de sa
boutique un morceau de papier très sale sur lequel il avait écrit :
On demande une mécanicienne. Quand nous repassâmes deux heures
plus tard, quatre ouvrières s'étaient déjà présentées[1]. »

Ces femmes se font les unes aux autres et font aux ouvrières normales une concurrence acharnée, dont la conséquence ne peut être
qu'une diminution des prix ou une augmentation dans le travail que
l'on doit faire sur un certain article pour un certain prix ; cette seconde méthode, qui est moins brutale que la première, a été employée
en maintes circonstances avec un grand succès. Le résultat est le
même. La maison de gros, dont l'intérêt est de vendre le moins cher
possible et de faire le plus de bénéfices possible, profite de la concurrence pour diminuer les prix ou augmenter le travail. On n'admet
pas de discussion : c'est à prendre ou à laisser. « Si vous ne voulez
pas travailler à ce prix, d'autres le feront. » Et d'autres le font effectivement. L'intermédiaire, lorsqu'il existe un intermédiaire, agit à
l'égard de ses ouvrières comme la maison de gros agit à son égard.
Dans ces conditions, le niveau des salaires tend à descendre jusqu'au point où les femmes qui peuvent accepter un salaire faible,
parce que ce salaire n'est qu'un supplément, et les femmes qui sont
obligées d'accepter un salaire faible, parce qu'il faut vivre, juge-
raient inutile de continuer de travailler. C'est de ce point minimum
que les maisons de gros, leurs contremaîtres, les chefs de rayon des
grands magasins, et les divers intermédiaires cherchent à se rapprocher le plus possible. Il varie suivant la saison, suivant l'état
général du commerce et de l'industrie, mais ne s'élève jamais beaucoup au-dessus de zéro.

1. Williams and Jones, *Report on the effect of outdoor relief on wages*, p. 9.

Lorsqu'il s'agit d'établir le prix à payer à l'ouvrière pour tel ou tel travail, la seule considération qui intervienne est donc celle-ci : acceptera-t-elle et trouverons-nous quelqu'un qui accepte ? La valeur du travail n'a rien à voir dans l'établissement de ce tarif ; en vertu d'une sorte d'axiome inconscient, il semble que tout le monde s'accorde à considérer le travail de la femme comme ne pouvant avoir en tout état de cause qu'une médiocre valeur [1]. Aussi le travail fin, à moins qu'il n'exige une habileté technique spéciale et rare, n'est-il pas sensiblement mieux payé que le travail commun. On s'explique également, en partant du même principe, la diversité des prix payés par la même maison pour des articles à peu près semblables, et l'absence de proportion entre les prix payés pour des articles très différents. Au fond, cela n'a aucune importance, le salaire de l'ouvrière étant fixé sans tenir le moindre compte de ce dont elle a besoin pour vivre. Il est entendu que l'ouvrière ne peut pas vivre, dans la plupart des cas, ni surtout faire vivre une famille, avec le salaire qu'on lui donne et la quantité de travail qu'on lui procure : peu importe donc qu'on lui fasse gagner 1 penny ou 2 pence de l'heure. Cette somme est nécessairement insuffisante ; si l'ouvrière n'avait pas d'autres ressources, elle mourrait de faim. Heureusement pour elle, elle a généralement d'autres ressources : le salaire plus ou moins irrégulier du mari, la semaine de l'aîné des enfants, les aumônes d'une société charitable ou un secours de l'Assistance publique, — de sorte que le salaire qu'elle reçoit du sweater ou de la maison de gros peut être considéré comme un supplément.

Les sociétés charitables et l'Assistance publique permettent donc à la chemisière ou à la cartonnière de ne pas mourir de faim. On ne peut assurément leur en faire un reproche ; mais ce n'est là qu'un côté de la question. Ils lui accordent un secours parce que son salaire est insuffisant ; mais d'autre part, par le fait même qu'ils lui accordent un secours, ils permettent au sweater et à la maison de gros de baisser leurs prix et à l'ouvrière d'accepter un prix plus faible. Leur intervention a pour conséquence dernière de favoriser le sweating.

La presse anglaise a mené dans ces dernières années une campagne très vive contre la coutume de « donner des subsides » aux industries du sweating system au moyen des fonds de l'Assistance publique. On a comparé les articles faits dans les métiers *sweated*

---

1. Voir les réflexions de M. Holmes sur ce point, dans *Select Committee on Home Work*, II, Q. 281.

à ceux qui sont fabriqués dans les prisons de certains pays et qui viennent faire concurrence aux objets produits par le travail libre ; on a parlé de « métiers de l'Assistance publique » (*Poor Law trades*), d'« industries subventionnées par l'Assistance publique ». Mais il semble bien qu'il y ait une forte exagération dans cette manière de voir ; suivant toute vraisemblance, la suppression des secours à domicile, dans un certain nombre de cas où l'on peut les supprimer, n'aurait qu'une influence très faible sur les salaires et sur les conditions des métiers *sweated*. C'est la conclusion à laquelle sont arrivés Miss Williams et M. Jones que les membres de la *Poor Law Commission* de 1909 avaient chargés de faire une enquête sur ce sujet, à Londres et dans certaines autres villes d'Angleterre : comparée à d'autres causes, telles que la vieillesse, la maladie d'un des membres de la famille, le travail intermittent du mari, l'influence des secours de l'Assistance publique sur le développement du sweating system leur apparaît comme presque négligeable [1]. Le mal tient en effet, comme nous venons de le voir, à des causes générales qui dépassent de beaucoup la portée d'une simple mesure administrative, d'une circulaire ministérielle qui interdirait de donner à qui que ce soit, même aux femmes, des secours destinés à suppléer à l'insuffisance des salaires. Au fond, la question du sweating system rentre dans la question plus générale de l'emploi de la main-d'œuvre féminine dans l'industrie. Les hommes peuvent se défendre, et l'exploitation des *greeners* est un phénomène passager ; mais l'exploitation des femmes a tous les caractères d'une institution permanente fondée sur la nature des choses et solidement enracinée dans la coutume ; c'est ce qui rend si difficile d'appliquer à cette maladie économique qu'est le sweating system des remèdes qui ne soient pas simplement des palliatifs.

***

Dès la fin du XIXᵉ siècle, le gouvernement anglais se préoccupait de trouver ces remèdes. L'opinion publique attribuait alors, ainsi que nous l'avons dit, tous les maux du sweating system au sweater et aux immigrants juifs qui étaient à la fois ses victimes et les instruments dont il se servait pour faire une concurrence déloyale aux ouvriers indigènes. En 1888, au moment où la Chambre des Lords

1. Williams and Jones, *Report on the effect of outdoor relief on wages*, p. 12 et suiv. Voir également App. IX, p. 392-393.

nommait une commission pour étudier le sweating system, la Chambre des Communes en chargeait une autre de rechercher les causes et les effets de l'immigration étrangère en Angleterre et de faire une enquête sur l'opportunité de mesures restrictives. L'avis de la Commission fut que des mesures de ce genre ne paraissaient pas nécessaires pour le moment [1]. La question continua cependant de s'imposer à l'attention du monde parlementaire. En 1893, le *Board of Trade* fit paraître un rapport sur la nouvelle législation américaine et en 1894 un autre rapport sur « l'importance et les résultats de l'immigration provenant de l'Europe orientale ». Lord Salisbury, alors à la tête de l'opposition, présenta la même année, à la Chambre des Lords, un projet de loi qui fut, d'ailleurs, à peine discuté. En 1898, un bill fut adopté par la Chambre des Lords, mais ne fut point présenté à la Chambre des Communes. Quatre ans plus tard, le ministère conservateur fit nommer une commission royale chargée d'étudier à nouveau le problème et de présenter ses conclusions.

La Commission, qui comptait parmi ses membres un défenseur naturel de la race juive, Lord Rothschild, entendit de nombreuses dépositions, le plus souvent hostiles aux immigrants, et fit connaître son rapport en 1903. Ce rapport est un document assez singulier. Après un court historique de la question, il rappelle sous une forme sommaire les accusations principales qui sont portées contre les immigrants. On leur reproche :

1° D'arriver en Angleterre dans un état d'extrême malpropreté qui les prédispose à apporter avec eux des germes de maladies infectieuses ;

2° De compter parmi eux un nombre exagéré de criminels, d'anarchistes et de gens sans aveu ;

3° De tomber à la charge de l'Assistance publique ;

4° De s'établir dans des quartiers spéciaux, principalement à Stepney, quartiers dans lesquels vit en masse compacte une population étrangère ;

5° De chasser de ces quartiers les ouvriers anglais en acceptant des conditions de logement et de prix auxquelles les Anglais ne veulent pas se soumettre ;

6° D'avoir ruiné le commerce anglais dans ces quartiers en s'a-

1. *Report form Select Committee appointed to enquire into the laws existing in the United States and elsewhere on the subject of the immigration of destitute aliens*, etc. 1er Rapport et dépositions, 1888 ; 2e Rapport et dépositions, 1889.

dressant uniquement aux commerçants qui appartiennent à leur religion ;

7º De ne pas connaître de métier et d'accepter en arrivant des salaires de famine ;

8º De se spécialiser en n'apprenant qu'une partie d'un métier et de se contenter d'un salaire plus faible que celui de l'ouvrier anglais ;

9º De garder leur nationalité, sans contracter de mariages avec la population anglaise, et d'empêcher par leur présence dans certains quartiers l'observation du repos dominical[1].

Ces accusations sont, comme on le voit, d'importance très inégale. La Commission avoue elle-même que, d'après les renseignements qu'elle a recueillis, la santé des immigrants paraît en général assez bonne et que leur malpropreté ne semble pas être beaucoup plus grande que celle de la classe correspondante de la population indigène. C'est à tort qu'on leur reproche d'être un fardeau pour l'Assistance publique ; ils ne réclament que très rarement des secours, — sans doute à cause de l'intervention de la société juive d'assistance (*Jewish Board of Guardians*), et la p roportion d'assistés est beaucoup plus faible parmi la population étrangère (3, 7 p. 100) que dans l'ensemble du *borough* de Stepney (7,9 p.100)[2]. La Commission constate, il est vrai, une augmentation de la criminalité parmi la population étrangère de Londres[3] ; mais lorsqu'on examine en détail les chiffres donnés par le rapport lui-même, on s'aperçoit que cette augmentation est due principalement à des individus de nationalité américaine et n'a par conséquent rien à voir avec l'immigration russe et polonaise.

Sur la question de savoir si l'immigration juive a eu pour résultat d'enlever du travail aux ouvriers anglais, la Commission n'ose se prononcer nettement. « Les dépositions ont été tout à fait contradictoires. Les témoins appartenant aux trade-unions anglaises et écossaises ont affirmé qu'à n'en pas douter l'étranger prenait la place de l'ouvrier indigène ; et l'on a soutenu d'autre part que la main-d'œuvre étrangère est uniquement ou principalement employée à faire du travail que l'ouvrier anglais ne peut pas ou ne veut pas faire[4] ». Le problème est en effet très délicat ; dès l'époque où sié-

1. *Report of the Royal Commission of the immigration on destitute aliens*, p. 5-6.
2. *Ibid.*, p. 10-11, 17.
3. *Ibid.*, p. 18.
4. *Ibid.*, p. 19-20.

geait la Commission du sweating system, les opinions les plus opposées avaient été soutenues par des experts en la matière, les uns
prétendant qu'il y avait concurrence directe entre le Juif et l'Anglais,
les autres que le genre de travail n'était pas le même et qu'il existait deux « provinces » complètement séparées dans l'industrie de
l'habillement, deux « compartiments à cloisons étanches » [1]. Somme toute, et après avoir pesé le pour et le contre, la Commission
royale est d'avis « qu'il n'a pas été prouvé que le travail anglais qualifié soit remplacé, dans des proportions sérieuses, par la main-d'œuvre juive » ; jusqu'à quel point les articles fabriqués par les Juifs auraient été faits par les femmes anglaises, si l'immigration n'avait
pas eu lieu, il est impossible de le savoir [2].

Le rapport insiste sur l'état de dénuement et sur l'ignorance des
immigrants qui les obligent à se contenter au début de salaires
extrêmement faibles. On ne conteste pas que cet état ne soit que
transitoire pour chaque individu pris isolément ; les immigrants
cherchent à améliorer leur condition et ils y réussissent assez généralement ; mais la classe des *greeners* ne diminue pas, parce qu'il
y a « un courant ininterrompu d'arrivées nouvelles ».

La conclusion du rapport est assez inattendue. Bien que les raisons sur lesquelles se fonde l'opinion publique pour réclamer l'établissement d'un régime de protection du travail national paraissent
à la Commission de médiocre valeur, la Commission se prononce
pour une réglementation sévère de l'immigration et pour l'exclusion
de tous les immigrants dont la présence en Angleterre semblera
« peu désirable » (*undesirable*). Quant à ceux qui seront admis, on
pourra leur interdire certaines parties du territoire où les étrangers
sont déjà trop nombreux : « Si l'on juge que l'immigration étrangère
dans un certain district a contribué dans une mesure importante
à causer le surpeuplement de ce district, et qu'il est utile de ne pas
permettre à d'autres étrangers de s'y établir, le district en question
pourra être déclaré district interdit [3]. »

La sévérité des mesures demandées par la Commission royale
s'explique sans doute en partie par le désir de diminuer quelques-
uns des maux du sweating system et de donner en tout cas satisfaction à l'opinion qui, dans les milieux ouvriers et dans la bourgeoisie commerçante, était violemment hostile à l'immigration

1. *Select Committee of the House of Lords on the sweating system*, en particulier Q. 3331 et 17298. Cf. Booth, *Life and Labour*, 1ᵉʳ série, IV, p. 44.
2. *Report of the Royal Commission on immigration*, p. 20.
3. *Report of the Royal Commission on immigration*, p. 42.

juive. Peut-être le parti conservateur n'était-il pas fâché non plus
de détourner momentanément sur les Juifs une partie des colères
qui s'amassaient dans les masses anglaises et qui devaient aboutir
en 1906 au triomphe du parti libéral. Quoi qu'il en soit, le ministère Balfour présenta dès 1904 un projet de loi conforme aux conclusions de la Commission royale ; la clause relative aux districts
interdits ayant excité une opposition très vive, le gouvernement
retira le projet et présenta l'année suivante un nouveau bill d'où
les articles qui faisaient l'objet du litige avaient disparu. Le bill
restreignait l'immigration à certains ports et établissait dans ces
ports un système d'inspection. Tout immigrant qui n'avait pas
de moyens d'existence, ou ne pouvait montrer de quelle façon
il se procurerait des moyens d'existence, devait être refusé à son
arrivée en Angleterre, exception faite cependant pour ceux qui
prouveraient être des réfugiés politiques. On devait également interdire de débarquer aux condamnés de droit commun, et, d'une
manière générale, à toute personne atteinte d'une maladie ou d'une
infirmité dont la conséquence probable serait de la faire tomber à
la charge de l'Assistance publique. Le projet, ainsi modifié, devint
l'*Aliens Act* de 1905.

Il est hors de doute que l'application de cette loi a eu pour résultat d'enrayer l'immigration juive, non pas tant à cause du nombre
des immigrants auxquels on a refusé la permission de débarquer [1],
que par suite du droit que l'on avait de leur refuser cette permission. Les compagnies de navigation, peu désireuses de rapatrier à
leurs frais les émigrants refusés par les fonctionnaires anglais, ont
pris le parti de s'enquérir avant le départ de la situation de leurs
passagers ; d'autre part les Juifs de Russie qui auraient pu avoir
l'intention d'émigrer, mais qui se sentent visés par la loi nouvelle,
renoncent à partir pour Londres et restent chez eux. Dans ces limites, l'*Aliens Act* n'a pas été sans influence ; quant à la diminution
du sweating qu'il devait provoquer, elle a été si peu sensible que la
Commission du travail à domicile se déclarait, en 1908, incapable
de dire si le sweating avait augmenté ou diminué depuis la grande
enquête de 1888-1890 [2]. La loi ne pouvait naturellement avoir aucune
répercussion sur le salaire des femmes, qui forment la grande majorité des personnes soumises au sweating system ; elle ne paraît
pas en avoir eu beaucoup sur celui des hommes. Entre 1904 ou 1905·

1. A Londres, cette permission a été refusée en 1908 à 61 personnes (*London
Statistics*, t. XX, p. 403), en 1909 à 123 et en 1910 à 72 (*Ibid.*, t. XXI, p. 448).
2. *Report of the Select Committee on Home Work*, 1908, p. III.

et 1908 on constate même dans certains cas une diminution des prix dans le travail aux pièces [1].

La loi de 1905 était à peine entrée dans le domaine de la pratique que l'on s'apercevait que le véritable problème n'était pas celui du *greener* juif travaillant chez un petit patron, mais celui de l'ouvrière anglaise travaillant à domicile. Suivant la coutume anglaise, il s'était fondé des sociétés qui se proposaient de faire connaître au grand public les conditions dans lesquelles travaillaient les ouvrières de la confection ou du cartonnage, de créer une agitation politique et d'obliger le Parlement à consacrer quelques séances à l'étude de ces questions. Telles étaient la « Ligue contre le sweating » (*Anti-sweating League*) et le « Conseil industriel féminin » (*Women's Industrial Council*). Ces sociétés firent des enquêtes, organisèrent des conférences, publièrent des brochures; sous leur inspiration, un journal radical, le *Daily News*, ouvrit en 1906 sa fameuse « Exposition des industries du *sweating system* » (*Exhibition of sweated industries*) qui fit sensation et fut sans doute plus utile à la cause des ouvrières que toutes les brochures du monde. Des parlementaires déposèrent des projets de loi; la Chambre des Communes, où dominait une forte majorité libérale, nomma en 1907 une commission pour examiner ces projets et faire un rapport sur les mesures à prendre.

La Commission ne tarda pas à se convaincre que les inconvénients du travail à domicile n'avaient pas été exagérés. Pour y porter remède, sans arriver cependant à la suppression pure et simple de ce genre de travail, elle avait le choix entre deux méthodes : la méthode de la « licence », employée aux Etats-Unis, et la méthode des « conseils de salaires » (*wages boards*) et du salaire minimum, qui est celle de l'Australie.

La licence existe aux Etats-Unis dans un assez grand nombre d'Etats ; les deux principaux types sont fournis par l'Etat de New-York et l'Etat de Massachusetts. Dans le premier, c'est la maison dans laquelle se fait le travail à domicile qui doit avoir une licence, si toutefois l'inspecteur chargé de l'examiner reconnaît que les conditions sanitaires sont telles que l'on peut y travailler sans danger pour la santé publique. La loi de Massachusetts est beaucoup plus rigoureuse : c'est l'ouvrier lui-même qui doit se faire délivrer une licence et cette licence n'est valable que pour un do-

---

1. S. C. *on Home Work*, II, Q. 2506-2507, 2518. Sur la diminution des prix dans le travail des femmes, Cf. Williams and Jones, *Report on the effect of outdoor relief on wages*, p. 392-393 (étude sur Poplar par M. Horne).

micile donné et pour un certain temps. Les promoteurs anglais du système de la licence se prononçaient en faveur de cette seconde méthode [1].

La Commission refusa d'adopter le système de la licence. Il lui parut que ce système exigeait trop d'inspections et un nombre exagéré d'inspecteurs. Elle se défendit également de vouloir enlever leurs chances de travail aux ouvrières « occasionnelles » qui ont besoin de trouver immédiatement de l'ouvrage et que les formalités de la licence écarteraient nécessairement. La Commission fit en outre remarquer que « toute proposition qui n'aurait pas pour effet d'augmenter le revenu des ouvriers à domicile ne pourrait contribuer de façon appréciable à améliorer leur condition ». Or, la licence protège le public contre le danger des maladies contagieuses ; elle protège l'ouvrier lui-même, et parfois malgré lui, contre l'insalubrité et la mauvaise hygiène ; mais elle n'augmente pas d'un centime son revenu hebdomadaire [2].

Restait la méthode australienne, celle du minimum de salaire. On sait comment fonctionnent dans la colonie de Victoria les « conseils spéciaux » (special boards) qui ont été créés pour empêcher le développement du sweating system dans certaines professions [3]. Les conseils sont composés en nombre égal de représentants des patrons et de représentants des ouvriers. Ils ont pour mission de fixer le nombre des apprentis au-dessous de dix-huit ans et surtout de fixer le salaire minimum, au temps ou aux pièces, dans la profession dont il s'agit : en pratique, le tarif au temps est le seul qui importe en Australie, où le travail à domicile est assez rare et où la plupart des patrons font de préférence travailler à l'heure. Comme cette institution avait été fort discutée en Australie même et qu'il avait été un moment question d'y renoncer, le ministère de l'intérieur jugea bon d'envoyer un de ses fonctionnaires, M. Aves, à Melbourne avec mission de se renseigner sur place et de lui remettre un rapport aussitôt après son retour. Ni le rapport de M. Aves, qui parut en 1908, ni sa déposition devant le Home Work Committee [4] ne furent entièrement favorables. Néanmoins la Com-

1. Voir en particulier la déposition de Mrs. Ramsay Macdonald, Select Committee on Home Work, I, Q. 4296 et suiv.

2. Report of the Select Committee on Home Work, 1908, p. XI-XII.

3. Voir sur ce sujet le rapport de A. Métin, Législation ouvrière et sociale en Australie et Nouvelle-Zélande (Office du Travail, 1901), p. 91 et suiv., et le rapport plus récent de M. Aves (Report on Wages Boards and industrial Conciliation and Arbitration Acts of Australia and New Zealand, 1908).

4. Select Committee on Home Work, II, Q. 3635 et suiv.

mission, constatant que suivant l'opinion générale les « conseils spéciaux » avaient eu pour résultat de relever les salaires dans les industries où ils étaient trop faibles, et considérant qu'il est « aussi légitime de fixer par une loi un minimum de salaire que de réglementer l'hygiène, la propreté, l'aération, le cube d'air et la durée du travail »[1], décida de conseiller au gouvernement d'appliquer à l'Angleterre le système australien.

De ce travail préparatoire est sortie la loi du 20 octobre 1909 sur les « conseils de métiers » (*Trade Boards Act*) qui, malgré la nouveauté du principe, ne rencontra pas d'opposition sérieuse dans les Chambres. Cette loi s'applique :

1° A la fabrication des vêtements tout faits (*ready-made tailoring*), à la fabrication en gros des vêtements sur mesure (*wholesale bespoke tailoring*) et à toute branche de l'industrie de la confection dans laquelle le ministère du commerce (*Board of Trade*) jugera que les conditions sont les mêmes que dans la confection en gros ;

2° A la fabrication des boîtes en papier, carton, copeaux, etc. ;

3° Au finissage de la dentelle fabriquée à la machine et des rideaux en guipure ;

4° A la fabrication des chaînes en fer.

La fabrication de la dentelle est par excellence l'industrie de Nottingham, et les chaînes se font au domicile des ouvriers dans les Midlands, à Cradley Heath principalement ; les deux premières industries sont spécialement londoniennes. En outre des quatre métiers qui sont expressément visés par la loi, le ministère du commerce conserve le droit d'étendre par une « ordonnance provisoire » (*provisional order*), qu'il fera confirmer par le Parlement, le bénéfice de la loi à toute profession dans laquelle les salaires lui paraîtraient exceptionnellement peu élevés.

Dans chacun des métiers qui sont désignés par la loi et dans ceux que pourra désigner le ministère du commerce, il est établi un « conseil de métier » (*trade board*) qui fixera un tarif minimum au temps et qui pourra aussi fixer un tarif minimum aux pièces. Si le tarif minimum aux pièces n'existe pas, le patron qui fait travailler aux pièces devra établir ses prix de manière qu'un ouvrier de capacité ordinaire puisse gagner dans une heure une somme au moins égale au tarif minimum de l'heure ; sinon il sera considéré comme ne payant pas le tarif légal.

Une fois que les tarifs établis par les conseils seront devenus obli-

1. *Report of the Select Committee on Home Work*, 1908, p. XIV.

gatoires, c'est-à-dire après qu'ils auront été approuvés par le ministère du commerce, tout patron qui sera convaincu de payer des salaires inférieurs au tarif légal sera puni d'une amende de 20 livres (500 fr.) au maximum et d'une astreinte de 5 livres (125 fr.) par jour au maximum tant qu'il continuera à se rendre coupable de ce délit. La loi ne prévoit d'exception que dans un seul cas : celui dans lequel le conseil n'ayant établi pour un métier donné qu'un salaire minimum au temps, une personne sera reconnue incapable, pour cause de vieillesse ou d'infirmité, de gagner ce salaire minimum ; le conseil pourra donner à cette personne un certificat d'exemption qui lui permettra de travailler au-dessous du tarif légal.

Les conseils de métiers se composent de délégués élus, en nombre égal, par les patrons et par les ouvriers, et de membres nommés par le ministère du commerce ; le nombre de ces derniers ne devra pas dépasser la moitié du nombre des membres élus. Les femmes sont éligibles, et dans les métiers qui en renferment une notable proportion, un des représentants du ministère sera toujours une femme. Les ouvriers et les ouvrières travaillant à domicile ont une représentation spéciale lorsque la profession le comporte. Le secrétaire du conseil, personnage important, car il a l'initiative des poursuites, est nommé par le ministère et le président doit être pris parmi les représentants du ministère.

Les conseils ont le droit d'établir des comités locaux (*district trade committees*) auxquels ils peuvent déléguer la plupart de leurs pouvoirs ; ces comités sont composés en partie de membres du conseil, en partie de délégués élus par les patrons et les ouvriers appartenant au métier dans la région désignée par le conseil.

Telle est la loi qui a fait entrer pour la première fois dans une législation européenne le principe révolutionnaire du salaire minimum. Elle n'est entrée en vigueur qu'au 1er janvier 1910 ; il est trop tôt par conséquent pour porter un jugement sur ses effets. Nous voyons qu'en Australie les salaires ont augmenté dans les métiers qui ont été mis « sous un conseil » ; les tarifs aux pièces, lorsque les conseils ont jugé utile et possible de les établir, étant en général encore plus élevés que les tarifs à l'heure, les patrons font travailler à l'heure ; par contre ils exigent de leurs ouvriers un certain minimum de travail dans la journée, et les ouvriers qui restent au-dessous du minimum sont impitoyablement remerciés ; la loi aboutit donc, comme il arrive souvent aux lois les mieux intentionnées, à l'amélioration de la masse et à l'écrasement des médiocres et des faibles.

Mais on aurait tort de juger de ce qui va se passer à Londres par ce qui s'est passé à Melbourne. La tâche des conseils y sera beaucoup plus difficile qu'en Australie. Comme le travail à domicile prédomine dans la plupart des métiers du sweating system, il sera presque indispensable d'établir pour ces métiers des tarifs aux pièces, chose fort difficile dans les professions qui sont soumises aux influences capricieuses de la mode [1]. A défaut de tarif aux pièces, on pourra, il est vrai, utiliser la clause de la loi qui interdit à l'employeur de payer un salaire aux pièces inférieur au salaire au temps ; mais il est à craindre que cette clause ne soit dans la pratique d'une application peu commode. Les ouvriers et les ouvrières oseront-ils se plaindre, au risque de perdre leur gagne-pain ? Et si des plaintes se font entendre, la conséquence ne sera-t-elle pas, comme en Australie, de pousser les patrons à remercier les ouvriers médiocres, trop inhabiles, trop lents, ou trop âgés ? Or ces ouvriers sont légion dans les professions qui nous occupent.

On leur donnera, nous dira-t-on, des certificats d'exemption. Mais la loi ne semble pas regarder la médiocrité comme un cas d'exemption ; et si les certificats sont délivrés trop libéralement, n'est-il pas à craindre qu'il ne se forme une véritable classe d'ouvrières et d'ouvriers « autorisés », qui travailleront au-dessous du tarif et qui pourront faire aux autres ouvriers une concurrence peu loyale ?

Le temps se chargera de répondre à ces questions. Il est probable que les différentes forces agiront de manière à favoriser les ouvriers et les ouvrières qui travaillent bien et régulièrement, et de manière à décourager le travail intermittent, ce qui peut passer en somme pour un résultat très heureux. L'essai qui se fait de l'autre côté de la Manche mérite en tout cas d'être suivi avec le plus grand intérêt, car, dans certaines industries parisiennes les conditions sont assez semblables à celles de Londres pour qu'il y ait dans l'initiative anglaise un exemple dont nous pourrions faire à l'occasion notre profit.

---

1. Il existe des tarifs très compliqués comme le tarif (*log*) des tailleurs du West End, et l'on a pu établir aussi des tarifs dans la cordonnerie (voir *Select Committee on Home Work*, I, Q. 3932 et suiv.) ; mais il s'agit de métiers qui ne subissent qu'à un faible degré l'influence des changements de la mode.

LIVRE III

LE PAUPÉRISME A LONDRES

CHAPITRE PREMIER

LA PAUVRETÉ.

En 1886, un négociant de Londres qui s'intéressait aux études sociales et particulièrement à la question des retraites pour la vieillesse, M. Charles Booth, entreprit cette vaste enquête sur la condition de la population londonienne à laquelle nous avons eu à maintes reprises l'occasion de renvoyer ; les résultats en ont été publiés de 1889 à 1903, sous le titre de *Vie et Travail du peuple à Londres* [1]. Une première série, comprenant 4 volumes, est consacrée à l'étude générale de la condition des classes pauvres et à l'étude particulière de l'East End ; dans une seconde série (5 volumes) sont traitées les questions concernant l'industrie et les divers métiers ; la troisième série (7 volumes et 1 volume de résumés, notes et conclusions) s'occupe des « influences religieuses ». Dans les deux premiers volumes de cet immense ouvrage, M. Booth et ses collaborateurs se proposèrent d'établir, d'une manière aussi précise et aussi exacte que possible, la proportion relative des classes aisées et des classes pauvres dans chacun des quartiers de la capitale. Ils eurent recours pour cela aux bons offices du Bureau des écoles, dont les « visiteurs », chargés de veiller à l'observation des lois sur l'instruction obligatoire et de signaler les récalcitrants, arrivaient à connaître par le menu chacune des rues et presque chacune des

---

[1]. *Life and Labour of the people in London*, Londres (Macmillan). La 1re série, primitivement en 2 volumes (1889-1891), a été réimprimée en 4 volumes (1892-1893).

maisons de la région qui leur était confiée. Les notes des « visiteurs »
du Bureau des écoles ont fourni la base des statistiques de M. Booth ;
elles ont été complétées par les renseignements que lui ont communiqués la police, le clergé, les fonctionnaires de l'Assistance publique et les représentants locaux de la « Société pour organiser la
charité ». Toutes les précautions ont été prises pour éviter les
erreurs ou les exagérations possibles. La « carte sociale » qui donne,
rue par rue, au moyen de couleurs différentes, allant du noir au
jaune, la représentation graphique des différentes nuances de la
pauvreté ou du bien-être[1] et dont on put voir un exemplaire à
l'Exposition de 1900 dans la section d'économie sociale, fut soumise
avant d'être publiée à l'examen de toutes les personnes qui avaient
sur un point donné ou sur un quartier spécial une compétence particulière ; certaines parties, tout au moins, furent même exposées à
Oxford House et à Toynbee Hall et soumises à la critique du public ;
enfin M. Booth ou ses secrétaires parcoururent en personne les
quartiers de Londres qui avaient fait l'objet de leurs études. Une
révision très complète fut faite en 1900, à l'occasion de l'enquête sur
les « influences religieuses ». Rien n'a donc été épargné pour donner
à ce travail une véritable valeur scientifique.

Il reste cependant une part d'hypothèse. Les chances d'erreur
qui proviennent du tempérament plus ou moins pessimiste des
« visiteurs » ont été, nous venons de le voir, réduites au minimum ;
elles n'en subsistent pas moins, et ces préventions involontaires ont
contribué dans certains cas à assombrir ou à éclaircir les couleurs
de la carte sociale. De plus, un grand nombre de maisons et d'appartements ne figuraient pas sur les livres des « visiteurs » du
School Board, soit que les enfants des personnes qui les habitaient
ne fréquentassent point les écoles primaires, soit que ces personnes
n'eussent pas d'enfants en âge de fréquenter ces écoles. Le premier
cas ne présente point de difficultés ; les maisons qui échappent à
la classification du Bureau à cause du prix élevé du loyer et dont
les habitants font donner à leurs enfants une instruction plus complète, doivent évidemment être attribuées à la classe moyenne ou à
la classe supérieure. Le second cas est plus délicat. M. Booth est

---

1. Cette carte qui complète l'ouvrage de M. Booth a été publiée d'abord à
part en même temps que la première série. Une nouvelle édition, revue et
corrigée, accompagne la 3ᵉ série. Les couleurs sont le noir (classe dégradée),
le bleu foncé (classe très pauvre), le bleu pâle (pauvreté modérée), le violet
(pauvreté et bien-être mêlés), le rose (confort), le rouge (aisance), le jaune
(richesse).

obligé d'admettre que pour une rue donnée, le degré de pauvreté ou d'aisance est le même dans les familles qui n'ont point d'enfants à l'école que dans celles qui sont inscrites sur les livres du Bureau. Or, comme il l'a remarqué lui-même, cette hypothèse est loin d'être pleinement justifiée ; la période où la misère se fait le plus vivement sentir dans le ménage de l'ouvrier londonien est justement celle où les enfants sont assez grands pour aller à l'école et trop jeunes encore pour contribuer à l'alimentation du budget domestique. La proportion des classes pauvres dans la population totale s'est donc trouvée, de ce chef, presque certainement exagérée [1].

Ces imperfections n'enlèvent rien à la valeur de l'ouvrage. On ne saurait avoir trop d'admiration pour la façon magistrale dont M. Booth s'est acquitté de la tâche immense qu'il s'était tracée et dont il a mis en œuvre la masse énorme de matériaux que lui fournissaient les livres des « visiteurs ». Au début, dans l'étude qu'il a faite de l'East End, il avait pris pour unité la famille, ce qui lui permettait non seulement de donner une évaluation numérique des différentes classes sociales, mais encore de distinguer dans chacune de ces classes la part des diverses professions. La nécessité d'aboutir et de ne pas prolonger outre mesure le temps pendant lequel on essayait d'obtenir une « photographie instantanée » de la capitale, fit abandonner cette méthode ; la rue fut substituée à la famille comme unité, et la statistique des professions laissée de côté. Même avec cette simplification, le travail dura plus de quatre ans.

M. Booth divise la population de Londres en huit classes, qu'il désigne par les huit premières lettres de l'alphabet. Les classes A, B, C, D sont les classes pauvres, les classes E, F, G, H, les classes aisées et les classes riches. Sont considérés comme « pauvres » tous ceux dont le revenu ne dépasse pas 21 shillings par semaine pour une famille ordinaire, et comme « très pauvres » (classes A et B) ceux qui vivent dans un état d'indigence et de dénuement chronique [2]. La pauvreté, telle que l'entend M. Booth, est une pauvreté

---

1. Sur la méthode suivie, voir surtout 1re série, I, p. 4 et suiv. et II, p. 16-20. Cette méthode a été vivement critiquée par certains économistes. Voir en particulier l'étude de M. Loch, secrétaire de la *Charity Organisation Society* (annexée au *Report of inter-departemental Committee on physical deterioration*, 1904, p. 104 et suiv.) qui insiste sur le caractère très hypothétique des calculs de M. Booth et sur l'impossibilité d'établir une distinction nette entre ses différentes classes. Mais on ne saurait évidemment prétendre, dans ce genre de travaux, à une exactitude mathématique.

2. Booth, *Life and Labour*, 1re série, I, p. 33.

de fait, que cette pauvreté soit due à la paresse, aux vices des pauvres eux-mêmes, ou qu'elle doive être attribuée à des circonstances indépendantes de leur volonté [1].

La classe A comprend la lie de la population londonienne, les criminels et ceux qui sont en passe de le devenir, les mendiants, les prétendus ouvriers qui attendent de l'ouvrage au coin des cabarets, tous ceux en un mot qui vivent dans la rue, sans travailler et, autant que possible, aux dépens du public. « Leur vie est une vie de sauvages avec des alternatives d'extrême misère et d'excès accidentels. Leur nourriture est extrêmement grossière et leur seul luxe est la boisson [2]. » Ce sont eux qui forment la clientèle des *lodging houses* de bas étage, et qui, le soir où ils ne sont point parvenus à économiser deux ou trois pence, vont dormir dans Hyde Park à la belle étoile. Leurs enfants sont les gavroches des rues de Londres (*street arabs*) ; mais tandis que les parents ne relèvent guère que de la police, les enfants peuvent encore être soustraits à l'influence corruptrice de la rue : de là des institutions comme les *homes* du Dr Barnardo et les *ragged schools* (littéralement « écoles déguenillées ») qui se proposent d'arracher les enfants de cette classe déshéritée à la vie qui les attend.

Il est naturellement impossible d'estimer avec quelque exactitude le nombre de ceux qui appartiennent à la classe A. M. Booth donne le chiffre de 37.610 [3], mais il avoue que, malgré son apparente précision, ce chiffre ne doit être regardé que comme tout à fait approximatif [4].

La classe B est surtout formée des ouvriers « intermittents » (*casuals*) et de leurs familles. Elle comprend tous ceux qui, comme les dockers, ne trouvent du travail que par hasard et chôment chaque semaine trois ou quatre jours sur sept, en moyenne. Il est probable d'ailleurs, comme le remarque M. Booth, qu'ils ne tiennent pas tous à travailler davantage et qu'un petit nombre seulement pourrait s'accoutumer à la monotonie d'une existence régulière. La classe B est formée du résidu des autres classes ; tous les ratés de toutes les professions, tous ceux qui, soit paresse, soit ivrognerie, soit mauvaise santé, sont incapables d'un travail soutenu et bien rétribué, tombent au rang des *casuals*. Les limites de cette classe sont nécessairement très flottantes : on descend facilement de la

1. Booth, *Life and Labour*, 1re série, I, p. 33 ; II, p. 18-19.
2. Booth, 1re série, I, p. 38.
3. Booth, 1re série, II, p. 21.
4. Voir Booth, 1re série, I, p. 37, II, p. 22.

classe C ou de la classe C dans la classe B et assez facilement de la classe B dans la classe A. M. Booth est arrivé pour la classe B à un total de 316.834 personnes, y compris les femmes et les enfants [1].

La classe C se compose des familles dont le chef reçoit un salaire assez élevé, mais par la nature même de la profession qu'il exerce n'est occupé que pendant une partie de la semaine ou une partie de l'année. Les arrimeurs des docks, par exemple, sont dans le premier cas, une partie des ouvriers maçons et des gaziers sont dans le second. Ces ouvriers, dans les métiers qui demandent de la force ou de l'adresse, gagnent parfois de grosses sommes en un temps très court, et leur moyenne hebdomadaire ou annuelle peut être assez forte ; mais l'argent est dépensé aussitôt qu'il est gagné, sans qu'on songe à rien mettre de côté pour les mauvais jours. On vit à crédit pendant les chômages et l'on arrive péniblement à s'acquitter lorsque le travail est revenu. Aussi les membres de cette classe sont-ils souvent, en dépit des apparences, beaucoup plus mal en point que les ouvriers de la classe D dont les revenus sont sensiblement moins élevés [2].

La classe D comprend tous ceux qui reçoivent un salaire régulier, mais faible, 21 shillings par semaine au plus : petits artisans, ouvriers réguliers des docks, charretiers, journaliers employés dans les usines et, d'une manière générale, la plus grande partie des manœuvres qui n'ont point de métier spécial (unskilled labourers). Avec un revenu de 20 à 21 shillings, il est souvent difficile de joindre les deux bouts, surtout lorsque les enfants sont nombreux ; une courte maladie, un chômage de quelques jours dérangent pour longtemps l'équilibre du budget. Comme dans la classe précédente, la prospérité de la famille dépend beaucoup des talents domestiques de la maîtresse de maison ; celle-ci entreprend souvent quelques travaux de couture ou fait des lessivages, de manière à gagner le loyer et à suppléer à l'insuffisance du salaire de son mari [3].

Les classes « pauvres » C et D ont donné à M. Booth un total de 938.293 individus [4]. Il n'a pas été possible, sauf pour certains quartiers, de distinguer entre ces deux classes, la statistique des professions ayant été, ainsi que nous l'avons dit, laissée de côté au cours de l'enquête.

Avec la classe E, nous avons dépassé le niveau de la pauvreté.

1. Booth, *Life and Labour*, 1re série, I, p. 39 et suiv. ; II, p. 21.
2. Booth, 1re série, I, p. 44 et suiv.
3. Booth, 1re série, I, p. 48 et suiv.
4. Booth, 1re série, II, p. 21.

Ceux qui en font partie sont des artisans ou des employés de toute
espèce, gagnant régulièrement 22 à 30 shillings par semaine. Cette
classe est de beaucoup la plus considérable de toutes ; avec la
classe F qui vient après et qui comprend les contremaîtres et les artisans les mieux payés, elle ne renferme pas moins de 2.166.503 personnes [1].

Les classes E et F forment dans la population de Londres, tant
au point de vue du nombre que comme situation dans l'échelle sociale, la véritable classe moyenne ; mais dans le langage ordinaire,
cette désignation s'applique à la classe G et à une partie de la
classe H, c'est-à-dire à un ensemble de familles qui se trouvent en
réalité dans une condition sociale très supérieure à la moyenne de
Londres. La classe G (petits commerçants, petits patrons, employés
de bureau, etc.) constitue ce que l'on nomme ordinairement « classe
moyenne inférieure » (lower middle class); la classe H comprend la
« classe moyenne supérieure » (upper middle class) et les classes
riches. M. Booth évalue la première à 500.000 personnes environ,
et la seconde à 249.930 [2].

Voici maintenant la proportion des différentes classes que nous
venons d'énumérer par rapport à la population de Londres (estimée
à 4.309.000 personnes) en 1889 [3] :

A,B (très pauvres) . . . .   8,4 p. 100
C,D (pauvres) . . . .   22,3 p. 100
E,F (classe ouvrière aisée). . . . .   51,5 p. 100
G (classe moyenne inférieure). . . . . . .   12 p. 100
H (classe moyenne supérieure et classe riche) . .   5,8 p. 100

Les classes aisées (E, F, G, H) forment donc 69,3 p. 100 de la population, et les classes pauvres 30,7 p. 100, c'est-à-dire que, en chiffres ronds, on compterait à Londres *1 pauvre sur 3 habitants.*

Ce chiffre, lorsque M. Booth le fit connaître, parut exagéré à bon
nombre d'économistes [4] ; mais les résultats du recensement de 1891
concordèrent dans l'ensemble avec ceux qu'avait donnés l'enquête
de 1886-1889. On sait que tous les chefs de famille furent tenus de
déclarer, en 1891, de combien de pièces se composait leur habita-

1. Booth, *Life and Labour*, 1re série, I, p. 50 et suiv. ; II, p. 21.
2. *Ibid.*, I, p. 60-61 ; II, p. 21-22 ; 2e série, I, p. 10. M. Booth range dans
la classe H les habitants des maisons qui paient un loyer trop élevé pour
figurer sur les livres des « visiteurs ».
3. Booth, 1re série, II, p. 21 ; 2e série, I, p. 10.
4. Voir en particulier un article de la *Quarterly Review* (*The abuse of statistics*), 1894 (octobre), p. 463 et suiv.

tion et qu'à partir d'une certaine limite, on considéra qu'il y avait surpeuplement (*overcrowding*). Surpeuplement et pauvreté ne sont point, il est vrai, tout à fait synonymes ; on trouve dans les quartiers juifs, par exemple, et même dans toute la « zone intérieure » de Londres, des familles assez aisées habitant des logements surpeuplés. La relation qui existe entre le surpeuplement et la pauvreté est cependant incontestable, et si tous les surpeuplés ne sont pas pauvres, le plus grand nombre des pauvres est surpeuplé. Or, le nombre des individus qui vivaient à raison de 2 ou de plus de 2 par pièce s'élevait en 1891 à 1.273.000 personnes. Si l'on ajoute les 20.000 personnes environ qui se trouvaient dans les *common lodging houses*, on arrive à un total de 1.293.000 personnes ou 31,5 p. 100 de la population de Londres en 1891, chiffres qui correspondent d'une façon frappante à ceux que M. Booth avait donnés pour les classes pauvres A, B, C et D (1.292.000 personnes, 30,7 p. 100 de la population *supposée* [1] en 1889). De même, le nombre de ceux qui vivaient à raison de moins de 2 personnes par pièce, sans domestiques, ou dans des logements de plus de 4 pièces, également sans domestiques (2.096.000 personnes, 51 p. 100 de la population) se rapproche du total des classes ouvrières aisées, E et F, et ne s'en écarte pas trop si l'on ajoute aux 2.096.000 personnes précitées les 205.000 domestiques de Londres, qui se rattachent, socialement à la classe ouvrière aisée. On obtient alors un total de 2.301.000 individus, formant 56 p. 100 de la population, tandis que les classes E et F renferment 2.166.000 personnes et forment 51,5 p. 100 de la population supposée.

Le reste des habitants de Londres au recensement de 1891 (à l'exclusion de ceux qui se trouvaient dans les *workhouses*, les hospices, les casernes, etc.), soit 500.000 personnes et 12,5 p. 100 de la population, constitue la classe moyenne et la classe riche. Ce sont les personnes qui ont des domestiques. On voit que leur nombre est sensiblement moins élevé que celui qui avait été trouvé pour les classes G et H (749.000 personnes, 17,8 p. 100 de la population). Si le recensement de 1891 infirmait sur quelques points les conclusions de M. Booth, ce serait donc en faisant supposer qu'il avait quelque peu exagéré l'importance numérique des classes supérieures aux dépens de la classe centrale.

Les résultats auxquels est parvenu M. Booth sont confirmés par

1. La population de Londres en 1889 avait été calculée d'après l'accroissement antérieur et exagérée en conséquence.

des chiffres officiels. Le *Board of Trade* entreprit en 1887 une enquête sur les salaires des classes ouvrières à Londres. Il se procura
des renseignements sur 30.000 ouvriers, appartenant à toutes les
professions et habitant quatre quartiers différents (Saint-George de
l'Est, Hackney, Battersea et Deptford) et trouva que les ouvriers qui
recevaient moins de 21 shillings par semaine — la classe pauvre
suivant la définition de M. Booth — formaient 31,7 p. 100 du total [1].

Ces diverses enquêtes aboutissent à montrer qu'il y avait à Londres il y a une vingtaine d'années *plus de douze cent mille personnes*
(sur une population de 4.232.000 âmes) que l'on pouvait ranger dans
la catégorie des pauvres, et que parmi ces 1.200.000 personnes, *trois
cent cinquante mille* environ se trouvaient dans un état d'indigence
plus ou moins complet. Il n'existe aucun quartier qui n'en possède
quelques îlots ; on en trouve au milieu des villas de l' « heureux
Hampstead » et tout près des palais de Belgravia ; mais la région
pauvre par excellence est la partie centrale de la ville, où le surpeuplement atteint aussi son point le plus élevé. Décrivons, en prenant pour centre la Banque d'Angleterre, une circonférence de 3 kilomètres et demi de rayon, de manière à englober au Nord de la
Tamise : la Cité, Whitechapel, Saint-George de l'Est, la partie
occidentale des unions de Stepney et de Mile End, la plus grande
partie de Bethnal Green, les unions de Shoreditch, de Holborn et de
Saint-Giles ; Soho, le Strand et Westminster ; au Sud de la Tamise : le Nord de Lambeth, l'union de Saint-Saviour (Southwark) et
la plus grande partie de l'union de Saint-Olave (Bermondsey). Si nous
nous reportons aux chiffres donnés par M. Booth dans l'appendice
de son deuxième volume, nous trouvons pour le cercle ainsi formé
une population d'environ 1.200.000 individus, sur lesquels plus de
500.000 doivent être classés parmi les pauvres. Cette région centrale
qui ne contient que les vingt-huit centièmes de la population totale
de la ville renferme donc quarante centièmes des pauvres ; et tandis
que le reste de Londres avec, en chiffres ronds, 3 millions d'habitants n'a que 780.000 pauvres, soit 26 p. 100, la région centrale compte
42 pauvres pour 100 habitants (moyenne de Londres : 30,7).

La partie la plus pauvre de la région centrale n'est pas, comme
on pourrait s'y attendre, la portion de l'East End qui touche à la
Cité (Whitechapel, Saint-George de l'Est, Shoreditch, etc.). Le paupérisme de la moitié occidentale de l'East End n'est en effet que de

1. *Condition of the working classes. Tabulation of the statements made by men
living in certain selected districts of London in March 1887* (1887).

44 p. 100, et celui de la partie septentrionale de Londres-Sud (Lambeth-Nord, Southwark,Saint-Olave) atteint 47 p. 100.C'est, par conséquent, à Southwark et aux environs de Southwark que revient à cet égard la première place. Dans le coude que forme à cet endroit la Tamise, entre le pont de Vauxhall à l'Ouest et les docks du Surrey à l'Est, vit une population d'environ 400.000 individus, dont près de la moitié sont pauvres. Sur les bords même du fleuve, tout autour de l'antique *Bankside*, sur un sol sanctifié par les souvenirs de Shakespeare,M. Booth a compté 60.000 pauvres dans une population de 98.000 habitants ; aux environs de Blackfriars Bridge, le paupérisme s'élève à 68 p. 100 (22.500 pauvres sur 33.100 habitants). Plus à l'Est et toujours le long de la Tamise, de Rotherhithe à Greenwich, on trouve, sur 97.000 habitants, 54.000 pauvres.

Les moyennes de Londres Nord sont inférieures presque partout.

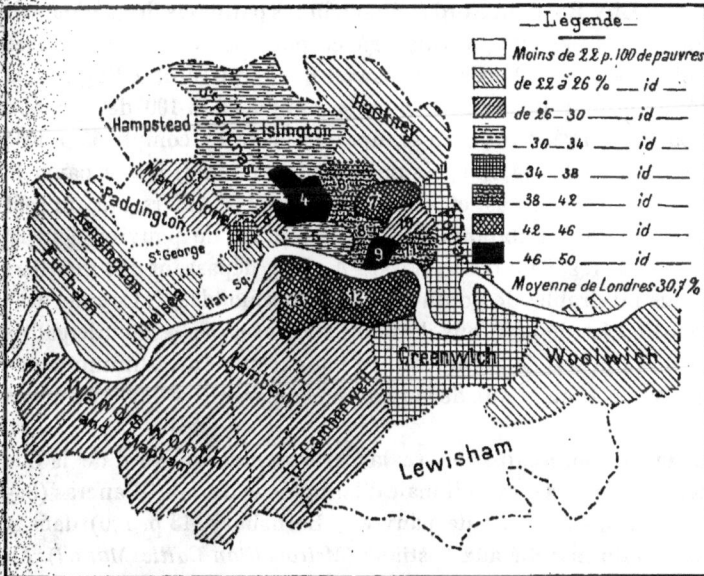

Fig. 46. — La pauvreté à Londres en 1887-1889, d'après les enquêtes de M. Booth.

1. Strand.	6. Shoreditch.	10. Mile End.
2. Saint-James.	7. Bethnal Green.	11. Stepney (Limehouse).
3. Saint-Giles.	8. Whitechapel.	12. Saint-Olave.
4. Holborn.	9. St-George de l'Est.	13. Saint-Saviour.
5. Cité.		

L'East End, y compris Hackney, n'a que 314.000 pauvres sur 900.000 habitants (35 p. 100) et, sans Hackney, 270.000 pauvres sur 723.000 habitants (38 p. 100). Nulle part, sauf à Bethnal Green, on ne voit, comme dans Londres-Sud, des agglomérations compactes d'une centaine de mille individus avec une moyenne de plus de 50 p. 100 de pauvres ; et il est certain que le nombre des pauvres a été considérablement diminué dans la partie de Bethnal Green dont nous venons de parler par la démolition du *slum* de Boundary Street. Un des résultats les plus curieux du travail de M. Booth a été de porter le dernier coup à la légende qui faisait de l'East End le centre unique du paupérisme londonien. A coup sûr, l'East End a ses taches noires et bleu foncé sur la carte sociale : une partie de Bromley avait, en 1889, 51,5 p. 100 de pauvres ; une partie de Whitechapel et de Bethnal Green 49,1 p. 100 ; la région qui avoisine les docks de Sainte-Catherine 49,4 p. 100 ; une partie de Hoxton 48,4 p. 100 ; Saint-George de l'Est, 46,5 p. 100[1]. Mais ce n'est pas là que le paupérisme de Londres-Nord atteignait son maximum.

Au Nord de la Cité, entre le Métropolitain au Sud, Pentonville Road et City Road au Nord, s'étendent les paroisses de Clerkenwell et de Saint-Luke qui pouvaient, à ce point de vue, rivaliser avec Southwark. Aux abords de Goswell Road, qui unit Islington à la Cité, un groupe de 30.000 habitants compte 60 p. 100 de pauvres ; autour de King's Cross, un groupe similaire en compte 55 p. 100 ; l'ensemble de la région (près de 200.000 habitants) a une pauvreté moyenne de 46 p. 100, et, à l'Est de la gare d'Aldersgate, un petit groupe de 4.300 habitants renferme 85 p. 100 de pauvres dont 66 p. 100 de « très pauvres » (classes A et B), dépassant les quartiers les plus misérables de Southwark et de Bermondsey[2]. Comme dans l'East End, les démolitions de *slums* effectuées par les municipalités ou par le Conseil de Comté ont eu pour résultat une diminution de la pauvreté — au moins de la pauvreté apparente — dans ces divers quartiers.

La tache sombre qui couvre la carte sociale au Nord de la Cité s'étend sur la partie méridionale d'Islington et de Saint-Pancras (Somers Town, 42 p. 100 de pauvres ; Barnsbury, 43 p. 100) dans la direction du marché aux bestiaux (*Metropolitan Cattle Market*). Au Sud, elle se rattache par Lincoln's Inn Fields, Drury Lane et Seven Dials (47 à 55 p. 100 de pauvreté)[3] au quartier de Soho où la pauvreté moyenne est de 42 p. 100 et atteint à certains endroits 51 p. 100 Plus loin, au delà des magasins de Piccadilly et des clubs de Pall

1. Booth, *Life and Labour*, 1re série, II, p. 25-26.
2. Booth, *Ibid.*, II, p. 26.
3. Le percement de Kingsway, entre Holborn et le Strand, a chassé de ce quartier une partie des pauvres.

Mall, on retrouve près de 46 p. 100 de pauvres autour de l'abbaye de Westminster (14.000 pauvres sur 31.000 habitants) [1].

La figure 16 (p. 407), qui donne la proportion des pauvres (classes A, B, C, D) dans chacune des unions de Londres, rend sensible aux yeux la distribution de la pauvreté. On peut la comparer avec la carte du surpeuplement en 1891 qui se trouve dans un précédent chapitre (fig. 8, p. 128). Il y a concordance sensible entre ces deux cartes ; mais on remarquera que, comme il est naturel, le surpeuplement est en général plus grand que la pauvreté dans la zone intérieure, tandis que dans la zone extérieure, où les logements sont moins coûteux, la pauvreté est plus grande que le surpeuplement.

Dans un article publié en 1893 dans le *Journal of the Royal Statistical Society* [2], et dont il a repris et développé les conclusions dans le dernier volume de son grand ouvrage [3], M. Booth a essayé de serrer de plus près encore la question qui nous occupe. Aux deux éléments dont il disposait pour évaluer la pauvreté d'un district, il en ajoute deux autres : la natalité et la mortalité. La relation qui existe entre la pauvreté et la mortalité est trop évidente pour qu'il soit utile d'insister sur ce point ; entre la pauvreté et la natalité existe un rapport moins apparent, mais tout aussi réel. On se marie très jeune dans les quartiers ouvriers ; la conséquence de ces mariages est une natalité très forte. Comme par suite de la pauvreté, de l'ignorance ou de l'indifférence des parents, les enfants ne reçoivent pas les soins nécessaires au jeune âge, un grand nombre d'entre eux disparaissent ; c'est l'énorme mortalité infantile des quartiers pauvres qui leur donne une mortalité générale aussi élevée, car la mortalité des adultes n'est pas beaucoup plus considérable dans les quartiers pauvres que dans les quartiers riches. La mortalité infantile provoque à son tour un surcroît de natalité : il est de règle, dans ces ménages, qu'un enfant disparu soit aussitôt remplacé par un autre. Et la multiplication inconsidérée des enfants a pour conséquence un redoublement de pauvreté [4].

On voit comment s'enchaînent et s'enchevêtrent les effets et les causes et comment il se fait que ces quatre termes — pauvreté, sur-

1. Voir surtout Booth, 1re série, II, p. 25 et suiv., et appendice, *passim*.
2. Décembre 1893 (*First Results of an inquiry based on the 1891 Census*).
3. Booth, *Life and Labour*, 3e série, Final volume, p. 16 et suiv. (1903).
4. Voir sur cette question un article de M. S. Johnson, dans *Journal of Royal Statistical Society*, avril 1912, p. 539 et suiv. (*The relation between large families, poverty, irregularity of earnings and crowding*).

peuplement, natalité et mortalité — semblent être indissolublement
unis. Partant de ces principes, M. Booth a divisé Londres en 50 circonscriptions, de dimensions à peu près égales ; il a déterminé pour
chacune de ces circonscriptions la valeur des quatre termes que
nous venons d'énumérer, et classé chaque circonscription à son
rang par ordre de pauvreté, de surpeuplement, de natalité et de
mortalité. La moyenne des places obtenues donne la place de la
circonscription dans la classification générale

Ici encore, c'est Londres-Sud qui vient en tête. Waterloo-Saint-
Saviour a 52 p. 100 de pauvres, 54, 1 p. 100 de surpeuplés, une natalité de 39, 4 p. 1000, une mortalité de 24, 7 pour 1000, tandis
qu'à l'autre extrémité de la liste, Brompton n'a que 4, 9 p. 100 de
pauvres, 12, 3 p. 100 de surpeuplés, une natalité de 13, 5 p. 1000,
une mortalité de 10, 9 p. 1000. Entre ces deux extrêmes viennent
se placer successivement :

1° La plupart des circonscriptions de la zone intérieure, surtout
au Nord de la Tamise (partie de Shoreditch, Saint-George de l'Est,
Bethnal Green, Whitechapel, Hoxton, Clerkenwell, partie de Westminster) et, au Sud du fleuve, Bermondsey et une partie de Lambeth.

2° Entourant les précédentes, les circonscriptions de l'extrême
East End (Poplar et Limehouse, Bow et Bromley, Mile End) ; quelques-unes des divisions du Nord et du Nord-Ouest (le Sud d'Islington, partie de Marylebone, Somers Town, Saint-Giles et le Strand,
Saint-John's Wood) ; à l'extrême West End, Fulham ; au Sud de
la Tamise, la partie orientale de Battersea, Newington et Walworth,
le Nord de Camberwell et Rotherhithe.

3° Les quartiers, situés généralement plus loin du centre, qui sont
habités surtout par la classe moyenne et la section la mieux rétribuée de la classe ouvrière. Au Nord de la Tamise : Hackney, Tottenham Court Road, Soho et Saint-James ', une partie de Holloway,
Kentish Town, Paddington, la plus grande partie de Kensington,
Chelsea, Hammersmith ; dans Londres-Sud, la partie occidentale
de Battersea, Kennington, Peckham, Deptford, Greenwich, Woolwich et Plumstead.

4° Les quartiers riches du West End (Sainte-Marguerite de Westminster et Belgravia, Mayfair, Brompton) et les quartiers suburbains (au Nord de la Tamise : Hampstead, Stoke Newington ; au

1. Le premier de ces quartiers est pauvre, le second riche ; de là une
moyenne qui correspond mal à la réalité.

Sud : le Sud de Camberwell, Wandsworth et Putney, Clapham, Brixton, Streatham, Norwood et Dulwich, Levisham et Sydenham).

Comme on le voit, si l'on ne tient pas compte des quartiers riches du West End, relativement peu étendus et médiocrement peuplés, la classification de M. Booth a pour résultat de montrer que la pauvreté va en général en diminuant à mesure que l'on s'éloigne du centre de la ville [1].

Les chiffres qui précèdent ont pu se modifier quelque peu depuis 1889-1895, date des enquêtes de M. Booth. Nous avons vu [2] que le surpeuplement a diminué dans l'intervalle du recensement de 1891 et du recensement de 1901 ; la pauvreté a-t-elle subi une diminution proportionnelle ? Cela est fort douteux. Il est certain que, grâce à l'application rigoureuse des lois sanitaires, grâce aux éclaircies qui ont été pratiquées à travers les *slums*, les grandes agglomérations d'indigents sont devenues et deviendront de moins en moins communes ; mais il est probable aussi que les efforts des sociétés privées et des pouvoirs publics n'ont guère réussi qu'à déplacer la pauvreté sans en modifier sensiblement le volume. Les inspecteurs du Conseil de Comté et des autorités sanitaires obligent les pauvres à quitter leurs taudis et à vivre bon gré mal gré dans de meilleures conditions hygiéniques ; c'est là un progrès incontestable, mais ce n'est point, et ce ne peut être la suppression du paupérisme. L'impression générale des observateurs qui ont étudié Londres durant ces dernières années n'est point favorable à l'idée d'une diminution continue de la pauvreté ; au contraire, on s'accorde à penser que, tout au moins dans les limites du comté de Londres, il se produit une sorte de nivellement des classes sociales : le nombre des « très pauvres » diminue, mais les représentants de la classe moyenne se font de plus en plus rares, sauf dans certains quartiers à la mode. Dans la troisième série de sa publication (*Religious Influences*, 1902-1903), M. Booth a réuni sur ce point de nombreux témoignages ; presque partout, les personnes qu'il a consultées estiment que leur quartier va s'appauvrissant ; ces mots : *the district is getting poorer*, reviennent de chapitre en chapitre avec une monotonie fort impressionnante. La partie centrale de l'East End ne peut guère, à vrai dire, devenir beaucoup plus pauvre qu'elle ne l'était vers 1889 ; mais les derniers représentants de la classe moyenne ont disparu devant l'invasion juive ; comme d'autre part

1. Cf. Booth, *Life and Labour*, 3ᵉ série, Final vol., p. 17 et la carte.
2. Cf. p. 130 et suiv.

les éclaircies pratiquées par le Conseil de Comté et la substitution de magasins et de bureaux aux maisons d'habitation ont chassé une partie des habitants des *slums*, les teintes bleu foncé, bleu et violet, symbolisant des différents degrés de la pauvreté moyenne, ont pris définitivement, semble-t-il, possession de la carte sociale[1]. Dans l'extrême East End (région de Poplar), « la pauvreté est, dans l'ensemble, plus uniforme et plus largement répandue qu'elle ne l'était autrefois[2] ». A Hackney, les classes riches, encore assez bien représentées il y a vingt ans, ont presque entièrement disparu ; on ne les trouve plus que sur la lisière septentrionale. Dans le reste du bourg l'appauvrissement est sensible ; dans les parties autrefois habitées par la classe moyenne, les affiches : *appartements à louer*, *on prend des pensionnaires*, etc., ont fait leur apparition aux fenêtres. D'une manière générale, toutes les classes s'avancent peu à peu dans la direction du Nord, abandonnant la place à des classes de plus en plus pauvres[3]. Même phénomène dans le Nord de Londres (Islington, Saint-Pancras) ; la classe moyenne émigre à Hampstead ou va s'établir au delà des limites du comté ; les classes ouvrières viennent du centre de la ville prendre sa place ; la pauvreté augmente. Hampstead a résisté jusqu'ici au flot populaire ; mais Kilburn et Saint-John's Wood sont en décadence[4]. La transformation est moins sensible à l'Ouest où Mayfair, Belgravia, South Kensington continuent de donner asile, pendant la *season*, à l'aristocratie britannique ; Pimlico a cependant cessé d'être à la mode ; la classe riche a quitté Hammersmith et Fulham pour faire place aux petits commerçants, aux employés de bureau, à l'élite des professions industrielles[5].

Au Sud de la Tamise, le déplacement des classes sociales les unes par les autres se poursuit avec une régularité et une ampleur qui dépassent tout ce que l'on peut trouver d'analogue au Nord du fleuve. Londres-Sud est une ville neuve ; l'histoire n'y a point créé de centres de résistance comme dans Londres-Nord. Il n'existe point d'esprit local, pas même l'attachement, tout faible soit-il, que peut avoir pour Whitechapel un habitant de Whitechapel. Jusqu'aux premières collines du Surrey, le sol est absolument plat ; les rues s'allongent, interminables, bordées de maisons grises. La rue du prince de Galles ressemble à la rue du duc d'York, la rue de Tra-

1. Booth, *Life and Labour*, 3° série, II, p. 106, 165.
2. *Ibid.*, 3° série, I, p. 69.
3. *Ibid.*, 3° série, I, p. 111.
4. *Ibid.*, 3° série, I, p. 159, 195, 214.
5. *Ibid.*, 3° série, III, p. 190, 132, 158, 160, 180.

falgar ne diffère en rien de la rue de Southampton. Nulle part un édifice, un souvenir quelconque qui puisse fixer l'esprit ; le monument central de Londres-Sud, celui qui sert de point de repère au voyageur et à partir duquel les cochers calculent leurs distances est un vulgaire cabaret, l'*Elephant and Castle*. Dans cette immense étendue de briques et de macadam, la population ne fait, pour ainsi dire, que camper, se déplaçant avec une rapidité qui a quelque chose de vertigineux. La loi qui préside à ces migrations est celle que nous avons déjà constatée à Hackney. Les habitants des quartiers anciens situés sur les bords de la Tamise, ouvriers des docks, marchands des quatre saisons, chapeliers, tanneurs, ouvriers en fourrures, etc. — pauvres pour la plupart — sont poussés dans la direction du Sud par la démolition continue des maisons d'habitation que les propriétaires remplacent par des magasins et des entrepôts. Ils s'insinuent d'abord par les terrains bas et humides qui bordent les affluents de la Tamise, la Wandle, le ruisseau de Deptford, puis débordent de toutes parts, envahissent les quartiers précédemment occupés par la classe ouvrière aisée qui, à son tour prend la place de la classe moyenne, celle-ci poussant devant elle la classe riche jusqu'au delà des limites du comté. « Southwark se déplace vers Walworth, Walworth vers Brixton-Nord et Stockwell, tandis que les familles riches des quartiers périphériques partent avec leurs domestiques pour Croydon et autres lieux[1]. »

Il suffit parfois d'une période de temps très courte pour que la métamorphose soit complète. Ainsi, plusieurs des clergymen de Londres-Sud que M. Booth a consultés au cours de son enquête ont vu leur paroisse se transformer sous leurs yeux, pendant la durée de leur ministère pastoral. A leur arrivée, il y a quelque trente ans, la paroisse était encore à moitié rurale ; les paroissiens étaient presque tous riches, avaient chevaux et voitures et suivaient régulièrement les offices de l'Eglise établie. Peu à peu, le district se peupla ; la classe moyenne en prit possession, les équipages disparurent ; à l'offertoire, les shillings et les demi-couronnes remplacèrent les pièces d'or. Et, à présent, la classe moyenne est partie à son tour ; la population est presque entièrement ouvrière et déserte les églises ; les ouvriers eux-mêmes quittent la place si leur

1. Booth, 3ᵉ série, IV, p. 166. Voir aussi V, p. 77, 194, 220, etc. Cf. Williams and Jones, *Report on the effect of outdoor relief on wages* (P. L. C., 1909), p. 15 (Bermondsey).

condition s'améliore ; la paroisse est en train de passer dans la catégorie des paroisses pauvres [1].

Le mouvement centrifuge qui vide la partie centrale de la ville et repousse les unes sur les autres les diverses classes de la hiérarchie sociale a donc pour conséquence ultime de rejeter dans les quartiers tout à fait excentriques, et même en dehors des limites officielles du comté, la majorité des classes riches de la capitale. En même temps, l'importance de la classe « très pauvre » semble avoir quelque peu diminué vers 1900, sous l'influence de causes diverses, dont la principale est sans doute la prospérité économique qui s'est fait sentir en Angleterre dans la période 1895-1902. Le résultat, tel qu'on peut l'apercevoir en comparant les cartes publiées en 1889-1891 par M. Booth et celles qui accompagnent ses derniers volumes (1902-1903), est ce nivellement des classes, cette tendance à l'unification des conditions dont nous parlions tout à l'heure ; les classes qui vivent dans un confort modéré ou dans une pauvreté modérée forment une proportion croissante de la population totale. Il n'y a d'exception que pour les quartiers aristocratiques du West End où une population quasi-nomade revient chaque année occuper, trois mois durant, les palais en stuc et les appartements à la mode, et accomplir religieusement les rites consacrés de la société élégante.

Il est possible de rendre plus sensible, par une sorte de contre-épreuve, la distribution de la pauvreté dans les différentes parties de Londres, si l'on admet que la richesse d'un quartier est à peu près proportionnelle au nombre des domestiques. Dans le recensement de 1901 [2], on a fait, pour chacun des bourgs de la capitale, le relevé du nombre des domestiques (en laissant de côté ceux qui sont employés dans les hôtels et les établissements similaires) et calculé la proportion des domestiques, hommes et femmes, par rapport au nombre des familles. On ne peut malheureusement pas établir de comparaison complète entre la classification de M. Booth et celle du *Registrar General*, l'une étant faite par *boroughs* et l'autre par *unions* [3], mais il est incontestable, comme on le verra en consultant la carte ci-contre (fig. 17), que la classification obtenue par le greffier général est, à peu de chose près, la contre-partie de la classification de M. Booth. Hampstead, que M. Booth avait classé au der-

1. Booth, *Life and Labour*, 3e série, V, p. 179 ; VI, p. 44, 64, 103-104, 113.
2 *Census of England and Wales, 1901* ; *County of London* (1902), p. 154.
3. La similitude des noms peut induire en erreur. Ainsi l'union de Westminster, la cité de Westminster et l'ancien district sanitaire de Westminster sont trois divisions tout à fait différentes.

nier rang par ordre de pauvreté, arrive en tête de la liste, avec plus
de 81 domestiques pour 100 familles. Il est suivi de près par Kensington (80 p. 100). Viennent ensuite les bourgs du West End : la
cité de Westminster (65 p. 100), Chelsea (55 p. 100), Marylebone
(51 p. 100), Paddington (50 p. 100). Ce sont là par excellence les
quartiers riches de la capitale ; à eux seuls — et ceci, nous renseigne
mieux encore peut-être sur le degré de fortune des habitants — ces
six bourgs renferment plus des trois quarts des domestiques du
sexe masculin (11.584 sur un total de 15.425).

Les quartiers où prédomine la classe moyenne ont une propor-

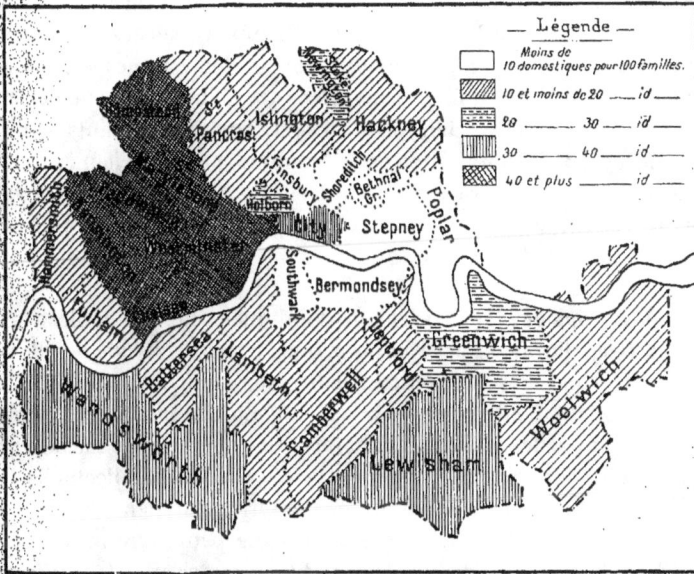

Fig. 17. — Distribution des domestiques à Londres en 1901 (par bourgs).

tion très inférieure de domestiques. En laissant de côté la Cité
(37 p. 100) qui n'est point dans des conditions normales, nous ne
trouvons plus que 36 domestiques pour 100 familles à Lewisham,
35 à Wandsworth, 27 à Stoke Newington, 24 à Greenwich et 22 à
Holborn. Ce dernier bourg possède une population fort mélangée
qui explique à la fois la proportion relativement forte de domestiques, et la place qu'il occupe dans la classification par ordre de
pauvreté.

Une troisième catégorie est formée de bourgs qui, en général,
n'ont point encore été entièrement abandonnés par la classe moyenne, mais qui tendent à devenir de plus en plus ouvriers ; les deux

derniers de la liste ont déjà subi presque complètement cette transformation. Dans l'ensemble, la classe moyenne inférieure (petits
commerçants, *clerks*, etc.) et la classe ouvrière supérieure (contremaîtres, artisans, etc.) forment la majeure partie de la population.
Tels sont : Hammersmith (19 p. 100), Fulham et Lambeth (18 p. 100),
Hackney (17 p. 100), Saint-Pancras et Deptford (16 p. 100), Islington et Camberwell (15 p. 100), Woolwich (14 p. 100), Battersea
(13 p. 100).

Enfin les quartiers ouvriers du centre où la pauvreté atteint son
maximum n'ont plus qu'une proportion infime de domestiques :
8 domestiques pour 100 familles à Stepney, Finsbury et Poplar,
7 à Southwark, 6 à Bermondsey, 5 à Bethnal Green et à Shoreditch.
Encore faut-il ajouter qu'une partie de ces domestiques sont probablement des jeunes filles sans place, revenues momentanément
dans leurs familles ; bien rares, en effet, sont les habitants de Bermondsey ou de Shoreditch, par exemple, auxquels leurs revenus
permettent de prendre à leur service la bonne à tout faire, la vulgaire *slavey*, sale, déguenillée et incapable, qui forme la domesti-
cité de la petite bourgeoisie anglaise.

Nous avons eu déjà l'occasion d'indiquer, dans le tableau que
nous avons fait de l'East End, quelques traits de la vie des douze
cent mille pauvres de Londres, leur résignation fataliste, leur insouciance du lendemain, leur vie monotone, sans idéal, variée
seulement par les visites au cabaret et les querelles de ménage qui
en sont la conséquence. Aucune préoccupation intellectuelle ; la
politique elle-même qui passionne l'ouvrier parisien n'a guère le
don d'émouvoir le *casual* de Londres. Le petit livre intitulé *Family Budgets* que l'Economie Club fit imprimer en 1896 renferme
une peinture éloquente, dans sa concision, d'un homme qui peut
être considéré comme appartenant à la classe C ou à la classe D.
C'est un plombier qui habite à Camberwell et qui a quatre enfants. Jamais depuis leur mariage, ni lui, ni sa femme n'ont été
dans un théâtre ou dans un endroit semblable. Jamais ils n'ont
été sur un bateau à vapeur, jamais ils n'ont pris part à une ex-
cursion. Une fois cependant, un jour de *bank holiday*, ils ont
poussé, avec les enfants, jusque vers Dulwich, et les enfants se
sont promenés trois heures en voiture. Jamais ils n'ont pénétré
dans un musée, de peur d'être regardés de travers par les fonctionnaires et les visiteurs, à cause de l'état de délabrement de leurs habits. La maison est assez propre ; la plus belle chambre renferme

un tapis grossier, une commode, une petite pendule américaine et quelques gravures à bon marché. Les couvertures du lit sont réduites au minimum, et le mari porte un pardessus qui a l'avantage de lui tenir chaud et de dissimuler l'absence d'un veston. Le menu des repas est d'une monotonie désespérante :

Déjeûner (8 h.) : Thé, pain et margarine, ou gras de lard (Le gras de lard, préalablement fondu dans la poële, remplace le beurre).

Dîner (12 h. 45) : Pain et margarine. Deux ou trois fois par semaine, viande et légumes ou poisson. Le dimanche, quand c'est possible, pudding à la graisse (*suet pudding*).

Thé (5 h.) : Thé, pain et margarine.

Il n'y a pas de souper. Lorsque le mari travaille au loin et ne peut revenir dîner, il emporte généralement son thé tout préparé, son pain et son beurre. Un dîner composé de pain et de fromage, ou de pain et d'une tranche de *bacon*, lui coûte de 2 à 4 pence [1].

Voici maintenant, d'après M. Sherwell [2], le budget d'une famille de Soho (un ouvrier tailleur, sa femme et 4 enfants) pendant une semaine de la morte-saison (hiver 1894-1895) :

	s.	d.
Loyer (sur 11 shillings dus)	7	
Viande (3 livres de bœuf salé)		7 1/2
Thé, sucre et lait	1	7
Légumes		6
Huile		6
Charbon	2	
Pain	2	6
Viande et légumes pour un ragout		9
Savon, cristaux, etc		6
Pommes de terre et lard		4
	16	3 1/2

L'ouvrier en question n'ayant gagné que 8 sh. 7 pence se trouvait être en déficit de plus de 7 shillings. La famille dut vivre pendant trois jours de pain et de thé, et le père mit en gage ses meilleurs habits et son unique pardessus.

Ce quartier de Soho est un de ceux où la misère se fait le plus durement sentir lorsque l'hiver est rigoureux, la population comprenant une très forte proportion (24 p. 100) de tailleurs, couturières et modistes dont le travail est plus irrégulier que dans l'East End même, puisqu'il dépend davantage de la *season*. Pendant l'hiver de

1. *Family Budgets*, p. 20-22.
2. *Life in West London*, p. 115-116.

Pasquet   27

1894-1895, M. Sherwell découvrait une famille, composée de la mère
et de 6 enfants, qui vivait, si l'on peut employer ce terme, avec un
sou de pain, un sou de thé, et un sou de sucre et de lait par jour.
Ailleurs, dans une chambre dont le mobilier était constitué par une
caisse à œufs et une chaise sans dossier, une femme faisait cuire
dans une casserole des têtes de morue pour elle et pour ses enfants.
Beaucoup d'appartements étaient sans feu et les enfants presque
nus : on leur prenait leurs souliers à leurs pieds pour les porter chez
le prêteur sur gages [1]. Ce sont là des cas extrêmes, mais des faits
analogues sont signalés presque chaque hiver par les journaux.

Maintenant que nous connaissons l'étendue de la pauvreté londonienne, il nous reste à nous demander quelles en sont les causes et
dans quelle mesure chacune de ces causes intervient pour produire
la pauvreté. On peut les ranger sous deux chefs : en premier lieu,
les causes que nous pouvons appeler internes et qui sont dues, au
moins en apparence, aux pauvres eux-mêmes — l'ivrognerie, la
passion du jeu, l'imprévoyance, les mariages précoces et le nombre
exagéré des enfants, la paresse ; en second lieu les causes que nous
appellerons externes, telles que la maladie, la vieillesse prématurée,
les conditions d'habitation, la faiblesse du salaire, l'irrégularité du
travail et du salaire.

Aux yeux d'un grand nombre de personnes, appartenant soit au
monde ecclésiastique, soit au personnel administratif de la « loi des
pauvres », une des causes les plus importantes — peut-être même la
cause la plus importante — de la pauvreté et de la ruine des ménages ouvriers serait l'ivrognerie. Dans le milieu qui nous occupe,
elle n'est pas seulement un défaut masculin. Il n'est pas rare, il est
même dans les règles établies, que le mari garde chaque semaine,
« pour sa bière », une somme dont l'importance varie suivant la soif
de chaque individu ; et l'on s'explique ainsi qu'une famille puisse
paraître et être réellement fort pauvre, alors que son chef gagne de
25 à 30 shillings par semaine, ou même davantage. Cependant, il
semblerait que l'ivrognerie masculine est plutôt en décroissance ;
on boit peut-être autant, mais tout le monde tient à conserver les
apparences, à « porter sa boisson en homme du monde ». Chez les
femmes, au contraire, l'augmentation est indéniable ; l'ivrognerie
s'étale au grand jour. Le moraliste le plus sévère ne peut se défendre d'une certaine indulgence pour le pauvre souffre-douleur, acca-

1. Sherwell, *Life in West London*, p. 9-11.

blé d'enfants, souvent battu, toujours sans argent, qui cache au fond
du vaisselier la bouteille de whisky consolatrice ; mais les résultats
de cette pratique sont déplorables pour l'ordre et la prospérité du
home. C'est bien pis encore lorsque la mère de famille se met à fréquenter, soit seule, soit en compagnie de ses amies, les cabarets du
voisinage. Tout le monde atteste que cette coutume se répand malheureusement de plus en plus dans la classe pauvre ; les femmes
fêtent Saint-Lundi peut-être plus que les hommes et n'éprouvent
aucune honte à aller prendre un verre sur le comptoir ; elles ont
même leurs cabarets attitrés que les hommes flétrissent du nom de
« vacheries » (*cowhouses*). Un grand nombre de femmes de la classe
pauvre ont été, dans leur jeunesse, employées dans une fabrique
quelconque, fabrique d'allumettes ou de confitures, selon la localité ; elles ont pris l'habitude d'aller ensemble, peut-être avec leurs
prétendus, faire une petite débauche de gin, le samedi soir, en sortant de l'atelier : habitude anodine dans les premiers temps, mais
qui finit peu à peu par devenir une irrésistible passion [1]. Souvent
aussi, l'ivrognerie revêt un caractère, pour ainsi dire, familial. Un
spectacle classique, à Londres, est celui de la famille ouvrière voyageant de *public house* en *public house* pendant toute la soirée du samedi : l'institution de la demi-journée de congé du samedi soir a
été, à cet égard, un bienfait inestimable pour les marchands d'alcool. Quant aux enfants, ils sont, comme on pense bien, à bonne
école ; comment d'ailleurs se priver du plaisir de faire goûter de
temps en temps les pauvres mignons au verre de papa ou de maman ?

Le Parlement a voté il y a quelques années une loi défendant de
servir des boissons alcooliques, même à emporter, aux enfants en
bas âge ; mais la loi est d'une application difficile dans une ville
comme Londres, et brasseurs et *publicans* ont une influence électorale qui n'est pas à dédaigner. Le Conseil de Comté essaie de son
côté de diminuer l'ivrognerie en diminuant le nombre des cabarets,
qui en 1900 atteignaient le chiffre de 7.809 et qui sont particulièrement nombreux dans les quartiers surpeuplés du centre ; il supprime impitoyablement la presque totalité des « licences » qui
existent sur les terrains dont il est amené à faire l'acquisition.

1. Il est à remarquer que la grande majorité des personnes envoyées chaque année dans des maisons de correction pour ivresse habituelle en vertu de
la loi de 1898 (*Inebriates Act*) par les tribunaux de Londres, sont des femmes :
214 femmes et 56 hommes en 1905, 177 femmes et 49 hommes en 1906,
269 femmes et 19 hommes en 1907 (*London Statistics*, t. XX, p. 178).

En 1911, le nombre des cabarets n'était plus que de 6.678 [1]. Il est malheureusement à craindre que cette politique n'ait d'autre résultat que d'augmenter le commerce des cabarets voisins et que le petit verre ne reste encore longtemps à Londres, suivant le mot de John Burns, l'écueil de la démocratie [2].

L'attrait du jeu, la passion des courses, la gestion désordonnée des finances de la famille comptent, comme l'ivrognerie, parmi les causes de pauvreté qui sont imputables, au moins en partie, aux pauvres eux-mêmes ; nous en avons parlé précédemment, dans le tableau que nous avons essayé de tracer de la vie populaire dans l'East End de Londres. Nous avons également, à plusieurs reprises, attiré l'attention sur le défaut de prévoyance qui paraît être un des traits caractéristiques de la physionomie morale de l'ouvrier britannique, et surtout de l'ouvrier londonien : le ménage pour lequel l'art de faire des économies consiste à acheter aux jours d'abondance des objets plus ou moins décoratifs qui seront mis en gage pendant la mauvaise saison est loin d'être une exception à Londres. Mais il nous faut insister sur une forme particulière de l'imprévoyance qui a pour l'avenir de la famille les plus graves conséquences ; il s'agit de la coutume à peu près générale, dans les quartiers ouvriers, de se marier très jeune.

Cette coutume est due, selon les uns, à l'insouciance naturelle de la jeunesse ; selon les autres, au désir d'avoir un chez soi, d'être moins à l'étroit que dans la maison paternelle, de vivre d'une façon plus confortable [3]. De fait, deux jeunes gens dont l'un gagne, par exemple, 22 shillings et l'autre 12, obtiennent en s'associant un revenu de 34 shillings par semaine, très suffisant pour un ménage sans enfants. La femme continue d'aller à la fabrique ou travaille chez elle, lorsque son métier le permet. Où les difficultés commencent, c'est lorsque les enfants surviennent, ce qui ne tarde guère. (Dans la classe ouvrière inférieure, le mariage est même souvent provoqué par la nécessité de mettre fin à une situation devenue menaçante.) La multiplication des bébés a pour le budget familial des conséquences désastreuses ; le nombre des bouches à nourrir augmente, et les revenus diminuent ; car la femme doit maintenant

1. *London Statistics*, t. XXI, p. 248. Cf. Booth, *Life and Labour*, 3e série, Final volume, p. 221, et la carte des cabarets, des édifices religieux et des écoles qui accompagne ce volume.

2. Sur les progrès de l'ivrognerie, surtout parmi les femmes, voir Booth, *Life and Labour*, 3e série, Final volume, p. 59-75.

3. Voir Th. Holmes, *London's Underworld* (1912), p. 135 et suiv.

se consacrer exclusivement au soin de la maison. Le résultat est la
misère. « Les familles trop nombreuses, écrivait il y a quelques
années un inspecteur de l'Assistance publique à Londres, sont
cause d'autant de paupérisme que les excès de boisson[1]. » La
phrase est d'autant plus significative qu'elle émane d'un fonctionnaire de la loi des pauvres, c'est-à-dire d'un homme que sa profession prédisposait plutôt à la sévérité qu'à l'indulgence à l'égard de
ses administrés.

La jeunesse des conjoints et la forte natalité qui en résulte nous
apparaissent donc comme une des causes principales du paupérisme
londonien. Dès 1893, M. Booth mettait en lumière la relation qui existait entre la pauvreté des différentes « unions » d'assistance publique
et la proportion des jeunes femmes (âgées de moins de 25 ans) au
recensement de 1891. L'ordre des unions était, à peu de chose près,
le même dans les deux cas[2]. De même, en comparant dans chacune
des circonscriptions dont il a été question plus haut la pauvreté et
la proportion des jeunes femmes, on aperçoit avec la plus grande
netteté la liaison qui existe entre la pauvreté et la constitution de
la famille. La proportion des jeunes femmes atteint son maximum
à Whitechapel-Spitalfields (26,1 pour 1.000 habitants), Bethnal
Green (23,5), Saint-Saviour-Waterloo (22,8) qui ont respectivement
les numéros 5, 4 et 1 dans la liste par ordre de pauvreté. Elle tombe
au minimum dans les quartiers riches : Hampstead (10,4 pour
1.000 habitants), Clapham (10,4), Streatham (10,1), Mayfair (9,3),
Brompton (8,2)[3].

Ces mariages prématurés sont d'ailleurs en décroissance. Pendant
la période 1881-1885, sur 1.000 mariages célébrés à Londres, le marié était mineur dans 56 cas, et la femme dans 190 ; pendant la période 1896-1900, les proportions n'étaient plus que de 46 et de 160
p. 1.000 ; dans la période 1899-1908 la proportion tombe à 38 pour les
hommes et à 137 pour les femmes ; en 1909, elle n'a plus été que de 31
pour les hommes et de 111 pour les femmes[4]. La différence entre

1. 30 th Report of Local Government Board, 1900-1901, p. 81. Cf. Poor Law
Commission, 1909, Majority Report, p. 475 (analyse des réponses des ecclésiastiques des diocèses de Londres et de Southwark).
2. First results of on inquiry based on the 1891 census (Journal of the R.
Statistical Society, décembre 1893).
3. Booth, Life and Labour, 3e série, Final volume, p. 22. La Cité qui est
dans des conditions particulières a une proportion de jeunes femmes très inférieure à sa proportion de pauvres.
4. Report by the Statistical Officer upon the census of London 1901 (L. C. C.),
p. 15 ; Report of Registrar General for 1909, p. 11 et 13.

les quartiers riches et les quartiers populaires restait cependant très sensible encore en 1901 : on en trouve la preuve dans les chiffres fournis pour chaque *borough* par le recensement. Voici ces chiffres, en regard desquels nous avons placé, dans la colonne 2, la natalité moyenne de la période 1904-1908, et dans la colonne 3 le pourcentage du surpeuplement en 1901. La carte (fig. 18) qui accompagne le tableau peut être comparée à celle de la distribution des domestiques (fig. 17, p.415) dont elle est presque exactement la contrepartie.

Pourcentage des femmes de moins de 25 ans en 1901 et natalité moyenne des années 1904-1908 (pour 1.000 habitants) [1].

BOURGS	Proportion de jeunes femmes	Natalité 1904-1908	Surpeu- plement 1901	BOURGS	Proportion de jeunes femmes	Natalité 1904-1908	Surpeu- plement 1901
Stepney	21,9	34,5	33,2	Lambeth	15,8	25,8	12,2
Bethnal Green	20,4	33,7	29,6	Holborn	15,5	21,2	25,0
Shoreditch	20,3	33,0	29,9	Greenwich	14,9	24,7	8,3
Southwark	19,9	30,4	22,3	Camberwell	14,6	25,5	9,6
Finsbury	19,1	31,1	35,2	Paddington	13,8	22,6	13,5
Woolwich	18,5	26,9	6,5	Marylebone	13,7	21,0	21,1
Poplar	18,2	32,0	16,4	Wandsworth	12,7	26,0	4,4
Bermondsey	17,8	32,5	19,6	Stoke Newington	12,4	20,8	5,5
Fulham	17,5	29,5	10,8	Lewisham	11,9	24,2	2,6
St-Pancras	17,0	25,8	23,9	Chelsea	11,7	21,2	14,4
Islington	16,6	25,6	17,0	Kensington	11,6	19,5	14,8
Deptford	16,4	28,6	9,0	Westminster	11,6	17,3	13,0
Battersea	16,3	26,8	10,8	Hampstead	9,5	16,0	6,3
Hammersmith	16,2	26,4	11,7	Cité	7,0	14,9	10,8
Hackney	15,9	24,8	10,1	*Londres*	*16,0*	*26,4*	*16,0*

La relation qui existe entre la proportion de jeunes femmes et la natalité, d'un côté, la pauvreté, de l'autre, a été mise en évidence d'une autre façon dans une enquête que M. Booth a faite en 1889 [2]. De cette enquête qui a porté sur 12.000 personnes, il ressort que les familles comptant 6 enfants ou plus formaient :

22 p. 100 de la classe B (très pauvre) ;

11 p. 100 de la classe C (salaire irrégulier) ;

13 p. 100 de la classe D (salaire faible et régulier) ;

8 p. 100 de la classe E (classe ouvrière aisée).

5 p. 100 de la classe F   id.

1. Calculé d'après *Census of England and Wales, 1901. County of London*, p. 70 et suiv., et, pour la natalité, d'après *London Statistics*, t. XXI, p. 31.
2. *Life and Labour*, 1re série, II, p. 234.

Il est hors de doute que le manque d'énergie — la paresse, pour l'appeler par son nom — mérite aussi d'être compté parmi les causes les plus puissantes de la pauvreté. Il ne faut pas oublier, il est vrai, que la paresse peut n'être elle-même que la conséquence d'une mauvaise hygiène, d'une nourriture mal choisie, mal préparée ou insuffisante ; beaucoup de prétendus paresseux seraient incapables de travailler régulièrement, s'ils le voulaient. C'est ainsi qu'un recensement fait le 1er janvier 1906 dans les workhouses de Londres montra que, parmi les hommes qui étaient classés comme « valides » (able-bodied), 37 p. 100 seulement pouvaient réellement faire

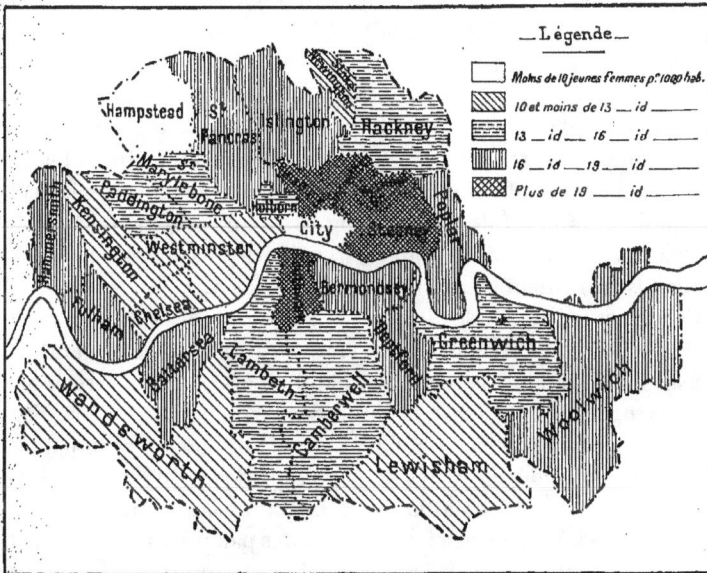

Fig. 18. — Les mariages précoces à Londres (1901).

une bonne journée de travail [1] ; quelques années auparavant, dans la workhouse de Marylebone, la proportion n'avait été que de 16 p. 100 [2]. Néanmoins, après que l'on a fait la part des conditions physiques, il reste un assez grand nombre de cas que l'on ne peut expliquer que par le manque d'énergie morale. L'éducation, le milieu, la fréquentation des lodging-houses et des « abris » municipaux, la facilité avec laquelle s'obtiennent dans certains quartiers les aumônes des sociétés philanthropiques et religieuses ou les se-

1. Poor Law Commission, 1909, Majority Report, p. 211.
2. Mrs Crawford, Within workhouse walls (Contemporary Review, juin 1899).

cours de l'Assistance publique, et enfin sans doute les dispositions naturelles, contribuent dans des proportions variables suivant les individus à déterminer la vocation de ces chômeurs professionnels « toujours prêts à faire n'importe quoi, sauf à travailler ». La dernière phase de la dégradation est atteinte lorsque l'homme se fait nourrir par sa femme et ses enfants, ce qui, comme nous l'avons vu dans les chapitres précédents, n'est pas rare dans certains quartiers de Londres. « Le travail des femmes et des filles, dit un ecclésiastique en parlant de sa paroisse, tend à diminuer la responsabilité du mari à l'égard de sa famille. Beaucoup d'hommes ne savent absolument rien de leur intérieur, ni le montant du loyer, ni l'âge des enfants. Il y en a qui dépensent en boisson la moitié de leur salaire. C'est un point d'honneur chez eux de ne pas dire à leur femme combien ils gagnent. La majorité des pères s'inquiètent peu du nombre de leurs enfants et de la façon dont ils sont élevés. Quantité d'hommes ne font rien, pendant que leur femme travaille. Les femmes sont capables d'efforts incroyables pour empêcher la dislocation de la famille. Je puis citer le cas d'un homme qui boit depuis quinze ou seize ans et qui ne travaillera plus jamais. Sa femme et ses fils travaillent et continuent de l'entretenir [1]. »

Ce qui rend difficile de dire avec précision quelle est la part exacte de la paresse, de l'ivrognerie, de l'imprévoyance et en général des causes morales dans les conditions qui amènent la pauvreté, c'est que l'ivrognerie, la paresse et l'imprévoyance peuvent n'être, dans un grand nombre de cas, que la résultante de causes économiques complètement indépendantes de la volonté des individus. « L'ivrognerie, disent M. Steel-Maitland et Miss Squire dans le rapport qu'ils ont présenté à la Commission de la loi des pauvres, n'est en grande partie qu'un effet dont il faut rechercher et supprimer les causes. Notre rapport met en lumière quelques-unes de ces causes, par exemple le caractère dangereux ou malsain du travail, la longueur excessive de la journée, la faiblesse des salaires, le mauvais état de l'habitation. Parmi les causes secondaires, on peut ranger les trop grandes facilités qui s'offrent à l'intempérance et la rareté de distractions saines et raisonnables qui soient accessibles à la classe ouvrière [2]. » L'imprévoyance et la paresse s'expliquent fréquemment par des causes analogues.

1. Williams and Jones, *Report on the effect of outdoor relief* (P. L. C , 1909), p. 8 (note).
2. Steel-Maitland and Squire, *Final Report on the relation of industrial and sanitary conditions to pauperism*, p. 129-130.

Au nombre des causes externes de la pauvreté, il faut citer d'abord la maladie. Lorsque le chef de famille tombe malade et qu'il ne fait point partie d'une trade-union où l'on donne une indemnité, ou qu'il n'est point affilié à une « société amicale », les maigres ressources de la famille ne tardent pas à s'épuiser ; avant le vote de la loi d'assurance nationale de 1911, il fallait nécessairement recourir à l'infirmerie des pauvres, demander des secours aux Gardiens et peut être entrer à la workhouse (30 p. 100 des personnes secourues en Angleterre le sont pour cause de maladie [1]). La tuberculose, fréquente dans certains métiers londoniens, comme ceux de typographe, de tailleur et de cordonnier, a, en raison de sa longue durée, des conséquences particulièrement désastreuses [2]. La mort du père est à tous égards une terrible catastrophe ; la famille descend brusquement dans l'échelle sociale ; la veuve sur qui repose maintenant le souci d'élever les enfants essaie de trouver des ménages à faire ou se met courageusement à fabriquer des boîtes à allumettes, à 25 centimes les douze douzaines. Dans une société industrielle de composition normale, c'est-à-dire où ne prédomine pas le travail irrégulier, M. Booth a trouvé que la classe très pauvre (B) se composait pour une notable partie (45 p. 100 à Battersea) de femmes qui avaient ainsi perdu leur mari [3].

Les conditions d'habitation interviennent d'une double façon pour déterminer la pauvreté : le taux très élevé des loyers dans les quartiers du centre y rend la vie fort difficile, et beaucoup de ménages ouvriers ne peuvent, pour des raisons diverses, s'éloigner de ces quartiers ; l'insalubrité des logements est, d'autre part, une cause de maladie ; la malpropreté générale de la maison ou de la rue réagit sur les habitudes des locataires : elle les accoutume à un « niveau d'existence » inférieur, elle les démoralise. Le surpeuplement, même lorsqu'il ne tombe pas sous le coup de la loi, a les effets physiques et moraux les plus lamentables. La vie commune de la *lodging-house* est pernicieuse. Les maisons meublées ont à peu près tous les défauts de la *lodging-house* et d'autres encore ; la surveillance de l'inspection sanitaire y est moins continue et la malpropreté plus grande [4].

1. *Poor Law Commission*, 1909, *Majority Report*, p. 289.
2. Cf. Steel-Maitland and Squire, *Report on London*, p. 17-18.
3. *Life and Labour*, 1re série, I, p. 254.
4. Cf. Steel-Maitland and Squire, *Report on London*, p. 69-70. — Th. Holmes, *London's Underworld*, p. 81 et suiv.

Il nous reste à étudier les causes de la pauvreté qui dérivent de l'organisation industrielle même ; elles ne sont point, comme on le verra, les moins importantes, surtout à Londres, où les faibles salaires du sweating system et l'irrégularité du travail sont des phénomènes fondamentaux. Mais il nous faut mentionner d'abord une cause de pauvreté qui, à en croire l'opinion publique, aurait une influence décisive : la vieillesse prématurée des ouvriers et le chômage qui en serait la conséquence. On affirme en effet de divers côtés que l'activité industrielle a subi depuis une vingtaine d'années une accélération continue qui use les hommes avec une rapidité de plus en plus grande. *Trop vieux à quarante ans*, tel était le titre d'une série d'articles sensationnels qu'un des grands journaux libéraux, le *Daily Chronicle*, publiait en 1901 ; et plusieurs des personnes qui ont déposé devant la Commission de la loi des pauvres ont assuré que les lois sur la responsabilité des patrons et sur les accidents du travail ont encore aggravé cette situation : on remercie, dit-on, les ouvriers au premier cheveu blanc. Les trade-unions seraient elles-mêmes en partie responsables de cette mesure, en exigeant que jeunes et vieux soient payés uniformément au tarif syndical [1].

Il semble bien qu'il y ait dans ces plaintes une forte part d'exagération, pour ne pas dire plus. Nous avons vu dans un précédent chapitre que l'ouvrier blanchi prématurément et jeté avant l'âge au rebut de la vie industrielle s'est fait remarquer par son absence dans les équipes organisées par les comités de chômage de Londres qui se sont trouvées composées surtout de jeunes gens et d'hommes dans la force de l'âge. Il n'est pas exact non plus que les ouvriers âgés soient plus souvent victimes d'accidents que les autres, ni que les compagnies d'assurance contre les accidents demandent des primes supérieures aux patrons qui les emploient [2]. M. Beveridge, dans son livre sur le chômage [3], paraît avoir donné le coup de grâce à l'antique légende de l'ouvrier trop vieux à quarante ans. Il a eu l'idée d'examiner les comptes des deux grandes trade-unions qui donnent une retraite à leurs membres, celle des mécaniciens constructeurs (*Amalgamated Engineers*) et celle des ouvriers fondeurs (*Ironfounders*), et il a constaté que l'âge où les membres de ces deux sociétés font valoir leurs droits à la retraite est allé sans cesse, non

1. Voir l'exposé de ces plaintes dans *P. L. C.*, 1909, *Majority Report*, p. 219-221.

2. *P. L. C.*, 1909, *Minority Report*, p. 1169-1170.

3. *Unemployment*, p. 121-124.

pas en diminuant, mais en augmentant. Ainsi, tandis qu'en 1885, dans la société des mécaniciens, 79 p. 100 de ceux qui demandaient leur retraite avaient moins de 65 ans, la proportion se trouvait réduite à 59 p. 100 en 1907. Dans la même société, l'âge moyen de la retraite était 61 ans 2/5 pendant la période 1886-1890 et 63 ans 1/4 pendant la période 1901-1905 ; dans la société des fondeurs, 61 ans 3/4 en 1883-1885 et 62 ans 3/4 en 1906-1907. Voilà qui n'est point favorable assuré ment à l'idée que l'industrie dévore les hommes avec une rapidité croissante et que les ouvriers ne peuvent plus trouver de travail une fois qu'ils ont passé la quarantaine !

On peut donc considérer comme presque négligeable cette prétendue cause de la pauvreté ; il n'en est malheureusement pas de même de la faiblesse des salaires et de l'irrégularité du travail. La relation qui existe entre la faiblesse du salaire et la pauvreté est tellement évidente qu'il semble inutile d'insister sur ce point ; il convient cependant de faire remarquer qu'un salaire faible, s'il est régulier, n'aboutit point d'ordinaire à cette misère extrême qui paraît être la conséquence presque fatale du travail irrégulier, même raisonnablement payé : c'est ainsi que les employés de chemin de fer de Londres, dont le salaire moyen n'est pas en général très supérieur aux 21 shillings que M. Booth considère comme la limite de la pauvreté [1], ne tombent que dans des occasions tout à fait rares à la charge de l'Assistance publique. Au contraire, les ouvriers du bâtiment, dont 60 p. 100 recevraient un salaire moyen de plus de 30 shillings par semaine et 90 p. 100 un salaire de plus de 25 shillings [2], ont fourni un contingent très considérable aux chantiers des comités de chômage et ont, comme on le verra plus loin, une proportion d'assistés très supérieure à la moyenne de Londres.

Le point capital est donc plutôt la régularité que le montant du salaire. C'est ce que les enquêtes de M. Booth avaient mis en lumière dès 1889 [3]. Prenant un groupe de 4.000 personnes, classées comme très pauvres ou pauvres (classes A, B, C, D), il avait essayé de déterminer quelle était la proportion de ceux qui devaient leur pauvreté à chacune des diverses causes que nous avons signalées.

1. Sur les salaires des employés de chemin de fer à Londres, voir Booth, 2ᵉ série, t. II, p. 339 et suiv. et pour des chiffres plus récents, Steel-Maitland and Squire, *Report on London*, p. 51-52. — On trouvera plus loin le pourcentage des ouvriers qui tombent à la charge de l'Assistance publique dans certaines professions, parmi lesquelles le service des chemins de fer.

2. Booth, 2ᵉ série, V, p. 16.

3. *Life and Labour*, I, p. 147.

Le résultat fut le suivant : contrairement aux prévisions, la part de l'ivrognerie, comme cause principale, ne fut que de 14 p. 100 dans la division AB et de 13 p. 100 dans la division CD ; 10 p. 100 des « très pauvres » devaient leur pauvreté à la maladie et 8 p. 100 au nombre de leurs enfants ; parmi les « pauvres », la part de la maladie était de 5 p. 100 et la part des familles trop nombreuses de 9 p. 100. Mais 43 p. 100 des ouvriers rangés dans les classes A et B étaient très pauvres parce qu'ils étaient des ouvriers intermittents et 9 p. 100 parce qu'ils n'avaient que du travail irrégulier et mal payé ; dans 9 p. 100 des cas également le travail irrégulier s'ajoutait pour produire la pauvreté à la maladie ou au nombre exagéré des enfants. L'irrégularité du travail intervenait donc soit comme cause principale, soit comme cause accessoire dans 61 cas p. 100. Dans les classes C et D réunies, l'irrégularité était cause principale de la pauvreté dans 43 p. 100 des cas et cause secondaire dans 5 p. 100, tandis que la faiblesse du salaire n'expliquait que 20 p. 100 des cas de pauvreté.

Quelques années plus tard, les études de M. Booth sur le surpeuplement à Londres l'amenaient à des conclusions analogues [1]. Le groupe qui venait en tête de la liste des professions par ordre de surpeuplement se composait des marchands des quatre saisons (65 p. 100 de surpeuplés), des déchargeurs de charbon (63 p. 100), des dockers (62 p. 100), des manœuvres (58 p. 100), des charretiers (56 p. 100), c'est-à-dire précisément de toutes les professions où l'intermittence atteint son maximum. Venait ensuite le groupe des ouvriers du bâtiment : briqueteurs, avec 53 p. 100 de surpeuplés, plâtriers avec 50 p. 100, peintres avec 48 p. 100, maçons avec 45 p. 100 ; nous savons que ces ouvriers ont des périodes de chômage plus ou moins longues en hiver et que leur travail est même, pour des raisons spéciales, plus irrégulier à Londres qu'ailleurs. Le surpeuplement dans ces deux groupes dépasse celui qu'on trouve dans ces métiers du sweating system que l'on a coutume de regarder comme les professions les plus misérables : les ébénistes n'avaient que 45 p. 100 de surpeuplés, les cordonniers 44 p. 100 et les tailleurs 40 p. 100, fait d'autant plus remarquable que la majorité des ébénistes, des cordonniers et des tailleurs habite dans les quartiers du centre, où la cherté des loyers provoque le surpeuplement, tandis que les ouvriers du bâtiment sont surtout nombreux dans les quar-

1. *Life and Labour*, 2ᵉ série, V, p. 8 et 11. Les chiffres sont fondés sur le recensement de 1891.

tiers de la périphérie [1]. Si l'on admet que les conditions d'habitation nous donnent la mesure, au moins approximative, de la pauvreté, il faut donc admettre aussi qu'intermittence et pauvreté sont des termes à peu près synonymes. Le taux moyen du salaire a relativement peu d'importance : les déchargeurs de charbon qui gagnent fréquemment 10 shillings ou davantage dans une journée et dont les trois quarts [2], suivant M. Booth, ont plus de 30 shillings par semaine, sont encore plus mal placés sur la liste que les dockers et les manœuvres ; les ouvriers du bâtiment ont un pourcentage de surpeuplés très supérieur à celui des ouvriers des produits chimiques, dont le salaire est sensiblement moins élevé. « Le niveau du bien être est donc plutôt déterminé par la régularité que par le taux du salaire [3]. »

A une date plus récente, les recherches entreprises pour le compte de la Commission royale de la loi des pauvres par M. Steel-Maitland et Miss Squire au sujet du rapport qui existe entre « les conditions industrielles et sanitaires et le paupérisme à Londres » ont abouti au même résultat que les recherches de M. Booth, c'est-à-dire à faire apparaître une relation à peu près constante [4] entre le paupérisme et l'irrégularité du travail. Il s'agit, il est vrai, du paupérisme légal et non plus de la pauvreté ; mais le paupérisme légal, avec recours à l'Assistance publique, n'est que la forme extrême de la pauvreté et peut servir à l'évaluer, de la même façon que la proportion des décès dans une profession ou dans une ville nous renseigne sur la fréquence de la maladie dans cette ville ou dans cette profession. Les deux rapporteurs ont utilisé les résultats préliminaires du recensement du paupérisme fait le 31 mars 1906 et ont essayé d'établir pour cinq unions de Londres la proportion d'assistés (paupers) dans certaines professions. On trouvera dans le tableau ci-dessous les principaux chiffres qui figurent dans leur rapport :

1. Cf. Booth, 2e série, V, p. 16 ; et les cartes de la distribution des ouvriers du bâtiment à Londres, dans *Report by the statistical officer upon the census of London*, 1911 (L. C. C.), p. XII.

2. 72 p. 100 (*Life and Labour*, 2e série, V, p. 16).

3. Booth, *Life and Labour*, 2e série, V, p. 228.

4. La seule exception est celle des charretiers (Cf. *Report on London*, p. 58-59) où l'irrégularité paraît être grande sans que le pourcentage d'assistés soit très élevé. Cette exception est difficile à expliquer ; peut-être aussi y a-t-il plus de charretiers régulièrement employés qu'on ne le croit généralement.

Proportion d'hommes adultes (20 ans et plus) recevant les secours de l'Assistance publique au recensement du 31 mars 1905 par rapport au nombre d'adultes employés dans la profession en 1901.

(D'après Steel-Maitland and Squire, *Report on the relation of industrial and sanitary conditions to pauperism in London*, p. 31-33, 54, 55, 58.)

	POURCENTAGE D'ASSISTÉS ADULTES								
	Par rapport au nombre total des adultes du sexe masculin	Parmi les manœuvres	Parmi les dockers	Parmi les ouvriers du bâtiment	Parmi les tailleurs	Parmi les cordonniers	Parmi les ouvriers du bois	Parmi les employés de chemin de fer	Parmi les employés du gaz, de l'électricité et du serv. sanitaire
Holborn..........	4.34	12.66	»	7.46	4.58	8.48	5.13	1.69	0 68
Bethnal Green.....	3 44	10.51	9.31	5.16	2.04	4.18	3.15	0.35	1.60
Southwark........	3.05	7 22	8.46	4.03	4.86	3.62	4.29	1.10	2.98
Hackney.	2.24	18.88	»	3.87	1.39	4.77	3.03	0.15	1.71
Camberwell	3.50	20.00	»	4.61	4.48	9.55	3.54	0.72	1.17

La première colonne fait connaître le paupérisme moyen des adultes du sexe masculin, c'est-à-dire le tant pour cent d'hommes âgés de vingt ans et plus, qui recevaient les secours de l'Assistance publique ; les autres colonnes indiquent le pourcentage d'assistés adultes dans chaque profession. Pour des raisons diverses qui tiennent soit au nombre des pauvres qui résident dans l'Union, soit aux idées administratives du Bureau des Gardiens, le paupérisme moyen des adultes est loin d'être le même partout; il varie entre 2,24 p. 100 à Hackney et 4,34 p. 100 à Holborn ; mais les chiffres restent comparables entre eux à l'intérieur de chaque Union.

On constate en faisant cette comparaison que le paupérisme est beaucoup plus grand parmi les manœuvres que dans l'ensemble de la population ; il est trois fois plus grand à Bethnal Green et plus de huit fois plus grand à Hackney. Dans les deux Unions de Bethnal Green et de Southwark qui, seules parmi les cinq Unions choisies, renferment une proportion appréciable de dockers, le paupérisme des dockers est également très supérieur au paupérisme général. Le groupe du bâtiment, autre groupe de travailleurs irréguliers, dépasse sensiblement la moyenne ; le pourcentage du paupérisme y est, dans trois cas sur cinq, inférieur à celui des cordonniers, mais il est partout, sauf dans l'union de Southwark, plus élevé que chez les ouvriers du bois et les tailleurs. Enfin, la proportion très faible d'assistés parmi les employés des chemins de fer, du gaz, de l'élec-

tricité et des services sanitaires confirme la conclusion à laquelle
l'étude du surpeuplement nous avait déjà conduits, à savoir que le
montant du salaire est moins important au point de vue qui nous
occupe que la régularité des occupations.

La publication récente du recensement de 1906[1] permet d'étendre
à Londres tout entier la méthode que M. Steel-Maitland et Miss
Squire ont employée dans les quatre circonscriptions qu'ils ont
choisies. Bien que les statisticiens qui ont dirigé l'opération du recensement paraissent avoir fait de leur mieux pour rendre inutilisables les documents qu'ils présentaient au public[2], il n'est pas
impossible, si l'on ne demande pas aux chiffres une exactitude
rigoureuse, de calculer la proportion d'adultes qui reçoivent les
secours de l'Assistance publique à Londres dans chacune des principales professions. Ce calcul donne des résultats tout à fait conformes à ceux que l'on pouvait prévoir. Les marchands des quatre
saisons, les manœuvres et les dockers arrivent en tête de liste avec
une proportion très considérable d'assistés ; puis viennent les cordonniers et les ouvriers du bâtiment[3]. Les déchargeurs de charbon,
les ouvriers du cuir, de la brosserie et des plumes, les commissionnaires ont également une proportion d'assistés supérieure à la
moyenne ; les ouvriers de l'ameublement, les charretiers, les mécaniciens sont un peu au-dessous de la moyenne, mais dépassent
notablement les ouvriers et employés des services du gaz, de l'eau
et de l'électricité. Quant aux tailleurs, leur place, inexplicable au
premier abord, est due à l'existence d'une puissante société charitable, le « Bureau juif des Gardiens » dont les secours permettent
aux tailleurs juifs de ne recourir qu'assez rarement à l'Assistance
publique : la pauvreté est beaucoup plus répandue parmi eux que
le paupérisme légal.

1. *Poor Law Commission*, 1909, App. vol. XXV ; *Statistics relating to England
and Wales* (1911), surtout p. 394 et suiv.
2. Ainsi le recensement du paupérisme place à 16 ans la limite entre les
enfants et les adultes, tandis que le recensement professionnel a des divisions à 10, 14, 15 et 20 ans, mais non à 16. Une comparaison mathématiquement exacte entre les deux recensements est donc impossible. Une autre
raison, qui n'est point imputable aux auteurs du recensement, enlève à cette
comparaison une partie de sa valeur : le recensement du paupérisme est de
1906 et le recensement professionnel de 1901 ; des changements ont dû se
produire dans l'intervalle.
3. La situation des ouvriers du bâtiment est beaucoup plus mauvaise à
Londres que dans l'ensemble de l'Angleterre, où la proportion d'assistés
parmi eux n'est pas très supérieure à la moyenne générale.

Proportion d'adultes du sexe masculin (âgés de 16 ans et plus) assistés par la loi des pauvres le 31 mars 1906 à Londres, par rapport au nombre des adultes (âgés de 15 ans et plus) exerçant la profession au recensement de 1901.

Marchands des quatre saisons, colporteurs.	129.8 p. 1.000
Manœuvres	120,5 »
Dockers.	79,7 »
Cordonniers	50,2 »
Peintres.	47,0 »
Maçons et briqueteurs	42,4 »
Déchargeurs de charbon	41,8 »
Aides maçons [1]	41,6 »
Charpentiers et menuisiers	34,8 »
Peaux, cuirs et sellerie	30,9 »
Poils et plumes	29,0 »
Commissionnaires, porteurs.	28,7 »
Moyenne de Londres.	*26,0* »
Ouvriers de l'ameublement	25,6 »
Charretiers	25,2 »
Mécaniciens-constructeurs	24,8 »
Moyenne de l'Angleterre.	*21 3* »
Tailleurs	18,7 »
Service du gaz, de l'eau, de l'électricité	17.9 »
Imprimeurs et lithographes.	14,6 »
Métaux précieux, horlogerie, instruments de musique.	11,5 »

Enfin, s'il fallait encore une autre preuve de la relation qui existe entre le travail irrégulier, d'une part, et la pauvreté, de l'autre, on pourrait la trouver dans la carte ci-contre (fig. 19) qui donne, pour chaque bourg de Londres, la proportion des personnes qui exercent les principaux métiers intermittents : manœuvres, dockers, charretiers, cartonnières et chemisières. Elle présente avec la carte des mariages précoces, qui sont si étroitement liés à la pauvreté, une ressemblance remarquable, et fait avec la carte de la distribution des domestiques un contraste absolu qui ne peut être l'effet du hasard.

Le travail intermittent, disent M. Steel-Maitland et Miss Squire en terminant leur rapport sur Londres, « est à notre avis la cause principale du paupérisme »[2]. Il est impossible en effet d'échapper à

1. On comprend difficilement pourquoi cette classe a un pourcentage moindre que celui de maçons et briqueteurs. Il est probable que lors du recensement professionnel un assez grand nombre d'aides se sont inscrits comme briqueteurs ou maçons, ce qui expliquerait l'anomalie.

2. *Report on London*, p. 72. Cf. *Final Report*, p. 124, où il est dit en parlant du travail intermittent : « C'est de beaucoup la cause principale du paupérisme. »

cette conclusion qui reste tout aussi vraie si l'on remplace le mot
de paupérisme par le mot plus général de pauvreté [1]. Tous les témoins qui ont déposé devant la Commission de la loi des pauvres
sont unanimes à l'affirmer : c'est dans les rangs des ouvriers intermittents que se recrutent la majorité de ceux qui finissent par tomber à la charge de l'Assistance publique. Ce sont les ouvriers intermittents qui se sont présentés chaque hiver durant ces dernières
années aux chantiers de travail des Gardiens, des municipalités et
des comités de chômage ; à Londres, en 1907-1908, 42 p. 100 des demandes ont été faites par des manœuvres, et 26 p. 100 par des ou-

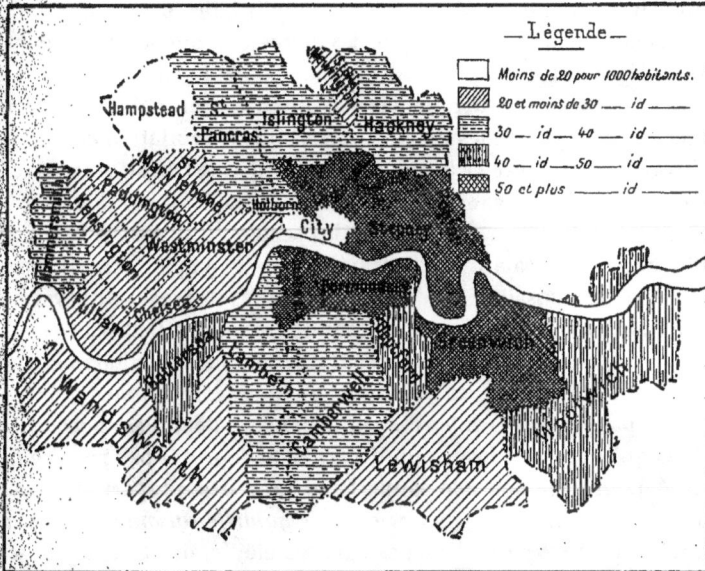

Fig. 19. — Distribution des ouvriers intermittents à Londres en 1901.

vriers du bâtiment [2] qui, fréquemment, ne sont pas autre chose
que des manœuvres, déguisés sous un nom plus ou moins préten-
tieux. C'est au travail intermittent que les ecclésiastiques de Londres et un socialiste comme M. Sidney Webb s'accordent à donner
la première place parmi les causes de la pauvreté. La majorité et la
minorité de la Commission royale de la loi des pauvres s'entendent, pour une fois, sur cette question. « M. Steel-Maitland et

1. Rappelons que les rapporteurs nommés par la Commission de la loi des
pauvres avaient à s'occuper du paupérisme légal et non de la pauvreté.
2. Beveridge, *Unemployment*, p. 168.

Pasquet   28

Miss Squire, dit le rapport de la majorité, attribuent au travail intermittent le rôle principal parmi les conditions industrielles qui
contribuent au paupérisme, et cette opinion est confirmée par un
grand nombre de personnes... L'auteur d'une autre enquête faite
pour la Commission, M. Jones, dit également : Au nombre des causes les plus actives du paupérisme, il faut mettre le travail intermittent. Cette unanimité frappante... est absolument confirmée par
notre enquête [1]. » La minorité intitule un des paragraphes de son
rapport : *le travail intermittent cause principale du paupérisme*, et
fait assez bon marché des autres causes. « Contrairement à l'attente
d'un certain nombre d'entre nous et de plusieurs d'entre eux, ceux
que nous avions chargés de faire des enquêtes n'ont point trouvé que
la faiblesse des salaires puisse être considérée, généralement parlant, comme une cause de paupérisme. Ils n'ont point réussi à se
démontrer à eux-mêmes que des conditions d'habitation contraires
à l'hygiène ou la durée excessive de la journée de travail soient, à un
degré marqué, une cause de paupérisme. Ils n'ont point trouvé de
raison sérieuse pour penser que les secours à domicile, par leur
influence sur les salaires, soient une cause de paupérisme. Il leur a
même paru impossible de démontrer que les dépenses extravagantes en boisson ou de fréquents accès d'ivrognerie aient pour conséquence nécessaire, quels que soient d'ailleurs les résultats néfastes
de ces habitudes pour les individus de tout ordre, d'amener à leur
suite le paupérisme. Toutes ces conditions, en dépit des effets déplorables qu'elles ont à beaucoup d'égards, ne leur ont pas paru suffisantes pour développer le paupérisme dans des proportions notables, *si elles sont accompagnées d'une régularité raisonnable dans le
travail...* D'autre part, là où des salaires élevés, une courte journée
de travail et de bonnes conditions hygiéniques se rencontrent avec
le système du travail intermittent — par exemple dans certaines
sections des ouvriers des ports, et des hommes qui travaillent dans
les hauts fourneaux ou les usines à gaz — nous trouvons un milieu
démoralisé, des vies irrégulières, une population dans laquelle se
recrutent régulièrement les meilleurs clients de l'Assistance publique [2]. »

Peut-être y a-t-il quelque exagération dans cette manière de voir
qui fait du travail intermittent la cause presque unique du paupérisme. Peut-être y trouverait-on, en cherchant bien, la trace de ces

---

1. *Poor Law Commission*, 1909, *Majority Report*, p. 361. Cf. p. 223, 362, 473
2. *Poor Law Commission*, 1909, *Minority Report*, p. 1151.

théories anciennes, d'après lesquelles l'homme serait, par nature,
bon, honnête et laborieux, si des circonstances fâcheuses ne s'y
opposaient pas quelquefois. Peut-être y a-t-il plus d'hommes naturellement paresseux que ne le pense la minorité de la Commission.
Quoi qu'il en soit, il paraît incontestable que la cause principale de
la pauvreté, du moins à Londres, est bien le travail intermittent ;
les causes morales ne font guère qu'aggraver la cause économique.
Or, Londres est, comme nous l'avons dit, la ville du travail intermittent. La prédominance du commerce et l'organisation particulière de l'industrie y ont favorisé la formation d'une immense
armée de travailleurs sans spécialité précise qui ne sont employés
que pendant une partie de la semaine ou une partie de l'année.
Théoriquement, ces ouvriers pourraient peut-être faire pendant la
période active des provisions pour les mauvais jours ; mais ce serait
mal connaître la nature humaine, et particulièrement la nature du
manœuvre londonien, que de se leurrer de cet espoir. L'ouvrier
intermittent n'est point capable de lointains calculs ; il profite de
son mieux des bons moments de la vie et compte pour le reste sur
le hasard, sur la charité, et pour le cas où tout lui ferait défaut, sur
la ressource suprême de la workhouse.

CHAPITRE II

LA CHARITÉ.

Aux termes de la loi anglaise, l'Assistance publique ne doit accorder ses secours qu'à ceux qui se trouvent dans un dénuement absolu (*actually destitute*). Toute personne qui réclame les secours de l'Assistance publique sans avoir fait la déclaration exacte et complète des sommes ou propriétés quelconques qui peuvent se trouver en sa possession peut être punie d'un emprisonnement d'un mois avec travaux forcés. L'Assistance publique n'a pas à rechercher si celui qui s'adresse à elle est ou n'est pas digne d'intérêt, si son état actuel est l'œuvre de la fatalité ou la conséquence de sa paresse et de ses mauvais instincts ; il suffit qu'il soit dans le dénuement pour qu'il ait un *droit légal* à l'assistance. L'assistance qu'on lui accorde a en revanche un caractère pénal ; il peut être enfermé dans la « maison de travail » (*workhouse*) et soumis à la discipline de l'établissement ; si les « Gardiens des pauvres » lui accordent un secours à domicile, il perd, en tout cas, ses droits électoraux ; il cesse de compter dans la société politique.

Obligation pour les « Gardiens des pauvres » d'accorder l'assistance à toute personne sans ressources qui la réclame, obligation pour cette personne d'entrer à la workhouse, ou, tout au moins, d'abandonner ses droits politiques, tel est le résumé de l'Assistance publique anglaise. Elle n'a donc, à aucun degré, le caractère d'une institution philanthropique ; elle ne fait pas l'aumône, et ne se préoccupe que très subsidiairement d'améliorer la condition de ceux qui font appel à ses services. Elle s'acquitte strictement d'une obligation légale. Aussi se montre-t-on fort étonné en Angleterre de voir les Français léguer par testament des sommes considérables à un bureau de bienfaisance ou à l'Assistance publique parisienne ; jamais pareille idée ne viendrait à l'esprit d'un Anglais ; il songerait aussi facilement à donner ses biens pour l'entretien d'une prison que pour l'entretien d'une workhouse. Le domaine de l'Assistance publique et le domaine de la charité sont, en théorie du du moins, complètement séparés.

Dans la pratique, il en va bien un peu différemment, comme nous le verrons plus loin ; mais, même si la charité n'empiétait pas, comme elle le fait souvent, sur un domaine qui devrait être réservé à l'Assistance publique, le rôle qu'elle jouerait dans la vie sociale de Londres resterait fort important. A côté des indigents, auxquels leur dénuement donne le droit de s'adresser aux fonctionnaires de la *Poor Law*, se trouvent tous ceux qui ne sont pas indigents, mais qui peuvent le devenir et qu'un secours donné en temps opportun suffira peut-être à retenir sur la pente du paupérisme, c'est-à-dire le plus grand nombre de ceux qui appartiennent aux classes B, C et D de M. Booth. Supposons par exemple qu'un père de famille se soit vu, par suite d'un chômage, d'une maladie, ou pour toute autre cause, dans la nécessité de mettre en gage les outils de sa profession ; il trouve du travail, mais il lui est impossible de se procurer la somme nécessaire pour rentrer en possession de ses instruments de travail. L'Assistance publique n'interviendra pas : la loi défend même aux Gardiens d'intervenir dans un cas semblable ; la charité trouve là au contraire une occasion très légitime d'intervention. Les cas analogues sont innombrables.

Dans une ville comme Londres, où les extrêmes de la richesse et de la pauvreté sont peut-être plus accusés que nulle part ailleurs, et où sévit du reste, poussée jusqu'à la manie, la coutume anglo-saxonne de fonder des sociétés et de nommer des comités, on doit s'attendre à rencontrer un nombre considérable d'associations et d'organisations charitables de toute espèce. On ne peut cependant feuilleter sans un étonnement croissant le gros volume où le secrétaire de la *Charity Organisation Society* énumère chaque année les institutions de bienfaisance qui ont leur siège à Londres ou dont les secours peuvent s'obtenir dans Londres [1]. Six cents pages in-8° d'impression très fine ne lui suffisent pas ; et pourtant les renseignements donnés sur chaque société sont aussi brefs et aussi condensés que possible. Encore M. Loch laisse-t-il de côté toute une catégorie d'œuvres charitables, celles qui sont intimement unies aux entreprises de propagande religieuse, et qui sont sous le contrôle direct des ecclésiastiques anglicans ou non-conformistes.

Il y a des associations qui ne s'intéressent qu'aux pauvres d'un quartier spécial, d'autres dont le domaine s'étend à la ville tout entière, d'autres dont le champ d'action ne s'arrête même pas aux

---

1. *The Annual Charities Register and Digest. Being a classified register of charities in or available for the Metropolis.*

limites de l'Angleterre. Même variété dans l'objet en vue duquel elles se sont constituées ; tandis que telle société s'occupe uniquement de faire parvenir des fleurs aux miséreux de l'East End et telle autre de distribuer des gilets de flanelle aux malades qui sortent des hôpitaux, il en est qui se proposent de soulager la misère sous quelque forme qu'elle se rencontre. Certaines, et ce ne sont pas toujours les plus indignes d'intérêt, végètent péniblement ; d'autres qui sont à la mode ou qui savent utiliser l'art de la réclame, disposent d'un budget annuel qui peut atteindre plusieurs millions : l'Armée du Salut dépense actuellement près de sept millions par an [1].

Il est fort difficile d'évaluer, même d'une manière approximative, le revenu total de ces innombrables institutions de bienfaisance. M. Loch a essayé de le faire dans les dernières éditions de son *Register* ; mais il remarque lui-même qu'un certain nombre de sociétés refusent de communiquer leur bilan et que, d'autre part, sa liste renfermant toutes les sociétés « qui ont leur siège à Londres ou dont les secours peuvent s'obtenir à Londres » (*in and available for the Metropolis*), la somme portée au compte de chaque groupe de sociétés est loin d'être tout entière consacrée au soulagement du paupérisme londonien. Il est naturellement impossible de faire le départ entre les dépenses qui sont affectées à Londres et celles qui s'appliquent à une autre partie de l'Angleterre ou du monde.

Cette réserve faite, et elle n'est pas sans importance, voici quel était en 1908 le revenu des sociétés charitables domiciliées à Londres ou dont les secours pouvaient s'obtenir à Londres [2] :

Secours aux aveugles (115 sociétés ou institutions)		9.950.000
—	sourds et muets (24)	2.469.130
—	estropiés (9)	601.375
—	aliénés (7)	3.774.075
—	alcooliques (8)	313.550
—	idiots (22)	2.886.700
—	épileptiques (4)	968.250
—	incurables (27)	3.221.925
—	malades (137)	42.977.050
Fourniture d'appareils chirurgicaux (10)		1.021.575
Maison pour convalescents (208)		8.842.200

1. Autant qu'on en peut juger, les revenus de l'Armée s'élevaient en 1899-1900 à 4.159.000 francs et en 1907-1908 à 6 766.000 francs (*Annual Charities Register*, éd. 1902, p. 523 ; éd. 1909, p. 466-467).

2. *Annual Charities Register*, éd. 1909, p. CCCXXV-CCCXXXVII.

Dispensaires (57)	1.439.825
Institutions donnant des gardes pour les malades (30).	1.583.575
Maisons et pensions pour les vieillards (154).	11.815.825
Maisons pour jeunes gens et jeunes femmes (23)	1.278.250
Maisons pour enfants et maisons où l'on forme des domestiques (232)	27.165.675
Éducation	9.456.425
Garderies d'enfants pour le jour (9)	88.475
Sociétés charitables, missions, soupes populaires, etc. (258). .	25.669.125
Maisons de correction	1.835.850
Sociétés d'aide aux prisonniers (17)	827.600
Sociétés d'aide aux repenties (172).	4.371.400
Sociétés pour l'amélioration physique et sociale (153). . . .	29 611.650
Sociétés d'aide par le travail (17)	1.087.100
Sociétés d'émigration (13).	1.658.125
Sociétés pour la protection des faibles (28).	9.129.325
Institutions de bienfaisance	20.334 800
Fondations paroissiales (*endowed charities*)	10.497 075
Associations d'ordre religieux (117)	62.987 775
Total.	297.863.225

Le revenu total des 1.851 sociétés qui figurent dans la liste de
M. Loch s'élève donc en chiffres ronds à 300 millions de francs
chaque année. Ce revenu ne provient pas tout entier de la générosité
du public. M. Loch le décompose ainsi qu'il suit :

Dons charitables.	90.037.875
Sommes versées par ou pour ceux qui ont reçu un secours . .	33.169.450
Intérêts des valeurs en portefeuille	42.142.400
Sommes léguées	35 898.125
Recettes commerciales	22.630.875
Divers.	499.650
Revenu minimum des fondations paroissiales.	10.497.075
Associations d'ordre religieux (*spiritual charities*).	62.987.775
Total général.	297.863.225

Si l'on retranche de ce total les recettes commerciales (*industrial
receipts*) par lesquelles il faut entendre sans doute le produit du
travail fait par les personnes qui ont été secourues ; si l'on retranche également en bloc les 33 millions versés par elles ou pour leur
compte, sans que l'on puisse en découvrir l'origine exacte, le montant des sommes provenant de la générosité des bienfaiteurs vivants
ou défunts se trouve être de 242 millions de francs par an. Le chif-

fre est énorme et le paraît encore davantage quand on le compare, comme nous le ferons plus loin, avec les résultats obtenus. Il est bon cependant de ne pas oublier que Londres n'est pas seul à profiter de ces 242 millions ; il ne faut pas oublier non plus qu'un grand nombre de services qui sont en France assurés par l'Assistance publique ne relèvent en Angleterre que de la charité.

Les œuvres charitables de Londres peuvent se ranger sous quatre chefs principaux :

1° *Institutions et sociétés philanthropiques*, dont l'unique objet est de venir au secours de la misère ;

2° *Philanthropie religieuse*, guidée non seulement par un sentiment de pitié et de fraternité, mais aussi par le désir de convertir les âmes ;

3° *Fondations paroissiales*, provenant des sommes ou des propriétés léguées autrefois en vue d'un objet déterminé (*endowed charities*) ;

4° *Distributions occasionnelles d'aumônes*, par exemple à l'occasion d'une fête, ou d'une grève, ou d'un hiver trop rigoureux.

Les deux premiers groupes sont naturellement les plus importants de beaucoup, mais les deux autres ne sont pas négligeables ; le quatrième surtout a une importance sociale dont il importe de tenir compte.

Les institutions et sociétés philanthropiques se divisent en deux catégories : en premier lieu, les hôpitaux, hospices et maisons de retraite ; en second lieu les sociétés de bienfaisance qui se sont donné pour tâche de distribuer aux malheureux de la nourriture, des vêtements, du charbon et autres objets similaires.

Les grands hôpitaux de Londres (Guy's Hospital, Saint-Bartholomew's Hospital, London Hospital, Saint-George's Hospital, etc.), désignés dans le langage courant sous le nom d' « hôpitaux publics », ne dépendent point, comme ce nom le ferait supposer, de l'Assistance publique ; leurs ressources proviennent uniquement de quelques fondations anciennes et de la générosité des particuliers. Le fait nous paraît d'autant plus singulier, à nous Français, que les plus importants de ces hôpitaux sont en même temps des écoles de médecine ; à ceux-là mêmes le gouvernement anglais n'accorde aucune subvention.

Les revenus des hôpitaux proviennent de quatre sources principales : la rente des propriétés foncières ou mobilières qui peuvent leur appartenir ; les sommes à eux léguées ou données pendant l'année ; le produit des souscriptions ; une quote-part dans la somme recueillie par les grandes associations de secours aux hôpitaux (*hospital funds*). A l'exception du premier, ces moyens d'existence sont fort irréguliers et peuvent varier d'une année à l'autre dans des proportions considérables. Aussi la majorité des hôpitaux de Londres se trouvent-ils depuis longtemps dans une situation financière assez peu brillante. En 1900, d'après le *Charities Register*, leurs dépenses s'élevaient à 25.315.125 francs et leur revenu à 24.841.475 fr. seulement ; un critique sympathique les déclarait en 1907 « à demi insolvables »[1]. La lutte pour la vie devient un de leurs soucis les plus urgents : il leur faut faire appel à la réclame, organiser des fêtes souvent très coûteuses, forcer à tout prix et par tous les moyens l'attention du public. Pour attirer les souscripteurs, on leur offre en échange de leur souscription un certain nombre de « lettres de recommandation » qu'ils peuvent distribuer à leur gré ; à University College Hospital, par exemple, toute personne qui souscrit pour deux guinées (52 fr. 50) a droit à l'hospitalisation de deux malades et à quatre consultations dans l'année. D'ordinaire cependant les consultations sont gratuites ; on ne demande de lettre de recommandation que pour les hospitalisés, et cette règle même est mise de côté en cas d'urgence. Quelques rares hôpitaux sont entièrement gratuits et ouverts à tout venant, sans lettres de recommandation.

Malgré ce droit de présentation, qui représente pour les souscripteurs plus que l'équivalent de leur souscription (car, dans l'exemple cité plus haut, un malade hospitalisé coûte en moyenne beaucoup plus d'une guinée), les hôpitaux n'arriveraient pas à vivre s'ils ne recevaient les subventions des grandes organisations formées pour venir à leur secours : *Metropolitan Hospital Sunday Fund, Hospital Saturday Fund, King Edward's Hospital Fund for London* (anciennement *Prince of Wales's Fund*). Ce dernier « fonds », qui ne date que de 1897, est alimenté par des souscriptions annuelles qui, en raison sans doute de son utilité, en raison aussi de l intervention personnelle du roi Edouard VII et du snobisme de la haute société

---

1. *Times*, 24 novembre 1907. La situation paraît s'être améliorée dans ces dernières années : pour les 11 principaux hôpitaux de Londres les comptes de 1909 montraient un excédent de recettes de 2.700.000 francs. Mais plusieurs de ces hôpitaux et non des moindres se trouvaient encore en déficit. Cf. *Annual Charities Register*, éd. 1909, p. 72 et suiv. En 1908, l'excédent de recettes des 13 hôpitaux qui ont des écoles de médecine dépassait un million ; mais 5 de ces hôpitaux étaient en déficit, dans un cas de 286.000 francs et dans un autre de 347.000 (Comptes détaillés dans *London Statistics*, t. XX, p. 110 et suiv.).

anglaise, ont atteint un chiffre extrêmement élevé : en dix ans, de 1897 à 1907, le *fund* a pu distribuer aux hôpitaux plus de 21 millions de francs [1]. Les deux autres « fonds » sont constitués par les aumônes recueillies, dans le premier cas un certain dimanche, dans le second cas un certain samedi de l'année. En réalité le samedi et le dimanche en question ont une tendance à se prolonger quelquefois pendant plusieurs semaines au grand désespoir des passants que des satellites du *Saturday Fund* poursuivent dans Piccadilly ou dans Oxford Street avec une opiniâtreté que l'excellence de la cause peut seule excuser. Le *Sunday Fund* recevait en 1907 près de 2 millions et le *Saturday Fund*, dont la clientèle est plus démocratique, seulement 678.000 francs [2]. Le *Saturday Fund* se comporte à l'égard des différents hôpitaux comme un souscripteur ordinaire, c'est-à-dire que les hôpitaux doivent remettre au conseil d'administration un nombre de lettres de recommandation équivalent à la somme qui leur est accordée.

Les hospices et les maisons de retraite (pour vieillards, aveugles et sourds-muets, personnes convalescentes ou atteintes de maladies chroniques, etc.) sont pour la plupart organisées de la même façon que les hôpitaux. Leurs caisses sont alimentées principalement par des souscriptions régulières ; les pensionnaires sont en général élus par les souscripteurs, chacun de ces derniers possédant un nombre de voix proportionnel au montant de sa souscription. Lorsque la souscription est particulièrement importante, elle peut conférer au souscripteur le droit de désigner directement un ou plusieurs pensionnaires. Voici, à titre d'exemple, le règlement d'un hospice pour les vieillards de Saint-Pancras (*Saint-Pancras Almshouses*) :

Les pensionnaires sont admis « après demande adressée au secrétaire, sur recommandation des souscripteurs et par élection. Une souscription annuelle de 10 sh. 6 pence (13 fr. 10) donne le titre de membre avec une voix à chaque élection. Un don de 262 l. 10 sh. (6 562 fr. 50) permet au donateur d'avoir durant sa vie un pensionnaire à l'hospice ; un don de 105 livres (2.625 fr.) permet d'y avoir un pensionnaire âgé de 70 ans. Les candidats doivent avoir payé les contributions communales (*parish rates*) pendant une période d'au moins dix ans, jouir d'une bonne réputation, être dans l'indigence, n'avoir jamais reçu les secours de l'Assistance publique,

---

1. *Annual Charities Register*, éd. 1909, p. 71. Recettes en 1908 : 8.644.000 fr. (*London Statistics*, t. XX, p. 117).
2. *Annual Charities Register*, éd. 1909, p. 71. Les revenus du *Sunday Fund*, y compris les intérêts des valeurs en portefeuille, ont été de 1.966.000 fr.

être âgés de 60 à 70 ans, être recommandés par 4 membres de l'institution et avoir un revenu régulier de 4 shillings par semaine (6 fr.) ou de 7 shillings (8 fr. 75) s'il s'agit de deux époux [1].

Il n'est pas rare de trouver parmi les hospices et même parmi les hôpitaux secondaires des établissements qui ne reçoivent que les malades ou les vieillards appartenant à une secte religieuse déterminée ; ce mélange de sentiments humanitaires et d'idées religieuses se rencontre encore plus fréquemment dans les institutions auxquelles nous arrivons maintenant, celles qui se proposent de soulager la misère par des distributions de pain, de viande, de charbon, d'habits ou même d'argent ; ces distributions sont faites le plus souvent avec l'arrière-pensée de ramener à Dieu ceux qui en bénéficient.

Il existe cependant un assez grand nombre d'associations de ce genre qui, autant qu'on en peut juger, sont strictement philanthropiques et qui, pour se procurer des revenus, ont recours à des procédés analogues à ceux qui sont employés par les hôpitaux. Ici la lettre de recommandation est remplacée par le « bon » (*ticket*) donnant droit à une certaine quantité de pain, de soupe ou de charbon. La société délivre aux personnes charitables un nombre de bons proportionnel à l'importance de leur offrande et ce sont ces personnes elles-mêmes qui les distribuent ou les font distribuer comme elles l'entendent. Le porteur du bon n'a qu'à se présenter aux bureaux de la société ou chez les commerçants qui ont un traité avec elle. Parfois, soit pour ménager la susceptibilité des pauvres, soit pour développer en eux l'esprit d'économie, on leur demande de contribuer, pour une part très légère, à l'achat de l'objet qu'on leur délivre. Il n'est pas de quartier de Londres qui n'ait sa « soupe populaire » (*soup kitchen*) organisée suivant ces principes. On peut citer également comme exemple la « Société philanthropique de Londres » (*London Philanthropic Society*) qui distribue chaque année pour plus de 80.000 francs de pain et de charbon aux nécessiteux, en bons de deux et quatre livres de pain, et de 56 livres de charbon. La quantité de pain distribuée par cette seule société atteint 73.000 livres anglaises (1907-1908 [2]).

A la même catégorie appartiennent les sociétés dont le but est d'offrir aux enfants pauvres des écoles, soit gratuitement, soit moyennant un léger paiement (un sou), les repas sains, copieux et appropriés à leur âge qui leur font souvent défaut à la maison. Lors-

1. *Annual Charities Register*, éd. 1909, p. 183.
2. *Annual Charities Register*, éd. 1909, p. 344.

que le père et la mère travaillent l'un et l'autre dans une fabrique, il leur est presque impossible de donner aux enfants dans le courant de la journée les soins matériels que ceux-ci réclament; bon nombre d'enfants sont donc très mal nourris, en ce sens que la nourriture qui leur est donnée et qu'ils absorbent fréquemment dans la rue, en jouant avec leurs camarades, ne leur convient en aucune manière. Le pain, même recouvert d'une couche de graisse, n'a rien de très appétissant ; aussi le jettent-ils dans le ruisseau, et préfèrent-ils se bourrer de bonbons et de sucreries indigestes. Ceci pour les enfants dont les parents sont relativement aisés ; quant à ceux dont les parents sont dans la misère, ils arrivent souvent à l'école sans avoir déjeûné et leur dîner se réduit à fort peu de chose.

Il paraît dérisoire d'essayer d'enseigner les éléments de l'orthographe ou du calcul à des enfants qui n'ont rien mangé depuis la veille ; aussi l'ancien « Bureau des écoles » qui eut jusqu'en 1904 la direction de l'instruction primaire dans la capitale, avait-il déjà songé à organiser des repas gratuits ou presque gratuits, des « cantines scolaires », pareilles à celles de la Ville de Paris. Il dut y renoncer devant les protestations indignées que souleva ce projet dans une partie du public : c'était, disait-on, détruire chez les parents le sentiment de la responsabilité ; nourrir les enfants à l'école apparaissait aux lecteurs du *Times* comme le premier pas vers le socialisme d'Etat. La charité fit de son mieux pour prendre la place des autorités ; elle n'y réussit qu'à demi. On reprochait aux associations philanthropiques le désordre dans lequel se faisaient les distributions, la malpropreté des locaux et du matériel, et le peu de valeur éducatrice de ces repas où l'on jetait parfois aux enfants, « comme à des chiens », leur morceau de pain et leur tranche de pudding, sans mettre à leur disposition ni assiette, ni cuillère, ni couteau [1]. En 1906, le Parlement vota une loi [2] qui donne aux conseils de comté, auxquels incombe depuis 1904 la charge de l'instruction primaire, le droit d'établir dans leurs écoles des cantines gratuites. Le conseil fournit un local et le matériel indispensable ; quant aux fonds nécessaires pour les achats de denrées alimentaires, ils doivent, autant que possible, provenir des souscriptions des personnes charitables. Le conseil peut cependant se faire autoriser par le ministère de l'instruction publique (*Board of Education*) à

1. *Poor Law Commission*, 1909, *Minority Report*, p. 836. Voir la description d'un repas dans Ch. Morley, *Studies in Board Schools*, p. 35 et suiv.
2. *Education (Provision of meals) Act, 1906*.

augmenter à cet effet — dans une proportion très faible, il est vrai
— les contributions locales.

La loi de 1906 a eu pour conséquence de faire naître immédiatement des cantines dans la plupart des écoles des régions industrielles. A Londres, presque toutes les écoles qui dépendent du
Conseil de Comté ont actuellement des établissements de ce genre
et le nombre moyen des repas donnés chaque semaine s'est élevé
en 1906-1907 à plus de 74.000, en 1908-1909 à 166.000 et en 1910 à
plus de 180.000 [1]. Le Conseil centralise les dons de la charité qui
d'abord suffisaient presque aux dépenses, mais qui paraissent devoir aller sans cesse en diminuant.

Dans ces conditions, le plus grand nombre des sociétés privées
qui s'occupent de la nourriture des enfants pauvres ont perdu beaucoup de leur importance ; il leur est difficile d'entrer en concurrence avec le Conseil de Comté.Il reste cependant à leur activité un
champ très étendu dans les 382 écoles « volontaires » qui ne dépendent pas directement du Conseil. On peut donner comme exemple
les trois sociétés suivantes :

*Comité des dîners et déjeuners gratuits pour les enfants pauvres des
écoles de Southwark.* — Revenus : 16.800 francs. Repas donnés :
82.767 dîners, 22.258 déjeuners.

Société des dîners pour les enfants sans ressources. — Revenus :
16.100 francs. Les enfants paient 1/2 penny par repas. Dîners
donnés : 189.929.

Caisse des dîners et déjeuners du « Referee » [2] *pour les enfants.* —
Revenus : 112.500 francs [3].

Passons maintenant aux œuvres charitables inspirées par la philanthropie religieuse. Ces œuvres sont extrêmement nombreuses et
se présentent à nous sous les formes les plus diverses ; on pourrait
dire, sans beaucoup d'exagération, que la distribution des aumônes
est devenue à Londres une des occupations les plus absorbantes
des ministres des différents cultes ; peut-être même, dans beaucoup
de paroisses, est-ce leur principale occupation.

La philanthropie religieuse repose sur un mélange d'idées religieuses et de sentiments philanthropiques, dosés dans des propor-

1. Cf. *London Statistics*, t. XX, p. 317-318 ; *Times* (weekly ed.), 27 janvier
1911.
2. Le *Referee* est un journal hebdomadaire.
3. Les chiffres se rapportent à l'année 1908 et sont extraits de *Annual
Charities Register*, éd. 1909, p. 339, 348.

tions variables selon les cas ; tantôt l'esprit religieux, c'est-à-dire,
dans l'espèce, le désir d'amener des conversions, prédomine ; tantôt
au contraire la philanthropie, c'est-à-dire le désir de soulager la
misère, passe au premier plan : extérieurement l'œuvre est plus ou
moins religieuse, ou plus ou moins sociale, mais la pensée de derrière la tête reste toujours la même. Cette pensée peut se résumer
ainsi : La ville de Londres est une ville de païens (*heathen London*) ;
la classe ouvrière tout entière vit dans l'ignorance et dans l'indifférence la plus absolue ; la classe pauvre est, au point de vue religieux, au même niveau que les sauvages. La raison en est bien
simple : absorbés par le souci de la vie quotidienne, mal nourris,
mal vêtus, privés souvent du strict nécessaire, les pauvres des
grandes villes sont mal préparés à recevoir la parole de Dieu. On ne
peut pas être dévot le ventre vide. Mais intéressons-nous à leur
sort, aidons-les par nos aumônes, profitons même, sans hésiter, de
la misère qui les entoure et des maladies qui les accablent pour
leur rappeler le souvenir du grand Consolateur dont on leur parlait
autrefois à l'école du dimanche ; et n'en doutons point, la parole
divine qui a fait tant de miracles fera un miracle de plus : sur les
ruines du Londres païen nous verrons naître la cité du Christ.

Ainsi raisonnent, en particulier, les chefs des grandes missions
qui se sont donné pour tâche d'évangéliser les classes inférieures,
de « porter la religion au peuple », puisque le peuple refuse de venir à la religion. Ces grandes missions se gardent d'ordinaire de
prêcher une doctrine définie, les subtilités théologiques étant peu
faites pour l'auditoire auquel elles s'adressent ; elles ont la prétention de prêcher l'Evangile et rien que l'Evangile. Leur organisation
est admirable ; des hommes comme M. Reuben May, M. Atkinson
ou le général Booth, doués au plus haut degré du génie des affaires,
ont fait de ces institutions en apparence si fragiles des organismes
puissants, qui fonctionnent avec la régularité de la maison Armstrong ou de la Banque d'Angleterre. Ils ont introduit dans le domaine religieux les méthodes de la grande industrie et du commerce
moderne : leurs missions prêchent en grand et c'est en grand qu'elles
font l'aumône. Elles opèrent sur des masses énormes ; leurs salles
de réunion sont des halles immenses, leurs procédés de réclame
font songer aux affiches brutales de tel ou tel marchand de produits
pharmaceutiques. Ces descriptions pathétiques de la misère physique et spirituelle, ces chiffres prodigieux, cette violence calculée
de leurs comptes-rendus réussissent à arracher à l'indifférence du
public l'argent nécessaire à la vie de la mission. A cet égard, leur

succès est sans précédent ; il est arrivé, assure-t-on, que certaines institutions se sont trouvées dans l'embarras pour utiliser tout l'argent qui affluait dans leurs caisses.

La plus célèbre de ces grandes missions est l'Armée du Salut. Nous n'avons point à examiner en ce moment les idées religieuses de l'homme qui, en 1865, entreprit de convertir l'Angleterre et, après l'Angleterre, le monde entier. Lorsque, pour la première fois, il s'adressa, la Bible à la main, aux habitants de Mile End, l'association qu'il voulait fonder ne comprenait guère que les membres de sa famille, et son chef ne se proposait que de sauver des âmes. L'Armée du Salut a aujourd'hui des ramifications dans tous les pays du monde ; elles n'a certes point oublié son idéal religieux ; mais par la force des choses, par la nature même des classes auxquelles elle s'adresse, son rôle social a constamment augmenté d'importance, surtout depuis la publication du livre fameux du général Booth : « Dans les ténèbres de l'Angleterre et le moyen d'en sortir » (*In darkest England and the way out*, 1890) et la fondation de « l'aile sociale » (*social wing*) de l'Armée du Salut.

On connaît les théories du général Booth ; on sait qu'il prétend avoir trouvé l'unique panacée capable de guérir le mal social, le seul moyen de sauver les « classes submergées », la seule méthode qui puisse amener la suppression du paupérisme. Le but final est toujours la conversion des âmes, l'union intime avec le Christ qui est la lumière et la joie de la vie : le salutiste, quelque pauvre qu'il soit, est toujours heureux. Mais « l'homme qui a la tête sous l'eau n'est guère en état d'écouter un sermon ; donnez-lui du pain et il vous écoutera ». Commençons donc par porter remède à la misère physique, donnons à manger à ceux qui ont faim, donnons du travail à ceux qui chôment, donnons un gîte à ceux qui dorment sur les bancs de l'Embankment, et l'enthousiasme contagieux des salutistes fera le reste.

L'œuvre de régénération physique et morale s'accomplit en trois étapes successives. Tout d'abord, les « abris » (*shelters*) de l'Armée du Salut reçoivent pêle-mêle tous ceux qui se présentent à la tombée de la nuit et qui peuvent disposer d'un penny pour payer leur place. Le *shelter* est donc une sorte de *lodging house* analogue à celles que nous avons décrites précédemment, et installée sur un plan semblable, avec une grande pièce, qui sert de cuisine et de salle de réunion, et de vastes dortoirs. Il y a cependant quelques différences : sauf dans certains « abris » spéciaux, que les salutistes désignent sous le nom pompeux de « Métropoles », les prix

sont ordinairement très inférieurs à ceux des *lodging houses*
ordinaires. Le public n'est pas non plus tout à fait le même :
quels que soient la paresse et les vices de la population des *lodging houses*, les habitués des *shelters* sont à un degré plus bas de
l'échelle sociale ; peut-être ne rencontre-t-on pas dans les refuges de l'Armée du Salut autant de voleurs et de repris de justice
que dans certaines *lodging houses*, mais, en revanche, ceux qui fréquentent ces établissements semblent avoir perdu toute espèce
d'énergie et d'activité. Il faut avoir la foi des salutistes pour espérer refaire des citoyens utiles de ces tristes rebuts de la vie industrielle. Leur malpropreté est effrayante ; les différentes parties des
lits ont dû être entourées de toile imperméable, pour éviter les
maladies contagieuses et la multiplication de la vermine. A chaque
refuge est annexé un « dépôt de vivres » (*food depôt*) où l'on peut se
procurer, à très bas prix, le thé, le café, le pain, le *bacon*, les harengs fumés et autres articles de consommation courante. Les refuges de l'Armée du Salut ont ainsi donné asile en 1908 à plus de
deux millions de personnes et ont servi cinq millions sept cent
mille repas [1].

Il se fait dans ces refuges une première sélection. Si la grande
majorité des habitués se borne à subir, avec une sereine indifférence, les objurgations et les hymnes des « officiers », il arrive de
temps en temps qu'un nouveau venu se sente touché par la grâce
divine, vienne confesser ses erreurs au « banc de la pénitence » et
s'engage à mener à l'avenir une vie meilleure. D'autres, sans aller
aussi loin, paraissent désireux d'obtenir du travail et de renoncer
à leurs habitudes de vagabondage. Toute bonne volonté est bien
accueillie, on ne repousse, on ne décourage personne, pas même
ceux qui, après maintes tentatives infructueuses, manifestent l'intention d'essayer une fois encore. Ils sont alors transférés aux ateliers
spéciaux de l'Armée du Salut, aux « élévateurs » (*elevators*) où on
les emploie à des besognes diverses, à fendre du bois, par exemple,
ou à trier des vieux papiers ; on espère ainsi les préparer à reprendre une occupation régulière. Ils sont nourris pendant leur séjour
et logés dans un établissement particulier que les salutistes appellent « le Phare ». Ils ne reçoivent aucun salaire ; cependant, au
bout d'un certain temps, et lorsque leur application au travail pa-

---

1. D'après *Annual Charities Register*, éd. 1909, p. 349, 2.132.289 personnes
et 5.743.055 repas. Cette statistique s'applique sans doute à l'ensemble de
l'œuvre.

raît le mériter, on peut leur accorder quelque argent de poche, comme gratification.

La plupart de ceux qui font un séjour dans les « élévateurs » de l'Armée du Salut en sortent pour rentrer dans la vie ordinaire, et le plus souvent sans doute pour retomber dans leur ancien état. Ceux qui manifestent des dispositions spéciales, qui désirent émigrer ou s'établir à la campagne, peuvent être reçus à la « colonie agricole et industrielle » de Hadleigh, dans le comté d'Essex, où les deux occupations principales sont l'agriculture et la fabrication des briques. La colonie peut donner asile à 300 personnes environ [1].

Comme on le voit, l'Armée du Salut ne fait pas directement l'aumône ; elle ne distribue ni argent ni bons d'aucune espèce ; ses chefs se plaignent même très vivement de l'influence déplorable qu'exercent sur les classes pauvres les méthodes employées par certaines sectes religieuses. Ils n'ont confiance que dans l'assistance par le travail, et dans l'action de la parole de Dieu qu'ils ne cessent de prêcher autour d'eux. Il en est de même de l'Armée de l'Eglise (*Church Army*) qui est, en quelque sorte, une contrefaçon anglicane et orthodoxe de l'Armée du Salut. L'Armée de l'Eglise [2], qui a comme l'Armée du Salut ses offices en plein air et ses musiques bruyantes, a aussi ses *lodging homes* correspondant aux *shelters*, ses *labour homes* correspondant aux « élévateurs » et même — à Hempstead, dans l'Essex — une ferme analogue à la colonie agricole de Hadleigh, où les sans-travail désireux d'émigrer peuvent acquérir les connaissances indispensables [3].

La *Church Army* a un revenu légèrement inférieur à celui de

---

1. Voir Booth, *Life and Labour*, 3ᵉ série, VI, p. 173 et suiv., VII, p. 339 et suiv. ; *Annual Charities Register*, éd. 1909. p. 447. Cf. sur la colonie agricole, H. Rider Haggard, *The poor and the land* ; *being a report on the Salvation Army colonies in the United States and at Hadleigh, England, 1905*, p. 126-136 (publié primitivement comme *blue book*). Sur l'ensemble de l'œuvre, H. Rider Haggard, *Regeneration, being an account of the social work of the Salvation Army in Great Britain* (1910) ; et G. Bonet-Maury, *L'Armée du Salut* (*Revue des Deux Mondes*), 1ᵉʳ avril 1911.

2. L'œuvre de l'Armée de l'Eglise est exposée par deux de ses principaux officiers dans *Poor Law Commission*, 1909, Appendix vol. IX, *Minutes of evidence*, Q. 93611-94038. Voir aussi p. 564-574 ; et E. Rowan, *Wilson Carlile*, 1905 (biographie du fondateur).

3. 263 personnes reçues en 1906, 157 en 1907 (*Poor Law Commission*, XIX, p. 565).

l'Armée du Salut, mais qui dépasse néanmoins 7 millions par an [1].
Le but et les procédés des deux « armées » sont les mêmes, mais la
discipline paraît être plus sévère dans les établissements de l'Armée de l'Eglise : il faut signer une déclaration [2] par laquelle on s'engage à s'abstenir de toute boisson alcoolique ; il faut assister à la
prière matin et soir, assister à l'office le dimanche. La sélection est
plus rigoureuse : il y a une limite d'âge (40 ou 45 ans suivant la
profession) après laquelle les postulants ne sont plus admis ; le
nombre des « cas » traités chaque année a longtemps été de vingt-
cinq à trente mille seulement, mais paraît avoir augmenté dans des
proportions prodigieuses depuis quelques années, sans doute sous
l'influence de la concurrence [3].

Aucune des grandes missions de Londres n'a l'importance de
l'Armée du Salut et de l'Armée de l'Eglise ; aucune autre ne cherche
non plus, d'une façon aussi systématique. à pratiquer l'assistance
par le travail et à venir en aide à la multitude des déclassés de la
capitale. Elles se proposent avant tout la conversion des classes
pauvres ; tout est subordonné à ce dessein : prédications, écoles du
dimanche, réunions de mères de famille, visites à domicile, clubs,
consultations médicales et distributions d'aumônes. La distribution
des aumônes n'est pas, il faut bien le dire, la partie la moins importante de ce plan de campagne. Une mission du Nord-Ouest de
Londres se vantait il y a quelques années de donner gratuitement
quinze cents repas par semaine durant l'hiver ; en trente-trois ans
d'existence, elle en a donné plus d'un million [4]. La Christian Com-
munity a servi, pendant l'année 1906, 20.000 repas gratuits pour
adultes et 34.888 repas pour enfants ; à Noël, elle a offert le dîner
à 12 000 pensionnaires des workhouses ; elle a sans doute profité
de ces occasions pour écouler quelques-unes des 150.000 brochures
(tracts) qu'elle distribue annuellement. Une mission de « Méthodistes primitifs », qui opère dans l'East End, a donné, en 1907-1908,

1. D'après Annual Charities Register (éd. 1902, p. 471), le revenu était de
3 millions en 1900, et en 1907 (éd. 1909, p. 411) de 6.175.000 francs. En 1910
(Times, weekly ed., 17 mars 1911), le revenu s'est élevé à 7.234.000 francs et
les dépenses ont un peu dépassé ce chiffre.
2. Texte de la déclaration dans Poor Law Commission, Appendix vol IX (Minutes of evidence ; Unemployment), p. 564.
3. Annual Charities Register, éd. 1909, p. 470, Booth, Life and Labour, 3e série, VII, p. 345 et suiv. D'après le Annual Charities Register, le nombre des
cas n'était en 1900 que de 26.000 (éd. 1902, p. 471). L'édition de 1909 donne
le chiffre de 400.000.
4. Booth, 3e série, I, p. 185.

33.140 repas ; une autre mission, appartenant à la même secte et travaillant dans le même quartier, en a donné 24.255 [1]. Et ainsi de suite... Très souvent, le repas est accompagné d'une cérémonie religieuse à laquelle il faut assister, soit avant, soit après ; le dîner fait passer le sermon.

Certains chômeurs professionnels ont fait des habitudes de chaque mission une étude spéciale ; ils savent que telle mission de l'East End donne le déjeûner aux habitués des *lodging houses* et des *shelters* ; ils vont ensuite dîner dans le West End et prendre le thé du côté de Southwark. Le soir, ils rentrent coucher dans quelque refuge gratuit, subventionné par une association religieuse, s'endorment paisiblement en songeant sans doute aux sermons qu'ils ont entendus pendant la journée et recommencent le lendemain. C'est par de pareils procédés que l'on peut obtenir ces énormes totaux qui font impression sur le souscripteur et permettent de se procurer l'argent nécessaire pour faire marcher « l'œuvre » ; on va jusqu'à afficher à la porte des églises que les pauvres qui assisteront à tel ou tel office trouveront à leur place une tasse de thé et une tartine de pain beurré ; un ecclésiastique ingénieux avait même ajouté une pipe et du tabac.

Ailleurs, on distribue des habits : une des missions de Méthodistes primitifs, citées précédemment, a donné, en 1908, 17.000 pièces d'habillement ; une autre 9.000 ; l'Union congrégationaliste, 30.000 [2]. On distribue des bons de toute espèce, bons d'épicerie, bons de pain, bons de charbon, etc. Les petites missions suivent l'exemple des grandes, autant du moins que le leur permettent les fonds dont elles disposent ; elles organisent des soupes gratuites pendant l'hiver, font faire des habits par les personnes charitables, distribuent des tickets. Dans certains quartiers, d'après M. Booth, les bons deviennent presque une monnaie d'échange (*almost a currency*) ; les cabaretiers les acceptent et on peut s'en servir pour payer sa place au théâtre [3].

Les « écoles pour enfants déguenillés » (*ragged schools*), dont quelques-unes ont un revenu assez important (*King Edward Ragged Schools* : 81.600 francs de revenu en 1907-1908), sont ordinairement devenues de véritables missions, et, par conséquent, des centres de distribution d'aumônes [4]. Ces aumônes consistent surtout en repas

1. *Annual Charities Register*, éd. 1909, p. 338, 346, 347.
2. *Annual Charities Register*, éd. 1909, p. 343, 346, 347.
3. *Poor Law Commission*, 1909, *Minority Report*, p. 767.
4. L'école en question a comme annexe trois réunions de mères de famille et occupe en hiver à casser du bois les pauvres chargés de famille. — Cf. *Annual Charities Register*, éd. 1909, p. 342.

gratuits donnés aux enfants les plus pauvres ; mais les grandes écoles ont aussi des réunions de mères de famille, et pratiquent la charité plus ou moins déguisée qui est presque toujours la conséquence naturelle de ce genre de propagande.

Enfin les églises anglicanes et les chapelles non-conformistes, qui représentent l'organisation régulière de la religion protestante, prennent part elles-mêmes à cette lutte dans laquelle, en dépit de la bonne foi trop évidente des convertisseurs, ceux-ci n'en arrivent pas moins à se disputer les âmes à coups de bons de pain et de tickets de charbon. Toute église et toute chapelle de quelque importance se complète nécessairement par trois institutions annexes : 1º une école du dimanche (*Sunday school*) ; 2º une réunion de mères de famille (*mothers' meeting*) ; 3º un corps plus ou moins nombreux de « visiteurs » (*district visitors*) chargés d'aller porter la bonne parole au domicile même des habitants. Ces trois institutions n'ont par elles-mêmes aucun rapport avec la charité ; en pratique elles deviennent presque partout des institutions charitables.

C'est dans les écoles du dimanche que ce caractère est le moins visible ; cependant il est bien rare qu'il en soit totalement absent. Il y a toujours quelque fête enfantine, avec thé et gâteaux, dont les fonds sont fournis par une personne pieuse ; quelque promenade à la campagne à laquelle les parents de l'enfant contribuent pour deux ou trois pence et les organisateurs pour plusieurs shillings ; assez souvent même des distributions d'habits. Pour empêcher les parents de vendre ces habits ou de les porter chez le prêteur sur gages, un ecclésiastique avait même eu recours, si nous en croyons M. Booth, à un moyen singulier : en lettres apparentes, il a fait imprimer sur l'habit le nom de l'église et le sien. Il est peu probable que cette innovation ait été goûtée par les jeunes Londoniens.

La réunion de mères de famille a déjà plus nettement le caractère d'une institution de charité ; on y donne ou on y vend à bas prix les étoffes dont les mères font des vêtements tout en écoutant une lecture édifiante. Et, surtout, l'assiduité à ces réunions est le meilleur moyen de pénétrer dans les bonnes grâces du clergé, dispensateur par excellence des bons d'épicerie et des aumônes de toute nature. Le peuple ne s'y trompe pas : « Naturellement, dit une femme, je n'ai jamais fréquenté les réunions de mères de fa-

1. Le mot *church* est réservé dans le langage courant aux églises anglicanes, les temples non-conformistes s'appellent *chapels*.

mille ; jusqu'à présent je n'avais manqué de rien [1]. » La plupart des
membres du clergé ne se font pas non plus de grandes illusions sur
ce point ; ils n'ignorent pas que s'ils cessent de donner, la majorité
des mères de famille cessera de venir ; ils savent qu'un certain
nombre d'entre elles font de l'assistance aux *mothers' meetings* une
véritable profession et passent leur temps à courir de réunion en
réunion. Ils ferment les yeux cependant et continuent, car la réunion des mères est pour eux un moyen d'influence ; ils espèrent que
les bons résultats sont, somme toute, supérieurs aux mauvais ; et
puis, comment se résigner à abandonner au voisin — à l'ennemi
peut-être — les âmes sur la conversion desquelles on a si longtemps
compté ?

Le souci de la concurrence, la passion de la lutte entre anglicans
et non-conformistes et même entre les différentes fractions de l Eglise
anglicane, expliquent aussi, jusqu'à un certain point, le caractère
charitable de l'œuvre des visites. Pas de visite sans aumône, tel est
l'axiome presque universellement accepté dans les quartiers pauvres. Il est plus facile au visiteur de « placer un mot pour le Christ »,
quand il se présente un ticket à la main ; le ticket est un moyen
commode d'entrer en relations avec des familles inconnues : on
commence par une conversation banale sur le malheur des temps,
on continue par l'aumône et l'on termine par la religion. Nombre
d'ecclésiastiques se plaignent de ne pouvoir modérer les instincts
charitables de leurs visiteurs ; les dames surtout sont désespérantes.
Les différentes congrégations de sœurs, Petites Sœurs des pauvres
pour les catholiques romains, Sœurs de Kilburn pour la Haute
Eglise, Diaconesses de Mildmay pour la Basse Eglise, Sœurs du
peuple pour les Wesleyens, répandent les aumônes à profusion,
jetant à pleines mains, sans enquête, au hasard, les pièces de monnaie et les bons de pain. On a vu des visiteurs en tournée pousser
le zèle jusqu'à glisser des bons sous la porte des logements dont les
locataires étaient absents.

On pourrait sans grand effort rattacher à la philanthropie religieuse la plupart des fondations paroissiales (*endowed charities*).
Quelques-unes de ces fondations ont un but directement religieux.
Ainsi en 1628, une certaine Jeanne Smales laissait en fief à la paroisse de Shoreditch pour l'espace de mille ans et moyennant un
grain de poivre de rente, une maison qu'elle possédait, à charge

1. Williams and Jones, *Report on of the effect of outdoor relief*, p. 6 (P. L.
O., 1909).

par la paroisse de faire prononcer quatre sermons par an. Après avoir versé la somme de dix shillings au prédicateur, la paroisse doit partager le reste du revenu de la maison « entre les habitants de la paroisse pauvres, faibles, âgés ou caducs qui ont assisté au dit sermon ». Le surplus qui était primitivement de 20 shillings est maintenant beaucoup plus considérable, la maison rapportant par an 105 livres sterling (2.625 fr.). [1]

Ceci est un exemple entre mille ; mais lors même que le testateur ne disposait pas de ses biens en faveur d'une œuvre pieuse, comme ces fondations sont presque toutes anciennes et qu'à l'époque où elles ont été faites la paroisse ecclésiastique était la seule administration locale organisée, le recteur et les marguilliers étaient tout naturellement chargés de la distribution des aumônes, rôle qui rentrait du reste dans les attributions traditionnelles de l'Eglise. Que le legs ait pour objet la fondation d'une maison de retraite pour les vieillards, que le revenu doive être consacré à l'éducation des enfants pauvres de la paroisse ou à payer leurs frais d'apprentissage, que le testateur se soit proposé de soulager la misère par des distributions de pain, de viande ou d'argent ; presque toujours, quel que soit l'objet en vue, c'est aux autorités ecclésiastiques qu'a été confiée primitivement l'administration du legs. Aujourd'hui même, malgré les diverses lois qui ont organisé le gouvernement local et transféré finalement aux *borough councils*, héritiers des *vestries*, une notable partie des attributions possédées autrefois par le recteur et ses marguilliers, le rôle de l'Eglise reste encore dans bien des cas prépondérant.

Pour donner une idée précise de la nature et de la variété des fondations paroissiales de la ville de Londres, la meilleure méthode consiste à choisir une paroisse et à faire connaître le détail des fondations qui s'y trouvent. Nous avons choisi la paroisse de Chelsea, paroisse ancienne, possédant par conséquent des fondations nombreuses et aussi variées que possible.

M. Loch, dans l'abrégé qu'il a donné de la liste officielle de ces fondations [2], abrégé auquel nous empruntons les détails qui vont suivre, les divise en huit groupes différents : éducation, apprentissage, maisons de retraite et pensions, distributions de nourriture, distributions de combustible, distribution d'habits, distribution d'argent, fondations diverses.

1. Mrs. Bosanquet, *Rich and poor*, p. 21.
2. *Annual Charities Register*.

Éducation. — Droit de présenter des enfants à *Westminster City School* et à *Emanuel School.*

Fondation Chamberlayne (1703 et 1723) : 5 livres sterling versées au directeur des écoles paroissiales par le recteur et les marguilliers pour l'éducation d'enfants pauvres (garçons) choisis par le *borough council.*

Fondation Smith (1828) : 2 l. 2 sh. versés par les marguilliers aux écoles de charité de la paroisse pour l'éducation des garçons et des filles.

Écoles paroissiales de Chelsea (1705) : Revenu venant de fondations, environ 50 l. 6 sh. 4 pence ; soutenues aussi par des dons volontaires. Président : le recteur de Saint-Luke, Chelsea ; les marguilliers sont d'office membres du comité.

Apprentissage. — Fondation Chamberlayne : 5 l. par an pour mettre en apprentissage un des enfants dont l'éducation a été payée par la fondation ; s'il n'y a parmi eux aucun sujet convenable, le *borough council* pourra choisir un autre enfant pauvre. S'adresser au recteur et aux marguilliers.

Fondation Flood (1849) : 28 livres sterling ; 9 livres pour mettre un garçon en apprentissage, même somme pour une fille ; 5 livres à chacun d'eux pour leur habillement. Les sujets sont choisis parmi les enfants des écoles de charité de la paroisse par le comité de direction de ces écoles.

Maisons de retraite, pensions, etc. — Pension Dacre (1595) : Chelsea a droit à 4 pensions (pour personnes âgées de plus de cinquante-six ans et membres de l'Église anglicane).

Fondation Denyer (1824) : 210 l. 14 sh. distribués chaque année le ou avant le 6 janvier par le recteur et les marguilliers ; 7 livres chacune à quatre vieilles filles pauvres de la paroisse, âgées d'au moins soixante ans, de bonne réputation, assidues aux offices, et qui n'ont jamais mendié. Quatre sommes de 12 l. 10 sh. sont données dans des conditions semblables. De même, le ou avant le 30 juillet, sept sommes de 17 l. 10 sh. Avis est donné de la distribution du 6 janvier dans toutes les églises et chapelles de la paroisse les deux derniers dimanches de chaque année, pendant l'office. Toutes les fois qu'il est nécessaire de choisir les titulaires de ces pensions, avis est donné un mois auparavant dans certaines églises du voisinage.

Distributions de nourriture. — Fondation Franklin (1790) : 2 l. 15 sh. distribués sous forme de pain par les marguilliers et les *overseers* parmi les pauvres de la paroisse dans les mois de décembre et janvier.

Fondation Hunton (1798) : partie de 4 l. 16 sh. 8 pence (voir *combustible*) distribuée par le recteur et les marguilliers dans la semaine qui précède Noël aux veuves les plus pauvres de la paroisse et à celles qui ont une nombreuse famille.

Fondation Gregory (1813) : 14 sh. 4 pence distribués aux pauvres de la paroisse par le recteur et les marguilliers le 18 décembre.

Fondation Long (1882) : 3 l. 5 sh. 4 pence distribués par les marguilliers et les *overseers* le 14 janvier parmi les pauvres qui ne sont point entièrement soutenus par l'Assistance publique.

Fondation Smith (1828) : 7 l. 2 sh. 4 pence distribués par le recteur et les marguilliers, le 8 août, à des personnes pauvres de la paroisse à leur choix.

Fondation Sammon (1832) : partie de 5 l. 15 sh. 4 pence (voir *combustible*) distribuée la veille de Noël par le recteur et les marguilliers aux pauvres de la paroisse qui ne reçoivent pas l'aumône.

Fondation Hatchett (1847) : 3 l. 1 sh. 8 pence distribués le 2 janvier par le recteur, les marguilliers et les *overseers* aux personnes pauvres de la paroisse qu'ils jugent les plus méritantes.

Fondation Denyer (1824) : 1 l. 19 sh. 2 pence distribués par le recteur et les marguilliers parmi les pauvres de la paroisse.

Fondation Cheyney (1662) : 1 l. 8 pence distribués aux pauvres le 10 mars dans l'église paroissiale par les marguilliers et les *overseers* [1].

Fondation Eggleton (1861) : 5 l. 10 sh. distribués la veille de Noël sous forme de pain et d'épaules de mouton par le recteur et les marguilliers à vingt personnes pauvres, mariées, ayant une famille, et recommandées par des paroissiens honorables.

Fondation Flood (1849) : 8 l. 3 sh. 8 pence distribués sous forme de pain le 13 janvier par le comité de direction des écoles de charité de Chelsea ; 1 l. 10 sh. pour réparer son tombeau ou, à défaut, pour une distribution de pain ; 9 sh. de pain, distribué par le recteur, les marguilliers et le trésorier de l'école de charité.

Fondation Burgess (1855) : 2 l. 15 sh. distribués le 6 mars parmi les pauvres de Upper Chelsea.

Fondation Haines (1877) : partie de 14 l. 3 sh. (voir *combustible*) distribuée à Noël aux veuves pauvres et autres pauvres de Kensal Green.

Distribution de combustible. — Fondation Hunton (1788) : partie de 4 l. 16 sh. 8 pence (voir *nourriture*) distribuée par le recteur et les marguilliers dans la semaine précédant Noël parmi les veuves les plus pauvres de la paroisse et celles qui ont de nombreuses familles.

Fondation Sammon (1832) : partie de 5 l. 15 sh. 4 pence distribuée par le recteur et les marguilliers (voir *nourriture*).

Fondation Norman (1827) : 3 l. 1 sh. 8 pence distribués par les *overseers* la dernière semaine de janvier à des personnes pauvres, résidant dans la paroisse.

Fondation Rogers (1862) : partie de 7 l. 19 sh. 8 pence distribuée par le recteur et les marguilliers le 21 décembre aux vieillards pauvres (voir *vêtements*).

Fondation Haines (1877) : partie de 14 l. 3 sh. (voir *nourriture*).

Distribution de vêtements. — Fondation Rogers (1862) : partie de 7 l. 19 sh. 8 pence distribuée sous forme de couvertures par le recteur et les marguilliers aux vieillards pauvres, le 21 décembre (voir *combustible*).

Don Cadogan : don de vêtements à dix filles et dix garçons de l'école de charité.

Distribution d'argent. — Fondation Leverett (1662) : 10 l. Un quart de cette somme est distribué chaque trimestre par les marguilliers et les *overseers*, par fractions de 2 sh. 6 pence à des habitants pauvres de Chelsea qui ne reçoivent rien de l'Assistance publique.

Fondation Guildford (1680) : 8 l. distribués le 5 décembre par le recteur, les marguilliers et les *overseers*, à 8 personnes du sexe masculin et à 8 personnes du sexe féminin, habitant la paroisse, par fractions de 10 shillings.

Fondation Gale (1717) : 6 l. 6 sh. 4 pence distribués par le recteur et les marguilliers à Noël à six veuves pauvres de la paroisse.

1. Depuis la loi de 1899, des délégués du *Borough Council* ont remplacé les *overseers* comme administrateurs des aumônes.

Fondation Burnsall (1805) : 8 l. 13 sh. distribués par le recteur, les marguilliers et les *overseers* aux chefs de familles pauvres et caducs de la paroisse, ceux-ci devant n'avoir jamais mendié ni reçu les secours de l'Assistance publique.

Fondation Abbott (1812) : 7 l. 9 sh. 8 pence distribués par les marguilliers le 1er janvier à six vieilles femmes pauvres et caduques, celles de la paroisse ayant la préférence.

Fondation Ashfield (1850) : 27 l. 10 sh. distribués par le recteur et les marguilliers le 21 décembre à 28 veuves pauvres établies dans la paroisse depuis au moins dix ans.

Fondation Gibbs (1833) : 17 l. 6 s. 4 pence distribués par le recteur et les marguilliers le troisième dimanche de janvier à 18 pauvres du sexe masculin et à 18 du sexe féminin, habitant la paroisse, âgés de plus de soixante ans et qui ne sont jamais entrés à la *workhouse*.

Fondation Flood (1849) : 30 l. distribuées par les administrateurs de l'église, le 13 janvier, de la façon suivante : 15 l. à un homme méritant, habitant la paroisse, âgé de soixante ans ou plus, qui a été présent le matin à l'examen (des enfants de l'école paroissiale) et au sermon ; 15 l. à une femme méritante, dans les mêmes conditions, cette femme ne devant pas être l'épouse de l'homme qui reçoit l'aumône précédente.

Fondation Rawlings (1862) : 14 l. 13 sh. 4 pence distribués en part égales par le recteur et les marguilliers la semaine d'avant Noël aux quatre personnes, hommes ou femmes, qu'ils estiment les plus méritantes, ces personnes devant être ou avoir été établies dans la paroisse. Nul ne peut recevoir cette aumône pendant deux années consécutives.

Fondation Wood (1877) : 31 l. 13 sh. 4 pence distribués en parties égales par le recteur et les marguilliers entre trois veuves et trois filles de la paroisse ; distribution dans la première semaine de janvier.

Fondation Brass (1891) : 2 l. 17 sh. 4 pence donnés en décembre par le recteur et les marguilliers à une femme pauvre de la paroisse, âgée de plus de soixante ans, célibataire, veuve ou abandonnée de son mari ; on ne tient pas compte de la religion.

Fondation Withworth (1764) : 3 l. 18 sh. 4 pence pour les communiants pauvres et âgés de l'Eglise nationale d'Ecosse (Saint-Columba, Pont Street).

Fondation Vandervell (1867) : 2 l. 19 sh. pour 12 pauvres personnes de Kensal Town, à raison de 5 sh. chacune.

Fondation Styles (1875) : 3 l. 18 sh. 8 pence pour les pauvres de Saint-Jude, à raison de 2 sh. 6 pence chacun.

Fondations diverses. — Ces fondations moins importantes que les précédentes pour le sujet qui nous occupe se composent de sommes plus ou moins considérables léguées en vue d'objets très variés : repas de corps pour les marguilliers, dîner pour les fonctionnaires de l'école de charité, récompenses aux enfants de cette même école, don au prédicateur qui prononcera un certain sermon, don aux sonneurs de cloches, etc.

On voit quelle est la diversité de ces fondations et combien peu certaines d'entre elles répondent à l'idée que nous nous faisons actuellement de la charité. Dans le bourg de Southwark qui paraît être, à cet égard, le plus riche de Londres, on dépense ainsi en petites s ommes 450.000 francs par an, et, dans l'ensemble de la capitale environ dix millions et demi[1]. On a si bien reconnu en Angleterre l'influence néfaste de la plupart de ces aumônes que dès 1853, à la suite d'une grande enquête instituée par Lord Brougham, on décidait de créer une « commission des fondations charitables » (*Charity Commission*) qui devait mettre un peu d'ordre dans ce chaos et appliquer à des œuvres utiles les fondations qui n'avaient plus d'objet[2]. A cette époque, en effet, la confusion était beaucoup plus grande encore qu'à l'heure actuelle ; nombre de fondations n'avaient plus aucune utilité : par exemple, celles qui avaient eu pour but primitif de racheter les personnes emmenées en esclavage par les pirates barbaresques ou d'adoucir le sort des malheureux enfermés pour dettes à la prison de la Fleet. Les juges appliquaient à la lettre et sans largeur d'esprit le principe que les jurisconsultes anglais appellent le principe de cy-près, d'après lequel l'autorité judiciaire, si elle juge bon de modifier l'objet d'une fondation charitable, doit s'écarter le moins possible de l'intention formulée par le testateur. L'institution des *Charity Commissioners* fut un très grand progrès sur le passé ; un grand nombre de petites fondations ont été « amalgamées » par leurs soins et adaptées aux besoins de la société contemporaine. Il n'est presque pas de paroisse de Londres qui n'offre des exemples de ces amalgames ; les fondations paroissiales de la Cité, en particulier, ont été complètement réorganisées en 1883 après enquête[3], la plus grande partie des revenus étant, depuis lors, consacrée au développement de l'instruction technique. Sur une dépense totale de 42.600 livres (1.065.000 francs) en 1899, les quatre cinquièmes environ (838.550 fr.) étaient affectés à cet usage[4]. Il est facile de voir cependant, à la simple lecture du paragraphe précédent, qu'il reste encore beaucoup à faire ; c'est que l'œuvre est immense, très délicate aussi, et que les pouvoirs des Commissaires

1. *An Account of the Charitable Endowments of the Borough of Southwark* (Charity Org. Soc.) dans *Municipal Journal*, 1904, p. 293 (8 avril) ; *Annual Charities Register*, éd. 1909, p. CCCXXXV. Des détails sur les revenus des fondations des différentes paroisses de Londres sont donnés dans *London Statistics*, t. XVI, p. 62-63.

2. *Charitable Trust Act*, 1853.

3. *Report of Commission (Duke of Northumberland) on the condition and administration of the parochial Charities of the City of London*, 1880.

4. *Annual Charities Register*, éd. 1902, p. 473-474. Un « ordre en conseil » de 1900 a transféré au *Board of Education* les pouvoirs des *Charity Commissionners*, en ce qui concerne les fondations qui ont l'instruction pour objet.

sont limités. Pour toute fondation dont le revenu annuel dépasse
50 livres sterling (1.250 francs), les Commissaires, s'ils veulent effec-
tuer un remaniement quelconque, doivent au préalable obtenir le
consentement des administrateurs de la fondation, consentement
qui n'est pas toujours donné de bonne grâce. Un des résultats de la
grande enquête que les *Charity Commissionners*, aidés des conseils
de comté, font en ce moment à Londres et dans toute l'Angleterre,
sera sans doute de démontrer la nécessité de nouvelles réformes et
de mesures plus radicales que celle dont on s'est contenté jusqu'ici [1].

Il nous reste à dire un mot des distributions d'aumônes qui ne
rentrent pas dans les cadres de la charité organisée et qui n'ont
aucun caractère de périodicité. Aux époques de crise industrielle,
lorsque le nombre des « sans travail » s'accroît outre mesure et que
les meetings des sans travail se multiplient à Hyde Park, lorsque
la rigueur de l'hiver vient augmenter la misère, des particuliers,
des sociétés, des missions, et souvent aussi quelqu'un des grands
journaux, font appel à la charité publique. Dans les cas très graves,
quand le mal prend l'importance d'une calamité nationale, il est
d'usage que le Lord Maire prenne la direction du mouvement et
que les souscriptions soient centralisées à la Mansion House. Ces
appels sont presque toujours couronnés de succès. Pendant la guerre
du Transvaal, par exemple, une souscription de ce genre permit de
distribuer aux veuves, aux femmes, aux familles des soldats envoyés dans l'Afrique du Sud, et même, paraît-il, à d'autres personnes qui n'y avaient aucun droit, des sommes véritablement prodigieuses. Avec une réclame savante et l'intervention de personnages
importants, titrés autant que possible, il semble que la générosité
du public britannique, ainsi sollicitée, soit inépuisable. Quel est
le négociant londonien qui ne ferait pas un petit sacrifice pour voir
son nom figurer sur la liste officielle, en face d'un chiffre respectable de guinées, entre le nom d'un pair d'Angleterre et celui d'un
milliardaire américain ? C'est encore une manière de fréquenter
l'aristocratie.

Nous avons terminé la description des formes diverses que revêt
à Londres la charité. Une série de questions se présente maintenant

1. *Report of Inquiry concerning Charities 1818 to 1837 as completed up to the
present time in result of the local inquiries of the Charity Commissionners* (en
cours de publication. Londres a paru en 4 volumes). Cf. *Poor Law Commission*, 1909, *Majority Report*, p. 456 et suiv.

à nous : Quel est en définitive le résultat de cet immense effort ?
dans quelle mesure la pauvreté en est-elle atténuée ? les méthodes
sont elles toujours également recommandables ? quelle influence
enfin ont ces distributions d'aumônes sur l'état d'esprit et sur la
situation économique des classes que l'on prétend secourir ?

Remarquons tout d'abord que la multiplicité des sociétés et des
institutions de toute espèce rend les doubles emplois inévitables.
On pourrait être tenté de croire que l'inconvénient est minime :
qu'il y ait, au lieu d'une seule association, une douzaine de sociétés
qui s'intéressent aux jeunes filles en place, et les intérêts de ces
jeunes filles n'en pourront être, pensera-t-on, que mieux protégés ;
mais c est une erreur. La somme totale qu'un ensemble d'œuvres
similaires peut obtenir du public charitable ne varie guère d'une
année à l'autre ; par conséquent la fondation d'une société nouvelle a généralement pour résultat une diminution de revenus chez
les autres sociétés du même genre. C'est ce qu'ont constaté, non
sans amertume, presque toutes les œuvres sociales et religieuses,
au moment où le général Booth demandait au public anglais les
cent mille livres sterling dont il avait besoin pour réaliser son
programme de régénération sociale. Il ne faudrait donc pas croire
que la multiplication des sociétés multiplie les revenus ; en revanche elle multiplie les frais généraux, frais de bureau, frais de correspondance, traitement des employés, etc. Elle rend à peu près
impossible d'exercer un contrôle efficace sur les agissements des
professionnels de la mendicité, qui n'hésitent pas à s'adresser
simultanément à plusieurs sociétés charitables. C'est le hasard
d'une enquête qui fait découvrir par exemple qu'un aveugle
auquel on s'intéresse est en possession d'un revenu régulier de
25 francs par semaine que lui servent, à l'insu l'une de l'autre, six
sociétés différentes [1]. Enfin il se développe un certain esprit de
concurrence qui exerce souvent une influence des plus fâcheuses,
et qui dégénère parfois en hostilité déclarée.

Cette concurrence existe même entre les hôpitaux. Les gros chiffres font impression sur l'esprit des souscripteurs ; le principal
souci de l'administration sera donc d'avoir de gros chiffres. Comme
les hospitalisés coûtent fort cher et que le prix de revient des consultations est insignifiant, on muliplira les consultations [2], quitte

1. *Times*, 25 décembre 1907.
2. 2.409.000 consultations en 1908 dans les 13 hôpitaux qui ont des écoles
de médecine (*London Statistics*, t. XX, p. 111).

à laisser inoccupés un certain nombre de lits pour faire des économies d'autre part. C'est également par les nécessités de la concurrence qu'il convient d'expliquer l'étrange coutume qui consiste à
laisser aux souscripteurs le soin de désigner eux-mêmes les malades ou les vieillards qu'ils veulent faire soigner dans les hôpitaux
et les hospices. Tout le monde s'accorde à déclarer que les souscripteurs, négociants, industriels ou gens du monde, n'ont en général ni le temps ni l'expérience nécessaires pour contrôler les asser-
tions des postulants ; en fait, bon nombre d'entre eux se déchargent
de ce soin sur les clergymen de leur voisinage, et la distribution
des « lettres de recommandation » tend alors à rentrer dans la
catégorie des aumônes religieuses. Dans les quartiers pauvres, les
boutiquiers souscrivent à un hôpital pour se procurer des lettres
qu'ils donnent en prime à leurs meilleurs clients.

Ajoutons qu'il y a entre les hôpitaux des inégalités choquantes :
tel hôpital du West End recueille sans peine autour de lui les ressources qui lui sont nécessaires ; tel autre, aussi bien organisé et
administré, mais situé dans un quartier moins fortuné, est réduit,
pour arriver à vivre, à la mendicité perpétuelle. Chaque année qui
s'écoule rend plus indispensable la création d'une administration
centrale qui aurait la haute main sur la direction des hôpitaux de
Londres et répartirait les ressources disponibles selon les besoins
de chaque établissement ; les sentiments particularistes des grands
hôpitaux ont jusqu'à présent fait échec à ce projet que recomman-
dait pourtant dès 1890 une commission spéciale de la Chambre des
Lords.

Si l'organisation des hôpitaux et des hospices prête à la critique,
elle échappe cependant au reproche le plus grave que l'on puisse
faire à la charité, telle qu'elle est comprise à Londres, celui de contribuer dans une large mesure à la démoralisation des classes « submergées » et au développement du paupérisme qu'elle se propose
de soulager. Il est avéré en effet qu'en beaucoup de cas le remède
est pire que le mal ; les derniers volumes de l'ouvrage de M. Booth
(3e partie, *Les influences religieuses*) en donnent des preuves abondantes. Trop de charité, trop d'œuvres philanthropiques, quartier
gâté par les aumônes, telles sont les phrases que l'on y rencontre
presque à chaque page. Que l'on organise quelque part un fourneau
économique, des distributions de pain, des distributions de charbon, et les conséquences ne se feront pas attendre ; les fainéants et
les incapables affluent dans le quartier, il en vient même de province ; l'ancienne population se démoralise peu à peu et tombe au

niveau des nouveaux arrivants ; l'institution, fondée peut-être au
début pour venir en aide aux malheureux pendant la durée d'une
crise, devient stable, entre dans les habitudes, s'enracine : l'organe
a créé le besoin. Certains *slums* sont particulièrement connus et
populaires auprès des personnes charitables, par exemple ce que
l'on a coutume de nommer l'East End ou, dans le West End, le
quartier de Lisson Grove. Leur célébrité vaut à ces quartiers de si
abondantes aumônes qu'une des missions de l'East End s'est transformée en une sorte d'agence de publicité et organise la réclame
pour le compte d'un grand nombre de sociétés secondaires qui
n'arriveraient point par leurs propres forces à triompher de l'indifférence du public. Quelque paradoxale que le fait puisse paraître,
certains slums se sont fait de leur pauvreté même une source de
revenus quasi réguliers. Les gens n'ont pas tardé à s'apercevoir que
c'est une vraie fortune que d'habiter dans une de ces régions favorisées ; ils sont un objet d'envie pour leurs voisins qui disent avec
un soupir de regret : « Ah, ici, ce n'est pas l'East End ! » Ils reçoivent avec une humilité, qui n'est pas exempte d'un certain mépris
pour la naïveté des philanthropes, les aumônes de toute espèce que
des sociétés de toute espèce se chargent de leur distribuer. La charité intervient dès leur naissance ; ils vivent de la charité, et, à leur
mort, ce seront les sociétés charitables, à moins que ce soit l'Assistance publique, qui subviendront aux frais de leurs funérailles.
Ils forment parmi les pauvres une classe inoccupée analogue à la
classe inoccupée qui existe parmi les riches ; eux aussi peuvent
prendre pour eux la définition célèbre du *gentleman* : un homme
qui vit sans travailler et qui n'a point de moyens d'existence visi-
bles.

Sociétés laïques et organisations religieuses ont leur part de responsabilité dans cet état de choses. Ni les unes ni les autres n'ont
créé les slums ; mais l'abondance des aumônes qu'elles distribuent
et le désordre qui préside à ces distributions font plus pour le maintien des slums que pour leur destruction. L'argent disparaît dans
ces localités comme l'eau dans le tonneau des Danaïdes, sans laisser
aucune trace. Le seul résultat ne peut être que d'entraîner sur la
pente glissante du paupérisme l'ouvrier pauvre qui s'est efforcé
longtemps de garder son indépendance, mais qui finira bien un
jour par aller frapper à la porte d'une des innombrables associations
où il sait qu'il peut obtenir un secours, s'il se donne seulement la
peine de le demander.

Nous verrons plus loin que l'efficacité de la propagande religieuse

des différentes sectes est à peu près nulle; le mélange de la philanthropie et de la religion n'engendre que l'hypocrisie. Et comment
en serait-il autrement? Comment espérer qu'en soumettant à un
office d'une demi-heure les pauvres diables qui se sont présentés
à une consultation gratuite, on arrivera à les persuader de la nécessité de vivre selon les préceptes de l'Evangile? Comment croire
que l'on transformera les âmes en distribuant des bons de pain?
Comment les pauvres, de leur côté, ne se sentiraient-ils pas envahis par le scepticisme lorsqu'ils se rendent compte que la possession
de leur âme est l'enjeu de la lutte entre les différentes sectes? Que
peuvent-ils faire autre chose que de se vendre au plus offrant?

Dans les quartiers riches, où les dames charitables sont heureuses de posséder « un gentil groupe de pauvres » (*a nice lot of poor*)
pour exercer leurs vertus chrétiennes, ces heureux mortels n'ont
qu'à se laisser vivre. A Hampstead, disait à M. Booth un ecclésiastique de l'endroit, il y a quatre sectes après chaque famille pauvre.
A Holborn, la classe pauvre est complètement démoralisée par la
concurrence entre les différentes sectes; lorsqu'on demande aux
parents d'envoyer leurs enfants aux offices religieux, leur première
question est : « Qu'est-ce que vous donnez? [1] » Les personnes qui
ont fait des enquêtes en 1907 et en 1908, pour le compte de la *Poor
Law Commission*, ont recueilli les doléances de tous les véritables
philanthropes. Une dame résume son opinion sur les réformes les
plus urgentes à entreprendre dans la formule suivante : abolir les
« visiteurs » et faire l'éducation du clergé. A Camberwell. on affirme
que « dans l'ensemble, la charité faite sans discernement et l'ivrognerie font plus de mal au peuple que les conditions industrielles » [2].
Le *Times*, qui publiait à la même époque une série d'articles sur
« l'administration de la charité », a donné comme rigoureusement
authentique l'édifiante histoire que voici : Un cordonnier avait sept
enfants qu'il envoyait à l'école du dimanche d'une église unitaire ;
un clergyman anglican eut vent de la chose et alla lui proposer de
lui donner à faire tout le travail dont il disposait, — travail important, paraît-il — s'il consentait à envoyer ses enfants à l'église an-

1. Booth, *Life and Labour*, 3ᵉ série, I, p. 211 ; III, p. 41-42. M. Booth a
publié (3ᵉ s., II, p. 212) une curieuse lettre d'un père de famille qui se plaint
avec quelque amertume que le *vicar* ait supprimé les cadeaux que l'on donnait
ordinairement aux « mères » du meeting où allait sa femme : on ne peut, dit-
il, être trop généreux quand il s'agit d'amener des âmes à Christ.

2. Williams and Jones, *Report on the effect of outdoor relief*, p. 6-7 (P. L.
C., 1909).

glicane. Le cordonnier accepta, mais quelque temps après retira de l'église anglicane quatre de ses enfants. qu'il envoya de nouveau chez les unitaires ; et comme le clergyman lui en faisait des reproches, il lui répondit avec simplicité qu'il avait constaté qu'on ne lui avait donné que la moitié du travail, et que l'on devait trouver naturel qu'il n'envoyât que la moitié de ses enfants [1]. On mentionnait au cours du même article le cas d'une veuve qui habitait un des quartiers bourgeois de Londres et qui se faisait 100 francs par semaine avec les aumônes quelle recevait ; elle était inscrite sur les livres de seize « visiteurs » appartenant à des sectes diverses.

Les directeurs des missions et les représentants des églises protesteraient avec indignation si on leur disait que leurs procédés habituels ne peuvent guère aboutir qu'à démoraliser les pauvres et à déconsidérer la religion elle-même : aucune secte pourtant n'est à l'abri de ce reproche, pas même l'Armée du Salut qui prétend s'en tenir à l'assistance par le travail. Les œuvres de l'Armée du Salut ne sont souvent que de la charité déguisée et ont tous les défauts de la charité faite en bloc, sans enquête et sans critique. Il est hors de doute que la fondation des « refuges » et des « dépôts de vivres », où l'on est assuré d'avoir pour presque rien le vivre et le couvert, a largement contribué à attirer à Londres et, en partie, à créer une classe particulière de « sans foyer » (*homeless men*). Où couchaient en effet, avant la fondation des refuges, les quinze cent mille personnes qu'ils abritent annuellement ? Pas sur les bords de la Tamise, apparemment : les bancs de l'Embankment ne seraient pas capables d'accommoder de pareilles multitudes. Une partie de la clientèle ordinaire de l'Armée du Salut lui est venue sans doute des *lodging houses*, pour profiter de la différence de prix ; mais d'où vient le reste ? Il est trop évident qu'en offrant à tout venant, pour une somme de 20 à 30 centimes, un lit et un dîner, on arrive nécessairement à persuader à un nombre croissant d'individus qu'il est tout à fait inutile d'avoir une demeure permanente, tout à fait inutile de faire quoi que ce soit. On pourra dans ces conditions ouvrir un nombre illimité de dépôts et de refuges : ces dépôts ne manqueront jamais de clients, ces refuges seront toujours au complet. Là encore l'organe crée le besoin.

De semblables pratiques seraient peut-être excusables si, à l'exemple des Rowton Houses, les refuges de l'Armée du Salut et les ins-

---

1. *Times*, 15 octobre 1907. Ces articles ont paru en volume en 1908 sous le titre de *The administration of charity*, by Arthur Paterson.

titutions du même genre offraient aux « sans foyers » un logement
très supérieur à celui qu'ils auraient dans une *lodging house*, s'ils
les habituaient à une propreté plus grande, s'ils contribuaient en
un mot à élever chez leurs clients ce que les Anglais appellent « le
niveau de la vie » (*standard of life*). Mais ce n'est pas le cas.
Sous prétexte qu'un homme dénué de tous moyens d'existence
préférera toujours un logement quelconque aux ponts de la Tamise,
le logement qu'on lui offre n'a en général rien d'attrayant. Sous
prétexte aussi qu'il convient de ne refuser à personne l'abri qu'il
réclame.on en est arrivé souvent,par pure philanthropie.et contrairement à toutes les règles de l'hygiène,contrairement même aux lois
sanitaires, à entasser dans un espace insuffisant les gens qui se
présentaient à la porte et que l'on ne voulait pas renvoyer. Les établissements philanthropiques jouissaient du singulier privilège d'être
exempts d'inspection, et le surpeuplement défendu partout ailleurs
y était autorisé par la loi. Telle était du moins la décision des premiers juges ; il a fallu un interminable procès soutenu par le
Conseil de Comté contre l'Armée du Salut pour faire rentrer ces établissements dans le droit commun[1].

De quelque côté que l'on considère l'organisation de la charité à
Londres, on ne peut donc se défendre d'une surprise pénible. A un
immense effort correspond un résultat presque insignifiant. L'argent abonde, les hommes de bonne volonté ne manquent pas ; les
sociétés sont innombrables ; et cependant le problème du paupérisme est plus difficile à résoudre que jamais. On peut même dire
sans craindre d'être injuste, qu'une grande partie de l'argent dépensé par les œuvres charitables fait plus de mal que de bien. S'il
se produit quelque amélioration dans le sort des classes pauvres,
c'est à l'application rigoureuse des lois sanitaires et à l'influence
des écoles bien plutôt qu'à l'action de la philanthropie qu'il faut la
rapporter. Il existe peu d'entente entre la plupart des sociétés charitables ; chacune d'elles opère pour son compte, ignorant systématiquement ce qui se fait à côté d'elle, ignorant également ce que
fait l'Assistance publique. On ne se préoccupe pas tant d'améliorer
d'une façon permanente la condition de ceux auxquels on accorde
un secours que de faire une bonne œuvre et de soulager le plus
grand nombre possible de malheureux. De là ces petites aumônes,
ces bons de pain, ces bons de charbon, ces repas à prix réduit qui,

1. Voir dans Booth, *Life and Labour*, 3ᵉ série, VI, p. 182-185, le récit
d'une nuit passée dans un refuge avant la période de l'inspection : la chaleur
et l'odeur y étaient épouvantables.

Pasquet   30

même lorsqu'ils profitent surtout à des personnes méritantes, n'ont aucun effet durable et laissent les pauvres dans la situation où ils se trouvaient avant de les recevoir. L'exemple classique de ce genre d'aumônes est celui de cette dame qui au sortir d'un sermon très pathétique sur la misère du peuple, sauta dans une voiture, se fit conduire chez un épicier et se rendit ensuite dans un quartier pauvre où elle distribua aux personnes qu'elle rencontra dans la rue des demi-bouteilles de champagne et des grappes de raisin [1].

Pour remédier à cette absence de méthode et faire prévaloir des principes plus rationnels, se sont fondées des sociétés dont le but principal n'est plus de distribuer des aumônes, mais d'organiser la distribution des aumônes. Quelques-unes de ces sociétés n'ont qu'une importance locale : il en existe une pour l'East End (*East London Association of friendly workers amongst the poor*), une autre pour Portland Town, dans le Nord-Ouest de la ville (*Portland Town Association for united work among the poor*); mais la société par excellence est celle que l'on désigne sous le nom de *Charity Organisation Society*, et dont le nom complet est le suivant : « Société pour organiser les secours de la charité et réprimer la mendicité » (*Society for organising charitable relief and repressing mendicity*).

Cette société fut fondée en 1869. Elle se proposait de rendre possible la coopération de l'Assistance publique et de la charité privée, et des sociétés particulières entre elles, de manière à utiliser, au mieux de l'intérêt général, toutes les ressources et toutes les bonnes volontés. Elle se proposait en outre de réunir et de faire connaître au public, par des brochures et des conférences, tous les renseignements désirables sur la question du paupérisme et sur les meilleures méthodes pour y remédier. La société s'est développée avec une rapidité extraordinaire, due surtout à l'énergie, à la conviction, et aux qualités d'organisateur de son secrétaire général, M. Loch. Ses idées ont fait école ; elle possède aujourd'hui des filiales dans presque toutes les villes importantes du Royaume-Uni, et des sociétés du même genre se sont fondées dans presque tous les pays du monde, aux Etats-Unis particulièrement.

La *Charity Organisation Society* est, dit un document officiel, « une fédération de 40 comités de district, établis au nombre d'un ou de plusieurs dans chacune des unions de la Métropole ». A sa tête « est un conseil central, où tous les comités sont représentés »

1. Steel-Maitland and Squire, *Report on the relation of industrial and sanitary conditions to pauperism in London*, p. 44-45 (*Poor Law Commission*, 1909).

Les comités de district « se composent, autant que possible, de ministres de la religion, de Gardiens des pauvres et de représentants des principales sociétés charitables de la localité ». Leur fonction consiste à recevoir les demandes de secours qui leur sont renvoyées, à faire des enquêtes, et à se prononcer sur chaque cas, conformément aux principes généraux de la société. « Chaque comité est destiné à être un lieu de réunion, un centre de renseignements et de travail, pour les personnes du district qui veulent s'occuper d'améliorer le sort des pauvres. »

Le conseil central comprend des représentants des comités de district, élus chaque année, des représentants des institutions charitables de Londres, et des personnes que leur compétence désigne spécialement au choix de la société. Le conseil central discute les questions de principes, donne à la société l'impulsion d'ensemble, et se met en relation avec les grandes sociétés et institutions charitables de la Métropole [1].

Une société aussi fortement organisée, admirablement dirigée, pourvue de ressources abondantes [2], ne pouvait manquer d'avoir une influence considérable. Cette influence s'est fait sentir non seulement sur les personnes et les institutions qui ont adopté les principes de la société, mais même sur ceux qui l'ont le plus vivement critiquée et qui la combattent encore. Peu de gens en effet, même parmi ceux qui pratiquent la charité sans discernement et sans méthode, oseraient soutenir à l'heure actuelle qu'il faut faire l'aumône les yeux fermés, la main droite devant ignorer ce que fait la main gauche, qu'un bienfait est toujours une bonne action, indépendamment de ses conséquences, et qu'une personne charitable n'est aucunement responsable des effets désastreux que peut, dans certains cas, avoir son aumône. Les parents anglais ont, pour la plupart, cessé de croire qu'en apprenant à leurs enfants à donner deux sous aux pauvres qu'ils rencontraient sur le chemin, ils contribuaient à leur manière à la solution de la question sociale. Or le principe de la responsabilité du bienfaiteur à l'égard de celui qui reçoit l'aumône et à l'égard de la société tout entière est le principe fondamental de la *Charity Organisation Society*.

De ce principe découle en premier lieu la nécessité d'une enquête aussi sévère et aussi complète que possible dans chaque cas particulier. On ne se contentera point de renseignements vagues ; il im-

---

1. Voir *Annual Charities Register*, éd. 1909, p. 1 et 2.
2. Revenu de l'administration centrale en 1907-1908 : 670.000 francs ; des comités de district en 1906-1907 : 1.173.000 francs.

porte de savoir exactement qui est le postulant, d'où il vient, quels sont ses antécédents, s'il a ou non une famille, s'il est capable de gagner sa vie, si sa pauvreté est passagère ou chronique. Lorsqu'un pauvre se présente à l'un des bureaux de la société, on commence par l'interroger et par obtenir de lui tous les détails possibles ; on consigne ces détails sur une formule préparée d'avance [1], et l'on ajoute, autant que possible dans les termes mêmes dont il s'est servi, quel est le genre de secours qu'il demande. On peut alors procéder à l'enquête, vérifier l'exactitude des renseignements, et savoir si le secours demandé sera utile, inutile ou nuisible, si la charité doit intervenir ou si le cas relève plutôt de l'Assistance publique. Une des règles de la société est de ne jamais accorder de secours qui suppléent à l'insuffisance des secours donnés par l'Assistance publique. Elle considère que le champ d'action de l'Assistance publique et celui de la charité doivent être entièrement séparés, l'objet de la première étant d'empêcher les indigents de mourir de faim, et l'objet de la seconde d'empêcher les ouvriers indépendants de tomber dans l'indigence [2].

La décision prise, et en supposant qu'elle soit favorable, reste à l'exécuter. Dans le principe, la société n'intervenait pas directement dans la distribution des aumônes ; elle renvoyait ceux qui s'adressaient à elle à la société ou à l'institution qui lui paraissait la plus convenable. Il en est encore de même aujourd'hui dans un certain nombre de cas ; mais dans beaucoup d'autres, la *Charity Organisation Society* est devenue presque malgré elle, une société charitable dans toute l'acception du terme. Ses comités de district ont distribué en secours de nature diverse, pendant l'année 1907-1908, une somme de 969.000 francs [3].

Quelle que soit d'ailleurs la méthode employée, la société veille à l'observation d'un autre principe : ce principe est que le secours accordé ne doit pas être une aumône insignifiante et passagère, un bon de pain ou un ticket d'épicerie, mais un secours substantiel, prolongé au besoin, qui permette à celui qui le reçoit de sortir du mauvais pas où il se trouve momentanément.

L'œuvre de la *Charity Organisation Society* a suscité des enthousiasmes ardents, mais aussi des critiques passionnées. On lui reproche l'énormité de ses dépenses administratives, son amour de la

1. *Office work, books and forms* (Charity O. Papers, n° 8) et *How to take down a case* (Occasional papers, n° 50).
2. Cf. *Why it is wrong to supplement outdoor relief* (Occasional Papers, n° 31).
3. *Annual Charities Register*, éd. 1909, p. 3.

paperasserie, ses interrogatoires pareils à ceux d'un juge d'instruction, ses enquêtes interminables. Chose plus grave : on l'accuse de pousser jusqu'à l'absurde l'esprit de système, de ne songer qu'à ses « principes » et d'oublier la réalité, enfin d'être tellement exigeante que nul ne peut trouver grâce devant ses yeux.

Quelques-unes au moins de ces critiques ne sont pas sans fondement ; il semble, comme nous le verrons dans le chapitre suivant, que la suppression totale des secours à domicile de l'Assistance publique, vivement réclamée par la société, ne serait point un bienfait sans mélange. Dans l'ensemble cependant, il est impossible à un observateur impartial de méconnaître l'extrême utilité de l'œuvre entreprise. Ce n'est point en supprimant les secours à domicile, ni en rendant plus rares les doubles emplois de la charité, ni en s'opposant à la distribution des bons d'épicerie, ni en pourchassant l'imposture, que l'on peut espérer résoudre le problème du paupérisme londonien ; mais on empêche tout au moins, jusqu'à un certain degré, ce que les Anglais appellent la « fabrication des pauvres », et ceci suffirait à faire souhaiter que les méthodes de la C. O. S. fussent plus connues et mieux pratiquées en Angleterre et même ailleurs.

CHAPITRE III

L'ASSISTANCE PUBLIQUE.

L'Assistance publique anglaise ou, pour employer le terme légal, la « loi des pauvres » (*Poor Law*) fut établie sous Elisabeth pour suppléer, en cas de besoin, à l'insuffisance de la charité ; mais elle a depuis longtemps cessé de jouer le rôle subalterne qu'on lui destinait à l'origine. Une séparation de plus en plus nette, aboutissant même dans certains cas à un véritable antagonisme, s'est faite entre la charité d'une part, et la loi des pauvres de l'autre ; l'Assistance publique a pris peu à peu le caractère d'une institution sociale permanente, destinée à soulager la misère sous ses formes les plus aiguës, destinée aussi à décourager la paresse et l'imprévoyance en traitant avec une rigueur extrême ceux qui ont recours à ses bons offices.

Il est vraisemblable que l'organisation actuelle sera modifiée et peut-être même transformée complètement à bref délai ; telle qu'on peut l'étudier encore à l'heure présente, la loi des pauvres est une des institutions les plus originales de l'Angleterre moderne.

Quelques chiffres suffiront à donner une idée de son importance à Londres. Au recensement général du 31 mars 1901, le nombre des personnes hospitalisées dans les établissements d'assistance de la capitale était de 64.110 ; le nombre des personnes secourues à domicile était de 53.000 environ [1], ce qui donne un total de 118.000 assistés. Au recensement spécial du paupérisme fait le 31 mars 1906, le nombre total des assistés était de 126.325, dont 49.029 secourus à domicile et 77.296 dans les établissements d'assistance. Ces chiffres se décomposent ainsi qu'il suit :

1. Les recensements ordinaires du paupérisme ont lieu le 1er janvier et le 1er juillet ; on ne peut savoir avec exactitude le nombre des assistés au 31 mars.

Personnes secourues à Londres par la loi des pauvres le 31 mars 1906.

Mode d'assistance		Moins de 16 ans	16 à 60 ans	60 à 65 ans	65 ans et plus	Total
Hospitalisés	Hommes	20.157	13.257	4.941	13.551	77.296
	Femmes		10.053	2.687	12.378	
Secourus à domicile	Hommes	15.742	3.042	845	4.264	49.029
	Femmes		6.987	2.949	15.190	
	Total	35.909	33.611	11.422	45.383	126.325

Le tableau ci-dessus et les statistiques ordinaires de l'Assistance publique ne donnent que le nombre des personnes qui reçoivent des secours au jour fixé pour le recensement. On a voulu savoir également combien de personnes différentes recevaient des secours dans le courant d'une année. En 1892, une enquête instituée par les soins de la Chambre des Communes donna comme total le chiffre de 313.516 personnes (100.671 enfants de moins de 16 ans, 101.445 adultes du sexe masculin et 111.400 adultes du sexe féminin), dont 160.737 hospitalisés et 152.779 assistés à domicile [1]. D'après un recensement du même genre préparé pour la Commission royale de la loi des pauvres, le nombre des assistés, du 1er octobre 1906 au 30 septembre 1907, fut de 339.256 (109.508 enfants, 116.622 adultes du sexe masculin, et 113.126 adultes du sexe féminin). Sur ces 339.256 individus, 149.635 avaient été secourus dans les établissements d'assistance, 125.187 à domicile et 23.288 des deux façons ; 41.146 n'avaient reçu que des secours médicaux [2].

Les dépenses sont naturellement très considérables et le budget de l'Assistance publique de Londres égale presque celui d'un petit État. Pendant l'année 1908-1909, la dépense totale a été de plus de 95 millions de francs, à savoir :

Frais d'hospitalisation (in-maintenance)	27.077.125
Secours à domicile.	7.866.475
Asiles d'aliénés	13.056.250
Traitements et retraites des employés	21.923.550
Dépenses, constructions, etc	10.335.200
Service des emprunts.	12.620.925
Dépenses diverses	7.186.325
Total	100.065.850
Divers à déduire	4.280.975
Dépense nette	95.784.875

1. *Return relating to Poor Law (indoor and outdoor relief)*, 1892, p. 8 et 9.
2. *Poor Law Commission*, 1909, App. vol. XXV. *Statistics relating to England*

Si l'Assistance publique anglaise, avec son système d'hospitalisation dans des « maisons de travail » (*workhouses*), où l'on ne fait d'ailleurs aucun travail utile, est un phénomène unique en Europe, on peut dire que l'Assistance publique de Londres est un phénomène unique en Angleterre. Nulle part on ne trouve complication semblable. Tout d'abord, il n'existe pas une Assistance publique londonienne, dans le sens où il existe une Assistance publique parisienne. Il n'y a pas d'administration centrale. La ville est divisée en circonscriptions, dont les unes se composent d'une seule paroisse et dont les autres sont formées d'« unions de paroisses ». (Pour la clarté de notre exposé, nous les désignerons les unes et les autres sous le nom d'*unions*). Ces circonscriptions, au nombre de 31 [1], ont à leur tête un « Bureau des Gardiens des pauvres » (*Board of Guardians*) dont les membres sont élus par un suffrage, qui, depuis 1894, est presque universel. Le Bureau des Gardiens a pour mission d'administrer la loi des pauvres ; c'est lui qui se prononce en dernière analyse sur toute demande de secours ; il a sous ses ordres un chef de service, le *clerk*, et des fonctionnaires payés (*relieving officers*) qui reçoivent les demandes et font les enquêtes. Chaque Bureau est, dans de certaines limites, libre de suivre à l'égard des pauvres la ligne de conduite qui lui paraît convenable ; il peut se montrer libéral ou être fort avare des deniers publics ; il peut multiplier les secours à domicile ou offrir à tout venant l'hospitalité de la *workhouse*. A Whitechapel, où prévaut le régime de l'internat, 4 p. 100 seulement des assistés bénéficiaient de secours à domicile à l'époque du recensement de 1906 ; dans l'union de Poplar la proportion était de 60 p. 100 et dans celle de Levisham de 62 p. 100. Il est difficile de comparer les dépenses, parce que chaque Bureau de Gardiens a sa façon de tenir ses comptes ; les statistiques publiées par la Commission de la loi des pauvres en 1911 nous montrent cependant que l'entretien d'un pauvre dans la workhouse revient à 8 francs par semaine dans la Cité et à 4 fr. 32 seulement à Bethnal Green [2].

Mais ce n'est pas tout. Bien que chaque union doive, en principe,

---

and Wales (1911) p. 586-587. Dans ce recensement et dans le précédent on compte comme assisté le père de famille dont la femme ou l'un des enfants reçoit un secours à domicile, et comme assistée la famille tout entière dont le père reçoit un secours à domicile (Cf. *ibid.*, p. 570.)

1. Depuis 1901, Fulham s'étant alors séparé de Hammersmith.

2. Frais accessoires (constructions, traitement des employés, etc.) non compris. Voir *Poor Law Commission*, App. vol. XXV, *Statistics*, p. 728-729.

subvenir aux besoins de ses pauvres, bien que les Gardiens aient
même, dans les cas déterminés par la loi, le droit de renvoyer à
l'union où il a son domicile légal (*settlement*) le pauvre qui tombe à
leur charge, Londres est, à certains égards et pour certains objets,
considéré comme un ensemble indivisible Il existe un « Bureau des
asiles métropolitains ». (*Metropolitan Asylums Board*) qui a la direction des hôpitaux et des hospices où sont internées les personnes atteintes de maladies contagieuses et les aliénés inoffensifs ;
l'entretien de ces établissements est une charge commune à toute
la capitale. L'entretien des enfants pauvres et diverses autres
dépenses sont également considérées comme étant, au moins en
partie, une charge commune. On s'attendrait à trouver une autorité
unique, chargée du maniement des fonds communs et de la gestion des intérêts communs : il y a deux autorités. Le Conseil de
Comté de Londres est chargé de l'administration d'une partie des
fonds ; un département ministériel, le *Local Government Board*, se
charge de l'administration du reste, en même temps que d'une surveillance générale sur la politique suivie par les Bureaux des Gardiens.

C'est en effet pièce par pièce, sans plan d'ensemble, sous l'influence des besoins du moment, que s'est formée l'Assistance publique de Londres. Les lois et règlements relatifs à cette matière
rempliraient plus de 2.500 pages in-octavo [1]. Le seul moyen de se
reconnaître au milieu d'un pareil chaos et de donner une idée aussi
claire que possible de l'organisation et de l'influence de l'Assistance
publique londonienne est de la considérer dans son développement
historique, tout au moins à partir de la grande réforme de 1834.
On sait ce qu'était devenue la « loi des pauvres » au commencement
du xixe siècle : un instrument de domination pour les classes pos-
sédantes, un système pour paupériser les masses. La paroisse,
petite ou grande, riche ou pauvre, était, comme au temps d'Elisabeth (loi de 1601), responsable de ses pauvres. Ce principe avait
même été poussé à ses dernières conséquences, par les lois sur le
domicile (*laws of settlement and removal*), votées peu après la Restauration dans l'intérêt des grandes villes et tout particulièrement
de la capitale. A la condition de prendre quelques précautions des-

1. Les lois (*Statutes in force relating to the Poor Laws*) ont été réunies en
2 volumes par M. Cunningham Glen ; autre édition en 2 volumes également
par A. et S. J. Macmorran. Les règlements ont été publiés par Macmorran
and Lushington sous le titre *Poor Law general Orders*, et par H. Jenner-Fust
sous le titre *Poor Law Orders*.

tinées à empêcher les immigrants de devenir domiciliés dans leur nouvelle résidence, on pouvait renvoyer à la paroisse où ils avaient leur domicile légal, c'est-à-dire, ordinairement, à la paroisse dont ils étaient originaires, les ouvriers, les employés, les domestiques qui tombaient à la charge de l'Assistance publique. Chaque paroisse se gardait du mieux qu'elle pouvait contre toute tentative d'établissement de la part des personnes qui avaient quelque chance de devenir des *paupers* ; le paupérisme pesait lourdement sur les paroisses pauvres, condamnées par la loi à la pauvreté perpétuelle. La situation de ces paroisses et du pays tout entier s'était considérablement aggravée dans les dernières années du xviiie siècle et au commencement du xixe. Sous l'influence d'idées diverses, les unes philanthropiques, les autres strictement utilitaires, on avait renoncé presque partout à utiliser les « maisons de travail » (*industrial houses, workhouses*), sortes d'ateliers paroissiaux dont une loi avait, en 1723, consacré l'existence. Les secours à domicile étaient la règle : système éminemment favorable aux intérêts des grands propriétaires fonciers et des industriels, car il permettait de réduire le salaire au minimum et de le compléter par des « allocations » charitables (*allowances*) dont l'importance dépendait uniquement du bon vouloir des patrons. Le rôle essentiel de l'Assistance publique était donc de suppléer à l'insuffisance des salaires, et, par ce moyen, les classes inférieures se trouvaient maintenues dans la dépendance la plus étroite par rapport au patronat.

Mais le flot du paupérisme montait toujours. La « taxe des pauvres » s'élevait en Angleterre, pendant l'année 1832, à près de 176 millions de francs [1]. A Londres, la paroisse de Saint-Léonard, Shoreditch, dépensait en 1831, 28.901 livres sterling (722.525 fr.) pour une population de 68.000 habitants. La dépense est à l'heure actuelle de 41.000 livres environ (1.025.000 fr.) pour une population de 118.000 habitants). La population de cette paroisse avait doublé entre 1801 et 1831 ; de 1803 à 1831 la dépense avait plus que triplé, presque quadruplé (28.901 livres sterling contre 7.927) [2]. On avait fait quelques tentatives de réformes ; on avait autorisé les paroisses à s'associer en « corporations » ; on leur avait permis de confier l'administration de la loi des pauvres à une assemblée élue (*select vestry*). Une partie des paroisses de Londres — un tiers de la ville

1. Cf. Aschrott, *Das englische Armenwesen*, p. 40, note 2.
2. *Report from His Majesty's Commissioners for inquiring into the administration and practical operation of the Poor Laws*. Appendix A, part. III, Evidence collected by E. Chadwick (1834), p. 99.

environ — avait adopté ces réformes facultatives ; mais les résultats de ces lois n'avaient point répondu à l'attente de leurs auteurs.

En 1832, le gouvernement anglais nomma une commission royale et décida de faire procéder à une grande enquête, qui dura près de deux ans, sur l'organisation de l'Assistance publique dans la capitale et dans l'Angleterre tout entière. Cette enquête officielle, qu'un disciple de Bentham, Edwin Chadwick, conduisit à Londres avec beaucoup d'habileté, révéla un état de choses extraordinaire. La corruption de l'administration, dont les membres s'entendaient avec les fournisseurs pour voler le public, n'avait d'égale que l'impudence d'un grand nombre d'honorables citoyens qui n'hésitaient point à demander un pantalon ou une paire de souliers, sous prétexte qu'ils payaient depuis assez longtemps pour avoir le droit de réclamer à leurs voisins l'intérêt de leur capital.

L'application de la loi des pauvres était confiée dans chaque paroisse à des *overseers* (surveillants) choisis parmi les habitants, mais au milieu de la confusion des pouvoirs publics et du chaos inextricable des lois et des règlements, la seule loi véritable était la volonté, ou le caprice, du tout-puissant juge de paix (*justice of the peace*) qui nommait les *overseers* et dont le tribunal était, en ces matières, le tribunal d'appel. « Il y a, dit un témoin, 26 magistrats et 26 lois différentes dans la Cité[1]. Ceux d'entre les juges de paix qui voulaient se donner la réputation d'amis des pauvres accordaient indistinctement à tout venant, sur une simple déclaration d'indigence, une ordonnance (*order*) qui les mettait à la charge de la paroisse et fixait même le montant de la somme que devait leur verser l'*overseer*. « Il arrive fréquemment, constamment que les solliciteurs demandent quel est le magistrat qui siège ; dans un cas, ils se disent entre eux : « Allons-nous-en, nous n'aurons rien » ; dans un autre : « Ça ira, nous restons[2]. » Aussi, même lorsque les *overseers* se trouvaient être des personnes honnêtes et économes des deniers publics, ce qui n'était pas toujours le cas, toute réforme était impossible, les *overseers* ayant d'avance la certitude d'être condamnés par le tribunal d'appel. On ne faisait sur les moyens d'existence des pauvres que des enquêtes insuffisantes ; les plus habiles réussissaient à se faire pensionner par plusieurs paroisses à la fois : on découvrit ainsi qu'un des hommes qui vivaient aux frais des contribuables, dans la workhouse de Lambeth, recevait une pension de 5 shillings par semaine de la paroisse de Saint-James, Duke Place, et

1. *Report from His Majesty's Commissioners*, App. A, part. III, p. 88.
2. *Ibid.*, p. 98.

une autre pension de 5 shillings de la paroisse de Saint-John, Hackney[1]. Comme dans le reste de l'Angleterre, les patrons, soit avec la complicité des ouvriers, soit à leur insu, réduisaient les salaires et s'en remettaient à la charité publique du soin de parfaire la somme nécessaire à la vie[2]. De solides gaillards, qui préféraient le vagabondage au travail, des femmes perdues, des voleurs connus de tout le monde se faisaient verser par la paroisse leurs 6 pence par jour. A Bethnal Green et à Shoreditch, « il n'était pas rare d'entendre une vieille prostituée dire à une jeune : Poll, est-ce que la paroisse te paie ta « régulière » (*your reg'lars*)? La jeune femme répond qu'elle ne reçoit rien. Imbécile, reprend l'autre, je vais te dire ce que tu as à faire. Va trouver les *overseers*, demande-leur un secours, dis que tu meurs de faim ; s'ils refusent, adresse-toi au tribunal, et les magistrats, les obligeront à te donner tes 6 pence[3]. » On reste confondu devant l'audace et l'impudence de cette population démoralisée. Dans les couloirs du tribunal, ils prennent leurs aises, font du tapage, plaisantent les nouvelles recrues qui ont conservé quelque vestige de réserve ou de pudeur ; ces réunions, sous l'œil paternel des juges, sont de véritables écoles d'immoralité. Dans les derniers temps, 6 pence ne leur suffisent plus ; ils ne se tiendront pas pour satisfaits, ils ne s'en iront pas à moins de 8 pence. Malheur à l'*overseer* impopulaire ! il doit s'estimer heureux s'il en est quitte pour quelques vitres cassées ; c'est là du reste un événement si fréquent que personne n'y prend plus garde. Quelquefois cependant on trouve que les pensionnaires de la paroisse vont un peu loin, quand, par exemple, l'un d'entre eux s'introduit dans la salle des séances du comité de Bethnal Green et, à la barbe du comité stupéfait, emporte triomphalement l'argent qu'il trouve sur la table ; ou lorsque les habitants de la workhouse de Mile End essaient d'incendier l'établissement en allumant sous le lit d'un malade les débris de vieux câbles qu'ils devaient éplucher pendant la journée[4].

La plupart des pauvres qui recevaient l'Assistance publique étaient alors des « externes » (*outdoor paupers*). Six pence par jour et la liberté, les longues stations dans la *public house*, la flânerie dans les rues en compagnie des camarades, devaient en effet paraître préfé-

---

1. *Report from His Majesty's Commissioners*, p. 88-89.
2. *Ibid.*, p. 90, 115. Cette coutume semble avoir été surtout fréquente chez les tisserands de Spitalfields.
3. *Ibid.*, p. 95, 97, 123, 139.
4. *Ibid.*, p. 97, 111, 139, 144.

rables à la discipline, si relâchée fût-elle, des workhouses. Si, dans certains quartiers, la workhouse exerçait, au dire des témoins, un attrait presque invincible sur la partie besogneuse de la population [1], dans d'autres, au contraire, la clientèle ordinaire de ces établissements se trouvait mieux en prison que dans la « maison de travail [2]. » Il n'y a pas lieu de s'en étonner outre mesure, lorsque l'on sait ce qu'étaient alors les workhouses. Dans la workhouse de Bethnal Green, dit un rapport officiel [3], « ceux qui sont en bonne santé couchent à 3, 4 ou 5 par lit ; 60 à 80 personnes vivent dans un petit appartement, très bas de plafond. Les fenêtres de cet appartement sont fermées, des habits malpropres sèchent sur les cordeaux qui sont tendus d'un mur à l'autre ;... l'odeur est intolérable... Dans une section réservée exclusivement aux fiévreux, et qui a 30 pieds de long, 14 de large, et 11 pieds environ de haut, il n'y a que 9 lits pour 14 femmes et 7 enfants, tous plus ou moins malades et couchés jusqu'à 4 par lit. En entrant dans cette pièce nous avons constaté que toutes les ouvertures, excepté la cheminée, étaient fermées ; l'odeur et la chaleur étaient tout à fait insupportables. Dans une section pour les femmes malades, nous avons trouvé 4 cas de fièvre parmi les autres malades ; la ventilation était un peu meilleure, l'appartement plus propre, la population moins dense. Dans une troisième section, occupée par des fiévreux, hommes et jeunes garçons, nous avons trouvé 6 lits pour 22 individus, cinq personnes par lit dans certains cas. Trois grands garçons, en proie à une fièvre violente, étaient couchés dans le même lit... Une grande pièce, située au dessus de cette section, est réservée aux personnes bien portantes. Nous l'avons trouvée remplie à l'excès, à raison de 3, 4 ou 5 personnes par lit. A l'extrémité de cette chambre, nous avons découvert un homme, appelé Headlam, qui, depuis trois jours, avait une très forte fièvre. Il nous a dit lui-même, et son dire a été confirmé par les personnes présentes, qu'il n'avait point reçu la visite du médecin. Trois autres hommes partageaient le lit avec lui ; huit hommes étaient assis autour de ce lit au moment de notre arrivée, et deux hommes étaient en train de dîner, leurs assiettes posées sur le lit... Dans la salle réservée aux femmes en couches, nous avons trouvé 10 lits pour 15 personnes, femmes, enfants et nouveau-nés. Une femme était parvenue à la dernière période de la petite vérole, et avait passé, dans cette même salle, par toutes les phases de la

1. Report from His Majesty's Commissioners, p. 87, 123, 181.
2. Ibid., p. 90, 107, 129.
3. Ibid., p. 114-115.

maladie. Un enfant venait d'avoir la rougeole, et l'on nous dit
qu'il s'était produit un certain nombre de cas de typhus .. »

Même dans les workhouses les mieux administrées, on n'essayait
point de séparer les unes des autres les différentes classes de pauvres ; les voleurs de profession pouvaient à peu près impunément
enseigner aux jeunes gens qui se destinaient à entrer dans la carrière
l'art de détacher proprement une vitre et de pénétrer dans une maison sans faire de bruit [1]. Les workhouses n'étaient plus autre chose
suivant l'expression des Commissaires royaux, que des « séminaires »
pour l'éducation des voleurs et des criminels. Le nom même de
workhouse était devenu un non-sens ; une workhouse était une
sorte d'hospice où l'on ne faisait à peu près rien.

La Commission royale, dans le rapport qu'elle déposa en 1834 et
qui est resté le fondement de l'Assistance publique anglaise [2], conclut à la nécessité d'une réforme radicale. Dans ce rapport et dans
ceux que les Commissaires chargés d'appliquer la loi nouvelle
(*Poor Law Commissioners*) firent paraître dans les années suivantes
se trouvent énoncés trois principes essentiels, directement inspirés
des idées de Bentham et dont la forme dogmatique et la logique
impitoyable rappellent au plus haut point les axiomes de l'arithmétique morale [3] :

1. *Report from His Majesty's Commissioners*, Appendix A, part. III, p. 181.
2. *Report of Royal Commission for inquiring into the administration and practical operation of the Poor Laws, with evidence, reports of assistant commissioners
and appendices*, 1834, 16 volumes. Le rapport a été réimprimé en 1885 et en
1906.
3. Le rapport paraît avoir été surtout l'œuvre de Chadwick qui avait été le
secrétaire de Bentham et partageait la plupart de ses idées. Les idées de Bentham sont exposées dans *Observations on the Poor Bill introduced by the Right
Hon. William Pitt* (*Works*, éd. Bowring, t. VIII, p. 440 et suiv.) qui renferme
une critique très vive du système d'assistance à domicile que Pitt voulait encore étendre et qui, selon Bentham, doit amener la ruine de l'industrie en
égalisant les salaires. Dans *Outline of a work entitled pauper management improved* (*Works*, t. VIII, p. 369-439). Bentham demande l'établissement d'une
autorité unique pour toute l'Angleterre. Ce sera une Compagnie par actions
dans le genre de la Compagnie des Indes. Tous les pauvres devront être réunis
dans des maisons de travail, pouvant contenir 2.000 personnes et bâties sur
le plan du panopticon avec surveillance centrale. Le travail sera obligatoire et
les paresseux ne recevront leurs repas que lorsqu'ils les auront gagnés. La
nourriture devra être le plus simple possible, « l'entretien aux dépens d'autrui
ne devant pas être rendu plus désirable que le travail indépendant ».

1° *L'assistance publique doit placer celui qui la reçoit dans une situation d'infériorité.*

« Un principe que nous trouvons admis par tout le monde, même par ceux qui n'y conforment point leur conduite, est que la situation de l'assisté ne doit, ni en réalité, ni même en apparence, être préférable à la situation de l'ouvrier indépendant de la classe la moins élevée. Les dépositions que nous avons entendues montrent d'un bout à l'autre que si l'on élève la condition de la classe assistée au-dessus du niveau de la classe indépendante, la condition de la classe indépendante s'abaisse dans les mêmes proportions ; l'activité de cette classe diminue, les ouvriers sont employés moins régulièrement, leur rémunération sous forme de salaire devient plus faible. Ces personnes se trouvent donc très fortement tentées de quitter la classe moins avantageuse d'ouvrier libre pour entrer dans la classe plus avantageuse de pensionnaire de l'Assistance publique. Le contraire se produit si la classe des assistés est remise à sa place normale, c'est-à-dire au-dessous de la condition du travailleur indépendant. Chaque penny dépensé pour rendre la condition de l'assisté préférable à celle du travailleur indépendant est une prime au vice et à la paresse [1]. »

2° *Les secours à domicile doivent autant que possible être supprimés, et totalement en ce qui concerne les personnes valides et leurs familles.*

« Le principe fondamental en matière d'Assistance publique est que la situation de l'assisté doit être dans l'ensemble moins avantageuse que celle de l'ouvrier indépendant... Toute distribution de secours, en argent ou en nature, destinés à être dépensés ou consommés par l'assisté à son domicile, est contraire au principe en question [2]. » « A l'exception de l'assistance médicale et des secours pour apprentissage, aucun secours, de quelque nature qu'il soit, ne devra être accordé à des personnes valides ou à leur famille ailleurs que dans des workhouses bien organisées, c'est-à-dire dans des endroits où ces gens seront obligés de travailler, suivant l'esprit et l'intention de la loi votée par le Parlement sous Elisabeth [3]. »

3° *La workhouse ne doit pas être trop attrayante.*

« Au moyen de la workhouse et de ses règlements, les Gardiens peuvent placer l'assisté exactement au niveau qui doit être le sien, pourvoir d'une manière efficace à ses besoins, et cependant faire en sorte que les secours ainsi donnés ne puissent exercer d'attrait que sur ceux qui en ont réellement besoin... Si la condition des personnes internées à la workhouse était telle qu'elle invitât les vieillards et les infirmes de la classe ouvrière à s'y réfugier, la workhouse perdrait immédiatement son utilité comme moyen de distinguer l'indigence de la paresse et de la supercherie. Elle cesserait d'être, pour ceux

1. *Report of Royal Commission*, 1834, p. 228.
2. *Report of the Poor Law Commissioners on the continuance of the Commission*, 1840, p. 27-28.
3. *Report of Royal Commission*, 1834, p. 262.

qui sont jeunes et en bonne santé, un encouragement à économiser pour leur
vieillesse et à pourvoir aux besoins de leurs vieux parents [1]. »

On voit que les principes de l'Assistance publique anglaise ne
pèchent point par un excès d'indulgence pour les classes pauvres;
c'est que, comme l'a remarqué M. Boutmy, on est bien près en Angleterre de regarder la pauvreté comme un vice et la richesse comme
une vertu [2]. Conformément à ces principes, les réformateurs firent
de la workhouse l'institution centrale de la loi des pauvres. L' «internat » (indoor relief) remplaça l'« externat » (outdoor relief). On
offrit la workhouse à presque tous ceux qui réclamaient un secours
quelconque, cette offre étant, disait-on, le meilleur moyen de reconnaître si l'auteur de la demande se trouvait véritablement dans
l'indigence. Les pauvres capables de travailler (able-bodied paupers)
dont la multiplication avait été la plaie de l'ancien régime, furent
soumis à une discipline particulièrement sévère. Un règlement pro-
mulgué en 1844 (Outdoor Relief Prohibitory Order) interdit absolument de leur accorder des secours à domicile : on dut leur offrir la
workhouse et rien que la workhouse. Nous avons vu plus haut que
cette mesure rigoureuse parut cependant inapplicable à Londres et
à quelques autres grands centres industriels où se produisent des
chômages fréquents ; un second règlement, mis en vigueur en 1852,
autorisa ces villes à donner des secours à domicile aux personnes
valides, à condition de leur imposer certaines conditions de travail
(labour test).

Les réformes administratives ne furent pas moins importantes.
A la place de la paroisse, d'ordinaire trop petite, l' « union » de paroisses devint l'unité d'administration ; et à la tête de chaque union
— ou de chaque paroisse, lorsque la paroisse paraissait suffisamment peuplée, — furent placés des « Gardiens » élus. Les overseers
ne conservèrent plus de leurs anciennes attributions que la perception de la taxe des pauvres : l'influence du juge de paix fut presque
complètement éliminée. Au-dessous des « Gardiens », des fonctionnaires payés furent chargés de la routine administrative ; au cen-

1. *Report of the Poor Law Commissioners on the continuance of the Commission*,
1840, p. 28-29.

2. *Essai d'une psychologie du peuple anglais au xixᵉ siècle*, p. 189. « Si dure
que la chose puisse paraître, quand on considère les cas individuels, dit
Malthus, la pauvreté dépendante doit être tenue pour déshonorante. Un
tel stimulant semble être absolument nécessaire pour promouvoir le bonheur
de la grande masse de l'humanité » (*Principles of population*, 1ʳᵉ édit., p. 95,
dans Halévy, *La formation du radicalisme philosophique*, II, p. 166).

tre, un département ministériel, créé définitivement en 1847 sous le nom de *Poor Law Board*, et qui est devenu plus tard le *Local Government Board*, exerça une surveillance générale sur l'administration de la *Poor Law* [1].

La grande réforme de 1834 eut peut-être des conséquences moins graves à Londres que dans le reste du pays ; elle ne fut appliquée que dans les deux tiers de la ville, le dernier tiers restant régi par des lois anciennes qui n'avaient pas été abrogées par la loi de 1834. Après comme avant 1834, la ville restait divisée en circonscriptions dont les unes étaient fort riches et les autres fort pauvres, ces dernières ayant justement à supporter les dépenses les plus considérables. A l'intérieur même de chaque union, il y avait inégalité entre les paroisses ; car si la workhouse était commune, les dépenses ne l'étaient pas : chaque paroisse payait à proportion du nombre des pauvres qu'elle envoyait. Une loi votée en 1861 ne fit qu'atténuer le mal ; dans chaque union la dépense devait désormais être répartie non plus au prorata du nombre des pauvres, mais d'après la « valeur imposable » de chaque paroisse, c'est-à-dire en raison directe de la richesse. C'était un progrès assurément, mais insuffisant : l'inégalité subsistait entre les unions ; aussi une commission parlementaire recommandait-elle dès 1864 une réorganisation plus complète de l'Assistance publique dans la capitale.

Dans un ouvrage publié trois ans plus tard (*London Pauperism amongst Jews and Christians*), M. Stallard mit en pleine lumière l'inégalité choquante qui existait entre les différentes parties de la Métropole. A Whitechapel, chacune des personnes qui étaient secourues à domicile recevait en moyenne 8 pence (80 centimes) par semaine ; tout près de là, dans la Cité, ceux qui se trouvaient dans cette situation, touchaient chaque semaine 2 sh. 4 pence et demi (2 fr. 95). A Marylebone la moyenne était de 1 sh. 11 pence et demi (2 fr. 45) ; dans la paroisse voisine, à Saint-Pancras, elle n'était plus que de 11 pence et demi (1 fr. 20). Les Gardiens du Strand donnaient 1 sh. 7 pence et demi (2 fr.), tandis qu'à côté ceux de Saint-Giles regardaient une somme de 8 pence trois quarts (90 centimes) comme

1. La centralisation relative du nouveau régime et la création d'un corps de fonctionnaires payés paraissent avoir été surtout l'œuvre de Chadwick qui avait sur l'incapacité des autorités locales élues des idées très arrêtées. Il les a exposées dans son ouvrage : *On the evils of disunity in central and local administration* (publié en 1885 seulement).

amplement suffisante pour nourrir un pauvre pendant une semaine [1]. Ces différences ne s'expliquaient pas uniquement par la générosité plus ou moins grande des divers Bureaux de Gardiens ou par les opinions qu'ils professaient au sujet de la valeur relative de l'assistance à domicile et de l'assistance dans la workhouse. Elles tenaient surtout à une autre cause, la richesse ou la pauvreté de chacune des 39 unions que renfermait alors le Londres de l'Assistance publique. La théorie ancienne d'après laquelle tous les habitants d'une même paroisse étaient considérés comme solidaires et qui obligeait chaque paroisse à nourrir ses pauvres n'avait point été abrogée par la loi de 1834 et la création des unions. Après comme avant cette loi, la Cité n'était tenue que de subvenir aux besoins des pauvres de la Cité, et les pauvres de Whitechapel n'intéressaient toujours que les seuls habitants de Whitechapel. Or, la Cité étant immensément riche, une « taxe des pauvres » de 8 pence (0 fr. 80) par livre sterling de valeur imposable, c'est-à-dire un impôt assez léger, permettait, comme nous l'avons vu, de donner à chacun des assistés à domicile une somme de 3 francs en moyenne par semaine ; à Whitechapel, pour pouvoir distribuer 8 pence (0 fr. 80) à chacun des pauvres, il fallait imposer les habitants à raison de 3 sh. 3 pence (4 fr. 05) par livre sterling. Les 13 unions riches de Londres qui possédaient une valeur imposable de 200 millions comptaient 30.000 pauvres et dépensaient de ce chef 300.000 livres sterling ; les 26 unions pauvres, avec une valeur imposable de 175 millions, avaient 80.000 pauvres et dépensaient 600.000 livres sterling [2]. En résumé, comme le remarquait M. Stallard, la loi des pauvres aboutissait à ce résultat singulier que les différentes unions de Londres étaient taxées en raison inverse de leur richesse et proportionnellement à leur pauvreté.

Les classes dirigeantes qui formaient la population des quartiers riches, s'accommodaient à merveille de cette organisation. Les Gardiens des unions pauvres étaient, on le comprend, d'un avis tout opposé ; mais en attendant l'intervention du législateur, force leur était bien d'accepter l'inévitable. Les petits commerçants, les médecins, les ecclésiastiques, tous les représentants de la petite bourgeoisie que les électeurs envoyaient aux Bureaux de Gardiens, et sur qui pesait très lourdement la taxe des pauvres, défendaient avec férocité les intérêts des contribuables qui étaient leurs intérêts

1. Voir dans Stallard, p. 245-246, le tableau des dépenses de chaque union en 1865 par *outdoor pauper* et par semaine.

2. Stallard, p. 282-283.

propres ; la politique de l'économie à tout prix était, à de rares exceptions près, un article de foi dans les unions pauvres. Sans argent et surchargés de besogne, les Gardiens de ces unions expédiaient avec la rapidité de l'éclair les demandes de secours qui leur parvenaient ; ceux du Strand approuvèrent un jour le renouvellement de 43 allocations anciennes et examinèrent 34 « cas » nouveaux, le tout dans l'espace de 38 minutes [1].

Cette situation absurde qui durait depuis la réforme de 1834 ne pouvait se prolonger davantage, et bien que les questions sociales ne fussent qu'au second plan dans l'esprit des hommes politiques d'alors, le Parlement lui-même le sentit. Le *Metropolitan Poor Bill* devint loi en 1867 et mit fin à une partie des abus. La réforme ne fut point complète cependant, Stallard demandait que Londres fût considéré, pour l'administration de la *Poor Law*, comme une ville unique ; participant à tous les avantages de la vie de Londres, les riches devaient prendre également la part qui leur revenait dans les charges communes. Suivant son plan, une taxe unique et proportionnelle à la richesse serait perçue dans toute la Métropole, et une autorité centrale, analogue au *Metropolitan Board of Works*, serait chargée de la répartition des fonds entre les différents quartiers. Le *Metropolitan Poor Bill* n'alla pas aussi loin que le demandait Stallard, mais il apporta quelque soulagement à la situation fiscale des quartiers pauvres, et mit fin à un autre genre d'abus que depuis dix ans les philanthropes n'avaient cessé de dénoncer ; nous voulons parler de l'état scandaleux dans lequel se trouvaient les infirmeries et les salles de malades (*sick wards*) des workhouses.

Dans la pensée des législateurs de 1834, la workhouse avait surtout un but répressif ; il s'agissait de mettre un terme à l'effroyable progression de « l'impôt des pauvres », au gaspillage des deniers publics et à la démoralisation de la classe ouvrière. La workhouse était destinée principalement à recevoir ces vagabonds et ces paresseux qui, sous les prétextes les plus divers, arrivaient à vivre aux dépens des contribuables ; on leur accordait désormais le vivre et le couvert, mais on les soumettait à une stricte discipline et on leur enlevait la liberté.

Comme on aurait dû le prévoir, vagabonds et paresseux manœuvrèrent de façon à éviter la workhouse, et il se produisit un phénomène auquel on n'avait point songé. La workhouse, construite surtout pour des personnes bien portantes, se trouva, dans la pratique,

1. Stallard, p. 53.

renfermer presque uniquement des malades et des vieillards. Ce
fut particulièrement le cas à Londres. Un homme qui connaissait
parfaitement les workhouses de Londres, M. E. Hart, publia en
1865, dans la *Fortnighfly Review*, un article qui fit grand bruit et où
il n'hésitait pas à affirmer que les neuf dixièmes des personnes en-
fermées dans ces établissements étaient infirmes, atteintes de maladies aiguës ou chroniques, ou faibles d'esprit. Dans la workhouse
de Clerkenwell, sur 560 personnes il y avait 250 malades et 280 infirmes, dont 80 aliénés. A Shoreditch, sur 700 personnes, M. Hart
trouvait 220 malades, 140 aliénés, idiots ou épileptiques, et il évaluait aux sept huitièmes du reste le nombre de ceux qui étaient
atteints d'infirmités chroniques. La workhouse de Greenwich renfermait un millier de personnes, dont 400 étaient officiellement
inscrites comme malades et dont 500 autres étaient plus ou moins
souffrantes ou infirmes [1].

Les constructions que l'on avait élevées soit avant 1834, soit depuis, pour y interner des personnes bien portantes, n'étaient point
faites pour cette population de malades. Presque partout, les infirmeries étaient insuffisantes. Le Dr Rogers, nommé officier de santé
du Strand en 1855, constatait en prenant possession de son poste que
la salle des fiévreux et des cas dangereux ne contenait que deux
lits ; une boutique de rétameur, située à côté, en était séparée par
une mince cloison en plâtre. La salle d'accouchement était juste
au-dessus de la salle des aliénés ; cette dernière renfermait non
seulement les fous, mais encore les épileptiques et les idiots. Dix
ans plus tard, la situation ne s'était pas sensiblement modifiée, et
la workhouse du Strand restait une des plus mal administrées de
Londres ; les lits étaient tellement serrés les uns contre les autres
qu'il était impossible de passer entre deux lits. L'infirmerie ne pouvait contenir que 60 personnes, et le nombre des malades s'élevait
à 200 [2].

Il en était de même dans la plupart des unions de Londres. Tout
près du Strand, à Saint-Martin-des-Champs, les salles d'opérations
chirurgicales se trouvaient dans les sous-sols. A Clerkenwell, les
autorités avaient installé la Morgue municipale dans un coin de
la petite cour qui séparait les bâtiments dont se composait l'infir-

1. *Fortnigthly Review*, 1er décembre 1865 (vol. III), p. 218, 222. Voir également Louisa Twining, *Workhouses and Pauperism*, p. 26.
2. Louisa Twining, *Workhouses and Pauperism*, p. 26 et suiv. ; Hart, p. 219
et 225.

merie. A Greenwich, quelques-unes des salles, et en particulier la
salle d'accouchements, étaient dépourvues d'eau.

Le personnel de ces établissements était insuffisant et mal recruté.
En beaucoup d'endroits, on affermait l'infirmerie à un médecin qui
se chargeait, moyennant une somme fixe, de soigner les malades
et de fournir les médicaments. Le Dr Rogers, dont nous venons de
parler, recevait dans ces conditions une somme de 1.250 francs par
an. En 1865, le traitement de l'officier de santé du Strand atteignait
2.625 francs ; celui de Shoreditch touchait 3.000 francs. Ils avaient,
le premier 200, le second 220 malades à soigner, sans compter les
aliénés et les infirmes. A Shoreditch, le médecin consacrait deux
heures par jour à ses doubles occupations de médecin et de pharmacien. On comprend aisément que la plupart des médecins qui
acceptaient d'entrer au service des unions n'appartenaient point à
l'élite de leur profession. Beaucoup trouvaient dans les économies
qu'ils pouvaient faire sur la quantité et la qualité des médicaments
un supplément à l'insuffisance de leur salaire. A Westminster, un
officier de santé n'employait, paraît-il, comme remède que de l'eau
pure, additionnée d'une petite quantité de matière colorante [1].

Les infirmiers et les infirmières étaient, à de rares exceptions
près, choisis parmi les pauvres valides ; on leur donnait une nourriture un peu plus copieuse, quelques verres de bière, et lorsque la
besogne était tout à fait répugnante, un petit verre de gin. Rien ne
les préparait au rôle de garde-malades qu'on leur faisait jouer,
et ils profitaient souvent de la liberté plus grande qu'on leur laissait pour s'abandonner à leur passion favorite, l'ivrognerie [2]. Les
malades recevaient alors leurs remèdes à des intervalles très irréguliers. A Saint-Léonard, Shoreditch, dit M. Hart, « notre enquête
nous fit voir que sur neuf malades placés à la suite les uns des
autres, quatre seulement recevaient régulièrement leurs médicaments... Une femme dangereusement malade n'avait rien eu deux
jours durant, parce qu'une vieille dame infirme qui couchait dans
le lit voisin, et qui avait été chargée par l'infirmière de lui donner sa
potion, n'avait pu se lever depuis quelque temps... Une infirmière
nous avoua qu'elle donnait des remèdes trois fois par jour à celles
qui étaient très malades et deux fois ou une fois seulement quand
elles allaient mieux. »

Les plus malheureux de tous étaient les malades qui souffraient

1. L. Twining, *Workhouses and Pauperism*, p. 36 et 27 ; Hart, *op. cit.*,
p. 219, 220, 221.

2. Voir Dickens, *Oliver Twist*, ch. I, et L. Twining, *op. cit.*, p. 26 et 27.

de blessures ou d'ulcères. M. Hart donne de la malpropreté des infirmiers et des infirmières des exemples tellement écœurants qu'il paraît impossible de les citer ailleurs que dans un livre de médecine. Quelquefois, pour s'éviter des soins de propreté qu'ils jugeaient fastidieux, les infirmiers se contentaient de déposer les malades directement sur les paillasses [1].

Tel était, il y a une cinquantaine d'années, l'état des hôpitaux de l'Assistance publique dans une ville qui émettait, concurremment avec Paris, la prétention d'être la capitale du monde civilisé. Dès 1857, un certain nombre de dames charitables, parmi lesquelles il faut citer Miss Louisa Twining, avaient fondé, en dépit du mauvais vouloir plus ou moins manifeste des fonctionnaires, une « société pour visiter les workhouses » de la capitale (*Workhouse visiting Society*) qui attira l'attention du public sur cette question. Mais l'opinion publique s'émeut lentement en Angleterre, et la condition du *pauper* n'y a longtemps inspiré qu'un intérêt médiocre. Il fallut l'article de M. Hart et l'enquête entreprise par le journal médical *Lancet* (1865), il fallut une série de rapports officiels sur l'état des infirmeries (1866-1867) [2] et la fondation de la *Workhouse infirmaries Association* (1866) pour convaincre le monde politique et les classes supérieures de la nécessité d'une réforme.

De ces préoccupations, et du désir de mettre fin à des injustices par trop criantes dans la répartition des charges que la loi des pauvres faisait peser sur Londres, sortit la loi de 1867 qui fut complétée en 1869 et en 1870 par des mesures secondaires [3]. Cet ensemble de lois marque une étape dans l'histoire de l'Assistance publique à Londres et a été le point de départ d'un régime nouveau et de réformes nouvelles. Le nombre des unions ou paroisses faisant fonction d'unions fut abaissé de 39 à 30, et les paroisses où l'Assistance publique était précédemment régie par des « lois locales » furent ramenées au régime commun. La loi de 1867 adopta définitivement, au moins pour certaines classes d'indigents, le principe de la solidarité des différents quartiers de la capitale. Un organisme nouveau,

1. Hart, p. 223-224.

2. *Furnall's Report on the Infirmary wards of the metropolitan Workhouses and their existing arrangements* (1866). Dr *Smith's Report on the metropolitan workhouse infirmaries and sick wards* (1866). *Corbett and Markham's Report on métropolitan workhouses* (1867). *Papers, etc. relating to the accommodation and management of métropolitan workhouses and Infirmaries* (1867).

3. *Metropolitan Poor Act,* 1867 ; *Metropolitan Poor Amendment Act,* 1869 ; *Metropolitan Poor Amendment Act,* 1870.

le « Bureau des asiles métropolitains » (*Metropolitan Asylums Board*) dont les membres étaient nommés en partie par les « Gardiens » des diverses unions, en partie par le gouvernement [1], reçut la mission de combattre les maladies contagieuses ou épidémiques telles que la petite vérole et la fièvre typhoïde. Des hôpitaux spéciaux, destinés à recevoir les varioleux et les typhiques furent construits aux environs de Londres. Le Bureau des asiles fut également chargé de construire et d'organiser des hospices pour les aliénés inoffensifs et les idiots.

Ainsi se trouva constitué, en vue d'objets déterminés, un embryon d'administration centrale dans l'Assistance publique londonienne. Depuis 1867, les attributions du Bureau des asiles n'ont cessé de s'accroître ; il possède et dirige actuellement douze hôpitaux pour fiévreux pouvant recevoir près de 7.000 personnes, cinq asiles pour imbéciles, trois hôpitaux pour varioleux (2.040 places), des vaisseaux-hôpitaux et des hôpitaux pour convalescents, des écoles pour enfants faibles d'esprit, et même un vaisseau-école qui fournit des recrues à la marine de commerce et à la marine de guerre. Il s'est trouvé amené peu à peu à recevoir dans ses établissements des personnes qui ne sont point des pauvres, mais qu'il est nécessaire d'isoler, dans l'intérêt de la santé publique. Ses dépenses, qui n'étaient encore en 1892 que de 12.223.000 francs, se sont élevés en 1900 à 20.811.000 francs, et ont atteint en 1906 le chiffre de 25.882.000 francs [2].

La création du Bureau des asiles fit sortir de la workhouse toute une catégorie de malades dont le séjour dans un établissement de ce genre était aussi peu désirable pour le malade lui-même que pour les autres habitants de la workhouse ; les malades qui restaient furent désormais isolés de la masse des indigents, et des infirmeries spéciales, dont beaucoup ont pris les proportions de véritables hôpitaux, furent construites pour les recevoir. Des dispensaires s'élevèrent dans chaque quartier pour fournir aux indigents les remèdes qui leur sont prescrits par les médecins.

L'assistance médicale ainsi organisée, la loi de 1867 en fit une charge commune à toutes les unions de la Métropole. Un fonds spécial, le *Metropolitan Common Poor Fund*, administré par le gouvernement anglais [3], fut créé à cet effet. Sur ce fonds commun sont

1. Les gardiens nomment 55 administrateurs et le gouvernement 18.
2. Voir les rapports annuels du *Local Government Board*, article *Metropolitan Asylums Board*.
3. Le M. C. P. F. a d'abord été administré par le *Poor Law Board* puis par le *Local Government Board* qui lui a succédé.

également payés les fonctionnaires de la loi des pauvres dans les
écoles, les hospices et les dispensaires, les dépenses relatives à la
nourriture et à l'instruction des enfants pauvres, les frais d'entretien des asiles de nuit (*casual wards*) et enfin une partie des dépenses que fait chaque union pour les pauvres qui sont enfermés dans
sa workhouse. Chacune des unions de Londres contribue au *Common Poor Fund* en raison de sa « valeur imposable », c'est-à-dire en
proportion de sa richesse présumée ; chacune d'elles reçoit une
somme correspondante aux dépenses qu'elle a faites pour les différents objets que nous venons d'énumérer. La différence peut être
une quantité positive ou une quantité négative ; ainsi, pendant
l'année 1908-1909, 18 unions métropolitaines ont *reçu* de l'Etat une
somme totale de 420.349 livres sterling (10.508.725 fr.), tandis que
les 13 autres unions *versaient* à l'Etat une somme égale. Les unions
qui versent les sommes les plus élevées sont celles de la Cité et de
Saint-George Hanover Square qui, en 1908-1909, ont été taxées, la
première à 167.000, la seconde à 76.000 livres sterling (4.775.000 fr. et
1.900.000 fr.) ; parmi les unions qui reçoivent des allocations de
l'Etat, Poplar avec 50.000 livres (1.250.000 fr.) et Southwark avec
41.000 (915.000 fr.) arrivent au premier rang. Le montant des sommes mises en commun par le « fonds des pauvres » a été, en 1908-
1909, de 1.648.433 livres (41.210.825 fr.). Une partie considérable —
environ 42 p. 100 — du total des dépenses occasionnées à Londres
par l'application de la loi des pauvres se trouve ainsi transférée des
unions particulières à l'ensemble de la Métropole [1].

En même temps qu'elles organisaient l'assistance médicale, les
lois de 1867-1870 introduisaient donc un peu plus de justice dans
la répartition des charges que la loi des pauvres faisait peser sur la
capitale. Cette tendance n'a fait que s'accentuer depuis lors, et la
fondation du Conseil de Comté, en 1888, est venue alléger encore la
part des unions pauvres dans l'Assistance publique londonienne.
En échange de certains impôts dont l'Etat lui abandonne le produit
(licences pour la vente des boissons et du tabac, impôt sur les chevaux et les voitures, partie des droits de succession, etc.), le Conseil
de Comté est chargé de distribuer aux unions et aux bourgs de
Londres des allocations destinées à venir en aide aux contributions
locales. La majeure partie des sommes qui figurent à ce titre au
budget de la ville ont pour objet de subvenir à des frais d'Assis-

---

1. *39th Report of Local Government Board, 1909-1910* (1910), p. LII-LIII et
178. — Voir dans *London Statistics* l'article intitulé *London Local Taxation*. —
Cf. Aschrott, *Das englische Armenwesen*, p. 373-375.

tance publique, soit que la dépense ait été faite par le Conseil de Comté lui-même, soit que le versement ait pour but de couvrir une partie des dépenses engagées par les Bureaux des Gardiens. En résumé on peut évaluer à environ 70 p. 100 de la dépense totale la somme que se partagent l'Etat et le comté, et qui ne reste pas à la charge des autorités locales de Londres [1].

Les lois de 1867-70 complétées par la loi de 1888, ont eu sur l'Assistance publique de la Métropole une influence d'un autre genre, influence qui s'est fait sentir non plus seulement sur l'organisation de tel ou tel service et sur la répartition de telle ou telle contribution, mais sur la méthode même qu'avaient jusque-là suivie les Bureaux des Gardiens dans l'application de la loi des pauvres et sur les principes qui les avaient guidés. La loi de 1870, en effet, allouait aux différentes unions, sur le « fonds commun », une somme de 5 pence (0 fr. 50) par jour pour tout pauvre interné dans la workhouse ou dans un établissement similaire. La loi de 1888 est allée plus loin dans cette voie en ajoutant aux 5 pence primitifs 4 pence pris sur les impôts que l'Echiquier laisse, ainsi que nous l'avons dit, à la disposition du Conseil de Comté. Les deux lois fixent, il est vrai, le nombre de pauvres au delà duquel l'allocation cesserait d'être payée ; mais comme ni l'Etat, ni le Conseil de Comté ne contribuent en quoi que ce soit aux frais de l'assistance à domicile, cette allocation n'en constitue pas moins une véritable prime au régime de l'« internat ».

Tout contribuait d'ailleurs à pousser dans cette voie les unions métropolitaines à l'époque où fut votée la loi de 1870. L'année 1866 avait marqué le commencement d'une crise industrielle qui causa, surtout dans l'East End de Londres, une détresse profonde. Le choléra de 1866, l'hiver de 1866-1867, vinrent encore aggraver la situation, et le nombre des personnes qui réclamaient le secours de l'Assistance publique augmenta avec rapidité. La proportion des assistés, qui n'était que de 32,4 pour 1.000 habitants dans l'année qui se terminait le 25 mars 1866 [2], passa à 37, 8 en 1866-1867, pour atteindre son maximum, 44, 5 p. 1.000, en 1869-1870 et en 1870-1871. Cette dernière année marque l'apogée du paupérisme londonien dans la période qui va de 1834 à nos jours ; le nombre moyen des personnes

1. *Poor Law Commission*, 1909. *Majority Report*, p. 130. — *Report of the London County Council, 1907-1908*, p. 295.
2. L'année de l'Assistance publique se termine en Angleterre le 25 mars, « jour de l'Annonciation ».

secourues fut de 143.458, dont 109.890 (76 p. 100) secourues à domicile. Les autorités étaient complètement désemparées ; ce n'était qu'un cri de tous les côtés : « l'Assistance publique a fait faillite » (*the Poor Law has broken down*), et l'on commençait à craindre un retour au régime qui avait précédé la grande réforme. En vain des souscriptions avaient été organisées par le Lord Maire, les églises, les journaux. Le seul résultat des efforts de l'Assistance publique et de la charité privée semblait être de désorganiser le marché du travail et de multiplier les mendiants. Rien n'était plus facile que de vivre aux dépens des différents « fonds » qui distribuaient des secours sans se préoccuper ni les uns des autres, ni de l'Assistance publique. Une nouvelle industrie, qui consistait à exploiter les sentiments généreux du public, devenait peu à peu l'une des occupations principales de l'East End [1].

Il fallait réagir, et le seul remède paraissait être un retour aux principes de la réforme de 1834, c'est-à-dire à l'application stricte de « l'épreuve de la workhouse ». Maintenant surtout que, depuis 1867, les malades et les enfants se trouvaient, presque entièrement séparés du reste des pensionnaires de la paroisse, on pouvait imposer à ceux qui restaient une discipline plus sévère, et s'assurer ainsi que nul n'entrait à la workhouse sans y être contraint par les circonstances. Mais à quoi bon rendre la workhouse moins attrayante, s'il restait au *pauper* le choix du secours à domicile ? L'application rigoureuse de l'épreuve de la workhouse avait donc pour corollaire obligé la suppression plus ou moins radicale de ce genre de secours.

La fondation en 1869 de la « Société pour l'organisation de la charité » (*Charity Organisation Society*) vint donner à ceux qui partageaient ces idées un centre de ralliement. Nous avons expliqué précédemment quels ont été le caractère et le rôle de cette importante société ; il nous suffira de rappeler ici que ceux qui en furent les esprits directeurs appartenaient, en matière d'assistance, à ce que l'on appelle en Angleterre « l'école dure » (*hard school*), école d'économistes pour laquelle il n'y a point de salut en dehors de la workhouse. Le but que se proposa la société fut de rendre à l'épreuve de la workhouse l'importance qu'elle avait dans le plan des réformateurs de 1834, de réduire au minimum les secours à domicile, qui démoralisent les classes pauvres, et de remplacer ces secours par l'action de la charité, réorganisée et rendue plus efficace.

1. *Times*, dans Stallard, *London Pauperism amongst Jews and Christians*, p. 182. — Voir plus haut, p. 295.

Le gouvernement anglais intervenait officiellement dans le même sens. Au commencement de l'hiver 1869-1870, le président du *Poor Law Board*, M. Goschen, alarmé de la progression rapide du paupérisme londonien, essaya, dans une circulaire fameuse, de déterminer les limites respectives de l'Assistance publique et de la charité [1]. La circulaire rappelle d'abord que les mêmes personnes qui, deux hivers auparavant, étaient les plus empressées à solliciter pour les pauvres les aumônes du public, ont reconnu maintenant que le seul résultat de leurs efforts était de faire affluer les pauvres dans les districts où affluait l'argent et s'opposent au renouvellement de pratiques semblables. Après cette allusion à la fondation de la *Charity Organisation Society*, M. Goschen énonce le principe qui doit, suivant lui, présider à l'administration des fonds de l'Assistance publique : les Gardiens ne doivent donner de secours qu'à ceux qui se trouvent sans ressource aucune, et jamais comme supplément à un salaire insuffisant (*only to the actually destitute and not in aid of wages*). Il peut paraître étrange que les autorités refusent d'accorder quoi que ce soit à toute personne qui reçoit un salaire, et préfèrent prendre son entretien complètement à leur charge, mais l'expérience a prouvé que le système qui consiste à suppléer au moyen des deniers publics à l'insuffisance des salaires est également contraire à l'intérêt des contribuables et à l'intérêt des classes laborieuses. Quant à ceux qui sont simplement pauvres, mais non sans ressources, c'est à la charité privée qu'incombe le devoir de les secourir. La charité n'a point à s'occuper de ceux qui relèvent de la loi des pauvres ; le secours que leur accordent les Gardiens doit être suffisant (*adequate*) pour leur permettre de vivre, et l'intervention des sociétés charitables ne peut que faire double emploi avec la charité publique. Pour éviter ces doubles emplois qui ont produit dans le passé de si funestes résultats, M. Goschen préconise une entente continue, une coopération intime entre les agents des sociétés charitables et les représentants de la loi des pauvres.

Cette circulaire était, indirectement, une condamnation du système d'assistance à domicile et de petites distributions d'argent ou de nourriture qui prévalait dans la plupart des unions de Londres. Car, en premier lieu, il était impossible d'accorder à tous ceux qui étaient inscrits sur les listes de l'Assistance publique le secours

---

[1]. *Minute of the Poor Law Board on relief to the poor in the Metropolis* (20 novembre 1869), dans *22nd Annual Report of the Poor Law Board*, App., p. 9 et suiv. — Cette circulaire a été réimprimée par les soins de la Charity Organisation Society (*Occasional Papers*, n° 24).

« adéquat » que demandait la circulaire ; d'autre part, le moyen le plus facile de savoir si le postulant était réellement sans ressources n'était-il pas de lui offrir d'entrer à la workhouse [1] ?

C'est ainsi que la « minute Goschen » fut interprétée et, du reste, deux ans plus tard le ministère de l'administration locale, héritier du « Bureau des pauvres », la compléta par une nouvelle circulaire qui ne laissait place à aucune ambiguïté. Cette circulaire de M. Stansfeld, chargeait les inspecteurs de la *Poor Law* de rappeler aux Gardiens les principes de l'ordonnance pour la prohibition des secours à domicile et de l'ordonnance pour la réglementation des secours à domicile. Elle conseillait de ne donner les secours à domicile que pour une période déterminée, — trois mois au plus ; de ne les donner que pour une semaine au cas où il s'agissait de personnes bien portantes, admises à travailler au chantier de travail de l'union ; et de les refuser entièrement si ces personnes étaient des célibataires avec ou sans enfants illégitimes. Le ministre faisait remarquer que certaines unions, qui avaient réduit l'assistance à domicile, avaient vu diminuer sensiblement leur paupérisme ; il se plaignait de la facilité avec laquelle les Gardiens accordaient ce genre de secours, sans se soucier « de l'avantage qu'il y avait, non seulement dans l'intérêt des contribuables, mais encore dans l'intérêt des pauvres eux-mêmes », à offrir la workhouse de préférence. Car, disait il, « la certitude d'obtenir un secours à domicile dès qu'il voudra le demander, détruit dans l'esprit de l'ouvrier tout motif d'épargne, et l'amène à compter exclusivement sur les deniers publics, et non point sur ses économies pour le moment où il pourra avoir besoin de secours [2] ». Les inspecteurs envoyés par le ministère se chargeaient de rappeler à l'occasion les bons principes aux Gardiens récalcitrants ; l'un deux, dans un rapport d'ailleurs remarquable, sur « les secours à domicile dans la métropole »[3], allait jusqu'à laisser entendre que l'exception faite jusque-là en faveur des veuves chargées de famille n'était aucunement justifiée, et qu'il serait bon de les préparer petit à petit au régime de la workhouse, le veuvage n'étant après tout qu'une contingence analogue à la vieillesse ou à la maladie et contre laquelle on pouvait également pren-

---

1. Voir sur la circulaire et ses résultats les remarques de Mackay, *A History of the English Poor Law*, t. IV, p. 501 et suiv. — Cf. Jones, *Final report on the effect of outdoor relief on wages*, p. 352 et suiv. (P. L. C., 1909).

2. *First Annual Report of the Local Government Board, 1871-1872*, p. 66.

3. *3rd Annual Report of the Local Government Board, 1873-1874*, p. 136 et suiv. (Rapport Longley).

dre ses précautions. A la même époque, l'économiste le plus illustre de l'Angleterre, H. Fawcett, dans son livre sur « le paupérisme, ses causes et ses remèdes » [1], fournissait aux partisans de la manière forte des raisons théoriques, tirées surtout de la nécessité d'enrayer l'augmentation indéfinie de la population dans les classes ouvrières. S'appuyant sur la « loi » de Malthus, le professeur de Cambridge prétendait démontrer que l'Assistance publique, telle qu'elle était alors comprise en Angleterre, avait pour conséquence de favoriser la multiplication inconsidérée des enfants, c'est-à-dire des compétiteurs sur le marché du travail, et tendait par suite à faire baisser les salaires ; d'autre part, le nombre des bouches à nourrir augmentant sans cesse, le prix des denrées alimentaires, en vertu de la loi de l'offre et de la demande, ne pouvait manquer d'augmenter également, de sorte que l'ouvrier se trouvait obligé de faire face, avec un salaire réduit, à des dépenses croissantes. Le résultat était inévitablement la misère

Idées théoriques, nécessités pratiques et intérêt bien entendu s'accordaient donc à conseiller aux Gardiens des unions de Londres l'application des principes de l' « école dure » et la mise en vigueur du régime de l' « internat ». C'était surtout le cas pour les unions pauvres qui, ayant à supporter seules les frais de l'assistance à domicile et recevant au contraire 5 pence du fonds commun des pauvres et (à partir de 1888) 4 pence du Conseil de Comté par pauvre interné, ont tout avantage, au point de vue pécuniaire, à donner au second système la préférence sur le premier. Dans des unions comme celle de l'East End, où l'économie est une nécessité, les Gardiens, sensibles au moindre accroissement de la taxe des pauvres, n'ont garde d'oublier une vérité si évidente. Aussi est-ce dans l'East End que furent appliqués, tout d'abord dans leur intégrité, les principes des réformateurs. Certaines unions n'avaient même pas attendu la circulaire Stansfeld : dès 1870, l'union de Whitechapel, dont les Gardiens avaient alors comme secrétaire un défenseur convaincu du système de la workhouse, M. Vallance, avait décidé de fermer son chantier de travail, d'adopter dans la pratique le règlement qui interdit de donner des secours à domicile aux personnes capables de travailler et de faire de la workhouse la règle, de

1. *Pauperism, its causes and remedies* (1871), surtout p. 24, 26-27, 35-38. Les idées de Malthus, d'où dérivent celles de Fawcett, sont exposées dans son *Essai sur le principe de la population*, où les chapitres V, VI et VII sont consacrés à la critique de la loi des pauvres.

l'assistance à domicile l'exception. M. Vallance, dans la déposition
qu'il fit en 1888 devant une commission de la Chambre des Lords,
décrit ainsi l'œuvre dont il fut l'un des principaux artisans :

« Jusqu'en 1870, on peut dire que notre méthode consistait à
venir en aide aux besoins apparents en donnant des petits secours
à domicile. Nos établissements d'internat, qui se composaient alors
d'une workhouse où l'on admettait à la fois les malades et les personnes bien portantes, et d'une école séparée, celle de Forest Gate,
étaient réservés aux pauvres sans ressources qui venaient volontairement y chercher un refuge. Les personnes capables de travailler
qui demandaient des secours pour cause de chômage étaient mises
au travail, conformément à l'ordonnance pour la réglementation
des secours à domicile, et, en retour, recevaient des secours en argent et en nature. Avec ce système, l'administration avait périodiquement à faire face à de très graves difficultés, à tel point qu'on
était assez souvent obligé d'appeler la police, pour empêcher le
désordre, et protéger les fonctionnaires et la propriété... La crise
qui se produisit pendant l'hiver de 1869-1870 amena les Gardiens à
examiner la situation et à faire un effort énergique pour réformer
un système qui n'aboutissait qu'à augmenter le paupérisme et à
encourager la paresse, l'imprévoyance et la dissimulation, sans être
utile aux véritables intérêts des pauvres. On reconnut que la charité distribuait en général ses aumônes au hasard, qu'elle ne considérait pas son rôle comme différent de celui de l'Assistance publique, que l'on regardait l'Assistance publique comme un supplément
à la charité, que les personnes charitables se faisaient trop souvent
les avocats des pauvres dans les appels que ceux-ci adressaient à la
bourse des contribuables, et que l'Assistance publique et la charité
étaient occupées à soulager une misère créée en grande partie par
une philanthropie irréfléchie et par une mauvaise administration
de l'Assistance publique. Tel était l'état de choses que les Gardiens
résolurent de changer. Pénétrés du désir d'arriver, dans un avenir
plus ou moins lointain, à tracer une ligne de démarcation entre la
charité légale et la charité philanthropique, à restreindre la première aux secours donnés dans la workhouse et autres établissements pour les pauvres réellement sans ressources, tandis que la
seconde apporterait aux malheureux une sympathie personnelle et
une aide secourable, ils se mirent à diminuer graduellement l'assistance à domicile dans les cas de chômage, jusqu'au moment où
ils crurent pouvoir suspendre l'ordonnance pour la réglementation
des secours à domicile et appliquer rigoureusement les principes

de l'ordonnance pour la suppression des secours. Le chantier de travail fut fermé dans le courant de l'année 1870 et on ne l'a plus ouvert depuis. Pendant la période de transition, on constata qu'un dixième environ de ceux auxquels on offrait l'internat, à la place de l'assistance à domicile, acceptaient d'entrer à la workhouse. Ces nouveaux venus s'en allèrent plus tard graduellement, et, au bout d'un certain temps, le paupérisme interné revint à son état normal [1]. »

Les résultats obtenus furent extraordinaires. Le nombre total des assistés, qui s'élevait en 1870 au chiffre de 6.758 dans l'union de Whitechapel, était tombé, à l'époque où M. Vallance faisait sa déposition (1888), à 1.419, et cela malgré une augmentation sensible de la population. La diminution porte principalement, presque uniquement même, sur les pauvres assistés à domicile, qui étaient 5.339 en 1870 et ne sont plus que 63 en 1888, tandis que les pauvres internés qui étaient 1.419, sont encore 1.356. Les dépenses de l'assistance à domicile ont diminué dans la même proportion : dans une certaine semaine de l'année 1870, on dépensait 168 livres sterling 17 sh. 4 pence (4.221 fr. 65) ; dans la semaine correspondante de 1888, la dépense était descendue à 2 livres 10 sh. 11 pence (63 fr. 65) [2]. En 1900, le nombre des personnes assistées à domicile dans l'union de Whitechapel n'était plus que de 23, sur un total de 1.553 personnes secourues par l'union ; il n'a pas sensiblement varié depuis cette époque.

Nous avons insisté sur le cas de Whitechapel parce qu'il offre un des exemples les plus complets de l'abolition systématique de l'assistance à domicile, et que l'influence de cet exemple, souvent cité par les partisans de la workhouse, a été considérable ; mais le cas est loin d'être isolé. A peu près en même temps que l'union de Whitechapel, l'union de Stepney, presque aussi pauvre, commençait sa réforme. Le nombre des assistés, qui avait été de 8.043 pendant le dernier semestre de l'année 1869-1870, tomba en 1874-1875 à 2.122, et à 2.000 en 1889-1890 [3]. Comme à Whitechapel, la diminution a porté sur les pauvres assistés à domicile ; lors du recensement de 1906, Stepney comptait, sur 2.304 indigents secourus par la loi des

---

1. *Report from the Select Committee of the House of Lords on poor relief*, 1888, *Minutes of evidence*, Q. 4448.

2. *Report from Select Committee on poor relief*, 1888, *Minutes*, Q. 4498.

3. Ces renseignements sont tirés d'une brochure publiée par le *Charity Organisation Society* (*Outdoor Relief*, Occasional papers n° 33, p. 5). La réforme de Stepney a été exposée par J. Jones devant la commission de 1888 (30 avril).

pauvres, 474 personnes assistées à domicile [1]. Saint-George de l'Est
ne tarda pas à suivre l'exemple que lui donnaient les deux unions
limitrophes. Au 1er janvier 1875, le nombre des pauvres de Saint-
George était encore de 3.047 dont 1.799 secourus à domicile ; un
an plus tard, les Gardiens ayant changé de méthode dans l'intervalle,
les chiffres étaient respectivement 1.806 et 548 [2]. Saint-George devenait, avec Whitechapel et Stepney, une des unions modèles que les
publications de la Société pour l'organisation de la charité et les
rapports des inspecteurs de l'administration locale n'ont cessé de
donner en exemple au reste de la capitale et au pays tout entier.

La plupart des autres unions de Londres ont plus ou moins suivi
cet exemple : au recensement du paupérisme du 31 mars 1906, quatre seulement sur trente et une (Lewisham, Poplar, Camberwell et
Islington) avaient plus de pauvres assistés à domicile qu'elles n'en
avaient dans leurs workhouses et leurs autres établissements. A
Saint-Olave (Bermondsey), Greenwich, Mile End, Hackney et Hammersmith, le nombre des assistés à domicile est à peu près égal au
nombre des internés ; partout ailleurs, domine la méthode « stricte ».
Dans le West End, Kensington, Marylebone et Saint-George Hanover Square ; dans le centre, le Strand, Saint-James Westminster et
Saint-Giles ; dans le Nord, Saint-Pancras et Hampstead ; dans l'East
End, Whitechapel, Saint-George de l'Est, Stepney et Bethnal Green,
ont dans leurs établissements d'internat plus des trois quarts des
pauvres qu'ils assistent. Dans l'ensemble du comté de Londres, sur
100 personnes secourues, 61 sont internées et 39 assistées à domicile, tandis que dans le pays tout entier (Angleterre et pays de
Galles) les proportions sont : internat, 32 ; assistance à domicile,
68. La loi de 1894, qui a rendu plus démocratique le mode d'élection
des Gardiens, en supprimant les conditions de cens qui existaient
auparavant, n'a point eu pour effet, comme on aurait pu le supposer,
d'amener à Londres un changement de régime : après quelques
manifestations passagères, les Gardiens et leurs électeurs, qui sont,
il ne faut pas l'oublier, des contribuables, en sont revenus presque
partout au système de la workhouse. Les quelques unions « relâchées » de la capitale — Poplar surtout — sont périodiquement ac-
cablées d'anathèmes dans les rapports des inspecteurs de l'Assis-

---

1. *Poor Law Commission*, App. vol. XXV, *Statistics relating to England and
Wales*, p. 215-216.
2. La réforme de St-George de l'Est est exposée dans *Select Committee on
poor relief* (1888), *Minutes*, p. 205 et suiv. (déposition Crowder).

tance publique [1]. Poplar a même eu les honneurs d'une enquête particulière [2] ; on découvrit entre autres choses que les pensionnaires de la colonie rurale de Laindon, fondée par les Gardiens de Poplar, avaient chaque jour un menu dont un négociant londonien se fût très bien accommodé, et que le mouton australien, qui figure sur plus d'une table bourgeoise, n'était point jugé digne de paraître sur celle des pauvres de Poplar. Les orthodoxes crièrent naturelle-

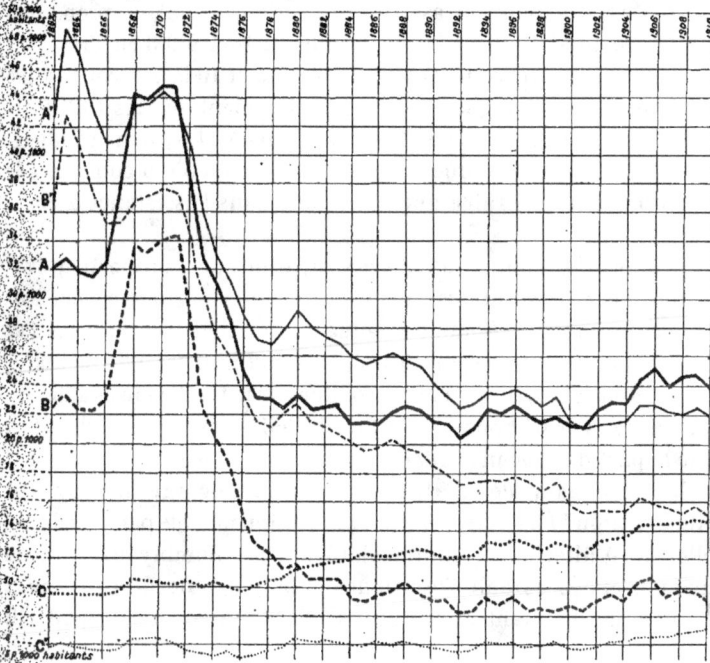

Fig. — 20. Le paupérisme à Londres et en Angleterre (1862-1910).

A. — Proportion d'assistés   à Londres pour 1000 habitants.
A'.—   id.   en Angleterre   id.
B. — Proportion d'assistés à domicile à Londres   id.
B'.—   id.   en Angleterre   id.
C. — Proportion d'internés   à Londres   id.
C'. —   id.   en Angleterre   id.

ment au scandale, et la honte de Poplar a rejailli sur toutes les unions qui ne sont point restées fidèles aux « principes de 1834 ».

Il faut avouer que la politique suivie depuis 1872 par la majorité des unions de Londres a produit un résultat : comme le montre notre graphique (fig. 20), la diminution du paupérisme légal a été

1. Ces rapports paraissent chaque année comme document parlementaire dans le *Report of the Local Government Board*.
2. *Report on Poplar Union*, by J. S. Davy (inspecteur principal du *Local*

Pasquet   32

presque continue à Londres de 1871 à 1901. On y comptait, en 1871, 44 assistés sur 1.000 habitants [1], et en 1901, 21 seulement. Depuis 1901, la proportion s'est un peu rélevée — elle atteignait 24 en 1910, — mais elle reste encore très inférieure à ce qu'elle était pendant la période qui va de 1862 à 1872, période durant laquelle elle n'est jamais descendue au-dessous de 31 p. 1.000 (voir le tableau p. 524). Cette diminution du paupérisme est uniquement due à la diminution du nombre des pauvres assistés à domicile, dont la proportion est tombée de 34,1 pour 1.000 habitants en 1871 à 9,3 en 1885, pour se maintenir depuis cette époque entre 8,5 et 10,5. Le paupérisme de la workhouse a augmenté très régulièrement depuis 1862 (voir ligne C), passant de 9,5 pour 1.000 habitants à 14,8 ; mais cette augmentation devient presque insignifiante, lorsqu'on la compare à la réduction si considérable que l'on a faite dans l'assistance à domicile.

Les dépenses n'ont point, il est vrai, diminué à proportion, l'assistance dans la workhouse étant beaucoup plus coûteuse que l'assistance à domicile. Comme chaque union tient ses comptes à sa manière et que, d'autre part, les dépenses administratives de l'assistance à domicile se trouvent confondues avec les dépenses administratives de la workhouse, il est fort difficile de savoir quelle est au juste la part de chacun des deux modes d'assistance dans la dépense totale. Cependant, dès 1894, l'auteur d'une brochure anonyme sur cette question [2] faisait remarquer que l'union modèle par excellence, celle de Whitechapel, était malgré le petit nombre des pauvres auxquels elle accordait l'assistance publique, une de celles où la dépense par habitant était la plus considérable ; à cet égard, elle

---

Government Board), 1906. L'historique des errements de Poplar avant et après le rapport Davy est présenté dans *38th Report of the Local Government Board, 1908-1909* (1909), p. 33 et suiv. (rapport de l'inspecteur Oxley). Voir aussi *Poor Law Commission*, Appendix volume XII (1910), p. 327 et suiv. (*The history of Poor Law administration in Poplar*, by Mrs. Spencer).

1. Il s'agit de la moyenne de l'année; établie en prenant le nombre des assistés au 1er janvier et au 1er juillet. Cette proportion qui est donnée chaque année dans les rapports du *Local Government Board* est naturellement beaucoup plus faible que celle que l'on obtiendrait en comparant avec le chiffre de la population le nombre total de personnes assistées, à un moment ou à l'autre, dans le courant d'une année. En 1906-1907, année pour laquelle les statistiques de la *Poor Law Commission* (App. vol. XXV, p. 586-587) permettent de faire cette comparaison, il y a eu à Londres 71 personnes assistées sur 1.000 habitants.

2. *Plain words on out relief*, Londres (Knight), 1894, p. 9, 14, 67.

occupait le neuvième rang parmi les 648 unions anglaises. L'énorme diminution du nombre des assistés n'y avait pas eu pour conséquence une diminution correspondante du chiffre des dépenses qui s'était maintenu presque stationnaire depuis 1870. La même année, le Dr Hunter fit paraître dans la *Contemporary Review*[1] un article qui fit quelque bruit et qui aboutissait aux mêmes conclusions. L'auteur divisait les unions de Londres en deux catégories : celles qui penchaient pour l'assistance à domicile et celles qui penchaient pour l'internat ; les premières contenaient 58 p. 100 de la population et (d'après les recherches de M. Booth) 56 p. 100 des pauvres, les secondes 42 p. 100 de la population et 44 p. 100 des pauvres. La proportion de pauvres correspondant à peu près à la proportion d'habitants, la dépense par habitant devait, *a priori*, être à peu près la même dans les deux groupes d'unions. Or il n'en était rien : la dépense par habitant était de 10 sh. 6 pence (13 fr. 10) dans le premier groupe et de 13 sh. 1/2 penny (16 fr. 30) dans le second. Les unions libérales réalisaient, par rapport aux unions strictes, une économie de 7 millions 500.000 francs par an. Enfin, dans un article du *Journal de la Société royale de statistique* sur les retraites ouvrières, Sir H. Burdett essaya, en 1898, d'évaluer la dépense faite à Londres par pauvre assisté dans la workhouse et par pauvre assisté à domicile[2]. Ses calculs lui donnèrent comme moyenne annuelle par pauvre « interné » la somme de 34 livres 3 sh. 6 pence (854 fr. 35), somme dans laquelle les frais généraux de toute espèce (frais de construction, traitement des fonctionnaires, etc.) sont compris pour 20 livres 7 sh. 6 pence (509 fr. 35). L'assistance à domicile revenait à 17 livres 11 sh. par tête (438 fr. 75), dont 11 livres 19 sh. 2 pence (298 fr. 95) de frais généraux.

Ces chiffres, établis par un statisticien très expert, sont probablement plus près de la vérité que ceux qui sont donnés chaque année dans les rapports du *Local Government Board*, où les dépenses administratives paraissent être mises presque en totalité au compte de l'internat. Quoi qu'il en soit, l'assistance coûte incontestablement beaucoup plus cher dans la workhouse qu'à domicile, et c'est sans doute à la mise en vigueur des principes de l'école orthodoxe qu'il faut attribuer pour une bonne part l'augmentation très considérable et presque continue de la dépense par pauvre depuis 1871. En 1871,

---

1. Mars 1894 (*Outdoor relief, is it so very bad ?*).
2. *Old Age Pensions* (*Journal of the Royal Statistical Society*, 1898, p. 597 et suiv.).

la dépense moyenne par personne secourue était à Londres de 268 fr. 50 ; en 1881, de 481 fr. 45 ; en 1891, de 562 fr. 05 ; en 1901, de 670 fr. 65, et en 1909 de 660 fr. 20 [1]. Dans le reste de l'Angleterre, la dépense par pauvre n'était en cette dernière année que de 350 fr. 75 la différence s'explique non pas tant par l'infériorité du coût de la vie dans la province anglaise que par l'opposition des pratiques administratives, Londres tenant pour le régime de l'internat tandis que le reste du pays fait de l'assistance à domicile la règle, et de la workhouse l'exception.

L'internement dans la workhouse n'est point une méthode économique d'assistance, surtout à Londres, où la valeur du terrain est très élevée et les frais de construction énormes. Dans les innombrables articles, livres et brochures qui traitent de cette question, les partisans de l'assistance à domicile ont pu démontrer sans peine qu'au lieu de dépenser, comme on l'a fait à Londres pendant l'année 1909-1910 [2], 872 fr. 90 pour entretenir dans la workhouse chacun des pauvres qui s'y trouvent enfermés, il eût été beaucoup plus économique, en même temps que plus humain, d'accorder à ces pauvres le secours à domicile que la plupart d'entre eux auraient sans doute préféré. Mais les défenseurs du système de la workhouse répondent que c'est rabaisser la question ; il ne s'agit point tant de faire des économies que d'empêcher le développement du paupérisme et de maintenir dans les masses populaires ces sentiments d'indépendance et de confiance en soi qui ont fait la grandeur de la race anglo-saxonne. Les secours à domicile ruinent le moral de l'ouvrier ; voyez ce qui s'est produit à Poplar où la proportion des assistés atteignit en 1905-1906 le chiffre énorme de 63 pour 1.000 habitants. Les secours à domicile amènent une perturbation dans le marché du travail ; ils permettent à ceux qui les reçoivent d'accepter des salaires inférieurs ; voyez encore Poplar, où fleurit le *sweating system* et où se sont fondées des industries qui ne vivent que grâce aux subventions de l'Assistance publique [3]. La

1. *39th Annual Report of the Local Government Board,1909-1910*,t. I, p. XLIII et 161.

2. *39th Annual Report of the Local Government Board, 1909-1910*, I, p. XLIII

3. Cet argument n'a peut-être pas toute la valeur que lui prêtent les partisans de la workhouse ; c'est du moins ce qui paraît ressortir des enquêtes faites par M. Jones et Miss Williams pour le compte de la Commission royale de 1909. M. Jones va même jusqu'à dire (*Final Report on the effect of outdoor relief on wages*, p. 370) qu'ils « n'ont pu trouver un seul cas où il fût possible de démontrer clairement qu'un salaire plus faible avait été offert ou accepté à cause d'un secours à domicile ».

crainte de la workhouse au contraire est le commencement de la
sagesse ; elle conseille en tous temps l'économie et la prudence, et
aux époques de crise, elle stimule les énergies. Les intéressés eux-
mêmes finissent par reconnaître son rôle bienfaisant. « Les pauvres
de Saint-George de l'Est, disait en 1888 à la Commission de la Chambre des Lords un des Gardiens de l'union, les pauvres de Saint-
George de l'Est se tirent tout aussi bien d'affaire sans les secours
à domicile qu'avec les petites aumônes d'autrefois ; ils ont accepté
l'inéluctable, je pourrais presque dire de bon cœur (contendedly)[1]. »

Qu'est-ce donc que cette « maison de travail » que Carlyle appelait autrefois une « bastille ensorcelée » et à laquelle les rapports
des inspecteurs de la loi des pauvres accordent au contraire presque
toutes les vertus ? Après avoir laissé à la porte nos souvenirs litté-
raires, — car il ne faut point s'attendre à retrouver la workhouse
d'aujourd'hui telle que Dickens la décrivait il y a cinquante ans, —
après avoir jeté un coup d'œil sur la salle des séances du bureau
des Gardiens, avec sa grande table recouverte d'un tapis vert, vous
pénétrez à la suite du secrétaire (clerk) de l'union qui a bien voulu
se faire votre guide dans une cour assez petite et de forme irrégulière, où les tas de bois alternent avec les tas de charbon. C'est le
chantier de travail (labour yard) de l'union ; c'est là que, pendant les
périodes de chômage, les Gardiens mettent à casser du bois les hommes valides auxquels ils accordent un secours à domicile et qui sont
soumis, conformément aux règlements, à l' « épreuve du travail »
(labour test). On ne fait pas casser des pierres, ni moudre du blé avec
des moulins à bras, ni éplucher de vieux câbles, dans cette union.
Pour le moment, il n'y a personne, et pendant que votre guide va
chercher à son bureau le directeur (master) de l'établissement, vous
pouvez à loisir examiner l'ensemble de constructions qui constitue
la workhouse. De vieilles bâtisses de briques à trois ou quatre étages, noircies depuis longtemps par la fumée de Londres, font les
unes avec les autres les angles les plus variés ; évidemment, on a
bâti au jour le jour, suivant les besoins, à mesure que s'accroissait
la population. Les architectes successifs ont tiré parti tant bien que
mal des constructions existantes et de l'espace restreint dont ils disposaient, car la workhouse dont il s'agit est dans la région centrale
de Londres, et les terrains voisins sont hors de prix ; en tout cas,
on ne peut les accuser, comme on l'a fait de notre temps pour quel-

---

1. *Select Committee on Poor Law relief*, 1888, *Minutes of Evidence*, Q. 1833.

ques-uns de leurs collègues, d'avoir sacrifié aux Grâces et construit un palais au lieu d'une workhouse ; ils ont su conserver à la maison de travail cet aspect rébarbatif qui est dans la tradition et dont l'influence sur les habitants de la paroisse ne peut être que salutaire. Mais voici le *clerk*, accompagné d'un homme d'une quarantaine d'années, trapu, les épaules carrées, l'air peu commode, dont l'aspect assez vulgaire ressort d'autant mieux que le secrétaire est le type accompli du vieux gentleman anglais ; c'est, à n'en pas douter, le « maître » de la workhouse, et la visite va pouvoir commencer.

Quelques explications préliminaires. L'union est une union « stricte », mais sans excès. Un quart environ des personnes assistées reçoivent des secours à domicile, les trois autres quarts sont dans la workhouse, dans les écoles, dans les asiles du Conseil de Comté, ou ailleurs. La workhouse peut recevoir un millier de personnes ; la moyenne, dans les dernières années, a été de 900 environ. En ce moment, l'affluence est moindre, car la majorité des hommes et des femmes valides a, suivant l'usage, quitté la workhouse pour aller faire la cueillette du houblon dans le pays de Kent. Comme dans la plupart des workhouses de Londres, on ne reçoit que des adultes ; le Bureau des Gardiens a même poussé le souci d'éviter aux enfants tout contact avec la workhouse jusqu'à créer pour eux un asile spécial (*receiving home*) où ils sont hospitalisés en attendant qu'on ait statué sur leur destination définitive. On les met ensuite en pension chez des particuliers ou dans des établissements d'instruction, en tenant compte de la religion de leurs parents. L'asile de nuit pour les vagabonds (*casual ward*) ne se trouve pas non plus dans la workhouse ; il est à quelque distance dans une autre rue.

Tout en discourant, le secrétaire et le directeur vous ont conduit vers le quartier des hommes et vers la salle de travail. Dans une pièce assez vaste, mais basse de plafond, une cinquantaine d'hommes se tiennent debout devant des machines qui servent à faire ces petits fagots de bois résineux avec lesquels les ménagères de Londres et de Paris allument leur feu. Le fonctionnement de la machine est des plus simples : l'ouvrier introduit dans une ouverture la quantité de petites bûches qu'il juge nécessaire ; un premier tour de roue et le fagot est serré, un second tour et il se trouve lié d'un fil de fer. L'opération peut se faire en un clin d'œil ; mais les pensionnaires auxquels on impose ce travail — des jeunes gens ou des hommes dans la force de l'âge, pour la plupart — procèdent avec un sage lenteur, et tournent la manivelle tout doucement, en chantonnant. Le directeur se fâche, parce qu'un des travailleurs s'obstine à faire entrer dans sa machine une quantité de bûchettes à peu près double de la quantité normale, ce qui risque de fausser l'appareil et cause en tout cas un préjudice à l'administration, car les fagots sont tous vendus le même prix. Il se lamente sur la paresse et la mauvaise volonté de ses administrés ; mais que faire ? On peut leur fixer une tâche, et les traduire devant les tribunaux s'ils refusent de travailler ? Assurément, mais les tribunaux ne condamnent plus. Certains directeurs ont essayé de se faire justice eux-mêmes, en soumettant ceux qui ne veulent rien faire au régime frugal du pain et de l'eau pendant quarante-huit heures ; mais il paraît que cette pratique n'est pas légale. Quelques-uns des membres de la Commission royale de 1909 — des socialistes — ont protesté et mené grand bruit autour de cette affaire. L'administration est désarmée.

La salle de travail communique par un long couloir blanchi à la chaux avec la salle principale du quartier des hommes. Deux rangées de tables s'allongent d'un bout à l'autre de la pièce ; de chaque côté des tables, des bancs sans dossier, et assis sur ces bancs, dans des postures diverses, une centaine d'hommes de tout âge, revêtus de l'uniforme grisâtre qui est celui des pensionnaires de la workhouse. Il y en a qui jouent aux dominos, d'autres qui causent entre eux, d'autres qui fument : la plupart regardent dans le vide et ne font absolument rien. L'entrée d'un groupe de visiteurs ne réussit pas à les émouvoir : c'est à peine s'ils tournent la tête, pour retomber immédiatement dans leur pose habituelle et leur méditation solitaire. Ils passent ainsi, paraît-il, des journées entières à se rémémorer le passé, à se plaindre de l'injustice du sort, et à se plaindre les uns des autres. Peut-être vous étonnerez-vous de voir réunis dans cette salle, et abandonnés à l'oisiveté la plus complète, des hommes dont la moitié, pour le moins, ne sont pas des vieillards et dont beaucoup ne paraissent pas incapables de tout travail. Le secrétaire, auquel vous communiquez ces réflexions, fait un geste vague : « Ils sont bien usés, Monsieur, bien décrépits ! » Il n'ajoute pas que l'on ne sait trop à quelle besogne les occuper et qu'il est peut-être encore plus économique de les nourrir à ne rien faire que de les faire travailler à perte, comme il arrive généralement. Tout à coup, des éclats de voix se font entendre à l'autre bout de la salle ; c'est le directeur qui a bondi à l'improviste sur un de ses pensionnaires et qui l'a sans doute pris en faute, car il revient traînant après lui un grand escogriffe, à l'air hypocrite et sournois, qui fait assez piteuse figure. Parvenu à bonne distance, le directeur montre triomphalement au *clerk*, entre le pouce et l'index, le corps du délit : un sou, à l'effigie de la reine Victoria. « Je l'ai pris sur le fait, dit-il, c'est le numéro 36, là-bas, qui le lui donnait. C'est le 280, il y a longtemps que je m'en doutais. » Et il se met en devoir de consigner les faits sur son carnet. « C'est bon, c'est bon, numéro 280, conclut le secrétaire, les Gardiens apprécieront. » Le 280 est un rusé compère qui vit aux dépens de ses collègues et qui leur soutire sous des prétextes divers les quelques pièces de monnaie qu'ils peuvent posséder. Son compte est bon ; étant dans la classe 2, celle des invalides, il avait droit à quelques douceurs supplémentaires ; on le mettra, pour commencer, au régime de la classe 1 et l'on verra bien... L'autre, d'ailleurs, est coupable aussi, puisqu'il est interdit par la loi à tout pensionnaire de la workhouse de conserver par devers lui une somme quelconque.

Des corridors et encore des corridors, où traînent quelques hommes qui ne devraient sans doute pas s'y trouver, car du plus loin qu'ils aperçoivent le directeur, ils rasent les murs et disparaissent au premier tournant. Voici le réfectoire, avec ses petites tables étroites et longues, séparées seulement l'une de l'autre par la largeur d'un banc ; une pile d'assiettes se dresse à l'extrémité de chaque table, et chaque place est marquée par une tasse de terre brune. La seule décoration de la salle est le menu des pensionnaires qui est affiché sur le mur, dans un cadre en chêne, tel qu'il a été arrêté après délibération du Bureau des Gardiens. La classe 1 qui comprend les hommes valides et aptes au travail, est, comme il faut s'y attendre, assez mal partagée, et la frugalité des repas n'est point faite pour encourager ceux qui se trouvent dans ce cas à s'installer définitivement à la workhouse.

Le menu des femmes qui se trouvent dans les mêmes conditions est identique, mais un peu moins abondant. Le pain servi aux pensionnaires de cette classe est du pain complet. Un grand nombre des personnes qui sont assistées dans la workhouse ont d'ailleurs droit, soit en raison de leur âge, soit par suite de leur état de santé, à être mises dans la classe 2, dont le menu est sensiblement plus varié et plus délicat (viande de boucherie deux fois par semaine, ragoût, lard, conserves, etc.), ou même dans la classe 3 où la nourriture est certainement aussi bonne et peut-être meilleure que dans la majorité des maisons anglaises de la classe ouvrière. La boisson est de l'eau ; à certains jours et à certains repas, on sert du thé ou du café; jamais de boissons alcooliques, sauf parfois un verre de bière à Christmas pour ceux qui le désirent.

Menu des hommes valides dans une workhouse de Londres [1].

	DÉJEUNER	DINER	SOUPER
Lundi	Pain, 4 onces (113 gr.). Soupe, 1 pinte 1/2 (0 lit. 85).	Bouillon, 1 pinte (0 lit. 57). Pain, 4 onces (113 gr.) Pudding, 8 onces (226 gr.). Fromage, 2 onces (56 gr.).	Pain, 6 onces (170 gr.). Soupe, 1 pinte 1/2 (0 lit. 85).
Mardi	—	Pain, 4 onces. Viande, 4 onces 1/2 (127 gr.). Légumes, 12 onces (340 gr.).	—
Mercredi. . .	—	Bouillon, 1 pinte. Pain, 4 onces. Pudding, 8 onces. Fromage, 2 onces.	—
Jeudi	—	Pain, 4 onces. Conserves, 4 onces 1/2. Légumes, 12 onces.	—
Vendredi . . .	—	Bouillon, 1 pinte. Pain, 8 onces. Fromage, 3 onces (85 gr.).	—
Samedi	—	Pudding, 16 onces (453 gr.).	—
Dimanche . .	Pain, 8 onces (226 gr.) Café, 1 pinte (0 l. 57). Margarine, 1/2 once (14 gr.).	Pain, 8 onces. Fromage, 3 onces (85 gr.). Café, 1 pinte.	Pain, 8 onces. Thé, 1 pinte. Margarine, 1/2 once.

A peu de distance du réfectoire, mais dans un autre corps de bâtiment est l'infirmerie. L'union n'est pas assez importante ni surtout assez riche pour avoir, comme tant d'autres unions de Londres, une infirmerie séparée. La workhouse sert à tous les usages, même aux consultations des malades qui ont obtenu l'assistance médicale, mais qui ne sont point hospitalisés dans la workhouse. Une petite pièce attenante à l'infirmerie renferme cinq ou six lits où sont couchés des hommes dout quelques-uns dorment, tandis que d'autres paraissent en proie à la surexcitation la plus vive : ce sont des malades que l'on soupçonne d'être atteints d'aliénation mentale

1. On peut comparer avec ce menu, qui est de 1910, celui de la workhouse de Lambeth à l'époque de la réforme de 1834 (*Report from His Majesty's Com-*

et que l'on a mis en observation. Le directeur pense que certains
d'entre eux n'ont probablement qu'un accès de delirium tremens.
Tout à côté, est le cabanon dans lequel on peut, au besoin, enfermer ceux qui deviendraient furieux ; une fois la folie bien constatée,
on transfère le malade à l'asile du Conseil de Comté.

Lorsque vous aurez encore visité les dortoirs où les petits lits de
fer bien alignés se suivent d'un bout à l'autre de la salle sans séparation d'aucune sorte et presque sans intervalle, vous pourrez quitter le quartier des hommes pour celui des femmes. Ces deux quartiers sont complètement séparés, et l'on ne peut à l'ordinaire passer
de l'un dans l'autre qu'après avoir traversé toute une série de
cours et de corridors ; mais, pour abréger, le directeur sort de sa
poche son trousseau de clefs et ouvre un couloir qui est destiné à
établir une communication dans le cas d'incendie. Par ce passage
ténébreux, on arrive directement sur un des paliers du quartier des
femmes, et là, le directeur prend congé de vous. Le quartier des

missioners, App. A, part. III (1834) p. 204) :

	DÉJEUNER ET SOUPER	DINER
Lundi	Pain, 368 gr. Fromage, 56 gr. ou beurre, 28 gr.	1 pinte (0 l.57) de soupe de bœuf.
Mardi	Pain, 368 gr. Fromage, 56 gr. ou beurre, 28 gr. 1 pinte (0 l. 57) de soupe au lait.	1 livre (453 gr.) de pudding au riz.
Mercredi . . .	Pain, 368 gr. Fromage, 56 gr. ou beurre, 28 gr.	Bœuf bouilli et légumes, 198 gr.
Jeudi.	Pain, 368 gr. Fromage, 56 gr. ou beurre, 28 gr. 1 pinte de soupe au lait.	1 pinte de soupe de bœuf.
Vendredi. . .	Pain, 368 gr. Fromage, 56 gr. ou beurre, 28 gr.	Bœuf bouilli et légumes, 198 gr.
Samedi. . . .	Comme le mardi et le jeudi.	1 pinte de soupe de bœuf.
Dimanche . .	Comme le lundi et le vendredi.	Bœuf bouilli et légumes, 198 gr.

L'entrepreneur qui avait soumissionné pour la nourriture des pauvres de la
paroisse était payé à raison de 3 sh. 11 pence (4 fr. 90) par semaine et
par tête. La workhouse de Lambeth passait pour une des mieux administrées
du pays.

Comme exemple de menu très libéral, on peut citer celui que les Gardiens
de Poplar ont établi pour les pauvres employés dans leur ferme de Laindon
(*Poor Law Commission*, App. vol. IX, p. 575 et 912). Voici le menu du lundi :
au déjeuner, pain (56 gr.), soupe (0 l.85), sucre (28 gr.), — au lunch, pain
(113 gr.) et fromage (42 gr.) — au thé, pain (226 gr.) et lait (0 l. 57) — au
dîner, pain (113 gr.), bœuf rôti (127 gr.), pommes de terre ou autres légumes
(340 gr.).

femmes est en effet le domaine de la « matrone » qui d'ailleurs, ici comme dans la plupart des workhouses de l'Angleterre, est la femme du directeur. La visite se fait plus rapidement que dans le quartier des hommes ; dortoirs et réfectoires sont en effet tout pareils, et il est inutile de s'y arrêter. Mais une pièce attire votre attention, c'est une grande salle bien éclairée, dont les fenêtres ont — chose inouïe — des rideaux, et où vous apercevez — chose plus extraordinaire encore — des vases de fleurs sur les tables. Des vieilles femmes s'agitent autour des tables et aux alentours de la cheminée ; d'autres prennent le thé en compagnie de quelques femmes, généralement plus jeunes, et qui ne portent point le costume de la workhouse. C'est, vous explique-t-on, la salle des femmes âgées, et c'est aujourd'hui leur jour de réception. Leurs amies, leurs parentes peuvent venir les voir et prendre avec elles, dans l'après-midi, cette tasse de thé sans laquelle la vie paraît à peine concevable à une Anglaise. Les visiteuses sont autorisées à apporter le thé, le sucre, le cake ou le pain beurré ; l'administration fournit l'eau chaude et permet de faire le thé dans la salle même, ce qui est, à ce qu'il semble, une grande joie pour ces pauvres vieilles. Elles ont encore pour un moment, l'imagination aidant, l'illusion de se croire chez elles et d'offrir à leurs invitées un thé de cérémonie.

On passe, en descendant, à côté de la salle des femmes valides, qui est fermée et dans laquelle il n'y a, paraît-il, personne. Les femmes capables de travailler sont répandues un peu partout, à frotter, à essuyer et à nettoyer. Vous en trouverez en effet une partie dans la buanderie, où elles sont occupées à laver et à sécher l'immense quantité de linge qui est nécessaire chaque jour à un établissement de 900 personnes ou, pour mieux dire, à surveiller et alimenter les appareils car presque tout se fait mécaniquement, à la vapeur. Les cuisines qui sont à côté de la buanderie ressemblent également, avec leurs immenses cylindres de cuivre, à une installation d'usine plutôt qu'à une cuisine ordinaire. Dans un de ces cylindres on déverse tout à coup un gros sac de poussière noirâtre : on prépare le thé des pensionnaires qui ont droit au régime « spécial » des invalides ; et, comme vous pourrez vous en convaincre en le goûtant, ce thé, malgré les apparences, est somme toute très passable. Plus que passable vous apparaît la viande que le directeur, revenu pour surveiller les apprêts du dîner, est en train de faire peser sous ses yeux ; il y a là un magnifique quartier de mouton devant lequel il vous est impossible de retenir une exclamation admirative ; mais le secrétaire qui a compris votre erreur s'empresse de vous détromper.

Vous avez tout simplement pris le dîner des fonctionnaires de la workhouse pour celui des assistés ! Ceux-ci ne sont d'ailleurs pas à plaindre, car les morceaux de lard fumé qu'on leur destine sont, bien qu'un peu gras, fort appétissants.

La visite est terminée. A la place du secrétaire que l'on vient d'appeler pour une affaire urgente, le directeur vous reconduit à travers les cours vides et les corridors désolés. Excellent homme, au fond, ce directeur, malgré sa rudesse professionnelle. Il ne faut certes pas lui demander de critiquer le système de la workhouse ; ce système lui paraît aussi nécessaire que le mouvement de la terre autour du soleil, et à peine comprend-il que l'on puisse s'en passer dans d'autres pays. Il ne faut pas non plus s'attendre à le voir répandre des larmes humanitaires sur le sort de ses administrés : il les connaît trop bien. Il avoue qu'il y a des cas très dignes d'intérêt parmi les vieillards des deux sexes ; mais les jeunes gens ! et les jeunes femmes ! Quel triste milieu ! « Songez, Monsieur, qu'ils peuvent venir ici se reposer quand ils veulent, y séjourner autant qu'ils veulent, en sortir et y rentrer autant de fois qu'ils veulent. Il y en a qui prennent régulièrement un jour de congé par semaine pour aller s'enivrer ; et, malgré tous les règlements, malgré toutes les précautions, hommes et femmes parviennent à communiquer dans la workhouse même, à s'entendre sur leur jour de sortie, et nous reviennent bras dessus, bras dessous, en titubant. » Il s'agit bien entendu de couples non mariés ; mais les autres ne valent pas beaucoup mieux. Il y en a qui semblent s'être établis à demeure, qui sont là depuis des années ; impossible de dire pourquoi. D'autres ne font qu'entrer et sortir continuellement : ce sont les pires. De cette classe de gens il n'y a rien à espérer, mais on pourrait sauver les enfants, et avec les lois actuelles on ne le peut pas. A peine les a-t-on débarbouillés, habillés, mis dans une école, le père et la mère font leur demande de sortie et réclament leurs enfants, comme c'est leur droit. Quatre ou cinq jours plus tard, tout le monde revient ; les enfants sont couverts de vermine, il faut les débarbouiller, les habiller et les remettre à l'école, et ainsi de suite indéfiniment. L'éducation et l'instruction qu'ils reçoivent ainsi à bâtons rompus ne peut avoir aucune influence ; ce sont de futurs pensionnaires que l'on prépare pour l'Assistance publique. Le Bureau des Gardiens a, il est vrai, le droit de garder de force pendant un maximum de 72 heures ceux qui ne font ainsi qu'entrer et sortir ; mais les vieux routiers de la workhouse sont trop habiles pour se faire prendre. « Savez-vous ce qu'ils font ? Ils déposent au moment même de leur entrée leur demande de sortie, de sorte que nous ne pouvons les retenir en tout plus de trois jours... Le grand malheur de la nation est que nous ne savons pas ce que c'est que l'économie. Quelle différence, n'est-ce pas, avec l'ouvrier français, si économe — du moins à ce qu'on m'a dit ? »

Vous n'aurez pas le courage de mettre en doute cette opinion et vous quitterez le directeur sur cette bonne parole. Vous pensez sortir ; mais le portier qui ne vous a point vu pénétrer dans l'établissement, parce que vous êtes entré par les bureaux, refuse absolument d'ouvrir la porte à un personnage aussi suspect et se charge de vous démontrer qu'on ne sort tout de même point de la workhouse aussi facilement qu'on vient de le dire. Heureusement, un employé qui a vu de loin votre embarras, vient attester que vous n'êtes ni un pensionnaire de l'établissement en rupture de ban, ni un journaliste malintentionné en quête de copie, mais un étranger honorable, qui étudie les institutions britanniques ; et quelques secondes plus tard vous êtes de nouveau en liberté sur le pavé de Londres. [1]

Telle est la workhouse d'aujourd'hui [1], bien différente, comme on le voit, de celle où fut enfermé Olivier Twist et où il attira sur lui les foudres de Bumble en redemandant de la soupe. Bumble n'a peut-être pas entièrement disparu de la workhouse anglaise ; les traitements, qui dépassent rarement 1.250 francs par an (plus le logement et la nourriture), sont trop faibles pour attirer une élite, et le recrutement des employés laisse parfois à désirer. Mais les enfants, dont Bumble était la terreur, ont, du moins à Londres et dans les grandes villes, échappé à sa domination ; s'ils entrent dans la workhouse, ce qui arrive encore dans quelques unions, ils ne font qu'y passer et sont immédiatement dirigés vers l'établissement qui est destiné à les recevoir : ici l'école paroissiale, là l'école de district, ailleurs une maison particulière ou un village scolaire. Chacun des Bureaux de Gardiens est en effet libre d'appliquer comme il lui plaît la méthode qu'il juge la meilleure pour l'éducation de ses pupilles. Primitivement, quelques unions s'étaient groupées

---

1. La vie dans la workhouse est décrite dans les articles de Virginia M. Crawford (*Within workhouse walls*) et Edith M. Shaw (*The workhouse from the inside*), parus l'un et l'autre dans la *Contemporary Review*, le premier en juin 1899, le second en octobre. Pour la description d'une workhouse ultra-moderne, celle que l'union de St-Olave (Bermondsey) a fait construire à Lewisham, voir *Municipal Journal*, 6 juillet 1900. — Cf. aussi *Poor Law Commission*, 1909, App. vol. XXVIII, *Visits*, p. 175-207.

en « districts scolaires » et avaient construit à frais communs dans la banlieue d'immenses édifices dont certains pouvaient contenir plus d'un millier d'enfants. On arrivait ainsi, en centralisant les services, à réaliser d'importantes économies. Mais le grand inconvénient de ces « casernes scolaires » (*barrack schools*), comme on les appelait, était que les enfants, perdus au milieu de la multitude et réduits à l'état de numéros, recevaient une éducation toute mécanique qui annihilait en eux la volonté et l'esprit d'initiative ; aussi ont-elles été condamnées dès 1896 par le rapport d'une commission spéciale[1] et sont-elles destinées à disparaître progressivement. Les écoles paroissiales, qui ne renferment que les enfants d'une même union, prêtent, à un moindre degré, à des critiques analogues. Quant à la méthode qui consiste à mettre les enfants en pension chez des particuliers, elle est employée presque partout à Londres ; mais elle exige une surveillance continue et elle n'est pas susceptible d'une application générale, puisque la loi ne permet de mettre en pension que les orphelins et les enfants abandonnés.

Il a donc fallu s'ingénier à trouver des méthodes qui n'aient ni les inconvénients des grandes écoles, ni ceux de la pension privée et qui permettent autant qu'il est possible de faire vivre les enfants de la vie de famille. Kensington et Chelsea se sont associés pour fonder à Banstead un véritable village scolaire, formé de *cottages* où les enfants vivent par petits groupes sous la surveillance d'une « mère » : la famille artificielle remplace ainsi la famille naturelle. Les enfants se rendent chaque jour dans une école commune, et, en dehors des heures d'école, les petites filles apprennent, sous la direction de la mère de famille, à vaquer aux soins du ménage, tandis que les garçons se rendent aux ateliers où leur sont enseignés les métiers manuels. La tentative est fort intéressante et donne d'excellents résultats ; l'exemple n'a cependant trouvé qu'un petit nombre d'imitateurs. Greenwich associé à Depford a construit, ainsi que Shoreditch, des *cottage homes* pareils à ceux de Banstead ; mais, en général, ils ont paru trop dispendieux aux représentants des contribuables, et l'on fait observer qu'ils ont en outre des désavantages analogues à ceux des écoles ; les enfants pauvres y sont trop à l'écart de la vie réelle, entourés d'une atmosphère factice, mal préparés en un mot au rôle qu'ils doivent jouer plus tard dans la société. Du désir d'échapper à ces critiques est né un nouveau

1. *Report of the departmental Committee on Poor Law schools*, 1896. — Cf. pour l'opinion opposée un article de Lidgett, dans *Contemporary Review*, février 1897.

système d'éducation qui prétend réunir à la fois les avantages des *cottage homes* et ceux de la pension privée ; ce mode d'éducation, inauguré à Sheffield, est connu sous le nom de *scattered homes* (maisons éparses). Il consiste à louer, acheter ou bâtir, dans les différents quartiers d'une ville, des maisons où l'on établit des familles artificielles, analogues à celles des *cottage homes* et formées ordinairement de dix à quinze enfants. Ces enfants fraternisent avec ceux de la rue dans laquelle ils se trouvent, jouent avec eux, vont à la même école ; leur nombre, qui ne dépasse guère celui de beaucoup de familles ouvrières, permet une surveillance très précise, une étude attentive des caractères et des dispositions naturelles de chacun. On dit le plus grand bien de cette méthode ; elle est à la mode à l'heure actuelle. Whitechapel, Saint-Olave, Camberwell, Mile End l'ont successivement adoptée, soit intégralement, soit avec quelques modifications ; presque toutes les unions métropolitaines que les circonstances obligent à abandonner les anciens errements essaient de se procurer des « mères » capables — le plus souvent d'anciennes institutrices, — et de mettre en pratique le « système de Sheffield ».

Comme les enfants, les malades ont, dans presque toutes les unions de Londres, quitté la workhouse pour un établissement séparé, l'infirmerie ; lors même que l'infirmerie est restée dans les bâtiments de la workhouse, elle n'est pas considérée comme en faisant partie. Les infirmeries des grandes unions de Londres sont devenues de véritables hôpitaux, fort bien aménagés et qui ont eu le plus grand succès, non seulement auprès de la population pauvre, mais parmi les ouvriers aisés et même dans la petite bourgeoisie. On sait que l'assistance médicale ne prive point celui qui la reçoit de ses droits électoraux[1] ; aussi ne juge-t-on point qu'elle apporte avec elle la tare du paupérisme, et n'a-t-on pas de scrupule à y recourir à l'occasion[2]. Certains économistes ont même vu dans cette habitude grandissante le germe des plus graves dangers pour l'avenir[3].

Les enfants et les malades partis, que reste-t-il dans la work-

1. Depuis 1885 (*Medical relief disqualification removal Act*), l'assistance médicale fait cependant perdre le droit de vote pour l'élection des Gardiens des pauvres.
2. Rapport de l'inspecteur Lockwood, dans *30 th Annual Report of the Local Government Board, 1900* (1901), p. 81.
3. Voir en particulier Aschrott, *Entwickelung des Armenwesens in England seit dem Jahre 1885*, p. 56.

house ? En d'autres termes, de quels éléments se compose la population d'une workhouse normale, comme celle que nous avons décrite ?

Il n'est point facile de répondre à cette question, car les statistiques de l'Assistance publique anglaise sont très sobres de renseignements sur ce point [1]. Les recensements que l'on a faits à différentes époques, à la fin du xixᵉ siècle et au commencement du xxᵉ montrent cependant qu'une partie considérable, sinon la majorité, des pensionnaires de la « maison de travail » sont des vieillards. Ainsi nous savons qu'au 1ᵉʳ janvier 1892, 31 p. 100 des personnes qui se trouvaient dans les établissements d'Assistance publique de Londres étaient âgées de 65 ans ou plus ; au recensement général de 1901, la proportion était de 35 p. 100, et au recensement spécial du 31 mars 1906, de 33 p. 100 [2]. Or il ne faut pas oublier que parmi

1. On comprend difficilement d'après quel principe sont établies ces statistiques. Les statistiques ordinaires (1ᵉʳ janvier et 1ᵉʳ juillet de chaque année) ne donnent que le nombre des pauvres secourus dans chaque union au jour fixé, en distinguant ceux qui sont dans les divers établissements de l'Assistance publique et ceux qui sont secourus à domicile. Le 1ᵉʳ août 1890, à la suite de discussions au Parlement sur les pensions de vieillesse, fut fait un recensement qui fit connaître pour chaque union le nombre des assistés âgés de moins et de plus de 60 ans (publié comme document parlementaire sous le titre de : *Return of the number of persons over 60 years of age in receipt of relief on 1rst August 1890*). — Un recensement du même genre eut lieu le 1ᵉʳ janvier 1892, mais les assistés furent divisés en : 1º personnes de moins de 16 ans ; 2º personnes âgées de plus de 16 ans et de moins de 65 ans ; 3º personnes de 65 ans et plus. On fit en outre un recensement de toutes les personnes secourues pendant l'année 1891-1892, et leur âge fut indiqué de la même façon. Ces deux recensements furent réunis dans un document parlementaire intitulé : *Return showing the number of persons of 65 years of age and upwards, and the number under 65 years of age who had attained 16 years of age and the number of children under 16 in receipt of indoor relief and outdoor relief respectively on the 1rst of January 1892 and at any time during the 12 months ended at Lady Day 1892.* — Le recensement général de 1901 (31 mars) donne la population des établissements d'Assistance publique de Londres et les âges de 10 en 10 ans (de 5 en 5 pour certains âges). Mais les limites de 16 et de 60 ans n'existent pas. — Le recensement spécial de 1906 permet de savoir le nombre d'enfants de moins de 16 ans, le nombre des adultes de 16 à 60 ans, de 60 à 65 ans et de plus de 65 ans à la date du 31 mars, mais le recensement fait pour l'année 1906-1907 est moins complet que celui de 1891-1892 et ne distingue que les enfants et les adultes (*Poor Law Commission*, App. vol. XXV, *Statistics*).

2. *Return showing the number of persons of 65 years of age, etc.*, 1892, p. 8. *Report by the Statistical Officer on the census of 1901* (L. C. C.), p. 16 ; *Poor Law Commission*, App. vol. XXV, *Statistics relating to England and Wales* (1911), p. 176-177.

ces établissements d'assistance figurent les écoles, qui renferment dix à douze mille enfants ; si l'on ne fait entrer en compte que les établissements destinés aux adultes, c'est-à-dire principalement les workhouses et les infirmeries, on restera certainement au-dessous de la vérité en évaluant à 40 p. 100 la proportion des personnes de plus de 65 ans qui s'y trouvent, et à 50 p. 100 la proportion des personnes de plus de 60 ans. Au 31 mars 1906, les établissements de Londres renfermaient, sur une population totale de 77.296 individus (dont 20.157 enfants), 33.557 personnes de plus de 60 ans et 25.929 de plus de 65 [1] ; 11 p. 100 des Londoniens âgés de plus de 60 ans et 14 p. 100 de ceux qui avaient dépassé 65 ans étaient à cette date dans les établissements de l'Assistance publique.

Cette question du paupérisme des vieillards a vivement préoccupé l'opinion publique anglaise pendant les vingt dernières années. Le recensement de 1891-1892 prouva qu'à Londres, dans l'espace d'une année, 23 p. 100 des personnes de plus de 65 ans étaient entrées, à un moment ou à l'autre, dans un établissement d'assistance ; en ajoutant à ce chiffre les 12 p. 100 qui avaient été secourus à domicile, on arrivait à la conclusion que 35 p. 100 des vieillards de plus de 65 ans avaient reçu dans le courant de l'année les secours de la loi des pauvres. Si énorme que fût cette moyenne, elle était pourtant dépassée,-et de beaucoup, dans les quartiers ouvriers de Londres. D'après les calculs de M. Ch. Booth [2], la proportion atteignait 84 p.100 dans l'union de Saint-Saviour (Southwark),53 p.100 dans l'union voisine de Saint-Olave (Bermondsey), 66 p. 100 à Saint-George de l'Est, 63 p. 100 à Bethnal Green, 55 p. 100 à Stepney,49 p. 100 à Shoreditch,42 p. 100 à Whitechapel et 40 p. 100 à Poplar. Les quartiers centraux et surpeuplés du Strand et de Holborn, le premier avec 71 p. 100 et le deuxième avec 70, n'étaient dépassés que par Saint-Saviour..

Il est malheureusement impossible d'établir une comparaison entre le recensement de 1891-1892 et celui qui a été fait sur la demande de la Commission royale de la loi des pauvres pour l'année 1906-1907, ce dernier ne faisant pas connaître l'âge des individus assistés pendant l'année ; mais il est certain que le paupérisme des vieillards n'a fait qu'augmenter dans l'intervalle. Nous voyons en effet qu'au 1er janvier 1892, 20 p. 100 des personnes de plus de 65 ans qui habitaient Londres recevaient des secours ; au 31 mars

1. *Poor Law Commission, Statistics relating to England and Wales*, p. 176-177.
2. *The aged poor* (1894), p. 96-99. L'ouvrage était destiné à montrer la nécessité d'un système de retraites ouvrières.

Pasquet   33

1906, la proportion était de 24 p. 100. Dans l'union du Strand, sur
100 personnes de plus de 60 ans domiciliées dans l'union, 56 étaient
au jour de recensement ou internées dans les établissements d'assistance ou secourues à domicile ; 43 se trouvaient dans le même
cas à Holborn, 37 à Poplar et 34 à Bermondsey [1] ; (pour les autres
chiffres voir le tableau à la fin du chapitre).

Le vote de la loi de 1908 sur les retraites ouvrières qui accorde,
sans contribution de l'ouvrier ni du patron, des pensions hebdomadaires à toute personne de plus de 70 ans dont le revenu ne dépasse
point un certain chiffre [2], aurait dû, semble-t-il, amener une diminution considérable dans le nombre des vieillards assistés. Il n'en
a rien été pendant les premières années, parce qu'une clause de la
loi, sans doute dans le dessein d'encourager l'épargne, avait réservé
le bénéfice des pensions de vieillesse à ceux qui n'avaient point
touché de secours de l'Assistance publique depuis une certaine date.
Cette clause a cessé d'être en vigueur à partir du 1er janvier 1911, et
le nombre des vieillards secourus à domicile dans les différentes
unions de Londres a diminué rapidement pendant les premières
semaines de l'année 1911, ce qui revient à dire que les 4 ou 5 shillings versés par l'union ont été remplacés par les 4 ou 5 shillings
servis par l'Etat. Mais sur les vieillards de la workhouse, l'abrogation
de la clause paraît devoir être de nul effet [3]. La plupart de ces vieillards n'ont pas le moindre revenu personnel ; ils ne pourraient donc
compter que sur les 5 shillings que leur donnerait l'Etat, et il est
assurément difficile à un homme ou à une femme de 70 ans de vivre
à Londres avec 5 shillings par semaine. Aussi presque tous ceux
qui étaient dans les workhouses au commencement de janvier 1911
ont-ils préféré rester où ils se trouvaient et renoncer à leur pension ;
cette classe est, comme nous l'avons vu, fort nombreuse à Londres,

1. *Return showing the number of persons of 65 years of age*, 1892, p. 8 ; *Poor
Law Commission*, App. vol. XXV, *Statistics*, p. 354-355.

2. Peut recevoir une pension toute personne âgée de 70 ans dont le revenu
annuel est inférieur à 31 livres 10 sh. (787 fr. 50). Au-dessous de 21 livres
(525 fr.) la pension est de 5 shillings (6 fr. 25) par semaine ; au-dessus, la
pension va en diminuant (jusqu'à un minimum de 1 sh. par semaine) à mesure que le revenu augmente. Voir l'exposé de la loi dans *38th Annual Report
of Local Government Board, 1908-1909* (1909), t. I, p. LXXV et suiv., ou dans
F. Bouffard, *Les retraites ouvrières en Angleterre* (1910).

3. Le nombre des pauvres assistés dans la workhouse qui ont réclamé leur
pension a été à Londres de 974 pendant les quatre premières semaines de
1911 ; le nombre des pauvres assistés à domicile qui ont fait la même demande
a été de 10.524 (*London Statistics*, t. XXI, p. 589).

et il n'est pas vraisemblable qu'elle doive diminuer sensiblement dans l'avenir.

Le contingent le plus important des pensionnaires de la work-house, après celui qui est fourni par la vieillesse, se recrute parmi tous ces déshérités de la vie que leur débilité physique ou mentale rend incapables d'un travail suivi et que les statistiques de l'Assistance publique rangent pêle-mêle avec les vieillards sous la rubrique : invalides (*not able-bodied*). Il est impossible d'évaluer directement leur nombre. Nous savons qu'au 1er janvier 1909, sur une population de 40.104 personnes qui résidaient dans les workhouses de Londres, 8.876 (28 p. 100) étaient officiellement classées comme « infirmes » ; mais ce chiffre qui, d'une part, comprend une partie des vieillards, est bien loin, d'autre part, de renfermer tous ceux qui sont réellement incapables de gagner leur vie dans les conditions industrielles normales. Si l'on consulte en effet, pour la même date, le tableau qui donne le nombre des adultes classés comme valides (*able-bodied*) et comme invalides (*not able bodied*), on constate que, dans l'ensemble des établissements d'assistance de Londres, il y avait alors, sur 53.404 adultes, 41.743 « invalides » et seulement 11.661 « valides ». Le total des personnes hospitalisées dans les workhouses et capables de travailler ne saurait donc être supérieur à 11.661.

Il est, en fait, beaucoup moins élevé. Le recensement du 1er juillet 1908 nous fait connaître non seulement le nombre des personnes classées comme valides, mais encore la proportion des personnes valides qui étaient « en bonne santé » (*in health*) et la proportion de celles qui étaient « temporairement incapables de travailler » (*temporarily disabled*). De 9.291 personnes « valides », 4.478 seulement (2.685 hommes et 1.793 femmes), c'est-à-dire 48 p. 100, sont portées comme étant « en bonne santé ». Si l'on suppose, ainsi qu'il est naturel de le faire, que les proportions sont restées les mêmes au 1er janvier 1909, les 11.661 adultes valides recensés à cette date dans les établissements de Londres compteraient parmi eux 5 597 personnes « valides, en bonne santé ».

Cinq mille six cents personnes au plus, sur quarante mille, — à peine 14 p. 100, — telle est donc la proportion des individus capables d'un travail régulier que renfermaient au 1er janvier 1909 les work-houses de Londres. Les vieillards (65 ans et plus) forment, avons-nous dit, au moins 40 p. 100 du total. Le reste — 46 p. 100 — se compose pour la plus grosse part (les deux tiers peut-être) d'individus trop faibles [1], ou maladifs, ou trop dénués d'intelligence pour pouvoir remplir aisément un rôle utile dans la vie ordinaire, et pour une part moins importante de personnes normalement constituées mais momentanément incapables de travailler [2].

La workhouse nous apparaît ainsi avec son double caractère : hospice pour le plus grand nombre, maison de travail forcé pour les autres pensionnaires. Ces deux objets sont difficiles à concilier. La commission réformatrice de 1832 l'avait si bien compris qu'il n'entrait nullement dans ses plans de faire de la workhouse l'établissement composite qu'elle est devenue plus tard. Dans la pensée des membres de la Commission, les vieillards et les malades devaient avoir à leur disposition des maisons de retraite, la workhouse ordinaire étant réservée à ces individus valides et sans ressources auxquels la Commission prétendait faire perdre l'habitude de vivre aux dépens de leurs concitoyens ; à ceux-là devait être appliquée, dans toute sa rigueur, « l'épreuve de la workhouse [3] ». Mais ces résolutions ne tinrent pas longtemps devant le désir de faire des économies et de simplifier l'administration de la loi des pauvres : au lieu de construire dans chaque union trois ou quatre établissements séparés, n'était-il pas plus simple et moins coûteux de réunir sous le même toit tous les pauvres de l'union ? Les Commissaires chargés de surveiller l'application de la loi de 1834 se prononcèrent eux-mêmes dans ce sens [4], et c'est ainsi que naquit cet établissement extraordinaire où, sous la surveillance d'un « maître » ou d'une « matrone », on entassait pêle-mêle les hommes, les femmes et les enfants, les vieillards et les jeunes gens, les malades, les idiots, les aliénés et les gens en parfaite santé, les paresseux, les débiles et les incapables. Une partie de cette population a quitté plus tard la workhouse pour l'infirmerie, l'asile ou l'école ; mais ce que nous

---

1. Dans ce nombre rentrent les enfants qui restent à la workhouse parce qu'ils sont trop jeunes pour quitter leur mère et pour être envoyés aux écoles (1.436 au 1er janvier 1909).

2. *Pauperism (England and Wales).Half-yearley statement for 1rst July 1908 ; Half-yearly statement for 1rst January 1909 ;* et *London Statistics,* 't. XX, 1909-1910, p. 72 et suiv. Dans *Report of the Royal Commission on the Poor Laws, 1909 ; Minority Report,* p. 730 (note) on donne la composition d'une « workhouse urbaine typique, de grandeur moyenne » (891 personnes) : faibles d'esprit, 164 ; malades, 235 ; vieillards et infirmes, 183 ; enfants, 39 ; adultes en bonne santé, 270.

3. *Report of Poor Law Commission,* 1834, p. 303-307.

4. Voir *Report of the Royal Commission on the Poor Laws, 1909 ; Majority Report,* p. 123-125 ; *Minority Report,* p. 734 et suiv.

venons de dire de la composition de la workhouse montre que cet
établissement renferme encore à l'heure actuelle un singulier mélange d'êtres humains qui n'ont guère en commun qu'une seule
chose : le fait de n'avoir pour le moment aucun moyen d'existence

Il est naturellement contraire au bon sens de traiter exactement
de la même façon le vieil ouvrier qui a peiné toute sa vie, mais qui
n'a pas eu de chance, le prodigue qui a dissipé sa fortune, le paresseux dans la force de l'âge qui ne veut rien faire, le pauvre diable
auquel la nature a refusé la mesure usuelle d'intelligence, l'ouvrier
sans travail, la veuve que la mort de son mari oblige d'entrer dans
la « Maison » et la fille qui vient s'y reposer pendant quelques jours
avant de reprendre dans la rue son triste métier. Il a donc fallu
« classer » en différentes sections les pensionnaires de la workhouse,
distinguer les « valides » des « invalides », les infirmes et les débiles de ceux qui sont normalement constitués, les vieillards des jeunes gens et instituer pour chacune des sections un régime spécial.
Depuis la circulaire ministérielle du mois d'août 1900 qui recom-
mandait aux Gardiens des pauvres d'avoir certains égards pour les
personnes âgées et méritantes, les vieillards des deux sexes ont été
l'objet de soins particuliers. On leur laisse à l'intérieur de l'établissement une liberté relative ; ils prennent souvent leurs repas, sauf
le dîner, dans une salle séparée ; ils peuvent recevoir des visites.
Dans certaines unions, les hommes ont chaque semaine une petite
provision de tabac. On a reconnu qu'il n'était pas indispensable à
une bonne administration de reléguer le mari à la section des hommes, la femme à la section des femmes et de séparer ainsi deux
pauvres vieux qui ont passé ensemble quarante ou cinquante années de leur vie. On leur évite, autant que possible, la promiscuité
des dortoirs communs ; on leur réserve quelques chambres, quelquefois même, dans les nouvelles et luxueuses workhouses, de
petits cottages, auxquels les fleurs et les plantes grimpantes donnent l'aspect d'un véritable *home*. Ainsi que le demandait l'auteur
d'une brochure de la « société Fabienne », la loi des pauvres s'est
« humanisée » [1].

Malheureusement, le « classement » des diverses catégories de
pauvres, conseillé par le ministère de l'administration locale, ne
peut jamais être poussé bien loin [2], et lorsqu'il s'agit de faire le départ entre les pauvres « méritants » et ceux qui ne le sont point, il

1. *The humanising of the Poor Law*, by J. F. Oakeshott, 1894.
2. Sur l'impossibilité d'un classement rationnel à l'intérieur de la workhouse, cf. *Report of Poor Law Commission, 1909* ; *Majority Report*, p. 125-126.

est à craindre que le directeur et la directrice n'aient pas le loisir
de faire de longues enquêtes. Trois ou quatre divisions pour les
hommes, autant pour les femmes, une pour les enfants, telle est la
règle dans une workhouse bien administrée : les pensionnaires
rentrent tant bien que mal dans ces cadres. Comme nous l'avons
montré dans notre étude sur le chômage, un des résultats de la
présence simultanée dans la workhouse de ces différentes catégories d'individus est un affaiblissement général de la discipline.
Puisque les vieillards, les malades, les invalides de toute sorte,
forment la majorité et que la workhouse est avant tout un hospice,
le règlement doit être le règlement d'un hospice. On se lève tard,
on se couche tôt, les heures de travail sont courtes ; et il est, en
pratique, impossible d'empêcher les quelques « valides en bonne
santé » qui se trouvent là comme par hasard, de bénéficier des
avantages d'un règlement qui n'est pas fait pour eux. C'est ainsi
que les workhouses deviennent, suivant le mot déjà cité d'un directeur, « des sortes de clubs, où il y a bien quelques inconvénients à
supporter, mais où l'on passe de charmantes soirées ».

L'efficacité de « l'épreuve de la workhouse » est, dans ces conditions, plus que douteuse. La workhouse continue, au moins dans
une certaine mesure, d'être la terreur des pauvres respectables ;
mais les autres ont cessé de la craindre. Bien plus, ceux-là même
contre lesquels a été institué le « système de la workhouse » en sont
arrivés à regarder l'établissement comme un lieu de repos où ils
peuvent aller de temps en temps prendre leurs vacances. Nous
avons vu que le nombre des « valides en bonne santé » internés dans
les workhouses de Londres a augmenté de 38 p. 100 entre l'année
1895-1896 et l'année 1905-1906, et que les workhouses spéciales pour
hommes valides qui avaient été fondées d'abord à Poplar, puis à
Kensington, ont fini par disparaître : comme elles étaient à peu
près vides, les Gardiens y ont envoyé de nouveau des invalides et
des vieillards. Faut-il s'étonner que, dans son rapport de 1909, la
majorité de la commission royale chargée d'étudier l'Assistance publique dans le Royaume-Uni ne se soit prononcée qu'avec de graves restrictions pour le maintien du « système de la workhouse »
et que la minorité, plus radicale, ait conclu à la faillite complète
du régime actuel[1] ?

1. Nous ne pouvons entrer dans l'examen général des remèdes préconisés
par les deux rapports de la Commission. Le rapport de la majorité veut que
l'on continue à « décourager » le paupérisme, tandis que la minorité se préoccupe surtout de le « prévenir ». Les conclusions de la Commission sont

Mais, dira-t-on, et Whitechapel ? et Stepney ? et Saint-George de l'Est. Ces unions modèles n'ont-elles pas réussi, par l'application rigoureuse et continue de « l'épreuve de la workhouse », à dépaupériser des quartiers qui sont parmi les plus pauvres de Londres ?

Il est constant, en effet, que ces trois unions ont à chaque recensement semestriel une proportion d'assistés très inférieure à celle qu'elles avaient il y a quarante ans, et que, sur la liste des unions par ordre de paupérisme décroissant, elles s'inscrivent souvent très loin après des unions qui sont, sans conteste, moins misérables qu'elles. Au recensement du 31 mars 1906, qui fut fait plus soigneusement que de coutume, Stepney avec 39, 8 assistés pour 1.000 habitants venait après la Cité (48,3 pour 1.000), Bermondsey (50,3), Holborn (51,2), Poplar (56,8), et le Strand (73,1); Saint-George de l'Est avait le 11e rang et Whitechapel le 22e ; Whitechapel avec 25,1 assistés pour 1.000 venait après le quartier suburbain de Lewisham (25,7) qui est surtout habité par la petite bourgeoisie, mais qui distribue libéralement les secours à domicile.

Ces chiffres paraissent décisifs. Mais il faut remarquer d'abord que la population de Whitechapel et, à un moindre degré, celle de Stepney et de Saint-George, a complètement changé de caractère depuis quarante ans : les Juifs ont envahi Whitechapel, ils colonisent actuellement Saint-George et Stepney. Les ouvriers juifs sont probablement aussi pauvres que les ouvriers chrétiens qu'ils remplacent ; mais une admirable organisation de la charité les empêche, pour la plupart, de tomber à la charge de l'Assistance publique. Ils se résignent du reste très difficilement à entrer à la workhouse où la nourriture qu'on leur sert est préparée sans tenir compte des prescriptions de la Loi. Il n'est pas impossible, on le voit, que le changement de population ait eu quelque influence sur la diminution du paupérisme dans les trois unions modèles.

Les trois unions modèles sont-elles, d'ailleurs, vraiment « dépaupérisées » ? Leurs habitants, terrifiés par la peur de la workhouse, ont-ils cessé de demander — et d'obtenir — de temps en temps les secours de l'Assistance publique ? Sont-ils devenus, plus que dans les autres quartiers de Londres, des citoyens indépendants, habitués à ne compter que sur eux-mêmes ? En aucune façon. Le recensement des pauvres secourus pendant l'année 1906-1907 a révélé sur ce point un fait singulier, qui n'apparaît point dans les statistiques semes-

clairement exposées dans une étude de M. et Mme S. Webb, traduite par M. et Mme H. Bourgin (*Le problème de l'Assistance publique en Angleterre*, 1912).

trielles : la proportion des habitants de Stepney, de Saint-George de l'Est et de Whitechapel,qui dans le courant d'une année ont recours à l'Assistance publique,est extrêmement élevée. Stepney (144 assistés pour 1.000 habitants) n'est dépassé que par les unions de la Cité et du Strand que la nature de leur population met dans un cas particulier ; Saint-George de l'Est (143 assistés pour 1.000 habitants) vient immédiatement après Stepney ; ces deux unions ont une proportion d'assistés supérieure à celle de Poplar (114 p. 1.000), l'union « relâchée » par excellence. Whitechapel (109 assistés pour 1.000 habitants), qui avait le 22ᵉ rang dans le classement semestriel, arrive maintenant au 8ᵉ, à la suite de Poplar [1] (Voir le tableau p.524). L'explication du phénomène est évidemment que les habitants de Whitechapel, de Saint-George et de Stepney ne demandent ou n'obtiennent de secours que pour de courtes périodes, ce qui est fort avantageux pour les contribuables, sinon pour les pauvres eux-mêmes, mais peut-on dire que des unions dans lesquelles de 109 à 144 habitants sur 1.000 tombent chaque année à la charge du public, et où la proportion des personnes assistées chaque année est très supérieure à la moyenne de Londres (71 p. 1.000) soient réellement « dépaupérisées » ?

Enfin la question n'est peut-être pas uniquement une question de statistiques. On n'a peut-être pas tout dit lorsqu'on a prouvé, chiffres en main, que telle union qui pratique le système de la workhouse a moins d'assistés que telle autre union qui accorde des secours à domicile. Il n'est pas démontré que les pauvres qui refusent d'entrer à la workhouse arrivent tout aussi bien à se tirer d'affaire, comme l'affirment les partisans du système, et acceptent « de bon cœur » le sort qui leur est imposé. Une enquête faite par les soins de la Commission royale de 1905-1909 dans deux unions de Londres (Paddington et Hackney) et dans quelques unions de province où l'administration est particulièrement stricte,conduirait même à penser le contraire [2]. Les conclusions de l'auteur du rapport sont très pessimistes. Dans aucun des cas étudiés le refus d'assistance à domicile n'a eu pour résultat d'amener les parents des intéressés à leur venir en aide avec plus de générosité qu'auparavant, dans aucun cas les associations charitables ne leur ont apporté un secours

1. *Poor Law Commission*, Appendix vol. XXV, *Statistics*, p. 586 et suiv. ; *London Statistics*, t. XX, p. 78-79.

2. *Reports on the refusal of out-relief*, by Miss G. Harlock (*Poor Law Commission*, Appendix vol. XXI). — Cf. *Report of the Royal Commission on the poor Laws*, 1909 ; *Minority Report*, p. 763-766.

efficace. Aucun indice ne prouve que le refus d'assistance ait eu pour effet de stimuler l'énergie des pauvres ; il les a plutôt découragés. Deux pères de famille seulement, sur 49, ont trouvé du travail ; et dans plus de la moitié des cas le refus d'assistance à domicile a eu comme conséquence la dispersion graduelle du mobilier et des habits, sans parler des santés souvent compromises par l'insuffisance de la nourriture, du chauffage et des vêtements.

Le bilan du système n'est donc pas très satisfaisant. Mais on comprend, d'autre part, que la majorité de la Commission royale ait cru devoir le conserver, malgré ses défauts, lorsqu'on lit dans les deux rapports de la Commission l'énumération des abus auxquels donne lieu, dans les unions « relâchées », l'administration de l'assistance à domicile. Chaque union a sur ce point ses règlements, qui diffèrent souvent des règlements de l'union voisine : telle personne qui, aux termes du règlement, a droit à l'assistance à Poplar ne peut y prétendre à Hackney. La pratique des diverses unions diffère plus encore que les règlements : on traite « chaque cas selon ses mérites », c'est-à-dire qu'il n'y a plus de règlement du tout. Les secours accordés sont absolument insuffisants pour permettre de vivre à ceux qui les reçoivent : Poplar, qui passe pour une des unions les plus généreuses de Londres, donne en moyenne à ceux qui sont inscrits sur la liste d'indigents la somme de 4 fr. 30 par semaine[1]. Comme il est impossible de vivre à Londres avec 4 fr. 30, les Gardiens de Poplar supposent évidemment que l'assisté a par ailleurs des ressources, dont le montant leur reste inconnu. Ces ressources existent-elles réellement ? Nul ne saurait le dire. Peut-être l'assisté est-il déjà secouru par trois ou quatre associations religieuses ou philanthropiques ; peut-être fabrique-t-il des boîtes à allumettes, à 2 pence la grosse ; peut-être est-il aidé par sa famille ; peut-être enfin n'a-t-il après tout que ses 4 fr. 30 et meurt-il littéralement de faim. On n'a ni le temps ni les moyens de faire une enquête sérieuse, et l'on ne s'inquiète pas non plus de savoir comment l'argent est dépensé. La majorité de la Commission royale est d'avis que l'assistance à domicile ainsi comprise « est une des causes principales qui entretiennent le paupérisme »[2] et qu'elle ne sert dans un grand nombre de cas qu'à permettre à des gens peu dignes d'intérêt de continuer à élever leur famille dans les pires conditions de malpropreté ou même d'immoralité ; malgré son hostilité contre

1. Année 1908-1909. Calculé d'après *London Statistics*, t. XX, p. 85.
2. *Majority Report*, p. 159.

la workhouse, la minorité de la Commission n'est pas loin de partager elle-même ces sentiments [1].

Qu'adviendra-t-il de l'Assistance publique anglaise? La workhouse disparaîtra-t-elle comme on l'avait cru tout d'abord après la publication des rapports de 1909, ou, conformément à l'usage anglais, va-t-on essayer plutôt de l'adapter aux besoins d'une société qui s'est considérablement modifiée depuis 1834? Ce qui est certain en tous cas, quelque opinion que l'on professe sur la valeur comparée de l'assistance à domicile et de l'assistance dans la workhouse, c'est que l'état actuel de l'Assistance publique, à Londres tout au moins, ne saurait se prolonger indéfiniment. Que la capitale de l'Angleterre soit divisée en 31 circonscriptions autonomes, ayant à leur tête 840 administrateurs, la plupart élus, quelques-uns nommés par leurs collègues, et que cette organisation soit indépendante de l'organisation municipale au point que les limites mêmes des 29 « bourgs » et « cités » et des 31 unions ne coïncident pas toujours, voilà qui est à coup sûr pour troubler nos idées françaises de logique et de symétrie. Mais ces bizarreries dont les Anglais s'accommodent plus aisément que nous ne sont pas les seules ni même les principales. Chacune de ces 31 circonscriptions a son budget qui est alimenté, partie par la taxe des pauvres perçue dans la circonscription, partie par l'Etat et le comté. Bien que la part de l'Etat et du comté soit allée sans cesse en augmentant, la taxe pèse encore lourdement sur les quartiers pauvres qui se trouvent justement avoir le plus de pauvres à secourir ; pour des raisons qui demeurent assez obscures, l'Etat et le comté ne contribuent d'ailleurs qu'aux dépenses de l'assistance à domicile. Chacune des 31 circonscriptions a sa méthode, l'une tenant plus ou moins pour l'assistance à domicile, l'autre plus ou moins pour l'internat. Nous donnons, dans le tableau p. 524, pour chacune des unions de Londres, la proportion des pauvres secourus à domicile et des pauvres secourus dans la workhouse, au recensement du 31 mars 1906 ; si l'on veut bien se reporter à ce tableau, on constatera qu'il n'y a pas deux unions où les pauvres soient traités exactement de la même façon Entre les unions qui pratiquent systématiquement l'une ou l'autre méthode d'assistance, la différence est énorme: Whitechapel accorde l'assistance à domicile à 4 p. 100 des personnes qu'elle assiste, Lewisham à 62 p. 100. Il n'est pas rare que deux unions voisines

1. *Poor Law Commission*, 1909 ; *Majority Report*, p. 150, 151, 155 ; *Minority Report*, p. 739 et suiv., 770-771.

pratiquent des méthodes opposées. A Stepney, on offre à tout venant la workhouse ; il suffit de passer la limite fictive qui sépare
Stepney de Poplar pour être dans une zone d'assistance à domicile,
— circonstance qui, pour le dire en passant, n'est sans doute pas
sans influence sur les habitudes migratrices des classes pauvres
dans certains quartiers de Londres. Enfin la variété des méthodes
et la nécessité pour les unions pauvres de faire des économies
aboutissent à ce résultat extravagant que la proportion de personnes assistées dans une union donnée n'a le plus souvent aucun
rapport avec la proportion de pauvres que renferme cette même
union. Au 31 mars 1906, l'union de Whitechapel avait 25,1 assistés
pour 1.000 habitants, et l'union de Bethnal Green 26 ; Saint-George
Hanover Square, dans le West End, en avait 28,6. L'aristocratique
Saint-George Hanover Square serait donc, à en croire les statistiques,
plus pauvre que deux des quartiers les plus pauvres de l'East End !
Le seul énoncé de cette proposition montre qu'il y a dans l'organisation de l'Assistance publique à Londres un vice fondamental et
que le régime actuel a fait son temps.

APPENDICE AU CHAPITRE III.

Le paupérisme à Londres au recensement du 31 mars 1906 et pendant les années 1891-1892 et 1906-1907.

UNIONS ou PAROISSES	Proportion d'assistés p.1000 habitants au 31 mars 1906	Proportion d'assistés de plus de 60 ans p.1000 personnes de plus de 60 ans au 31 mars 1906	Proportion de personnes assistées dans la workhouse, p. 100 personnes assistées. même recensem.	Proportion de personnes assistées à domicile, p. 100 personnes assistées. même recensement	Proportion d'assistés p. 1000 habitants pendant l'année 1906-1907	Proportion d'assistés p. 1000 habitants pendant l'année 1891-1892
Strand..................	73.1	561.5	90.0	10.0	164.3	140.9
Poplar..................	56.8	372.7	39.8	60.2	114.2	71.9
Holborn.................	51.2	439.2	69.2	30.8	116.3	100.7
Bermondsey.............	50.3	347.2	50.9	49.1	124.3	108.6
Cité...................	48.3	401.3	73.1	26.9	153.2	150.2
Stepney...........:	39.8	296.9	79.4	20.6	144.8	87.6
St-Giles...............	37.5	240.5	77.0	23.0	81.9	103.6
Camberwell.............	34.3	203.5	43.3	56.7	83.2	71.2
Southwark	31.7	241.0	72.8	27.2	84.7	103.05
Chelsea................	31.5	157.3	73.9	26.1	71.2	100.2
St-George de l'Est........	31.5	241.5	84.3	15.7	143.8	217.1
Greenwich..............	31.0	209.4	52.6	47.4	74.6	80.5
Mile End..............	30.4	206.4	52.2	47.8	70.5	91.7
Marylebone.............	29.4	188.1	88.9	11.1	66.9	68.4
St-George Hanover Sq....	28.6	224.1	77.3	22.7	68.8	80.2
Islington..............	27.4	196.6	46.2	53.8	78.9	66.1
Shoreditch.............	27.4	198.9	72.3	27.7	91.5	91.6
Hackney...............	26.1	136.2	51.0	49.0	68.9	69.8
Bethnal Green	26.0	225.3	81.6	18.4	74.0	103.5
Lewisham....	25.7	123.7	37.4	62.6	71.1	86.1
St-Pancras....	25.1	174.1	76.1	23.9	70.3	76.1
Whitechapel.............	25.1	222.1	95.9	4.1	109.3	83.7
Westminster.............	23.9	211.6	86.2	13.8	46.9	75.6
Lambeth................	22.4	148.6	57.9	42.1	52.4	64.4
Hammersmith	20.3	136.9	52.3	47.7	59.1	
Kensington..............	17.9	98.0	82.0	18.0	48.3	49.5
Woolwich...............	17.5	137.6	65.7	34.3	40.7	55.4
Wandsworth	17.2	115.9	60.4	39.6	40.0	40.9
Fulham.................	14.3	107.2	72.7	27.3	41.5	43.2[1]
Paddington.............	14.2	83.4	71.2	28.8	48.1	27.8
Hampstead	8.7	56.0	79.4	21.6	16.7	18.7
Londres	*27.8*	*187.1*	*61.2*	*38.8*	*71.3*	*74.4*
Angleterre (Pays de Galles compris)................	*25.1*	*157.7*	*31.4*	*68.6*	*49.0*	*54.2*

1. Fulham et Hammersmith ne formaient alors qu'une seule union.

LIVRE IV

LA VIE MORALE ET INTELLECTUELLE

CHAPITRE PREMIER

LA RELIGION.

Il n'y a rien de tel qu'un dimanche à Londres, si ce n'est peut-être un dimanche à Edimbourg ; l'impression est plus sinistre encore si le dimanche est un dimanche d'hiver. Imaginez un soleil jaunâtre qui, depuis le matin, fait des efforts impuissants pour percer la couche opaque de brume et de charbon. Les magasins sont fermés, la ville paraît morte. De loin en loin, un policeman arpente le trottoir d'Oxford Street, effrayé lui-même, semble-t-il, du bruit de ses pas dans le silence universel. Les cabmen dorment dans leur voiture au milieu de Holborn. Au coin des rues, de petits groupes de fumeurs sont réunis, attendant mélancoliquement, appuyés contre le mur, l'ouverture des cabarets qu'une loi prévoyante oblige de fermer à l'heure des offices. Dans Cheapside, pas un passant ; on peut faire un mille, dans le cœur de la ville, sans rencontrer âme qui vive.

Dix heures sonnent à l'horloge de Saint-Mary-le-Bow et mettent en branle le carillon précipité des églises anglicanes ; les fidèles, leur *Prayer Book* à la main, se hâtent de tous les points de l'horizon vers la cathédrale de Saint-Paul où les journaux ont annoncé la présence d'un prédicateur éminent ; un autre flot suit le viaduc de Holborn pour s'engouffrer dans le City Temple, le grand centre congrégationaliste qu'anima si longtemps la parole éloquente du Dr Parker. Quelques retardataires se glissent dans l'église du Saint-Sépulcre ou entrent à Saint-André. Puis le silence se fait de nouveau,

troublé seulement par les cris des gamins qui jouent à pile ou face
dans une rue latérale, jusqu'au moment où ils voient apparaître à
travers la brume la haute silhouette d'un policeman de la Cité.

Entrons à Saint-Paul. Le grand édifice de Wren est noir de monde.
On est entrain de lire la « leçon » tirée de l'Evangile qui précède le
sermon. Le prédicateur monte en chaire. Il n'est point dans un de
ses jours d'éloquence, le prédicateur éminent ! Son discours est un
commentaire d'un psaume, avec maintes discussions exégétiques,
relevées de temps en temps par une attaque furibonde contre la
« haute critique » biblique qui introduit en Angleterre les procédés
de la science allemande et dissèque la Bible, sous prétexte de l'expliquer. Tout ceci doit paraître assez ennuyeux aux assistants ;
mais ils écoutent bien sagement et peut-être ne s'ennuient-ils pas,
heureux qu'ils sont d'entendre dire leur fait à ces savants qui trou-
blent la quiétude de l'âme anglaise. On chante une hymne ; notre
voisin, qui possède un exemplaire des *Hymnes anciennes et modernes* tient absolument à partager cet exemplaire avec nous ; car, dit-
il, il est bon de réagir contre la coutume qui tend à s'établir de ne
pas prendre une part active aux offices, et de laisser toute la besogne aux ecclésiastiques et aux choristes. Nous chantons donc une
hymne où le bon Keble a mis un peu de son âme subtile et tendre ;
l'office s'achève rapidement, et nous assistons à la porte au défilé
des fidèles. Peu de riches, pas d'ouvriers, pas de pauvres ; en revanche la classe moyenne, force et soutien de la vieille Angleterre, a
des milliers de représentants. Et l'on part en se disant qu'un peuple qui est capable de supporter chaque semaine une journée comme
celle-là est un peuple pour lequel la religion est encore une réalité.

Cette première impression se trouve renforcée, si dans le désœuvrement de l'après-midi, on jette les yeux sur les interminables
listes d'offices et de prédicateurs que publient les journaux du samedi. Encore ces listes ne contiennent-elles qu'une faible partie des
établissements consacrés au culte. Rappelons-nous que lorsque le
Daily News a organisé, il y a dix ans, un recensement religieux de la
capitale, son personnel a visité 2.688 églises, chapelles et synagogues,
dont 1.005 églises anglicanes, et qu'un certain nombre ont été vrai-
semblablement oubliées.

La variété des cultes est extraordinaire. Sans parler des Agapé-
monites, dont le fondateur s'est donné, en plein xixe siècle, pour le
Christ réincarné, des Swedenborgiens pour lesquels les *Arcana
cœlestia* du mystique suédois complètent la révélation biblique, des
Théosophistes dont Mrs. Annie Besant a rendu presque populaires

les doctrines sur la transmigration des âmes, des Humanitaires qui se proposent de transformer les chrétiens, juifs, athées, « et autres mécréants » en véritables amis des hommes et des animaux ; à ne considérer seulement que les sectes chrétiennes, il reste au Londonien désireux de choisir en connaissance de cause la meilleure des religions une extraordinaire variété de dogmes et d'Eglises. La plupart des deux cent et quelques sectes qui se partagent l'Angleterre sont en effet représentées à Londres. Adventistes et Christadelphiens y affirment le prochain retour du Christ qui viendra fonder sur terre le royaume de Dieu, selon les prédictions contenues dans l'Apocalypse. Les sectateurs de l'Eglise « catholique apostolique », qui ont construit à Bloomsbury une élégante chapelle gothique, préparent eux aussi l'avènement du Christ en rétablissant ce qu'ils croient être l'organisation de la primitive Eglise ; leurs prêtres se divisent en apôtres, prophètes, évangélistes et pasteurs ; ils visent à la réunion de toutes les Eglises chrétiennes et ont fait de leur culte un résumé de tous les cultes. Les « hommes du septième jour » considèrent que la loi nouvelle n'a pas abrogé la loi mosaïque et que l'on doit, comme par le passé, adorer Dieu le jour du sabbat. Les « frères de Plymouth » (*Plymouth Brethren*) se réunissent chaque dimanche pour « partager le pain » en mémoire du Christ et regardent comme une faute grave de prendre une part quelconque à la vie publique, le véritable chrétien étant citoyen du royaume céleste et devant vivre séparé du reste des hommes. Les membres de la « Société des Amis », plus connus sous le nom de *Quakers*, ont renoncé à la plupart des singularités qui les avaient rendus impopulaires au temps de Georges Fox ; ils ont abandonné leur coutume de tutoyer tout le monde, et ils ne se croient plus obligés de garder leur chapeau sur la tête devant les autorités pour protester contre le culte rendu par l'homme aux créatures. Ils sont devenus de paisibles citoyens, et nombre d'entre eux ont montré des aptitudes commerciales qu'on n'eût point soupçonnées chez les Quakers à l'époque de Cromwell. Mais ils n'ont point oublié dans la prospérité aucune des doctrines qu'ils soutenaient autrefois aux jours de la persécution, ni la croyance à la « lumière intérieure » qui est la vraie source de la vie religieuse et qui rend inutiles les rites inventés par les Eglises, ni la conviction que tout chrétien, homme ou femme, est un véritable prêtre devant Dieu et, comme tel, peut prendre la parole dans l'assemblée pour l'édification de ses frères, ni l'espérance de voir l'humanité renoncer un jour aux horreurs de la guerre pour établir la paix universelle.

A côté de ces sectes, anciennes déjà pour la plupart et assagies par le temps, d'autres Eglises sont encore dans la ferveur de la première jeunesse : telles les différentes sectes qui se rattachent au mouvement connu sous le nom de « science chrétienne », qui nient l'utilité de la médecine et prêchent la soumission à la volonté de Dieu. Chez les unes, cette confiance en Dieu prend la forme d'une résignation fataliste : si Dieu veut que le malade guérisse, il guérira sans l'intervention des hommes ; s'il a décidé sa mort, à quoi bon s'interposer ? D'autres, prenant à la lettre les paroles de Jésus sur la foi qui transporte les montagnes, considèrent la prière comme le plus puissant, comme l'unique moyen de guérison. Le mal physique provient du mal moral ; la maladie vient du péché. Mais le Christ, qui a donné à ses disciples le pouvoir de chasser les démons, leur a donné en même temps le pouvoir de guérir les maladies et les infirmités. Car il est écrit [1] : « Quelqu'un d'entre vous est-il malade ? Qu'il appelle les anciens de l'Eglise et que ceux-ci prient sur lui au nom du Seigneur, et la prière de la foi sauvera le malade, et le Seigneur le rétablira. » Celui qui possède le « don » s'approche du lit du malade, prie avec ferveur, ainsi que le malade et ceux qui l'entourent, et termine en lui imposant les mains et en disant : « Tu es guéri par l'esprit de Dieu ! » Et le malade est guéri : c'est du moins ce qu'affirment les membres de la secte. « Nous entrons dans des demeures où la fièvre fait rage et où des malades sont à l'agonie. Nous les proclamons guéris ; la fièvre disparaît et la maladie s'en va. Nous avons guéri la fièvre typhoïde, la cécité, la variole, et arrêté ce qui menaçait d'être une épidémie de cette dernière maladie... » Inutile de dire que les autorités sanitaires de Londres ne partagent point ces sentiments et que le développement de la secte dans les quartiers populaires n'est pas sans leur causer quelque souci. Il n'est presque pas de semaine où les journaux ne relatent dans leurs faits divers quelque conflit entre les *Peculiar People* et les *Faith Healers*, les *Christian Scientists* et la science officielle [2].

Et tandis que certaines sectes ravalent ainsi la religion chrétienne au rang des superstitions de l'Afrique centrale, d'autres sectes, celle des Unitaires par exemple, l'ont tellement épurée et spiritualisée qu'ils l'ont dépouillée de tout son mystère et réduite à l'état

1. *Epitre de St Jacques*, IV, 14-15.
2. En 1898, le décès du romancier Harold Frédéric, qui s'était converti à la « science chrétienne » et avait été soigné par des adeptes de cette religion, fit grand bruit en Angleterre ; le jury rendit un verdict d'homicide sans préméditation contre les personnes qui l'avaient soigné.

de philosophie rationnelle. Entre ces deux extrêmes, la foule des novateurs se donne carrière ; chaque jour voit naître quelque nouvelle doctrine, quelque méthode infaillible pour gagner le ciel ; tout prophète, qu'il vienne de Chicago et qu'il descende à l'hôtel Cecil, ou qu'il soit simplement originaire de Hackney et qu'il n'ait d'autre temple que l'arche d'un pont de chemin de fer, peut être certain d'avance que, quoi qu'il enseigne, les prosélytes ne lui manqueront point.

L'importance numérique de toutes ces sectes est médiocre et, en tout cas, difficile à évaluer. Si nous laissons de côté les catholiques romains, sur lesquels nous reviendrons, nous constatons que la grande majorité des personnes qui font à Londres profession de religion se divisent en deux classes : les *non-conformistes* et les *anglicans*.

On désigne sous le nom général de sectes non-conformistes, sectes dissidentes ou Eglises libres, toutes les sectes protestantes qui se sont séparées de l'église anglicane. Dans la pratique, ce nom est donné surtout aux quatre sectes suivantes : les baptistes, les congrégationalistes, les méthodistes et les presbytériens. Les trois premières sont particulièrement importantes à Londres, le nombre de leurs fidèles étant, comme nous le verrons, presque égal à celui des membres pratiquants de l'Eglise d'Angleterre.

Les baptistes sont surtout puissants dans Londres-Sud où le grand orateur de la secte, Spurgeon, attirait autrefois à son « Tabernacle » la congrégation la plus nombreuse que l'on pût voir dans aucune Eglise de Londres. C'est la secte la plus éloignée de l'Eglise anglicane, c'est celle qui rappelle le mieux les sombres doctrines et l'austérité des Têtes-Rondes. La doctrine du baptême des adultes, qui a valu son nom à la secte, est, il est vrai, abandonnée dans la plupart des groupements baptistes, au moins en ce qui concerne les simples fidèles ; mais la crainte de l'enfer est aussi vivante pour eux qu'elle l'était pour John Bunyan, et la personnalité du démon aussi réelle que pour l'auteur du *Paradis perdu*. Ce n'est pas à eux qu'il faut demander d'adoucir les aspérités de la théologie puritaine, de faire des concessions à l'esprit du siècle. Le plaisir, même innocent, est suspect ; les amusements mondains sont du temps perdu pour le salut. « Pas de compromis avec le diable ! » Ce mot d'un pasteur baptiste, rapporté par M. Booth, pourrait être la devise de la secte.

L'office est très simple : une hymne ou deux, la lecture d'un passage de la Bible, quelques prières improvisées par le pasteur ou

Pasquet 34

les membres de la communauté, et un sermon. Le sermon est la pièce de résistance. Deux sermons le dimanche, un sermon dans la semaine, tel est l'ordinaire d'une communauté baptiste. La cérémonie de la communion est d'une extrême simplicité, l'idée de la transsubstantiation étant, naturellement absente ; cette cérémonie n'est pas sans analogie avec la distribution du pain bénit dans les églises catholiques.

Dans ces petites communautés, la vie religieuse est intense et les divergences théologiques amènent souvent des sécessions. La mort du pasteur n'interrompt pas l'existence de la congrégation, comme il arrive dans d'autres sectes. On a vu des communautés baptistes rester pendant de longues années sans pasteur, les membres tenant à faire leur choix en toute connaissance de cause. Les fidèles continuaient à se réunir dans leur « tabernacle » et célébraient leur office comme si le pasteur avait été présent.

Les congrégationalistes, héritiers directs des Indépendants de la Révolution puritaine, et dont les origines se confondent presque avec celles des baptistes, ont, plus que ces derniers, sacrifié à l'esprit du monde. Le niveau social est supérieur, le ton de la vie religieuse moins austère. Le pasteur est l'âme de la congrégation qui l'a choisi, et dans l'office tout est subordonné au sermon. Aussi les temples congrégationalistes, avec leur forme octogonale, font-ils plutôt penser à une salle de conférences qu'à une église de nos pays catholiques. Comme la secte se recrute à peu près exclusivement dans une seule classe de la société, la bourgeoisie moyenne, le temple congrégationaliste devient tout naturellement un lieu de réunion pour des assemblées de toute espèce, religieuses et profanes, un centre social auquel se rattachent un nombre souvent considérable d'œuvres et d'institutions, depuis les associations qui se proposent d'expliquer la Bible en commun, jusqu'aux clubs de cricket et aux sociétés de canotage. De toutes ces associations le pasteur est en quelque sorte le président-né. Il est assurément d'autres sectes religieuses où la vie sociale est devenue très active ; nulle part elle n'apparaît comme un produit aussi naturel et aussi spontané que chez les congrégationalistes.

Congrégationalistes et baptistes ont ceci de commun qu'ils ne prétendent point former une « Eglise », au sens où l'on parle d'une Eglise catholique et d'une Eglise anglicane. Bien que l'on parle quelquefois de baptistes ou de congrégationalistes orthodoxes, il ne faut entendre par là que la conformité aux opinions traditionnelles et généralement reçues, et il n'y a point d'orthodoxie au sens strict du mot. Les congrégationalistes ont même pris soin d'indiquer que la « confession de foi », publiée par eux en tête du *Congregational Year-Book* n'a aucunement la valeur d'un symbole immuable, le principe de la liberté de conscience et de la liberté de chaque église restant la règle absolue. Chaque église, c'est-à-dire chaque groupe de fidèles qui se réunit pour célébrer à sa guise le culte divin, jouit vis-à-vis des groupes similaires d'une indépendance complète ; l'ensemble forme une sorte de république fédérative où les attributions du pouvoir central sont réduites au minimum.

Au contraire, les méthodistes wesleyens, qui sont la fraction la plus importante de la secte méthodiste, et les presbytériens forment de véritables Eglises, avec organisation centralisée, discipline stricte et unité dans la doctrine. Les derniers, d'ailleurs peu nombreux à Londres, n'ont garde d'oublier que s'ils sont des dissidents en Angleterre, leur Eglise est l'Eglise établie d'Ecosse, et ils se montrent parfois blessés de l'appellation de non-conformistes qui semble les rabaisser au niveau des sectes ordinaires. En dépit du talent de leurs pasteurs que l'on s'accorde à regarder comme une élite, leur influence est fort restreinte et ne s'exerce guère que sur les Ecossais domiciliés à Londres ; car ni la rigidité du dogme calviniste, ni l'organisation presbytérienne, ni surtout l'esprit inquisitorial qui présidait jadis aux relations des fidèles entre eux et avec leurs pasteurs, n'ont jamais eu d'attrait pour la masse de la nation anglaise.

Quant aux wesleyens, ils sont à l'heure actuelle la plus active ou tout au moins la plus remuante des sectes non-conformistes. Après la période héroïque du grand *Revival* qui créa le méthodisme, et dont le contre-coup produisit dans l'Eglise anglicane le mouvement « évangélique », l'Eglise wesleyenne tomba dans un engourdissement profond. Elle abandonna peu à peu ce rôle de perpétuel missionnaire qui avait été pour Wesley l'essence de la réforme ; de plus en plus, elle devenait une secte comme les autres, peu différente au point de vue doctrinal de la « basse Eglise » anglicane, et remarquable seulement par certaines particularités de son organisation. Les pasteurs wesleyens ne restaient que trois ans à la tête d'une même église (*three years'rule*) et, comme il n'y a généralement que deux pasteurs pour trois chapelles, on établissait entre les pasteurs d'un district donné un système de rotation (*circuit system*) par suite duquel les pasteurs étaient continuellement changés. Enfin, les fidèles étaient encadrés dans des groupes appelés « classes » dont les membres se réunissaient périodiquement sous la conduite d'un « directeur » (*leader*), les directeurs ayant eux-mêmes leur conférence, présidée par le pasteur. Le mécanisme subsistait donc tel que Wesley l'avait conçu ; le nombre des fidèles allait même en s'accroissant ; mais la ferveur des premiers âges avait cessé. On ne songeait plus à évangéliser l'Angleterre, et la discipline wesleyenne, créée spécialement à cet effet, devenait dans bien des cas plus gênante qu'utile. A Londres, par exemple, au milieu d'une population ouvrière qui se déplace et se renouvelle incessamment, la « règle des trois ans » avait les plus déplorables résultats. Quand, après trois ans d'un labeur acharné, un pasteur méthodiste était parvenu à constituer une église et à s'attacher un groupe de fidèles, il lui fallait partir, aller recommencer à Manchester ou à Newcastle un travail analogue, tandis que son successeur, transporté brusquement d'un district rural à Camberwell ou à Hackney, essayait en vain de s'adapter aux conditions nouvelles, renouait péniblement les relations brisées entre les fidèles et leur pasteur et arrivait, au bout de ses trois ans, à peu près au même point où son prédécesseur était parvenu avant lui.

Cette situation s'est grandement modifiée depuis trente ans. L'Eglise wesleyenne a renoncé, au moins en ce qui concerne Londres, au travail de Pénélope que nous venons de décrire. Sans se laisser arrêter par un respect superstitieux pour des institutions vénérables, mais surannées, elle a mis de côté la règle des trois ans, transformé en missions ses anciennes églises, fondé des missions nouvelles. Les méthodistes d'aujourd'hui ont cessé de vivre de la vie des petites chapelles ; comme autrefois Whitefield et Wesley, ils veulent s'adresser au peuple, porter l'Evangile aux masses ouvrières. Le méthodisme n'est plus cette religion étriquée et contente de soi qu'il était au milieu du xixe siècle ; il est retourné à ses origines, il a repris conscience de son rôle, il est redevenu une des plus vivantes et, selon un mot qui a fait fortune chez les méthodistes, une des plus « agressives » parmi les sectes chrétiennes.

Au-dessus de la multitude des sectes se place l'Eglise d'Angleterre (*Church of England*) qui, malgré les menaces de « désétablissement », est encore la religion légale de l'Angleterre, religion pour laquelle légifère le Parlement anglais, dont les chefs siègent à la Chambre des Lords, et dont les représentants peuvent, dans certains cas, — en matière de mariage notamment — faire acte de fonctionnaires publics [1]. L'Eglise établie est beaucoup plus riche que les sec-

1. Le mariage civil n'est obligatoire que pour les personnes qui ne se marient point devant un *clergyman* anglican.

tes dissidentes, car elle a hérité d'une partie des dotations de l'ancienne Eglise catholique d'Angleterre ; elle a recueilli tout ce qui n'avait point été, sous des prétextes divers, accaparé par les grands seigneurs de la cour d'Henri VIII et d'Edouard VI ; elle a, grâce à la mainmorte, augmenté constamment ce fonds primitif durant les trois derniers siècles. Elle possède à Londres, surtout dans le West End, des domaines fort étendus. Mais, malgré plusieurs lois réformatrices,cette richesse est encore bien inégalement distribuée.Les innombrables églises de la Cité absorbent un revenu colossalet, à l'exception de Saint-Paul et de trois ou quatre autres églises, sont à peu près complètement désertes. Au recensement religieux de 1903, les cinquante-quatre églises de la Cité, Saint-Paul excepté, réunissaient un total de 8.224 assistances, soit 152 assistances en moyenne par église et pour deux offices. En 1897, le Révérend H.-W. Clarke avait trouvé dans quinze églises une assistance totale de 148 personnes le matin et 155 le soir ; le revenu des recteurs de ces quinze églises était de 248.325 francs, plus la jouissance des presbytères qui sont fréquemment loués et transformés en bureaux [1]. En revanche, dans les quartiers récemment peuplés, où il a fallu diviser les anciennes paroisses, les nouvelles églises n'ont souvent que des dotations insuffisantes ; elles mènent une existence précaire, et la gestion des finances paroissiales est pour le pasteur le plus absorbant des soucis.

La doctrine officielle de l'Eglise anglicane est, comme on sait, un compromis, une *via media* entre Rome et Genève. Les hommes d'Etat qui ont élaboré ce compromis se proposaient de fonder une religion raisonnable conforme à l'opinion moyenne, également éloignée de la superstition papiste et de la sécheresse réformée ; il s'agissait, en d'autres termes, de contenter tout le monde, aussi bien ceux qui voulaient encore conserver quelque chose des « haillons

---

1. *Daily Chronicle*, 10, 13 et 17 avril 1897. Parmi les exemples les plus extraordinaires, on peut citer :

St-Alphage, London Wall. 10 assistants. Revenu : 23.125 francs.

Ste-Hélène, Bishopsgate. 25 assistants.Revenu : 27.750 francs.

St-Peter-le-Poer. 16 assistants. Revenu : 20.000 francs ; le recteur reçoit en outre 11.250 francs comme chanoine de St-Paul.

St-Olave, Hart Street. 61 assistants. Revenu : 51.250 francs.

St-Andrew Undershaft. 61 assistants. Revenu ; 58.750 francs.

Le nombre des assistants est la moyenne de quatre recensements faits à un mois de distance. Les choristes et employés ne sont pas compris dans le chiffre des assistants. Le chiffre du revenu est donné par M. Clarke d'après le *Diocesan Calendar* de 1895. Un grand nombre de ces églises sont fermées pendant la semaine, les titulaires ne résidant pas.

de la femme écarlate », que ceux qui ne voyaient point de salut en dehors de l'*Institution chrétienne*. Il n'y a point à s'étonner que le résultat ait été passablement contradictoire : l'anglicanisme n'en est, d'ailleurs, que plus anglais. Des deux fondements de l'Eglise établie, la *Book of Common Prayer* et les *XXXIX Articles*, l'un — le *Prayer Book*, — est catholique avec mesure ; l'autre, — les *Articles* — est calviniste modéré. De tout temps ces deux tendances opposées se sont fait jour dans l'anglicanisme, et, au xviiᵉ siècle, l'opposition des Puritains et des Anglo-Catholiques fut la cause principale de la guerre civile. La nation fut remuée jusque dans ses profondeurs ; les marchands et les apprentis de la Cité prirent ardemment parti pour le Parlement contre Laud et les évêques ; ils s'appliquèrent à faire disparaître de la capitale les monuments de l'idolâtrie papiste, vitraux, tableaux et statues et sauvèrent la cause puritaine sur le champ de bataille de Turnham Green.

Ces âges de foi ont disparu. Ni l'*English Church Union*, qui représente l'esprit catholique, ni la *Protestant Association*, gardienne de la tradition calviniste, ne songent aujourd'hui à soulever les commis de magasin et les *clerks* de la Cité. Elles se contentent de se lancer des anathèmes réciproques, d'organiser des manifestations sans grande portée et de surveiller attentivement le choix des évêques par l'Etat qui montre du reste, à cet égard, une grande impartialité. Cette impartialité, et aussi, il faut bien le dire, l'indifférence croissante, ont fait de l'Eglise anglicane le plus étonnant mélange de dogmes, d'opinions et de cérémonies liturgiques. Côte à côte, dans le même diocèse, dans la même ville, officient des pasteurs de l'Eglise établie dont les uns croient à peine à la divinité du Christ, tandis que les autres acceptent en bloc toute la théologie du catholicisme romain ; dont les uns ne prennent des cérémonies prescrites par le *Prayer Book* que ce qu'ils n'en peuvent décemment supprimer, tandis que les autres vont, en matière de liturgie et d'ornements sacerdotaux, un peu plus loin que les catholiques eux-mêmes. L'Eglise anglicane renferme maintenant une telle variété de doctrines et de pratiques, la tolérance y est devenue si large, que, quelque opinion que l'on professe, on peut trouver dans son sein un abri tutélaire. Comment s'étonner que les sectes non-conformistes aient à peu près cessé de faire des prosélytes aux dépens de l'église officielle, puisque celle-ci n'est plus elle-même qu'une agglomération de sectes disparates ?

On distingue dans l'Eglise anglicane trois partis qui, tous les trois, dans des proportions diverses, sont représentés à Londres : la haute

Eglise (*High Church*), la basse Eglise (*Low Church*), et l'Eglise large (*Broad Church*).

Cette dernière comprend les théologiens libéraux qui essaient, assez timidement du reste, de se tenir au courant des progrès de la critique historique et de conserver l'essence de la doctrine chrétienne, en sacrifiant au besoin la plupart des dogmes. Par sa nature même, ce parti sans *credo* ne peut devenir un parti populaire ; il a des chefs et peu de soldats ; les prosélytes sont rares. L'Eglise large ne répond plus aux préoccupations de la génération présente qui sont plutôt sociales que critiques ; mais quelle que puisse être sa destinée, elle ne disparaîtra pas avant d'avoir profondément imprégné de son esprit toute la théologie anglicane. Des idées qui, il y a cinquante ans, auraient passé pour de damnables hérésies d'importation allemande, tombent aujourd'hui sans choquer personne du haut des chaires d'Angleterre, ce qui prouve que les Stanley et les Jowett n'ont pas travaillé en vain.

La *Broad Church* est à peine représentée à Londres et ne paraît pas trouver dans la capitale un terrain favorable ; la basse Eglise, au contraire, y tient une place très importante. Depuis le mouvement d'Oxford, c'est à-dire depuis 1840 environ, la basse Eglise est entrée dans son déclin ; mais nombreuses encore sont les Eglises anglicanes qui ont l'air de salles de conférences avec, pour tout mobilier, les bancs des fidèles et la chaire du prédicateur ; où la seule décoration est constituée par un tableau sur lequel sont imprimés en gros caractères les versets du Décalogue ; où l'autel est remplacé par une table de communion ; où la doctrine enseignée est le calvinisme le plus pur. Entre ces églises et les chapelles non-conformistes, la différence est peu facile à saisir pour tout autre esprit que celui d'un théologien.

A côté de ces édifices, il en est d'autres qui ressemblent à s'y méprendre à nos églises catholiques. En entrant un dimanche matin à Saint-Albans, Holborn, on a l'impression de pénétrer dans une église dirigée par les pères jésuites et un peu plus ornée que de coutume. A la porte, une affiche indique à quelle heure la grand'messe (*high mass*) sera célébrée. L'intérieur est orné des statues de la Sainte Vierge et des saints, du chemin de croix, des bannières des associations religieuses ; l'autel est surchargé de dorures, dans le mauvais goût le plus authentique, et surmonté du crucifix. L'office lui-même offre de telles ressemblances avec un office catholique qu'une personne un peu distraite peut fort aisément s'y tromper. Mêmes vêtements sacerdotaux, mêmes cérémonies. L'officiant·

assisté d'un diacre et d'un sous-diacre dit, à voix basse une grande
partie de l'office, de sorte qu'il est difficile de deviner si les prières
sont en latin ou en anglais. La consécration et l'élévation de l'hostie se font avec le même cérémonial que chez les catholiques ; les
assistants inclinent pieusement la tête à chaque tintement de sonnette. On emploie l'encens comme chez les catholiques.A Noël, on
fait une crèche pour l'enfant Jésus comme dans les églises catholiques. On a remis en honneur le culte de la Sainte Vierge et des
saints, les prières pour les défunts, et des solennités telles que la
Fête-Dieu dont l'existence ne se comprend qu'avec la doctrine de la
transsubstantiation.

De fait, cette doctrine est enseignée maintenant presque ouvertement. Beaucoup d'églises ont des tabernacles pour y « réserver »
le Saint-Sacrement. La pratique de la confession est devenue commune ; d'aucuns la considèrent même comme indispensable.

Entre cette conception de l'Eglise et de la religion chrétienne,
et les idées courantes dans le parti opposé, le contraste est absolu.
Pour les uns, la Réforme est un accident sans grande importance
qui a interrompu pendant un temps le cours naturel de la vie religieuse dans l'Eglise nationale et qui, à ce titre, est assez regrettable ; pour les autres, c'est le fait essentiel des temps modernes, le
retour à la véritable religion du Christ, le point de départ d'une
vie nouvelle. Ceux-ci se parent avec fierté du titre de protestants ;
ceux-là répudient avec la dernière énergie cette même qualification
et ne veulent porter d'autre nom que celui de catholiques. La doctrine et la discipline de la basse Eglise sont si rapprochées de celles
des non-conformistes que dans beaucoup de quartiers de Londres
les fidèles ne font pas une distinction très nette ; mais entre anglo-catholiques et anglo-protestants, nulle confusion possible. Si l'on
passe facilement des sectes non-conformistes à la basse Eglise et
réciproquement, c'est dans l'Eglise catholique romaine que l'on
entre ordinairement en sortant de la haute Eglise.

L'Eglise catholique romaine, qui apparaît ainsi à beaucoup d'esprits logiques comme le terme final de l'évolution du haut anglicanisme, est surtout séparée de l'Eglise d'Angleterre par la question
de la validité des ordres anglicans. Il faut compter en effet avec la
nature humaine. Quoi de plus pénible pour un prêtre anglican que
d'être contraint de recommencer ses études théologiques et de se
faire ordonner à nouveau s'il veut entrer, comme prêtre, dans le
sein de l'église romaine ? Manning lui-même en eut un moment
de surprise et de découragement. En refusant de reconnaître la

validité des ordres de l'Eglise anglicane, Léon XIII a mis fin pour longtemps à tout espoir de réunion. Cet espoir n'est pourtant pas une chimère, et nul ne peut dire qu'un accord n'interviendra pas dans un avenir plus ou moins lointain. En attendant, l'Eglise romaine continue activement sa propagande ; les préjugés contre le papisme disparaissent peu à peu ; tous les esprits portés au mysticisme, tous ceux qui cherchent au milieu du désarroi des doctrines un principe inébranlable de certitude et d'autorité sont attirés vers elle par une force invincible. Un des résultats les plus inattendus, au moins pour les protestants, du recensement religieux de Londres en 1902-1903, a été de montrer le progrès extraordinaire du catholicisme romain dans les dernières années du XIXe siècle.

*
* *

Toutes les Eglises que nous venons de passer en revue sont vivement préoccupées à l'heure présente de leurs rapports avec les classes laborieuses de la capitale ; toutes sentent que le terrain commence à manquer sous leurs pas, et qu'à s'endormir plus longtemps dans une quiétude béate elles courent le risque de trouver en se réveillant le temple vide et le peuple disparu. Stimulées par la concurrence et par le sentiment de la décadence des idées religieuses, elles ont fait, depuis trente ans, des efforts inouïs. Le temps n'est plus où le clergyman pouvait se contenter de relire chaque année la même série de sermons insipides, tandis que ses paroissiens, abrités derrière le dossier des bancs de famille, dormaient confortablement. Aujourd'hui le mot d'ordre est d'être énergique, d'aller de l'avant, de multiplier les œuvres sacrées ou profanes, d'essayer de tout, de toucher à tout. Déjà il y a une trentaine d'années, J. R. Green se plaignait avec humour des tribulations qui assaillaient les malheureux *vicar* d'une paroisse londonienne, particulièrement le lundi matin. « C'est le matin consacré à la paroisse. Il faut remonter et remettre en mouvement pour une nouvelle semaine le mécanisme compliqué d'une grande organisation éducatrice et charitable. La supérieure de la mission des femmes attend avec un rouleau de comptes, d'une complication telle que seule une dame a pu réussir à les rendre aussi compliqués. Le marguillier arrive, l'air désolé, pour discuter les moyens de parer à la diminution du produit de l'offertoire. Le missionnaire (*scripture reader*) a apporté son carnet de visites pour qu'il soit examiné, et un rapport spécial sur une famille douteuse du quartier. L'organiste entre en passant pour dire que les pédales ne vont plus. Il est devenu nécessaire d'écrire à l'inspecteur sanitaire pour attirer son attention sur l'odeur des égouts de Pig and Whistle Alley. La garde-malade présente sa liste de malades et sa petite note pour la cuisine des malades. Le maître d'école a besoin d'un adjoint et discute avec inquiétude les chances de ses élèves lors de la prochaine inspection. Il faut ensuite calculer les intérêts de la caisse d'épargne (*penny bank*), mettre fin à un différend qui s'est élevé entre les choristes, remplacer un visiteur de district, faire des rapports pour le « fonds de l'évêque de Londres » et une grande société de charité, examiner la liste des malades présentée par le vicaire et découvrir un prédicateur pour la prochaine grande fête de l'église [1]. »

Ces occupations ne sont rien pourtant auprès de la formidable besogne à laquelle s'astreignent maintenant, plus ou moins volontairement, la plupart des ecclésiastiques de la capitale. Que dirait J.-R. Green s'il lui était donné de revivre à l'heure actuelle, où le *vicar* et ses *curates* doivent non seulement diriger d'innombrables offices, prêcher d'innombrables sermons, distribuer des aumônes et veiller à leur distribution, visiter les paroissiens à domicile, mais encore s'occuper de politique et d'hygiène sociale, assister aux séances du conseil municipal et du Bureau des Gardiens, maintenir l'ordre dans le club ouvrier qui est dans leur dépendance, et organiser des parties de cricket pour la jeunesse de la paroisse ? Où une seule paroisse de Londres, celle de Saint-Mary Abbot, Kensington, consacre un annuaire de près de trois cents pages à la description de ses œuvres diverses ? où les différentes sectes renchérissant les unes sur les autres tâchent de se faire valoir aux yeux du public par des procédés de réclame auxquels l'Amérique elle-même n'a rien à envier ?

Pour donner une idée de l'activité des Eglises et pour montrer par quels moyens elles essaient de prendre contact avec les masses populaires de la capitale, prenons comme exemple une paroisse anglicane ordinaire [2]. Nous y trouvons deux sortes d'œuvres, les unes religieuses, les autres sociales, sans qu'il y ait d'ailleurs entre ces deux groupes une ligne de démarcation bien apparente ; l'objet que l'on se propose étant avant tout le salut des âmes, il est clair que la religion doit être toujours présente à l'esprit des organisateurs.

1. D'après *Fortnightly Review*, N. S., vol. 33, p. 742 (1883).
2. Voir dans Booth, *Life and Labour*, 3ᵉ série, VII, p. 57, l'énumération des œuvres d'une paroisse type. *Ibid.*, l, p. 32-33 (note) énumération des œuvres d'une grande paroisse ouvrière (Saint-Dunstan, Stepney).

Sous la rubrique des œuvres religieuses, il faut d'abord dire un mot d'une innovation dont la haute Eglise a beaucoup espéré. Dans la majorité des Eglises anglicanes, il n'y avait point autrefois d'offices pendant la semaine. Le dimanche, les offices se réduisaient presque toujours à trois : vers huit heures du matin, l'office de la communion, vers onze heures et dans la soirée, les deux offices principaux du jour. Mais ces heures peuvent ne pas convenir à tout le monde, et les offices sont bien longs. « Multiplions-les, se sont dit les ritualistes, et, en même temps, abrégeons-les ; les femmes occupées à la préparation du déjeûner et du dîner, les hommes désireux de faire la grasse matinée après les fatigues de la semaine, pourront venir au moment qui leur plaira le mieux participer au culte divin. » C'est ainsi que l'on est arrivé, dans certaines églises, à une suite presque ininterrompue d'offices pendant la journée, et surtout la matinée du dimanche. Pendant la semaine, et sauf le cas de fêtes particulières, la prière a lieu matin et soir dans ces mêmes églises. L'office de la communion est parfois célébré tous les matins comme dans l'Eglise catholique [1].

On a, de plus, créé des offices spéciaux pour certaines catégories de personnes. Depuis longtemps déjà l'usage s'était établi dans les Midlands de faire dans l'après-midi du dimanche des conférences moins austères, comme ton et comme sujet, que les sermons habituels ; on commençait par un peu de musique sacrée et on terminait par le chant d'une hymne. C'est ce qu'on appelait une « agréable soirée du dimanche » (*Pleasant Sunday Afternoon*). Cet usage s'est introduit à Londres depuis une quinzaine d'années ; mais tandis que dans les Midlands l' « agréable soirée » était réservée aux hommes, les Eglises londoniennes n'ont pas jugé utile d'établir une règle semblable. Comme certains ecclésiastiques ont cru remarquer cependant que dans les quartiers populaires les hommes viennent plus volontiers à des offices faits spécialement pour eux, quelques Eglises ont, le dimanche après-midi, des offices « pour hommes » (*men's own*) dans lesquels le prédicateur peut traiter familièrement et avec une complète liberté de langage des sujets qui lui demeureraient ailleurs interdits. On s'ingénie parfois à donner à la conférence un plus grand intérêt en y faisant participer les auditeurs. Dans une boîte disposée à cet effet dans l'église, ceux-ci peuvent déposer un feuillet renfermant une question qu'ils désirent

[1]. Le nombre des offices peut atteindre vingt-cinq par semaine (Booth, *Life and Labour*, 3e série, VII, p. 59). Voir aussi C. T. Bateman, dans Mudie-Smith, *The religious life of London*, p. 307 et suiv.

entendre traiter par le conférencier. De temps en temps, celui-ci recueille les questions posées par ses auditeurs, et traite en chaire les plus intéressantes [1].

Il existe aussi, mais plus rarement, des offices « pour femmes » (*women's own*).

Les enfants sont l'objet d'une sollicitude toute particulière : ils sont l'espoir commun de toutes les Eglises. En présence de l'indifférence croissante et de la résistance passive qu'opposent les adultes à toute tentative d'évangélisation, les Eglises se retournent du côté de la jeunesse et de l'enfance. Toute Eglise anglicane qui se respecte a son « école du dimanche » (*Sunday School*) dans laquelle des personnes de bonne volonté viennent, sous la haute direction du pasteur, enseigner aux enfants — aux enfants pauvres surtout — les éléments de la théologie chrétienne. L'enseignement est souvent un peu décousu, à cause de l'inexpérience des maîtres, mais on compte qu'il en restera toujours quelque chose, et que la semence déposée dans les jeunes âmes germera tôt ou tard et portera des fruits. La haute Eglise a plus de méthode : l'éducation religieuse de l'enfance lui apparaît comme un des éléments essentiels de sa propagande ; ses écoles du dimanche sont une copie des catéchismes catholiques [2].

L'école du dimanche est généralement complétée par une association de tempérance (*band of hope*) à laquelle les enfants souscrivent sans difficulté et même avec enthousiasme, quitte à oublier promptement, quand ils sont parvenus à l'âge d'homme, leurs bonnes habitudes et leurs serments du temps passé.

Un moment extrêmement délicat dans la vie des néophytes est celui où ils cessent, ou croient cesser, d'être des enfants pour devenir des jeunes gens. Il s'agit de ne pas les abandonner à eux-mêmes lors de cette dangereuse transformation. De là des « guildes » ou confréries de différentes sortes — guilde de l'Enfant Jésus pour les enfants, guilde du Bon Pasteur pour les garçons, guilde de Sainte-Hélène pour les jeunes filles, guilde de tempérance, brigade des enfants de l'Eglise, confrérie spéciale des enfants de chœur, etc., etc., — dont le but est de retenir ensemble, en un faisceau solide, les élèves présents et passés des écoles du dimanche. Les membres de la confrérie se réunissent à des intervalles déterminés et s'en-

1. Voir Goold, dans Mudie-Smith, *The religious life of London*, p. 321 et suiv. ; Ditchfield, même ouvrage, p. 302 et suiv. ; Booth, *Life and Labour*, 3ᵉ série, I, p. 45, 239-242 ; IV, p. 147.
2. Cf. Booth, *Life and Labour*, 3ᵉ série, VII, p. 10 et suiv., 61 et suiv.

gagent ordinairement à recevoir la communion au moins une fois par mois [1]. Ces confréries sont surtout nombreuses dans la haute Église ; dans la basse Eglise les réunions de jeunes gens prennent plus souvent la forme de « classes pour l'explication de la Bible » (*Bible classes*).

Les réunions de mères de famille (*mothers' meetings*) sont une institution intermédiaire entre les œuvres religieuses et les œuvres sociales, et qu'il est difficile de faire entrer dans une classification quelconque. Elles ne sont point particulières à l'église anglicane [2], mais elles y sont plus communes que dans les autres sectes ; on trouverait même difficilement à Londres, sauf peut-être dans les quartiers riches, une paroisse qui n'ait point son *mothers'meeting*. Les femmes pauvres du voisinage y apportent leur couture et amènent quelquefois avec elles leurs petits enfants ; on leur fait la lecture à haute voix, ou bien elles causent entre elles et avec les dames patronnesses, en prenant leur thé. Au moment du départ on chante une hymne ; il arrive aussi qu'un des membres du clergé de la paroisse adresse quelques paroles à l'assistance. Ceci est le côté religieux de l'entreprise ; mais le *mothers'meeting* est en même temps une sorte de société coopérative dont les membres achètent aux prix de gros et paient par petites sommes les étoffes qui leur sont nécessaires. De là à vendre au-dessous du prix de revient il n'y a qu'un pas, et le *meeting* dégénère facilement, ainsi que nous l'avons déjà vu, en institution charitable [3].

Les clubs sont pour les jeunes gens et les hommes ce que les *mothers'meetings* sont pour les mères de famille ; ils offrent à l'ouvrier, après le travail de la journée, un lieu de repos où il peut passer quelques heures avec ses camarades, lire les journaux, jouer au billard, fumer une pipe en buvant une tasse de thé, voire même un verre de bière. Les clubs sont en général affiliés à des sociétés de tempérance et s'interdisent la vente des boissons alcooliques, mais il y a des exceptions. Il existe des clubs pour jeunes gens, des clubs pour jeunes filles et des clubs pour hommes. Les premiers sont assez faciles à diriger. Les clubs de jeunes filles réussissent presque toujours, surtout si l'on a soin d'éviter le mélange des différentes classes sociales qui amènerait des froissements inévitables et

1. Exemples de règlements dans Booth, 3e série, VII, p. 60-61.
2. Voir dans Booth, *Life and Labour*, 3e série, I, p. 227, la description d'un *mothers'meeting* chez les congrégationalistes.
3. Sur les *mothers'meetings* anglicans, voir Booth, 3e série, VII, p. 17-19, et III, p. 184.

aboutirait à un désastre. Les clubs de jeunes gens demandent plus
de tact et d'initiative de la part des organisateurs ; mais avec une
piscine, des appareils de gymnastique et un peu d'entrain, on arrive
à des résultats satisfaisants. Où les difficultés réelles apparaissent,
c'est lorsqu'il s'agit des hommes. Leur amour-propre est extrêmement sensible. Le clergyman qui veut organiser un club de ce
genre doit éviter avec le plus grand soin tout air protecteur ; il ne
doit pas s'imposer, mais il lui faut surveiller tout de même ce qui
se passe autour de lui. Pas trop de raideur, pas trop de laisser
aller : la raideur écarterait tout le monde et le laisser aller rendrait
toute direction impossible ; il faut être bien sûr de son prestige pour
se livrer impunément à des assauts de boxe avec ses ouailles comme
l'a fait le Rév. Osborne Jay, dans le sous-sol de son église de Bethnal Green. Surtout, pas de propagande ! ce serait le moyen le plus
infaillible pour faire le vide autour de soi. Si l'on se sent les qualités nécessaires et le courage nécessaire pour tenter une expérience
dans ces conditions, on peut essayer : on réussit assez rarement.

Aux clubs et associations similaires se rattachent les institutions
qui ont pour but de développer l'esprit d'économie : caisses d'épargne de différentes espèces, caisses de prêt, assurances contre la maladie, sociétés pour l'achat du charbon, bibliothèques coopératives, etc. Des sociétés sportives, — sociétés de tennis et de cricket,
associations de cyclistes, sociétés de canotage — sont placées également sous le haut patronage du pasteur. On trouvera peut-être
que c'est aller un peu loin ; mais, outre que les sports sont considérés en Angleterre avec un respect quasi-religieux qui fait songer
aux jeux nationaux des anciens Grecs, le pasteur tire de sa prési-
dence honoraire des avantages qui ne sont point à dédaigner dans
l'intérêt de l'Eglise.

Parmi les moyens que le clergé de l'Eglise anglicane emploie pour
se mettre en relation avec les paroissiens, un des principaux est, en
effet, la visite à domicile. Ces visites sont faites partie par le pasteur
et ses vicaires (curates), partie par des « visiteurs » de bonne volonté
ou même par des « visiteurs » payés. Or, pour faire une visite, il est
bon d'avoir un motif ou, tout au moins, un prétexte. Une visite dans
laquelle on se présente avec un verset de la Bible à la bouche et un
tract religieux à la main a par trop l'air d'une visite professionnelle,
intéressée. La bonne femme qui est en train de faire son lessivage
ne se dérange même pas : elle en a tant vu de ces fameux tracts ! Si
le mari est à la maison, il ferme la porte, du plus loin qu'il aperçoit
l'importun et fait la sourde oreille. La situation est toute différente

si le « visiteur » se présente pour recueillir une cotisation, en qualité de secrétaire de la société de cricket ; ou pour réclamer l'arriéré
des versements à la caisse d'épargne ; ou pour prévenir que telle
société coopérative a fait d'excellentes affaires et va distribuer une
petite prime. L'ouvrier qui reçoit la visite n'a plus l'impression que
l'on vient pour le convertir ; le petit sermon passe avec le reste ; le
tract est accepté de bonne grâce, et peut-être même quelque membre de la famille le lira-t-il à ses moments perdus [1].

Dans le même ordre d'idées, les cabinets de consultations médicales ou de consultations juridiques rendent des services fort
appréciables ; ils offrent d'excellentes occasions de rappeler à ceux
qui s'y présentent l'importance de la religion et la nécessité des pratiques religieuses ; la gratuité de la consultation y a sa contre-partie
dans le sermon obligatoire.

Avec les réceptions (*at homes*) qui sont organisées dans certaines
paroisses par le pasteur et sa famille, et auxquelles sont parfois invités, par fournées successives, les habitants de la paroisse tout entière, nous épuisons à peu près la liste des institutions régulières
d'une Eglise anglicane. L'importance relative de ces institutions
varie nécessairement suivant les conditions locales et suivant l'idio-
syncrasie du clergyman. Tel a une confiance illimitée dans ses écoles du dimanche, qui réunissent plusieurs milliers d'enfants ; tel
autre s'est fait une spécialité des conférences courtes et amusantes ;
tel autre excelle à diriger ses clubs ; tel autre compte surtout sur
l'influence personnelle et espère arriver à connaître tous ses paroissiens. Chacun se laisse guider par ses aptitudes particulières ; ce
qui est général, à quelques rares exceptions près, c'est une activité
très intense — peut-être un peu désordonnée parfois, — un désir
sincère de faire le bien, et, ce qui n'est pas sans mérite chez un gentleman anglais, un effort sérieux pour comprendre le peuple et pour
être compris de lui.

L'Eglise anglicane a, lorsqu'il s'agit d'organiser des œuvres, un
avantage incontestable sur les non-conformistes. Elle possède un
cadre tout préparé : la paroisse ecclésiastique [1]. Les non-confor-

---

1. Cf. Booth, *Life and Labour*, 3e série, VII, p. 21-22, 30-33.
1. Il ne faut pas confondre *paroisses civiles* et *paroisses ecclésiastiques*. Les
paroisses civiles sont les anciennes paroisses, qui sont souvent restées des
unités administratives, mais que, par suite de l'accroissement de la population, les autorités ecclésiastiques ont dû généralement subdiviser en un grand
nombre de paroisses ecclésiastiques. Par exemple, Islington comprend aujour-
d'hui quarante et une paroisses.

mistes, au contraire, n'ont pas de subdivisions territoriales régulières, ni surtout de subdivisions communes : les efforts faits dans ce
sens par le conseil des Eglises libres ne paraissent pas avoir été couronnés de succès. Aussi les différentes sectes empiètent-elles constamment sur le terrain les unes des autres ; les actions se contre-
carrent, les œuvres se font concurrence : avec quels résultats déplorables pour la religion et la moralité des fidèles, il est facile de le
deviner. Cette circonstance mise à part, les œuvres non-conformistes ne diffèrent pas sensiblement des œuvres anglicanes : écoles du
dimanche, « soirées agréables », réunions de mères de famille, clubs
et visites à domicile, nous retrouvons toutes ces institutions chez
les presbytériens et chez les baptistes, chez les congrégationalistes et
chez les wesleyens. Ces derniers ont imaginé de donner des séances
musicales, suivies d'une brève conférence. L'innovation a eu un
certain succès, l'ouvrier de Londres ayant du goût pour la musique
et n'étant point gâté par les orphéons allemands et les joueurs
d'orgue italiens qui parcourent les rues de la capitale. Les quakers
ont organisé des écoles du dimanche pour adultes (*adult schools*)
dans lesquelles on étudie surtout la Bible, et qui ont été imitées par
la plupart des Eglises. Les congrégationalistes ont multiplié les
sociétés amicales de toute nature. Mais, sans négliger aucune des
méthodes employées par les anglicans, c'est avant tout sur l'excellence de leur prédication que comptent les sectes non-conformistes ;
à cet égard leur supériorité est incontestée. L'éducation des pasteurs anglicans forme des théologiens et des hommes du monde ;
l'éducation des pasteurs non-conformistes forme des prédicateurs.
Depuis vingt-cinq ans les grands orateurs de la chaire ont été
presque tous des dissidents.

Toutes les œuvres que nous venons d'étudier ont pour but de
ramener les tièdes et les indécis à la pratique de leurs devoirs religieux ; elles supposent de la part de ceux à qui elles s'adressent une
connaissance au moins élémentaire des vérités et de la morale chrétiennes. A côté de ces œuvres, il en est d'autres dont les organisateurs se proposent la conversion de ceux que l'on nomme, en langage
religieux, les « païens de Londres » ; de ceux qui sont censés n'avoir
pas entendu parler du Christ et de son Evangile. Tout le monde
avoue qu'il y a des païens de ce genre dans toutes les classes de la
société, dans les *flats* élégants de Saint-James comme dans les taudis de Bethnal Green ; mais ces derniers sont les plus nombreux,
et c'est d'eux qu'il s'agit dans la littérature ecclésiastique, lorsque
l'on parle des païens de Londres et des missions pour les païens.

On a remarqué que les pauvres ne fréquentent ni les églises anglicanes ni les chapelles non-conformistes. Pourquoi ? Sans doute parce que ces édifices sont trop somptueux, que les pauvres s'y sentent dépaysés au milieu d'une assistance choisie ; ou bien parce que les églises sont dans les rues principales, trop loin des quartiers pauvres; ou parce qu'elles représentent la religion régulière et routinière. La solution du problème consiste à établir des centres d'évangélisation, des missions, au cœur même des *slums*. On loue une maison inhabitée que l'on aménage le mieux possible ; parfois on construit un édifice en tôle ondulée, ou en pierre si les fonds le permettent ; on y installe un missionnaire qui prêche deux fois chaque dimanche, et l'on espère que les pauvres viendront à ces offices « sans façon », comme ils vont aux concerts « sans façon » du cabaret du coin.

Il n'est presque pas d'église anglicane ni de chapelle non-conformiste importante qui n'ait sa mission pour la partie pauvre de son district ; dans les quartiers où les pauvres sont en nombre insuffisant, il arrive fréquemment que les églises prennent à leur charge un slum d'un quartier voisin, où les pauvres surabondent ; les fonds nécessaires sont fournis par l'assistance ordinaire de l'église ou de la chapelle. Ces missions se transforment souvent, par une métamorphose naturelle, en véritables églises des pauvres, avec offices réguliers, écoles du dimanche, réunions de mères de familles, clubs, etc..., l'argent provenant toujours des libéralités de l'église mère.

D'autres missions sont conçues sur un plan différent et sur une échelle beaucoup plus vaste. Ce sont les grandes missions « neutres » (*undenominational*) qui ne prennent point parti entre les diverses sectes chrétiennes et prétendent enseigner simplement l'Evangile. Elles se procurent des revenus en faisant de fréquents appels à la charité du public et en organisant une réclame savante. Il faut lire dans M. Booth [1] les spécimens extraordinaires de cette littérature de prospectus, à demi-évangélique et à demi-charlatanesque. Il n'y est question que d'interventions spéciales de la Providence, de réunions chargées d'électricité spirituelle d'églises remplies de la gloire du Seigneur, d'âmes prêtes pour la moisson et arrachées aux griffes de Satan, et ces hymnes d'actions de grâce se terminent invariablement par la même conclusion : à savoir, qu'il reste beaucoup à faire et qu'il faudrait beaucoup d'argent.

1. *Life and Labour*, 3e série, surtout VII, p. 308 et suiv.

Pasquet   35

Quelques-unes de ces missions sont devenues de très grandes entreprises : telles la « mission de la Cité de Londres » (*London City Mission*) qui a des succursales et des missionnaires dans tous les quartiers de la capitale, et l'Armée du Salut, dont l'importance est devenue européenne et même mondiale. La première a des prétentions modestes et des méthodes peu tapageuses ; elle compte sur la prédication et les visites à domicile pour gagner des âmes à la religion ; chaque missionnaire a sa région, soigneusement délimitée, dont les habitants le voient apparaître à intervalles réguliers, porteur, suivant les cas, d'une parole de consolation, de reproche ou d'amitié. Il ne fait pas l'aumône ; il ne cherche pas, comme l'Armée du Salut par exemple, à fonder une religion nouvelle, rivale des sectes existantes. Son rôle se borne à éveiller la conscience religieuse, et ses convertis ne font, pour ainsi dire, que passer entre ses mains avant d'entrer dans quelque église « évangélique » ; car si le missionnaire de la *City Mission* ne distingue guère entre les sectes et la basse Eglise anglicane. les limites de sa tolérance s'arrêtent à la haute Eglise qu'il regarde comme l'antichambre de l'Eglise romaine.

Ces méthodes apparaissent, dans le Londres d'aujourd'hui, comme légèrement surannées. Ce n est point par de tels procédés que la plupart des missions essaient de conquérir des âmes. L'Armée du Salut a fait école. Des musiques bruyantes parcourent les rues du voisinage avant l'office, des distributeurs de programmes harcèlent le passant pour le forcer d'entrer. Les missionnaires appellent à leur secours toutes les ressources de la science moderne ; les projections lumineuses ont été pendant quelque temps la grande attraction ; de là on a passé sans difficulté au phonographe et au cinématographe qui servent à reproduire des scènes de conversion particulièrement touchantes et mouvementées. On annonce à grand fracas des prédicateurs célèbres ou des missionnaires exotiques : les nègres ont eu à un moment donné un immense succès de curiosité. Enfin, il existe un moyen de propagande beaucoup moins recommandable encore que les précédents et dont la plupart des missions usent largement : c'est la distribution des aumônes, dont il a été question dans un précédent chapitre.

Tout ceci est fait avec la plus grande bonne foi et les meilleures intentions du monde ; préoccupés du but à atteindre, les organisateurs se montrent peu difficiles sur le choix des moyens. Il faut forcer l'attention, attirer le public, créer une atmosphère d'enthousiasme plus ou moins factice, favorable à la conversion des pêcheurs et des indifférents. Les wesleyens, qui sont passés maîtres dans cet art, savent graduer leurs efforts avec la science la plus parfaite. A Saint-James's Hall, l'office du matin est destiné aux convertis, à ceux qui sont entrés ou qui vont entrer prochainement dans les « classes » méthodistes ; dans l'après-midi a lieu une conférence dont le sujet est emprunté à la philosophie, à l'histoire, aux sciences sociales, conférence qui s'adresse au grand public et qui sert, en quelque sorte, d'amorce pour l'office du soir ; ce dernier office est exclusivement religieux et a expressément pour but la conversion des infidèles [1].

Dans les offices de ce genre, où tout est subordonné au désir de ramener des âmes à la religion chrétienne, les missionnaires s'adressent directement aux assistants et les adjurent, dans le langage le plus passionné de revenir à la foi de leur jeunesse. Hymnes, sermons, prières sont dans ce style imagé, rempli d'éjaculations ardentes, qui fit autrefois le succès des salutistes et qui peut encore, lorsque l'émotion de l'orateur est véritable, remuer profondément l'âme des assistants, mais qui dégénère trop souvent en un jargon de convention, pitoyable contrefaçon de l'enthousiasme, dont l'accent peu sincère détonne désagréablement et produit sur l'auditeur l'impression la plus pénible.

Il arrive quelquefois que, pour hâter l'œuvre de la grâce, quelques-uns des membres de la communauté qui organise la mission parcourent l'assistance en interrogeant chacun sur l'état de son âme. Quelquefois aussi le missionnaire s'interrompt de temps en temps pour demander aux assistants si l'un d'entre eux ne s'est point senti touché de la grâce divine. Chez les salutistes, les convertis sont envoyés au « banc de la pénitence » (*penitent form*) ; chez les wesleyens, il y a un « bureau de renseignements » (*inquiry room*) vers lequel sont dirigées les personnes qui désirent demander quelque renseignement ou qui annoncent l'intention de commencer une vie nouvelle. Un des collaborateurs de M. Booth décrit ainsi une séance de conversion dans une petite mission wesleyenne de Londres-Sud [2] :

« L'office avait directement pour but le salut de l'âme d'une jeune femme qui se trouvait là. On accablait cette pauvre femme de prières qu'on adressait pour elle au Seigneur ; on chantait des cantiques émouvants et l'on se donnait beaucoup de mal pour créer l'atmos-

1. Cf. *Life and Labour*, 3ᵉ série, II, p. 189 et suiv.
2. Booth, *Life and Labour*, 3ᵉ série, IV, 182-183.

phère spirituelle nécessaire au résultat cherché... Il me semblait
qu'il y avait quelque chose de bien forcé dans cet enthousiasme,
sauf dans le cas de quelques femmes qui étaient agenouillées et
dont l'une murmura d'une voix presque imperceptible une interminable prière. Quant aux hommes, ils ne me parurent pas être réellement émus. Il y avait d'abord celui qui conduisait toute l'affaire;
il priait longuement et d'une voix forte, indiquant et commençant
lui-même les cantiques, activant en un mot les opérations. Il y avait
aussi le « frère » qui s'occupait spécialement de la jeune femme. Ce
frère était agenouillé près d'elle; il lui parlait de temps en temps,
et ensuite faisait connaître au public le bulletin du moment : « Notre
sœur est très près de la conversion, grâce à Dieu », et ainsi de suite,
ce à quoi les personnes présentes répondaient par de grands élan-
cements. La jeune femme elle-même n'était pas à genoux, mais as-
sise, et, à ce qu'il me sembla, assez indifférente. Cependant, quand
l'homme jugea le moment venu, il s'en alla et envoya deux femmes
qui vinrent s'asseoir de chaque côté d'elle, puis finalement l'emme-
nèrent entre elles deux au bureau de renseignements, absolument
comme des éléphants apprivoisés emmènent un éléphant sauvage.
Cet extraordinaire office ne tarda pas alors à prendre fin... »

Pour ceux que rien ne peut décider à pénétrer dans un édifice religieux — et cette catégorie de personnes est assez commune à Londres — on a créé l'office en plein air. L'idée n'est pas nouvelle,
puisque la prédication en plein air se rencontre à l'origine de presque toutes les sectes chrétiennes, et tout particulièrement à l'origine
du méthodisme. Mais les sectes importantes laissaient autrefois avec
dédain aux fondateurs plus ou moins sensés de coteries éphémères
le soin d'évangéliser le dimanche soir les promeneurs de Hyde Park.
Le succès de l'Armée du Salut, dont les excentricités même ont été,
au moins au début, un moyen d'attirer l'attention populaire, a conduit les grandes Eglises à imiter ses méthodes; l'Armée de l'Eglise
a eu ses officiers en surplis, ses soldats, ses marches militaires à
travers les rues, « ses décharges générales » d'hymnes et de prières
aux principaux carrefours; anglicans et non-conformistes ont rivalisé d'ardeur; Hyde Park dans le West End, Victoria Park dans
l'East End, Peckham Rye dans Londres-Sud ont leurs offices en
plein air et sont devenus le théâtre de tournois théologiques auxquels assistent impassibles, la pipe aux dents, les ouvriers qui font
leur promenade du dimanche soir, en attendant l'heure du souper[1]

1. Sur les missions en général, voir Booth, 3ᵉ série, VII, p. 269 et suiv.

Pour leurs missions et leurs autres œuvres, les Eglises ne disposaient autrefois que d'un personnel laïque, formé en majeure partie de personnes de bonne volonté et rebelle à toute organisation régulière. Seuls les catholiques romains avaient leurs « Petites Sœurs des pauvres » et quelques autres congrégations semblables ; les sectes protestantes et les anglicans eux-mêmes étaient hostiles, depuis la Réforme, à une institution qui sentait par trop le papisme. Le mouvement d'Oxford et la renaissance de la haute Eglise amenèrent la renaissance du monachisme, au moins en ce qui concerne les femmes. Dès 1839, Pusey, d'accord avec Newman, jugeait « nécessaire d'avoir quelques sœurs de charité dans l'Eglise anglo-catholique » ; quelques années plus tard, en 1845, la première communauté se fondait à Londres [1]. Depuis, les communautés anglicanes se sont multipliées ; elles ont conquis le droit de cité dans l'Eglise ; à l'heure actuelle, treize ordres différents sont représentés dans la capitale [2].

Tandis que la haute Eglise rétablissait les sœurs de charité, la basse Eglise ne restait pas inactive. En 1860, le Rév. William Pennefather, pasteur de Saint-Jude (Highbury) dans le Nord de Londres, fondait près du parc de Mildmay l'institut des « diaconesses » protestantes et donnait un exemple que s'empressèrent de suivre les Evangéliques de la capitale et du pays tout entier. Les Wesleyens sont à leur tour entrés dans la même voie : en 1887, Mrs Hugh Price Hughes, dont le mari avait été l'un des initiateurs de la propagande méthodiste à Londres, créa les « Sœurs du peuple ». Aujourd'hui, presque toutes les sectes ont leurs « sœurs » ou leur « diaconesses », dont quelques-unes prononcent des vœux comme les religieuses catholiques, et dont la plupart sont assujetties à l'obligation de ne point se marier tant qu'elles veulent rester dans leur ordre. Le port d'un costume distinctif est également d'un usage général. Ces ordres se livrent aux occupations les plus variées, aident le clergé dans les visites et dans l'organisation des réunions

Mudie-Smith, *The religious life of London*, p. 314 et suiv. — Sur certaines missions importantes, voir Booth, VII, p. 323 et suiv. (Armée du Salut), VII, p. 345 et suiv. (Church Army) ; II, p. 33 et suiv. ; II, p. 189 et suiv. ; IV, p. 82 et suiv. (Missions wesleyennes).

1. Cf. Thureau-Dangin, *La renaissance catholique en Angleterre*, II, p. 94 et suiv.

2. Booth, *Life and Labour*, 3e série, VII, p. 350. — D'après le *Report by the Statistical Officer on the census of 1901*, App. I, p. VII, le nombre des sœurs appartenant à toutes les sectes chrétiennes semble être à Londres de 1.326.

de mères de famille, dirigent des écoles et des hôpitaux, soignent les
malades à domicile. Les diaconesses sont directement subordonnées
au clergé de la paroisse et travaillent sous sa direction ; les ordres
proprement dits sont beaucoup plus indépendants. Il y a généralement coopération entre le presbytère et le « prieuré » ; mais si l'ordre appartient à la haute Eglise et le pasteur à la basse Eglise ; il est
à craindre que leurs rapports ne soient pas toujours conformes aux
principes de la charité chrétienne [1].

Un grand nombre de pasteurs appartenant aux différentes sectes
ont pensé qu'il ne fallait pas se contenter d'œuvres religieuses si
l'on voulait agir sur l'esprit populaire. Car si l'homme ne vit pas
seulement de pain, mais encore de la parole divine, la réciproque
n'est pas moins vraie : les sermons ne suffisent pas à faire vivre les
hommes, et le temps où les Pères du désert étaient nourris par les
bêtes sauvages a depuis longtemps disparu. Pour que le peuple
croie vraiment qu'on s'intéresse à sa vie spirituelle, il faut qu'il soit
persuadé qu'on ne se désintéresse pas de sa vie matérielle. Et qu'on
ne s'y trompe pas : il ne suffit pas, pour qu'il ait cette conviction, de
distribuer de temps en temps à quelques familles nécessiteuses des
couvertures et des bons de pain ; ce qu'il réclame ce n'est plus la
charité, mais la justice.

Aussi le nombre des clergymen londoniens qui se sont jetés dans
la mêlée politique ou dans le mouvement social, est-il considérable.
On multiplie les sermons « sociaux » — sur le commerce des
boissons, sur le devoir de voter, sur le côté moral de la municipalisation ; on a vu des Eglises annoncer comme sujet : « Gladstone,
avec les hymnes favorites de Gladstone » [2]. Beaucoup ne s'en tiennent
pas là et se présentent aux élections des conseils municipaux et des
Bureaux de Gardiens. Les opinions varient naturellement suivant les
personnes ; en matière de politique nationale, les non-conformistes
appartiennent le plus souvent au parti libéral, et le clergé anglican
est en majorité conservateur. En matière de politique locale, la
haute Eglise, si conservatrice en religion, a pris ardemment parti
pour les « progressistes » et pour l'amélioration du sort des travail-

1. Sur les *sisterhoods*, voir Booth, 3ᵉ série, VII, p. 349 et suiv. (généra-
lités) ; I, p. 136-138 (Mildmay) ; I, p. 208-209 (Sœurs de Kilburn, — haute
Eglise) ; II, 89-92 (Sœurs de Sainte Marguerite, — haute Eglise) ; II, 192
(Sœurs du peuple) ; IV, 193-196 (Journal d'une sœur baptiste).

2. Des sermons de ce genre ont été publiés en très grand nombre. Voir
les recueils intitulés : *Lombard Street in Lent*, et *28 sermons on social subjects*.
Liste de sermons analogues dans Booth, 3ᵉ série, VII, p. 74.

leurs ; les apôtres du ritualisme ont été en même temps les apôtres
de la municipalisation, et les adversaires les plus résolus des propriétaires de *slums* et des débitants d'alcool. Les wesleyens sont
allés plus loin encore ; la secte intervient parfois, officiellement en
quelque sorte, dans la lutte politique, et il n'est pas rare de voir
dans Londres-Nord des candidats wesleyens comme l'on voit dans
d'autres pays des candidats catholiques.

*
* *

Nous venons de voir de quels moyens disposent les Eglises et
quelles méthodes elles emploient pour porter l'Evangile aux masses
populaires. L'effort est prodigieux ; les églises sont innombrables.
M. Booth déclare [1] que dans certains quartiers les missions sont à
peine moins nombreuses que les cabarets ; le recensement de 1901
compte 7.522 personnes, dont 2.834 femmes, occupées uniquement
au service de la religion. Ajoutons par la pensée tous ceux qui donnent à une œuvre religieuse une partie de leurs soirées et de leur dimanche, et nous serons convaincus que si les résultats ne sont point
satisfaisants, ce n'est pas à l'apathie des Eglises qu'il faut attribuer
l'indifférence populaire.

Il est difficile d'estimer exactement ces résultats. Le recensement
officiel ne nous renseigne point sur la religion, et, le fît-il, que les
renseignements n'auraient que peu de valeur, presque tous les habitants de Londres se rattachant théoriquement à une dénomination
quelconque. La statistique des mariages, publiée par le *Registrar
General* [2], nous apprend que 62, 4 p. 100 des mariages célébrés à
Londres en 1909 ont eu lieu devant un pasteur anglican, 4, 8 p. 100
devant un pasteur non-conformiste, 4 p. 100 dans une église catholique, 25, 4 p. 100 devant le greffier (*registrar*) civil. Mais ces chiffres,
qui pourraient être de quelque utilité dans un district rural, n'ont
que peu de signification à Londres, où un nombre considérable de
personnes ne font acte de religion que deux fois dans leur vie, à
leur baptême et à leur mariage. La proportion des anglicans se
trouve particulièrement exagérée ; car l'on peut contracter mariage
devant un pasteur anglican comme devant le *registrar*, et l'on a la
satisfaction d'avoir, en plus, une cérémonie religieuse, tandis que
la présence du *registrar* est nécessaire si l'on doit solenniser le

1. *Life and Labour*, 3e série, VII, p. 270.
2. Voir 72 [th] *Annual Report of the Registrar-General for 1909* (1911), p. 9.

mariage dans une chapelle non-conformiste ou dans une église catholique. Il est bon de remarquer cependant que la diminution continue de là proportion des mariages anglicans depuis 1860 (89, 7 p. 100 en 1860, 62, 4 en 1909) et l'augmentation continue du nombre des mariages célébrés devant le greffier civil (2, 4 p. 100 en 1860 et 25, 4 p. 100 en 1909) ne sont point favorables à l'idée d'un réveil de l'esprit religieux à Londres, au moins dans l'Eglise anglicane.

En 1886, le journal *The British Weekly* essaya d'évaluer le nombre des adhérents de chaque religion dans la capitale en faisant un dénombrement des personnes présentes aux principaux offices. Le recensement eut lieu le 24 octobre et les résultats furent alors publiés par le journal. Un an plus tard, le même journal demanda aux différentes missions de lui envoyer le relevé des présences au dernier dimanche de novembre. Les deux recensements furent ensuite réunis en volume [1]. Bien que le premier ait été fait très hâtivement et que, dans le second cas, la méthode employée prête à de sérieuses critiques, on peut admettre comme approximativement exacts les chiffres trouvés par le *British Weekly*, et ce recensement, sur lequel nous reviendrons plus loin, permet d'utiles comparaisons entre 1886 et la période actuelle.

L'état religieux de Londres nous est donné, pour une époque plus récente, par un dénombrement des fidèles présents aux offices qui a été fait par le journal le *Daily News* de novembre 1902 à novembre 1903, et qui a paru en volume, avec les commentaires de personnes compétentes, sous le titre : *La vie religieuse de Londres* [2]. Ce recensement est beaucoup plus complet et plus exact que le précédent. Comme on se contentait de visiter chaque dimanche un seul bourg, en ayant soin, bien entendu, de tenir secret jusqu'au dernier moment le nom du quartier qui allait être soumis à l'enquête ; comme, d'autre part, le *Daily News* avait à sa disposition toute une armée d'employés (environ 400 personnes), il a été possible de ne négliger aucune chapelle ni aucune mission, si infime fût-elle ; on a pu relever à part le nombre des hommes, des femmes et des enfants. On a même déterminé, par une méthode ingénieuse, le nombre des personnes qui sont venues aux offices deux fois dans la journée (*twicers*) ; cette détermination n'a été faite, il est vrai, que pour certains quartiers, mais il semble bien que la proportion trouvée, qui est de

1. *The religious census of London. Reprinted from the British Weekly*, 1888.
2. *The religious life of London*, edited by R. Mudie-Smith, 1904.

39 p. 100, puisse être appliquée sans erreur sensible à l'ensemble de la ville.

Le seul reproche que l'on puisse faire à ce recensement, c'est que le soin même avec lequel a été fait le travail a obligé les organisateurs à le répartir sur un grand nombre de dimanches. Les conditions climatériques ont beaucoup varié ; certains districts, tels que Greenwich et Hackney, paraissent avoir été un peu avantagés ; d'autres, au contraire, parmi lesquels on peut citer surtout Fulham, ont certainement souffert de la pluie continuelle qui a dû retenir chez eux une partie des habitants.

Cette réserve faite, passons à l'examen des résultats.

Le total des présences a été de 1.003.361. Si l'on admet que 39 p. 100 des assistants sont venus deux fois dans la journée, le nombre des fidèles se trouve réduit à 832.051. La population de Londres étant (en 1901) de 4.470.304, déduction faite des personnes qui vivent dans les workhouses, les casernes et autres établissements du même genre, et la moitié de cette population pouvant, d'après les statisticiens, être considérée comme capable d'assister à un des offices du dimanche, le nombre des fidèles n'est égal qu'aux 42 centièmes du nombre des assistants possibles [1].

Anglicans et non-conformistes ont un total peu différent. Le total des présences dans les églises anglicanes est de 429.822, soit en déduisant 39 p. 100, 262.300 personnes différentes ; dans les chapelles non-conformistes, il est de 416.977, soit 254.300 personnes environ. Si l'on ajoute aux présences des chapelles non-conformistes les 94 572 présences des églises catholiques et les 62.990 présences des sectes diverses, on constate qu'en dépit de la statistique des mariages, les anglicans sont loin d'avoir la majorité dans la population pratiquante de la capitale [2].

On trouvera plus loin le détail des sectes non-conformistes. Avant d'y arriver, il nous faut nous demander de quels éléments se compose l'assistance dans les églises et missions de Londres, et à quelles classes elle appartient.

Remarquons en premier lieu la faible proportion des hommes, par rapport aux femmes et aux enfants. Les hommes (266.627 présences, 173.740 personnes après déduction des *twicers*) ne forment que 11,5 p. 100 de la population masculine âgée de plus de seize ans, tandis que les femmes (412.999 présences, 251.930 personnes)

1. *The religious life of London*, p. 16-17.
2. *Ibid.*, p. 269.

forment 15 p. 100 de la population féminine adulte, et les enfants (323.735 présences, 187.378 personnes) 21,2 p. 100 de la population âgée de cinq à seize ans [1]. Dans une congrégation normale, les deux tiers des adultes sont des femmes, et dans l'église anglicane la proportion est souvent beaucoup plus forte [2].

Quelle est dans cette assistance la part des classes ouvrières? Quel est, en d'autres termes, le succès de la propagande qu'ont entreprise dans le peuple les diverses sectes chrétiennes ? A cette question qui nous intéresse plus particulièrement, le recensement du *Daily News* permet, dans une certaine mesure, de répondre.

Les statistiques réunies par M. Mudie-Smith [3] mettent en pleine lumière la différence très sensible qui existe entre les divers bourgs de Londres au point de vue de l'assistance aux offices. Si on laisse de côté la Cité où la proportion des assistants (86 p. 100 de la population) est tout à fait anormale et due à des circonstances exceptionnelles, dont l'attraction produite sur toute la capitale par la cathédrale de Saint-Paul est la plus importante, on constate que la proportion varie entre 23 p. 100 de la population à Marylebone et 11 p. 100 à Fulham [4]. Malgré l'influence perturbatrice qu'a pu exercer la présence dans certains bourgs de grands centres religieux, comme Westminster Abbey ou le Tabernacle de Spurgeon, il est vraisemblable que les chiffres trouvés par M. Mudie-Smith donnent une mesure à peu près exacte de ce qu'on pourrait appeler la *religiosité* des divers quartiers de Londres. La carte ci-contre, dressée d'après ces statistiques, permet de se rendre compte de la distribution de la population pratiquante de la capitale (fig. 21).

Après les études que nous avons faites précédemment sur l'état social de la population londonienne, nous ne pouvons manquer d'être frappés, de prime abord, de la ressemblance générale qui existe entre cette carte et celles qui sont destinées à exprimer l'état social, c'est-à-dire la carte du surpeuplement et celle de la pauvreté (voir fig. p. 129 et p. 407).

Lorsque l'on entre dans le détail, la ressemblance se précise.

1. Calculé d'après *The religious life of London*, p. 270 et *Report by the Statistical Officer on the census of 1901* (L. C. C.), p. 12-13.
2. *The religious life*, p. 91-92 et 267.
3. Voir surtout *The religious life*, p. 268.
4. Fulham se trouve probablement, comme nous l'avons dit, à une place inférieure à celle qu'il devrait occuper, le recensement ayant eu lieu par une journée très pluvieuse. — Cf. *The religious life*, p. 85.

D'après les calculs de M. Sherwell [1], les quatorze premiers bourgs, par ordre d'assistance aux offices, ont une moyenne de 11 p. 100 de surpeuplés ; les quatorze derniers ont une moyenne de 20 p. 100. Dans le premier groupe, deux bourgs seulement, Marylebone et Holborn, ont plus de 15 p. 100 de surpeuplés ; dans le second groupe, cette limite de 15 p. 100 est dépassée dans neuf bourgs sur quatorze.

Le rapport entre l'assistance aux offices et la richesse, évaluée d'après le nombre des domestiques, n'est pas moins évident. Parmi les bourgs du premier groupe, deux seulement (Woolwich et Hack-

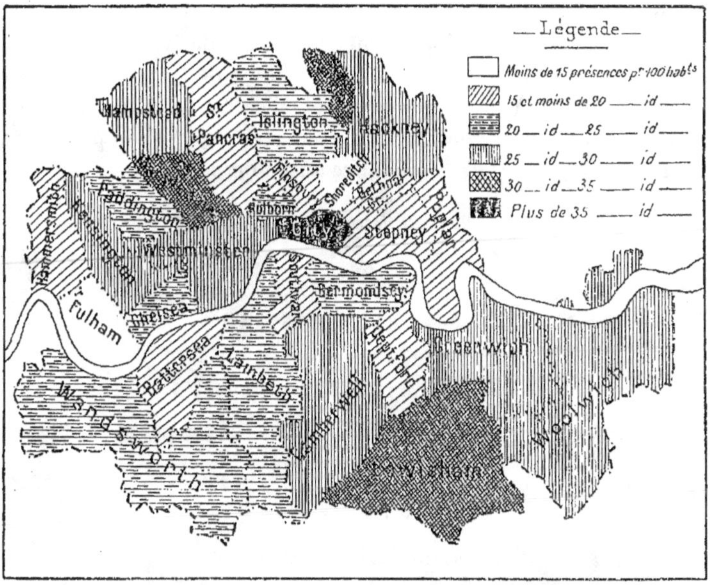

FIG. 21. — L'assistance aux offices en 1902-1903.

ney) ont moins de 20 domestiques pour 100 familles, tandis qu'aucun de ceux du second groupe n'atteint cette proportion de 20 p. 100. La moyenne des 14 premiers bourgs dépasse 40 domestiques pour 100 familles ; la moyenne des 14 autres n'atteint pas 13 p. 100 [2].

On peut aussi, en utilisant les calculs faits par le bureau de statistique du Conseil de Comté, déterminer avec une exactitude suffisante la proportion des classes aisées (professions libérales, commerçants, rentiers, etc.), dans chacun des quartiers de Londres. Cette proportion présente généralement un rapport frappant avec

1. Dans *The religious life of London*, p. 87.
2. Calculé d'après *Census of England, 1901. County of London*, p. 154.

la proportion des présences aux offices. Dans notre premier groupe, le pourcentage des classes aisées est, sauf dans deux cas (Woolwich et Greenwich), supérieur à 13 ; dans le deuxième groupe, il est inférieur à 13 dans douze bourgs sur quatorze, et inférieur à 9 dans la moitié des cas [1].

Il nous a paru bon, pour rendre la comparaison plus sensible, de mettre en parallèle quatre bourgs, choisis à dessein pour représenter les différents aspects de la vie londonienne : un quartier suburbain, peuplé surtout par la classe moyenne, Lewisham ; un quartier riche, où, comme dans la plupart des quartiers du West End, l'extrême richesse voisine parfois avec l'extrême pauvreté, Kensington ; un quartier peuplé principalement d'ouvriers relativement aisés, Battersea ; et enfin un quartier central et pauvre de l'East End, Shoreditch. Comparons donc ces divers quartiers au point de vue : 1º du surpeuplement, 2º du nombre des domestiques, 3º de la proportion des classes aisées, 4º de l'assistance aux offices.

Surpeuplement en 1901.

Lewisham	2,67	pour 100 habitants.
Kensington	14,84	—
Battersea	10,89	—
Shoreditch	20,95	—

Proportion des domestiques.

Lewisham	36,2	pour 100 familles.
Kensington	80	—
Battersea	13,1	—
Shoreditch	5,7	—

Proportion des classes aisées.

Lewisham	17,5	pour 100 habitants.
Kensington	15,4	—
Battersea	11,3	—
Shoreditch	6,4	—

Assistance aux offices.

Lewisham	32,9	présences p. 100 hab.
Kensington	25,6	—
Battersea	15,5	—
Shoreditch	14,5	—

1. Calculé d'après *Report of the Statistical Officer* (L.C.C.). Appendice I. Les chiffres donnés dans le texte et dans le tableau ne comprennent naturellement par les *familles* des commerçants, rentiers, etc.

De cet ensemble de faits, la conclusion nous paraît ressortir d'elle-même. Cette conclusion est qu'à Londres richesse et religion vont ensemble ; que les personnes qui assistent aux offices appartiennent en grande majorité aux classes supérieures et moyennes ; que l'assistance est très faible dans les quartiers pauvres ; qu'il n'y a pas à cet égard beaucoup de différence entre un quartier pauvre comme Shoreditch et un quartier peuplé d'ouvriers aisés, comme Battersea.

Cette conclusion s'impose avec plus de force encore si, au lieu de comparer l'assistance totale, nous cherchons seulement dans les quatre bourgs précités quelle est, par rapport à la population masculine adulte de chaque bourg, la proportion des hommes qui vont aux offices. La proportion est la suivante, déduction faite des doubles présences [1] :

Lewisham.	17 p. 100 (environ 1 homme sur 6)
Kensington.	13 p. 100 (environ 1 homme sur 8)
Battersea.	7,9 p. 100 (environ 1 homme sur 12)
Shoreditch	5,9 p. 100 (environ 1 homme sur 17)

Un des collaborateurs de M. Mudie Smith, M. Masterman, mettant à profit l'étude approfondie qu'il a faite de Londres-Sud, a poussé l'analyse un peu plus loin. Il découpe dans Londres-Sud deux circonscriptions : l'une est exclusivement ouvrière ; l'autre est une circonscription suburbaine, où cette classe n'a point encore pénétré. Dans la première, l'assistance adulte est de 6,5 pour 100 habitants ; dans la seconde de 30, 6 pour 100 habitants [2].

Ainsi, non seulement l'assistance est beaucoup moins nombreuse dans les quartiers ouvriers que dans les quartiers de classe moyenne, mais la composition de cette assistance est assez différente. Les hommes se tiennent à l'écart : dans l'East End tout entier, sur une population de 919.000 habitants, le nombre des hommes qui vont régulièrement aux offices ne dépasse pas 31.000, et ce chiffre comprend 8.000 Juifs [3]. Encore est-il bon d'ajouter qu'une grande partie de l'assistance masculine aux offices doit provenir de Hackney qui est une région de classe moyenne. Les femmes sont un peu plus nombreuses, surtout aux offices du soir. Les enfants viennent en grand nombre ; à Shoreditch, ils forment le matin presque la moitié

1. D'après les chiffres donnés dans *The religious life of London* à chacun des bourgs, et dans le *Report of the statistical officer on the census of 1901*, p. 12 et 13.

2. *The religious life of London*, p. 196-198.

3. Percy Alden, dans *The religious life*, p. 36.

de l'assistance (47 p. 100) ; le soir la proportion est de 40 p. 100 [1].
On a même remarqué [2] qu'ils viennent plus régulièrement aux offices dans les quartiers pauvres que dans les quartiers riches. Peut-
être faut-il chercher la principale explication de ce phénomène dans
le désir assez naturel qu'ont les parents d'avoir quelques heures de
tranquillité pendant la journée du dimanche.

Le tableau ci-dessous permet de se rendre compte des progrès ou
de la décadence des différentes sectes chrétiennes depuis 1886.

L'assistance aux offices religieux en 1886 et en 1902-1903

		Nombre des présences en 1886	Nombre des présences en 1902-1903	Augmentation ou diminution p. 100
ÉGLISES	Église d'Angleterre.....	535.715	396.196	— 26, 0
	Non-conformistes	369.249	363.882	— 1, 4
	Baptistes...............	107.899	98.635	— 8, 5
	Congrégationalistes	112.231	91 828	— 18, 1
	Méthodistes wesleyens .	71.441	72.830	+ 1, 9
	Presbytériens	30.427	22.921	— 24, 6
	Catholiques Romains...	54.315	93.572	+ 72, 2
MISSIONS	Armée du Salut........	45.172	22.402	— 50, 4
	Missions anglicanes.....	26.096	33.626	+ 28, 8
	id. baptistes	16.625	9.820	— 40, 9
	id. congrégationalistes .	14.628	13.707	— 6, 2
	id. wesleyennes...	13.093	5.309	— 59, 4
	id. presbytériennes	4.096	1.857	— 54, 6
Anglicans, assistance totale ...		561.811	429.622	— 23, 4
Non-conformistes, id. ...		476.481	416.977	— 12, 4
Londres, assistance totale.....		1.167.312	1.003.361	— 14, 0
Londres, population............		4.000.000 (environ)	4 536.541	+ 13, 4

La situation ne s'est pas améliorée depuis 1886. Les changements
qui ont eu lieu dans les circonscriptions administratives à Londres
ne permettent pas de comparer en détail le recensement du *British
Weekly* et celui du *Daily News* ; mais la décadence n'est pas douteuse. De 1886 à 1901, la population de Londres a augmenté de plus
de 13 p. 100 ; entre ces deux dates, l'assistance a diminué de

1. Moyenne de Londres, 32 p. 100 de l'assistance.
2. Rév. H. T. Meakin, dans *The religious life*, p. 365.

14 p. 100. L'Eglise anglicane a perdu près du quart (23 p. 100) de son assistance.; les non-conformistes ont diminué de 12 p. 100. Seule la statistique des catholiques romains accuse une augmentation considérable, 72 p. 100. Cette augmentation n'intéresse d'ailleurs que médiocrement les classes ouvrières, parmi lesquelles l'Eglise catholique se borne à essayer de conserver sa clientèle d'Irlandais et d'Italiens ; ce n'est point dans cette classe, mais chez les anglo-catholiques de la classe moyenne et de la classe supérieure que les pères jésuites de Farm Street et les autres congrégations propagandistes trouvent le plus ordinairement leurs recrues [1].

Tous les efforts des Eglises restent donc à peu près sans résultat. Çà et là un homme exceptionnel, un Spurgeon, un Clifford, un Hugh Price Hughes, attire de grandes masses d'hommes par son éloquence ou ses talents d'organisateur. Malgré la mort de Spurgeon, le Tabernacle qu'il a fondé comptait encore 4.000 membres au moment où M. Booth se livrait à son enquête (1900) ; les écoles du dimanche avaient de 1.200 à 1.400 élèves, et chacune des trois réunions de mères de famille renfermait 150 à 200 personnes. Du Tabernacle dépendaient 21 missions, situées dans les divers quartiers de Londres, et 25 écoles du dimanche, avec 8.900 élèves, sans compter un nombre considérable de clubs, de sociétés de tempérance et d'institutions du même genre [2]. S'il est impossible de trouver à Londres un autre exemple d'un succès aussi éclatant, le succès modéré n'y est pas rare ; Hugh Price Hughes dans le West End, Meakin à Bermondsey ont su dignement maintenir l'ancienne réputation de la chaire méthodiste ; le dernier, grâce à son éloquence populaire et au caractère ultra contemporain des sujets traités, est même parvenu — chose peu commune à Londres — à réunir une congrégation composée en majorité d'ouvriers authentiques [3].

Dans l'Eglise anglicane, certains ritualistes, dont le plus célèbre a été le Père Dolling, mort prématurément à la tâche, ont acquis dans les quartiers ouvriers de l'East End ou de Londres Sud une influence due beaucoup moins à leurs idées religieuses qu'à la sainteté et au désintéressement de leur vie et à l'ardeur avec laquelle ils se sont faits les champions des droits des ouvriers dans la lutte contre l'aristocratie industrielle.

Mais tout cela est peu de chose dans l'immensité de Londres. Il est facile d'attirer les classes moyennes ; dans les quartiers subur-

1. Cf. Booth, *Life and Labour*, 3ᵉ série, I, p. 127 ; III, p. 100.
2. Booth, *Life and Labour*, 3ᵉ série, IV, p. 74 et suiv.
3. Voir Booth, *Life and Labour*, 3ᵉ série, IV, p. 82-85, 109.

bains où cette classe existe presque seule, les églises s'élèvent comme
par enchantement ; on trouve sans peine de l'argent pour les construire et des fidèles pour les remplir. La classe moyenne constitue
l'élément essentiel de toutes les églises ; elle est le fonds commun
où puisent les anglicans comme les méthodistes, les congrégationalistes comme les wesleyens. Les masses populaires restent indiffé-
rentes.

Sur ce point l'opinion est unanime. Il semble que le nombre de
ceux qui sont susceptibles de sentiments religieux soit une quantité
fixe. Le prédicateur en renom qui remplit son église fait le vide
dans les églises et les chapelles du voisinage ; le succès des uns
amène la décadence des autres, et le résultat final est que les églises
se retrouvent en 1903, en dépit de leurs efforts, dans une situation
un peu plus mauvaise qu'en 1886.

Que cette décadence soit due à l'éloignement croissant des classes
ouvrières, il n'est pas permis d'en douter. La grande enquête de
M. Booth est remplie de témoignages qui ne laissent place à aucune
hésitation. Dans les quartiers pauvres, dans les *slums*, il est encore
possible, pourvu que l'on se résigne à faire l'aumône largement et
les yeux fermés, de réunir une congrégation qui peut passer à la
rigueur pour une congrégation populaire ; dans un quartier peuplé
d'ouvriers aisés, « il est presque impossible, suivant un clergyman
de Londres-Sud, d'attirer les gens aux offices par des moyens légitimes » [1]. Abstraction faite des commerçants des grandes artères et
de leurs familles, l'assistance ne se compose guère que d'enfants ;
les femmes elles-mêmes viennent rarement, sous prétexte qu'elles
sont retenues à la maison par les soins du ménage, ou que leur
mari refuse de les laisser sortir. Les visites sont rendues fort difficiles par la susceptibilité soupçonneuse des habitants, qui ont coutume d'associer ensemble l'idée de visite et celle d'aumône et qui
« n'aiment pas à voir un tas d'ecclésiastiques rôder autour de leurs
maisons » [2]. Ce n'est pas qu'il y ait, sauf peut-être dans certains
slums où s'entasse une population dégradée, une hostilité déclarée
contre la religion et ses ministres. La religion est simplement
comme si elle n'existait pas ; quant au pasteur, il peut être, personnellement, assez populaire. Le recteur de Sainte-Anne, à Kennington,
résume ainsi son opinion sur ses paroissiens : « Les gens feront
tout ce que vous voudrez pour vous être agréable, excepté de venir

1. Booth, *Life and Labour*, 3ᵉ série, VI, p. 48 (Stockwell).
2. *Ibid.*, 3ᵉ série, V, p. 180 (Clapham). — Voir aussi I, p. 181 (Hackney) ; III, p. 146 (Kensington Park).

à l'église » [1]. Ce ne sont pas non plus les édifices qui manquent ; car « si une rue ne se composait que d'églises, de chapelles et de salles de missions, des milliers de gens passeraient dans cette rue sans que la pensée d'entrer dans un de ces édifices leur vînt seulement à l'esprit » [2].

Quelle que soit la région dont il s'agit, la situation ne varie pas. Dans l'Ile aux Chiens, la population est « essentiellement irreligieuse ». A Poplar, « très peu de gens vont à l'église ou reconnaissent l'existence de la religion par une manifestation extérieure quelconque ». D'après le recteur d'une des paroisses du quartier, « il n'y a pas plus de dix ouvriers dans sa paroisse qui aillent à l'église ». On affirme que dans une rue qui compte soixante-dix familles, deux seulement de ces familles pratiquent une religion ; dans trois rues, sur un total de 1.199 personnes, 29 sont des chrétiens pratiquants. A Hackney, on achète les pauvres et la classe ouvrière se tient à l'écart [3].

Inutile de s'arrêter longuement aux quartiers centraux de l'East End, Shoreditch, Bethnal Green, Stepney. Une partie de ces quartiers est maintenant occupée par les Juifs ; mais l'invasion juive n'a pas modifié, autant qu'on pourrait le croire, la situation des églises chrétiennes. L'assistance est à peu près la même qu'au temps passé ; elle était du reste si faible qu'il lui était presque impossible de diminuer. Dans la paroisse de Saint-Matthew, à Bethnal Green, un recensement fait en 1895 montra que les habitants allaient aux offices religieux dans la proportion de 1 sur 80 [4].

Les églises sont plus vivantes dans les quartiers septentrionaux, où nous retrouvons la classe moyenne ; c'est le terrain de prédilection du congrégationalisme. Mais là encore, partout où manque la classe moyenne, partout où elle est en train de disparaître pour céder la place à la classe ouvrière et se retirer au Nord, les églises sont à peu près vides. L'ensemble de la classe ouvrière reste insaisissable ; elle montre une « indifférence absolue » ; elle ne fréquente ni les églises, ni les missions ; essayer de lui faire entendre l'Evangile est « une entreprise désespérée ». Cette situation est encore aggravée par la rivalité des sectes qui démoralise les pauvres ; on cite le cas d'un enfant de Camden Town que ses parents firent

1. Booth, *Life and Labour*, 3e série, VI, p. 7. — Cf. IV, p. 128 (St-Luke, Bermondsey).
2. Un pasteur de l'East End, dans Booth, 3e série, I, p. 26.
3. Booth, 3e série, I, p. 20, 24, 26, 80, 82, 87.
4. *Ibid.*, 3e série, II, p. 77.

Pasquet   36

baptiser successivement par les catholiques, les wesleyens et les anglicans [1].

Dans le West End, où la classe riche est très nombreuse et où une partie notable de la population se trouve dans la dépendance de cette classe, les Eglises sont en pleine prospérité. L'Eglise anglicane, qui est essentiellement l'Eglise des gens comme il faut, est plus puissante que partout ailleurs. Cependant, il ne faut pas s'y tromper : la région semi-ouvrière qui avoisine la Cité (Soho, Tottenham Court Road, Gray's Inn Road) reste à peu près insensible à tous les efforts ; les tentatives auxquelles on se livre dans les quelques îlots de pauvreté qui sont disséminés au milieu du West End (Westminster, Lisson Grove, etc.) sont loin d'être couronnées de succès. Plus à l'Ouest, on signale à Kensal New Town et aux abords du parc de Kensington l'indifférence générale des classes ouvrières ; à Hammersmith cette indifférence paraît gagner une partie de la classe moyenne elle-même [2].

Londres-Sud n'est pas plus favorisé que Londres-Nord. Le succès de quelques grands prédicateurs, comme Spurgeon et Meyer chez les baptistes, et Meakin, chez les wesleyens, peut faire illusion ; mais un grand nombre de leurs adhérents appartient indubitablement à la classe moyenne. On trouverait, il est vrai, des congrégations qui se composent presque entièrement d'ouvriers et où l'on ne recueille guère à l'offertoire que de la monnaie de billon ; mais elles sont rares. On ne vient généralement à l'église que pour se marier et pour faire baptiser les enfants ; les femmes y viennent pour les relevailles, et la famille tout entière y fait quelquefois une apparition à l'office qui a lieu la veille du jour de l'an et à la fête de la moisson que l'on célèbre à Londres avec une solennité tout à fait paradoxale. La curiosité dans ce dernier cas, le désir de voir ou de revoir les fleurs et les gerbes de blé dont on orne l'église, et, dans les autres cas, une sorte de crainte superstitieuse sont probablement, beaucoup plus que la religion, les motifs déterminants de cette conduite. Tout le monde convient que le seul espoir des églises est dans les enfants. Les adultes ne s'intéressent qu'aux courses et aux matchs de football ou de cricket [3].

A Southwark, les plus optimistes affirment que le peuple « a une croyance vague aux doctrines de la religion chrétienne », mais le recteur de Saint-Georges-le-Martyr trouve la situation religieuse

1. Voir surtout Booth, 3ᵉ série, I, p. 131, 132, 134, 135, 136, 175.
2. Booth, I, p. 197 et suiv. ; III, p. 142, 147, 163-164.
3. *Ibid.*, 3ᵉ série, IV, p. 14, 20, 41, 65, 67, 82 ; V, p. 37, VI ; p. 9.

désolante, presque désespérée. « Il n'est pas douteux, dit-il, qu'à Southwark, l'Eglise, en prenant ce mot dans son sens le plus large, n'ait perdu son influence sur la grande masse du peuple, si tant est que cette influence ait jamais existé [1]. » Dans une paroisse du Nord de Lambeth, le recteur déclare « qu'en règle générale, personne ne va à l'église ». A Newington, le clergé s'est jeté dans la politique, ce que M. Booth considère comme un signe de désespoir au point de vue religieux. Dans une des paroisses, qui n'est point parmi les plus mauvaises, la liste des communiants renferme 400 noms, sur une population de 14.000 âmes. « Aller à l'église est la dernière chose à laquelle pense » un habitant de Bermondsey. On ne peut compter que sur les enfants ; essayer d'inculquer des sentiments religieux aux adultes. c'est « enfoncer des clous dans du bois pourri ». A Rotherhithe, on affirme catégoriquement que les riverains de la Tamise « ne vont pas à l'église et n'iront jamais » [2].

A Deptford, à Greenwich, à Woolwich, même indifférence ; on a même cessé d'appeler le pasteur pendant les maladies et au moment de la mort. Dans l'Arsenal, l'opinion publique est nettement hostile à la religion. Un des ouvriers estime que sur cent ouvriers d'un atelier, cinquante n'entrent jamais dans une église ; une trentaine y vont deux ou trois fois par an ; des vingt autres, douze sont nonconformistes et huit anglicans [3].

Au Sud de Southwark et de Bermondsey, Camberwell, Kennington et Brixton, ont vu à une époque relativement récente, disparaître la classe moyenne qui a fait place à la classe ouvrière. « L'indifférence est absolue », dit le recteur d'une des paroisses ; et il ajoute : « Pourquoi mes paroissiens ne viennent-ils pas à l'église ? Pour la même raison que je ne vais pas aux courses : parce que cela ne les intéresse pas [4]. » Les ouvriers s'intéressent aux questions sociales et aux questions politiques ; ils viendront à l'église pour entendre un concert ; mais il est inutile de songer à les faire venir aux offices. Il en est de même à Clapham et à Battersea. Tout à fait à l'Ouest, à Putney, l'indifférence est à peu près générale même dans les classes moyennes [5].

Les exemples que nous venons de citer sont presque tous emprun-

1. Booth. *Life and Labour*, IV, p. 19. — Cf. IV, p. 12-13.
2. *Ibid.*, 3ᵉ série, IV, p. 44, 58, 61, 103, 114, 144.
3. *Ibid.*, 3ᵉ série, V, p. 17, 29, 50, 57, 61-62, 85, 103, 120.
4. *Ibid.*, 3ᵉ série, VI, p. 9.
5. *Ibid.*, 3ᵉ série, VI, p. 11, 20, 28, 44. V, p. 165, 176 et suiv., 184-185, 205, 211-212.

tés aux déclarations des représentants de l'anglicanisme, telles qu'elles ont été faites à M. Booth et à ses collaborateurs ; mais l'Eglise anglicane n'est pas la seule à se plaindre. Les différentes sectes ne sont guère plus heureuses les unes que les autres dans leurs tentatives. L'Eglise anglicane a pour elle les classes riches, — pour lesquelles la religion fait partie de la bonne éducation — une partie de la classe moyenne et une très faible fraction de la classe pauvre, qu'elle tient surtout par les *mothers' meetings* et par les distributions d'aumônes. Les sectes dissidentes se recrutent presque exclusivement dans la classe moyenne ; car, bien que le fait soit moins commun qu'autrefois, il arrive encore assez fréquemment que le nonconformiste enrichi passe à l'anglicanisme qui est un signe de respectabilité. De toutes les sectes chrétiennes, celle qui paraît avoir le plus de succès parmi les ouvriers est, chose curieuse, la secte baptiste, ce qui prouve bien que ce n'est ni la rigueur de la doctrine, ni la sévérité des cérémonies religieuses qui empêchent les gens du peuple de franchir le seuil des édifices du culte. Du reste, en dépit des efforts et du succès relatif des baptistes, les classes inférieures restent, dans leur ensemble, en dehors des églises.

L'utilité des œuvres innombrables que nous avons énumérées plus haut nous apparaît donc comme extrêmement médiocre. A quoi bon multiplier les offices, s'il n'y a pas d'assistants à ces offices ? Dans le bourg de Southwark (203.000 habitants), le *Daily News* a trouvé, pour un total de 29 offices célébrés le dimanche matin à 6 h. 30, 7 heures, 7 h. 30 et 8 heures, une assistance de 620 personnes (dont 397 femmes), c'est-à-dire une moyenne de 21 personnes par office. A Saint-Mary Abbot, Kensington, paroisse de plus de 18.000 âmes, les deux offices de 7 heures et de 8 heures réunissent 207 personnes, dont 182 femmes. Les offices célébrés pendant la semaine ont également une assistance des plus restreintes [1].

Les « soirées amusantes » et les offices pour hommes ont mieux réussi. Le Rev. J. E. W. Ditchfield, qui a été à Londres un des promoteurs du mouvement, a obtenu un très grand succès, d'abord à Holloway, dans le Nord de Londres, et ensuite à Bethnal Green. Mais le genre nécessite des qualités de prédicateur populaire qui paraissent assez peu communes. Et puis, peut-on vraiment espérer des résultats sérieux du procédé qui consiste à envelopper de sucre la pilule religieuse pour en dissimuler la saveur amère ? Croit-on

1. *The religious life of London*, app. B, C, G.

que l'auditoire ne s'apercevra pas de la supercherie ? Et ne risque-
t-on pas de discréditer la religion elle-même ? En fait, il semble
bien que, dans la plupart des cas, les « soirées amusantes » et autres
institutions du même genre attirent surtout, non pas les « païens »
pour lesquels on est censé les faire, mais des fidèles appartenant
aux différentes sectes, sur lesquels les nouveautés religieuses exercent un attrait irrésistible et qui préfèrent l'imprévu des « soirées
amusantes » à la routine des offices réguliers [1].

Les écoles du dimanche sont, dans tous les quartiers de Londres,
suivies par un nombre grandissant d'élèves. Il en est ainsi tout
particulièrement dans les quartiers ouvriers ; car l'ouvrier londonien, que rien au monde ne pourrait décider à pratiquer une religion pour son compte, pense qu'il faut de la religion pour les enfants, soit qu'il ait conservé quelque vague souvenir des croyances
de sa jeunesse, soit plutôt qu'il considère qu'il est de bon ton de se
conformer aux usages. Quant aux enfants, ils vont avec plaisir à
leur école, chantent à pleins poumons les hymnes qu'on leur fait
apprendre par cœur et s'affilient avec enthousiasme aux sociétés de
tempérance ; mais une fois parvenus à l'âge viril, ils glissent entre
les doigts du clergé et disparaissent à tout jamais.

Il peut arriver que l'on parvienne un peu plus tard à ressaisir
quelques-uns d'entre eux, si l'on réussit à les faire entrer dans
un des cercles qui sont sous la haute direction du clergé. Mais les
chances sont bien faibles, et leur présence assidue à leur cercle est
loin d'être, d'ailleurs, un gage de leur présence assidue à l'église.
Les organisateurs de ces clubs ont à choisir entre deux méthodes :
ou bien admettre dans leur club tous les ouvriers du quartier qui
désirent en faire partie et, dans ce cas, sacrifier résolument tout
espoir de propagande religieuse pour ne se préoccuper que de la
portée sociale de l'œuvre ; ou bien restreindre le club aux fidèles
qui ont coutume de fréquenter leur église. Il paraît impossible de
combiner les deux méthodes ; on a même remarqué que, lorsque
le club appartient au premier genre, si l'un des membres se con-
vertit et se met à fréquenter l'église, il est presque toujours obligé
de donner sa démission pour échapper aux plaisanteries de ses
camarades. Aussi nombre de clubs, institués comme clubs ouverts,
n'ont-ils pas tardé à être transformés, par leurs organisateurs en
clubs fermés, dont ne peuvent faire partie que ceux qui sont

---

1. Cf. Booth, *Life and Labour*, 3ᵉ série, I, p. 145, et IV, p. 147, et Mudie-
Smith, *The religious life of London*, p. 302 et suiv., 321 et suiv.

inscrits sur les listes de communiants de l'église à laquelle se rattache le club [1]. On peut donc dire, en thèse générale, que le succès d'un club est en raison inverse de la propagande religieuse que l'on y fait. Dans les réunions de mères de famille et dans les visites, le but religieux est plus clairement marqué et les résultats plus apparents ; mais nous avons vu déjà de quels éléments se composent les *mothers' mettings* et à quel point la religion se trouve, dans ces réunions, mélangée à la charité. Au moyen de ces deux œuvres, les Eglises continuent assurément de garder quelque influence sur la partie la plus pauvre des classes ouvrières, mais à quel prix ? Il est bien difficile, dans ces conditions, de faire le départ entre la véritable piété et l'hypocrisie intéressée.

Restent les missions. Elles ont, à n'en pas douter, abouti à une gigantesque faillite. Certaines grandes missions, qui disposent de ressources presque illimitées et qui ont à leur tête des hommes éminents, parviennent à vivre et même à faire quelque chose de plus ; le reste végète misérablement. Parmi les grandes missions elles-mêmes, le succès est loin d'être général et continu ; l'Armée du Salut qui, en 1887, estimait à 45.172 le nombre des personnes présentes à ses offices, était tombée, à l'époque du recensement du *Daily News*, au chiffre de 22 402 ; et il est hors de doute que la décadence eût été plus accentuée encore sans l'extension considérable qu'a prise dans l'intervalle l'œuvre sociale de l'Armée. Mais que dire des petites missions ? Il est peu de spectacles plus lamentables que l'aspect d'une salle de mission ordinaire un soir de dimanche, quand, à la lueur de deux ou trois becs de gaz, le missionnaire, entouré de quelques amis dévoués, harangue un auditoire composé de quatre hommes, d'une dizaine de femmes et d'autant d'enfants. Heureux encore lorsque cet auditoire existe et que le missionnaire ne se trouve pas réduit à réserver son sermon pour le dimanche suivant !

Rien de plus éloquent sur ce point que les chiffres publiés par le *Daily News*. Prenons comme exemple deux quartiers de Londres où la classe ouvrière domine, sans que cependant on puisse les ranger parmi les quartiers pauvres : Saint-Pancras au Nord de la Tamise, Camberwell au Sud.

Le bourg de Saint-Pancras avait, en 1901, 231.687 habitants. L'Eglise anglicane y possède huit missions qui, le jour du recensement, ont célébré 10 offices. Le total des assistants a été de 608, dont

---

1. Cf. Booth, *Life and Labour*, 3ᵉ série, IV, p. 73 ; VII, p. 20.

62 hommes, 111 femmes et 435 enfants. Les baptistes, avec trois missions, réunissent 238 personnes, 49 hommes, 140 femmes, 49 enfants. L'unique mission congrégationaliste (2 offices) a 255 assistants, 121 hommes, 101 femmes, 33 enfants, et les six missions presbytériennes (7 offices) 735 personnes, 167 hommes, 341 femmes, 234 enfants. Ces 18 missions réunissent donc dans leurs 22 offices 1.836 personnes, c'est-à-dire une moyenne par office de 83 personnes, dont 18 sont des hommes, 31 des femmes et 34 des enfants [1].

Le bourg de Camberwell, qui a 255.604 habitants, renferme 37 missions. Les 18 missions anglicanes (29 offices) ont 3.400 assistants, 324 hommes, 568 femmes, 2.508 enfants. Dans les trois missions wesleyennes (5 offices), l'assistance s'élève à 426 personnes, 63 hommes, 96 femmes, 267 enfants. Les dix missions baptistes (19 offices) réunissent 1.451 personnes, dont 178 hommes, 221 femmes et 1.052 enfants. Les congrégationalistes ont cinq missions (7 offices) et 515 assistants, dont 68 hommes, 138 femmes et 309 enfants. Le total des offices célébrés dans les salles de mission des principales sectes est de 60, et l'assistance moyenne par office de 96 personnes, dont 11 hommes, 16 femmes et 69 enfants [2].

Il est impossible de ne pas être frappé de la faiblesse de ces chiffres, surtout en ce qui concerne les hommes. Dans les missions anglicanes principalement, les hommes sont en nombre extrêmement restreint : la moyenne est de 6,2 par office à Saint-Pancras et de 5,4 à Camberwell. Encore faut-il remarquer que le plus souvent la majorité de ces hommes se trouvent réunis dans trois ou quatre missions plus importantes. Ainsi à Camberwell, sur 105 hommes présents le matin, 3 missions en renferment 70, les 11 autres réunissant en tout 35 hommes. Le soir, sur 219 hommes présents, 4 missions en comptent 140 et les autres missions, 79 [3].

Il faut avouer que l'extérieur de la plupart des missions n'est pas fait pour attirer le public. Si l'on a pu dire quelquefois, non sans une apparence de raison, que la splendeur même des édifices gothiques que l'on a construits depuis cinquante ans avait pour résultat d'arrêter les ouvriers au seuil des églises anglicanes, ce n'est point à la même cause qu'il faut attribuer leur indifférence à l'égard des missions ; celles-ci n'ont pas coutume de pécher par excès d'élégance. « Dans la rue la plus pauvre et la plus misérable (*disreputable*), dit M. Ch. Booth, l'édifice le plus pauvre et le plus

1. D'après *The religious life of London*, p. 175 et suiv.
2. *Ibid*, p. 231 et suiv.
3. *Ibid.*, p. 232.

misérable est souvent la salle de mission [1]. » Ajoutons que les missions sont construites expressément pour les pauvres, pour ceux que l'on considère comme trop pauvres pour pouvoir se mêler décemment à la foule des fidèles et qu'elles sont devenues presque toutes, par la force des choses, des centres d'aumône. Assister aux offices des missions, c'est donc en quelque sorte se ranger soi-même en dehors de la classe des ouvriers indépendants, parmi les quémandeurs de bons de pain, dans la clientèle des églises. Naturellement, les ouvriers aisés ne vont guère à ces offices ; les pauvres non plus, d'ailleurs.

Nous touchons ici, sinon à la seule cause, du moins à l'une des causes essentielles de la faillite des religions à Londres. On a donné de cette faillite les explications les plus diverses et parfois les plus extravagantes. Pour les uns, c'est le ritualisme qui est la cause de tout le mal ; sous prétexte de ramener les Anglais à la religion de leurs ancêtres, de les faire rentrer en communion avec l'Eglise universelle, les ritualistes les convertissent, ou plutôt — c'est le terme consacré chez les protestants — les « pervertissent » à l'Eglise de Rome. D'autres se lamentent sur la mollesse dogmatique des sectes d'à présent, qui à force de vouloir concilier toutes les doctrines en arrivent à donner l'impression que ces doctrines sont équivalentes, qu'elles sont toutes aussi vraies — ou aussi fausses — les unes que les autres. Pour certains, la multiplicité des symboles et des confessions de foi est, au contraire, la source la plus féconde du scepticisme et de l'indifférence. Il en est qui espèrent ramener les fidèles en simplifiant la liturgie que le public, disent-ils, est incapable de comprendre, et il en est qui font de la beauté des cérémonies religieuses l'attraction principale de leur culte. On prétend que les fidèles ont cessé de venir aux offices parce que les prédicateurs sont ennuyeux, incompréhensibles pour les profanes et que leurs sermons n'ont aucun rapport avec la vie réelle des personnes auxquelles ils s'adressent. On prétend, d'autre part, que c'est l'organisation qui est défectueuse, qu'il faut renoncer, au moins dans les quartiers ouvriers, aux églises gothiques et aux offices ordinaires, qu'il faut créer, à la façon américaine, de grandes salles de conférences, bien éclairées, bien chauffées en hiver, qui seront à la fois des centres d'éducation religieuse et de vie sociale.

Il y a beaucoup de vrai dans la plupart de ces critiques, et beau-

1. Booth, *Life and Labour*, 3ᵉ série, VII, p. 272.

coup de bon dans la plupart de ces projets ; mais le point essentiel
du problème n'est pas là. Il est dans cette simple remarque qu'un
contrôleur du Midland Railway faisait un jour à un pasteur de
Camden Town : « Vous en avez pour des années si vous voulez persuader à des types de mon espèce que cette bâtisse-là (il montrait
l'église) a quelque chose de commun avec nous. Nous n'avons rien
de particulier contre elle ; non ce n'est pas çà ; mais elle ne nous regarde pas : c'est la boîte aux richards ! (*it is the paddock of the well-
to-do*). Quand nous y entrons, nous ne nous y sentons pas à notre
aise, pas chez nous ; ce n'est pas notre affaire, et vous en avez pour
des années si vous voulez nous convaincre du contraire [1]. »

En d'autres termes, la religion est devenue en Angleterre une
question de classe. Elle fait partie de la définition du *gentleman* [2].
Tout homme qui a la prétention d'être un *gentleman*, toute femme
qui a la prétention d'être une *lady*, doit donc fréquenter, sinon l'é-
glise anglicane, tout au moins une chapelle non-conformiste quelconque. Or le désir secret, l'espoir intime de tout Anglais de la
classe moyenne est d'être pris pour un *gentleman*.

Dans la classe ouvrière, il n'en est plus de même. On peut épi-
loguer sur le qualificatif de *gentleman* appliqué à telle ou telle personne de la bourgeoisie, mais il est un fait certain : c'est qu'il ne
peut convenir à quelqu'un qui travaille de ses mains. Un travailleur manuel ne peut pas — et il le sait — être considéré comme un
gentleman. De là une liberté d'action qui n'existe point dans la
classe supérieure. Rien assurément n'interdit à l'ouvrier londonien
d'aller aux offices le dimanche ; mais aucune obligation mondaine
ne l'y oblige. S'il décide de s'y rendre, il court le risque de se trouver, quelque soin qu'il apporte à sa toilette, fort dépaysé au milieu
d'une assistance choisie. Dans un grand nombre d'églises, peut être
dans le plus grand nombre les bancs sont loués à l'année aux familles bien pensantes du quartier ; l'arrivée d'un intrus dans le banc
familial est loin d'être vue d'un bon œil, surtout si cet intrus a
l'air un peu embarrassé dans ses manières et un peu emprunté
dans ses habits, indices certains d'une origine plébéienne. Comme
on l'a remarqué souvent, c'est lorsque les distances sont très rapprochées que l'on tient le plus à maintenir les distances. L'ouvrier

1. Hubert Handley, *The fatal opulence of bishops, an essay on a neglected
ingredient of Church Reform* (1901), p. 5.

2. On pouvait lire, il y a quelques années, dans les colonnes d'un des grands
journaux de Londres, une correspondance dont les auteurs se demandaient
avec le plus grand sérieux si Jésus-Christ était un *gentleman* !

lui-même, devenu patron, jugera nécessaire de fréquenter l'église
où il ne paraissait jamais lorsqu'il n'était que simple ouvrier, et
il se conduira à l'égard de ses anciens camarades exactement de
la façon dont on se conduit maintenant à son égard. Ainsi le
veulent les lois de la *respectability*, plus tyranniques que toutes les
lois humaines ou divines.

Ni l'ouvrier qui n'assiste pas aux offices, ni le bourgeois qui s'y
rend avec sa famille, n'ont une conviction bien profonde. Si nous
en jugeons par les exemples que nous avons eus sous les yeux,
l'ignorance de la bourgeoisie londonienne, en ce qui concerne les
choses de la religion, est pour le moins égale à celle de la bourgeoisie française. La « parade » qui suit la sortie des offices est pour les
dames un motif plus puissant que tous les versets de l'Evangile.
Sauf exception, le christianisme a peu d'influence pratique sur la
vie : comme au temps de Milton, le négociant de la Cité laisse souvent sa conscience chez lui le matin pour l'y reprendre le soir, et
tous les ouvriers sont d'accord pour éviter autant que possible le
« patron chrétien ». De son côté, l'ouvrier n'est pas le moins du
monde convaincu de la fausseté, ou même de l'inutilité de toutes
les religions ; il n'envisage point la question sous ce jour, et, pour
tout dire, le temps lui manque pour y réfléchir sérieusement. Il ne
montre, en général, aucune hostilité ; au besoin, si son pasteur a su
se rendre populaire dans le quartier, il lui promettra sans trop de
peine d'aller « donner un coup d'œil » à son église un jour ou l'autre. Mais tandis que l'homme de la classe moyenne est tenu, sous
peine de se singulariser et de rompre avec sa caste, de professer une
religion quelconque, l'opinion publique de la classe ouvrière est plutôt défavorable aux pratiques religieuses. L'ouvrier londonien est tout
disposé à voir un hypocrite ou un mendiant dans tout homme de sa
classe qui fréquente trop assidûment les églises : il faut laisser cela
aux classes supérieures, comme on leur laisse l'opéra de Covent
Garden, les clubs de Pall Mall et les grands restaurants du West
End. « Pour des milliers de personnes, écrivait, il y a quelques années, le recteur de Saint-James, à Bermondsey [1], la religion est
quelque chose qui se rattache à des conditions de vie plus heureuses ; un luxe qui va avec une nourriture meilleure et des habits
plus élégants. On la regarde parfois avec méfiance comme un moyen
d'endormir le juste mécontentement du peuple. »

Une politique aussi raisonnée n'existe sans doute pas, mais les re-

1. Cité dans Booth, *Life and Labour*, 3e série, IV, p. 130.

présentants les plus autorisés des Eglises en conviennent eux-mêmes — la méfiance n'est pas entièrement injustifiée.

Depuis une vingtaine d'années, les Eglises se sont découvert, très sincèrement sans doute, une grande tendresse pour la classe ouvrière ; on s'est aperçu que le sermon sur la Montagne, et d'autres passages de l'Evangile renfermaient des préceptes sociaux, socialistes même. Il s'est formé un parti de socialistes chrétiens dont les adhérents tonnent du haut de la chaire contre l'infâme exploiteur [1], et cèdent parfois leur place, le dimanche, à quelqu'un des apôtres de la « social-democratie ». Mais devant ce bloc enfariné, l'ouvrier de Londres reste sceptique. Trop longtemps, les Eglises ont fait cause commune avec ces exploiteurs qu'elles dénoncent à présent ; trop longtemps elles ont prêché la résignation et l'obéissance passive. Quelle est celle des grandes réformes politiques ou sociales du siècle passé qui a été l'œuvre des Eglises ? Et à laquelle de ces réformes le « banc des évêques » ne s'est-il pas opposé dans la Chambre des Lords ?

Les Eglises portent le poids de leur passé, et, en dépit de leurs efforts, le passé vit encore dans le présent : l'existence même des missions en est la preuve. Les missions sont les églises des pauvres, de ceux auxquels leur éducation, leur costume, leur condition sociale ne permettent pas de fréquenter les églises ordinaires. Il y a la même différence entre l'église paroissiale et ses missions qu'entre le Lyceum et les théâtres de banlieue : il faut, pour adorer Dieu dans la première, être un homme de la bonne société, revêtu d'un costume convenable ; dans la seconde, tout le monde est admis. La distinction entre les églises pour les riches et les églises pour les pauvres est poussée plus loin encore : les mères de famille de la réunion paroissiale refusent de frayer avec celles qui se réunissent à la mission ; de même les enfants des écoles du dimanche paroissiales et ceux des écoles de la mission. Dans la classe moyenne, les maîtres envoient souvent leurs domestiques à une église ou une chapelle différente de celle qu'ils ont coutume de fréquenter eux-mêmes. Le point d'honneur et le sentiment de la hiérarchie s'opposent à tout mélange : l'esprit anglais se refuse à comprendre qu'un homme en redingote et un homme en bourgeron puissent

---

1. Voir par exemple, *Christian Socialism*, by the Rev. Stewart D. Headlam (Fabian Tract 42) et, dans une opinion plus modérée le recueil intitulé *The Church and New Century Problems*, par l'évêque de Durham et différents auteurs (1901).

adorer Dieu l'un à côté de l'autre. Un *gentleman* reste un *gentleman* même devant Dieu.

Il n'y a guère de différence, à ce point de vue, entre les diverses sectes protestantes : leur Dieu n'est point un Dieu égalitaire et démocratique. Cet esprit, qui était celui de l'Eglise primitive, n'apparaît plus que dans les petites sectes, et peut-être aussi chez les baptistes,dont la rigueur doctrinale a pour effet d'atténuer quelque peu les inégalités sociales.Aussi s'était-il créé,il y a quelques années, une « Eglise du travail » (*Labour Church*) qui méritait d'ailleurs à peine le nom d'Eglise chrétienne et qui ne paraît avoir eu,à Londres du moins,qu'un médiocre succès [1]. Mais l'existence même de cette Eglise est une preuve du désaccord qui existe entre les sectes chrétiennes et la société démocratique anglaise. Ce désaccord est tellement évident que l'évêque de Londres n'a pas craint de le prendre, il y a deux ans, pour sujet de son sermon d'ouverture au Congrès ecclésiastique de Stoke-upon-Trent [2]. L'Eglise romaine est presque la seule où le mélange des classes paraisse se faire sans difficulté; partout ailleurs on se plaint d'une voix unanime que la venue des ouvriers fasse fuir la bourgeoisie et que, réciproquement, l'existence de congrégations strictement bourgeoises soit un obstacle à la venue des ouvriers [3].

L'ouvrier londonien s'abstient donc de plus en plus de fréquenter les églises anglicanes et les chapelles non-conformistes. D'autre part cette sorte de scepticisme que l'on appelle en Angleterre l'« infidélité », s'infiltre de plus en plus dans les masses ouvrières. Ce n'est plus l'athéisme tapageur du temps de Bradlaugh, mais quelque chose de plus dangereux peut-être : la conviction que l'existence de Dieu n'est pas impossible et que la religion peut avoir son bon côté, mais que la question a peu d'intérêt pratique ; que la vie que nous passons sur la terre est la chose capitale, qu'il s'agit de rendre cette vie aussi supportable que possible et que, pourvu que la conduite soit bonne, les croyances importent peu. Une des preuves les plus frappantes du développement de l'« infidélité » est la transformation qu'est en train de subir le dimanche anglais. Ce jour, qui était autrefois un jour de prière et d'humiliation, pendant lequel on

1. Cf. Mélin, *Le socialisme en Angleterre*, p. 123 et suiv.
2. Voir le *Times* du 4 octobre 1911. — Parmi les raisons du désaccord, l'orateur met en première ligne le sentiment de classe, trop marqué dans la bourgeoisie.
3. Voir en particulier Booth, 3ᵉ série, I, p. 82 ; III, p. 177-178 ; V, p. 184 ; VI, p. 41 et 44.

osait à peine se faire voir dans la rue autrement qu'avec un *Prayer
Book* à la main, devient de plus en plus, comme sur le continent,
un jour de délassement et de promenade. La bicyclette a fait de
grands ravages dans les classes ouvrières et aussi parmi les petits
fonctionnaires et les employés de la Cité.Des services spéciaux d'autobus facilitent maintenant pendant l'été l'accès de la campagne et
des bords de la Tamise.Une société, la « Ligue du dimanche » (*National Sunday League*), s'est fondée pour encourager toutes les distractions saines, aussi bien physiques qu'intellectuelles. Grâce à ses
efforts, la plupart des musées de Londres sont maintenant ouverts
pendant une partie de la journée. ce qui permet aux ouvriers de les
visiter, s'ils le désirent. Au grand désespoir de la « Société du jour
du Seigneur » (*Lord's Day Society*) qui tient pour les anciennes coutumes et lutte de son mieux contre l' « infidélité », le dimanche anglais cessera peut-être à bref délai d'être ce jour d'ennui solide et
national que la Société croit indispensable au salut des hommes et
à la gloire de Dieu.

Il n'y aurait à cela que demi mal, mais la question est plus complexe. Quelles que soient les idées que l'on professe sur la nécessité
des croyances religieuses, il est clair que l'indifférence croissante
des classes populaires dans une ville comme Londres est un fait
social de la plus haute importance. Depuis la Réforme, le fond de
la vie morale et intellectuelle de l'Angleterre a été la vie religieuse.
Or voici que dans les masses ouvrières la vie religieuse disparaît.
Cette vie religieuse sera-t-elle remplacée par autre chose? ou l'ouvrier londonien, déjà porté par lui-même à songer principalement
à ses intérêts matériels, va-t-il se trouver réduit, pour tout aliment
intellectuel, à la fréquentation du cinéma et à la lecture hebdomadaire du journal amusant? Tel est le problème qui donne aux questions d'éducation et au développement des œuvres post-scolaires
une si grande actualité; car c'est en somme aux instituteurs du
Conseil de Comté, aux professeurs des « écoles polytechniques » et
aux membres des « fondations » universitaires des quartiers pauvres
qu'il appartient de prendre la place laissée vacante par les Eglises.

CHAPITRE II

L'ÉDUCATION DES CLASSES OUVRIÈRES.

En Angleterre plus encore qu'en France, l'instruction du peuple a d'abord été une œuvre de charité, inspirée par la religion. C'est en 1870 seulement que l'Etat se préoccupa pour la première fois de fonder des écoles, ou, pour mieux dire, de confier aux autorités locales la mission d'en fonder. Avant cette date, à Londres comme dans le reste de l'Angleterre, l'instruction des enfants de la classe ouvrière était abandonnée presque entièrement aux différentes Eglises. Les petites écoles privées (*private adventure schools*), indépendantes de toute attache religieuse particulière, étaient, il est vrai, fort nombreuses à Londres, car il était aussi facile d'ouvrir une école qu'un magasin d'épicerie, et la mise de fonds était moindre ; mais nous verrons que ces écoles étaient en général plus que médiocres et n'avaient qu'un petit nombre d'élèves. La grande majorité des petits Londoniens qui recevaient une instruction quelconque recevaient cette instruction dans une école anglicane, méthodiste, congrégationaliste ou catholique, suivant les cas. Deux sociétés surtout étaient extrêmement puissantes et, à elles seules, réunissaient dans leurs écoles beaucoup plus d'élèves que toutes les autres écoles ensemble. L'une, la « Société nationale » (*National Society*), était d'origine anglicane et prétendait faire « de la religion nationale le fondement de l'éducation nationale ». L'autre, la Société des écoles britanniques et étrangères » (*British and Foreign School Society*), était soutenue par les dissidents ; comme la Bible est pour les sectes dissidentes la source unique de la religion, et comme, d'autre part, les sectes n'auraient pu s'entendre sur le détail de l'enseignement religieux, la Société avait pris pour règle de n'admettre dans ses écoles que la lecture de la Bible, sans commentaire, et de proscrire tout ce qui pouvait ressembler à un enseignement doctrinal. A côté de ces grandes associations, l'« Union pour les écoles d'enfants déguenillés » (*Ragged School Union*), fondée sous l'influence de la section « évangélique » de l'Eglise anglicane, s'intéressait aux enfants des slums. Enfin les « écoles du dimanche » qui avaient presque partout renoncé à enseigner aux enfants les éléments des sciences profanes, leur inculquaient, à bâtons rompus, l'instruction religieuse que chaque secte considérait comme indispensable.

L'Etat avait cependant cessé, en 1870, de se désintéresser complètement de l'éducation du peuple. Dans le courant du xixᵉ siècle, il s'était développé peu à peu un système compliqué d' « allocations » (grants) données par l'Etat aux écoles primaires qui remplissaient certaines conditions, et en échange de ces allocations, les écoles avaient été soumises à un certain contrôle de la part de l'Etat. Dès 1834, la Chambre des Communes avait voté 20.000 livres sterling (500.000 francs) pour aider à la construction d écoles nouvelles ; en 1839, ce chiffre fut porté à 30.000 livres (750.000 francs), ce qui était, ainsi que le fit remarquer un orateur, exactement la moitié de la somme que la Chambre venait de voter pour les écuries de la reine. Par contre, les écoles qui acceptaient les libéralités de l'Etat furent soumises au contrôle, du reste assez vague, de ses inspecteurs, et l'on vit apparaître quelque chose qui ressemblait à une administration centrale, la « Commission du Conseil chargée de l'instruction publique » (Committee of Council on Education), germe du futur Board of Education qui correspond en Angleterre à notre ministère de l'instruction publique.

Dans les années qui suivirent, le montant des sommes allouées par l'Etat à l'enseignement primaire augmenta sensiblement. En 1846, le gouvernement donna pour la première fois une « allocation pour la tenue des écoles » (management grant), et après que les travaux d'une commission royale (1858-1861) eurent montré l'ignorance universelle des élèves et des maîtres, il décida que cette allocation serait donnée à chaque école primaire, partie d'après le nombre des élèves, partie d'après les résultats d'un examen annuel portant sur la lecture, l'écriture et l'arithmétique (Revised Code, 1862).

Cependant la population de l'Angleterre s'accroissait avec une extrême rapidité et, en dépit de tous leurs efforts, les sectes religieuses et les deux grandes sociétés n'arrivaient pas à regagner le temps perdu. Le nombre des écoles était insuffisant. On commençait alors à parler d'instruction obligatoire ; mais le moyen de rendre l'instruction primaire obligatoire lorsqu'à Londres, par exemple, plus de la moitié des enfants n'auraient pu trouver de place dans les écoles ! Le gouvernement fut donc forcé d'intervenir. Toutefois, il se garda bien de toucher à ce qui existait et de substituer à l'enseignement libre, subventionné par l'Etat, un enseignement d'Etat, officiel et centralisé. La loi de 1870 créa simplement des « Bureaux des écoles » (School Boards), élus par les contribuables, et dont la mission était de prendre des mesures pour suppléer en cas de nécessité, à l'insuffisance de l'enseignement libre. Londres, que l'on voulait d'abord diviser en plusieurs circonscriptions, finit par avoir, comme les autres villes, un Bureau des écoles unique, chargé d'organiser l'enseignement primaire dans toute l'étendue du « territoire métropolitain ».

Il y eut désormais, à Londres et ailleurs, deux sortes d'écoles primaires :

1° Les écoles libres (voluntary schools), construites par des sociétés ou des individus et subventionnées par l'Etat ;

2° Les écoles du Bureau (Board schools), construites et entretenues par une autorité communale ad hoc, qui percevait à cet effet les impôts nécessaires ; ces écoles recevaient de l'Etat des subsides calculés exactement de la même façon que pour les écoles libres.

L'enseignement secondaire restait complètement en dehors de la compétence des Bureaux des écoles, qui ne devaient donner qu'une instruction « élémentaire ». Ils n'étaient même pas autorisés à employer l'argent des contribuables à fonder des bourses pour faciliter l'accès de l'enseignement secondaire aux élèves les plus méritants de l'enseignement primaire. Les quelques bourses qui étaient, à Londres, à la disposition du Bureau, provenaient ou de fondations anciennes ou de donations particulières. Les Bureaux n'avaient pas le droit non plus, aux termes de la loi, de participer aux dépenses de l'enseignement technique ; mais, en 1889, le Conseil de Comté, qu'une loi venait d'instituer à Londres, fut autorisé à développer cet enseignement, soit en fondant lui-même des « instituts techniques », soit en accordant des subventions aux établissements de ce genre. Il put également donner des bourses d'enseignement secondaire aux élèves de l'enseignement primaire, ce qui le conduisit à organiser tout un système de bourses graduées qui relièrent ensemble les deux enseignements.

L'incohérence était le principal défaut du régime établi par ces lois successives. A la fin du XIXᵉ siècle, l'organisation administrative de l'instruction publique à Londres était devenue tellement complexe qu'elle était presque incompréhensible. L'Université de Londres était depuis 1898 en pleine métamorphose. De jury d'examen qu'elle avait été jusque là, elle se transformait en corps enseignant ; elle absorbait les « collèges » qui avaient auparavant vécu de leur vie propre ; elle essayait d'orienter vers des voies nouvelles

— sciences politiques, mécanique appliquée, etc. — l'activité intellectuelle des étudiants ; elle commençait même à faire quelques tentatives pour adapter une partie de son enseignement aux masses populaires. Les écoles secondaires, très nombreuses (leur nombre dépassait 500 vers 1889 [1]) mais d'importance très inégale, étaient entièrement indépendantes de l'Etat. Les unes (*endowed schools*), qui étaient en général les plus importantes, tiraient une grande partie de leurs revenus de dotations anciennes ; d'autres (*proprietary schools*) appartenaient à des sociétés par actions ; le plus grand nombre avait été fondé par des particuliers, plus ou moins diplômés, dont les prospectus alléchants réussissaient à attirer quelques douzaines d'enfants de la classe moyenne. Les programmes étaient très divers, et la valeur de l'enseignement très diverse aussi. L'instruction primaire était donnée, ainsi que nous venons de le voir, dans les écoles libres et dans les écoles du *School Board*, subventionnées les unes et les autres par l'Etat. Malgré la subvention de l Etat, les écoles libres avaient la plus grande peine à soutenir la concurrence des écoles du Bureau qui pouvait à son gré se procurer des ressources nouvelles par une simple augmentation des contributions communales et dont le personnel était incontestablement supérieur à celui des écoles libres. Quelques écoles primaires supérieures avaient été fondées par le Bureau ; ces écoles faisaient jusqu'à un certain point double emploi avec les écoles secondaires : on y enseignait même le latin. Quant aux écoles du soir (*evening continuation schools*) qui dépendaient également du *School Board*, elles se trouvaient par certains côtés en concurrence avec les instituts techniques du *County Council* et les écoles « polytechniques » auxquelles le *County Council* accordait des subventions. L'anarchie était patente, et la déperdition de forces regrettable. Le ministère de l'instruction publique, dont le rôle eût été de mettre un peu d'ordre dans ce chaos, paraissait surtout préoccupé de ne prendre lui-même aucune initiative et de s'opposer aussi longtemps que possible à toute initiative d'autrui ; ses fonctionnaires se contentaient de bouleverser de temps à autre les programmes de l'enseignement primaire et de changer le mode de répartition des subventions, au grand désespoir des directeurs d'école et du personnel tout entier.

Une loi votée en 1903 a grandement simplifié l'organisation de l'enseignement à Londres [2]. Sous la haute surveillance du minis-

---

1. Cf. Booth, *Life and Labour*, 1re série, III, p. 249 et suiv.
2. *Education* (*London*) *Act*. Cette loi a appliqué à Londres la loi générale votée en 1902.

tère de l'instruction publique, le Conseil de Comté est devenu la principale et presque l'unique autorité pour l'enseignement primaire et l'enseignement secondaire. L'enseignement supérieur, représenté par le Sénat de l'Université de Londres, jouit d'une autonomie très complète ; cependant le Conseil est représenté au Sénat par deux délégués, et l'influence de ces délégués ne peut être négligeable, car le Conseil contribue libéralement chaque année aux dépenses de l'Université : en 1909-1910, le montant des allocations ordinaires ou extraordinaires qu'il a consenties, soit à l'Université, soit aux collèges qui en dépendent, s'est élevé à 1 million 370.000 francs [1]. L'enseignement secondaire est placé maintenant sous la tutelle du Conseil de Comté. Cela ne veut pas dire que les écoles privées soient interdites par la loi, et, de fait, il en subsiste encore un grand nombre ; mais le Conseil a le droit de donner des subventions aux écoles secondaires déjà existantes qui lui semblent mériter l'appui des pouvoirs publics, et il peut, en outre, créer autant d'écoles secondaires qu'il le jugera bon. Dans ces conditions, l'avenir de la petite école privée, dont le personnel est restreint et souvent médiocre, apparaît comme bien incertain ; on marche incontestablement, sinon vers une centralisation à la française, du moins vers un régime de « municipalisation » qui a presque tous les avantages du système français sans en avoir les inconvénients. La loi de 1903 a permis aussi d'ouvrir largement aux élèves de l'enseignement primaire les portes des écoles secondaires. Les écoles primaires elles-mêmes sont restées divisées en deux groupes : écoles communales et écoles libres ; mais la distinction n'est plus guère qu'une apparence. Les écoles libres, qui n'arrivaient plus à vivre avec leurs seules ressources, sont maintenant placées sous le contrôle financier du *County Council*. C'est le Conseil qui paie tous les frais, c'est lui qui engage les dépenses nécessaires pour transformer les locaux et le matériel, c'est lui qui verse aux économes le montant des traitements ; en revanche, il intervient dans la direction des écoles et nomme les maîtres, comme dans ses propres établissements. Pour les élèves des écoles libres comme pour ceux des écoles communales, il reçoit une allocation de l'Etat. En définitive, les écoles libres sont devenues, comme les autres, des écoles communales, et tout l'enseignement primaire de Londres dépend, à l'heure actuelle, de la « Commission de l'instruction publique » [2] nommée chaque année par le Conseil de Comté.

1. *Annual Report of the Council, 1909 1910.* p. 105.
2. Cette commission (*Education Committee*) se compose du président, du vice-

Cet exposé des réformes administratives qui ont été faites dans le domaine de l'enseignement public va nous permettre de comprendre sous quelles influences et dans quel esprit on a travaillé à l'éducation des masses populaires de Londres et d'apprécier les résultats auxquels on est parvenu.

On peut dire qu'avant 1839 date à laquelle le gouvernement a commencé d'intervenir en accordant des subventions aux écoles primaires, la majorité des enfants de la classe ouvrière ne recevait à Londres aucune instruction digne de ce nom. Les 500.000 francs votés par la Chambre des Communes ne suffirent pas, on le conçoit aisément, à produire une transformation soudaine ; pendant de longues années encore, et malgré l'augmentation presque continue des allocations de l'Etat, les rapports des inspecteurs, insérés chaque année dans le rapport général du service de l'instruction publique, présentent un tableau lamentable de l'état où se trouvait l'enseignement primaire. Les dépositions faites en 1858 devant la commission présidée par le duc de Newcastle causèrent dans le monde parlementaire d'alors, pourtant peu facile à émouvoir, une véritable stupéfaction.

Les écoles qui se trouvaient dans la situation la plus déplorable étaient les petites écoles privées, que l'on décorait parfois du titre pompeux « d'académies ». La fondation d'une académie était, avec l'ouverture d'un *boarding house*, la dernière ressource de ceux qui avaient échoué dans toutes les entreprises ; il semblait que la condition la plus indispensable pour entrer dans la profession fût d'avoir fait banqueroute, ou d'être manchot, bancal ou contrefait de quelque manière. La préparation scientifique et pédagogique de ces instituteurs improvisés laissait à désirer. L'enquête de la Commission Newcastle prouva que, parmi ceux auxquels on avait demandé des renseignements sur leur école, un assez grand nombre ignoraient l'orthographe et étaient incapables d'écrire correctement une lettre ; déjà au recensement de 1851, on avait constaté, non sans étonnement, que plus de 700 maîtres d'école anglais ne savaient pas signer leur nom. La directrice d'une école de ce genre résumait ainsi son opinion, dans un anglais dont l'incorrection est malheureusement intraduisible : « Ils ne nous donnent pas grand'chose, disait-elle en parlant de ses élèves, et nous ne leur apprenons pas grand'chose » (*It's little they pays us and it's little we teaches them* [1]).

président et du président-adjoint du Conseil, de 35 membres du Conseil, et de 12 personnes connaissant les questions d'éducation, dont 5 au moins doivent être des femmes.

1. Ces détails sont empruntés à la publication officielle du *School Board*,

Les écoles fondées par les différentes sectes religieuses et celles des deux grandes sociétés d'éducation étaient un peu supérieures. Les locaux et le matériel y étaient cependant d'une austère simplicité, surtout dans la période qui précède 1840. Un document publié par la Société nationale affirmait qu' « une grange n'est pas un mauvais modèle » pour la construction d'une école. Dans une salle immense, un seul instituteur, assisté de quelques moniteurs de dix ou onze ans, était censé donner l'instruction à une centaine d'enfants, parfois à cent cinquante. Les livres étaient rares et se présentaient souvent sous forme de fragments déchirés ; il fallut que l'Etat se décidât en 1847 à donner pour les livres une allocation spéciale. Beaucoup d'écoles affichaient des programmes très ambitieux et donnaient, à en croire les directeurs, un enseignement encyclopédique. En réalité, les enfants apprenaient surtout à lire ; encore la couture était-elle considérée comme plus importante pour les jeunes filles que la lecture. La Bible resta longtemps le principal et presque l'unique livre de lecture ; les inspecteurs remarquaient que les enfants finissaient par savoir par cœur les passages qu'on leur donnait généralement à lire, et que des élèves qui avaient paru lire la Bible avec la plus grande facilité ânonnaient péniblement si l'on mettait entre leurs mains un autre volume. L'écriture était beaucoup moins enseignée que la lecture ; quant à l'arithmétique, elle était réservée à une élite. Suivant un rapport de 1844 qui donne les résultats d'une inspection faite à Londres dans certaines écoles de la Société nationale, sur un total de 3.022 garçons et 1.872 filles, 610 garçons et 412 filles étaient capables de lire couramment les Actes des Apôtres ; 272 garçons et 120 filles étaient capables d'écrire proprement et correctement un texte d'après un livre ; 148 garçons savaient faire une règle de trois. Il semble, d'après les termes dont se sert le rapporteur, qu'un grand nombre d'enfants n'apprenaient pas alors à écrire, et que l'arithmétique n'était enseignée qu'à une partie des garçons, et pas du tout aux filles [1].

Quinze ans plus tard, à l'époque où la Commission Newcastle faisait son enquête, le progrès était loin d'être aussi grand qu'on aurait pu l'espérer en songeant aux efforts qui avaient été faits depuis 1844. On avait introduit dans les programmes toutes sortes de rubriques nouvelles, mais si l'enseignement s'était étendu en surface, il n'avait pas augmenté en profondeur. Le niveau des connaissances chez la

faite pour l'Exposition universelle de 1900 : *The work of the London School Board*, by T. A. Spalding and T. S. A. Canney, p. 52, 82-83.

1. *The work of the London School Board*, p. 75. — Voir aussi p. 55, 77, 88-89.

plupart des élèves — et chez un grand nombre de maîtres — était trop peu élevé pour que l'on pût organiser avec profit de véritables « cours supérieurs » ; à enseigner les sciences physiques, on risquait d'oublier que les élèves savaient à peine écrire et que la plupart d'entre eux ignoraient la table de multiplication. C'est contre le danger de cet enseignement vague et superficiel que le ministère voulut réagir lorsqu'il fit paraître le « Programme révisé » (Revised Code) de 1862[1]. Considérant que le fondement de l'enseignement élémentaire est l'enseignement de la lecture, de l'écriture et du calcul, les auteurs du programme de 1862 établissaient un nouveau régime dans lequel la plus grande partie des fonds alloués par l'Etat aux écoles primaires était distribuée d'après les résultats d'un examen portant sur l'écriture, la lecture et l'arithmétique, à l'exclusion de toute autre matière d'enseignement. Cette mesure eut d'importantes conséquences qui ne furent pas toutes heureuses. Elle obligea les directeurs d'école et leurs subordonnés à donner plus d'attention qu'ils ne l'avaient fait jusque-là aux connaissances fondamentales qui faisaient l'objet de l'examen ; mais les autres matières, celles qui ne rapportaient rien, furent abandonnées. L'enseignement primaire fut découronné ; la grammaire, la géographie, l'histoire disparurent des programmes ; tout était sacrifié désormais à la lecture, à l'écriture et à l'arithmétique, que l'on enseignait, non pas en vue d'instruire véritablement les élèves, mais de manière à leur permettre de passer l'examen. L'examen devint le but final des efforts de tous, élèves et maîtres, et, comme il arrive toujours en pareil cas, on aboutit à la sécheresse, à l'ennui et à la stérilité[2].

Cet enseignement élémentaire, avec tous ses défauts, n'était pas à la portée de tous les enfants de Londres. Il était payant, et bien que la rétribution scolaire fût en général assez faible, il pouvait arriver que dans certains quartiers une famille ouvrière ne pût trouver ni une place gratuite, ni une école à prix réduit. Mais cet inconvénient n'était pas sans remède ; ce qui était plus grave, c'est qu'il était matériellement impossible à une notable partie des enfants de Londres de recevoir l'enseignement primaire, parce qu'il n'y avait pas de place pour eux dans les écoles[3]. On peut évaluer à 300.000 environ

1. Le Revised Code de 1862 a paru dans Report of the Committee of Council on Education, 1861-1862, p. XV et suiv.
2. Voir le rapport de Matthew Arnold, dans Report of the Committee of Council, 1863-1864, p. 186 et suiv. Les inspecteurs sont du reste à peu près unanimes sur ce point.
3. Voir le graphique détaillé paru dans The work of the London School Board, p. 49.

le nombre des enfants qui étaient en âge de fréquenter les écoles londoniennes vers 1839 ; le nombre des places disponibles ne dépassait guère 75.000. Trois enfants sur quatre se trouvaient donc nécessairement exclus. La situation était à peu près la même en 1850, car, si le nombre des places s'était accru, le nombre des enfants avait augmenté dans la même proportion. De 1850 à 1870, les progrès furent plus rapides ; les deux grandes sociétés firent un effort méritoire pour regagner le terrain perdu ; elles n'y parvinrent pas néanmoins, ainsi que le prouvèrent les statistiques réunies en 1871 par le premier *School Board* de Londres.

Les fonctionnaires du School Board avaient divisé les écoles en trois catégories : bonnes (*efficient*), passables (*semi-efficient*) et mauvaises (*inefficient*), et relevé pour chaque série d'écoles le nombre des places disponibles. Ce nombre était, pour la première catégorie, de 275.000, en chiffres ronds ; pour la seconde, de 34.000 ; pour la troisième, de 64.000. Le total des places s'élevait donc à 373.000, dont 64.000 dans des écoles classées comme mauvaises, ce qui laissait à la disposition des élèves, dans des écoles bonnes ou passables, 309.000 places.

Le *School Board* fit faire, d'autre part, un recensement des enfants auxquels il devait donner l'instruction primaire. Le recensement donna un total de 478.700 ; de ce chiffre le Bureau déduisit 5 p. 100, l'expérience prouvant, disait-il, que 5 p. 100 des élèves sont en moyenne absents de l'école pour une raison quelconque ; il arrivait ainsi au chiffre de 454.700 qui, suivant lui, représentait le nombre de places nécessaires dans les écoles pour l'éducation des enfants de Londres.

Si le chiffre auquel s'était arrêté le Bureau des écoles avait été exact, il aurait manqué à ce moment dans les écoles de Londres environ 80.000 places, et, en laissant de côté les écoles de la troisième catégorie qui étaient appelées à disparaître à bref délai, environ 154.000. De tels chiffres ne sont pas négligeables ; mais, en réalité, le nombre des enfants d'âge scolaire qui n'auraient pu trouver place, s'ils l'avaient voulu, sur les bancs des écoles et qui ne recevaient, suivant toute apparence, aucune instruction d'aucune espèce, était très supérieur à 80.000 et même à 154.000. Les résultats du recensement des enfants étaient en effet, comme l'avenir le prouva, tout à fait inexacts : ce n'est pas 478.000, mais au moins 544.000 enfants d'âge scolaire (entre 3 et 13 ans) [1] qu'il fallait comp-

1. Entre 3 et 5 ans l'instruction n'était pas obligatoire, mais le Bureau devait accepter les enfants qui se présentaient.

ter à Londres en 1871, déduction faite de ceux qui recevaient ailleurs que dans les écoles primaires une instruction plus complète,
et de ceux que des causes diverses, telles que la maladie ou une
infirmité grave, empêchaient de suivre les classes régulières des

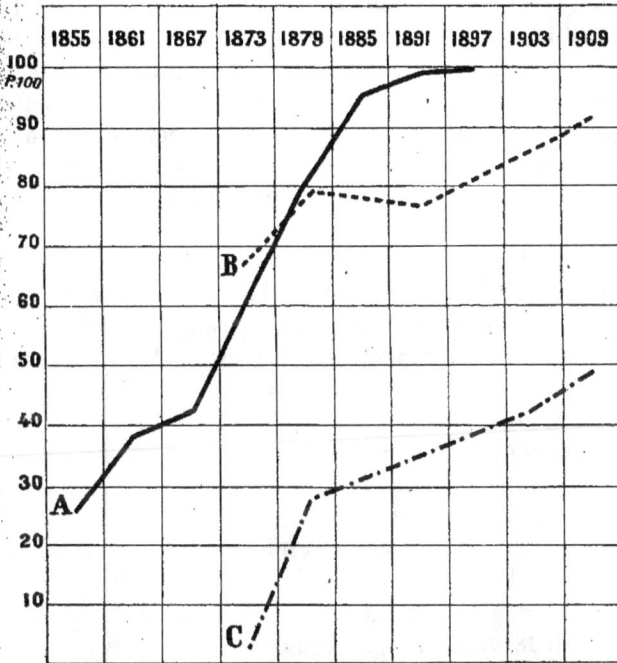

FIG. 22. — Les progrès de l'instruction primaire à Londres.
A — Proportion des places disponibles dans les écoles primaires par rapport au
nombre des élèves possibles.
B — Moyenne d'élèves présents sur 100 élèves inscrits dans les écoles communales.
C — Pourcentage des élèves du cours moyen et supérieur dans les écoles commu-
nales.

classes élémentaires. On disposait donc de 373.000 places, dont
64.000 dans de « mauvaises » écoles, pour 544.000 élèves possibles.
Le Bureau des écoles n'ignorait pas que les méthodes de calcul en
usage jusqu'alors, et qu'on avait toujours trouvées exactes dans la
pratique, aboutissaient à ce chiffre de 544.000 [1] ; mais effrayé par

1. Pour trouver le nombre des enfants auxquels il fallait donner l'instruction
primaire, le service de l'Instruction publique avait calculé que le nombre des
enfants de 3 à 13 ans était de 234 p. 1.000 habitants. De ce chiffre de 234, il
déduisait 1/7 (33 enfants) qui représentait ceux auxquels leurs parents faisaient donner une éducation plus complète. Des 201 qui restaient, il déduisait

l'idée d'avoir à bâtir des écoles pour 235.000 élèves et peu soucieux
d'attirer sur lui les malédictions des contribuables qui l'avaient élu,
il préféra se persuader à lui-même que les méthodes ordinaires de
calcul ne pouvaient s'appliquer à Londres, que son recensement
était exact, et que la situation était, somme toute, plus satisfaisante
qu'on ne le pensait généralement. Il fallut de longues années pour
déraciner cette erreur, et de plus longues années encore pour établir
l'équilibre entre le chiffre de la population scolaire et le nombre de
places disponibles dans les écoles. Comme on peut le voir en jetant
les yeux sur le graphique (fig. 22), l'équilibre n'existait pas encore
en 1885, et ce n'est qu'à partir de 1892 environ que tous les enfants
de Londres ont pu trouver place dans les écoles primaires.

On ne saurait guère s'étonner que le premier Bureau des écoles
élu par les contribuables de Londres ait hésité à s'avouer que la
difficulté était aussi grave et qu'il l'ait dissimulée à ses électeurs;
on le comprend d'autant mieux que la question d'économie est avec
la question de l'enseignement religieux dans les écoles celle qui a
joué le rôle le plus important lors des élections du Bureau. Le premier *School Board* de Londres a eu cependant un grand mérite,
dont la démocratie londonienne doit lui être reconnaissante : malgré son désir de ne demander aux contribuables que les sacrifices
indispensables, il établit à Londres l'instruction primaire obligatoire.

Conformément à un usage assez commun dans la législation anglaise, la loi de 1870 laissait en effet aux *School Boards* la liberté d'inscrire ou non dans leur programme le principe de l'obligation. Elle
les laissait libres également, au cas où ils décideraient d'adopter ce
principe, de fixer les limites d'âge dans lesquelles l'instruction serait
obligatoire, pourvu toutefois que les parents ne fussent pas obligés
d'envoyer leurs enfants à l'école avant l'âge de 5 ans et après l'âge
de 13 ans. Le Bureau des écoles de Londres accepta le principe de
l'obligation et prit comme limite d'âge la limite maximum permise
par la loi, 5 ans et 13 ans. L'instruction primaire devint donc obligatoire à Londres pour tous les enfants qui avaient atteint l'âge de
5 ans et n'avaient pas dépassé l'âge de 13 ans ; cette dernière limite
fut un peu plus tard portée à 14 ans [1].

---

encore 35 unités, représentant les malades, infirmes, etc. Il restait donc à
pourvoir à l'instruction primaire de 166 personnes p. 1.000 habitants. En
appliquant cette méthode à Londres on arrivait à plus de 540.000 élèves. — Cf.
The work of the London School Board, p. 36.

1. Par le *Elementary Education Act, 1876*, qui étendit à toute l'Angleterre
le principe de l'obligation.

La loi de 1870 qui, comme on le voit, ne péchait pas par excès de rigueur, avait également laissé aux Bureaux le soin de déterminer dans quelles conditions on pourrait accorder aux enfants qui n'avaient pas encore atteint l'âge maximum, des exemptions totales ou partielles ; le législateur s'était contenté de fixer une limite — l'âge de 10 ans — au-dessous de laquelle l'exemption n'était pas autorisée par la loi.

La décision à prendre sur ce point avait une importance beaucoup plus grande qu'il ne le semble au premier abord. Il n'était que trop conforme aux vœux d'un grand nombre de commerçants et d'industriels et à ceux d'une partie notable des parents qui appartenaient aux classes ouvrières d'accorder très largement les exemptions permises par la loi. Le Bureau des écoles de Londres sut résister à ces influences ; il comprit qu'en accordant trop facilement l'exemption, il irait non seulement contre le principe de l'obligation qu'il avait accepté, mais contre les véritables intérêts de la classe ouvrière elle-même. Il exigea des élèves pour lesquels leurs parents demandaient l'exemption un minimum de connaissances qui rendait l'exemption fort difficile à obtenir. Des lois élevèrent d'ailleurs à 11 ans (1893), puis à 12 ans (1899) l'âge limite, fixé primitivement à 10 ans. La proportion d'élèves exemptés resta toujours très faible à Londres ; actuellement, elle est presque négligeable. En 1909-1910, le nombre des enfants exemptés totalement comme ayant satisfait à toutes les conditions, était de 381 pour l'ensemble de la ville [1] ; or le nombre des enfants qui quittent l'école à la fin de chaque année scolaire après avoir atteint l'âge de 14 ans dépasse 60.000.

Le Bureau des écoles et le Conseil de Comté qui lui a succédé se sont aussi montrés systématiquement hostiles au travail des enfants en dehors des heures de classe. D'après un rapport publié par le Conseil de Comté en 1900 [2] et qui est fondé en partie sur des statistiques réunies par ordre de la Chambre des Communes et en partie sur des documents fournis par le Bureau des écoles, le nombre des enfants d'âge scolaire qui travaillaient à Londres à cette époque était, autant qu'on pouvait le savoir, de 30.807, dont 21.755 garçons et 9.052 filles. La majorité de ces enfants travaillaient moins de 20 heures par semaine ; un assez grand nombre cependant (11.037) travaillaient plus de 20 heures et l'on trouvait des cas extrêmes dans lesquels des enfants de moins de 14 ans travaillaient plus de 60 et même plus de 80 heures par semaine. Il est probable

1. *London Statistics*, t. XXI (1910-1911), p. 311.
2. *Employment of children out of school hours* (L.C.C. 468).

que ces derniers n'allaient à l'école qu'accidentellement ; on ne peut
guère attendre une assiduité quelconque de la part d'un enfant de
13 ans qui, comme l'un de ceux dont il est fait mention dans le rapport, est employé 84 heures par semaine. Ceux même qui n'étaient
pas soumis à une exploitation si monstrueuse arrivaient souvent à
l'école si fatigués qu'il leur était presque impossible de se tenir
éveillés. Leurs principales occupations consistaient à porter le lait
le matin, à vendre des journaux le soir et à faire des courses pour
les boutiquiers du voisinage [1]. Le salaire s'élevait en général à
1 penny par heure, parfois moins, rarement plus : l'enfant dont nous
venons de parler et qui travaillait 84 heures par semaine gagnait
8 shillings, ce qui est un peu supérieur à la moyenne. La publication du rapport du Conseil de Comté et l'agitation créée par les efforts du Bureau des écoles n'ont pas été étrangères au vote des lois
de 1903 et de 1904 qui ont interdit de faire vendre dans les rues des
objets quelconques par des enfants et de faire travailler les enfants
entre 9 heures du soir et 6 heures du matin [2]. Le Conseil de Comté
qui a fait des règlements pour compléter ces lois tient la main à ce
que lois et règlements soient appliqués très rigoureusement dans
toute l'étendue de son domaine.

On avait donc décidé que l'instruction primaire serait obligatoire
à Londres et que les exemptions seraient réduites au minimum :
mais autre chose était de voter des résolutions de ce genre et autre
chose de les mettre réellement en vigueur. Il fallait triompher des
mauvaises volontés, qu'on rencontrait dans une partie de la bourgeoisie et dans une partie de la classe ouvrière ; il fallait également
trouver des places pour les 230.000 enfants qui n'en avaient pas dans
les écoles existantes.

Une première difficulté venait de ce que cette instruction était
obligatoire sans être gratuite. Le gouvernement, nous l'avons dit,
traitait le Bureau des écoles comme il traitait les écoles libres. Il
lui donnait une certaine allocation par élève, d'après les résultats
des examens annuels ; mais cette allocation était tout à fait insuffisante pour couvrir les frais, étant donné surtout la nécessité où se
trouvait le Bureau d'entreprendre en grand des constructions nouvelles. Établir la gratuité absolue, en admettant — ce qui n'était

---

1. La vie d'un enfant ainsi employé, en dehors des heures de classe, à vendre des journaux est décrite dans un chapitre de Ch. Morley, *Studies in Board
Schools* (Citizen Carots).

2. *Employment of children Act, 1903.* — *Prevention of cruelty to children
Act, 1904.*

pas le cas — que le Bureau eût le droit de le faire, c'eût été surcharger lourdement les contributions locales et causer de violentes protestations parmi les contribuables. Les écoles du Bureau furent donc payantes comme les autres ; seulement, tandis que les prix étaient généralement assez élevés dans les écoles libres, le Bureau fonda des écoles où la redevance hebdomadaire n'était que de 2 pence et parfois même d'un penny ; même dans les quartiers riches, le tarif du Bureau dépassa rarement 6 pence [1]. De plus, il prit comme règle de conduite de remettre facilement aux parents peu fortunés le montant de la redevance hebdomadaire : en 1889, d'après l'enquête de M. Booth, 20 p. 100 des élèves du Bureau recevaient une instruction gratuite [2]. La gratuité complète pour tous n'a été cependant établie qu'en 1891. Le gouvernement fit alors voter une loi [3] qui autorisait les autorités locales à choisir entre deux méthodes : ou conserver le système en vigueur, ou accepter de l'Etat une certaine somme en échange de la redevance payée par les parents. Le Bureau de Londres s'empressa d'autant plus d' « adopter » la loi que la combinaison lui procurait un bénéfice pécuniaire assez sensible.

La seconde difficulté que rencontrait le Bureau des écoles était la résistance passive des parents dont beaucoup étaient trop ignorants pour attacher quelque prix à l'instruction qu'on voulait donner à leurs enfants et la résistance passive des enfants — de ces 230.000 enfants qui jusque-là n'avaient suivi régulièrement les cours d'aucune école et qu'il s'agissait maintenant de plier bon gré mal gré à la discipline scolaire. Il ne faut pas oublier que les écoles du Bureau étaient faites précisément pour la classe qui n'allait pas aux écoles libres, et que cette classe se composait surtout des enfants dont les parents étaient les plus négligents ou les plus pauvres. D'autre part, les grandes associations d'écoles libres pouvaient se contenter d'ouvrir leurs écoles, et attendre l'arrivée des enfants que leurs parents voulaient bien y envoyer. Tout autre était la situation du *School Board* ; comme il avait établi l'instruction obligatoire, il lui fallait découvrir d'abord et amener ensuite à ses écoles ceux qui ne consentaient pas à y venir de leur plein gré. Il était indispensable de connaître non seulement le nombre des enfants de chaque quartier, de chaque rue, de chaque maison, mais encore le nom des parents ;

1. Le maximum fixé par la loi était de 9 pence. Au-dessus de ce chiffre, l'Etat ne donnait plus d'allocation.
2. *Life and Labour*, 1re série, III, p. 206.
3. *Elementary Education Act*, 1891.

il fallait savoir si les enfants suivaient les cours d'une école ou pour quelle raison ils ne les suivaient pas ; il fallait décider les parents à les envoyer à l'école la plus proche et exercer ensuite une surveillance discrète et continue pour empêcher les parents de retenir leurs enfants à la maison et les enfants de rester dans la rue à l'insu de leurs parents au lieu de venir à l'école. C'est pour obtenir ces renseignements et exercer cette surveillance que le Bureau des écoles créa les fonctionnaires connus sous le nom de « visiteurs », dont nous avons déjà parlé à l'occasion de l enquête de M. Booth sur la pauvreté à Londres.

La tâche des visiteurs était loin d'être aisée. Dans les premiers temps, ils furent bien obligés d'appliquer la loi avec les plus extrêmes ménagements ; il eût été d'ailleurs contraire au bon sens de procéder avec rigueur contre ceux qui se trouvaient en faute, puisque le nombre des places disponibles dans les écoles était encore très inférieur au nombre des enfants. Plus tard même, la persuasion resta la meilleure méthode, car les magistrats, épouvantés par le nombre des cas de désobéissance à l'obligation scolaire que l'on portait chaque jour devant eux, les remettaient indéfiniment ; certains même, qui considéraient le principe de l'obligation comme une atteinte aux droits sacrés du père de famille, refusaient systématiquement de condamner.

L'assiduité des élèves fut d'abord plus que médiocre [1]. En 1872, la proportion des élèves présents n'atteignait pas en moyenne les deux tiers des élèves inscrits ; mais cette proportion augmenta rapidement dans les années suivantes : elle dépassait 80 p. 100 dès 1877. Le pourcentage des absents resta ensuite pendant longtemps presque stationnaire ; c'est seulement à partir du commencement du xxᵉ siècle que l'on a pu enregistrer de nouveaux progrès. En 1909-1910, la proportion des élèves présents a été, pour les écoles du Conseil de Comté, de 90, 4 p. 100 des élèves inscrits, et pour les écoles libres de 89, 1 p. 100 [2]. Ces chiffres peuvent être considérés comme très satisfaisants, étant donné qu'il faut toujours compter sur une certaine proportion de malades, surtout parmi les petits enfants. Les poursuites contre les parents qui n'envoient pas régulièrement leurs enfants à l'école sont devenues de moins en moins nombreuses : en 1909-1910, le nombre des poursuites commencées

1. *The work of the London School Board*, p 134.
2. *London Statistics*, t. XXI, p. 335. Cf. *Annual Report of the L. C. C. 1909-1910*, p. 86.

a été de 7.320, tandis que le nombre des enfants inscrits sur les registres était de 688.897 [1] ; encore faut-il ajouter qu'une partie de ces poursuites n'ont pas été suivies d'effet, parce que la convocation devant le juge a suffi pour amener les parents à composition. Les enfants qui sont trop souvent absents peuvent être internés dans une « école industrielle » (*industrial school*) ou bien obligés de suivre les cours d'une « école industrielle de jour » (*day industrial school*) où ils viennent chaque matin pour s'en retourner chaque soir. Le *School Board* avait fondé des écoles spéciales pour les enfants qui avaient l'habitude de faire l'école buissonnière, mais le nombre de ces enfants est devenu si faible que le Conseil de Comté a pu supprimer ces écoles.

Les programmes qui furent appliqués au début dans les écoles municipales avaient un caractère tout à fait élémentaire. Une commission présidée par Huxley avait, il est vrai, tracé un plan grandiose d'éducation morale, intellectuelle et physique pour les classes populaires [2] ; ce programme n'a pas été sans influence sur les destinées de l'instruction primaire à Londres, car il a donné aux hommes politiques et aux éducateurs une sorte d'idéal vers lequel ils n'ont cessé de tendre et qui les a empêchés de tomber dans cet utilitarisme soi-disant pratique qui est l'opposé de la véritable éducation. Mais, pour le moment, il ne pouvait être question d'enseigner aux jeunes Londoniens le latin, les langues modernes ou l'économie sociale, trois matières qui avaient été comprises dans le programme Huxley ; il y avait pour y renoncer les meilleures raisons. Une première raison qui ne s'appliquait pas seulement aux écoles communales, mais aussi aux écoles libres, tenait au mode de répartition des allocations de l'Etat. L'Etat ne donnait en effet ces allocations que pour l'enseignement de certaines matières déterminées. d'où une tendance naturelle chez les autorités locales et les directeurs d'école à donner à ces matières une importance prépondérante et à négliger celles qui ne rapportaient rien. En 1871. les matières d'enseignement qui donnaient lieu à une subvention étaient la lecture, l'écriture et l'arithmétique, plus, dans le cours supérieur, deux matières choisies parmi celles qui avaient été désignées par l'administration de l'instruction publique (*Education Department*), la grammaire et la géographie

1. *London Statistics*, t. XXI, p. 312.
2. Sur le programme Huxley, voir *The work of the London School Board*, p. 92 et suiv.

par exemple. L'Etat, comme on le voit, n'encourageait pas les Bureaux des écoles à étendre démesurément leur programme et à donner un enseignement de luxe.

Le Bureau des écoles de Londres avait un autre motif de procéder avec prudence et de ne pas trop essayer tout d'abord. Les enfants qui fréquentaient ses écoles étaient en grande partie ceux qui jusque-là n'avaient guère reçu, comme instruction, que l'enseignement de la rue. Dans les années qui suivirent le vote de la loi de 1870, les parents qui appartenaient à la classe moyenne inférieure ou à la classe ouvrière « respectable » regardaient presque comme un déshonneur d'envoyer leurs enfants à l'école du Bureau. C'était à leurs yeux une déchéance comme s'ils avaient demandé un secours à l'Assistance publique. On prétendait — non sans raison, il faut l'avouer — que le recrutement des écoles communales était tel que les enfants s'y trouvaient en contact avec des camarades dont la fréquentation ne pouvait leur être que nuisible. On leur reprochait aussi d'être des écoles sans Dieu, parce que l'enseignement religieux, sans être proscrit, était réduit au minimum ; de sorte que, le snobisme aidant, tous ceux qui pouvaient payer 4 ou 5 pence par semaine ou davantage s'écartaient avec mépris de l'école populaire et envoyaient leurs enfants à l'école libre. Encore en 1889, les enquêteurs de M. Booth constataient une différence très sensible entre le recrutement des écoles libres et celui des écoles communales ; ces dernières renfermaient une proportion d'enfants appartenant à la classe pauvre beaucoup plus considérable que les autres [1]. Avec une semblable clientèle, force était bien au Bureau de laisser de côté le latin, l'économie sociale et toutes les ambitions du programme Huxley ; ce qu'il fallait enseigner, c'était les éléments de la lecture, de l'écriture et du calcul ; trop souvent même, il fallait les enseigner à des enfants qui avaient depuis longtemps dépassé l'âge où l'on acquiert ordinairement ces connaissances élémentaires, que l'on avait traînés à l'école à leur corps défendant et auxquels il était presque impossible de donner des habitudes de travail et de discipline. La grande majorité des enfants n'arrivaient pas à dépas-

1. Dans les écoles communales, les classes très pauvres (A, B) formaient 15, 3 p. 100 du total, les classes pauvres (C, D) 44,8 p. 100, les classes aisées 39 p. 100, tandis que dans les écoles libres protestantes les proportions étaient : 6, 5 p. 100 pour A,B, 19, 6 p. 100 pour C,D, et 73,9 p. 100 pour les classes aisées. Les écoles catholiques avaient une proportion de pauvres encore plus grande que les écoles du Bureau, sans doute à cause de leur clientèle d'Irlandais (*Life and Labour*, 1re série, III, p. 199).

ser le niveau des premiers rudiments ; le nombre de ceux qui entraient dans les classes supérieures était dérisoire [1].

Il fallut vingt ans pour sortir de cette ornière, vingt ans pendant lesquels, au milieu des protestations d'une partie de la bourgeoisie qui demandait à grands cris une politique d'économie, au milieu des clameurs des sectaires qui déclaraient la religion perdue, parce que l'étude de la Bible était rendue aussi neutre que possible, le *School Board* et son personnel bâtirent les solides écoles de brique qui sont maintenant disséminées dans tous les quartiers de Londres, et le solide édifice de l'enseignement primaire londonien. Peu à peu l'horizon s'éclaircit. Les premières générations, composées de ces élèves qu'il avait fallu faire entrer malgré eux dans les écoles, disparurent. La proportion des enfants capables de suivre le cours moyen et supérieur augmenta rapidement, passant de 2,2 p. 100 en 1873 à 27 p. 100 en 1879, à 40 p. 100 en 1897 et à 47,8 p. 100 en 1909 (voir le graphique, fig. 22) [2]. A ces élèves mieux préparés à recevoir une éducation plus complète, le Bureau des écoles donna sans lésiner l'enseignement qui lui paraissait le meilleur ; sans se préoccuper outre mesure de savoir si telle ou telle matière était ou non parmi celles qui donnaient lieu à une allocation de l'Etat, et souvent au prix de sacrifices financiers considérables, il introduisit dans les programmes de nouveaux sujets d'étude qu'il eut généralement la satisfaction de voir, au bout de quelques années, inscrits par l'Etat parmi ceux qui pourraient recevoir l'allocation. Son œuvre à cet égard a été très importante. Loin qu'il ait eu besoin d'être stimulé par l'Etat, c'est le *School Board* de Londres qui, au contraire, a généralement aiguillonné le zèle un peu paresseux des bureaux ministériels, avec lesquels il n'a pas toujours vécu en bonne intelligence, mais qu'il a fini le plus souvent par convertir à sa manière de voir. Il avait l'immense avantage, étant un corps élu, de ne pas être composé de pédagogues, mais simplement d'hommes de bon sens, instruits, de professions et d'aptitudes très diverses, disposés à laisser à leurs directeurs d'école et au personnel enseignant tout entier une mesure très large — trop large

1. Voir le graphique, p. 583, et *The work of the London School Board*, p. 166 et suiv.

2. *The work of the London School Board*, p. 166 ; *Annual Report of the School Board for London, 1902-1903*, p. 40 ; *London Statistics*, t. XX, p. 296 297. — Nous appelons cours moyen et supérieur ce que l'on nomme en Angleterre *Standard IV, V, VI* ; le mot *supérieur* est naturellement très relatif, car cet enseignement reste encore fort élémentaire.

même, disent certains critiques — d'initiative et de liberté[1]. Son idéal n'était pas d'instituer à Londres un enseignement uniforme, distribué mécaniquement aux élèves en vue d'un examen qui séparerait automatiquement le bon grain de l'ivraie, mais de donner à ses écoles la variété et la spontanéité de la vie. Le personnel, de qualité très variable au début, puisqu'on avait dû prendre presque sans choisir tous ceux qui se présentaient, est allé très vite en s'améliorant et, dès la fin du siècle dernier, se trouvait être incontestablement supérieur au personnel des écoles libres. La méthode employée par le Bureau des écoles pour la formation de ses instituteurs consista d'abord à faire faire aux élèves-maîtres (*pupil teachers*) un apprentissage en règle, d'une durée de cinq ans, auprès d'un maître en exercice qui leur donnait à la fois l'exemple et l'enseignement. Cette méthode fut plus tard modifiée de diverses façons ; l'apprentissage pratique fut réduit, de manière à ne plus occuper que la matinée ou l'après-midi ; le reste du temps, l'élève-maître suivait les cours d'une sorte d'école normale (*pupil teacher centre*) dans laquelle il recevait un enseignement qui devait le préparer à sa future carrière. Bien que le Bureau eût pris des mesures pour faciliter aux élèves des écoles secondaires l'accès de l'enseignement primaire en diminuant pour eux, dans certaines conditions, la durée de l'apprentissage[2], il était à craindre que ce système eût pour résultat de créer un type uniforme d'instituteur primaire, spécialisé de très bonne heure dans sa fonction, séparé dès l'enfance du reste du monde, ignorant les nécessités de la vie et les besoins de ses élèves et persuadé que les connaissances encyclopédiques qu'il avait absorbées à la hâte représentaient le dernier mot de la science humaine. C'est pour empêcher la formation d'une caste semblable que le Conseil de Comté a résolument rompu avec le passé et, par une mesure qui a passé presque inaperçue, mais qui est, à certains égards, révolutionnaire, a décidé de fermer les écoles spéciales et de préparer les maîtres de l'enseignement primaire dans ses écoles secondaires, concurremment avec les enfants qui se destinent, par exemple, à l'examen d'entrée des Universités de Londres, d'Oxford ou de Cambridge. La variété qui existe dans les écoles secondaires de Londres, la diversité des programmes que suivent les élèves d'une même école ont permis cette tentative, qui serait à peine

---

1. Le *Code* de 1912 a encore augmenté cette liberté. Cf. *Report of the B. of Education, 1911-1912*, p. 39.
2. Cf. *The work of the London School Board*, p. 203.

concevable dans d'autres pays où chaque enseignement est constitué d'une façon beaucoup plus rigide et où les différents ordres d'enseignement sont séparés par un abîme infranchissable ; on peut en espérer le plus grand bien pour le développement intellectuel des futurs instituteurs de Londres qui recevront ainsi une instruction moins strictement professionnelle et dans laquelle une plus grande place sera faite à la culture générale de l'esprit.

Le meilleur moyen de montrer comment le Bureau des écoles et le Conseil de Comté ont compris l'éducation des masses populaires de Londres est, croyons-nous, de décrire le fonctionnement d'une école communale. Celle que nous avons choisie est située au Nord de la Cité· dans un quartier populeux, aux rues étroites, au milieu duquel les autorités sanitaires sont en train de pratiquer une éclaircie. Il est presque impossible de reconnaître sa route parmi les chantiers de démolition, les rues éventrées et les constructions nouvelles qui commencent à sortir de terre. Grâce à un gamin qui connaît l'école, sans doute pour y être allé quelquefois, mais qui vagabonde pour le moment au milieu des décombres, nous arrivons enfin à découvrir l'objet de nos recherches. La masse des bâtiments est sombre et peu engageante, ce qui n'a rien d'étonnant. car nous apprendrons au cours de notre visite que c'est une ancienne prison transformée et surélevée d'un étage. Le directeur. qui nous reçoit avec la plus grande bienveillance, est un ancien élève de l'Université de Cambridge, qui est entré dans l'enseignement primaire, et auquel le Conseil de Comté vient de confier la direction de cette importante école Il y a, en réalité. nous explique-t-il, non pas une école, mais trois :

1ᵉ Une école mixte ordinaire pour jeunes enfants (*junior mixed school*) ;

2' Une école mixte supérieure pour enfants plus âgés (*higher grade senior mixed school*) ;

3 Une école primaire supérieure ou école centrale, mixte également (*higher elementary school*).

Lorsque les enfants ont reçu l'enseignement tout à fait élémentaire de la première école, ils passent, s'ils en sont capables dans la seconde, où ils peuvent rester jusqu'à 14 ans. Cette seconde école se recrute d'ailleurs non seulement parmi les élèves de la première, mais parmi ceux des autres écoles élémentaires du voisinage, qui n'ont pas de section supérieure. Dans la troisième école entrent les meilleurs élèves de la seconde, et les meilleurs élèves des écoles du voisinage. On les prend vers l'âge de 12 ans et ils devraient, en principe, rester 4 ans, c'est-à-dire jusqu'à 16 ans. Beaucoup partent avant cet âge, bien que le directeur et les maîtres fassent leur possible pour persuader aux parents de ne pas les retirer, et aillent même jusqu'à leur laisser croire que l'instruction primaire supérieure, une fois commencée, est obligatoire, comme l'instruction élémentaire.

Le nombre total des élèves est d'environ quinze cents.

L'organisation d'une semblable école est, comme on le voit assez complexe, et peut être même quelque peu confuse ; le Conseil de Comté l'a compris sans doute, car il se préoccupe actuellement d'unifier sous le nom d' « écoles centrales », les anciennes écoles « supérieures » (*higher grade*) et « primaires supérieures » (*higher elementary*).

Une des institutrices, sous la conduite de laquelle nous allons visiter l'établissement, nous fait monter tout d'abord au troisième étage, occupé presque en entier par un immense hall, entouré de classes. Ce hall sert aux mouvements d'ensemble, et permet de réunir plusieurs classes pour des exercices communs. Le directeur s'y tient souvent, sur une sorte d'estrade qui est à l'une des extrémités ; il peut ainsi surveiller d'une façon très efficace ce qui se passe dans son école, et prendre part aussi, lorsque l'emploi du temps le demande, à l'enseignement ; car ses fonctions sont loin d'être celles d'un simple administrateur.

Au moment où nous entrons, une cinquantaine d'élèves sont réunis dans le hall et chantent, sous la direction d'un de leurs maîtres. Puis le silence se fait. Nous ne pouvons pas encore entrer dans les classes, car c'est maintenant la « leçon de Bible », pendant laquelle il faut s'abstenir de déranger les élèves et les maîtres, par respect pour la parole divine. Cette leçon est du reste très courte et consiste presque uniquement dans la lecture d'un passage de l'Ancien ou du Nouveau Testament. Les non-conformistes sont assez nombreux dans le quartier ; il faut éviter avec soin de les froisser, et pour cela il est indispensable d'éviter tout commentaire ayant un caractère dogmatique. Les prudents et les sceptiques résolvent le problème en supprimant le commentaire.

La leçon de Bible finie, une troupe de jeunes filles envahit le hall pour y exécuter des « mouvements gracieux » (c'est la désignation officielle de cet exercice) Les mouvements gracieux ont pour objet de corriger ce qu'il y a de trop rigide dans les mouvements de la gymnastique suédoise, telle qu'elle est enseignée aux élèves. Les

jeunes filles qui viennent d'arriver et qui paraissent avoir quatorze
à quinze ans, ont chacune un cerceau qu'elles lèvent au-dessus
de leur tête et maintiennent horizontal tandis qu'elles font des
exercices de flexion de la taille, et des pas à droite et à gauche
successivement. Sur la demande de l'institutrice qui nous accompagne, on leur fait exécuter aussi quelques pas et quelques figures
de danse lente, que l'on a bien soin de ne pas appeler danse, car
certaines familles protesteraient contre un genre d'éducation aussi
profane. L'ensemble des mouvements est raide, mécanique, et produit même un léger effet de comique qui est certainement tout à
fait étranger à l'intention des organisateurs. Ceux-ci réussissent
mieux avec les petites filles, dont un bataillon vient manœuvrer
ensuite et qui ont moins que les grandes le souci de conserver,
le cerceau à la main, toute leur dignité. Il faut avouer, du reste,
que toute tentative pour assouplir les gestes anguleux de la jeune
fille londonienne mérite encouragement et sympathie, même lorsqu'elle n'est pas entièrement couronnée de succès.

Nous entrons alors dans une classe qui fait partie de l'école primaire supérieure. Une trentaine d'élèves garçons et filles, y sont
réunis ; le chiffre de trente est, nous explique-t-on, un maximum
que l'on ne dépasse jamais. On pense en haut lieu qu'un maître ne
peut guère s'occuper utilement de plus de vingt-cinq élèves ; au
delà de ce chiffre, les élèves deviennent des numéros ; le maître ne
peut plus les connaître. s'intéresser à eux et exercer sur eux cette
action personnelle que l'on regarde en Angleterre comme essentielle
à toute éducation. Dans les divisions inférieures, les élèves sont
plus nombreux, sans que la classe atteigne cependant jamais les
dimensions d'une cohue.

La classe dans laquelle nous nous trouvons est admirablement
meublée. Les bancs où sont assis les élèves sont du modèle le plus
perfectionné. Les murs sont décorés de photographies et d'aqua-
relles qui sont le plus souvent l'œuvre des maîtres, à moins qu'elles
n'aient été données par des élèves ou d'anciens élèves. Rien n'a été
épargné pour donner à la classe un air gai, confortable, *homelike*.
Garçons et filles ont dans cette classe une quinzaine d'années. Ils
sont complètement mêlés les uns aux autres, mais dans d'autres classes, paraît-il, des maîtres qui appartiennent, au point de vue religieux, à la Haute Eglise, rangent soigneusement les petites filles d'un
côté de la classe et de l'autre les petits garçons. La maîtresse de la
classe où nous sommes nous assure que la présence des filles n'a que
des avantages ; elle développe chez les garçons une émulation qu'il

est parfois bien difficile de faire naître sans cela parmi les enfants qui appartiennent à cette classe sociale, et elle les habitue à plus de politesse et de retenue.

Les enfants de cette classe et de l'école tout entière appartiennent évidemment en majorité à la classe pauvre ; ils sont cependant convenablement vêtus et très propres. Il n'en a pas toujours été ainsi, nous dit-on. Il arrivait aux garçons de venir, autrefois, dans un état de malpropreté révoltante, et aux filles d'avoir des tabliers garnis de dentelle mais remplis de trous. On constate à cet égard un très grand progrès. Les mères de famille se sont peu à peu piquées d'émulation : Mrs. Jones, du n° 54, Gordon Road, qui laissait aller son ménage à l'aventure, a fini par s'apercevoir que les enfants de Mrs. Smith, du n° 55, étaient mieux tenus que les siens, chose que les enfants de Mrs. Smith et Mrs. Smith elle-même se gardaient, du reste, de dissimuler ; elle tient maintenant à honneur que ses petits soient pour le moins aussi propres et aussi coquets que les « demoiselles » Smith et consent, pour y arriver, à se lever un peu plus tôt, à surveiller leur toilette et à s'occuper de leur déjeûner.

Un grand nombre d'enfants arrivent cependant encore le matin sans avoir déjeuné, et l'école est une de celles où l'on donne le plus de repas, en proportion du nombre des élèves. La tuberculose est très répandue parmi les enfants dans ce quartier surpeuplé. Les enfants sont examinés fréquemment par le médecin qui prescrit, en cas de besoin, les remèdes nécessaires ; quelquefois même les remèdes sont fournis par l'école. Dans les cas de tuberculose, on renvoie parfois les élèves, lorsque les parents y consentent, aux écoles en plein air qui ont été fondées par le Conseil de Comté et qui paraissent donner les meilleurs résultats [1].

Chacune des classes de l'école primaire supérieure est divisée en trois sections, A, B, C, suivant la force des élèves. La section qui est devant nous est une section A. La maîtresse, sachant que nous nous intéressons particulièrement aux études historiques et géographiques, nous montre le programme que suivent ses élèves et qui a été rédigé pour eux par l'ancien directeur qui vient de prendre sa retraite. Ce directeur était assurément un savant homme, mais les programmes qu'il imposait à ses maîtres et aux élèves de son école sont terriblement érudits. Est-il vraiment raisonnable de consacrer tout un trimestre à l'étude du Parlement anglais au Moyen Age, et

1. L'inspection médicale des enfants a été instituée par une loi de 1907, Education (Administrative Provisions) Act.

un second trimestre à l'étude de l'Eglise d'Angleterre à la même
époque, quand les élèves que l'on a devant soi sont destinés à
devenir employés des postes, *clerks* dans la Cité et, pour un petit
nombre — car la profession attire de moins en moins les jeunes
gens — instituteurs dans une école primaire ? On comprend, en
constatant de tels errements, les plaintes de ceux qui reprochent
aux écoles du Conseil de Comté de donner une instruction trop
exclusivement livresque et sans rapport avec la vie.

Ces études d'érudition sont du reste exceptionnelles. Dans une
autre classe qui se rattache au cours « supérieur » (*higher grade*)
de l'école primaire et où les enfants ont environ 12 à 13 ans. une
leçon sur le Canada a un caractère beaucoup plus élémentaire et
plus pratique. Les enfants suivent la leçon tout en regardant des
vues stéréoscopiques qui sont destinées à compléter la parole du
maître et le texte du livre, d'où toute illustration est absente. Dans
d'autres classes, où les enfants sont encore plus jeunes, l'enseignement géographique paraît en retard sur les méthodes continentales :
on y expose la géographie de l'Angleterre d'après la théorie des
bassins fluviaux.

L'étude des langues étrangères, du français principalement, est
poussée assez loin dans les classes de l'école primaire supérieure.
Une petite fille que nous interrogeons comprend fort bien les questions assez simples il est vrai, qu'on lui pose et y répond très correctement, sans un accent trop marqué. La méthode qui est en
usage pour cet enseignement ressemble à celle que l'on suit actuellement en France dans l'enseignement secondaire.

Dans les classes de sciences, on se préoccupe avant toutes choses
de donner à l'enseignement un caractère concret, d'éviter les exposés théoriques et de ne développer d'idées générales qu'à propos
des expériences faites, non seulement devant les élèves, mais par
les élèves eux-mêmes. La leçon commence par une expérience. Au
moment où nous entrons dans le laboratoire des sciences physiques
et naturelles, le maître est en train de distribuer aux élèves des
cristaux de soude. Il explique que, si on les chauffe dans un creuset,
ces cristaux perdront l'eau qu'ils contiennent ; il demande aux
élèves de chercher le pourcentage de l'eau perdue ainsi par évapo-
ration. Les élèves travaillent deux par deux, chaque groupe de deux
ayant un chalumeau à gaz, un creuset et des balances. L'expérience
achevée, le professeur en tirera les conclusions ou essaiera de les
faire trouver par les élèves. Le but que l'on se propose n'est pas
tant d'inculquer aux enfants des connaissances, théoriques ou pra-

tiques, que de les habituer à réfléchir, à raisonner et à procéder avec méthode. On sait du reste à quel point l'idée de donner à l'enfant un enseignement qui fasse de lui une encyclopédie vivante est étrangère à l'esprit anglais.

Même idéal et même méthode dans l'enseignement du dessin. Dans cette classe, les élèves dessinent le pardessus du maître, qu'il vient d'accrocher au mur. Les jeunes filles appliquent leurs connaissances en dessin au travail de la dentelle ou du cuir ; certaines ceintures de cuir, qui font l'orgueil de celles qui les portent, témoignent d'un goût artistique encore un peu barbare, mais qui n'est pas sans originalité. Par réaction contre les études trop « académiques » du temps passé, on a beaucoup développé dans ces dernières années l'enseignement du dessin, et aussi le travail du bois et le travail du fer, plutôt pour donner à l'enfant la sûreté du coup d'œil et la dextérité manuelle que dans le but de former des dessinateurs, des ébénistes ou des métallurgistes ; l'enseignement professionnel ne viendra que plus tard. L'école que nous visitons est un « centre » pour le travail du bois c'est-à-dire qu'elle possède un atelier où viennent régulièrement les élèves de l'école et ceux du voisinage. Chaque groupe d'enfants reste une demi-journée. Ceux qui sont présents le jour de notre visite sont des débutants ; on leur apprend à faire un assemblage avec tenon et mortaise, d'après un croquis coté dessiné au tableau noir. Mais d'autres élèves sont déjà parvenus à des résultats très appréciables, comme le prouvent des objets de toute espèce qui sont exposés dans des vitrines et qui doivent servir d'exemple aux générations à venir.

Nous jetons en descendant un coup d'œil sur la classe enfantine où l'enseignement est donné, comme dans toutes les écoles de Londres, suivant la méthode du *Kindergarten*. Bien que le temps pressé, car l'heure de la sortie approche, les enfants tiennent absolument à nous montrer leur lapin, qui était autrefois en liberté dans la classe, mais qu'on a dû reléguer dans une cage : il dévorait toutes les cultures que les enfants essayaient de faire dans les grands bacs remplis de terre qui sont disposés à cet effet près de la porte de leur classe.

Nous passons devant la cuisine où la maîtresse est en train de montrer à une quinzaine de jeunes filles qui s'agitent autour des fourneaux la façon de faire un de ces *steak pies* dans lesquels triomphe la cuisinière anglaise. Les cours de cuisine représentent pour les filles ce qu'est le travail du bois ou du fer pour les garçons et sont considérés maintenant comme une partie très importante de leur éducation. Il y a certainement beaucoup à faire de ce côté, car nous avons vu, dans notre chapitre sur l'East End, quelle conception rudimentaire la femme du peuple a de ses devoirs de maîtresse de maison. Mais les jeunes filles tirent-elles un profit véritable pour l'avenir des cours de cuisine qu'on leur fait suivre? L'institutrice qui nous accompagne dans notre visite est fort sceptique sur ce point. Suivant elle la plupart des petites filles que l'on prépare avec tant de soin à leur rôle de femme d'intérieur entreront, au sortir de l'école, dans quelque fabrique ; elles y perdront en quatre ou cinq ans une grande partie des bonnes habitudes qu'on leur a données à l'école, et la totalité, ou presque, des notions culinaires qu'elles ont acquises ; une fois mariées, elles iront, comme leur mère, chercher une portion de poisson frit ou de saucisse sur purée de pommes à la boutique la plus proche et ne feront profiter leur mari de la recette du *steak pie* que dans des occasions très excep-tionnelles.

La cloche sonne. Les élèves descendent les escaliers dans un ordre parfait qui fait contraste avec la turbulence qu'ils montreront tout à l'heure dans la cour. La discipline n'a rien de rigide, mais elle apparaît comme spontanée et librement consentie. Cette dis-cipline est elle-même un enseignement : elle apprend à l'enfant à rester maître de ses paroles et de ses gestes et l'habitue à cette complète possession de soi-même qui est l'idéal de la race anglo-saxonne. Là peut-être, plus que dans telle ou telle méthode et dans tel ou tel objet d'enseignement, est la véritable originalité de l'édu-cation anglaise. L'institutrice qui est avec nous ne s'y trompe pas, et, comme elle a voyagé sur le continent, elle fait entre notre sys-tème et le système anglais une comparaison qui, à travers de grands éloges, n'est probablement pas exempte d'une intention malicieuse. Elle est persuadée, au fond, que l'éducation des enfants, telle que nous la comprenons, n'a presque rien de commun avec une éduca-tion véritable, parce que nous ne songeons qu'à la formation intel-lectuelle de l'enfant et que nous négligeons la formation du « carac-tère ». Comme midi est depuis longtemps passé, il est trop tard pour entreprendre de la convaincre, et nous prenons congé après avoir accepté un numéro du journal de l'école, — car l'école a son journal, entièrement composé, nous assure-t-on, par les élèves et dans lequel on peut lire, à côté d'un récit critique du dernier match de cricket et des nouvelles de l'examen des bourses, des « essais » sur les sujets les plus divers et même un vrai roman-feuilleton. On y voit surtout combien les enfants aiment leur école et à quel point cette école est pour eux une chose vivante : ils ont pour cette pauvre bâtisse noirâtre la même affection qu'un étudiant de Magdalen pour son beau collège On ne saurait dire que l'œuvre du Bureau des écoles et du Conseil de Comté ait été vaine, même si elle n'avait réussi qu'à inspirer de tels sentiments aux petits enfants de Clerkenwell.

L'école cesse, nous l'avons dit, d'être obligatoire à quatorze ans, et, pour la plupart des enfants de Londres, l'instruction cesse également à cet âge. Une proportion croissante d'élèves des écoles primaires continuent cependant leurs études un peu plus longtemps. Un certain nombre passent de l'école primaire dans les écoles secondaires, ce qui ne veut pas dire nécessairement, comme nous le verrons qu'ils se préparent à une carrière libérale et qu'ils aient l'intention de conquérir leurs grades universitaires. La liaison entre l'école primaire et l'école secondaire a été l'objet de tous les soucis des éducateurs depuis un quart de siècle [1] : il s'agissait d'établir un système, une « échelle », suivant le terme consacré, qui permît aux meilleurs élèves des écoles primaires de faire plus à loisir des études plus complètes et d'améliorer leur situation. On peut dire qu'il y a vingt-cinq ans cette « échelle » n'existait pas. Il y avait bien, dans quelques écoles secondaires, un certain nombre de « places gratuites » (*free places*), mais ces places étaient en trop petit nombre, et d'ailleurs il ne suffisait pas d'offrir une instruction gratuite jusqu'à 17 ou 18 ans pour décider les parents de la classe ouvrière à envoyer leurs enfants jusqu'à 17 ou 18 ans dans une école. Beaucoup de parents comptent, pour équilibrer le budget familial, sur le travail de leur fils aussitôt qu'il est en âge de travailler ; d'autres, dont les ressources sont moins strictement limitées, ne sauraient néanmoins subvenir pendant longtemps à l'entretien d'un enfant qui continuerait ainsi ses études ; peut-être même, dans un cas semblable, les frères et les sœurs protesteraient-ils. Le Bureau des écoles ne pouvait rien pour l'instruction secondaire qui restait, en conséquence, réservée à la classe moyenne et supérieure. C'est seulement après la fondation du Conseil de Comté que cette situation s'améliora : des lois votées en 1889 et en 1890 [2]

---

1. *Report of the Board of Education for the year 1911-1912* (1913), ch. I, p. 3-33 (*The passage from the elementary to the secondary school*) où est exposé l'ensemble de la question.

2. *Technical Instruction Act, 1889.* — *Local Taxation (Customs and Excise) Act, 1890.*

autorisèrent le Conseil de Comté à venir en aide aux parents sans
fortune, non seulement en augmentant le nombre des « places gratuites », mais encore en accordant aux boursiers une petite subvention qui leur permettait de ne pas rester entièrement à la charge de
leurs parents. A partir de 1893, un système assez compliqué de
bourses et d'allocations fut organisé par le Conseil et relia tant
bien que mal les deux enseignements. Le nombre des bourses attribuées à des élèves de l'enseignement primaire était d'environ 600
chaque année.

Après le vote de la loi de 1903 qui l'a chargé de l'enseignement
primaire et de l'enseignement secondaire, le Conseil de Comté a pu
développer considérablement son système de bourses. Tout d'abord
les « places gratuites » sont devenues beaucoup plus nombreuses :
le ministère de l'instruction publique exige depuis 1907 que,
dans les écoles secondaires auxquelles il donne des subventions,
25 p. 100 des places soient gratuites, et le Conseil de Comté impose
aux écoles qu'il subventionne des obligations analogues. D'autre
part, maintenant surtout qu'il a décidé d'envoyer ses élèves-
maîtres de l'enseignement primaire achever leurs études dans
une école secondaire, le Conseil s'est trouvé amené à multiplier
les bourses. Le nombre de ces bourses n'est pas limité. Le Conseil
peut donc l'augmenter ou le restreindre comme il le juge utile.
Il donne actuellement, à des élèves de 11 à 12 ans, environ 1.700 bourses de première année par an. sans parler des renouvellements. Ces
bourses s'obtiennent après un examen écrit. Elles sont valables
pendant 3 ans et peuvent être prolongées pendant 2 ans de plus. Le
montant de la bourse varie suivant la fortune des parents et augmente après la fin de la troisième année, de manière que les parents
des enfants dont les bourses sont prolongées aient un intérêt pécuniaire à les laisser terminer leurs études. Tous les boursiers ont
droit à l'instruction gratuite ; quant à l'allocation qui leur est donnée, elle peut s'élever jusqu'à 375 francs par an, dans la quatrième
et la cinquième année d'études. L'examen est ouvert à *tous* les enfants des écoles primaires de Londres, quelle que soit la fortune de
leurs parents ; s'il s'agit d'enfants qui ne sont point dans les écoles
primaires, ne peuvent concourir que ceux dont les parents n'ont
pas un revenu supérieur à 4 000 francs par an. L' « échelle » qui
relie l'enseignement primaire à l'enseignement secondaire comprend
également des bourses en plus petit nombre réservées à des élèves
plus âgés : le but que l'on s'est proposé est de permettre à des enfants qui pour une raison quelconque n'ont pu prendre part au

premier examen, de profiter aussi des avantages de l'enseignement
secondaire.

En résumé, grâce au système de bourses du *County Council*, tous
les enfants de Londres, sauf peut-être ceux qui appartiennent à des
familles tout à fait pauvres, peuvent, s'ils le méritent passer de l'école
primaire à l'école secondaire Toutes les mesures sont prises pour
aboutir à la sélection des plus aptes ; tout est combiné pour qu'aucune force intellectuelle latente ne soit perdue pour la communauté.
L'école secondaire elle-même est un organisme très souple, varié
presque à l'infini. Elle ne donne point un enseignement d'un type
immuable, mais essaie de s'adapter aux besoins de ses élèves et au
caractère particulier du quartier dans lequel elle se trouve : une des
écoles que nous avons visitées s'est fait une spécialité de la préparation à l'état ecclésiastique et à l'examen d'entrée dans le service des
Postes. Le nombre des élèves qui au sortir de l école secondaire se
présentent à l'examen d'entrée des universités est relativement faible. L instruction secondaire, telle qu'elle est comprise à Londres,
diffère surtout de l'instruction primaire en ce que l'enseignement y
est donné plus à loisir, réparti sur un plus grand nombre d'années et moins servilement adapté peut être à des fins utilitaires. Il
est difficile de généraliser, car il n'est pour ainsi dire pas deux
écoles secondaires qui se resssemblent complétement et, dans
chaque école même, il existe souvent une grande variété de programmes ; mais il semble bien que, la plupart du temps, le souci de
la carrière future de l'enfant prime déjà toute autre considération. On n'a pas de temps à perdre à Londres : l'air qu'on res-
pire dans la Cité est peu favorable à la culture désintéressée.

Et cependant, malgré les bourses du Conseil de Comté, malgré le
caractère pratique de l'enseignement, l'école secondaire ne paraît
pas avoir un grand attrait pour les enfants des classes ouvrières ; il
est probable que les perspectives d'avenir ne leur apparaissent et
n'apparaissent pas à leurs parents avec assez de netteté, et des renseignements que nous avons obtenus il ressort que cette défiance n'est
pas absolument sans raison. Un professeur à qui nous demandions
ce que deviendraient dans la vie les enfants auxquels il venait de
faire expliquer une poésie d'Andrew Lang nous a dit qu'il se le de
mandait lui-même et qu'il était persuadé que pour beaucoup d'entre
eux le temps passé à l'école secondaire était presque du temps perdu.
Aux questions qu'il leur posa sur leurs projets d'avenir, le plus
grand nombre des élèves — des enfants de 16 ans — répondirent
qu'ils n'en avaient pas ; quelques-uns, les meilleurs, se préparaient

à l'enseignement ; un petit nombre voulaient entrer dans le *Civil Service* ou dans les Postes. La plus grande partie de ces enfants appartenaient d ailleurs, incontestablement, à la classe moyenne, et l'on peut même se demander si ce n'est pas à cette classe, ou, tout au moins, à la section inférieure de cette classe que vont surtout les bourses données chaque année par le Conseil de Comté. La statistique de la distribution des bourses suivant les quartiers conduirait à le penser ; les quartiers qui viennent en tête de la liste en 1910, par exemple, sont à part de très rares exceptions, des quartiers aisés de la périphérie ou du West End ; l'East End tout entier. sauf Hackney-Nord et Hackney-Central qui ne sont pas des quartiers ouvriers, a une proportion de bourses généralement très inférieure à la moyenne [1].

Le système des bourses d'enseignement secondaire organisé par le Conseil de Comté, n'est pas, du reste, destiné à la masse. mais à une élite. A côté de cette élite, il existe un grand nombre d'enfants qui, sans qu'on songe à faire d'eux des fonctionnaires, des membres du clergé des instituteurs ou des professeurs, auraient grand avantage à continuer leurs études primaires jusque vers quinze ou seize ans : c'est à ceux-là que sont destinées les « écoles centrales » que le Conseil de Comté achève d'organiser en ce moment et qui remplacent les anciennes écoles « supérieures » et « primaires supérieures ». On entre dans les écoles centrales soit après un examen. qui est le même que celui des bourses d'enseignement secondaire, soit sur une simple demande approuvée par le directeur de l'école primaire où l enfant a fait ses études. L'instruction est gratuite et pour permettre à un enfant dont les parents n ont aucune fortune de profiter de l'instruction donnée dans les écoles centrales, le Conseil de Comté peut même lui accorder une bourse, dont le montant s'élève à 250 francs par an, au maximum. Londres possède actuellement (1912) 31 écoles centrales, comprenant 42 divisions, dont 15 divisions pour garçons. 13 pour filles et 14 divisions mixtes ; dans certaines divisions l'enseignement est donné principalement en vue d'une profession industrielle ; d'autres préparent surtout au commerce ; un petit nombre de divisions sont organisées à la fois pour la préparation au commerce et pour la préparation à l'industrie. Sans négliger la culture générale, on se propose

1. Cf. *London Statistics*, t. XXI, p. 395. La proportion de bourses par 1.000 élèves varie entre 6. 8 à Hackney-Nord et 6, 5 à Dulwich d'une part et 0, 7 à Bethnal Green S. W. et Finsbury E., 0, 6 à Haggerston et Hoxton, d'autre part.

de rendre les enfants capables d'entrer directement, au sortir de l'école centrale. dans une maison de commerce ou un atelier.

L'idéal de presque tous ceux qui s'intéressent en Angleterre à l'éducation du peuple serait de garder tous les enfants à l'école secondaire ou à l'école centrale jusqu'à l'âge de 16 ans ; la limite de 14 ans est généralement considérée comme beaucoup trop basse. A 16 ans même, l'esprit de l'enfant est loin d'être complètement formé, et il y aurait grand avantage, pour lui-même et pour la communauté tout entière, à lui faire continuer ses études pendant quelques années encore, au moins quelques heures par jour[1]. Mais le jeune homme de 15 à 18 ans n'a pas seulement besoin d'une instruction générale. C'est à cet âge que se pose le grave problème du choix de la carrière : il faut prendre une décision dont toute la vie dépendra, opter une fois pour toutes entre des professions sur lesquelles on n'a souvent que les notions les plus vagues, et, le choix fait, essayer d'acquérir les connaissances indispensables pour devenir dans sa partie un « bon ouvrier ». Que le jeune homme se soit décidé pour un emploi commercial ou pour une branche quelconque de l'industrie, il lui faut apprendre la technique de sa profession ; c'est une éducation nouvelle qui commence.

Nous avons vu précédemment dans quelles conditions particulièrement difficiles se trouve placé le jeune Londonien[2]. Au sortir de l'école primaire, il est sollicité par une foule de métiers qui ont l'avantage de lui offrir au début un salaire très convenable, mais l'inconvénient de le laisser à 18 ans sans aucune ressource pour l'avenir. Nous savons qu'un trop grand nombre d'enfants — plus de la moitié des enfants de Londres — cèdent à l'attrait dangereux de ces occupations qui ne les préparent qu'à devenir hommes de peine, dockers ou charretiers, c'est à-dire ouvriers intermittents. Mais supposons que le mauvais pas soit franchi et que le jeune homme ait fait choix d'une profession qui lui permette d'envisager l'avenir avec sécurité ; il ne lui est plus possible d'espérer, comme autrefois, qu'il lui suffira d'entrer dans un magasin, dans un bureau ou dans un atelier pour en sortir au bout de quelques années avec la connaissance complète du métier qu'il a choisi. Ce n'est pas le patron qui, dans le commerce, s'occupera de faire apprendre à son

1. Une loi destinée à rendre l'école du soir obligatoire en Angleterre, comme elle l'est déjà en Ecosse, a été proposée, mais n'a pas été acceptée par les Chambres.

2. Voir surtout, p. 249 et suiv. ; 275 et suiv.

employé les langues étrangères ; ce n'est pas lui qui, dans l'industrie, prendra soin de faire passer son ouvrier dans les différentes sections de son établissement pour lui permettre d'acquérir une connaissance générale de son métier. Malgré les efforts des sociétés qui se sont constituées pour rétablir l'ancien système de l'apprentissage, l'apprentissage est mort et bien mort. Dans une enquête faite il y a quelques années sur l'industrie de l'ameublement dans l'East End, on constatait qu'un grand nombre de jeunes gens qui avaient passé trois ou quatre ans dans un atelier d'ébénisterie étaient incapables de faire un tiroir et que beaucoup de jeunes ouvriers n'avaient fait jusque-là qu'un seul objet, par exemple des tabourets de piano ou des pieds de chaise. « Cette remarque, ajoutaient les auteurs du rapport, s'applique non seulement aux métiers du bois en général, mais aussi à l'art du tapissier, au travail du métal et à la sculpture sur bois » [1]. L'ouvrier ainsi spécialisé, à moins que sa spécialité ne demande une extrême habileté technique, est à la merci des moindres fluctuations du marché ; il n'est pas difficile de faire des pieds de chaise et celui qui n'a que cette spécialité court les plus grands risques de tomber en temps de crise au rang des ouvriers intermittents.

Ceux qui s'occupent à Londres de l'éducation de la jeunesse ont donc à résoudre un triple problème Il faut : 1° empêcher le jeune Londonien de se jeter en sortant de l'école dans un de ces métiers sans issue dont nous avons parlé et le guider dans le choix d'une carrière ; 2° continuer son instruction générale ; 3° lui donner un enseignement technique qui lui permette de compléter les connaissances qu'il acquiert dans le magasin ou dans l'atelier.

C'est pour répondre à la première partie de ce problème qu'a été votée en 1910 la loi sur le « choix d'une profession » [2], qui a permis aux autorités scolaires de prendre les arrangements nécessaires pour trouver des situations convenables aux enfants qui sortent des écoles primaires. A la suite du vote de cette loi, des « comités de conseil pour jeunes gens » (juvenile advisory committees) se sont fondés dans la plupart des bourses du travail de Londres. Chaque comité est composé d'une trentaine de membres, dont un tiers sont nommés par le Conseil de Comté, le reste représentant les patrons, les ouvriers et les instituteurs primaires du quartier. Le comité reçoit les parents et les enfants qui lui sont envoyés par

1. Cf. *The apprenticeship question* (L.C.C.), 1906, p. 4.
2. *Education (Choice of employement) Act, 1910.*

les directeurs des écoles ou qui viennent d'eux-mêmes, leur donne des conseils, cherche des emplois pour les enfants, fait connaître les écoles complémentaires les mieux appropriées à chaque circonstance particulière. Pour soulager un peu les comités centraux, on organise en ce moment auprès de chaque école primaire une sorte de comité de patronage qui aura pour fonction de s'intéresser aux enfants de l'école, de les conseiller, de les suivre dans leur carrière et de donner aux comités centraux les renseignements indispensables ; le nombre de ces comités de patronage (*school care committees*) dépasse actuellement un millier. Cet ensemble d'institutions est encore trop récent pour que l'on puisse porter un jugement sur ses résultats ; mais la tentative est très intéressante et aura probablement pour effet de décongestionner dans une certaine mesure ces métiers à travail intermittent qui ont exercé jusqu'à présent sur les enfants de Londres une si déplorable attraction.

L'instruction générale et l'instruction technique des adultes ont pris dans ces dernières années un grand développement. Avec les 126.000 élèves de ses écoles du soir, les 40 000 élèves de ses écoles « polytechniques », les 11 000 élèves de ses instituts techniques, sans parler de tous ceux qui suivent les cours des écoles d'arts et métiers, des *settlements* et de l' « extension universitaire », Londres est sans doute, à cet égard, la première ville du monde. Les écoles du soir (*evening continuation schools*) qui furent organisées par le Bureau des écoles en 1882 [1] n'eurent d'abord qu'un succès très modéré : en 1888-1889, le nombre total des élèves inscrits dans le courant de l'année n'était encore que de 15.700. Les progrès furent considérables à la fin du xixe siècle. De 57.000 en 1897-1898, le nombre des inscriptions passa à 147.000 en 1900 1901 pour retomber, il est vrai, à 126.000 en 1902-1903 ; il s'est maintenu depuis cette époque aux environs de ce dernier chiffre [2]. Le plus grand nombre des écoles du soir sont censées donner un enseignement général et prolonger, comme leur nom l'indique. l'instruction primaire ; d'autres ont un caractère nettement technique, avec un programme « commercial » dans lequel l'étude des langues vivantes tient la première place, ou un programme de « sciences et arts » comportant l'étude des mathématiques, des sciences physiques et naturelles, de la mécanique appliquée, etc. Dans les écoles « ordi-

1. Une première tentative avait eu lieu en 1872-1875, mais avait échoué (Cf. *The work of the London School Board*, p. 117 et suiv.).

2. *Annual Report of the School Board for London, 1902-1903*, p. 48 ; *London Statistics*, t. XXI, p. 382.

naires » elles-mêmes, l'instruction technique tend à prendre le pas sur l'instruction générale. Le programme d'une de ces écoles ordinaires comprend : pour les hommes, l'arithmétique, la comptabilité, le français, l'écriture et la composition, la géographie, le dessin, le travail du bois, le travail du fer, la sténographie, l'étude élémentaire des sciences, le dessin technique, l'arithmétique appliquée aux besoins de l'atelier ; pour les femmes, des cours de cuisine, de coupe et d'assemblage, de modes, de blanchissage, de comptabilité, de sténographie, d'hygiène, d'arithmétique, de français, d'écriture et de composition, de musique vocale. Comme le remarque l'auteur du chapitre consacré à Londres dans l'ouvrage classique de M. Sadler sur les écoles du soir[1], il y a dans tout cela une regrettable absence d' « humanités ». « Je n'entends pas par là, dit il, le latin et le grec, qui, en fait, sont enseignés parfois, mais l'étude passionnée des nobles et belles choses, dans la littérature, dans l'histoire ou dans l'art. Ce que demande l'élève de l'école complémentaire, c'est la sténographie et la comptabilité. »

Dans les instituts techniques, l'utilitarisme est encore davantage, et plus naturellement d'ailleurs, en évidence. Depuis le célèbre rapport qui fut présenté au Conseil de Comté par M. Llevellyn Smith en 1892[2], et qui montra les lacunes de l'instruction technique à Londres, le Conseil a beaucoup fait, soit par l'intermédiaire de son ancien « Bureau de l'instruction technique », que présidait avec tant de compétence M. Sidney Webb, soit depuis 1903, par l'intermédiaire de sa Commission de l'instruction publique. Les Compagnies à livrée de la Cité, surtout celle des Orfèvres et celle des Drapiers, la Chambre de commerce de Londres ont fait preuve également d'une générosité très éclairée et d'un esprit civique incontestable. Des instituts nouveaux ont été fondés en grand nombre ; d'autres, qui, comme le Birkbeck College, remontaient parfois jusqu'à l'époque lointaine où Francis Place et le Dr Birkbeck essayèrent d'organiser l'éducation du peuple par le peuple[3] ont été plus ou moins aidés par des subventions, agrandis, modernisés, et recommencent une vie nouvelle. Quelques-uns sont fréquentés surtout par des employés de commerce ou des clerks de la Cité et ont

1. Continuation Schools in England and elsewhere, 1907, p. 138. — Même remarque dans le rapport de M. Roger sur l'enseignement technique en Angleterre (bulletin de l'enseignement technique, 1909, p. 697 et suiv.).
2. Report of the Sub committee on technical Education, being the result of an inquiry into the needs of London (L. C. C., 57).
3. V. Graham Wallas, Francis Place (1898), p. 93 et suiv.

approprié leur enseignement à leur clientèle ; il en est qui ont le caractère d'écoles professionnelles générales, et il en est qui préparent spécialement à telle ou telle industrie, à l'ébénisterie ou à la photogravure, par exemple. La plupart des instituts techniques ont des écoles de jour, mais ces écoles n'ont qu'un petit nombre d'élèves ; c'est surtout le soir, après la journée de travail, que les jeunes ouvriers affluent : tel institut, comme celui de Paddington, qui est presque désert pendant le jour, a chaque soir plus de 1.200 élèves qui viennent étudier la métallurgie, le travail du bois, les industries, et qui se préparent à devenir les sous-officiers de l'armée industrielle.

Au-dessus de l'enseignement général ou technique qui est donné par les écoles du soir et par les écoles techniques, il s'est fondé un enseignement supérieur destiné spécialement aux classes populaires et à la classe moyenne inférieure, et dont le but est l'étude désintéressée, ou presque désintéressée de la littérature, de la science et de l'art. Cet enseignement a été surtout constitué jusqu'ici par les conférences de l' « extension universitaire », organisées par l'Université de Londres. Des cours portant sur les sujets les plus variés, depuis la grammaire de l'anglo-saxon jusqu'à l'histoire de l'art à Florence, depuis l'histoire de Londres jusqu'aux principes de l'économie politique, sont faits régulièrement dans les divers quartiers de Londres ou de la banlieue, tantôt dans un collège universitaire, tantôt dans une école primaire, tantôt dans un musée, tantôt dans un *settlement*, comme Toynbee Hall. Le mouvement a eu, à certains égards, un succès incontestable. Les élèves ne manquent pas : un cours nouveau attire presque toujours, au moins au début, un nombre considérable d'auditeurs ; mais on constate que l'attention se lasse rapidement et que, malgré les certificats et les diplômes que l'on décerne à la fin des cours, l'assiduité est loin d'être régulière. Le nombre même des étudiants est un grave inconvénient ; il est presque impossible au professeur d'exercer sur eux une action personnelle et directe. Dans ces conditions, le cours tend à devenir un cours d'apparat, dans lequel le professeur peut faire montre des qualités les plus brillantes, mais dont l'élève retire, en somme, assez peu de fruit. L'activité mentale que l'on exige de lui est réduite au minimum et les connaissances qu'il croit acquérir sans peine ne tardent pas à s'effacer. Ce serait une erreur de croire que l'ouvrier de Londres ne se rende pas compte des défauts de cet enseignement ; peut-être aussi ce caractère d'aumône intellectuelle qui est difficilement absent, quoi qu'on fasse, de la conception même d'une

Université « populaire », contribue-t-il, en blessant sa susceptibilité qui est très vive, à lui faire abandonner à la classe moyenne les salles de conférences de la *University Extension*.

Il est cependant de plus en plus indispensable qu'il existe un véritable enseignement supérieur qui soit accessible aux classes ouvrières. Il ne s'agit pas seulement de permettre aux mieux doués de s'évader de leur classe pour pénétrer dans les classes supérieures ; il s'agit surtout d'offrir à l'élite du monde ouvrier une instruction qui soit en rapport avec le rôle nouveau que joue maintenant cette élite dans la vie politique et dans la vie sociale. Un secrétaire de trade union, par exemple, fait partie maintenant de la classe dirigeante ; il a de graves responsabilités ; il est en relations fréquentes avec les autres associations ouvrières, avec les associations patronales, avec les hommes politiques, avec les ministres. Il est utile, dans l'intérêt de la classe à laquelle il appartient et dans l'intérêt général de la société, qu'il puisse voir d'un peu haut l'ensemble des phénomènes économiques et sociaux, qu'il se rende compte de la portée des déterminations qu'il prend au nom du syndicat qu'il représente, qu'il ait des notions précises d'économie politique, qu'il n'ignore ni l'histoire contemporaine ni la géographie commerciale. C'est à l'Université d'Oxford que revient l'honneur de l'avoir compris la première : la fondation de Ruskin College a eu précisément pour objet de préparer à leur fonction les futurs *leaders* du monde ouvrier, de la même façon que les autres collèges de la vieille Université préparent les futurs chefs de la classe moyenne et supérieure ; les ouvriers ont si bien senti l'importance de cette préparation préalable, que certains grands syndicats ont fondé à Ruskin College des bourses qui sont destinées aux ouvriers les plus distingués de la corporation. Mais l'action de Ruskin College ne peut être bien étendue. Ce qu'il faut, c'est une institution qui permette à tous ceux qui, dans les milieux ouvriers, s'intéressent aux questions sociales, économiques ou politiques ou même au mouvement intellectuel en général, de suivre, non pas des cours d'apparat, mais de vraies conférences universitaires dans lesquelles ils participeront eux-mêmes au travail du professeur en préparant les questions, en prenant part à la discussion et surtout en rédigeant à des intervalles réguliers des études de quelques pages sur les sujets donnés par le professeur. A ce besoin a répondu la création des « répétitions universitaires » (*University Tutorial Classes*) qui ont été fondées un peu partout sous les auspices de la *Workers'Educational Association* [1]. L'institution des répétitions universitaires qui ne date que de quelques années a eu le plus grand succès dans la capitale. Comme les classes sont limitées à quarante élèves au maximum et que les élèves doivent s'engager à suivre régulièrement les cours et à faire régulièrement les devoirs, on ne peut s'attendre à trouver un chiffre très élevé d'inscriptions. Il est probable que le nombre des élèves ne dépasse guère un millier ; mais ceux qui se font inscrire prennent très au sérieux l'enseignement qu'on leur donne et travaillent avec une telle ardeur qu'ils arrivent souvent en peu de temps, au grand étonnement du professeur, à atteindre dans leurs compositions le niveau des étudiants ordinaires qui préparent leurs examens à l'Ecole des sciences économiques ou dans les Universités. Il y a beaucoup à espérer d'un tel mouvement pour la formation dans la classe ouvrière d'une élite intellectuelle capable d'orienter vers des fins utiles et nobles la force prodigieuse du prolétariat londonien. Cette masse énorme, longtemps inerte, s'est ébranlée dans ces derniers temps ; or, comme le disait Goethe, il n'y a rien d'aussi dangereux que l'ignorance en mouvement.

Il nous reste à mentionner encore deux institutions où l'on ne s'est pas proposé seulement, comme dans celles qui précèdent, de donner au peuple de Londres une instruction plus ou moins développée, mais qui ont aussi pour but d'établir entre les membres des différentes classes sociales et entre les membres de la classe ouvrière elle-même des relations de camaraderie et de bonne amitié : ce sont les *polytechnics* et les *settlements*.

Le *polytechnic* est une institution fort originale et, croyons-nous, particulière à Londres. Il est sorti des efforts faits par un grand philanthrope, Quintin Hogg, qui pendant sa vie entière dépensa sans compter son argent et ses forces pour l'éducation du peuple et pour le relèvement des « classes submergées ». Quintin Hogg, qui était le fils d'un négociant de la Cité, a raconté lui-même [2] comment il avait débuté, en 1864, dans sa carrière d'éducateur en essayant d'apprendre à lire à deux balayeurs de rue, et comment cette tentative fut brusquement interrompue par l'apparition d'un policeman, à la vue duquel les deux élèves se sauvèrent. Sans se laisser décourager par un début aussi malheureux, il renouvela ses efforts,

1. Sur les origines et le but du mouvement, voir *Oxford and Working-class education* (Oxford, Clarendon Press), 1909.

2. *Polytechnic Magazine*, mai 1896. — Voir aussi la biographie de Quintin Hogg par E. M. Hogg (1904).

acheta d'occasion un costume de cireur de bottes, avec les instruments nécessaires, et pendant quelque temps cira courageusement les chaussures de ses concitoyens, ce qui lui permit d'entrer en relations amicales avec un grand nombre d'enfants et de jeunes gens qui étaient à coup sûr assez différents des camarades qu'il venait de quitter à Eton. Il eut bientôt une vraie classe à laquelle il enseigna les éléments de la lecture, de l'écriture et du calcul dans une chambre qu'il avait louée à cet effet. La chambre ne tarda pas à devenir insuffisante : il fallut louer une maison. En même temps que l'assistance augmentait, elle changeait peu à peu de caractère ; au lieu de se recruter uniquement dans la classe la plus pauvre et la plus ignorante, elle se composait pour une proportion de plus en plus forte de jeunes ouvriers et de jeunes ouvrières très convenables qui venaient chercher dans la nouvelle école un complément d'instruction générale ou d'instruction technique et qui regardaient l'école non plus seulement comme un centre d'instruction, mais comme un centre social, un lieu de réunion et de causerie, — en un mot, un club ouvrier. Après des vicissitudes diverses et des changements de domicile assez fréquents, causés surtout par le développement extraordinaire de l'œuvre, Quintin Hogg finit, en 1881, par s'établir avec ses élèves dans un immeuble de Regent Street qui avait été jusque-là une sorte de théâtre Robert Houdin et qu'on appelait le *Polytechnic* : c'est à cette appellation, et non pas à une intention volontaire, qu'est dû le nom de *Polytechnic* qui fut donné au grand établissement de Regent Street et aux institutions du même genre qui se sont fondées depuis dans différents quartiers de Londres. Le nom convenait d'ailleurs à merveille, car les *polytechnics* sont réellement des écoles dans lesquelles on enseigna une infinie variété de sciences et d'arts.

Ce qui fait l'originalité du *polytechnic*, c'est, comme l'a très bien montré M. Sidney Webb [1], qu'il n'est ni un établissement d'instruction primaire, ni un établissement d'instruction secondaire, ni un institut technique, ni un établissement d'enseignement supérieur, ni un club, mais toutes ces choses à la fois. Dans certaines de ces écoles polytechniques tout au moins, un enfant pourrait commencer ses études primaires et, sans quitter la maison, se préparer soit à devenir charpentier, électricien, négociant, soit à suivre des cours de lettres ou des cours de sciences dans une Uni-

---

1. *London Education* (1904), p. 133 et suiv. — M. Sidney Webb a également rédigé dans les *Special Reports* du *Board of Education* un excellent rapport sur les *polytechnics* (publié comme document parlementaire en 1898).

versité ; il pourrait même passer ses examens universitaires et faire
sa thèse de doctorat ès sciences dans les laboratoires de l'établissement. Il ne faudrait pas croire qu'un enseignement aussi étendu
soit nécessairement superficiel : les écoles primaires ou secondaires
qui font partie des *polytechnics* sont généralement parmi les meilleures de Londres ; l'enseignement technique est extrêmement
poussé et les professeurs de l'enseignement supérieur sont souvent
des hommes remarquables, qui ont les grades universitaires les
plus élevés et savent admirablement diriger les recherches de leurs
élèves. Certains cours des écoles polytechniques sont même considérés comme étant légalement des cours de l'Université de Londres,
et les élèves qui les ont suivis peuvent se présenter directement aux
examens universitaires.

Les *polytechnics* n'étaient guère, au début, que des écoles du soir,
et c'est encore dans la soirée que s'y donne la plus grande partie
de l'enseignement. C'est alors que s'ouvrent, à l'usage de ceux qui
veulent compléter leur instruction générale, des écoles complémentaires analogues à celles du Conseil de Comté ; c'est alors qu'ont
lieu la plupart des classes d'enseignement technique, dont le caractère varie suivant les besoins du quartier ; c'est alors qu'on enseigne les langues vivantes à l'employé de commerce et les langues
classiques à l'instituteur primaire qui prépare un examen de l'Université. C'est alors également que la vie sociale du *polytechnic* commence, alors que les hommes se pressent autour des billards ou
dans la salle de gymnastique, que les femmes se réunissent dans
leurs « salons », que la bibliothèque et la salle de concert se remplissent et que les sociétés de toute espèce qui ont l'établissement
pour centre tiennent leurs séances et discutent leurs intérêts. Mais
la plupart des *polytechnics* sont devenus également, par la force des
choses, des écoles de jour : ils ont créé des écoles élémentaires et
des écoles secondaires, ils ont formé des classes techniques pour
des ouvriers qui, comme certaines catégories d'imprimeurs, sont
employés à leur travail pendant la soirée, ils ont ouvert pour les
jeunes filles des écoles d'économie ménagère. Dans un grand *polytechnic*, comme celui de Regent Street, celui de Chelsea ou celui
de Battersea, l'activité est presque ininterrompue, depuis le matin
jusque fort avant dans la nuit. Parmi les innombrables essais pé-
dagogiques qui ont été tentés ainsi dans toutes les directions, il
en est naturellement qui ont échoué, et peut-être un grand nombre ; on reproche aussi parfois aux *polytechnics* le caractère pratique, terre à terre, « commercial », de l'instruction qu'ils donnent.

Mais il est probable que les organisateurs des *polytechnics* ont fourni aux Londoniens le genre et la qualité d'instruction que ceux-ci réclamaient, puisqu'ils ont de quarante à cinquante mille élèves. Cette prospérité est d'autant plus remarquable que les cours ne sont pas gratuits, comme le sont, par exemple, ceux des écoles du soir du Conseil de Comté, ce qui prouve que la gratuité n'est pas ici la chose essentielle, et que le charpentier, le mécanicien et l'employé de commerce de Londres consentent parfaitement à payer pour leur instruction, s'ils croient que l'instruction qu'on leur donne en vaut la peine.

Les *polytechnics* ne pourraient cependant vivre avec leurs seules ressources ; la majeure partie de leurs revenus provient des subventions de l'Etat et du Conseil de Comté ou des sommes qui leur sont allouées chaque année par les administrateurs des fondations paroissiales de la Cité [1] et par les principales Compagnies à livrée. Les *settlements*, au contraire, sont indépendants de toute attache officielle, et, bien que la plupart d'entre eux soient devenus des centres d'enseignement, le côté social de l'œuvre est toujours resté le plus apparent. Comme le remarquait il y a quelques années le chanoine Barnett [2], qui a longtemps dirigé la plus célèbre de ces fondations, Toynbee Hall, un *settlement* n'est point, comme il peut le paraître à un observateur superficiel, une sorte de *polytechnic* ; il n'est point un centre d'enquêtes sociales ni une mission religieuse ; il peut arriver que l'un ou l'autre de ces objets y prenne une importance particulière, mais le *settlement* est avant tout un club, dont les membres essaient de remplir dans le quartier leurs devoirs de citoyens et leurs obligations de bon voisinage.

Les *settlements* sont beaucoup plus connus en France que les *polytechnics* : Toynbee Hall a été souvent décrit [3] et le *Passmore Edwards Settlement*, qui est un des plus jeunes et des plus actifs, compte fréquemment des Français parmi ses membres. Le mouvement qui a provoqué la création des *settlements* remonte aux enseignements de Carlyle, de Kingsley et de Ruskin qui, à une époque où les axiomes de l'économie politique obscurcissaient un peu trop l'entendement humain, remirent en lumière les devoirs de l'homme envers les autres hommes, et particulièrement les devoirs du riche à l'égard du pauvre. Des exemples comme ceux de John Richard Green, Edward Denison, Arnold Toynbee, où l'on vit des hommes, que leur

1. V. plus haut, p. 458.
2. Dans W. Reason, *University and social settlements* (1898), p. 16 et suiv.
3. En particulier dans le *Musée social* (série B, circulaire 12, 1897).

culture intellectuelle et leur situation sociale mettaient au premier
rang de la société anglaise, renoncer délibérément au West End, à
ses pompes et à ses œuvres, s'établir au milieu des quartiers les plus
sordides de la capitale et, au lieu de donner de l'argent, se donner
eux-mêmes, complétèrent cet enseignement ; peut-être même eu-
rent-ils sur la jeunesse des Universités une influence plus grande
encore que les pages les plus éloquentes de *Unto this Last.*

Le terrain était préparé lorsque parut, en 1884, dans la *Nineteenth
Century*, [1] l'article où Samuel Barnett demandait aux collèges universitaires de renoncer aux missions religieuses qu'ils établissaient
un peu partout sans grand succès, pour fonder à leur place des
établissements dans lesquels certains membres du collège ou de l'U-
niversité viendraient, leurs études finies, passer un temps plus ou
moins long et vivre au milieu des pauvres. C'est ainsi seulement,
disait l'auteur, qu'ils apprendraient à les connaître, qu'ils arriveraient à triompher de leurs défiances et qu'ils pourraient leur être
réellement utiles pour améliorer les conditions matérielles et morales de leur vie.

De là sortit Toynbee Hall ; de là sont venus plus tard les autres
settlements qui se sont fondés dans tous les quartiers populaires et
dans les faubourgs ouvriers : Oxford House, Browning Hall, Passmore Edwards, Mansfield House, et tant d'autres. Des *settlements*
féminins s'attachent à étudier les problèmes qui concernent spécialement la femme et la famille. Opinions et méthodes varient à
l'infini : tel *settlement*, comme Toynbee Hall, garde en religion et
en politique la neutralité la plus stricte ; tel autre, comme Oxford
House, est essentiellement anglican et même « haute Eglise » ;
Bermondsey Settlement est méthodiste ; Browning Hall se rattache
au « parti du travail ». Certains *settlements*, Toynbee Hall par
exemple, donnent un enseignement très développé et sont de vraies
Universités populaires ; d'autres s'occupent surtout des questions
sociales ou organisent des expositions et des concerts. Presque
partout, les membres des *settlements* se sont vivement intéressés
aux questions d'administration locale ; la présence dans les conseils
paroissiaux ou municipaux et dans les Bureaux de Gardiens des
pauvres d'hommes instruits, indépendants, a eu les résultats les plus
heureux dans ces quartiers ouvriers de Londres où les propriétaires de slums et les cabaretiers ont été trop souvent les maîtres.
C'est grâce à leurs efforts que les espaces libres ont été conservés

1. *The Universities and the Poor* (t. XV, p. 255 et suiv.).

et agrandis ; c'est grâce à eux que les lois sanitaires ont été appliquées, que les maisons malsaines ont été fermées ou démolies, que l'on a construit dans les quartiers pauvres des bains publics pour la propreté du corps et des bibliothèques communales pour la culture de l'esprit. Par-dessus tout, les jeunes gens d'Oxford ou de Cambridge qui sont venus ainsi s'établir parmi les pauvres ont été, par leur désintéressement, par la dignité et la simplicité de leur vie, par l'influence de leur culture supérieure, un enseignement et un exemple pour tous ceux qui les entourent.

De telles influences sont malheureusement trop subtiles et trop impondérables pour qu'il soit facile d'en évaluer les résultats : on ne peut traduire sous forme de statistiques les actions morales. La même difficulté se présente lorsque l'on essaie d'apprécier dans son ensemble l'œuvre d'éducation populaire entreprise à Londres depuis une quarantaine d'années. Beaucoup d'enthousiastes de la première heure ont été déçus dans leur espérance. Pas plus à Londres qu'ailleurs, l'instruction primaire n'a transformé la nature humaine ; la criminalité juvénile n'a pas décru, et les *hooligans* de Londres ont été sans doute pour la plupart des élèves des écoles communales ou des écoles libres. A Londres comme ailleurs on a parlé de faillite. C'est aller un peu vite en besogne. Il y a quarante ans seulement que le Bureau des écoles a commencé ses travaux ; il y a vingt ans seulement que tous les enfants de Londres ont pu trouver place dans les écoles de Londres ; il y a dix ans à peine que les parents ne peuvent plus les envoyer soir et matin vendre des journaux dans les rues ou transporter le lait chez les clients. Les enfants ont appris à lire, à écrire et à compter. Mais vingt ans, et même quarante, sont peu de chose lorsqu'il s'agit de détruire des habitudes et des mœurs enracinées depuis des siècles. On a, jusqu'à ces derniers temps, considéré les ouvriers de l'East End comme des « instruments de production », et on les a traités comme tels. Puis tout à coup on leur a ouvert des écoles primaires, des écoles du soir, des cours universitaires, des bibliothèques ; et l'on s'étonne qu'ils ne viennent pas en nombre suffisant aux écoles du soir qui leur rendraient tant de services, qu'ils évitent les cours universitaires et qu'ils entrent rarement dans les bibliothèques. On leur a donné le bulletin de vote, et l'on s'étonne qu'ils votent souvent mal, contre leurs véritables intérêts. Mais, à moins d'un miracle, comment pourrait-il en être autrement ? On devrait s'étonner bien plutôt qu'un si grand changement ait pu se produire dans un espace de temps si court, que les illettrés aient presque disparu, qu'il y ait tant d'élèves dans les écoles du soir et dans les *polytechnics*, tant de prêts dans les bibliothèques communales, que l'hygiène enseignée aux enfants ait fait tant de progrès parmi les parents, que la vie intellectuelle ait été stimulée au point de faire sortir de sa torpeur l'ouvrier de l'East End. Dans une préface qu'il écrivait en 1892 pour une traduction anglaise de son ouvrage sur l'état des classes ouvrières en Angleterre en 1844, le vieux compagnon de lutte de Karl Marx, Frédéric Engels, applaudissait à l'éveil de l'East End. Le « nouveau trade-unionisme » sur lequel il fondait ses espérances n'a certes pas donné tout ce qu'il pensait ; mais il y a cependant quelque chose de changé dans le monde ouvrier de Londres. L'indifférence politique d'autrefois disparaît ; les élections, dans les quartiers populaires de Londres, sont parfois parmi les plus âprement disputées du pays. Londres, si longtemps représenté presque uniquement par des députés conservateurs, a été l'une des premières villes d'Angleterre à élire un député travailliste, le maire de Poplar, Will Crooks, un ancien ouvrier tonnelier. Les questions d'administration locale surtout ont vivement passionné l'ouvrier londonien, qui a vu dans les élections pour le Conseil de Comté et pour les conseils municipaux un moyen de dire son mot sur les choses qui le touchent de plus près et lui tiennent le plus à cœur. On dira qu'il s'est souvent trompé ; nous ne le contestons pas. Mais l'erreur vaut mieux que le silence, et l'activité, même déréglée, que la tranquillité de la mort ; or, c'est à la mort intellectuelle qu'écoles primaires et *polytechnics*, écoles complémentaires et *settlements* ont arraché l'ouvrier de l'East End.

CHAPITRE III

L'histoire de l'administration de Londres dans la période contemporaine est l'histoire de l'unification progressive de la ville et, en même temps, l'histoire de la conquête progressive des pouvoirs municipaux par la démocratie londonienne. Elle se divise naturellement en deux parties, séparées par la date de 1888, qui est celle de la création du Conseil de Comté. Avant 1888, l'unité de Londres est encore très imparfaitement reconnue ; la complication et l'insuffisance des organes administratifs rappellent encore le désordre extravagant de la première moitié du siècle ; le mode d'élection aux assemblées communales est peu démocratique, et les assemblées elles-mêmes n'ont rien de populaire. C'est la petite bourgeoisie de Londres qui détient l'autorité, et s'il est exagéré de dire qu'elle en use dans son intérêt exclusif, il faut avouer tout au moins que le sort des classes inférieures la laisse assez indifférente, et qu'en maintes circonstances elle se montre sur ce point moins libérale que le Parlement lui-même. Depuis 1888, Londres possède dans son Conseil de Comté, élu par un suffrage direct et très étendu, une assemblée véritablement représentative, dont les attributions sont, il est vrai, limitées par celles des conseils municipaux de quartier et par celles de la Corporation de la Cité, mais qui est, à d'autres égards plus indépendante que la plupart des municipalités continentales, puisque l'organisation administrative de l'Angleterre ne comporte pas l'existence de fonctionnaires analogues à nos préfets. Avec l'entrée en scène du Conseil de Comté et la constitution du parti « progressiste », les questions ouvrières sont passées au premier plan dans l'administration de la ville ; la hâte presque fiévreuse avec laquelle les progressistes ont poussé Londres dans les voies du socialisme municipal a même fini par amener dans ces dernières années une réaction conservatrice ; mais quel que soit le parti qui détienne le pouvoir, — « progressiste » ou « modéré » — on peut être certain qu'il n'est pas question de revenir sur le

passé, d'abandonner, par exemple, la construction des cités ouvrières
que le Conseil a commencées, ou de rendre aux compagnies le
réseau de tramways qu'il a « municipalisé ».

C'est en 1832, après la grande réforme du Parlement, que la
réforme des municipalités urbaines fut mise à l'ordre du jour en
Angleterre. Parmi tous les exemples d'administration incohérente
qu'offraient alors les villes du Royaume-Uni, le cas de Londres
était unique. On avait, au recensement de 1831, dénombré dans la
capitale de l'Angleterre ¹ 1 million 655.000 habitants, et, officiellement, *Londres n'existait pas*. Les conseillers municipaux pullu-
laient : on en comptait 10.000, au bas mot, dans le territoire londonien ; mais il n'y avait pas d'administration commune à l'ensemble
de la ville. Le nom même de Londres n'appartenait qu'à la « Cité
de Londres » qui renfermait, en 1831, 122.000 habitants. Le reste
n'était point Londres ; l'administration de la Cité le prouvait d'ailleurs en percevant un droit d'entrée sur toutes les charrettes qui
n'appartenaient pas à un « bourgeois » de Londres.

La Cité avait conservé — et conserve encore — l'organisation
qu'elle avait au Moyen Age. Le gouvernement est entre les mains de
la « Corporation de la Cité de Londres » qui comprend les 206 membres du Conseil commun (*Common Council*), élus pour un an et les
26 notables (*aldermen*), élus à vie. La constitution est en apparence
assez démocratique, puisque le Conseil commun est réélu chaque
année et que le Lord Maire qui représente la Corporation est également élu pour un an ; mais ce n'est qu'une apparence. La réalité
du pouvoir est entre les mains des fameuses Compagnies à livrée
(*livery companies*), qui dirigent la politique de la Cité et qui ont le
privilège de choisir tous les ans, « le jour de Saint-Michel archange »
(29 septembre), les deux aldermen parmi lesquels la Cour des aldermen choisit ensuite le Lord Maire. Ces Compagnies sont les restes
des anciennes corporations qui dans les temps passés réglemen-
taient le travail, réprimaient la fraude et fixaient le prix des objets
manufacturés. Quelques-uns ont conservé une partie de leurs droits
primitifs : la Compagnie des Orfèvres, par exemple, marque toujours les objets d'or et d'argent et fait l'essai de la monnaie ; les livres
nouveaux sont enregistrés à Stationers'Hall. Mais la plupart des
soixante-seize Compagnies à livrée de la Cité n'ont plus aucun rapport avec la profession dont elles portent le nom. M. Chamberlain,

1. Dans l'étendue du comté de Londres actuel.

qui est « poissonnier », n'a jamais vendu le moindre poisson au marché de Billingsgate, et il y a même des Compagnies, comme celle des fabricants d'arcs, qui correspondent à des métiers totalement disparus. Les Compagnies sont devenues des sortes de clubs, où l'on entre difficilement si l'on n'est point un personnage de marque ou le parent d'un membre de la Compagnie. Leur occupation principale est de gérer leurs propriétés et de dépenser leurs revenus qui sont considérables ; une partie de ces revenus est employée à entretenir les établissements de bienfaisance ou des écoles. La renommée veut que le reste passe en ces banquets pantagruéliques pour lesquels les Compagnies et la Corporation même ont toujours été fameuses [1].

Dès l'époque de la réforme parlementaire de 1832, les vices de la constitution de la Cité étaient trop apparents pour échapper à la critique ; mais la Cité avait au moins l'avantage de posséder une administration régulière. En dehors d'elle, tout n'était que confusion. Londres était bâti sur trois comtés — Middlesex, Surrey et Kent — et divisé par conséquent, au point de vue de l'administration générale, en trois circonscriptions. Son territoire renfermait une vieille cité, Westminster, qui avait une constitution remontant pour le moins au temps d'Elisabeth ; mais cette constitution avait depuis longtemps cessé de fonctionner, sauf pour la forme, et n'intéressait plus que les archéologues. A peu près partout l'unité administrative était la paroisse.

Les paroisses du territoire londonien sont, comme dans le reste de l'Angleterre, d'anciennes divisions religieuses et administratives qui, à l'origine, avaient pour centre un village avec une église, et, tout autour, une certaine étendue de prairies ou de champs cultivés. A des époques différentes suivant les quartiers, prairies et champs ont été envahis par les constructions ; le village et l'église se sont trouvés noyés au milieu des maisons neuves. Au commencement du xixe siècle, on rencontre dans ce qui est aujourd'hui le comté de Londres des paroisses qui représentent toutes les étapes de la transformation de la campagne en ville, depuis Saint-Martin-des-Champs qui n'a plus le moindre espace vide, jusqu'à des paroisses rurales, comme Hammersmith ou Hackney, d'où les femmes et les filles des maraîchers partent chaque matin dans la saison pour

1. Dans *The London Programme* (1891), M. Sidney Webb évaluait à plus de cent mille livres sterling (2 millions et demi de francs) le total des sommes dépensées annuellement en banquets par les compagnies à livrée (p. 104 ; cf. le tableau, p. 107).

apporter sur leur tête au marché de Covent Garden ces énormes paniers de fraises qui font l'admiration des *cockneys*.

L'administration de la paroisse est entre les mains du conseil paroissial (*vestry*, littéralement sacristie). Ce conseil paroissial était primitivement une sorte de conseil de fabrique, qui nommait le sacristain (*clerk*) et les marguilliers et répartissait parmi les habitants la « taxe pour les besoins de l'église » (*church rate*). Il s'occupait également de la voirie, de la police, et à mesure que la société devenait plus complexe, ses attributions allaient naturellement en augmentant. C'était une assemblée très démocratique qui pouvait comprendre, sinon tous les contribuables, du moins tous les principaux contribuables de la paroisse : c'est ainsi qu'à Bethnal Green, par exemple, il suffisait à un contribuable d'occuper un logement d'une valeur locative de 15 livres sterling (375 francs) par an pour être de droit membre du conseil paroissial. Cette forme de conseil paroissial, qui fut jusqu'au xviiie siècle la plus répandue dans la région de Londres, portait le nom de « conseil paroissial ouvert » (*open vestry*).

Mais lorsque la population des paroisses qui avoisinaient Westminster et la Cité se compta par dizaines de mille, le mode de gouvernement patriarcal qui avait suffi jusque-là à quelques douzaines de boutiquiers et de cultivateurs devint tout à fait impossible. Un pamphlétaire compare, vers 1830, les réunions du conseil ouvert de Manchester aux séances d'une Chambre française, ce qui dans la pensée de l'auteur n'est point un éloge ; il semble bien qu'à cet égard Londres ait dépassé Manchester même. A la date de 1802, le secrétaire du conseil de Greenwich mentionne sur le registre des délibérations qu'à la suite « d'altercations aboutissant à une confusion telle qu'il n'a pu écrire le compte rendu sur le moment », il a jugé « prudent et nécessaire de se retirer avec ce registre, de peur que le susdit registre fût détérioré ou lacéré [1] ». On nous parle ailleurs de réunions dispersées par la police, après lecture de la loi sur les attroupements. Le conseil, c'est-à dire la foule qui composait le meeting, tombait parfois sous la domination d'un héros populaire qui devenait alors le maître absolu de la paroisse. M. et Mme Sidney Webb ont découvert, dans des brochures et des livres bleus inexplorés, l'histoire d'un de ces grands hommes, un certain Merceron — d'origine huguenote sans doute — qui de 1787 aux environs de 1835 tint dans sa main le conseil paroissial de Bethnal

1. Cité dans B. and S. Webb, *English Local Government*, t. I, p. 93.

Green. Etrange administrateur que ce personnage qui faisait approuver ses comptes par acclamation, monopolisait les cabarets et laissait la jeunesse dorée de Bethnal Green organiser le dimanche des courses de taureaux dans les rues ! Sa carrière ne manqua point de péripéties ; il passa même quelque temps en prison pour avoir pris dans la caisse de la paroisse une somme de 23.000 francs dont il avait besoin ; ceci ne l'empêcha pas, du reste, de revenir au pouvoir un peu plus tard et de mourir, disent les auteurs, « en odeur de sainteté [1] ».

Les inconvénients du régime populaire furent une des raisons qui amenèrent, surtout à partir du milieu du xviii\ :(e siècle, la transformation des conseils paroissiaux dans la plupart des paroisses londoniennes. Et puis, les grands personnages de l'aristocratie britannique et les riches marchands de la Cité qui venaient habiter les quartiers neufs ne pouvaient vraiment pas se commettre avec les rustres et croquants dont se composait la majorité de l'assemblée. On se mit donc à remplacer, toutes les fois que l'occasion s'en présenta, les conseils « ouverts » par des conseils « fermés » ou « choisis » (close, select vestries). Lorsqu'on dédoublait une paroisse trop peuplée, on donnait généralement un conseil fermé à la paroisse nouvelle, tout en laissant peut être à celle qui conservait l'ancien nom ses anciennes institutions. Parfois aussi, les habitants eux-mêmes ou quelque groupe influent d'habitants obtenaient du Parlement le vote d'une « loi locale » (local act) qui établissait le nouveau régime et désignait les membres du conseil ; celui-ci se recrutait ensuite par cooptation parmi les gros bonnets de l'endroit (substantial parishioners). On y faisait entrer tout ce que la paroisse comptait de juges, de membres du Conseil privé, de députés à la Chambre des Communes, de membres de la Chambre des Lords ; ils ne venaient point aux séances, mais la présence de leur nom sur la liste des conseillers donnait du lustre au conseil et permettait à leurs collègues de faire beaucoup de choses qu'ils n'eussent pas osé faire autrement. Quant à la masse de la population, elle n'avait plus aucune part à l'administration de la paroisse.

Deux lois votées au commencement du xixe siècle, la loi Sturges Bourne de 1818 et la loi Hobhouse de 1831, permirent aux habitants des paroisses d'établir eux-mêmes, sans avoir besoin de recourir au Parlement, des conseils fermés. Ces conseils étaient élus d'après un système de suffrage censitaire qui, dans la première loi

---

1. B. and S. Webb, *English Local Government*, t. I, p. 79 et suiv.

principalement, donnait un avantage considérable à la richesse. A Paddington, où l'on avait adopté la loi Sturges Bourne, 2.029 électeurs disposaient de 8.857 voix, tandis que les 4.915 autres n'en avaient que 6.248 [1].

Enfin, comme si Londres eût manqué de conseils et d'administrateurs, le Parlement avait, dans des occasions diverses, nommé des commissions spéciales auxquelles il avait confié dans un certain district une partie déterminée de l'administration. Les plus communes étaient les commissions chargées du pavage des rues. Ces commissions étaient la plupart du temps indépendantes de tout contrôle populaire et se recrutaient elles-mêmes par cooptation.

On peut citer comme exemple des métamorphoses des paroisses londoniennes le cas d'une des paroisses du Nord de la ville, Saint-Pancras, que d'excellentes études nous ont fait connaître dans le plus grand détail [2]. Saint-Pancras n'avait encore en 1776 que 600 habitants. Les contribuables qui formaient le conseil paroissial se réunissaient dans l'église du village ou dans la chapelle de Kentish Town pour répartir les taxes communales et choisir le *clerk*, que l'on payait 4 livres (100 francs) par an et le bedeau qui recevait 5 livres (125 francs), plus une canne et un habit. Mais dans les dernières années du xviiie siècle, la population de Saint-Pancras augmenta très rapidement : en 1801 elle atteignait 31.000 habitants. Le conseil paroissial « ouvert » était devenu un meeting tumultueux et désordonné. Les fonctions publiques restaient gratuites, mais les titulaires se livraient aux malversations les plus scandaleuses ; le conseil nommait commissions d'enquête sur commissions d'enquête et n'aboutissait à rien.

Un certain Thomas Rhodes, nourrisseur et fabricant de briques — le propre grand oncle de Cecil Rhodes — se mit dans les premières années du xixe siècle à la tête de l'opposition. Il réclama la création d'un corps spécial de « directeurs des pauvres » pour s'occuper de l'Assistance publique. C'était la première étape vers le démembrement : le conseil refusa. Rhodes alors révéla les scandales qu'il tenait en réserve, demanda ce qu'étaient devenus les 2.740 mètres de toile que l'on avait achetés pour les pauvres et comment il

1. Discours de sir Benjamin Hall, *Hansard's Parliamentary Debates*, vol. 137 (1855), col. 708-709.

2. L'histoire de Saint-Pancras est résumée dans B. and S. Webb, *English Local Government*, I, p. 207 et suiv. La petite brochure de W. Brown, *Saint-Pancras Vestry, 1718-1900*, donne d'intéressants détails, d'après les registres du conseil paroissial.

se faisait que les gardes-malades de la workhouse pussent boire pour 5.000 francs de bière par an. Sous l'impression de ces révélations, l'assemblée adopta les propositions de Rhodes et les directeurs des pauvres furent dûment institués par une loi en 1804. Mais la guerre ne tarda pas à éclater entre le conseil et le corps des directeurs et les choses en vinrent à un tel point qu'ils se présentèrent chacun de leur côté devant le Parlement avec un projet de loi comportant l'abolition totale de leurs adversaires. Le Parlement les mit d'accord en les supprimant tous les deux en 1819 et en les remplaçant par un « conseil fermé » dont il désigna les membres ; ceux-ci devaient dans la suite se recruter par cooptation.

Mais le Parlement ne s'en tint pas là. Suivant les besoins du moment, il établit successivement pour la paroisse de Saint-Pancras 16 commissions de pavage différentes comprenant 427 personnes. Onze de ces commissions étaient recrutées par cooptation et irresponsables. En 1855, une d'entre elles dépensait 46 francs en réparations et 4.685 francs en traitements de fonctionnaires et frais généraux ; pour une population de 170.000 habitants, les commissions avaient établi 14 fontaines publiques, dont une ne fonctionnait pas. Toutes ces commissions avaient le droit de lever des impôts et de faire des emprunts et usaient largement de ce privilège. A trois reprises, en 1834, en 1837 et en 1851, le conseil paroissial de Saint-Pancras essaya d'obtenir du Parlement la suppression des bureaux de pavage ; à trois reprises il échoua. Il avait dépensé 100.000 francs pour faire passer son projet ; les commissions en dépensèrent 75.000 pour empêcher le projet de passer ; les contribuables de Saint-Pancras conservèrent leurs seize commissions de pavage et payèrent les 175.000 francs.

Nous empruntons ces renseignements au discours du ministre qui proposa en 1855 la loi qui devait doter Londres pour la première fois d'une administration centrale [1]. Le reste de ce discours montre que Saint-Pancras n'était point une exception ; le désordre était général. Sir Benjamin Hall en donne des exemples presque incroyables : le Strand, qui était probablement la rue la plus fréquentée de Londres, se trouvait partagé, sur une longueur de 1.220 mètres, entre 9 bureaux de pavage ; certaines rues étaient divisées par le milieu, dans le sens de la longueur, et si l'une des deux commissions auxquelles elles appartenaient décidait d'arroser le matin sa moitié de rue, l'autre, par esprit de contradiction, refusait obstiné-

---

1. Le discours de Sir Benjamin Hall est dans *Hansard's Parliamentary Debates*, t. 137 (1855), col. 699 à 722.

ment d'arroser la sienne à un autre moment que le soir. Avec ses
300 conseils et commissions et ses 10.000 conseillers, Londres était
aussi mal pavé et aussi mal éclairé que possible.

Dès 1835, à l'époque où le ministère libéral fit passer la loi qui
organisa l'administration des villes en Angleterre, il avait été question de comprendre la capitale dans la réforme ; mais on avait
compté sans les 300 conseils et les 10.000 conseillers, sans les Compagnies à livrée et la Corporation de la Cité. Tout ce monde s'entendit pour résister. Les Compagnies à livrée qui tenaient à conserver la libre disposition de leurs biens refusèrent même de déposer
devant la commission d'enquête [1] ; la Corporation n'y consentit
qu'avec toutes sortes d'atermoiements et de restrictions, si bien que
le rapport sur Londres ne put paraître qu'en 1837 [2]. Le moment propice était passé ; les libéraux qui n'avaient plus qu'une majorité très
faible à la Chambre des Communes ne pouvaient se permettre de
mécontenter les députés libéraux de la Cité. Les conclusions de la
commission qui étaient favorables à la centralisation furent donc
mises de côté ; on se borna à créer en 1844 une commission d'hygiène qui ne fit presque rien pour diminuer l'insalubrité scanda-
leuse des quartiers pauvres, et à remplacer en 1848 par une commission centrale les 7 commissions et les 1765 commissaires qui
avaient été censés s'occuper jusque-là du service des égouts.

Ce n'est qu'en 1855, après une nouvelle enquête, que l'on s'attaqua de nouveau au problème de l'administration de Londres ; mais
les libéraux de 1855 ne péchèrent point par excès de radicalisme. Ils
n'eurent garde d'établir une centralisation rigoureuse, à la française,
ni de porter une main brutale sur des institutions que leur antiquité rendait vénérables. On ne toucha point à la Cité. On conserva
les conseils paroissiaux dans les grandes paroisses, tout en prenant
de nouvelles mesures pour l'élection des conseillers ; quant aux
petites, on en réunit plusieurs pour former des « districts » qui eurent un conseil commun (district board). On conserva les Bureaux
de Gardiens qui s'occupaient de l'administration de la loi des pauvres. Londres, disait-on, était trop étendu et trop peuplé pour pouvoir être traité comme l'avaient été en 1835 les autres villes anglai-

1. Firth, *Municipal London*, p. 95 et suiv., 541 et suiv. La résolution votée
par la compagnie des marchands tailleurs (*Ibid.*, p. 96-99, note) est typique.
2. *Second Report of Commissioners of inquiry into the Municipal Corporations*,
1837. Les commissaires disent (p. 4 et suiv.) qu'ils ne voient pas de raison
pour que la réforme de 1835 ne soit pas étendue à Londres, à moins que l'immensité de la ville ne soit une difficulté pratique.

ses ; « son diamètre du Nord au Sud et de l'Est à l'Ouest est si grand
que les habitants des quartiers ont peu d'intérêts communs et ne
connaissent que la paroisse où ils vivent » [1]. On décida donc d'établir simplement sous le nom de « Bureau métropolitain des travaux »
(*Metropolitan Board of Works*) une sorte de commission permanente
des conseils de paroisse et des conseils de district, qui devait s'occuper de quelques questions d'intérêt général. La Corporation de la
Cité nommait trois délégués ; les conseils des grandes paroisses en
nommaient 2 ; ceux des paroisses moyennes et des districts en nommaient un. Il fallait pour être éligible être inscrit à la taxe des pauvres pour une certaine somme, qui variait suivant les quartiers,
mais qui était assez élevée partout.

Nous verrons que les conseils paroissiaux et les conseils de district n'étaient nullement subordonnés au conseil central. Chaque
paroisse et chaque district restait séparé des autres, avec sa dette
particulière, ses charges particulières, ses contributions locales.
Bien plus : à l'intérieur d'un même district chaque paroisse conservait ses anciennes obligations, auxquelles ne participaient aucunement les autres paroisses du district. L'inégalité des charges ne fut
un peu atténuée que par la loi de 1867 qui établit le « fonds commun
des pauvres ». En 1866, le taux des contributions locales (à l'exclusion des impôts d'Etat) variait entre un minimum de 2 sh. 8 pence
(3 fr. 30) par livre sterling de valeur locative imposable [2] à Saint-
George Hanover Square, et un maximum de 9 sh. 2 pence (11 fr.45)
par livre à Saint-Nicolas Deptford ; en d'autres termes, un contribuable qui avait une maison d'une valeur locative imposable de
50 livres sterling (1.250 fr.) payait à Saint-George Hanover Square
166 fr. 50 et à Deptford 572 fr. 50. La moyenne de Londres était de
4 sh. 7 pence (5 fr. 70) par livre sterling, soit pour la même maison
286 fr. 50.

Les paroisses les plus imposées se trouvaient être précisément
les paroisses les plus pauvres. Ces paroisses avaient en effet les
mêmes dépenses de voirie, d'éclairage, etc. que les paroisses plus
riches, et les dépenses de l'Assistance publique, à cause de la pauvreté même de la paroisse, y étaient plus élevées. D'autre part, la
valeur imposable d'une paroisse ouvrière était naturellement beau-

---

1. *Report of Commissioners appointed to inquire into the existing state of the
City of London*, 1854, p. XIV.

2. La valeur imposable pour les contributions communales (*rateable value*)
est la valeur locative diminuée d'une fraction qui peut aller du sixième au
quart.

coup plus faible que celle d'une paroisse aristocratique, de sorte que
la paroisse ouvrière avait à répartir des dépenses plus fortes sur
une valeur imposable plus faible. Aussi, tandis que Saint-George
Hanover Square pouvait se contenter d'imposer les habitants de
la paroisse à raison de 2 sh. 8 pence par livre, Saint-James Westminster à raison de 2 sh. 11 pence, Paddington à raison de 3 sh.
2 pence, les paroisses ouvrières descendaient rarement au-dessous
de 6 shillings par livre sterling [1]. La maison qui payait 166 fr. 50
d'impôts à Saint-George Hanover Square en 1866 et 197 fr. 50 à
Paddington, payait 375 francs à Woolwich, 411 fr. 50 à Southwark
et à Bermondsey et 452 fr. 50 à Saint-George de l'Est. La taxe perçue pour les besoins communs par le Bureau métropolitain (*consoli-
dated rate*) n'avait pas pour objet d'égaliser dans une mesure quelconque les contributions paroissiales ; elle se superposait simplement à ces contributions.

Une réforme si incomplète ne pouvait intéresser que très faible-
ment la masse de la population de Londres. Les ouvriers qui pour
la plupart n'étaient pas éligibles au Bureau métropolitain, parce que
le cens était trop élevé pour eux, et dont beaucoup n'étaient même
pas électeurs, montrèrent une indifférence absolue. D'ailleurs, la
loi n'était pas faite pour les classes ouvrières et toute préoccupation de politique sociale était absente de l'esprit de ses auteurs. Il
s'agissait uniquement de confier l'administration de Londres à cette
même classe moyenne qui, depuis 1832, élisait les membres de la
Chambre des Communes et formait depuis 1835 les conseils municipaux des autres villes anglaises. Dans la liste des membres du Bureau des travaux, on ne trouve en trente-deux ans qu'un seul nom
d'ouvrier, celui d'un des fondateurs de la société des mécaniciens ;
encore cet ouvrier, à l'époque où il fit partie du Bureau des travaux,
était-il devenu entrepreneur. Les représentants des classes supérieures manquèrent également ; comme le faisait remarquer Stuart
Mill, on ne pouvait guère espérer amener des personnes d'un rang
social ou intellectuel très élevé à se faire élire membres d'un conseil de pavage ou d'une commission des égouts ; or le Bureau des
travaux n'était, somme toute, qu'une assemblée de ce genre, un peu
plus importante que les autres [2]. Sa composition fut la même que

1. *First Report from the Select Committee of the H. of C. on metropolitan Local
Government*, 1866, *Minutes of evidence*, Q. 594 et suiv. (déposition du président
du Bureau des travaux). Un tableau général pour 1863-1864 se trouve dans le
même rapport, p. 104 et suiv.
2. *Considerations on representative government* (1861), p. 274-275.

celle des conseils paroissiaux, dont il était la délégation : il comprit à peu près uniquement des représentants de cette petite bourgeoisie mercantile, très âpre au gain et très soucieuse de ses intérêts, qui dominait dans les conseils de paroisse[1]. Les élections des membres du Bureau et des conseillers de paroisse qui devaient les nommer ne passionnaient pas l'opinion publique : on vit des conseillers élus avec 13 voix ; un jour, sur 3.000 électeurs inscrits, 6 se présentèrent au bureau de vote ; en 1885, il n'y eut à voter aux élections des conseils de paroisse, qu'un électeur sur trente[2]. Les débats du Bureau n'intéressaient personne ; les journaux n'en rendaient compte que très sommairement, et le Bureau lui-même ne paraissait pas toujours désireux de leur donner une grande publicité. Il fut tout de suite très impopulaire. Beaucoup prétendaient que ses membres et ses employés faisaient mieux leurs affaires que celles de la communauté ; de fâcheux incidents qui furent en 1864 l'objet d'une enquête parlementaire montrèrent que ces accusations n'étaient pas sans fondement[3].

La loi de 1855 qui avait donné au Grand Londres une existence légale sous le nom modeste de « territoire métropolitain » et l'avait doté d'une administration centrale, limitait très étroitement l'activité de cette administration. Le Bureau des travaux prenait la succession de la Commission des égouts ; il devait s'occuper aussi de la voirie. Peu à peu, suivant la coutume anglaise qui consiste à créer aussi peu d'institutions nouvelles que possible et à charger celles qui existent des fonctions les plus variées, les attributions du Bureau furent augmentées par le Parlement. C'est à lui que l'on confia le soin d'appliquer les lois Cross, relatives à la démolition des quartiers insalubres et à la construction de cités ouvrières ; on le chargea de surveiller la façon dont les conseils paroissiaux s'acquittaient de leurs obligations en matière d'hygiène publique ; mais à cette exception près, les conseils paroissiaux restaient indépendants de l'autorité centrale. On peut dire que cette autorité réalisait

1. Firth, *Municipal London* (1876), p. 283, donne la liste des professions des membres du Bureau en 1861 et 1875. En 1861 les commerçants, y compris ceux qui étaient retirés des affaires, étaient au nombre de 28 sur un total de 48 membres ; en 1875, les entrepreneurs de construction, architectes et géomètres étaient 21, les éditeurs, libraires et papetiers 15 et les avoués 3, sur un total de 68. Le reste appartenait surtout au petit commerce.

2. Firth, *Municipal London*, p. 302 ; Sinzheimer, *Der Londoner Grafschaftsrat*, p. 109.

3. Cf. Firth, *Municipal London*, p. 284 et suiv.

pleinement l'idéal de Herbert Spencer : administrer le moins possible.

Des services publics très importants qui dans les autres villes de
l'Angleterre et du continent dépendent presque toujours, au moins
indirectement, des municipalités, étaient complètement soustraits
à l'action du Bureau des travaux. Depuis l'époque (1606) où la Corporation de la Cité avait transféré aux fondateurs de la « Nouvelle
Rivière » l'autorisation que lui avait accordée le Parlement de
dériver au profit de Londres certaines sources du Hertfordshire,
le service des eaux avait échappé aux autorités municipales pour
passer à des compagnies privées. La *New River Company* était de-
meurée longtemps presque seule pour assurer ce service, mais à la
fin du xviii⁰ siècle et au commencement du xix⁰, d'autres sociétés
s'étaient fondées. Le Parlement, persuadé des bienfaits de la libre
concurrence, accordait sans peine les autorisations et ne prenait
aucune mesure pour assurer la bonne qualité de l'eau que les compagnies livraient aux consommateurs ; quant au prix, les Chambres
croyaient assez faire en inscrivant dans la loi qui établissait en
1811 la *Grand Junction Company* une clause suivant laquelle cette
compagnie devait faire payer l'eau « à un taux raisonnable ». Les
diverses compagnies se firent effectivement concurrence pendant
quelque temps — au grand désespoir des autorités chargées du
pavage des rues — et si la qualité de l'eau n'y gagna point, les prix
s'en ressentirent : les consommateurs étaient servis pour presque
rien et les compagnies perdaient de l'argent. Elles ne tardèrent pas
à se lasser de ce rôle de dupe. Elles s'entendirent en 1815 et en 1817
pour se partager le territoire à desservir ; les compagnies les plus
puissantes absorbèrent les plus faibles et le résultat fut un relèvement de tarif qui varia entre 25 et 200 p. 100. Pour ce prix, les
compagnies, à deux exceptions près, servaient à leurs clients l'eau
de la Tamise, prise dans Londres même, à Chelsea ou à Charing
Cross. En 1827, un membre de la Chambre des Communes faisait
remarquer, en présentant à la Chambre une pétition des habitants
du West.End, que cette eau avait reçu le contenu des égouts collecteurs de la ville.et le purin de tout le fumier de Londres, que les
hôpitaux, les abattoirs, les fabriques de couleurs et de savon, les
usines de produits chimiques déversaient leurs eaux usées dans
cette partie de la Tamise maritime. Il fallut cependant vingt-cinq
ans, deux épidémies de choléra (1832, 1849), dont la seconde fit plus
de 14.000 victimes, et d'innombrables rapports de commissions
parlementaires ou extra-parlementaires, pour que l'on se décidât à

limiter par des mesures législatives la liberté d'action des compagnies. Trois ans seulement avant l'établissement du Bureau des travaux fut votée la loi de 1852 qui obligeait les compagnies à transporter leur prise d'eau en amont de l'écluse de Teddington, où la marée cesse de se faire sentir dans la Tamise. On fit à la même époque quelques efforts sans grande efficacité pour amener les compagnies à établir un service constant, et l'on attendit dix-neuf ans encore avant d'instituer au ministère du commerce un expert chimiste chargé de faire périodiquement des analyses. Après comme avant les lois de 1852 et de 1871, le service des eaux restait, d'ailleurs, aussi parfaitement indépendant des autorités municipales de Londres que s'il se fût agi du service des eaux de Paris ou de Berlin ; les compagnies ne versaient pas à la Ville la moindre redevance et la durée de leur concession n'était pas limitée. Comme leur domaine s'étendait bien au delà du « territoire métropolitain » tel que l'avait défini la loi de 1855, il n'était guère possible au Bureau des travaux d'obtenir un changement de régime [1]. Stimulé par l'opinion publique, il osa cependant présenter en 1878 deux projets de loi dont le premier l'autorisait à racheter les établissements des compagnies et le second à établir, en cas de besoin, un service municipal qui leur ferait concurrence. Mal lui en prit ; les deux bills durent être retirés, et le contrôleur des finances chargé d'examiner la comptabilité du Bureau refusa de sanctionner les dépenses faites à cette occasion, attendu que le Bureau des travaux avait outrepassé ses attributions légales en présentant des projets de loi sur des matières qui ne le concernaient point. Le Bureau dut s'adresser au Parlement pour obtenir la remise de la peine qu'il avait encourue [2].

L'histoire des compagnies du gaz ressemble trait pour trait à celle des compagnies des eaux. Là aussi, les compagnies commencèrent par se faire concurrence ; là aussi, nous les voyons s'entendre pour se partager le territoire et pour relever les prix. Elles allèrent même

---

1. Sur la politique suivie par le Bureau, voir *Report of the Metropolitan Board of Works, 1869-1870*, p. 62-63 ; *1870-1871*, p. 39 et suiv. ; *1875*, p. 42 ; *1878*, p. 62 et suiv. ; *1880*, p. 72 et suiv. Le Bureau, bien que partisan de la municipalisation du service des eaux, s'opposa plusieurs fois à des projets conçus dans ce sens parce qu'il estimait soit que les contribuables étaient insuffisamment représentés dans l'administration projetée, soit que la compensation pécuniaire accordée aux compagnies était exagérée.

2. *Report of the Metropolitan Board of Works, 1878*, p. 62-66 ; *1879*, p. 48-49. Le Bureau essaya vainement à plusieurs reprises de se faire donner le droit de présenter les projets de loi sur la question.

plus loin dans cette voie que les compagnies des eaux, car elles obtinrent du Parlement, en 1860, le vote d'une loi qui consacrait l'accord intervenu et qui reconnaissait à chacune d'elles un véritable monopole dans le quartier qui lui était réservé. De même que les compagnies des eaux, les compagnies du gaz étaient indépendantes des autorités municipales ; pas plus que les compagnies des eaux, elles ne versaient de redevance à la Ville, et la durée de leur concession était également illimitée. Comme le dit un économiste qui est pourtant fort hostile à l'exploitation des services publics par les municipalités, on avait livré Londres « pieds et poings liés à la merci des compagnies ». Le Bureau des travaux et la Corporation de la Cité, obligés de payer très cher pour l'éclairage des rues, essayèrent en 1874, mais sans succès, de se faire autoriser par le Parlement à racheter les usines à gaz et à municipaliser le service de l'éclairage. Le Parlement se contenta d'introduire dans le statut des compagnies le fameux principe de « l'échelle mobile », suivant lequel le dividende que les compagnies ont le droit de distribuer à leurs actionnaires varie en raison inverse du prix du gaz [1]. Le résultat de cette mesure fut de pousser les compagnies à diminuer leur prix, afin de pouvoir donner un dividende plus élevé ; le public, satisfait de l'abaissement des prix, cessa désormais de s'intéresser aussi vivement à la question du rachat.

Le service des transports en commun n'était pas non plus du ressort de la municipalité. Ni la municipalité, ni l'Etat n'intervenaient pour déterminer quelles seraient les lignes desservies par les compagnies d'omnibus et quels seraient les tarifs imposés au public. On comptait sur la libre concurrence ; mais après une période pendant laquelle les conducteurs d'omnibus des compagnies rivales n'hésitaient pas à faire entrer de force dans leurs véhicules les passants inoffensifs [3], la concurrence fut remplacée par le monopole de la *General Omnibus Company* qui absorba ou enrégimenta les compagnies plus faibles. Pendant vingt ans environ, de 1860 à 1880, les omnibus de la G. O. C. et des compagnies associées furent en possession du pavé de Londres. La fondation d'une nouvelle société très puissante, la *London Road Car Company*, mit fin au régime du monopole et fit baisser les prix qui étaient, à la fin du XIXᵉ siècle, sensiblement inférieurs à ceux des autres grandes villes de l'Eu-

1. Vermant, *Les régies municipales en Angleterre* (1903), p. 33.
2. *Report of the Metropolitan Board of Works, 1874*, p. 52-57 ; *1875*, p. 55-64.
3. Voir les descriptions humoristiques de Dickens, dans *Sketches by Boz* (*Some account of an omnibus cad*, et *Omnibuses*).

rope. Londres paraissait alors admirablement desservi, malgré l'absence de tout contrôle de la part des autorités municipales. En réalité, si les omnibus se suivaient en file presque ininterrompue sur quelques voies très fréquentées, dans Oxford Street par exemple, les compagnies se gardaient bien d'établir des lignes dans les parties où le trafic ne leur paraissait pas devoir être suffisamment rémunérateur et la municipalité n'avait aucun moyen de les y contraindre ; certaines parties de Londres étaient donc presque complètement dépourvues d'omnibus.

L'organisation des transports par chemins de fer se fit également en dehors des autorités municipales. Du reste on ne s'était, au début, préoccupé que des transports à longue distance ; plus tard, lorsque Londres se fut étendu dans la campagne et que le trafic de la banlieue eut pris de l'importance, le gouvernement imposa, d'abord à certaines compagnies, puis à toutes [1], la création de trains à prix réduit pour le transport des ouvriers. Nous avons vu dans un chapitre précédent que les compagnies ne mirent pas toutes un égal empressement à obéir aux prescriptions de la loi ; le ministère du commerce, auquel incombait la surveillance des compagnies, n'en mit pas davantage à les stimuler, et le Bureau métropolitain, qui ne pouvait pas, il est vrai, agir directement sur les compagnies, mais qui aurait pu créer un mouvement d'opinion, se renferma dans un silence prudent. Il faut attendre l'époque du Conseil de Comté pour que la question des trains ouvriers prenne une place importante dans les préoccupations des édiles londoniens.

Les tramways sont la seule catégorie de transports en commun dans laquelle la loi ait dès l'origine prévu la possibilité d'une action municipale, à Londres comme ailleurs. La loi de 1870 qui détermina dans quelles conditions pourraient se faire les concessions de tramways subordonna expressément ces concessions au consentement des autorités municipales, Bureau des travaux et conseils de paroisse ou de district. Les concessions n'étaient accordées que pour une durée déterminée ; au bout de 21 ans, les municipalités urbaines — à Londres, le Bureau des travaux — pouvaient exiger l'expropriation des compagnies concessionnaires et devenir propriétaires de leurs réseaux. Elles étaient même autorisées à construire des lignes de tramways et à posséder le matériel roulant ; mais aux termes de la loi, l'exploitation de ces lignes municipales devait être confiée à des particuliers. Quelques villes qui avaient

1. *Cheap Trains Act*, 1883.

construit elles-mêmes leur réseau obtinrent cependant la permission de l'exploiter en régie.

A Londres, construction et exploitation furent laissées à des compagnies. Ce n'est pas que le Bureau des travaux eût contre l'établissement d'un réseau municipal une objection de principe ; il se rendait même un compte très exact des avantages de toute sorte que devait avoir la municipalisation : elle permettrait d'établir les lignes d'après un plan général et rationnel, et, d'autre part, les bénéfices éventuels, au lieu d'aller à des actionnaires, pourraient être employés soit à des travaux utiles, soit au dégrèvement des contributions locales [1]. Malheureusement, le Bureau montra en cette circonstance sa timidité coutumière. Il n'avait qu'une confiance limitée dans l'avenir des tramways ; il se demandait si le nouveau mode de transport serait pratique à Londres et ne gênerait pas outre mesure la circulation dans les rues étroites de la capitale ; il craignait de mécontenter les conseils paroissiaux dont il était le représentant. Finalement, il parvint au terme de son existence sans avoir rien fait, et c'est le *County Council* qui, cette fois encore, s'occupa de réaliser les bonnes intentions qu'avait eues son prédécesseur.

Pas plus que le gaz, les eaux et les transports, les marchés et le port de Londres ne dépendaient de la municipalité. Quelques-uns des marchés, et non des moindres, appartenaient à des particuliers : c'était le cas pour le marché central des légumes et des fruits, celui de Covent Garden, qui est la propriété des ducs de Bedford. Les marchés aux bestiaux, le marché central de la viande et le marché au poisson appartenaient, il est vrai, à la Corporation de la Cité ; mais la Corporation ne représentait plus qu'une infime partie de la ville et le montant des droits qu'elle percevait était versé, non pas à la caisse commune, mais à la caisse particulière de la Cité. Dans le port, la Ville ne possédait pas un pouce de terrain ; elle ne recevait pas un centime des droits qui étaient payés par les négociants et les armateurs. Les quais ou plutôt les appontements (*wharves*) où l'on déchargeait les marchandises de chaque côté du fleuve étaient depuis les temps anciens des propriétés privées ; quant aux docks, après avoir eu dans les dernières années du xviiie siècle quelques velléités de construire elle-même les bassins nécessaires aux gros navires, la Corporation de la Cité finit par abandonner ce soin à des compagnies dont nous avons résumé précédemment l'histoire [1]. Elle

---

1. *Report of the Metropolitan Board of Works, 1870-1871*, p. 64 et suiv. Cf. *Report for 1868-1869*, p. 44 et suiv.

1. Voir p. 182 et suiv., 256 et suiv. La Corporation se contenta de creuser

ne sut même pas garder les droits séculaires que possédait la Cité
de Londres sur la Tamise maritime ; en 1857, ces droits furent
transférés à une commission spéciale, la « Conservation de la Tamise » (*Thames Conservancy*). La Corporation de la Cité était représentée au sein de cette commission ; mais — fait caractéristique —
il ne fut pas question d'y faire entrer un délégué du Bureau des travaux, c'est-à-dire de l'autorité centrale de la ville de Londres [1].

Comparé aux municipalités des grandes villes de l'Angleterre et
du continent, le Bureau des travaux n'avait donc que des attributions
fort modestes. Montra-t-il du moins, dans le domaine restreint qui
lui était réservé, et qu'il n'essaya guère d'élargir, l'activité qui eût
été indispensable pour réparer un siècle d'incurie et de laisser-aller ?
Il acheva le système des égouts, besogne ingrate s'il en fut, surtout dans une ville où chaque quartier avait établi ses égouts sans
s'inquiéter de ceux du voisin [2]. Il s'attaqua courageusement à un
autre problème plus difficile encore, celui des communications. Les
propriétaires de terrains avaient en effet profité de la liberté complète qu'on leur avait laissée pour établir chacun à leur guise les
rues de leur domaine. Presque partout ces rues étaient trop étroites ;
chaque domaine avait son réseau qui se raccordait souvent très
mal avec ceux des domaines environnants ; parfois même on semblait s'être attaché à rendre impossible toute communication directe
entre des domaines contigus. Actuellement encore on peut dans
nombre de cas reconnaître sur un plan de la ville la limite de deux
domaines à ce que les rues ne se continuent pas et font les unes
avec les autres les angles les plus inattendus. Un seul fait suffit à
donner une idée de l'esprit qui a présidé à l'établissement du système des rues de Londres : jusqu'en 1893, un assez grand nombre

---

un canal à travers l'île aux Chiens, pour compléter les travaux entrepris par
la Compagnie des docks des Indes occidentales ; elle céda plus tard (1829)
ce canal à la Compagnie des docks des Indes orientales. Cf. *Royal Commission on the Port of London*, 1902, Q. 3174-3178.

1. Le Bureau des travaux fit plusieurs tentatives pour obtenir d'envoyer des
délégués à la Conservation, mais vainement ; c'est en 1893 seulement que ce
droit fut donné au Conseil de Comté.

2. Dans *Report of the Metropolitan Board of Works for 1864-1865*, p. 5-35,
se trouve un exposé de l'œuvre du Bureau qui était à cette date à peu près
terminée. Le Bureau y rappelle qu'à l'époque où il a été institué, les égouts de
Londres se déversaient directement dans la Tamise ; la plupart ne pouvaient
s'y déverser qu'à marée basse. Aux époques de grandes pluies, la marée faisait refluer l'eau de la Tamise dans les égouts et les maisons des quartiers
bas étaient envahies par une liquide nauséabond.

de rues étaient fermées chaque soir par des chaînes ou des barres, ce qui obligeait souvent les voitures à faire de longs détours pour aller d'une gare à l'autre ou d'un quartier dans un autre [1].

Le Bureau des travaux aida par des subventions les conseils de district ou de paroisse à faire les améliorations de détail qui étaient indispensables ; il perça lui-même 24 kilomètres et demi de rues nouvelles. Vingt-quatre kilomètres sont peu de chose, par rapport à la longueur des rues de Londres, et le résultat des efforts du Bureau est à peine visible, même sur un plan à grande échelle [2]. Mais ces rues furent percées le plus souvent à travers des quartiers très populeux et coûtèrent terriblement cher : la dépense nette, déduction faite du prix des terrains qui furent revendus plus tard, dépassa 275 millions de francs [3]. Le kilomètre de rue nouvelle revenait à un peu plus de 11 millions. Le Bureau se rendait compte aussi bien que personne de l'énormité des sacrifices qu'il demandait aux contribuables et il n'ignorait pas que le mécontentement causé par l'augmentation des contributions locales était une des raisons de son impopularité. Il chercha donc à rentrer dans ses déboursés et à faire profiter les contribuables d'une partie de la plus-value que donne aux maisons en bordure le percement d'une rue nouvelle. Il proposa en 1865 un timide projet de loi qui instituait un impôt nouveau, dit « taxe d'amélioration » (*improvement rate*) qui portait spécialement sur les propriétaires fonciers et dont le produit devait être affecté aux travaux de voirie. Bien que le maximum de cet impôt eût été fixé à un chiffre peu élevé — 4 pence (0 fr. 40) par livre sterling de valeur imposable, — le projet ne fut pas adopté par les Chambres. Il faut convenir d'ailleurs qu'il prêtait en un sens à la critique ; il frappait de la taxe d'amélioration non seulement les propriétaires qui bénéficiaient des travaux effectués par la municipalité, mais tous les propriétaires fonciers de Londres sans distinction.

1. *A review of the first year's work of the [London County] Council in a series of addresses delivered by the Earl of Rosebery* (1890), p. 20-21 ; *Annual Report of Proceedings of the Council*, 1893, p. 6. Une liste de ces portes et de ces barres, dont on se plaignait déjà, se trouve dans *Third Report from the Select Committee on metropolitan local government*, 1867, p. 195 et suiv. Il y en avait alors 154, la plupart dans le West End.

2. Dans *Report of the London Traffic Branch of the Board of Trade*, 1908, p. 43, a paru un plan qui donne en détail les travaux de voirie faits par le Bureau des travaux et par le Conseil de Comté.

3. 11.027.709 livres d'après les calculs de Sinzheimer (*Der Londoner Grafschaftsrat*, p. 161) sur une dépense totale de 81.248.107 livres faite par le Bureau pendant les trente-trois années de son existence.

Battu sur ce point, le Bureau changea de méthode. Puisqu'une part notable des dépenses faites pour la voirie servait à enrichir les propriétaires voisins des rues nouvelles, le Bureau ne pouvait-il pas faire rentrer la Ville dans une partie de ses fonds en achetant, avant le percement de la rue, des propriétés riveraines qu'il revendrait plus tard avec de gros bénéfices ? Le cas de Northumberland Avenue dans lequel la Ville, en procédant de cette manière, avait pu percer une grande avenue presque sans bourse délier, encouragea les édiles londoniens à continuer dans cette voie. A partir de 1877, dans les projets qu'ils présentèrent au Parlement, ils se firent presque toujours donner le droit d'acheter, pour la revendre ensuite, une étendue de terrain plus considérable que celle dont ils avaient besoin pour la rue nouvelle. C'est ce qu'on appelle le système de la « compensation » (*recoupment*).

Le système ne paraît pas avoir donné des résultats excellents. Si la Ville avait fait dans de si bonnes conditions le percement de Northumberland Avenue, cela venait sans doute de ce qu'elle avait rencontré chez le propriétaire les dispositions les plus favorables ; l'opération devint plus hasardeuse lorsqu'il fallut exproprier des propriétaires récalcitrants et leur verser, conformément à la loi, 10 0/0 en plus du prix de vente fixé par les experts. Elle devint tout à fait mauvaise quand un certain nombre des fonctionnaires employés par le Bureau et quelques-uns de ses membres se furent avisés que cette pratique leur offrait plusieurs moyens très commodes d'augmenter rapidement leur fortune aux dépens du public. Un premier moyen consistait à acheter à l'avance ou à faire acheter par des amis des propriétés situées sur le passage d'une rue projetée ; on s'arrangeait ensuite pour en faire augmenter la « valeur imposable » et, le moment venu, on les revendait à la Ville avec un si beau bénéfice que la Ville pouvait tout au plus espérer rentrer dans ses fonds. La vente des terrains acquis par la Ville pouvait également donner lieu à de fructueuses opérations : il suffisait de faire estimer ces propriétés au-dessous de leur valeur réelle et de les faire acheter par un des membres de l'association. On pouvait enfin combiner ingénieusement les deux méthodes. De toutes façons, le bénéfice escompté par la Ville se trouvait singulièrement réduit ; parfois même elle perdit de l'argent. Nous verrons que, sans renoncer au système de la compensation, dont il a su tirer un meilleur parti que son devancier, le Conseil de Comté a réussi à faire introduire dans la législation le principe d'après lequel les propriétaires qui bénéficient du percement d'une voie nouvelle doivent rendre à la communauté, sous la forme d'un impôt spécial, une partie de ce que la communauté leur a donné.

Les travaux de voirie et les égouts coûtèrent si cher qu'il ne resta plus grand'chose pour assurer l'application des lois votées par le Parlement dans l'intérêt des classes ouvrières. Le Bureau des travaux avait fort mal accueilli le vote de la première de ces lois, la loi Torrens de 1868, qui réglementait la démolition des habitations malsaines [1]. C'est lui cependant qui fit inscrire dans une loi votée en 1872 un article qui l'autorisait à consacrer à la construction de maisons ouvrières une partie des terrains qui restaient disponibles après l'établissement d'une nouvelle rue [2]. Il ne se montra pas hostile non plus, au début, à la loi Cross de 1875 qui lui confiait le soin de veiller à la démolition et à la reconstruction des quartiers insalubres. Mais ces bonnes dispositions ne furent pas de longue durée. Le Bureau ne tarda pas à constater que les frais étaient beaucoup plus élevés qu'il ne l'avait pensé tout d'abord. Il se plaignit alors amèrement que la loi Cross accordât aux propriétaires de *slums* des avantages exorbitants ; il protesta contre les charges, à son avis trop onéreuses, que lui imposait le Parlement dans les lois qui avaient trait à la formation des rues nouvelles ; il menaça même de faire grève. Le Parlement capitula et modifia dans le sens indiqué les articles qui faisaient l'objet des réclamations du Bureau [3]. Celui-ci ne montra pas d'ailleurs après cette victoire une activité beaucoup plus grande qu'auparavant. Il ne prit pour ainsi dire aucune mesure pour assurer l'application de la loi sur l'insalubrité des habitations souterraines, si communes alors dans certains quartiers. Jamais il ne fit usage du droit qu'il avait de surveiller la façon dont les conseils paroissiaux appliquaient les lois sur l'hygiène publique et nous avons vu déjà que les conseils profitèrent de cette négligence pour traiter ces lois comme si elles n'avaient pas existé. Bien plus, non content de faire traîner en longueur les enquêtes qui concernaient les quartiers insalubres, il lui arriva plus d'une fois de refuser d'y donner suite, sous prétexte que le quartier à démolir était trop petit pour tomber sous le coup de la loi Cross et que l'affaire regardait les conseils paroissiaux ; ces derniers prétendaient de

---

1. *Report of the Metropolitan Board of Works 1866-1867*, p. 53. Le Bureau présenta même au Parlement une pétition contre le projet de loi.

2. *Metropolitan Street Improvements Act, 1872.* Cf. *Report of the Metropolitan Board of Works, 1872*, p. 35.

3. Voir surtout *Report of Metropolitan Board of Works, 1877*, p. 31 ; *1879*, p. 50-51.

leur côté que le quartier en question était trop grand pour que l'on pût appliquer la loi Torrens, et le projet, ballotté entre les deux autorités rivales, finissait généralement par sombrer. Le Bureau des travaux déblaya cependant 20 hectares de maisons insalubres et les entrepreneurs ou les sociétés auxquels il vendit ces terrains construisirent des logements pour 27.800 personnes. A son actif doivent être portées également les maisons ouvrières qui ont été bâties à la suite du percement d'une rue, sur des terrains vendus à cet effet par le Bureau ; au moment où le Bureau céda la place au Conseil de Comté, ces maisons renfermaient environ 12.000 habitants [1]. Cette œuvre est d'autant plus méritoire que le Bureau a dû la mener à bien sans la participation financière de la Cité, c'est-à-dire de la partie la plus riche de Londres ; pour des raisons difficiles à comprendre, la Cité avait été, en effet, dispensée de contribuer aux frais qu'entraînait la démolition des quartiers insalubres.

Le Bureau des travaux eût-il pu faire davantage ? On ne peut s'empêcher de le croire lorsque l'on voit que, de 1875 à 1888, sur une dépense totale de près de 1.300 millions, il n'a consacré que 35 millions à l'application des lois Cross [2]. Un reproche d'un autre genre, mais peut-être aussi grave, est celui de ne pas avoir fait construire lui-même sur les terrains qui lui appartenaient les habitations ouvrières destinées à remplacer celles qu'il venait de démolir. La reconstruction n'a pas toujours été bien faite, les compagnies et les particuliers auxquels ont été cédés les terrains ayant été préoccupés surtout de loger le plus grand nombre de personnes possible dans un espace donné. La vente des terrains a généralement été une opération financière médiocre, et le résultat final est que la Ville, après avoir dépensé près de 1.000 francs [3] pour chacune des personnes dont le logement a été démoli et reconstruit, s'est trouvée, au moment de la disparition du Bureau des travaux, n'avoir entre les mains absolument rien qui pût passer pour la contre-partie de cette énorme dépense.

*
* *

Lorsque le ministère de Lord Salisbury entreprit en 1888 de donner aux comtés d'Angleterre le *self government* dont ils n'avaient eu

---

1. *Report of the* [*London County*] *Council for 1900-1901*, p. 29.
2. Cf. Sinzheimer, *Der Londoner Grafschaftsrat*, p. 153, 169, 172-173.
3. 975 francs, d'après M. S. Webb (*London Programme*, p. 130).

jusque-là que l'apparence, l'administration du Bureau des travaux
était depuis longtemps l'objet des plus vives critiques, non seulement parmi les libéraux, mais même dans le parti conservateur.
L'organisation de Londres, telle qu'elle résultait de la loi de 1855,
avec son Bureau des travaux, sa Corporation de la Cité, ses Conseils
paroissiaux et ses Bureaux de Gardiens des pauvres, apparaissait,
d'autre part, comme de plus en plus opposée à l'esprit démocratique
moderne et aux véritables intérêts des habitants. Dès 1861, dans ses
Considérations sur le gouvernement représentatif[1], Stuart Mill prenait l'organisation de Londres comme exemple de ce que ne doit
pas être une organisation municipale. « Il y a, disait-il, des intérêts
locaux particuliers à chaque ville, grande ou petite, et communs à
tous ses habitants ; donc chaque ville sans distinction d'étendue
devrait avoir un conseil municipal. Il est également évident que
chaque ville ne devrait en avoir qu'un. L'intérêt local est presque
toujours le même pour les différents quartiers d'une ville ; pour
tous il faut faire les mêmes choses et les mêmes dépenses, et à
l'exception des églises qu'il faudrait peut-être laisser sous la direction des autorités paroissiales, les mêmes arrangements peuvent
convenir à tous. Le pavage, l'éclairage, le service des eaux, le service des égouts, les règlements de port et de marché ne peuvent, sans
de grands inconvénients et sans une grande dépense en pure perte,
être différents pour les différents quartiers de la même ville. » Et
pour ne laisser aucun doute sur le fond de sa pensée, il ajoutait :
« La subdivision de Londres en districts indépendants, dont chacun
a ses arrangements particuliers pour les affaires locales et dont plusieurs n'ont même pas d'unité administrative dans leur propre
domaine[3], empêche toute coopération suivie et régulière pour des
objets communs, s'oppose à l'existence d'un principe général
d'après lequel seraient accomplies toutes les fonctions locales, oblige
le gouvernement central à se charger de choses qu'il vaudrait mieux
laisser à l'autorité locale, s'il y en avait une qui gouvernât la Métropole tout entière, et n'a pas d'autre utilité que de préserver les mas-

1. Les diverses tentatives de réformes sont exposées en détail (pour la
période 1855-1876) dans Firth, *Municipal London*, p. 558-590, et plus sommairement (pour la période 1855-1888) dans Sinzheimer, p. 431 et suiv.
2. P. 272-273 de l'édition originale ; p. 330-331 de la traduction Dupont-
White. Le traducteur, en voulant compléter ce passage de Stuart Mill, y a
introduit une grave erreur.
3. Stuart Mill fait allusion aux *districts* formés de la réunion de plusieurs
paroisses qui restaient, à certains égards, indépendantes.

carades grotesques de cette combinaison de tripotage moderne et de vieilles friperies que l'on appelle la Corporation de la Cité de Londres. »

Stuart Mill ne s'en tint pas à de simples considérations philosophiques. Devenu membre de la Chambre des Communes, il présenta en 1867 le premier projet de loi qui ait eu pour objet de doter Londres d'une administration centrale analogue aux conseils municipaux des villes de province. Le projet était d'un caractère très modéré. Il supprimait, il est vrai, les conseils paroissiaux et la Corporation de la Cité, et remplaçait le Bureau des travaux par un conseil élu au suffrage direct ; mais la centralisation qu'il établissait n'avait rien d'excessif. Londres devait être divisé en neuf arrondissements et chacun de ces arrondissements devait avoir son conseil qui restait à peu près indépendant du conseil central. Malgré la concession très importante qu'ils faisaient ainsi aux partisans des libertés locales et de la décentralisation, Stuart Mill et ses amis réussirent à peine à faire discuter leur projet par la Chambre. La question, néanmoins, était désormais à l'ordre du jour. Dans les années qui suivirent — en 1869, en 1870, en 1875 — des propositions de loi, directement inspirées de celles de Stuart Mill, furent déposées tantôt à la Chambre des Communes, tantôt à la Chambre des Lords, et en 1876 le gros ouvrage de J.-B. Firth, *Municipal London*, vint fournir aux adversaires de la Corporation et des compagnies à livrée, du Bureau des travaux et des conseils paroissiaux, des compagnies des eaux, des compagnies du gaz, ou des compagnies des docks, un arsenal inépuisable de faits et d'arguments. Firth lui-même, avec une inlassable patience, entreprit une véritable croisade, dans le Parlement et dans la presse, en faveur de la réforme administrative de Londres. Il fit si bien qu'à la longue le personnel politique des deux partis finit par se dire qu'il fallait faire quelque chose pour contenter l'opinion publique. Les conservateurs présentèrent un projet de loi pour le rachat des compagnies des eaux (1880) ; quelques années plus tard (1884), le ministère Gladstone reprit à son compte un projet qui avait été présenté par Firth en qualité de membre de la Chambre des Communes ; on établirait un conseil central, dont les membres seraient nommés directement par les électeurs, et l'on conserverait les conseils de districts, mais en les subordonnant au conseil central qui serait chargé de surveiller leur administration. Pressé par le temps, le ministère libéral se contenta d'ailleurs de faire voter le principe de la loi, et après avoir donné cette preuve de bonne volonté, renvoya la loi elle-même aux

calendes grecques : le problème du *Home Rule* irlandais, qui allait
amener le grand schisme du parti libéral, prenait alors dans les préoccupations des hommes politiques une place telle que toutes les
autres questions passaient au second plan. C'est seulement en 1888,
et à propos de la nouvelle organisation que le gouvernement conservateur voulait donner aux comtés, que la réforme de l'administration
londonienne s'imposa de nouveau à l'attention des parlementaires.
Jusque-là, le fait que le sol de Londres appartenait à trois comtés
différents n'avait eu que peu d'importance pratique, parce que
l'administration du comté n'était plus guère qu'une fiction légale ;
mais si le comté redevenait, comme le proposaient les conservateurs, le cadre principal de l'activité administrative, faudrait-il donc
découper Londres en trois morceaux, dont l'un ressortirait au Conseil du comté de Kent, l'autre au Conseil du comté de Surrey et
l'autre au Conseil du comté de Middlesex ? La chose était manifestement trop absurde. Mieux valait créer de toutes pièces un comté de
Londres qui comprendrait le « territoire métropolitain » et lui donner, comme aux autres comtés d'Angleterre, le conseil élu qui était
prévu par la loi. Ce projet comportait, il est vrai, l'abolition du
Bureau des travaux ; mais tout le monde convenait que le Bureau
des travaux n'était plus possible. On venait justement de découvrir
les scandales dont nous avons parlé précédemment : une commission royale était même en train de rédiger en toute hâte un rapport
à ce sujet. Peut-être les scandales n'avaient ils pas dépassé ce qui
est, pour ainsi dire, normal dans une assemblée de ce genre ; mais
les partis s'entendirent pour crier haro, et l'infortuné Bureau des
travaux, disparaissant sous la réprobation universelle, céda la place
au nouveau Conseil de Comté.

A l'exception de Stuart Mill, que ses collègues du Parlement regardaient à peine comme un homme politique sérieux, les politiciens
libéraux qui s'étaient intéressés à l'unification de Londres ne paraissent pas avoir été guidés par des principes fort élevés. La réforme, telle qu'ils la concevaient, était une mesure exclusivement
politique, sans caractère social. On ne songeait guère à élargir la
compétence du conseil central que l'on voulait substituer au Bureau
des travaux ; l'important était de modifier le mode d'élection du
conseil, de le faire nommer directement par le peuple de Londres,
de lui donner le prestige d'une grande assemblée communale et d'y
attirer ainsi ces représentants de la haute bourgeoisie et de l'aristocratie libérale qui manquaient totalement dans le Bureau des travaux et dans les conseils de paroisse. Il n'était point sans intérêt

pour le parti de mettre la main sur l'administration de Londres, surtout à partir du moment où la réforme électorale de 1884 eut attribué à la capitale 59 députés au lieu de 22. Les conservateurs de leur côté tenaient à ne pas se laisser dépasser par leurs adversaires ; s'ils combattaient les projets des libéraux, c'était pour des raisons de tactique parlementaire, et non par suite d'une opposition de principes. Ils affectaient même, à l'exemple de Disraeli, de s'intéresser tout particulièrement à la condition matérielle et morale des classes ouvrières et de se passionner pour les questions d'hygiène publique ; le fondateur du « torysme démocratique » n'avait-il pas dit : *Sanitas sanitatum, omnia sanitas* ! L'alliance du parti conservateur avec les libéraux unionistes et avec M. Chamberlain, le régénérateur de Birmingham, contribuait également à aiguillonner le zèle un peu sceptique de Lord Salisbury, qui n'était point un démocrate. Et puis, les chefs du parti croyaient, au fond, satisfaire à bon compte les partisans de la réforme administrative de Londres. On leur accordait une assemblée centrale, élue directement et par un suffrage encore plus étendu que le suffrage parlementaire ; mais cette assemblée n'avait pas sensiblement plus de pouvoirs que l'ancien Bureau des travaux. Les égouts, la voirie et la démolition des quartiers insalubres restaient comme auparavant la principale occupation de la municipalité de Londres, — si l'on peut donner le nom de municipalité à une assemblée qui n'avait qu'une si faible partie des attributions ordinaires d'un conseil municipal. Au point de vue financier, le Conseil, dont le budget ne tarda pas à dépasser 70 millions de francs, se trouvait enfermé dans des règlements tellement stricts que toute dépense supérieure à 1.250 francs ne pouvait être engagée sans des formalités inouïes et qu'il était impossible de payer régulièrement les employés sans violer la loi [1]. Dans un chapitre qu'il intitulait : *Le Conseil de Comté enchaîné*, un des membres du nouveau conseil, M. Sidney Webb, résumait ainsi la situation :

« Il (le conseil) n'a rien à voir avec le pavage, le nettoyage et l'éclairage des rues ; le service des eaux, les usines à gaz, les marchés et les tramways sont complètement en dehors de son domaine ; sa police est une sorte d'armée étrangère, semblable à la police irlandaise ; il n'a aucune fonction et presque aucun pouvoir en ce qui concerne l'évaluation des propriétés et l'assiette de l'impôt ; ce

---

1. Voir le discours de Lord Rosebery, dans *A review of the first year's work of the council* (L. C. C.), p. 39.

n'est pas lui qui s'occupe de faire rentrer ses propres contributions ;
il n'a pas plus d'autorité sur la Tamise que sur la marche des ma-
rées ; ce n'est pas lui qui est chargé de l'hygiène publique ni des
inhumations ; il ne peut ni préparer la liste des électeurs qui auront
à élire ses membres, ni surveiller l'établissement de cette liste. En
réalité, c'est un hybride, issu du croisement des juges de comté et
du Bureau des travaux, et ses principales occupations sont un
étrange pot-pourri d'asiles d'aliénés et de pompes à incendie,
d'égouts collecteurs et de maisons de correction, de ponts à réparer
et de nourrices à surveiller [1]. ».

Il faut ajouter que l'administration de l'Assistance publique restait naturellement indépendante du Conseil, et décentralisée comme
auparavant. On conservait la Corporation de la Cité, et la Cité ne
faisait partie du comté que pour certains objets et dans certains cas.
On conservait — à titre provisoire il est vrai — les conseils paroissiaux et les conseils de district ; mais quand, onze ans plus tard
(1899), on modifia le nombre et la composition de ces conseils, ce
fut avec le dessein bien arrêté, non pas de diminuer leur importance, mais de les rendre plus capables qu'ils ne l'avaient été jusque-
là de résister aux empiètements du pouvoir central. Et cependant,
malgré toutes les précautions prises, il est probable que si les chefs
du parti conservateur avaient pu prévoir à quel monstre la loi de
1888 allait donner naissance, ils auraient reculé d'horreur.

Le Conseil de Comté de Londres, tel qu'il a été établi par la loi
de 1888, se compose en premier lieu de 118 conseillers, élus pour
3 ans, à raison de quatre pour la Cité et de deux pour chacune des
57 autres divisions électorales parlementaires ; il comprend en second lieu 19 notables (*aldermen*) nommés pour 6 ans par les conseillers ; cette disposition permet de faire entrer dans le Conseil des
personnes que leurs capacités administratives et scientifiques, ou
leur rang social, désignent pour en faire partie, mais qui pour une
cause quelconque ne veulent pas affronter les hasards d'un scrutin.
Le corps électoral est formé de toutes les personnes qui ont le droit
de voter aux élections parlementaires, avec cette restriction cependant que le vote plural, admis pour le Parlement [2], n'existe pas
pour le Conseil de Comté. Il est formé en outre de toutes les personnes qui *auraient* le droit de voter aux élections parlementaires

1. *The London Programme.* p. 9-10.
2. Un électeur peut avoir, dans le comté de Londres, jusqu'à 37 voix.

si elles n'en étaient pas empêchées par le fait qu'elles sont ou des femmes, ou des membres de la Chambre des Lords. Si les membres de la Chambre des Lords sont une quantité négligeable, il n'en est pas de même des femmes qui possèdent le suffrage en vertu de cette clause de la loi : en 1907, elles étaient près de 120 000 [1]. On put même se demander au début si les femmes n'étaient pas, aux termes de la loi, éligibles comme les hommes, et deux femmes furent effectivement élues au premier Conseil de Comté ; une troisième fut choisie comme « notable ». Mais les candidats évincés intentèrent un procès, et les juges décidèrent que la loi devait être interprétée comme ne donnant pas aux femmes le droit d'éligibilité. Ce droit ne leur a été rendu que par une loi de 1907 [2].

Au total, la liste des électeurs au Conseil de Comté comprenait, en 1910, 795.000 personnes. Il s'en faut de beaucoup que le suffrage soit universel, même pour les hommes, car le nombre des individus du sexe masculin âgés de plus de 21 ans est d'environ 1.200.000. Mais la liste électorale parlementaire ne renferme que 652.000 personnes, et la différence entre les deux listes est plus considérable encore qu'elle ne le paraît, puisque la liste parlementaire renferme une assez forte proportion de noms qui sont répétés plusieurs fois. Des deux modes d'élection, celui du Conseil de Comté est donc de beaucoup le plus démocratique. Sans passionner les électeurs au même point que les élections parlementaires, où la proportion des votants a été de 84 p. 100 en 1910, les élections du Conseil de Comté attirent aux urnes à peu près un électeur sur deux (45 p. 100 en 1904, 55 p. 100 en 1907, 51 p. 100 en 1910). C'est beaucoup si l'on songe qu'aux élections des Gardiens des pauvres la moyenne en 1910 n'a été que de 21 votants sur 100 inscrits. Dans les circonscriptions ouvrières, la proportion des votants aux élections du *County Council* est d'ailleurs souvent très supérieure à la moyenne : à Woolwich elle était de 73 p. 100 en 1907 et de 70 p. 100 en 1910 [3].

On a coutume de dire en Angleterre que si trois Anglais se trouvaient réunis dans une île déserte, leur premier soin serait de se diviser en deux partis et de nommer un président avec voix prépondérante. Conformément à la tradition anglo-saxonne, deux partis municipaux se constituèrent à Londres, immédiatement après le vote de la loi de 1888 : le parti « progressiste » et le parti « mo-

---

1. *London Statistics*, t. XX (1909-1910), p. 22. La plupart sont des célibataires ou des veuves. Mais une femme mariée peut aussi voter dans certains cas.
2. *Qualification of Women (County and borough councils) Act, 1907.*
3. *London Statistics*, t. XX, p. 21, 23, 30.

déré » ; et, toujours suivant l'usage, chacun des deux partis s'appuya
sur une association fortement organisée, le parti progressiste sur
l' « Union pour la réforme de Londres » (*London Reform Union*) et
le parti modéré sur la « Société municipale de Londres » (*London
Municipal Society*). Cette dernière association a un caractère nettement politique ; elle fut fondée en 1894 « avec l'approbation des
chefs du parti unioniste », et son bureau a toujours été choisi parmi
les personnalités les plus éminentes de ce parti. Par suite de leur
alliance avec les conservateurs, les modérés ont eu à leur disposition dans leur lutte contre les progressistes les ressources de toute
nature que pouvait leur fournir la puissante « Union nationale des
associations conservatrices et constitutionnelles » qui veille sur les
destinées du parti conservateur. Entre libéraux et progressistes,
l'intimité n'a jamais été aussi complète : l' « Union pour la réforme
de Londres » se déclare même officiellement indépendante de toute
attache politique et, en fait, le « socialisme municipal » du parti
progressiste paraît avoir considérablement effrayé les libéraux qui
étaient restés fidèles aux théories orthodoxes du parti whig.

Certains points sont communs aux deux programmes. Les modérés comme les progressistes font profession de s'intéresser tout
spécialement au bien être des classes laborieuses et en particulier
à la question des habitations ouvrières. Le parti modéré n'a point
été hostile en principe à la construction de cités ouvrières par le
Conseil de Comté ; mais son idéal était de faire de l'ouvrier un propriétaire, au moins dans la banlieue, en lui facilitant l'achat de son
petit cottage. C'est à cet idéal que répondit une loi votée en 1899,
par laquelle les autorités municipales étaient autorisées à faire aux
ouvriers qui désiraient acquérir la propriété de leur maison des
avances qui pouvaient s'élever jusqu'à la somme de 400 livres sterling (10.000 francs). On sait que les espérances des auteurs de la
loi ont été complètement déçues : en dix ans, une trentaine de maisons seulement ont été achetées à Londres dans ces conditions [1].

Les deux partis sont également d'accord pour réclamer d'importantes modifications dans le système d'impôts, dont l'injustice
leur paraît flagrante. Les progressistes ont, comme nous le verrons,
un vaste plan de réformes qui aurait pour conséquence d'unifier en
grande partie les dépenses et les recettes des différents quartiers de
Londres et de supprimer les inégalités actuelles entre les quartiers
pauvres et les quartiers riches ; sans aller aussi loin, les modérés

1. *Report of the Council for the year 1909-1910*, p. 223 et suiv.

ont semblé à plusieurs reprises disposés à suivre les progressistes jusqu'à l'établissement de cette taxe tant discutée sur la valeur du terrain (*taxation of ground values*) qui atteindrait enfin les insaisissables propriétaires du sol londonien.

Mais sur deux questions essentielles, les principes des deux partis sont en opposition. Les progressistes sont pour une administration centralisée, dans laquelle les autorités locales n'auraient plus que des pouvoirs limités et seraient expressément subordonnées au conseil central. La Corporation de la Cité dont l'existence a toujours été le principal obstacle à la réalisation de ces desseins est depuis la fondation du Conseil de Comté l'objet continuel des attaques et des sarcasmes du parti progressiste, et la majorité progressiste accueillit fort mal la loi de 1899 [1] qui, non seulement ne touchait pas à la Cité, mais créait une seconde cité, celle de Westminster, et 27 « bourgs métropolitains » pourvus chacun d'un conseil municipal. On regarda la loi comme un moyen détourné pour diviser Londres, pour le ramener à l'état d'anarchie où il était au milieu du xixe siècle : au lieu d'être une ville, Londres ne serait plus qu'une association de villes indépendantes ; les conseils municipaux, revêtus d'un prestige et d'un pouvoir plus grands que les *vestries* disparues, mais animés du même esprit de clocher, opposeraient à l'activité du *County Council* leur invincible inertie. Les modérés au contraire s'étaient faits dès l'origine les champions de la décentralisation et avaient pris pour cri de ralliement le mot de M. Chamberlain : « Camberwell pour les gens de Camberwell ! » En tête du programme de la « Société municipale » figurait « l'achèvement de la réforme administrative de Londres par l'établissement de conseils de district ou de corporations municipales, munies de pouvoirs suffisants [2]. » La loi de 1899 fut donc acceptée par le parti comme la réalisation d'un de ses plus chers désirs.

Il n'est pas impossible qu'une partie de l'enthousiasme des modérés pour la défense des libertés locales soit venu de ce qu'ils n'avaient point la majorité au Conseil de Comté. L'opposition de principes entre modérés et progressistes se montre plus nettement dans la question des régies municipales qui n'a pas cessé d'être depuis la fondation du Conseil le principal terrain de combat des belligérants. Les progressistes sont pour la régie directe, les modérés pour le système des concessions. Ceux-ci accusent leurs adversaires d'être

1. Voir le discours du président du *County Council*, dans *Annual Report of proceedings for 1899-1900*, p XXII-XXIII.
2. *London Manual*, 1897-1898, p. 234-235.

atteints de mégalomanie et de vouloir faire du Conseil une sorte
d'Administration-Providence, distribuant dans Londres, au prix
coûtant, et parfois à perte, tous les biens de la terre. Ils se plaignent de la multiplication des employés du Conseil qui sont en
même temps les électeurs de ceux qui les ont nommés, et ils assurent que ces employés ont une fâcheuse tendance à ne point donner,
en échange du salaire très élevé qu'on leur accorde, une quantité
suffisante de travail : la comparaison entre le nombre de briques
posées dans une journée par un briqueteur au service du « département des travaux » du Conseil et par un briqueteur ordinaire a
joué un rôle important dans les discussions [1]. Ils s'élèvent enfin
contre ce qu'ils appellent les « industries subventionnées par les
impôts » qui font, suivant eux, une concurrence déloyale à l'industrie privée, et qui se soldent à l'occasion par un déficit : le fiasco
lamentable du service de bateaux que le Conseil avait établi sur la
Tamise est venu, il y a quelques années, leur fournir un argument
topique dont ils ont su tirer le meilleur parti.

Les progressistes de leur côté invoquent l'exemple des autres
villes anglaises qui ont municipalisé l'eau, le gaz, les tramways et
bien d'autres choses encore et qui exploitent ces services en régie
directe. Les unes se servent de leurs bénéfices pour diminuer d'autant le montant des contributions locales ; les autres préfèrent réduire leurs bénéfices au minimum indispensable et donnent, en
pratique, au prix coûtant ce qu'elles regardent comme des objets de
première nécessité. C'est vers cette solution qu'ont penché la plupart du temps les progressistes londoniens ; mais quelle que soit
la solution adoptée, la totalité des bénéfices revient dans un cas
comme dans l'autre à la communauté. Aucune part n'en est distraite pour aller rémunérer, sous la forme de gros dividendes, des
capitaux que la Ville peut se procurer à bien meilleur compte qu'une
compagnie privée. La Ville emprunte à des taux qui varient entre
2 1/2 et 3 1/2 p. 100 ; quelle est la société dont les actionnaires se
contenteraient d'un pareil dividende ? Il est difficile, d'autre part,
de surveiller les compagnies fermières et de les obliger à observer
strictement les conditions du contrat [2]. Un autre inconvénient des

1. Cf. Lord Avebury (Sir John Lubbock), *On municipal and national trading*,
p. 68. D'après les renseignements fournis à l'auteur, un ouvrier américain
poserait en moyenne 2 000 briques par jour, et un ouvrier du Conseil 300.
2. Le Conseil avait en 1897 donné à bail à une compagnie une partie des
tramways qu'il avait achetés dans Londres-Nord ; la compagnie devait verser
à la Ville, outre une redevance fixe, 12 p. 100 sur l'augmentation des recettes

compagnies fermières est qu'en dépit de toutes les clauses que l'on peut faire insérer dans le contrat, il est impossible d'être certain que les conditions dans lesquelles travaillent leurs employés sont exactement ce qu'elles devraient être. Dans la régie directe au contraire, rien de plus facile que de limiter à une durée raisonnable le nombre des heures de travail et de fixer à un taux raisonnable le montant du salaire, de manière à faire du Conseil ce qu'il doit être, un employeur modèle.

Jusqu'en 1907, la population de Londres a montré pour les idées progressistes une préférence marquée. En 1889, en 1892, en 1898, en 1901, en 1904, les élections donnèrent de fortes majorités progressistes [1] ; la seule exception est l'élection de 1895 dans laquelle les deux partis obtinrent un nombre égal de représentants. L'équilibre ne tarda pas d'ailleurs à être rompu en faveur des progressistes à la suite d'une élection partielle. Pendant toute cette période, les quartiers ouvriers de Londres élurent régulièrement des candidats progressistes. En 1895, l'opposition entre la ville des riches et la ville des pauvres est particulièrement frappante : l'East End et les quartiers ouvriers du centre n'ont guère nommé que des progressistes ; les quartiers aristocratiques de l'Ouest et les quartiers bourgeois du Sud sont presque exclusivement représentés par des modérés.

La continuité avec laquelle les Londoniens ont envoyé à Spring Gardens une majorité progressiste est d'autant plus remarquable qu'à la même époque ils envoyaient non moins régulièrement au Parlement une majorité de députés conservateurs [2]. Et, par une coïncidence extraordinaire, tandis qu'en 1906 la majorité conservatrice était remplacée dans le Parlement par une majorité libérale, les électeurs ont en 1907 remplacé dans le Conseil la majorité progressiste par une majorité modérée. Les libéraux sont restés depuis lors en possession de la représentation parlementaire et les modérés ont conservé la majorité à l'Hôtel de Ville. On dirait vraiment que les habitants de Londres ont pris plaisir à dérouter les

par rapport à l'année 1895. Ces 12 p. 100 étaient prélevés sur les recettes de l'ensemble du réseau exploité par la compagnie, et non pas seulement sur celles des tramways qui appartenaient à la ville de Londres ; mais la compagnie se tira fort élégamment d'affaire en vendant les unes après les autres les lignes qui lui appartenaient en dehors du comté, de sorte que la redevance payée par elle tomba dans l'espace de deux ans de 75.000 livres sterling à 59.000. Cf. *Report of the Council for 1901-1902*, p. 93. *Report for 1904-1905*, p. 133.

1. De 22 à 48 voix.

2. Majorité conservatrice de 13 voix en 1892, de 43 voix en 1895 et en 1900.

prévisions ou qu'ils ont tenu spécialement, pour des raisons de haute sagesse politique, à tempérer l'influence de l'Hôtel de Ville par celle du Parlement, et l'influence du Parlement par celle de l'Hôtel de Ville. Mais peut-être aurions-nous tort de prêter à la masse des votants des combinaisons aussi profondes. Il y a, nous l'avons vu, dans la composition des deux corps électoraux, des différences fort importantes qui pourraient, dans une certaine mesure, expliquer pourquoi les réactions politiques ne s'y produisent point de la même façon. Il ne faut pas oublier non plus que libéral ne veut pas dire progressiste et que modéré n'est pas absolument synonyme de conservateur. Pendant toute la période qui va de 1889 à 1907, il est hors de doute que bon nombre d'électeurs qui votaient consciencieusement pour le candidat conservateur votaient non moins consciencieusement pour les candidats progressistes. Entre conservateurs et libéraux, la différence de principes — la question irlandaise mise à part — était alors à peine sensible, et les conservateurs avaient pour eux le prestige des noms et des titres et la puissance des sentiments impérialistes qu'ils avaient déchaînés. Ils ne manquaient pas non plus de faire remarquer que, si un parti pouvait se vanter d'avoir fait quelque chose pour améliorer le sort des classes laborieuses, c'était le parti conservateur, à qui l'Angleterre était redevable de la plupart de ses lois sanitaires et sociales. Dans les élections municipales, au contraire les modérés ne promettaient pas grand chose, sauf une problématique diminution d'impôts, tandis que les progressistes se présentaient aux électeurs avec un programme de réformes très complet, comportant la destruction des grands « monopoles » et l'exploitation des services publics par la communauté, au profit de la communauté. Comment les masses ouvrières de Londres auraient-elles hésité entre les deux partis ?

Quant au revirement de 1907, il s'explique sans doute en grande partie par le mécontentement qu'avait provoqué l'augmentation rapide et continue des contributions communales. A vrai dire, le Conseil n'était responsable que dans une faible mesure de cette progression qui avait pour cause principale les dépenses engagées par le Bureau des écoles pour organiser à Londres l'instruction primaire [1] ; mais les modérés trouvèrent l'occasion trop belle pour

1 Les *rates* perçues par les autorités centrales de Londres avaient passé de 21 pence 43 centièmes en 1889-1890 à 36 pence en 1906-1907, par livre sterling de valeur locative imposable. L'augmentation de 14 pence 57 centièmes se décompose ainsi : 4 pence 47 centièmes pour le Conseil de Comté et 10 pence 10 centièmes pour le service de l'instruction primaire. Cf. *Report of the Council for 1909-1910*, p. 415.

la laisser passer. Avec cette mauvaise foi qui est de règle dans les luttes politiques, ils accablèrent leurs adversaires sous des chiffres qui se prêtaient malaisément à la réfutation Ils démontraient que Londres marchait à grands pas vers la banqueroute : la dette n'avait-elle pas atteint, à la fin de mars 1906, le total prodigieux de 2 milliards 748 millions ? Les électeurs stupéfaits de l'énormité du chiffre, qu'ils n'avaient pas le loisir d'analyser, concluaient sans plus tarder que le parti progressiste, sous couleur de socialisme municipal, avait dilapidé les finances publiques. Pour comble de malheur, c'est à ce moment que devint patente la déconfiture d'une de ces entreprises de socialisme municipal que les progressistes avaient inaugurées à grand fracas : le service des bateaux à vapeur sur la Tamise. Les modérés surent tirer de cette leçon de choses tout le parti qu'elle comportait. Les bateaux vides qui circulaient sur le fleuve devinrent le symbole de la gabegie progressiste. Voilà dans quelles entreprises passait l'argent des Londoniens ! Pour rendre cette idée plus sensible aux yeux de la foule, on promenait dans les rues pendant la campagne électorale un mannequin qui représentait le parti progressiste sous la forme d'un géant bouffi de graisse, étouffant sous sa main puissante le « pauvre contribuable ». — « C'est votre argent qu'il nous faut ! » hurlait un démagogue à côté de lui. Le peuple de Londres comprit l'allégorie : il élut au Conseil 37 progressistes et 79 modérés.

De tout ce qui précède, il ressort que depuis la fondation du Conseil le parti modéré n'a joui du pouvoir que pendant un temps assez court et que son action sur la marche des affaires a été nécessairement limitée. De 1895 à 1898, il a possédé quelque influence, et il en a profité pour faire approuver par le Conseil la location des tramways du Nord à une compagnie privée ; l'essai n'a pas été très heureux et le Conseil a d'ailleurs repris possession de ses tramways un peu plus tard. En 1907, les modérés furent élus sur un programme d'économies ; ils s'intitulaient eux-mêmes le parti de la « réforme municipale ». On aurait pu croire, à les entendre, qu'ils allaient prendre le contre-pied de ce qu'on avait fait jusque-là. Il n'en a rien été : ils ont en somme joué le même air que les progressistes, en baissant d'un ton. La principale victime a été le fameux « département des travaux » dont nous avons parlé et sur lequel les opinions sont très partagées ; il a disparu en 1908. On a vendu les malencontreux bateaux, mais il n'a pas été question d'abandonner la régie directe des tramways, et le Conseil a même acheté quelques nouvelles lignes. Il n'a pas été question d'aliéner les habitations ouvrières construites par le Conseil depuis 1889 ; on a continué d'en construire. On avait songé, pour diminuer d'autant les intérêts de la dette, à vendre une partie des terrains que le Conseil possède dans la banlieue ; la majorité modérée fit, en 1909, une demande dans ce sens au ministère de l'administration locale, en donnant comme raison que la crise des logements avait bien diminué d'acuité depuis l'époque où l'on avait acheté ces terrains. Le ministère refusa l'autorisation et le Conseil paraît en avoir pris fort aisément son parti [1]. A l'occasion du vote de la loi sur les retraites ouvrières, les modérés firent une petite manifestation très platonique en faveur de la décentralisation ; ils demandèrent que la commission chargée d'exécuter la loi, au lieu d'être nommée par le Conseil de Comté, fût nommée par la Corporation de la Cité et par les conseils de bourg. L'amendement ne fut pas accepté par le ministère, et cette fois aussi le Conseil se résigna [2]. Les Londoniens ont-ils au moins eu la consolation de constater, en recevant leurs feuilles d'impositions, que sur ce point la pratique des modérés différait essentiellement de celle des progressistes ? Hélas non. Le montant des contributions communales payées au Conseil de Comté était de 36 pence par livre sterling en 1906-1907 ; sous le nouveau Conseil, en 1907-1908, il descendit d'un penny, mais il était remonté à 36 pence dès l'année suivante, et, en 1909-1910, il dépassa tout ce qu'on avait vu jusque-là, avec 36 pence 75 centièmes [3].

Le rôle du parti modéré a donc été surtout négatif. Dans l'opposition, les modérés ont servi de lest aux progressistes ; au pouvoir, ils ont continué de suivre, avec une vitesse ralentie, le sillon qu'avait tracé l'autre parti. Même après que les progressistes n'ont plus été que 37 contre 79, la politique progressiste a dominé le Conseil et l'on peut dire en résumé que l'histoire du Conseil se confond presque entièrement avec celle des idées progressistes.

L'œuvre du *London County Council* est très importante et très complexe. Le Conseil a voulu faire une ville de ce qui n'était jusque-là qu'une agglomération inorganique ; il a créé le patriotisme londonien, qui n'existait guère avant lui. Il ne pouvait, d'un coup de baguette magique, transformer en une ville de beauté le morne désert de briques qui formait son royaume ; mais il s'est donné beaucoup de peine pour empêcher les enlaidissements projetés par

1. *Report of the Council for 1909-1910*, p. 41-42.
2. *Report of the Council for 1908-1909*, p. 263.
3. *Report of the Council for 1909-1910*, p. 415. — Le chiffre annoncé pour 1913-1914 est de 40 pence, dont 23 pence pour l'instruction.

les spéculateurs et il y a quelquefois réussi. Il a conservé quelques
vieilles maisons qui allaient disparaître. Il a sauvé la rive de la Tamise en amont de Westminster et multiplié, autant qu'il l'a pu,
les parcs et les jardins ; il a même essayé de planter quelques arbres, à l'instar de Paris, dans les rares avenues dont la largeur le
permettait. Surtout, il a voulu mettre un peu plus de justice dans
les relations entre les hommes S'il ne s'est pas proposé, comme
l'ont dit ses adversaires, de jouer aux yeux du peuple le rôle d'une
« Providence terrestre » qui viendrait « abolir les misères des pauvres gens, détruire les *slums*, procurer de l'eau en abondance, remplacer par l'électricité le triste gaz des compagnies,élever les salaires,
bref, répandre sur tous la corne enchantée de l'abondance [1] », il ne
s'est désintéressé d'aucun des projets qui lui ont paru tendre à l'amélioration du sort des classes inférieures. Souvent même, il a été, en
cette matière, un précurseur, et ses tentatives ont semblé révolutionnaires. On s'y est fait ; en dépit des pronostics les plus sinistres,
en dépit des articles du *Times* contre le socialisme municipal et des
enquêtes de commissions royales sur les industries municipales [2],
aucun cataclysme ne s'est produit. Les choses se sont même passées
si naturellement que les Londoniens ont fini par les trouver toutes
naturelles. Peut-être est-ce au fond la raison pour laquelle, en 1907,
les électeurs n'ont plus été capables de voir dans l'administration
progressiste autre chose que ses inconvénients ; la tâche était à peu
près terminée et l'on sait que la reconnaissance n'est pas la vertu
principale des démocraties.

Dans son petit livre *Le programme de Londres*, qui parut en 1891,
et qu'on pourrait presque regarder comme le manifeste officiel du
parti progressiste, à ses débuts, M. Sidney Webb résumait ainsi
l'œuvre qu'il s'agissait d'entreprendre : Les habitants de Londres,
disait-il [3], « doivent arracher aux possesseurs de monopoles qui
profitent actuellement de leur faiblesse pour s'enrichir à leurs
dépens, le service des eaux et le service du gaz, les marchés et le
fleuve qui sont à eux. Ils doivent faire rendre gorge aux administrateurs négligents ou malhonnêtes, qui ont dilapidé les biens dont
nos ancêtres avaient doté la Ville. Ils doivent défendre contre leurs
soi-disant Gardiens les pauvres leurs frères. Il leur faut enfin
rentrer en possession du sol même sur lequel est bâtie leur ville,
sol dont la valeur est augmentée chaque jour par leur travail... ».

1. Vermant, *Les régies municipales en Angleterre*, p. 258.
2. Voir plus loin, p. 691.
3. *The London Programme*, p. 8.

Le programme que contiennent ces lignes était signé du nom d'un socialiste ; mais bien que le parti progressiste n'ait jamais compté dans ses rangs une majorité de socialistes déclarés, il est hors de doute que « le programme de Londres » représente très exactement les vues de la majorité du parti.

La lutte contre les « administrateurs négligents ou malhonnêtes » qui ont dilapidé les richesses de Londres, c'est-à-dire, pour parler plus clairement, contre la Corporation de la Cité et les Compagnies à livrée, est celle où la politique du Conseil de Comté a subi l'échec le plus sérieux. La Corporation, dont on prédisait la ruine dès 1835, est toujours vivante, et les Compagnies à livrée continuent de banqueter comme par le passé. La substitution des conseils de bourg aux anciens conseils de paroisse et de district, en 1899, a même eu pour conséquence de rendre à la vieille Corporation un peu de jeunesse et de vitalité. Le parti modéré, hostile à la centralisation, a en effet généralement dominé dans les nouvelles assemblées. La délimitation des circonscriptions électorales paraît avoir été peu favorable aux progressistes ; lors même qu'ils sont arrivés, comme en 1903, à faire élire dans l'ensemble de Londres plus de conseillers progressistes que de conseillers modérés, ils n'ont pu parvenir à s'emparer du pouvoir dans la majorité des conseils municipaux[1]. Sous l'influence des modérés, ces conseils ne se sont pas contentés d'imiter la Corporation dans quelques usages vieillots qui ne font de mal à personne et qui ont parfois le mérite du pittoresque ; on peut leur pardonner de faire porter à leurs maires des chaînes d'or et des costumes extraordinaires, et l'on ne saurait tenir rigueur au conseil de la Cité de Westminster de ce qu'il a mis ses armoiries jusque dans les cabinets d'aisance. Mais les progressistes du Conseil de Comté leur reprochent de s'être faits en même temps les défenseurs de la politique rétrograde de la Cité de Londres, d'avoir lié partie avec la Corporation et de combattre avec elle contre les intérêts communs qui sont représentés par le Conseil central. L'accusation est sans doute exagérée ; on peut dire néanmoins que dans

1. A la première élection (1900), les modérés obtinrent 794 sièges, les progressistes 443 et les indépendants et travaillistes 96. Les modérés avaient une majorité bien marquée dans 18 bourgs et les progressistes dans 5. En 1903, les modérés eurent 584 sièges, les progressistes 620, les indépendants et travaillistes 148 ; les modérés avaient la majorité dans 11 bourgs et les progressistes dans 9. L'élection de 1906 fut une débâcle pour les progressistes qui n'eurent que 270 conseillers contre 945 modérés et 137 indépendants et travaillistes. Ils ne conservèrent la majorité que dans 2 bourgs, tandis que les modérés l'avaient dans 23. Cf. *London Manual*, 1908, p. 247.

ses luttes contre le *County Council*, la Corporation a généralement trouvé la majorité des bourgs à côté d'elle et que sa position est beaucoup plus forte depuis la réforme de 1899 qu'elle ne l'était auparavant. Elle a pu conserver ses domaines et ses privilèges ; elle continue de gérer ses affaires comme il lui convient, à peu près sans contrôle ; et il ne manque pas de gens pour assurer que, profitant de son indépendance, elle évite de contribuer pour une part équitable aux dépenses générales de la Ville.

La lutte contre les grands « monopoles » a mieux réussi que la campagne contre la Corporation. Parmi les monopoles auxquels M. Sidney Webb déclarait la guerre en 1891 figuraient au premier rang celui des compagnies du gaz et celui des compagnies des eaux. L'auteur du « programme de Londres » faisait remarquer que 150 villes du Royaume-Uni avaient municipalisé le gaz et que la plupart d'entre elles avaient pu, soit en abaisser le prix, soit faire servir les bénéfices à la diminution des contributions locales ; on pouvait, suivant lui, compter à Londres sur un bénéfice de 6 millions qui viendrait tout à fait à point pour servir à la construction des cités ouvrières projetées par le Conseil [1]. Malgré ces promesses alléchantes, le Conseil de Comté n'a pas sérieusement essayé de s'emparer du gaz. A-t-il eu peur d'engager la lutte contre les trois énormes compagnies qui desservent Londres, compagnies dont la plus importante (*Gas Light and Coke*) a un capital versé de 686 millions, la seconde (*South Metropolitan*) de 208 millions, et la troisième (*Commercial Company*) de 65 millions ? [2] Il est plus vraisemblable qu'il a craint de ne pas être soutenu bien vigoureusement par l'opinion publique. On n'est point mécontent à Londres de la façon dont les compagnies du gaz s'acquittent de leurs obligations. Le système de l'échelle mobile dont nous avons dit quelques mots précédemment a, dans l'ensemble, fonctionné à la satisfaction générale. On sait en quoi consiste le système : le dividende que les compagnies sont autorisées à distribuer augmente à mesure que le prix du gaz s'abaisse au-dessous d'un certain prix, fixé par l'Etat et considéré comme normal (*standard price*) ; inversement, si le gaz est vendu au-dessus du prix normal, le dividende diminue. Ainsi pour prendre un exemple, le prix normal de la compagnie *South Metropolitan* est

---

1. *The London Programme*, p. 45 et suiv.
2. Y compris les primes obtenues lors des émissions, faites au-dessus du pair. En réalité, ce capital n'a pas été véritablement versé. Des conversions faites par les compagnies ont à peu près doublé le capital nominal et réduit le taux de l'intérêt dans la même proportion.

3 sh. 1 penny par mille pieds cubes (0 fr. 134 le mètre cube) ; le dividende normal est 4 p. 100. Par chaque penny de diminution, à partir de 3 sh. 1 penny, la compagnie acquiert le droit de donner un dividende de 0, 13 p. 100 plus élevé et par chaque penny d'augmentation à partir du même chiffre, le dividende diminue de 0, 13 p. 100. La compagnie a donc le plus grand intérêt à tenir son prix aussi bas que possible, de manière à pouvoir donner un dividende aussi élevé que possible. Pendant l'année 1909, la *South Metropolitan* a vendu le gaz non pas 3 sh. 1 penny, mais 2 sh. 2 pence et demi les mille pieds cubes (0 fr. 094 le mètre cube) ; la diminution de 10 pence et demi par rapport au prix normal lui a permis de distribuer un dividende de 5,40 p. 100 au lieu de 4 [1]. Les deux autres compagnies sont également restées au-dessous du prix normal ; nulle part le prix du gaz n'a dépassé 12 centimes le mètre cube, tandis que Berlin paie son gaz 15 centimes et demi et Paris 20 centimes. On comprend aisément que dans ces conditions les Londoniens aient hésité devant une municipalisation dont les résultats sont loin d'être certains. Le Conseil s'est contenté de veiller à la bonne qualité du gaz et d'intervenir à l'occasion pour obtenir un abaissement du « prix normal », ce qui, par l'effet du système de l'échelle mobile, amène presque nécessairement les compagnies à diminuer leur prix de vente.

Il ne faut pas oublier d'ailleurs que ce n'est pas le Conseil de Comté qui est chargé de l'éclairage de Londres, mais bien les conseils de bourg, dont chacun est entièrement libre d'employer le mode d'éclairage qui lui convient. Comme la production du gaz, la production de l'électricité échappe à l'autorité du *County Council*. Treize compagnies ont des canalisations électriques dans Londres et quinze conseils de bourg ont construit des usines qui fournissent le courant aux habitants du bourg et, dans certains cas, à ceux des bourgs voisins. Chaque compagnie et chaque conseil a son domaine, délimité par l' « ordonnance provisoire » du ministère du commerce qui l'a autorisé : sauf des cas exceptionnels, il n'y a donc pas de concurrence possible. Le principe qui a guidé les présidents du *Board of Trade* pour la délivrance des « ordonnances provisoires » est celui-ci : lorsque l'autorité locale — le conseil de bourg — a réclamé une ordonnance, on lui a donné la préférence sur les compagnies ; mais lorsque l'autorité locale n'a pas demandé l'autorisation de fournir elle-même son électricité et qu'une compagnie s'est présentée, l'or-

1. *London Statistics*, t. XX, p. 427.

donnance a été délivrée à la compagnie. Rien de plus juste, semble-t-il, que ce principe ; dans la pratique il a abouti à un résultat qu'il n'était pas impossible de prévoir : les compagnies se sont emparées de la région commerçante qui a la Cité pour centre, des quartiers riches du West End et des quartiers bourgeois du Sud, c'est-à-dire de toute la partie de Londres où l'on pouvait espérer de gros bénéfices ; dans les quartiers ouvriers de l'East End et de Londres-Sud, les autorités locales se sont tirées d'affaire comme elles ont pu [1]. Le domaine des compagnies est un peu moins étendu et un peu moins peuplé que celui qui est exploité par les conseils municipaux ; mais la valeur imposable des propriétés y était, en 1906, de 696 millions et de 417 millions seulement dans celui des autorités locales [2]. Cette différence de richesse qui se traduit par une différence de consommation [3] suffirait à expliquer l'état assez précaire dans lequel se trouvent un certain nombre d'entreprises municipales [4]. Les conseils comprennent du reste leur rôle d'une tout autre façon que les compagnies ; ils sont moins préoccupés de faire des bénéfices que de fournir le courant à un prix abordable pour leurs administrés. Aussi leurs tarifs sont-ils en général sensiblement inférieurs à ceux des compagnies [5].

L'état dans lequel se trouve le service de l'électricité n'a pas laissé le Conseil de Comté indifférent. Suivant l'usage, les compagnies n'ont pas de redevance à verser à la Ville et la Ville n'a pas le droit de fixer un prix maximum. Chaque compagnie a son tarif, chaque conseil de bourg a son tarif. A Hampstead, où l'usine appartient au conseil municipal, on fait payer l'électricité à peu près le double du prix que demande le conseil municipal de Poplar ; la compagnie *Notting Hill*, dans le West End, vend l'unité trois fois plus cher, en chiffres ronds, que les bourgs de Poplar et de Stepney et deux fois plus cher que certaines autres compagnies. Les installations municipales, faites très économiquement au début [6], sont devenues

1. Voici la carte dans *London Manual*, 1908, p. 154. Parmi les quartiers riches, Hampstead et Marylebone seuls ont des usines municipales.

2. *London Statistics*, t. XX, p. 433.

3. En 1908-1909 les compagnies ont vendu 133 millions de kilowatts-heure et les conseils 67 millions (*London Statistics*, t. XX, p. 435).

4. Le bilan des usines municipales depuis l'origine jusqu'au 31 mai 1909 montre dans 10 cas un bénéfice (au total 2 607.000 fr.). Les 5 autres bourgs sont en déficit (au total 3.347.000 fr.). Cf. *London Statistics*, t. XX, p. 447.

5. Cf. *London Statistics*, t. XX, p. 452.

6. Dans 5 bourgs, on produit une partie de la vapeur nécessaire en brûlant les ordures ménagères.

insuffisantes; il en est souvent de même de celles des compagnies, et, en tout cas, l'existence de 28 entreprises différentes, produisant chacune son électricité et opérant dans son petit domaine, ne peut qu'augmenter dans des proportions considérables le total des frais généraux. Il est certain que deux ou trois grandes usines, organisées scientifiquement, pourraient fournir l'électricité à bien meilleur compte que les multiples établissements des bourgs et des compagnies.

Toutes ces raisons amenèrent le Conseil de Comté à présenter en 1906 un projet de loi d'apparence assez modeste, mais qui, en réalité, tendait à municipaliser la production de l'énergie électrique à Londres. Le Conseil, qui achevait de construire à Greenwich une immense usine, destinée à produire le courant pour la traction des tramways, demandait l'autorisation de faire un emprunt pour commencer la construction d'une seconde usine plus importante encore, à Battersea. Cette usine avait pour objet de fournir l'électricité en gros aux compagnies et aux conseils de bourg dont les installations se trouveraient insuffisantes. D'autre part, le droit de racheter les compagnies à l'expiration de leur concession [1], qui avait été donné aux conseils de bourg, serait transféré au *County Council*.

La destinée de ce projet fut extrêmement singulière. Les compagnies, qui avaient formé une sorte de *trust*, le combattirent avec la dernière énergie, si bien que la commission spéciale de la Chambre des Communes, tout en approuvant le principe du bill, conclut finalement au rejet. Le Conseil résolut alors de présenter en 1907 un nouveau projet qui donnerait satisfaction aux exigences de la commission spéciale, et ce projet fut effectivement déposé en temps voulu. Mais alors survinrent les élections de mars 1907 qui changèrent la majorité du Conseil. Conformément à leurs principes, les modérés firent savoir que si les Chambres leur accordaient l'autorisation de fournir en gros l'énergie électrique, ils comptaient rétrocéder leurs droits à une compagnie fermière, et la majorité libérale de la Chambre des Communes refusa de voter le projet ainsi transformé. La municipalisation paraît donc renvoyée à une époque lointaine. Cependant, une loi votée en 1908 a modifié les conditions du rachat des compagnies, fixé pour dix d'entre elles la date possible du rachat à l'année 1931 et transféré le droit de rachat des conseils de bourg au Conseil de Comté [2].

1. Cette période était fixée dans la plupart des cas à 42 ans.
2. *London Electric Supply Act*, 1908. — *Report of the Council, 1909-1910.* Cf. Cadoux, *La vie des grandes capitales*, p. 89 et suiv.

Le cas des compagnies des eaux était très différent de celui des compagnies du gaz et des compagnies d'électricité. Celles-ci ne font point participer la Ville à leurs bénéfices, mais elles donnent le gaz à bon marché et vendent l'électricité moins cher qu'à Paris. L'état du service des eaux à l'époque où le Conseil de Comté a pris la place du Bureau des travaux pouvait au contraire se résumer ainsi : quantité insuffisante dans certains quartiers, au moins pendant l'été, — qualité médiocre, — prix exorbitants.

La région la plus mal desservie était naturellement l'East End. La compagnie *East London* prenait son eau dans la haute vallée de la Lea et comme cette petite rivière a un débit très faible en été, les « disettes d'eau » avaient fini par devenir dans l'East End un phéno-mène périodique. Une année sur deux, en moyenne, on voyait réap-paraître les mêmes « avis » de la compagnie, prévenant les consom-mateurs que, vu la sécheresse de la saison, il ne serait pas possible de leur donner de l'eau pendant plus de quatre à cinq heures par jour. Les « meetings d'indignation » recommençaient et l'on ren-contrait de nouveau dans les rues les charrettes municipales, en train de distribuer aux habitants les ustensiles qui leur permettaient de mettre en réserve le précieux liquide. Durant tout ce temps, la compagnie continuait d'exiger du public le paiement intégral de la taxe des eaux qui, comme nous le verrons, était indépendante de la quantité d'eau fournie aux consommateurs.

La plus grande partie de l'eau livrée à la consommation par les compagnies — les quatre cinquièmes environ — était de l'eau de rivière, prise dans la Lea et surtout dans la Tamise supérieure. « Ces eaux, dit un fonctionnaire de la préfecture de la Seine, sont assez ana-logues, quoique un peu inférieures, à celles de la Seine et de la Marne [1] .» Le plus grand éloge que l'on puisse en faire est que, telles qu'elles sont fournies au public, c'est-à-dire après filtration, elles ne paraissent pas être dangereuses pour la santé. Du moins, les épi-démies de fièvre typhoïde ont été rares à Londres dans les dernières années du XIXe siècle ; mais, comme le fait remarquer M. Cadoux dans l'étude que nous venons de citer, les Londoniens boivent très peu d'eau, sauf sous la forme d'eau bouillie dans le thé, et d'eau stérilisée dans la bière.

Aux yeux du public londonien, l'eau des compagnies avait un dé-faut plus grave que tout le reste, celui de coûter trop cher. Nous avons dit qu'à Londres la somme due par le consommateur n'était

1. Cadoux, *La vie des grandes capitales*, p. 8.

Pasquet 42

pas calculée d'après la quantité d'eau consommée ; quelle que fût cette quantité, on payait la taxe principale d'après la valeur locative de la maison, exactement comme un impôt. A la taxe principale venaient alors s'ajouter des taxes accessoires, établies d'après la hauteur de la maison, le nombre des water-closets et des salles de bain, etc. Chacune des huit compagnies qui se partageaient Londres avait un tarif différent non seulement pour les taxes accessoires, mais pour la taxe principale : dans le domaine de la *New River*, une maison d'une valeur locative de 625 francs payait 25 francs par an ; dans celui de la compagnie *East London*, 31 fr. 25 ; dans celui de la *Kent Company*, 35 francs et dans celui de la *Lambeth Company*, 43 fr. 75. Dans six compagnies, le tarif de base variait suivant l'importance de la maison et *en raison inverse* du montant du loyer ; la compagnie de Lambeth, qui nous fournit l'exemple le plus complet de cet impôt progressif à rebours, faisait payer 5 p. 100 lorsque le loyer dépassait 2.500 francs, 5 1/2 entre 2.000 et 2.500 francs, 6 entre 1.500 et 2.000 francs, 6 1/2 entre 1.000 et 1.500 francs, 7 entre 500 et 1.000 francs, 7 1/2 à 500 francs et au-dessous [1]. On comprend aisément qu'avec des tarifs qui vont de 3 p. 100 au minimum (*New River Co*.) à 7 1/2 au maximum (*Lambeth Co.*), il est difficile d'établir une moyenne pour l'ensemble de Londres : 5 p. 100 de la valeur locative paraît avoir été le taux le plus commun. Ce taux est très supérieur à celui de Paris.

En faisant dépendre la taxe des eaux de la valeur locative des immeubles, le gouvernement anglais avait livré sans défense aux compagnies des eaux la ville de Londres et ses habitants. Un pareil système se justifie peut-être si la perception de la taxe est entre les mains des pouvoirs publics ; ceux-ci considèrent alors l'eau comme un objet de première nécessité et la taxe des eaux comme analogue à l'impôt perçu pour l'éclairage de la Ville ou le nettoyage des rues, c'est-à-dire comme une charge commune à laquelle chacun doit contribuer suivant ses moyens. Mais il ne peut en être de même d'une compagnie dont le seul but est de donner le plus haut dividende possible et ce régime ne pouvait avoir dans le cas présent que les conséquences les plus désastreuses pour la communauté.

La valeur locative imposable des immeubles de Londres et de la région voisine est allée sans cesse en augmentant pendant le cours du XIXe siècle. Cette augmentation a été beaucoup plus rapide que celle de la population, ce qui revient à dire que les revenus des com-

1. Les chiffres sont ceux de 1898 (*London Manual*, 1897-1898, p. 28-29).

pagnies s'accroissaient plus vite que leurs dépenses Les documents réunis par le Conseil de Comté ne laissent aucun doute sur ce point. De 1811 à 1891, la valeur locative des immeubles situés dans le domaine des compagnies augmenta de 435 p. 100, tandis que la population à desservir n'augmentait que de 268 p. 100 [1]. Pendant la période 1871-1901, l'augmentation de valeur locative, pour le comté de Londres, fut de 98 p. 100 et l'augmentation de population de 29 p. 100 seulement ; au commencement de la période, les compagnies percevaient leur tant pour cent sur 499 millions ; à la fin sur 991 millions [2]. A chaque nouvelle révision du tableau des valeurs imposables, c'est-à-dire tous les cinq ans, le revenu des compagnies s'accroissait donc automatiquement, que la consommation eût augmenté ou non. Sans avoir apporté aucun changement dans sa maison et sans avoir pris un litre d'eau de plus que de coutume, mais par le seul fait que le terrain où était bâtie sa maison avait augmenté de valeur, comme tous les terrains de Londres, le propriétaire ou locataire d'un immeuble voyait sa note faire un bond prodigieux tous les cinq ans. On cite le cas d'un groupe de maisons de Chelsea qui, de 1851 à 1894, n'avaient subi aucun remaniement ; l'augmentation naturelle de la valeur des immeubles à Londres avait seule contribué à porter leur valeur locative de 7.162 fr. 50 en 1851 à 18.139 fr. 35 en 1894. Or, en vertu de ses prérogatives, la *Chelsea Company* percevait en 1894 une somme de 725 fr. 60 au lieu des 286 fr. 50 dont elle se contentait en 1851 [3].

On ne s'étonnera pas que les compagnies des eaux aient fait d'excellentes affaires. La loi avait fixé pour toutes les compagnies, à l'exception de la *New River*, un dividende maximum qui était dans certains cas de 7 à 7 1/2 et en général de 10 p. 100 ; mais les compagnies étaient autorisées à distribuer des dividendes supplémentaires pour compenser les années où le dividende n'avait pas atteint le maximum. Dans les dernières années du XIXe siècle, quatre compagnies sur huit donnaient le dividende maximum et la *New River* qui n'avait pas de maximum donnait de 12 à 13 p. 100. Trois compagnies distribuaient des dividendes supplémentaires. Une quatrième avait distribué tous ceux auxquels elle avait droit. Quant aux trois compagnies qui n'atteignaient pas le maximum,

1. *London Statistics*, t. IX (1898-1899), p. 108.
2. *London Statistics*, t. XX (1909-1910), p. 544.
3. *London Statistics*, t. IX, p. LVIII et 110. Le tarif de la compagnie était 4 p. 100.

leur dividende variait entre 5 et 8 pour 100 [1]. En 1896, le dividende distribué par les huit compagnies s'élevait à la somme colossale de 29.165.000 francs.

La valeur nominale du capital, actions et obligations, ainsi rémunéré était de 401 millions 183.000 francs, dont 255.712.000 francs pour le capital actions et 146.471.000 francs pour le capital obligations. Dans le revenu total, la part des obligataires était de 5.947.000 francs et celle des actionnaires de 23.218.000 francs. Les actions recevaient donc en moyenne un intérêt de plus de 9 p. 100. Le taux de ce revenu et la perspective de bénéfices plus considérables encore dans l'avenir expliquent la progression continue de ces actions au Stock Exchange. Elles avaient triplé de valeur : les 255.712.000 francs d'actions valaient au cours de la Bourse 772.078.000 francs. L'ensemble du capital, actions et obligations, avait, d'après la cote moyenne de l'année 1896, une valeur de 990 millions 383.000 francs [2].

C'est à ce chiffre d'un milliard, et non point aux 401 millions qui représentaient le capital réellement versé, que les compagnies, lorsqu'on parlait de les racheter, estimaient la valeur de leurs entreprises. Leurs prétentions s'accroissaient naturellement d'année en année, puisque leurs revenus, et par suite le cours de leurs actions, allaient sans cesse en augmentant. Comme le Bureau des travaux l'avait appris à ses dépens, en 1878 [3], elles disposaient dans le Parlement d'une influence qui n'était pas négligeable ; elles le prouvèrent de nouveau deux ans plus tard, lorsque le ministère conservateur présidé par Lord Beaconsfield présenta le premier projet de rachat. On ne s'était pas contenté dans ce projet d'indemniser très largement les compagnies en prenant pour base leurs revenus actuels ; on poussait la sollicitude envers les actionnaires jusqu'à les indemniser de la perte de leurs bénéfices futurs. A intervalles réglés, pendant douze ans, de nouvelles obligations devaient être émises par l'administration des eaux et distribuées aux actionnaires pour faire en sorte que leurs revenus et leur capital ne fussent pas inférieurs à ce qu'ils auraient été sans le rachat. Il n'est pas étonnant qu'une assemblée aussi peu révolutionnaire que le

1. Les comptes des compagnies pour la période 1852-1894 ont été publiés dans *London Statistics*, t. V (1895-1896), p. 1-96. Ils sont résumés dans le même volume, p. LVIII et suiv.

2. Chiffres empruntés à l'étude qui a paru dans *London Statistics*, t. IX. Voir surtout p. 148.

3. Voir plus haut, p. 629.

Bureau des travaux ait qualifié ce projet d' « extravagant », et que le gouvernement ait été forcé de l'abandonner sous la pression de l'opinion publique [1].

La question sommeilla jusqu'à l'entrée en scène du Conseil de Comté [2]. A vrai dire, celui-ci n'avait pas, au début, plus de pouvoir en cette matière que n'en avait eu le Bureau des travaux. Dans son discours présidentiel, prononcé à la fin de la première année d'existence du *County Council* (avril 1890), Lord Rosebery faisait remarquer que le Conseil n'avait même pas le droit de dépenser une somme quelconque à faire une enquête sur la question des eaux [3]. Ce droit lui fut accordé dans le courant de l'année 1890 ; mais les compagnies refusèrent de se prêter à une enquête, et cinq d'entre elles ne voulurent pas autoriser les représentants du Conseil à visiter leurs établissements [4]. Bien que le président du Conseil de Comté fût alors un adversaire de la municipalisation, Sir John Lubbock, le Conseil avait une mauvaise presse parmi les actionnaires des compagnies. Un des chefs du parti progressiste, M. Sidney Webb, ne prétendait-il pas que l'on devait racheter les compagnies, non pas en se fondant sur la cote de leurs actions à la Bourse, mais en prenant pour base une estimation équitable, faite par experts, de leurs établissements, réservoirs, filtres, conduites, etc. [5] ? Les progressistes insinuaient en outre qu'une notable partie du capital des compagnies était du « capital mort » employé dans les temps anciens à faire des travaux dont rien ne subsistait plus à l'heure présente. Dans une entreprise bien organisée, ce capital aurait dû être amorti régulièrement. Parce que les compagnies n'avaient jamais songé à créer des caisses d'amortissement, la Ville de Londres ne pouvait tout de même pas payer au poids de l'or les conduites de bois et de plomb qui

1. *Report of the Metropolitan Board of Works for 1880*, p. 72 et suiv. Le projet est exposé en détail dans Richards and Payne, *London Water Supply* (2ᵉ édition), p. 96-111. Cf. *London Statistics*, t. IX (1898-1899), p. LXIII et 141-146, où l'on montre que si le projet avait été voté, les habitants de Londres auraient payé, de 1880 à 1896, aux actionnaires des compagnies sous forme d'intérêts environ 50 millions de plus qu'ils n'ont payé en réalité sous forme de taxe des eaux.
2. La politique suivie par le Conseil de Comté est exposée dans *Water Supply : Report of the action of the Council with regard to the water supply of London* (L.C.C. 882). Elle est résumée dans *Report of the Council, for 1900-1901*, p. 177 et suiv.
3. *A review of the first year's work of the Council*, 1890, p. 31.
4. *Annual Report of the proceedings of the Council, 1890-1891*, p. 83.
5. *The London Programme* (1881), p. 40-41.

avaient été mises par la compagnie de la Nouvelle Rivière au temps du roi Jacques Ier ! C'est ce qui se produirait pourtant si la Ville rachetait à leur cours en Bourse les actions primitives de la compagnie qui se vendaient, suivant la série, 2.475.000 francs et 3.050.000 francs chacune [1].

Cette façon de comprendre les choses ne présageait rien de bon. Heureusement pour les compagnies, le Conseil dut se contenter dans les commencements de faire des enquêtes et de proférer de vagues menaces, car, par une « anomalie curieuse », comme l'avouait Sir John Lubbock, on ne lui avait pas encore donné le droit de présenter des lois relatives à la question des eaux [2]. Il n'obtint ce droit qu'en 1892. Il s'en servit pour déposer trois ans plus tard une série de projets qui avaient pour but de racheter les compagnies et de transférer l'administration des eaux au Conseil de Comté. La discussion de ces projets fut interrompue par la dissolution de la Chambre des Communes au mois de juillet 1895. Alors commença cette longue période qui a duré jusqu'en 1906 pendant laquelle les conservateurs disposèrent d'une écrasante majorité dans la Chambre. Si les libéraux n'avaient montré pour les projets du Conseil qu'un enthousiasme assez tiède, les conservateurs étaient nettement hostiles ; il est probable que, sans la ténacité du Conseil de Comté, on aurait une fois de plus remis à une époque indéterminée la solution de la question des eaux. Mais le Conseil s'obstina. D'année en année — en 1896, en 1897, en 1899, en 1900, en 1901 — le bill du *County Council* revint comme un mauvais cauchemar troubler la tranquillité du ministère. En 1900, le Conseil présentait en outre un nouveau projet par lequel il demandait l'autorisation d'aller chercher de l'eau dans le pays de Galles. Rien de plus facile que de faire rejeter ces projets par la majorité conservatrice, mais on ne pouvait feindre de les ignorer et l'opinion publique s'énervait visiblement. Dès 1896, le gouvernement s'était cru obligé de présenter un bill qui créait une administration des eaux composée de représentants de Londres et des comtés voisins ; mais il n'insista pas pour le faire discuter par la Chambre [3]. L'année suivante, il recourut au grand remède usité en pareille circonstance : il nomma une commission. La dernière commission avait siégé en 1892-1893 ; elle avait rédigé un rap-

1. Cours de 1896. Sur la question du capital mort, cf. *London Statistics*, t. IX, p. LX et 106. On évaluait alors (1896) le capital mort à un peu plus du cinquième du capital nominal des compagnies.

2. *Annual Report of proceedings*, *1890-1891*, p. 9.

3. *Ibid.*, *1895-1896*, p. 5-6 ; *1896-1897*, p. 4.

port très complet et la nécessité d'une commission nouvelle n'apparaissait pas clairement. Elle fut nommée cependant, et en 1900 remit un rapport dans lequel elle concluait, comme le Conseil de Comté, au rachat des compagnies. Le projet de la Commission différait de celui du Conseil surtout en ce qui concernait les conditions de rachat, que la Commission voulait plus libérales, et la composition du nouveau *Water Board*, qui devait être formé de 30 personnes, dont 10 seulement choisies par le Conseil, et le reste par les conseils des comtés voisins et différentes corporations.

Le ministère Balfour trouva que le projet de la Commission faisait encore la part trop belle au *County Council*. La loi qu'il fit voter en 1902, malgré les protestations indignées des progressistes[1], ne donna au Conseil de Comté que 14 sièges sur un total de 66 ; les titulaires des 31 autres sièges attribués à Londres devaient être nommés par les conseils de bourgs et la Corporation de la Cité, dont l'esprit était meilleur que celui du *County Council*. Les villes et les comtés de la zone desservie par les compagnies en dehors de Londres élisaient les 21 derniers membres.

Au cas où l'administration des eaux et les compagnies ne pourraient pas s'entendre à l'amiable, les conditions de rachat devaient être soumises à des arbitres désignés par la loi. On ne put arriver à s'entendre : les six compagnies avec lesquelles le *Water Board* avait entamé des négociations en 1903 demandaient, en chiffres ronds, 864 millions, et l'administration n'en offrait que 255 ! Il fallut donc en venir à la procédure d'arbitrage. Sans prendre à leur compte les prétentions exagérées des compagnies, les arbitres, comme il arrive souvent en pareil cas, firent largement les choses ; ils accordèrent aux six compagnies une somme de 579 millions, c'est-à-dire plus du double de l'indemnité primitivement offerte par l'administration des eaux. Au total, en y comprenant les obligations émises par les compagnies et dont l'administration a dû assumer le service, l'expropriation des huit compagnies des eaux est revenue à 1 milliard 57 millions environ.

L'imprévoyance des législateurs qui avaient institué les compagnies et la générosité des arbitres qui ont déterminé les conditions du transfert coûteront cher aux habitants de Londres. Comme la nouvelle administration continue de percevoir la taxe des eaux d'après la valeur imposable et que la valeur imposable est beaucoup plus élevée à Londres que dans la banlieue, le Londonien paie plus

1. Texte de la protestation officielle du Conseil dans *Report of the Council for 1901-1902*, p. 206.

que sa part des dépenses communes. Or ces dépenses sont très élevées. Le *Water Board* est écrasé sous le poids de sa dette de plus d'un milliard ; il n'a pu diminuer les prix et a dû se contenter d'égaliser les charges en fixant uniformément la taxe des eaux à 5 p. 100 de la valeur imposable. Les premières années ont été très difficiles ; certains exercices se sont soldés par un déficit, et il a même été question de recourir à un impôt spécial pour équilibrer le budget[1]. Les Londoniens sont mécontents et les adversaires de la municipalisation triomphent ; mais les partisans du système peuvent répondre, non sans raison. que ce n'est pas à une municipalisation de ce genre que pensaient les progressistes du Conseil de Comté.

Le « monopole » des compagnies des docks a été, comme celui des compagnies des eaux, l objet des attaques incessantes du *County Council*. Le port de Londres, disaient les progressistes, « ne doit être administré ni dans l'intérêt des armateurs, ni dans l'intérêt des actionnaires des compagnies, ni dans l'intérêt des dockers ou des directeurs…, mais dans l'intérêt de la grande communauté humaine qui s'est développée autour de lui et qui l'a fait ce qu'il est »[2]. Le Conseil de Comté, représentant de cette communauté, ne demandait cependant pas la municipalisation pure et simple ; il réclamait seulement une place dans l'administration nouvelle qui devait remplacer, comme à Liverpool et ailleurs, la multitude des sociétés privées et des corporations irresponsables. Un de ses « livres rouges »[3] eut pour objet de montrer l'état d'anarchie dans lequel le port était maintenu par les 54 autorités différentes qui dirigeaient ses destinées ; un autre[4] fit connaître au public, par des statistiques appropriées, les effets de l'indolence des compagnies des docks et de l'incurie de la « Conservation de la Tamise » sur le commerce du port de Londres. Aux raisons d'ordre général qui le poussaient à prendre parti dans le débat s'ajoutait pour le *County Council* la question ouvrière : il fallait améliorer le sort misérable des dockers,

1. Cf. *Report of the Council for 1909 1910*, p. 266-267. Un résumé des comptes paraît chaque année dans *London Statistics*. En 1908 1909, le déficit a été de 25.000 livres et en 1909-1910 de 46.000 (*London Statistics*, t. XXI, p. 513).
2. S. Webb, *The London Programme*, p 64-65.
3. *Information relating to the docks, river and port of London*. Part II (L. C. C. 463), 1900.
4. *Id. Part I.* (L. C. C. 434), 1899.

essayer d'organiser le travail dans les docks, régénérer l'East End
en remplaçant le travail intermittent, cause de démoralisation, par
un travail aussi régulier qu'il pouvait l'être. Seule l'institution d'un
pouvoir unique et responsable pouvait amener ce résultat [1].

L'intervention du Conseil de Comté ne fut pas étrangère à la nomination de la commission royale qui étudia pendant deux ans (1900-
1902) la situation du port de Londres. La Commission laissa de côté
la question ouvrière, et ne s'occupa que de l'état matériel du port
et du fleuve. La plupart des dépositions qu'elle reçut furent extrêmement pessimistes ; dans son rapport, la Commission elle-même
concluait que le port avait « cessé depuis quelque temps de suivre
les progrès de la population et du commerce moderne » et qu'il était
« en danger de perdre la situation qu'il avait occupée si longtemps
parmi les ports britanniques et étrangers [2]. » Aussi préconisait-elle
le rachat des docks et la substitution d'une administration nouvelle
aux innombrables administrations existantes. Dans cette administration, elle faisait au Conseil de Comté une place considérable, en
lui donnant 11 voix sur 40, la majorité (21 membres) étant constituée par les représentants des intérêts commerciaux. La loi votée
par les Chambres en 1908 n'a pas fait la part aussi belle au *County
Council* ; il n'a que 4 représentants sur un total de 30 membres [3]. Il
lui reste, il est vrai, la satisfaction du devoir accompli.

Nous avons étudié longuement dans un autre chapitre comment
le Conseil de Comté avait essayé de résoudre dans la mesure de ses
moyens, la question des logements ouvriers. Au lieu de se contenter,
comme le Bureau des travaux, de déblayer les *slums* et revendre le
terrain à des sociétés de constructions, le Conseil décida de bonne
heure de construire lui-même. Il suivait en cela l'exemple de plusieurs municipalités du Royaume-Uni, celles de Liverpool et Glasgow
en particulier, et, d'ailleurs, il ne pouvait guère agir autrement qu'il
ne le fit, puisqu'une partie des terrains déblayés par le Bureau des
travaux ne trouvait pas d'acheteurs [4]. Le Conseil s'en tint d'abord à
la destruction et à la reconstruction des quartiers insalubres ; c'est
pendant cette période qu'il entreprit la plus grande opération de

1. Cf. S. Webb, *The London Programme*, p. 71-72.
2. *Report of Royal Commission on the Port of London*, 1902, p. 124.
3. Une des personnes déléguées par le Conseil doit être choisie après consultation avec les trade-unions ouvrières du port.
4. S. Webb, *The London Programme*, p. 132-134 ; *Report of the Council for
1900-1901*, p. 29.

ce genre qui ait jamais été faite par une municipalité, la transformation du *slum* de Boundary Street à Bethnal Green, dont nous avons parlé plus haut[1]. Mais on ne tarda pas à reconnaître qu'il ne suffisait pas de démolir et de reconstruire des maisons pour donner une solution au problème de l'habitation ouvrière ; il fallait construire des maisons nouvelles. A la fin de l'année 1898, la crise des logements ayant pris un caractère aigu, le Conseil décida de mettre en vigueur la troisième partie de la loi de 1890, qui l'autorisait à faire l'acquisition des terrains nécessaires et à reconstruire des habitations sur ces terrains. Il est devenu, comme nous le savons, un des grands propriétaires fonciers de la capitale. Le rapport pour l'année 1909-1910, œuvre d'une majorité modérée — peu suspecte, par conséquent, d'un enthousiasme irréfléchi — montre qu'au 31 mars 1910 la situation financière de ces entreprises était excellente. Le compte « Habitations » redoit, il est vrai, à la Ville une somme de 1.538.000 francs, montant de la différence entre les sommes qui ont été avancées par la Ville depuis 1894 et celles qui lui ont été remboursées par le service des maisons ouvrières ; mais cette dette s'explique tout naturellement par le fait qu'une grande partie des terrains achetés par la Ville ne sont point encore construits : ces terrains ne rapportent rien, et il faut payer l'intérêt du prix d'achat. Le service des maisons a par ailleurs à son crédit une somme de 1.348.000 francs, mise de côté pour les réparations, et il a versé à la caisse d'amortissement 3.885.000 francs. Le rapport conclut que grâce à la caisse d'amortissement, les contribuables, à la fin de la période de 60 ans autorisée pour la durée des emprunts, entreront en possession d'un domaine qui ne devra rien à personne et qui leur donnera un très beau revenu[2].

C'est en partie le problème de l'habitation ouvrière qui conduisit le Conseil à s'intéresser comme il le fit à la rapidité et au bon marché des communications. Dès les premières années de son existence, il vit tout le parti que l'on pouvait tirer d'un service de trains ouvriers bien organisé pour diminuer le surpeuplement de la zone centrale de Londres[3]. Il s'adressa donc aux compagnies et n'employa tout d'abord que la persuasion ; les résultats furent peu encourageants. Aussi changea-t-il de méthode à partir de 1897. Après

1. Voir p. 155-156.
2. *Report of the Council 1909-1910*. p. 37.
3. *Report of the Council for 1900-1901*, p. 191. Voir aussi *Annual Report of the proceedings of the Council, 1891-1892*, p. 8-9, et *Report of the Public Health and Housing Committee*, 1893 (L. C. C. 89).

avoir publié plusieurs rapports qui mettaient en lumière l'insuffisance du service sur certaines lignes [1], il prit le parti de faire aux compagnies récalcitrantes une opposition systématique chaque fois qu'elles présentaient un projet de loi à la sanction du Parlement. Il aida l' « Union pour la réforme de Londres » à soutenir contre le *Great Northern* et le *Great Eastern* un procès qui se termina par la défaite des deux compagnies (1899) [2]. Quelques années plus tard (1903), il parvint, en faisant intervenir le ministère du commerce, à faire augmenter le nombre des trains et diminuer le prix des billets sur le *Midland*. Il s'attaqua également au *London Tilbury and Southend* qui céda ; sur ses représentations, le *South Eastern and Chatham* consentit à améliorer son service ; le *Metropolitan District* qui avait en 1906 augmenté le prix de ses billets d'ouvriers de près de 50 p. 100 dut renoncer l'année suivante à la plupart de ces augmentations [3]. Ces victoires successives ne donnent point cependant la mesure véritable de l'influence qu'a eue le Conseil de Comté sur le développement des trains ouvriers ; il a su entraîner l'opinion publique, et c'est l'opinion, plus encore que la crainte du *Board of Trade*, qui a poussé les compagnies à porter le nombre de leurs trains de 257 en 1890 à 608 en 1899 et à 1.535 en 1909 [4].

M. Mackinnon Wood, président du Conseil de Comté en 1897-1898, faisait remarquer dans son discours de fin d'année [5] que pour augmenter la « mobilité » de la classe ouvrière et venir à bout du surpeuplement, il ne fallait pas compter seulement sur les trains ouvriers, mais encore, et surtout peut-être, sur les tramways, qui, après le rachat total des compagnies, allaient dépendre directement du Conseil. Dès 1893, en effet, c'est-à-dire dès le moment où arrivait à son terme la plus ancienne concession accordée sous le régime du *Tramways Act* de 1870, le Conseil avait décidé, en principe, d'exercer ses droits de rachat et de faire du réseau de tramways la propriété de la Ville. Le premier tronçon qui vint à échéance — une ligne qui avait environ 7 kilomètres de longueur — donna lieu à un procès qui dura deux ans et dans lequel les adversaires épui-

1. *Report by the Statistical Officer on the inadequacy of the workmen's train services of the South London Railways* (L. C. C. 365) ; *Report on the need for a general extension of the service of workmen's trains* (L. C. C. 366).

2. *Report of the Council for 1900-1901*, p. 192-193 ; *London Reform Union and workmen's trains*, 1899 (London R. Union, Pamphlet 79).

3. *Report of the Council for 1906-1907*, p. 278-279 ; *Report for 1907-1908*, p. 302-303.

4. Voir plus haut, p. 162-163.

5. *Annual Report of proceedings far the year 1897-1898*, p. 4.

sèrent toutes les juridictions. Il s'agissait de fixer un point de droit d'une importance capitale pour l'avenir : devait-on, comme le demandait la compagnie, déterminer le montant de l'indemnité d'après les bénéfices, ou, comme le voulait le Conseil, d'après la valeur réelle des voies et du matériel ? Le jugement final de la Chambre des Lords donna raison au Conseil et réduisit de 15 millions à 2 millions et demi l'indemnité due à la compagnie [1].

Ce jugement permit à la Ville d'acquérir à des conditions équitables les réseaux des onze compagnies qui s'étaient partagé le territoire de Londres. En 1896, à la suite d'un accord avec deux des plus importantes, la *North Metropolitan* et la *London Street Tramways Co.* le Conseil se trouva propriétaire de 79 kilomètres de lignes au Nord de la Tamise ; en 1898, il racheta, au Sud du fleuve, le réseau de la *London Tramways Co.* comprenant 30 kilomètres environ. Il restait encore une soixantaine de kilomètres qui appartenaient à diverses petites compagnies ; ils furent rachetés dans les années suivantes et dès 1906 la totalité des lignes du comté de Londres, à part quelques exceptions insignifiantes, appartenait au Conseil de Comté [2].

On sait que la loi de 1870, qui permettait aux municipalités de posséder des lignes de tramways, ne leur permettait pas de les exploiter elles-mêmes ; le Conseil devait donc louer ses lignes à des compagnies fermières ou se faire autoriser par le Parlement à les exploiter en régie. Sans rien préjuger de sa politique future, le Conseil résolut en 1895 de s'adresser au Parlement, afin de pouvoir exploiter son réseau, s'il le jugeait bon, et d'être à même, dans l'autre cas, de discuter plus librement les conditions d'un bail [3]. Le *London County Tramways Act* qui lui donna satisfaction fut voté en 1896 Mais dans l'intervalle les élections de 1895 avaient fait entrer au Conseil un nombre égal de modérés et de progressistes. Les modérés qui ne s'étaient pas montrés favorables au rachat, étaient tout à fait hostiles à l'exploitation en régie, et il ne manquait pas de progressistes qui pensaient que la Ville aurait autant de bénéfices et des risques moindres avec une compagnie fermière. On décida donc de s'entendre avec la *North Metropolitan Tramways Company* qui prit à bail jusqu'en 1910 les lignes que le Conseil venait de racheter dans Londres-Nord. Nous avons vu que l'opération donna lieu à de graves mécomptes pour la Ville et qu'après de la-

1 *Report of the Council for 1901-1902*, p. 92.

2. *London Statistics*, t. XX, p. 384 ; *Report of the Council for 1901-1902*, p. 91 et suiv. ; et les années suivantes, à l'article *Tramways*.

3. Cf. *Annual Report of proceedings, 1895-1896*, p. 72-73.

borieuses négociations la compagnie finit par lui rétrocéder son bail. La Ville reprit possession des tramways du Nord en 1906 ; ceux qu'elle avait achetés dans Londres-Sud avaient été dès l'origine exploités en régie. A partir de l'année 1902, le Conseil s'occupa de remplacer sur ses lignes la traction animale par la traction électrique ; la première ligne électrique fut inaugurée par le prince de Galles au mois de mai 1903 ; à l'heure actuelle, la traction électrique s'étend à plus des trois quarts du réseau

Cette transformation n'est pas la seule amélioration que le *County Council* ait apportée au service des tramways de Londres. L'ancien matériel roulant a été remplacé par des voitures spacieuses et confortables où le Conseil a refusé d'admettre ces affiches effroyables qui déshonorent les omnibus de la capitale anglaise. Les prix ont été diminués ; les courtes distances ne coûtent plus qu'un sou. Des billets d'ouvriers permettent de venir le matin dans le centre de la ville et de s'en retourner le soir dans les faubourgs pour une somme minime — 2 pence (20 centimes) en général. Quant aux employés, qui sont plus de 8.000, leur journée a été réduite de 13 ou 14 heures à 10 ; on leur accorde un jour de repos par semaine, et leur salaire a été considérablement relevé. Le Conseil, considérant qu'il est impossible de vivre à Londres au-dessous d'un certain salaire, ne donne presque jamais moins de 20 shillings (25 francs) et rarement moins de 25 shillings (31 fr. 25) par semaine ; les conducteurs et wattmen peuvent gagner jusqu'à 55 francs, et reçoivent en outre un uniforme par an. Malgré la diminution des prix de transport et l'augmentation des salaires, et bien que le Conseil perde une assez grosse somme chaque année sur les tramways à chevaux, le bilan est satisfaisant ; de 1898-1899 à 1902-1903 inclusivement, le service des tramways a même versé à la caisse centrale 7.339.000 francs qui ont allégé d'autant le montant des contributions. Dans ces dernières années, les bénéfices ont été moindres, sans doute à cause de la désorganisation que ne pouvait manquer de produire la transformation du système de traction [1]. On a renoncé par prudence à faire servir les bénéfices au dégrèvement des impôts, et ils sont versés en totalité à la caisse des réparations et à la réserve spéciale.

Le rachat des tramways faillit conduire le Conseil de Comté à entreprendre un service d'omnibus. Comme aucune ligne de tramways ne traversait la Tamise à l'époque des compagnies, une des

---

[1] La concurrence des autobus commence aussi à se faire sentir. Voir *L'Economiste français*, 1913, p. 991-992.

compagnies qui desservaient Londres-Sud avait établi trois services d'omnibus qui reliaient ses trois principaux terminus avec le Strand et la Cité. Le Conseil, lorsqu'il se fut rendu acquéreur des lignes de la compagnie en 1898,conserva les trois services et se prépara même à les augmenter. Mais les compagnies veillaient. Elles traduisirent le Conseil devant les tribunaux comme outrepassant ses pouvoirs,et les tribunaux condamnèrent le Conseil. Il en appela et fut condamné en appel. Finalement, la Chambre des Lords mit fin au procès en prononçant un jugement d'où il ressort que n'importe qui a le droit de faire circuler des omnibus dans les rues de Londres, à l'exception toutefois de la municipalité [1]. Par ce singulier jugement, les juges de la Chambre des Lords rendirent d'ailleurs au *County Council* un service signalé : ils lui évitèrent les déboires qui ont accablé dans ces dernières années les compagnies d'omnibus [2]. On souhaiterait qu'ils eussent pu, du même coup, l'empêcher de se lancer dans cette autre aventure où le parti progressiste perdit son bon renom de sagesse et d'esprit pratique : le service des bateaux sur la Tamise.

Rien ne vint malheureusement empêcher ce projet d'aboutir. Un premier bill avait été rejeté par la Chambre des Lords en 1901 ; mais le Conseil, qui s'était épris d'une sorte d'enthousiasme archéologique pour le « chemin silencieux » de la capitale et qui se croyait sûr de réussir, on ne sait comment, là où deux compagnies venaient successivement d'échouer, parvint en 1904 à faire voter l'autorisation indispensable. Il commanda sans tarder 30 petits vapeurs à aubes, fort coquets et fort bien aménagés, et le 17 juin 1905, tout était prêt pour recevoir le prince de Galles qui vint inaugurer en grande pompe le nouveau service. Au bout de 9 mois et demi, le Conseil avait déjà perdu 1.252.000 francs ; bien que l'on ait renoncé dans la suite à continuer le service pendant l'hiver, on perdit encore un million en 1906-1907 et 1.165 000 francs en 1907-1908. La majorité du Conseil, qui était maintenant une majorité modérée, jugea que l'expérience avait assez duré et décida de solder les bateaux. Ils avaient coûté 5.188.000 francs ; on en retira 455.000 [3].

1. *Report of the Council for 1900-1901*, p. 91-92 ; *1901-1902*, p. 96.
2. Malgré la fusion des trois principales compagnies, l'exercice 1908-1909 s'est soldé par un déficit important (*London Statistics*, t. XX, p. 385). L'exercice 1909-1910 n'a pas encore permis de distribuer de dividende sur les actions ordinaires (*London Statistics*, t. XXI, p. 431).
3. *Report of the Council for 1900-1901*, p. 184-186 ; *1903-1904*, p. 218-220 ; *1904-1905*, p. 144-150 ; *1905-1906*, p. 161 et suiv. ; *1907-1908*, p. 186-187 ; *1909-1910*, p. 139-141.

Une autre création des progressistes, qui était depuis de longues années l'objet continuel des attaques des modérés, le « département des travaux », disparut à peu près en même temps que les bateaux de la Tamise et en partie sans doute à cause de leur échec. Il s'agissait pourtant non plus d'une fantaisie coûteuse, comme le service des bateaux, mais d'une institution qui paraissait solidement établie et qui avait joué dans les dernières années un rôle considérable : en 1904-1905 le « département » avait exécuté pour plus de 16 millions et demi de travaux. Il remontait à une époque déjà lointaine, à l'année 1892. Le Conseil, qui avait accepté pour ses employés le principe du salaire minimum, prétendit de bonne heure veiller également à ce que les ouvriers des entrepreneurs qui travaillaient pour son compte fussent bien traités et raisonnablement payés. Dans ce dessein, il prit l'habitude [1] d'inscrire dans les formules que les entrepreneurs devaient remplir, pour soumissionner, une clause d'après laquelle les ouvriers ne pourraient recevoir un salaire inférieur au salaire accepté par les trade-unions ni travailler plus d'heures que ne le permettaient les règlements syndicaux. Le résultat de cette mesure fut une coalition générale des entrepreneurs contre le Conseil. Ils cessèrent dans certains cas de soumissionner ; dans d'autres, ils soumissionnèrent à des conditions inacceptables. En 1892, le Conseil ayant à construire un égout dont le devis s'élevait à 175.000 francs, aucune des offres qui furent faites ne descendit au-dessous de 240.000 francs. Le Conseil résolut en conséquence de faire exécuter le travail en régie, sous la direction de l'ingénieur en chef, et l'égout fut construit dans ces conditions pour 129.000 francs. A la fin de l'année, le Conseil décida de généraliser cette mesure et de créer un « département des travaux » qui lui permettrait de se passer au besoin du concours des entrepreneurs ; le « département » était placé sous la surveillance d'une commission spéciale de membres du Conseil [2]. Quelques mois plus tard, un autre vote du Conseil lui réserva expressément tout le menu travail de réparations (*jobbing*) qui avait été fait jusque-là par des entrepreneurs [3].

---

1. Dès 1889. Cf. *A review of the first year's work of the Council* (1890), p. 45. La mesure était devenue générale en 1892 (*Annual Report of proceedings 1892-1893*, p. 102). Voir aussi C. Hugo, *Städteverwaltung und Municipal-Socialismus in England* (1897), p. 247 et suiv.

2. *Minutes of proceedings, 1892*, 22 nov. ; *Report of the Council for 1908-1909*, p. 378.

3. *Annual Report of proceedings, 1892-1893*, p. 97 ; *Report of the Council for 1900-1901*, p. 271.

Le département se trouva donc chargé de deux sortes de travaux :
les réparations en temps ordinaire et, à l'occasion, le travail neuf.
En ce qui concerne ce dernier, le Conseil eut pour principe de considérer le département comme un entrepreneur, mais un entrepreneur privilégié. Lorsque les bureaux intéressés avaient fait le devis
d'un travail, il était de règle de présenter ce devis au *Works Department* ; celui-ci, lorsqu'il n'était pas outillé pour le travail à entreprendre ou qu'il jugeait le devis insuffisant, pouvait refuser de s'en
charger ; s'il acceptait, il devait, à moins de circonstances impré-
vues, l'exécuter dans les conditions déterminées par le devis. Les
réparations étaient évaluées, comme au temps où elles étaient confiées à des entrepreneurs, d'après une série des prix qui était révisée
de temps en temps par l'architecte et l'ingénieur en chef de la Ville.
Pour savoir si le département était en perte ou en bénéfice, l'architecte ou l'ingénieur délivrait après l'achèvement d'un travail fait
sur devis un « certificat final » constatant la valeur réelle et l'on
comparait le montant du certificat avec le total des sommes dé-
boursées ; dans les réparations, on comparait la dépense faite avec
la somme que le travail aurait dû coûter en se fondant sur la série
des prix [1].

« Jamais le monde du travail n'a eu pareille occasion de se débarrasser des inconvénients du système de l'entreprise. Et le monde
du travail est assez clairvoyant pour s'apercevoir immédiatement
que le seul moyen de conserver l'avantage acquis est de donner du
bon travail contre un bon salaire. » [2] Tel était l'avertissement très
clair que donnait aux ouvriers de Londres le président du Conseil
de Comté, Sir John Hutton, au moment de quitter le fauteuil présidentiel, à la fin de mars 1893. Il était de toute évidence en effet
que, sous la surveillance lointaine de fonctionnaires qui n'avaient
pas un intérêt direct à les stimuler et à se stimuler les uns les autres,
il allait être bien tentant pour les ouvriers employés par le Conseil de
ne pas donner tout l'effort possible. Les modérés prétendirent bientôt
que l'avertissement de Sir John Hutton n'avait pas été entendu et
menèrent une campagne très vive contre le département des travaux.
Celui-ci de son côté était plus ou moins heureux dans ses entreprises,
tantôt en bénéfice, tantôt en déficit. La construction des maisons
ouvrières se soldait généralement par une perte ; au contraire la
plupart des travaux faits pour le compte de l'ingénieur en chef donnaient un léger bénéfice. Les fonctionnaires du *Works Department*,

1. *Report for 1900-1901*, p. 271-272.
2. *Annual Report of proceedings, 1892-1893*, p. 11.

pour dissimuler le caractère désastreux de certaines de ces entreprises, prirent l'habitude de faire des virements d'un chapitre à
l'autre de leurs comptes, de manière à équilibrer plus harmonieuse-
ment les gains et les pertes. Ces manœuvres furent découvertes en
1896 et causèrent un grand scandale. Un examen approfondi des
livres démontra que les virements en question n'avaient pas eu
pour conséquence de léser en quoi que ce fût les intérêts de la Ville,
et qu'aucune somme d'argent n'avait disparu [1] ; mais les fonctionnaires coupables n'en furent pas moins renvoyés. Le *Works Department* se trouva désorganisé ; les travaux en cours furent mal exécutés et les résultats financiers de l'année 1896-1897 furent déplorables. Le parti modéré essaya de donner le coup de grâce à cette
institution semi-socialiste qu'il exécrait ; peu s'en fallut qu'il ne
réussît : il y eut un nombre égal de voix pour l'abolition et pour le
maintien du département [2]. Pour le moment néanmoins, on se borna
à le réorganiser et à le soumettre au contrôle étroit d'une sous-
commission de la commission des finances ; en 1902, on en revint
au système primitif d'une commission spéciale, composée de
7 membres du Conseil et surveillant le *Works Department* [3]. Les
années qui suivirent furent l'époque de la grande activité du département ; mais la catastrophe était proche. Les modérés, arrivés
au pouvoir en 1907, commencèrent par le soumettre au régime du
jeûne ; on le laissa presque sans travail pendant un an, ce qui permit
de déclarer que les frais généraux étaient exagérés, puis on l'exécuta
sans autre forme de procès.

Avait-il mérité son sort ? Il est bien difficile de porter un jugement
sur ce point, tant la passion politique a obscurci le problème. Dans
la première période de son existence, le département des travaux
n'a certainement pas fait de brillantes affaires. Au 31 mars 1901, le
bilan officiel était le suivant [4] :

Travail sur devis. — Somme dépensée *en plus* de la valeur
réelle des travaux (valeur constatée par le certificat final). . fr.   1.608.400
Réparations.— Somme dépensée *en moins* de la valeur réelle des
travaux (valeur constatée par comparaison avec la série des prix).   274.800
      Perte nette 1.323.600

1. *Annual Report of proceedings, 1896-1897*, p. 6 ; *Report of the special Committee of inquiry on the Works Department* (L. C. C. 332).
2. *Minutes of proceedings, 1897*, 25 et 28 mai, 1ᵉʳ juin ; *Report of the Council
for 1900-1901*, p. 271.
3. *Report of the Council for 1901-1902*, p. 327.
4. *Report of the Council for 1900-1901*, p. 274.

Pasquet   43

Les exercices 1901-1902 et 1902-1903 se soldèrent encore par un déficit, mais à partir de 1903-1904 commencent les années prospères ; les bénéfices devinrent la règle et en 1905-1906, ils dépassèrent 2 millions [1]. Le bilan de la période qui va du 31 mars 1901 au 31 mars 1908 se présente ainsi [2] :

Travail sur devis. — Somme dépensée *en moins* de la valeur réelle des travaux . . . . fr. 3.706.650

Réparations. — Somme dépensée *en moins* de la valeur réelle des travaux 763.250

Bénéfice. 4.469.900

Si l'on déduit des bénéfices de la seconde période les pertes éprouvées pendant la première, on a comme résultat final :

Bénéfices de la période 1901-1908 . . . . fr. 4.469.900

Moins pertes de la période 1892-1901. . . . . 1.333.600

Bénéfice net 3.136.300

Le département aurait donc, en résumé, exécuté au cours de son existence un ensemble de travaux dont le prix de revient a été inférieur de 3 millions à l'estimation faite par l'architecte et l'ingénieur en chef de la Ville. Dans un certain sens, il est impossible par conséquent de soutenir que le département ait fait perdre de l'argent aux contribuables ; mais ceci ne veut pas dire que la Ville ait gagné 3 millions à faire ces travaux en régie au lieu de les adjuger à des entrepreneurs. Le contraire est même vraisemblable. On ne peut s'empêcher en effet de remarquer combien ce chiffre de 3 millions est faible par rapport à la somme totale des travaux, qui s'élève à plus de 125 millions de francs : les bénéfices ne représentent que 2 1/2 p. 100 de ce total. Notons qu'il s'agit de travaux qui ont été délibérément choisis par les directeurs du service comme étant particulièrement avantageux, puisque les travaux qui ne rentraient pas dans cette catégorie pouvaient être refusés par le département. Est-il probable, dans ces conditions, que le rabais obtenu des entrepreneurs n'eût pas dépassé 2 1/2 p. 100, en moyenne, au cas où la Ville aurait mis en adjudication les 125 millions de travaux qu'elle a confiés au *Works Department*? A cette question, il semble bien que l'on soit obligé de répondre non. Le système de la régie directe a donc, de ce chef, fait perdre à la Ville une somme

1. *Report of the Council for 1905-1906,* p. 392-393.

2. *Report of the Council for 1901-1902,* p. 330 ; *1902-1903,* p. 324-325 ; *1903-1904,* p. 334-335 ; *1904-1905,* p. 371 ; *1905-1906,* p. 392-393 ; *1906-1907,* p. 393 ; *1907-1908,* p. 413-414.

que l'on serait tenté de croire assez importante. Et puis, sans mettre en doute la probité professionnelle des fonctionnaires chargés de faire l'estimation des travaux après leur achèvement, n'est-il pas à craindre que la camaraderie et le désir de ne pas déplaire au parti dominant, aient quelquefois fait pencher la balance en faveur de la régie directe, au moment de l'établissement du « certificat final » ? La valeur des travaux exécutés par le département est-elle effectivement supérieure de 3 millions à la somme dépensée par la Ville ? Question délicate et à laquelle on ne saurait faire de réponse précise, mais que l'on ne peut s'empêcher de poser dans un cas semblable [1]. En somme, s'il faut porter un jugement d'ensemble sur cet essai de « municipalisation » du travail, le *Works Department* paraît avoir été fort utile au début pour amener à composition les entrepreneurs récalcitrants. Il leur a montré que la Ville pouvait au besoin se passer d'eux, et il a prouvé qu'un service public était capable, tout en faisant travailler ses ouvriers dans les meilleures conditions de temps et de salaire, d'exécuter des travaux considérables sans dépasser notablement les devis. Malheureusement, le succès même des premières entreprises poussa les progressistes du Conseil à élargir démesurément le champ d'action du département ; la surveillance devint difficile et le contrôle impossible ; en surchargeant de besogne le *Works Department*, on lui cassa les reins.

Une des raisons qui furent mises en avant par les modérés pour supprimer le département des travaux était la nécessité de pratiquer une politique de rigoureuse économie. Dix-huit années d'administration progressiste avaient, disait-on, mis les finances de Londres dans l'état le plus lamentable. Il était bel et bon de municipaliser à outrance, de racheter les compagnies des eaux, de racheter les compagnies de tramways, de construire par milliers des maisons ouvrières, de mettre une main sur les docks et l'autre sur l'électricité, de bouleverser le marché du travail en créant une corporation d'ouvriers privilégiés ; mais toutes ces grandes choses coûtent fort cher. La dette de Londres, qui n'atteignait pas 900 millions en 1893, approchait à grands pas du troisième milliard ; les impôts augmentaient avec une régularité inquiétante. La moyenne des

---

1. Cf. Lord Avebury (Sir John Lubbock), *Les Villes et l'Etat contre l'industrie privée* (trad. franç.), 1908, p. 75 et suiv. L'auteur est un adversaire décidé du *Works Department* et de la municipalisation. L'étude de R. Boverat, *Le socialisme municipal en Angleterre et ses résultats financiers*, 1907 (p. 447-453), est faite dans le même esprit.

contributions communales qui n'était encore que de 5 shillings
5 pence par livre sterling de valeur imposable (6 fr. 78 pour 25 fr.)
en 1890-1891 atteignait 7 shillings 6 pence et demi (9 fr. 45) en 1906-
1907 ; l'augmentation avait donc été de 40 p. 100. Sur ces 9 fr. 45, le
Conseil prenait pour sa part 3 fr. 75, tandis qu'en 1890-1891 les autorités centrales se contentaient de 2 fr. 50 ; la part du Conseil avait
donc augmenté de 50 pour 100. Conclusion : il n'était que temps de
changer de méthode.

Il n'est pas étonnant que ces arguments aient produit une forte
impression sur l'esprit des Londoniens. On ne pouvait songer à les
vérifier. Il est difficile en effet d'imaginer une comptabilité plus
inextricable que la comptabilité financière de la ville de Londres [1].
Ce que l'on appelle la dette de Londres se compose non seulement
de la dette du Conseil de Comté, dans laquelle rentre celle de l'ancien Bureau des écoles ; elle se compose encore des dettes anciennes
ou récentes des conseils de bourg et des emprunts contractés dans
chaque union par les administrateurs de la loi des pauvres ; elle
comprend aussi, depuis 1904, une part proportionnelle de la dette
de l'administration des eaux. Une grande partie de la dette de Londres — les deux tiers, comme nous le verrons plus loin — est donc
tout à fait indépendante de la gestion bonne ou mauvaise du Conseil de Comté. Dans les impôts, la complication est, s'il est possible,
plus grande encore. Il faut distinguer entre les impôts ordinaires
du comté et ceux pour lesquels le *County Council* a été substitué au
Bureau des écoles ; il faut se garder de confondre la taxe des pauvres, fixée par les Bureaux de Gardiens, avec les taxes municipales,
fixées par les conseils de bourg ; et il ne faut pas oublier que le
gouvernement anglais d'une part, et le Conseil de Comté de l'autre,
perçoivent, mais seulement à titre d'intermédiaires, certains impôts
qui servent ensuite à dégrever des quartiers pauvres ou à faire
vivre des administrations indépendantes, — le Bureau des asiles
métropolitains, par exemple.

Tout en nous rendant compte de ce que l'entreprise a de périlleux,
nous avons essayé de présenter, d'après les documents officiels, un
tableau résumé de la dette de Londres dans deux années prises
l'une au début, l'autre à la fin de la domination progressiste. Ce
tableau nous permettra d'attribuer à chacune des administrations
londoniennes sa part exacte de responsabilité [2] :

1. Voir les remarques d'un spécialiste, M. Cadoux, *La vie des grandes capitales*, p. 210.
2. Chiffres de 1893-1893 dans *London Statistics*, t. VI, p. LVII ; de 1906-1907,

La dette de Londres en 1892-1893 et en 1906-1907.

ADMINISTRATIONS	Dette en 1892-1893 (en francs)	Dette en 1906-1907 (en francs)
Instruction (Bureau des écoles...........	192.706.000	—
publique (Conseil de Comté........... (substitué en 1904-1905)	—	289.619.525
Conseil de Comté : Dette improductive.....	451.068.775	698.426.150
— Dette productive	—	219.798.050
Gardiens des pauvres....................	70.841.075	105.880.975
Conseils municipaux et autres autorités locales............................	108.018.200	349.996.350
Bureau des asiles métropolitains..........	24.752.850	83.066.100
Police.................................	8.297 900	6.035.200
Administration des eaux (part proportionn.).	—	961.083.775
Bureau central du chômage..............	—	892.375
Total.............	855.684.800	2 714.798.500

En quatorze ans, du 31 mars 1893 au 31 mars 1907, la dette de Londres a donc augmenté de 1.859 millions, soit 217 p. 100. Il est incontestable que cet accroissement est exceptionnellement rapide ; mais si l'on analyse les chiffres, on s'aperçoit que la responsabilité n'en retombe que dans une faible mesure sur la politique du Conseil de Comté. Il faut mettre à part tout d'abord la dette relative à l'instruction publique ; cette dette a été créée par le *School Board* qui dirigea de 1870 à 1904 le service de l'instruction primaire à Londres et dont le Conseil de Comté n'a été que l'héritier. Le reste de la dette du *County Council* était en 1892-1893 de 451 millions et en 1906-1907 de 918 ; l'augmentation est donc de 467 millions, chiffre respectable assurément, mais qui ne suffit pas à expliquer l'augmentation totale de 1.859 millions. Après que l'on a défalqué de ce chiffre les 467 millions du Conseil de Comté il reste encore 1.392 millions. De ces 1.392 millions, la plus grosse part est constituée par le milliard des compagnies des eaux, dont Londres est obligé de garantir 961 millions, et, bien que les progressistes n'aient cessé de réclamer la municipalisation des eaux, il y aurait vraiment excès d'injustice à les rendre responsables de combinaisons financières qui ont été faites entièrement en dehors du Conseil de Comté. Les 431 millions restants doivent être attri-

London Statistics, t. XX, p. 535. — Le *Local Government Board* a donné dans *Statistical Memoranda and Charts*, 1909, (p. 82 sq., 91 sq.) un exposé assez clair, avec graphiques, du mouvement de la dette et des *rates* à Londres.

bués d'abord, jusqu'à concurrence de 242 millions, aux conseils municipaux, puis au service de l'instruction publique, au Bureau des asiles et enfin aux Gardiens des Pauvres. La dette des conseils de bourg qui a passé de 108 millions à 350 a augmenté beaucoup plus vite que celle du Conseil de Comté : il en est de même de celle du Bureau des asiles.

Il ressort de ces chiffres que le Conseil de Comté n'est point en cette affaire l'unique, ni même le principal coupable. Remarquons d'ailleurs que, sur une augmentation de 467 millions, 219 millions font partie de la dette productive ; ce sont les 219 millions qui ont servi à racheter les tramways et à construire les maisons ouvrières — 219 millions qui, par conséquent, sont amplement garantis par les maisons et les tramways existants et dont les intérêts sont payés, non pas sur les contributions communales, mais sur les bénéfices de l'exploitation. Restent donc, tout compte fait, 247 millions qui ont été empruntés en 14 ans par le Conseil de Comté pour faire les travaux de voirie, démolir les quartiers insalubres, indemniser les propriétaires de slums, construire et entretenir les asiles d'aliénés, acheter et aménager les parcs, organiser le service d'incendie et, d'une manière générale, s'acquitter des obligations multiples qui incombent à l'administration d'une grande ville. Le chiffre est-il exagéré ? Lorsque l'on sort des extraordinaires bâtisses où s'abritent encore le Conseil et ses bureaux, on n'est pas tenté de le croire et l'on se dit qu'après tout les progressistes auraient pu pousser l'audace jusqu'à emprunter quelques millions de plus pour donner à Londres un Hôtel de Ville digne de la plus grande cité du monde. Du reste, il faut bien admettre que les emprunts du Conseil de Comté s'imposent le plus souvent à lui avec une nécessité absolue, puisque, malgré principes et promesses, la dette du Conseil a continué d'augmenter sous l'administration modérée comme elle le faisait sous l'administration progressiste.

Les contributions communales ont augmenté depuis vingt ans comme la dette communale, bien que dans une proportion beaucoup moindre, et ici encore on accuse, nous l'avons vu, la municipalisation. Pour montrer jusqu'à quel point cette accusation se justifie, nous donnons dans le tableau ci-dessous le taux moyen des contributions communales à Londres à cinq époques différentes de l'histoire du Conseil de Comté et pour chacune de ces années la part du Conseil et celle du service de l'instruction publique dans le total des contributions :

Moyenne des contributions communales (*rates*) à Londres
et part des autorités centrales.

ANNÉES	Total des contributions communales (Moyenne de Londres)		Part du Conseil de Comté		Part du service de l'instruction publique	
	Shillings	Pence	Shillings	Pence	Shillings	Pence
1890-1891	5	5,135	1	1,25	0	10,70
1898-1899	6	0,32	1	2	1	0,37
1903-1904	7	1,40	1	4,75	1	3,18
1906-1907	7	6,47	1	5	1	7
1909-1910	7	6,19	1	5	1	7,75

La moyenne des contributions communales a donc passé en
19 ans de 5 shillings 5 pence 13 centièmes par livre sterling de valeur
locative imposable (6 fr. 78 pour 25 francs) à 7 shillings 6 pence
19 centièmes (9 fr. 40); l'augmentation est de 2 fr. 62 ou 38 p. 100. A
cette augmentation la *county rate* et l'*education rate* contribuent
ensemble pour moitié, et comme ces deux contributions sont
aujourd'hui réunies sur la même feuille d'avertissement et placées
généralement sous la même rubrique, la conclusion naturelle à
laquelle arrive le contribuable londonien est que les exigences du
Conseil de Comté se sont considérablement accrues dans ces dernières années. En réalité, ainsi que le fait voir notre tableau, l'augmentation de la taxe pour les besoins du comté n'a été pendant ces
19 ans que de 38 centimes, tandis que la taxe pour l'instruction
publique augmentait de 93 centimes et que le reste des contributions communales — taxes votées par les conseils de bourg et les
Gardiens des Pauvres, ou perçues pour le compte du Bureau des
asiles, etc. — contribuait pour 1 fr. 31 à l'augmentation totale de
2 fr. 62. Il est vrai que la taxe pour l'instruction publique a augmenté plus rapidement dans les premières années où ce service a
été transféré au Conseil de Comté qu'elle ne l'avait fait jusque-là
(42 centimes d'augmentation entre 1903-1904, dernière année du
Bureau des écoles, et 1906-1907) ; mais il faut croire que cette
augmentation était devenue indispensable, puisqu'elle a été non
seulement maintenue, mais aggravée par la majorité modérée, en
1909-1910 et depuis.

On voit à quoi se réduit, quand on l'examine de près, le monstre
progressiste qui dévorait les « pauvres contribuables ». On souhaiterait volontiers à plus d'une ville du continent des administrateurs

aussi expérimentés, aussi intègres et aussi économes que l'ont été
les progressistes du Conseil de Comté de Londres. Leurs vieux ennemis, les modérés, leur ont eux-mêmes rendu justice, — après la victoire, bien'entendu ; le premier exposé de la situation financière de
Londres qui ait été fait par le président de la commission des finances après les élections de 1907 est, au fond, malgré quelques critiques de détail, un éloge éclatant de la politique financière suivie
jusque-là par le *County Council* [1].

Il ne faudrait pas conclure de ce qui précède que le Conseil de
Comté ait regardé l'organisation financière de Londres comme le
dernier mot de la sagesse humaine. Il a passé son temps, au contraire, à réclamer une répartition plus équitable des impôts entre les
individus et une répartition plus équitable des charges entre les
différentes parties de Londres. A ce point de vue encore, son œuvre
a été très importante et démocratique dans le meilleur sens du
mot.

Le point de départ des tentatives du *County Council* a été la constatation, faite depuis longtemps déjà, que parmi les habitants de
Londres la classe la plus riche peut-être, celle des propriétaires du
sol, ne payait pas sa part des dépenses communes. On sait quel est
le régime de la propriété foncière à Londres. Par suite de circonstances diverses, le terrain sur lequel est bâtie la ville appartient à
un très petit nombre de personnes. Suivant le plan terrier de Londres que le Conseil est arrivé, non sans peine, à terminer après
seize ans de travail (1894-1910), plus des trois quarts de la ville, comprenant 238 kilomètres carrés, appartiennent à 5.712 propriétaires
dont chacun posséderait en moyenne, si les domaines étaient égaux,
à peu près 4 hectares, c'est-à-dire une superficie un peu inférieure
à celle de la place de l'Etoile [2]. Mais les domaines ne sont pas égaux ;
s'il en existe un assez grand nombre qui sont loin d'atteindre l'étendue de 4 hectares, en revanche, il y en a quelques-uns qui occupent
une superficie beaucoup plus vaste. Deux domaines ont chacun plus
de 500 hectares ; quatre autres en ont près de 400 chacun. Le domaine du duc de Westminster comprend environ 200 hectares et
renferme une grande partie de la paroisse de Saint-George Hanover
Square, peuplée en 1901 de 76.000 habitants. Le domaine du duc de

1. Ce discours est traduit dans Cadoux, *La vie des grandes capitales*, p. 221 et
suiv. Voir également les observations de M. Cadoux sur la situation financière, surtout p. 218-219 et 231.
2. Cf. *Report of the Council for 1900-1901*, p. 268-169 ; *1909-1910*, p. 380.

Bedford comprend tout le quartier du British Museum. Plus à l'Ouest, celui de la famille Portman, s'étend sur une centaine d'hectares autour de Portman Square.

Il est assez rare que les propriétaires des grands domaines londoniens aient construit eux-mêmes les maisons qui se trouvent sur leurs terrains. Le système qui prévaut est celui du bail emphytéotique. Nous avons vu que les terrains à bâtir ont été loués primitivement, pour 99 ans en général, aux personnes qui désiraient y élever des constructions, à la condition que terrain et constructions feraient retour au propriétaire foncier à l'expiration du bail. Le propriétaire foncier peut alors exploiter lui-même son domaine, ou le redonner à bail à des conditions nouvelles et pour une période qui est ordinairement réduite à 40 ans. Il est de règle dans ce genre de conventions que le locataire du terrain (*leaseholder*) soit tenu d'acquitter tous les impôts et de subvenir à toutes les charges, dont le propriétaire foncier (*freeholder*) est entièrement libéré. La contribution communale, dont le montant est déterminé par la valeur locative, retombe naturellement sur le *leaseholder* qui est, aux yeux de la loi, le propriétaire temporaire des bâtiments et du sol. La conséquence de ce régime est que le propriétaire foncier reçoit sa rente nette d'impôts, sauf de l'*income tax* qui est un impôt d'Etat, et qu'il ne contribue en rien au budget de la Ville, au moins en tant que propriétaire foncier.

Les propriétaires londoniens prétendent, il est vrai, qu'ils paient indirectement leur part des dépenses communes, parce qu'ils reçoivent une rente moins élevée que s'ils avaient les impôts à payer ; mais l'argument n'est que spécieux. Admettons qu'au commencement d'un bail de 40 ans, le prix de location convenu entre les parties soit un peu plus faible que si les impôts n'étaient pas au compte du locataire, et voyons ce qui se passe par la suite. Si le terrain et les bâtiments se trouvent dans des conditions normales, ils augmentent de valeur — le terrain surtout — comme tous les terrains du Comté de Londres. Cette augmentation est dûment constatée tous les cinq ans, à chaque évaluation nouvelle des valeurs locatives, et la Ville en reprend une partie au *leaseholder* sous la forme d'une augmentation d'impôt. Mais, à bien considérer les choses, ce n'est pas le *leaseholder* qui profite le plus de l'augmentation de valeur ; c'est le propriétaire foncier. Celui-ci, à l'expiration d'un bail de 40 ans, entre en possession d'une propriété qui peut avoir presque doublé de valeur [1], et cela sans qu'il ait rien fait pour

1. Les calculs faits par le service de statistique du Conseil de Comté (*Lon-*

cet accroissement, sans qu'il ait même supporté sa quote-part
des dépenses communes dont cet accroissement est, dans une
bonne mesure, le résultat. Ainsi que le remarquait dès 1891
M. Sidney Webb[1], tout se passe comme si les habitants de Londres se cotisaient pour faire cadeau tous les ans aux propriétaires du sol d'une centaine de millions environ. Où la beauté
du régime éclatait surtout, c'était dans le cas où la Ville perçait une
rue nouvelle ou agrandissait une rue existante. La Ville payait aux
propriétaires fonciers le prix de leur terrain ; la valeur des terrains
et des immeubles en bordure ayant augmenté, les *leaseholders*
voyaient leurs impôts augmenter également ; mais le principal bé-
néficiaire, le propriétaire du sol, ne déboursait pas un centime.
Tout était pour lui bénéfice net. Sa propriété qui valait cent mille
francs avant le percement de la rue en valait deux cent mille après.
Il pouvait la réaliser à ce prix, moins une certaine déduction pour
les années qui restaient à courir sur l'ancien bail ; il pouvait attendre la fin du bail et augmenter de moitié le prix de location. De
toutes façons une partie des énormes dépenses faites par la Ville
pour les travaux de voirie ne servait qu'à enrichir les propriétaires
fonciers[2].

On a vu que le *Metropolitan Board of Works*, qui n'était assurément pas composé de socialistes, s'était déjà préoccupé de ce problème et avait essayé dès 1865 d'imposer aux propriétaires fonciers
de Londres une « taxe d'amélioration » qui ne fut pas acceptée par
les Chambres. Vingt ans plus tard, ce projet réapparaissait, sous
une forme différente et plus équitable, dans le rapport de la Commission royale des logements ouvriers : quelques-uns des membres de
la Commission, parmi lesquels Jesse Collings qui devint quelques
années plus tard un des chefs du parti conservateur, et Henry
Broadhurst, le représentant du monde ouvrier, s'y déclaraient partisans d'un impôt spécial qui frapperait toutes les personnes dont
les propriétés auraient augmenté de valeur à la suite des travaux
entrepris par les autorités municipales[3]. Le principe de l'impôt

don Statistics, t. XX, p. 544) montrent que l'augmentation de valeur imposable,
en faisant abstraction des constructions nouvelles, a été pour l'ensemble du
Comté de 45 p. 100 en 35 ans (1871-1906).

1. *The London Programme,* p. 151-154, 190-191.
2. Cf. *Report of Royal Commission on local taxation,* 1901, p. 154.
3. *Report of the Royal Commission on the housing of the working classes* (1885),
p. 77. Le même principe avait été accepté par J. Chamberlain (*Minutes,*
Q. 12538 et suiv.). La majorité des membres de la Commission pensait que cet

spécial « d'amélioration » (*betterment*) fut adopté par le parti progressiste [1] qui l'introduisit en 1893 dans un projet de loi relatif à
l'établissement de certaines voies nouvelles, dont la grande rue de
Holborn au Strand (Kingsway) était la principale. Le bill fut voté
par la Chambre des Communes, mais rejeté par la Chambre des
Lords. Une nouvelle tentative faite à la fin de la même année aboutit à un nouvel échec. L'année suivante, le Conseil réduisit considérablement la portée de son projet, et une commission de la Chambre
des Lords s'y montra cette fois favorable en principe [2], mais elle
fit entrer dans le bill des amendements tels que le Conseil préféra
y renoncer. La ville de Manchester ayant réussi dans l'intervalle à
faire voter sous une forme un peu atténuée l'impôt d'amélioration,
le Conseil de Comté revint à la charge en 1895 et, après de longues
discussions dans les deux Chambres, finit par faire adopter un bill
analogue à celui de Manchester [3] ; depuis cette époque, la « clause
d'amélioration » a été inscrite dans tous les projets de voirie du
County Council. La Ville perçoit un impôt annuel de 3 p. 100
sur la moitié de l'augmentation de valeur ; mais cet impôt ne
devient effectif que lorsque l'augmentation de valeur elle-même
est devenue effective, ce qui demande parfois un temps assez long.
C'est la raison pour laquelle la taxe d'amélioration ne rapportait
encore à la Ville, en 1908-1909, qu'une somme un peu inférieure à
10.000 francs par an [4].

Le principe général d'un impôt sur les terrains, indépendant de
l'impôt sur la valeur locative des constructions qui peuvent s'y rencontrer, et portant uniquement sur le propriétaire foncier, a été
beaucoup plus difficile encore à faire accepter par le Parlement que
la petite taxe d'amélioration. Ce principe qui pouvait s'appliquer
non seulement aux contributions municipales, mais aussi aux impôts d'Etat, était une mesure trop sérieuse et qui lésait trop d'intérêts pour ne pas susciter une opposition intransigeante. Les assail-
lants, de leur côté, menèrent la lutte avec vigueur. Tandis que la
société « pour l'établissement d'une taxe sur la valeur du sol » fai-

impôt soulèverait dans la pratique des difficultés insurmontables (*Report*,
p. 47-48).

1. Cf. *A review of the first year's work of the Council*, p. 28. Un historique de
la question se trouve dans *History of London street improvements 1855-1897*,
p. 168 et suiv. (L.C.C. 380).

2. *Report of the Committee on Town Improvements (Betterment)*, 1894.

3. *Annual Report of proceedings, 1893-1894*, p. 77-78 ; *1894-1895*, p. 73-74 ;
1895-1896, p. 72.

4. *London Statistics*, t. XX (1909-1910), p. 363, 368, 460.

sait dans toute l'Angleterre une propagande très active [1], le Conseil
de Comté s'attaquait à la partie du problème qui le concernait et
demandait, par une motion votée le 1er décembre 1892, que, pour
procurer des ressources nouvelles aux autorités municipales de
Londres et soulager en même temps les contribuables, on établît
un impôt sur la valeur des terrains [2]. En 1892 et en 1894, il pressa
le gouvernement de déposer un projet de loi dans ce sens, mais sans
résultat. Un bill qu'il présenta lui-même en 1901 et qui avait pour
but de frapper les terrains d'un impôt de 2 shillings par livre sterling
de valeur imposable fut repoussé par le Parlement. En vain le Conseil faisait remarquer que l'absence d'une taxe particulière sur les
terrains permettait aux propriétaires de laisser inoccupés des terrains à bâtir et aggravait le problème des logements ; la majorité
conservatrice était si peu disposée à prêter l'oreille à ces doléances
qu'elle était allée jusqu'à dégrever, par une loi de 1896 [3], les terrains
à bâtir de Londres et de la banlieue, considérés comme terrains
agricoles. Bien qu'une partie des membres de la commission royale
chargée d'étudier le système des contributions locales eût donné son
adhésion au principe de l'impôt sur la valeur du sol [4], un nouveau
bill présenté en 1903 par un député libéral fut encore rejeté par la
Chambre des Communes, cette fois, il est vrai, par une majorité
très faible. A la suite d'une agitation politique provoquée par les
municipalités de Londres et des grandes villes, cette minorité disparut l'année suivante : un projet semblable à celui de 1903 fut
adopté en deuxième lecture par les Communes en 1904 et en 1905.
Mais le gouvernement refusa de s'intéresser au sort de cette mesure
qui disparut de l'ordre du jour de la Chambre, et c'est seulement
après quatre ans de gouvernement libéral, en 1910, que le principe
pour lequel le Conseil de Comté de Londres combattait depuis sa
création a fini par être inscrit dans la loi anglaise (clause de la loi
de finances de 1910) [5].

1. Cette société fit paraître en 1899 une brochure (*The taxation of ground
values*, by J. Fletcher Moulton) qui exposait très nettement la question et qui
fut répandue à des millions d'exemplaires.

2. *Minutes of proceedings*, 1892, II, 1er décembre.

3. *Agricultural Rates Act, 1896.*

4. Voir *Final Report of R. Commission on local taxation* (1901), p. 149 et suiv.
Ce rapport séparé fut signé par cinq des membres de la Commission. La majorité (p. 39 et suiv.) est au contraire très hostile à tout impôt semblable.

5. *Report of the Council for 1900-1901*, p. 183-184 ; *1901-1902*, p. 188,
221 et suiv. ; *1902-1903*, p. 221-222 ; *1903-1904*, p. 225-227, *1904-1905*

En combattant pour ce principe, le Conseil de Comté n'avait pas seulement en vue de se procurer un supplément de ressources ; il prétendait encore faire œuvre de justice sociale par une meilleure répartition des charges entre les habitants de Londres. C'est une pensée semblable qui l'a conduit à se préoccuper de la répartition des impôts entre les différents quartiers de la ville. Nous avons vu que chaque paroisse de Londres avait, avant 1855, sa dette et son budget particulier et que la création d'une autorité centrale, n'eut aucunement pour conséquence de mettre fin aux inégalités qui existaient auparant. Comme le prouvent les statistiques réunies par la commission parlementaire de 1866-1867 et dont il a été question plus haut, les quartiers pauvres étaient écrasés d'impôts, justement parce qu'ils étaient pauvres : le contribuable de Deptford payait plus de trois fois plus, à fortune égale, que celui de Saint-George Hanover Square, la paroisse la plus riche de Londres. L'institution du « fonds commun des pauvres » (1867) qui mit au compte de la Ville tout entière certaines dépenses de l'Assistance publique et les dispositions de la loi de 1888 par lesquelles le nouveau *County Council* prit à sa charge, moyennant une contribution versée par l'Etat, une autre partie de ces mêmes dépenses [1], diminuèrent cette inégalité, mais ne la firent point disparaître. Une nouvelle atteinte fut portée à l'indépendance financière des paroisses de Londres par la loi de 1894 (*London Equalisation of Rates Act*) qui avait pour but, comme son nom l'indique, d' « égaliser » les contributions communales. Le mécanisme de la loi consiste à faire percevoir par le Conseil de Comté un impôt général de 6 pence par livre (0 fr. 625 pour 25 fr.) qui, étant établi d'après la valeur imposable, porte surtout sur les quartiers riches. Le produit de l'impôt doit être ensuite redistribué entre les quartiers, au prorata de la population. Dans la pratique, le Conseil ne perçoit pas l'impôt partout pour le redistribuer partout. Certains quartiers ont plus à recevoir qu'ils n'ont à donner, et le Conseil leur verse la différence ; d'autres quartiers ont plus à donner qu'ils n'ont à recevoir, et le Conseil perçoit la différence. Une somme de 8 millions de francs a été perçue ainsi en 1909-1910 dans les quartiers riches pour servir à diminuer les charges des quartiers pauvres.

Les méthodes employées pour « égaliser » les contributions communales à Londres ne pèchent pas, comme on le voit, par excès de

p. 264 ; *1905-1906*, p. 286-287 ; *1906-1907*, p. 284. Après 1907, la majorité modérée s'est peu intéressée à la question.

1. Voir plus haut, p. 487-489.

simplicité. Elles sont pourtant beaucoup plus compliquées encore que notre exposé ne le fait paraître, m ais nous avons dû renoncer, de peur de fatiguer le lecteur,à faire connaître dans tous ses détails ce chef-d'œuvre de virtuosité financière. Ont-elles du moins abouti à rétablir l'équilibre entre les charges et les ressources des différents quartiers de la capitale ? Pour répond re à cette question, il suffit d'ouvrir le volume annuel de la « Statistique de Londres » qui est publié par le Conseil de Comté ; un tableau spécial nous donne dans une première colonne le taux par livre sterling de la contri- bution communale dans les bourgs de Londres et dans certaines paroisses, *avant* l'égalisation, et une autre colonne le taux de cette même contribution, *après* l'égalisation [1]. Nous voyons ainsi qu'à Bethnal Green le taux de l'impôt devrait être de 11 shillings par livre de valeur imposable (13 fr. 75 pour 25 fr.). Ce chiffre est ramené par l'effet des différents « fonds » d'égalisation à 8 shillings (10 fr.) par livre. Par contre, la Cité, qui ne devrait payer que 5 shillings 4 pence par livre (6 fr. 66), paie en réalité 6 shillings 6 pence environ (8 fr. 12). Mais l'inégalité subsiste, et la marge est encore très grande entre le maximum et le minimum. Après égalisation, le taux de la contribution est, comme nous venons de le voir, de 8 fr. 12 dans la Cité de Londres ; il est le même en moyenne dans la Cité de Westminster ; il est de 8 fr. 39 à Kensington, de 8 fr. 65 à Paddington et de 8 fr. 54 à Wandwsorth. Tous ces quartiers sont des quartiers riches. Le taux est beaucoup plus élevé dans les quartiers ouvriers : la moyenne du bourg de Stepney est de 10 fr. 45, celle du bourg de Woolwich de 11 fr. 05, et les contribuables de Poplar paient à rai- son de 14 fr. 37 pour 25 francs de valeur locative [2]. La carte que nous avons dressée (fig. 23) met nettement en relief l'opposition qui existe, à cet égard, entre le West End et l'East End, entre Battersea et Westminster, entre la Cité et Bermondsey. Si l'on entrait davan- tage dans le détail, on constaterait des faits plus singuliers encore peut-être : malgré toutes les lois qui ont été votées depuis 1855, malgré l'abolition des conseils paroissiaux en 1899 et l'institution des conseils de bourg, l'unité financière n'existe même pas à l'inté- rieur des bourgs lorsque ceux-ci ont été formés de plusieurs parois- ses. Les paroisses constituantes ont conservé presque toujours une partie de leurs anciennes charges et de même que dans le comté de Londres les circonscriptions les plus pauvres ont les plus lourds

1. *London Statistics*, t. XX, p. 518-519.
2. Chiffres de 1908-1909 (*London Statistics*, t. XX, p. 519-520).

impôts, de même, à l'intérieur d'une circonscription, les paroisses les plus pauvres sont plus taxées que les autres. Le cas de Woolwich est typique. Le bourg de Woolwich a été formé de la réunion de trois paroisses : Eltham au Sud, Plumstead à l'Est, et Woolwich à l'Ouest. Le taux moyen des impositions communales est de 11 fr. 05 pour une valeur imposable de 25 francs, mais ce taux moyen n'est perçu dans aucune partie du bourg. A Eltham, qui est une paroisse de la banlieue, à demi-bourgeoise et relativement riche, le taux de l'impôt est de 10 fr. 52 ; à Plumstead, qui est à un niveau social

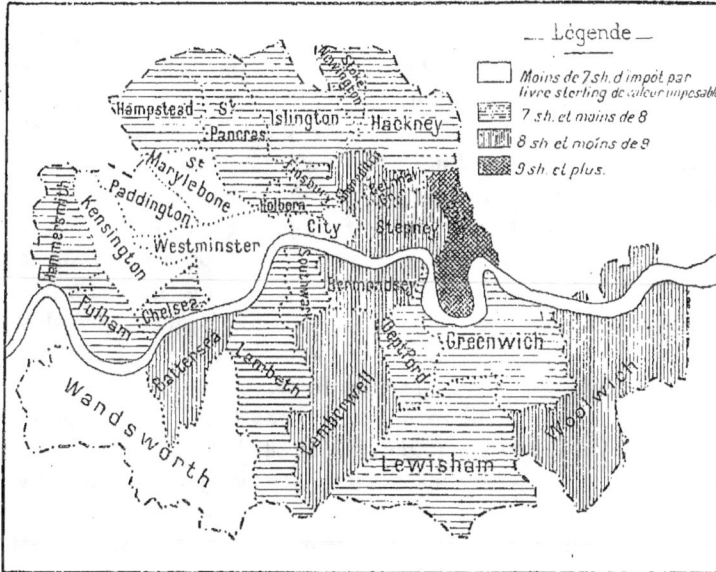

Fig. 23. — Distribution des contributions communales (*rates*) à Londres en 1908-1909.

inférieur, le taux est de 11 fr. 04 ; à Woolwich, où la population est plus agglomérée et entièrement ouvrière, il est de 11 fr. 35.

Une des principales causes de l'inégalité qui existe entre les bourgs et entre les paroisses du même bourg est la taxe des pauvres [1] qui, en 1909-1910, a varié entre un minimum de 1 penny 14 centièmes par livre sterling (11 centimes et demi pour 25 francs) dans la paroisse de Saint-James Westminster, et un maximum de 3 shillings 11 pence 36 centièmes à Poplar (4 fr. 90). Si l'on trouve que

[1]. Il s'agit de la taxe nette, déduction faite des dépenses qui sont payées sur le fonds commun des pauvres et les autres fonds du même genre.

Saint-James est une paroisse trop petite et que Poplar s'est mis
dans une situation exceptionnelle par suite des dépenses extravagantes qu'il a faites pour l'Assistance publique, on peut mettre en
parallèle l'« heureux Hampstead » (23 centimes pour 25 francs) et
d'autre part le bourg de Bermondsey (2 fr. 50) ou la paroisse pauvre de Saint-George de l'Est (1 fr. 75) [1]. Notons que cette dernière,
loin de faire comme Poplar des concessions aux idées humanitaires, est une des unions les plus « strictes » de Londres. Pourtant la
taxe locale pour l'administration de la loi des pauvres y est presque
huit fois plus élevée qu'à Hampstead.

Il ne dépend point du Conseil de Comté de transformer cette organisation. En 1902, cependant, il chargea une de ses commissions
d'étudier le moyen de diminuer ces inégalités et de rechercher en
particulier comment il serait possible d'égaliser les dépenses d'assistance et d'hygiène publique [2]; l'année suivante, il émit le vœu
qu'une loi conçue dans cet esprit fût présentée au Parlement [3].
La Commission ne présenta son rapport qu'en 1906. Elle divisait le problème en deux parties : 1° les dépenses d'Assistance
publique ; 2° les dépenses d'administration municipale. En ce qui
concerne les premières, elle proposait qu'à la place des divers
« fonds » qui ont actuellement pour objet d'égaliser les charges, il
n'y en eût plus qu'un seul, le « fonds commun des pauvres », qui
serait perçu d'une manière uniforme dans toute la ville, proportionnellement à la valeur imposable, et sur lequel on verserait aux
diverses unions une somme de 10 pence par jour et par pauvre
« interné » (au lieu de 5 pence, chiffre actuel). Une partie des dépenses administratives et des frais de construction serait également mise au compte du fonds commun, et la Commission calculait
qu'en procédant ainsi on arriverait à unifier les dépenses de l'Assistance publique dans la proportion de 76 p. 100 environ. On remarquera qu'il n'était pas question d'unifier les dépenses de l'assistance
à domicile [4].

Pour les dépenses municipales, la Commission établissait un « fonds
d'égalisation » administré par le Conseil de Comté et perçu comme
le fonds commun des pauvres. Le montant de ce fonds devait être
suffisant pour défrayer des trois quarts de leurs dépenses normales

1. *London Statistics*, t. XX, p. 490-493.
2. *Minutes of proceedings*, *1902*, p. 467.
3. *Minutes of proceedings*, *1903*, p. 1903.
4. *Minutes of proceedings*, *1906*, p. 1009.

les différents conseils de bourg ; un quart seulement des dépenses courantes restait à la charge de la localité.

Ces projets ne furent pas adoptés par le Conseil. On trouva qu'ils laissaient encore subsister des inégalités choquantes entre les divers quartiers ; on leur reprochait aussi de ne pas réserver à l'autorité centrale un droit de contrôle suffisant sur les dépenses qui seraient soldées au moyen des fonds communs. En réalité, ces deux objections n'en font qu'une : si la commission n'avait pas cru pouvoir établir une égalité complète, c'était justement parce qu'elle ne voyait aucun moyen de contrôler l'action des autorités locales. Celles-ci — conseils de bourg ou Bureaux des Gardiens des pauvres — sont, chacune dans sa sphère, complètement indépendantes les unes des autres et à peu près complètement indépendantes du Conseil de Comté. Elles dépensent leur argent comme il leur plaît ; mais toute dépense nouvelle ayant pour conséquence une augmentation d'impôt dans le quartier, la crainte des électeurs qui sont en même temps les contribuables, est généralement suffisante pour prévenir le gaspillage. En serait-il encore de même si, au lieu de dépenser l'argent de leurs propres électeurs, les conseillers de chaque bourg et les Gardiens de chaque union se trouvaient libres d'engager des dépenses qui retomberaient sur l'ensemble de la ville ? Rien ne le prouve, et tout fait même supposer que le sentiment de la responsabilité s'affaiblirait notablement ; les quartiers pauvres surtout pourraient presque impunément, à cause de leur faible valeur imposable, se montrer prodigues aux dépens des quartiers riches. C'est pour cette raison que le projet de la commission laissait à chaque union les dépenses de l'assistance à domicile et à chaque bourg le quart de ses dépenses usuelles ; cette réserve était une précaution contre la mise au pillage du trésor commun.

Lors d'une nouvelle discussion qui eut lieu dans le Conseil au mois de février 1907, un autre rapport [1] de la commission mit bien en lumière le fait essentiel : il est impossible de songer à établir une égalité parfaite dans le régime de l'impôt sans toucher à l'organisation administrative de Londres. On ne peut laisser aux autorités locales leur indépendance actuelle à l'égard de l'autorité centrale, si l'on charge celle-ci de régler leurs dépenses. Finalement, le Conseil, qui arrivait au terme de son mandat, se contenta de voter une motion approuvant en principe l'égalisation complète des impositions communales à Londres et chargeant la commis-

---

1. *Minutes of proceedings*, 1907, p. 362-363.

sion de l'administration locale de rechercher comment ce principe
pourrait être appliqué tout d'abord aux dépenses de l'Assistance publique. La défaite des progressistes aux élections de 1907 et de 1910,
l'enquête de la Commission royale sur la loi des pauvres, le tumulte déchaîné par la guerre entre les Lords et les Communes,
paraissent avoir fait oublier, momentanément sans doute, ce projet
de réforme qui touche pourtant au plus haut degré les intérêts de la
population ouvrière de Londres ; elle a malheureusement aux yeux
des hommes politiques le grand tort de ne pas être une mesure politique et de ne pas faire au parti la même réclame que la loi sur
les pensions de vieillesse ou le projet de *Home Rule* pour l'Irlande.
Il faudra bien cependant y revenir un jour ou l'autre, et, ce jour-là,
régler d'une façon moins empirique les relations du Conseil de
Comté avec les conseils municipaux et les Bureaux des Gardiens.
Il paraît impossible que cette réorganisation puisse se faire autrement qu'en donnant à l'autorité centrale presque tous les pouvoirs
d'une véritable municipalité.

Rachat des grands services publics — compagnie des eaux, compagnies du gaz ou d'électricité, compagnies de tramways, compagnies des docks — exploitation de ces services par la Ville et dans
l'intérêt de la démocratie londonienne ; démolition des quartiers
insalubres et construction de cités ouvrières par la Ville, dans
Londres et au dehors de Londres ; exécution en régie directe, autant que possible, et en tout cas dans les conditions les plus favorables pour l'ouvrier, de tous les travaux entrepris par la Ville ;
meilleure répartition des charges communes entre les individus et
entre les districts suivant la richesse de chacun ; tel est en résumé
le programme qu'a essayé de réaliser le Conseil de Comté de Londres, et qu'il n'a d'ailleurs, ainsi que nous venons de le voir, réalisé
qu'en partie. Il faudrait, pour être complet, ajouter à ces principes
essentiels de nombreuses tentatives de détail, car il n'est presque
pas de point de la vie londonienne qui n'ait été touché, directement ou indirectement, par l'activité du Conseil. Nous avons, au
cours de cette étude, fait allusion à quelques-unes de ces tentatives,
par exemple aux efforts qui ont été faits pour enrayer l'alcoolisme
par la suppression systématique des cabarets dans tous les terrains
achetés par la Ville. L'organisation de l'instruction technique nous
a montré comment le Conseil essayait, par les moyens en son pouvoir, d'atténuer la crise de l'apprentissage. Nous l'avons vu également s'efforcer de retenir les enfants à l'école, protéger l'enfance

contre une exploitation désastreuse, et d'autre part, ouvrir largement à ces mêmes enfants de la classe ouvrière l'accès des classes
supérieures en leur permettant, par un système de bourses approprié, de compléter leur instruction dans ses établissements secondaires. Une œuvre aussi complexe blessait trop de préjugés et lésait trop d'intérêts pour ne pas soulever dans certains milieux une
opposition violente. A une époque où le mot de socialisme était
encore en Angleterre un épouvantail, l'œuvre du Conseil de Comté
fut flétrie dans les organes bien pensants du nom de « socialisme
municipal ». Le *Times* publia une série d'articles [1] destinés à prouver que les entreprises municipales à Londres et ailleurs ne pouvaient manquer d'aboutir à la ruine de l'initiative privée et une
véritable croisade contre le « commerce municipal » (*municipal trading*) fut conduite par un ancien président du *County Council*, Lord
Avebury (Sir John Lubbock) [2]. Il se fonda une « ligue pour la liberté de l'industrie » (*Industrial Freedom League*). Une commission
parlementaire fut même chargée en 1900 et en 1903 de faire une enquête sur la question, mais n'aboutit à aucun résultat positif [3].

« Il n'est pas douteux, écrivait alors M. Mantoux, dans un article
sur le socialisme municipal à Londres, que l'inspiration générale
de ce parti (le parti progressiste) et celle du Conseil de Comté ne
soit socialiste. » [4] A moins que l'on appelle socialiste toute mesure
qui tend à restreindre le champ d'action de l'industrie privée, le
socialisme du *County Council* nous paraît au contraire plus que
douteux, surtout dans les dix premières années de son existence.
Un certain nombre de socialistes ont, il est vrai, fait partie du Con-

1. Ces articles parurent du mois d'août au mois de novembre 1902. Ils furent
réunis en volume sous le titre de : *Municipal Socialism, a series of articles reprinted from the Times,*1902.Une traduction française abrégée parut à Bruxelles
en 1903.

2. Le principal ouvrage de Lord Avebury sur ce sujet (*On municipal and
national trading*, 1906) a été traduit en 1908 sous le titre de *Les villes et l'État
contre l'industrie privée*.

3. La Commission fit une première enquête en 1900 sans conclure. Les dépositions sont dans *Report from the joint Select Committee of the H. of Lords
and the H. of Commons on Municipal Trading*, 1900. Celles de Lord Avebury
(p. 122), de D. S. Waterlow, président de la commission des logements du
L. C. C. (p. 284),et de J. W. Benn, président de la commission des tramways
(p. 319), sont particulièrement importantes. Un autre livre bleu parut sous le
même titre en 1903, mais sans conclusion, comme le premier. — Des statistiques plus récentes ont paru dans une publication parlementaire de 1909 :
Municipal Trading, part IV.

4. *Bulletin du Musée Social*, 1900, p. 229.

seil et, grâce au talent de M. Sidney Webb, le plus éminent d'entre eux, ces socialistes ont eu sur la politique progressiste une influence très supérieure à leur importance numérique. Il est vrai aussi que le parti progressiste a toujours été soutenu par la « Société Fabienne » qui se proposait de faire l'éducation socialiste des masses populaires et d'introduire peu à peu le socialisme dans les institutions communales et nationales, en suivant la tactique prudente de Fabius le temporisateur. Mais il ne faut pas oublier, d'un autre côté, que nombre de mesures qui nous apparaissent en France comme nettement révolutionnaires et devant lesquelles reculent même les municipalités les plus « avancées » — l'exploitation en régie des usines à gaz ou des tramways électriques, par exemple — sont depuis longtemps d'usage courant en Angleterre et cela dans des villes qui n'ont jamais compté le moindre socialiste parmi leurs conseillers. Certaines de ces villes ont même été dans cette voie beaucoup plus loin que la capitale. Glasgow, qui offre un des exemples les plus complets du « socialisme municipal » sans socialistes, avait commencé à municipaliser le service des eaux dès 1855 ; en 1879, la Corporation de Glasgow se faisait donner le droit de racheter les compagnies du gaz et d'exploiter elle-même ses usines ; en 1890, elle se faisait attribuer la fourniture de l'énergie électrique ; en 1894, après avoir loué pendant vingt-trois ans ses tramways à une compagnie fermière, elle décidait de les reprendre et de les exploiter directement. Dès 1866, la Corporation avait commencé à démolir les quartiers insalubres ; à partir de 1888, elle a renoncé à vendre les terrains ainsi déblayés et s'est mise à construire elle-même des cités ouvrières. Les marchés appartiennent à la Ville, et la Ville est très largement représentée au sein de la commission qui administre le port de Glasgow : le maire (*Lord Provost*) est de droit président de cette commission [1]. Les gens de Glasgow se vantent donc à bon droit d'avoir été les pionniers du mouvement municipal dans le Royaume-Uni et de marcher encore à la tête de ce mouvement ; nul cependant n'a jamais prétendu que la Corporation de Glasgow

[1]. Voir Sir James Bell and James Paton, *Glasgow, its municipal organization and administration*, 1896, surtout p. 218 et suiv., p. 226, 246-247, 264-268, 273-274, 293-298, 310-311. Les entreprises municipales de Glasgow ainsi que celles de Birmingham, Liverpool et Manchester sont également exposées dans R. Boveral, *Le socialisme municipal en Angleterre et ses résultats financiers*, 1907 ; mais l'auteur s'est trop souvent servi de livres et d'articles de polémique, et il écrit dans un esprit d'hostilité systématique contre la municipalisation, H. R. Meyer, *Municipal ownership in Great Britain* (1906) est également très hostile.

ait depuis 1855 renfermé une majorité de socialistes. Les municipalités qui ont suivi à un degré plus ou moins marqué l'exemple de
Glasgow, et dont l' « Annuaire municipal »[1] énumère chaque année
les entreprises, se comptent par centaines, et, pas plus que celle de
Glasgow, ne se composent de sectateurs de Karl Marx. Ce que l'on
désigne sous le nom de socialisme municipal existait en Angleterre
bien avant que les idées socialistes eussent fait dans les masses anglaises des progrès appréciables et ne se rattache en aucune manière
au développement de ces idées. Le problème ne s'est point posé sous
une forme théorique. En fait, les municipalités ont généralement
commencé par abandonner à des compagnies privées la plupart des
grands services publics, ce qui était tout à fait conforme aux idées
d'une époque où Bentham proposait de confier l'Assistance publique
à une compagnie par actions. Généralement aussi cette méthode a
donné lieu à de graves mécomptes : on comptait sur la concurrence,
mais on s'est aperçu que les compagnies s'entendaient entre elles et
qu'une fois en possession d'un monopole elles regardaient le consommateur comme taillable à merci. C'est pour la défense des consommateurs qui les élisaient, et non pas en vertu de conceptions abs-
traites, que les conseils municipaux sont intervenus, ont racheté les
compagnies et ont entrepris l'exploitation directe des grands services. Le désir de trouver dans cette exploitation une source de revenus pour subvenir aux dépenses croissantes n'a probablement pas
été tout à fait étranger à la politique suivie, mais n'en a pas été, quoi
qu'on ait dit[2], la cause principale ; il est rare en effet que la municipalisation ait eu pour conséquence une diminution d'impôts ; on a
préféré d'ordinaire faire bénéficier le public d'une réduction de prix.
Au fond, il ne s'agissait nullement de savoir si l'on établirait ou non
le socialisme municipal, mais si l'on paierait le gaz et l'eau moins
cher avec une régie municipale qu'avec une compagnie. La question
étant posée dans ces termes très simples, les électeurs ont été d'avis
dans un grand nombre de villes que la municipalisation valait la
peine d'être essayée[3]. L'événement leur a presque toujours donné
raison ; car, tandis qu'un sort malheureux semble poursuivre en
France les entreprises industrielles des communes aussi bien que

1. *The Municipal Year Book*. Cette publication de l'éditeur G. Lloyd est une
sorte de complément annuel du *Municipal Journal*, qui paraît chaque semaine.
2. Par exemple M. J. Bourdeau, dans un article sur le socialisme municipal
paru dans la *Revue des Deux-Mondes* du 1er juillet 1900 (p. 183-184).
3. Voir sur ce point les excellentes remarques de Sinzheimer, *Der Londoner
Grafschaftsrat*, p. 491 et suiv.

celles de l'Etat, les essais de régie municipale ont le plus souvent donné en Angleterre d'excellents résultats. Peut-être la pratique des affaires y est-elle plus répandue que chez nous parmi les membres des assemblées publiques ; peut-être aussi les municipalités britanniques peuvent-elles plus aisément que les nôtres compenser les mauvaises affaires au moyen des bonnes, puisque l'usage veut en France que les seules entreprises dont une autorité publique puisse se charger soient celles qui n'ont aucune chance, suivant toutes prévisions humaines, de donner jamais le moindre dividende. En tout cas, le succès des régies anglaises, à part quelques fantaisies aventureuses, est incontestable.Celles de Glasgow ont réussi les premières ; les grandes villes de province ont imité Glasgow et le conseil de Londres, dernier venu parmi les conseils municipaux d'Angleterre, a imité à son tour les grandes villes de province. Il n'y a pas dans tout cela la plus petite trace d'influence socialiste.

Ni à Londres, ni ailleurs, ce n'est l'idée d'une réorganisation de la société future dans le sens socialiste qui a provoqué le mouvement que l'on appelle le socialisme municipal. Par contre, il est incontestable qu'à Londres et sans doute aussi dans certaines autres grandes villes, le développement du socialisme municipal a eu pour conséquence le développement du socialisme tout court ; le socialisme municipal a, pour ainsi dire, fait germer dans les esprits l'idée du socialisme intégral.

A Londres, en effet, on ne s'est pas contenté, comme on l'avait fait ordinairement jusque-là, de municipaliser sans rien dire. Le mouvement a pris un caractère conscient et raisonné qui a peut-être nui à son succès pratique, parce qu'il a indisposé le Parlement, mais qui lui a valu, aux yeux des masses ouvrières, une popularité que n'avaient jamais eue la municipalisation du gaz à Glasgow ou celle des tramways à Huddersfield. Ces mesures n'étaient apparues que comme des expédients d'ordre pratique et financier ; le *County Council* au contraire combattait pour des principes, pour l'intérêt commun contre les intérêts privés, pour la régie directe contre le système des compagnies fermières, pour le minimun de salaire contre l'exploitation patronale. La résistance même qu'il rencontrait et qui était plus acharnée que partout ailleurs, à cause de l'importance des intérêts en jeu, l'obligeait à fonder en théorie les mesures qui, ailleurs, avaient été prises sans aucune déclaration de principe : ne fallait-il pas en effet défendre la municipalisation contre ceux qui, armés des formules de l'économie politique orthodoxe, protestaient contre toute extension de l'activité municipale et déclaraient que le rôle de la commune, comme celui de l'Etat, était d'administrer le moins possible et d'abandonner à l'initiative privée tout ce qui pouvait raisonnablement être fait par l'initiative privée ?

De là, dans les séances du Conseil de Comté, des discussions passionnées où des hommes, par ailleurs très modérés, en arrivaient, presque sans le savoir, à formuler des théories qui conduisaient directement au socialisme d'Etat. Or les débats du Conseil avaient naturellement une autre portée que celles du conseil municipal de Huddersfield ou même de la Corporation de Glasgow. Les grands journaux quotidiens en rendaient compte ; un journal qui s'appela d'abord *London*, puis *The Municipal Journal*, s'était même fondé dans l'intention expresse de renseigner le public sur les questions d'administration municipale et de défendre la cause de la municipalisation. Ce journal, fort habilement rédigé et conçu dans l'esprit du socialisme « fabien », faisait connaître chaque semaine à ses lecteurs tous les détails du mouvement municipalisateur, en Angleterre et à l'étranger. Pendant quinze ans, on n'a parlé à Londres que de municipalisation. Le gouvernement conservateur lui-même, par l'obstination systématique qu'il mettait à rejeter les mesures proposées, avec une égale obstination, par le *County Council*, contribuait à tenir le public en haleine. Municipalisation des eaux, des docks, des tramways, des compagnies électriques, tels étaient les problèmes qui revenaient sans cesse devant les électeurs, et il n'est pas exagéré de dire que pendant cette période les questions de politique nationale étaient pour les masses ouvrières de Londres passées au second plan, après les questions de politique municipale.

Par le contact quotidien avec l'idée de municipalisation, les esprits dans les classes ouvrières se familiarisaient peu à peu avec l'idée de nationalisation. Si l'on municipalise les docks et les tramways, pourquoi ne pas nationaliser les chemins de fer ? Pourquoi ne pas nationaliser les usines et, d'une manière générale, tous les instruments de production ? Ce que la Ville fait en petit, pourquoi l'Etat ne le ferait-il pas en grand ? Des théories, qui jusqu'alors n'avaient que peu séduit l'ouvrier londonien parce qu'elles ne lui paraissaient bonnes qu'à figurer à leur place dans la liste des résolutions votées chaque année par le congrès des Trade-Unions, prenaient désormais à ses yeux une signification nouvelle. La pratique du Conseil de Comté l'habituait à l'idée d'un minimum de salaire, représentant ce qui est strictement nécessaire à la vie et au-dessous duquel la rémunération du travail ne doit jamais tomber dans une société bien organisée[1]. On sait quel rôle a joué dans ces dernières années cette idée du salaire minimum ; elle a été au fond de toutes les grèves qui se sont produites dans le Royaume Uni et tout particulièrement à Londres ; c'est elle qui a déterminé la création des « conseils de métiers » chargés de fixer le taux minimum des salaires dans les industries du *sweating system* et dans les mines [2].

C'est ainsi que le parti progressiste du *County Council* a fait l'éducation socialiste des masses ouvrières de Londres. En ce qui concerne la majorité de ses membres, on peut dire qu'il a fait cette éducation sans le vouloir. Il n'en a pas moins, consciemment ou non, préparé la voie pour le socialisme d'Etat, en fournissant à l'esprit réaliste des ouvriers de Londres ces exemples précis sans lesquels les brochures de la Société Fabienne auraient eu sans doute aussi peu de succès que les *tracts* méthodistes ou les feuilles volantes de l'Armée du Salut.

1. La théorie du « minimum national » (minimum d'hygiène, minimum d'heures de repos, minimum de salaire, etc.), au-dessous duquel la société ne doit pas permettre à une industrie quelconque d'exister, a été développée par S. et B. Webb (*Industrial Democracy*, 1897, p. 766 et suiv.) et vulgarisée dans une brochure de la Société Fabienne.

2. Un projet de loi établissant un minimum de salaire de 30 shillings (37 fr. 50) par semaine pour tout ouvrier habitant un district urbain a été proposé récemment par un député travailliste de Londres, mais repoussé par le gouvernement libéral et la Chambre des Communes (*Parliamentary Debates*, 9 avril 1913).

CONCLUSION

Le lecteur qui a eu la patience de parcourir jusqu'au bout les pages qui précèdent n'a pu se défendre, peut-être, d'un sentiment assez pessimiste. Dans une ville comme Londres, où tous les chiffres sont énormes, l'immensité de la misère et la gravité des problèmes qui s'y rattachent frappent l'imagination. Devant la multitude des chômeurs et les horreurs du sweating system, on oublie que la majorité des habitants n'en sont pas réduits à mendier leur pain à la porte des docks ou à faire des chemises à soixante centimes la douzaine. Les progrès qui ont marqué la fin du XIXe siècle et le commencement du XXe apparaissent presque comme des améliorations de détail, sans influence sur la condition générale des masses ouvrières. Ce qui reste à faire empêche de voir ce que l'on a déjà fait.

Pourtant on a beaucoup fait. Pour s'en rendre compte, il suffit de remonter à cinquante ou soixante ans en arrière : on aperçoit alors à quel point le Londres contemporain est déjà loin du Londres de 1850 ; à certains égards même, il en diffère plus peut-être que le Londres de 1850 ne différait lui-même du Londres des derniers Stuarts ou des premiers Hanovriens.

Le Londres de 1850 avait, suivant l'énergique expression de Cobbett, poussé comme une énorme loupe sur la face de l'Angleterre. Les pouvoirs publics avaient renoncé depuis longtemps à fixer des limites à cette excroissance anormale, mais ils ne s'étaient pas préoccupés non plus d'en régler le développement. Rues et quartiers s'établissaient au hasard ; chaque conseil paroissial, chaque propriétaire s'arrangeait comme bon lui semblait. Personne ne se souciait de l'hygiène publique. Les égouts, là où il en existait, se déversaient directement dans la Tamise, transformant l'eau du fleuve en un liquide noirâtre où les poissons ne pouvaient vivre et dont l'odeur faisait fuir les membres du Parlement pendant les séances. Un grand nombre d'égouts, surtout dans les parties basses de Londres-Sud, étaient des fossés à ciel ouvert, que l'on nettoyait de temps en temps en rejetant de chaque côté les matières solides. Beaucoup de maisons n'avaient que des fosses fixes, souvent mal couvertes, et dont le contenu débordait dans les caves et dans les cours : un ingénieur venait exposer devant une commission, en 1842, que dans le centre de Londres, à Saint-Giles, il avait visité récemment des immeubles où les habitants avaient fini par placer des briques dans les cours pour passer d'une maison à l'autre sans se mouiller les pieds [1].

Les maisons n'étaient pas très hautes, mais formaient, surtout dans les quartiers anciens, des blocs compacts à l'intérieur desquels l'air et la lumière ne pouvaient pénétrer. Dans des boyaux ténébreux, que l'on appelait des « allées » et que Lord Shaftesbury comparait à des tuyaux de pipe, vivaient souvent deux cents ou trois cents personnes qui n'avaient à leur disposition qu'un seul lieu d'aisances, à l'extrémité de l'impasse. Au cours d'une de ses visites, Shaftesbury découvrait une maison dans laquelle la conduite de descente de l'étage supérieur était formée par quatre planches mal jointes qui passaient au milieu de la pièce du rez-de-chaussée ; ailleurs, une mère de famille avait les plus grandes peines à protéger son dernier-né contre les rats qui venaient par bandes de l'égout voisin avec lequel son logement communiquait par un trou du mur [2]. On aurait tort de croire que de pareils faits étaient alors des monstruosités exceptionnelles ; on en trouverait de semblables, en nombre illimité, dans les rapports des commissions sanitaires de l'époque. « Actuellement, disait en 1840 le Dr Southwood Smith, quand on construit une maison, on ne s'occupe pas plus de la santé des habitants que l'on ne s'occupe de la santé des porcs quand on leur bâtit une étable ; en fait, on s'en occupe même un peu moins. »

Il est impossible, faute de statistiques générales, de savoir quelle était alors l'étendue du surpeuplement parmi les classes ouvrières. Cependant, une enquête faite en 1842 par la Société de statistique dans une partie de la paroisse de Saint-George Hanover Square montra que dans cette paroisse, la plus riche de Londres, 1.465 familles ouvrières vivaient dans 2.174 pièces ; 929 familles n'avaient qu'une seule pièce chacune à leur disposition, 408 en avaient deux et le

1. *Report on the sanitary conditions of the labouring population*, 1842, p. 45. Voir aussi les textes réunis dans Jephson, *The sanitary evolution of London*, p. 15 et suiv.
2. *Royal Commission on the housing of the working classes*, 1885, Q. 31-32, 36-37.

reste, c'est-à-dire 128 familles seulement, plus de deux pièces chacune. D'après une enquête du même genre faite à Marylebone, et portant sur 859 unités familiales, 159 familles et 196 personnes seules n'occupaient qu'une partie d'une pièce, 382 familles et 56 personnes seules occupaient une pièce, 66 familles seulement occupaient plus d'une pièce[1]. Dans la Cité, on nous parle de chambres de 12 ou 13 mètres carrés de superficie, dans lesquelles vivent trois ou quatre familles. Le surpeuplement atteignait des proportions presque incroyables dans les maisons louées en garni et dans les *lodging houses*. Lord Shaftesbury citait en 1851 à la Chambre des Communes un cas qui lui avait été communiqué par la « mission de la Cité ». Il s'agissait d'une maison comprenant 8 pièces qui étaient louées séparément à des individus, meublées par eux d'une façon plus que sommaire et sous-louées pour la nuit. Dans la pièce principale qui avait un peu plus de 16 mètres carrés, 27 adultes, 31 enfants et deux ou trois chiens avaient passé la nuit la veille du jour où la maison fut visitée par l'envoyé de la mission. Une autre pièce, contenant 6 lits, avait abrité 32 êtres humains. « Il y a, dit le rapport, 270 chambres de ce genre dans un seul district de la mission... Ces maisons ne sont jamais aérées ni nettoyées ; elles fourmillent littéralement de vermine. Il est presque impossible de respirer. Des missionnaires sont pris de nausée ou se trouvent mal en y entrant. Il m'est arrivé, dit un autre, de sentir la vermine tomber sur mon chapeau comme des petits pois. Dans certaines de ces chambres, je n'ose pas m'asseoir, de peur d'en être couvert immédiatement[2]. »

L'eau fournie par les compagnies était presque toujours, nous l'avons vu, de l'eau de la Tamise, prise dans la partie contaminée du fleuve ; on remarquait, dans l'East End en particulier, que, si on la laissait reposer, elle se couvrait au bout d'un certain temps d'une écume noirâtre. Le service était fréquemment interrompu — dans certains quartiers, pendant toute la journée du dimanche — et beaucoup de maisons n'avaient pas d'eau : on en comptait en 1850 environ 80.000, peuplées de 640.000 habitants, qui se trouvaient dans ce cas. Il fallait donc faire des provisions aux fontaines publiques ou se servir de l'eau des puits qui étaient encore nombreux à Londres. Ce qu'était l'eau de ces puits, au milieu d'une ville comme Londres, il est facile de l'imaginer ; mais l'eau de puits elle-même

1. *Journal of Statistical Society*, 1843, p. 17 et suiv., 44 et suiv.
2. *Hansard's Parliamentary Debates*, vol. 115 (1851), col. 1260-1261.

manquait dans les parties basses de Londres-Sud ; les habitants
étaient réduits à utiliser celle qui coulait dans les petits ruisseaux,
devenus des égouts. Le passage d'*Alton Locke* dans lequel Kingsley
nous montre les gens de Bermondsey puisant leur eau dans les
fossés de leur marécage n'est pas une invention de romancier, mais
l'exacte transcription des documents contemporains.

Dans ce milieu, les épidémies se propageaient avec une extrême
facilité. Le choléra finit par prendre un caractère endémique ; on
remarquait que lors de ses manifestations violentes, il sévissait
principalement dans les quartiers où l'eau était la plus mauvaise.
Mais les victimes du choléra étaient peu nombreuses relativement
au nombre de celles qui succombaient aux autres maladies épidémiques et particulièrement à celles que l'on désignait sous le nom
générique de « fièvres ». A la suite d'une enquête faite en 1838 dans
20 unions de Londres, il fut démontré que, sur 77.000 personnes secourues par l'Assistance publique, 14.000 avaient été atteintes de la
« fièvre » dans le courant de l'année. De certaines maisons, de certaines rues, la fièvre, sous ses formes les plus malignes, n'était jamais absente [1] : en 1845, le *London Fever Hospital* faisait remarquer
que d'une seule chambre située dans son voisinage, et qui était utilisée comme *lodging house*, il lui était venu 130 cas de fièvre pendant
l'année [2]. Malgré l'énorme mortalité infantile, la mortalité générale de Londres n'était pas très élevée (23, 38 p. 1.000 en 1851), sans
doute parce que le territoire métropolitain renfermait encore une
vaste étendue de terrains non bâtis ; mais cette mortalité se répartissait d'une façon très inégale entre les diverses classes de la population. Chadwick calculait en 1842 qu'à Bethnal Green la durée
moyenne de la vie dans la classe supérieure (*gentlemen*, membres
des professions libérales et leurs familles) était de 45 ans ; dans la
classe moyenne (commerçants et leurs familles), de 26 ans ; dans
la classe ouvrière (artisans, domestiques, manœuvres et leurs familles), de 16 ans. A Whitechapel, les chiffres étaient 45 ans, 27 ans et
22 ans ; dans le Strand 43 ans, 33 ans et 24 ans ; à Kensington 44 ans,
29 ans, et 26 ans. [3] Southwood Smith résumait la situation dans
une formule frappante : c'est, disait-il, comme si l'on tirait chaque
année de leurs taudis vingt ou trente mille de ces malheureux pour

1. Cf. les dépositions des Drs Southwood Smith et Aldis devant la *Health of
Towns Commission* (1844), Q. 1008 et suiv., 1013, 5992 et suiv.
2. *Hansard's Parliamentary Debates*, vol. 115 (1851), col. 1260.
3. *Report on the sanitary conditions of the labouring population*, 1842, p. 159-
161.

les mettre à mort ; en fait, on se contente de les y laisser pour qu'ils
y meurent.

Ce qu'était alors l'administration de Londres, notre dernier chapitre nous l'a fait voir en détail ; il y avait surabondance d'administrateurs et absence complète d'administration. Il n'existait aucune
autorité centrale ; chaque paroisse, avec ses deux corps administratifs, le Bureau des Gardiens des pauvres et le conseil paroissial,
ne relevait que d'elle-même : riche ou pauvre, elle devait subvenir
seule à ses besoins. La corruption des conseils paroissiaux était
notoire ; indépendants de tout contrôle, ils sacrifiaient aux « droits
acquis » des propriétaires de *slums* les lois d'hygiène, pourtant bien
anodines, qui avaient été votées par le Parlement. La classe ouvrière,
c'est-à-dire la majorité des habitants de Londres, n'était représentée
ni dans l'administration de la loi des pauvres ni dans les conseils
de paroisse, et personne ne s'inquiétait de prendre une initiative
quelconque pour améliorer les conditions dans lesquelles vivaient
ceux qu'on appelait alors « les pauvres », c'est-à-dire les classes laborieuses.

L'éducation des « pauvres » était abandonnée aux sociétés religieuses et charitables. Bien que le comté de Middlesex vienne au
dernier rang dans la « carte de l'ignorance » qui parut en 1851 dans
l'ouvrage de Mayhew sur le travail et la pauvreté à Londres, la
proportion des personnes qui ne savaient pas signer leur nom à
l'époque de leur mariage y était encore de 18 p. 100 ; cette proportion
s'élevait à 21 p. 100 dans le Surrey et à 32 p. 100 dans le Kent [1]. Il est
impossible de savoir quelle est au juste la proportion de Londres, le
calcul étant fait par comtés, mais il est probable que l'instruction était
plus répandue à Londres qu'en province. Il ne faudrait pas croire cependant, nous le savons déjà, que l'instruction même la plus élémentaire fût générale parmi les masses populaires. L'enquête sur Marylebone, dont nous avons parlé plus haut, établit qu'en 1842, sur un
groupe de 358 hommes appartenant à la classe ouvrière, 121 ne
savaient ni lire ni écrire, 54 savaient lire seulement, et 138 lire et
écrire ; sur 439 femmes, 245 ne savaient ni lire ni écrire, 82 savaient
lire, 112 lire et écrire ; encore est-il bon de dire que, suivant les auteurs de l'enquête, bon nombre de personnes interrogées avaient
probablement exagéré l'étendue de leurs connaissances. Les enfants
allaient à l'école dans la proportion de 1 sur 4, à peu près.

1. Mayhew, *London Labour and the London Poor* (éd. 1851), III, p. 18 et 24.

Quand Shaftesbury vint, en 1884, rappeler tous ces souvenirs devant la commission royale qui étudiait la question des habitations ouvrières, il concluait généralement ses récits par ces mots : « ceci ne pourrait plus se produire maintenant ». Dès 1884, en effet, il y avait dans l'hygiène publique et, en général, dans tous les domaines où il suffisait, pour porter remède aux abus, d'une loi ou d'un règlement administratif, un progrès considérable ; à l'heure actuelle, ce progrès est encore plus marqué qu'il ne l'était il y a trente ans. Ce n'est pas que les classes ouvrières elles-mêmes aient demandé bien énergiquement l'intervention des pouvoirs publics : on ne voit guère de grand meeting où l'on ait débattu la question des égouts ; si la crise de l'habitation a soulevé les protestations populaires, c'est à cause du renchérissement des loyers plutôt que pour des raisons d'hygiène ; Hyde Park et Trafalgar Square n'ont jamais été non plus le théâtre de manifestations tumultueuses en faveur de l'instruction obligatoire et gratuite. Ces réformes ont donc été l'œuvre des classes dirigeantes ; les classes ouvrières les ont bien plutôt acceptées, ou même subies, qu'elles ne les ont réclamées. Parmi les dirigeants eux mêmes, les libéraux sont généralement restés assez tièdes, et les conservateurs, tout en se vantant d'être par excellence le parti des réformes sociales, se sont montrés le plus souvent fort respectueux des droits acquis. Il a fallu le dévouement et l'infatigable activité d'un petit nombre d'homme éminents, — des philanthropes, comme Shaftesbury, des hygiénistes comme Chadwick et Southwood Smith, des économistes, comme Stuart Mill, des politiciens radicaux, comme J. B. Firth — pour émouvoir l'opinion publique et fixer l'attention d'un Parlement qui ne prête souvent qu'une oreille distraite à toutes les discussions dont l'intérêt politique n'est pas immédiat. Le parti socialiste orthodoxe, peu nombreux d'ailleurs en Angleterre, n'attachait pas à ces questions une importance beaucoup plus grande que les libéraux et les conservateurs ; mais à partir de 1883, les petites brochures de la Société Fabienne ont répandu dans les masses populaires de nouvelles idées sur l'administration municipale, et la fondation du Conseil de Comté est venue donner à tous ceux qui partageaient ces idées un centre de ralliement et d'action. Le Conseil de Comté a été l'inspirateur des revendications ouvrières beaucoup plus qu'il n'en a été le représentant ; il a donné au peuple de Londres une claire conscience de ses besoins, et il a veillé, d'autre part, à ne pas laisser s'endormir la bonne volonté du législateur.

Dans l'ensemble, comme nous l'avons vu au cours de cette étude, une grande œuvre a été accomplie depuis une cinquantaine d'années. On a pris des mesures énergiques pour faire disparaître les *slums* qui étaient la honte du vieux Londres ; les quartiers malsains ont été remplacés par des habitations salubres ; des lois et des règlements sévères s'opposent à la formation de nouveaux « enfers » analogues aux anciens. On ne s'est pas contenté d'interdire le surpeuplement : des sociétés philanthropiques ont construit des cités ouvrières ; la municipalité elle-même a pris la direction du mouvement ; elle a bâti des maisons par milliers, dans la ville et dans les faubourgs,et elle est devenue l'un des plus grands propriétaires fonciers de Londres.

Pour décongestionner la zone centrale et permettre aux Londoniens de vivre en dehors de Londres, on a multiplié les moyens de communication à bas prix — trains ouvriers et tramways municipaux ; il est devenu possible à tout ouvrier régulièrement employé d'habiter un cottage de la banlieue, conformément à l'idéal de toute famille anglaise.Les espaces libres que possédaient la Ville et l'Etat ont été conservés et agrandis ; de 1889 à 1910,le Conseil de Comté a augmenté de près d'un millier d'hectares les parcs et jardins municipaux. Sans parler des parcs qui, comme celui de Richmond, ne touchent que la périphérie du territoire londonien, l'étendue des parcs du comté de Londres est actuellement d'environ 2.700 hectares, tandis que Paris, dont la superficie est à peu près le quart de celle de Londres, n'a que 214 hectares d'espaces libres à l'intérieur des fortifications.

Le service des eaux, si important au point de vue sanitaire, a été considérablement amélioré et placé sous le contrôle d'une administration qui représente, au moins indirectement, la masse des habitants de Londres et de la banlieue.

Londres est maintenant l'une des villes les plus saines du monde ; pendant la période 1904-1908,la mortalité n'a été que de 15, 7 p. 1000 et en 1909 elle est tombée à 14, 7. (A Paris, la mortalité moyenne de 1904-1908 a été de 18 p. 1000,et la mortalité de 1909 de 17,7 p. 1000)[1].On a pu parler dans les journaux, avec à peine une légère pointe d'humour, du rôle futur de Londres comme sanatorium. Même dans les quartiers ouvriers du centre,la mortalité dépasse rarement 20 p.1000 a Battersea, à Woolwich et à Greenwich, elle est inférieure à la moyenne générale du comté.

1. Il est bon de dire toutefois que Londres et Paris ne sont pas exactement comparables, la proportion d'habitants aux différents âges n'étant pas tout à fait la même.

Les progrès de l'hygiène publique ne sont pas les seuls que nous ayons pu constater à Londres ; à d'autres points de vue, il s'est produit à la fin du xixᵉ siècle et au commencement du xxᵉ une transformation radicale.

L'administration de la Ville a été fort simplifiée. Une institution centrale, le Conseil de Comté, a été chargée des intérêts communs, et la création des conseils de bourg a diminué, dans une large mesure, l'anarchie de l'administration locale. Il reste encore d'assez nombreuses anomalies, mais qui finiront pas disparaître à la longue. L'administration centrale et locale est devenue plus démocratique. Conseillers de comté et conseillers de bourgs sont nommés par un corps électoral très étendu, dont les femmes elles-mêmes ne sont pas exclues ; ils sont nommés pour un temps très court et sont directement responsables devant leurs électeurs. Aussi leur politique, même lorsqu'ils ont eu parmi leurs membres une majorité « modérée », a-t-elle été fort différente de la politique timide et rétrograde de l'ancien Bureau des travaux et des anciens conseils paroissiaux, qui représentaient surtout les intérêts de la petite bourgeoisie. Contre les « monopoles » des grandes compagnies qui remontaient à la période du « laisser faire » économique, les progressistes du Conseil de Comté ont entrepris une lutte sans merci qui s'est terminée soit par la municipalisation des services, soit, tout au moins, par une atténuation sensible des inconvénients du monopole. On s'est préoccupé d'établir une répartition moins injuste des charges publiques. Enfin, le Conseil de Comté et la plupart des conseils de bourg se sont fait un point d'honneur d'être des employeurs modèles et de donner à leurs ouvriers un salaire qui leur permette de vivre.

L'éducation des classes populaires a été organisée. On a bâti des écoles pour tous les enfants de Londres, et tous les enfants de Londres y viennent aujourd'hui. Depuis trente ans, l'éducation postscolaire s'est développée ; un enseignement supérieur spécialement destiné au monde ouvrier a même pris naissance dans ces dernières années. Il est incontestable qu'à l'heure actuelle l'éducation du peuple est mieux comprise, mieux adaptée à ses fins et plus logiquement organisée que l'éducation de la classe moyenne. Les œuvres post-scolaires, les *polytechnics*, les *settlements* universitaires, ont stimulé la vie intellectuelle dans ces milieux ouvriers de Londres où l'on avait paru jusqu'à ces dernières années si réfractaire à toute pensée qui ne se rapportait pas immédiatement au pain quotidien. Leur influence a, dans une certaine mesure, remplacé celle des églises chrétiennes qui se sont par trop identifiées avec les intérêts et la mentalité des classes supérieures, et dont les aumônes ne servent qu'à les rendre suspectes aux yeux des ouvriers indépendants.

Il n'est pas jusqu'à l'administration de l'Assistance publique chez laquelle, malgré la rigueur des fameux « principes de 1834 » on ne puisse constater quelques progrès dans le sens de la justice et de l'humanité. Nous avons vu que les enfants ont été soustraits à l'influence corruptrice de la workhouse ; pour les vieillards, on a sensiblement atténué le caractère pénal du régime de l' « internat » ; un grand nombre d'entre eux échappent maintenant d'ailleurs, grâce à la loi sur les retraites ouvrières, à la tare infamante du paupérisme.

* *

L'intervention des autorités publiques sous forme de lois et de règlements, ou même par le seul pouvoir de l'exemple, a donc fait sentir dans le vaste domaine des faits sociaux une influence très bienfaisante ; cette intervention est d'autant plus remarquable qu'elle s'est produite à l'encontre de toutes les vieilles traditions anglaises sur la sainteté des « droits acquis », les bienfaits du *self-government* et les vertus ineffables du *self-help* anglo-saxon. C'est en protestant de leur attachement aux anciens principes qui ont fait la grandeur de l'Angleterre que libéraux et conservateurs ont voté des mesures devant lesquelles ont souvent reculé les réformateurs les plus radicaux du continent : l'esprit anglais n'en est pas à un illogisme près. Il est, par contre, un autre domaine dans lequel la loi n'est intervenue jusqu'à ces derniers temps que très timidement : nous voulons parler des conditions économiques dans lesquelles se trouve l'ouvrier anglais et particulièrement l'ouvrier de Londres, de ses relations avec le patronat, du montant de son salaire et de la durée de ses heures de travail. Pour Londres comme pour le reste de l'Angleterre, des lois et des règlements ont fixé les règles d'hygiène industrielle et prescrit dans les métiers dangereux les précautions indispensables ; on a déterminé les cas où le patron serait considéré comme responsable des accidents survenus ; on a protégé les faibles, enfants et femmes, contre une durée de travail excessive et contre le travail de nuit. Mais, sauf pour certaines industries du *sweating system*, la loi n'est pas intervenue pour fixer le montant des salaires, et le législateur n'a commencé que tout récemment à prendre des mesures destinées, soit à diminuer l'irrégularité du travail

Pasquet   45

dans les métiers irréguliers, soit à protéger les ouvriers contre le
chômage par une « assurance nationale ».

A vrai dire, l'ouvrier qualifié de Londres ne paraît pas être dans
une situation à justifier une intervention législative : jusque vers
1900, les salaires n'ont guère fait qu'augmenter. Une étude faite
par M. Bowley sur le salaire des ouvriers du bâtiment l'amène à
conclure que les salaires de ces ouvriers ont dû augmenter d'environ 50 p. 100 entre 1830 et 1897, tandis que les heures de travail
diminuaient de 16 p.100 [1]. D'autres documents sembleraient même
prouver que l'augmentation a été plus forte encore : entre les prix
donnés par une enquête faite en 1848 à Saint-George de l'Est et les
prix constatés au recensement des salaires en 1906, on trouve une
augmentation de 87 p. 100 pour les briqueteurs, 72 p. 100 pour les
charpentiers et 62 p. 100 pour les compositeurs d'imprimerie [2] ;
mais on ne saurait dire si les conditions d'enquête sont exactement
les mêmes et si la comparaison est légitime.

Des difficultés analogues se présentent lorsque l'on essaie de comparer ensemble deux recensements qui sont pourtant officiels l'un
et l'autre et qui ne sont séparés que par un intervalle de vingt ans,
celui de 1886 et celui de 1906 ; la comparaison n'est cependant pas
impossible pour certains métiers dont les moyennes semblent avoir
été établies de la même manière dans les deux cas : le bâtiment, la
métallurgie, l'imprimerie. Voici quelle a été l'augmentation des salaires dans le bâtiment entre 1886 et 1906 ; la semaine choisie est
une semaine complète, sans chômage, et prise dans la saison
d'été :

	(1886)	(1906)	
Briqueteurs. . .	41 sh. 5 d	44 sh. 5 d	+ 7 p. 100
Charpentiers . .	40 » 5 »	43 » 9 »	+ 8 p. 100
Plombiers . . .	42 » 1 »	44 » 1 »	+ 4,7 p. 100
Plâtriers	40 » 7 »	45 » 4 »	+ 11 p. 100
Peintres	35 » 8 »	36 » 10 »	+ 3,2 p. 100

Chez les compositeurs d'imprimerie, la semaine a passé dans le
travail à l'heure de 36 sh. 3 pence à 40 sh. 9 pence (+ 12, 1 p. 100) et
dans le travail à la tâche de 33 sh. 7 pence à 37 sh. 8 pence (+ 12, 4
p. 100). Chez les métallurgistes (travail à l'heure), les ajusteurs
gagnaient 37 sh. 6 pence en 1886 et 40 sh. 7 pence en 1906 (+ 8 p. 100),

1. *Wages in the United Kingdom in the XIXth century*, p. 70, 87-88 et 90 (graphique).
2. *Journal of the Statistical Society*, 1848, p. 200-201 ; *Earnings and hours
inquiry*, III, p. XVII et suiv. ; VIII, p. 31.

les tourneurs 38 sh. 1 penny en 1886 et 41 sh. 6 pence en 1906 (+ 8, 9 p. 100) [1].

Les prix de base adoptés par les trade-unions ont également subi à la fin du xixe siècle une augmentation sensible. Chez les briqueteurs, par exemple, l'heure qui était encore tarifée 9 pence en 1892 atteignait 10 pence et demi en 1901 (+ 16 p. 100) et s'est maintenue à ce taux. La semaine du mécanicien ajusteur ou tourneur, tarifée 36 shillings en 1875, était fixée à 40 shillings en 1909 (+ 11 p. 100) [2].

Ces augmentations de salaires correspondent-elles à une augmentation réelle du revenu net ? Jusqu'à quel point ont-elles été absorbées par une augmentation du coût de la vie ?

Nous savons que les loyers ont fortement augmenté à Londres dans les dernières années du siècle passé, particulièrement dans les quartiers ouvriers de l'East End : d'après un document parlementaire de 1905 [3], cette augmentation, qui a été de 13 p. 100 pour l'ensemble de Londres pendant la période 1880-1900 se serait élevée à 18 p. 100 à Woolwich, 26 p. 100 à Bethnal Green et 33 p. 100 à Stepney. Une notable fraction du surplus des salaires n'a donc servi qu'à payer l'augmentation des loyers. Par contre, le prix des objets de consommation a, dans cette même période, considérablement diminué. Suivant les nombres-indices donnés dans le document parlementaire cité plus haut [4], la nourriture coûtait à Londres 42 p. 100 de plus en 1880 que dans l'année 1900, prise comme année type. Il est hors de doute que cette diminution a plus que compensé l'augmentation des loyers. Pour prendre un exemple, on peut supposer le cas d'un mécanicien de Woolwich, dont le salaire a augmenté de 8 p. 100 entre 1886 et 1906. Le loyer ayant augmenté de 18 p. 100 entre 1880 et 1900, on trouve comme nombres-indices du loyer, en prenant 1900 comme base,

pour 1880. 84
pour 1900. 100

Les nombres-indices des objets de consommation sont, comme nous l'avons dit plus haut,

pour 1880. 142
pour 1900. 100

---

1. *Wages of the manual labour classes*, 1893, p. 53, 118, 146-147 ; *Earnings and hours inquiry*, III, p. XVII et suiv. ; VI, p. XXII ; VIII, p. 31.

2. *Statistical Tables and Charts relating to British Trade*, 1909, p. 217.

3. *Second series of Memoranda, Statistical Tables and Charts*, 1905, p. 48.

4. *Second series of Memoranda, Statistical Tables and Charts*, 1905, p. 75.

Si, conformément à la méthode suivie dans les calculs du *Board of Trade*[1], nous donnons à l'alimentation le coefficient 4 et au loyer le coefficient 1, nous obtenons comme nombres-indices des dépenses (loyer et alimentation),

pour 1880. 130
pour 1900. 100,

ce qui revient à dire que pour ces dépenses de première nécessité, l'ouvrier en question n'aura plus à payer que 100 francs en 1900, là où il devait débourser 130 francs en 1880. Il y a donc eu de ce chef une économie considérable qui s'ajoute à l'augmentation positive du salaire. Malgré le petit nombre de documents précis dont nous disposons et la nature peu satisfaisante de ces documents, on peut donc, croyons-nous, conclure sans crainte à une amélioration très sensible dans la condition des ouvriers qualifiés de Londres, à la fin du xixe siècle.

Depuis 1900, le progrès semble s'être arrêté. Les salaires ont peu varié. L'augmentation des loyers paraît momentanément enrayée ; mais le prix des objets de consommation s'est beaucoup relevé (9 p. 100 à Londres entre 1900 et 1908, 18 p. 100 de 1896 à 1908)[2]. L'artisan londonien est en train de reperdre une partie du terrain conquis depuis 1880.

A d'autres égards, les conditions économiques dans lesquelles il se trouve ne sont pas en progrès. L'ancienne primauté industrielle et commerciale de l'Angleterre a disparu. Les crises qui secouaient jadis le Royaume-Uni tout entier sont beaucoup moins marquées à l'heure actuelle ; en revanche, les périodes d'activité sont également moins apparentes. Une sorte de torpeur paraît envahir l'organisme industriel. Ce malaise général est particulièrement sensible à Londres, où, comme nous l'avons vu, la plupart des industries trouvent un terrain moins favorable que dans les villes de province. A une époque où les nécessités de la concurrence obligent les industriels à surveiller de très près leurs frais généraux, il est assez naturel de les voir quitter Londres pour chercher ailleurs des salaires généralement moins élevés et des loyers beaucoup plus faibles.

Aussi la statistique du chômage dans les métiers qualifiés[3], qui est publiée par le ministère du commerce, a-t-elle, depuis 1898, relevé

1. Cf. *Cost of living of the working classes*, 1908, p. LX.
2. *Statistical Tables and Charts*, 1909, p. 203.
3. Bâtiment. métallurgie et constructions navales, imprimerie, reliure et professions diverses.

tous les ans (sauf en 1909) un pourcentage de chômeurs plus grand à Londres que dans l'ensemble des Iles Britanniques ; dans certaines années (1905, 1906, 1907), l'écart a même été très important[1]. Nous savons également que Londres possède une forte proportion d'industries de saison et que le caractère saisonnier de certaines industries — le bâtiment, par exemple — y est plus accentué que dans le reste de l'Angleterre. Les variations de saison ont donc été plus marquées à Londres qu'en province pendant la période 1900-1909, ainsi que nous permettent de le constater les mêmes statistiques du *Board of Trade*[2]. Que dans certaines professions qualifiées, les ouvriers souffrent vivement de cette irrégularité, on ne saurait le mettre en doute : en 1910-1911, un tiers des demandes de travail présentées aux comités de chômage ont été faites par des ouvriers du bâtiment[3] et nous avons vu plus haut qu'une proportion très importante des membres de l'union des typographes réclame chaque année l'allocation du chômage[4].

Néanmoins les ouvriers qualifiés peuvent dans une certaine mesure se défendre eux-mêmes. Certaines, tout au moins, des professions qualifiées sont assez fortement organisées au point de vue syndical ; les salaires sont élevés ; des économies ne seraient pas impossibles. Enfin, la loi de 1911 viendra certainement en aide, dans les moments pénibles, aux ouvriers qui sont assujettis à l'assurance contre le chômage.

Où les conditions deviennent vraiment mauvaises, c'est lorsque l'on passe des ouvriers qualifiés à cette immense armée industrielle qui comprend les ouvriers sans spécialité et ceux dont la spécialité est telle que la concurrence y est presque illimitée. Nous avons étudié la situation des premiers dans notre chapitre sur le travail intermittent et celle des seconds dans notre chapitre sur le sweating system. Nous savons qu'ils sont particulièrement nombreux à Londres, et que leur présence y constitue le problème social par excellence. L'histoire des trente dernières années a montré qu'il était impossible à ces ouvriers de triompher par leurs seules forces des fatalités économiques qui les écrasent. Parler de *self-help* aux dockers et aux chemisières de Londres est une amère plaisanterie ; ils sont parfaitement incapables de s'aider eux-mêmes. L'action

1. Voir le graphique donné dans *London Statistics*, t. XXI, p. 122.
2. *London Statistics*, t. XXI, p. 122 ; t. XXII, p. 113.
3. *London Statistics*, t. XXII, p. 115.
4. Voir p. 232.

syndicale est faible et spasmodique. L'agitation n'aboutit le plus souvent qu'à des grèves violentes, d'un caractère presque révolutionnaire, qui terrifient les bourgeois de Londres, mais qui se terminent par des échecs désastreux ou des triomphes illusoires. Dans certains cas, les mécontents ne savent même pas au juste à qui s'en prendre et s'acharnent contre de prétendus coupables qui sont eux-mêmes, parfois, des victimes.

Nous savons que le sweating system n'est pas une création des sweaters juifs de Whitechapel, comme on l'a cru longtemps en Angleterre. Il existait dans l'industrie de la confection avant l'arrivée des immigrants juifs, et il existe dans des industries très diverses où l'on aurait sans doute grand'peine à découvrir une douzaine d'Israélites. L'afflux des *greeners* polonais et russes ne pouvait manquer de l'aggraver dans les industries de l'habillement ; mais la cause essentielle est ailleurs. Elle est dans le nombre exagéré des concurrents, et dans le fait qu'une partie de ces concurrents sont des femmes qui sont obligées de prendre le travail au prix qu'on leur offre, et parmi lesquelles toute organisation syndicale paraît impossible, parce qu'elles travaillent à domicile. Les salaires sont tombés dans les métiers du sweating system à un taux si scandaleux qu'après maintes enquêtes, l'Etat a dû se résoudre à intervenir. Il l'a fait d'abord en interdisant, comme le demandaient bon nombre d'ouvriers et de patrons, l'immigration des étrangers sans ressources ; mais on n'a pas tardé à se rendre compte que cette mesure n'aurait à peu près aucun résultat. Il a fallu se décider alors à suivre l'exemple de l'Australie et appliquer aux métiers du sweating le principe du salaire minimum. Cette innovation, si grosse de conséquences, s'est faite, non pas sans discussion — car on différait d'opinion sur la meilleure procédure à suivre — mais à peu près sans protestation. Personne, ou presque, parmi les hommes politiques et les économistes, ne s'est fait le champion de la liberté du travail contre la réglementation future, ce qui montre à quel point les théories et l'exemple du Conseil de Comté ont rendu familière aux esprits, depuis une vingtaine d'années, une idée dont l'Angleterre de Gladstone se serait détournée avec abomination. On sait que, trois ans après le vote de la loi sur les conseils de métiers, une nouvelle loi a étendu le principe du salaire minimum à toute l'industrie minière.

Il s'en faut encore de beaucoup que le sweating system ait complètement disparu de l'industrie londonienne. On a jugé nécessaire de procéder avec prudence, et on a laissé d'abord en dehors de la loi des professions dont quelques-unes, comme la chemiserie et la lingerie, sont parmi celles où l'exploitation des ouvrières est poussée à ses plus extrêmes limites. Il n'est pas certain, d'autre part, que l'application d'un tarif minimum n'ait pas pour conséquence d'aggraver la situation des ouvriers les moins habiles et de rendre plus difficile encore aux femmes des ouvriers intermittents de gagner à l'occasion le pain de la famille. Mais peut-être le progrès social est-il à ce prix. Il est incontestable, en tous cas, que les salaires ont été considérablement relevés déjà dans certains métiers [1] et que le gouvernement dispose maintenant, pour combattre le sweating dans une industrie quelconque, d'une arme puissante dont il peut faire usage quand il lui plaît.

Il est au contraire, complètement désarmé pour lutter contre le chômage de l'ouvrier intermittent, qui est cependant le phénomène fondamental, et qui, en provoquant le travail des femmes, est une des causes les plus évidentes du sweating system. Nous avons constaté que le travail intermittent n'est pas à Londres accidentel et passager : les crises industrielles, comme celle des terribles années 1886 et 1887, où la foule parcourait les rues du West End, drapeau rouge en tête, et brisait les vitres des clubs de Pall Mall, ne font que porter à l'état aigu ce qui est un malaise chronique du corps social. Londres étant une ville de commerce et de trafic beaucoup plus qu'une ville d'industrie, une multitude d'ouvriers y sont employés au déchargement, au transport et au chargement des marchandises, occupations qui varient nécessairement selon les années, les saisons et le hasard des circonstances. L'irrégularité, qui est inévitable et qui a pour conséquence la formation d'une réserve de travail, est augmentée dans des proportions énormes par la multiplicité des centres de travail, autour de chacun desquels se forme une réserve, et par le nombre très élevé des employeurs qui ont chacun sa réserve. L'étude que nous avons faite des conditions du travail dans les docks nous a montré, par des exemples précis, comment toute la vie du port de Londres est organisée en vue du travail intermittent ; mais le travail intermittent, nous le savons, n'existe pas seulement dans les docks et s'étend plus ou

1. Depuis le mois d'août 1912, le minimum dans la confection (*ready-made and wholesale bespoke tailoring trade*) a été fixé à 6 pence par heure pour les hommes et 3 pence et quart pour les femmes ; dans le cartonnage, les prix sont, depuis janvier 1913, de 6 pence par heure pour les hommes et de 3 pence pour les femmes. Ces prix sont applicables, que le travail ait lieu dans un atelier ou à domicile (*London Statistics*, t. XXII, p. 235-236).

moins à presque toutes les branches de l'industrie des transports [1].
La facilité du travail qui, dans la plupart des cas, ne demande
que de la force musculaire et n'exige guère d'apprentissage permet
à tous ceux qui n'ont pas de profession bien définie, ou qui n'en
ont plus, de venir faire concurrence aux professionnels.

Démoralisé par des alternatives de travail et de chômage qu'il
lui est impossible de prévoir, l'ouvrier intermittent s'abandonne
aux circonstances et s'habitue à compter sur le hasard. Il n'est pas
nécessairement un paresseux-né ; nous l'avons dit, les ouvriers du
port de Londres seraient tous des hommes d'élite que les choses ne
se passeraient pas autrement. Il n'est pas un paresseux-né, mais il
devient très facilement un paresseux. Le travail de la femme, qui
s'est mise à faire de la lingerie grossière pendant une période de
chômage, est souvent la première étape dans la décadence du mari.
Accablée de travail, la femme se désintéresse de son ménage ; le
mari s'ennuie à la maison ; les criailleries de sa femme et de ses
enfants l'exaspèrent ; sous prétexte de chercher de l'ouvrage, il
prend l'habitude d'aller rejoindre les camarades au cabaret et peu
à peu devient ce chômeur invétéré des rues de Londres que l'on
voit, la pipe à la bouche, nonchalamment appuyé contre le mur de
toutes les *public houses*.

Les études qui ont été faites de 1905 à 1909 par les soins de la
Commission de la loi des pauvres, ont prouvé que l'irrégularité du
travail était la cause principale du paupérisme en général et, tout
particulièrement du paupérisme londonien. Cette conclusion, que
faisaient prévoir déjà les travaux de M. Booth et de ses collaborateurs, explique pourquoi tous les essais que l'on a tentés pour venir
en aide à l'immense misère de Londres ont successivement échoué.
On comprend en effet, lorsque l'on connaît les véritables causes de
cette misère, à quel point sont puériles et les distributions de bons
de pain et les souscriptions du Lord Maire ; on aperçoit l'inanité
des efforts des sectes religieuses, qui n'aboutissent qu'à déconsidérer
la religion elle-même, et à la faire passer aux yeux des ouvriers
pour une colossale entreprise financière dont le but est « d'endormir le mécontentement du peuple », et d'acheter les âmes au plus
juste prix.

L'Assistance publique, qui enferme dans ses *workhouses* les ouvriers intermittents et leurs familles, comme si le chômage était un

---

1. En 1910-1911, 46,7 p. 100 des demandes faites aux comités du chômage
provenaient d'ouvriers des transports (*London Statistics*, t. XXII, p. 115).

crime, n'apporte pas d'ailleurs une meilleure solution du problème que les sociétés philanthropiques et religieuses : administrateurs officiels et distributeurs de bons de pain s'accordent à négliger la cause de la pauvreté pour ne s'occuper que de ses effets. Les différentes méthodes d'assistance par le travail n'ont pas donné de résultats bien plus encourageants. Créés pour des ouvriers réguliers, momentanément sans ouvrage, les chantiers du Comité central de Londres ont été envahis par des ouvriers intermittents pour lesquels ils ne sont d'aucune utilité et qui se trouvent, lorsqu'ils en sortent, dans la même situation qu'avant d'y entrer. De quelque côté qu'on jette les yeux, on est obligé de reconnaître, comme nous l'avons fait, que tous ces prétendus remèdes ne sont que des palliatifs et qu'ils font souvent, en dépit des meilleures intentions, plus de mal que de bien aux ouvriers sur lesquels on les expérimente. La loi d'assurance de 1911 elle-même est faite avant tout pour combattre les effets des crises industrielles et des variations de saison dans certaines industries ; on n'a pas essayé de l'appliquer aux véritables ouvriers intermittents.

On a fini par comprendre cependant, grâce surtout aux travaux de M. Beveridge, que le seul moyen de porter remède au paupérisme londonien était de s'attaquer à l'intermittence même. Il faudrait d'abord empêcher le recrutement exagéré des professions dans lesquelles sévit l'intermittence : c'est pour cette raison que l'on essaie d'orienter les jeunes Londoniens vers d'autres carrières et d'organiser l'enseignement technique. On se préoccupe d'autre part de permettre aux chômeurs de combler les vides qui s'intercalent entre leurs périodes de travail en leur faisant savoir à quel endroit on réclame des travailleurs : ce service de renseignements est assuré par les bourses du travail qui fonctionnent à Londres et dans toute l'Angleterre, en vertu de la loi de 1909.

Ces deux méthodes ne peuvent manquer de donner à la longue quelques bons résultats ; mais on aurait tort, à notre avis, de croire d'ores et déjà le problème résolu. Pour toutes sortes de raisons, l'enseignement technique ne sera jamais à la portée que d'un nombre relativement restreint de petits Londoniens ; peut-être ne faut-il pas le regretter, car, s'il en était autrement, le marché du travail qualifié ne tarderait pas à être encombré. « C'est une cruelle ironie, écrivait en 1907 le secrétaire de la grande trade-union des mécaniciens, que de nous dire de revenir à l'ancien apprentissage ou à de meilleures méthodes d'enseignement technique..... Nos chômeurs sont des hommes qui ont fait leur apprentissage régulier et beaucoup d'entre eux ont reçu par ailleurs un enseignement technique. Des charpentiers, des charpentiers de navire, des artisans de toutes sortes sont maintenant sur le marché en plus grand nombre encore, et ceux-là, eux aussi, ont été préparés et instruits comme il convient [1]. »

Quant aux bourses du travail, elles n'ont pas été accueillies sans défiance par le monde ouvrier. L'impartialité même de ceux qui les dirigent est aux yeux des trade-unionistes un défaut capital : on n'y fait aucune différence entre non-syndiqués et syndiqués. Aussi les syndiqués les accusent-ils de favoriser le travail au rabais et de devenir, en temps de grève, un lieu de recrutement pour les « renards » (*blacklegs*) par lesquels les patrons cherchent à remplacer les grévistes. Le grand chef du syndicat des ouvriers du port de Londres, Ben Tillett, est allé jusqu'à les qualifier publiquement de « calamité ». Du reste, quelle que puisse être leur utilité pour certains corps de métiers — pour les ouvriers du bâtiment, par exemple — elles ne paraissent pas susceptibles de rendre de grands services aux véritables ouvriers intermittents qui ne s'y présentent guère et qu'on ne va guère y chercher. Il est si facile de prendre des ouvriers à la porte des docks, chaque fois qu'on en a besoin !

Faut-il donc désespérer de l'avenir et abandonner à leur destinée misérable les sept cent mille individus [2] qui forment, dans la classe ouvrière de Londres, la classe des ouvriers intermittents ? Faut-il admettre comme des phénomènes inévitables qui tiennent à la vie même de la ville, la dégradation du travail, la misère physiologique, l'extinction progressive des familles ? Si endurci que l'on soit à l'étude des réalités économiques, il est difficile de s'en tenir à cette conclusion. Les ouvriers eux-mêmes ne sont plus résignés comme autrefois à leur sort ; on les a vus, pendant l'été de 1912, revendiquer avec une extrême violence leur droit à la vie et renouveler à Londres les terreurs oubliées du chartisme. Ils se disent qu'il n'est pas juste qu'une classe d'hommes aussi nécessaire à la vie générale que toute autre partie de la classe ouvrière, soit délibérément sacrifiée au bonheur commun. Ils ne croient pas que l'individualisme effréné qui règne dans l'organisation du commerce et de l'industrie, et spécialement dans l'organisation du port de Londres, soit une conséquence fatale de lois inéluctables. On a parlé parmi

1. Cité dans Beveridge, *Unemployment*, p. 128, note 1.
2. Voir plus haut, p. 230.

eux de rendre obligatoires les bourses du travail, pour les patrons
et les ouvriers : nous avons vu dans un chapitre précédent qu'une
mesure de ce genre paraît inévitable, encore qu'elle soit d'une application fort difficile. Mais l'idée qui s'éveille peu à peu dans les esprits
est que l'ouvrier a droit non seulement à un minimum de salaire,
mais à un minimum de travail qui doit lui être garanti par ses
employeurs.

Des revendications de cette nature soulèvent de graves difficultés.
Elles se présentent à Londres d'une façon plus pressante que nulle
part ailleurs, parce que Londres est une ville de commerce et de
trafic, mais elles ne sont pas spéciales à Londres. Dans tous les
pays, l'agitation des ouvriers qualifiés passe, pour ainsi dire, au
second plan ; les ouvriers non qualifiés viennent à leur tour réclamer leur place au soleil. Devant cet aspect nouveau de la question
ouvrière, le monde politique a montré d'abord quelque désarroi.
On ne saurait s'en étonner, car le travail intermittent, chez l'ouvrier
non qualifié, paraît se rattacher, dans beaucoup de professions, à
l'organisation même de la vie économique. Il faudra cependant se
résoudre un jour à faire quelque chose de plus que des congrès in-
ternationaux ; car il n'est pas naturel, en somme, que dans une
ville de quatre millions et demi d'habitants, sept cent mille personnes ne vivent que du travail irrégulier.

BIBLIOGRAPHIE

Nota. — L'indication P. P. signifie *Parliamentary Paper* ; L. C. C. signifie *London County Council* ; P. L. C. *Poor Law Commission*, 1909.

I. — Travaux bibliographiques.

Les principales publications récentes relatives à Londres et aux différents aspects de la vie de Londres, de 1881 à 1910, se trouvent indiquées
dans le recueil classique de :
G. K. Fortescue, *Subject index of the modern works added to the library of the
British Museum* (1re série, 1881-1900. 3 vol. ; 2e série, 1901-1905 ; 3e série, 1906-
1910). Articles : *London, Building, Thames, Capital and labour, Pauperism,
Hygiene and sanitation*, etc.

Les articles des principaux périodiques anglais et américains sont signalés dans :
Poole and Fletcher, *Index to periodical literature* (jusqu'en 1907), 6 vol. (1882-
1908).

On peut consulter pour l'histoire de Londres :
Gross, *A classified list of books relating to British municipal history*, 1891.
Encyclopedia Britannica, 11e éd., 1911, art. *London* (par H. B. Wheatley).

Pour l'histoire économique de Londres, la bibliographie générale imprimée à la suite de :
W. Cunningham, *The growth of English Industry and Commerce in modern times*, 1903.

Pour l'histoire économique et sociale contemporaine, la bibliographie
contenue dans :
S. and B. Webb, *History of Trade Unionism*, Nouv. éd. 1911 ; et dans S. and B.
Webb, *Industrial Democracy*, 1897.

S. Webb a dressé pour *The house famine* (brochure n° 101 de la Fabian Society), 1900, une bibliographie de l'habitation ouvrière jusqu'à cette date.

La bibliographie du chômage se trouve dans :
Beveridge, *Unemployment*, 1909,
    et a fait l'objet d'une publication spéciale :
J. Taylor, *A bibliography of Unemployment and the Unemployed*, 1909.
    On trouve des indications bibliographiques sur les industries de saison
dans :
Webb and Freeman, *Seasonal Trades*, 1912.

Bibliographie du sweating system, assez complète, mais à consulter avec
précaution dans :
Boyaval, *La lutte contre le sweating system*, 1912.
    L'*Anti-sweating League* a publié :
A short bibliography of sweating, 1906.

Des renseignements bibliographiques sur les publications officielles (anglaises et étrangères) relatives aux salaires, aux heures de travail, à la
condition des ouvriers, etc., sont donnés dans :
Board of Trade. *Cost of living of the working classes*, 1908.
— *Earnings and hours enquiry*, 1909-1913.

Les documents officiels (publications parlementaires du Conseil de Comté, etc.) de date récente sont indiqués à la fin de chacune des subdivisions de :

London Statistics, publication annuelle du Conseil de Comté.

Bibliographie générale de l'administration municipale dans :

K. C. Brooks, A bibliography of municipal administration and city conditions. 1897.

II. — RECUEILS DE DOCUMENTS. — PÉRIODIQUES.

A. — Enquêtes Booth.

On peut considérer comme un recueil de documents, bien qu'elle soit beaucoup plus qu'une simple compilation, la grande publication de :

Ch. Booth, Life and Labour of the people in London, 17 vol. en 3 séries, 1892-1903.

Les 4 premiers volumes avaient paru en 2 volumes en 1889 et 1891.

B. — Documents parlementaires.

Les documents parlementaires sont une autre source très importante. La librairie King a publié :

H. V. Jones, Catalogue of parliamentary papers, 1801-1900, with a few of an earlier date, 1904.

— Catalogue of parliamentary papers, 1901-1910, 1912.

Elle a fait paraître également de petits fascicules intitulés : Metropolis, London, Public Health, Labour, etc., donnant les titres des principaux documents parlementaires sur ces questions. Cette librairie et la librairie Wyman publient aussi un catalogue annuel des documents parlementaires.

Les catalogues Jones ont le défaut de ne pas donner les n⁰ˢ des volumes dans la classification de la Chambre des Communes et dans celle de la Chambre des Lords, ce qui rend les recherches difficiles.

Les documents parlementaires parus depuis le commencement du xixᵉ siècle sont, en effet, réunis officiellement en volumes ; mais bien que les documents soient les mêmes, sauf des exceptions peu importantes, ils ne sont pas arrangés de la même façon dans la collection des Lords et dans celle des Communes. Les catalogues de la première collection ne peuvent donc pas servir à faire des recherches dans la seconde, et réciproquement.

Les catalogues officiels sont :

1° House of Commons, Sessional papers :

I. Index to parliamentary papers, 1801-1852.

II. — 1853-1869.

III. — 1870-1879.

IV. — 1880-1889.

V. Index annuel depuis 1890.

2° House of Lords, Sessional papers :

I. Index to parliamentary papers, 1801-1859.

II. — 1859-1870.

III. — 1871-1885.

IV. — Index annuel depuis 1886.

Les bibliothèques suivent, soit la classification des Communes, soit celle des Lords, suivant qu'elles reçoivent l'une ou l'autre collection.

Parmi les documents parlementaires, la collection de 37 volumes publiée de 1909 à 1911 par la *Royal Commission on the Poor Laws* est, avec Booth, une des sources les importantes pour l'époque actuelle. Les différents rapports annexes sont classés plus loin d'après leur objet.

Le rapport général est intitulé :

Report of the Royal Commission on the Poor Laws and relief of distress, 1909.

Nous citons ce rapport d'après l'édition originale en 1 vol. in-folio. Il a été réimprimé en 3 vol. in-8. L'ouvrage se compose de deux rapports très différents de tendances, celui de la majorité de la Commission et celui de la minorité.

C. — Débats parlementaires.

Les débats parlementaires sont publiés dans une grande collection qui a porté des titres différents :

I. *Cobbett's Parliamentary Debates*, 1803-1812.
II. *Parliamentary Debates*, 1812-1829.
III. *Hansard's Parliamentary Debates*, 1830-1891.
IV. *Parliamentary Debates*, 1892 sq.

D. — Publications du Conseil de Comté.

Le Conseil de Comté a publié depuis sa fondation un grand nombre de documents et de rapports sur des questions intéressant l'administration, l'hygiène publique, les habitations ouvrières, etc. La librairie King en fait paraître des catalogues. Les principales publications annuelles sont :

London Statistics (depuis 1890-1891 ; 22 volumes parus).

Annual Report of the Council.

Cette dernière publication a d'abord porté le titre de *Annual Report of the proceedings of the Council* (in-folio). A partir de 1900-1901, le Conseil a fait paraître en outre un *Report of the Council* annuel (in-8) exposant dans le détail son rôle administratif. Ces deux publications ont été remplacées en 1910 par une seule, en 4 volumes, intitulée *Annual Report of the Council*.

E. — Périodiques.

Les principaux périodiques quotidiens à consulter sont :

The Times (conservateur). Index très utile, par ordre de matières, depuis 1798.

The Daily News (radical).

The Daily Chronicle (radical-socialiste).

En laissant de côté les grandes revues économiques (*Economic Journal, Economic Review, Economist, Journal of the R. Statistical Society*, etc.), les principaux périodiques non quotidiens sont :

The Municipal Journal (primitivement *London*). Hebdomadaire. Index annuel.

The Labour Gazette. Publication mensuelle du Board of Trade. Questions ouvrières.

The Labour Leader. Hebdomadaire ; socialiste.

The Women's Industrial News : *organ of the Women's Industrial Council*. Mensuel.

III. — Cartes et travaux géographiques.

Ralph Aggas, *Urbs Londinum*. Carte publiée vers 1591. Fac-similé par Overall et Francis, 1874.

R. Newcourt, *An exact delineation of the cities of London and Westminster and the suburbs thereof*, 1658.

J. Rocque, *An exact survey of the cities of London, Westminster, ye borough of Southwark and the country near*, 1745.

La librairie Stanford a publié des fac-similés de ces deux cartes, la première en 5 feuilles, la seconde en 16.

Le *Ordnance Survey* a fait paraître une série très complète de cartes de la région de Londres :

London and environs. General map., 1 inch to 1 mile.

Id.. Revised survey ; 6 inches to 1 mile (48 feuilles).

Id. Revised and extended survey : 25 inches to a 1 mile (160 feuilles).

Id. Revised and extended survey ; 5 feet to 1 mile (756 feuilles). En cours de publication et de révision.

Le *Geological Survey* a publié des cartes géologiques :

London and its environs ; 1 inch to 1 mile.

London District, drift edition ; 1 inch to 1 mile.

Et des mémoires explicatifs dont les principaux sont ceux qui ont été rédigés par H. B. Woodward :

Soils and subsoils from a sanitary point of view, with especial reference to London, 1906.

The geology of the London district, 1910.

La librairie Stanford a fait paraître une carte géologique du district de Londres (par J.-B. Jordan) à l'échelle de 6 inches to 1 mile (24 feuilles).

A. F. Webber, *The growth of cities in the nineteenth century*, 1899.

P. Meuriot, *Des agglomérations urbaines dans l'Europe contemporaine*, 1897.

H. J. Mackinder, *Britain and the British seas*, 1902.

Lozé, *Le bassin houiller du sud-est de la Grande-Bretagne* (*La Géographie*, 15 septembre 1907).

H. Schmidt, *Citybildung und Bevölkerungsverteilung in Grossstädten. Ein Beitrag zur Entwickelungsgeschichte des modernen Städtewesens*, 1909.

IV. — Histoire.

A. — Généralités.

John Stow, *A survey of London*, 1re éd., 1598 ; éd. définitive, 1603. Important ouvrage, souvent réimprimé. Bonne édition par C. L. Kingsford, 2 vol. 1908.

J. Strype, *A survey of the Cities of London and Westminster, by John Stow, corrected, improved and very much enlarged*, 2 vol., 1720.

W. Maitland, *The History of London from its foundation to the present time*, 1739, Nouvelle édition en 2 vol., 1756.

Thomas Pennant, *History of London*, 1790.

Th. Allen, *History and antiquities of London, Westminster and Southwark*, 1827-1828.

P. Cunningham, *Handbook of London*, 1849.

Pasquet   46

Nouvelle édition, très augmentée, par :

H. B. Wheatley, *London past and present*, 3 vol., 1891.

G. W. Thornbury and E. Walford, *Old and new London*, 6 vol., 1873-1878.

E. Walford, *Greater London*, 2 vol., 1883-1884.

W. J. Loftie, *A History of London*, 2 vol., 1883.

— *London City*, 1891.

— *London*, 1892 (dans la collection *Historic Towns*).

Sir Walter Besant, *The survey of London*.

   I. *Early London*, 1908.

   II. *Mediæval London*, 2 vol., 1906.

   III. *London in the time of the Tudors*, 1904.

   IV. *London in the time of the Stuarts*, 1903.

   V. *London in the XVIIIth century*, 1902.

   VI. *London in the XIXth century*, 1909.

   VII. *London City*, 1910.

   VIII. *London North*, 1911.

   IX. *London South*, 1912.

R. Sharpe, *London and the Kingdom*, 3 vol., 1894-1895.

D. Pasquet, *Le développement de Londres* (*Annales de géographie*, 15 juillet 1898, 15 janvier 1899).

W. Page (edited by), *The Victoria History of London*, vol. I, 1909.

Par divers auteurs. Comprend Londres breton et romain, une étude sur les objets de l'époque anglo-saxonne, l'histoire ecclésiastique de Londres, une étude sur les établissements religieux.

H. Douglas-Irvine, *History of London*, 1912.

L. C. C. (485). *The survey of London, being the first volume of the register of the Committee for the survey of the memorials of Greater London, containing the parish of Bromley-by-Bow*. (Edited by C. R. Ashbee).

G. L. Gomme, *The Gentleman's Magazine Library*, edited by G. L. Gomme, Parts XV, XVI, XVII, 1904-1905. Recueil de textes relatifs à Londres.

B. — Détails.

F. W. Reader, *Pile structures in the Walbrook* (*Archæological Journal*, 1903, t. LX).

— *Remarks on the primitive site of London* (*Ibid.*).

T. Rice Holmes, *Ancient Britain and the invasions of Julius Cæsar*, 1907.

H. Th. Riley, *Memorials of London and London life in the XIIIth, XIVth and XVth centuries, being a series of extracts from the early archives of the City of London*, 1868.

— *Liber Albus*, 1859 (Rolls series).

— *Liber Custumarum*, 1859 (Rolls series).

Ces trois publications renferment, sous forme d'introductions, d'importantes études sur Londres au moyen âge.

R. Pauli, *Bilder aus Alt-England*, 2e éd., 1876. Renferme une étude sur Londres au moyen âge.

J. H. Round, *The Commune of London and other studies*, 1899.

Dean Stanley, J. R. Green, etc. *Old London : papers read at the Congress of the Archæological Institute*, 1867.

T. F. Ordish, *Shakespeare's London*, 1904.

G. Duval, *Londres au temps de Shakespeare*, 1907.

W. R. Bisschop, *Rise of the London money market, 1640-1826*, 1910.

Sir W. Petty, *Economic writings*, éd. C. H. Hull, 2 vol., 1899. Trad. française par Dussauze et Pasquier sous le titre de *Œuvres économiques*, 1905.

H. B. Wheatley, *Hogarth's London,* 1909.

Ch. Welch, *Modern history of London,* 1896.

G. L. Gomme, *London in the reign of Victoria, 1837-1897,* 1898.

— *The governance of London,* 1907.

F. Miltoun, *Dickens' London,* 1904.

G. Brown, *Saint Pancras Vestry, 1718-1900 : a retrospect,* 1900.

E. T. Clarke, *Bermondsey,* 1901.

W. Herbert, *History of the twelve great Livery Companies of London,* 1836-1837.

V. — STATISTIQUES DE LA POPULATION.

P. P. *Report of Registrar-General on births, deaths and marriages* (annuel).

P. P. *Census of England and Wales* (décennal depuis 1801).

L. C. C. (379). *Census 1896,* 1897.

L. C. C. (627). *Report by the Statistical Officer on the Census of 1901,* 1903.

R. Price-Williams, *The population of London,* 1801-1881 (*J. of R. Statistical Society,* 1885, p. 349 sq.).

T. A. Welton, *A study of some portions of the Census of London for 1901 (J. of. the R. Statistical Soc.,* septembre 1902).

Mrs. Drake, *A study of infant life in Westminster*·(*J. of R. Statistical Soc.,* décembre 1908).

VI. — IMMIGRATION PROVINCIALE ET ÉTRANGÈRE.

E. Digby, *The extinction of the Londoner (Contemporary R.,* juillet 1904).

The London Irish (Blackwood's Magazine, juillet 1901).

J. E. Vincent, *The Welsh in London (Cornhill Magazine,* février 1904).

P. P., *Statistical Tables relating to emigration and immigration from and into the United Kingdom* (annuel).

P. P., *Reports from the Select Committee of the H. of. C. appointed to enquire into the laws existing in the U. S. and elsewhere on the subject of the immigration of destitute aliens,* 1888-1889.

P. P., *Reports on the volume and effects of recent immigration from Eastern Europe into the United Kingdom,* 1894.

P. P., *Report of Royal Commission on the immigration of destitute aliens, with evidence,* 1903.

Annual Report of H. M. Inspector under the Aliens Act, 1905 (annuel, depuis 1906).

W. H. Wilkins, *The alien invasion,* 1892.

Russo-Jewish Committee, *Statistics of Jewish population in London, 1873-1893,* 1894.

G. Drage, *Alien immigration (J. of the R. Statistical Society,* mars 1895).

W. Cunningham, *Alien immigrants in England,* 1897.

Dyche, *The Jewish immigrant (Contemporary R.,* mars 1899).

J. Smith, *The Jewish immigrant (Contemporary R.,* septembre 1899).

Russell and Lewis, *The Jew in London,* 1900.

A. E. Sayous, *L'immigration en Angleterre des Juifs russes et polonais (Grande Revue,* 1ᵉʳ janvier 1900).

A Quarterly Reviewer, *Aspects of the Jewish question,* 1902.

W. Evans-Gordon, *The alien immigrant,* 1903.

— *The stranger within our gates (Nineteenth Century,* février 1911).

Michael Davitt, *Within the Pale : the story of anti-semitic persecutions in Russia,* 1903.

Bernard Lazare, *Les Juifs en Roumanie,* 1902.

— *The Jews in Roumania (Contemporary R.,* février 1903).

M. O. Menchikoff, *The Jewish peril in Russia (Monthly R.,* février 1904).

M. J. Landa, *The alien problem and its remedy,* 1911.

A. E. Zimmern, *The Aliens Act : a challenge (Economic R.,* avril 1911).

— *Id. : a rejoinder (Ibid.,* octobre 1911).

N. B. Dearle, *The Aliens Act : a reply (Ibid.,* octobre 1911).

Aronides, *The problem before Anglo-Jewry (Contemporary R.,* juillet 1912).

Leo Wiener, *The history of yiddish literature in the XIXᵗʰ century,* 1899.

VII. — LA VIE A LONDRES.

Lieut. Col. Sexby, *The municipal parks, gardens and open spaces of London,* 1899.

E. Hénard, *Etudes sur les transformations de Paris,* fasc. 3 (*Les grands espaces libres, les parcs et les jardins de Paris et de Londres*), 1903.

Sir Walter Besant, *London,* 1892 ; nouv. éd., 1894.

— *Westminster,* 1895.

— *South London,* 1899.

— *East London,* 1901.

W. Bagehot, *Lombard Street* (Nouv. éd. avec introduction et additions par H. Withers, 1910).

Rév. A. O. Jay, *Life in darkest London,* 1891.

— *A story of Shoreditch, being a sequel to Life in darkest London,* 1896.

P. Fischer, *Das Oestende von London* (Berliner Arbeiter-Bibliothek, 2 fasc.), 1894.

Dendy, *Marriage in East London (Contemporary R.,* mars 1894).

G. Höfer, *Die Londoner Vulgärsprache,* 1896.

Economic Club, *Family Budgets,* 1896.

Sherwell, *Life in West London : a study and a contrast,* 1897.

Mrs. Bosanquet, *The standard of life and other studies,* 1898.

J. D. Brayshaw, *Slum silhouettes,* 1898.

Th. Holmes, *Pictures and problems from London Police Courts,* 1900.

Sidney Hallifax, *Annals of a doss house,* 1900.

A. Merry, *Cheap lodging houses for women (Humanitarian,* décembre 1900).

Mrs. S. Barnett, *Town children in the country (Nineteenth Century,* juillet 1900).

The London commissariat (Quarterly R., septembre 1854).

The food of London (Quarterly R., octobre 1899, janvier 1900).

A. Morrison, *Hooliganism (Pall Mall Magazine,* février 1901).

Th. Holmes, *The making of the hooligan (Contemporary R.,* octobre 1901).

Clarence Rook, *The Hooligan Nights,* 1901.

E. J. Urwick and Others, *Studies of Boy Life in our Cities*, 1904.

G. R. Sims, *Living London*, 3 vol., 1904-1906.

M. Loane, *The Queen's Poor*, 1905.

— *The next street but one*, 1907.

F. de Bernard, *Londres et la vie à Londres*, 1906.

R. A. Bray, *The Town Child*, 1907.

G. Haw, *From Workhouse to Westminster : the life story of Will Crooks, M. P.*, 1907.

W. Pett Ridge, *Faults of the Londoner* (*Nineteenth Century*, août 1909).

— *Virtues of the Londoner* (*Ibid.*, septembre 1909).

Alexander Paterson, *Across the bridges, or life of the South London Riverside*, 1911.

G. Acorn, *One of the multitude*, 1911.

Th. Holmès, *London's Underworld*, 1912.

Ch. Dickens, *Oliver Twist*, 1838.

Ch. Kingsley, *Alton Locke*, 1850.

Sir W. Besant, *All sorts and conditions of men*, 1882.

G. R. Gissing, *Demos*, 1886.

J. Zangwill, *Children of the Ghetto*, 1892.

A. Morrison, *Tales of mean streets*, 1894.

— *A child of the Iago*, 1896.

W. Pett Ridge, *Mord Em'ly*, 1898.

— *A Son of the State*, 1899.

— *Up side streets*, 1903.

— *Erb*, 1903.

— *Mrs. Galer's business*, 1905.

Edwin Pugh, *Mother-Sister*, 1900.

R. Whiteing, *N° 5, John Street*, 1899.

L. Cazamian, *Le roman social en Angleterre* (1830-1850), 1903.

VIII. — HABITATION ET HYGIÈNE PUBLIQUE

P. P. *Fourth Report of the Poor Law Commissioners, for 1838*, 1839.
    Rapports sur l'état sanitaire de Londres.

P. P. *Report from the Poor Law Commissioners on an inquiry into the sanitary condition of the labouring population of Great Britain*, 1842.

P. P. *Reports of Commissioners for inquiring into the state of large towns and populous districts*, 1844, 1845.

P. P. *Reports* (3) *of Royal Commission on means for improving the health of the Metropolis*, 1847-1848.

P. P. *Report of the Select Committee of the H. of C. on Artizans' dwellings*, 1882.

P. P. *Report of Royal Commission on the housing of the working classes, with evidence*, 1885.

L. C. C. (153). *Report on the sanitary condition of Saint-Saviour's, Southwark*.

L. C. C. (266-267). *Reports on the sanitary condition and administration of Lambeth*, 1895.

L. C. C. (274). *Report on the sanitary condition and administration of Fulham*, 1896.

L. C. C. (314). *Report on the sanitary condition of Holborn*, 1896.

L. C. C. (329). *Report on the sanitary condition of Clerkenwell*, 1897.

L. C. C. (351). *Report on the sanitary condition and administration of Saint-Luke*, 1897.

L. C. C. (397). *Report on the sanitary condition of Saint-Pancras*, 1898.

L. C. C. (454). *Report on the sanitary condition of Kensington*, 1899.

L. C. C. (302, 352, 610). *Reports by the Medical Officer as to the operation of by-laws dealing with houses let in lodgings*.

L. C. C. *Housing of the working classes. Opening ceremony by H. R. H. The Prince of Wales of the Boundary Street area, Bethnal Green*, 1900.

L. C. C. (503). *The housing question in London : being an account of the housing work done by the Metropolitan Board of Works and the L. C. C. between 1855 and 1900*, 1900.

L. C. C. (1555). *Housing of the working classes, 1855-1912*, 1913. Suite du précédent.

L. C. C. (706). *Houses adapted as tenement houses*, 1904.

L. C. C. (917). *Opening of Kingsway and Aldwych : historical and descriptive pamphlet*, 1905.

L. C. C. (666). *Return as to the uniformity of building and sanitary regulations in and near London*, 1902.

L. C. C. (1210), *Report by the Statistical Officer on the present aspects of the housing question in London*, 1908.

A. Macmorran and E. J. Naldrett, *The Public Health London Act, 1891*, 2ᵉ éd., 1910.

F. Howkins, *Housing Acts, 1890-1909, and Town Planning as applied to Great Britain*, 1910.

Octavia Hill, *Homes of the London poor*, 1875 ; nouv. éd., 1883.

W. Ruprecht, *Die Wohnungen der arbeitenden Klassen in London*, 1884.

P. F. Aschrott, *Die Arbeiterwohnungsfrage in England*, 1886.

E. Hodder, *The life and work of the seventh Earl of Shaftesbury*, 3 vol., 1886.

United States Government, *The housing of the people. Eighth special report of the Commissioner for Labor : Report on the housing problem in Europe by Dr. Gould*, 1895.

F. Bowmaker, *The housing of the working classes*, 1895.

Sir John Simon, *English sanitary institutions, reviewed in their course of development and in some of their political and social relations*, 2ᵉ éd., 1898.

Mrs. C. L. Lewes, *Dr. Southwood Smith : a retrospect*, 1898.

C. S. Bremner, *London buildings* (Fortnightly R., août 1899).

L. Ilbert, *Pioneers in housing* (Economic R., octobre 1899).

G. Haw, *No room to live : the plaint of overcrowded London*, 1899.

Fabian Society, *The house famine and how to relieve it* (Tract 101), 1900.

R. Donald, *Housing the poor* (Contemporary R., mars 1900).

Alice Lewis, *The housing of the poor in London* (Economic R., avril 1900).

Mrs. L. Fisher, *Elements of the housing problem* (Economic R., octobre 1900).

H. Barrau, *Le congrès international des habitations à bon marché* (Bulletin du Musée social, juillet 1900).

Ch. Lucas, *Etude sur les habitations à bon marché en France et à l'étranger*, 1900.

F. von Oppenheimer, *Die Wohnungsnot und Wohnungsreform in England*, 1900.

Mrs. Phillimore, *The overcrowding of the poor* (*Monthly R.*, mars 1901).

J. Sykes, *The results of State, municipal and organized private action on the housing of the working classes* (*J. of the R. Statistical Soc.*, juin 1901).

W. Lehwers, *Englische Arbeiterwohnungen* (Extrait de la *Zeitschrift für Bauwesen*), 1904.

H. Jephson, *The sanitary evolution of London*, 1907.

E. Harmant, *La question des habitations à bon marché au congrès de Londres*, 1908.

Mansion House Council on the dwellings of the Poor, *The dwellings of the Poor* (Rapports annuels de 1885 à 1898).

— *The present position of the housing problem in London*, 1908.

B. L. Hutchins, *The Public Health agitation, 1833-1848*, 1909.

Mary Higgs and E. E. Hayward, *Where shall we live?* 1910.

Etude sur la question des logements pour les ouvrières.

C. E. Maurice, *Life of Octavia Hill as told in her letters*, 1913.

IX. — COMMUNICATIONS.

Board of Trade, *Workmen's trains on the Metropolitan lines. Report by Major Marindin*, 1883.

— *Workmen's trains on the Metropolitan lines. Statements furnished to the B. of T. by the Railway Companies, 1889*, 1890.

L. C. C. (89), *Report of the Public Health and Housing Committees on workmen's trains*, 1893.

L. C. C. (366), *Report by the Statistical Officer on the need for a general extension of workmen's trains to 8 A. M.*, 1897.

L. C. C. (380), *History of London street improvements, 1855-1897* (by J. P. Edwards), 1898.

P. P., *Report of the joint Committee of the H. of L. and the H. of C. on London underground railways*, 1901.

P. P., *Report of the Royal Commission appointed to inquire into and report upon the means of locomotion and transport in London*, 1905. *Minutes of evidence, appendices, maps and diagrams, reports by Advisory Board of Engineers*, 1906 (8 vol.).

P. P., *Report of the London Traffic Branch of the Board of Trade* (annuel depuis 1908).

Ch. Booth, *Improved means of locomotion as a first step towards the cure of the housing difficulties of London*, 1901.

H. C. Moore, *Omnibuses and cabs : their origin and history*, 1902.

S. Low, *The tangle of London locomotion* (*Nineteenth Century*, décembre 1902).

G. S. Swinton, *London congestion and cross-traffic* (*Nineteenth Century*, mai 1903).

E. J. Harper, *Statistics of London traffic* (*J. of the R. Statistical Soc.*, 1904, p. 177 sq.).

X. — COMMERCE ET PORT.

P. P., *Annual statement of trade of the United Kingdom with foreign countries and British possessions* (annuel).

P. P., *Statistical Abstract for the United Kingdom* (annuel).

P. P., *Annual statement of navigation and shipping* (annuel).

W. Cunningham, *The growth o English Industry and Commerce in the Middle Ages*, 1890.
— *The growth of English Industry and Commerce in Modern Times*, nouv. éd. en 2 vol., 1903.

A. L. Bowley, *England's foreign trade in the XIXth century*, 1893.

C. Rozenraad, *History of the growth of London as the financial centre of the world*, 1903.

P. P., *Reports from the Committee appointed to inquire into the best mode of providing sufficient accommodation for the increased trade and shipping of the port of London*, 1796, 1799, 1900.

P. P., *Report of the Lover Thames navigation Commission*, 1896.

L. C. C., *Return of information relating to the docks, river and port of London* : I (434). *Extent, limits and general character of the port*, 1899.
II (463). *Authorities of the port*, 1900.

P. P., *Report of Royal Commission on the port of London, with evidence and appendix*, 1902.

P. P., *Report of the joint Select Committee of the H. of L. and the H. of C. on the Port of London Bill, with evidence and appendices*, 1908.

P. P., *Report and accounts of the Thames Conservancy Board* (annuel).

P. P., *Annual Report of the Port of London Authority* (annuel depuis 1909-1910).

Baron Ch. Dupin, *Voyages en Grande-Bretagne*. VI. *Force commerciale. Côtes et ports*, 1826.

Ch. Capper, *The port and trade of London*, 1862.

L. F. Vernon-Harcourt, *Harbours and docks*, 2 vol. dont un de plans, 1885.

H. V. Hart-Davis, *London, a seaport* (*Monthly R.*, mars 1901).

Lord Egerton of Tatton, *The port of London* (*Nineteenth Century*, juillet 1902).

F. Miller, *The port of London* (*Nineteenth Century*, novembre 1902).

Aron, *Etude de l'administration actuelle du port de Londres et du projet présenté au Parlement* (*Annales des Ponts et Chaussées*, 1902, IV).

Sir Henry D. Le Marchant, *The port of London* (*National R.*, janvier 1903).

The Port of London (*Quarterly R.*, janvier 1903).

K. Wiedenfeld, *Die nordwesteuropäischen Welthäfen in ihrer Verkehrs- und Handelsbedeutung*, 1903.

Feuillâtre, *Le port de Londres* (*Annales des Sciences politiques*, janvier 1906).

Barber, Dibdin, Hennell, Beadle and Urquhart, *The port of London and the Thames barrage*, 1907.

D. Pasquet, *La décadence du port de Londres* (*Revue de Paris*, 1er et 15 septembre 1907).

Levainville, *Les transformations du port de Londres* (*Bulletin de la Soc. de Géogr. commerciale*, avril 1911).

F. A. Howe, *The sensitiveness of the modern seaport* (*Economic Journal*, septembre 1912).

XI. — LE TRAVAIL À LONDRES.

A. — Conditions générales.

Ministère du Travail, Office de la Statistique, *Répertoire technologique des noms d'industries et de professions — français, anglais, allemands — avec notices descriptives sommaires,* 1909.

P. P., *Census of England and Wales. Tables of the population showing the occupations of the people* (1861, 1871, 1881, 1891).
A partir de 1901, chaque comté est publié séparément.

P. P., *Condition of the working classes. Report to the L. G. B. and tabulation of statements made by men living in certain districts of London,* 1887.

P. P., *Reports on the social condition of factory and workshop female operatives in the Central Metropolitan District,* 1887.

P. P., *Reports (6) of Royal Commission on Labour, with evidence, appendices and special reports,* 1891-1894, 67 parties.
Les volumes qui intéressent Londres sont surtout :
Section A, vol. III (Métallurgie).
Section B, 3 vol. (Transports).
Section C, vol. II et III (Habillement, construction, industries diverses).
The employment of women : reports by Lady assistant Commissioners.
La Commission a fait paraître une série de volumes où sont résumées les dépositions.

Board of Trade, *Workmen's cooperative societies in the United Kingdom,* 1901.
— *Report on industrial and agricultural cooperative societies in the U. K.,* 1912.

L. C. C. (1142), *Women's Trades : Report of Education Committee,* 1908.

Board of Trade, *Memoranda, Statistical Tables and Charts... with reference to various matters bearing on British and foreign trade and industrial conditions,* 1903.
Contient un *Memorandum on cost of living of the working classes.*

— *British and Foreign Trade and Industry. Second series of Memoranda, Statistical Tables and Charts,* 1905.
Enquêtes sur le coût de la vie, les loyers, le chômage, etc.

— *Statistical Tables and Charts relating to British and foreign trade and industry,* 1909.
Continuation des rapports parus en 1903 et 1905 (Commerce, prix des objets de consommation, salaires, chômage, etc.).

— *Charts illustrating the statistics of trade employment and conditions of labour in the U. K. prepared for the New Zealand Exhibition,* 1906.

P. P., *Report of inter-departmental Committee on physical deterioration, with evidence, appendix and index,* 1904.

P. P., *Report of departmental Committee on Government factories and workshops,* 1907.
Enquête sur la concentration des manufactures nationales à Londres.

P. P., *Report of Committee on the wages, position and conditions of employment of Post Office servants, with evidence,* 1907.

Local Government Board, *Report* (by Hon. G. Walsh) *on Dock labour in relation to Poor Law relief,* 1908.

Board of Trade, *Cost of living of the working classes. Report of an enquiry into working class rents, housing and retail prices, together with the standard rates of wages... in the principal industrial towns of the U. K.,* 1908.

Local Government Board, *Statistical Memoranda and Charts relating to public health and social conditions,* 1909.

Mouvement de la population, hygiène publique, professions et chômage, paupérisme, contributions locales, etc.

P. L. C., 1909. App. vol. XVI. *Report* (by A. D. Maitland and Miss R. E. Squire) *on the relation of industrial and sanitary conditions to pauperism*, 1909.
Rapport spécial sur Londres et rapport général.

Board of Trade, *Report on profit-sharing and labour co-partnership in the U. K.*, 1912.

P. P., *Annual Report of the Chief Inspector of Factories and Workshops* (annuel depuis 1834).

Board of Trade, *Annual Abstract of Labour Statistics of the United Kingdom* (annuel depuis 1891).

—— *Report on strikes and lock-outs and on Conciliation and Arbitration Boards in the U. K.* (annuel depuis 1888).

— *Report on Trade Unions* (annuel depuis 1887, sauf en 1889-1890 et en 1894-1895).

C. R. Weld, *On the condition of the working classes in the Inner Ward of St-George's, Hanover Square* (J. of Statistical Soc., 1843).

R. W. Rawson, *Results of some inquiries into the condition and education of the poorer classes in the parish of Marylebone in 1838* (J. of the Statistical Soc., 1843).

Fr. Engels, *Die Lage der arbeitenden Klasse in England*, 1845.
Traduction anglaise (1892) sous le titre de *Condition of the working classes in England in 1844*, avec préface d'Engels.

J. D. Tuckett, *A history of the past and present state of the labouring population*, 2 vol. 1846.

Report of a Committee of the Statistical Society on the state of the inhabitants and their dwellings in Church Lane, Saint-Giles (J. of the Statistical Soc., 1848).

Report from a Committee appointed to make an investigation into the state of the poorer classes in Saint-George's in the East (J. of the Statistical Soc., 1848).

H. Mayhew, *London Labour and the London Poor*, 3 vol., 1851 ; nouv. éd., 4 vol. 1861-1862.

J. Mills, *On credit cycles and the origin of commercial panics* (Transactions of the Manchester Statistical Soc., 1867-1868).

H. L. Smith and V. Nash, *The story of the dockers' strike told by two East Londoners*, 1889.

H. H. Champion, *The great dock strike*, 1890.

S. and B. Webb, *A bibliography of Trade Unionism*, 1894.

B. and S. Webb, *A History of Trade Unionism*, 1896 ; nouv. éd., 1911.
Bibliographie. La préface de la nouvelle édition résume les événements survenus de 1896 à 1911.
Traduction par A. Métin, 1897.

P. de Rousiers, *La question ouvrière en Angleterre*, 1895.
— *Le Trade-Unionisme en Angleterre*, 1896.

G. Drage, *The Labour Problem*, 1896.

Mrs. Bosanquet, *Rich and poor*, 1896.

F. W. Galton, *Select documents illustrating the history of Trade Unionism. I. The tailoring trade*, 1896.

B. and S. Webb, *Industrial Democracy*, 2 vol., 1897 ; 2e éd., 1902.

Bibliographie, complétant celle qui a paru dans *A History of Trade Unionism.*

B. and S. Webb, *Problems of modern Industry*, 1898.

E. Deiss, *A travers l'Angleterre industrielle et commerciale*, 1898.

E. W. Brabrook, *Provident Societies and industrial welfare*, 1898.

G. F. Steffen, *Studien zur Geschichte der englischen Lohnarbeiter*. Aus dem Schwedischen übersetzt, 3 parties, 1901-1904.

Gillès de Pélichy, *Le régime du travail dans les principaux ports de mer de l'Europe*, 1899.

A. Métin, *Législation ouvrière et sociale en Australie et Nouvelle-Zélande* (Office du Travail), 1901.

— *Le socialisme sans doctrines*, 1901.

P. Mantoux et M. Alfassa, *La crise du Trade-Unionisme*, 1903.

B. L. Hutchins and A. Harrison, *History of factory legislation*, 1903.

J. Ramsay Macdonald, *Women in the printing trades : a sociological study*, 1904.

J. Cernesson, *Les sociétés coopératives anglaises*, 1905.

A. Shadwell, *Industrial efficiency*, 2 vol., 1906.

E. G. Howarth and Mina Wilson, *West Ham : a study in social and industrial problems*, 1907.

Gertrude M. Tuckwell and Others, *Woman in industry*, 1908.

J. Bardoux, *L'ouvrier anglais. Le Labour Party* (Musée social, Mémoires et documents, 1908, p. 233 sq.).

Anna Martin, *The married working woman* (Nineteenth Century, décembre 1910 et janvier 1911).

J. Ellis Barker, *The labour revolt and its meaning* (Nineteenth Century, septembre 1911).

G. F. Steffen, *Die Demokratie in England*, 1911.

B. S. Rowntree, *The industrial unrest* (Contemporary R., octobre 1911).

H. Spender, *The London Port strike* (Contemporary R., août 1912).

S. Barnett, *Our present discontents* (Nineteenth Century, février 1913).

M. Tougan-Baranowsky, *Les crises industrielles en Angleterre*, 1913.

B. — Salaires et durée du travail.

PP. *Returns of wages published between 1830 and 1886*, 1887.

Board of Trade, *Return showing the average number of hours worked as a weeks's work in the chief trade centres in 1850, 1860, 1870, 1880 and 1890*, 1890.

— *Wages of the manual labour classes in the U. K.*, 1893. Rapport général sur l'enquête faite en 1886.

— *Standard time rates of wages in the U. K.* Paru en 1893, 1900, 1906, 1909, 1910, 1912.

— *Standard piece rate of wages in the U. K.* Paru en 1893, 1900.

— *Earnings and hours enquiry. Report of an enquiry into the earnings and hours of labour of workpeople in the U. K.*

    Les volumes intéressant Londres sont :

    II. *Clothing trades in 1906*, 1909.

    III. *Building and woodworking trades in 1906*, 1910.

    VI. *Metal, engineering and shipbuilding trades in 1906*, 1911.

    VIII. *Paper, printing, etc. trades in 1906*, 1913.

P. P., *Report of Fair Wages Committee, with appendices, evidence and index*, 1908.

P. P., *Report (by E. Aves) on Wages Boards and Industrial Conciliation and Arbitration Acts of Australia and New Zealand*, 1908.

Board of Trade, *Report on changes in wages and hours of labour* (annuel depuis 1893).

D. Schloss, *Methods of industrial remuneration*, 1894. Traduction française par Ch. Rist en 1902 sous le titre *Les modes de rémunération du travail*.

A. Bowley, *Wages in the United Kingdom in the XIXth century*, 1900.

Th. Whittaker (Chairman of Home Work Committee), *A minimum wage for home workers* (*Nineteenth Century*, septembre 1908).

R. Böhringer, *Die Lohnämter in Victoria*, 1911.

R. Broda, *La fixation légale des salaires* (*Expériences de l'Angleterre, de l'Australie et du Canada*), 1912. Contient une bibliographie.

Ph. Snowden, *The living wage*, 1912.

S. Webb, *The economic theory of a legal minimum wage* (*Journal of Political Economy*, décembre 1912).

F. Kelley, *Minimum wage laws* (*Journal of Political Economy*, décembre 1912).

C. — Chômage.

Isabel Taylor, *A Bibliography of unemployment and the unemployed*, 1909.

Board of Trade, *Report (by L. Smith) on agencies and methods for dealing with the unemployed*, 1893.

P. P., *Reports from the Select Committee of the H. of C. on distress from want of employment, with evidence*, 1895-1896.

L. C. C. (662), *Lack of employment in London : minutes of proceedings of a conference*, 1903.

Report of the Mansion House Committee on the Unemployed, 1903-1904, 1904.

Report of the Central Executive Committee of the London Unemployed Fund, 1904-1905, 1905.

P. P., *Unemployed relief (London). H. of C. return*, 1905.

P. P., *Report (by H. D. Lowry) on Labour Bureaux*, 1906.

P. L. C., 1909, App. vol. XIX. *Report (by C. Jackson and the Rev. J. C. Pringle) on the effects of employment or assistance given to the unemployed since 1886 as a means of relieving distress outside the Poor Law*, 1909.

   Important rapport.

P. L. C., 1909, App. vol. XXVII. *Replies of Distress Committees to questions circulated on the subject of the Unemployed Workmen Act*, 1909.

   Londres, p. 1-26. Réponses très contradictoires.

P. L. C. 1909. App. vol. VIII. *Minutes of evidence, relating chiefly to the subject of unemployment*, 1910.

P. L. C., 1909, App. vol. IX. *Minutes of evidence, relating to the subject of unemployment*, 1910.

P, P., *Return of proceedings of Distress Committees in England and Wales and of the Central (Unemployed) Body for London* (annuel depuis 1906).

Report of the Central (Unemployed) Body for London (annuel depuis 1905-1906, sauf pour les deux années 1907-1909 qui sont réunies en un seul rapport).

G. Drage, *The Unemployed*, 1894.

J. A. Hobson, *The meaning and measure of unemployment* (*Contemporary R.*, mars 1894).

J. A. Hobson, *The problem of the unemployed*, 1896.

A. Woodworth, *Report of an inquiry into the condition of the unemployed, conducted under the Toynbee Trust, winter 1895-1896*, 1897.

Beveridge and Maynard, *The unemployed : lessons from the Mansion House Fund* (*Contemporary R.*, novembre 1904).

Charity Organisation Society, *Report of special Committee on the relief of distress due to want of employment*, 1904.

W. Booth, *The vagrant and the unemployable : a proposal for the extension of the land and industrial colony system*, 1904,

Percy Alden, *The unemployed, a national question*, 1905.

H. Rider Haggard, *The Poor and the Land : being a report on the Salvation Army colonies*, 1905.

R. A. Leach, *The Unemployed Workmen Act, 1905*, 1905.

E. Kelly, *Unemployables*, 1907.

N. B. Dearle, *Problems of unemployment in the London building trades*, 1908.

W. H. Davies, *The autobiography of a super-tramp*, 1908.

W. H. Davies, *How it feels to be out of work* (*English Review*, décembre 1908),

Charity Organisation Society, *Special Committee on unskilled labour. Report and minutes of evidence*, 1908.

W. H. Beveridge, *Unemployment : a problem of industry*, 1909.

Claire Gérard, *Les industries féminines anglaises ; la lutte contre le chômage* (*Musée social. Mémoires et documents*, 1909, p. 133 sq.).

— *Ouvrières anglaises. Les Trade-Unions et le projet d'assurance contre le chômage* (*Ibid.*, p. 341 sq.).

H. Stanley Jevons, *The causes of unemployment* (*Contemporary Review*, mai, juillet, août 1909).

Influence de l'éducation primaire, du trade-unionisme, des conditions atmosphériques dues aux variations de l'activité solaire.

W. M. Lightbody, *The problem of unskilled labour* (*Economic R.*, octobre 1909).

D. F. Schloss, *Insurance against unemployment*, 1909.

Ph. de Las Cases, *Le chômage*, 1909.

C. Jackson, *Unemployment and Trade Unions*, 1910.

L. A. de Lavergne et P. Henry, *Le chômage : causes, conséquences, remèdes*, 1910.

J. Tawney, *Women and unemployment* (*Economic Journal*, mars 1911).

Claire Gérard, *Le chômage en Angleterre et le fonctionnement des Labour Exchanges*, 1911.

S. Webb and A. Freeman (edited by), *Seasonal Trades*, 1912.

D. Bellet, *Le chômage et son remède*, 1912.

M. Bellom, *La loi anglaise d'assurance sociale de 1911* (*Journal des économistes*, juillet, septembre, octobre et décembre 1912, mars et juin 1913).

J. Lefort, *L'assurance contre le chômage en France et à l'étranger*, 1913.

D. — Sweating system,

P. P., *Report by Mr. John Burnett on the sweating system in the East End of London*, 1887.

P. P., *Reports (5) from the Select Committee of the H. of L. on the sweating sys-tem in the United Kingdom, with evidence, appendices and index*, 1888-1890.

P. P., *Reports from the Select Committee on Home Work, with evidence and ap-pendix*, 1907-1908.

A. E. Sayous, *Les travailleurs de l'aiguille dans l'East End vers le milieu du XIXe siècle (R. d'économie politique*, novembre 1899).

Th. Holmes, *Home industries (Contemporary R.*, mars 1900).

A. E. Sayous, *L'entre-exploitation des classes populaires à Whitechapel (Mémoires et documents du Musée Social*, 1902, p. 262 et suiv.).

G. Halpern, *Die Jüdischen Arbeiter in London* (Münchener Volkswirthschaftli-che Studien, 60), 1903.

   Bonne étude, d'après les documents anglais et yiddish, avec bibliographie.

T. Cotelle, *Le sweating system, étude sociale*, 1904.

Clementina Black, *Sweated industry and the minimum wage*, 1907.

Women's Industrial Council, *Home industries of women in London : report of an inquiry*, 1908.

Mrs. Carl Meyer and Clementina Black, *Makers of our clothes : a case for Trade Boards*, 1909.

   Enquête sur le travail des femmes à Londres dans la confection, la lin-gerie, etc.

E. Lyttleton, *Wages Boards (Contemporary R.*, février 1909).

G. Mény, *Le travail à domicile ; ses misères ; ses remèdes*, 1910.

G. Mény, *La lutte contre le sweating system*, 1910.

   Etude et bibliographie assez complètes, mais surtout pour la France.

P. Boyaval, *La lutte contre le sweating system : le minimum légal de salaire; l'exemple de l'Australie et de l'Angleterre*, 1912.

E. — Travail des enfants et apprentissage.

P. P., *Return. Elementary Schools. Children working for wages*, 1899.

L. C. C. (468), *Employment of children out of school hours*, 1900.

L. C. C. (925), *The apprenticeship question*, 1906.

P. P., *Report of departmental Committee on the Employment of Children Act, 1903, with evidence*, 1910.

P. L. C., 1909. App. vol. XX. *Report* (by C. Jackson) *on boy labour*, 1909.

Board of Trade and Board of Education, *Memorandum as to cooperation bet-ween Labour Exchanges and the local Education Authorities*, 1911.

P. P., *Report on the bye-laws made by the London County Council under the Em-ployment of Children Act, 1903*, 1911.

The Children's Labour Question, 1899. Réimpression d'articles du *Daily News*.

F. W. Baggalay, *Child labour in factories and workshops. (Economic R.*, juillet 1909).

R. A. Bray, *The apprenticeship question (Economic Journal*, septembre 1909).

N. Chamberlain, *Labour Exchanges and boy labour (Economic R.*, octobre 1909).

R. H. Tawney, *The economics of boy labour (Economic Journal*, décembre 1909).

D. Dewar, *The Children Act, 1908, and other Acts affecting children*, 1910.

G. W. Knowles, *Junior Labour Exchanges*, 1910.

K. Medley, *Van boy labour (Economic R.*, janvier 1911).

A. Greenwood, *Juvenile Labour Exchanges and After Care*, 1911.

F. Keeling, *The Labour Exchange in relation to boy and girl labour*, 1911.

R. A. Bray, *Boy labour and apprenticeship*, 1911.

Apprenticeship and skilled employment Association, *Trades for London boys and how and how to enter them*, 1912.

E. N. Clopper, *Child Labour in City Streets*, 1912.

XII. — Paupérisme.

A. — Questions générales.

P. P., *Reports of the Commissioners of inquiry concerning charities, 1818 to 1837, as completed to the present time*.

> Trois enquêtes successives ont été faites au XIXᵉ siècle sur les fondations charitables de Londres, la première en 1825-1830, la deuxième en 1847-1848, la troisième de 1894 à 1904. Les résultats de cette dernière ont été réunis en 4 volumes.

P. P., *Report of Royal Commission for inquiring into the administration and practical operation of the Poor Laws, with evidence, reports of assistant commissioners and appendices*, 16 parties, 1834 (Le rapport a été réimprimé en 1906).

> Rapport très important. — Dans *Appendix A, part. III*, dépositions relatives à Londres. Dans *Extracts from the information received by the Commissioners* (1833), rapport sur Londres, par E. Chadwick.

P. P., *Report to the Poor Law Board (by G. Coode) on the laws of settlement and removal of the Poor*, 1851-1854.

E. H. Wodehouse, *Report on outdoor relief* (23ʳᵈ Report of Poor Law Board 1870-1871).

H. Longley, *Report on outdoor relief in the Metropolis* (Third Annual Report of L. G. B., 1873-1874).

— *Report on indoor relief in the Metropolis* (4ᵗʰ Annual Report of L. G. B., 1874-1875).

P. P., *Report of Royal Commission on the condition and administration of the parochial charities in the City of London*, 1880, 4 vol.

P. P., *Report of the Select Committee of the H. of L. on Poor Law relief*, 1888.

P. P., *Report of Select Committee of H. of C. on Cottage Homes Bill, with evidence*, 1899.

E. D. Court, *Report on casual wards* (34ᵗʰ Annual Report of the L. G. B., 1904-1905).

P. P., *Report of departmental Committee on vagrancy*, 1906.

> Rapport sur le vagabondage et le système des *casual wards*. Résumé dans Beveridge, *Unemployment*, app. C.

Local Government Board, *Report on Poplar Union* (by J. S. Davy), 1906.

P. P., *Information obtained from certain police forces as to the frequenting of public houses by women and children*, 1907.

P. L. C., 1909. App. vol. XIII, *Special reports from the dioceses in England and Wales as to the extent and intensity of poverty and the administration of charitable and Poor Law relief*, 1909.

P. L. C., 1909. App. vol. XVII, *Report* (by Miss C. Williams and Mr. Th. Jones) on the effect of outdoor relief on wages and the conditions of employment, 1909.

> Rapport spécial sur Londres et certaines unions de Londres ; rapport général (par M. Jones).

P. L. C.,1909. App. vol. XXII, *Report on the overlapping of the work of the voluntary general hospitals with that of the Poor Law medical relief*, 1909.

P. L. C., 1909.App. vol. XXVIII, *Reports of visits to Poor Law and charitab le Institutions and to the meetings of local authorities*, 1909.

     Londres, p. 175-207.

P. L. C., 1909. App. vol. XII. *Memoranda by individual Commissioners on various subjects*, 1910.

     Etudes sur l'histoire de la loi des pauvres et sur certains points spéciaux.

Mrs. Spencer, *The history of Poor Law administration in Poplar, 1837-1906* (dans *P. L. C., App. vol. XII*, 1910).

Mrs. S. Webb, *Medical services of the Poor Law and Public Health departments* (dans *P. L. C., App. vol. XII*, 1910).

P. L. C., 1909. App. vol. XXI, *Report* (by Miss Harlock) *on the refusal of out-relief in certain London and provincial Unions*, 1910.

P. L. C., 1909. App. vol. XXV, *Statistics relating to England and Wales*, 1911.

     Statistique du paupérisme, surtout d'après le recensement spécial de 1906.

P. P., *Annual Report of the Poor Law Commissioners*, 1835 à 1848.

P. P., *Annual Report of the Poor Law Board*, 1848 à 1871.

P. P., *Annual Report of the Local Government Board* (annuel depuis 1871-1872).

P. P., *Annual Report of Charity Commissioners* (annuel depuis 1853).

L. C. C., *Census of homeless persons*.

     Recensement annuel depuis 1905. Fait pendant une nuit de février.

J. B. Little, *The Poor Law Statutes*, 3 vol., 1901-1902.

A. and M. S. J. Macmorran, *The Statutes in force relating to the Poor Laws*, 2 vol., 1890.

A. Macmorran and S. Lushington, *Poor Law General Orders*, 1890.

W. C. and R. C. Glen, *General Orders relating to the Poor Law*, 1898.

H. Jenner-Fust, *Poor Law Orders*, 2º édit., 1907.

— *Poor Law Orders, 1911*, 1912 (supplément au précédent).

Sir F. M. Eden, *The State of the Poor, or a history of the labouring classes in England from the Conquest to the present period*, 3 vol., 1797.

Sir G. Nicholls, *A History of the English Poor Law*, 1854. Nouvelle édition, 2 vol., 1897. Volume supplémentaire, par Th. Mackay, 1899.

P. F. Aschrott, *Das englische Armenwesen*, 1886.

— *Entwickelung des Armenwesens in England seit dem Jahre 1885*, 1898.

     Traduit en anglais par H. Preston-Thomas (*The English Poor Law system*, 1888). Nouvelle édition augmentée, 1902.

Graham Wallas, *History of the Poor Law* (*Cooperative Wholesale Society's Annual*, 1894).

E. M. Leonard, *The early history of English Poor relief*, 1900.

     Origines de la loi des pauvres.

T. R. Malthus, *Essay on the principle of population* (1ʳᵉ éd., anon., 1798 ; dernière édit. revue par l'auteur, 1826).

     Traduction française (1845) sous le titre de : *Essai sur le principe de la population*, dans la Collection des grands économistes (Guillaumin).

Jéremy Bentham, *Observations on the Poor Bill* (*Works*, éd. Bowring, VIII).

— *Outline of a work entitled Pauper management improved* (*Ibid.*).

J. H. Stallard, *London Pauperism amongst Jews and Christians*, 1867.

W. G. Lumley, *On the present state of the administration of the relief of the Poor in the Metropolis* (*J. of Statistical Society*, 1858, t. XXI).

Dr. E. Hart, *The condition of our State Hospitals* (*Fortnightly R.*, décembre 1865).

H. Fawcett, *Pauperism, its causes and remedies*, 1871.

Charity Organisation Society, *Of the best means of dealing with exceptional distress : the report of a special Committee of the C. O. S.*, 1886.

— *Report of special Committee on the homeless poor of London*, 1891.

A. White, *The destitute alien in Great Britain*, 1892.

J. A. Hobson, *Problems of poverty : an inquiry into the industrial condition of the poor*, 1891.

T. W. Fowle, *The Poor Law*, 1892.

Dr. Hunter, *Outdoor relief : is it so very bad ?* (*Contemporary R.*, mars 1894).

E. Chevalier, *La loi des pauvres et la société anglaise*, 1895.

Louisa Twining, *Workhouses and pauperism*, 1898.

S. Barnett, *The homes of the homeless* (*Cornhill Magazine*, juillet 1899).

W. N. Crawford, *Behind workhouse walls* (*Contemporary R.*, juin 1899).

E. M. Shaw, *The workhouse from the inside* (*Contemporary R.*, octobre 1899).

Poor Law Reform (*Quarterly R.*, janvier 1900).

Edith Sellers, *In the day-room of a London workhouse* (*Nineteenth Century*, septembre 1902).

W. Chance, *A decade of London pauperism* (*J. of the R. Statistical Society*, septembre 1903).

C. S. Loch, *The development of Charity Organisation* (*Charity Organisation Review*, février 1904).

P. H. Ditchfield, *The City Companies of London and their good works*, 1904.

A. E. Copping, *Pictures of poverty : studies of distress in West Ham*, 1905.

W. E. Brown, *The Saint Pancras poor : a record of their treatment from 1718 to 1904*, 1905.

Y. E. de Froment. *L'assistance légale et la lutte contre le paupérisme en Angleterre*, 1905.

L. Hope Cornford, *The canker at the heart : being studies of the life of the poor in the year 1905*, 1906.

Dr. J. B. Cook, *An examination of the amount of indoor pauperism in 3 metropolitan boroughs, and of the causes which led to this pauperism* (*J. of R. Statistical Soc.*, mars 1908).

Mrs. Grossmann, *Poverty in London and in New Zealand : a study in contrasts* (*Nineteenth Century*, juillet 1908).

Arthur Paterson, *The administration of charity*, 1908.

Dr. L. Shaw, *The future of the voluntary hospital and its relation to a reformed Poor Law medical service* (*British Medical Journal*, 20 juin 1908).

S. A. Barnett, *The Poor Law Report* (*Contemporary R.*, avril 1909).

P. E. Braun, *The cost, conditions and results of hospital relief in London* (*J. of R. Statistical Soc.*, mars 1909).

B. and S. Webb, *English Poor Law Policy*, 1910.

Exposé critique des « principes de 1834 », des « principes de 1907 » et des mesures proposées par la Commission de 1905-1909.

S. and B. Webb, *The prevention of destitution*, 1911.

   Traduit en français (1913) sous le titre de *La lutte préventive contre la misère*.

N. Pearson, *The idle poor* (*Nineteenth Century*, novembre 1911).

S. Barnett, *Charity up to date* (*Contemporary R.*, février 1912).

A. R. Marriott, *The problem of poverty* (*Nineteenth Century*, juin 1913).

Charity Organisation Society, *Annual Report of the Council* (depuis 1867-1868).

Charity Organisation Society, *The annual charities register and digest* (annuel).

   Importante introduction par le secrétaire de la Société, M. Loch. Bibliographie.

Herbert Fry's Royal Guide to the London Charities (annuel).

Burdett's Hospital Annual. Edited by H. C. Burdett (annuel depuis 1890).

Annual Report of Central Poor Law Conferences.

B. — Paupérisme des vieillards. Pensions de vieillesse.

P. P., *Pauperism* (*England and Wales*). *Half-yearly statements for 1st January and 1st July* (semestriel).

P. P., *Return of the number of persons over 60 years of age in receipt of relief on 1rst August 1890*, 1890.

P. P., *Return showing the number of persons of 65 years of age and upwards, and the number under 65 years of age... in receipt of relief on the 1rst of January 1892 and at any time during 1891-1892*, 1892.

P. P., *Report of Royal Commission on the Aged Poor*, 1895.

P. P., *Report of Treasury Committee on Old Age Pensions*, 1898.

P. P., *Report of Select Committee of H. of C. on the aged deserving poor*, 1899.

P. P., *Report of departmental Committee on the financial aspects of the proposals about the deserving aged poor*, 1900.

   Voir aussi sur les retraites ouvrières :

38th Annual Report of the L. G. B., 1908-1909 (1910).

Ch. Booth, *Pauperism and the endowment of old age*, 1892.

G. Drage, *The problem of the aged poor*, 1895.

Ch. Booth, *Old age pensions and the aged poor*, 1899.

F. Bouffard, *Les retraites ouvrières en Angleterre*, 1910.

J. Bardoux, *Les retraites ouvrières en Angleterre* (*Musée social. Mémoires et documents*, 1911, p. 233 sq.).

C. — Paupérisme des enfants.

P. P., *Report of departmental Committee on Poor Law Schools*, 1896.

Local Government Board, *Report* (by Miss Stansfeld) *on the industrial training of girls in the separate and district schools of the Metropolitan district*, 1899.

London School Board, *Report of Committee on underfed children attending school, with evidence and appendices*, 1900.

Miss M. H. Mason, *Boarding-out of pauper children* (*Annual Report of L. G. B., 1902-1903*).

P. P., *Report of inter-departmental Committee on medical inspection and feeding of children attending public elementary schools*, 1905.

P. P., *Report of H. of C. Committee on Provision of Meals Bill*, 1906.

L. C. C., (1203), *Report on home circumstances of necessitous children in 12 selected schools*, 1908.

Board of Education, *Report* (by Mr. Tillard and Miss Synge) *on the educational work in Poor Law schools*, 1908.

P. P., *Children under the Poor Law. Report by Dr Macnamara to the L. G. Board*, 1908.

P. L. C., 1909, App., vol. XVIII, *Report* (by Miss E. Williams) *on the condition of the children who are in receipt of the various forms of Poor Law relief*, 1910.

L. C. C., *Provision of meals for necessitous children and the work of Children's Care Committees. Report of the Education Officer for 1908-1909*, 1910.

Florence D. Hill, *The children of the State*, 1889.

E. S. Lidgett, *Poor Law children* (*Contemporary R.*, février 1897).

W. Chance, *Children under the Poor Law*, 1897.

W. Monnington and F. J. Lampard, *Our London Poor Law schools*. 1898.

J. P. Mac Dougall, *The boarding-out of pauper children* (*Transactions of the fourth international Home Relief Congress*, 1904).

F. H. Barrow. *Free meals for underfed children* (*Monthly R.*, mai 1905).

Sir Charles A. Elliot, *State feeding of school children in London* (*Nineteenth Century*, mai 1909).

L. S. Bryant, *School feeding : its history and practice at home and abroad*, 1913.

XIII. — RELIGION.

P. P., *Report* (by H. Mann) *on the existing accommodation for religious worship, with summary tables*, 1851.

J. E. Ritchie, *The religious life of London*, 1870.

C. M. Davies, *Orthodox London*, 2 vol., 1874-1875.

— *Unorthodox London*, 2 vol., 1873-1875.

The British Weekly, *Religious Census*, 1888.

W. Booth, *In darkest England and the way out*, 1890.

A. F. Winnington Ingram, Bishop of London, *Work in great Cities*, 1896.

Ch. W. Stubbs, *Charles Kingsley and the Christian Social Movement*, 1898.

Rev. H. Henson, *The British Sunday* (*National R.*, juillet 1899).

Canon Page Roberts, *Is the Broad Church party extinct ?* (*National R.*, août 1900).

H. Handley, *The fatal opulence of bishops : an essay on a neglected ingredient of Church Reform*, 1901.

H. Henson, *Religion and the poor* (*Quarterly R.*, juillet 1903).

M. Betham-Edwards, *General Booth* (*Independent R.*, octobre 1904).

Twenty-eight sermons on social subjects, 1904.

A. Amos and W. Hough, *The Cambridge Mission to South London*, 1904.

R. Mudie-Smith (edited by), *The religious life of London*, 1904.

M. Loane, *The religion of the respectable poor* (*Contemporary R.*, novembre 1904).

G. Haw, *Christianity and the working classes*, 1906.

G. R. Sims and Others, *Sketches of the Salvation Army social work*, 1906.

E. Rowan, *Wilson Carlile and the Church Army*, 1907.

Rev. H. Iselin, *The religion of the poor* (*Economic R.*, octobre 1909).
 Intéressante étude sur une paroisse ouvrière de Londres.
W. Cunningham, *Christianity and social questions*, 1910.
H. Rider Haggard, *Regeneration : being an account of the social work of the Salvation Army in Great Britain*, 1910.
G. Bonet-Maury, *L'Armée du Salut* (*Revue des Deux-Mondes*, 1ᵉʳ avril 1911).
G. S. Railton, *Forward against misery : being an illustrated review of part of the social operations of the Salvation Army*, 1912.
Rev. A. J. Carlyle, *The influence of christianity upon social and political ideals*, 1912.
Rev. A. W. Jephson, *Municipal work from a Christian standpoint*, 1912.
Rev. H. H. Williams, *Christian socialism* (*Economic R.*, octobre 1912).

XIV. — EDUCATION.

A. — Questions générales.

PP., *Report* (by H. Mann) *relating to the existing educational establishments and the number of scholars*, 1851.
PP., *Report of the Commissioners appointed to inquire into the state of popular education in England*, 1861.
 Commission Newcastle. Le rapport général (tome I) et le tome III qui renferme les rapports sur les « districts métropolitains » sont particulièrement importants pour Londres.
P. P., *Report of Royal Commission on secondary schools, with evidence and appendix*, 1895.
 Les volumes les plus importants pour Londres sont I (Rapport), II (Dépositions) et IX (Statistiques).
S. Webb, *The London Polytechnic Institutes* (Dans *Special Reports on educational subjects*, P. P., 1898, vol. II).
P. P., *Report of Consultative Committee of the Board of Education on attendance, compulsory or otherwise, at continuation schools, with summaries of evidence*, 1909.
P. P., *First Report of R. Commission on University Education in London, with evidence*, 1910. — *Second Report*, 1911. — *Final Report*, 1913.
P. P., *Annual Report of the Committee of Council on Education* (jusqu'en 1899).
P. P., *Annual Report of the Board of Education* (depuis 1899).
P. P., *Code of regulations for public elementary schools.*
 Editions fréquentes, souvent avec d'importants changements. Les dernières sont celles de 1909 et de 1912.
London School Board, *Annual Report* (1870-1871 à 1902-1903).
London School Board, *Minutes of proceedings of the School Board for London* (de 1870 à 1903).
London School Board, *Final Report of the School Board for London, 1870-1904*, 2ᵉ éd., revue, 1904 (L. C. C., 785).
London School Board, *Report on evening classes* (1882 à 1903).
L. C. C. (57), *Report of sub-committee on technical education, being the result of an inquiry into the needs of London* (by H. L. Smith), 1892.
L. C. C., *Annual Report of the Technical Education Board* (1893-1894 à 1903-1904).
 Le rapport pour 1903-1904 qui résume l'œuvre du *T. E. Board* est particulièrement important.

S. A. Barnett, *The Universities and the Poor* (*Nineteenth Century*, 1884, p. 255 sq.).

J. G. Godard, *George Birkbeck*, 1884.

H. J. Mackinder and M. E. Sadler, *University extension : past, present and future*, 1891.

Max Leclerc, *L'éducation des classes moyennes et dirigeantes en Angleterre*, 1894.

Rev. W. D. Morrison, *Juvenile offenders*, 1896.

Ch. Morley, *Studies in Board Schools*, 1897.

H. Béranger, *L'éducation du peuple en France et en Angleterre* (*Revue de Paris*, 15 septembre 1897).

Graham Wallas, *Francis Place*, 1898.

T. A. Spalding and T. S. Canney, *The work of the London School Board*, 1900. Important ouvrage, d'un caractère officiel.

A. Chandler, *Tom Andrews : a story of Board School life*, 1900.

J. T. Dodd and J. A. Dale, *The Ruskin Hall-movement* (*Fortnightly R.*, février 1900).

The University of London (*Quarterly R.*, avril 1900).

S. G. Rawson, *The nation, the apprentice and the Polytechnic* (*Contemporary R.*, octobre 1901).

H. Solly, *Working men's social clubs and educational institutes*, 2° éd. par B. Hall, 1904.

H. B. Philpott, *London at school : the story of the School Board, 1870-1904*, 1904.

S. Webb, *London Education*, 1904.

A. Filon, *La nouvelle Université de Londres* (*Revue des Deux-Mondes*, 15 février 1904).

Rev. J. L. Davies (edited by), *The Working Men's College, 1854-1904*, 1904.

A. Mansbridge, *A survey of working-class educational movements in England and Scotland* (*Cooperative Wholesale Society Annual*, 1906).

Ethel M. Hogg, *Quintin Hogg : a biography*, 1906.

J. L. Hughes and L. K. Klemm, *Progress of education in the nineteenth century*, 1907.

M. E. Sadler, *Continuation Schools in England and elsewhere*, 1907. Intéressant ouvrage, par différents auteurs. Bibliographie.

J. Bardoux, *L'Université populaire en France et en Angleterre* (*Musée social, Mémoires et documents*, 1907, p. 38 sq.). Etude sur Ruskin College.

H. B. Binns, *A century of education, being the centenary history of the British and Foreign School Society*, 1908.

C. Russell, E. B. and Lilian Rigby, *Working lads' clubs*, 1908.

Oxford and Working-class education, 1909.

J. B. Rye, *Oxford and the working classes* (*Nineteenth Century*, mars 1909).

M. Roger, *L'enseignement technique en Angleterre* (*Bulletin de l'enseignement technique*, 1909, p. 697 sq.).

Margaret Frere, *Children's Care Committees*, 1909.

M. E. Sadler, *High Churchmen and the crisis in English Education* (*Contemporary R.*, septembre 1910).

Mary Longman, *Children's Care Committees* (*Contemporary R.*, décembre 1910).

Rev. H. Islin, *The story of a Children's Care Committee* (Economic R., janvier 1912).

H. W. Jevons, *The industrial training of juveniles in England* (Journal of political economy, mars 1913).

M. de Verneuil, *L'esprit nouveau des syndicats anglais : le Ruskin College et le Central Labour College* (R. politique et parlementaire, 10 mai 1913).

Sir William Collins, *The University of London* (Contemporary R., juillet 1913).

B. — Settlements.

E. Denison, *Letters and other writings* (edited by Sir B. Leighton), 1884.

R. Woods, *English social movements*, 1891.

Viscount A. Milner, *Arnold Toynbee : a reminiscence*, 1895.

J. M. Knapp, *The Universities and the social problem : an account of the University settlements in East London*, 1895.

Un settlement anglais ; notes sur Toynbee Hall (Musée social, série B, 1897, p. 345 sq.).

W. Reason, *University and social settlements*, 1898.

A. Filon, *Colonies sociales et collèges ouvriers en Angleterre* (Revue des Deux-Mondes, 15 octobre 1900).

W. F. Aitken, *Canon Barnett, Warden of Toynbee Hall*, 1902.

Mrs. S. Barnett, *The beginning of Toynbee Hall : a reminiscence* (Nineteenth Century, février 1903).

Rev. R. Free, *Settlements or unsettlements ?* (Nineteenth Century, mars 1908).
> Vive attaque contre les settlements féminins dans l'anglicanisme.

Mrs. Creighton, *Women's settlements* (Ibid., avril 1908).
> Réponse au précédent.

Canon and Mrs. S. Barnett, *Towards social reform*, 1909.

R. von Erdberg, Article *Settlements* dans le *Handwörterbuch der Staatswissenschaften* de Conrad, 1911.

W. Picht, *Toynbee Hall und die englische Settlement Bewegung*, 1913.
> L'étude la plus complète et la plus scientifique sur la question.

The Toynbee Record (mensuel).

XV. — ADMINISTRATION.

P. P., *Second Report of Commissioners of inquiry into the municipal corporations of England and Wales*, 1837.

P. P., *Report of Commissioners appointed to inquire into the existing state of the City of London*, 1854.

P. P., *Reports (2) from the Select Committee of the H. of C. on Metropolitan Local Government*, 1866-1867.

P. P., *Report of Royal Commission appointed to inquire into the Livery Companies of the City of London*, 5 vol., 1884.

P. P., *Report of the Royal Commission on the water supply of the Metropolis, with evidence, appendices, maps and plans*, 1893.

P. P., *Report of Royal Commission on the water supply of London, with evidence, appendices, maps and plans*, 1900.

P. P., *Report from the Select Committee of the H. of L. on Town Improvements (Betterment), with evidence and appendix*, 1894.

P. P., *Return of reproductive undertakings carried on by municipal boroughs*, 1898.

P. P. *Id.*, 1902.

P. P., *Municipal Trading (United Kingdom). Return relative to reproductive municipal undertakings. Part IV: London County Council, City of L. Corporation and the council of each metropolitan borough*, 1910.

P. P., *Reports from the joint Select Committee of the H. of L. and the H. of C. on Municipal Trading*, 1900 et 1903.

Annual Report of the Metropolitan Board of Works (annuel depuis 1857). Nous avons cité d'après l'édition in-octavo.

Final Report of the Metropolitan Board of Works, 1889.
    Résumé de l'histoire du Bureau.

L. C. C., *Minutes of proceedings of the London County Council* (depuis 1889).

L. C. C., *Annual Report of the proceedings of the Council* (de 1890-1891 à 1909-1910).

L. C. C., *Report of the Council* (de 1900-1901 à 1909-1910).

L. C. C., *Annual Report of the Council* (1910 et années suivantes).
    Paraît en 4 parties séparées : 1° Administration générale ; 2° Asiles : 3° Hygiène publique ; 4° Education.

L. C. C., *Annual Report of the Medical Officer of Health* (annuel ; fait partie depuis 1910 de l'*Annual Report of the Council*).

P. P., *Annual Report of the Metropolitan Water Board* (annuel depuis 1903-1904).

L. C. C. (80), *List of wages and hours of labour approved by the Council*, 1893.

L. C. C. (1018), *Report of the proceedings of the Council on the question of the payment of fair wages and the observance of the hours and conditions of labour that are generally accepted by the trade unions*, 1907.

L. C. C. (882), *Report on the action of the Council with regard to the water supply of London and a bibliography of the principal reports and papers on the subject*, 1903.

L. C. C. (895), *London debt, 1869-1870 to 1903-1904*, 1904.

L. C. C. (1021), *Return showing the rates of wages paid to and the hours of labour observed by workmen employed by the Metropolitan Board of Works in 1888 and the same particulars in respect of workmen employed by the Council in 1906*, 1906.

L. C. C. (1106), *Report prepared by Mr. E. Waterhouse upon the accounts of the Works Department*, 1907.

L. C. C., *Works Department, Return of the principal works executed by the Council between November 1892 and September 1907*, 1910.

L. C. C. (1161-1162), *London Statutes : a collection of public Acts relating specially to the Administrative County of London* (I, 1750-1888 ; II, 1889-1907), 1908.

J. Toulmin-Smith, *The Metropolis and its municipal administration*, 1852.
— *The Metropolis Management Act, 1855*, 1855.
J. F. B. Firth, *Municipal London*, 1876.
— *The reform of London government and of City Guilds*, 1888.
S. Webb, *The London Programme*, 1891.
W. Saunders, *The history of the first London County Council*, 1891.
W. C. Crofts, *Municipal socialism*, 1895.
    Publication de la *Liberty and Property Defence League*.

C. W. Hazlitt, *The Livery Companies of the City of London*, 1895.

Sir James Bell and James Paton, *Glasgow : its municipal organization and administration*, 1896.

G. L. Gomme, *Lectures on the principles of local government*, 1897.

C. Hugo, *Städteverwaltung und Municipal-Socialismus in England*, 1897.

G. L. Gomme, *The local taxation of London* (J. of the Royal Statistical Soc., septembre 1898).

D. H. Davies, *The cost of municipal trading*, 1899.

H. C. Richards and W. Payne, *The London Water Supply*, 1899.

A. Shadwell, *The London Water Supply*, 1899.

The government of London (Quarterly R., avril 1899).

Ratepayer, *Scenes and scandals in the London vestries* (National R., mai 1899).

W. Bond, *Municipal trading* (Fortnightly R., octobre 1899).

H. Legge, *Socialism in West Ham* (Economic R., octobre 1899).

A. Macmorran, Lushington and Naldrett, *The London Government Act, 1899*, 1899.

D. Pasquet, *L'administration de Londres* (Revue de Paris, 1er juillet 1899).

A. B. Hopkins, *The boroughs of the Metropolis*, 1900.

L. Sinzheimer, *Der Londoner Grafschaftsrat*, I, 1900.

Lord Avebury, *Municipal trading* (Contemporary R., juillet 1900).

R. Donald, *Municipal trading* (Contemporary R., août 1900).
    Réponse à l'article précédent.

J. Bourdeau, *Le socialisme municipal* (Revue des Deux-Mondes, juillet 1900).

P. Mantoux, *Le socialisme municipal à Londres* (Bulletin du Musée social, septembre 1900).

Sir H. Fowler, *Municipal finance and municipal entreprise* (J. of the R. Statistical Soc., septembre 1900).

Pierre Leroy-Beaulieu, *Les entreprises industrielles des municipalités britanniques* (L'Economiste français, 27 octobre 1900).

C. S. Jones, *The housing question and the London County Council* (Fortnightly R., décembre 1900).
    Attaque contre le L. C. C. Réponse de D. Waterlow, même Revue, janvier 1901.

Lord Avebury, *Address to the Royal Statistical Society* (J. of the R. Statistical Soc., mars 1901).

J. E. Nève, *L'administration d'une grande ville : Londres*, 1901.

G. Redlich, *Englische Lokalverwaltung*, 1901.
    Traduction française par W. Oualid sous le titre de : *Le gouvernement local en Angleterre*, 2 vol., 1911.

E. Montet, *Etude sur le socialisme municipal anglais*, 1901.

The Times, *Municipal socialism : a series of articles reprinted from The Times*, 1902.
    Traduction française abrégée, Bruxelles, 1903.

Vermant, *Les régies municipales en Angleterre*, 1903.

A. Gigot, *Le socialisme municipal en Angleterre*, 1904.

Lord Avebury, *On municipal and national trading*, 1906.
    Traduction française par R. Ellissen sous le titre de : *Les villes et l'Etat contre l'industrie privée* (1908).

H. R. Meyer, *Municipal ownership in Great Britain*, 1906.

S. and B. Webb, *English Local Government from the Revolution to the Municipal Corporations Act*.

Très important ouvrage, en cours de publication depuis 1906 ; 4 vol. parus.

R. Boverat, *Le socialisme municipal en Angleterre et ses résultats financiers*, 1907.

J. H. Schooling, *London County Council Finance from the beginning to March 31, 1907, made clear to ratepayers*, 1907.

G.Cadoux, *La vie des grandes capitales*, 1908. Nouvelle édition augmentée, 1913.

Nous citons d'après la 1re édition.

André Mater, *Le socialisme conservateur ou municipal*, 1909.

L. Paul-Dubois, *Le socialisme municipal en Angleterre* (*Revue des Deux-Mondes*, 1er mars 1908).

J. Lloyd, *London Municipal Government : the story of a great reform*, 1910.

C. W. Mullins, *Londres, la cité géante* (*Revue économique internationale*, septembre 1910).

— *La municipalisation des services publics à Londres* (*Ibid.*, juillet 1911).

D. Knoop, *Principles and methods of municipal trading*, 1912.

The London Manual (annuel, de 1896-1897 à 1908).

The Municipal Year Book (annuel depuis 1898).

INDEX

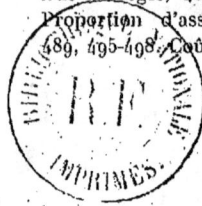

TABLE DES MATIÈRES

LIVRE II

Les conditions du travail à Londres.

LIVRE III

Le paupérisme à Londres.

LIVRE IV

La vie morale et intellectuelle.

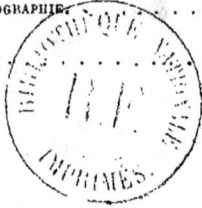

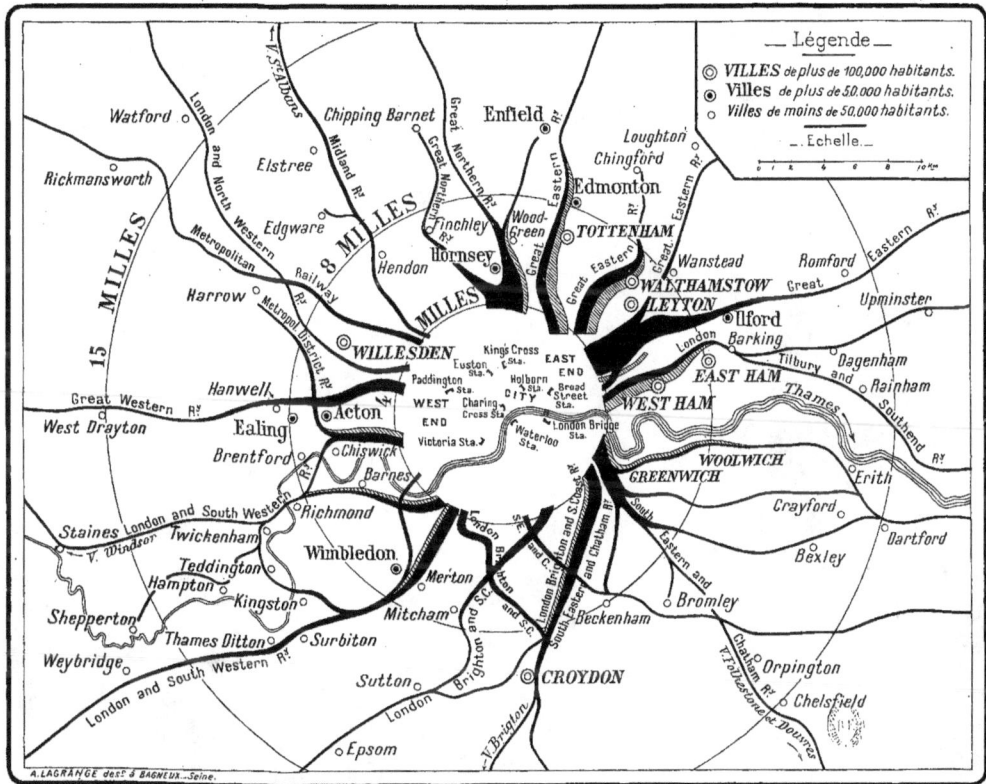

Afflux quotidien de la banlieue au centre de Londres, Octobre 1907

(D'après *Report of the London Traffic Branch, 1908*, pl. VI, avec l'autorisation du Controller of H. M. Stationery Office. — Billets ordinaires en noir, billets d'ouvriers en gris).

NOTE. — Le *Report of the L. T. B., 1912* (1913) qui vient de paraître donne (pl. VI) d'après les chiffres fournis par les Compagnies de chemins de fer pour octobre 1911 (p. 99) une nouvelle édition de cette carte. Les modifications sont peu importantes. L'ensemble du trafic a légèrement augmenté (6, 4 p. 100). L'augmentation est surtout sensible au S. et S. E. (C¹ᵉ London, Brighton and South Coast) ; au N. E. (Great Northern) il y a diminution. Sur la plupart des lignes on constate une diminution du trafic dans les faubourgs et la petite banlieue (concurrence des tramways et des autobus) et une augmentation dans la grande. Le nombre des voyageurs porteurs de billets d'ouvriers paraît presque stationnaire. La plupart des Compagnies ont un peu gagné, mais le trafic ouvrier du Great Northern est en baisse.

TABLE DES CARTES ET GRAPHIQUES

ERRATA

P. 12, note, au lieu de : chapitre sur l'habitation, lire : chapitre sur l'administration.

P. 115, n. 2, au lieu de : *Committe*, lire : *Committee*.

P. 130, l. 12, après : réduits au chômage, placer l'appel de la note 1.

P. 131, l. 31, au lieu de : surpeuplé, lire : surpeuplés.

P. 132, dans la légende de la carte, au lieu de : p. 1.000, lire : p. 10.000.

P. 138, l. 38, au lieu de : briqueteur, lire : mécanicien.

P. 142, l. 11, au lieu de : à détrempe, lire : à la détrempe.

P. 167, fin. Ajouter : la fusion entre la Compagnie des omnibus et celle des chemins de fer souterrains est maintenant un fait accompli.

P. 180, n. 1, au lieu de : Munn, lire : Mun.

P. 200, l. 33, au lieu de : en 1901, lire : en 1909.

P. 228, l. 18, au lieu de : 42.000, lire : 44.000.

P. 287, l. 14, au lieu de 1880, lire : 1886.

P. 288, l. 6, au lieu de : est le taux, lire : était le taux.

P. 317, l. 22, au lieu de : *Trades Boards*, lire : *Trade Boards*.

P. 403, l. 1, au lieu de : ou de la classe C, lire : ou de la classe D.

P. 511, note 1, au lieu de : *Removal Act*, l'assistance..., lire : *Removal Act*. L'assistance...

P. 526, l. 5, au lieu de : entrain, lire : en train.

P. 528, l. 32, au lieu de : et les *Faith Healers*, lire : les *Faith Healers*.

P. 608, l. 9, au lieu de : les industries, lire : les industries électriques.

Imp. J. Thevenot, Saint-Dizier (Haute-Marne)

[illegible]

[illegible] *Étude d'une* [illegible] [illegible] [illegible]

Grenoble : *Étude de Géogra*[illegible] *urbaine*, par [illegible] [illegible]seur de Géographie à l'Université de Grenoble. [illegible] phototy*pes hors texte* [illegible]

Régions nature[illegible] [illegible] *parisienne*, par [illegible] l'Universit[illegible]

[illegible]

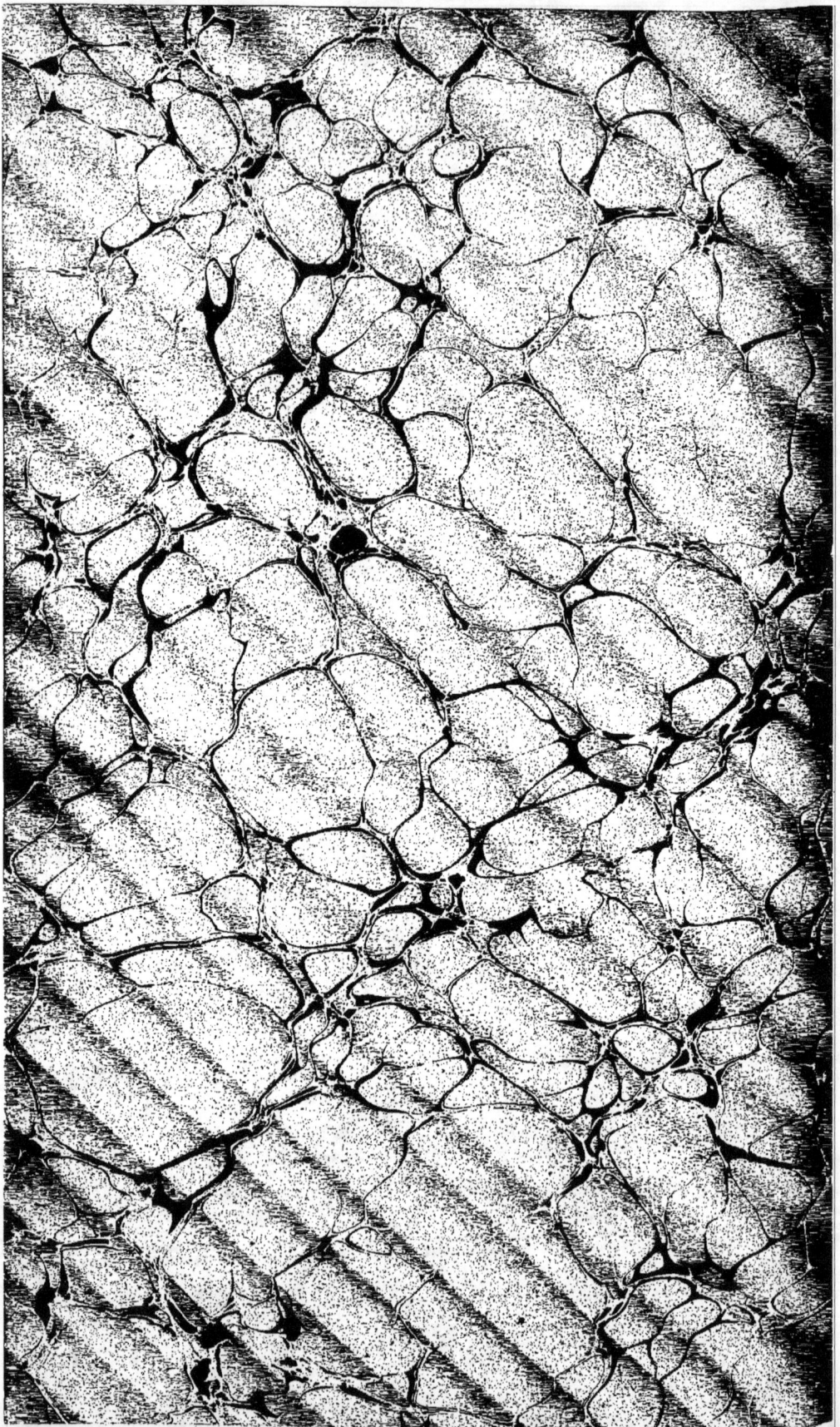

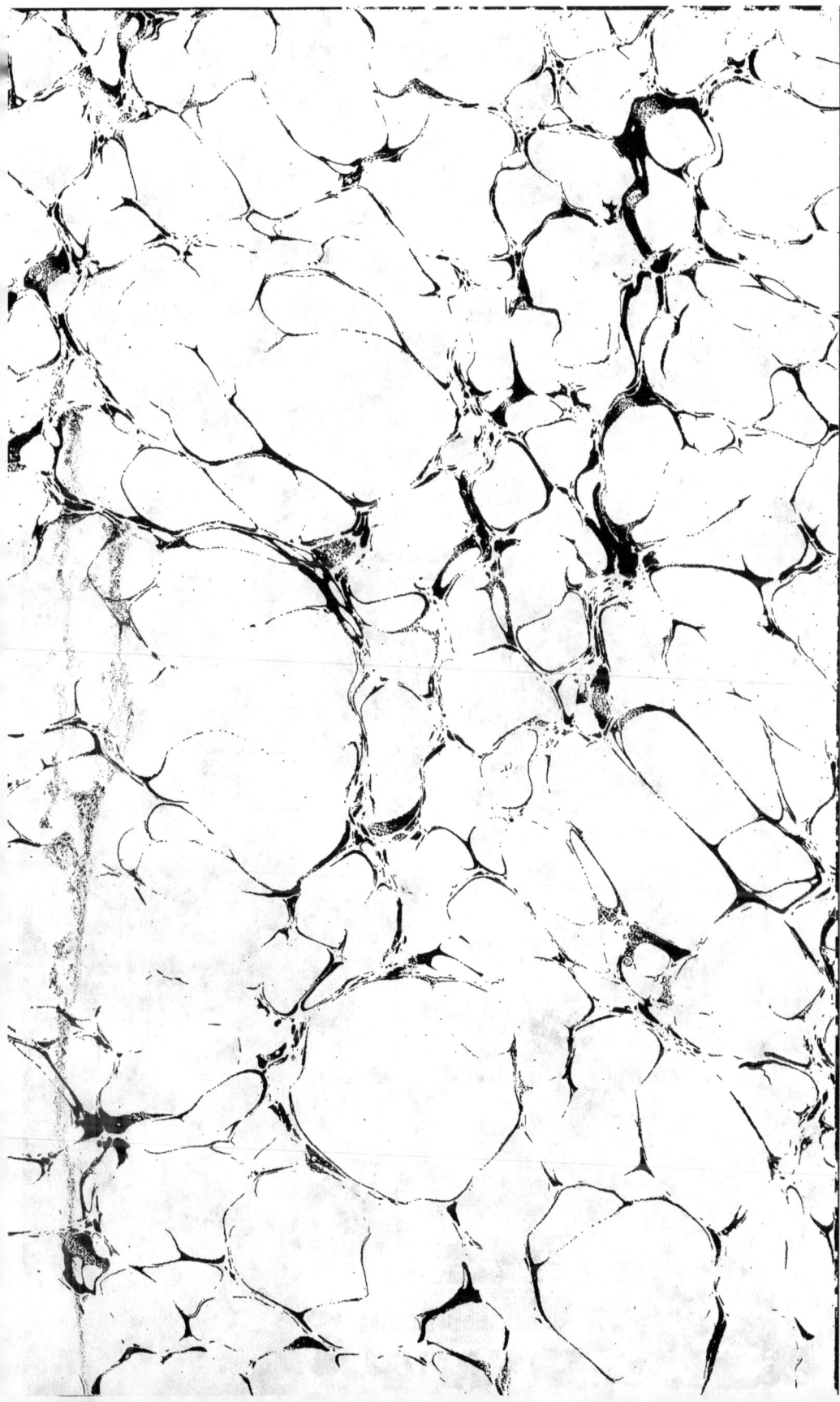